Office 2013

Der umfassende Ratgeber

von
Robert Klaßen

Vierfarben

Liebe Leserin, lieber Leser,

was möchten Sie mit Office 2013 tun? Möchten Sie Briefe schreiben mit Word? Oder ein Haushaltsbuch anlegen mit Excel? Termine planen in Outlook oder vielleicht Notizen mit OneNote erstellen? All das können Sie mit den Office-Programmen tun, aber natürlich noch viel mehr als das. Voraussetzung ist allerdings, dass Sie wissen, welches Programm und welche Funktion von Office sich für Ihr Ziel am besten eignet. Und das fällt bei so umfassenden Programmen nicht immer leicht.

Dabei können wir Ihnen helfen Denn wenn Sie ein verlässliches Nachschlagewerk suchen, das Ihnen alle Funktionen von Office erklärt und Ihnen zeigt, wie Sie sie in der Praxis anwenden, halten Sie das richtige Buch in den Händen. Dieser umfassende Ratgeber macht seinem Namen alle Ehre, denn hier lernen Sie wirklich alles, was Sie für Ihre tägliche Arbeit mit Word, Excel, Outlook und Co. brauchen.

Robert Klaßen zeigt Ihnen anhand von anschaulichen Beispielen, ausführlichen Schritt-für-Schritt-Anleitungen und vielen Screenshots, wie Sie die Office-Programme richtig einsetzen. Greifen Sie also darauf zurück, wann immer Sie Hilfe benötigen, oder stellen Sie das Buch am besten gleich griffbereit auf Ihren Schreibtisch.

Dieses Buch wurde mit größter Sorgfalt geschrieben und hergestellt. Sollten Sie dennoch einmal Fehler finden oder inhaltliche Anregungen haben, freue ich mich, wenn Sie mit mir in Kontakt treten. Für Kritik bin ich dabei ebenso offen wie für lobende Worte. Doch zunächst einmal wünsche ich Ihnen viel Freude beim Lesen!

Ihr Lars Wolf
Lektorat Vierfarben

lars.wolf@vierfarben.de
www.facebook.com/vierfarben

Auf einen Blick

Sie haben Fragen, Wünsche oder Anregungen zum Buch?
Gerne sind wir für Sie da:

Anmerkungen zum Inhalt des Buches: lars.wolf@vierfarben.de
Bestellungen und Reklamationen: service@vierfarben.de
Rezensions- und Schulungsexemplare: sophie.herzberg@vierfarben.de

An diesem Buch haben viele mitgewirkt, insbesondere:

Lektorat Lars Wolf
Korrektorat Marita Böhm, München
Herstellung Norbert Englert
Einbandgestaltung Daniel Kratzke
Coverentwurf Daniel Kratzke
Coverfoto Shutterstock: 70356310 © Sergey Nivens; iStockphoto: 22819265 © Marko Skrbic
Layout Vera Brauner, Janina Brönner
Satz Reemers Publishing Services GmbH, Krefeld
Druck Offizin Andersen Nexö, Leipzig
Fotos im Buch © 2014 Robert Klaßen und Lizenzgeber. Alle Rechte vorbehalten. Alle in diesem Buch und auf dem beiliegenden Datenträger zur Verfügung gestellten Bilddateien sind ausschließlich zu Übungszwecken in Verbindung mit diesem Buch bestimmt. Jegliche sonstige Verwendung bedarf der vorherigen, ausschließlich schriftlichen Genehmigung des Urhebers.

Gesetzt wurde dieses Buch aus der ITC Charter (10,25 pt/14 pt) in Adobe InDesign CS6.
Und gedruckt wurde es auf ungestrichenem Offsetpapier (80 g/m²).
Hergestellt in Deutschland.

Bibliografische Information der Deutschen Nationalbibliothek
Die Deutsche Nationalbibliothek verzeichnet diese Publikation in der Deutschen Nationalbibliografie; detaillierte bibliografische Daten sind im Internet über http://dnb.d-nb.de abrufbar.

ISBN 978-3-8421-0090-9

© Vierfarben, Bonn 2014
1. Auflage 2014
Vierfarben ist ein Verlag der Galileo Press GmbH
Rheinwerkallee 4, 53227 Bonn
www.vierfarben.de

Der Verlagsname Vierfarben spielt an auf den Vierfarbdruck, eine Technik zur Erstellung farbiger Bücher. Der Name steht für die Kunst, die Dinge einfach zu machen, um aus dem Einfachen das Ganze lebendig zur Anschauung zu bringen.

Inhalt

Produktinformationen

Office

Produkt aktiviert
Microsoft Office Professional Plus 2013
Dieses Produkt enthält

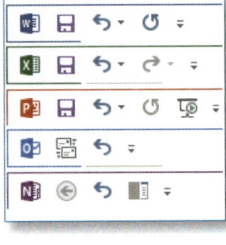

Teil II   Texte schreiben mit Word 2013

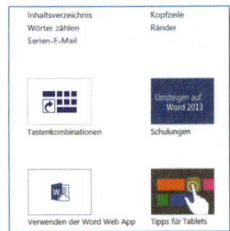

6 Das Seitenlayout festlegen

7   Vorlagen verwenden 241

10 Dokumente überprüfen

11   Word-Dateien drucken   367

12   Dokumente im Team bearbeiten   375

13   Word einrichten und anpassen   389

Teil III Kalkulieren und Analysieren mit Excel 2013

14 Die Oberfläche von Excel 2013 kennenlernen 401

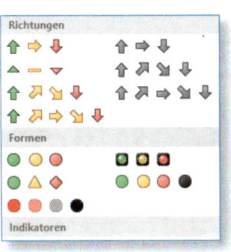

16 Mit Tabellendokumenten arbeiten ... 457

18 Mit Formularen arbeiten

19 Daten filtern und sortieren

20 Daten mit Diagrammen anschaulich auswerten

Teil IV E-Mails und Termine im Griff mit Outlook 2013

29 Adressbuch und soziale Netzwerke 773

30 Termine und Aufgaben planen 797

Teil V   Präsentieren mit PowerPoint 2013

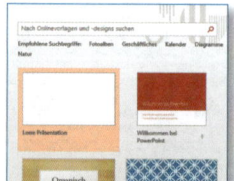

35   Die neue PowerPoint-Oberfläche kennenlernen

Teil VI   Notizen erstellen mit OneNote 2013

42   Eine kleine Einführung in OneNote   1025

43   Notizen verwalten 1031

Teil VII   Office-Anwendungen im Zusammenspiel

45 Anwendungsübergreifende Funktionen 1071

47 Kompatibilität zwischen Versionen .. 1117

48 Dokumente gemeinsam bearbeiten 1123

Teil VIII   Makros in Microsoft Office 2013

Teil IX   Anhang

Einleitung

Wussten Sie, dass es Office nun schon seit 25 Jahren gibt? Bereits im Jahr 1989 ließ Microsoft die erste Version der Büroanwendung auf dem Markt erscheinen – damals noch ausschließlich für den Apple Mac. – Nur für den Mac? – Ja. Unvorstellbar, oder? – Na ja, damals gab es ja auch noch kein Windows.

Gute Zeiten

Heute ist das glücklicherweise anders, und auch die Windows-Anwender kommen vollends auf ihre Kosten, wenn es um Word, Excel & Co. geht. Auch wenn die neue Distributionspolitik des Softwaregiganten dem einen oder anderen Anwender nur wenig behagt, so wird Office dadurch letztendlich auch für Benutzer salonfähig, die nicht gleich Hunderte von Euro ausgeben wollen. Aber ganz egal, ob der Anwender nun Office 2013 kauft oder Office 365 mietet, er wird sich einen leichten und verständlichen Einstieg in dieses gigantische Softwarepaket wünschen. Genau das soll mit diesem Buch gelingen.

Was nicht in diesem Buch steht

Auf den folgenden rund 1.200 Seiten wollen wir Ihnen nicht nur blanke Theorie vorstellen. Denn gerade Einsteiger und Anwender mit geringen Vorkenntnissen ziehen im Allgemeinen nur wenig Nutzen daraus, wenn man ihnen einfach das Vorhandensein von Funktionen übermittelt. Denn in diesem Fall läuft es immer wieder auf dieselbe Frage hinaus: »Und was kann man damit machen?«

Genau diese Frage wollen wir beantworten. Deswegen werden wir Ihnen nicht einfach nur zeigen, was Office alles kann – vielmehr wollen wir Sie anhand praktischer Beispiele einladen, Sinn und Zweck der jeweiligen Funktionen direkt als Anwender zu erfassen. Wir erheben deswegen mit diesem Buch auch keinen Anspruch auf Vollständigkeit (dazu wären 1.200 Seiten noch immer zu wenig), schaffen aber den Rahmen für einen sattelfesten Einstieg in Office 2013 – mitsamt zahlloser Tipps und Tricks, die auch den Fortgeschrittenen an der einen oder anderen Stelle begeistern werden.

Was muss ich als Leser tun?

Sie sollten dieses Buch als Lernmedium benutzen – keine Frage. Genauso oft sollten Sie das Buch aber auch einmal beiseitelegen und die Schritte eines Abschnitts direkt in Office nachvollziehen – mit Ihren eigenen Ideen. Das erforderliche Material liegt diesem Buch in Form einer CD bei. Über 130 vorgefertigte Dateien helfen Ihnen beim Direkteinstieg in die jeweilige Software. Beim Nachvollziehen der Übungen werden Ihnen eigene Einfälle kommen, die Sie mit einfließen lassen sollten. Das Motto lautet: Seien Sie kreativ! Denn das pure Erlernen einer Bürosoftware kann ganz schön ermüdend sein. Mit einem gewissen Maß an Kreativität werden Sie jedoch auch die schönen und vor allem begeisternden Seiten der Office-Anwendungen kennenlernen.

Über mich

Mein Name ist Robert Klaßen, und ich habe bereits über 45 Bücher und Video-Trainings verfasst – jedoch bislang noch nie einen 1.200-Seiter. Insofern bin ich also auch ein Einsteiger (zumindest was das Tippen von dicken Wälzern betrifft) und möchte Sie daher um eines bitten: Sollten Sie im Buch über einen Fehler stolpern, sagen Sie es mir. Sie erreichen mich im Internet unter *www.dtpx.de*. Dort gibt es ein Kontaktformular. Allerdings möchte ich in diesem Zusammenhang ausdrücklich darauf hinweisen, dass ich keinen technischen Support leisten werde, wenn es um Office oder die darin enthaltenen Einzelanwendungen geht. Bitte beachten Sie auch, dass die in den Abbildungen dieses Buches ausgewiesenen E-Mail-Adressen nur zur Erstellung der Anleitungen verwendet worden sind und von mir nicht abgerufen oder betreut werden.

So, jetzt aber los!

Ich habe Sie lange genug aufgehalten, oder? Sicher wollen Sie jetzt auch gleich loslegen. Kein Problem. Ich wünsche Ihnen viel Spaß und vor allem einen raschen Lernerfolg mit Office 2013 und diesem Buch.

Robert Klaßen

Teil I
Microsoft Office 2013 kennenlernen

Kapitel 1
Für jeden die richtige Edition

Microsoft Office ist für alle geeignet, die Büroanwendungen privat und geschäftlich nutzen wollen. Jedoch sind nicht immer sämtliche Office-Anwendungen in jedem Paket enthalten. Informieren Sie sich deshalb in diesem Kapitel über die verschiedenen Editionen und finden Sie heraus, welche am besten zu Ihnen passt. Außerdem erfahren Sie, wo sich die Software herunterladen lässt und welche Mindestanforderungen zur Installation von Office 2013 an den PC gestellt werden.

1.1   Die Unterschiede zwischen den Editionen

Office ist nicht gleich Office. Denn es kursieren zahlreiche verschiedene Versionen am Markt. Zunächst einmal muss man unterscheiden zwischen *Office 2013* und *Office 365*. Der prägnante Unterschied: Office 2013 kann man kaufen, Office 365 nur mieten. In beiden Varianten werden wiederum zahlreiche unterschiedliche Editionen angeboten. Um hier etwas Licht ins Dunkel zu bringen, werfen wir zunächst einen Blick auf die Kaufpakete, also die Office 2013-Produkte:

Office Home and Student 2013

Dies ist die preiswerteste der drei standardmäßigen Kaufvarianten und beinhaltet Word, Excel, PowerPoint und OneNote. Für dieses Paket müssen Sie (Stand Februar 2014) im Microsoft Store (*http://www.microsoftstore.com*) 139 € anlegen. Wie der Name schon vermuten lasst, darf dieses Paket nur für private Zwecke sowie für schulische Aufgaben genutzt werden. Kommerzielle Arbeiten sind untersagt.

Office Home and Business 2013

Dieses Paket unterscheidet sich von der zuvor genannten Box im Wesentlichen dadurch, dass es auch gewerblich genutzt werden darf. Als zusätzliches Leckerli gibt es Outlook 2013 obendrauf. Der Preis liegt im Microsoft Store bei 269 €.

Office Professional 2013

Professional 2013 ist das Rundum-sorglos-Paket. Darin sind neben den Standardanwendungen Word, Excel, PowerPoint und OneNote auch Outlook, Access und Publisher integriert. Allerdings kostet das Paket auch 539 €.

TIPP

Preiswertere Angebote

Vor dem Kauf empfiehlt sich eine Preisrecherche. Manch ein Softwareanbieter gewährt günstigere Konditionen. Insbesondere Onlinehändler überzeugen oft mit guten Preisen. Achten Sie aber unbedingt darauf, einen seriösen Anbieter zu erwischen, bei dem Sie sicher sein können, Originalware zu bekommen.

Office 365

Die Mietangebote gliedern sich wiederum in zwei Segmente. Das eine ist vor allem für Privatanwender interessant und nennt sich *Office 365 Home Premium*. Es kann für 10 € pro Monat oder 99 € pro Jahr gemietet werden und beinhaltet Word, Excel, PowerPoint, Outlook, OneNote, Access und Publisher. Darüber hinaus darf die Software auf bis zu fünf PCs (oder Macs – siehe Kasten) betrieben werden, wobei jedoch ausschließlich die private Nutzung gestattet ist.

INFO

Office für Mac

Microsoft bietet auch Mac-Benutzern die Möglichkeit, Office-Anwendungen zu betreiben. Allerdings werden hier stets die aktuellsten Versionen angeboten, die unter Mac lauffähig sind. Stand Februar 2014 war das die mittlerweile etwas angestaubte Version *Office 2011*, die zum Teil deutlich von den Windows-Versionen abweicht. OneNote, Access und Publisher sind in der Mac-Version zudem nicht enthalten.

Gewerbliche Alternativen gibt es für kleine und mittelständische Unternehmen mit den Editionen *Office 365 Small Business* und der aufgrund ihrer Beliebtheit besonders zu erwähnenden *Office 365 Small Business Premium*-Variante. Es kursiert zudem noch *Office 365 Midsize Business*, bei der eine Vertragsbindung von einem Jahr besteht.

Die preiswerteste Variante (Office 365 Small Business) unterscheidet sich dahingehend von den beiden anderen, dass die Desktop-Versionen von Word, Excel, Power-Point, Outlook, OneNote, Access und Publisher nicht enthalten sind. Das macht diese Mietvariante allenfalls für Außendienstler interessant, die ohnehin nur von unterwegs auf ihre Dokumente zugreifen und auf den kompletten Funktionsumfang der Desktop-Anwendungen verzichten können. Microsoft empfiehlt Small Business Premium (oder auch Midsize Business) für kleine bis mittlere Unternehmen (was nach deren vielleicht etwas eigenwilligen Definition bis zu 10 Mitarbeiter bedeutet – aber Vorsicht: natürlich keine 10 Lizenzen beinhaltet.) Großen Unternehmen wird die Mietvariante *Office 365 Enterprise E3* angetragen, die für 19 € pro Benutzer und Monat bei jeweils einjähriger Vertragsbindung bezogen werden kann und sämtliche Desktop-Versionen der professionellen Office 2013-Variante beinhaltet.

Preise				
	Monatliche Kosten (bei jährlicher Zahlung):	Jährliche Kosten (bei jährlicher Zahlung):	Monatliche Kosten (bei monatlicher Zahlung):	Jährliche Kosten (bei monatlicher Zahlung):
Small Business	4,10 €	49,20 €	4,90 €	58,80 €
Small Business Premium	10,40 €	124,80 €	12,80 €	153,60 €
Midsize Business	12,30 €	147,60 €	–	–

Tabelle 1.1 Preisübersicht über die verschiedenen Office 365-Varianten für gewerbliche Nutzer

So weit, so gut. Spätestens jedoch bei der Möglichkeit, Office-Pakete mit anderen Leistungen zu kombinieren, wird die Sache immer diffuser. So kann der potenzielle Anwender letztendlich aus einer Vielzahl von Plänen und Kombinationen auswählen oder ein Pack hinzubuchen, wie beispielsweise das Pack *Gehostete E-Mail (Exchange Online Plan 1)* mit freigegebenen Kalendern und 50 GByte Speicherplatz pro Benutzer. Hier empfehlen wir eine gründliche Abwägung auf der Internetseite *office.microsoft.com*.

> **INFO**
>
> **Office 365 für Institutionen**
>
> Nebenbei sei noch erwähnt, dass Microsoft auch spezielle Angebote für Bildungs- und Verwaltungseinrichtungen sowie für gemeinnützige Organisationen herausgibt. Entsprechende Hinweise finden Sie ebenfalls auf *office.microsoft.com*.

Office 365 University – die Universitätsversion

Und dann wäre da noch die *Office 365 University*-Edition für Studenten und Lehrkräfte an Hochschulen bzw. Berufsakademien, die sich auf bis zu 2 PCs (oder Macs) sowie auf 2 mobilen Endgeräten nutzen lässt. Sie schlägt mit überzeugenden 79 € zu Buche. Dafür gibt es ein 4-Jahres-Abo. (Man mietet also im Prinzip zum Preis von etwa 1,65 pro Monat.) Es reicht allerdings nicht, zu behaupten, man gehöre zur Zielgruppe, sondern man muss es auch mit einem entsprechenden Nachweis dokumentieren.

> **INFO**
>
> **Office RT**
>
> Microsoft *Office 2013 RT* ist eine Office-Variante, die speziell für mobile Geräte verwendet wird, auf denen das Betriebssystem Windows RT installiert ist. Dies können beispielsweise Smartphones, Tablets sein, aber auch Surface. Auf Surface 2 sind die Office 2013 RT-Apps Word, Excel, PowerPoint, Outlook und OneNote bereits vorinstalliert.

Einzelne Office-Anwendungen kaufen

Sie sind noch nicht verwirrt genug? Dann wollen wir auch diese Information noch an Sie weitergeben: Denn Office-Anwendungen können auch einzeln erstanden werden. Wer nur eine der Standardanwendungen benötigt, kann diese für 135 € unter *office. microsoft.com/de-de/buy/* erstehen. OneNote gibt es dort für 69 €.

> **INFO**
>
> **Kaufen vs. mieten**
>
> Letztendlich muss jeder Kunde für sich entscheiden, ob er sich eine Kauf- oder Mietversion zulegt. Wer kauft, muss zwar zunächst tiefer in die Tasche greifen, vermeidet aber auf diese Weise ständige Kosten. Der Mieter hat hingegen einen nicht zu vernachlässigenden Vorteil: Er bleibt mit seinem Abo stets auf dem Laufenden. Kommt eine neue Softwareversion auf den Markt, kann er diese auch fortan nutzen. Der Käufer kann dies nur mit dem Kauf eines neuen Produktes erreichen.

Office testen

Bei dieser Vielfalt von Möglichkeiten – und für den Fall, dass man noch gar nicht so genau weiß, was die einzelnen Office-Applikationen so alles können, bietet es sich an, zunächst einmal zu testen. Sie ahnen es: Auch hier gibt es verschiedene Möglichkeiten. Wenn Sie Office einmal in Ruhe ausprobieren wollen, empfehlen wir, zunächst das Gesamtpaket *Office Professional Plus 2013* herunterzuladen. Dieses beinhaltet alle Office-Anwendungen und kann für einen Testzeitraum von 60 Tagen genutzt werden. Danach sollte man wissen, ob einem die Arbeit damit liegt oder nicht. Sie finden den Download zur Software unter *technet.microsoft.com/de-de/evalcenter/jj192782.aspx*.

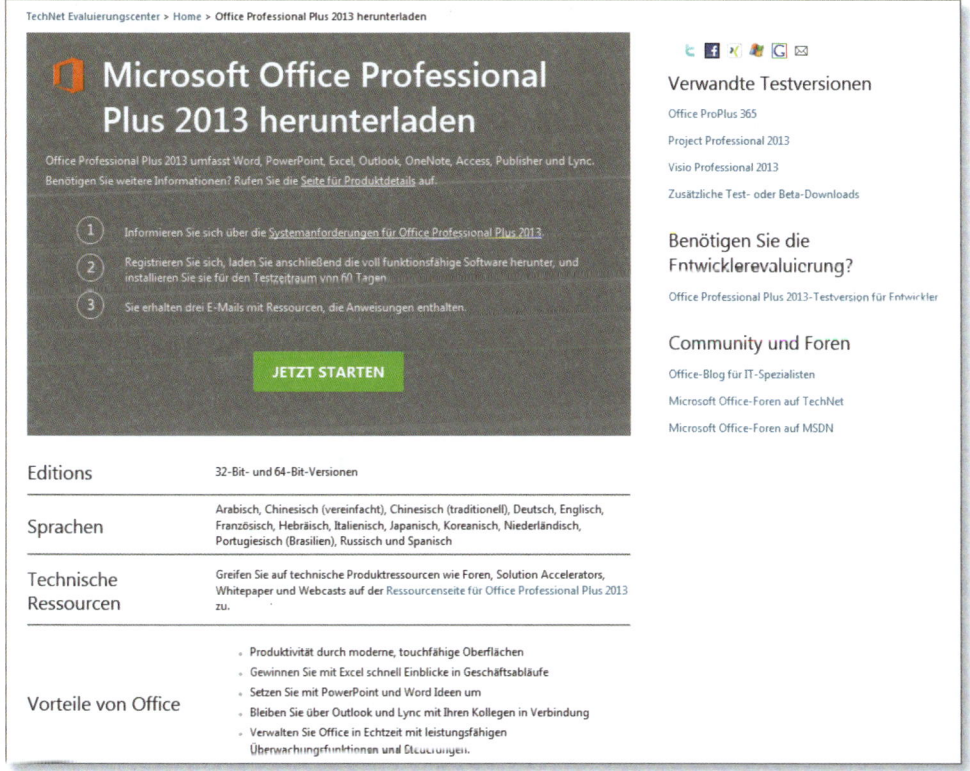

Abbildung 1.1 Hier gibt es Microsoft Office 60 Tage lang zum Nulltarif.

Für den Download der Testversion benötigen Sie allerdings ein Microsoft-Konto. Sollten Sie noch keines besitzen, können Sie schnell eines anlegen. Wer bereits stolzer Besitzer eines Microsoft-Kontos ist, gibt seine Anmeldedaten in die entsprechenden Felder ein. Beides können Sie tun, nachdem Sie auf **Jetzt starten** geklickt haben. Der Vollständigkeit halber sei noch erwähnt, dass es auch eine Testversion zu Office 365 Home Premium gibt, die einen Monat lang gültig ist.

1.2   Update, Upgrade, Vollversion

Was benötigt denn nun derjenige, der noch kein Office in Besitz hat? Nutzt es etwas, wenn schon eine ältere Office-Version vorhanden ist? Was ist eigentlich der Unterschied zwischen einem Update und einem Upgrade? Hier die Antworten:

Updates

Ganz allgemein: Wenn Sie eine Version einer bestimmten Software besitzen, sind Sie in der Regel auch update-berechtigt. Das bedeutet: Wenn der Softwarehersteller Programmaktualisierungen herausgibt, in denen er den Leistungsumfang der Anwendung erweitert, zusätzliche Sicherheitsfunktionen einbaut oder bekannte Fehler ausmerzt, sollen Sie davon auch profitieren. In der Regel prüft die Software selbstständig nach, ob es im Internet eine aktuellere Version gibt. Wenn ja, aktualisiert sich die Anwendung automatisch. So ist es auch bei Microsoft Office. Sie müssen sich um nichts kümmern. Wenn allerdings eine neue Programmversion herauskommt, erhalten Sie diese nur, wenn Sie die Software mieten. Wer beispielsweise Office 2010 gekauft hat, erhält sämtliche Aktualisierungen, die Office 2010 betreffen, jedoch keine Aktualisierung auf Office 2013. Wer Office 2013 mietet, wird auch ganz automatisch die Nachfolgeversion erhalten, sofern er weiter mietet – davon ist zumindest bis dato auszugehen.

Versionsnummer und Produkt-ID für den Software Service ermitteln

Updates werden anwendungsintern mit Versionsnummern versehen. Sollten Sie einmal Probleme mit der Software bekommen, müssen Sie diese Versionsnummer möglicherweise dem Microsoft Service mitteilen. Außerdem benötigen Sie die Produkt-ID.

1 Sie finden beide Nummern, wenn Sie in der geöffneten Software (z. B. in Word) oben links auf die Registerkarte **Datei** klicken und anschließend in der linken Spalte auf **Konto** gehen.

2 Auf der rechten Seite sehen Sie die **Produktinformationen**. Hier gibt es auch eine Schaltfläche, die sich **Info zu Word** nennt (oder zu der Software, die Sie gerade geöffnet haben). Klicken Sie diese an.

3 Jetzt gelangen Sie in ein Fenster, in dem sich ganz oben die aktuell gültige Versionsnummer ablesen lässt ❶. Bitte berücksichtigen Sie, dass sich diese Nummer nach jedem Update ändert. Werfen Sie auch einen Blick auf die Produkt-ID etwas tiefer ❷ (in der folgenden Abbildung ausgegraut dargestellt). Sie benötigen diese, wenn Sie sich mit dem Support in Verbindung setzen (siehe Kasten auf Seite 52).

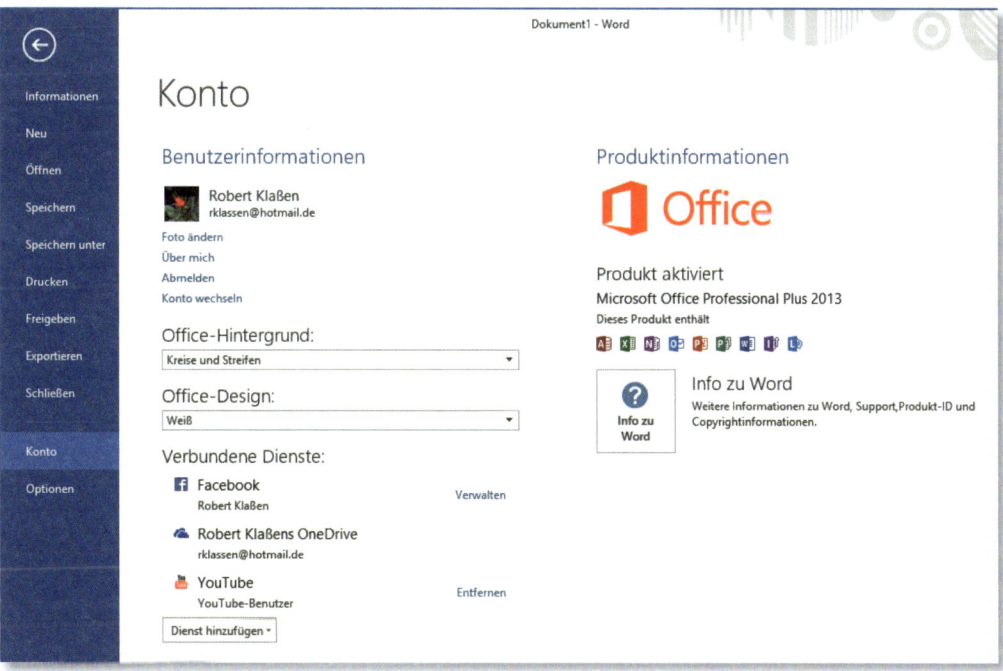

4 Darüber hinaus finden Sie einen Schalter, der Ihnen Informationen darüber gibt, was Sie bei Problemen tun können. Klicken Sie dazu bitte auf **Software Service ❸**.

> **INFO**
>
> **Produkt-ID**
>
> Bitte berücksichtigen Sie, dass der Microsoft-Support nur dann Hilfe leistet, wenn Sie eine gültige Produkt-ID angeben können. Lesen Sie dazu auch Unterabschnitt »Versionsnummer und Produkt-ID für den Software Service ermitteln«, auf Seite 50.

Upgrades

Im Gegensatz zu Updates beinhalten Upgrades immer einen Versionssprung, sprich: einen Wechsel von einer Vorgängerversion auf eine neuere Version. Das kann, muss aber nicht die nächsthöhere sein. Es ist nämlich bei manchen Softwareherstellern durchaus legitim, eine oder auch mehrere Versionen zu überspringen. Allerdings sollten Sie in diesem Fall vor dem Kauf des Upgrades prüfen, ob die Vorgängerversion dann noch upgrade-berechtigt ist. Wenn ja, lässt sich das Upgrade in der Regel zu einem geringeren Preis erwerben als die Vollversion.

Und jetzt die schlechte Nachricht: Was Upgrades auf Office 2013 angeht, gibt es leider gar nichts zu vermelden. Besitzer einer Vorgängerversion können keine vergünstigten Angebote erhalten, müssen also die Vollversion kaufen – oder mieten. Es bleibt zu hoffen, dass sich daran künftig wieder etwas ändert.

Vollversion

Die sogenannte Vollversion ist ein eigenständiges Programmpaket, das installierbar ist, ohne dass eine Vorgängerversion oder eine zusätzliche Lizenzierung benötigt wird. Wenn Sie eines der beschriebenen Box-Produkte käuflich erwerben, sind Sie ebenso stolzer Besitzer einer Vollversion wie derjenige, der die Software mietet. Aber nur auf dem Papier. Denn selbst wenn Sie einen Karton von Microsoft kaufen, auf dem *Office* steht, steckt darin nicht etwa die Software, sondern lediglich ein Lizenzschlüssel (Code). Das heißt: Sie müssen Office aus dem Internet herunterladen (siehe Abschnitt 1.3, »Office 2013 im Download beziehen«, ab Seite 53). Abschließend ist noch erwähnenswert, dass sich auch eine zuvor installierte Testversion zur Vollversion umwandeln lässt, indem Sie während bzw. nach Ablauf des Testzeitraumes einen Lizenzschlüssel käuflich erwerben. Dazu gehen Sie in einer beliebigen Office-Anwendung auf **Datei** > **Konto** und klicken anschließend auf die Schaltfläche **Lizenzoptionen**. Jetzt lässt sich ein Lizenzschlüssel kaufen oder ein zuvor käuflich erworbener Schlüssel eingeben.

INFO

Datenträger nur gegen Gebühr

Wer auf einen Datenträger nicht verzichten mag, kann eine Sicherungskopie gegen Gebühr von derzeit 15 € zzgl. Versandkosten über *www.office.com/myaccount* im Bereich **Mein Konto** erwerben.

1.3   Office 2013 im Download beziehen

Wie zuvor erwähnt, kann die gewünschte Office-Software gemietet, gekauft oder vorab unverbindlich getestet werden. Für welches Produkt Sie sich auch immer entscheiden – Sie benötigen einen Download mit der entsprechenden Software. Die Mietprodukte der 365er-Reihe bieten (mit Ausnahme von Small Business) jeweils eine Schaltfläche an, über die Sie die Software vorab testen oder mit Klick auf **Jetzt kaufen** (unter *office. microsoft.com*) gleich kaufen können. Nach der Registrierung wird auch der entsprechende Download angeboten. Alternativ benutzen Sie den Button **Office installieren**, den Sie oben rechts im Auswahlbereich des Office 365-Plans finden.

Abbildung 1.2 Hier gibt es einen Download-Link.

Microsoft Office Professional Plus 2013 finden Sie zum Download auf der Seite *technet.microsoft.com/de-de/evalcenter/jj192782.aspx*. Nach dem Download beginnt die automatische Installation der Programme (siehe Abschnitt 1.5, »Ein kurzer Blick auf die Installation der Office-Suite«, auf Seite 55). Ist das nicht der Fall, lässt sich die Installation manuell starten (siehe Abschnitt »Neue Software installieren« auf Seite 56). Vorab sollten Sie jedoch grundsätzlich zwei Dinge beachten: Prüfen Sie, ob Ihr PC die Systemvoraussetzungen erfüllt (siehe folgenden Abschnitt), und deinstallieren Sie, falls vorhanden, ältere Office-Versionen auf dem Zielrechner.

1.4   Diese Mindestanforderungen muss Ihr Rechner erfüllen

Office prüft bereits zu Beginn der Installation, ob Ihr PC für eine Installation von Office 2013 oder Office 365 geeignet ist. Wenn das nicht der Fall ist, kann die Installation nicht ausgeführt werden. Wenn Sie Office jedoch direkt käuflich erwerben oder demnächst einen neuen PC kaufen möchten, auf dem Office dann betrieben werden soll, müssen Sie sich Gedanken über die **Systemvoraussetzungen** machen, mit denen das Endgerät ausgestattet sein soll.

Zum Betrieb von Office 2013 bzw. Office 365 benötigen Sie mindestens:

- einen x86- oder x64-Prozessor mit mindestens 1 Gigahertz und SSE2-Befehlssatz
- 1 Gigabyte RAM Arbeitsspeicher für 32-Bit-Systeme bzw. 2 Gigabyte RAM Arbeitsspeicher für 64-Bit-Systeme
- mindestens noch 3 Gigabyte freien Festplattenspeicher
- Zur Grafik-Hardwarebeschleunigung wird eine DirectX10-Grafikkarte sowie eine Anzeigeauflösung von mindestens 1.024 x 576 benötigt.
- eines der folgenden Betriebssysteme: Windows 8.1 (32 oder 64 Bit), Windows 7 (32 oder 64 Bit), Windows Server 2012 (nur als 64 Bit verfügbar), Windows Server 2008 R2 (nur als 64 Bit verfügbar)
- einen zeitgemäßen Browser: Internet Explorer ab Version 8, Mozilla Firefox ab Version 10, Apple Safari ab Version 5 oder Google Chrome ab Version 17
- .NET-Version ab 3.5

Bitte beachten Sie, dass es sich hierbei um Mindestanforderungen handelt. Je leistungsfähiger Ihr PC ist, desto effizienter lassen sich auch die Office-Anwendungen betreiben. Außerdem empfehlen wir, grundsätzlich vor dem Kauf einer Software die Testversion zu installieren. So können Sie sicher sein, dass sich die Software installieren lässt, noch ehe Sie Geld dafür ausgeben.

1.5 Ein kurzer Blick auf die Installation der Office-Suite

In diesem Abschnitt befassen wir uns mit der Installation von Office 2013. Bevor Sie die Installation starten, sollten Sie vorhandene, ältere Softwareversionen deinstallieren.

Vorhandene Office-Software deinstallieren

Installieren Sie Office 2013, nachdem Sie eine eventuell vorhandene Vorgängerversion entfernt haben.

1 Gehen Sie in die **Systemsteuerung** des Betriebssystems und wählen Sie dort **Programme und Features** an.

2 Suchen Sie in der Liste der installierten Anwendungen nach **Microsoft Office**. Klicken Sie mit rechts darauf und entscheiden Sie sich für **Deinstallieren**.

3 Die anschließende Kontrollabfrage, mit der geprüft wird, ob die Software tatsächlich vom Computer entfernt werden soll, bestätigen Sie mit einem Klick auf **Ja**.

4 Nach einiger Zeit erhalten Sie nach erfolgreicher Deinstallation eine entsprechende Meldung.

Neue Software installieren

Wie bereits erwähnt, startet die Installation der Software nach deren Download aus dem Internet automatisch. Sollte das nicht der Fall sein, können Sie sie auch manuell starten.

1 Doppelklicken Sie auf das Symbol der heruntergeladenen Datei. Für gewöhnlich werden Sie die Datei nach dem Herunterladen im Ordner Downloads auf Ihrem Computer finden.

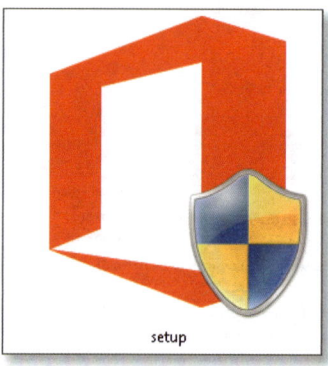

2 Als Nächstes müssen Sie die Lizenzvereinbarungen akzeptieren, indem Sie die Checkbox **Ich stimme den Bedingungen dieses Vertrages zu** aktivieren und auf **Weiter** klicken.

3 Im weiteren Verlauf können Sie entscheiden, ob Sie Office komplett oder nur bestimmte Programme daraus installieren wollen. Letzteres erreichen Sie mit einem Klick auf **Anpassen**.

4 Klicken Sie anschließend auf die Schaltfläche **Jetzt installieren**. Gedulden Sie sich etwas, der Installationsprozess wird nun durchgeführt. Nach erfolgter Installation wird eine entsprechende Meldung ausgegeben.

INFO

Speicherort angeben

Im Verlauf des Installationsprozesses haben Sie die Möglichkeit, den Installationsort zu verändern. Das ist zwar prinzipiell nicht nötig, da Office 2013 automatisch in den Ordner *Programme* des Stammlaufwerks (in den meisten Fällen *C:*) integriert wird, könnte aber bei Bedarf verändert werden. Dazu müssen Sie zunächst dem Installationsverlauf so weit folgen, bis Ihnen ein Dialogfenster mit mehreren Registerkarten angezeigt wird. Klicken Sie hier auf die Registerkarte **Dateispeicherort**. Durch einen Klick auf **Durchsuchen** können Sie nun den Speicherort wunschgemäß ändern.

1.6 Office 2013 aktivieren

Um der illegalen Verbreitung von Software entgegenzuwirken, haben viele Software-schmieden, darunter zählt auch Microsoft, die Aktivierung eingeführt. Damit wird Office für Sie personalisiert. So soll unterbunden werden, dass ein einzelner Pro-duktschlüssel auf zahllose Nutzer übertragen werden kann.

Nachdem Office 2013 installiert worden ist, muss die Anwendung aktiviert werden. Das funktioniert fast automatisch, denn Sie müssen zunächst nichts weiter tun, als eine der Anwendungen zu starten.

1 Sobald Sie eine Anwendung öffnen (hier: Word), wird Ihnen das Dialogfenster **Office aktivieren** angezeigt. Nun gibt es drei Möglichkeiten: Sie können sich mit einem **Microsoft-Konto** anmelden, ein **Organisationskonto** verwenden, wenn Sie eine Volumen-Lizenz verwenden, oder direkt den Lizenzschlüssel eingeben, indem Sie auf die blaue Zeile **Stattdessen einen Product Key eingeben** tippen. Möchten Sie zunächst den Testzeitraum von Office 2013 nutzen, sind Sie mit dem zuerst genannten Button gut beraten.

2 Folgen Sie den weiteren Anweisungen. Je nach gewählter Aktivierungsoption müssen Sie nun den Lizenzschlüssel eingegeben und auf **Installieren** klicken.

3 Beantworten Sie die Frage nach den **Standarddateitypen** idealerweise mit **Office Open XML-Formate**, damit alle Office-Features unterstützt werden, und klicken Sie auf **OK**. Kurze Zeit später werden Sie willkommen geheißen.

INFO

Eingabe des Product Keys

Berücksichtigen Sie, dass die Eingabe des Product Keys den Testzeitraum automatisch beendet. Sollten Sie die Software also mit Ihrem persönlichen Lizenzschlüssel aktiviert haben, verfällt der restliche Testzeitraum. Eine Rücknahme der Aktivierung ist dann nicht mehr möglich.

1.7   Der erste Start

Nach der Installation und der Anmeldung sollten Sie kontrollieren, ob Sie korrekt angemeldet sind. In der Regel sieht man entsprechende Hinweise in der oberen rechten Ecke
der Anwendung. Sofern Sie hier Ihren Namen und Ihre E-Mail-Adresse sehen, ist alles
korrekt gelaufen. Wenn nicht, steht dort **Anmelden**, klicken Sie darauf, um die Anmeldung nachzuholen. Wenn es jedoch so aussieht wie hier, steht der uneingeschränkten
Verwendung von Office 2013 nichts mehr im Wege.

Abbildung 1.3 In der oberen rechten Ecke ist zu sehen, ob Sie korrekt angemeldet sind.

Kapitel 2
Sich auf der Oberfläche zurechtfinden

Sie arbeiten zum ersten Mal mit Office 2013 oder haben bislang wenig Praxis? Dann sollten Sie sich die folgenden Ausführungen nicht entgehen lassen. Hier geht es um die Grundlagen der Programmoberfläche, die Registerkarten und Symbolleisten. Allerdings findet auch der bereits geübte Anwender hier sicher die eine oder andere nützliche Information, denn wir sprechen auch Funktionen an, die vielleicht nicht ganz so populär, jedoch sehr effektiv sind.

2.1 Die Benutzeroberfläche von Office 2013 kennenlernen

Auf den ersten Blick sehen sich die Anwendungen von Office 2013 sehr ähnlich. Hier besteht fast schon Verwechslungsgefahr. Auf den zweiten Blick wird jedoch ersichtlich, was Textverarbeitung ist und womit man eher Tabellenkalkulationen vornimmt. Bevor wir uns die Oberfläche von Office genauer ansehen, noch ein paar grundlegende Begriffe, die in diesem Buch immer wieder auftauchen und deren Bedeutung Sie kennen sollten.

Programm, Anwendung, App – Begriffsdefinitionen

Wir sprechen von einer *Anwendung*, wenn wir eines der in Office enthaltenen Programme meinen. Das sind z. B. Word, Excel, PowerPoint, OneNote und Outlook. *Apps* hingegen sind kleinere Programme, sogenannte Hilfsprogramme, wie die in Office 2013 enthaltenen Web Apps. Dabei handelt es sich um abgespeckte Onlineversionen der großen Programme, die mit geringerem Funktionsumfang aufwarten. An dieser Stelle wollen wir auch auf das Glossar hinweisen, das Sie im Anhang dieses Buches finden. Auch hier gibt es Definitionen zu Begriffen, die in diesem Buch Verwendung gefunden haben.

> **INFO**
>
> **Dokumente**
>
> Dokumente sind in erster Linie in Word erstellte Schriftstücke. Darüber hinaus lassen sich alle Produkte, die mit einer Software erzeugt werden, als Dokumente bezeichnen. Im Folgenden sprechen wir also auch von Excel- oder PowerPoint-Dokumenten.

Eine Anwendung öffnen

Sobald Sie eine Anwendung öffnen, sind unterschiedliche Reaktionen zu erwarten. Wenn Sie beispielsweise Outlook oder OneNote öffnen, sind Sie gleich mittendrin – es sei denn, Sie öffnen diese Anwendungen zum ersten Mal. Dann nämlich müssen Sie zunächst ein bisschen Vorarbeit leisten und das eine oder andere konfigurieren. Wie das vonstattengeht, schauen wir uns in den betreffenden Kapiteln noch genauer an. Starten Sie diese Anwendungen jedoch später erneut, öffnet sich die herkömmliche Arbeitsoberfläche. Sie können also gleich loslegen.

Bei Word, Excel und PowerPoint ist das anders. Hier werden Sie standardmäßig von einer Arbeitsumgebung in Empfang genommen, die Ihnen beim Öffnen bzw. der Neuerstellung eines Dokuments behilflich sein möchte. Auf der linken Seite findet man eine Auflistung der zuletzt verwendeten Dokumente. Diese ist leer, wenn Sie das Programm erstmalig starten. Verständlich, denn bislang gibt es ja noch keine Dokumente. In der Mitte finden Sie die sogenannten *Vorlagen*. Das sind vordefinierte und zum Teil bereits toll gestaltete Arbeiten, auf deren Grundlagen Sie nun Ihre eigenen Dokumente erstellen können. Der Bereich (in Abbildung 2.1 ist Excel zu sehen) kann hier bereits anders aussehen als in Ihrer Anwendung, da Office die Vorlagen nach Benutzung anordnet. Das heißt: Ist eine Vorlage jüngst verwendet worden, findet diese sich auch in der oberen Reihe der Vorlagen. Bitte lassen Sie sich also nicht verwirren, wenn das bei Ihnen derzeit ein wenig anders aussieht.

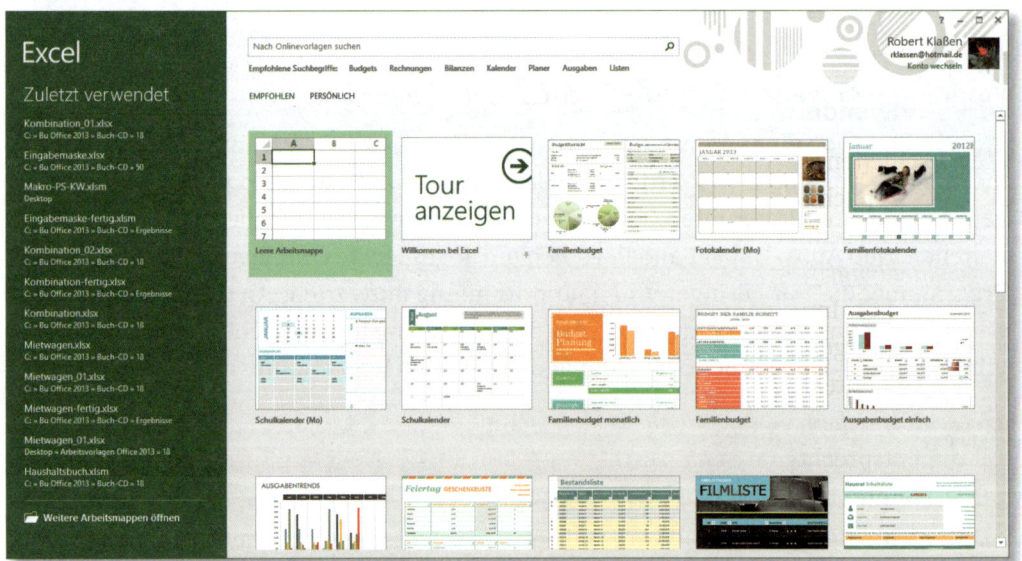

Abbildung 2.1 Die zuletzt benutzten Excel-Dokumente werden in der linken Spalte gelistet.

Mit einem leeren Dokument beginnen

Die Programme Word, Excel und PowerPoint ermöglichen es Ihnen, Ihre Arbeit statt mit einer Vorlage auch mit einem komplett leeren Dokument zu beginnen. Nur Word verwendet allerdings hierzu den Befehl **Leeres Dokument**, während in Excel die **Leere Arbeitsmappe** und in PowerPoint die **Leere Präsentation** zur Verfügung stellt. Ein Klick auf diesen Eintrag öffnet letztendlich ein neues leeres Dokument in der entsprechenden Anwendung.

Abbildung 2.2 In PowerPoint kann man mit einer leeren Präsentation beginnen.

Office-Anwendungen in der Übersicht

Die verschiedenen Office-Anwendungen gestalten sich im Prinzip alle gleich, sodass Sie sich bereits nach den ersten Schritten mit einer der Anwendungen auch in den anderen Programmen schnell zurechtfinden werden. Ganz oben findet man die *Symbolleiste für den Schnellzugriff* ❶ (siehe Abbildung 2.3), darunter die *Registerkarten* ❷, dann das *Menüband* ❸. Innerhalb des Menübands sind die sogenannten *Gruppen* oder *Befehlsgruppen* untergebracht, die in Abbildung 2.3 mit **Zwischenablage** ❹, **Schriftart** ❺ und **Absatz** ❻ betitelt sind. Darin enthalten sind einzelne Schaltflächen (auch *Befehle, Befehlsschaltflächen, Buttons, Schalter, Tasten* oder *Taster* genannt), mit denen per Klick auf die entsprechende Schaltfläche ein bestimmter Befehl oder eine Befehlsfolge ausgelöst werden kann. Im Fuß der Anwendung haben wir es dann mit der sogenannten *Statusleiste* ❼ zu tun. Was in den einzelnen Segmenten der Anwendung so alles geht, schauen wir uns später in den jeweiligen Kapiteln genauer an. Zum gegenwärtigen Zeitpunkt ist es wichtig zu wissen, wie die Bereiche genannt werden.

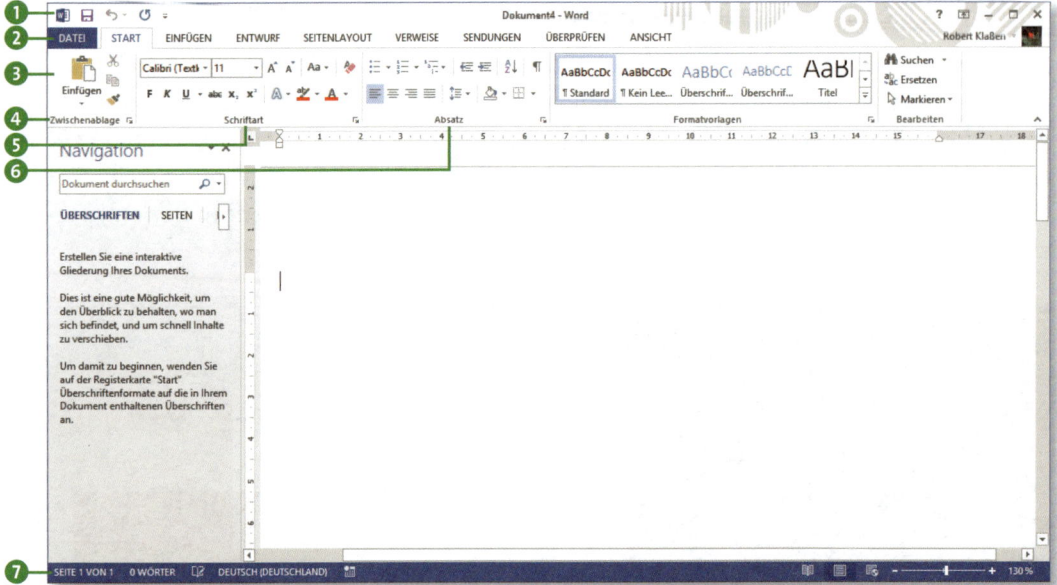

Abbildung 2.3 Die Oberfläche von Word ist mit der von PowerPoint, Excel und den anderen Anwendungen weitgehend identisch – wenngleich meist andere Befehlsschaltflächen integriert sind.

INFO

Weitere Hinweise

Auf die Bedeutung und Funktion der einzelnen Elemente gehen wir in Abschnitt 4.1, »Wo finde ich was?«, Seite 107, noch genauer ein. Weitere Hinweise zum Menüband, zu den Registerkarten sowie zur Symbolleiste für den Schnellzugriff finden Sie in den folgenden Abschnitten dieses Kapitels.

Die Benutzeroberfläche anpassen

Die Anwendungen sind in der Regel in unterschiedliche Aufgabenbereiche aufgeteilt, die sich von Ihnen individuell anpassen lassen. So befindet sich beispielsweise auf der linken Seite zumeist ein separater Bereich, der durch eine Art Zwischensteg vom Dokument getrennt ist. Dieser Zwischensteg lässt sich zur Seite ziehen, indem Sie darauf klicken, die Maustaste gedrückt halten und die Maus anschließend nach links oder rechts bewegen. Sie haben die richtige Position für den Mausklick erreicht, sobald sich der Mauszeiger in einen Doppelpfeil verändert.

64

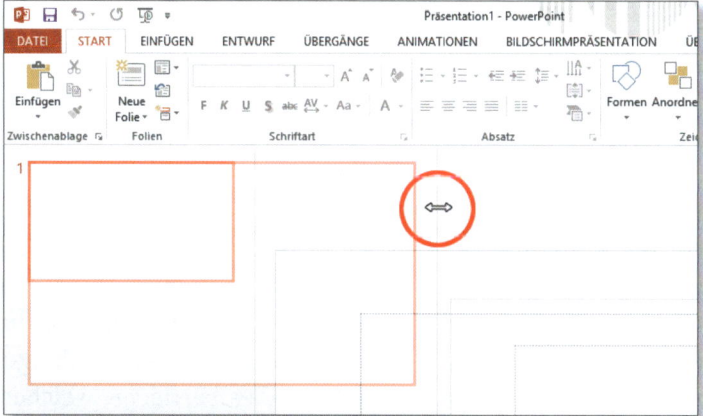

Abbildung 2.4 Verbreitern Sie die linke Spalte, indem Sie den Zwischensteg mit gedrückter Maustaste in Form ziehen.

Es existieren noch zahlreiche weitere Optionen, mit denen sich die Arbeitsoberfläche anpassen lässt. So können beispielsweise weitere Fenster über Anwahl von Checkboxen im Register **Ansicht** hinzugefügt bzw. deaktiviert werden. In Word beispielsweise lassen sich so *Lineale* ein- und ausblenden, mit deren Hilfe Tabulatoren platziert werden können.

Abbildung 2.5 Schalten Sie Lineale in Word ein oder aus.

2.2 Das Menüband

Und damit befinden wir uns mitten im Thema Menüband. Dieses enthält eine Reihe von speziellen Befehlen, die von Anwendung zu Anwendung unterschiedlich sind.

Aufgabenbereiche anzeigen lassen

Wie Sie bereits im Abschnitt »Office-Anwendungen in der Übersicht«, Seite 63, erfahren haben, ist das Menüband in verschiedene Gruppen aufgeteilt. Der Gruppenname ist grundsätzlich am unteren Rand der Gruppe zu finden. Einige Gruppen weisen rechts neben dem Gruppennamen kleine Symbole mit einem schräg nach unten rechts angeordneten Pfeil auf. Dabei handelt es sich um eine Schaltfläche, mit der entweder ein zusätzliches Fenster geöffnet werden kann oder der sogenannte *Aufgabenbereich* zugänglich wird. Jede derart ausgestattete Gruppe bringt hier ihren eigenen Aufgabenbereich bzw. Dialog mit. Dadurch werden weitere Optionen bereitgestellt. Wenn Sie in Word beispielsweise auf die entsprechende Schaltfläche der Gruppe **Zwischenablage** ❶ klicken, erscheint ein weiterer Aufgabenbereich auf der Arbeitsoberfläche, welcher den Namen **Zwischenablage** ❷ trägt. Es lässt sich durch erneuten Klick auf ❶ oder durch Anwahl der Kreuz-Schaltfläche ❸ wieder schließen.

Abbildung 2.6 Der Aufgabenbereich »Zwischenablage« wird angezeigt.

Diese Aufgabenbereiche lassen sich sortieren, indem Sie entweder die kleine Dreieck-Schaltfläche ❹ betätigen und aus dem Menü den Eintrag **Verschieben** auswählen oder auf die Bezeichnung des Arbeitsbereichs ❷ klicken, die Maustaste gedrückt halten und das Fenster an eine andere Position verschieben. Wenn Sie die gewünschte Stelle erreicht haben, an der Ihnen dieser Bereich lieber ist, lassen Sie die Maustaste einfach wieder los.

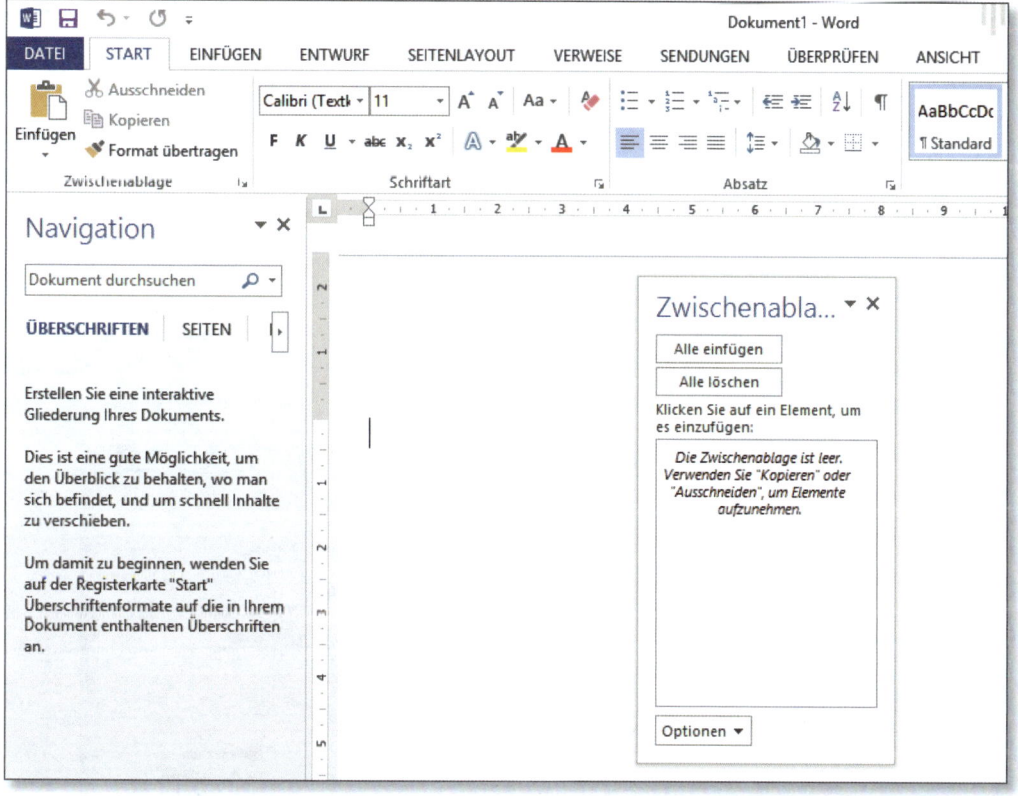

Abbildung 2.7 Der Arbeitsbereich »Zwischenablage« ist verschoben worden.

Auf die zuvor beschriebene Weise lässt sich der herausgelöste Arbeitsbereich (hier: **Zwischenablage**) übrigens auch wieder zurückbringen. Ziehen Sie ihn einfach wieder an die Position, von der Sie das Fenster zuvor entfernt haben. Wenn Sie eine Art »Einrasten« feststellen (das Fenster springt wie von selbst an den Rand), lassen Sie die Maustaste wieder los. Dadurch wird der Aufgabenbereich wieder an den Rand der Anwendung »angeheftet«. Es spielt dabei keine Rolle, ob Sie ihn links oder rechts anfügen.

Werfen wir abschließend noch einen Blick auf die herkömmlichen Fenster. Wenn Sie beispielsweise auf das Arbeitsbereichssymbol **Schriftart** der Word-Registerkarte **Start** klicken, erscheint kein eingebettetes, sondern ein losgelöstes Fenster auf der Arbeitsoberfläche. In der folgenden Abbildung handelt es sich um das Dialogfenster **Schriftart**.

Abbildung 2.8 Hier erscheint ein herkömmliches Dialogfenster, wie Sie es auch vom Windows-Betriebssystem her kennen.

Bereiche erweitern

Manche Menüband-Gruppen, wie z. B. die Formatvorlagen der Word-Registerkarte **Start**, weisen noch eine kleine, nach unten zeigende Dreieck-Schaltfläche ❶ auf. Es handelt sich dabei um einen Button mit dem klangvollen Namen **Weitere**.

Abbildung 2.9 Es wird nur ein Teil der zur Verfügung stehenden Formatvorlagen angezeigt.

Ein Klick darauf bewirkt, dass weitere Steuerelemente angezeigt werden. Hierbei handelt es sich um eine Gruppe von Steuerelementen, von denen in der Standardansicht nur ein Teil zu sehen ist. Die Inhalte der Liste lassen sich übrigens auch durch Wahl der beiden Pfeilschaltflächen ➋ anpassen. Aber der Klick auf **Weitere** bewirkt letztendlich, dass der gesamte Inhalt auf einmal angesehen werden kann.

Abbildung 2.10 Ein Klick auf »Weitere« bewirkt, dass ein vergrößertes Fenster angezeigt wird.

QuickInfo im Menüband

Nun werden Sie sich insbesondere zu Beginn Ihrer Arbeiten mit Office nicht immer sicher sein, was nun die eine oder andere Schaltfläche bewirkt. Verständlich, denn es befinden sich ja unzählige Buttons im Menüband. Nutzen Sie die sogenannten *QuickInfos*.

QuickInfos sind kleine Fenster, die entsprechende Beschreibungen bieten. Verweilen Sie mit der Maus auf einer dieser Schaltflächen, um sie anzeigen zu lassen. Nach einer Sekunde wird das Fenster unmittelbar unterhalb des Menübands eingeblendet.

Abbildung 2.11 Kleine Hinweisfenster verraten mehr über die Schaltfläche.

Menüband lösen

Platz ist ein kostbares Gut auf der Office-Arbeitsoberfläche. Deswegen werden Sie mitunter gewillt sein, jeden Zentimeter Raum für Ihr Dokument zu nutzen – insbesondere wenn Sie mit kleinen Monitoren (z. B. einem Tablet) arbeiten. Blenden Sie den Inhalt des Menübands temporär aus (und bei Bedarf auch wieder ein), indem Sie `Strg` + `F1` betätigen. Alternativ klicken Sie auf den Schalter **Menüband lösen** unten rechts im Menüband.

Abbildung 2.12 Das Menüband kann komplett ausgeblendet werden.

Nun bleiben lediglich noch die Registerkarten erhalten, während das Menüband komplett verschwunden ist. Macht aber nichts, denn wenn Sie ein Steuerelement des Menübands bedienen wollen, klicken Sie zunächst auf die gewünschte Registerkarte. Daraufhin öffnet sich das Menüband, und Sie können eine der Befehlsschaltflächen bedienen. Das Menüband schließt sich daraufhin automatisch wieder – eine gute Methode, um platzsparend zu arbeiten.

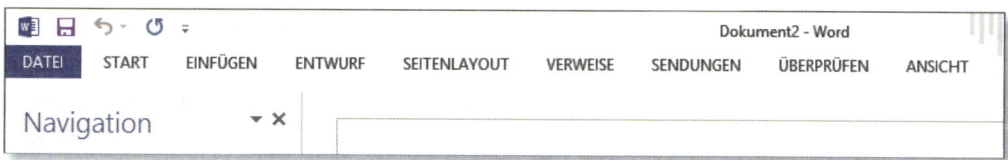

Abbildung 2.13 Das Menüband ist komplett ausgeblendet.

Menüband anzeigen

Nun müssen Sie mit dieser Anzeige nicht für immer leben. Vielmehr lässt sich die herkömmliche Ansicht zurückgewinnen, indem Sie abermals ⎡Strg⎤ + ⎡F1⎤ betätigen oder die Schaltfläche **Menüband-Anzeigeoptionen** ❶ (siehe Abbildung 2.14) im Kopf der Anwendung anklicken. In dem Menü der Schaltfläche entscheiden Sie sich für die Option **Registerkarten und Befehle anzeigen**.

Abbildung 2.14 So gewinnen Sie die dauerhafte Menüband-Anzeige zurück.

Menüband ausblenden

Es geht übrigens noch mehr. Denn Sie dürfen neben dem Menüband auch die Register ausblenden. Dadurch gewinnen Sie noch mehr Platz auf der Arbeitsoberfläche. Klicken Sie dazu erneut auf den Button **Menüband-Anzeigeoptionen** und entscheiden Sie sich für **Menüband automatisch ausblenden**. Jetzt gibt es nur noch die Seitenleiste (in Abbildung 2.15 der Aufgabenbereich **Navigation**). Zudem ist die Anwendung automatisch maximiert worden und nimmt nun den kompletten zur Verfügung stehenden Platz auf dem Monitor ein. Wollen Sie das Menüband zugänglich machen, bewegen Sie den Mauszeiger ganz nach oben. Sobald Sie einen farbigen Balken sehen (in Word ist dieser blau), klicken Sie auf diesen. Jetzt lässt sich das Menüband nach Wunsch bedienen. Nachdem Sie eine Aktion ausgewählt haben, wird es automatisch wieder ausgeblendet.

Abbildung 2.15 Fast der komplette Kopf der Anwendung ist verschwunden.

2

Menüband dauerhaft einschalten

Der Button **Menüband-Anzeigeoptionen** bleibt auch in der ausgeblendeten Ansicht permanent sichtbar. Sie können also jederzeit wieder auf **Registerkarten und Befehle anzeigen** klicken und so die Anzeige auf Standard zurückstellen. Die Maximierung des Fensters heben Sie auf, indem Sie die Kopfleiste anklicken und das gesamte Anwendungsfenster mit gedrückter Maustaste ein wenig nach unten ziehen.

Das Menüband für die Touch-Eingabe optimieren

Wer an einem Tablet arbeitet, wünscht sich vielleicht mehr Platz zwischen den einzelnen Schaltern. Denn die Bedienung mit dem Finger ist ja letztendlich weniger präzise als mit der Maus.

1 Klicken Sie zunächst in der Kopfzeile der Anwendung auf die kleine Dreieck-Schaltfläche **Symbolleiste für den Schnellzugriff anpassen** ❷. Diesen Schritt müssen Sie übrigens nur einmal machen, da er nur dazu dient, eine entsprechende Schaltfläche zur Verfügung zu stellen, mit der sich ein Wechsel der Eingabemodi ermöglichen lässt.

2 Im Menü wählen Sie **Fingereingabe-/Mausmodus** ❸ aus, wodurch in der Symbolleiste ein neuer Schalter ❹ eingeblendet wird.

3 Klicken Sie nun auf diesen Schalter und entscheiden Sie sich im Menü für einen der beiden Untereinträge (entweder **Maus** oder **Fingereingabe**). Beachten Sie die vergrößerten Abstände zwischen den Schaltflächen bei aktiviertem Fingereingabe-modus.

TIPP

Schaltfläche entfernen

Wer seine individuelle Einstellung gefunden hat und nicht mehr beabsichtigt, daran später etwas zu ändern, kann den Schalter aus der **Symbolleiste für den Schnellzugriff** ganz einfach wieder entfernen. Dazu wiederholen Sie die Schritte 1 und 2 der Anleitung »Das Menüband für die Touch-Eingabe optimieren«, auf Seite 73.

Ein Segen: die Menüband-Befehle

Am Ende dieses Abschnitts noch eine ganz tolle Sache für Sie. Auch wenn es sich un-glaubwürdig anhört: Sie können das Menüband fast komplett ohne Maus bedienen. Das macht insbesondere während der Arbeit mit Word Sinn. Hier schreiben Sie Texte, sind also im Prinzip permanent mit der Tastatur zugange. Da kann es mitunter nervig wer-den, immer wieder zur Maus greifen zu müssen, um einen Befehl aus dem Menüband anzuwenden. Hier die Lösung: Halten Sie einfach mal Alt gedrückt und schauen Sie, was passiert.

Abbildung 2.16 Die Register bekommen Buchstaben.

Um nun eine Registerkarte anwählen zu können, betätigen Sie einfach (bei gedrückter Alt -Taste) die Taste auf Ihrer Tastatur, die unterhalb der betreffenden Registerkarte erscheint. Um beispielsweise ein Bild einfügen zu können, müssten Sie als Nächstes die Taste I drücken. Halten Sie bitte die Taste Alt weiterhin gedrückt. Ansonsten funktioniert es nicht.

Sogleich erfolgt der Wechsel auf die entsprechende Registerkarte. Was sehen Sie in der Gruppe **Illustrationen** unterhalb der Schaltfläche **Bilder**? Genau: **BI**. Das heißt: Sie drücken zuerst die Taste B , dann I – und das Dialogfenster **Grafik einfügen** wird eingeblendet.

Abbildung 2.17 Fast alle Menüband-Befehle lassen sich mithilfe der Tastatur aktivieren.

Das ist doch eine tolle und effektive Vorgehensweise, oder? Am besten merken Sie sich für die Zukunft: Bild einfügen = Alt + IBI , SmartArt einfügen = Alt + IM usw. So macht das Arbeiten richtig Spaß.

2.3   Die Standardregisterkarten

Alle Registerkarten, die in den einzelnen Anwendungen zu sehen sind, werden auch als Standardregisterkarten bezeichnet. Die Registerkarten **Start** und **Einfügen** sind genauso Standard wie beispielsweise die Registerkarte **Ansicht**.

Wie sich diese Registerkarten darstellen, an welcher Position der eine oder andere Registerkarten-Reiter auftauchen soll und welche Befehlsschaltflächen im jeweiligen Menüband enthalten sein sollen, können Sie jedoch frei bestimmen.

1 Rufen Sie dazu zunächst die sogenannte *Backstage-Ansicht* auf, indem Sie auf die Registerkarte **Datei** klicken. Klicken Sie hier auf **Optionen** und wählen Sie links in der Spalte die Rubrik **Menüband anpassen** ❶ (siehe Abbildung S. 76).

2 Wenn Sie beispielsweise möchten, dass die Registerkarte **Entwurf** künftig ganz links direkt neben **Datei** auftaucht, klicken Sie diesen Eintrag ❷ in der rechten Spalte an und ziehen ihn mit gedrückter Maustaste an die oberste Position. Sobald ein schwarzer Balken ❸ auftaucht, lassen Sie die Maustaste los.

3 Möchten Sie eine Registerkarte komplett von der Anzeige ausnehmen, entfernen Sie einfach das vorangestellte Häkchen. Wie Sie sehen, ist die Registerkarte **Entwicklertools** (ebenfalls eine Standardregisterkarte) zwar vorhanden, wird jedoch nicht auf der Oberfläche angezeigt. Die Checkbox ❹ ist inaktiv.

4 Wenn Sie mit Ihren Einstellungen fertig sind, bestätigen Sie Ihre Eingaben mit einem Klick auf **OK**.

INFO

Weitere Informationen

In den folgenden Kapiteln werden wir immer mal wieder auf das Dialogfenster **Optionen** zu sprechen kommen. Sie werden an geeigneter Stelle weitere interessante Möglichkeiten kennenlernen.

2.4 Die Programmregisterkarten

Im Gegensatz zu den Standardregisterkarten sind die Programmregisterkarten ausschließlich in der bereits erwähnten Backstage-Ansicht zu finden. Diese werden links in der Spalte gelistet und können im Gegensatz zu den Standardregisterkarten nicht bearbeitet werden. Der zweite markante Unterschied: Die Bezeichnungen sind in allen drei großen Anwendungen der Office-Suite identisch (Word, Excel, PowerPoint). Weitere Hinweise dazu entnehmen Sie bitte dem Abschnitt »Die Backstage-Ansicht verwenden« auf Seite 79.

2.5 Bedingte Registerkarten und Kontextbefehle

Bedingte Registerkarten sind, wie der Name schon sagt, nur dann zu sehen, wenn eine bestimmte Bedingung erfüllt ist (sie werden auch *kontextbezogene Registerkarten* oder *Tool-Registerkarten* genannt). Eine solche Bedingung ist immer dann gegeben, wenn zuvor ein bestimmtes Objekt innerhalb eines Dokuments ausgewählt worden ist. Diese Registerkarten bieten Ihnen dann weitere Bearbeitungsmöglichkeiten zu dem markierten Objekt an.

Die bedingten Registerkarten

Fügen Sie beispielsweise ein Bild in ein Dokument ein und markieren dieses anschließend mit einem Mausklick, erscheint die Registerkarte **Bildtools/Format**, die üblicherweise (also wenn kein Bild markiert ist) nicht auf der Arbeitsoberfläche zu sehen ist. Ebenso gibt es die Registerkarten **Tabellentools/Entwurf** und **Tabellentools/Layout**, die man nur zu Gesicht bekommt, wenn eine Tabelle markiert ist, oder die beiden Registerkarten **Diagrammtools/Entwurf** und **Diagrammtools/Format** bei Auswahl eines Diagramms – um nur einige Beispiele zu nennen. Sie werden stets ganz rechts in der Reihe der Registerkarten angezeigt.

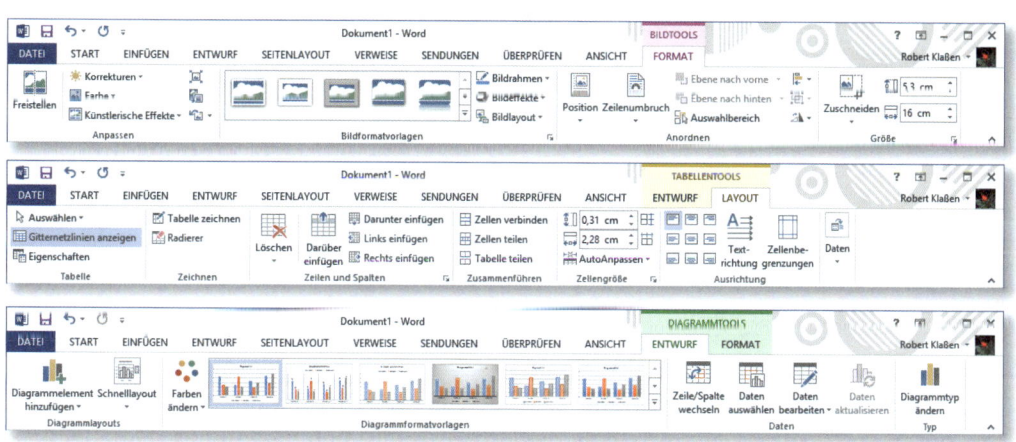

Abbildung 2.18 Die bedingten Registerkarten heben sich farblich von den Standardregisterkarten ab.

77

Kontextbefehle

Kontextbefehle sind ebenso von Bedingungen abhängig. Hier kommt es immer darauf an, ob das Kontextmenü, das übrigens immer per Klick mit der rechten Maustaste zugänglich gemacht wird, auf einem Objekt, einer freien Stelle des Dokuments oder an einem beliebigen anderen Ort geöffnet wird.

Öffnen Sie das Kontextmenü an einer freien Stelle eines Word-Dokuments oder auf einer freien Excel-Zelle, gestaltet sich der Inhalt dieses Menüs anders, als wenn Sie den Rechtsklick beispielsweise auf ein zuvor integriertes Foto, ein Diagramm oder eine Form erfolgen lassen. In der folgenden Abbildung sind zwei potenzielle Ergebnisse aus Excel nebeneinander platziert worden. Links sieht man das Kontextmenü nach Rechtsklick auf eine leere Zelle. Hier gesellt sich zum Kontextmenü noch eine Schnellsymbolleiste hinzu, mit der Zelleninhalte formatiert werden können. Beachten Sie zum Vergleich das rechte Kontextmenü, welches durch Rechtsklick auf ein zuvor integriertes Foto hinzugefügt worden ist. Den gewünschten Menübefehl können Sie dann nach Öffnen des Kontextmenüs mit einem Klick auf die linke Maustaste auswählen.

Abbildung 2.19 Die Kontextmenüs unterscheiden sich voneinander.

Darüber hinaus sind viele Befehle, die sich beispielsweise im Menüband befinden, auch im Kontextmenü zu erreichen. So geht die Auswahl eines Befehls zumeist schneller vonstatten als durch Auswahl der gewünschten Registerkarte und anschließendes Suchen des Befehls im Menüband. Des Weiteren stehen Kontextmenüs nicht nur in Dokumentbereichen zur Verfügung, sondern auch auf Schaltflächen (z. B. im Menüband), auf Registerkarten sowie in Kopf- und Fußleisten einer Office-Anwendung. Auch hier ist der Inhalt stets abhängig von der Stelle, auf die Sie klicken.

Abbildung 2.20 Das im Menüband geöffnete Kontextmenü bringt eigene Befehle mit.

2.6 Die Backstage-Ansicht verwenden

Mit der Backstage-Ansicht sind Sie in diesem Kapitel ja bereits konfrontiert worden. Sie befindet sich im wahrsten Sinne des englischen Wortlautes »hinter der Bühne«, also hinter der gewohnten Arbeitsumgebung einer Office-Anwendung, und kann durch Klick auf die Registerkarte **Datei** zugänglich gemacht werden. Wer Office bereits von älteren Versionen her kennt (bis Office 2007), wird noch die Start-Schaltfläche kennen, über die entsprechende Befehle seinerzeit erreicht werden konnten. Diesen Job übernimmt heutzutage die Registerkarte **Datei**.

Übersicht über die Backstage-Ansicht

Im Prinzip kann man die Backstage-Ansicht als Verwaltungsapparat von Office bezeichnen, in dem jedoch nicht nur Office-spezifische Einstellungen vorgenommen werden können. Auch programminterne Optionen, wie z. B. die bereits angesprochene Gestaltung des Menübands, lassen sich hier vornehmen. Außerdem werden dokumentspezifische Möglichkeiten wie z. B. das Speichern, Exportieren oder Drucken eines Dokuments über diesen Bereich ausgeführt. In den drei Hauptanwendungen Word, Excel und PowerPoint gleichen sich die Programmrubriken bis ins Detail – lediglich in Outlook und OneNote gibt es Abweichungen.

INFO

Zurück zur Anwendung

Mit Klick auf den nach links weisenden Pfeil ganz oben links in der Spalte mit den verschiedenen Rubriken der Backstage-Ansicht gelangen Sie stets zurück zur Programmansicht der jeweiligen Office-Anwendung.

Neu, Öffnen, Speichern, Speichern unter

Erzeugen Sie ein neues Dokument, indem Sie in der linken Spalte der Backstage-Ansicht die Rubrik **Neu** selektieren und dann eine Vorlage oder ein leeres Dokument aussuchen. Nach einem Klick auf **Öffnen** können Sie auf zuletzt verwendete Dokumente zugreifen, indem Sie den Eintrag **Zuletzt verwendete** anklicken. Außerdem haben Sie die Möglichkeit, auf bestimmte Speicherorte wie z. B. den Inhalt Ihres Computers oder den Onlinespeicher OneDrive zuzugreifen.

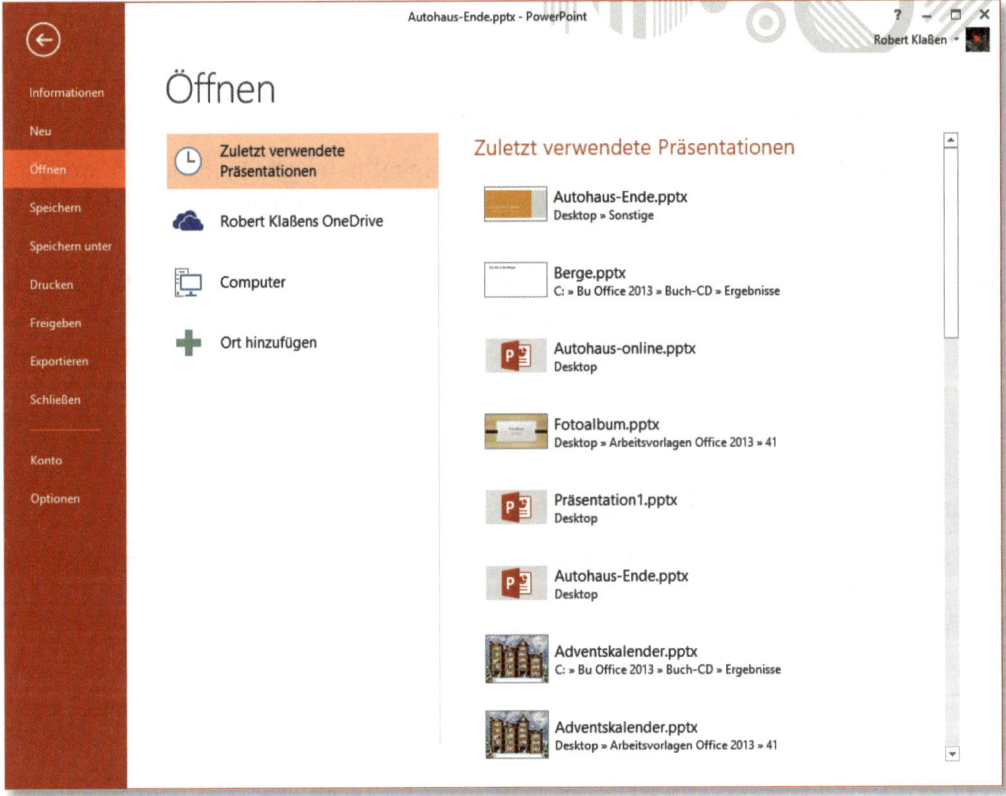

Abbildung 2.21 Der Bereich »Öffnen« in PowerPoint

Speichern Sie ein Dokument, indem Sie sich beim ersten Mal für **Speichern unter** entscheiden. Das erlaubt die Anwahl eines Speicherorts. Um das Dokument später erneut zu speichern, reicht es, wenn Sie **Speichern** auswählen. Alternativ können Sie jedoch direkt aus der Programmumgebung heraus die Taste Strg + S betätigen. Für den Fall, dass Sie einem Dokument noch keinen Speicherort zugewiesen haben und trotzdem auf **Speichern** klicken, wird automatisch das Dialogfenster **Speichern unter** geöffnet. Auch hier werden übrigens zuletzt verwendete Ordner zur schnellen Auswahl angeboten bzw. die Schaltfläche **Durchsuchen** zur Verfügung gestellt, mit der Sie einen beliebigen anderen Speicherort aussuchen können.

Abbildung 2.22 Wer den gewünschten Speicherort nicht findet, klickt auf »Durchsuchen«.

Drucken, Freigeben, Exportieren

Während sich Dokumente mit einem Klick auf **Drucken** zu Papier bringen lassen, können Sie über die Schaltfläche **Freigeben** Dokumente per E-Mail versenden oder Personen einladen, das Dokument anzusehen oder daran zu arbeiten. Dazu wird es in der Regel in der sogenannten *Cloud* (wie z. B. OneDrive) gespeichert und ist somit online für den Empfänger verfügbar. Beim Exportieren wandelt man ein Dokument hingegen in aller Regel in einen anderen Dateityp um. Das ist interessant, wenn der potenzielle

Empfänger Ihrer Dokumente nicht über Office verfügt. Ein sehr beliebtes Exportformat ist das sogenannte *PDF* (Portable Document File). Es ist im Allgemeinen sehr klein, was die Dateigröße angeht, kann also prima per E-Mail weitergegeben werden und ist qualitativ dennoch auf hohem Niveau. Somit kann es meist auch in Topqualität gedruckt werden. Der Nachteil: PDF-Dokumente können nicht (bzw. nur mit entsprechender Software) bearbeitet werden. Der Empfänger kann also das PDF-Dokument in der Regel nicht editieren. Aber das muss nicht unbedingt ein Nachteil sein. Denn mitunter ist es ja gar nicht gewünscht, dass dieser Dokumente nachbearbeitet.

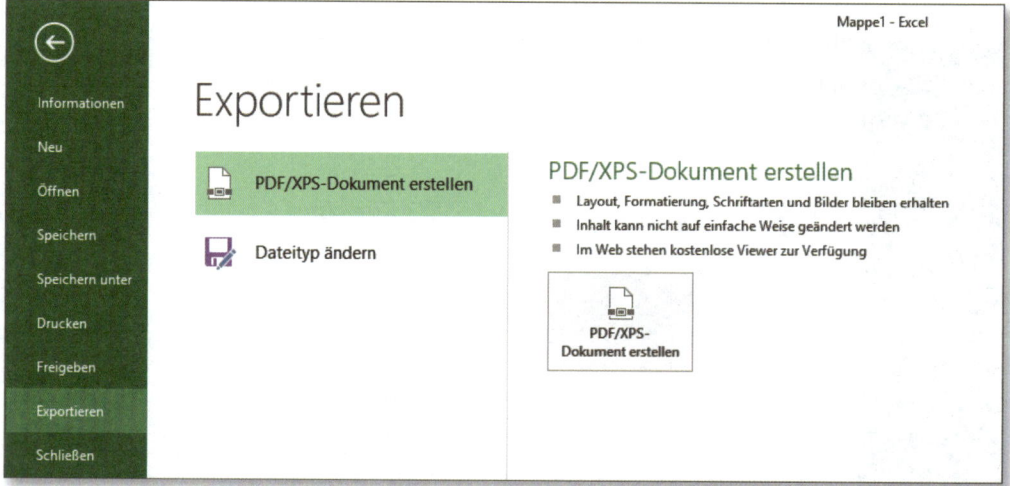

Abbildung 2.23 Der Export als PDF-Dokument ist mittlerweile Standard in Office.

HINWEIS

Speichern und Exportieren im Team

Sie sollten grundsätzlich eine Arbeitsdatei des jeweiligen Dokuments erhalten, indem Sie **Speichern** bzw. **Speichern unter** benutzen. Betrachten Sie den Dokumentexport bitte grundsätzlich als losgelöste Zusatzaktion. Zwar wird damit im Kern das gleiche Dokument ausgegeben, jedoch reicht es nicht, nur das PDF zu behalten. Denn dann müssten Sie es zur Nachbearbeitung zunächst in ein Word-Dokument konvertieren. Daher ist grundsätzlich zu empfehlen, ein Word-Dokument zu behalten.

PDF-Dokumente öffnen und konvertieren

Diese neuartige Technik ist sehr interessant für alle, die vorhandene PDF-Dokumente weiterverarbeiten wollen. Denn diese können mittlerweile wie ein herkömmliches

Dokument geöffnet werden. Klicken Sie in Word auf **Datei** > **Öffnen** und navigieren Sie zum PDF-Dokument. Öffnen Sie es wie ein normales Word-Dokument. Sie erhalten daraufhin einen entsprechenden Hinweis zur Konvertierung, den Sie mit einem Klick auf **OK** bestätigen. Gedulden Sie sich einen Augenblick. Bei umfangreichen PDF-Dokumenten kann es schon mal einen Moment dauern, bis dieser Vorgang abgeschlossen ist. Vergessen Sie zudem nicht, das Word-Dokument zu speichern. Denn bislang gibt es ja nur das PDF – und eben noch keine Word-Datei auf Ihrem Computer.

> **INFO**
>
> **PDF außerhalb von Word öffnen**
>
> Übrigens können Sie ein PDF-Dokument auch aus einer anderen Office-Anwendung heraus öffnen (z. B. Excel). Die Bereitstellung des Dokuments erfolgt trotzdem in Word. Darüber hinaus können Sie ein PDF-Dokument außerhalb von Office mit rechts anklicken und **Öffnen mit** wählen. Im Kontextmenü wählen Sie anschließend den Eintrag **Word**.

2.7 Die Symbolleiste für den Schnellzugriff

Die Symbolleiste für den Schnellzugriff ist eine ganz oben links angebrachte Sammlung von individuellen Befehlen. Sie unterscheidet sich geringfügig von Anwendung zu Anwendung – Sie können sie jedoch individuell anpassen.

Abbildung 2.24 Word, Excel, PowerPoint, Outlook, OneNote (von oben nach unten)

Mithilfe des kleinen Disketten-Symbols, welches sich innerhalb der drei »großen« Anwendungen rechts neben dem Programmsymbol befindet, kann das Dokument schnell nachgespeichert werden. Der gebogene, nach links weisende Pfeil ermöglicht Ihnen das Rückgängigmachen der zuletzt ausgeführten Handlung, während Sie mit einem Klick auf den nach rechts weisenden oder im Kreis befindlichen Pfeil zurückgenommene Schritte erneut ausführen können. Beide Schaltflächen sind folgerichtig nur dann anwählbar, wenn es etwas gibt, das rückgängig gemacht oder nach einer Rückgängig-Aktion wiederhergestellt werden kann. Ist das nicht der Fall, werden die Steuerelemente ausgegraut dargestellt.

Schaltflächen hinzufügen

Sie wollen ein Symbol hinzufügen? (Eine entsprechende Aufgabe haben wir ja bereits im Abschnitt »Das Menüband für die Touch-Eingabe optimieren« auf Seite 73 gelöst.) An dieser Stelle sei daher nur noch einmal in Kürze erwähnt, dass Sie auf den Button **Die Symbolleiste für den Schnellzugriff anpassen** klicken müssen, der sich in der Symbolleiste ganz rechts befindet. Im Auswahlmenü wählen Sie dann den Eintrag, den Sie hinzufügen möchten. Sollte der gewünschte Eintrag nicht vorhanden sein, klicken Sie auf **Weitere Befehle**. Das öffnet das Dialogfenster **Optionen** (das sich übrigens auch über **Datei** > **Optionen** > **Symbolleiste für den Schnellzugriff** aktivieren ließe). Wenn Sie nun aus dem Menü **Befehle auswählen** ❶ in der mittleren Spalte des Dialogfensters **Alle Befehle** wählen und anschließend einen Befehl im darunter befindlichen Feld ❷ aussuchen, wird diese Schaltfläche durch einen Klick auf **Hinzufügen** ❸ in die Symbolleiste für den Schnellzugriff integriert. Der entsprechende Eintrag erscheint daraufhin in der rechten Spalte ❹. Damit die Einstellung wirksam werden kann, müssen Sie das Dialogfenster mit einem Klick auf den Button **OK** verlassen.

Abbildung 2.25 Hier wird gerade der Befehl »Ebene nach vorne« integriert.

Aktive Symbolleistenoptionen

Klicken Sie einmal auf die Schaltfläche **Symbolleiste für den Schnellzugriff anpassen**, die sich ganz rechts in der Symbolleiste befindet. Hier sind im Menü der Schaltfläche einige vordefinierte Befehle integriert, die schnell durch Auswahl der betreffenden Zeile als Schaltfläche in der Symbolleiste für den Schnellzugriff hinzugefügt oder auch deaktiviert werden können. Entscheidend für die Sichtbarkeit des Befehls innerhalb der Symbolleiste ist grundsätzlich, ob dem Eintrag ein Häkchen vorangestellt ist oder nicht.

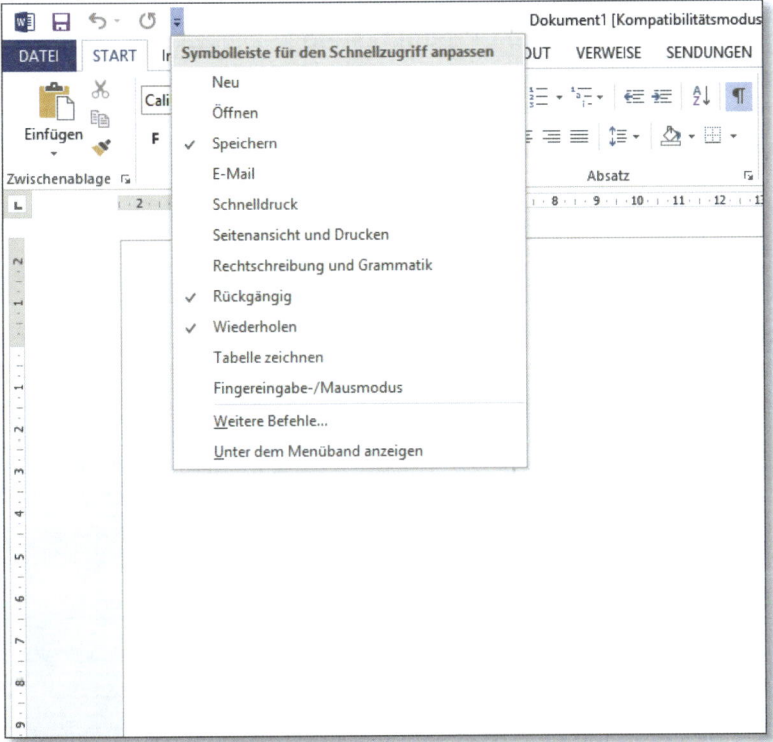

Abbildung 2.26 Da der Befehl »Rückgängig« in der Leiste vorhanden ist, wird im Menü auch ein Häkchen ausgewiesen.

2.8   Die Livevorschau nutzen

Die sogenannte *Livevorschau* ist eine wirklich tolle Office-Funktion, die insbesondere dann sinnvoll ist, wenn es um die Gestaltung von Dokumentinhalten geht. Mit ihrer Hilfe können Sie nämlich schon vor Zuweisung des Befehls sehen, was diese Funktion bewirkt, und sich gegebenenfalls umentscheiden – noch bevor die Einstellung tatsächlich angewendet wird. So können Sie in aller Ruhe ausprobieren, welche Funktion bzw. welches Erscheinungsbild am besten passt.

Aufzählungszeichen mit der Livevorschau begutachten

Zur Livevorschau wollen wir uns ein praktisches Beispiel ansehen. Öffnen Sie doch bitte einmal das im Ordner *02* der Buch-CD befindliche Word-Dokument *Tagesordnung.docx*. Wir wollen uns ansehen, welches Aufzählungszeichen sich für die Untereinträge von Tagesordnungspunkt 3 eignet.

1 Markieren Sie die drei Zeilen, die im Beispieldokument unmittelbar unterhalb der Zeile **TOP 3: Entwicklung** aufgeführt sind. Das erreichen Sie am schnellsten, indem Sie vor den ersten Buchstaben von **Produktkataloge** klicken, die Maustaste gedrückt halten und nach unten ziehen, bis Sie sich hinter dem letzten Zeichen von **Corporate Design** befinden. Daraufhin werden alle drei Zeilen grau markiert, auch die darüberliegende Zeile **Gestaltungsmerkmale der Serie 2015**.

2 Als Nächstes sorgen Sie dafür, dass die Registerkarte **Start** im Menüband aktiv ist, und klicken in der Gruppe **Absatz** auf die kleine Dreieck-Schaltfläche ❶ der Schaltfläche **Aufzählungszeichen**.

3 Es öffnet sich ein Menü, in dem unter anderem der Bereich **Aufzählungszeichen-bibliothek** ❷ zu finden ist. Darunter werden verschiedene Quadrate mit potenziellen Zeichen angezeigt. Bitte klicken Sie keines davon an, sondern führen Sie die Maus lediglich auf eines der Zeichen – danach auf ein anderes usw. Das Interessante: Solange Sie noch ausprobieren, wird die graue Textmarkierung im Dokument unterdrückt. Dies soll sicherstellen, dass Sie den Text in Verbindung mit der gewünschten Einstellung optimal begutachten können.

4 Erst wenn Sie mit einem Zeichen zufrieden sind, klicken Sie das entsprechende Zeichen an.

5 Heben Sie die Markierung auf, indem Sie auf eine beliebige Stelle im Dokument klicken.

Für den Fall, dass Sie sich später doch umentscheiden und ein anderes Zeichen zuweisen wollen, müssen Sie den Text zunächst wieder markieren. Gehen Sie erst danach wieder in die Liste der Aufzählungszeichen.

Livevorschau deaktivieren

Für den Fall, dass Sie sich von der Livevorschau gestört fühlen oder auf einem leistungsschwachen Gerät arbeiten, das durch die Livevorschau Verzögerungen des Arbeitsprozesses verursacht, können Sie diese Funktion deaktivieren. Dazu begeben Sie sich in die Word-Optionen (**Datei** > **Optionen**) und wählen in der linken Spalte des Dialogfensters die Rubrik **Allgemein** per Mausklick aus. In der Dialog-Mitte finden Sie den Bereich **Benutzeroberflächenoptionen**. Darunter sehen Sie die Checkbox **Livevorschau aktivieren**. Entfernen Sie bei Bedarf mit einem Mausklick auf die Checkbox das Häkchen vor der Funktion und bestätigen Sie mit einem Klick auf **OK**, um die Funktion zu deaktivieren.

Abbildung 2.27 Deaktivieren Sie die Livevorschau bei Bedarf.

2.9 So individualisieren Sie Ihre Office-Ansicht

Was die optische Gestaltung Ihrer Office-Anwendungen angeht, sind die Möglichkeiten überschaubar. Im Prinzip lassen sich nur das Design der Kopfleiste sowie die Helligkeit des Oberflächenhintergrunds einstellen. Dabei ist zu berücksichtigen, dass Einstellungen anwendungsübergreifend Gültigkeit haben. Wer also beispielsweise eine dunkle Arbeitsoberfläche in PowerPoint einstellt, nimmt die gleiche Einstellung unweigerlich auch in Excel und allen anderen Office-Anwendungen vor.

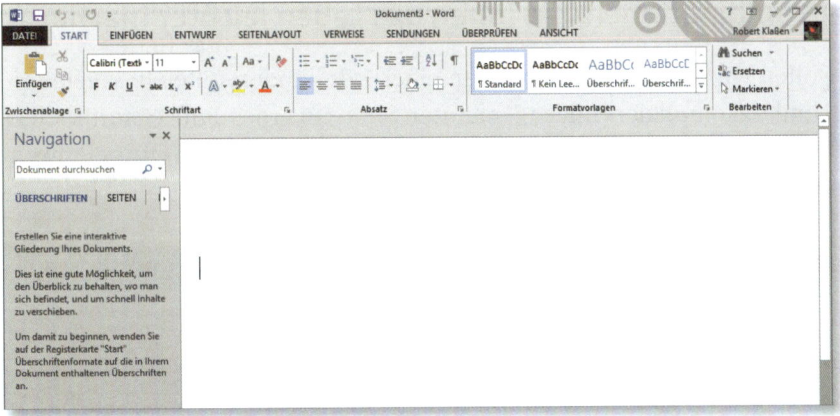

Abbildung 2.28 Word macht auch mit dunkler Arbeitsoberfläche etwas her.

Die Einstelloptionen erreichen Sie, indem Sie zunächst mit einem Klick auf die Registerkarte **Datei** die Backstage-Ansicht aufrufen. Klicken Sie anschließend in der linken Spalte auf **Konto**. Daraufhin lassen sich die Listenfelder **Office-Hintergrund** und **Office-Design** wunschgemäß anpassen. Bitte beachten Sie, dass es sich hierbei nicht um Dokumentbefehle handelt, die mit der Rückgängig-Funktion (z. B. $\boxed{\text{Strg}}$ + $\boxed{\text{Z}}$) verworfen werden können. Um die Einstellung zu widerrufen, müssen Sie die Standardwerte einstellen (**Kreise und Streifen** sowie **Weiß**).

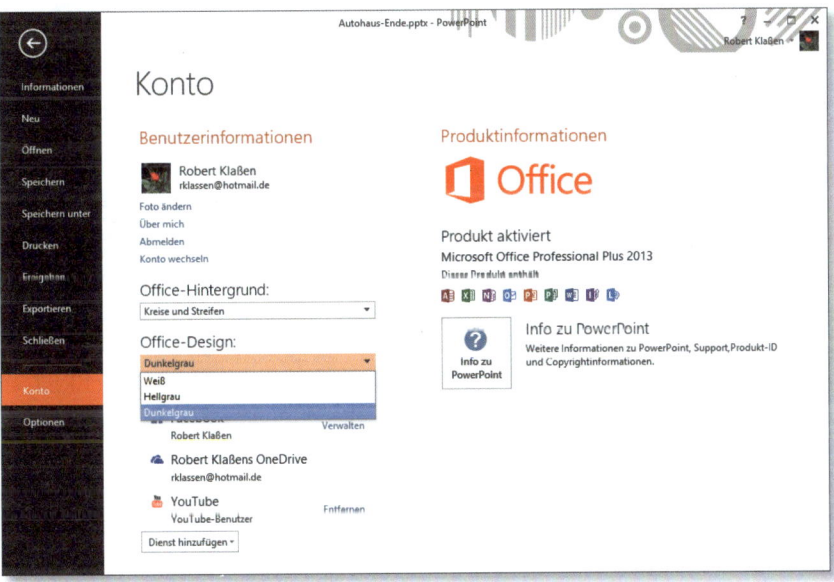

Abbildung 2.29 Wer es etwas dunkler mag, wählt das Office-Design »Dunkelgrau«.

2.10 Tastenkombinationen, die Ihnen das Leben leichter machen

Abschließend wollen wir Ihnen noch gerne den einen oder anderen Befehl vorstellen, der sich schnell und unkompliziert mit sogenannten Shortcuts (das sind Tastaturbefehle) aktivieren lässt. Die hier gezeigten Befehle sind in der Regel in allen Office-Anwendungen identisch.

Dokumentbefehle		
Funktion	**Befehl**	**Hinweise**
Dokument öffnen	`Strg` + `O`	Buchstabe O, nicht Null
Dokument speichern	`Strg` + `S`	Falls das Dokument noch nie zuvor gespeichert worden ist, wird der Dialog **Speichern unter** aktiviert.
Dokument schließen	`Strg` + `W`	Falls das Dokument noch gespeichert werden muss, wird eine entsprechende Meldung ausgegeben.
Anwendungsfenster schließen	`Alt` + `F4`	
Eine Aktion abbrechen	`Esc`	
Bearbeitungsbefehle		
Suchen	`Strg` + `F`	
Suchen und ersetzen	`Strg` + `H`	
Alles markieren	`Strg` + `A`	gesamter Dokumentinhalt
Einen Schritt rückgängig machen	`Strg` + `Z`	nur verfügbar, wenn zuvor ein Schritt ausgeführt worden ist
Einen rückgängig gemachten Schritt wiederherstellen	`Strg` + `Y`	nur verfügbar, wenn zuvor ein Schritt rückgängig gemacht worden ist
Einem Link folgen	`Strg` + Mausklick auf den Link	Öffnet ein separates Fenster.

Wichtige Funktionstasten		
Hilfe	`F1`	Öffnet die anwendungsspezifische Hilfe (z. B. Word, Excel usw.).
Suchen und ersetzen	`F5`	in Excel = Gehe zu
Rechtschreibprüfung	`F7`	
Speichern unter	`F12`	
Zwischenablage		
Kopieren	`Strg` + `C`	Kopiertes Objekt bleibt am ursprünglichen Ort erhalten.
Ausschneiden	`Strg` + `X`	Kopiertes Objekt wird am ursprünglichen Ort entfernt.
Einfügen	`Strg` + `V`	Kopiertes Objekt wird an den Zielort eingefügt unabhängig davon, ob es zuvor kopiert oder ausgeschnitten worden ist.

Tabelle 2.1 Tastenkombinationen, die Ihre Arbeit enorm erleichtern können

Bitte beachten Sie, dass im Anhang dieses Buches ab Seite 1171 zahlreiche weitere Tastenkombinationen gelistet sind.

Kapitel 3
Office 2013 – Neuerungen in der Kurzübersicht

An dieser Stelle wollen wir Ihnen einige interessante Neuerungen vorstellen. Wir wenden uns hier einerseits an interessierte Einsteiger, die wissen wollen, was Office 2013 so alles im Gepäck hat, wollen aber andererseits auch den Anwender mit Vorwissen ansprechen, der von einer Vorgängerversion auf Office 2013 umsteigt.

3.1 Neues in Office 2013

Verschaffen Sie sich in diesem Kapitel zunächst einen groben Überblick über die neuen Funktionen in Office 2013. Wir gehen hier nicht im Detail auf die jeweiligen Features ein (, das erledigen wir in den folgenden Kapiteln), sondern machen Sie mit einigen neuen Möglichkeiten bekannt, die Sie sich vorab anschauen sollten.

Wenn es um Neuheiten in Office 2013 geht, ist vor allem das überarbeitete Distributionskonzept erwähnenswert. Mieten statt kaufen steht jetzt offenbar im Vordergrund, wie wir bereits in Kapitel 1 dieses Buches erwähnt hatten. Dass man für seine Vorgängerversion nun gar nichts mehr kriegt, ist insgesamt ebenso neu wie enttäuschend.

Doch kommen wir zu den inhaltlichen Neuerungen: Deren Anzahl ist durchaus überschaubar. De facto ist mehr auf den Ausbau vorhandener Funktionen gesetzt worden als auf die Erweiterung des Funktionsumfangs. Aber es ist dem Office-Paket insbesondere in Sachen Integration sichtlich gut bekommen. Bestes Beispiel sind die erweiterten Web Apps. Wer sein Dokument vom Büro-PC aus auf OneDrive speichert und dann von unterwegs oder zu Hause erneut darauf zugreift, kann automatisch zur letzten Bearbeitungsposition zurückkehren und dort nahtlos weiterarbeiten um nur ein Beispiel zu nennen.

Interessant sind auch die hinzufügbaren Office-Apps, die Sie mit einem Klick auf die Schaltfläche **Apps für Office** in der Gruppe **Apps** der Registerkarte **Einfügen** erreichen. Klicken Sie auf **Office Store**, um direkt mit dem Store verbunden zu werden Beachten Sie, dass nicht alle Apps kostenlos sind. Ob Sie dafür Geld bezahlen müssen oder nicht, steht jedoch immer dran.

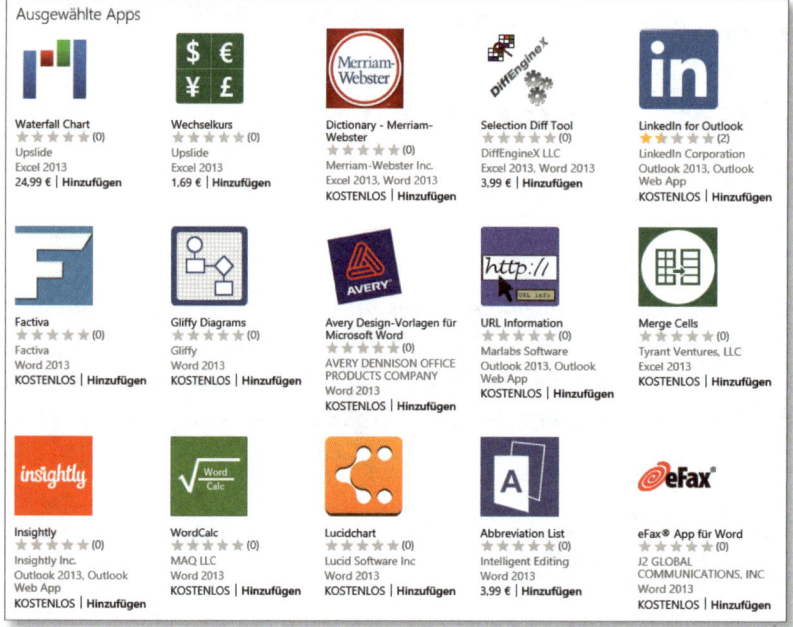

Abbildung 3.1 Die Office-Apps aus dem Store sind nicht alle kostenlos.

3.2 Neues in Word 2013

Wir wollen zunächst mit der Textverarbeitungssoftware der Office-Suite beginnen und Ihnen im Folgenden die interessanten Neuerungen vorstellen. Auch hier sind echte Neuheiten nicht besonders zahlreich vertreten, jedoch hat auch diese Anwendung interessante Erweiterungen erhalten. Darüber hinaus ist an erforderlichen Stellen auf löbliche Weise nachgebessert worden.

Dokumente öffnen

Zunächst ist erwähnenswert, dass neue Dokumentvorlagen Einzug in Word 2013 gehalten haben, die direkt nach dem Öffnen der Anwendung zur Verfügung stehen und mit wenigen Mausklicks bereitgestellt werden können. Außerdem ist eine Funktion hinzugefügt worden, mit der Sie nahtlos dort weiterarbeiten können, wo Sie zuletzt aufgehört haben. Öffnen Sie ein vorhandenes Dokument, erscheint auf der rechten Seite (gleich neben dem Scrollbalken) ein kleines Etikett. Ein Mausklick darauf bringt Sie zu dem Punkt zurück, an dem Sie sich zuletzt, also unmittelbar vor dem Schließen des Dokuments, befunden haben.

Abbildung 3.2 Mithilfe dieses Symbols gelangen Sie zu der Position des Dokuments, an der Sie zuletzt gearbeitet haben.

Das Etikett wird nach wenigen Sekunden automatisch minimiert. Sie sehen dann nur noch eine verkleinerte Grafik. Diese bleibt jedoch so lange erhalten, bis Sie irgendeine Aktion durchführen. Sie können sich also in aller Ruhe überlegen, ob Sie zur markierten Stelle zurückkehren wollen oder an anderer Stelle im Dokument arbeiten möchten.

PDF-Bearbeitung

Dass Word nun auch PDF-Dokumente öffnen und in ein editierbares Format konvertieren kann, haben wir bereits im vorangegangenen Kapitel angesprochen. Öffnen Sie ein Portable Document File über **Datei** > **Öffnen**, wird es automatisch konvertiert. Sie können es anschließend als Word-Dokument speichern, haben aber außerdem die Möglichkeit, daraus wieder ein PDF zu erzeugen. Am schnellsten geht das über **Datei** > **Exportieren** > **PDF/XPS-Dokument erstellen**.

Abbildung 3.3 PDF-Import-Export ist in Word 2013 kein Problem mehr.

Lesemodus

Der Lesemodus ist zwar in Office 2013 nicht neu hinzugekommen, jedoch gegenüber der Vorgängerversion erheblich verbessert worden, da die Dokumente nun automatisch in Spalten aufgeteilt werden. Unten in der Statusleiste der Anwendung befindet sich eine Schaltfläche, um den Lesemodus zu aktivieren. Sie müssen diesen also nicht extra über die gleichnamige Schaltfläche in der Gruppe **Ansichten** der Registerkarte **Ansicht** gehen. Über die Pfeilschaltflächen am Seitenrand können Sie ganz leicht durch das Dokument navigieren.

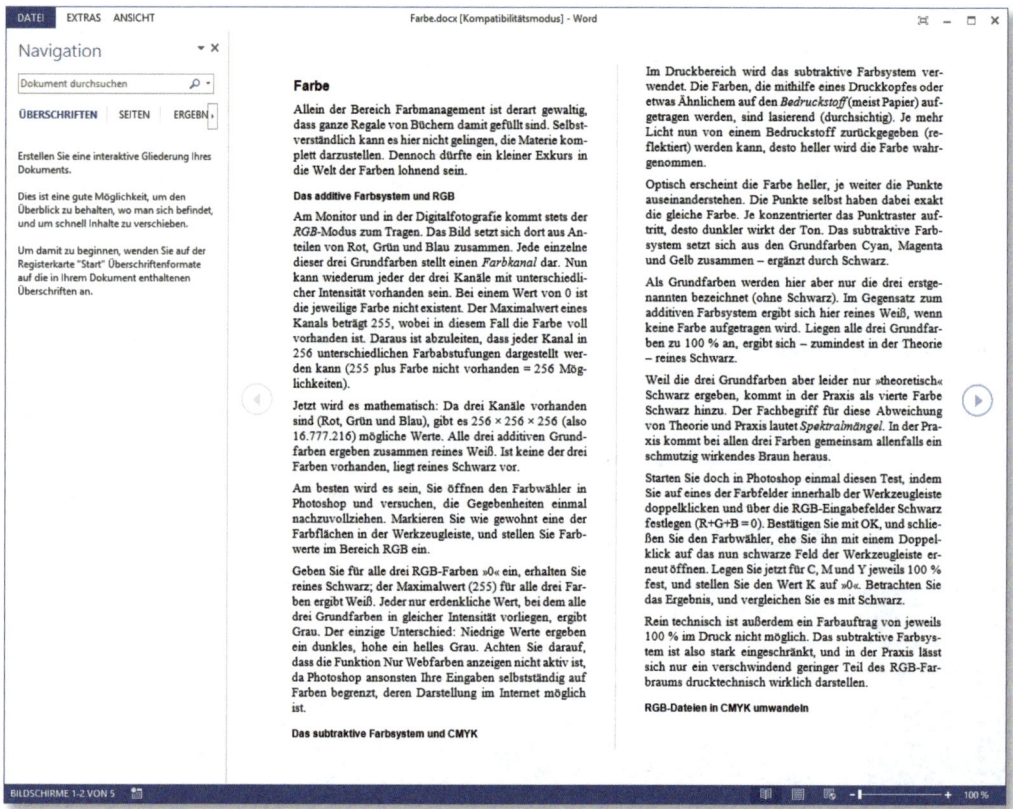

Abbildung 3.4 Der verbesserte Lesemodus ist zweifellos ein Highlight von Word 2013.

Mit einem Rechtsklick auf eine beliebige Stelle im Dokument rufen Sie ein Kontextmenü auf, über das Sie Kommentare einfügen, Nachschlagewerke zur Begriffsdefinition öffnen, Übersetzungen durchführen und Textpassagen per Marker hervorheben können. Darüber hinaus können in der Ansicht **Lesemodus** bequem Bilder und Grafiken aus dem Dokumentinhalt per Doppelklick vor das Dokument gestellt und vergrößert dargestellt werden.

Layoutoptionen

Die Layoutoptionen stehen Ihnen nun direkt im Dokument zur Verfügung. Der Vorteil: Nach dem Einfügen eines Objekts (z. B. Bild, Grafik, Diagramm, Form, Tabelle usw.) können die Umbruchoptionen direkt neben dem jeweiligen Element angepasst werden. Je nach eingefügtem Objekt stehen Ihnen hier weitere Schaltflächen zur Verfügung. Die neu in Excel integrierte Registerkarte **Diagrammtools** beispielsweise lässt sich auch für Diagramme in Word verwenden.

Abbildung 3.5 Die Layoutoptionen in Word stehen unmittelbar neben dem Objekt bereit.

Kommentare

Die Kommentare von unterschiedlichen Bearbeitern können aufgrund ihrer Dialoganordnung in Chat-Manier nun noch besser verfolgt werden als bisher. Zudem können Sie mit einem Klick auf das Miniaturbild des Kommentierenden bequem dessen Kontaktinformationen aufrufen.

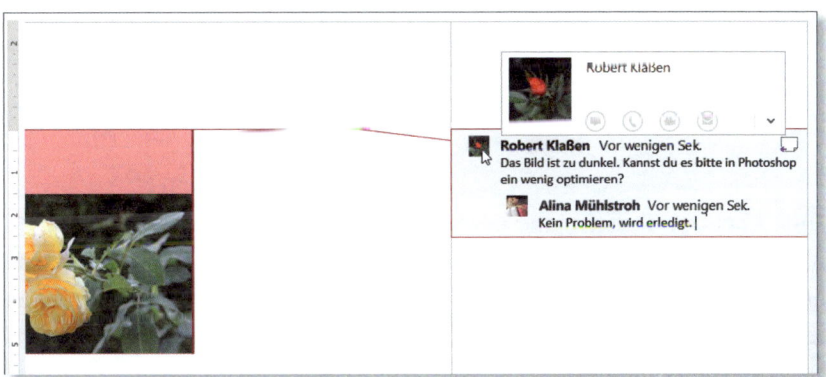

Abbildung 3.6 Greifen Sie bei Bedarf auf die Kontaktdaten zu.

3.3   Neues in Excel 2013

Auch in Excel sind neue Funktionen hinzugekommen. Hier ist neben einigen anderen Features vor allem das *Schnellanalyse-Werkzeug* ausgesprochen hilfreich.

Schnellanalyse

Die Schnellanalyse macht es möglich, Daten eines Excel-Dokuments schnell anhand typischer Kriterien auszuwerten. Umso besser ist die Tatsache, dass auch dieses Tool mit der Livevorschau verknüpft ist. Das bedeutet: Sie können zunächst die Wirkungsweise der einzelnen Funktionen testen, indem Sie die Maus auf eine der Schaltflächen bewegen. Erst wenn Sie sicher sind, dass genau dieses Ergebnis erreicht werden soll, klicken Sie auf die entsprechende Schaltfläche.

Abbildung 3.7 So schnell kann der Durchschnitt aus mehreren Ergebnissen errechnet und dargestellt werden.

Blitzvorschau

Excel versucht, Ihnen bei der Texteingabe behilflich zu sein. Insbesondere bei langen Listen kann es daher sinnvoll sein, sich von der *Blitzvorschau* unter die Arme greifen zu lassen. Die Anwendung erkennt nämlich wiederkehrende Muster und kann schon nach Eingabe des ersten Wertes erahnen, was Sie vorhaben. Das kann Ihnen unter Umständen stundenlange Tipparbeit ersparen.

Abbildung 3.8 Nach Eingabe des ersten Namens (Decker) hat Excel erkannt, dass in dieser Spalte nur die Nachnamen verwendet werden sollen. Ermöglicht wird das durch die Blitzvorschau.

Diagrammassistent

Fügen Sie ein Diagramm ein und profitieren Sie von den neuartigen Funktionen des Diagrammassistenten. Mit dessen Hilfe lassen sich per Knopfdruck auf eine der drei neben dem Diagramm befindlichen Schaltflächen Diagrammelemente, Diagrammformatvorlagen und Diagrammfilter nutzen. Mit einem Klick auf den jeweiligen Button werden interessante und vielseitige Auswahlfelder zugänglich.

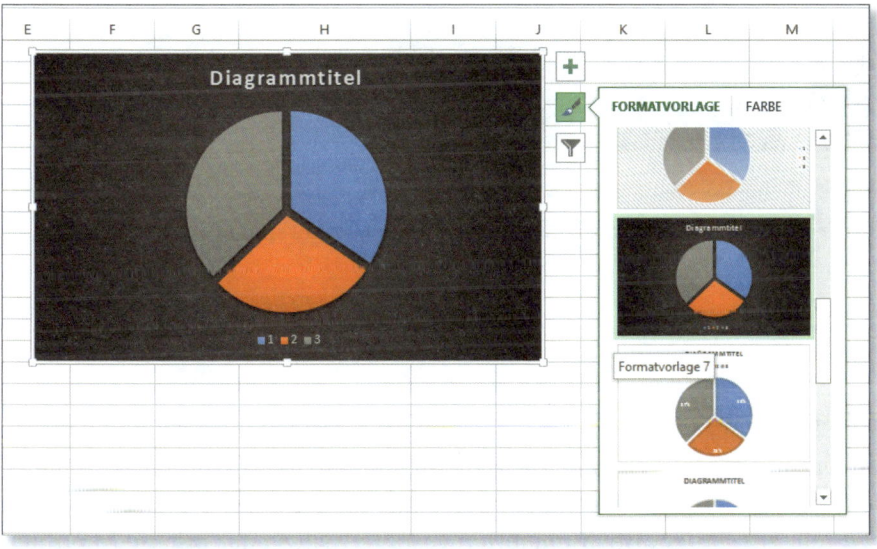

Abbildung 3.9 Formatieren Sie Excel-Diagramme in Windeseile.

3.4 Neues in PowerPoint 2013

PowerPoint strahlt buchstäblich von der ersten Sekunde an. Denn bereits nach dem Öffnen der Anwendung warten interessante neue Vorlagen darauf, von Ihnen als Grundlage für eigene Präsentationen genutzt zu werden.

Vorlagen

Die Formate dieser Vorlagen sind modernen Monitorformaten entsprechend im Breitbildformat (Seitenverhältnis 16 : 9) angelegt, können von Ihnen aber bei Bedarf auch später an 4 : 3 oder beliebige andere Seitenverhältnisse angepasst werden. Schauen Sie sich die Gestaltung einmal an. Sie werden sicher interessante Präsentationselemente darin ausfindig machen.

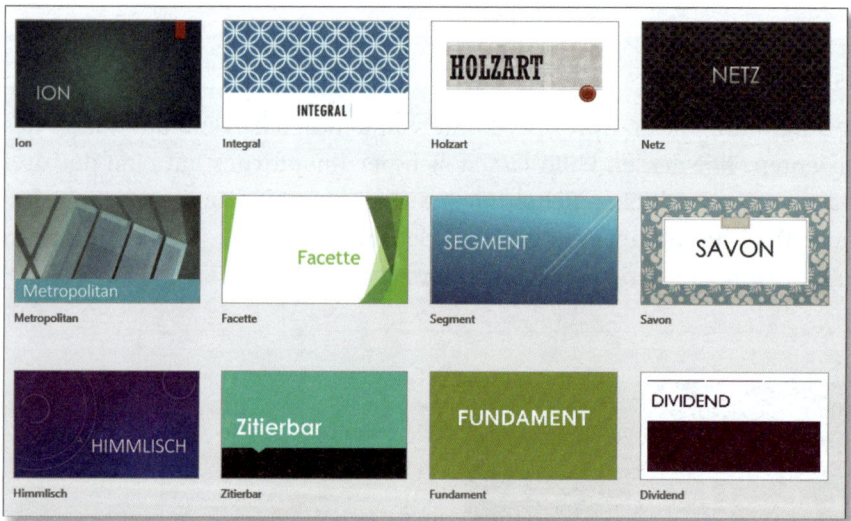

Abbildung 3.10 Neue 16:9-Formatvorlagen machen die Arbeit mit PowerPoint zunehmend attraktiv.

Ausrichtungsfunktionen

Diese Funktion ermöglicht Ihnen das exakte Ausrichten mehrerer Objekte zueinander anhand von magnetischen Führungslinien. Diese haben es ebenfalls verdient, gesondert herausgestellt zu werden. Denn immerhin gestaltet sich so das präzise Anordnen von Objekten zueinander besonders einfach. Sie machen die Arbeit mit Objekten intuitiv und zeitsparend.

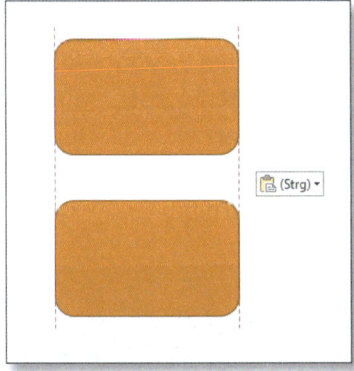

Abbildung 3.11 Mithilfe der Linien lassen sich die Objekte präzise positionieren.

Führungslinien

Darüber hinaus können sogenannte Führungslinien eingesetzt werden, die sich synchron über alle in der Präsentation befindliche Folien legen. An diese Linien lassen sich die Objekte ebenfalls mit Magnetwirkung anordnen. Auf diese Weise sorgen sie dafür, dass Objekte folienübergreifend an der gleichen Position stehen und so zu einem einheitlichen Gesamtbild Ihrer PowerPoint-Präsentation beitragen. Die Linien sind auf der Oberfläche beliebig verstellbar, werden jedoch in der späteren Präsentation nicht mit angezeigt.

Formen zusammenführen

In PowerPoint steckt mittlerweile schon fast eine Illustrationssoftware. Denn nun lassen sich auch einzelne Formen miteinander verschmelzen. Erzeugen Sie mehrere Formen und markieren Sie diese, um anschließend daraus eine Vereinigung, Kombination, Schnittmenge o. Ä. erzeugen zu können. Für aufwendige Grafikelemente oder Logos ist diese Technik prima geeignet.

Abbildung 3.12 Eine Kombination aus zwei abgerundeten Rechtecken

Referentenansicht

Die Referentenansicht hilft dem Vortragenden, während der gesamten Präsentation die Übersicht zu behalten. Sie ist mit nützlichen Funktionen ausgestattet worden. Mithilfe einer Lupe können Bereiche der Präsentation auf Wunsch vergrößert werden. Der Dozent kann zudem schnell per Miniaturansicht auf alle Folien zugreifen, ohne dass dies den Ablauf der Präsentation stört beziehungsweise von den Zuhörern bemerkt würde.

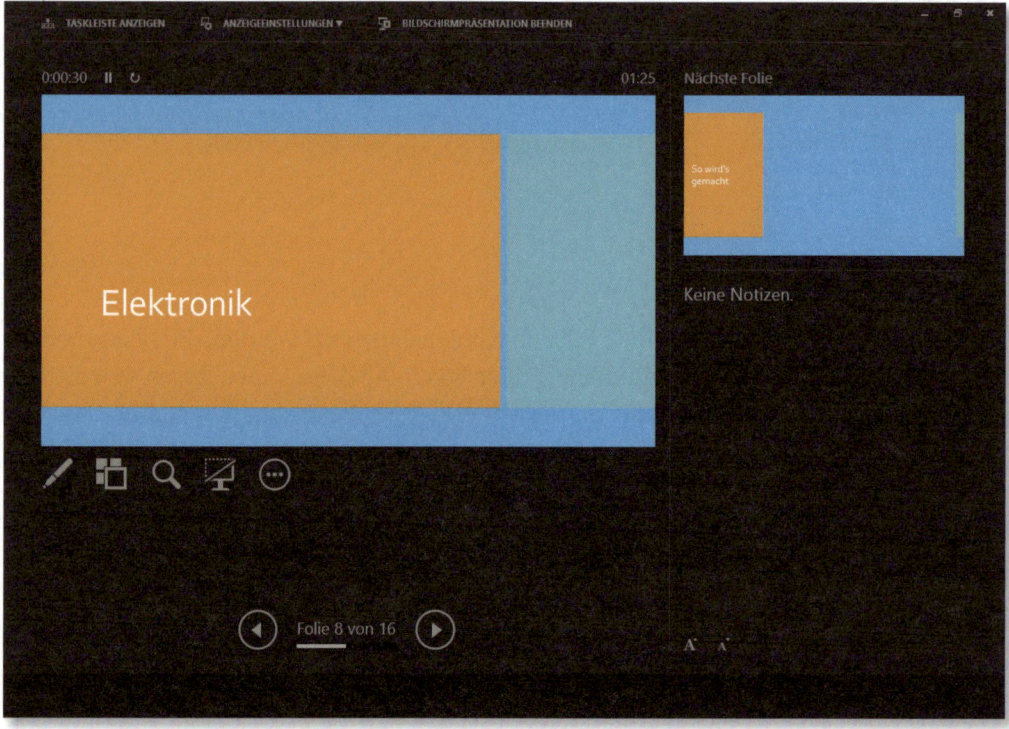

Abbildung 3.13 Mithilfe der Tools in der Referentenansicht bleibt der Präsentierende ständig im Tritt.

3.5   Neues in Outlook 2013

Es bedarf sicher einer Erwähnung, dass Outlook mit neuartigen Such- und Sortierfunktionen ausgestattet wurde und dass sich mithilfe der unten in der Anwendung befindlichen Navigationsleiste schnell auf integrierte Pop-ups (z. B. für Personen, Kalender und Aufgaben) zugreifen lässt, ohne dass dafür der eingestellte Arbeitsbereich verlassen werden muss.

Abbildung 3.14 Der Miniaturkalender kann aus der E-Mail-Ansicht geöffnet werden, indem Sie die Maus auf die Schaltfläche »Kalender« bewegen.

Die Einbindung sozialer Netzwerke ist derart erweitert worden, dass Neuigkeiten von Freunden in Form von Informationen eingeblendet werden können. Zudem verfügt der Kalender jetzt über Wetterinfos.

Abbildung 3.15 Hier wäre dann doch eher ein Wintermantel angebracht.

Wer also vorab nachsehen will, ob es Sinn macht, für die morgige Geschäftsreise nach Barcelona eine Badehose einzupacken, kommt hier voll auf seine Kosten.

3.6   Neues in OneNote 2013

Ihre persönlichen Notizbücher können nun in der Cloud abgelegt werden. Gerade im Zusammenhang mit Notizen ist dies ja unter Umständen ausgesprochen nützlich. Denn dadurch können Sie praktisch von überall auf Ihre Notizbücher zugreifen. Da es die Web App OneNote Online gibt, müssen Sie noch nicht einmal ein Endgerät dabeihaben, auf dem OneNote installiert ist. Durch individuelle Freigabeoptionen lassen sich sogar Personen zur Ansicht – ja sogar zur Bearbeitung eines Notizbuches einladen. Das bedeutet, dass beispielsweise bei Recherchen mehrere Personen ihre jeweiligen Beiträge zusammentragen und zentral ablegen können.

Mithilfe von Exportfunktionen können überdies Notizbücher, Abschnitte und sogar einzelne Seiten in diversen Endformaten (z. B. Word-Dokument oder PDF) ausgegeben werden. So können Sie bestimmte Teile Ihres Notizbuches z. B. auch an Personen weiterleiten, denen der Zugang zu OneNote ansonsten verwehrt ist.

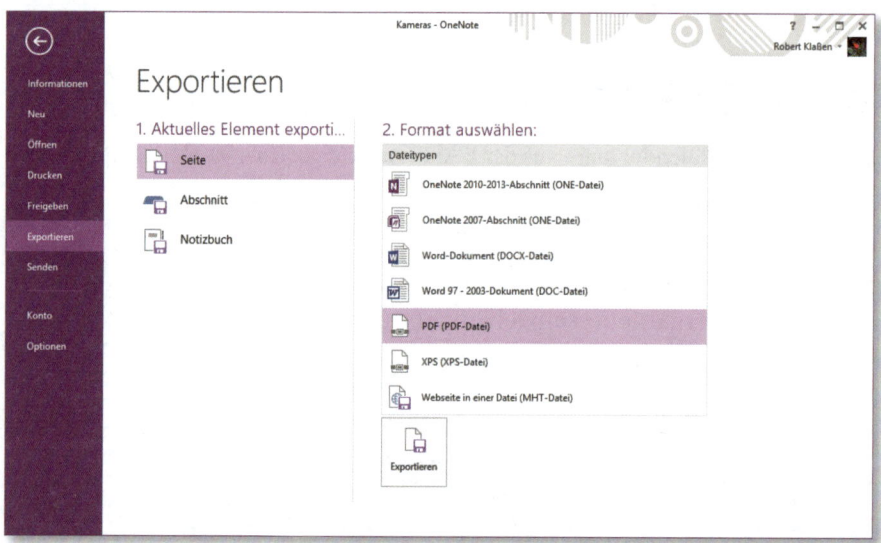

Abbildung 3.16 Exportieren Sie Teile des Notizbuches beispielsweise als PDF.

Eine Ganzseitenansicht macht es möglich, den zur Verfügung stehenden Platz auf kleineren Ausgabegeräten wie z. B. Tablets optimal zu nutzen. Dazu gibt es einen diagonal angeordneten Doppelpfeil in der oberen rechten Ecke des Notizbuches. Die Zusammenarbeit mit Outlook wird dahingehend unterstützt, dass Outlook-Aufgaben direkt aus OneNote heraus erzeugt werden können.

Was gibt es noch zu sagen? Ach ja, dass es richtig Spaß macht, Office 2013 zu entdecken. Wir wünschen Ihnen viel Freude mit den folgenden Kapiteln.

Teil II
Texte schreiben mit Word 2013

Kapitel 4
Die Oberfläche von Word 2013 kennenlernen

Die Oberfläche von Office haben Sie ja bereits kennengelernt. Die einzelnen Office-Programme kommen jedoch mit teils eigenen, ganz individuellen Inhalten daher. Es wäre auch durchaus verwunderlich, wenn alle Programme gleich aussähen. Deswegen hier die in erster Linie Word-typischen Eigenschaften.

4.1 Wo finde ich was? – Die wichtigsten Registerkarten

Die in Word integrierten Befehle sind in Registerkarten zusammengestellt, die sich ganz oben (gleich unterhalb der Kopfleiste) befinden. Klicken Sie eine dieser Registerkarten an, wird Ihnen deren Inhalt gleich darunter im sogenannten Menüband angezeigt. Auf den Registerkarten befinden sich sogenannte Gruppen, welche mehr oder weniger zueinander gehörende Schaltflächen beinhalten. Doch werfen wir zunächst einen Blick auf die gesamte Word-Anwendung.

Word 2013 in der Übersicht

Auf den ersten Blick sieht Word 2013 ja nicht gerade schick aus, und die Oberfläche wirkt eher schmucklos. Allerdings punktet die Anwendung umso mehr mit tollen Funktionen. Denn es ist alles da, was der Texter (und auch der Textgestalter) für die tägliche Arbeit benötigt.

Machen Sie sich zunächst mit den einzelnen Elementen der Bedienoberfläche vertraut:

❶ **Symbolleiste für den Schnellzugriff:** Hier lassen sich häufig verwendete Befehle in Form von Symbolen hinzufügen. Mit einem Klick darauf wird der jeweilige Befehl in die Wege geleitet.

❷ **Registerkarten:** Über diese werden die unterschiedlichen Menüband-Bereiche aktiviert.

❸ **Menüband:** Damit gemeint sind die Inhalte der Registerkarten, genauer gesagt, die Schaltflächen. Sie sind in *Gruppen* unterteilt, die sich auch *Segmente* oder *Bereiche* nennen.

❹ **Gruppen:** Eine Gruppe ist eine Zusammenstellung meist mehrerer Schaltflächen, die in der Regel miteinander kooperieren bzw. inhaltlich zusammenpassen. Eine Gruppe kann im Einzelfall auch nur aus einer einzigen Schaltfläche bestehen (siehe: Registerkarte **Ansicht**, Gruppe **Makros**).

❺ **Seitenleiste:** Hier werden zusätzliche Aufgabenbereiche unterschiedlicher Art angeboten. Sofern noch keine Änderungen an der Arbeitsoberfläche vollzogen worden sind, erscheint hier standardmäßig der Bereich **Navigation**.

❻ **Einfügemarke:** Diese meist blinkende senkrechte Linie beschreibt die aktuelle Position im Dokument. Hier können Sie beispielsweise Text einfügen oder Bilder in das Dokument integrieren. Die Position der Einfügemarke entscheidet also letztendlich darüber, an welcher Position etwas hinzugefügt wird.

❼ **Dokumentbereich:** Hier befindet sich Ihr (derzeit noch leeres) Word-Dokument.

❽ **Scrollleiste:** Verändern Sie die Teilansicht eines Dokuments, indem Sie die Scrollleiste nach oben oder unten bewegen.

❾ **Statusleiste:** Auf der linken Seite erhalten Sie Informationen über Seiten, Anzahl Wörter, verwendete Sprache u. a. Rechts werden Steuerelemente zur Skalierung (Vergrößerung oder Verkleinerung) der Dokumentansicht zur Verfügung gestellt (❿). Links daneben befinden sich Buttons, mit denen ein Wechsel der Ansicht herbeigeführt werden kann (**Lesemodus**, **Seitenlayout**, **Weblayout**).

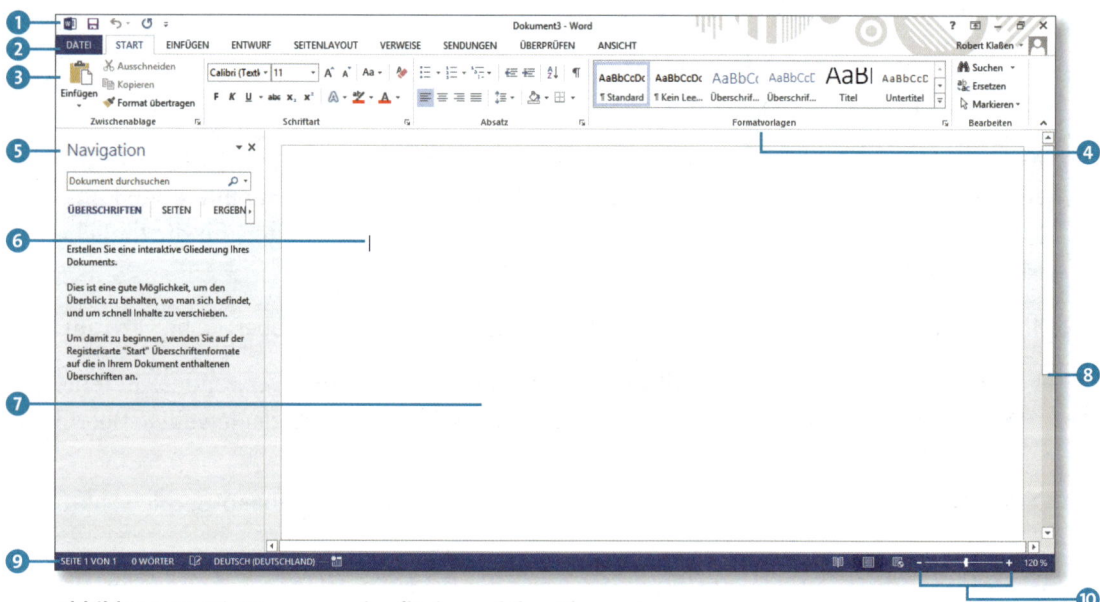

Abbildung 4.1 Die Programmoberfläche und ihre Elemente

Nachdem Sie nun die grundlegenden Elemente der Oberfläche von Word kennengelernt haben, möchten wir Ihnen in den folgenden Abschnitten die wichtigsten Registerkarten mit ihren Funktionen vorstellen.

Die Backstage-Ansicht

4

Die Backstage-Ansicht in Word entspricht der anderer Office-Applikationen. Um sie zu erreichen, klicken Sie auf die blau eingefärbte Registerkarte **Datei**. Hier haben Sie die Möglichkeit, geöffnete Dateien zu speichern, Dokumente zu öffnen sowie Konten zu verwalten und Optionen für Word aufzurufen und anzupassen. Kehren Sie zu Ihrem Dokument zurück, indem Sie oben links auf den im Kreis befindlichen weißen Pfeil klicken oder die Taste ‹Esc› drücken.

Abbildung 4.2 Über die Registerkarte »Datei« gelangen Sie in die Backstage-Ansicht.

Die Registerkarte »Start«

Wenn Sie ein neues Word-Dokument erstellen, wird oben im Menüband zunächst die Registerkarte **Start** angezeigt. Diese stellt Ihnen verschiedene Schaltflächen zur Textauszeichnung bzw. Textformatierung zur Verfügung. Texte auszeichnen bedeutet übrigens, deren Schriftart, Größe, Farbe, Ausrichtung usw. zu ändern. Darüber hinaus befindet sich auf dieser Registerkarte auch eine Gruppe von Steuerelementen zur Absatzformatierung. Hierüber lassen sich die Textabschnitte Ihres Dokuments beispielsweise linksbündig, mittig, rechtsbündig oder im Blocksatz ausrichten. Ferner können hier Nummerierungen, Aufzählungszeichen, Einzüge und vieles mehr definiert werden. Achten Sie auch einmal auf die Schaltflächen der Gruppe **Zwischenablage**. Hierüber können Inhalte (Texte, Bilder, Grafiken) ganz leicht von einer Position des Dokuments an eine andere verschoben oder kopiert werden. Außerdem ist mithilfe der Schaltflächen dieser Gruppe auch die Übertragung von Inhalten zwischen verschiedenen Dokumenten möglich.

Abbildung 4.3 Der linke Teil der Registerkarte »Start«

Auf der rechten Seite der Registerkarte **Start** werden Ihnen noch zwei weitere Gruppen angeboten – die Gruppe **Formatvorlagen** sowie die Gruppe **Bearbeiten**. Erstere erlaubt Ihnen das schnelle Zuweisen von vordefinierten Textformaten. In Word ist es nämlich möglich, die Schrift nach Wunsch auszuzeichnen und davon eine Vorlage zu erstellen. Wann immer Sie nun die gleichen Formate auch auf weiteren Text anwenden wollen, müssen Sie die entsprechende Vorlage lediglich noch auswählen, sobald Sie den entsprechenden Text markiert haben.

In der Gruppe **Bearbeiten** finden Sie vor allem Schaltflächen, die für die Arbeit mit großen Word-Dokumenten geeignet sind. Hier können Sie nämlich nach Begriffen, Sätzen, Satzteilen und sogar nach einzelnen Zeichen suchen und so komfortabel innerhalb des Textes navigieren. Stellen Sie sich vor, Sie wollen im gesamten Dokument einen oftmals wiederkehrenden Begriff gegen einen anderen austauschen. Dann können Sie das über die Schaltfläche **Ersetzen** erledigen (wenn beispielsweise der Begriff *Computer* durch *Rechner* ersetzt werden soll).

Abbildung 4.4 Auf der rechten Seite warten die Formatvorlagen und die Steuerelemente der Gruppe »Bearbeiten« auf.

Die Registerkarte »Einfügen«

Die Registerkarte **Einfügen** ist prall gefüllt mit Steuerelementen, mit deren Hilfe sich Objekte zusätzlich zum herkömmlichen Text hinzufügen lassen. So ist es beispielsweise problemlos möglich, Bilder (auch eigene Fotos), Grafiken und Formen zu integrieren.

Bei Formen handelt es sich um geometrische Elemente, wie z. B. Rechtecke, Kreise, Dreiecke usw. Über das Auswahlmenü der entsprechenden Schaltfläche können Sie aus einer Fülle verschiedener Formen die passende aussuchen und in Ihr Dokument integrieren.

Doch damit nicht genug, es können auch Tabellen und Diagramme (beispielsweise aus Excel) hinzugefügt oder eigene direkt in Word erstellt werden. Man höre und staune: Selbst Hyperlinks, mit denen der Leser direkt aus dem Word-Dokument heraus auf eine Internetseite springen kann, sind ebenso integrierbar wie Onlinevideos. Videos in einem Word-Dokument? Auch das ist kein Problem, wie Sie in diesem Buch noch erfahren werden.

Abbildung 4.5 Sämtliche Elemente, die zusätzlich zum herkömmlichen Text integriert werden können, lassen sich über die Registerkarte »Einfügen« in das Dokument einbinden.

Auf der rechten Seite der Registerkarte lassen sich Kopf- und Fußzeilen integrieren. Das sind in der Regel zwar ebenfalls Textelemente, jedoch wiederholen sich diese meist auf jeder Seite. Und dann wären da noch Textbausteine, Signaturen, Formeln und Symbole, auf die man über die Registerkarte **Einfügen** ebenso zugreifen kann wie auf eine Kommentarfunktion.

Abbildung 4.6 Fügen Sie unter anderem auch Formeln und Symbole ein.

Kommentare eignen sich insbesondere, wenn mehrere Personen mit der Bearbeitung eines Dokuments beauftragt sind. Übrigens gibt es auch auf der Registerkarte **Überprüfen** eine Kommentarfunktion.

Die Registerkarte »Entwurf«

Während die Registerkarte **Start** im Wesentlichen für Textformatierung zuständig ist, sind die Schaltflächen der Registerkarte **Entwurf** vorrangig für die Dokumentgestaltung gedacht. Hier legen Sie fest, in welchem grundlegenden Design das Dokument erscheinen soll. Es ist sinnvoll, die hier zur Verfügung stehenden Optionen zu nutzen, damit die Gestaltung zusammenpasst. Besonders Einsteiger neigen dazu, unterschiedliche Schriften, Farben und Stile willkürlich miteinander zu kombinieren. Zu groß ist die Gefahr, dass aufgrund dessen ästhetische Gesichtspunkte vernachlässigt werden. Benutzen Sie stattdessen lieber vorgefertigte Designvorlagen, bei denen die verschiedenen Gestaltungselemente vorab aufeinander abgestimmt sind.

Abbildung 4.7 Über die Schaltfläche »Designs« lassen sich vorgefertigte Formatierungssätze einstellen.

Sobald Sie sich für eines der Designs entschieden haben, werden die nebenstehenden Schaltflächen zur Dokumentformatierung entsprechend des gewählten Designs angepasst. Daraufhin lässt sich innerhalb der Gruppe **Dokumentformatierung** ein geeigneter Vorlagensatz aussuchen. Bitte machen Sie sich zum gegenwärtigen Zeitpunkt noch keine Gedanken über die Umsetzung. Wie die einzelnen Steuerelemente bedient werden, erfahren Sie in den folgenden Kapiteln.

4

Abbildung 4.8 Hier ist beispielhaft das Design »Holzart« verwendet worden.

Und dann wären da noch die Wasserzeichen, die Ihnen beispielsweise Schutz vor widerrechtlichem Kopieren geben sollen oder ein Dokument als *vertraulich* ausweisen. Damit gemeint sind großflächige Markierungen im Hintergrund des Textes. Gestalten Sie außerdem die Seitenränder oder die Farbe des Papiers.

Abbildung 4.9 Farben, Schriftarten und Seitenränder lassen sich in der rechten Hälfte des Menübands einstellen.

Werfen Sie zuletzt noch einen Blick darauf, dass die Einstellungen auch Registerkartenübergreifend miteinander harmonieren. Nachdem Sie sich nämlich für ein bestimmtes Design entschieden haben, ändern sich in der Gruppe **Formatvorlagen** der Registerkarte **Start** auch die angezeigten Formate entsprechend. Im Beispiel wurde auf der Registerkarte **Entwurf** über die Schaltfläche **Designs** die Dokumentformatierung **Holzart** gewählt. Wenn Sie anschließend wieder die Registerkarte **Start** aufrufen, finden Sie auch dort in der Gruppe **Formatvorlagen** die zum Design passenden Vorlagen.

Abbildung 4.10 Oben sind die Standardformatvorlagen zu sehen, wie sie nach Erstellung eines neuen Word-Dokuments voreingestellt sind. Nach der Anwahl eines neuen Designs werden auch die Formatvorlagen der Registerkarte »Start« angepasst.

Die Registerkarte »Seitenlayout«

Die Registerkarten **Datei**, **Einfügen** und **Entwurf** haben alle (zumindest teilweise) die Aufgabe, die einzelnen Zeichen eines Textes zu gestalten. Damit ist spätestens auf der Registerkarte **Seitenlayout** Schluss. Denn dort geht es nur noch um die Gestaltung der einzelnen Seiten sowie die Ansicht des Textes als Ganzes. Legen Sie hier beispielsweise fest, ob das Dokument im Hoch- oder Querformat ausgegeben werden soll (über die Schaltfläche **Ausrichtung**), wie viele Textspalten zum Einsatz kommen sollen und wie die Ränder auszusehen haben.

Abbildung 4.11 Die Dokumentgestaltung erfolgt über das Register »Seitenlayout«.

Über die Gruppe **Anordnen** können Sie hingegen die Ausrichtung einzelner Elemente (z. B. über die Registerkarte **Einfügen** platzierte Bilder oder Grafiken) zueinander anpassen.

Abbildung 4.12 Viele Ausrichtungsfunktionen sind nur aktiv, wenn ein Objekt ausgewählt ist.

Die meisten Steuerelemente dieser Gruppe stehen Ihnen jedoch nur zur Verfügung, wenn zuvor ein eingefügtes Element markiert worden ist bzw. sich mehrere Objekte übereinander befinden. Ist das nicht der Fall, sind die Steuerelemente ausgegraut, d. h.: Sie sind aktuell nicht bedienbar.

Abbildung 4.13 Wenn kein Objekt angewählt ist, erscheinen einige Schaltflächen ausgegraut.

Die Registerkarte »Ansicht«

Innerhalb der Registerkarte **Ansicht** werden in erster Linie Steuerelemente zur Darstellung des Dokuments auf Ihrem Monitor zur Verfügung gestellt. Hier ist insbesondere die Gruppe **Ansichten** hervorzuheben. Schalten Sie vom Seitenlayout (zeigt das Dokument, wie es gedruckt aussehen wird) beispielsweise in das Weblayout um, damit Sie besser beurteilen können, wie sich die Arbeit im World Wide Web darstellen wird. Die Gliederungs- und Entwurfsansicht sind ebenfalls noch hervorzuheben, da sich dort die Dokumente am schnellsten formatieren und große Textabschnitte komfortabel verschieben lassen. Der Lesemodus hingegen ist, wie der Name schon sagt, am ehesten für das Lesen von Dokumenten optimiert, weniger also für Bearbeitung oder Korrektur. Insgesamt ist wichtig zu wissen, dass bei einigen Ansicht-Modi die Registerkarte **Ansicht** verlassen wird.

115

Abbildung 4.14 Auf dieser Registerkarte werden die unterschiedlichen Ansicht-Modi zur Verfügung gestellt.

Um den Ansicht-Modus zu verlassen, müssen Sie die entsprechende **Schließen**-Schaltfläche betätigen.

Abbildung 4.15 Wenn Sie sich beispielsweise in der Gliederungsansicht befinden, muss diese nach Gebrauch manuell geschlossen werden. Dazu betätigen Sie die Schaltfläche »Gliederungsansicht schließen«.

Beachten Sie darüber hinaus, dass sich in der Gruppe **Anzeigen** verschiedene Checkboxen befinden, mit denen sich zusätzliche Aufgabenbereiche hinzufügen lassen. Sollte Ihnen also versehentlich einmal der Aufgabenbereich **Navigation** auf der linken Seite abhandengekommen sein, lässt dieser sich durch Aktivierung des Kästchens **Navigationsbereich** jederzeit zurückholen. Weitere Ausführungen zur Anpassung der Arbeitsoberfläche entnehmen Sie bitte dem folgenden Abschnitt.

Die übrigen Registerkarten

Die Registerkarten **Verweise**, **Sendungen** und **Überprüfen** haben gewissermaßen einen fortgeschrittenen Status. Diese benutzen Sie beispielsweise bei der späteren Korrektur des Dokuments, bei Übersetzungen in eine andere Sprache (Registerkarte **Überprüfen**) oder der sogenannten Indexierung. Auf diese Weise lassen sich beispielsweise Suchworte generieren und in einer Übersicht zusammentragen, Inhalts- und Abbildungsverzeichnisse sowie Querverweise generieren (Registerkarte **Verweise**). Wer viele Briefe gleichen Inhalts an verschiedene Empfänger senden bzw. Umschläge bedrucken möchte oder Etiketten einsetzt, wird ebenfalls fündig (Registerkarte **Sendungen**).

Abbildung 4.16 Die meisten Schaltflächen der Registerkarte »Sendungen« sind standardmäßig ausgegraut (also zunächst nicht anwählbar).

Die Registerkarte »Entwicklertools«

Diese Registerkarte stellt verschiedene Funktionen in Sachen Interaktivität von Word-Dokumenten zur Verfügung. So lassen sich beispielsweise Checkboxen oder Eingabefelder in das Dokument integrieren. Diese Registerkarte ist aber in der Standardansicht ausgeblendet und muss bei Bedarf zunächst aktiviert werden. Wie Sie dazu vorgehen müssen, erfahren Sie in Abschnitt 4.2, »Die Ansicht bequem an Ihre Arbeit anpassen«, Seite 118.

Abbildung 4.17 Die Registerkarte »Entwicklertools« wird standardmäßig nicht angezeigt.

Temporäre Registerkarten

Und dann wären da noch jene Registerkarten, die sich nur dann zeigen, wenn eine bestimmte Bedingung erfüllt ist. Das ist beispielsweise bei den Registerkarten **Bildtools/ Format** oder **Tabellentools/Entwurf** bzw. **Tabellentools/Layout** der Fall.

Abbildung 4.18 Die Registerkarte »Bildtools/Format«

Diese zeigen sich nur, wenn zuvor ein entsprechendes Objekt angewählt worden ist. Außerdem werden sie wieder ausgeblendet, sobald das Objekt abgewählt wird, sprich: wenn Sie auf eine Stelle außerhalb des Bild- oder Tabellenelements klicken.

Abbildung 4.19 Die Registerkarte »Tabellentools« kommt sogar mit zwei Unterregistern daher (»Entwurf« und »Layout«).

4.2 Die Ansicht bequem an Ihre Arbeit anpassen

Die Arbeitsoberfläche von Word 2013 ist keinesfalls in Stein gemeißelt. Sie dürfen einzelne Elemente durchaus verändern, verschieben, hinzufügen oder schließen. Leider gibt es keine Empfehlung dazu, wie eine Oberfläche in Word idealerweise auszusehen hat. Dies ist von zahlreichen Faktoren abhängig. So spielt es einerseits eine Rolle, welche Aufgaben Sie tagtäglich erledigen. Vielleicht benötigen Sie ja den einen oder anderen Bereich gar nicht. Ein weiterer wesentlicher Faktor ist der zur Verfügung stehende Platz. Arbeiten Sie beispielsweise mit einem kleinen Monitor, müssen Sie die zur Verfügung stehende Arbeitsfläche viel effizienter aufteilen, als wenn Sie mit einem großen oder gar zwei Monitoren arbeiten.

Menüband temporär deaktivieren

Zunächst einmal wäre da das Menüband zu erwähnen, welches sich im Bedarfsfall minimieren lässt, indem Sie auf die Schaltfläche **Menüband lösen** ❶ klicken oder ⎡Strg⎤ + ⎡F1⎤ betätigen. (Weitere Hinweise dazu finden Sie in Abschnitt 2.2, »Das Menüband«, Seite 65.)

Abbildung 4.20 Wer mehr Platz benötigt, blendet das Menüband mithilfe einer Tastenkombination temporär aus und wieder ein.

Wenn Sie wollen, dass das Menüband nur dann eingeblendet ist, wenn Sie es auch benötigen, sollten Sie mit der Tastenkombination arbeiten. Das geht am schnellsten. Wer sich hingegen dafür entscheidet, irgendwann doch wieder zur Standardansicht zurückzukehren, klickt zunächst auf die Schaltfläche **Menüband-Anzeigeoptionen** ❷ und entscheidet sich anschließend für den Befehl **Registerkarten und Befehle anzeigen**.

Navigationsbereich verschieben

Wenn Sie vorwiegend mit querformatigen Dokumenten arbeiten oder stark in das Dokument einzoomen wollen, ist zu überlegen, ob der standardmäßig aktive Arbeitsbereich **Navigation** (auf der linken Seite) wirklich benötigt wird. Deaktivieren Sie diesen, indem Sie im Arbeitsbereich oben rechts auf die kleine Kreuz-Schaltfläche klicken. Der Navigationsbereich lässt sich jederzeit wieder aktivieren, indem Sie in der Gruppe **Anzeige** der Registerkarte **Ansicht** mit einem Klick die Checkbox **Navigationsbereich** aktivieren.

Abbildung 4.21 Der Navigationsbereich verfügt über eine eigene Schließen-Schaltfläche.

Wer sich noch nicht so recht entscheiden kann, ob er den Navigationsbereich wirklich braucht oder nicht, ihn aber an seiner aktuellen Position eher als störend empfindet, kann auch auf das Wort **Navigation** (oder den freien Bereich daneben) klicken, die Maustaste gedrückt halten und den kompletten Bereich verschieben. Der Vorteil: Jetzt existiert links und rechts mehr Platz für den Text, während die Navigationsleiste gewissermaßen über dem Dokument schwebt. Von dort aus kann sie überall im Fenster angeordnet werden. Ziehen Sie den Navigationsbereich wieder an den linken Rand der Anwendung und lassen ihn dort fallen, wird der Aufgabenbereich an seiner ursprünglichen Position »eingeklebt«.

Abbildung 4.22 Der Navigationsbereich schwebt über dem Dokument.

Arbeiten Sie häufig mit Einzügen und Tabulatoren? Dann sollten Sie die Lineale einschalten. Diese werden dann oben und links neben Ihrem Dokument eingeblendet. Aktivieren Sie diese, indem Sie in der Gruppe **Anzeigen** der Registerkarte **Ansicht** auf die Checkbox bei **Lineal** klicken.

Abbildung 4.23 Die Lineale sind wichtige Instrumente in Word 2013.

Wenn Sie sich für die Anpassung der Oberfläche interessieren, sollten Sie auch die folgenden Abschnitte lesen. Diese geben Ihnen weitere Optionen in Sachen Oberflächengestaltung an die Hand.

4.3 Zusätzliche Elemente ein- und ausblenden

Wie Sie ja bereits wissen, werden längst nicht alle zur Verfügung stehende Arbeitsbereiche in Word angezeigt. Dass sich bestimmte Elemente über die Gruppe **Anzeigen** der Registerkarte **Ansicht** ein- und ausschalten lassen, ist ja nicht neu. Doch es geht noch individueller.

Gruppen und Register entfernen

Bei der Gestaltung der Oberfläche sollten Sie auf jeden Fall berücksichtigen, dass sich auch die im Menüband befindlichen Schaltflächen-Gruppen deaktivieren lassen, sofern diese nicht benötigt werden. Das dient der Übersicht und macht die Oberfläche klarer. Und so geht's: Klicken Sie zunächst auf das Register **Datei**, um in die Backstage-Ansicht zu wechseln. Klicken Sie in der linken Spalte auf die Rubrik **Optionen** und wählen Sie anschließend in der linken Spalte des Dialogfensters **Word-Optionen** den Befehl **Menüband anpassen**. Mal angenommen, Sie könnten prima auf die Gruppe **Link** der Registerkarte **Einfügen** verzichten, müssten Sie die gleichnamige Zeile ❶ innerhalb der rechten Spalte markieren und anschließend **Entfernen** ❷ betätigen. Achten Sie darauf, dass im Bereich **Menüband anpassen** der Eintrag **Hauptregisterkarten** ❸ gelistet ist.

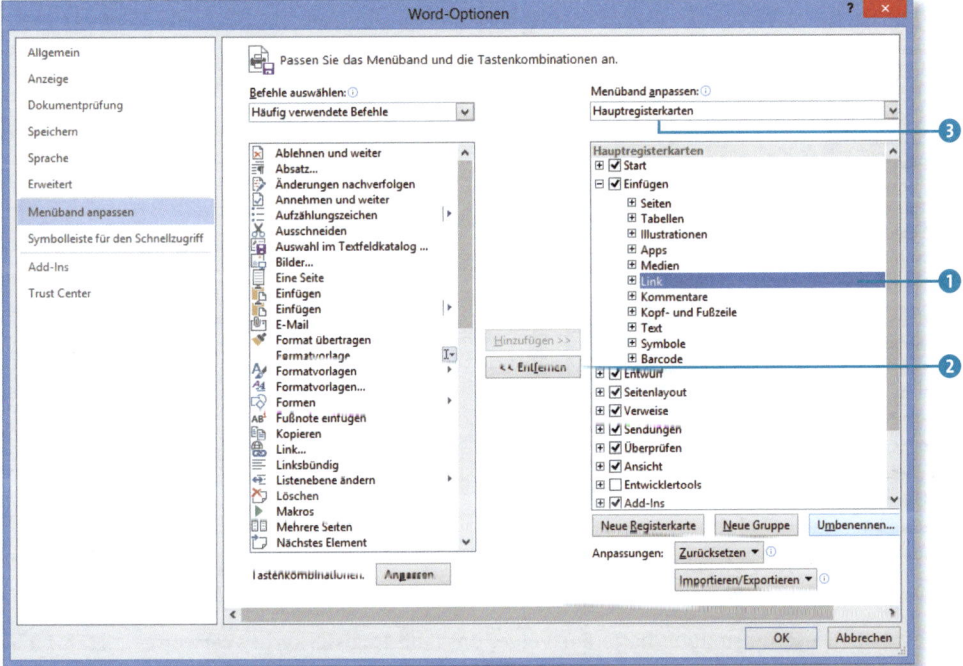

Abbildung 4.24 Wer wie beschrieben vorgeht, entfernt markierte Gruppen aus der Registerkarte.

TIPP

Menüband schnell anpassen

Wer sich den Weg über die Backstage-Ansicht sparen möchte, kann auch mit rechts auf einen Registerkarteneintrag, eine Gruppe oder eine Schaltfläche des Menübands klicken und sich im daraufhin erscheinenden Kontextmenü für **Menüband anpassen** entscheiden. Daraufhin wird das Dialogfenster **Word-Optionen** eingeblendet.

Abbildung 4.25 So geht es noch schneller.

Noch einfacher ist das Entfernen ganzer Registerkarten. Dazu müssen Sie nämlich lediglich die vorangestellte Checkbox per Mausklick deaktivieren und mit einem Klick auf **OK** bestätigen. Fortan ist diese Registerkarte unsichtbar.

Abbildung 4.26 Diese Einstellung hätte zur Folge, dass die Registerkarte »Verweise« fortan nicht mehr angezeigt wird.

INFO

Plussymbole

Vorangestellte Plussymbole sind Indiz dafür, dass sich dahinter weitere Untereinträge verbergen. Um diese zugänglich zu machen, müssen Sie auf das Plussymbol klicken. Es mutiert dann zum Minussymbol und zeigt die darunter befindlichen Einträge.

Gruppen und Register hinzufügen

Glücklicherweise lassen sich zuvor entfernte Gruppen und Registerkarten auf leichte Art wieder hinzufügen. Am einfachsten ist das mit den Registerkarten. Dazu müssen Sie zunächst mit einem Klick auf die Registerkarte **Datei** in die Backstage-Ansicht wechseln und in der linken Spalte auf **Optionen** klicken. Im Folgedialog selektieren Sie abermals **Menüband anpassen**. Alternativ dazu klicken Sie mit rechts auf das Menüband und wählen anschließend im Kontextmenü den Befehl **Menüband anpassen**. Aktivieren Sie das Häkchen der Registerkarte, die aktuell nicht angezeigt wird (im obigen Beispiel die Registerkarte **Verweise**). Klicken Sie anschließend auf **OK**.

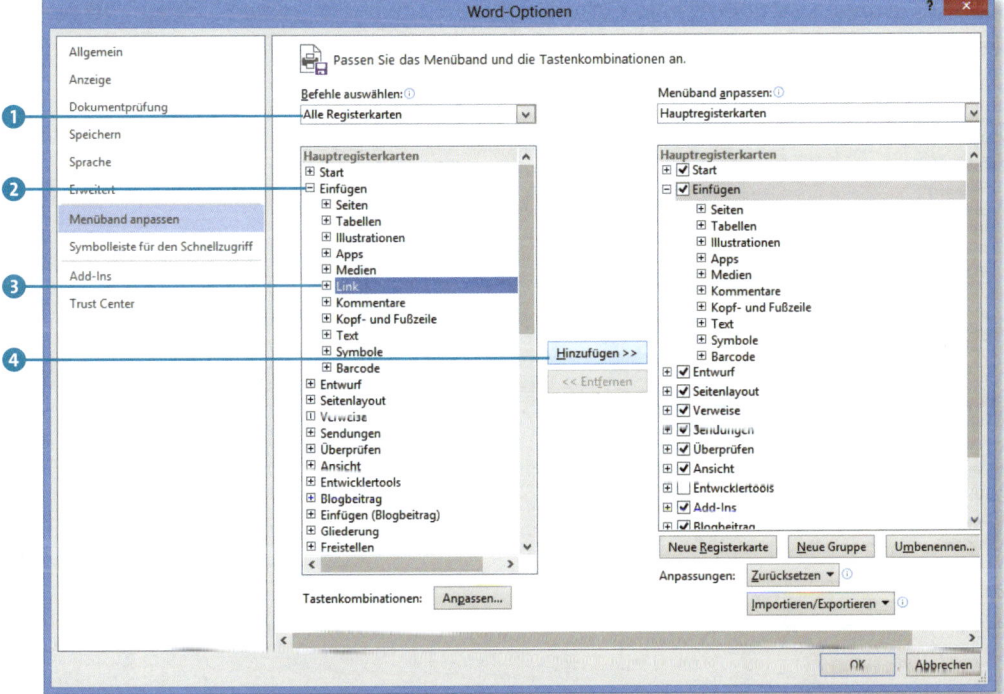

Abbildung 4.27 Jetzt wird die Gruppe wieder hinzugefügt.

Problematischer wird es, wenn Sie eine zuvor entfernte Gruppe hinzufügen wollen. Dann nämlich müssen Sie zunächst im Dialogfenster **Word-Optionen** im Menü **Befehle auswählen** die Option **Alle Registerkarten** ❶ (siehe Abbildung 4.27) wählen. In der unterhalb befindlichen Liste klicken Sie auf das Plussymbol der Registerkarte, die standardmäßig die relevante Gruppe beherbergt. Im Beispiel ist das die Registerkarte **Einfügen** ❷. Markieren Sie danach mit einem Mausklick die Gruppe, die hinzugefügt werden soll (hier: **Link** ❸), und klicken Sie anschließend auf die Schaltfläche **Hinzufügen** ❹.

Nun wirft diese Vorgehensweise ein kleines Problem auf: Die Gruppe wird nämlich nicht automatisch wieder an der Position platziert, von der sie vorab entfernt worden ist. Vielmehr setzt Word die hinzugefügte Gruppe ganz nach unten, was letztendlich dazu führt, dass diese Gruppe im Menüband ganz rechts auftaucht. Dem können Sie aber etwas entgegensetzen, indem Sie auf den relevanten Eintrag klicken und ihn, während Sie die Maustaste gedrückt halten, an die gewünschte Position ziehen. Beim Ziehen werden Sie feststellen, dass sich zwischen zwei Einträgen jeweils eine horizontale schwarze Linie zeigt. Wenn das der Fall ist, können Sie loslassen. Der Eintrag wird dann dort einsortiert. Im konkreten Beispiel der Gruppe **Link** müssten Sie demzufolge loslassen, wenn sich die schwarze Linie zwischen **Medien** und **Kommentare** befindet. Um die Änderungen zu übernehmen, müssen Sie sie noch mit einem Klick auf **OK** bestätigen.

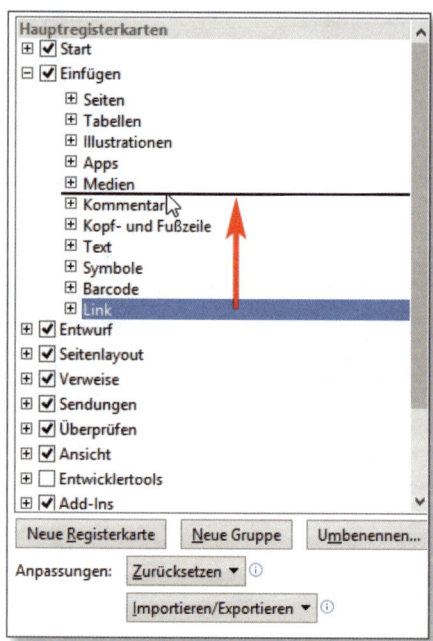

Abbildung 4.28 Nehmen Sie Einfluss auf die Anordnung der Gruppen.

INFO

Anpassungen verwerfen

Bitte haben Sie keine Scheu, mit diesen Funktionen nach Herzenslust zu experimentieren. Denn wer auf die zuvor beschriebene Art und Weise sein komplettes Word-Layout ruiniert hat, kann abermals im Dialogfenster **Word-Optionen** den Befehl **Menüband anpassen** wählen und anschließend im Bereich **Anpassungen** auf **Zurücksetzen** klicken. Im Kontextmenü entscheiden Sie sich für **Alle Anpassungen zurücksetzen** und beantworten die danach erscheinende Kontrollabfrage mit **Ja**.

Abbildung 4.29 Verwerfen Sie sämtliche Anpassungen.

4.4 Die Darstellungsgröße optimieren

Mit *Darstellungsgröße* werden generell zwei unterschiedliche Präsentationsarten bezeichnet. Zum einen bezieht sich die Darstellungsgröße auf die Größe des angezeigten Textes, zum anderen auf die Größe der Schrift, die innerhalb der Steuerelemente (also letztendlich auch im Menüband) verwendet wird.

Darstellungsgröße der Schrift ändern

Wie groß oder klein eine Schrift im Word-Dokument angezeigt wird, ist nicht nur von der verwendeten Schriftgröße abhängig, sondern auch von den Einstellungen in der Statusleiste innerhalb des Zoombereichs unten rechts. Klicken Sie auf das Minus, um die Darstellungsgröße zu verringern, bzw. auf das Plus, um diese zu erhöhen. Mithilfe des Schiebereglers **1** lässt sich die Vergrößerung oder Verkleinerung besser dosieren. Der aktuell gültige Wert **2** wird Ihnen im Übrigen ganz rechts angezeigt.

Abbildung 4.30 Der Zoombalken hilft bei der Vergrößerung der Textanzeige.

Noch mehr Individualität bringt das Dialogfenster **Zoom** mit, welches Sie mit einem Klick auf den aktuellen Wert öffnen können. Hier können Sie weitere Zoommodi anwählen bzw. die Ansicht anpassen.

Abbildung 4.31 Hier sind weitere Zoomeinstellungen verfügbar.

Beachten Sie in diesem Zusammenhang jedoch, dass die einzelnen Anzeigemodi, die sich über die entsprechenden Schaltflächen in der Gruppe **Ansichten** der Registerkarte **Ansicht** einstellen lassen (z. B. **Lesemodus**, **Seitenlayout**, **Gliederung**), nicht synchron verhalten. Das bedeutet: Wenn Sie beispielsweise im Seitenlayout einen Zoomfaktor von 160 % eingeschaltet haben und dann in die Ansicht **Lesemodus** wechseln, beträgt dieser dort zunächst lediglich 100 %. Sie müssen gegebenenfalls den Zoomfaktor über die Steuerelemente der Statusleiste erneut anpassen.

Darstellungsgröße der Steuerelemente ändern

Was die Darstellungsgröße der einzelnen Steuerelemente in Word betrifft, können Sie auch hierauf leicht Einfluss nehmen. Allerdings müssen Sie dazu Word verlassen. Gehen Sie in die Systemsteuerung des Betriebssystems.

Unter Windows 8.1 kehren Sie dazu auf den Startbildschirm zurück, tippen hier »sys« ein und drücken die ⏎-Taste. Daraufhin wird das Dialogfenster **Alle Systemsteuerungselemente** aufgerufen. In Versionen vor Windows 8 klicken Sie auf **Start** und markieren anschließend im Auswahlmenü **Systemsteuerung**. Sollte bei Ihnen die Symbolansicht ❶ aktiviert sein, klicken Sie auf **Anzeige** ❷.

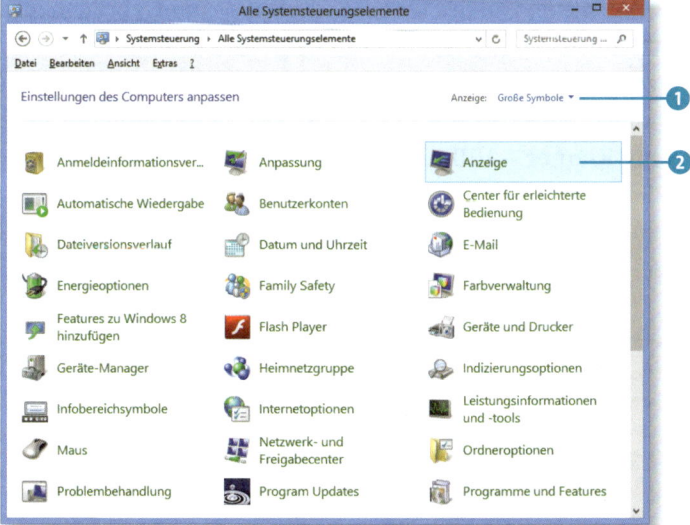

Abbildung 4.32 Die Systemsteuerung in der Symbolansicht.

Befindet sich das Fenster hingegen in der Ansicht **Kategorie** ❸, betätigen Sie **Darstellung und Anpassung** ❹, gefolgt von **Anzeige**.

Abbildung 4.33 So sieht die Systemsteuerung in der Ansicht »Kategorie« aus.

Bevor Sie fortfahren: Überlegen Sie genau, ob Sie die Vergrößerung wirklich benötigen. Beachten Sie, dass Veränderungen in diesem Bereich des Betriebssystems auch Auswirkungen auf alle anderen Programme haben und selbst der Desktop bzw. dessen

Symbole davon betroffen sind. Sie sollten von der Vergrößerung also nur Gebrauch machen, wenn die Steuerelemente ansonsten für Sie schwer oder kaum zu erkennen sind. Die Funktion eignet sich prinzipiell für Menschen, die schlecht sehen. Wenn Sie sich dessen bewusst sind und das auch wollen, gehen Sie so vor: Standardmäßig wird die Schriftgröße der Steuerelemente **Kleiner – 100 %** angezeigt. Sollte Ihnen das zu klein sein, gehen Sie auf **Mittel – 125 %** oder sogar auf **Größer – 150 %** und klicken zum Bestätigen auf **Übernehmen**. Prüfen Sie ruhig zunächst, ob eine Vergrößerung auf 125 % bereits ausreicht. Gehen Sie nicht gleich auf 150 %.

Abbildung 4.34 Es ist ein Wagnis, sämtliche Elemente zu vergrößern.

Im Anschluss daran müssen Sie sich noch vom System ab- und wieder anmelden, damit Ihre Änderungen aktiviert werden. Hierzu wird Ihnen ein entsprechendes Dialogfenster angezeigt, das Sie mit **Jetzt abmelden** bestätigen müssen.

Abbildung 4.35 Nach der Umstellung erscheinen die Schriften und Schaltflächen im Menüband größer (oben = 100 %, unten = 150 %).

Innerhalb dieses Dialogfensters sind auch Änderungen möglich, die sich lediglich auf verschiedene Textgrößen beziehen (leider nicht auf die Bezeichnungen der Word-Steuerelemente). Wenn Sie lediglich dort Änderungen vornehmen wollen, markieren Sie zunächst das Popup-Menü unten links (standardmäßig steht dort **Titelleisten**) und entscheiden sich hier für den Eintrag, dessen Parameter Sie verändern wollen (hier: **Menüs**).

Abbildung 4.36 Vergrößern Sie bei Bedarf die Größe der Menütexte.

Danach lässt sich rechts daneben die Schriftgröße ändern sowie, falls gewünscht, Fettschrift anwählen. Bestätigen Sie Ihre vorgenommenen Änderungen mit einem Klick auf die Schaltfläche **Übernehmen**. In diesem Fall müssen Sie sich übrigens nicht extra vom System abmelden. Es dauert hingegen nur einige Sekunden, bis Windows die Einstellung aktualisiert hat.

4.5   Die Statusleiste anpassen

Die Fußleiste von Word wird auch als Statusleiste betitelt. Hier befinden sich die bereits erwähnten Steuerelemente zur Vergrößerung oder Verkleinerung der Textansicht (unten rechts). Welche Steuerelemente hier präsentiert werden, ist keinesfalls dem Zufall überlassen.

Klicken Sie mit rechts auf die Statusleiste der Anwendung, wird ein Kontextmenü eingeblendet, mit dessen Hilfe sich der Inhalt der Leiste gestalten lässt. Dabei gehen Sie folgendermaßen vor: Klicken Sie einen Eintrag an, dem kein Häkchen vorangestellt ist, um dieses Element der Statusleiste hinzuzufügen. Klicken Sie hingegen auf einem Eintrag, dem aktuell ein Häkchen vorangestellt ist, wird dieses Element aus der Statusleiste entfernt.

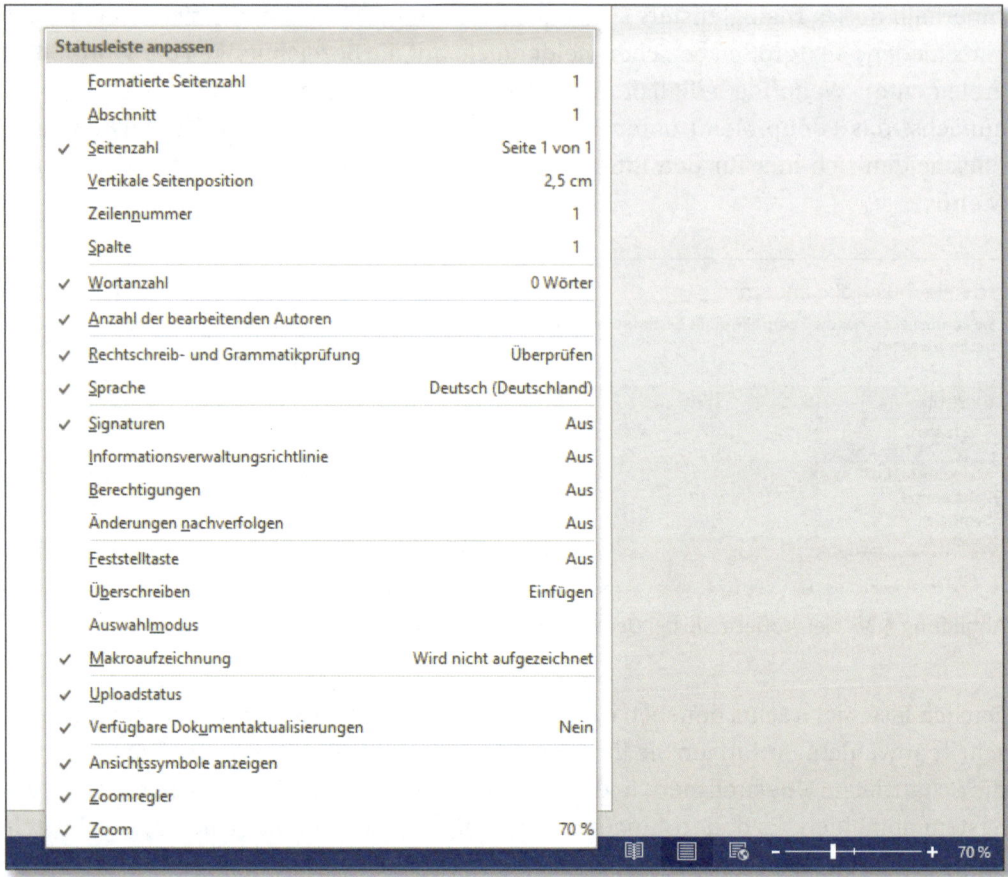

Abbildung 4.37 Die Statusleiste wartet mit zahlreichen Optionen auf.

4.6   Mit Fenstern umgehen

Zwar lässt sich immer nur an einem einzelnen Word-Dokument arbeiten, jedoch dürfen durchaus mehrere Word-Dateien gleichzeitig geöffnet sein. Das Problem: Unten liegende Dokumente werden jetzt von den darüber befindlichen verdeckt. Um schnellen Zugriff auf diese Dokumente zu erlangen, klicken Sie in der Gruppe **Fenster** der Registerkarte **Ansicht** auf die Schaltfläche **Fenster wechseln**. Nun werden Ihnen sämtliche geöffneten Dokumente in Form von Listeneinträgen angezeigt. Wählen Sie das Dokument aus, das Sie weiter bearbeiten wollen.

Abbildung 4.38 Geöffnete Dokumente werden hier aufgelistet.

Weiter links innerhalb der Gruppe **Fenster** befinden sich weitere Schaltflächen, mit denen Sie die Anordnung der einzelnen Fenster anpassen können:

Abbildung 4.39 Diese Schaltflächen helfen bei der Anordnung geöffneter Dokumente.

- **Neues Fenster:** Erzeugen Sie ein neues »zweites« Fenster für das aktuell ausgewählte Word-Dokument. Im Prinzip ist das Dokument nun zweimal geöffnet. Das ist insbesondere dann sinnvoll, wenn größere Textbereiche verschoben werden müssen oder wenn innerhalb des Dokuments an unterschiedlichen Stellen gearbeitet werden soll.

- **Alle anordnen:** Wählen Sie diese Option aus, wenn Sie wünschen, dass sämtliche geöffneten Dokumente gleichzeitig in verkleinerten Fenster nebeneinander sichtbar sein sollen.

- **Teilen:** Diese Funktion entspricht im Wesentlichen der Schaltfläche **Neues Fenster**. Auch hier wird das aktuelle Dokument zweimal angezeigt, wobei es jedoch nicht in zwei separaten, sondern nur in einem, in der Mitte unterteilten Fenster angezeigt wird. Sofern die Option **Teilen** aktiviert ist, verändert sich dieser Button zu **Teilung aufheben**. Ein Klick darauf verwirft die Teilung wieder.

Abbildung 4.40 Ein und dasselbe Word-Dokument existiert nun zweimal – und zwar innerhalb eines einzelnen Fensters.

INFO

Kopfleiste verschieben

Der Vollständigkeit halber sei noch erwähnt, dass Sie ein Word-Dokument auch mit gedrückter Maustaste an dessen Kopfleiste an den oberen Bildrand schieben und dort fallen lassen können. So lässt sich ein verkleinertes Fenster schnell maximieren. Lassen Sie das Dokument an der linken Seite des Bildschirms fallen, erstreckt es sich von dort aus bis zur Bildschirmmitte. Gleiches wird erreicht, wenn Sie das Dokument am rechten Rand fallen lassen. In diesem Fall erstreckt es sich von dort aus bis zur Mitte des Monitors.

Kapitel 5
Erste Schritte mit Word 2013

Da Sie sich auf der Arbeitsoberfläche bestimmt schon gut zurechtfinden, wollen wir nun die Arbeit mit Word-Dokumenten aufnehmen. Erfahren Sie in diesem Kapitel u. a., wie Dokumente erzeugt, mit Vorlagen und Deckblättern versehen und entsprechend formatiert werden. Außerdem schauen wir uns einige typische Dokumentstrukturen an und Sie erfahren, was es beim Speichern von Dokumenten zu beachten gibt.

5.1   Ein neues Dokument beginnen

Am Anfang der Arbeit steht die Erstellung eines neuen Word-Dokuments. Sie haben dabei die Wahl, ob Sie mit einem neuen, komplett leeren Dokument beginnen wollen oder auf eine bestehende Vorlage zurückgreifen. Vorlagen sind in der Regel bereits mit Inhalts- und Layoutoptionen versehen. Sie sollten also eine Vorlage benutzen, die optisch zum Thema Ihres Dokuments passt. Der unschlagbare Vorteil von Vorlagen ist der, dass die Vorlage selbst unverändert bleibt. Voraussetzung dafür ist aber, dass das bearbeitete Dokument auch als Word-Dokument (und nicht als Vorlage) gespeichert wird. Auf diese Art können Sie unterschiedliche Inhalte stets mit dem gleichen Layout versehen.

Dokument erstellen

Es existieren verschiedene Möglichkeiten, ein neues Word-Dokument zu erzeugen. Falls Word geschlossen ist, starten Sie die Anwendung jetzt, indem Sie beispielsweise auf das Desktop-Icon klicken oder auf die entsprechende Kachel auf dem Startbildschirm. Daraufhin wird Ihnen ein Programmfenster angezeigt, das Ihnen gleich mehrere Auswahl möglichkeiten anbietet.

Auf der linken Seite befinden sich kürzlich verwendete Dokumente ❶ (siehe Abbildung 5.1), während auf der rechten Seite die unterschiedlichsten Dokumentvorlagen angeboten werden (z. B. **Veranstaltungsflugblatt** ❷). Grundsätzlich ist jedoch **Leeres Dokument** ❸ vorausgewählt. Wollen Sie also ohne eine Vorlage beginnen, reicht ein Klick darauf oder das bloße Drücken der ⏎-Taste.

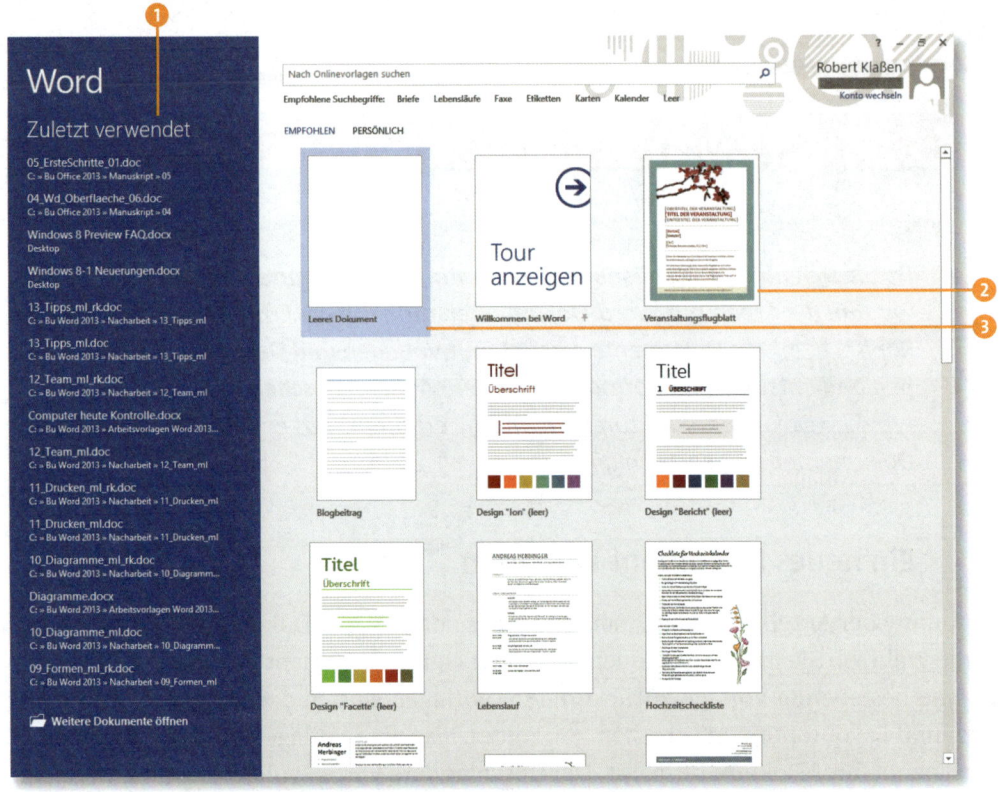

Abbildung 5.1 Entscheiden Sie sich für eine Vorlage oder ein leeres Dokument.

Ist Word bereits geöffnet, wechseln Sie zur Erzeugung eines neuen Dokuments zunächst in die Backstage-Ansicht. Klicken Sie dazu auf die Registerkarte **Datei**. Klicken Sie nun auf die Schaltfläche **Neu**. Wer bei geöffneter Anwendung lediglich ein neues leeres Dokument erzeugen möchte, kann sich auch der Tastenkombination Strg + N bedienen. Um eine Vorlage auszuwählen, doppelklicken Sie auf die betreffende Miniaturansicht. Daraufhin wird die jeweilige Vorlage zur Verfügung gestellt und die Backstage-Ansicht verlassen. Bitte beachten Sie, dass sich die Vorlage selbst noch nicht auf Ihrem Rechner befindet. Vielmehr muss diese heruntergeladen werden.

> **INFO**
>
> **Vorlagen-Speicherort**
>
> Das Herunterladen einer Vorlage ist ein einmaliger Vorgang. Künftig steht sie sofort zur Verfügung. Sie finden die Vorlage auf dem PC übrigens unter *[Laufwerksbuchstabe]\Benutzer\[Benutzername]\AppData\Roaming\Microsoft\Templates*. Eine derartige Vorlage trägt die Dateiendung *.dotx*. Beachten Sie bitte in diesem Zusammenhang auch die Hinweise im folgenden Abschnitt.

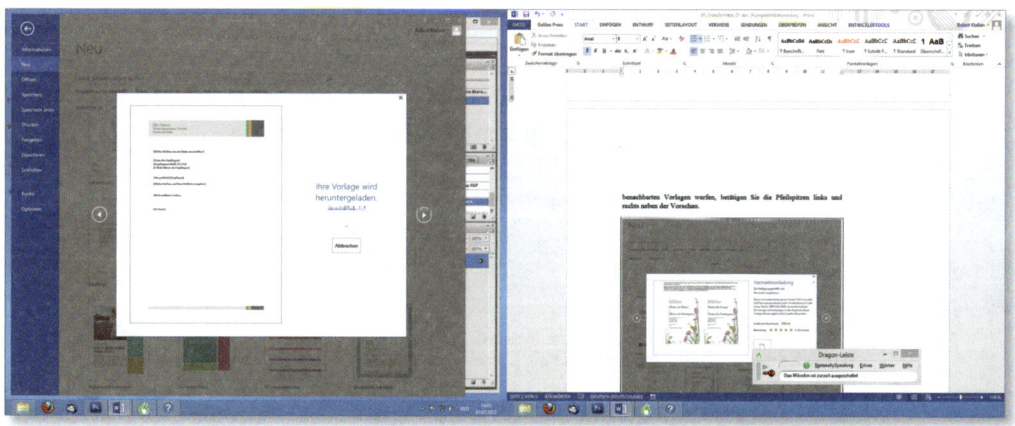

Abbildung 5.2 Vorlagen werden nach deren Auswahl zunächst auf den Rechner übertragen.

Ordner und Dateiendungen sichtbar machen

Von Haus aus werden Sie beim Aufrufen des Dateipfads *[Laufwerksbuchstabe]\Benutzer\[Benutzername]\AppData\Roaming\Microsoft\Templates*, in dem die Dokumentvorlagen gespeichert werden, spätestens beim Ordner *AppData* Probleme bekommen. Dieses Verzeichnis wird nämlich standardmäßig vom Betriebssystem verborgen, da es sich um ein geschütztes Verzeichnis handelt.

Abbildung 5.3 Der Ordner »AppData« muss erst sichtbar gemacht werden.

1 Damit derartige Objekte dargestellt werden können (und sich zudem öffnen lassen), müssen Sie zunächst die **Systemsteuerung** aufrufen. Klicken Sie hier auf **Ordneroptionen** und wechseln Sie im gleichnamigen Dialogfenster auf die Registerkarte **Ansicht**.

2 Scrollen Sie in der Liste im Bereich **Erweiterte Einstellungen** bis zu der Option **Erweiterungen bei bekannten Dateitypen ausblenden** und deaktivieren Sie das vorangestellte Häkchen. Dies hat zur Folge, dass Ihnen künftig nicht nur Dateinamen, sondern auch deren Endungen angezeigt werden.

3 Scrollen Sie anschließend bis zum Eintrag **Versteckte Dateien und Ordner** herunter. Aktivieren Sie den Radiobutton **Ausgeblendete Dateien, Ordner und Laufwerke anzeigen**. Diese Funktion bewirkt, dass Verzeichnisse wie *AppData* sichtbar werden. Bestätigen Sie Ihre Änderungen mit einem Klick auf **OK**.

Von jetzt an werden auch nicht sichtbare Ordner angezeigt. Diese sind lediglich schwachgrau schattiert (siehe Abbildung 5.3).

Vorlagen-Vorschau

Wollen Sie zunächst etwas mehr über eine Vorlage in Erfahrung bringen, markieren Sie diese im Bereich **Neu** der Backstage-Ansicht mit einem einfachen Mausklick. Das hat zur Folge, dass ein Overlay-Fenster zur Verfügung gestellt wird, welches neben einer vergrößerten Miniatur auch weitere Informationen (z. B. in Bezug auf die Dokumentabmessungen) zur Verfügung stellt. Mit einem Klick auf die Schaltfläche **Erstellen** wählen Sie die Vorlage letztendlich aus. Wollen Sie auch einen Blick auf die benachbarten Vorlagen werfen, betätigen Sie die Pfeilschaltflächen links und rechts neben der Vorschau, um weitere Vorlagen in der Vorschau anzusehen.

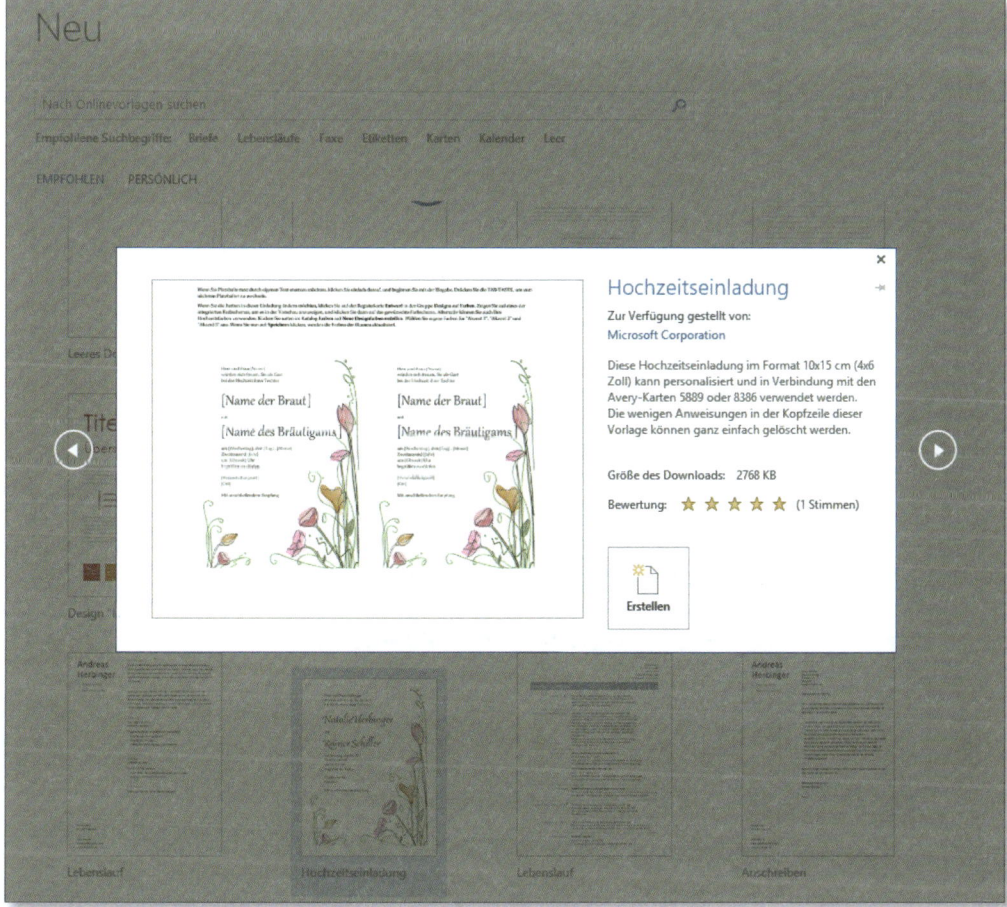

Abbildung 5.4 Lassen Sie sich die Vorlage vorab anzeigen.

Vorlagen anheften

Falls sich eine Vorlage weiter unten in der Liste befindet, die Sie künftig öfter verwenden wollen, bewegen Sie zunächst die Maus auf die Miniatur. Anschließend klicken Sie auf die nach links weisende Stecknadel. Dies hat zur Folge, dass die Vorlage nach oben verschoben wird und so in Zukunft besser zu erreichen ist.

Abbildung 5.5 Wichtige Vorlagen können nach oben gestellt werden.

Die Stecknadel zum Anheften gibt es übrigens auch in der Vorlagen-Vorschau – und zwar ganz oben rechts, gleich unterhalb der **Schließen**-Schaltfläche.

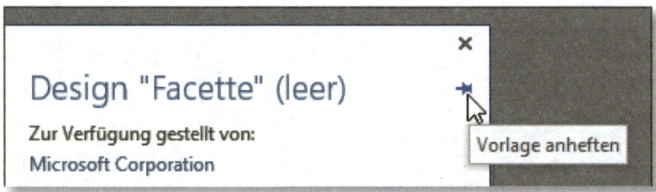

Abbildung 5.6 Das Anheften kann auch in der Vorlagen-Vorschau vorgenommen werden.

5.2 Schnell zum Ziel mit Vorlagen von Office.com

Als Benutzer von Microsoft Word müssen Sie sich nicht mit der doch relativ überschaubaren Anzahl vorinstallierter Vorlagen begnügen. Vielmehr steht Ihnen auf der Internetseite *office.com* noch eine Fülle weiterer Templates zum Herunterladen bereit. Klicken Sie doch einmal in der Backstage-Ansicht im Bereich **Neu** ganz oben in das Suchfeld **Nach Onlinevorlagen suchen**. Tragen Sie hier den gewünschten Suchbegriff ein und drücken Sie die ⏎-Taste, um Ihre Suche zu starten. Alternativ klicken Sie auf das Lupen-Symbol auf der rechten Seite.

Abbildung 5.7 Zunächst muss ein Suchbegriff eingegeben werden.

Daraufhin werden Vorlagen angezeigt, die zum Suchbegriff passen (hier: »Fußball«). Wählen Sie die gewünschte Vorlage mit einem Doppelklick aus oder lassen Sie sich mit einem einfachen Mausklick vorab weitere Eigenschaften der entsprechenden Vorlage anzeigen.

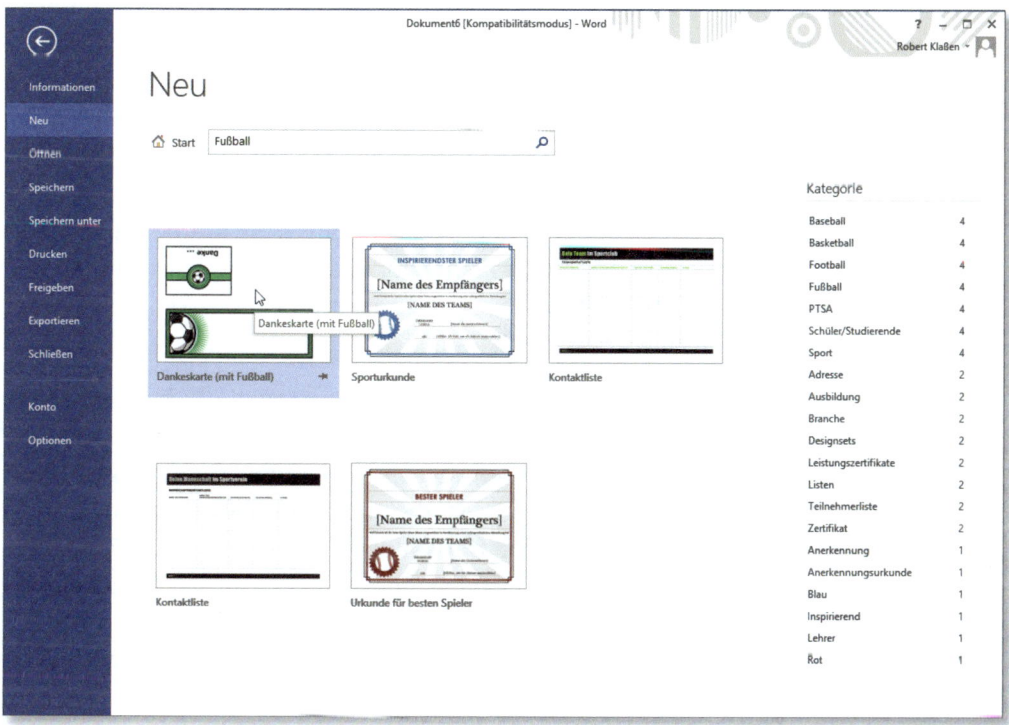

Abbildung 5.8 Die Ergebnisse werden sogleich angezeigt und können auf den Rechner übertragen werden.

Die Internetseite *office.com* bietet übrigens weit mehr als nur eine Suchfunktion für Word-Vorlagen. Dort können Sie neben den erwähnten Vorlage auch Informationen zu anderen Office-Produkten einholen. Zudem gibt es nützliche Hinweise zu Neuerungen in Office sowie Installationshinweise und vieles mehr.

5.3   Formatvorlagen, Designs und Deckblätter nutzen

Sämtliche zuvor beschriebene Vorlagen bringen in der Regel eigene Formatvorlagen und Designs mit – und einige sogar eigenständige Deckblätter. Doch Sie müssen sich natürlich nicht mit dem bescheidenen Angebot abfinden, sondern können Ihre ganz eigenen, individuellen Einstellungen vornehmen. Bevor wir uns mit der Nutzung und Anpassung von Formatvorlagen, Designs und Deckblättern beschäftigen, wollen wir zunächst ergründen, was es damit auf sich hat bzw. warum es so überaus sinnvoll ist, derartige Elemente einzusetzen.

Was sind Formatvorlagen?

Wenn Sie Word lediglich als Notizzettel nutzen, werden Sie sich für Formatvorlagen nicht sonderlich interessieren. Diese sind nämlich immer dann interessant, wenn Texte voneinander unterschieden werden sollen. Sie sehen auch in diesem Buch, dass verschieden große Überschriften genutzt worden sind und dass sich deren Zeichengrößen und Farben voneinander unterscheiden. Nun wäre es müßig, jede einzelne Überschrift immer wieder aufs Neue von Hand auszuzeichnen. Stellen Sie sich einmal vor, was da an Arbeit auf Sie zukäme: Es muss eine andere Schrift eingestellt werden, die Größe muss angepasst werden, eventuell auch die Farbe, und nicht zuletzt wünscht man sich vielleicht auch noch fette oder Großbuchstaben. Wer hat schon Lust, so etwas bei jeder neuen Überschrift manuell zu wiederholen?

Spätestens hier setzen die Formatvorlagen ein. Mit einer Formatvorlage bestimmen Sie nämlich, wie ein bestimmter Text auszusehen hat. Außerdem können Sie regeln, wie groß der Abstand zum nachfolgenden Text sein soll und vieles mehr. Ist eine Formatvorlage erst mal definiert, erfolgt das Zuweisen lediglich per Mausklick (oder sogar noch komfortabler mit einer mehr oder weniger frei wählbaren Tastenkombination). Und wissen Sie, was der allergrößte Vorteil ist? Sollten Sie einmal ein Format (beispielsweise eine Überschrift) ändern wollen, müssen Sie das nicht bei jeder Überschrift wiederkehrend tun, sondern ändern einfach die Formatvorlage selbst. Dies hat unmittelbare Auswirkungen auf alle Stellen des Dokuments, an denen besagte Formatvorlage zum Einsatz gekommen ist. Das sind doch unschlagbare Argumente für den Einsatz von Formatvorlagen, oder?

Es gibt aber zwei Arten von Formatvorlagen:

1. Absatzformatvorlagen
2. Zeichenformatvorlagen

Absatzformatvorlagen sind Vorlagen, die sich auf einen bestimmten Abschnitt (Absatz) beziehen. Eine Absatzformatvorlage wird beispielsweise dann verwendet, wenn ein gesamter Textblock identisch ausgezeichnet werden soll. Aber auch eine Überschrift ist eine Absatzformatvorlage, da diese in der Regel innerhalb der Zeile für sich alleine steht. *Zeichenformatvorlagen* hingegen werden immer dann benutzt, wenn einzelne Zeichen, Worte oder Textbereiche innerhalb eines bestimmten Absatzes mit individuellen Attributen versehen werden sollen. Das bedeutet: Zeichenformatvorlagen können sich innerhalb einer Absatzformatvorlage befinden. Umgekehrt ist das jedoch nicht der Fall. Typische Beispiele für Absatzformatvorlagen sind die Überschriften (»Diskussionen«, »Zuhören«, »Fair bleiben«) in der folgenden Abbildung – aber auch die drei unterhalb der Überschriften befindlichen Textblöcke (der Fließtext). Bei den gesondert ausgezeichneten Begriffen (»Ansichten«, »Argumentation«, »Beleidigungen«) handelt es sich hingegen um Zeichenformatvorlagen. Die Formatvorlagen eines jeweiligen Dokuments finden Sie übrigens auf der Registerkarte **Start** innerhalb der Gruppe **Formatvorlagen**. (Weitere Hinweise zur Erzeugung sowie zum Umgang mit Formatvorlagen finden Sie in Abschnitt 7.2, »Mit Formatvorlagen arbeiten«, Seite 250.)

5

Abbildung 5.9 Absatz- und Zeichenformatvorlagen in der Praxis

Was sind Designs?

Ein *Word-Design* ist die grafische Gestaltung eines Dokuments in Bezug auf seine Farben, Schriftarten und Effekte. Im Prinzip werden in einem Dokument vorhandene Formatvorlagen durch die Anwahl eines anderen Designs auch optisch anders interpretiert. Unterschiedliche Designvorlagen finden Sie in der Gruppe **Dokumentformatierung** der Registerkarte **Entwurf**.

Abbildung 5.10 Derselbe Text noch einmal – allerdings mit geändertem Design

Designs sind nicht statisch, sondern können individuell angepasst werden. So dürfen Sie den Vorlagen auch andere Farben, Schriftarten, Abstände und Effekte zuweisen. Klicken Sie in der Gruppe **Dokumentformatierung** zunächst links auf den Button **Designs** und wählen Sie dort eine Vorlage aus. Wenn Sie nicht sicher sind, welches Design das richtige ist, bewegen Sie die Maus auf eine der Vorlagen (hier: **Berlin**) und schauen Sie sich das Dokument im Hintergrund an. Ihnen wird unmittelbar eine Vorschau des Designs in Ihrem Dokument angezeigt. Sind Sie zufrieden, wählen Sie das entsprechende Design mit einem Mausklick aus.

Abbildung 5.11 Solange der Mausklick noch nicht erfolgt ist, genießen Sie eine unverbindliche Vorschau.

Nachdem das erledigt ist, klicken Sie innerhalb der Gruppe **Dokumentformatierung** der Registerkarte **Entwurf** auf die Schaltfläche **Weitere** ❶. Im sich öffnenden Menü gilt das Gleiche wie bei der Wahl des Designs: Solange der Mauszeiger noch über einer Formatvorlagen-Variante schwebt (hier: **Schattiert**), lässt sich die gewünschte Formatvorlage begutachten. Zugewiesen wird das Ganze auch hier erst, wenn Sie die entsprechende Formatvorlage anklicken. Sie sehen: Jedes Design bringt unterschiedliche Formatvorlagensätze mit.

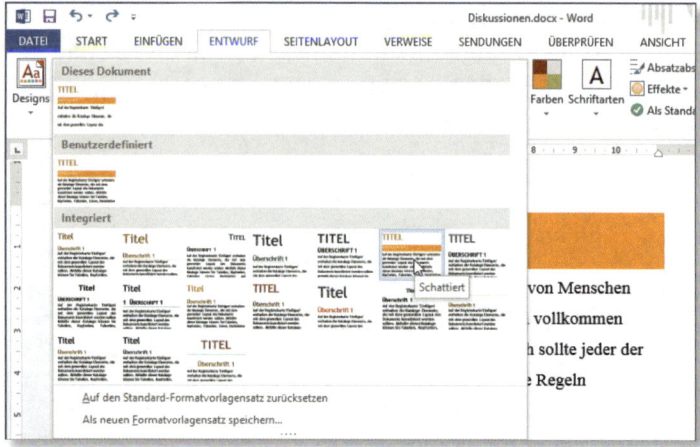

Abbildung 5.12 Entscheiden Sie sich für einen der integrierten Formatvorlagensätze.

Nachdem Design und Formatvorlagensatz bestimmt sind, ist noch lange nicht Schluss. Nun dürfen Sie nämlich individuell weitergestalten. Im rechten Bereich der Gruppe **Dokumentformatierung** stehen Ihnen beispielsweise bei den Schaltflächen **Farben**, **Schriftarten** oder **Absatzabstand** weitere Auswahlmöglichkeiten zur Verfügung. Auch diese können noch wunschgemäß beeinflusst werden. Entscheiden Sie sich beispielsweise für einen anderen Farbsatz (hier: **Rotorange**), kann das Dokument in seiner Wirkung noch einmal verändert werden.

Abbildung 5.13 Suchen Sie die passenden Farben aus.

Abschließend sollten Sie noch einen Blick auf die Registerkarte **Start** werfen. Sie wissen ja, dass dort die Formatvorlagen in der gleichnamigen Gruppe gelistet sind. Sie werden feststellen, dass die Formatvorlagen mit Änderung des Designs ebenfalls angepasst worden sind.

Abbildung 5.14 Auch die Formatvorlagen sehen jetzt anders aus.

Designs speichern und weiterverwenden

Sollten Sie ein interessantes Design zugewiesen und anschließend individuell angepasst haben, können Sie dieses direkt auf dem Rechner sichern – und zwar als Vorlage. Dazu klicken Sie noch einmal auf die Schaltfläche **Designs** der Registerkarte **Entwurf** und wählen im Auswahlmenü die Option **Aktuelles Design speichern**. Word erzeugt daraufhin eine Datei mit der Endung *.thmx*. Benennen Sie die Vorlage entsprechend und klicken Sie auf die Schaltfläche **Speichern**. Übrigens wird als Speicherort *[Laufwerksbuchstabe]\Benutzer\[Benutzername]\AppData\Roaming\Microsoft\Templates\ Document Themes* vorgeschlagen.

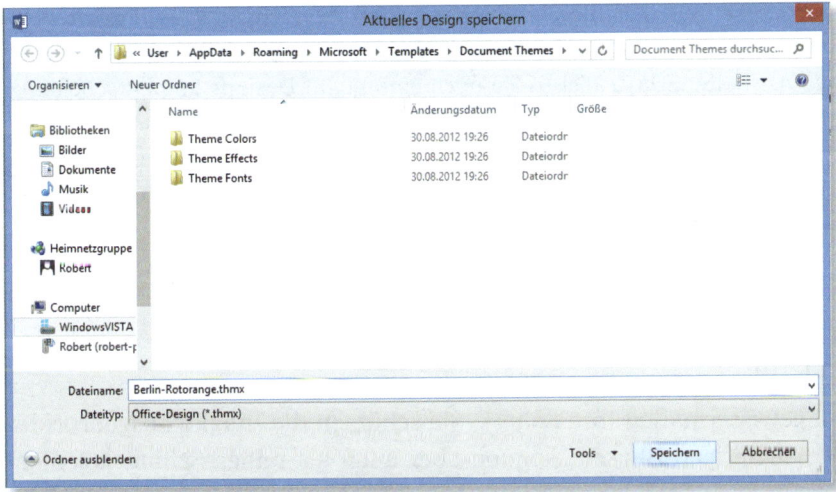

Abbildung 5.15 Wenn Sie ein individuell gestaltetes Design häufiger verwenden, sollten Sie es als Vorlage speichern.

Behalten Sie diesen Speicherort idealerweise bei, damit alle Vorlagen zukünftig am gleichen Ort gespeichert werden können. Wann immer Sie das Menü der Schaltfläche **Designs** aufrufen, wird Ihnen im Bereich **Benutzerdefiniert** das zuvor gespeicherte Design angezeigt. Dieses kann dann neuen Dokumenten einfach mit einem Mausklick zugewiesen werden.

Abbildung 5.16 Die gespeicherte Vorlage steht ab sofort zur Verfügung.

Was sind Deckblätter?

Deckblätter sind gewissermaßen Ihre Seite 1. Sie schützen die Inhalte ausgedruckter Dokumente vor neugierigen Blicken, können aber auch als reines Schmuckelement (Cover) eingesetzt werden. Standardmäßig sind Deckblätter nicht mit eingeplant, d. h., Sie müssen diese bei Bedarf separat zuweisen.

Deckblätter hinzufügen

In Word sind bereits zahlreiche fertig gestaltete Deckblätter enthalten. Darin befinden sich Platzhaltertexte, die vom Anwender noch wunschgemäß geändert werden müssen. Und so weisen Sie ein Deckblatt zu:

1 Klicken Sie zunächst auf die Schaltfläche **Deckblatt** in der Gruppe **Seiten** der Registerkarte **Einfügen**.

2 Wählen Sie die gewünschte Deckblattvorlage mit einem Klick auf das Miniaturbild aus (hier: **Puzzle**).

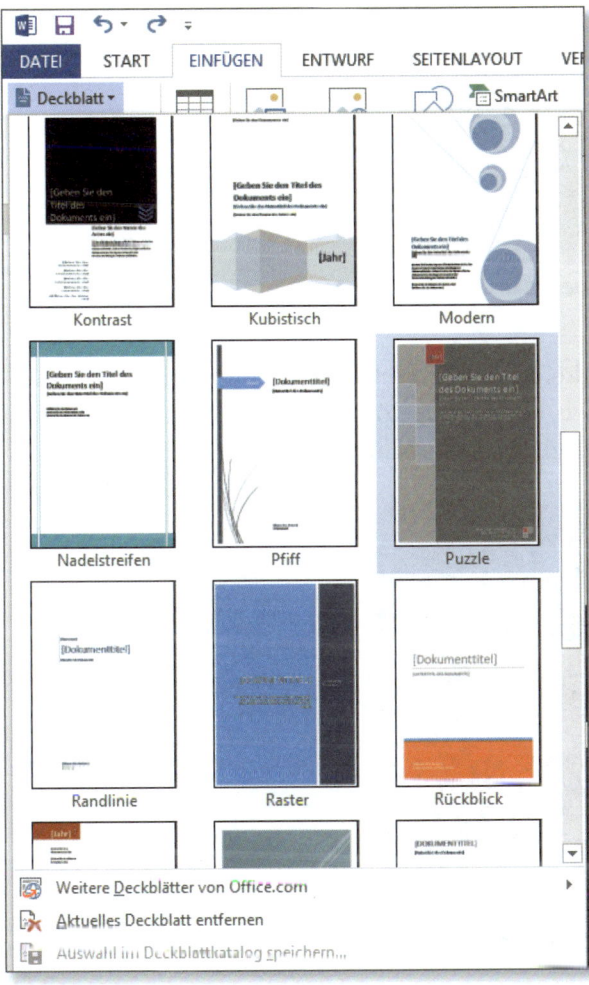

Scrollen Sie bei Bedarf mithilfe des Scrollbalkens rechts etwas herunter. Sie werden erstaunt sein, wie viele Vorlagen Word bereithält.

Deckblätter anpassen

Die in der Deckblattvorlage enthaltenen Texte dienen lediglich als Platzhalter. Sobald Sie den Platzhaltertext anklicken, haben Sie die Möglichkeit, individuellen Text zu verfassen. Sollten Sie einen der Textbausteine nicht benötigen, drücken Sie die Taste ⌫, nachdem der Text markiert worden ist, und löschen den entsprechenden Text.

Abbildung 5.17 Passen Sie den Platzhaltertext der Deckblattvorlage an.

Auch grafische Elemente, die Bestandteile des Deckblatts sind, können mit einem Mausklick markiert, auf Wunsch verschoben, aber auch gelöscht werden. Letzteres erreichen Sie ebenfalls mit der Taste ⌫, sobald das entsprechende Element markiert wurde.

Abbildung 5.18 Auch die Quadrate können verschoben werden.

Wissenswertes zu Deckblättern

Erfreulicherweise werden Deckblätter nicht in der Paginierung (= Seitennummerierung) berücksichtigt. Sollten Sie also Seitenzahlen benutzen, wird Seite 1 die Seite sein, die dem Deckblatt folgt.

Ein Dokument kann immer nur ein Deckblatt bekommen. Sie können jedoch jederzeit ein anderes Deckblatt auswählen. Dies hat dann zur Folge, dass das vorhandene Deckblatt durch das neue ersetzt wird. Die bereits eingegebenen Texte bleiben dabei erhalten, werden jedoch automatisch an das Layout des neuen Deckblatts angepasst.

Deckblätter passen sich an die im Dokument verwendeten Designvorlagen an, die Sie auf der Registerkarte **Entwurf** ausgewählt haben. Darüber hinaus werden sie auch nachträglich noch angepasst, sofern Sie das Design Ihres Dokuments umgestalten. Bei manchen Dokumenten ist das nicht auf den ersten Blick ersichtlich. Im folgenden Beispiel ist dasselbe Deckblatt einmal in Design **Larissa** (links) sowie im Design **Wichtiges** (rechts) zu sehen. Nicht nur die Farbe, sondern auch die Schrift ist automatisch angepasst worden.

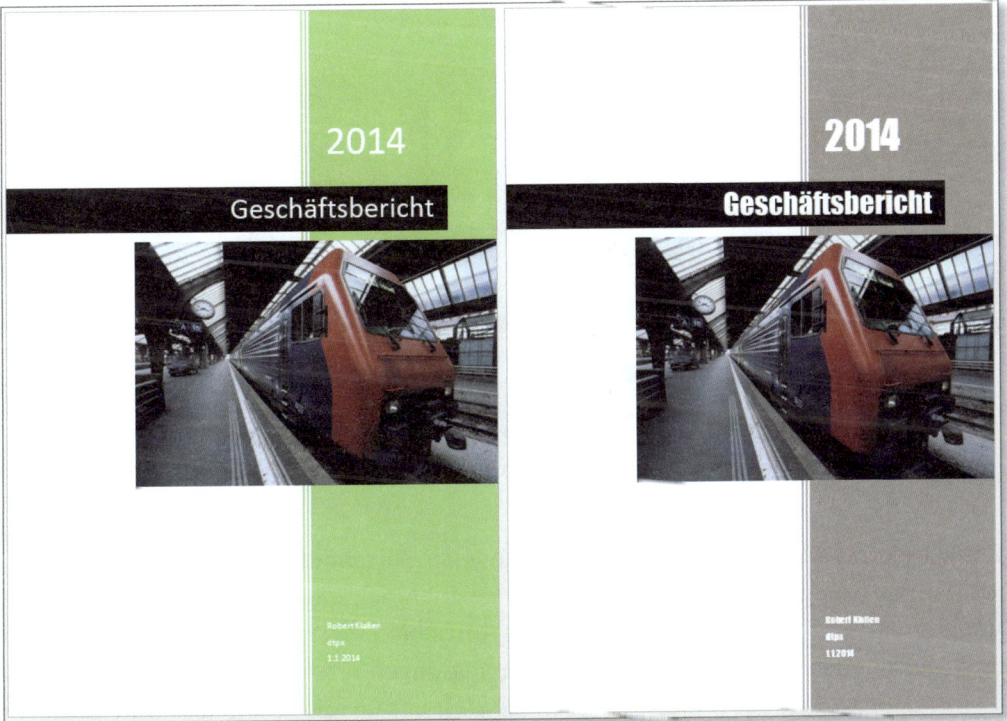

Abbildung 5.19 Ein Deckblatt mit unterschiedlichen Gesichtern

Deckblätter entfernen

Sollten Sie sich am Ende dafür entscheiden, das Dokument doch lieber ohne Deckblatt auszustatten, entfernen Sie das vorhandene ganz einfach. Klicken Sie dazu in der Gruppe **Seiten** der Registerkarte **Einfügen** auf die Schaltfläche **Deckblatt** und wählen Sie im Auswahlmenü **Aktuelles Deckblatt entfernen**.

5.4   Dokumente formatieren

Unter *Formatierung* versteht man die Anpassung bestimmter Eigenschaften. Im vorangegangenen Beispiel wurde beispielsweise die Farbe des Deckblatts von Grün nach Grau geändert. Gleichzeitig sind die Textattribute angepasst worden. Links hatten wir es mit der Schriftart *Calibri* zu tun, während rechts *Impact* verwendet worden ist. Sie können das selbst einmal nachvollziehen, indem Sie auf einen der Texte doppelklicken (hier: der Dokumenttitel). Bleiben Sie mit der Maus an der Position, damit die Minisymbolleiste, die sich aufgrund des Doppelklicks automatisch öffnet, nicht wieder geschlossen wird. Im Feld oben links können Sie ablesen, welche Schriftart in welchem Schriftgrad in dem entsprechenden Textbereich verwendet wird.

Abbildung 5.20 Die Minisymbolleiste verrät, um welche Schriftart es sich handelt.

Zunächst einmal müssen wir zwischen manueller Formatierung und der Anwendung von Formatvorlagen unterscheiden. Letztere eignen sich immer dann, wenn wir es mit umfangreichen Texten und Dokumenten zu tun haben. Wer nur mal eben eine einzelne Seite gestalten möchte, kann indes auf Formatvorlagen verzichten und den Text manuell formatieren. Wie das funktioniert, schauen wir uns im folgenden Abschnitt an einem Beispiel an.

INFO

Schriftgrad

Die Größenangabe einer Schrift (hier: 36) ist nicht, wie man vielleicht meinen könnte, eine Millimeterangabe, sondern die Größeneinheit *Punkt*. Maßgeblich für die Punktgröße ist aber nicht etwa die Höhe eines Schriftzeichens. Vielmehr setzt sie sich aus mehreren Werten zusammen, die der klassischen Typografie entstammen. So können unterschiedliche Schriftarten der gleichen Größe auch unterschiedlich groß aussehen. Die Größe einer Schrift wird übrigens als *Schriftgrad* bezeichnet. Die Kurzbezeichnung für die Punktgröße ist *pt*.

Computer **Computer** Computer

Abbildung 5.21 Diese drei Schriftgrade sind gleich groß (36 pt). Links sehen Sie »Calibri«, in der Mitte »Arial Black« und rechts »Arabic Typesetting«.

Text manuell formatieren

In dieser Übung geht es nicht um die Anwendung von Formatvorlagen, sondern vielmehr um das manuelle Auszeichnen eines Textes. Sie erfahren hier, wie sich Textattribute mit wenigen Handgriffen zuweisen lassen. Wir werden die einzelnen Schritte ausführlich behandeln, um Einsteigern in Word das nötige Hintergrundwissen zu vermitteln.

1 Grundsätzlich können Sie ein Dokument Ihrer Wahl einsetzen. Sollten Sie jedoch gerade keins zur Hand haben, benutzen Sie stattdessen die Datei *Computer heute. docx*, die Sie im Ordner *05* auf der beiliegenden Buch-CD finden.

2 Der Text des Beispieldokuments ist komplett in einer einzigen Formatierung erstellt. Klicken Sie an einer beliebigen Stelle des Dokuments in den Text und schauen Sie sich die Textformatierung in der Gruppe **Schriftart** der Registerkarte **Start** an. Die verwendete Schrift ist **Calibri** ❶ in der Größe 11 ❷.

3 Zunächst soll die Überschrift gestaltet werden. Diese sollte sich stets vom übrigen Text (dem sogenannten Fließtext oder Mengentext) abheben. Die Überschrift sollte in der Regel größer sein und könnte zudem eine andere Farbe bekommen. Um das zu erreichen, setzen Sie zunächst einen Dreifachklick auf die Zeile »Computer heute«. Dadurch wird der komplette Absatz ausgewählt (während mit einem einfachen Mausklick die Einfügemarke im Text platziert wird und ein Doppelklick die Markierung eines einzelnen Wortes bewirkt).

4 Nachdem der gewünschte Text grau hinterlegt erscheint (damit wird symbolisiert, dass er ausgewählt ist), können Sie mit der Formatierung beginnen. Am schnellsten erledigen Sie das mithilfe der Minisymbolleiste, die oberhalb des markierten Textes eingeblendet wird. Falls Sie die Maus zwischenzeitlich von der Markierung wegbewegen, schließt diese sich jedoch wieder. In diesem Fall können Sie die Auszeichnung auch über das Menüband vornehmen, und zwar innerhalb der Gruppe **Schriftart** der Registerkarte **Start**. Stellen Sie entweder dort oder in der Minisymbolleiste einen Schriftgrad von »24« ein. Dazu klicken Sie auf die kleine Dreieck-Schaltfläche ❶. Klicken Sie im Menü auf den Wert für die gewünschte Größenangabe ❷. (Alternativ können Sie auch die linke Maustaste nach Klick auf die Dreieck-Schaltfläche gedrückt halten, nach unten fahren und über der gewünschten Größenangabe loslassen.)

5 Als Nächstes betätigen Sie die Schaltfläche **F** bzw. **Fett** ❸. Das bewirkt, dass die Überschrift in Fettschrift angezeigt wird. Zuletzt klicken Sie auf die Dreieck-Schaltfläche am Button **Schriftfarbe** ❹ und entscheiden sich (wie zuvor bei der Schriftgröße beschrieben) für eine andere Farbe (hier: **Blau, Akzent 1, dunkler 25 %**).

6 Im nächsten Arbeitsgang soll ein sogenannter **Anleser** erzeugt werden. Dabei handelt es sich in der Regel um den ersten Absatz eines Dokuments. Dieser soll den Leser für den gesamten Artikel begeistern und wird deshalb in einer auffälligeren Schriftart dargestellt. Normalerweise reicht es, die Einfugemarke mit einem Klick in den entsprechenden Absatz zu positionieren. Denn wenn nichts markiert ist, wird die folgende Änderung automatisch auf den gesamten Absatz übertragen, in dem sich die Marke befindet. Um den Vorgang jedoch optisch deutlicher zu machen, markieren wir den gesamten Absatz trotzdem. Prinzipiell ist nämlich gegen diese Vorgehensweise auch nichts einzuwenden. Platzieren Sie daher zunächst einen Dreifachklick auf den ersten Absatz (beginnend mit »In Zeiten, in denen sich …«) und betätigen Sie die Schaltfläche **K** bzw. **Kursiv**, die sich gleich neben der soeben verwendeten Schaltfläche **Fett** befindet. Die Schrift wird daraufhin schräg gestellt.

7 Die Schrägstellung der Schrift allein reicht aber noch nicht aus. Heben Sie den Absatz noch deutlicher hervor, indem Sie die Abstände der einzelnen Zeilen zueinander erhöhen. Diese Änderung können Sie allerdings nicht in der Minisymbolleiste vornehmen, sondern Sie müssen dafür in der Gruppe **Absatz** der Registerkarte **Start** auf den Button **Zeilen- und Absatzabstand** klicken. Wählen Sie im folgenden Menü beispielsweise einen Zeilenabstand von »1,5« aus.

8 Zuletzt wollen wir noch ein einzelnes Wort innerhalb des Fließtextes verändern. Das Wort »Reise« in der ersten Zeile des vorletzten Absatzes soll hervorgehoben werden, markieren Sie es daher zunächst mit einem Doppelklick. Danach klicken Sie auf die Schaltfläche **Fett** oder betätigen die Tastenkombination $\boxed{\text{Strg}}$ + $\boxed{\Uparrow}$ + $\boxed{\text{F}}$. Heben Sie danach die Markierung wieder auf, indem Sie an eine beliebige Stelle des Dokuments klicken.

Vergleichen Sie Ihr Endergebnis, wenn Sie mögen, mit der Datei auf der Buch-CD. Die formatierte Datei heißt *Computer heute formatiert.docx* und befindet sich im Ordner *Ergebnisse*.

> **INFO**
>
> **Markierung temporär ausgeblendet**
>
> Solange Sie sich mit der Maus im Menü **Zeilen- und Absatzabstand** befinden, wird die Markierung des Textes ausgeblendet. So können Sie viel besser beurteilen, wie sich die Änderungen auf den Text auswirken. Nach Anwahl des neuen Wertes erscheint dann auch wieder die graue Markierung.

Schnellformatvorlagen verwenden

Wer große Texte formatieren muss oder ständig wiederkehrende Textattribute benötigt, der kann sich der sogenannten Schnellformatvorlagen bedienen. Diese sind bereits vordefiniert und können per Mausklick oder Tastenkombination schnell auf die Texte übertragen werden.

Schnellformatvorlagen zuweisen

Da die Schnellformatvorlagen in Word bereits vordefiniert sind, müssen Sie sich um deren Anpassung (damit gemeint sind beispielsweise Änderungen der Größe, Schriftart, Farbe usw.) keine Gedanken mehr machen. Sie werden daher besonders von Einsteigern gern benutzt.

1. Wie bereits bei der manuellen Auszeichnung müssen Sie auch beim Zuweisen einer Schnellformatvorlage zunächst den gewünschten Text in Ihrem Dokument markieren. Wollen Sie eine längere Textpassage formatieren, markieren Sie diese mit einem Dreifachklick. Alternativ können Sie auch die Einfügemarke mit einem Mausklick in den entsprechenden Absatz setzen.

2. Sie finden die Schnellformatvorlagen in der Gruppe **Formatvorlagen** der Registerkarte **Start**. Standardmäßig wird nur die erste Reihe der vorhandenen Schnellformatvorlagen angezeigt. Innerhalb der Liste können Sie aber nach unten scrollen, indem Sie auf den kleinen Pfeil ❶ (siehe Abbildung Seite 156) klicken. Die gesamte Liste machen Sie mit einem Klick auf **Weitere** ❷ zugänglich.

3 Haben Sie die gewünschte Formatvorlage gefunden, wählen Sie sie mit einem Maus-klick aus. Der Text wird entsprechend geändert (hier: **Zitat**).

> *Computer sind aus dem täglichen Leben nicht mehr wegzudenken. Wir nutzen Computer in allen Bereichen und Lebenslagen. Wer behauptet, er könne gänzlich ohne Computer auskommen, mag zwar die Wahrheit sagen, doch geht dies nicht ohne Einschränkungen des täglichen Lebens.*
>
> Wer beispielsweise eine **Reise** buchen möchte, der muss nicht mehr ins nächste Reisebüro gehen, sondern kann den Urlaub direkt via Internet buchen. Und noch besser: Er kann selbst den günstigsten Preis heraussuchen, ohne auf die Hilfe anderer angewiesen zu sein.

Beachten Sie in diesem Zusammenhang immer, dass nur der Absatz berücksichtigt wird, in dem sich aktuell die Einfügemarke befindet.

TIPP

Schnellformatvorlagen herauslösen

Wer an einem umfangreichen Dokument arbeitet, kann die Schnellformatvorlagen der Einfachheit halber aus dem Menüband herauslösen und in einem eigenen Aufgabenbe-reich **Formatvorlagen** nutzen. Das geht mit einem Klick auf die kleine Pfeilschaltfläche ❸ in der rechten unteren Ecke der Gruppe **Formatvorlagen** der Registerkarte **Start** und er-spart das permanente Öffnen der Vorlagenliste.

Schnellformatvorlagen anpassen

Auch wenn Schnellformatvorlagen komfortabel sind, bleibt bei deren Verwendung die Individualität gänzlich auf der Strecke. Manche Vorlagen wirken, als seien sie mal eben auf die Schnelle entworfen worden. Sie werden sicher schon recht bald feststellen, dass eine wirklich passende Vorlage nicht ausfindig gemacht werden kann. Möglicherweise sind es aber auch nur Kleinigkeiten, die Sie für veränderungswürdig halten. In diesen Fällen gibt es zwei Möglichkeiten: Entweder Sie erzeugen eine neue Formatvorlage oder Sie passen die vorhandene ganz einfach an.

Möchten Sie eine Formatvorlage an Ihre Bedürfnisse anpassen? Dann führen Sie die folgenden Schritte aus. Darin wird zunächst eine Schnellformatvorlage zugewiesen und anschließend geändert. Diese Reihenfolge ist zwar nicht zwingend erforderlich, macht allerdings deutlich, wie sich Änderungen auf vorhandene Auszeichnungen auswirken.

1 Setzen Sie die Einfügemarke in einen Absatz, den Sie verändern möchten. Wir haben uns hier für den vorletzten Absatz des Beispieldokuments *Computer heute.docx* entschieden. (Sie finden die Datei auf der CD zum Buch im Ordner *05*.) Klicken Sie anschließend in der Gruppe **Formatvorlagen** der Registerkarte **Start** auf die Vorlage **Intensives Zitat**.

2 Um nun die Formatvorlage anzupassen, klicken Sie im Menüband mit rechts auf die Schaltfläche **Intensives Zitat**. Im Kontextmenü der Vorlage wählen Sie den Befehl **Ändern**.

3 Im folgenden Dialogfenster **Formatvorlage ändern** klicken Sie unten links auf die Schaltfläche **Format** und wählen daraufhin im Menü **Schriftart**.

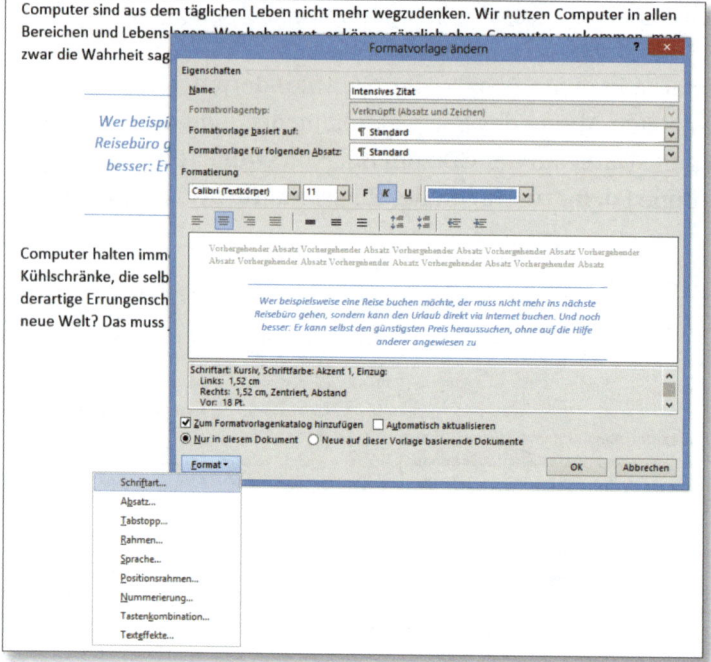

4 Aktivieren Sie im Dialogfenster **Schriftart** die Checkbox **Kapitälchen** und bestätigen Sie mit **OK**.

5 Bevor Sie nun auch wieder das Dialogfenster **Formatvorlage ändern** mit **OK** verlassen, sollten Sie noch entscheiden, ob die Änderung nur für das aktuelle Dokument gelten oder auch für zukünftige Dokumente Bestand haben soll. Sollen diese Einstellungen auch für alle zukünftigen Dokumente gelten, klicken Sie auf den Radiobutton **Neue auf dieser Vorlage basierende Dokumente**.

6 Vergessen Sie nicht, die Aktion mit einem Klick auf **OK** abzuschließen.

> **INFO**
>
> **Kapitälchen**
>
> Die im vorangegangenen Abschnitt, »Schnellformatvorlagen anpassen«, erwähnten Kapitälchen sind übrigens daran zu erkennen, dass sie ausschließlich aus Versalien (d. h. Großbuchstaben) bestehen, wobei echte Großbuchstaben (z. B. am Satzanfang oder bei Substantiven) größer sind als die übrigen Zeichen des Textes, die sogenannten *Gemeinen* (Kleinbuchstaben).

Eigene Formatvorlagen anlegen

Im vorangegangenen Workshop, »Schnellformatvorlagen anpassen«, haben Sie erfahren, wie sich eine bereits vorhandene Schnellformatvorlage individuell anpassen lässt. Was aber, wenn die ursprüngliche Formatvorlage erhalten bleiben soll? Für diesen Fall ist es empfehlenswert, eine neue Formatvorlage auf Grundlage einer bestehenden Schnellformatvorlage zu erzeugen. Der Vorteil dieser Vorgehensweise: Die bereits vorhandene Vorlage wird nicht verändert.

1 Wählen Sie zunächst eine bereits vorhandene Schnellformatvorlage aus. Markieren Sie danach den gesamten Text, den Sie formatieren möchten. Nutzen Sie zur Formatierung des Textes auf der Registerkarte **Start** die beiden Gruppen **Schriftart** und **Absatz**. Alternativ bieten sich zur Formatierung auch die Schaltflächen der Minisymbolleiste an. Im konkreten Beispiel haben wir zunächst die Formatvorlage **Intensives Zitat** zugewiesen und anschließend über die Schaltfläche **Schriftart** die Schrift **Times New Roman** gewählt. Zuletzt haben wir in der Gruppe **Schriftart** auf den Button **Fett** geklickt, um den Text fett auszuzeichnen.

2 Klicken Sie mit einem Rechtsklick auf den soeben ausgezeichneten Text und betätigen Sie die Schaltfläche **Formatvorlagen** innerhalb der Minisymbolleiste, wählen Sie danach im Menü die Option **Formatvorlage erstellen**.

3 Geben Sie der neuen Vorlage einen aussagekräftigen Namen und bestätigen Sie mit **OK**. Wer hingegen noch weitere Anpassungen vornehmen möchte, klickt vorab auf den Button **Ändern**. Daraufhin öffnet sich das Dialogfenster **Formatvorlage ändern**, in dem Sie noch weitere individuelle Anpassungen vornehmen können.

4 Die neue Vorlage wird Ihnen übrigens nicht zusammen mit den anderen Vorlagen innerhalb der Schnellformatvorlagen (**Start** > **Formatvorlagen**) angezeigt, sondern ausschließlich in der Schwebepalette (dem sogenannten *Aufgabenbereich*). Um den Aufgabenbereich **Formatvorlagen** zugänglich zu machen, betätigen Sie unten rechts in der Gruppe **Formatvorlagen** der Registerkarte **Start** die kleine Pfeilschaltfläche **Formatvorlagen** ❶. Sollte sich die Einfügemarke innerhalb des soeben formatierten Textes befinden, wird die Vorlage dort umrandet angezeigt ❷. Bewegen Sie die Maus darauf, werden Ihnen wichtige Attribute der Formatvorlage in einer QuickInfo ❸ angezeigt.

5 Die Vorlage lässt sich übrigens auch von dort aus erneut anpassen, indem Sie auf die kleine Dreieck-Schaltfläche ❶ (siehe Abbildung Seite 162) klicken. Diese wird jedoch nur sichtbar, wenn Sie den Mauszeiger darauf parken. Anschließend klicken Sie im erscheinenden Auswahlmenü auf den Befehl **Ändern**. Nehmen Sie Ihre Änderungen im Dialogfenster **Formatvorlage ändern** vor.

Auf diese Weise können Sie jederzeit bequem bestehende Formatvorlagen an Ihre eigenen Bedürfnisse anpassen und zur Wiederverwendung speichern, ohne jedoch die ursprüngliche Formavorlage zu verlieren.

5.5 Textinhalte markieren, kopieren, ausschneiden, einfügen

Oftmals ist es so, dass man bereits niedergeschriebenen Text an einer anderen Position oder vielleicht sogar in einem anderen Dokument noch einmal genauso oder zumindest so ähnlich verwenden möchte. In diesem Fall ist es nicht unbedingt ratsam, den gesamten Textabschnitt noch einmal einzutippen. Ebenso kann es vorkommen, dass eine kleine Textpassage einmal an eine andere Position geschoben werden muss. In beiden Fällen hilft die sogenannte Zwischenablage weiter. Dabei handelt es sich um einen zunächst unsichtbaren Speicher, der in der Lage ist, Dokumentinhalte kurzzeitig zu aktivieren. Mit dieser Zwischenablage können übrigens nicht nur Texte, sondern auch Grafiken, Bilder, Links usw. verarbeitet werden.

Text markieren

Bevor Sie Text kopieren können, muss dieser markiert werden. Doppelklicken Sie dazu auf ein einzelnes Wort, um es auszuwählen. Einen gesamten Absatz markieren Sie mit einem Dreifachklick. Wollen Sie nur bestimmte Bereiche eines Absatzes markieren, müssen Sie das von Hand tun. Platzieren Sie dazu einen Mausklick auf dem ersten Wort, welches markiert werden soll. Halten Sie die linke Maustaste gedrückt, ziehen Sie die Maus über den gesamten Textbereich und lassen Sie erst wieder los, nachdem Sie sich hinter dem letzten aufzunehmenden Zeichen befinden.

> **Computer heute**
>
> In Zeiten, in denen sich die Computerentwicklung derart rasant fortsetzt, ist es schwer, auf dem Laufenden zu bleiben. Immer wieder neue Artikel, schnellere Festplatten, bessere Geräte und leistungsfähigere Chips sollen das Leben erleichtern. Doch tun sie das wirklich? Zugleich erleben wir auch zunehmenden Zeitdruck, höhere Anforderungen und weniger Freizeit. Was tun wir uns da eigentlich an? Welche Auswirkungen hat Computerarbeit auf unsere Gesundheit?

Abbildung 5.22 Der markierte Satz erscheint grau hinterlegt.

INFO

Markierung ungenau?

Word versucht, beim Markieren einer Textstelle behilflich zu sein. Das ist prinzipiell ganz nett, leider aber auch fehleranfällig. So kann es beispielsweise passieren, dass das letzte Wort, welches sich unmittelbar vor dem zu markierenden Bereich befindet, mit aufgenommen wird. In diesem Fall hat sich die Einfügemarke vor dem ersten Mausklick zu weit links befunden. Klicken Sie in diesem Fall an eine beliebige andere Stelle (die Markierung wird dadurch aufgehoben) und versuchen Sie es erneut. Sie dürfen ruhig mitten auf dem ersten Wort beginnen.

Hier noch einige Alternativen zur Textmarkierung: Klicken Sie kurz vor das erste zu markierende Zeichen. Anschließend halten Sie die ⟨⇧⟩-Taste gedrückt und klicken hinter das letzte Zeichen. Lassen Sie erst anschließend ⟨⇧⟩ wieder los. Ebenso können Sie nach dem Klick vor dem ersten Zeichen ⟨⇧⟩ gedrückt halten und mit der ⟨→⟩-Taste weitere Zeichen aufnehmen. Jeder Druck auf die Pfeiltaste bewirkt, dass ein einzelnes Zeichen hinzugefügt wird. Soll das Ganze wortweise geschehen, halten Sie zusätzlich noch die Taste ⟨Strg⟩ gedrückt. Nur am Rande sei erwähnt, dass das Ganze natürlich auch rückwärts funktioniert. In diesem Fall würden Sie die Einfügemarke hinter das letzte Zeichen setzen und mit der ⟨←⟩-Taste arbeiten.

Mehrere Textbereiche markieren

Schauen wir abschließend noch auf einen Sonderfall: Was ist beispielsweise zu tun, wenn ein Satz aus dem ersten Absatz und ein weiterer aus dem dritten Absatz hinzugefügt werden soll? Würden Sie so vorgehen wie bisher, würde ja der Text zwischen diesen beiden Sätzen ebenfalls markiert. Damit das nicht geschieht, müssen Sie Folgendes tun: Markieren Sie den ersten Textbereich auf eine der zuvor beschriebenen Arten. Danach halten Sie die Taste ⟨Strg⟩ gedrückt und markieren alle weiteren Textbereiche, die ebenfalls mit aufgenommen werden sollen.

Computer heute

In Zeiten, in denen sich die Computerentwicklung derart rasant fortsetzt, ist es schwer, auf dem Laufenden zu bleiben. Immer wieder neue Artikel, schnellere Festplatten, bessere Geräte und leistungsfähigere Chips sollen das Leben erleichtern. Doch tun sie das wirklich? Zugleich erleben wir auch zunehmenden Zeitdruck, höhere Anforderungen und weniger Freizeit. Was tun wir uns da eigentlich an? Welche Auswirkungen hat Computerarbeit auf unsere Gesundheit?

Computer sind aus dem täglichen Leben nicht mehr wegzudenken. Wir nutzen Computer in allen Bereichen und Lebenslagen. Wer behauptet, er könne gänzlich ohne Computer auskommen, mag zwar die Wahrheit sagen, doch geht dies nicht ohne Einschränkungen des täglichen Lebens.

Wer beispielsweise eine Reise buchen möchte, der muss nicht mehr ins nächste Reisebüro gehen, sondern kann den Urlaub direkt via Internet buchen. Und noch besser: Er kann selbst den günstigsten Preis heraussuchen, ohne auf die Hilfe anderer angewiesen zu sein.

Computer halten immer mehr Einzug in unser tägliches Leben. Heutzutage gibt es bereits Kühlschränke, die selbständig jene Artikel nachordern, die wir zuvor entnommen haben. Zwar sind derartige Errungenschaften noch nicht wirklich serienreif, doch sie funktionieren bereits. Schöne neue Welt? Das muss jeder für sich selbst entscheiden.

Abbildung 5.23 Hier sind mehrere Textstellen markiert worden, die nicht unmittelbar zusammenstehen. Die ⌈Strg⌉-Taste macht es möglich.

INFO

Bilder und Grafiken markieren

Wollen Sie ein Bild oder eine Grafik markieren, reicht dazu ein einzelner Mausklick. Wer mehrere Bilder oder Grafiken in eine Markierung einbeziehen möchte, muss das Bild hingegen wie ein einzelnes Schriftzeichen behandeln. Am besten erledigen Sie das, wie zuvor beschrieben, mit ⌈⇧⌉ und den Pfeiltasten. Das händische Markieren (also das Überfahren mit gedrückter Maustaste) ist in diesem Fall oft problematisch.

Computer sind aus dem täglichen Leben nicht mehr wegzudenken. Wir nutzen Computer in allen Bereichen und Lebenslagen. Wer behauptet, er könne gänzlich ohne Computer auskommen, mag zwar die Wahrheit sagen, doch geht dies nicht ohne Einschränkungen des täglichen Lebens.

Wer beispielsweise eine Reise buchen möchte, der muss nicht mehr ins nächste Reisebüro gehen, sondern kann den Urlaub direkt via Internet buchen. Und noch besser: Er kann selbst den günstigsten Preis heraussuchen, ohne auf die Hilfe anderer angewiesen zu sein.

Abbildung 5.24 Zwei nebeneinander angeordnete Grafiken befinden sich hier in einer gemeinsamen Auswahl. Grafiken: Office.com

Copy & Paste

Das sogenannte *Copy & Paste* bezeichnet Arbeitsvorgänge, mit denen Dokumentinhalte schnell an die erwähnte Zwischenablage übergeben und an anderer Stelle eingefügt werden können. Grundsätzlich bieten sich zwei unterschiedliche Wege an. Entweder Sie benutzen die eigens dafür bereitgestellten Schaltflächen oder setzen Tastaturkürzel ein.

5

> **INFO**
>
> **Zielposition überschreiben**
>
> Anstelle der bloßen Platzierung der Einfügemarke können Sie auch zunächst einen vorhandenen Text markieren und erst anschließend auf **Einfügen** klicken. Das hat dann zur Folge, dass der unmittelbar zuvor markierte Text entfernt und stattdessen der Inhalt der Zwischenablage eingefügt wird.

Nach dem Markieren des Textes oder der Objekte klicken Sie in der Gruppe **Zwischenablage** der Registerkarte **Start** auf **Kopieren**. Das hat zur Folge, dass der markierte Inhalt in die Zwischenablage gespeichert wird und gleichzeitig an seiner ursprünglichen Position erhalten bleibt. Word zeigt dabei keinerlei Status oder Änderung an; es wird also nicht verdeutlicht, dass soeben ein Arbeitsgang erledigt worden ist. Alternativ zum Kopieren können Sie auch auf den Button **Ausschneiden** klicken. Auch in diesem Fall wird der markierte Bereich in die Zwischenablage gespeichert. Allerdings wird er zusätzlich an seiner ursprünglichen Position gelöscht. (Diese Vorgehensweise eignet sich also auch prima zum schnellen Verschieben eines Textbereichs an eine andere Dokumentposition.) Setzen Sie nun die Einfügemarke an die Position in Ihrem Dokument, an der der Inhalt der Zwischenablage eingesetzt werden soll. Klicken Sie abschließend auf das Symbol der Schaltfläche **Einfügen** ❶.

Abbildung 5.25 Ein Klick auf »Einfügen« bewirkt, dass der Inhalt der Zwischenablage hinzugefügt wird.

Tastaturkürzel benutzen

Alternativ zu den erwähnten Schaltflächen im Menüband können Sie auch Tastaturkürzel verwenden, die die Arbeit weiter beschleunigen:

- ⬛ `Strg` + `C` = Kopieren
- ⬛ `Strg` + `X` = Ausschneiden
- ⬛ `Strg` + `V` = Einfügen

Bedenken Sie, dass die Zwischenablage gefüllt bleibt. Betätigen Sie also die Einfügen-Option mehrfach, wird der Inhalt der Zwischenablage auch mehrfach hinzugefügt.

Einfügeoptionen

Wenn Sie statt auf das Einfügen-Symbol auf die Schaltfläche **Einfügen** ❶ klicken, gelangen Sie zu den sogenannten *Einfügeoptionen*. In diesem Menü können Sie bestimmen, auf welche Art und Weise die Einfügung erfolgen soll. Klicken Sie auf die entsprechende Schaltfläche, um den Befehl auszuführen.

Abbildung 5.26 Wer Einfluss darauf nehmen möchte, mit welchen Eigenschaften der Inhalt der Zwischenablage eingefügt werden soll, muss den unteren Bereich der Schaltfläche betätigen.

❷ **Ursprüngliche Formatierung beibehalten** – Die Formate (z. B. Schriftart, Größe, Farbe usw.) des in der Zwischenablage befindlichen Textes bleiben auch nach dem Einfügen erhalten.

❸ **Formatierung zusammenführen** – Der einzufügende Text wird an die Formatierung des an der Einfügestelle vorhandenen Textes angepasst. Das bedeutet: Der Text aus der Zwischenablage übernimmt die dort gültige Schriftart, Farbe usw. Auszeichnungen mit hervorhebendem Charakter wie z. B. Fett- oder Kursivschrift bleiben jedoch erhalten.

❹ **Nur den Text übernehmen** – Hierbei werden alle Textattribute des Zwischenablagetextes verworfen und an den Text angepasst, der an der Einfügestelle Gültigkeit hat (also auch Fett- und Kursivschrift).

❺ **Inhalte einfügen** – Hierüber werden weitere Einfügeoptionen zur Verfügung gestellt. Diese werden jedoch eher bei der Verknüpfung von Dokumenten benutzt als bei der Arbeit mit der Zwischenablage.

❻ **Standardeinstellungen für das Einfügen festlegen** – Hierüber wird das Dialogfenster **Word-Optionen** mit der Kategorie **Erweitert** geöffnet. Scrollen Sie im Dialogfenster herunter, bis der Bereich **Ausschneiden, Kopieren, Einfügen** angezeigt wird, und nehmen Sie dort die gewünschten Einstellungen vor.

Abbildung 5.27 Regeln Sie hier, wie die Einfügungen vonstattengehen sollen.

Zwischenablage öffnen

Die Zwischenablage ist kein Word-spezifisches Phänomen, sondern funktioniert auch in anderen Anwendungen sowie dem Betriebssystem. Allerdings ist die Zwischenablage in den meisten Fällen im wahrsten Sinne des Wortes ein »Einsitzer«. Sie kann nämlich immer nur einen einzigen Inhalt archivieren. Fügen Sie neuen Inhalt hinzu, wird der alte gelöscht. Das ist in Word glücklicherweise anders. Hier können zahlreiche Inhalte gesammelt werden. Um zu sehen, was sich in der Zwischenablage befindet, klicken Sie in der Gruppe **Zwischenablage** der Registerkarte **Start** unten rechts auf den kleinen diagonalen Pfeil ❶. Daraufhin öffnet sich der Aufgabenbereich **Zwischenablage** ❷ mit seinem derzeitigen Inhalt. Klicken Sie mit der Maus auf einen dieser Einträge ❸, wird dieser an der aktuellen Position der Einfügemarke in das Dokument eingefügt. Ein Klick auf die Pfeilschaltfläche ❹ ermöglicht das Löschen einzelner Einträge.

Abbildung 5.28 Machen Sie den Inhalt der Zwischenablage sichtbar.

Die Zwischenablage ist nicht unbegrenzt belastbar. Wie viel sie aufnehmen kann, lässt sich nicht genau sagen, denn dies hängt von sehr vielen Faktoren ab (z. B. Größe des Arbeitsspeichers, Auslastung des Rechners usw.). Sollte ein kopiertes Element zu groß sein, um es in Word in die Zwischenablage zu speichern, wird ein entsprechender Hinweis unten rechts in Word ausgegeben. Konkret bedeutet das: Das Element landet zwar trotzdem in der Zwischenablage, kann aber nicht in die Word-Sammlung integriert werden.

Abbildung 5.29 Falls nach dem Kopieren kein neues Element in der Word-Zwischenablage auftaucht, achten Sie darauf, ob ein entsprechender Hinweis unten rechts im Fenster ausgegeben wird.

5

INFO

Begrenzte Haltbarkeit

Der Inhalt der Zwischenablage bleibt nicht ewig bestehen. Zwar können Sie das Dokument schließen und wieder öffnen, ohne die Daten, die Sie in der Zwischenablage gespeichert haben, zu verlieren, doch spätestens nach dem Herunterfahren des PCs gehen sämtliche Inhalte der Zwischenablage verloren.

5.6   Den Einfüge- und Überschreibmodus nutzen

Den Einfügemodus haben Sie bereits hinlänglich kennengelernt. Wann immer Sie nämlich die Einfügemarke in Ihr Dokument setzen (und diese blinkt), befinden Sie sich im Einfügemodus. Wenn Sie nun losschreiben oder etwas einfügen (z. B. eine Grafik), wird der nachfolgende Text (oder was auch immer sich hinter der Einfügemarke in Ihrem Dokument befindet) automatisch nach rechts verschoben. So weit, so gut. Allerdings gibt es auch den sogenannten *Überschreibmodus*, der mit jedem Buchstaben, den Sie neu eintippen, den jeweils rechts neben der Einfügemarke befindlichen Text »frisst«, also entfernt.

Um zwischen beiden Modi hin- und herwechseln zu können, bedarf es beim ersten Mal ein wenig Vorarbeit. Sie müssen nämlich zunächst einmal die Statusleiste (also die Fußleiste in Word) entsprechend anpassen. Klicken Sie mit rechts darauf und aktivieren Sie die Option **Überschreiben** ❶ (siehe Abbildung 5.30) im Kontextmenü. Daraufhin wird die Statusleiste um den Eintrag **Einfügen** ❷ erweitert, der fortan als Schaltfläche fungiert. Ein Klick darauf bringt Sie in den Überschreibmodus, ein erneuter Klick zurück in den Einfügemodus.

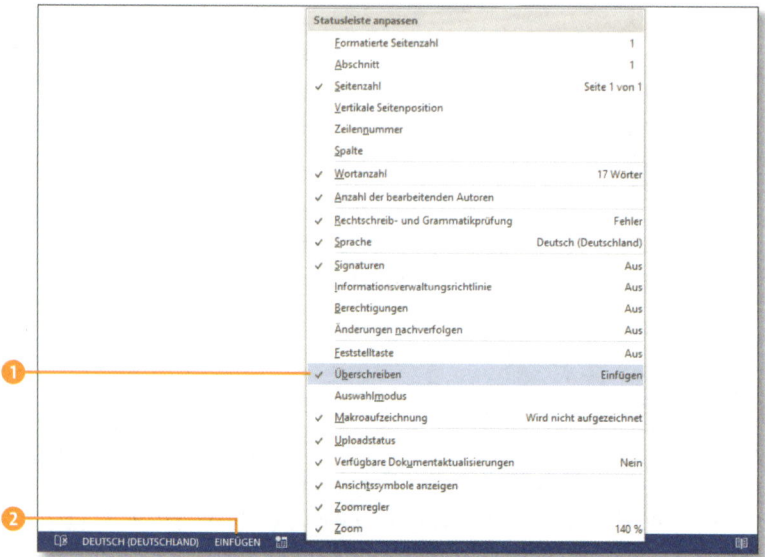

Abbildung 5.30 Die Funktion muss zunächst aktiviert werden.

Per Taste umschalten

In älteren Word-Versionen konnte mithilfe von [Einfg] zwischen beiden Modi umgeschaltet werden. Da sich diese Funktion jedoch als sehr fehleranfällig erwiesen hat (unbeabsichtigtes Aktivieren), ist die Taste seit einiger Zeit nicht mehr entsprechend belegt. Sie können die Funktion jedoch wieder zuweisen, indem Sie die Word-Optionen aufrufen (**Datei > Optionen > Erweitert**) und dort im Bereich **Bearbeitungsoptionen** die Checkbox **EINFG-Taste zum Steuern des Überschreibmodus verwenden** aktivieren und den Dialog mit **OK** verlassen.

Abbildung 5.31 Wer schnell zwischen beiden Funktionen hin- und herspringen möchte, sollte die alte Funktionsweise wieder einrichten.

5.7 Mit Aufzählungen, Nummerierungen und Listen arbeiten

Wenn Sie eine Liste erzeugen, sollten Sie diese optisch vom übrigen Text abheben. Zwar können Sie auch einfach weiterschreiben und jeden Punkt der Liste in einer neuen Zeile beginnen, jedoch sieht das nicht allzu schön aus. Besser ist es da, den einzelnen Zeilen Listenelemente voranzustellen und diese etwas einzurücken (also den Zeilenanfang nach rechts zu versetzen). Hier gibt es verschiedene Möglichkeiten. Word bringt von Haus aus Aufzählungen, Nummerierungen und Listen mit. Eines haben alle drei miteinander gemeinsam: Sie kennzeichnen jeden Punkt der Liste und halten diese übersichtlich bzw. machen deren Inhalt schnell erfassbar.

Guten Morgen

Was ist zu tun, nachdem der Wecker klingelt?

- Aufstehen
- Ins Bad gehen
- Kaffee trinken
- Zur Arbeit fahren

Guten Morgen

Was ist zu tun, nachdem der Wecker klingelt?

1. Aufstehen
2. Ins Bad gehen
3. Kaffee trinken
4. Zur Arbeit fahren

Guten Morgen

Was ist zu tun, nachdem der Wecker klingelt?

1. Aufstehen
2. Ins Bad gehen
   2.1 Zähne putzen
   2.2 Ohren waschen
3. Kaffee trinken
4. Zur Arbeit fahren

Abbildung 5.32 Links eine Aufzählung, in der Mitte eine Nummerierung und rechts eine Liste

Wodurch unterscheiden sich diese drei Elemente nun voneinander? Bei der Aufzählung wird jedem relevanten Punkt ein grafisches Zeichen vorangestellt (im obigen Beispiel ein Punkt), während Nummerierungen mit Ordnungszahlen ausgestattet sind. Das kann die klassische Nummerierung 1. – 2. – 3. sein, aber auch a) – b) – c) oder i. – ii. – iii. Eine Liste hingegen wird immer dann eingesetzt, wenn es innerhalb einer Aufzählung oder Nummerierung über- und untergeordnete Elemente gibt.

Schnell eine Aufzählung oder Nummerierung erzeugen

In diesem Abschnitt erfahren Sie, wie eine Aufzählung oder Nummerierung erzeugt wird. Sofern Sie sich innerhalb eines Textabschnitts befinden, sollten Sie zunächst eine Zeilenschaltung vornehmen (⏎), damit die Einfügemarke an den Anfang einer neuen Zeile gestellt wird.

1 Um direkt mit dem Erstellen einer Aufzählung zu beginnen, erzeugen Sie ein Sternchen (* = ⇧ + +), gefolgt von einem Leerzeichen. Danach schreiben Sie den Text des ersten Aufzählungspunkts. Wollen Sie eine Nummerierung erzeugen, geben Sie stattdessen beispielsweise »1.«, »a)«, oder »i.« ein. Lassen Sie auch hier ein Leerzeichen folgen.

2 Beginnen Sie nun mit der Eingabe des ersten Textes und schließen Sie die Aktion mit ⏎ ab. Daraufhin wird der Text des Abschnitts entsprechend eingerückt, die Abstände zwischen dem Aufzählungszeichen bzw. der Nummerierung und dem Text erhöht und das nächste Zeichen in der darauffolgenden Zeile hinzugefügt. Bei einer Nummerierung wird die nächste logische Ziffer bzw. der nächste logische Buchstabe vergeben.

3 Wenn Sie mit der Eingabe fertig sind, betätigen Sie zweimal ⏎ oder drücken die Taste ←.

Auf diese Weise können Sie schnell Ihre Dokumente übersichtlich gestalten und somit Ihre Inhalte besser vermitteln.

Aufzählungszeichen und Nummerierung einstellen

Sie haben gesehen, wie schnell sich eine Aufzählung oder Nummerierung erzeugen lässt. Allerdings haben Sie bei der zuvor genannten Vorgehensweise keine Möglichkeit, das Aussehen des Aufzählungszeichens oder der Nummerierung zu verändern. Wenn Sie dies jedoch wünschen, können Sie auch das sehr schnell erledigen. Wechseln Sie dazu auf die Registerkarte **Start** und klicken Sie in der Gruppe **Absatz** auf das Dreiecksymbol der Schaltfläche **Aufzählungszeichen** ❶ oder **Nummerierung** ❷, je nachdem, ob Sie ein anderes Aufzählungszeichen oder eine andere Form der Nummerierung wünschen.

Abbildung 5.33 Suchen Sie bei Bedarf ein neues Aufzählungszeichen aus.

Klicken Sie anschließend auf das gewünschte Vorzeichen, um es in Ihr Dokument einzufügen. Auf diese Weise können Sie übrigens auch ganz leicht die Aufzählungsart anpassen. Klicken Sie dazu auf die Schaltfläche **Nummerierung** und wählen Sie im Bereich **Nummerierungsbibliothek** die passende Aufzählungsart aus.

Abbildung 5.34 Auch die Art der Aufzählung kann mithilfe eines Menüs angepasst werden.

Danach können Sie den Text des Aufzählungspunkts eingeben und die Eingabe mit ⏎ abschließen. Der Text wird daraufhin wieder automatisch eingerückt, der Zeichenabstand zum Aufzählungszeichen erhöht und in der Folgezeile das nächste Zeichen hinzugefügt.

Eine Liste mit mehreren Ebenen erzeugen

Listen unterscheiden sich insofern von Nummerierungen, als dass sie auch Untergruppierungen, sogenannte *Ebenen*, beinhalten. Deswegen ist die korrekte Bezeichnung auch *Liste mit mehreren Ebenen*. Auf der CD zu diesem Buch finden Sie eine solche Liste. Sie ist mit *Car Check-in.docx* betitelt und befindet sich im Ordner *05*. Der nachfolgende Workshop verrät, wie diese Liste erstellt worden ist.

Abbildung 5.35 Mit dieser recht spartanischen Liste wollen wir beginnen.

Natürlich könnte die Liste optisch sehr viel ansprechender gestaltet werden, als dass hier der Fall ist, doch wollen wir uns mit einem schlichten Beispiel begnügen. Immerhin geht es uns ja in diesem Beispiel zunächst generell um die Erzeugung mehrerer Ebenen, also die hinter einer Liste stehende Technik. Um ein derartiges Dokument zu erzeugen, gehen Sie folgendermaßen vor:

1 Klicken Sie innerhalb der Gruppe **Absatz** der Registerkarte **Start** auf die Schaltfläche **Liste mit mehreren Ebenen**. Im Auswahlmenü klicken Sie auf die zweite Schaltfläche im Bereich **Listenbibliothek**. Solange Sie sich mit der Maus darüber befinden, wird dieser Button vergrößert angezeigt, sodass Sie sich zunächst in der kleinen Vorschau die Listenstruktur ansehen können und entscheiden können, ob diese zu Ihrem Vorhaben passt.

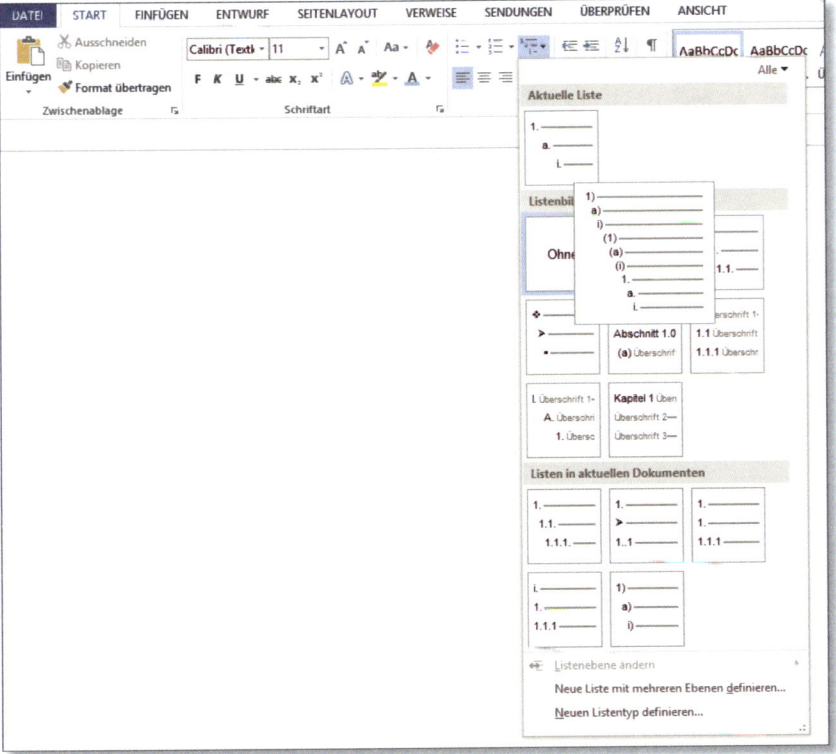

2 Die erste Ziffer der Liste ist bereits automatisch in Ihrem Dokument erzeugt worden, und Sie dürfen mit der Eingabe des Textes der ersten Zeile beginnen. Im Beispiel ist das die Zeile »Auftrag erstellen«. Drücken Sie anschließend nach Eingabe des Textes die Taste ⏎.

3 Jetzt müssen Sie bereits erstmals die Ebene wechseln, denn »Personalien aufnehmen« soll in unserer Liste der erste Unterpunkt des Listenpunkts »Auftrag erstellen« werden. Dazu bieten sich Ihnen nun zwei Möglichkeiten: Entweder Sie klicken noch einmal auf die Schaltfläche **Liste mit mehreren Ebenen** und wählen im Auswahlmenü den Punkt **Listenebene ändern**, gefolgt von **a)**, oder Sie drücken schlicht ⇥ auf der Tastatur.

4 Tippen Sie nun »Personalien aufnehmen« ein und drücken Sie abschließend erneut ⏎. Verfahren Sie ebenso mit den Einträgen b) und c).

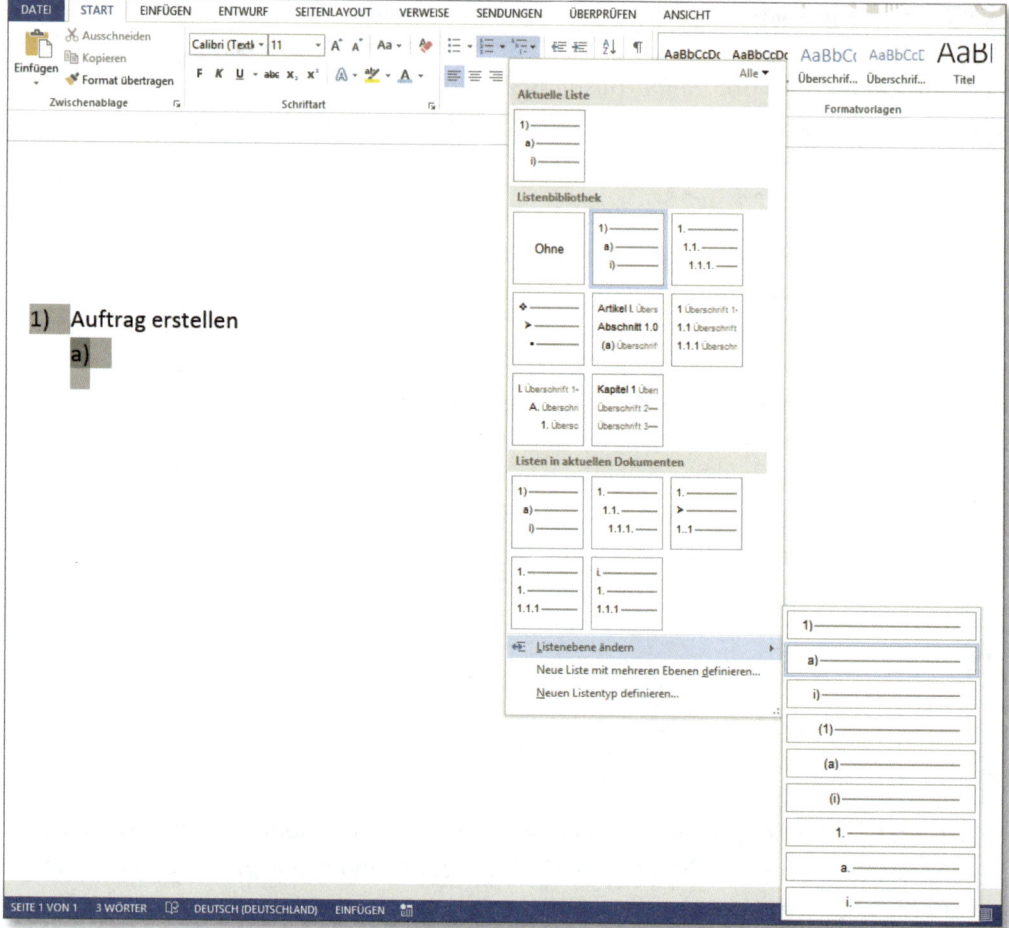

5 Wenn Sie wie beschrieben vorgehen, wird bald die Zeile d) erzeugt. Diese wird jedoch nicht benötigt. Vielmehr müssen Sie jetzt wieder eine Ebene höher. Sie könnten die Listenebene zwar abermals über das Menü der Schaltfläche **Liste mit mehreren Ebenen** ändern, können das aber auch durch Drücken der ↵-Taste erledigen. Das ist doch viel komfortabler, oder?

6 Durch die Aktion des vorangegangenen Schrittes ist d) nun zu 2) geworden. Die Listenebene wurde also angepasst und Sie befinden sich erneut auf der ersten Ebene. Das bedeutet, dass Sie, unserem Beispiel folgend, mit der Eingabe »Fahrzeug sichten« fortfahren können.

Verfahren Sie entsprechend mit allen weiteren Aufzählungstexten. Am Ende drücken Sie zweimal ↵, um die Bearbeitung der Liste abzuschließen.

Liste nachträglich formatieren

Zum Abschluss dieses Themas wollen wir noch einen kurzen Blick darauf werfen, was zu tun ist, wenn bereits fertiger, jedoch nicht gelisteter Text vorliegt und Sie diesen nun im Nachhinein als Liste formatieren möchten.

Öffnen Sie einmal das Dokument *Liste.docx* aus dem Ordner *05* auf der CD zum Buch. Hier finden Sie den gleichen Text noch einmal, allerdings komplett unformatiert, also noch nicht in Listenebenen umgewandelt.

1 Zuallererst müssen Sie den gesamten Text markieren. Das erreichen Sie am schnellsten, indem Sie die Tastenkombination ⌨Strg + ⌨A drücken. Wer lieber mit der Maus arbeitet, überfährt den kompletten Text mit gedrückter linker Maustaste.

2 Klicken Sie nun in der Gruppe **Absatz** der Registerkarte **Start** auf den Button **Liste mit mehreren Ebenen**. Klicken Sie im Menü erneut auf die zweite Schaltfläche im Bereich **Listenbibliothek**, um die zuvor genutzte Listenvorlage auszuwählen.

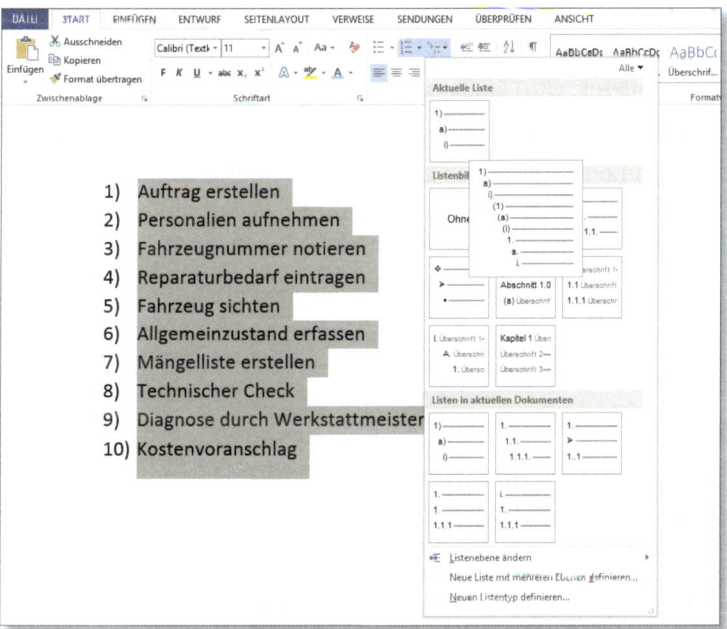

3 Nun muss zu Recht bemängelt werden, dass die gesamte Liste nur aus einer einzelnen Ebene besteht. Um das zu ändern, wählen Sie zunächst alles ab, indem Sie an eine beliebige Stelle im Dokument klicken. Danach markieren Sie die Zeilen 2) bis 4) und drücken die Taste ⇥. Somit wird die Ebene dieser Aufzählungspunkte angepasst, und diese werden zu a) bis c).

Wiederholen Sie diesen Schritt auch bei den anderen Zeilen, die eine Ebene tiefer angeordnet werden müssen. (Vergleichen Sie das Ergebnis mit der Datei *Liste_fertig.docx* aus dem Ordner *Ergebnisse* auf der CD zum Buch).

5.8 Die Absatzeinstellungen anpassen

Zur Formatierung von Absätzen bietet Word Ihnen eine eigene Zeile mit Schaltflächen innerhalb der Gruppe **Absatz** der Registerkarte **Start**. Um Änderungen vorzunehmen, muss der Text übrigens nicht komplett markiert werden. Es reicht, wenn die Einfügemarke irgendwo innerhalb des Absatzes platziert wird. Einzige Ausnahme: Sie wollen mehrere Absätze gleichzeitig bearbeiten. In diesem Fall muss der gesamte Text wie gewohnt markiert werden.

Die Absatzmarke

Zwar sieht man oft schon auf den ersten Blick, wo zwei Absätze voneinander getrennt sind, jedoch lässt sich dafür auch ein grafisches Zeichen einblenden, die sogenannte *Absatzmarke*. Um sie einzuschalten, drücken Sie entweder [Strg] + [⇧] + [+] (also *) oder Sie klicken in der Gruppe **Absatz** der Registerkarte **Start** auf den Button **Alle anzeigen** ❶. Dadurch wird am Ende eines Absatzes die Absatzmarke ❷ angezeigt. Zudem wird jedes Leerzeichen durch einen Punkt dargestellt ❸. Wiederholen Sie diesen Schritt, um die *Formatierungssymbole* wieder auszublenden.

Abbildung 5.36 Die Absatzmarke symbolisiert, an welcher Stelle die Eingabetaste benutzt worden ist.

Ausrichtung ändern

Zur Formatierung des Absatzes ist es unerheblich, ob die Formatierungssymbole aktiviert sind oder nicht. Nachdem die Einfügemarke entsprechend platziert worden ist, klicken Sie in der Gruppe **Absatz** der Registerkarte **Start** auf einen der vier Buttons zur Textausrichtung: **Linksbündig ausrichten**, **Zentriert**, **Rechtsbündig ausrichten** oder **Blocksatz**. In Abbildung 5.37 sehen Sie, welcher Knopf für die jeweilige Textausrichtung sorgt.

Abbildung 5.37 Oben: linksbündig, zweite Reihe: zentriert, dritte Reihe: rechtsbündig, unten: Blocksatz (alle Zeilen mit Ausnahme der letzten sind exakt gleich lang).

Zeilenabstände verändern

Rechts neben den vier Ausrichtungs-Schaltflächen befindet sich die Schaltfläche **Zeilen- und Absatzabstand** in der Gruppe **Absatz** der Registerkarte **Start**, mit dessen Hilfe die Zeilenabstände innerhalb eines Absatzes angepasst werden können. Nach einem Klick darauf fahren Sie in dem Auswahlmenü so weit nach unten, bis im Text der gewünschte Zeilenabstand erscheint. Platzieren Sie einen Mausklick auf dem gewünschten Wert.

Abbildung 5.38 Hier wird der Zeilenabstand auf 1,5 gesetzt.

Abstände zu anderen Absätzen einstellen

Ganz unten im Menü der Schaltfläche **Zeilen- und Absatzabstand** finden Sie noch zwei Befehle, mit denen sich die Abstände vergrößern und auch wieder verkleinern lassen, die vor und hinter dem besagten Absatz Gültigkeit haben sollen. Allerdings können Sie hier keine Werte vergeben. Denn wenn Sie beispielsweise auf **Abstand nach Absatz hinzufügen** klicken, wird der Zwischenraum zum nächsten Absatz zwar erhöht, jedoch heißt der Menüeintrag danach **Abstand nach Absatz entfernen**.

Abbildung 5.39 Wie groß die Abstände zwischen zwei Absätzen sein sollen, kann in diesem Dialog eingestellt werden.

Somit lässt sich also nur ein fest vorgegebener Abstand einfügen bzw. wieder wegnehmen, jedoch nicht dessen Größe manuell einstellen. Wenn Sie das aber unbedingt wollen, entscheiden Sie sich im Menü der Schaltfläche **Zeilen- und Absatzabstand** für den Befehl **Zeilenabstandsoptionen**. Im folgenden Dialogfenster **Absatz** können Sie auf der Registerkarte **Einzüge und Abstände** im Bereich **Abstand** den Wert **Vor** und **Nach** wunschgemäß einstellen.

Haben Sie Ihre Eingaben vorgenommen, schließen Sie das Dialogfenster mit einem Klick auf **OK**. Ihre Änderungen werden dann auf Ihr Dokument übertragen.

5.9 Textinhalte in großen Dokumenten suchen

Wer mit umfangreichen Dokumenten arbeitet, wird nicht immer genau wissen, an welcher Position nun das eine oder andere Thema behandelt worden ist. Um derartige Stellen schnell wiederzufinden, benutzen Sie am besten die in Word integrierte Suchfunktion – die sogenannte *Navigation*.

Navigation aktivieren

Sollten Sie noch keine Änderungen an der Arbeitsoberfläche vorgenommen haben, finden Sie den Arbeitsbereich **Navigation** standardmäßig auf der linken Seite der Anwendung. (Dabei ist es unerheblich, in welchem Ansicht-Modus Sie sich gerade befinden.) Sollte der **Navigationsbereich** nicht geöffnet sein, betätigen Sie auf der Tastatur die Tastenkombination $\boxed{\text{Strg}}$ + $\boxed{\text{F}}$ oder aktivieren in der Gruppe **Anzeigen** der Registerkarte **Ansicht** die Checkbox **Navigationsbereich**.

Begriffe wiederfinden

Innerhalb des Navigationsbereichs finden Sie ein Eingabefeld. Klicken Sie dort hinein und geben Sie einen aussagekräftigen Suchbegriff ein. Die Suchfunktion ist übrigens *kontextsensitiv*. Das bedeutet, dass die Treffer schon angezeigt werden, während Sie noch mit der Eingabe beschäftigt sind.

Nun ist es sinnvoll, möglichst genaue Begriffe einzugeben. Verwenden Sie beispielsweise das Dokument *Computer heute.docx*, das Sie auf der CD zum Buch im Ordner *05* finden, werden Sie durch die Eingabe von »computer« (Sie müssen dabei nicht unbedingt auf Großschreibung achten) noch eine Fülle von Treffern erzielen, jedoch bei »computera« nur noch das Ergebnis »Computerarbeit« erhalten.

Abbildung 5.40 Die Anwendung reagiert sofort.

Sollten Sie es nicht schaffen, die gewünschte Stelle nach Eingabe des Suchbegriffs ausfindig zu machen, kontrollieren Sie die Liste auf der linken Seite (also im Arbeitsbereich **Navigation**). Hier sehen Sie die unterschiedlichen Textpassagen, in denen der Suchbegriff gefunden werden kann. Klicken Sie mit der Maus darauf, wird diese Stelle mit einem blauen Rahmen im Aufgabenbereich hervorgehoben ❶. Und was noch besser ist: Innerhalb Ihres Word-Dokuments wird genau zu dieser Dokumentposition gesprungen. Sollte es mehrere relevante Begriffe in der Nähe geben, schauen Sie etwas genauer hin. Die betreffende Stelle ist nämlich in einem etwas dunkleren Gelbton markiert ❷ als die anderen Texthervorhebungen.

Abbildung 5.41 Die exakte Position ist gefunden.

5.10   Fehlerhafte Bearbeitungen rückgängig machen

Niemand ist fehlerfrei (auch wenn der eine oder andere das von sich denken mag). Deswegen sind Fehler auch im täglichen Umgang mit dem Textverarbeitungsprogramm unausweichlich. Word hat aber im Gegensatz zum »richtigen Leben« einen unschlagbaren Vorteil: Fehlerhafte Aktionen lassen sich nämlich ruck, zuck wieder rückgängig machen – und zwar stets in umgekehrter Reihenfolge ihrer Ausführung.

Um einen Schritt zurückzunehmen, klicken Sie auf den gebogenen Pfeil, den Sie in der Symbolleiste für den Schnellzugriff finden. Alternativ betätigen Sie ⌈Strg⌉ + ⌈Z⌉. Falls mehrere Schritte rückgängig zu machen sind, dürfen Sie die Tastenkombination auch mehrfach benutzen. Übersichtlicher wird das Ganze im **Rückgängig**-Menü der Symbolleiste für den Schnellzugriff. Wenn Sie nämlich das kleine Dreieck rechts neben der Pfeilschaltfläche **Rückgängig: Eingabe** betätigen, sehen Sie noch einmal alle Schritte in der korrekten Reihenfolge. Der zuerst ausgeführte Schritt steht ganz unten, der letzte ganz oben. Scrollen Sie also innerhalb der Liste nach unten und betätigen Sie die Zeile, deren Funktion wieder aufgehoben werden soll. Damit erreichen Sie, dass alle nachfolgenden Schritte ebenfalls editiert werden. Unterhalb befindliche Schritte (also vorangegangene) bleiben hingegen erhalten.

Abbildung 5.42 Hier werden die letzten drei Schritte verworfen, während das Verschieben des Textes erhalten bleibt.

Sollten Sie übrigens einen oder mehrere Schritte rückgängig gemacht haben, wird die Symbolleiste für den Schnellzugriff um die Schaltfläche **Wiederherstellen: Eingabe** erweitert. Jetzt finden Sie nämlich auch einen nach rechts gebogenen Pfeil, mit dessen Hilfe sich zurückgenommene Schritte wiederherstellen lassen. Entsprechendes wird auch mit der Tastenkombination ⌈Strg⌉ + ⌈Y⌉ erreicht.

Abbildung 5.43 Stellen Sie einen zurückgenommenen Schritt wieder her.

5.11   Dokumente speichern

Was das Speichern von Word-Dokumenten betrifft, ist, wie bei allen anderen Office-Anwendungen auch, zwischen den beiden Optionen *Speichern* und *Speichern unter* zu unterscheiden. Verwenden Sie letzteren Befehl, um dem Dokument einen Platz auf dem Speichermedium zuzuweisen. Zum Nachspeichern, wenn beispielsweise Änderungen am Dokument vorgenommen worden sind, benutzen Sie stattdessen den Speichern-Befehl. Die Schaltflächen zu diesen Speicheroptionen sind in der Backstage-Ansicht zu finden, die Sie mit einem Klick auf die Registerkarte **Datei** erreichen. Sollten Sie ein Dokument nie zuvor gespeichert haben, wird beim Klick auf den Befehl **Speichern** automatisch der **Speichern unter**-Befehl ausgeführt. Denn immerhin müssen Sie dann ja noch einen Speicherplatz zuweisen.

OneDrive umgehen

Die allermeisten Office-Pakete bieten den Microsoft-Dienst *OneDrive* an (in Windows 8.1 inklusive), mit dessen Hilfe sich die Dokumente auf einem entfernten Server speichern lassen. Dass Word in seiner neuesten Version 2013 diesen Speicherort bevorzugt, behagt nicht jedem. Denn oftmals möchte man seine Dokumente lieber an einem anderen Speicherort ablegen – und eben nicht auf dem Onlinespeicher OneDrive.

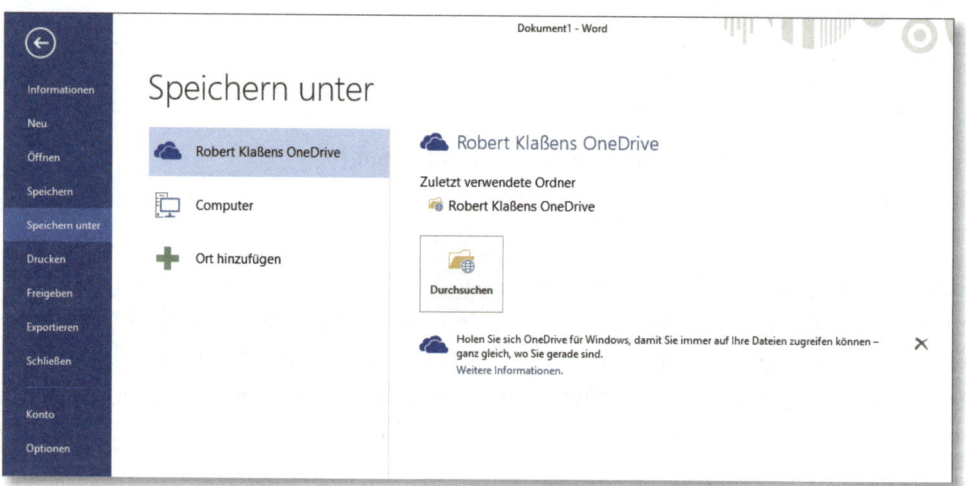

Abbildung 5.44 Word möchte gerne auf OneDrive speichern.

Wer ebenso denkt, sollte in der Backstage-Ansicht einmalig auf **Optionen** klicken und in der linken Spalte des Dialogfensters **Word-Optionen** die Rubrik **Speichern** auswählen. Aktivieren Sie anschließend auf der rechten Seite die Checkbox **Standardmäßig**

auf Computer speichern. Eine Zeile tiefer lässt sich auf Wunsch sogar der bevorzugte Speicherort festlegen. (Weitere Hinweise zu OneDrive finden Sie in Abschnitt 48.1, »Mit OneDrive Dokumente austauschen«, Seite 1123.)

Abbildung 5.45 Wenn Sie mit dem Speichern auf OneDrive nicht einverstanden sind, ändern Sie das entsprechend in den Word-Optionen.

Der Kompatibilitätsmodus

Das hauseigene Speicherformat von Word 2013 ist *.docx*, während ältere Dokumente seinerzeit im Format *.doc* abgesichert worden sind. Das neue Format bietet jedoch eine größere Vielfalt. So lassen sich beispielsweise grafische Elemente verwenden, die im alten Format noch nicht eingesetzt werden konnten. Es ist jedoch so, dass alte Word-Versionen (vor Word 2007), keine *.docx*-Dokumente öffnen können. Umgekehrt ist es jedoch möglich, alte *.doc*-Dokumente mit Word 2013 zu öffnen und zu bearbeiten. Wann immer Sie das tun, befinden Sie sich im sogenannten *Kompatibilitätsmodus*. Dies wird auch entsprechend in der Kopfleiste der Anwendung angezeigt.

Sollten Sie ältere Word-Dokumente mit Word 2013 bearbeiten, ist dringend zu empfehlen, das vorhandene *.doc*-Dokument als *.docx* abzuspeichern. Denn nur dann stehen

Ihnen auch alle grafischen Elemente und Funktionen Ihrer neuen Software zur Verfügung. Speichern Sie nur dann im Format *.doc*, wenn Sie das Dokument an eine Person weitergeben, die nicht über eine Word-Version verfügt, die mit *.docx*-Dokumenten umgehen kann.

Speichern unter

Und so läuft das eigentliche Speichern ab: Entscheiden Sie sich beim ersten Speichern für **Datei > Speichern unter** und klicken Sie auf **Durchsuchen**, sofern nicht oberhalb bereits ein gewünschter Speicherort angeboten wird (den Sie im Übrigen ebenfalls mit einem Klick auswählen können).

Abbildung 5.46 Benutzen Sie »Durchsuchen«, sofern oberhalb (»Zuletzt verwendete Ordner«) nicht bereits ein geeigneter Speicherort angeboten wird.

> **TIPP**
>
> **Als PDF speichern**
>
> In der Liste **Dateityp** befindet sich auch der Eintrag **PDF (*.pdf)**. Benutzen Sie diesen, wenn Sie aus Ihrem Word-Dokument ein *Portable Document File* erstellen wollen, welches sich optimal zur Weitergabe eignet. Mein Tipp: Speichern Sie Ihr persönliches Dokument niemals nur als PDF, sondern zusätzlich noch als *.docx* für Ihre eigenen Zwecke. Denn dieses lässt sich sehr viel besser und individueller verarbeiten. Das PDF ist in diesem Fall ja nur für die Weitergabe gedacht.

Im Dialogfenster **Speichern unter** kann nun der Speicherort zugewiesen werden. Öffnen Sie vor dem Klick auf den Button **Speichern** die Liste **Dateityp**, kann hier das bereits erwähnte Format eingestellt werden.

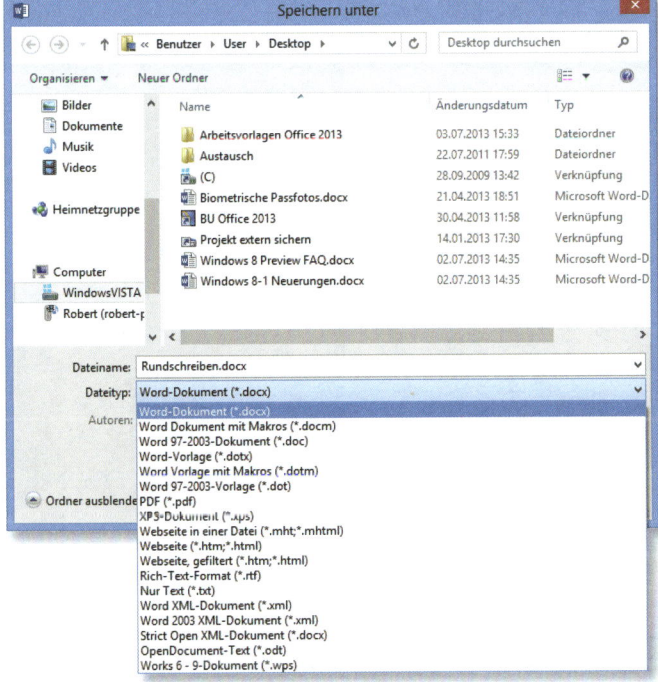

Abbildung 5.47 Vor dem Speichern kann der Dateityp noch angepasst werden.

Dokumente nachspeichern

Nachdem das Word-Dokument erstmals gespeichert worden ist, sollten Sie es von Zeit zu Zeit nachspeichern. Zwar lässt sich das auch in der Backstage-Ansicht mit Klick auf die Schaltfläche **Speichern** erledigen, jedoch geht es am schnellsten, wenn Sie zwischendurch einmal die Tastenkombination Strg + S drücken.

5.12 Zuletzt verwendete Office-Dokumente öffnen

Mit einem Klick auf die Registerkarte **Datei**, gefolgt von **Öffnen**, erhalten Sie Zugriff auf sämtliche Word-Dokumente. Dazu müssten Sie in der mittleren Spalte auf **Computer** klicken (bzw. auf **OneDrive**, wenn Sie dort archivierte Dokumente öffnen wollen).

Bevor Sie das jedoch machen, sollten Sie einen Blick auf die rechte Spalte werfen. In der Liste **Zuletzt verwendete Dokumente** werden alle Dokumente archiviert, die Sie kürzlich bearbeitet haben. Mit einem Klick auf einen dieser Einträge öffnen Sie das betreffende Dokument. So ersparen Sie sich die Suche nach der Datei. Praktisch, oder?

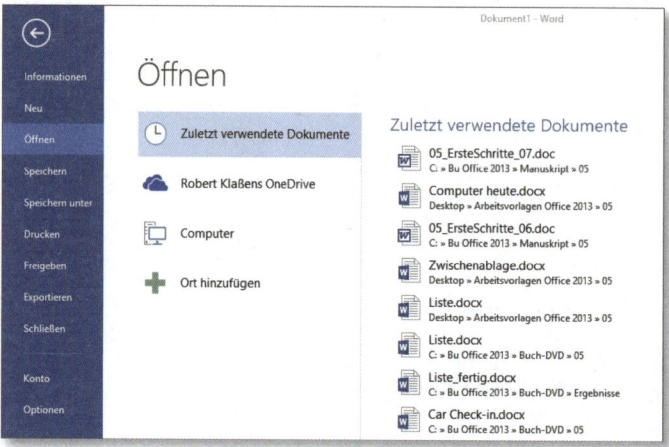

Abbildung 5.48 Word fertigt eine Liste der zuletzt verwendeten Dokumente an.

5.13   Tastenkombinationen für die Arbeit mit Word-Dokumenten

Tastenkombinationen (auch *Tastaturkürzel* oder *Shortcuts* genannt) vereinfachen die Arbeit mit Word beträchtlich. In der Tabelle 5.1 finden Sie ein paar sinnvolle Tastenkombinationen für die tägliche Arbeit.

Dialogfenster	
Öffnen in der Backstage-Ansicht bereitstellen	`Strg` + `O`
Speichern in der Backstage-Ansicht bereitstellen	`⇧` + `F12`
Öffnen-Dialog bereitstellen	`Strg` + `F12`
Kontextmenü anzeigen	`⇧` + `F10`
Rückgängig, Wiederherstellen, Abbrechen	
Letzte Aktion rückgängig machen	`Strg` + `Z`
Rückgängig gemachte Aktion wiederherstellen	`Strg` + `Y`
Eine Aktion abbrechen	`Esc`

Kopieren, Ausschneiden, Einfügen	
Kopieren	`Strg` + `C`
Ausschneiden	`Strg` + `X`
Einfügen	`Strg` + `V`
Einfügen von Inhalten	`Strg` + `Alt` + `V`
Einfügen einer Formatierung	`Strg` + `⇧` + `V`
Schreiben	
Buchstaben in Fettschrift	`Strg` + `⇧` + `F`
Buchstaben in Kursivschrift	`Strg` + `⇧` + `K`
Unterstreichen	`Strg` + `⇧` + `U`
Schriftgrad um eine Einheit erhöhen	`Strg` + `⇧` + `>`
Schriftgrad um eine Einheit verringern	`Strg` + `<`
Geschützter Bindestrich	`Strg` + `⇧` + `-`
Navigation innerhalb eines Dokuments	
An den Dokumentanfang	`Strg` + `Pos1`
An den Anfang einer Zeile	`Pos1`
An das Ende einer Zeile	`Ende`
Ein Zeichen nach links	`←`
Ein Zeichen nach rechts	`→`
Ein Wort nach links	`Strg` + `←`
Ein Wort nach rechts	`Strg` + `→`
Eine Zeile nach oben	`↑`
Eine Zeile nach unten	`↓`
Einen Absatz nach oben	`Strg` + `↑`
Einen Absatz nach unten	`Strg` + `↓`

Tabelle 5.1 Hilfreiche Tastenkombinationen für die Arbeit mit Word

5.14 Wichtige grundlegende Programmeinstellungen festlegen

Word 2013 ist im Auslieferungszustand bereits optimal konfiguriert. Dennoch ist es möglich, einige individuelle Einstellungen an die persönlichen Bedürfnisse anzupassen. Einige davon möchten wir hier kurz vorstellen.

Word personalisieren

Wer mit anderen im Team zusammenarbeitet, in dem Word-Dokumente untereinander ausgetauscht und von mehreren Personen bearbeitet werden, ist es wichtig, dass Sie sich zu erkennen geben. Denn immerhin soll ja jeder wissen, wer welche Änderungen am Dokument vorgenommen hat. Aufgrund dessen sollten Sie einen Benutzernamen sowie Initialen vergeben. Entsprechende Eingabefelder finden Sie im Dialogfenster **Word-Optionen** (**Datei** > **Optionen**) in der Rubrik **Allgemein**. Im mittleren Bereich **Microsoft Office-Kopie personalisieren** können in die Felder **Benutzername** und **Initialen** entsprechende Informationen eingetragen werden.

Abbildung 5.49 Geben Sie sich unter Kollegen zu erkennen.

Fügen Sie beispielsweise später Kommentare ein oder antworten auf vorhandene Kommentare, wird auch der entsprechende Benutzername, den Sie in den Word-Optionen eingerichtet haben, sichtbar.

Formatierungszeichen permanent anzeigen

Sie haben ja in Abschnitt 5.8, »Die Absatzeinstellungen anpassen«, Unterabschnitt »Die Absatzmarke«, Seite 178, bereits erfahren, wie sich geschützte Zeichen ein- und wieder ausblenden lassen. Allerdings ist es mitunter sinnvoll, einige Formatierungszeichen permanent anzeigen zu lassen. So ist beispielsweise jedem zu empfehlen, der häufig mit Tabulatoren arbeitet, die Tabstoppzeichen dauerhaft zu aktivieren. Was immer zu sehen sein soll, muss im Dialogfenster **Word-Optionen** in der Rubrik **Anzeige** und dort im Bereich **Diese Formatierungszeichen immer auf dem Bildschirm anzeigen** explizit angewählt sein. Aktivieren Sie dazu die entsprechenden Checkboxen.

Abbildung 5.50 Es kann durchaus sinnvoll sein, Tabstoppzeichen permanent sichtbar zu machen.

Automatisches Speichern

Wir hatten bereits empfohlen, Word-Dokumente von Zeit zu Zeit manuell nachzuspeichern. Wer das im Eifer des Gefechts gerne einmal vergisst, wird sich darüber freuen, dass Word den Status des aktuellen Dokuments in Form von Wiederherstellungsinformationen alle 10 Minuten automatisch generiert. Dieser Zeitraum ist aber keineswegs festgeschrieben. Vielmehr lässt er sich in den **Word-Optionen** in der Rubrik **Speichern** verändern. Schauen Sie in die Zeile **AutoWiederherstellen-Informationen speichern alle** und passen Sie den Wert gegebenenfalls an.

Abbildung 5.51 Word denkt mit.

Achten Sie zudem darauf, dass die Checkbox aktiv bleibt, da ansonsten keine derartigen Informationen gesichert werden. Zwei Zeilen tiefer wird Ihnen übrigens im Feld Dateispeicherort für **AutoWiederherstellen** der Speicherort der Wiederherstellungsinformationen angezeigt, den Sie mit einem Klick auf die Schaltfläche **Durchsuchen** ebenfalls anpassen können.

Schnellzugriff-Symbole erzeugen

Sie kennen ja bereits die Symbolleiste für den Schnellzugriff mit ihren kleinen Icons ganz oben links am Rand der Anwendung. Wollen Sie dieser Leiste weitere nützliche Schaltflächen hinzufügen, können Sie das mit einem Klick auf die Schaltfläche mit dem nach unten weisenden Pfeil ❶ (**Symbolleiste für den Schnellzugriff anpassen**) erledigen. Einige gängige Schaltflächen wie beispielsweise **E-Mail** oder **Schnelldruck** können Sie hier mit einem Mausklick hinzufügen. Doch was ist zu tun, wenn die gewünschte Taste hier nicht aufgeführt ist? In diesem Fall sollten Sie auf den Menüpunkt **Weitere Befehle** klicken.

Abbildung 5.52 Dieser Listeneintrag stellt weitere Optionen zur Verfügung.

Daraufhin wird das Dialogfenster **Word-Optionen** mit der Rubrik **Symbolleiste für den Schnellzugriff** geöffnet. Gehen wir nun einmal davon aus, Sie fügen häufig Bilder in Ihre Word-Dokumente ein. Dann macht es ja durchaus Sinn, eine entsprechende Schaltfläche in der Symbolleiste für den Schnellzugriff anzubringen. Zunächst scrollen Sie in der linken Spalte **Befehle auswählen** bis zu dem gewünschten Eintrag (hier: **Bilder**) und wählen ihn anschließend mit einem Klick darauf aus. (Sollte der betreffende Befehl einmal nicht aufgeführt sein, können Sie auch oben im Aufklappmenü von **Häufig verwendete Befehle** auf **Alle Befehle** umschalten.)

Abbildung 5.53 Die Schaltfläche »Bilder« wird hinzugefügt.

Ein anschließender Klick auf **Hinzufügen** sorgt dafür, dass der Eintrag auch in der rechten Spalte auftaucht – und genau hier sind die Elemente der Symbolleiste für den Schnellzugriff aufgeführt. Bestätigen Sie Ihre Änderungen mit **OK**.

Abbildung 5.54 Die Leiste ist entsprechend erweitert worden.

5.15   Wenn Sie einmal Hilfe brauchen

Natürlich haben Sie sich dieses Buch gekauft, um alles schnell nachschlagen zu können. Dennoch kann auch das umfangreichste Buch nicht alles beinhalten, was mit Word möglich ist. Sollten Sie in der Lektüre also einmal nicht fündig werden oder einfach keine Zeit zum Nachschlagen haben, benutzen Sie stattdessen die Word-Hilfe. Dazu klicken Sie oben rechts auf das kleine Fragezeichen-Symbol oder betätigen F1. Kurz darauf öffnet sich ein Fenster mit dem Titel **Word-Hilfe**. Im oberen Bereich des Fensters können Sie Ihren Suchbegriff in das Eingabefeld eintragen. Nach Eingabe des Textes klicken Sie entweder auf das Lupen-Symbol oder drücken ↵. Meist verhält es sich so, dass Ihnen gleich mehrere Ergebnisse angeboten werden. Überprüfen Sie also zunächst, welche Information am ehesten zutrifft. Beachten Sie in diesem Zusammenhang, dass jede blaue Zeile einen Link darstellt, der nach einem Mausklick weitere Informationen bereitstellt. Ein Klick auf das Haus-Symbol, das sich links neben dem Eingabefeld für die Suchbegriffe befindet, bringt Sie stets zurück zur Startseite der Word-Hilfe.

Kapitel 6
Das Seitenlayout festlegen

In diesem Kapitel dreht sich alles um die Dokumentgestaltung und die Ästhetik, die Bestandteil Ihrer Arbeit sein soll. Überzeugen Sie den Empfänger Ihrer Dokumente mit ansprechenden Layouts und schicken Designs. In diesem Kapitel werden Sie nicht nur die Techniken erlernen, sondern bekommen auch einige Hintergrundinformationen zur Gestaltung.

6.1   Ein wenig Fachkunde

Bevor wir uns näher mit diesen Themen beschäftigen, hier noch einige Hinweise zur Begrifflichkeit. Denn auf den folgenden Seiten sollten Sie wissen, was gemeint ist, wenn beispielsweise von einem Satzspiegel oder Bundsteg die Rede ist.

Abbildung 6.1 Das Dokument sieht auf den ersten Blick sehr ansprechend aus.

Schauen Sie sich die Abbildung 6.1 einmal etwas genauer an. Es bedarf eigentlich keiner Erwähnung, dass der Bereich, der zum Druck des Textes benutzt wird, sehr viel kleiner ist als die Seitenränder des Blattes. Hierbei handelt es sich um eine Beispieldatei, die Sie auch im Ordner *06* auf der Buch-CD finden. Das Dokument heißt *Farbe.docx*.

Der Satzspiegel

Der Bereich, in dem der Text untergebracht ist, wird als *Satzspiegel* bezeichnet. Er beinhaltet den gesamten Text mit Ausnahme von Buchüberschriften, Kapitelanmerkungen, Seitenzahlen, Indexierungen usw. (die man in der Regel in die Stege verlagert) – ist also im Prinzip nur für den eigentlichen Dokumentinhalt, also den Text mit seinen Bildern und Überschriften vorgesehen.

Die Stege

Die jeweils äußeren Seitenränder werden als *Außenstege* bezeichnet, während die beiden inneren den *Innensteg* wiedergeben. Letzteres ist jedoch nur dann der Fall, wenn wir es mit einer Doppelseite (also zwei nebeneinanderliegenden Seiten) zu tun haben.

Abbildung 6.2 Die einzelnen Elemente einer Doppelseite

Eine Einzelseite besteht hingegen aus zwei Außenstegen. An einer der Seiten befindet sich der sogenannte *Bundsteg*. Dieser Bereich ist für die Heftung, Klebung oder Lochung von mehrseitigen Dokumenten vorgesehen. Bei Einzelseiten ist dieser am linken Blattrand zu finden, während Doppelseiten ihre Bundstege jeweils innen haben. So ist beispielsweise auf geraden Seiten (2, 4, 6 usw. – diese befinden sich immer links) der Bundsteg auf der rechten Seite untergebracht, während er auf ungeraden (rechte Seiten, 1, 3, 5 usw.) immer links zu finden ist. Oben befindet sich der *Kopfsteg* und unten der *Fußsteg*.

6.2 Die Seitenränder des Dokuments einrichten

Alle Stege zusammen ergeben den Seitenrand eines Blattes. Wie der auszusehen hat, ist keineswegs dem Zufall überlassen, sondern kann individuell eingerichtet werden.

Vorgegebene Seitenränder auswählen

Word bringt einige Seitenränder mit, die schnell anhand von Vorgaben zugewiesen werden können. Klicken Sie in der Gruppe **Seite einrichten** der Registerkarte **Seitenlayout** auf die Schaltfläche **Seitenränder**. Entscheiden Sie sich beispielsweise im Auswahlmenü der Schaltfläche für **Breit**. Sie werden feststellen, dass das gesamte Dokument entsprechend umgestaltet wird. Die Seitenränder werden daraufhin beträchtlich vergrößert – was natürlich auf Kosten der Satzspiegelgröße geschieht.

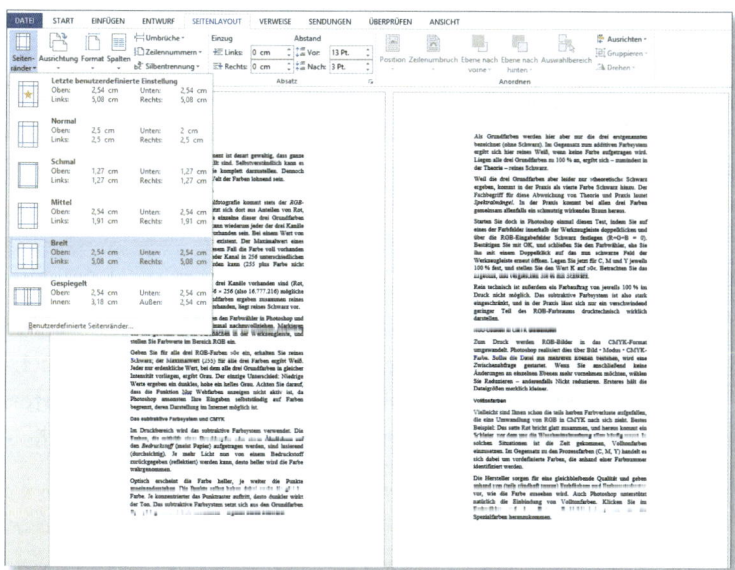

Abbildung 6.3 Der Satzspiegel ist beträchtlich geschrumpft.

Da aufgrund der vorangegangenen Aktion nun für den Text weniger Platz auf einer Seite zur Verfügung steht als zuvor, wird der Text neu umbrochen (der untere Bereich wird auf die nächste Seite verschoben). Das hat zur Folge, dass eine zusätzliche Seite angelegt werden musste. Dies macht Word automatisch. Denn es soll ja grundsätzlich kein Text verloren gehen.

INFO

Der Goldene Schnitt

Der im klassischen Buchdruck bisweilen verwendete und als besonders ästhetisch geltende Goldene Schnitt stellt die Stege zur Produktion des Satzspiegels ins Verhältnis zueinander. Dabei ist das Verhältnis von Bundsteg zu Kopfsteg zu Außensteg zu Fußsteg 2 : 3 : 5 : 8.

Benutzerdefinierte Seitenränder einrichten

Die Zahl der Vorgaben in Menü **Seitenränder** hält sich in Grenzen. Außerdem empfindet das Auge es nicht als sonderlich ästhetisch, wenn alle Seitenränder gleich groß sind. Ein etwas kleinerer Bund- und Kopfsteg bei größerem Fuß- und Außensteg wirken sehr viel ansprechender. Deswegen sollten Sie die Seitenränder (bzw. die Größe der einzelnen Stege) lieber selbst bestimmen.

INFO

Maßeinheiten

Wenn Sie in Word die Abmessungen manuell anpassen, ohne eine Maßeinheit hinzuzufügen, geht Word grundsätzlich von Zentimetern aus. Wollen Sie die Angaben lieber z. B. in Millimeter angeben, muss dem jeweiligen Wert »mm« angehängt werden (z. B. »10 mm«).

Seitenränder selbst bestimmen

Wir verwenden hier das Beispieldokument *Farbe.docx* aus dem Ordner *06* der Buch-CD. Wir wollen die Seiten des Dokuments mit unterschiedlich großen Stegen ausstatten und zudem dafür sorgen, dass sich die Seiten gegenüberliegen, sodass sich ein Erscheinungsbild wie bei einem Buch ergibt.

1 Klicken Sie in der Gruppe **Seite einrichten** der Registerkarte **Seitenlayout** auf den Button **Seitenränder** und entscheiden Sie sich im Menü für **Benutzerdefinierte Seitenränder**.

2 Schauen Sie zunächst in die Mitte des Dialogfensters **Seite einrichten**. Im Bereich **Seiten** steht das Listenfeld **Mehrere Seiten** auf **Standard**. Damit sind grundsätzlich Einzelseiten gemeint, die am Schluss beispielsweise linksseitig geheftet oder gelocht werden könnten. Schalten Sie jedoch um auf **Gegenüberliegende Seiten**, da unser Dokument zweiseitig (also auf der Vorder- und Rückseite) gedruckt werden soll und wir demzufolge auch Innenstege definieren müssen. Jetzt ist zu beobachten, dass die beiden Steuerelemente **Links** und **Rechts** oben im Bereich **Seitenränder** zu **Innen** und **Außen** mutiert sind. Verständlich, denn ab sofort haben wir es ja mit Doppelseiten zu tun.

3 Setzen Sie nun einen Dreifachklick in das Feld **Oben**. Der Dreifachklick bewirkt, dass sämtliche Informationen innerhalb dieses Feldes blau markiert werden. Tragen Sie hier »3« ein. Auf die Angabe einer Maßeinheit dürfen Sie gerne verzichten (siehe dazu auch den Kasten »Maßeinheiten«).

4 Drücken Sie einmal die Taste ⇥, um in das Eingabefeld **Unten** zu gelangen. Geben Sie »5« ein. Drücken Sie erneut ⇥ und vergeben Sie für **Innen** »2,5« sowie für **Außen** noch einmal »5«. Zuletzt definieren Sie noch einen **Bundsteg** von »1«. Bestätigen Sie Ihre Eingaben per Klick auf **OK**.

5 Nun gibt es in diesem Zusammenhang noch etwas Wesentliches zu beachten: Wir hatten für **Innen** einen Wert von 2,5 cm und für **Außen** 5 cm festgelegt. Im Dokument sieht es jetzt aber so aus, als seien beide Werte miteinander vertauscht worden. Der vermeintliche Innensteg ist sehr viel größer als der Außensteg. Doch dem liegt eine falsche Betrachtungsweise zugrunde. Es ist nämlich so, dass Seite 1 eines Dokuments grundsätzlich eine rechte Seite ist. Auf der Word-Oberfläche wird sie allerdings als linke Seite präsentiert.

6 Am deutlichsten wird das, wenn Sie dem Dokument jetzt eine typische Seite 1 geben, also ein Deckblatt hinzufügen. Klicken Sie dazu in der Gruppe **Seiten** der Registerkarte **Einfügen** auf die Schaltfläche **Deckblatt** und wählen Sie ein passendes Deckblatt für Ihr Dokument aus. Übrigens ist im Beispiel die Vorgabe **Austin** verwendet worden.

7 Wenn Sie anschließend ein wenig nach unten scrollen bzw. das Dokument derart verkleinern, dass auch die Seiten 3 und 4 sichtbar werden, erkennen Sie, dass der Außensteg der Dokumentseiten tatsächlich sehr viel größer ist als der Innensteg. Und so sollte es ja auch sein.

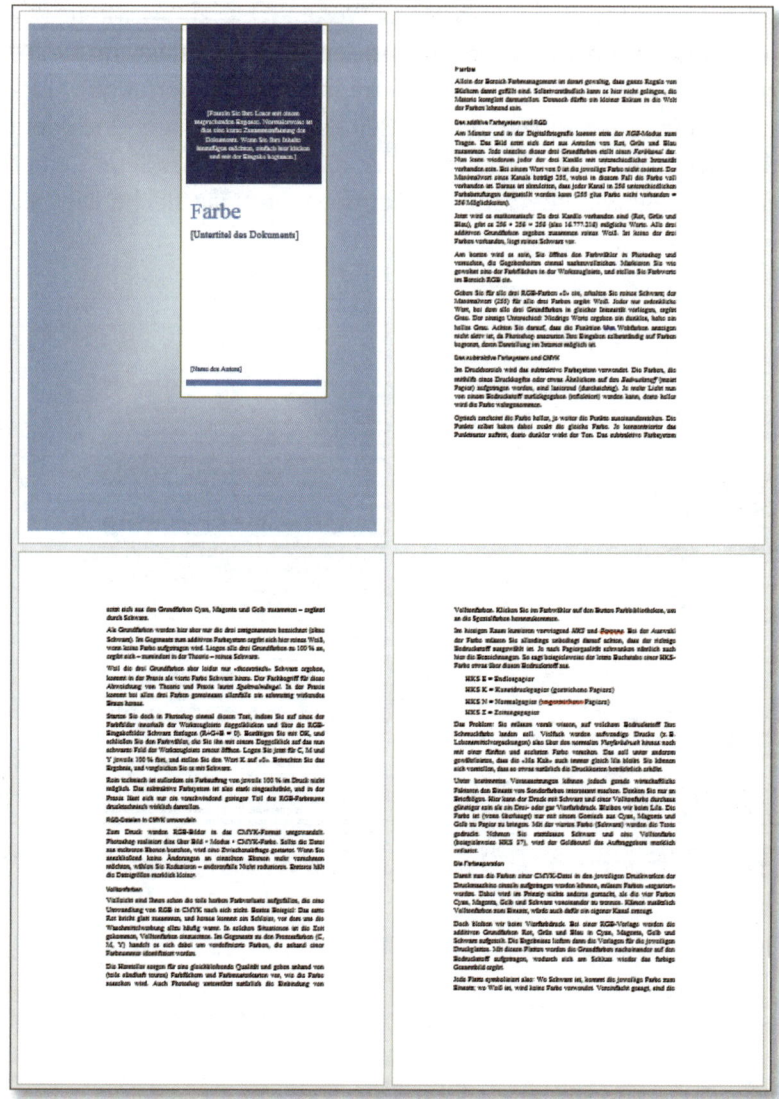

Übrigens ist im fertigen Beispiel, das Sie im Ordner *Ergebnisse* finden, der Dokumenttitel noch in »Farbe« geändert worden.

> **INFO**
>
> **Als Standard festlegen**
>
> Unten links im Dialogfenster **Seite einrichten** finden Sie die Schaltfläche **Als Standard festlegen**. Klicken Sie darauf, ehe per Klick auf **OK** bestätigt wird, werden die zuletzt verwendeten Maßeinheiten für alle neuen Dokumente übernommen.

6.3   Einzüge und Abstände anpassen

Innerhalb des Satzspiegels lassen sich Änderungen in Bezug auf die Textdarstellung vornehmen. Der Satzspiegel selbst wird dabei nicht mehr verändert. Mit den sogenannten *Einzügen* lässt sich der Rand eines Textabschnittes zur Mitte hin verschieben. So kann man einer bestimmten Textpassage eine optisch größere Gewichtung zukommen lassen. Die *Abstände* sind die Zwischenräume zwischen den einzelnen Absätzen. Auch diese können vergrößert oder verkleinert werden.

Einzüge anlegen

In diesem Beispiel arbeiten wir mit der Beispieldatei *Farbe_fertig.docx*, die Sie im Ordner *Ergebnisse* der Buch-CD finden. Prinzipiell können Sie aber auch jeden anderen Text für diesen Workshop benutzen. Dieser sollte lediglich für das folgende Beispiel aus mehreren Absätzen bestehen.

1 Klicken Sie zunächst auf den Absatz im Dokument, den Sie mit Einzügen versehen wollen. Die Einfügemarke muss sich nämlich innerhalb dieses Textblocks befinden. Wollen Sie gleich mehrere Textblöcke einziehen, müssen diese zuvor allesamt markiert werden.

2 Klicken Sie sich nun in der Gruppe **Absatz** der Registerkarte **Seitenlayout** auf das nach oben weisende Dreieck ❶ im Steuerelement **Links**. Stoppen Sie, wenn Sie einen Wert von 1,2 cm ❷ erreicht haben.

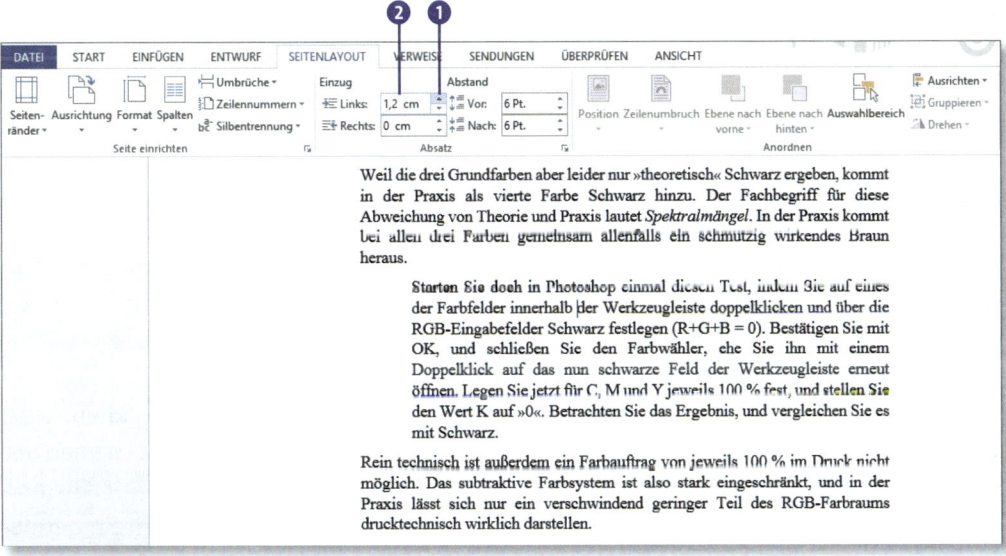

3 Um wichtige Textstellen wie z. B. Aufzählungen oder Abfolgen herauszustellen, reicht es oft schon, den linken Einzug zu verwenden. Bei Zitaten beispielsweise oder anderen bedeutungsträchtigen Informationen macht es Sinn, den Text noch deutlicher vom Fließtext abzuheben, indem Sie auch den Einzug **Rechts** anpassen. Auch hier wäre in dem Zusammenhang ein Wert von 1,2 cm denkbar.

An dieser Stelle sei darauf hingewiesen, dass die Steuerelemente auch in der Lage sind, negative Werte anzunehmen. Bedenken Sie allerdings, dass Sie damit den Satzspiegel zerstören. Das sollte man im Normalfall unterlassen.

Abstände verändern

In der bereits erwähnten Gruppe **Absatz** auf der Registerkarte **Seitenlayout** befinden sich auch zwei Steuerelemente zur Einrichtung des Abstandes von Absätzen. Betätigen Sie das Steuerelement **Vor**, beeinflussen Sie damit den Abstand oberhalb jenes Textblocks, in dem sich aktuell die Einfügemarke befindet. Wenn Sie in diesem Zusammenhang mehrere Textblöcke markieren (z. B. zwei) und den Wert dann einstellen, wird nicht nur der Abstand oberhalb der markierten Textblöcke verändert, sondern auch der zwischen den beiden Absätzen. Schauen Sie sich dazu Abbildung 6.4 an. Der Abstand unterhalb der Markierung wird nicht verändert. Das müssten Sie mit dem Steuerelement **Nach** erledigen.

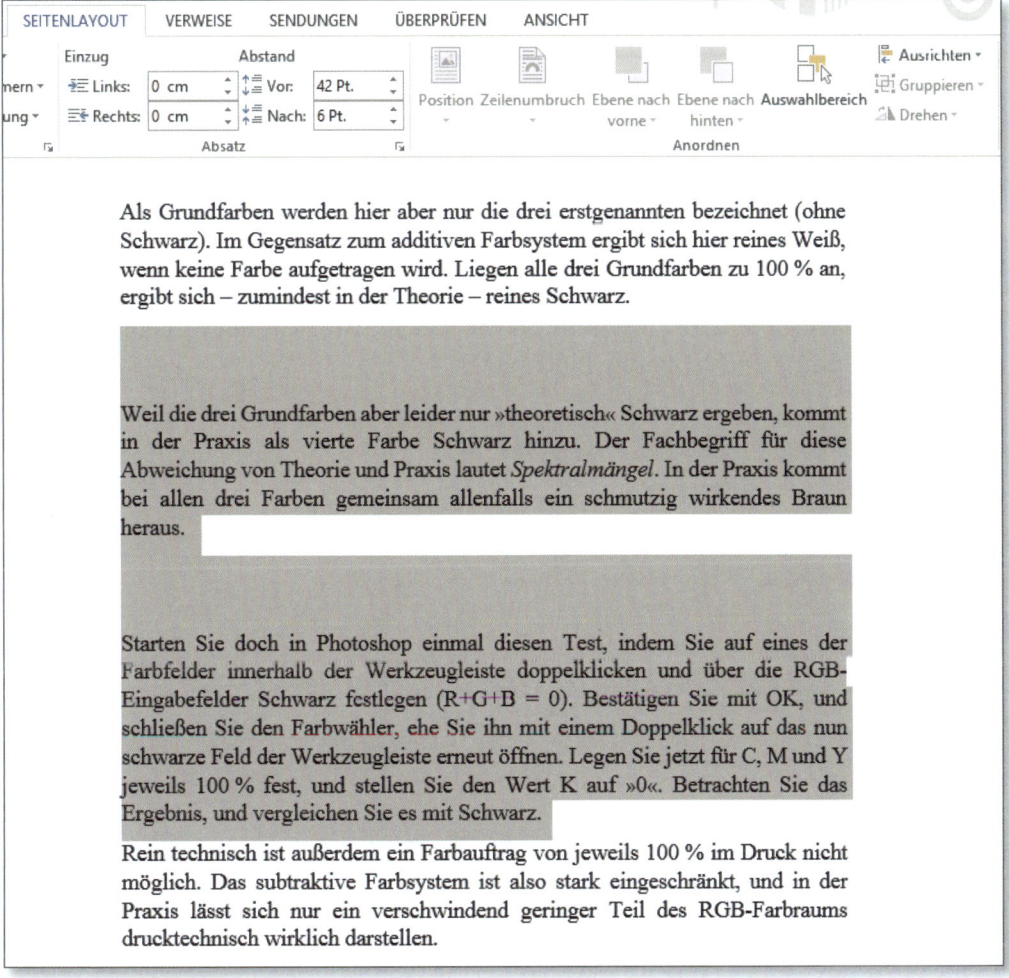

Abbildung 6.4 Oberhalb und zwischen den beiden markierten Absätzen werden die Zwischenräume erhöht, unterhalb jedoch nicht.

Einzüge und Abstände gemeinsam einstellen

Bedenken Sie, dass sich Einzüge und Abstände für das gesamte Dokument in einem Arbeitsgang definieren lassen. Drücken Sie zunächst [Strg] + [A], um den gesamten Text zu markieren. Nehmen Sie nun die Einstellungen wie beschrieben in der Gruppe **Absatz** der Registerkarte **Seitenlayout** mit den Steuerelementen vor. Alternativ dazu klicken Sie unten rechts auf den kleinen diagonalen Pfeil an der Gruppe **Absatz**. Dadurch wird das Dialogfenster **Absatz** geöffnet, mit dem die Einstellung ebenfalls möglich ist.

Abbildung 6.5 Öffnen Sie das Dialogfenster »Absatz«.

Der unschlagbare Vorteil des Dialogs **Absatz** besteht darin, dass sich neben Einzügen und Abständen noch weitere Einstellungen wie z. B. die Ausrichtung vornehmen lassen (linksbündig, mittig, rechtsbündig, Blocksatz).

Abbildung 6.6 Der Dialog »Absatz« stellt zahlreiche Optionen zur Verfügung.

Sondereinzüge

Sicher ist Ihnen bereits aufgefallen, dass im eben erwähnten Dialogfenster auch ein Steuerelement mit der Bezeichnung **Sondereinzug** vorhanden ist. Dieses bedarf noch einer kurzen Erwähnung. Wählen Sie beispielsweise im Auswahlmenü **Erste Zeile**, hat dies zur Folge, dass nur die erste Zeile eines Absatzes ein Stück nach rechts eingerückt wird. Im nebenstehenden Feld **Um** definieren Sie, wie groß dieser Einzug sein soll. Ein sogenannter *hängender Einzug* rückt alle Zeilen eines Absatzes mit Ausnahme der ersten nach rechts ein. In diesem Fall müssten Sie dann allerdings auf **Hängend** klicken.

Abbildung 6.7 Hier wird der Beginn der ersten Zeile des Absatzes um 1,25 cm nach rechts verschoben.

Einzüge und Abstände in Formatvorlagen

An dieser Stelle soll nicht verschwiegen werden, dass Einzüge und Abstände auch innerhalb von Formatvorlagen definiert werden können. Sollten Sie also mit Formatvorlagen arbeiten, ist es durchaus sinnvoll, die vorgenommenen Änderungen nicht wie hier beschrieben manuell, sondern innerhalb der jeweiligen Formatvorlage einzustellen. Wie das funktioniert, erfahren Sie in Abschnitt 7.2, »Mit Formatvorlagen arbeiten«, Seite 250.

6.4   Hoch- oder Querformat wählen

Ob man die Blätter eines Word-Dokuments lieber hochkant oder im Querformat anordnet, ist zum einen Geschmackssache. Zum anderen bietet sich die Ausrichtung oft schon durch den Inhalt des Dokuments an. Sollten Sie beispielsweise einen Geschäftsbericht erstellen, der viele Tabellen mit zahlreichen Spalten enthält, ist das Querformat möglicherweise besser geeignet.

Die sogenannte *Ausrichtung* (also Hochformat oder Querformat) kann zwar zu jeder Zeit angepasst werden, sollte aber nach Möglichkeit schon zu Beginn Ihrer Arbeiten feststehen. Denn immerhin verändert sich mit Änderung der Ausrichtung auch das Layout des Dokuments. Texte verkraften einen Ausrichtungswechsel in der Regel noch recht gut. Tabellen, Bilder und Grafiken hingegen könnten abgeschnitten oder verzerrt werden. Deswegen sollte die Devise grundsätzlich lauten: Machen Sie sich schon zu Beginn Gedanken darüber, welches Format das geeignete ist.

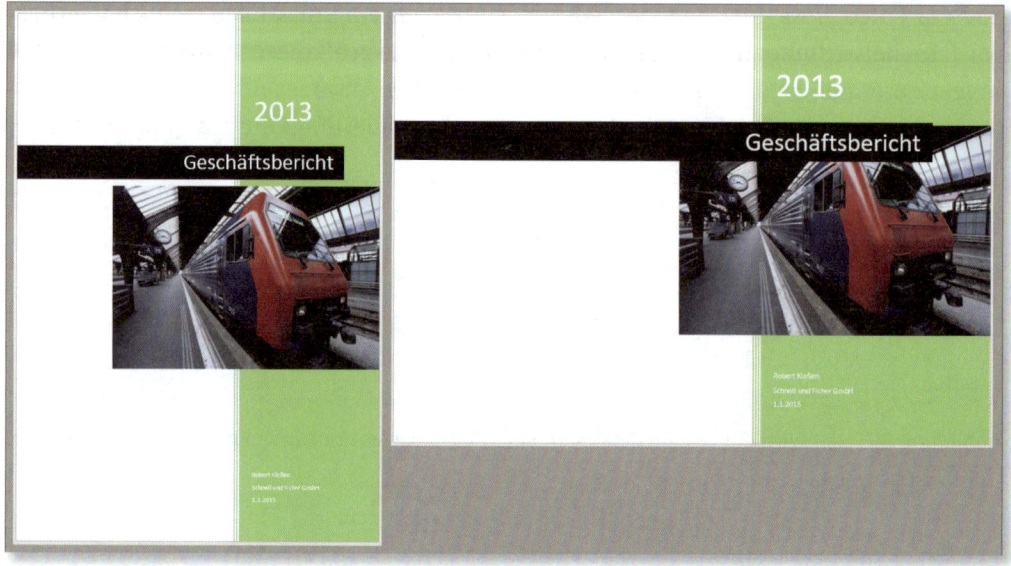

Abbildung 6.8 Das gleiche Dokument, einmal im Hochformat (links) und einmal im Querformat. Deckblatt-Vorlagen (wie hier »Bewegung«) passen sich problemlos an.

Die eigentliche Einstellung beziehungsweise den Wechsel zwischen beiden Formaten nehmen Sie vor, indem Sie auf die Registerkarte **Seitenlayout** wechseln. Klicken Sie in der Gruppe **Seite einrichten** auf den Button **Ausrichtung**. Nun wählen Sie im Menü zwischen **Hoch-** bzw. **Querformat** aus.

Abbildung 6.9 Hier erfolgt gerade ein Wechsel vom Hoch- auf das Querformat.

6.5   Abschnitte in einem Dokument unterschiedlich formatieren

Natürlich dürfen Sie innerhalb eines einzelnen Dokuments so viele Formate benutzen, wie Sie wollen. Jedoch sollten Sie dem Leser nicht zu viele unterschiedliche Formate zumuten. Dies würde die Lesbarkeit beeinträchtigen. Besondere Auszeichnungen wie beispielsweise Einzüge sollten motiviert sein, also nur dann eingesetzt werden, wenn sie auch wirklich Sinn machen.

In diesem Abschnitt wollen wir noch einmal auf die Beispieldatei *Farbe.docx* aus dem Ordner *06* der Buch-CD eingehen. Schauen Sie sich das Dokument in Ruhe an. Würden Sie sagen, dass es gut gestaltet ist?

Zum einen könnte man den Satzspiegel bemängeln, der sehr gleichmäßig und somit unspektakulär ausfällt. Die Abstände zwischen den einzelnen Absätzen sind definitiv zu klein. Außerdem sollte die Zugehörigkeit der Überschriften besser kenntlich gemacht werden. Derzeit sind die Abstände zu den vorangegangenen Absätzen viel zu gering. Viel Arbeit also. Auf geht's!

1 Klicken Sie zunächst in der Gruppe **Seite einrichten** der Registerkarte **Seitenlayout** auf den Button **Seitenränder**. Wählen Sie im Menü **Benutzerdefinierte Seitenränder**. Daraufhin öffnet sich das Dialogfenster **Seite einrichten**.

2 Setzen Sie im Bereich **Seitenränder** die Werte in den Feldern **Unten** und **Rechts** jeweils auf »4,5 cm«. Im Steuerelement **Links** wählen Sie zudem einen Rand von »3,5 cm«. Bestätigen Sie mit einem Klick auf **OK**.

3 Als Nächstes drücken Sie $\boxed{\text{Strg}}$ + $\boxed{\text{A}}$, damit der gesamte Text markiert wird. Die folgenden Änderungen sollen sich nämlich auf den kompletten Text beziehen. Klicken Sie in der Gruppe **Absatz** der Registerkarte **Seitenlayout** so oft auf das nach oben weisende Dreieck im Feld **Nach**, bis der Wert **12 Pt.** angezeigt wird. (Dass das Eingabefeld zu Beginn noch leer ist, hängt übrigens damit zusammen, dass ursprünglich unterschiedliche Abstände innerhalb des Dokuments Gültigkeit hatten.) Durch Ihre Eingabe im Feld **Nach** sind nun alle Abstände nach Absätzen auf 12 Pt. gesetzt worden.

4 Kommen wir nun zu dem Problem, dass die Überschriften zu dicht an den vorangegangenen Absätzen hängen. Damit wir die Abstände nur ein einziges Mal definieren müssen, ist es nun wichtig, sämtliche Überschriften auszuwählen, ohne dass Fließtext mit in die Auswahl gerät. Und das geht so: Setzen Sie einen Dreifachklick auf die Überschrift »Das additive Farbsystem und RGB«. Damit erreichen Sie gleich zweierlei. Zum einen wird die noch immer aktive Markierung des gesamten Textes aufgehoben, zum anderen wird die gewünschte Überschriftenzeile markiert.

> Allein der Bereich Farbmanagement ist derart gewaltig, dass ganze Regale von Büchern damit gefüllt sind. Selbstverständlich kann es hier nicht gelingen, die Materie komplett darzustellen. Dennoch dürfte ein kleiner Exkurs in die Welt der Farben lohnend sein.
>
> **Das additive Farbsystem und RGB**
>
> Am Monitor und in der Digitalfotografie kommt stets der *RGB*-Modus zum Tragen. Das Bild setzt sich dort aus Anteilen von Rot, Grün und Blau zusammen. Jede einzelne dieser drei Grundfarben stellt einen *Farbkanal* dar. Nun kann wiederum jeder der drei Kanäle mit unterschiedlicher Intensität vorhanden sein.

5 Scrollen Sie nun herunter, bis Sie die zweite Überschrift »Das subtraktive Farbsystem und CMYK« sehen. Würden Sie nun hier ebenfalls einen Dreifachklick anwenden, würde die Zeile zwar ausgewählt, jedoch die vorangegangene wieder abgewählt. Das geht natürlich nicht. Deshalb halten Sie zunächst die Taste $\boxed{\text{Strg}}$ gedrückt, führen anschließend den Dreifachklick auf besagter Zeile aus und lassen erst im Anschluss $\boxed{\text{Strg}}$ wieder los. Verfahren Sie auf die gleiche Weise mit allen nachfolgenden Überschriften des Dokuments.

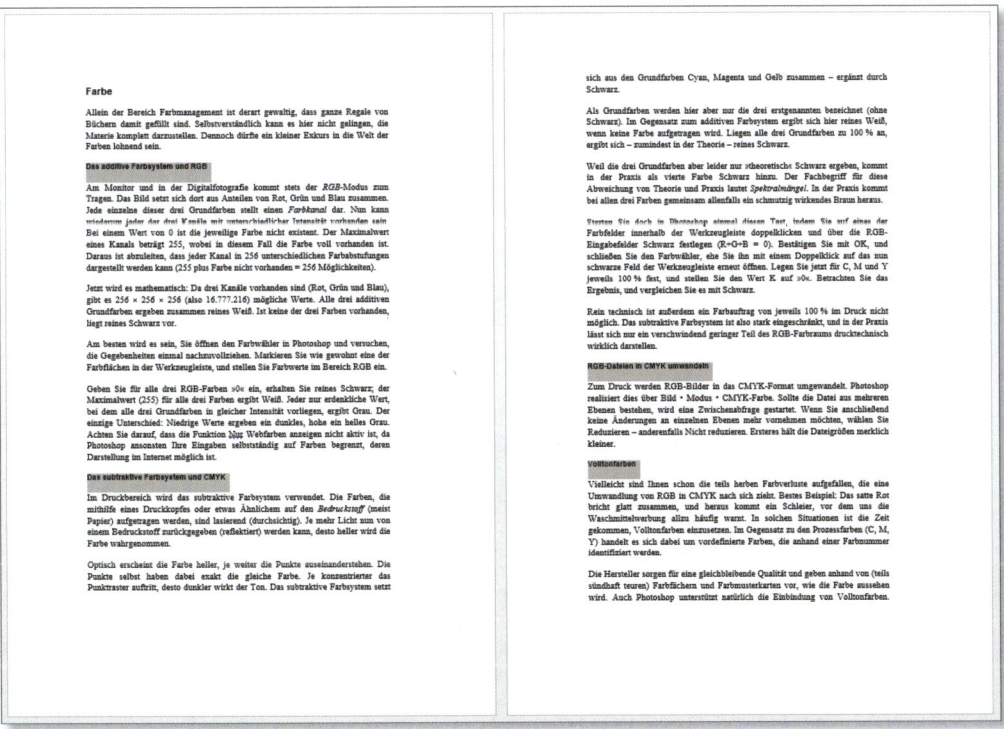

6 Erhöhen Sie in der Gruppe **Absatz** den Wert beim Steuerelement **Vor** auf »30 Pt.«. Sie sehen nun, wie sich die Abstände zu den vorangegangenen Absätzen vergrößern.

7 Zuletzt verringern Sie die Abstände zwischen den Überschriften und den jeweils darunter befindlichen Absätzen noch ein wenig. Dazu betätigen Sie die untere Dreieck-Schaltfläche des Steuerelements **Nach**. Wählen Sie einen Wert von »6 Pt.« aus.

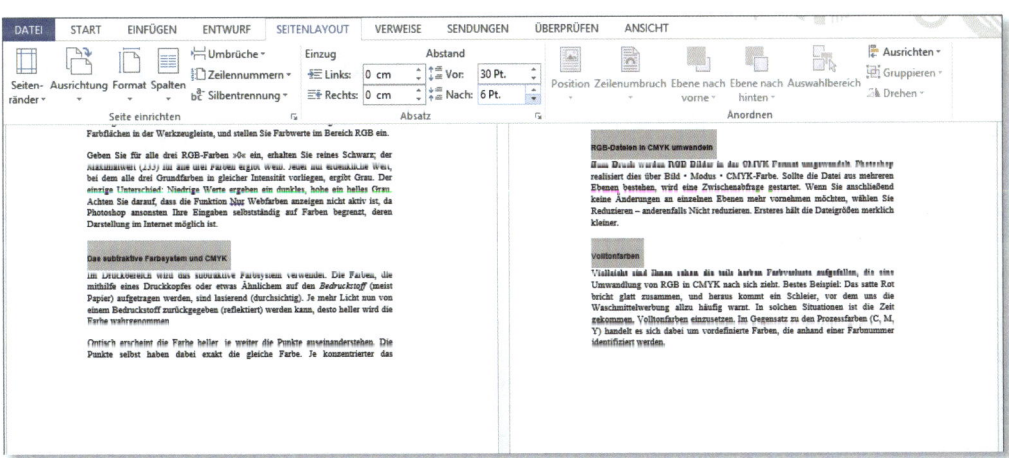

8 Im oberen Drittel der Seite 3 finden Sie einen Einzug (beginnend mit »HKS E = Endlospapier«). Markieren Sie alle vier Zeilen und legen Sie im Menüband in der Gruppe **Absatz** im Steuerelement **Einzug Links** den Wert auf »1 cm« fest.

9 Heben Sie die graue Markierung auf, indem Sie einen Mausklick an eine beliebige Stelle des Dokuments folgen lassen.

Das war's schon. Das ging doch schnell, oder? Das fertige Dokument finden Sie übrigens im Ordner *Ergebnisse* auf der Buch-CD unter dem Titel *Abschnitte.docx*.

6.6 Wasserzeichen, Grafiken und Farben als Hintergrund nutzen

Wasserzeichen, Grafiken und Hintergrundfarben eignen sich, um ein Dokument besonders zu kennzeichnen. So kann einem Dokument z. B. der hellgraue Hinweis »EILT« im Hintergrund hinzugefügt werden, damit der Empfänger weiß, dass die Bearbeitung dieses Dokuments keinen Aufschub mehr duldet.

Ansicht optimieren

Grundsätzlich sollten Sie sicherstellen, dass Sie sich in der Gruppe **Ansichten** der Registerkarte **Ansicht** für **Seitenlayout** entscheiden, sofern Sie mit Wasserzeichen, Grafiken und Farben als Hintergrund arbeiten. Die einzelnen Steuerelemente sind zwar auch in anderen Ansichten verfügbar, jedoch werden die Auswirkungen im Dokument nicht angezeigt.

Abbildung 6.10 Stellen Sie sicher, dass sich das Dokument in der »Seitenlayout«-Ansicht befindet.

Ein Wasserzeichen einfügen

Fügen Sie dem Dokument ein Wasserzeichen hinzu, indem Sie zunächst auf die Registerkarte **Entwurf** wechseln. Klicken Sie innerhalb der Gruppe **Seitenhintergrund** auf **Wasserzeichen**. Falls erforderlich, scrollen Sie in der sich automatisch öffnenden Liste etwas nach unten und setzen einen Mausklick auf den Eintrag, den Sie als Wasserzeichen verwenden wollen (hier: **VERTRAULICH**).

Abbildung 6.11 Das Dokument wird als »vertraulich« gekennzeichnet.

213

Eine Hintergrundgrafik einfügen

Hintergrundgrafiken können mit einem Grafikprogramm oder einer Bildbearbeitungs-software hergestellt und in Word genutzt werden. Ebenso eignet sich aber auch jedes Foto oder eine Grafik zur Verwendung als Bildwasserzeichen. Im Beispiel wollen wir ein solches Wasserzeichen hinzufügen.

Bildwasserzeichen platzieren

Öffnen Sie ein beliebiges Dokument oder erzeugen Sie ein neues. Es spielt keine Rolle, ob das Dokument Text beinhaltet oder nicht.

1 Klicken Sie in der Gruppe **Seitenhintergrund** der Registerkarte **Entwurf** auf die Schaltfläche **Wasserzeichen**. Scrollen Sie in der sich öffnenden Liste nach unten und setzen Sie einen Mausklick auf den Befehl **Benutzerdefiniertes Wasserzeichen**.

2 Standardmäßig ist ganz oben im folgenden Dialogfenster **Gedrucktes Wasserzei-chen** der Radiobutton **Kein Wasserzeichen** aktiv. Schalten Sie hier um auf **Bild-wasserzeichen** und klicken Sie anschließend auf den Button **Bild auswählen**.

3 Im Fenster **Bilder einfügen** klicken Sie innerhalb der Zeile **Aus einer Datei** auf **Durchsuchen**. Damit erhalten Sie Zugang zu den Daten auf Ihrem Rechner.

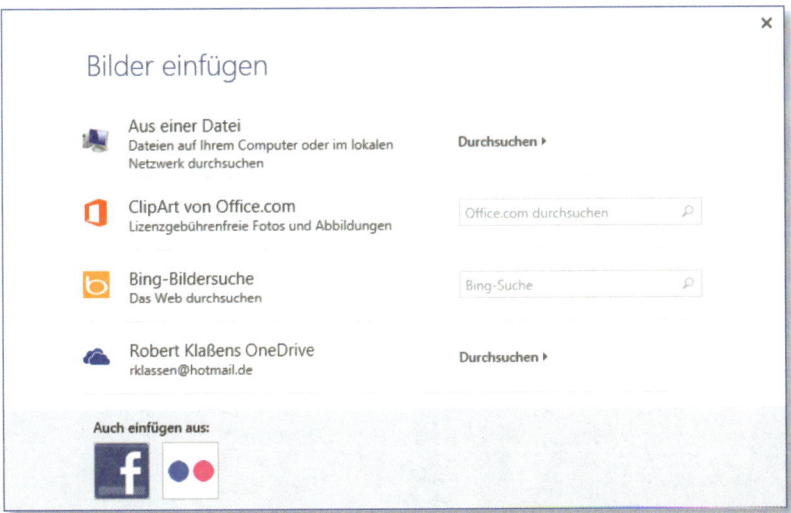

4 Navigieren Sie zu dem Ordner, der die Bilddatei enthält. Wenn Sie mögen, benutzen Sie *Wasserzeichen.jpg* aus dem Ordner *06* der Buch-CD. Markieren Sie das Bild und klicken Sie auf **Einfügen**.

5 Bevor Sie den Dialog **Gedrucktes Wasserzeichen** ebenfalls mit **OK** verlassen, stellen Sie den Wert im Feld **Skalieren** noch auf »50 %« (das Logo wird ansonsten im Dokument zu groß dargestellt) und deaktivieren **Auswaschen**. Diese Funktion sorgt dafür, dass die Farben und Kontraste eines herkömmlichen Bildes kräftig reduziert werden. Anderenfalls wäre der darüber befindliche Text des Dokuments ja nicht mehr lesbar. Da unsere Bilddatei allerdings schon entsprechend vorbereitet ist (also nicht mehr über kräftige Farben und Kontraste verfügt), deaktivieren Sie die Checkbox in diesem Fall.

Sollten Sie selbst derartige Vorlagen mit einer Bildbearbeitungssoftware erzeugen, müssen Sie sich um die Transparenzen keine Sorgen machen – sofern **Auswaschen** aktiv ist.

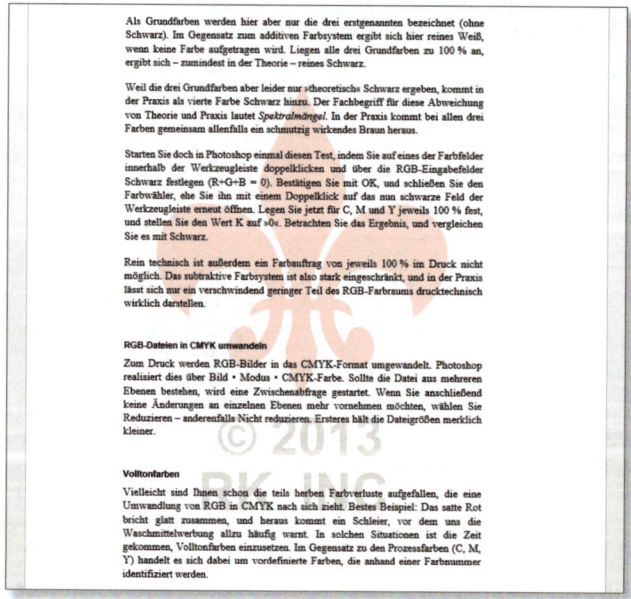

Eine Hintergrundfarbe wählen

Papier ist weiß – keine Frage. Dennoch dürfen Sie natürlich eine Hintergrundfarbe in Ihren Dokumenten verwenden. Diese würde beim Druck mit ausgegeben.

1 Klicken Sie zunächst in der Gruppe **Seitenhintergrund** der Registerkarte **Entwurf** auf die Schaltfläche **Seitenfarbe**.

2 Suchen Sie im sich öffnenden Auswahlmenü eine Farbe aus, die Ihnen zusagt, indem Sie den Mauszeiger auf einem der Farbfelder verweilen lassen. Die Wirkungsweise wird Ihnen dabei unmittelbar im Dokument angezeigt.

3 Gefällt Ihnen die Farbe, klicken Sie auf das entsprechende Farbfeld, um sie als Hintergrundfarbe zuzuweisen.

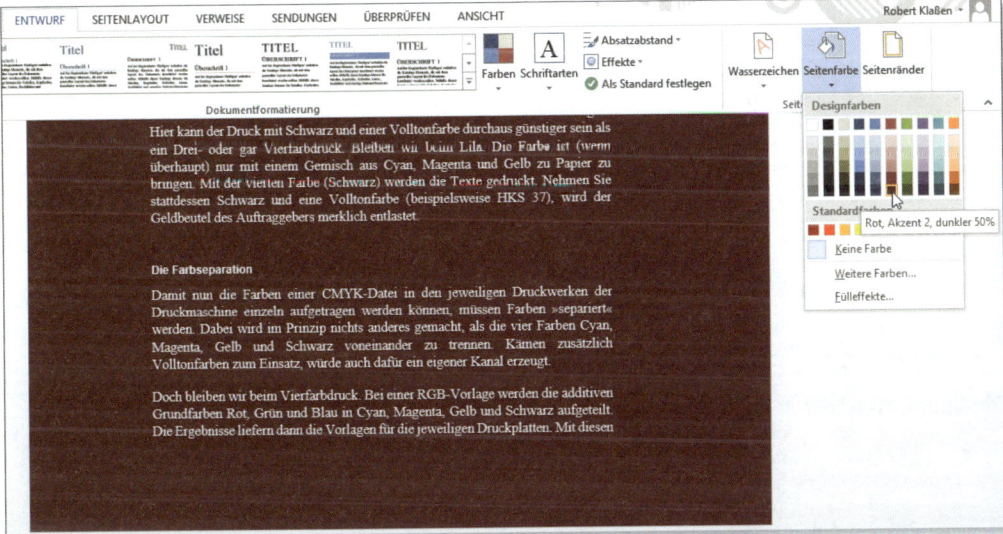

Durch die Vorschaufunktion lässt sich die Auswirkung der jeweiligen Farbeinstellungen prima vorab begutachten, noch ehe man eine endgültige Entscheidung trifft.

> **INFO**
>
> **Anpassung der Textfarbe**
>
> Für den Fall, dass Sie eine sehr dunkle Hintergrundfarbe wählen, entscheidet sich Word automatisch für die Veränderung der Textfarbe. In diesem Fall wird sie auf Weiß gesetzt. Sie können die Textfarbe aber auch manuell über die Schaltfläche **Schriftfarbe** in der Gruppe **Schriftart** der Registerkarte **Start** anpassen.

Farben individuell einstellen

Wer mit der begrenzten Auswahl an Farben nicht zufrieden ist, kann im Menü der Schaltfläche **Seitenfarbe** (**Entwurf > Seitenhintergrund**) auf **Weitere Farben** klicken. Innerhalb des Dialogs **Farben** lässt sich nun zwischen den beiden Registerkarten **Standard** und **Benutzerdefiniert** wählen. Letzteres sorgt für die größtmögliche Vielfalt bei der Farbbestimmung. Durch bloßes Anklicken einer bestimmten Stelle innerhalb des Feldes **Farben** lässt sich die gewünschte Farbe zuweisen. Danach können Sie das kleine schwarze Dreieck rechts neben dem schmalen Farbbalken zur Feineinstellung der zuvor gewählten Farbe nutzen.

Abbildung 6.12 Hier kann die Farbe frei bestimmt werden.

Fülleffekte benutzen

Wer Verläufe und effektvolle Hintergründe liebt, der sollte im Menü der Schaltfläche **Seitenfarbe** (**Entwurf > Seitenhintergrund**) einmal auf die Option **Fülleffekte** klicken. Auch dahinter verbirgt sich ein umfangreicher Dialog. Entscheiden Sie sich zunächst, welche der angebotenen Registerkarten für Ihr Vorhaben geeignet ist. Auf der Registerkarte **Graduell** beispielsweise können Sie besagte Verläufe anlegen. Schalten Sie beispielsweise im Bereich **Farbe** den Radiobutton um auf **Zweifarbig**, können die beiden nebenstehenden Farbfelder (**Farbe 1** und **Farbe 2**) durch Klick auf den Farbbalken verändert werden. Über die weiteren Registerkarten des Dialogfensters **Fülleffekte** lassen sich außerdem verschiedene Muster, Strukturen oder Grafiken als Hintergründe in Ihrem Dokument einrichten.

Abbildung 6.13 Wer möchte, kann sogar Hintergrundverläufe erzeugen.

Grundsätzlich sollten Sie mit derartigen Effekten jedoch vorsichtig umgehen. Zu leicht wird dadurch die Lesbarkeit des Textes negativ beeinflusst – und das kann niemals Sinn und Zweck einer Hintergrundgestaltung sein. Sie sollten daher nur für kurze Texte (z. B. Einladungen) benutzt werden.

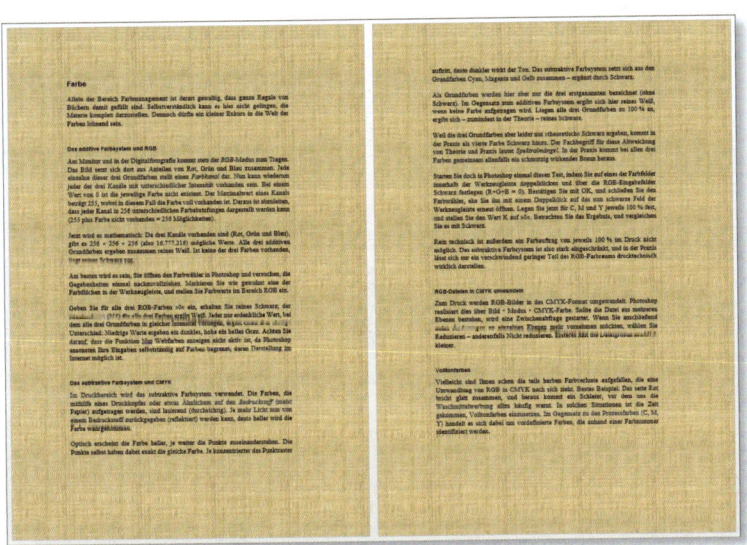

Abbildung 6.14 Derartige Fülleffekte (hier die erste Grafik der Registerkarte »Struktur«) sehen nett aus, beeinträchtigen die Lesbarkeit des Dokuments jedoch erheblich.

6.7 Mit Designs arbeiten

Jetzt sollen vorhandene Dokumente mit einem entsprechenden Design versehen werden. In den folgenden Schritten werden Sie feststellen, dass dazu auch die Zuweisung von Formatvorlagen erforderlich wird. An dieser Stelle wollen wir mit unserer Beispieldatei *Abschnitte.docx* aus dem Ordner *Ergebnisse* der Buch-CD arbeiten.

1 Klicken Sie in der Gruppe **Dokumentformatierung** der Registerkarte **Entwurf** ganz links auf die Schaltfläche **Designs**. Entscheiden Sie sich im Auswahlmenü per Mausklick für das Design **Ion**.

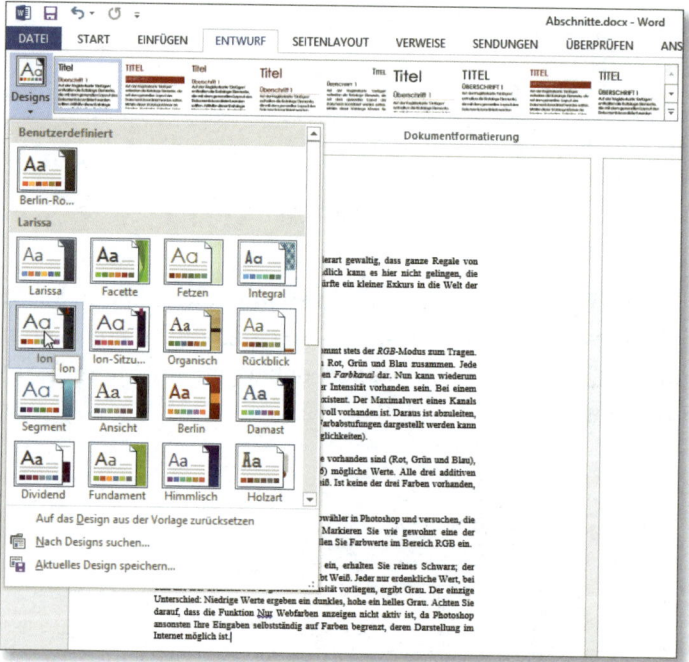

2 Jedes Design bringt nun eigene Formatierungsarten mit. Die unterschiedlichen Arten sieht man in der Liste rechts neben der Schaltfläche **Designs**. Entscheiden Sie sich in diesem Beispiel für **Schattiert**.

3 Klicken Sie nun auf die erste Zeile des Dokuments (»Farbe«) und wechseln Sie auf die Registerkarte **Start**. Klicken Sie in der Gruppe **Formatvorlagen** auf **Titel**.

4 Als Nächstes markieren Sie alle Überschriften des Dokuments (beginnend mit »Das additive Farbsystem und RGB«) mit ⎚Strg⎚ + Dreifachklick, sodass alle Überschriften markiert sind, der Fließtext aber außen vor bleibt. Danach betätigen Sie in der Gruppe **Formatvorlagen** die Schaltfläche **Überschrift 1**.

Heben Sie zuletzt die Markierung des Textes auf, indem Sie an eine beliebige andere Position des Dokuments klicken. Das Ergebnis kann sich sehen lassen, oder?

6.8   Umbrüche benutzen

Umbrüche sind Stellen eines Dokuments, an denen ein Seitenwechsel stattfindet oder ein neuer Abschnitt beginnt. Normalerweise sorgt Word dafür, dass die einzelnen Seiten ausgefüllt werden. Ist kein weiterer Platz vorhanden, wird mit einer neuen Seite begonnen. Nun können Sie selbst aber an einem bestimmten Punkt einen Umbruch erzwingen. Das ist z. B. dann sinnvoll, wenn ab diesem Textabschnitt andere Formatierungen gelten sollen oder beispielsweise ein neues Buchkapitel beginnt, welches eigene Kopf- und Fußzeilen bekommen soll.

Seiten- und Abschnittsumbrüche

Grundsätzlich unterscheiden wir zwischen Seiten- und Abschnittsumbrüchen. Bei Verwendung von Seitenumbrüchen steht der Umbruch selbst im Vordergrund. So wird beispielsweise ein Seitenwechsel oder zumindest ein Spaltenumbruch erzwungen. Abschnittsumbrüche hingegen finden ihre Verwendung vor allem dann, wenn Formate geändert werden sollen, der nachfolgende Text aber nicht auf eine neue Seite verschoben werden soll. Klassisches Beispiel: Ein Dokument war bislang mit einspaltigem Text versehen, soll aber ab der Umbruchposition mehrspaltig werden.

Seitenumbruch einfügen

Die einfachste Art, einen Seitenumbruch hinzuzufügen, ist die Betätigung von Strg + ↵. Dies hat zur Folge, dass ab der aktuellen Cursorposition ein Seitenwechsel vollzogen wird. In der Folge spielt es überhaupt keine Rolle, ob oberhalb des Umbruchs noch weiterer Text eingefügt oder gelöscht wird. Der Umbruch (sprich: der Beginn einer neuen Seite) wird immer an der zuvor definierten Position stattfinden.

Abbildung 6.15 Ein Seitenumbruch kann auch mithilfe des Menübands in die Wege geleitet werden.

Alternativ zur Tastenkombination klicken Sie in der Gruppe **Seite einrichten** der Registerkarte **Seitenlayout** auf **Umbrüche**. Wenn Sie nun im Auswahlmenü auf **Seite** klicken, erzeugen Sie einen Seitenumbruch an der aktuellen Cursorposition.

Seitenumbrüche anzeigen

Nun kann man auf den ersten Blick nicht wirklich erkennen, ob es sich um einen realen Seitenumbruch oder lediglich um eine Anhäufung von Leerzeilen handelt (die nur so aussehen, als sei hier ein Seitenumbruch vorgenommen worden). Im Zweifelsfall klicken Sie in der Gruppe **Absatz** der Registerkarte **Start** oben rechts auf die Schaltfläche **Alle anzeigen ❶**. Alternativ können Sie auch die Tastenkombination $\boxed{\text{Strg}}$ + $\boxed{\text{⇧}}$ + $\boxed{\text{+}}$ verwenden. »Echte« Seitenwechsel werden jetzt auch im Text entsprechend ausgewiesen ❷.

Abbildung 6.16 Schalten Sie die Anzeige von Seitenumbrüchen bei Bedarf ein.

Spalten- und Textumbrüche

Sofern Sie mit mehrspaltigem Text arbeiten, können Sie auch einrichten, dass nachfolgender Text in die nächste Spalte verschoben wird. Dazu klicken Sie in der Gruppe **Seite einrichten** der Registerkarte **Seitenlayout** im Menu der Schaltfläche **Umbrüche** auf **Spalte**. Textumbrüche finden ihre Verwendung bei Webseiten. Legen Sie mit diesem Befehl fest, dass ab der aktuellen Position der Einfügemarke andere Textattribute gelten sollen. So kann beispielsweise eine nachfolgende Bildunterschrift eine andere Ausrichtung bekommen als der bisherige Text.

Spaltenausgleich

An dieser Stelle möchte ich dem Abschnitt 6.10, »Ein Dokument in Spalten unterteilen«, Seite 228, vorgreifen und ein Problem ansprechen, welches sehr häufig im Zusammenhang mit mehrspaltigen Dokumenten auftaucht: Word versucht grundsätzlich, eine Spalte komplett zu füllen. Erst wenn diese bis zum unteren Ende des Satzspiegels reicht, wird in die nächste Spalte verzweigt. Das kann gerade am Dokumentende zu Problemen führen, denn eine einzelne Spalte am Dokumentende (siehe linke Seite in Abbildung 6.17) sieht nicht sehr schön aus. Sorgen Sie mithilfe des Spaltenausgleichs für einen sauberen Abschluss (siehe rechte Seite in Abbildung 6.17).

1 Setzen Sie dazu die Einfügemarke hinter das letzte Zeichen der Spalte.

2 Klicken Sie in der Gruppe **Seite einrichten** der Registerkarte **Seitenlayout** auf den Button **Umbrüche** und entscheiden Sie sich im Auswahlmenü für den Abschnittsumbruch **Fortlaufend**.

Das hat zur Folge, dass die Anzahl der derzeit gültigen Spalten beibehalten wird. Zudem werden alle Spalten auf die gleiche Höhe gebracht, damit es wie im Beispiel zu einem optisch sauberen Abschluss kommt.

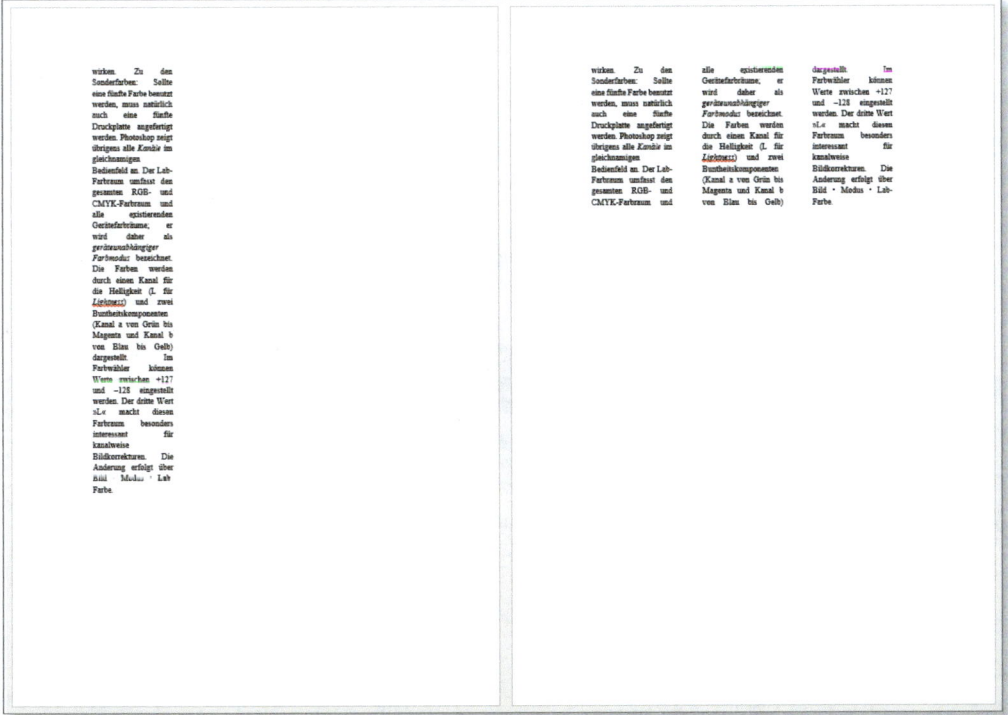

Abbildung 6.17 Eine einzelne Spalte am Dokumentende (links) sieht nicht sehr schön aus. Sorgen Sie mithilfe des Spaltenausgleichs für einen sauberen Abschluss (rechts).

6.9 Zeilennummerierungen einsetzen

Zeilennummerierungen werden eingesetzt, damit man sich innerhalb eines umfangreichen Dokuments besser orientieren kann. Word bringt hier verschiedene Optionen mit, die Sie in der Gruppe **Seite einrichten** der Registerkarte **Seitenlayout** per Klick auf die Schaltfläche **Zeilennummern** aufrufen können. Sollten Sie mit mehrspaltigen Dokumenten arbeiten, wird jeder Zeile einer Spalte auch eine eigene Zeilennummer zugewiesen.

Abbildung 6.18 Jede Zeile erhält eine eigene Nummer.

Zeilennummerierungsoptionen

Das Menü der Schaltfläche **Zeilennummern** stellt unterschiedliche Nummerierungs-arten zur Verfügung. Während mit dem Befehl **Fortlaufend** das gesamte Dokument durchnummeriert wird, sorgt beispielsweise der Befehl **Jede Seite neu beginnen** da-für, dass nach einem Seitenwechsel die Nummerierung wieder mit Zeile 1 begonnen wird. Wollen Sie zusätzlich Einfluss auf die Art der Nummerierung nehmen, müssen Sie einen Schritt weitergehen und das Dialogfenster **Seite einrichten** zur Bearbeitung aufrufen. Sie können nämlich auch festlegen, dass die Nummerierung nicht bei 1 be-ginnt, sondern mit einer anderen Ziffer. Ebenso kann auch lediglich jede zweite oder jede fünfte Zeile mit einer Nummer versehen werden.

1 Klicken Sie im Menü der Schaltfläche **Zeilennummern** auf den untersten Befehl **Zeilennummerierungsoptionen**.

2 Damit gelangen Sie in das Dialogfenster **Seite einrichten**, das jedoch direkt noch keine Optionen zur Zeilennummerierung zur Verfügung stellt. Klicken Sie deswegen im Dialogfenster unten rechts auf die Schaltfläche **Zeilennummern**, um im nächs-ten Schritt die Zeilennummerierung anzupassen.

3 Im Dialogfenster **Zeilennummern** wählen Sie die Checkbox **Zeilennummern hinzufügen** an und legen in den Feldern alle weiteren Formatierungen nach Ihren Vorstellungen fest.

4 Bestätigen Sie diesen Dialog sowie den darunter befindlichen jeweils mit einem Klick auf **OK**.

Hier wird die Nummerierung mit 100 begonnen, wobei nur jede fünfte Zeile mit einer Nummerierung versehen wird.

> **INFO**
>
> **Nummerierung dennoch fortlaufend**
>
> Im vorangegangenen Beispiel wurde der Wert im Feld **Zählintervall** auf »5« gesetzt. Das bedeutet nicht, dass jetzt in Fünferschritten durchnummeriert wird, sondern vielmehr, dass nur die Zeilen 5, 10, 15 usw. mit Nummern versehen werden.

Zeilennummerierung entfernen

Wenn Zeilennummerierungen ihren Dienst erledigt haben und nicht mehr benötigt werden, sollten Sie abermals in der Gruppe **Seite einrichten** der Registerkarte **Seitenlayout** auf **Zeilennummern** klicken und den obersten Eintrag **Keine** auswählen. Damit wird die Nummerierung komplett verworfen.

6.10 Ein Dokument in Spalten unterteilen

Im vorletzten Abschnitt haben wir es bereits mit Spalten zu tun bekommen. Hier nun Informationen dazu, wie Sie herkömmliche (einspaltige) Dokumente in mehrere Spalten aufteilen können:

1 Falls Sie nur einen Teil des Dokuments in Spalten aufteilen wollen, markieren Sie diesen Text zunächst. Soll die Einstellung für das gesamte Dokument gelten, muss nichts markiert werden.

2 Öffnen Sie die Registerkarte **Seitenlayout** und klicken Sie in der Gruppe **Seite einrichten** auf **Spalten**. Es können bis zu drei Spalten festgelegt werden.

3 Wenn Sie mehr als drei Spalten benötigen (z. B. bei querformatigen Dokumenten), müssen Sie in der Liste **Spalten** auf **Weitere Spalten** klicken.

4 Im folgenden Dialog kann die **Spaltenanzahl** frei bestimmt werden.

Bitte übertreiben Sie es nicht mit der Spaltenanzahl – denn je mehr Spalten, desto geringer die Spaltenbreite. Und bei zu engen Spalten ist die Lesbarkeit schnell dahin. Außerdem sieht so etwas nicht gut aus bzw. animiert den Betrachter nicht zum Lesen des Inhalts.

6.11   Ebenen definieren und Dokumentstrukturen anpassen

Durch die Definition von Ebenen haben Sie die Möglichkeit, den Inhalt eines Dokuments schnell zu sortieren, ganze Textblöcke zu verschieben und beliebig anzuordnen. Stellen Sie sich vor, Sie schreiben zahlreiche Textabschnitte, ohne vorab ein klares Konzept erzeugt zu haben. Dann ist es nicht unwahrscheinlich, dass Sie einzelne Textabschnitte anders anordnen müssen. Vielleicht passen einige weit voneinander entfernte Passagen gut zusammen. Wenn Sie das nun mithilfe der Zwischenablage erledigen müssten, würden Sie schnell die Übersicht verlieren.

Ebenen in Dokumenten definieren

Wir wollen ein größeres Dokument zunächst in Ebenen unterteilen. Das ist nämlich Voraussetzung für die Sortierung von Textblöcken. Wie hilfreich dabei die Gliederungsansicht ist, werden Sie gleich erfahren.

1 Öffnen Sie die Beispieldatei *Abschnitte.docx*, die Sie im Ordner *Ergebnisse* auf der Buch-CD finden.

2 Speichern Sie das Dokument unter einem anderen Namen, damit am Original nichts passiert. Wir haben uns hier für *Ebenen.docx* entschieden.

3 Öffnen Sie die Gliederungsansicht. Klicken Sie dazu in der Gruppe **Ansichten** der Registerkarte **Ansicht** auf **Gliederung**.

4 Die grauen Punkte am Anfang einer Zeile sowie eines Absatzes stehen allesamt auf einer gedachten vertikalen Linie – und somit alle auf einer einzelnen Ebene, da wir bislang ja noch keine Ebenen definiert haben. Stellen Sie die Einfügemarke in verschiedene Zeilen und schauen Sie oben im Feld **Gliederungsebene** ❶ nach, welche Ebenenart Ihnen dort angezeigt wird. Sie werden feststellen, überall das gleiche Ergebnis, nämlich **Textkörper**.

5 Das ändert sich, wenn Sie die Einfügemarke in unserem Beispieldokument in der Zeile »Farbe« platzieren und im Feld **Gliederungsebene Ebene 1** einstellen. Setzen Sie die Marke anschließend in die Zeile »Das additive Farbsystem und RGB« ❷ und definieren Sie diese als **Ebene 2** ❸. Achten Sie auf die nachfolgenden Textblöcke, die ebenfalls mit eingerückt werden.

6 Fahren Sie mit den nächsten Überschriften fort. Die Zeile »Das subtraktive Farbsystem und CMYK« definieren Sie ebenfalls über das Feld **Gliederungsebene** als **Ebene 2**. Sie können das übrigens auch per Drag & Drop erledigen. Klicken Sie dazu auf den grauen Punkt ❹ einer Überschriftenzeile und ziehen Sie diesen vorsichtig ein wenig nach links. Stoppen Sie, wenn sich erstmals die gestrichelte vertikale Linie ❺ zeigt. Damit »befördern« Sie einen Textkörper zur Ebene 2. Würden Sie noch weiter nach links ziehen, würde eine Ebene 1 generiert. Ziehen Sie nach rechts, erstellen Sie eine Ebene 3 usw.

Damit wollen wir es zunächst bewenden lassen. Schauen Sie sich im folgenden Workshop an, wie die einzelnen Blöcke sortiert werden können.

Textblöcke verschieben

Im vorangegangenen Workshop haben wir erreicht, dass unsere Überschrift »Farbe« als Ebene 1 definiert worden ist, während alle anderen Überschriften als Ebene 2 definiert worden sind. Jetzt geht es ans Sortieren.

1 Da Sie sich noch immer in der Gliederungsansicht befinden, können Sie nahtlos weiterarbeiten. Setzen Sie einen Doppelklick auf jedes Plussymbol der Ebene 2. Sie erreichen damit, dass nur noch die Überschriften sichtbar sind.

2 Anschließend klicken Sie auf eines der Plussymbole, halten die Maustaste gedrückt und verschieben die Überschrift nach oben oder unten – je nachdem, an welcher Stelle der betreffende Abschnitt erscheinen soll. Die einzelnen Blöcke können anschließend durch erneuten Doppelklick auf das Plussymbol wieder geöffnet werden.

3 Falls es erforderlich wird, einzelne Textkörper untereinander zu verschieben (also jene Blöcke, die unterhalb der Ebene 2 angeordnet sind), lässt sich auch das per Drag & Drop regeln. Sobald Sie an einem vorangestellten Punkt ❶ ziehen, wird der gesamte dazugehörige Text markiert. Beim Umpositionieren bleibt dieser Block komplett erhalten. Achten Sie auch hier auf die gepunktete Linie, die in diesem Fall horizontal angeordnet ist. Wenn Sie loslassen, wird der Text genau an dieser Position einsortiert.

möchten, wählen Sie Reduzieren – anderenfalls Nicht reduzieren. Ersteres hält die Dateigrößen merklich kleiner.

⊕ **Das subtraktive Farbsystem und CMYK**

   ○ Im Druckbereich wird das subtraktive Farbsystem verwendet. Die Farben, die mithilfe eines Druckkopfes oder etwas Ähnlichem auf den *Bedruckstoff* (meist Papier) aufgetragen werden, sind lasierend (durchsichtig). Je mehr Licht nun von einem Bedruckstoff zurückgegeben (reflektiert) werden kann, desto heller wird die Farbe wahrgenommen.

❶ ─── ○ Optisch erscheint die Farbe heller, je weiter die Punkte auseinanderstehen. Die Punkte selbst haben dabei exakt die gleiche Farbe. Je konzentrierter das Punktraster auftritt, desto dunkler wirkt der Ton. Das subtraktive Farbsystem setzt sich aus den Grundfarben Cyan, Magenta und Gelb zusammen – ergänzt durch Schwarz.

   ○ Als Grundfarben werden hier aber nur die drei erstgenannten bezeichnet (ohne Schwarz). Im Gegensatz zum additiven Farbsystem ergibt sich hier reines Weiß, wenn keine Farbe aufgetragen wird. Liegen alle drei Grundfarben zu 100 % an, ergibt sich – zumindest in der Theorie – reines Schwarz.

   ○ Weil die drei Grundfarben aber leider nur »theoretisch« Schwarz ergeben, kommt in der Praxis als vierte Farbe Schwarz hinzu. Der Fachbegriff für diese Abweichung von Theorie und Praxis lautet *Spektralmängel*. In der Praxis kommt bei allen

4 Wenn Sie mit allem fertig sind, verlassen Sie die Ansicht durch Klick auf **Gliederungsansicht schließen**.

Das Ergebnis unserer beiden Workshops finden Sie im Ordner *Ergebnisse* der Beispieldateien auf der Buch-CD. Es ist mit *Ebenen.docx* betitelt.

> **INFO**
>
> **Ebenen geöffnet lassen**
>
> Im vorangegangenen Workshop haben wir die Ebenen der Kategorie 2 zunächst geschlossen und erst danach verschoben. Das ist übersichtlicher, da dann nur noch die Überschriften eingeblendet werden. Allerdings können Sie auch geöffnete Blöcke verschieben. Die zugehörigen Texte wandern dabei brav mit. Allerdings ist diese Vorgehensweise nicht so übersichtlich wie das Verschieben geschlossener Blöcke – insbesondere wenn Sie es mit großen Texten zu tun haben.

6.12 Objekte ausrichten, gruppieren und drehen

Wir wollen uns nun mit der Anordnung von Objekten beschäftigen. Nachdem Sie mehrere Objekte in ein Dokument integriert haben, möchten Sie diese vielleicht im gleichen Abstand zueinander anordnen, sie drehen oder in einer Gruppe zusammenfassen.

Layoutoptionen anpassen

Formen lassen sich auf der Oberfläche beliebig anordnen. Onlinegrafiken und Bilder müssen hingegen zunächst über die Layoutoptionen gelöst werden. Dazu markieren Sie das Objekt und klicken auf **Layoutoptionen** ❷. Wenn Sie sich anschließend für **Vor dem Text** ❸ entscheiden, bleibt das Objekt nicht nur im Vordergrund, sondern kann anschließend auch beliebig per Drag & Drop verschoben werden – das gilt sowohl für ein Bild als auch für eine Onlinegrafik.

Abbildung 6.19 Diese Onlinegrafik kann von Haus aus nicht beliebig auf dem Blatt angeordnet werden. Dazu muss man vorab die Layoutoptionen verändern.

Objekte ausrichten

Bevor Sie mehrere Objekte aneinander ausrichten können, müssen diese zunächst alle markiert werden. Dazu klicken Sie das erste Objekt an, halten dann die Taste `Strg` gedrückt und setzen jewells einen Mausklick auf jedes weitere Objekt. Danach klicken Sie in der Gruppe **Anordnen** der Registerkarte **Seitenlayout** auf die Schaltfläche **Ausrichten**. Entscheiden Sie sich im sich öffnenden Auswahlmenü der Schaltfläche für die gewünschte Option.

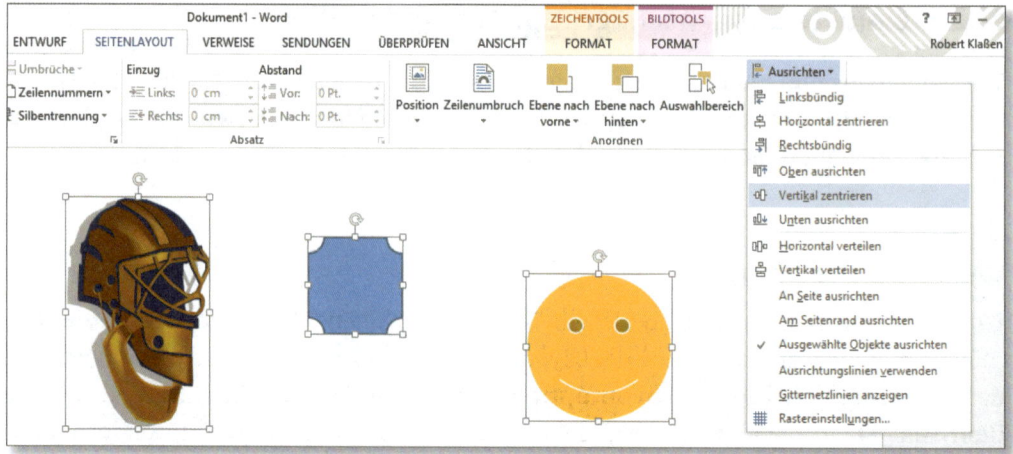

Abbildung 6.20 Bevor sich Objekte ausrichten lassen, müssen diese allesamt markiert sein. Erst danach wählt man die gewünschte Ausrichten-Funktion.

Objekte gruppieren

Bei zuvor aneinander ausgerichteten Objekten besteht die Gefahr, dass man das eine oder andere Objekt im Dokument versehentlich verschiebt – und somit die Zuordnung zueinander nicht mehr stimmt. Um dem entgegenzuwirken, sollten Sie die Objekte gruppieren.

Dazu klicken Sie in der Gruppe **Anordnen** der Registerkarte **Seitenlayout** auf **Gruppieren** und anschließend im Auswahlmenü der Schaltfläche noch einmal auf **Gruppieren**. Die Objekte müssen hierfür natürlich vorab markiert worden sein. Das bewirkt, dass alle Objekte nun von einem einzelnen Rahmen umgeben werden. Markieren Sie eines der Objekte, wird die gesamte Gruppe selektiert. Beim Verschieben bleiben die Objekte ebenfalls beisammen.

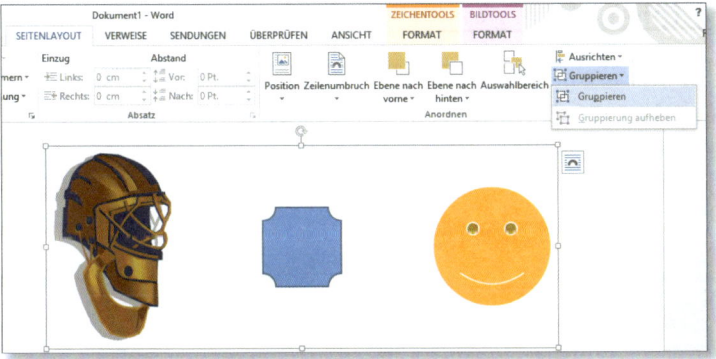

Abbildung 6.21 Die Objekte werden gruppiert.

INFO

Gruppierung aufheben

Um Objekte wieder voneinander zu trennen, markieren Sie die Gruppe und selektieren anschließend erneut den Button **Gruppieren**. In der Liste entscheiden Sie sich für **Gruppierung aufheben**. (Der Befehl ist nur dann verfügbar, wenn zuvor eine Gruppe markiert worden ist.)

Objekte drehen

Sie möchten ein Objekt oder eine Gruppe drehen? Dann müssen Sie auf den kleinen Kreis ❶ oberhalb des Markierungsrahmens klicken. Halten Sie die Maustaste gedrückt und verschieben Sie die Maus. Wenn Sie zusätzlich auf der Tastatur ⇧ gedrückt halten, lässt sich die Drehung nur in 15°-Schritten ausführen. Lassen Sie zum Schluss zunächst die Maustaste und erst danach ⇧ los.

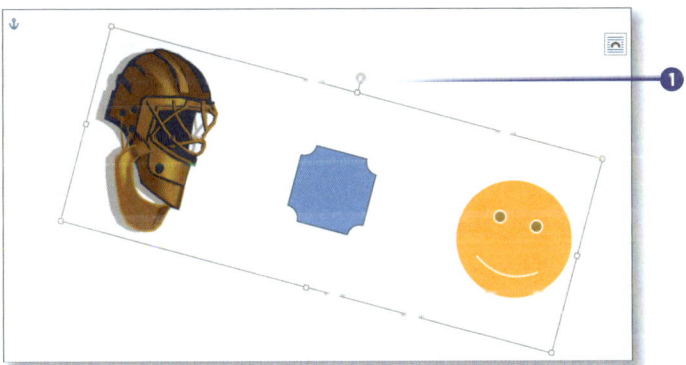

Abbildung 6.22 Einzelne Objekte lassen sich ebenso drehen wie Gruppen.

6.13   Weblayouts erstellen

Zunächst einmal müssen Sie wissen, dass Sie mit Word durchaus in der Lage sind, eine Webseite zu erzeugen. Dabei darf aber nicht verschwiegen werden, dass Word kein Webeditor ist. Wer mehr verlangt als eine minimalistische Internetpräsenz (für den Hausgebrauch), ist mit Word definitiv schlecht beraten. Dennoch wollen wir in den nächsten Unterabschnitten zeigen, dass es möglich ist.

Vorüberlegungen

Das Erzeugen einer Webseite verlangt zunächst einmal nicht viel Vorarbeit. Sie können ein herkömmliches neues Dokument anlegen und sind damit schon im Geschäft. Geben Sie Text ein, fügen Sie Bilder und Grafiken hinzu und gestalten Sie das Dokument nach Wunsch. Auf einiges sollten Sie jedoch gleich zu Beginn achten. Nicht alle Schriften, die sich auf Ihrem System befinden, können auch problemlos von Besuchern Ihrer Website angezeigt werden. Genau genommen kann der Besucher Ihrer Seite immer nur dann die gleiche Schrift sehen wie Sie, wenn diese ebenfalls auf seinem System installiert ist. Aufgrund dessen sollten Sie keine exotischen Schriften verwenden. Bescheiden Sie sich lieber mit Standardschriftarten wie Arial, Courier, Times oder Verdana.

Darüber hinaus sollten Sie grundsätzlich in der Ansicht **Weblayout** arbeiten. Klicken Sie dazu auf der Registerkarte **Ansicht** in der Gruppe **Ansichten** auf **Weblayout**. Nur so lässt sich schon während der Arbeit das spätere Resultat einigermaßen zuverlässig begutachten.

Abbildung 6.23 Arbeiten Sie grundsätzlich in der »Weblayout«-Ansicht.

Das Layout bestimmen

Schrift und Objekte können nun wunschgemäß platziert werden. Dabei müssen Sie jedoch immer berücksichtigen, dass Word von Haus aus in der oberen linken Ecke beginnt. Wollen Sie also Abstände vom oberen oder linken Seitenrand generieren, müssen Sie hier auch entsprechenden Platz zur Verfügung stellen. Das erreichen Sie z. B. durch Zeilenschaltungen oder mithilfe von ⇥ .

Abbildung 6.24 Von Haus aus beginnt Word oben links.

Etwas professioneller ist da der Einsatz von Tabellen. Dies ist allerdings eher etwas für fortgeschrittene Nutzer, da Sie in der Lage sein müssen, Tabellen entsprechend zu bedienen. Natürlich müssen Sie schon vor der Produktion einer Tabelle wissen, wie das Layout später aussehen soll. Es macht also Sinn, vorab handschriftliche Skizzen anzufertigen. Klicken Sie anschließend auf der Registerkarte **Einfügen** auf die Schaltfläche **Tabelle**. Bearbeiten Sie die einzelnen Zellen der Tabelle wunschgemäß. So ist es beispielsweise durchaus sinnvoll, Zellen miteinander zu verbinden oder die Textausrichtung mittig zu setzen.

Abbildung 6.25 So oder so ähnlich könnte die Tabelle aussehen.

Zuletzt müssen Sie noch dafür sorgen, dass die Linien der Tabelle entfernt werden. Sichtbare Linien wären für unser Layout nämlich alles andere als zuträglich. Markieren Sie die Tabelle und klicken Sie auf der Registerkarte **Tabellentools/Entwurf** auf die Schaltfläche **Rahmen**. Entscheiden Sie sich im Auswahlmenü der Schaltfläche für **Kein Rahmen**.

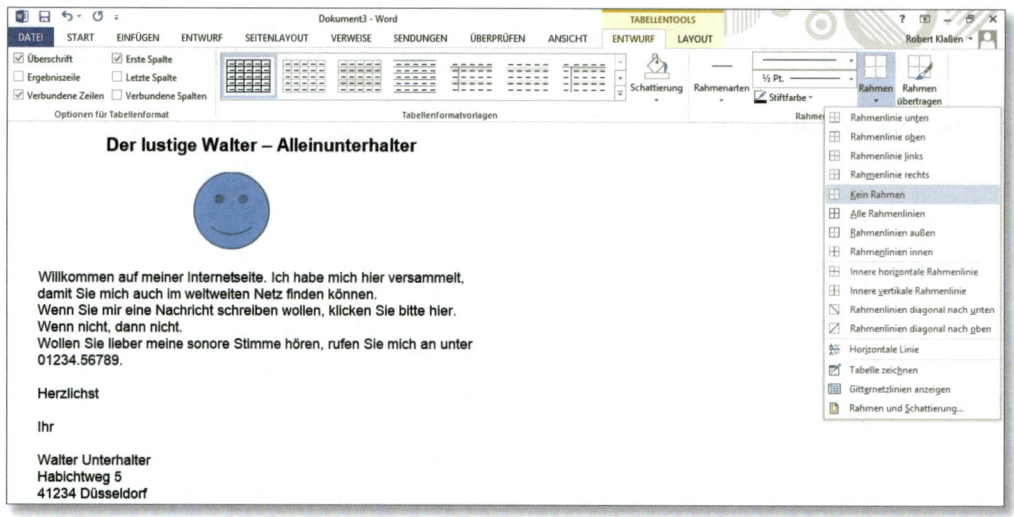

Abbildung 6.26 Die Linien sind verschwunden.

Webseiten speichern

Zu guter Letzt müssen Sie die Webseite noch speichern. Öffnen Sie dazu die Backstage-Ansicht und wählen Sie **Speichern unter**. Im gleichnamigen Bereich wählen Sie den Speicherort aus und im Feld **Dateityp** das Format **Webseite (*.htm;*.html)**.

Abbildung 6.27 Speichern Sie das Dokument in einem webtauglichen Format.

Das Zieldokument sowie der ebenfalls erzeugte Ordner müssen nun auf den Server der Webseite übertragen werden. Ihr Provider stellt einen entsprechenden Zugang oder eventuell auch eine geeignete Software bereit. Ist das nicht der Fall, können Sie die kostenlose Software *Filezilla* verwenden. Weitere Informationen finden Sie unter *www. filezilla-project.org* oder *www.filezilla.de*.

6.14 Die Dokumenteigenschaften in der Backstage-Ansicht anpassen

6

Ihre Dokumente sind mit zahlreichen zusätzlichen Informationen bestückt, die man auf den ersten Blick nicht sieht. Hier können Sie einiges über das Dokument in Erfahrung bringen, aber auch einzelne Informationen hinzufügen.

Begeben Sie sich zunächst in die Backstage-Ansicht. In der rechten Spalte finden Sie die Dokumenteigenschaften zum aktuell geöffneten Dokument. Wenn Sie wissen wollen, wo genau das Dokument gespeichert ist, klicken Sie auf **Dateispeicherort öffnen** ❶. Eine Zeile tiefer befindet sich **Alle Eigenschaften anzeigen** ❷. Ein Klick darauf bewirkt, dass **Vorlage**, **Status**, **Kategorien** usw. eingeblendet werden (siehe Abbildung 6.29).

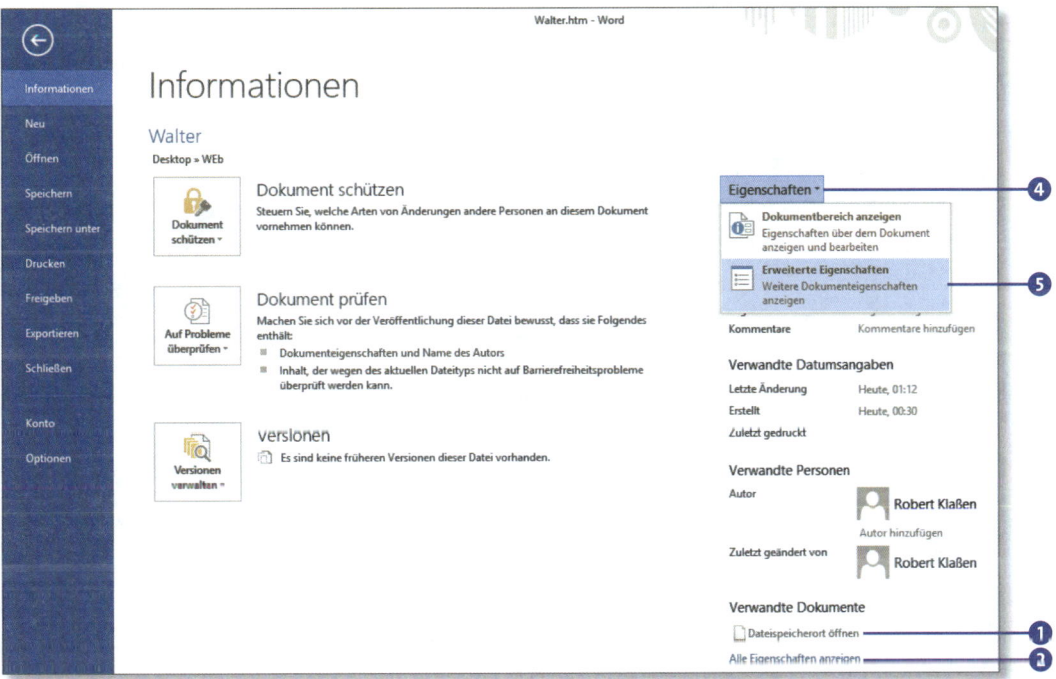

Abbildung 6.28 Die Dokumenteigenschaften befinden sich in den »Informationen«.

Wenn Sie hier auf **Text hinzufügen** ❸ klicken, können Sie entsprechende Hinweise eintragen.

Abbildung 6.29 Die Anzeige dieser Eigenschaften muss separat veranlasst werden.

Wenn Sie auf **Eigenschaften** ❹ (siehe Abbildung 6.28) klicken und anschließend **Erweiterte Eigenschaften** ❺ auswählen, öffnet sich ein Dialogfenster, in dem weitere Informationen sowie Statistiken zum Dokument angezeigt werden. Interessant ist vor allem die Registerkarte **Zusammenfassung**, da hier wichtige Informationen (die sogenannten *Metadaten*) eingetragen werden können.

Abbildung 6.30 Auf dem Register »Zusammenfassung« geben Sie zusätzliche Informationen an.

Kapitel 7

Vorlagen verwenden

Vorlagen machen das Leben leichter – und vor allem schneller. Denn mit Vorlagen bestimmen Sie schon vor dem Erstellen eines neuen Dokuments, wie dieses auszusehen hat. Stellen Sie sich vor, Sie produzierten eine Tageszeitung. Dann wäre es doch müßig, bei jedem neuen Exemplar den Titel der Zeitung sowie das komplette Layout neu zu erzeugen, oder? Derartige Arbeiten kann man sich ersparen, wenn man mit Vorlagen arbeitet.

7.1 Dokumentvorlage vs. Formatvorlage

In Word unterscheiden wir grundsätzlich zwischen einer *Dokumentvorlage* und einer *Formatvorlage*. Während Formatvorlagen für die Textattribute zuständig sind, also z. B. die Schriftart, Zeichengröße, Absatzformatierung usw. bestimmen, enthalten Dokumentvorlagen zahlreiche weitere vordefinierte Segmente wie beispielsweise AutoText, Makros, Grafiken oder sonstige Bausteine, aber auch Symbolleisten und Tastenkombinationen – und natürlich die für das Dokument gültigen Formatvorlagen.

INFO

Vorlagen mit Makros

Der Vollständigkeit halber sei noch erwähnt, dass Word-Dokumente auch mit der Dateiendung *.docm* ausgewiesen sein können. Dies steht für Dokumente mit Makros. Ebenso gibt es Word-Vorlagen mit Makros, welche die Dateiendung *.dotm* tragen. Für diese gelten die folgenden Informationen entsprechend.

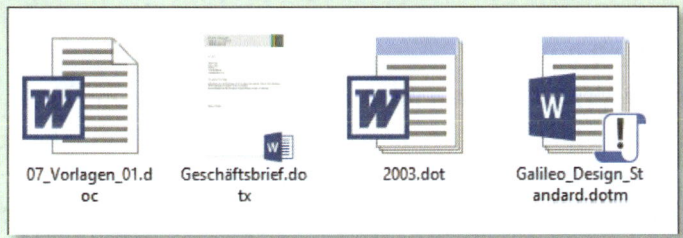

Abbildung 7.1 Unterschiedliche Dateiendungen weisen auch auf unterschiedliche Dokumentformate oder Dokumentvorlagen hin.

Bevor wir uns mit der Produktion von Vorlagen beschäftigen, hier noch ein wichtiger Hinweis: Sie können auf den ersten Blick erkennen, ob Sie es mit einem Word-Dokument oder einer Vorlage zu tun haben. Ein Word-Dokument hat ja gewöhnlich die Dateiendung *.docx* oder *.doc* (alt). Die Vorlagendokumente hingegen werden mit *.dotx* oder *.dot* (alt) ausgewiesen (siehe auch den Abschnitt »Eine Dokumentvorlage erstellen und speichern« auf Seite 243).

7.2 Dokumentvorlagen verwenden

Wussten Sie eigentlich, dass Sie stets automatisch mit einer Dokumentvorlage arbeiten? Sobald Sie nämlich ein neues leeres Dokument in Word 2013 öffnen, wird im Hintergrund eine Vorlage mit dem stilvollen Namen *Normal* eingesetzt. Wäre das nicht der Fall, könnten Sie auch nicht gleich mit dem Schreiben beginnen. Denn dann stünden unter anderem die *Schnellformatvorlagen*, die Sie in der Gruppe **Formatvorlagen** der Registerkarte **Start** finden, nicht zur Verfügung. Ohne Vorlagen geht es also nicht.

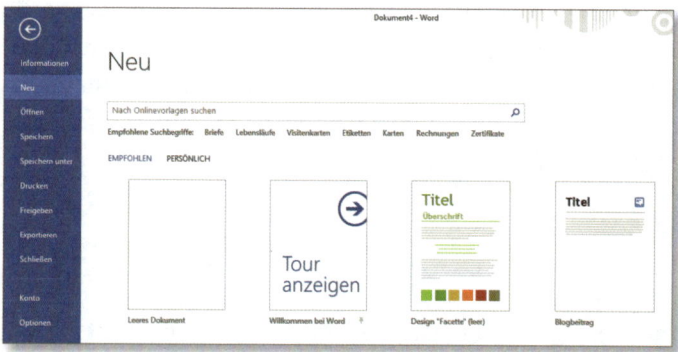

Abbildung 7.2 Wählen Sie unter »Neu« eine Dokumentvorlage.

Vorhandene Dokumentvorlagen nutzen

Klicken Sie auf der Registerkarte **Datei** auf den Button **Neu**, bietet Ihnen die Anwendung zahlreiche Dokumentvorlagen an. Wählen Sie eine der Miniaturen aus oder suchen Sie im Feld **Nach Onlinevorlagen suchen** nach weiteren Vorlagen auf *Office.com*. Sollte sich die Vorlage noch nicht auf Ihrem Rechner befinden, sorgt Word automatisch dafür, dass sie von Office.com heruntergeladen wird. Das ist ja so weit nichts Neues. Allerdings passiert etwas Wichtiges im Hintergrund: Word wechselt automatisch die Dokumentvorlage entsprechend der Vorlage, die Sie gewählt haben. Denn jetzt haben Sie es nicht mehr mit der Vorlage *Normal* zu tun, sondern mit einer beliebigen anderen.

Eine Dokumentvorlage erstellen und speichern

Es ist schön, dass Word einige Dokumentvorlagen mitbringt – und noch schöner, dass sich zahllose weitere Vorlagen herunterladen lassen. Doch so viele Vorlagen man Ihnen auch zur Verfügung stellt: Sie werden wohl niemals ein exakt auf Ihre persönlichen Bedürfnisse zugeschnittenes Dokument finden. Das müssen Sie selbst erzeugen. Aber wenn Sie davon erst einmal eine Vorlage erstellt haben, können Sie es immer wieder benutzen und an die jeweiligen Verwendungszwecke oder gewünschten Inhalte anpassen.

Lassen Sie uns in diesem Beispiel eine einfache und immer wieder verwendbare Speisekarten-Vorlage produzieren. Als Grundlage nutzen wir eine der Vorlagen von *Office. com* und passen diese anschließend an unsere individuellen Bedürfnisse an.

1 Wenn Word bereits geöffnet ist, klicken Sie auf die Registerkarte **Datei**, um in die Backstage-Ansicht zu gelangen, und wählen hier die Rubrik **Neu**. Tragen Sie in das Feld **Nach Onlinevorlagen suchen** den Begriff »Speisekarte« ein und bestätigen Sie mit ⏎ .

2 Klicken Sie anschließend auf die Vorlage **Elegante Speisekarte**. Bestätigen Sie Ihre Auswahl im überlagernden Fenster mit einem Klick auf die Schaltfläche **Erstellen**. Daraufhin wird ein Dokument basierend auf der gewählten Dokumentvorlage erzeugt.

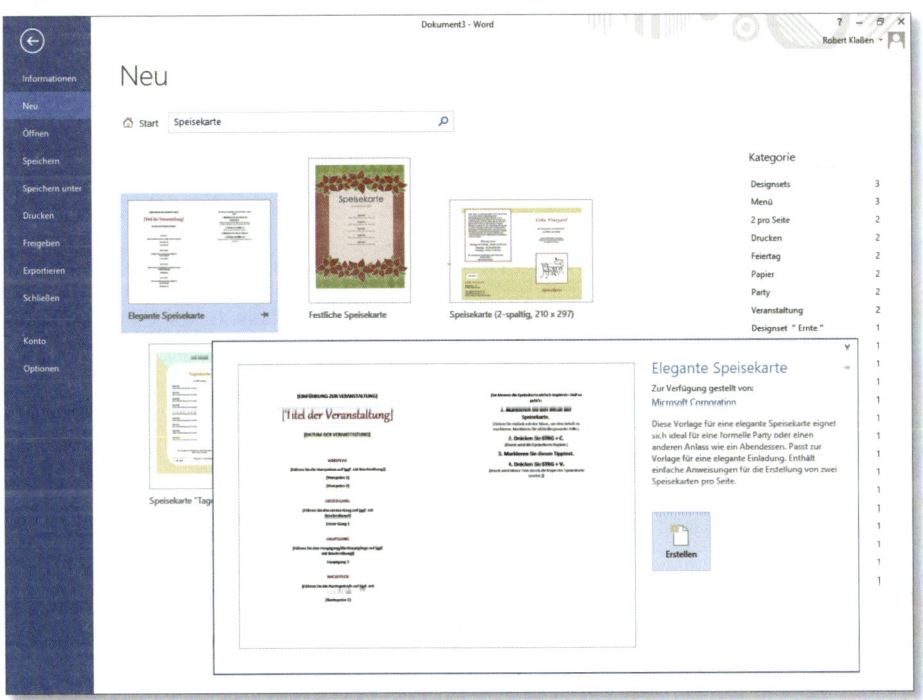

3 Klicken Sie im Dokument auf die Zeile **Einführung zur Veranstaltung** und tragen Sie dort beispielsweise »Mittagskarte« ein. Verfahren Sie mit den nächsten Zeilen entsprechend und ersetzen Sie den Blindtext mit Ihren eigenen Eingaben. Optional legen Sie nun weitere Einträge fest. So könnten Sie beispielsweise auf **Datum der Veranstaltung** klicken und das gewünschte Datum aus dem in Word integrierten Kalender wählen. Das Datum lässt sich dann auch bei jeder neuen Erstellung einer Speisekarte individuell anpassen. Entsprechendes gilt für die Speisen, die unterhalb aufgeführt werden. Da sich diese natürlich ständig ändern, verzichten wir hier auf eine weitere Eingabe. Immerhin wollen wir ja nur eine Vorlage erzeugen.

4 Nun müssen Sie das Ganze noch speichern – und zwar als Vorlage. Klicken Sie dazu auf **Datei** > **Speichern unter** > **Computer** > **Durchsuchen**.

5 Im Dialogfenster **Speichern unter** müssen Sie der Vorlage nun einen Speicherort zuweisen. Dies kann generell jeder Ort auf Ihrer Festplatte oder einem sonstigen Speichermedium sein. Es bietet sich jedoch an, den während der Installation von Office automatisch erzeugten Ordner *Benutzerdefinierte Office-Vorlagen* zu benutzen. Sie finden ihn im Ordner *Dokumente* Ihrer *Bibliotheken*. Ganz wichtig ist, dass Sie im Dialog **Speichern unter** im Feld **Dateityp Word-Vorlage (*.dotx)** auswählen. Anderenfalls würde nämlich lediglich ein Word-Dokument erzeugt – jedoch keine Vorlage zur Wiederverwendung.

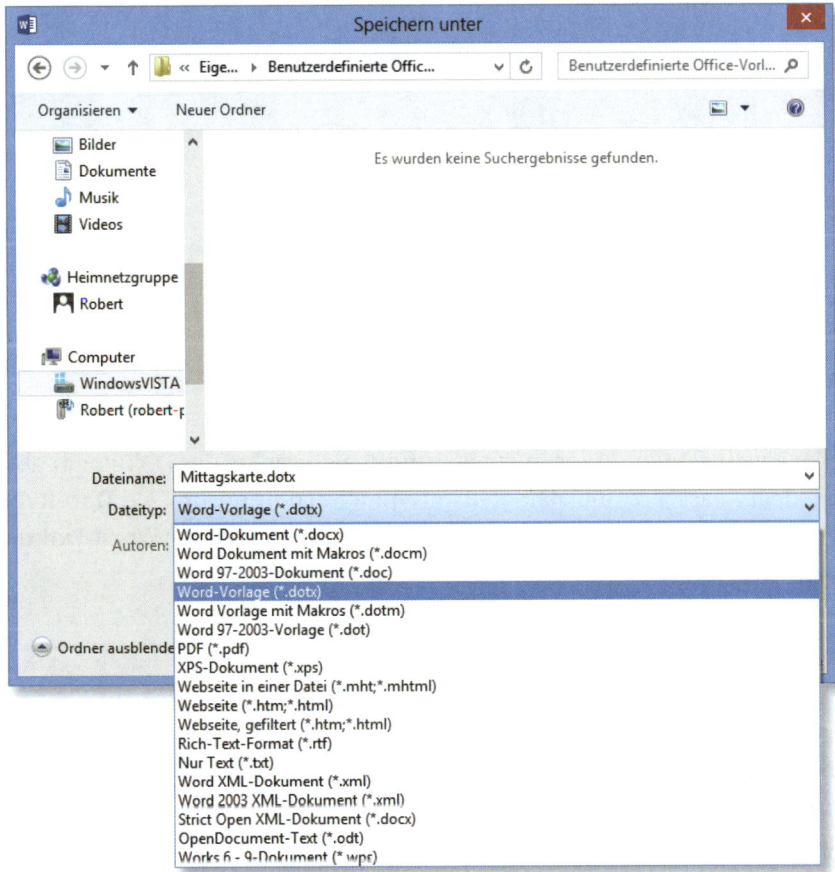

6 Jetzt haben Sie erreicht, dass es eine feste Vorlage für Mittagskarten gibt. Wann immer Sie eine entsprechende Karte erzeugen wollen, können Sie nun auf die Vorlage zugreifen. Dabei ist allerdings Folgendes zu beachten: Sollten Sie einen Doppelklick auf das Vorlagendokument setzen, wird sich dieses folgerichtig auch als Vorlage öffnen. Führen Sie Änderungen durch, wirken sich diese auch auf die Vorlage aus. Und das ist ja ausdrücklich nicht gewünscht.

7 Um ein Word-Dokument mit der bestehenden Vorlage zu erzeugen, klicken Sie mit rechts auf die Vorlage und entscheiden sich im Kontextmenü für **Neu**.

8 Nehmen Sie die gewünschten Änderungen vor und speichern Sie das Dokument ab. Beachten Sie jedoch, dass jetzt im Dialogfenster **Speichern unter** im Feld **Dateityp** nicht mehr **Word-Vorlage (*.dotx)** ausgewählt ist, sondern vielmehr **Word-Dokument (*.docx)**, denn die Vorlage soll ja unangetastet bleiben.

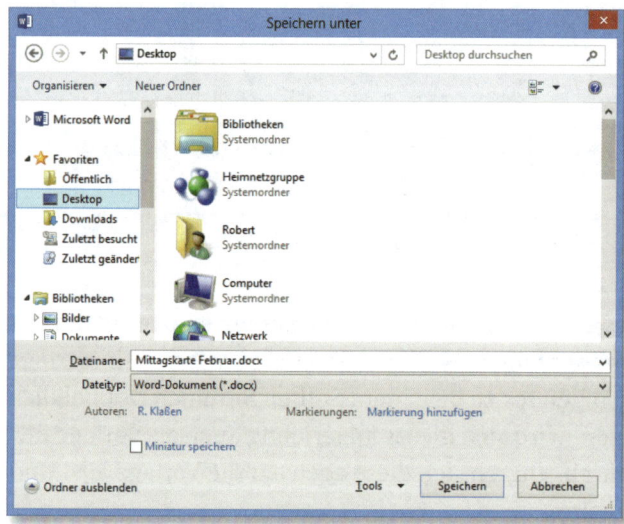

Falls Sie es wünschen, weisen Sie dem Dokument vor Betätigung der Schaltfläche **Speichern** noch einen anderen Speicherort zu (hier: **Desktop**).

> **INFO**
>
> **Hinweise auf der rechten Seite der Vorlage**
>
> Beachten Sie, dass die Vorlage mit zusätzlichen Hinweisen auf der rechten Seite der Speisekarte aufwartet. Sie beinhaltet nützliche Informationen zum Austausch der Inhalte mittels Zwischenablage. Da so etwas allerdings auf einer Speisekarte nichts zu suchen hat, ist zu empfehlen, diese Hinweise später zu löschen. Markieren Sie den Text dazu und drücken Sie die Taste ⬅ .

Dokumentvorlage integrieren

Nun ist es ja schön, dass Sie ein neues Dokument aufgrund einer vorhandenen Dokumentvorlage erzeugen können. Aber wäre es nicht viel schöner, wenn man in der Backstage-Ansicht im Bereich **Neu** gleich eine entsprechende Miniatur vorfände? Schließlich ist das bei anderen Dokumentvorlagen ja auch der Fall. Sie ahnen es – auch das geht natürlich. Dazu gehen Sie folgendermaßen vor: Wählen Sie in der Backstage-Ansicht **Neu ❶** und klicken Sie auf **Persönlich ❷**.

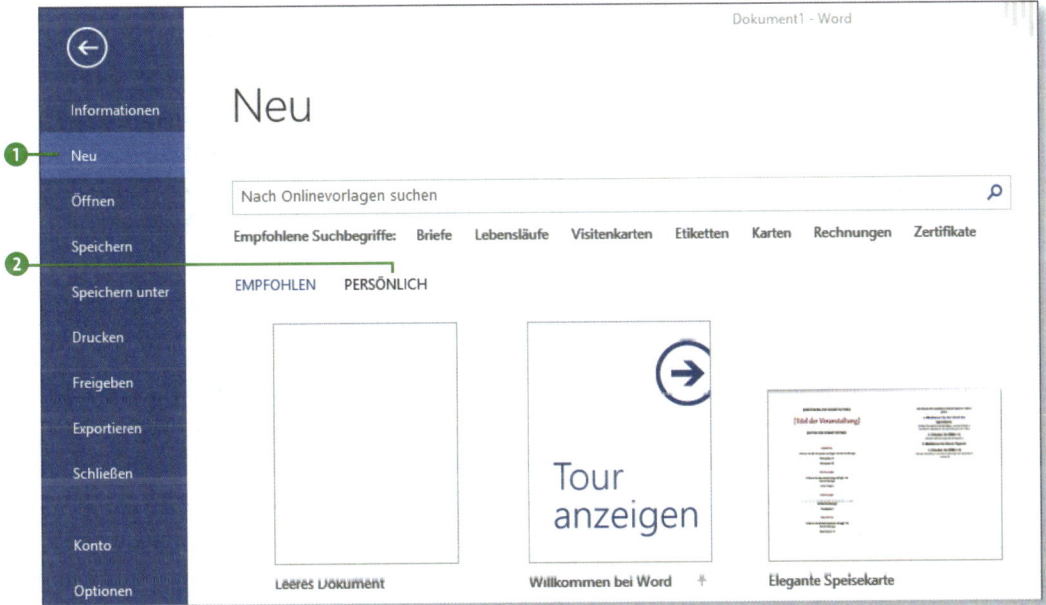

Abbildung 7.3 Schade, dass es hier noch keine Vorlagen-Miniatur gibt.

Hier haben Sie nun zwei Möglichkeiten: Entweder klicken Sie gleich auf die Vorlage oder Sie führen einen Rechtsklick darauf aus und entscheiden sich für **An Liste anheften**. Letzteres bewirkt, dass die Vorlage künftig auch direkt auf der ersten Seite des Bereichs **Neu** erscheint – wie alle anderen Vorlagen auch.

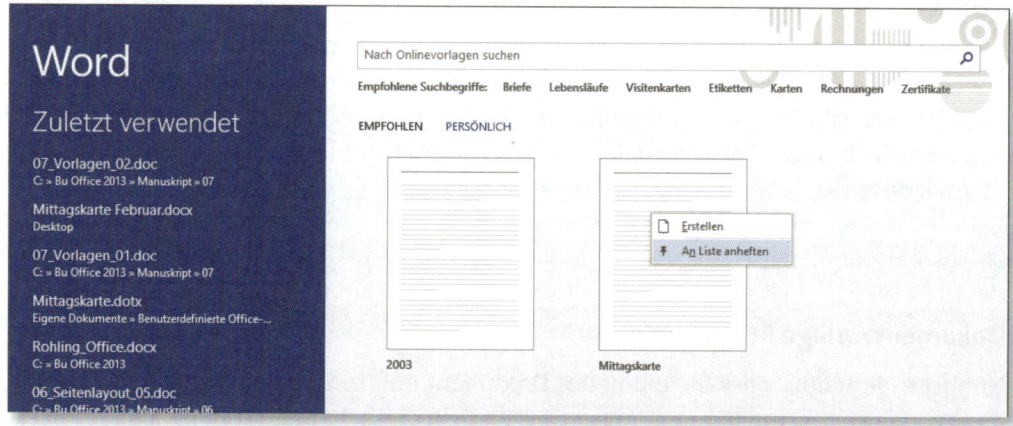

Abbildung 7.4 Das ändert sich, wenn die Vorlage angeheftet wird.

Vorlagen-Speicherort wählen

In den vorangegangenen Ausführungen haben Sie erfahren, dass innerhalb des Dokumentbereichs Ihres Betriebssystems automatisch der Ordner *Benutzerdefinierte Office-Vorlagen* für Office-Vorlagen angelegt wird. Diesen zu verwenden ist grundsätzlich nicht verkehrt. Dennoch soll nicht verschwiegen werden, dass Word für seine bereits integrierten Vorlagen ein anderes Verzeichnis benutzt. Und dieses Verzeichnis sollten Sie kennen. Denn zum einen ist es interessant, zu wissen, wo Word die Vorlagen aufbewahrt, zum anderen ist es Ihnen vielleicht lieber, grundsätzlich alle Vorlagen an ein und demselben Speicherort unterzubringen. Auch in diesem Fall müssen Sie wissen, wo Word seine hauseigenen Vorlagen abgelegt hat.

Ihr Betriebssystem sorgt leider bei diesem Vorhaben für eine kleine Hürde. Standardmäßig werden nämlich versteckte Dateien und Ordner nicht angezeigt. Da sich der Vorlagen-Ordner jedoch in einem versteckten Verzeichnis befindet, müssen Sie ein wenig Vorarbeit leisten. Lassen Sie die versteckten Ordner und Dateien anzeigen. Wie das geht, entnehmen Sie bitte dem Abschnitt »Ordner und Dateiendungen sichtbar machen« auf Seite 135 in Kapitel 5. Nachdem das erledigt ist, öffnen Sie einen beliebigen Ordner auf Ihrer Festplatte und rufen den folgenden Pfad auf: *Computer\[Laufwerksbuchstabe des Betriebssystems – meist C:]\Benutzer\[Benutzername]\AppData\Roaming\Microsoft*

Templates. (Der versteckte Ordner ist übrigens *AppData.*) Verschieben Sie nun Ihre Vorlagen dort hinein oder speichern Sie diese direkt an diesem Ort, nachdem eine Dokumentvorlage erzeugt worden ist.

Dokumentvorlagen ändern und anhängen

Im vorangegangenen Abschnitt haben Sie erfahren, dass man Formatvorlagen mehrerer Dokumentvorlagen innerhalb eines Word-Dokuments nutzen kann. Ebenso ist es möglich, die Dokumentvorlage eines bestehenden Word-Dokuments zu ändern. In beiden Fällen gehen Sie folgendermaßen vor:

1 Öffnen Sie die Registerkarte **Datei** und klicken Sie unten links auf die Rubrik **Optionen**.

2 Im Dialogfenster **Word-Optionen** wählen Sie in der linken Spalte zunächst per Mausklick die Kategorie **Add-Ins** aus. Ganz unten im Bereich **Add-Ins** stellen Sie das Auswahlmenü **Verwalten** auf **Vorlagen** ein und klicken daneben auf die Schaltfläche **Gehe zu**.

3 Sie befinden sich nun im Dialogfenster **Dokumentvorlagen und Add-Ins**. Klicken Sie auf der Registerkarte **Vorlagen** auf **Anfügen** ❶, sofern eine andere als die derzeit gewählte Dokumentvorlage (hier: **Normal** ❷) auf das Dokument angewendet werden soll.

4 Möchten Sie dem Dokument eine weitere Vorlage hinzufügen, klicken Sie auf **Hinzufügen** ❸. Fügen Sie auf diese Weise eine weitere Vorlage hinzu, wird diese im Feld **Markierte Elemente sind derzeit geladen** aufgeführt (hier: *Elegante Speisekarte. dotx* ❹). Bestätigen Sie mit **OK**.

INFO

Vorlagen deaktivieren und entfernen

Natürlich dürfen Sie auch mehr als eine Vorlage hinzufügen. Sollten Sie eine Vorlage komplett entfernen wollen, markieren Sie diese im Feld **Markierte Elemente sind derzeit geladen** und klicken anschließend auf **Entfernen** ❺. Allerdings können Vorlagen auch vorübergehend deaktiviert werden, indem Sie das vorangestellte Häkchen entfernen. Diese Vorlagen sind dann im Dokument aktuell nicht verfügbar, bleiben jedoch in der Liste weiterhin enthalten. Wenn Sie diese wieder benötigen, können Sie sie über die Checkbox einfach wieder aktivieren.

7.3 Mit Formatvorlagen arbeiten

Wie Sie ja bereits wissen, beinhalten Dokumentvorlagen auch die sogenannten Formatvorlagen. Diese definieren, wie die Schrift innerhalb eines Dokuments auszusehen hat.

Da man innerhalb eines Dokuments üblicherweise mehrere unterschiedliche Schriften verwendet (z. B. Überschrift, Fließtext, Auszeichnungen wie kursiv oder fett usw.), sind folgerichtig auch mehrere Formatvorlagen integriert.

Vorhandene Formatvorlagen nutzen

Sobald Sie ein neues Dokument öffnen, können Sie bereits auf die darin integrierten Formatvorlagen zugreifen. Genauer gesagt, handelt es sich dabei um sogenannte Schnellformatvorlagen. »Schnell« daher, weil es auf der Registerkarte **Start** in der Gruppe **Formatvorlagen** für jede dieser Formatvorlagen eine eigene Schaltfläche gibt. Die Zuweisung ist also denkbar einfach.

Wollen Sie einen bestimmten Textabschnitt mit einer Formatvorlage versehen, müssen Sie den Text vorab markieren. Wenn Sie das nicht tun, wird die Formatierung auf den gesamten Absatz angewendet, sofern es sich um eine Absatzformatvorlage handelt. Zeichenformatvorlagen erfordern stets eine vorherige Markierung des Textabschnittes. Das eigentliche Zuweisen erledigen Sie mit einem Mausklick auf die jeweilige Schaltfläche der Schnellformatvorlage. Ob es sich bei der jeweiligen Formatvorlage um Zeichen- oder Absatzformate handelt, erkennen Sie, indem Sie in der Gruppe **Formatvorlagen** der Registerkarte **Start** auf den kleinen nach unten weisenden Pfeil ❻ klicken. Dadurch wird der Arbeitsbereich **Formatvorlagen** geöffnet. Beachten Sie im Arbeitsbereich die Zeichen am Ende einer jeden Vorlagenzeile. Bei ❼ handelt es sich um Absatzformatvorlagen, bei ❽ um Zeichenformatvorlagen.

Abbildung 7.5 Den Schnellformatvorlagen steht auch ein eigener Arbeitsbereich zur Verfügung.

Eine Formatvorlage ändern

Designs und Dokumentvorlagen bringen ihre eigenen, ganz individuellen Schnellformatvorlagen mit sich. Dennoch sind auch vordefinierte Vorlagen nicht unveränderlich.

1 Wollen Sie eine Vorlage anpassen, klicken Sie zunächst in der Gruppe **Formatvorlagen** der Registerkarte **Start** auf den kleinen nach unten weisenden Pfeil ❶, um den Aufgabenbereich **Formatvorlagen** einzublenden.

2 Bewegen Sie die Maus auf die Vorlage, die Sie ändern möchten. Klicken Sie rechts auf die kleine Dreieck-Schaltfläche ❷. Im Kontextmenü entscheiden Sie sich für den Befehl **Ändern** ❸.

3 Alternativ können Sie auch in der Gruppe **Formatvorlagen** der Registerkarte **Start** eine der Schnellformatvorlage mit rechts anklicken und im folgenden Kontextmenü auf **Ändern** klicken.

4 Im Dialogfenster **Formatvorlage ändern** können Sie beispielsweise im Feld **Name** den Titel der Formatvorlage anpassen und im Bereich **Formatierung** einige Textattribute anpassen. Benötigen Sie weiterführende Optionen, klicken Sie unten links auf den Button **Format**, gefolgt von **Schriftart**.

5 Bevor Sie Ihre Änderungen mit einem Klick auf **OK** bestätigen, wählen Sie zwischen der Option **Nur in diesem Dokument** oder **Neue auf dieser Vorlage basierende Dokumente** aus. Mit Letzterer werden Ihre vorgenommenen Änderungen fortan auch auf alle neuen Dokumente angewendet und nicht nur auf das aktuelle.

INFO

Tastaturkürzel anpassen

Achten Sie im Dialogfenster **Formatvorlage ändern** einmal auf das Menü der Schaltfläche **Format** unten links. In der Liste befindet sich auch die Zeile **Tastenkombination**. Ein Klick darauf ermöglicht die Vergabe einer Tastenkombination im Dialogfenster **Tastatur anpassen** zur Zuweisung einer Formatvorlage. Wenn Sie beispielsweise die Schnellformatvorlage **Titel** fortan mit der Tastenkombination ⌜Alt⌟ + ⌜T⌟ zuweisen wollten, müssten diese beiden Tasten gedrückt werden, während sich die Einfügemarke im Feld **Neue Tastenkombination** befindet. Beachten Sie allerdings grundsätzlich die Zeile **Derzeit zugewiesen an** darunter, da diese verrät, ob die von Ihnen benutzte Kombination noch frei oder bereits vergeben ist. Klicken Sie dennoch unten links auf **Zuordnen**, stünde die Tastenkombination beim alten Befehl nicht mehr zur Verfügung. Im Beispiel steht jedoch **[nicht zugewiesen]**, was bedeutet, dass die Kombination noch frei ist. Ein derartiges Kürzel lässt sich bedenkenlos zuweisen. Bevor Sie das Fenster schließen, sollten Sie im Feld **Speichern in** noch festlegen, für welche Dokumentvorlage diese Tastenkombination fortan Gültigkeit haben soll (standardmäßig *Normal.dotm*).

Abbildung 7.6 Sie können Formatvorlagen auch mit Tastenkombinationen ausführen.

Formatvorlagenoptionen

Wenn Sie mit zahlreichen Formatvorlagen arbeiten, geht leicht die Übersicht verloren. Denn immerhin werden ja nicht nur die Formatvorlagen gezeigt, die Sie tatsächlich im Dokument benutzen, sondern alle Formatvorlagen. Das lässt sich jedoch ändern:

1 Öffnen Sie zunächst den Aufgabenbereich **Formatvorlagen** ❶ und klicken Sie auf **Optionen** ❷.

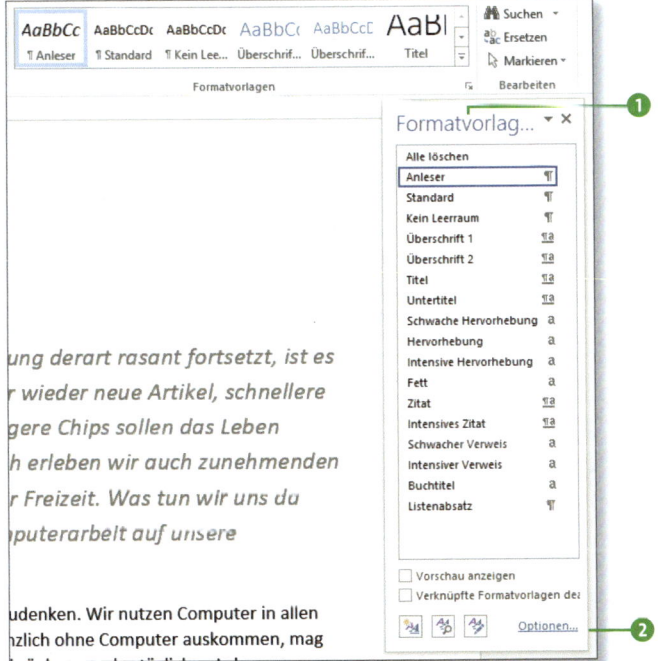

2 Wählen Sie im folgenden Dialog **Optionen für Formatvorlagenbereich** im Aus-wahlmenü **Anzuzeigende Formatvorlagen auswählen** die Option **Im aktuellen Dokument**. Hier ist standardmäßig **Empfohlen** markiert. Das bedeutet, dass die Vorlagen gezeigt werden, die Word für geeignet hält – ungeachtet dessen, ob sie wirklich benötigt werden oder nicht.

Ändern Sie diese Option auf **Im aktuellen Dokument**, erreichen Sie, dass im Arbeitsbereich **Formatvorlagen** nun nur noch jene Vorlagen angezeigt werden, die im aktuellen Dokument zum Einsatz gekommen sind.

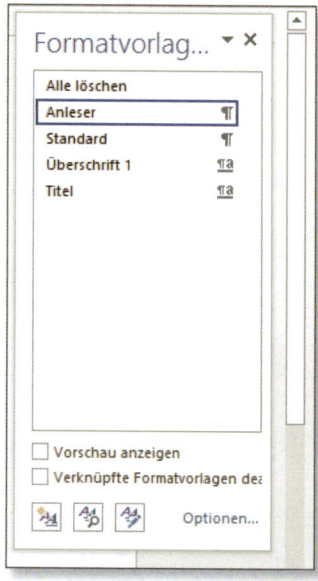

Bedenken Sie, dass die Fehleranfälligkeit (z. B. durch Zuweisen einer falschen Formatvorlage) beträchtlich sinkt, wenn Sie nur die Vorlagen anzeigen lassen, die wirklich benötigt werden.

Der Formatinspektor

Jeder Text sollte seine eigene Formatvorlage haben! Immer! Wenn Sie Text ändern, der bereits auf einer bestehenden Formatvorlage beruht, sollten Sie davon eine neue Formatvorlage anlegen. So erhalten Sie die volle Kontrolle über die Erscheinungsweise Ihres Dokuments. Darüber hinaus sollten Sie am Schluss kontrollieren, ob alle Formatvorlagen auch tatsächlich korrekt angelegt sind. Unbeabsichtigte Änderungen und Abweichungen von den Original-Formatvorlagen können so ausfindig gemacht werden.

Klicken Sie im Aufgabenbereich **Formatvorlagen** auf die Schaltfläche **Formatinspektor ❶**. Setzen Sie die Einfügemarke in den Text hinein, den Sie kontrollieren wollen, und lesen Sie ab, welche Absatzformatierung verwendet worden ist ❷. Wollen Sie diese Formatierung löschen, betätigen Sie die nebenstehende Schaltfläche **Auf die standardmäßige Absatzformatvorlage zurücksetzen ❸**.

Abbildung 7.7 Der Formatinspektor hilft bei der Kontrolle.

Eine Zeile tiefer wird angezeigt, ob die Formatvorlage Änderungen in Bezug auf die Absatzformatierungen enthält. Für den Fall, dass in einem Abschnitt Textauszeichnungen enthalten sind, die von der Formatvorlage abweichen (beispielsweise hervorgerufen durch manuelle Schriftart- oder Absatzänderungen, ohne davon eine neue Formatvorlage erzeugt zu haben), wird die Art der Abweichung in diesem Feld ❹ angezeigt. Ist die Abweichung nicht gewünscht, betätigen Sie die Schaltfläche **Absatzformatierung löschen** ❺. Das hat zur Folge, dass Abweichungen im Vergleich zur Formatvorlage ganz einfach verworfen werden. Wollen Sie stattdessen eine neue Formatvorlage auf Grundlage dieser Absatzformatierungen erzeugen, reicht ein Klick auf den Button **Neue Formatvorlage** ❻. Beachten Sie in diesem Zusammenhang auch die Steuerelemente im Bereich **Formatierung auf Textebene** ❼. Hiermit lassen sich Formatierungsfehler auf Zeichenebene anzeigen und bearbeiten.

Abbildung 7.8 Der Hinweis »Plus: Fett« bedeutet, dass das Wort »wirklich«, auf dem sich die Einfügemarke gerade befindet, im Gegensatz zum übrigen Text fett ausgezeichnet ist.

Kapitel 8
Gestaltungselemente einfügen

Word 2013 ist weit mehr als ein reines Textverarbeitungsprogramm. Denn Ihre Dokumente lassen sich nicht nur mit Grafiken, Bildern und Formen »aufhübschen«, sondern auch mit wichtigen Zusatzinformationen inhaltlich bereichern. Bestimmte Gestaltungselemente bringen neben mehr Übersichtlichkeit auch Abwechslung in Ihr Dokument. Erfahren Sie in diesem Kapitel welche gestalterischen Möglichkeiten sich Ihnen durch das Programm bieten.

8.1 Grafiken einbinden

Wenn wir in Word von *Grafiken* sprechen, sind sowohl Bilder als auch die hauseigenen Grafikelemente (*Onlinegrafiken*) und Formen gemeint. Dazu zählen auch SmartArt-Objekte, Diagramme und sogar Screenshots (Bildschirmbilder). Word fast diese Elemente in der Gruppe **Illustrationen** der Registerkarte **Einfügen** zusammen.

Abbildung 8.1 Grafische Elemente werden mithilfe der Gruppe »Illustrationen« eingefügt.

Grafiken einfügen

Betätigen Sie die Schaltfläche **Bilder** in der Gruppe **Illustrationen** der Registerkarte **Einfügen**, wenn Sie ein Foto von der Festplatte integrieren wollen. Daraufhin öffnet sich der Dialog **Grafik einfügen**. Navigieren Sie darin zum Foto, welches eingefügt werden soll, markieren Sie es ❶ (siehe Abbildung 8.2) und klicken Sie anschließend auf die Schaltfläche **Einfügen** ❷. Das auf diese Weise hinzugefügte Foto wird gewissermaßen in das Word-Dokument »eingeklebt«. Der Vorteil: Es bleibt fester Bestandteil des Dokuments; auch dann, wenn Sie die Word-Datei an jemand anderen weitergeben, der dieses Bild nicht auf seinem Rechner hat. Der Nachteil: Die Dateigröße des Dokuments nimmt bei Verwendung zahlreicher Fotos schnell zu. Dadurch wird der Arbeitsspeicher des Computers rasch gefüllt, und das Handling wird schwieriger (beim Scrollen beispielsweise könnte der Bildschirm kurz »einfrieren«).

Grafiken verknüpfen

Falls Sie beispielsweise einen Text mit zahlreichen Fotos verfassen, sollten Sie die Grafiken mit der Datei verknüpfen. Dazu klicken Sie innerhalb des Dialogs **Grafik einfügen** zunächst auf den kleinen Pfeil ❸ an der Schaltfläche **Einfügen** und entscheiden sich in der Liste für **Mit Datei verknüpfen**.

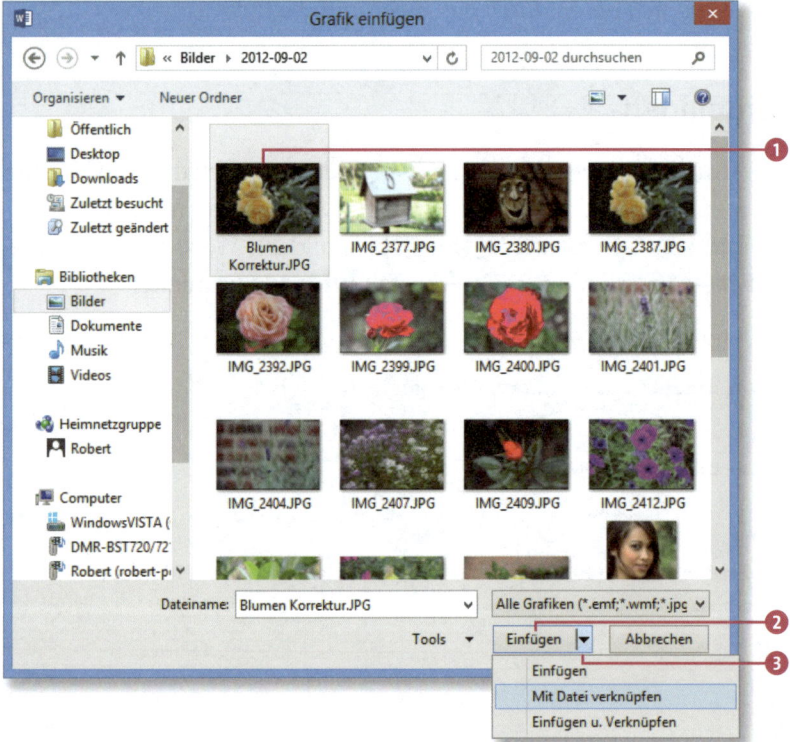

Abbildung 8.2 Wer Bilder verknüpft, spart Speicherplatz.

Das Foto wird jetzt nicht mehr eingeklebt, sondern lediglich referenziert. Das bedeutet, dass Word-intern lediglich ein Verweis zum Foto erzeugt wird. Die Dateigröße des Word-Dokuments bleibt dadurch auch bei Verwendung zahlreicher Fotos erfreulich gering. Darüber hinaus wird das Bild bei jedem Öffnen des Word-Dokuments aktualisiert.

Das bringt den zusätzlichen Nutzen, dass Änderungen am Foto auch direkt im Word-Dokument berücksichtigt werden. Das ist beim herkömmlichen Einfügen nicht der Fall.

Leider hat das Verknüpfen der Grafikdateien auch seine Nachteile: Nach dem Öffnen des Word-Dokuments dauert es etwas länger, bis die Grafiken dargestellt werden. Immerhin müssen die Verknüpfungen zu den Fotos seitens Word zunächst hergestellt werden. Der zweite wesentliche Nachteil: Word muss ständig in der Lage sein, auf den Speicherort zuzugreifen. Falls Sie also das Originalfoto umbenennen oder verschieben, kann Word das Bild nicht mehr finden – und somit auch nicht mehr anzeigen. Das Gleiche gilt übrigens für den Ordner, der das Bild enthält. Wird dieser verschoben oder umbenannt, kann Word auch hier die Verknüpfung nicht mehr aufrechterhalten. Wollen Sie das Word-Dokument weitergeben, müssen Sie dem Empfänger darüber hinaus auch die Fotos zukommen lassen. Verstoßen Sie gegen einen dieser Grundsätze, sehen Sie anstelle des Fotos lediglich einen Hinweis.

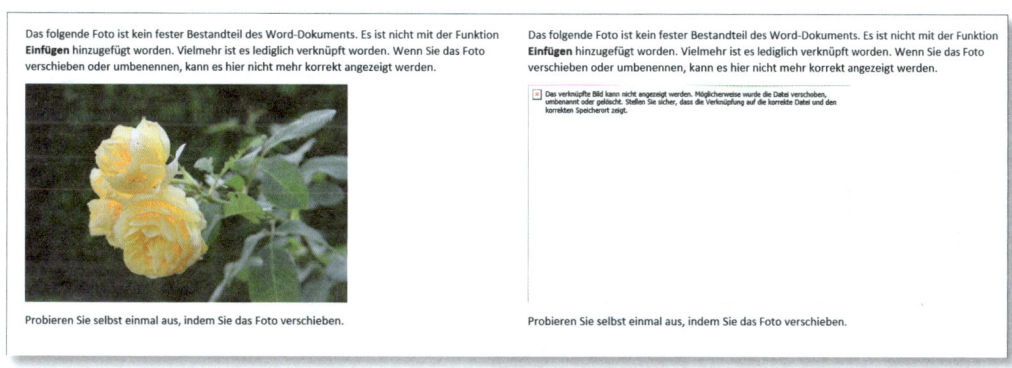

Abbildung 8.3 Wenn Word die Verknüpfung nicht herstellen kann, wird auch das Bild nicht angezeigt (rechts).

Im nächsten Workshop erfahren Sie, wie Sie die Verknüpfung zwischen dem Dokument und dem Bild wiederherstellen können, sodass das Bild wieder angezeigt werden kann.

Verknüpfungen reparieren

Sollten Sie mit mehreren Personen im Team an einem Word-Dokument arbeiten, müssen Sie den Kollegen auch ermöglichen, auf die verknüpften Bilddateien zuzugreifen. Liefern Sie nur die Word-Datei ab, erscheinen am Rechner des Kollegen anstelle der Fotos lediglich besagte Platzhalter. Wenn Sie die Bilder später nachliefern, kann der Empfänger die Verknüpfungen reparieren.

Auf der CD zum Buch finden Sie ein Word-Dokument, welches eine verknüpfte Grafik enthält. Die Grafik selbst liegt ebenfalls bei. Für das folgende Beispiel ist es wichtig, dass sich die Beispieldateien auf Ihrem Rechner befinden. Ansonsten lässt sich die Bilddatei in den folgenden Schritten nicht wunschgemäß bearbeiten. Gehen Sie also folgendermaßen vor:

1 Öffnen Sie den Ordner *08* und befördern Sie das darin enthaltene Verzeichnis *Verknüpfung* auf Ihre Festplatte. Am besten, Sie ziehen es einfach per Drag & Drop auf den Desktop.

2 Aus dem Ordner *Verknüpfung* öffnen Sie nun erneut die Datei *Grafikverknüpfung.docx*.

3 Das Dokument öffnet sich, und Sie werden feststellen, dass das darin verknüpfte Foto ganz normal angezeigt wird. Schließen Sie das Dokument wieder.

Das folgende Foto ist kein fester Bestandteil des Word-Dokuments. Es ist nicht mit der Funktion **Einfügen** hinzugefügt worden. Vielmehr ist es lediglich verknüpft worden. Wenn Sie das Foto verschieben oder umbenennen, kann es hier nicht mehr korrekt angezeigt werden.

Probieren Sie selbst einmal aus, indem Sie das Foto verschieben.

4 Jetzt wollen wir die Bilddatei *Gelbe-Rosen.jpg* umbenennen. Dazu setzen Sie nacheinander zwei einzelne Mausklicks auf den Namen der Datei. Führen Sie keinen Doppelklick aus! Warten Sie zwischen beiden Klicks einen Moment. Ansonsten funktioniert es nicht. Der erste Mausklick markiert die Datei, der zweite den Namen. Geben Sie einen neuen Namen an, z. B. »Rose«, und bestätigen Sie mit ⏎.

5 Öffnen Sie erneut den Ordner *Verknüpfung* auf dem Desktop und darin die Datei *Grafikverknüpfung.docx*. Jetzt werden Sie jedoch feststellen, dass nun die Verknüpfung verloren gegangen ist und der bereits bekannte Platzhalter-Hinweis angezeigt wird.

Das folgende Foto ist kein fester Bestandteil des Word-Dokuments. Es ist nicht mit der Funktion **Einfügen** hinzugefügt worden. Vielmehr ist es lediglich verknüpft worden. Wenn Sie das Foto verschieben oder umbenennen, kann es hier nicht mehr korrekt angezeigt werden.

> ☒ Das verknüpfte Bild kann nicht angezeigt werden. Möglicherweise wurde die Datei verschoben, umbenannt oder gelöscht. Stellen Sie sicher, dass die Verknüpfung auf die korrekte Datei und den korrekten Speicherort zeigt.

Probieren Sie selbst einmal aus, indem Sie das Foto verschieben.

6 Um nun die Verknüpfung wiederherzustellen, müssen Sie einen ziemlich versteckten Dialog öffnen. Zunächst aktivieren Sie die Backstage-Ansicht, indem Sie auf die Registerkarte **Datei** klicken. Sorgen Sie dafür, dass die Rubrik **Informationen** ❶ aktiv ist, und klicken Sie ganz unten rechts auf **Verknüpfungen mit Dateien bearbeiten** ❷.

7 Da Sie es hier nur mit einem einzigen Bild zu tun haben, muss links in der Liste **Quelldatei** kein Foto markiert werden. Das einzige vorhandene ist bereits ausgewählt. Klicken Sie auf **Quelle ändern ❶**.

8 Stellen Sie im folgenden Dialog den Pfad zum geänderten Foto her. Markieren Sie das Bild dort und bestätigen Sie Ihre Wahl mit einem Klick auf **Öffnen**. Verlassen Sie zudem den Dialog **Links** mit **OK** und klicken Sie in der Backstage-Ansicht oben links auf den nach links weisenden Pfeil. Das bringt Sie zurück zur herkömmlichen Dokumentansicht, in der das Foto nun wieder angezeigt wird.

Vergessen Sie nicht, das Dokument am Ende zu speichern. Anderenfalls würde die Verknüpfung nicht dauerhaft aktualisiert.

Grafik aktualisieren

Mal angenommen, Sie hätten lediglich Änderungen am Bild vorgenommen und wollten nun, dass diese innerhalb des Dokuments sofort aktualisiert werden. In diesem Fall könnten Sie im Dialog **Links** auf **Jetzt aktualisieren** klicken. Die Aktualisierung geschieht allerdings auch ganz automatisch, wenn das Dokument nach dem Schließen erneut geöffnet wird.

Rahmen und Effekte hinzufügen

Möchten Sie einem eingefügten oder verknüpften Foto einen Rahmen spendieren? Dann sollten Sie mit den Vorlagen in der Gruppe **Bildformatvorlagen** arbeiten. Diese Gruppe finden Sie jedoch nur, wenn das Bild im Dokument markiert ist. Klicken Sie also auf das Bild, sollten Sie die Gruppe **Bildformatvorlagen** bisher nicht angezeigt bekommen. Nur dann wird nämlich das Menüband um die Registerkarte **Bildtools/ Format** erweitert. Zeigen Sie in der Gruppe **Bildformatvorlagen** mit der Maus auf eine der Miniaturen (hier: **Reflektiertes abgerundetes Rechteck**) und schauen Sie sich die Wirkung dieses Effekts gleich im Dokument an. Sind Sie zufrieden, weisen Sie den Effekt mithilfe eines Mausklicks zu.

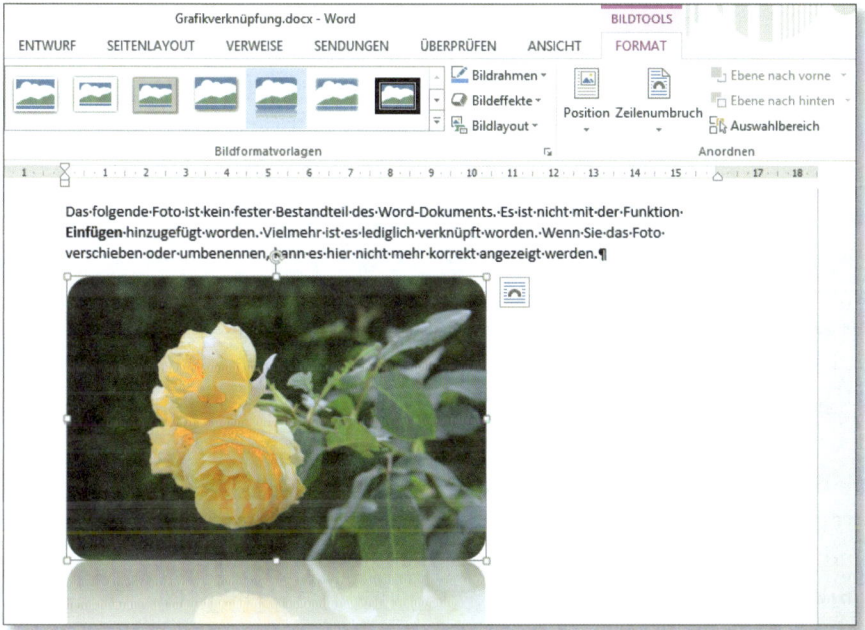

Abbildung 8.4 Die Wirkung des Effekts wird im Dokument angezeigt, sofern Sie mit der Maus auf eine der Vorlagen-Miniaturen zeigen.

Klicken Sie die Schaltfläche **Weitere ❶** an, werden Ihnen noch mehr Vorlagen angeboten. Scrollen Sie, wie zuvor beschrieben, in dieser Liste weiter nach unten und probieren Sie auch die Effekte aus, die im Menüband auf den ersten Blick nicht zu sehen sind.

Abbildung 8.5 Word hält mehr Vorlagen bereit, als es zunächst den Anschein hat.

> **TIPP**
>
> **Mit Effekten arbeiten**
> Gehen Sie möglichst sparsam mit Effekten um, denn allzu viele Effekte wirken höchst unprofessionell. Präsentieren Sie den Inhalt Ihrer Dokumente – nicht die Anzahl der in Word integrierten Effekte.

In der Gruppe **Bildformatvorlagen** befinden sich noch weitere Optionen. So können Sie beispielsweise mit einem Klick auf die Schaltfläche **Bildrahmen ❷** einen Rahmen hinzufügen und dessen Farbe, Linienstärke und Linienart definieren. Zudem lassen sich per Klick auf **Bildeffekte ❸** weitere grafische Veränderungen vornehmen.

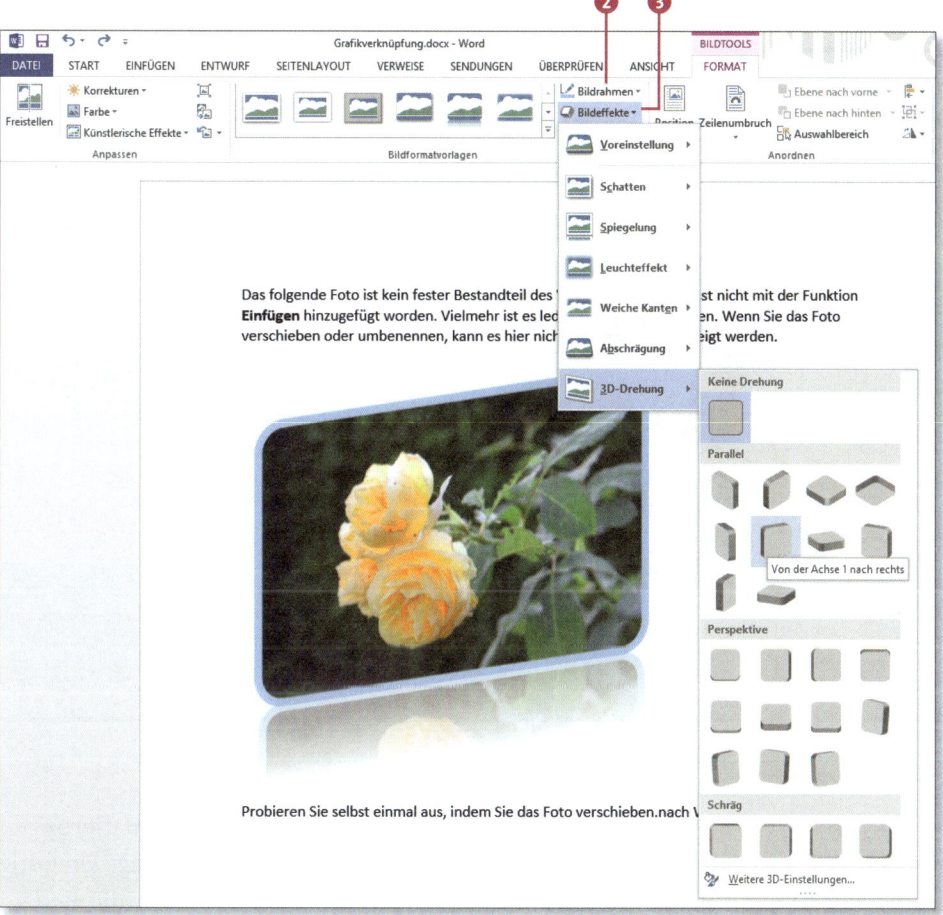

Abbildung 8.6 Auch wenn Word zahlreiche Effekte im Gepäck hat, sollten diese nicht unbedacht und schon gar nicht inflationär eingesetzt werden.

Grafiken formatieren

Wer seine Grafiken noch individueller bearbeiten möchte, kann auch den Aufgabenbereich **Grafik formatieren** benutzen. Dazu muss das Bild markiert und die Registerkarte **Bildtools/Format** aktiviert sein. Klicken Sie in der Gruppe **Bildformatvorlagen** auf den Pfeil rechts unten ❶ (siehe Abbildung 8.7), um den genannten Aufgabenbereich zu öffnen. Darin befinden sich vier verschiedene Bereiche ❷, die jeweils mit einem Klick auf das entsprechende Symbol angewählt werden können. Welcher Bereich derzeit aktiv ist, zeigt die kleine Spitze ❸ an. Die untergeordneten Kategorien öffnen Sie mit einem Klick auf die jeweilige Zeile (hier: **Weiche Kanten** ❹). Nun können Sie die Einstellungen mithilfe der entsprechenden Steuerelemente intuitiv vornehmen.

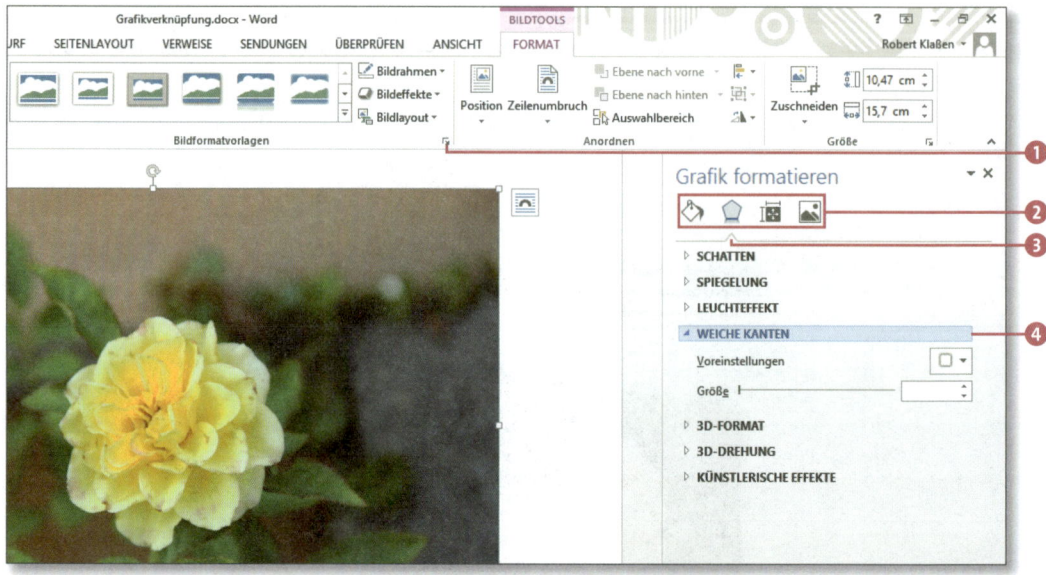

Abbildung 8.7 Der Aufgabenbereich **Grafik formatieren**.

Effekte übertragen

Stellen Sie sich vor, Sie haben einen Effekt kreiert, der aus zahlreichen Formatierungen besteht. Das Bild hat z. B. einen Rahmen, einen Schatten, eine Spiegelung, Drehung usw. Nun wollen Sie diesen Effekt auch auf alle anderen Fotos anwenden, die sich im Dokument befinden. Dann wäre es doch mühselig, sämtliche Parameter bei jedem Bild aufs Neue zuzuweisen. Aber das müssen Sie auch gar nicht, denn es reicht, wenn Sie das formatierte Bild markieren und in der Gruppe **Zwischenablage** der Registerkarte **Start** auf **Format übertragen** klicken. Danach setzen Sie einen Mausklick auf das Foto, welches ebenfalls mit der Formatierung versehen werden soll. Praktisch, oder?

Zu schade nur, dass sich die Effekte auf die beschriebene Weise nur auf ein einziges weiteres Bild übertragen lassen. Denn nach dem Klick auf das Zielfoto wird die Funktion **Format übertragen** deaktiviert – es sei denn, Sie setzen vorab einen Doppelklick auf **Format übertragen**. Dann nämlich können Sie den Effekt nacheinander auf so viele Bilder übertragen, wie Sie wollen. Zur Deaktivierung der Funktion klicken Sie dann einfach auf eine Stelle des Dokuments, an der sich keine Grafik befindet, oder drücken ⎡Esc⎤ auf der Tastatur.

Abbildung 8.8 Formatübertragungen sind in Word ein Kinderspiel.

Änderungen an Grafiken zurücksetzen

Was auch immer Sie mit einem Foto anstellen – irgendwann wird sich möglicherweise der Wunsch entwickeln, noch einmal ganz von vorn zu beginnen. Vielleicht möchten Sie aber auch alle Änderungen ganz einfach wieder verwerfen und das Foto im Originalzustand belassen. In beiden Fällen hilft ein Klick auf **Bild zurücksetzen**. Die Schaltfläche finden Sie innerhalb der Gruppe **Anpassen** der Registerkarte **Bildtools/Format**. Damit dieses Register angezeigt wird, muss ein Bild angewählt sein.

> ### HINWEIS
>
> **Sichtbarkeit der Schaltfläche**
>
> Je nach Breite Ihres Monitors und der Fenstergröße, in der Sie das Programm nutzen, wird der Name der Schaltfläche mit eingeblendet ❺ oder nicht ❻.
>
>
>
> **Abbildung 8.9** Bei kleineren Bildschirmen wird oft nur das Symbol der Funktion »Bild zurücksetzen« angezeigt (unten).

Größe von Grafiken anpassen

Grafiken haben eine vordefinierte Größe, die sich aber nicht unbedingt mit dem von Ihnen angestrebten Layout decken muss. In der Regel wird ein Foto so groß dargestellt, dass es die komplette Breite des Satzspiegels einnimmt (es sei denn, es ist von seinen eigenen Abmessungen her kleiner als die Abmessungen des Satzspiegels). Sollten Sie die Abbildung im Word-Dokument verkleinern wollen, markieren Sie das Foto. Danach setzen Sie einen Mausklick auf einen der vier Eckanfasser ❶, halten die Maustaste gedrückt und verschieben die Maus entsprechend. Lassen Sie los, sobald die gewünschte Größe erreicht ist.

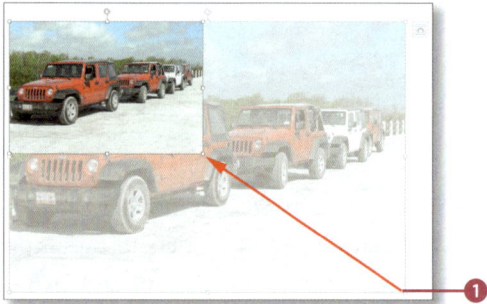

Abbildung 8.10 Die Größe eines Fotos lässt sich per Drag & Drop anpassen.

Das Bedienen der Eckanfasser bewirkt, dass die Proportionen (also das Verhältnis von Breite und Höhe der Grafik) stets erhalten bleiben. Benutzen Sie die seitlichen Anfasser ❷, ist das nicht der Fall.

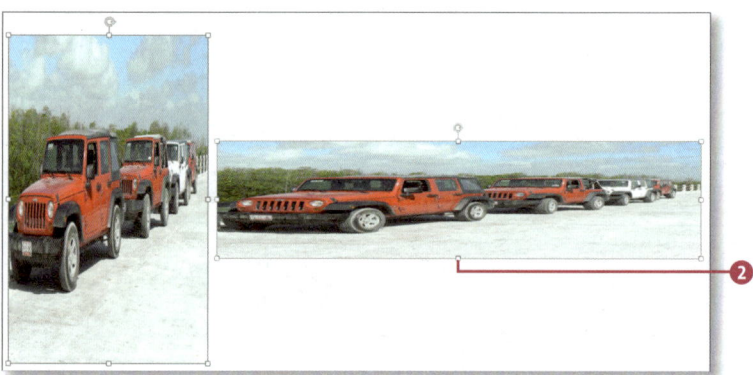

Abbildung 8.11 Wer die Seitenanfasser benutzt, läuft Gefahr, die Proportionen der Grafik zu verändern.

Dann nämlich kann das Bild auch nicht proportional verschoben werden, wodurch es gestaucht erscheint.

Grafiken zuschneiden

Ebenso wie die Größe einer Grafik entspricht auch deren Inhalt nicht immer dem, was man gerne zeigen möchte. Wer der Meinung ist, dass Randbereiche des Fotos abgeschnitten werden können, um beispielsweise mehr Augenmerk auf die relevanten Bildbereiche zu lenken, kann ein Foto auch zuschneiden. Dazu klicken Sie auf das Bild und entscheiden sich für die Schaltfläche **Zuschneiden** ❸ in der Gruppe **Größe** der Registerkarte **Bildtools/Format**. Als Folge dessen erscheinen innerhalb der zuvor erwähnten Anfasser kleine schwarze Ecken ❹ bzw. Linien ❺, die per Drag & Drop verschoben werden können.

Abbildung 8.12 Mithilfe der schwarzen Balken wird der Zuschnitt vorgenommen.

Im Gegensatz zur Größenanpassung wird hier jedoch nicht die Größe der Grafik verändert, sondern deren Ausschnitt. Zudem müssen Sie sich nicht um die Beibehaltung der Proportionen sorgen, da diese beim Zuschneiden nicht verändert werden. Wenn der gewünschte Bildausschnitt eingestellt ist, platzieren Sie entweder einen Mausklick außerhalb des Fotos oder bestätigen die Aktion mit ⏎.

Abbildung 8.13 Solange der Zuschnitt noch nicht bestätigt ist, bleibt der Hintergrund schwachgrau sichtbar.

Möchten Sie die Grafik auf ein bestimmtes Seitenverhältnis oder eine Form zuschneiden, müssen Sie auf die Schaltfläche **Zuschneiden ❶** klicken. Daraufhin öffnet sich das Menü, in dem Sie sich zwischen den Optionen **Auf Form zuschneiden ❷** oder **Seitenverhältnis ❸** entscheiden können. Per Mausklick können Sie nun ein passendes Seitenverhältnis oder eine gewünschte Form auswählen (hier: **Regelmäßiges Fünfeck**).

Abbildung 8.14 Grafiken lassen sich auch auf Formen zuschneiden.

INFO

Bildbereiche bleiben erhalten

Nachdem ein Foto zugeschnitten worden ist, werden die abgeschnittenen Bildbereiche nicht etwa gelöscht. Wann immer das **Zuschneiden**-Werkzeug nämlich erneut aktiviert wird, wird auch der abgeschnittene Bereich wieder sichtbar. Somit lässt sich der Zuschnitt auch nachträglich wieder ausweiten.

Grafiken freistellen

Die in Word integrierte Freistellungsfunktion ermöglicht ein einzigartiges Zusammenspiel zwischen Grafiken und Texten. Einfarbige Hintergründe können nämlich aus der Grafik entfernt werden. Damit nicht genug, kann sich der Text auch an den daraus entstehenden Konturen orientieren.

Aber der Reihe nach. Schauen wir uns das in einem Beispiel an. Benutzen Sie hierzu die beiden Beispieldateien *Medienhafen.docx* sowie das Foto *Medienhafen.jpg*. Beide finden Sie im Ordner *08* der beiliegenden Buch-CD.

1 Öffnen Sie zunächst die Word-Datei. Setzen Sie einen Mausklick in einen Bereich unterhalb des Textes, um die Einfügemarke dort zu platzieren. Danach fügen Sie die Bilddatei ein. Sie wissen ja: Dazu müssen Sie in der Gruppe **Illustrationen** der Registerkarte **Einfügen** auf die Schaltfläche **Bilder** klicken.

2 Da das Foto nach dem Import bereits markiert ist, können Sie auf der Registerkarte **Bildtools/Format** gleich auf **Freistellen** ❹ klicken.

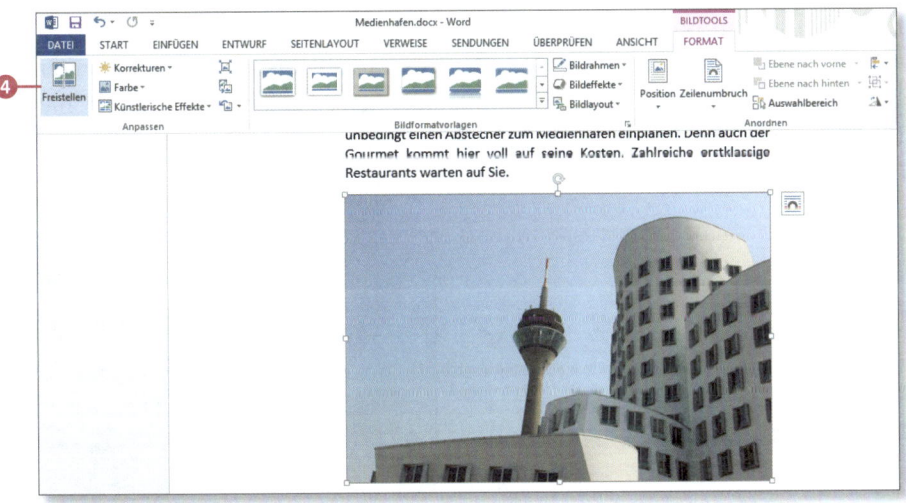

3 Beim Blick auf die Grafik werden Sie feststellen, dass Word bereits den blauen Hintergrund (sprich: den Himmel) entfernt hat. Wenn die Anwendung nämlich einen einheitlichen Hintergrund ausmacht, wird dieser auch entsprechend gekennzeichnet. Überall dort, wo jetzt die Farbe Magenta auftaucht, erkennt Word den Hintergrund des Bildes, den es zu entfernen gilt.

Kommen wir aber zu den Einstellungen, die Sie jetzt vornehmen können. Zum einen finden Sie wieder einen Rahmen mit den bereits bekannten Anfassern vor. Damit legen Sie die äußeren Bildbereiche fest. Alles, was jenseits des Rahmens ist, wird nach der Freistellung entfernt. Stellen Sie den Rahmen so ein, wie es in der folgenden Abbildung zu sehen ist. Schieben Sie den unteren rechten Anfasser dazu in die untere rechte Bildecke. Ziehen Sie anschließend den oberen linken Anfasser so weit nach außen, dass sich der Rahmen außerhalb sämtlicher Gebäudeteile befindet.

4 Kontrollieren Sie noch einmal, ob wirklich nur der Himmel ausgewählt (also in Magenta eingefärbt) ist. Im Beispielbild sollte dies der Fall sein. Ist das einmal nicht so, ließen sich mithilfe der Werkzeuge der Registerkarte **Freistellen**, die übrigens erst dann zu sehen ist, wenn man auf die Schaltfläche **Freistellen** geklickt hat (Schritt 2), nicht markierte Bereiche hinzufügen beziehungsweise bereits markierte wieder abwählen.

5 Prüfen Sie bitte noch intensiv die Antenne des Fernsehturms. Die Antennenspitze ist eventuell ebenfalls zum Teil mit Magenta überdeckt. Dazu sollten Sie die Dokumentansicht stark vergrößern. (Die entsprechenden Steuerelemente finden Sie ja bekanntermaßen unten rechts in der Ecke der Anwendung, siehe dazu den Unterabschnitt »Darstellungsgröße der Schrift ändern«, auf Seite 125.) Aktivieren Sie das Werkzeug **Zu behaltende Bereiche markieren** ❶. Damit klicken Sie nun auf die Spitze der Antenne, halten die Maustaste gedrückt und ziehen eine Linie nach unten, bis Sie am Ende der Antenne angekommen sind. Danach lassen Sie los. (Auf diese Weise könnten im Übrigen auch Bereiche markiert werden, die fälschlicherweise nicht in Magenta eingefärbt worden sind. Allerdings müssten Sie in diesem Fall zunächst auf **Zu entfernende Bereiche markieren** ❷ umschalten.) Wenn alles erledigt ist, betätigen Sie **Änderungen beibehalten** ❸.

6 Zur besseren Ansicht sollten Sie nun das Dokument wieder auf eine kleinere Darstellungsgröße einstellen. Rechts neben der noch immer markierten Grafik finden Sie eine kleine Schaltfläche, die Sie nun betätigen, um die Layoutoptionen zu ändern. Stellen Sie um auf **Passend**, da Sie ein Layout benötigen, das Textumbruch zulässt. Dadurch umfließt nach der Eingabe der Text das Foto, und Sie können im nächsten Schritt Text und Foto aneinander anpassen.

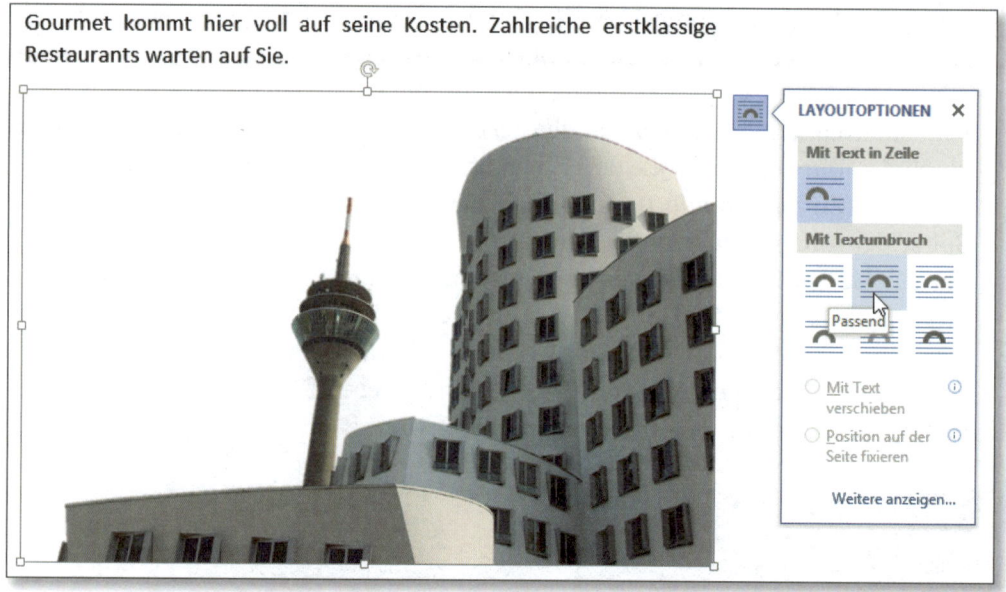

7 Klicken Sie nun auf das Foto und schieben Sie es mit gedrückter Maustaste etwas nach oben. Wenn Sie dabei ⬆ gedrückt halten, verhindern Sie, dass das Foto gleichzeitig auch nach links oder rechts abwandern kann. So stellen Sie sicher, dass der rechte Bildrand sowie der Rand des Textes bündig bleiben. Schauen Sie sich an, wie der Text umbrochen wird. Klicken Sie an eine andere Stelle des Dokuments, um das Foto abzuwählen.

Na, gefällt Ihnen der Effekt? Im Ordner *Ergebnisse* der Buch-CD finden Sie zum Vergleich das fertige Dokument. Textumbrüche lassen sich so als wirkungsvolle Gestaltungsmittel einsetzen.

Grafiken nachbearbeiten

Sollten Sie mit der Qualität eines Fotos einmal nicht ganz einverstanden sein, können die Bilder auch in Word noch bis zu einem gewissen Maße korrigiert werden. Natürlich dürfen Sie hierbei nicht die Qualität oder den Komfort einer Bildbearbeitungssoftware (wie z. B. *Adobe Photoshop*) erwarten. Um ein Foto »mal eben« ein wenig zu verbessern, reichen die Funktionen von Word jedoch meistens aus.

Zur Korrektur einer in Word integrierten Grafik muss diese, wie gewohnt, markiert werden. Klicken Sie danach auf die Schaltfläche **Korrekturen** in der Gruppe **Anpassen** der Registerkarte **Bildtools/Format**. Dort haben Sie die Möglichkeit, das Foto zu schärfen, es weichzuzeichnen, aber auch seine Helligkeit und den Kontrast anzupassen.

Abbildung 8.15 Klicken Sie auf »Korrekturen«, um Schärfe, Helligkeit und Kontrast eines Bildes anzupassen.

Im Ausklappmenü sind zahlreiche Varianten zu sehen. Dabei ist wichtig zu wissen, dass
die jeweils mittlere Miniatur in den fünf Spalten in der Regel die Ausgangssituation
darstellt. Im Bereich **Schärfen/Weichzeichnen** bedeutet das beispielsweise, dass die
mittlere Miniatur keine Veränderungen im Bild hervorruft. Bewegen Sie die Maus eine
Miniatur weiter nach links, wird das Foto um 25 % weichgezeichnet. Ganz links beträgt die Weichzeichnung hingegen 50 %. Bewegen Sie die Maus von der Mitte aus nach
rechts, wird in Spalte vier eine Schärfung um 25 %, ganz rechts eine Schärfung um
50 % erreicht. Was die Miniaturen im Bereich **Helligkeit/Kontrast** betrifft, sollten Sie
grundsätzlich die QuickInfo im Auge behalten. Diese verrät nämlich, welche Änderungen beim Klick auf die jeweilige Miniatur hervorgerufen werden.

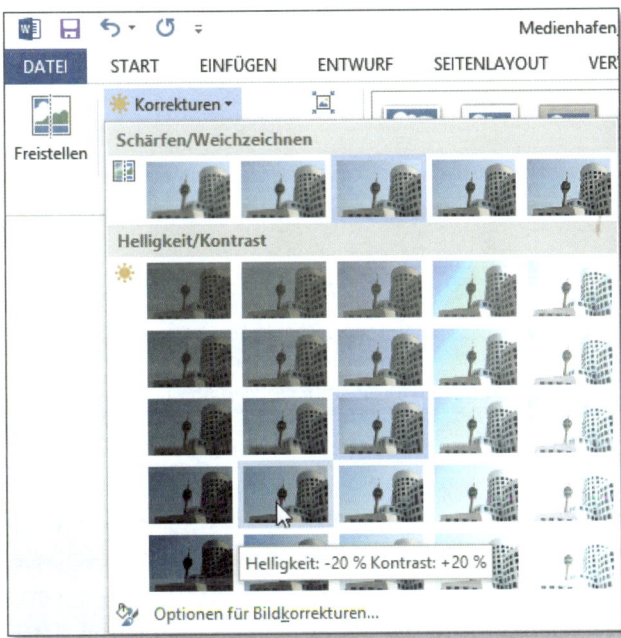

Abbildung 8.16 In diesem Beispiel wird die Helligkeit um 20 % abgesenkt, während der Kontrast
um 20 % erhöht wird.

QuickInfo

Wenn Sie den Mauszeiger über eine Schaltfläche oder über einen Befehl bewegen, erscheint ein kleines Fenster, in dem erläuternde Angaben zu der Schaltfläche oder dem Befehl gemacht werden. Diese weiterführenden Angaben werden auch als QuickInfo bezeichnet.

Als weitere Variante steht Ihnen im Fuß der Korrekturen-Palette der Menübefehl **Optionen für Bildkorrekturen** zur Verfügung. Klicken Sie darauf, um den bereits bekannten Aufgabenbereich **Grafik formatieren** zu erreichen, welcher automatisch rechts neben dem Dokument geöffnet wird (siehe dazu den Abschnitt »Grafiken formatieren« auf Seite 267). Hier lassen sich im Unterschied zu dem oben beschriebenen Verfahren im Ausklappmenü Schärfe, Helligkeit und Kontrast viel sensibler einstellen und besser dosieren.

Abbildung 8.17 Der Aufgabenbereich »Grafik formatieren« lässt sehr viel sensiblere Einstellungen zu.

Klicken Sie auf die Schaltfläche **Farbe** in der Gruppe **Anpassen** der Registerkarte **Bildtools/Format**, haben Sie bei Auswahl des Menüpunkts **Farbsättigung** die Möglichkeit, die Leuchtkraft zu erhöhen beziehungsweise die Intensität der Farbe abzusenken. Letzteres erreichen Sie mit Miniaturen links der mittleren Spalte. Zur Erhöhung der Sättigung müssten Sie eine Miniatur rechts davon anwählen.

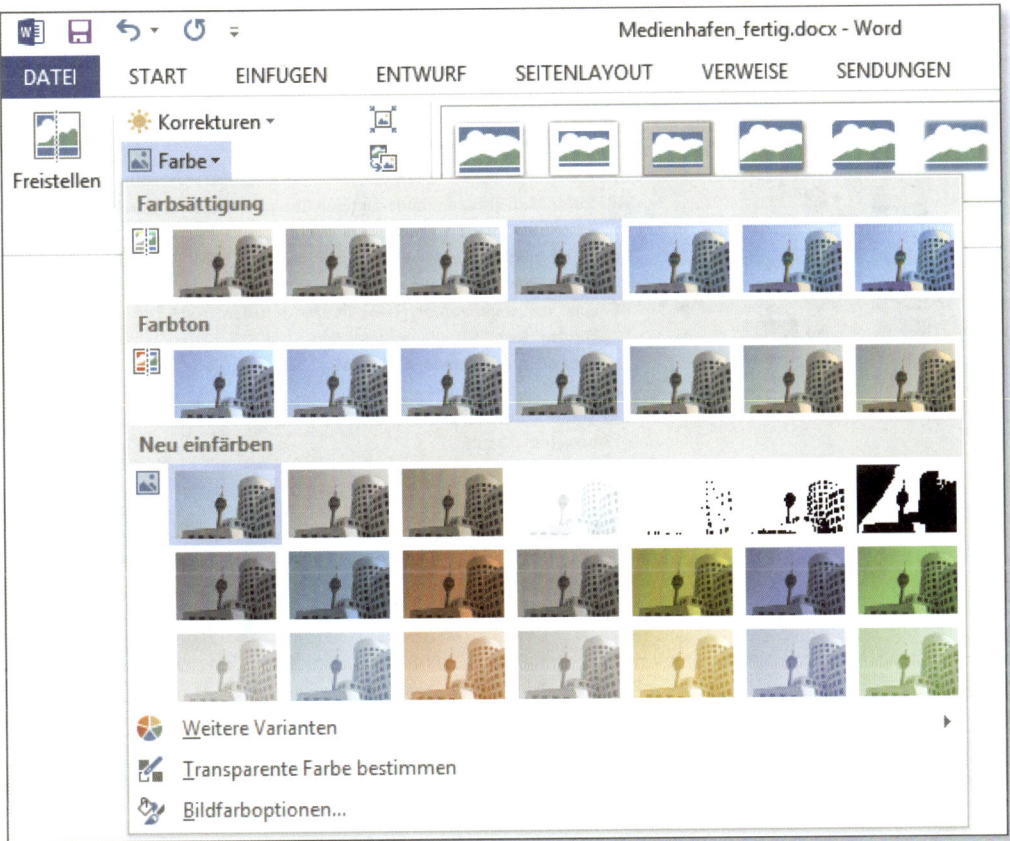

Abbildung 8.18 Das Menü der Schaltfläche »Farbe« hilft bei der Farboptimierung.

Mit den Varianten in der Zeile **Farbton** lassen sich ungeliebte Farbstiche entfernen. **Neu einfärben** ist hingegen eher zur Farbverfremdung als zur Korrektur gedacht. Schauen Sie sich die entsprechenden Miniaturen an und entscheiden Sie, welcher Option Sie den Vorzug geben wollen. Solange Sie die Maus nur über die verschiedenen Miniaturen bewegen, lassen sich die Auswirkungen im Dokument beobachten. Erst wenn Ihnen eine Färbung zusagt, klicken Sie die Miniatur an.

Abschließend möchte ich noch auf die Schaltfläche **Künstlerische Effekte** (**Bildtools/ Format > Anpassen**) zu sprechen kommen. Dahinter verbirgt sich zunächst einmal eine Menge Schnickschnack. Interessant ist allerdings die Option **Bleistiftskizze**. Wenden Sie diesen Effekt doch einmal auf das zuvor freigestellte Medienhafen-Foto an.

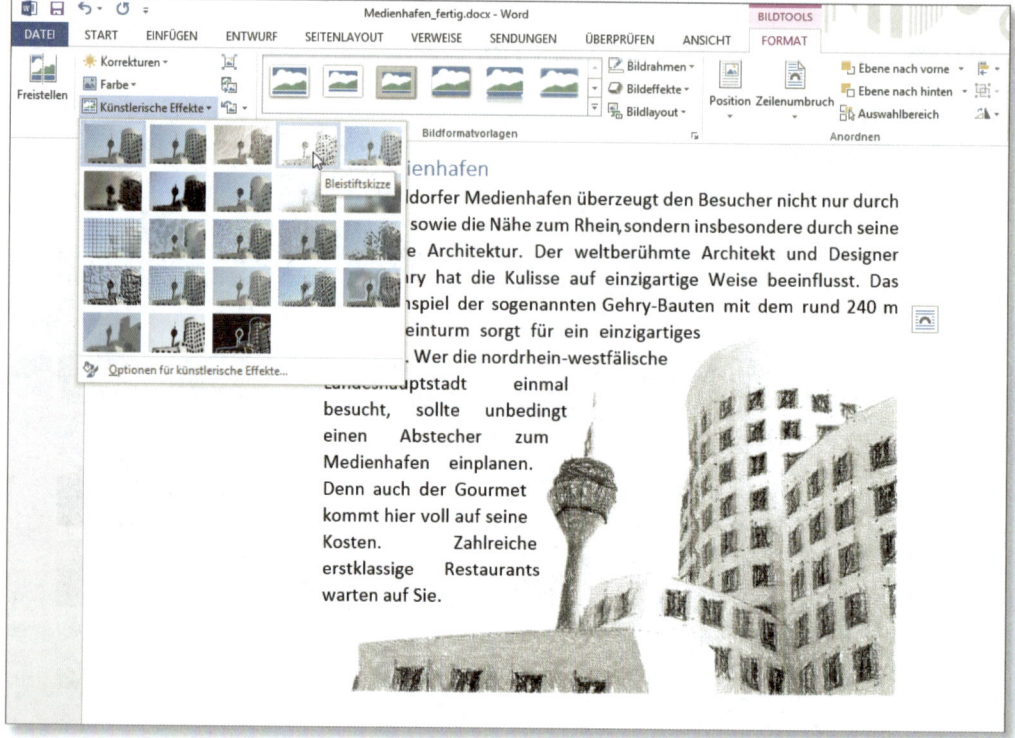

Abbildung 8.19 Der Effekt »Bleistiftskizze« macht wirklich etwas her. (Das passende Word-Dokument, »Bleistiftskizze.docx«, finden Sie im Ordner »Ergebnisse« der Buch-CD.)

Nach Zuweisung des Effekts ist übrigens zu empfehlen, abermals die Schaltfläche **Künstlerische Effekte** anzuwählen und auf den untersten Listeneintrag **Optionen für künstlerische Effekte** zu klicken. Sie wissen ja bereits, dass sich dadurch der Aufgabenbereich **Grafik formatieren** öffnet. In der Liste **Künstlerische Effekte** können Sie aber jetzt zusätzlich noch die Transparenz sowie den Bleistiftdruck einstellen. Damit lässt sich aus diesem Effekt noch mehr herausholen. Probieren Sie es einmal aus.

8.2   Verweise und Verzeichnisse einfügen

In diesem Abschnitt beschäftigen wir uns vor allem mit der Strukturierung von Dokumenten hinsichtlich ihrer Übersichtlichkeit. Denn wenn man es mit einem ellenlangen Dokument zu tun hat, lässt sich nicht mehr ad hoc sagen, welcher Passus an welcher Position zu finden ist. Für solche Zwecke benutzen wir Inhaltsverzeichnisse, Abbildungsverzeichnisse und Indizes. Aber auch Querverweise, Beschriftungen sowie Fuß- und Endnoten werden in diesem Abschnitt thematisiert.

Inhaltsverzeichnis einfügen

Umfangreiche Dokumente sollten mit einem Inhaltsverzeichnis erschlossen werden. Im Prinzip ist das nichts anderes als eine Überschriftensammlung mit den dazugehörigen Seitenzahlen. Die folgenden Workshops zeigen, wie es geht. Wir werden uns darin mit einem etwas umfangreicheren Dokument beschäftigen. Die Datei finden Sie im Ordner *08* der Buch-CD. Öffnen Sie das darin befindliche Word-Dokument *Inhaltsverzeichnis. docx*.

Bevor wir mit der eigentlichen Arbeit beginnen, möchte ich Ihnen das Dokument kurz vorstellen. Es handelt sich im weitesten Sinne um Inhalte aus diesem Buch. Wir haben ein Deckblatt (**Einfügen > Seiten > Deckblatt**) der Gestaltungsform **Ion (dunkel)** verwendet. Das **Design** (**Entwurf > Dokumentformatierung > Designs**) entspricht der Vorlage **Kondensstreifen**.

Damit man ein Inhaltsverzeichnis erzeugen kann, benötigt man die Gruppe **Formatvorlagen** der Registerkarte **Start**. Der Einfachheit halber kann man die Überschriften-Schnellformatvorlagen benutzen. Genau das ist im Beispieldokument bereits geschehen. Hier wurden drei Überschriftenkategorien benutzt, nämlich die Schnellformatvorlagen **Überschrift 1**, **Überschrift 2** und **Überschrift 3**.

Abbildung 8.20 Nutzen Sie die Schnellformatvorlagen.

Der »Titel« (Word 2013) ist für unser Inhaltsverzeichnis irrelevant, wie Sie gleich sehen werden. Klicken Sie mit der Maus einmal auf verschiedene Überschriften innerhalb des Dokuments, werden Sie feststellen, dass die jeweilige Schnellformatvorlage auf der Registerkarte **Start** markiert wird.

Sie können auch einmal den Arbeitsbereich **Formatvorlagen** öffnen, indem Sie rechts auf den kleinen Pfeil in der Gruppe **Formatvorlagen** ❶ (siehe Abbildung Seite 282) klicken. In diesem Bereich werden Ihnen die verwendeten Formatvorlagen des Dokuments angezeigt. Sollten Sie es also irgendwann einmal mit einem Dokument zu tun haben, welches noch nicht über Überschriften verfügt, müssten Sie diese zunächst manuell zuweisen (indem Sie die Einfügemarke in die betreffende Zeile stellen und anschließend auf die jeweilige Formatvorlage klicken).

1 Jetzt aber genug der Vorrede – lassen Sie uns mit der Arbeit beginnen. Was nutzt ein Inhaltsverzeichnis, wenn das Dokument keine Seitenzahlen beinhaltet. Also werden wir zunächst einmal Seitenzahlen einfügen. Klicken Sie daher in der Gruppe **Kopf- und Fußzeile** der Registerkarte **Einfügen** auf **Seitenzahl**. Wählen Sie den Menüpunkt **Seitenende** (damit die Seitenzahl am unteren Rand angeordnet wird) und klicken Sie in der Rubrik **Einfache Zahl** auf **Drei Linien**. (Natürlich können Sie auch jede andere Vorlage wählen. Diese passt aber ganz gut zum gewählten Dokumentstil.)

2 Da sich der Cursor jetzt in der Fußzeile des Dokuments befindet, lässt sich der Dokumenttext aktuell nicht bearbeiten. Aus diesem Grund ist er auch ausgegraut dargestellt. Das ändert sich, wenn Sie entweder einen Doppelklick in den Text setzen oder oben rechts auf **Kopf- und Fußzeile schließen** klicken.

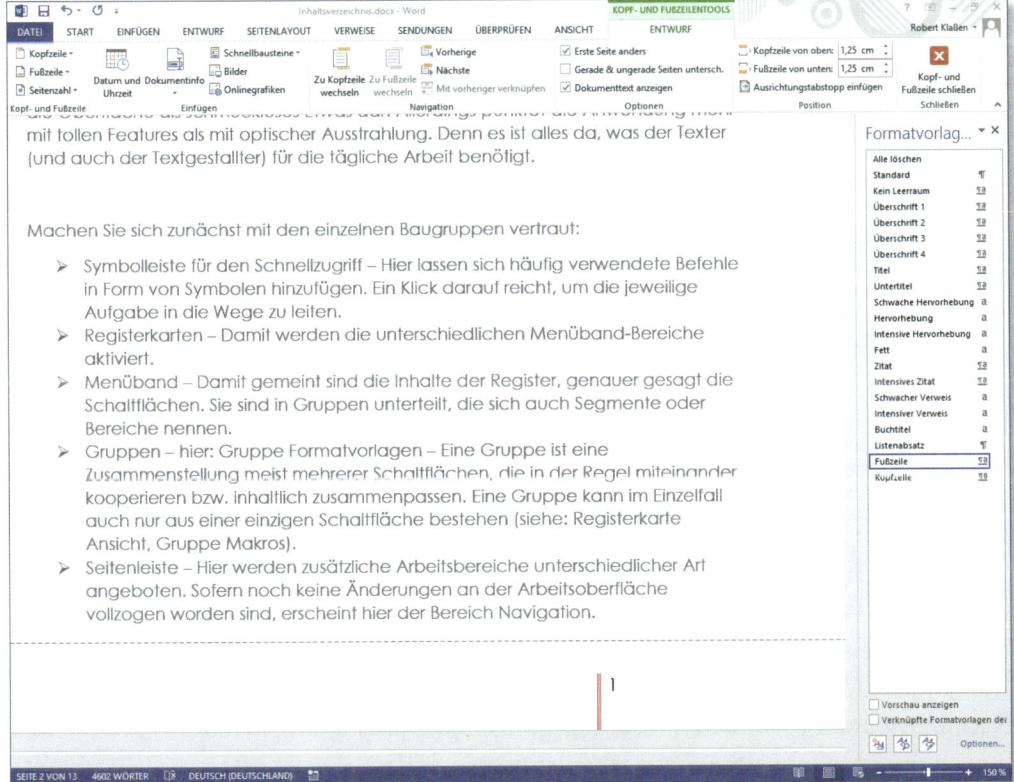

3 Zuletzt wollen wir dem Inhaltsverzeichnis einen Platz zuweisen. Üblicherweise gehört so etwas an den Dokumentanfang. Positionieren Sie die Einfügemarke daher hinter dem Absatz, der mit dem Titel »Word 2013« versehen ist. Drücken Sie zweimal ⏎, um zwei Zeilenschaltungen auszuführen.

4 Geben Sie nun »Inhaltsverzeichnis:« ein und lassen eine weitere Zeilenschaltung erfolgen. Wenn Sie mögen, können Sie das Geschriebene noch fett und kursiv auszeichnen. Achten Sie am Ende darauf, dass sich die Einfügemarke unterhalb der soeben hinzugefügten Überschrift befindet. In der nachfolgenden Abbildung sehen Sie, wie Ihr Dokument jetzt aussehen sollte.

Word 2013

Hier erhalten Sie einen ersten Einblick von der Arbeit mit Microsoft Word, Ihrem ständigen Begleiter in Sachen Textverarbeitung.

Inhaltsverzeichnis:

Die Oberfläche von Word 2013 kennenlernen

Die Oberfläche von Office haben Sie ja bereits kennengelernt. Die einzelnen Apps Ihres Office-Pakets kommen jedoch mit teils eigenen, ganz individuellen Inhalten daher. Es wäre ja auch irgendwie unlogisch, wenn alle Programme gleich aussähen. Deswegen hier die in erster Linie Word-typischen Eigenschaften.

Wo finde ich was? – Die wichtigsten Registerkarten

Die in Word integrierten Befehle sind in Registerkarten zusammengestellt, die sich ganz oben (gleich unterhalb der Kopfleiste) befinden. Klicken Sie eines dieser Register an, stellt sich dessen Inhalt gleich darunter zur Verfügung (im sogenannten Menüband). Darin wiederum befinden sich so genannte Gruppen, welche mehr

---

Im nächsten Workshop gibt es nicht allzu viel »nachzuklicken«, dafür aber jede Menge Informationen zur Individualisierung persönlicher Inhaltsverzeichnisse, und Sie sehen, wie Sie nach den Vorbereitungen das Inhaltsverzeichnis in Ihr Dokument einfügen. – Nachdem wir das Dokument im vorangegangenen Workshop vorbereitet haben, geht es nun an die Erstellung des Inhaltsverzeichnisses.

Wir werden in diesem Workshop mit der Datei *Inhaltsverzeichnis 01.docx* arbeiten. Die Datei finden Sie auf der CD zum Buch. Öffnen Sie den Ordner *08* und darin den Unterordner *Verzeichnisse*.

1 Kontrollieren Sie noch einmal, ob sich die Einfügemarke tatsächlich eine Zeile unterhalb des Textes »Inhaltsverzeichnis« befindet, und aktivieren Sie anschließend die Registerkarte **Verweise**. Klicken Sie ganz links auf **Inhaltsverzeichnis** in der gleichnamigen Gruppe. Mit einem Klick auf **Automatische Tabelle 1**, **Automatische Tabelle 2** oder **Manuelle Tabelle** fügen Sie schnell ein Inhaltsverzeichnis ein. Allerdings könnten Sie eigene Wünsche bei der Gestaltung des Inhaltsverzeichnisses dann nicht mehr mit einfließen lassen. Gehen Sie deswegen auf **Benutzerdefiniertes Inhaltsverzeichnis**.

8

2 Daraufhin öffnet sich der Dialog **Inhaltsverzeichnis**, mit dessen Hilfe Sie Ihr Verzeichnis wunschgemäß gestalten können. Wenn Sie die Option **Seitenzahlen anzeigen** ❶ (siehe Abbildung Seite 286) deaktivieren, stehen nur die Kapitel- und Abschnittstitel im Inhaltsverzeichnis. Da gerade die Seitenzahlen aber meist der Sinn eines Inhaltsverzeichnisses sind, sollte die Option aktiviert bleiben. Wer nicht möchte, dass die Seitenzahlen am rechten Rand, sondern unmittelbar hinter dem Text stehen, sollte die Option **Seitenzahlen rechtsbündig** ❷ abwählen.

Interessanter ist das Steuerelement **Füllzeichen** ❸. Damit lässt sich nämlich definieren, ob zwischen den Überschriften und Seitenzahlen gepunktete, gestrichelte oder durchgehende Linien angezeigt werden sollen. Wer keine Füllzeichen wünscht, schaltet hier um auf **(ohne)**.

Im Feld **Formate** ❹ lässt sich nun die Darstellungsform des Verzeichnisses beeinflussen. Im Feld **Ebenen anzeigen** ❺ steht, wie viele Überschriftenebenen ins Inhaltsverzeichnis einbezogen werden sollen. Würden Sie hier beispielsweise »2« eintragen, würde die Ebene **Überschrift 3** ❻ nicht mit ins Inhaltsverzeichnis aufgenommen.

3 Bevor Sie den Dialog mit **OK** verlassen, sollten Sie einmal auf **Optionen** ❼ klicken. Denn im zugehörigen Dialog wird festgelegt, welche Formatvorlagen für das Inhaltsverzeichnis verwendet werden. Scrollen Sie in der Liste **Inhaltsverzeichnisebene** ein wenig nach unten, werden Sie feststellen, dass die Überschriften 1 bis 3 bereits automatisch integriert sind. Das ist Standard, wobei nun auch beispielsweise **Überschrift 4** als vierte Inhaltsverzeichnisebene festgelegt werden könnte. Dazu müssten Sie dann »4« in das Eingabefeld **Überschrift 4** eintragen. Das würde im Übrigen auch dazu führen, dass das Steuerelement **Ebenen anzeigen** aus dem Dialog **Inhaltsverzeichnis** automatisch auf vier Ebenen erhöht würde. Belassen Sie es in diesem Beispiel aber mit den Voreinstellungen und schließen Sie diesen sowie den folgenden Dialog mit **OK**.

Nun wird das Inhaltsverzeichnis erstellt und an der zuvor gewählten Stelle Ihres Dokuments eingefügt. Das Inhaltsverzeichnis enthält nun alle Überschriften, die mit dem entsprechenden Format versehen sind und über die Dialoge **Inhaltsverzeichnis** und **Optionen für Inhaltsverzeichnis** ausgewählt wurden.

Inhaltsverzeichnis aktualisieren

Es ist keine Seltenheit, dass sich bis zur endgültigen Fertigstellung des Dokuments inhaltlich noch einiges ändert. In diesem Fall muss das bestehende Inhaltsverzeichnis aktualisiert werden. (Bei Bedarf arbeiten Sie mit der Beispieldatei *Inhaltsverzeichnis 02.docx* im Ordner *08*, Unterordner *Verzeichnisse*, der Buch-CD weiter.)

Zur Aktualisierung des Inhaltsverzeichnisses markieren Sie dieses. Es reicht ein einzelner Mausklick auf eine beliebige Stelle des Verzeichnisses, damit es komplett selektiert wird. Anschließend klicken Sie auf **Inhaltsverzeichnis aktualisieren** in der Gruppe **Inhaltsverzeichnis** der Registerkarte **Verweise**.

Abbildung 8.21 Zur Aktualisierung muss das Inhaltsverzeichnis markiert sein.

Nun fragt Word noch einmal nach, ob nur die Seitenzahlen aktualisiert werden sollen oder das gesamte Verzeichnis. Letzteres ist dann sinnvoll, wenn keine neuen Überschriften hinzugefügt worden sind. Anderenfalls entscheiden Sie sich für **Gesamtes Verzeichnis aktualisieren**.

TIPP

Inhaltsverzeichnis zur Navigation verwenden

Word-Inhaltsverzeichnisse lassen sich auch prima zur Navigation verwenden. Wenn Sie Strg gedrückt halten, während Sie auf eine Zeile des Inhaltsverzeichnisses klicken, springt die Anwendung automatisch zu dieser Dokumentposition.

Querverweise einfügen

Querverweise dienen in erster Linie dazu, den Leser auf eine andere Textstelle des Dokuments hinzuweisen. Wenn Sie beispielsweise auf Seite 20 eine Erklärung abgegeben haben, die auch auf Seite 100 relevant wäre, ist nicht zu empfehlen, den gesamten Text dort noch einmal zu integrieren. Vielmehr verweisen Sie an dieser Stelle auf den Text auf Seite 20.

Wer sich jetzt fragt, warum er nicht auf Seite 100 einfach einen Hinweis eintippen soll, der da lautet: »Weitere Informationen finden Sie auf Seite 20«, dem sei gesagt, dass zum Zeitpunkt der Dokumenterstellung oft noch gar nicht klar ist, dass Seite 20 immer Seite 20 bleibt. Bestes Beispiel: Sie fügen vor Seite 20 weiteren Text hinzu oder integrieren ein Inhaltsverzeichnis am Anfang des Dokuments, dann ist die ursprüngliche Seite 20 auf einmal vielleicht Seite 24. Der händisch eingetragene Querverweis wäre also plötzlich falsch. Und das darf nicht sein.

Kopieren Sie das Dokument *Abschnitte.docx*, das im Ordner *Ergebnisse* der beiliegenden Buch-DVD zu finden ist, auf Ihren Rechner und öffnen Sie anschließend die kopierte Datei. Hier soll nun ein Querverweis eingesetzt werden.

INFO

Textmarken sind unsichtbar

Textmarken werden von Haus aus in Word nicht angezeigt. Wie diese sichtbar gemacht werden können, erfahren Sie im Anschluss an diesen Workshop.

Querverweise benötigen eine Art Anlaufpunkt. Das können beispielsweise Überschriften, aber auch Textmarken sein. Unser Dokument enthält zwar Überschriften, jedoch sind diese nicht als solche formatiert. Aus diesem Grund arbeiten wir zunächst mit einer Textmarke. Was hinsichtlich der Überschriften zu tun ist, schauen wir uns im Anschluss an diesen Workshop auf Seite 292 an.

1 Wir möchten gerne auf Seite 2 des Dokuments einen Querverweis anbringen, der auf die Inhalte der Seite 1 hinweist. Dazu muss auf Seite 1 zunächst eine Textmarke platziert werden. Benutzen Sie dazu beispielsweise den Absatz »Das additive Farbsystem und RGB«. Platzieren Sie die Einfügemarke ❶ irgendwo innerhalb des folgenden Abschnitts und klicken Sie anschließend auf die Schaltfläche **Textmarke** ❷, die in der Gruppe **Link** der Registerkarte **Einfügen** zu finden ist.

2 Als Nächstes muss der Textmarke ein Name gegeben werden. Der Einfachheit halber belassen wir es bei der Bezeichnung »RGB« und klicken anschließend auf die Schaltfläche **Hinzufügen**.

3 Scrollen Sie nun auf Seite 2 des Dokuments. Etwa in der Mitte finden Sie einen Absatz, der mit: »Starten Sie doch in Photoshop einmal …« beginnt. Platzieren Sie die Einfügemarke hinter dem ersten Satz. Dort tippen Sie nun Folgendes ein: »Weitere Hinweise finden Sie auf Seite«. Lassen Sie dahinter ein Leerzeichen folgen.

Weil die drei Grundfarben aber leider nur »theoretisch« Schwarz ergeben, kommt in der Praxis als vierte Farbe Schwarz hinzu. Der Fachbegriff für diese Abweichung von Theorie und Praxis lautet *Spektralmängel*. In der Praxis kommt bei allen drei Farben gemeinsam allenfalls ein schmutzig wirkendes Braun heraus.

Starten Sie doch in Photoshop einmal diesen Test, indem Sie auf eines der Farbfelder innerhalb der Werkzeugleiste doppelklicken und über die RGB-Eingabefelder Schwarz festlegen (R+G+B = 0). Weitere Hinweise finden Sie auf Seite│Bestätigen Sie mit OK, und schließen Sie den Farbwähler, ehe Sie ihn mit einem Doppelklick auf das nun schwarze Feld der Werkzeugleiste erneut öffnen. Legen Sie jetzt für C, M und Y jeweils 100 % fest, und stellen Sie den Wert K auf »0«. Betrachten Sie das Ergebnis, und vergleichen Sie es mit Schwarz.

---

4 Klicken Sie nun auf die Schaltfläche **Querverweis** in der Gruppe **Link** der Registerkarte **Einfügen** und wählen Sie im Folgedialog **Querverweis** im Feld **Verweistyp** ❶ die Option **Textmarke**. Rechts daneben im Feld **Verweisen auf** ❷ entscheiden Sie sich für **Seitenzahl**. Lassen Sie einen Klick auf **Einfügen** ❸ folgen und schließen Sie den Dialog.

5 Zuletzt sorgen Sie noch dafür, dass der Satz innerhalb des Dokuments mit einem Punkt beendet und der folgende Satz vom vorangegangenen, falls nicht bereits geschehen, mit einem Leerzeichen getrennt wird.

> Starten Sie doch in Photoshop einmal diesen Test, indem Sie auf eines der Farbfelder innerhalb der Werkzeugleiste doppelklicken und über die RGB-Eingabefelder Schwarz festlegen (R+G+B = 0). Weitere Hinweise finden Sie auf Seite 1. Bestätigen Sie mit OK, und schließen Sie den Farbwähler, ehe Sie ihn mit einem Doppelklick auf das nun schwarze Feld der Werkzeugleiste erneut öffnen. Legen Sie jetzt für C, M und Y jeweils 100 % fest, und stellen Sie den Wert K auf »0«. Betrachten Sie das Ergebnis, und vergleichen Sie es mit Schwarz.

6 Als Nächstes sollten Sie dafür sorgen, dass die Textmarke verschoben wird. Am besten platzieren Sie dazu die Einfügemarke hinter den ersten Absatz und bauen so viele Leerzeilen ein, dass sich der markierte Text anschließend auf Seite 2 oder 3 befindet. Im Folgenden werden nun die Verweise wieder »repariert«.

7 Markieren Sie die Textstelle, die den Verweis enthält, und lassen Sie einen Rechtsklick folgen. Im Kontextmenü entscheiden Sie sich für **Felder aktualisieren**. (Um einen solchen Schritt auf das gesamte Dokument anzuwenden, müssen Sie vor dem Rechtsklick [Strg] + [A] betätigen. Das hätte dann zur Folge, dass der gesamte Dokumenttext markiert wird. Demzufolge würde dann nach Ausführung von **Felder aktualisieren** auch das gesamte Dokument aktualisiert).

> **INFO**
>
> **Textmarken sichtbar machen**
>
> Textmarken sind normalerweise unsichtbar. Sollten Sie jedoch einmal die exakte Position einer Textmarke anzeigen lassen wollen, müssen Sie auf **Datei** > **Optionen** klicken und im Dialogfenster **Word-Optionen** die Rubrik **Erweitert** wählen. Scrollen Sie bis zum Bereich **Dokumentinhalt anzeigen** und aktivieren Sie die Option **Textmarken anzeigen**. Bestätigen Sie die Einstellung mit **OK**. Die Textmarke taucht daraufhin schwachgrau im Text auf.

Querverweise mit Überschriften einfügen

Wer jedoch mit formatierten Überschriften arbeitet, kann sich das Setzen von Textmarken sparen, da auch eine Überschrift als Verweisziel definiert werden kann.

1 Öffnen Sie noch einmal die Beispieldatei *Abschnitte.docx*, die sich im Ordner *Ergebnisse* der Buch-CD befindet.

2 Setzen Sie die Einfügemarke zunächst in die erste Überschrift unseres Dokuments, also hier »Farbe«. Klicken Sie in der Gruppe **Formatvorlagen** der Registerkarte **Start** auf **Überschrift 1**.

3 Alle anderen Überschriften sollen die Formatvorlage **Überschrift 2** bekommen, diese finden Sie gleich rechts neben **Überschrift 1**. Am schnellsten geht das, indem Sie alle Überschriften des Dokuments (mit Ausnahme der ersten) markieren, während Sie `Strg` gedrückt halten, und anschließend auf die betreffende Schnellformatvorlage innerhalb der Gruppe **Formatvorlagen** der Registerkarte **Start** klicken. Damit sind die Vorarbeiten erledigt. Heben Sie die Markierungen durch einen Mausklick an einer beliebigen Stelle des Dokuments auf.

4 Scrollen Sie nun zur Seite 2 des Dokuments. Etwa in der Mitte finden Sie einen Absatz, der mit »Starten Sie doch in Photoshop einmal …« beginnt. Platzieren Sie die Einfügemarke hinter den ersten Satz, schreiben Sie: »Beachten Sie den Abschnitt« und lassen Sie ein Leerzeichen folgen.

> Starten Sie doch in Photoshop einmal diesen Test, indem Sie auf eines der Farbfelder innerhalb der Werkzeugleiste doppelklicken und über die RGB-Eingabefelder Schwarz festlegen (R+G+B = 0). Beachten Sie den Abschnitt Bestätigen Sie mit OK, und schließen Sie den Farbwähler, ehe Sie ihn mit einem Doppelklick auf das nun schwarze Feld der Werkzeugleiste erneut öffnen. Legen Sie jetzt für C, M und Y jeweils 100 % fest, und stellen Sie den Wert K auf »0«. Betrachten Sie das Ergebnis, und vergleichen Sie es mit Schwarz.

5 Klicken Sie in der Gruppe **Link** der Registerkarte **Einfügen** auf **Querverweis**. Im Dialog **Querverweis** wählen Sie im Feld **Verweistyp** die Option **Überschrift** und im Auswahlmenü **Verweisen auf** den Eintrag **Überschriftentext**. Wenn das geschehen ist, markieren Sie im Feld **Für welche Überschrift** die Zeile **Das additive Farbsystem und RGB**. Sobald Sie auf **Einfügen** klicken, wird der Verweis in Form des Überschriftentextes hinzugefügt.

6 Schieben Sie den Dialog **Querverweis** ein wenig zur Seite und werfen Sie einen Blick auf den soeben hinzugefügten Text. Sie sehen, dass der Überschriftentext nun auch Bestandteil des Fließtextes ist. Tippen Sie gleich dahinter »auf Seite« ein und lassen Sie abermals ein Leerzeichen folgen. Danach setzen Sie einen Klick auf die Kopfleiste des Dialogs **Querverweis** (damit dieser wieder aktiv wird) und stellen im Feld **Verweisen auf** den Eintrag der **Seitenzahl** ein. Zuletzt klicken Sie auf **Einfügen** und danach auf **Schließen**. Nun müssen Sie innerhalb des Textes nur noch einen Punkt und ein Leerzeichen folgen lassen und den Verweis in Anführungszeichen setzen.

7 Sorgen Sie zunächst dafür, dass der Überschriftentext »Das additive Farbsystem und RGB« auf einer anderen Seite als Seite 1 erscheint. Danach begeben Sie sich zu den Querverweisen, markieren den Textbereich, klicken mit rechts darauf und wählen **Felder aktualisieren**. Die Änderung wird sofort im Verweis angezeigt.

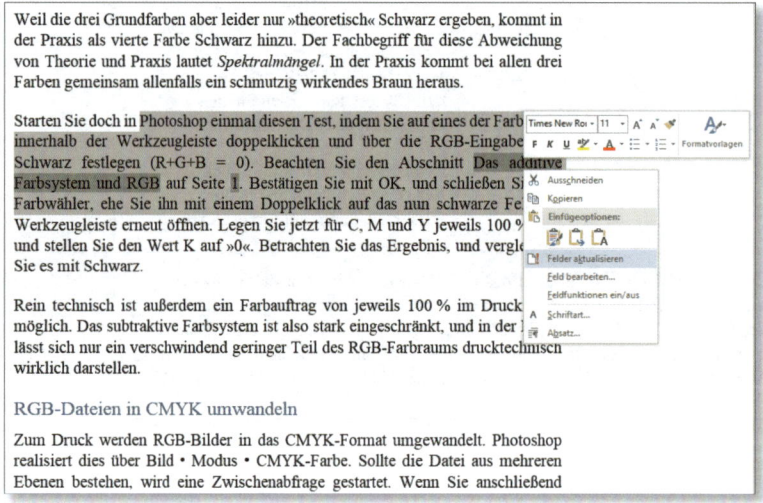

Nach der Aktualisierung erscheint nun die neue Seitenzahl der Textstelle, auf die sich der Querverweis bezieht.

8 Lassen Sie uns aber, weil es so schön ist, noch einen Schritt weitergehen. Setzen Sie die Einfügemarke in die Überschrift »Das additive Farbsystem und RGB« und ändern Sie diese in »Das Farbsystem RGB«. (Beachten Sie dazu auch die Hinweise im Kasten »Vorsicht bei der Umbenennung«!) Klicken Sie dazu in den Querverweis und aktualisieren Sie diesen abermals.

Sie werden feststellen, dass auch der Überschriftentext automatisch angepasst worden ist. Das ist doch eine tolle Sache, oder? Im Ordner *Ergebnisse* der Buch-CD finden Sie das entsprechend bearbeitete Dokument *Querverweis.docx*.

HINWEIS

Vorsicht bei der Umbenennung!

Wenn Sie die Überschrift komplett markieren und dann neu eingeben, geht der Verweis meist verloren. Beim Aktualisieren erhalten Sie dann die Fehlermeldung »Fehler! Textmarke nicht definiert.«. Wenn Sie jedoch zur Neueingabe des Überschriftentextes zunächst die Einfügemarke vor das erste Zeichen platzieren, den Text neu eingeben und zuletzt die rechts neben der Einfügemarke befindlichen Zeichen mit `Entf` löschen, bleibt der Verweis in der Regel erhalten. Sollte das nicht funktionieren, muss der Querverweis leider komplett neu angelegt werden.

Fußnoten und Endnoten einfügen

Selbstverständlich kann man Hinweise zu bestimmten Begriffen oder Aussagen direkt in den Fließtext platzieren. Sollten diese allerdings den Lesefluss stören oder nicht wichtig genug sein, um einen Platz im Fließtext zu ergattern, werden derartige Hinweise ganz einfach ausgelagert. Wir unterscheiden dabei zwischen *Fußnoten* und *Endnoten*. Fußnoten sind zusätzliche Hinweise zu einer Dokumentseite, die in der Regel am unteren Seitenende eingefügt werden, während sich Endnoten zumeist gesammelt am Dokumentende befinden.

Verwenden Sie noch einmal die Beispieldatei *Abschnitte.docx* aus dem Ordner *Ergebnisse* auf der Buch-CD. Wir möchten das Wort »Farbmanagement« in der ersten Zeile des ersten Abschnitts mit einem entsprechenden Hinweis versehen.

1 Platzieren Sie zunächst die Einfügemarke unmittelbar hinter dem Wort »Farbmanagement«.

2 Klicken Sie auf die Schaltfläche **Fußnote einfügen** innerhalb der Gruppe **Fußnoten** der Registerkarte **Verweise**.

3 Nun wird an der Position der Einfügemarke im Text sowie am unteren Seitenrand eine identische Nummer vergeben. Darüber hinaus springt die Einfügemarke an das untere Seitenende. Hier können Sie dann gleich mit der Eingabe des erklärenden Textes fortfahren.

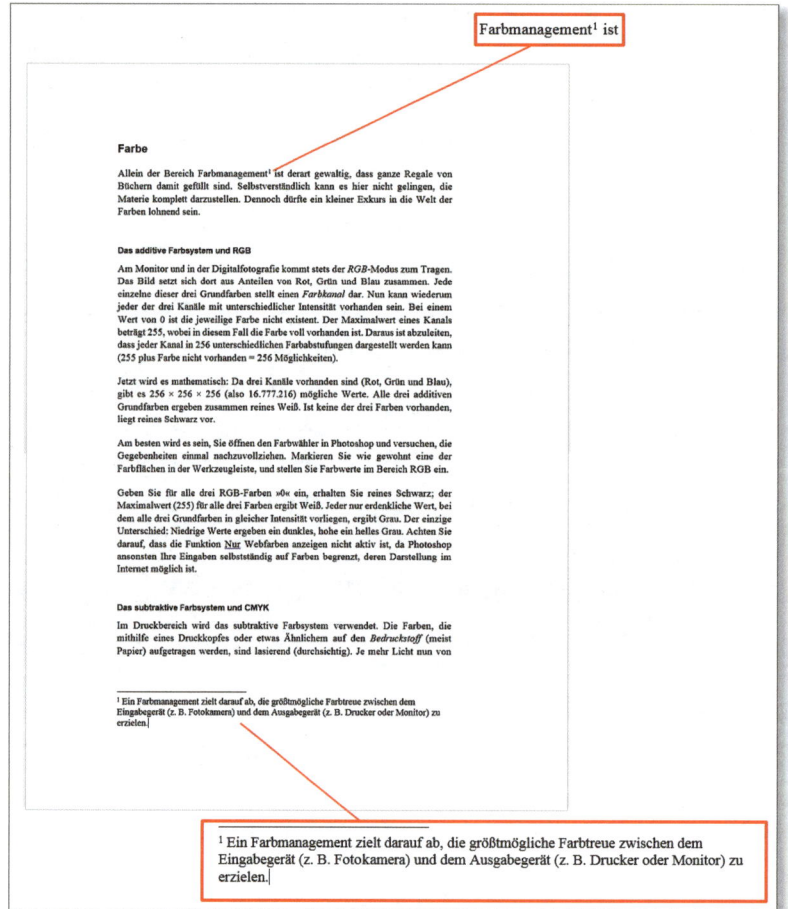

Das Einfügen von Endnoten entspricht im Wesentlichen dem von Fußnoten. Einzige Ausnahme: Sie klicken in der Gruppe **Fußnoten** der Registerkarte **Verweise** auf die Schaltfläche **Endnote einfügen**. Die Einfügemarke wird nun nicht an das untere Ende der Seite gesetzt, sondern an das Dokumentende. Diese Position bleibt auch dann weiterhin bestehen, sollten Sie weitere Seiten zu Ihrem Dokument hinzufügen.

INFO

Umbruchänderung

Der Fußnotentext befindet sich logischerweise immer auf der Seite, auf der sich auch die Fußnote häufig befindet. Anderenfalls könnte er ja nur schwer vom Leser Ihres Dokuments zugeordnet werden. Beachten Sie in diesem Zusammenhang, dass das Einfügen von Fußnoten häufig auch Auswirkungen auf den Textumbruch haben kann. Viel Fußnotentext nimmt immer dem Fließtext Platz weg und verschiebt Teile davon dann auf die nächste Seite.

Eigenschaften für Fuß- und Endnoten festlegen

Sie können sich denken, dass mit dem bloßen Hinzufügen von Fuß- und Endnoten in einer so leistungsstarken Software wie Word noch lange nicht Schluss ist. Klicken Sie auf den kleinen Pfeil ❶ in der Gruppe **Fußnoten** der Registerkarte **Verweise**, öffnet sich damit der Dialog **Fuß- und Endnote**.

Abbildung 8.22 Öffnen Sie den Dialog »Fuß- und Endnote«.

In diesem Dialogfenster haben Sie noch weitaus mehr Möglichkeiten Ihre Fuß- beziehungsweise Endnoten an Ihr Dokument anzupassen. Wählen Sie oben links zunächst aus, ob Sie eine Fuß- oder eine Endnote einfügen möchten. Möchten Sie keine weiteren Änderungen am Layout oder Format der Fuß- beziehungsweise Endnote vornehmen, klicken Sie auf den Button **Einfügen**.

Abbildung 8.23 In diesem Dialog legen Sie die Eigenschaften Ihrer Fuß- und Endnoten fest.

Sie können im Dialog **Fuß- und Endnote** jedoch auch noch eine Reihe von Änderungen am Layout und am Format der Fuß- oder Endnoten vornehmen. Besonders interessant ist die Zeile **Spalten** im Bereich **Fußnotenlayout**. Es besteht nämlich die Möglichkeit, den Fußnotentext in mehreren Spalten anzuordnen – und zwar unabhängig von der im Fließtext festgelegten Spaltenanzahl.

Am besten wird es sein, Sie öffnen den Farbwähler in Photoshop und versuchen, die Gegebenheiten einmal nachzuvollziehen. Markieren Sie wie gewohnt eine der Farbflächen in der Werkzeugleiste, und stellen Sie Farbwerte im Bereich RGB ein.

Geben Sie für alle drei RGB[2]-Farben »0« ein, erhalten Sie reines Schwarz; der Maximalwert (255[3]) für alle drei Farben ergibt Weiß. Jeder nur erdenkliche Wert, bei dem alle drei Grundfarben in gleicher Intensität vorliegen, ergibt Grau. Der einzige Unterschied: Niedrige Werte ergeben ein dunkles, hohe ein helles Grau. Achten Sie darauf, dass die Funktion Nur Webfarben[4] anzeigen nicht aktiv ist, da Photoshop ansonsten Ihre Eingaben selbstständig auf Farben begrenzt, deren Darstellung im Internet möglich ist.

---

[1] Ein Farbmanagement zielt darauf ab, die größtmögliche Farbtreue zwischen dem Eingabegerät (z. B. Fotokamera) und dem Ausgabegerät (z. B. Drucker oder Monitor) zu erzielen.
[2] RGB steht für die drei Grundfarben Rot, Grün und Blau.

[3] Gilt nur für 8-Bit-Bilder
[4] Webfarben sind jene Farben, die im Internetbrowser korrekt angezeigt werden können. Das Spektrum ist weitaus geringer als die Summe der RGB-Farben.

Abbildung 8.24 Die Fußnoten werden zweispaltig angeordnet, obwohl der Text nur einspaltig ist.

Aber Sie können sogar noch einen Schritt weitergehen. Denn dieser Dialog eignet sich auch zur Definition einzelner, ganz individueller Fuß- oder Endnoten. Platzieren Sie zunächst die Einfügemarke dort, wo die nächste Note eingesetzt werden soll. Öffnen Sie anschließend erneut den Dialog **Fuß- und Endnote**, indem Sie auf den kleinen Pfeil in der unteren rechten Ecke der Gruppe **Fußnoten** der Registerkarte **Verweise** klicken. Im Eingabefeld der Zeile **Benutzerdefiniert** ❶ lässt sich nun ein ganz individuelles Zeichen festlegen. Wenn Sie rechts daneben auf **Symbol** ❷ klicken, können Sie sogar ein Zeichen aus der Word-Symbolpalette auswählen. Um das Zeichen letztendlich zuzuweisen, klicken Sie auf **Einfügen**.

Sie können sowohl das Layout als auch das Format der Fuß- und Endnoten später noch rückwirkend für das gesamte Dokument ändern, sofern im Feld **Änderungen übernehmen für** die Option **Gesamtes Dokument** eingestellt ist.

8

Abbildung 8.25 Die Fußnote würde so nicht mit einer Ziffer, sondern einer Raute gekennzeichnet.

INFO

Absatzmarken und Formatierungssymbole

Sofern die Steuerzeichen (Absatzmarken und Formatierungssymbole) nicht bereits aktiviert sind, holt Word das automatisch nach, sobald Sie den ersten Indexeintrag festlegen. Das hat den Vorteil, dass der Indexeintrag hinter dem festgelegten Wort nun in Mengenklammern angezeigt wird. So wissen Sie, was bereits indexiert worden ist und was nicht. Wenn Sie mit der Indexierung fertig sind, können Sie wieder auf die herkömmliche Ansicht zurückschalten, indem Sie auf das Symbol **Alle anzeigen** in der Gruppe **Absatz** der Registerkarte **Start** klicken oder Strg + ⇧ + + drücken.

Index einfügen

Ein Index ist nichts anderes als ein Stichwortverzeichnis. Ab und zu wird es auch *Register* genannt. Markieren Sie markante Worte innerhalb des Textes und erzeugen Sie am Dokumentende ein entsprechendes Verzeichnis mit dazugehörigen Seitenzahlen. So findet der Leser schnell, wonach er sucht.

Falls Sie gerade kein geeignetes Dokument zur Hand haben, benutzen Sie *Inhaltsverzeichnis 02.docx* von der Buch-CD. Sie finden es im Ordner *08*, Unterordner *Verzeichnisse*.

1 Navigieren Sie durch das gesamte Dokument und halten Sie nach Begriffen Ausschau, die für einen Index geeignet erscheinen. Auf Seite 2 wären das beispielsweise »Oberfläche«, »Registerkarten«, »Kopfleiste« usw. Markieren Sie das erste Wort mit einem Doppelklick.

2 Öffnen Sie die Registerkarte **Verweise** und klicken Sie in der Gruppe **Index** auf **Eintrag festlegen**.

3 Nun öffnet sich der Dialog **Indexeintrag festlegen**. Wollen Sie lediglich den Eintrag »Oberfläche« hinzufügen, können Sie gleich auf **Festlegen** klicken, um den Indexeintrag in Ihr Dokument einzufügen. Fahren Sie daraufhin gleich mit Schritt 5 fort.

4 Allerdings ist es auch möglich, mehrere Untereinträge anzulegen. Dazu ein Beispiel: Das Wort »Oberfläche« kommt mehrfach im Text vor. Ganz oben geht es zunächst darum, die Oberfläche kennenzulernen. Etwas später wird die Gestaltung der Oberfläche angesprochen. Deswegen wäre es sinnvoll, dem ersten Eintrag »Oberfläche« den Untereintrag »kennenlernen« hinzuzufügen. Füllen Sie deshalb das Eingabefeld **Untereintrag** entsprechend. Klicken Sie anschließend auf **Festlegen**. Haupt- und Untereintrag werden erzeugt.

Der indexierte Eintrag erscheint nun hinter dem ursprünglich markierten Wort und wird in Mengenklammern hinter **XE** angezeigt. Sollte es dazu einen Untereintrag geben, ist dieser ebenfalls ausgewiesen – und wird durch einen Doppelpunkt vom Haupteintrag getrennt.

5 Scrollen Sie im Text ein wenig weiter nach unten. In der zweiten Zeile des Abschnitts »Word 2013« findet sich noch einmal das Wort »Oberfläche«. Markieren Sie es auch hier mit einem Doppelklick und klicken Sie im Menüband abermals auf **Eintrag festlegen**. Da es an dieser Textstelle um die Gestaltung der Oberfläche geht, empfehle ich, im Eingabefeld **Untereintrag** »gestalten« hinzuzufügen und neulich auf **Festlegen** zu klicken.

6 Schauen Sie sich das Dokument an und fügen Sie weitere Einträge hinzu. Wenn alle Begriffe aufgenommen worden sind, klicken Sie im Dialog auf **Schließen**.

7 Nun erzeugen Sie den Index. Scrollen Sie dazu an das Dokumentende und schreiben Sie eine Überschrift für den Index, z. B. »Stichwortverzeichnis«, die Sie unterstreichen und fett formatieren können, wenn Sie mögen. (Dann passt es zur Überschrift des Inhaltsverzeichnisses.) Falls Sie das Stichwortverzeichnis mit ins Inhaltsverzeichnis aufnehmen wollen, sollten Sie seiner Überschrift jedoch eine Formatvorlage zuweisen. Idealerweise nehmen Sie **Überschrift 1**, da der Index auf diese Weise gleichwertig mit den anderen Hauptüberschriften gelistet wird. Dann aktualisieren Sie das Inhaltsverzeichnis anschließend.

8 Wie auch immer Sie sich entscheiden: Positionieren Sie die Einfügemarke anschließend eine Zeile tiefer und betätigen Sie die Schaltfläche **Index einfügen** in der Gruppe **Index** der Registerkarte **Verweise**. (Je nach Bildschirmauflösung wird nur ein Symbol [unten], jedoch nicht die Schaltflächenbezeichnung **Index einfügen** [oben] angezeigt. Der Funktionsweise tut das indes keinen Abbruch.)

9 Den Dialog **Index**, der sich daraufhin öffnet, kennen Sie in ähnlicher Form schon vom Inhaltsverzeichnis. Es empfiehlt sich, die Checkbox **Seitenzahlen rechtsbündig 1** zu aktivieren und für den Index mindestens zwei **Spalten 2** zu benutzen. Bestätigen Sie mit **OK**.

10 Schauen Sie sich das Ergebnis an und achten Sie vor allem darauf, dass Untereinträge ein wenig eingerückt dargestellt werden. Dies dient der Übersicht in Bezug zum jeweils übergeordneten Haupteintrag. (Das Ergebnis dieses Workshops ist unter dem Namen *Inhaltsverzeichnis 03.docx* im Ordner *08*, Unterordner *Verzeichnisse*, auf der Buch-CD zu finden.)

8

INFO

Index aktualisieren

Sollten relevante Änderungen in Bezug auf den Index erfolgt sein (z. B. neue Einträge hinzugefügt), muss der Index aktualisiert werden. Dazu markieren Sie ihn an einer beliebigen Stelle und klicken anschließend auf die Schaltfläche **Index aktualisieren** in der Gruppe **Index** der Registerkarte **Verweise**. Daraufhin wird der Index erneut erstellt und die hinzugefügten oder geänderten Einträge werden in das Dokument eingefügt.

Querverweise im Index hinzufügen

Sie können dem Index auch Querverweise hinzufügen. So etwas bietet sich an, wenn zu erwarten ist, dass der Leser nach einem Stichwort sucht, welches Sie nicht oder höchst selten verwenden. Dazu ein Beispiel: Mal angenommen, Sie schreiben in Ihrem Dokument eine Passage über »Apps«. Wenn Sie nun wünschen, dass ein Leser, der nach dem Indexeintrag »Programme« sucht, auch diesen Abschnitt findet, sollten Sie einen Querverweis erstellen.

Zunächst müssen Sie das Wort »Apps« indexieren. Klicken Sie dazu in der Gruppe **Index** der Registerkarte **Verweise** auf die Schaltfläche **Eintrag festlegen**. Im folgenden Dialog **Indexeintrag festlegen** nehmen Sie dann die Indexierung vor. Danach stellen Sie die Einfügemarke an eine beliebige Position des Dokuments, klicken auf **Eintrag festlegen** in der Gruppe **Index** der Registerkarte **Verweise** und aktivieren den Radiobutton **Querverweis**. Daraufhin tragen Sie in das Feld **Haupteintrag** »Programme« ein, betätigen **Festlegen** und schließen den Dialog. Abschließend müssen Sie nun den Index aktualisieren, klicken Sie dazu in der Gruppe **Index** der Registerkarte **Verweise** auf **Index aktualisieren**.

Abbildung 8.26 Eher unpopuläre Begriffe werden mit einem Querverweis versehen.

Im Stichwortverzeichnis finden Sie daraufhin unter »Programme« einen Querverweis zu »Apps«.

8.3 Mit Kopf- und Fußzeilen arbeiten

Durch Kopf- und Fußzeilen werden Dokumente insgesamt noch übersichtlicher. Denn es ist möglich, weitere Informationen wie beispielsweise Dokumenttitel, Kapitelüberschriften, Datum, Seitenzahlen und vieles mehr einzubeziehen.

Öffnen Sie das Beispieldokument *Inhaltsverzeichnis 03.docx*, das Sie im Ordner *08*, Unterordner *Verzeichnisse*, auf der Buch-CD finden. Sie erinnern sich, dass wir am unteren Rand bereits Seitenzahlen hinzugefügt hatten (siehe den Unterabschnitt »Inhaltsverzeichnis einfügen«, auf Seite 281). Derartige Elemente stehen grundsätzlich in einer Kopf- oder (wie hier) in einer Fußzeile. Dort integrierte Elemente lassen sich aber nicht wie herkömmlicher Text markieren. Vielmehr muss dieser Bereich zunächst geöffnet werden. Dazu setzen Sie einen Doppelklick auf das untere Ende des Blattes (Fußzeile) bzw. das obere Ende, sofern Sie eine Kopfzeile zugänglich machen wollen. Um jeweils zum anderen Bereich zu springen, klicken Sie in der Registerkarte **Kopf- und Fußzeilentools/Entwurf** auf die Schaltfläche **Zu Kopfzeile wechseln** ❶ bzw. **Zu Fußzeile wechseln** ❷.

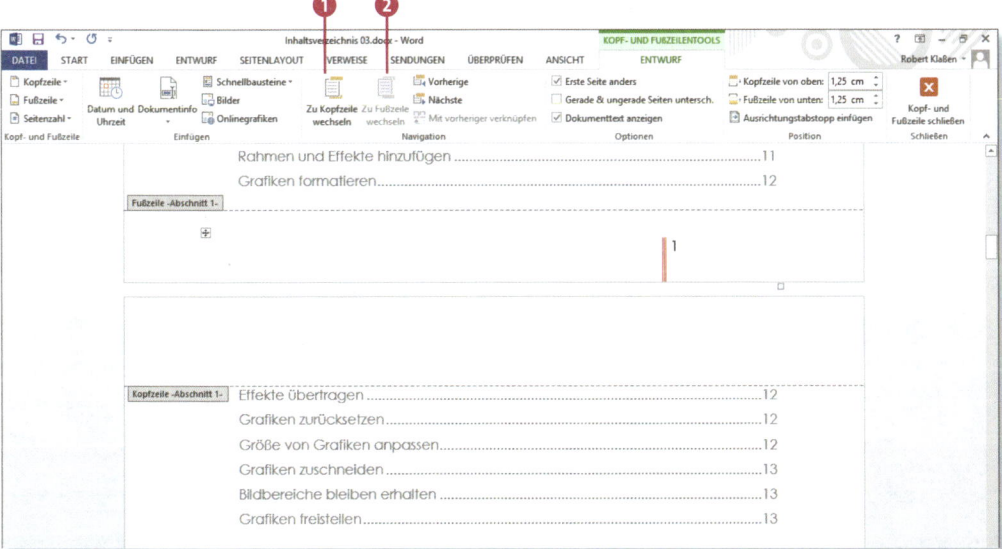

Abbildung 8.27 Im Beispieldokument gibt es bereits eine Kopf- und Fußzeile.

Zurück ins Dokument geht es mit einem Doppelklick auf den Fließtext oder durch einen Klick auf die Schaltfläche **Kopf- und Fußzeile schließen** oben rechts im Menüband.

Kopf- und Fußzeilen hinzufügen

In diesem Workshop geht es darum, unser Beispieldokument *Inhaltsverzeichnis 03.docx* aus dem Ordner *08*, Unterordner *Verzeichnisse*, der Buch-CD weiter auszugestalten. Hier wollen wir in der folgenden Anleitung individuelle Informationen in die Kopfleiste des Dokuments einfügen.

1 Platzieren Sie die Einfügemarke auf Seite 1 des Dokuments und klicken Sie auf die Schaltfläche **Kopfzeile** in der Gruppe **Kopf- und Fußzeile** der Registerkarte **Einfügen**. Scrollen Sie im Auswahlmenü bis zum Menüpunkt **Kontrast (Ungerade Seite)** und setzen Sie einen Mausklick darauf.

2 Ganz oben rechts findet sich nun der Eintrag **Firma**. Da dieser nicht benötigt wird, klicken Sie auf dessen graue Kopfleiste und drücken anschließend ⌨Entf oder ⌨← . (Sie fragen sich, wie das Eingabefeld **Firma** ins Dokument gelangt ist? Dann sollten Sie wissen, dass dieses Bestandteil des im Dokument verwendeten Deckblattes [**Ion**] ist.)

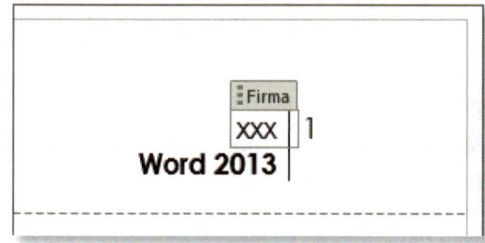

3 Öffnen Sie jetzt die Registerkarte **Kopf- und Fußzeilentools/Entwurf** und aktivieren Sie die Checkbox **Gerade & ungerade Seiten untersch.** ❶ in der Gruppe **Optionen**. Dadurch sorgen Sie dafür, dass gerade und ungerade Seiten unterschiedliche Kopfleisten haben dürfen.

4 Aktivieren Sie zudem die Checkbox **Erste Seite anders** ❷, damit auf dem Deckblatt keine Kopfleiste erscheint.

5 Klicken Sie nun auf **Nächste** in der Gruppe **Navigation** der Registerkarte **Kopf- und Fußzeilentools/Entwurf**, damit die Einfügemarke in der Kopfleiste von Seite 2 platziert wird.

6 Danach aktivieren Sie das Register **Einfügen**, klicken in der Gruppe **Kopf- und Fußzeile** noch einmal auf **Kopfzeile**. Stellen Sie diesmal **Kontrast (Gerade Seite)** ein. Sie werden feststellen, dass die Seitenzahl nun links angeordnet wird. Außerdem erscheint ganz automatisch der Text »Die Oberfläche von Word 2013 kennenlernen«. Das liegt daran, dass Word automatisch die für die aktuelle Seite geltende und mit der Formatvorlage **Überschrift 1** versehene Überschrift übernimmt. So weiß der Leser immer, in welchem Kapitel er sich gerade befindet. In der Kopfzeile auf Seite 6 finden Sie demnach die Überschrift »Erste Schritte mit Word 2013«. Indes hat sich die Kopfleiste der ungeraden Seiten nicht geändert.

7 Nun wäre noch zu bemängeln, dass sich auf den ungeraden Seiten noch die alten Seitenzahlen befinden. Diese müssen entfernt werden. Dazu platzieren Sie die Einfügemarke auf eine ungerade Fußzeile und klicken anschließend auf den gekreuzten Doppelpfeil ❶ (sollte er nicht sichtbar sein, bewegen Sie die Maus ein wenig hin und her). Dieser Vorgang markiert die gesamte Tabelle (Kopf- und Fußzeilen werden nämlich in Tabellen organisiert – in Abschnitt 8.4 »Tabellen in Word einfügen«, auf Seite 310, gibt es mehr dazu).

8 Daraufhin klicken Sie mit rechts auf die graue Markierung ❷ und entscheiden sich im Kontextmenü für **Tabelle löschen** ❸.

9 Es ist grundsätzlich davon auszugehen, dass Kopf- und Fußzeilen den Textumbruch beeinflussen können. Immerhin brauchen diese Bereiche Platz, den sie wenn nötig vom Satzspiegel »abgreifen«. Aufgrund dessen sollten Verzeichnisse (wie unser Inhaltsverzeichnis oder der Index) im Anschluss an das Einfügen von Kopf- und Fußzeilen grundsätzlich aktualisiert werden (siehe den Abschnitt »Inhaltsverzeichnis aktualisieren« auf Seite 287).

Das Ergebnis dieses Workshops ist übrigens mit *Inhaltsverzeichnis 04.docx* betitelt und befindet sich ebenfalls auf der Buch-CD im Ordner *08 > Verzeichnisse*.

Kopf- und Fußzeilen selbst gestalten

Im vorangegangenen Workshop haben Sie Vorlagen zur Erstellung der Kopfzeilen benutzt. Grundsätzlich dürfen Sie aber auch Ihre eigenen, ganz persönlichen Kopf- und Fußzeilen gestalten. Beginnen Sie damit, einen Doppelklick auf den Bereich der Kopf- oder Fußzeile zu platzieren. Damit erreichen Sie gleich zweierlei: Zum einen ist der Kopf- oder Fußzeilenbereich damit bereits markiert, zum anderen steht die Registerkarte **Kopf- und Fußzeilentools/Entwurf** zur Verfügung.

Abbildung 8.28 Sobald sich der Cursor in einer Kopf- oder Fußzeile befindet, wird die Registerkarte »Kopf- und Fußzeilentools/Entwurf« angezeigt.

Das macht es nun auch möglich, die Steuerelemente der Gruppe **Einfügen** zu benutzen. Wenn Sie beispielsweise auf **Dokumentinfo** ❶ (siehe Abbildung 8.28) klicken, können Sie den Namen des Autors oder den Dokumenttitel hinzufügen. Darüber hinaus dürfen aber auch **Datum und Uhrzeit** ❷, **Schnellbausteine**, **Bilder** und **Onlinegrafiken** ❸ hinzugefügt werden. Im Grunde können Sie in die Kopfzeile aufnehmen, was immer Sie wollen.

Abbildung 8.29 Fügen Sie beispielsweise den Dokumenttitel hinzu.

Bei der Textgestaltung stehen Ihnen auch die Steuerelemente der Registerkarte **Start** zur Verfügung. Im folgenden Unterabschnitt »Tabellen einfügen« auf Seite 311 werden wir das Thema Kopf- und Fußzeilen noch einmal aufgreifen.

8.4   Tabellen in Word einfügen

Beim Stichwort *Tabellen* denkt man sofort an Statistiken, endlos viele Zahlen und mathematische Berechnungen. Das ist ja auch zunächst einmal nicht falsch. Doch Tabellen haben noch eine weitere Funktion. Mit ihnen lassen sich Dokumentbereiche ansprechend gestalten. Und darum geht es nun.

INFO

Begriffe

Um auch demjenigen einen Einblick zu geben, der sich noch nie mit Tabellen befasst hat, hier ein paar grundsätzliche Begriffe:

- **Zeile:** eine Tabellenreihe, die sich von links nach rechts erstreckt
- **Spalte:** eine Tabellenreihe, die sich von oben nach unten erstreckt
- **Zelle:** ein einzelnes »Kästchen« (Feld) einer Tabelle

Diese Begriffe werden Ihnen bei den Schaltflächen zur Tabellenbearbeitung immer wieder begegnen, daher sollten Sie sich diese Begriffe merken.

Tabellen einfügen

Bereits in Abschnitt 8.3 »Mit Kopf- und Fußzeilen arbeiten«, ab Seite 304 haben wir angesprochen, dass Kopf- und Fußzeilen als Tabellen angelegt sind. Wir bleiben hier also bei dem Beispiel und generieren eine Tabelle für eine Kopfzeile. Auf die gleiche Weise können Sie aber Tabellen auch in Ihrem Dokument einsetzen, die beschriebene Verwendungsweise ist nicht auf Tabellen in Kopf- bzw. Fußzeilen beschränkt.

Erzeugen Sie ein neues leeres Dokument, das im **Seitenlayout** angezeigt wird (Registerkarte **Ansicht**, Gruppe **Ansichten**).

1 Nach einem Doppelklick auf den oberen Rand des Blattes wird der Kopfzeilenbereich angezeigt, der durch eine gestrichelte Linie vom Rest des Dokuments getrennt ist.

2 Jetzt wechseln Sie zur Registerkarte **Einfügen** und klicken in der Gruppe **Tabellen** auf die Schaltfläche **Tabelle**. Setzen Sie im Menü der Schaltfläche einen Mausklick auf das dritte Quadrat der ersten Zeile ❹. Sie erzeugen damit eine Tabelle, die aus drei Spalten, jedoch nur einer Zeile besteht. Entsprechendes wird auch in der Kopfleiste des Menüs angezeigt: **3x1 Tabelle** ❺.

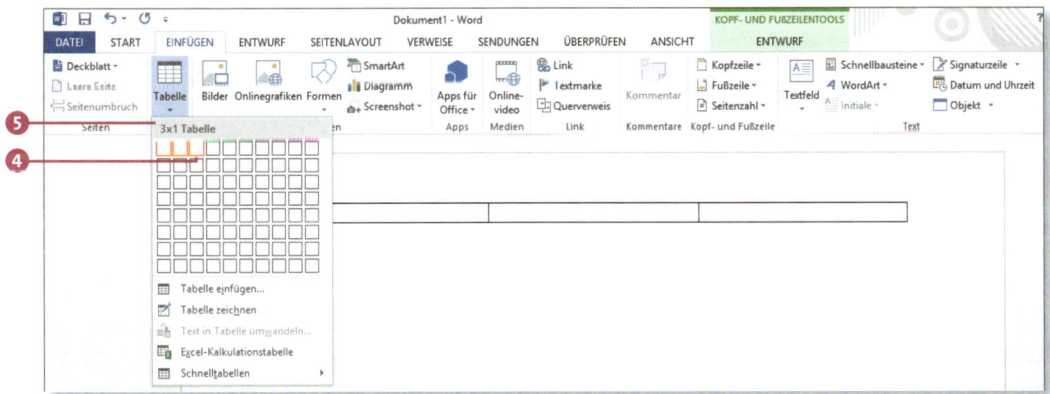

3 Die Einfügemarke befindet sich bereits in der ersten Zelle. Sie können also gleich losschreiben. Für dieses Beispiel verwenden wir einen fiktiven Buchtitel (hier: »Studiofotografie«). Nachdem Sie den Titel eingegeben haben, drücken Sie einmal ⇤, um in die nächste Zelle zu gelangen.

4 Die Informationen der zweiten Zelle sollen mittig angeordnet werden. Dazu drücken Sie ⌈Strg⌉ + ⌈E⌉. (Sie könnten stattdessen auch in der Gruppe **Absatz** der Registerkarte **Start** auf **Zentrieren** klicken, müssten danach dann aber wieder die Registerkarte **Kopf-und Fußzeilentools/Entwurf** aktivieren. Da ist die Tastenkombination doch wesentlich effektiver, finden Sie nicht auch?) Klicken Sie in der Gruppe **Einfügen** der Registerkarte **Kopf- und Fußzeilentools/Entwurf** auf die Schaltfläche **Dokumentinfo**. Wählen Sie hier nun den Menüpunkt **Autor**. Daraufhin wird natürlich Ihr eigener Name in die Tabelle eingefügt – nicht meiner.

5 Nun klicken Sie mit der Maus in die rechte Zelle (das Verlassen der Zelle mit dem Autorennamen ist mit ⇤ leider nicht möglich). Danach drücken Sie ⌈Strg⌉ + ⌈R⌉, um den Text der dritten Zelle rechtsbündig anzuordnen. Klicken Sie erneut auf **Dokumentinfo** und wählen Sie jetzt den Menüpunkt **Feld**.

6 Im nun geöffneten Dialog **Feld** aktivieren Sie im Bereich **Feldnamen** ❶ den Eintrag **Page** (das steht für die Seitenzahlen). Daraufhin öffnet sich der Bereich **Feldeigen-**

schaften mit dem Auswahlfeld **Format** ❷ in der Mitte des Dialogs, mit dessen Hilfe Sie bestimmen, wie die Seitenzahlen aussehen sollen. Wählen Sie den obersten Eintrag an (**1, 2, 3, …**) und bestätigen Sie Ihre Einstellungen mit **OK**.

7 Was jetzt noch fehlt, ist die Formatierung der Tabelle. Der Tabellenrahmen soll natürlich nicht sichtbar sein. Mit einem Doppelklick auf das oben links befindliche Doppelpfeilsymbol ❸ öffnet sich die Registerkarte **Tabellentools/Entwurf**. Nun betätigen Sie in der Gruppe **Rahmen** die Schaltfläche **Rahmen** ❹ und lassen zuletzt einen Klick auf **Kein Rahmen** ❺ folgen.

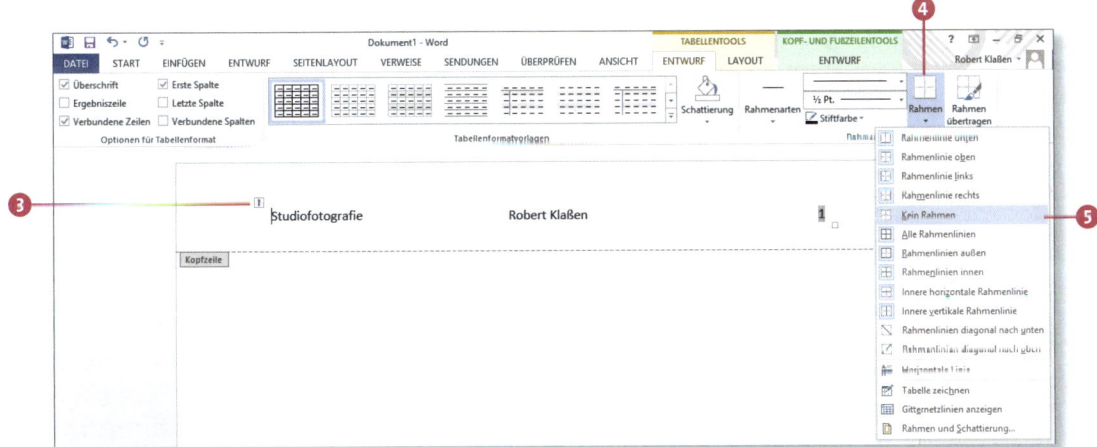

Verlassen Sie die Kopfzeile durch einen Doppelklick auf einen Dokumentbereich außerhalb der Kopfzeile. (Ein Vergleichsdokument mit dem Titel *Tabelle Kopfzeile.docx* finden Sie im Ordner *08* auf der Buch-CD.)

> **INFO**
>
> **Alternative: Seitenzahlen hinzufügen**
>
> Natürlich lassen sich Seitenzahlen auch hinzufügen, indem Sie in der Gruppe **Kopf- und Fußzeile** der Registerkarte **Einfügen** auf die Schaltfläche **Seitenzahl** klicken. Allerdings sind die dortigen Seitenzahlen mit Formatierungen wie beispielsweise Rahmen und Linien versehen – es sei denn, Sie würden sich im Dropdown-Menü für **Seitenzahlen formatieren** entscheiden. Der Weg über den Menüpunkt **Feld** der Schaltfläche **Dokumentinfo** auf der Registerkarte **Kopf- und Fußzeilentools/Entwurf** ist einfach schneller.

Tabellen per Dialog einfügen

Gleich zu Beginn des vorangegangenen Workshops haben Sie erfahren, wie leicht es ist, eine Tabelle mit einer bestimmten Anzahl von Zeilen und Spalten auszustatten. Bei Verwendung dieser Methode lassen sich allerdings maximal acht Zeilen und zehn Spalten generieren. Doch was ist zu tun, wenn es einer größeren Tabelle bedarf? In diesem Fall klicken Sie erneut auf die Schaltfläche **Tabelle** in der Gruppe **Tabellen** der Registerkarte **Einfügen** und wählen den Menüpunkt **Tabelle einfügen**.

Abbildung 8.30 Wer größere Tabellen als 10 x 8 benötigt, muss auf »Tabelle einfügen« klicken.

Im Dialogfenster **Tabelle einfügen** haben Sie nun die Möglichkeit, die Zeilen- und Spaltenanzahl Ihrer Tabelle individuell festzulegen. So können Sie die Tabelle vorab ganz nach Ihren Bedürfnissen gestalten und beispielsweise die passende Breite für die Spalten vorgeben.

Abbildung 8.31 Die Anzahl der Zeilen und Spalten ist frei wählbar.

INFO

Einzelne Linien bearbeiten

Sie können über die Schaltfläche **Linienstärke** in der Gruppe **Rahmen** der Registerkarte **Tabellentools/Entwurf** auch einzelne Trennlinien einer Tabelle verändern. Dazu reicht übrigens ein kurzer Klick auf die betreffende Trennlinie, nachdem die Linienstärke im Menüband eingestellt worden ist.

Tipps und Tricks zur Tabellenformatierung

Sie haben ja bereits die Schnellformatvorlagen in der Gruppe **Formatvorlagen** der Registerkarte **Start** kennengelernt, mit denen sich Texte schnell und unkompliziert auszeichnen lassen. Das Gleiche gibt es auch für Tabellen. Unmittelbar nachdem nämlich eine Tabelle erzeugt worden ist, wird die Registerkarte **Tabellentools** mit ihren speziellen Unterregistern **Layouts** und **Entwurf** angezeigt. Die Registerkarte **Tabellentools/Entwurf** enthält die Tabellenformatvorlagen, die genau so zugewiesen werden wie die Formatvorlagen der Registerkarte **Start** für Texte. Ein Klick auf eine Vorlage reicht, um die Tabelle entsprechend zu gestalten.

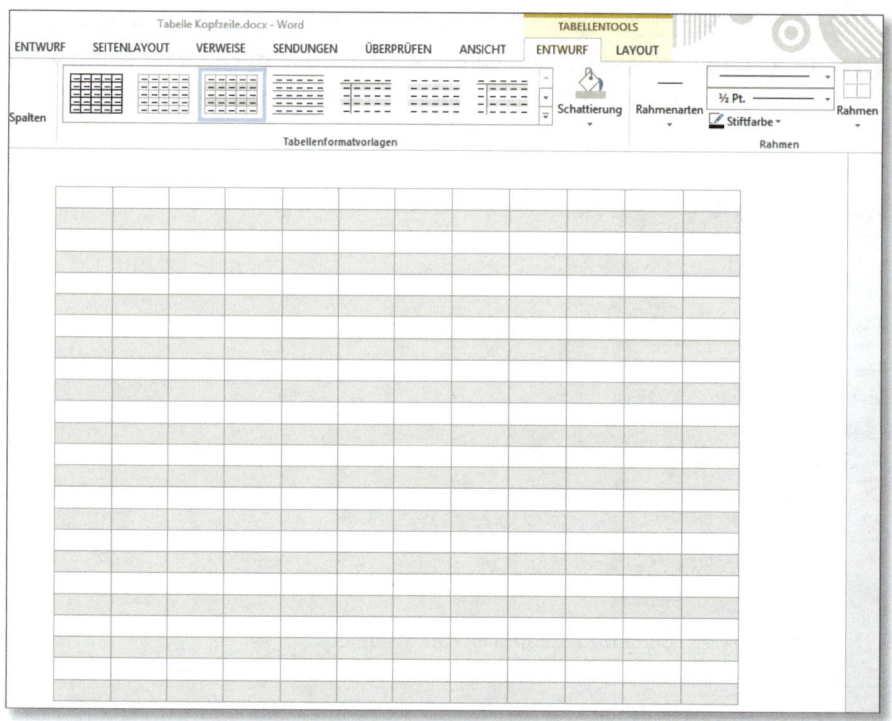

Abbildung 8.32 Ruck, zuck lässt sich die Tabelle gestalten.

Auch die übrigen Steuerelemente auf dieser Registerkarte sind ausgesprochen interessant. Wollen Sie beispielsweise eine dicke Trennlinie zwischen der ersten und allen weiteren Zeilen hinzufügen, um die Überschrift hervorzuheben, sollten Sie in der Gruppe **Rahmen** zunächst einmal eine Linienstärke wählen (hier: 4 ½ Pt. ❶). Der Mauszeiger verwandelt sich daraufhin in einen Pinsel, und Sie können auf diese Art zeichnen. Klicken Sie ganz links auf die Trennlinie ❷, halten Sie die Maustaste gedrückt und ziehen Sie die Linie bis nach rechts ❸ durch. Dort angekommen, lassen Sie die Maustaste los.

Abbildung 8.33 So schnell erzeugen Sie eine Trennlinie.

Sollten Sie während der Arbeit feststellen, dass zusätzliche Zeilen oder Spalten erforderlich sind, positionieren Sie zunächst die Einfügemarke an der Stelle, neben oder über der Sie eine weitere Zeile oder Spalte benötigen. Dann wechseln Sie zur Registerkarte **Tabellentools/Layout** und benutzen dort die Steuerelemente der Gruppe **Zeilen und Spalten** (z. B. **Darüber einfügen** oder **Links einfügen**).

Abbildung 8.34 Die Gruppe »Zeilen und Spalten« ermöglicht eine Veränderung der Zeilen- und Spaltenanzahl.

Noch einfacher geht es aber, wenn Sie die Maus etwas oberhalb bzw. links vom Tabellenrahmen platzieren. Daraufhin erscheinen kleine Plus-Schaltflächen, die zum Hinzufügen einer Zeile oder Spalte ganz einfach angeklickt werden können.

Abbildung 8.35 Dieses relativ neue Feature ist vielen Anwendern noch nicht bekannt – und ausgesprochen praktisch in der Anwendung.

Die Arbeit mit dem Kontextmenü ist ebenfalls sehr praktisch. Markieren Sie die betreffenden Zeilen und klicken Sie sie mit der rechten Maustaste an. Nun können Sie über die Menüpunkte **Einfügen** ❶ (siehe Abbildung 8.36) oder **Zellen löschen** ❷ Zellen, Zeilen und Spalten hinzufügen oder entfernen. Außerdem lassen sich Zellen auch miteinander verbinden ❸. Mehrere markierte Zellen verschmelzen so zu einer.

Abbildung 8.36 Das Kontextmenü ist ausgesprochen hilfreich.

Noch mehr Individualität erreichen Sie durch das sogenannte Verschachteln von Tabellen. Sie können also ohne Weiteres zunächst eine Tabelle erzeugen, die Einfügemarke anschließend in eine einzelne Zelle platzieren und abermals eine Tabelle einfügen.

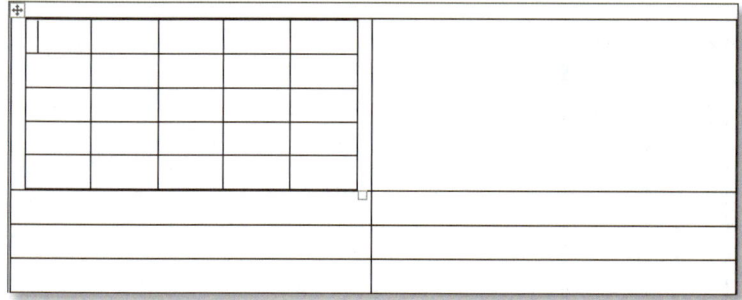

Abbildung 8.37 Eine Tabelle in einer Tabelle – mit Word ist das kein Problem.

Wem auch das noch nicht reicht, der kann im wahrsten Sinne des Wortes einen Stift zur Hand nehmen und seine eigene Tabelle zeichnen. Dazu klicken Sie auf die Schaltfläche **Tabelle** der Registerkarte **Einfügen** und wählen im zugehörigen Menü den Punkt **Tabelle zeichnen**. Den gleichen Befehl finden Sie in der Gruppe **Zeichnen** der Registerkarte **Tabellentools/Layout**. Jetzt können Sie mit gedrückter Maustaste Quadrate und Rechtecke aufziehen. Aber es kommt noch besser: Sie können eine bestehende Zelle bei Bedarf auch durch eine diagonale Linie aufteilen.

Abbildung 8.38 Ein Höchstmaß an Individualität wird durch das Zeichnen von Tabellen ermöglicht.

INFO

Tabellenlinien entfernen

Sie möchten Tabellenlinien im wahrsten Sinne »wegradieren«? Dann aktivieren Sie entweder die Option **Radierer** (in der Gruppe **Zeichnen** der Registerkarte **Tabellentools/ Layout**) oder halten Sie ganz einfach ⬛ gedrückt, nachdem Sie das Werkzeug **Tabelle zeichnen** aktiviert haben. Klicken Sie jetzt auf vorhandene Linien, um diese zu entfernen.

Kapitel 9
Mit Beschriftungen und Serienbriefen arbeiten

Nachdem ein Dokument fertiggestellt worden ist, soll es möglicherweise per Post an den Empfänger verschickt werden. Drucken Sie Ihre Dokumente als Serienbriefe aus und erstellen Sie bequem die nötige Beschriftung Ihrer Briefumschläge. All das wird durch die in Word integrierten Funktionen zum Kinderspiel.

9.1 Umschläge beschriften

Gleich zu Anfang möchte ich erwähnen, dass alle Funktionen, die in diesem Kapitel beschrieben werden, auch für den Seriendruck geeignet sind. So lassen sich beispielsweise zahlreiche Umschläge mit unterschiedlichen Adressen bestücken. Doch dazu erfahren Sie im weiteren Verlauf des Kapitels mehr. Zunächst einmal schauen wir uns an, wie ein herkömmlicher Umschlag für den postalischen Versand eines einzelnen Briefes beschriftet wird.

Damit Briefumschläge direkt aus Word heraus bedruckt werden können, benötigen Sie lediglich drei Dinge:

1. Word
2. einen Briefumschlag
3. einen Drucker, der Briefumschläge einziehen und verarbeiten kann

Letzteres sollte auch einfache Drucker nicht vor große Probleme stellen, denn das können heutzutage nahezu alle Druckermodelle. Sicherheitshalber sollten Sie aber vorab in der Bedienungsanleitung Ihres Druckers nachschauen, sofern Sie sich nicht sicher sind, dass Ihr Drucker dazu auch in der Lage ist. In diesem Beispiel wollen wir aus Word heraus einen einzelnen fensterlosen Standardbriefumschlag mit der Absender- und der Empfängeradresse bedrucken. Dazu werden zunächst die entsprechenden Informationen benötigt und Sie müssen in Word das Format des Briefumschlags festlegen.

1 Klicken Sie zunächst auf die Schaltfläche **Umschläge** in der Gruppe **Erstellen** der Registerkarte **Sendungen**.

2 Tragen Sie in das oberste Feld des Dialogs **Umschläge und Etiketten** die Empfängeradresse ein und vergessen Sie nicht, in das Feld **Absenderadresse** unten links die entsprechende Adresse einzutragen, sofern Sie diese auch mit ausdrucken lassen wollen. Alternativ können Sie die Checkbox **Weglassen** aktivieren, sodass der Ausdruck ohne Absenderadresse erfolgt. Anschließend klicken Sie auf **Optionen**.

3 Im Dialogfenster **Umschlagoptionen** stellen Sie nun das gewünschte Umschlagformat ein. Sie sollten hier das tatsächliche Format Ihres Umschlags angeben. Entsprechende Hinweise stehen gewöhnlich auf der Verpackung oder einem Beiblatt, das den Briefumschlägen beiliegt. Im Beispiel bedrucken wir einen Standardbriefumschlag im Format DIN lang und stellen daher das Umschlagformat auf **DL (110 x 220 mm)**. Unten im Bereich **Vorschau** des Dialogfensters **Umschlagoptionen** erhalten Sie bereits eine Vorabansicht, wie der Druck auf Ihrem Umschlag positioniert sein wird.

9

4 Sie können hier außerdem die Schriftarten der Empfänger- und Absenderadresse ändern, indem Sie die jeweilige Schaltfläche **Schriftart** betätigen. Allerdings bleibt zu berücksichtigen, dass die Empfängeradresse standardmäßig mit 12 Pt. Größe und der Absender in 10 Pt. schon gut bemessen sind. – Auch die nebenstehenden Werte **Von links** und **Von oben** müssen nicht geändert werden, da Word die Positionen automatisch an die Abmessungen des verwendeten Briefumschlags anpasst. Sollten Sie jedoch nach dem Ausdruck feststellen, dass eine Positionsänderung der Empfänger- oder Absenderadresse vonnöten ist, könnten Sie über die Pfeilschaltflächen an den Feldern **Von links** und **Von oben** einen anderen Wert als **Auto** festlegen. Wenn Sie fertig sind, bestätigen Sie mit **OK**.

Bevor Sie auf **Drucken** klicken, ist zu empfehlen, sich den Bereich **Einzug** noch einmal etwas genauer anzusehen. Dieser verrät nämlich, wie der Briefumschlag bedruckt wird – und somit auch, wie er in den Drucker eingelegt werden muss.

Nachdem Sie auf die Schaltfläche **Drucken** geklickt haben, werden Sie abschließend gefragt, ob die eingegebene Adresse des Absenders von der Anwendung als Standard gespeichert werden soll. Klicken Sie in dieser Abfrage auf den Button **Ja**, ersparen Sie sich künftig die Neueingabe.

> **INFO**
>
> **Zum Dokument hinzufügen**
>
> Die Schaltfläche **Zum Dokument hinzufügen** im Dialogfenster **Umschläge und Etiketten** (**Sendungen** > **Erstellen** > **Umschläge**) ist interessant, wenn Sie den Umschlag erst später (gemeinsam mit dem Brief) ausdrucken wollen. Sie bewirkt nämlich, dass der Briefumschlag wie eine eigene Word-Seite angelegt wird. Gehen Sie am Schluss auf **Datei** > **Drucken**, wird zuerst der Briefumschlag und danach das Dokument gedruckt. (Wie das genau aussieht, können Sie sich im Beispieldokument *Umschlag.docx* im Ordner *Ergebnisse* der Buch-CD ansehen.)

9.2 Etiketten mit Word 2013 anfertigen

Prinzipiell können Sie Etiketten (damit gemeint sind vor allem die beliebten Klebeetiketten) genauso bedrucken wie die zuvor in Abschnitt 9.1, »Umschläge beschriften«, auf Seite 321 erwähnten Umschläge – mit dem einzigen Unterschied, dass Sie in der Gruppe **Erstellen** der Registerkarte **Sendungen** nicht auf **Umschläge**, sondern auf **Etiketten** klicken. Klebeetiketten sind vor allem dann praktisch, wenn Sie Umschläge ohne Sichtfenster verwenden.

Schauen Sie sich einmal an, wie schnell sich einzelne oder mehrere gleiche Etiketten ausgeben lassen.

1 Nachdem Sie in der Gruppe **Erstellen** der Registerkarte **Sendungen** auf **Etiketten** geklickt und im entsprechenden Feld ❶ die Empfängeradresse eingegeben haben, entscheiden Sie sich im Bereich **Drucken** zunächst, ob nur ein einzelnes Etikett produziert werden soll, und klicken dann entsprechend auf den Radiobutton **Ein Etikett** ❷. In diesem Fall werden die Steuerelemente darunter aktiviert, und das Etikett kann exakt positioniert werden. Sind beispielsweise die ersten beiden Etiketten eines Druckbogens bereits benutzt, entscheiden Sie sich im Feld **Zeile** für »1« und im Feld **Spalte** für »3«. Wählen Sie **Eine Seite desselben Etiketts** ❸, wird ein kompletter Druckbogen (also eine ganze Seite) mit demselben Etikett versehen. Das ist z. B. dann sinnvoll, wenn Sie wissen, dass Sie den Empfänger noch sehr oft anschreiben werden.

2 Klicken Sie danach auf **Optionen**, um das Dialogfenster **Etiketten einrichten** zu öffnen.

3 Sie müssen hier nun den richtigen Vordruck auswählen. Entscheiden Sie sich zunächst im Bereich **Druckerinformationen** für **Endlosdrucker** oder **Seitendrucker** – je nachdem, welche Druckerart in Betrieb ist. (Tintenstrahldrucker sind in der Regel Seitendrucker, während Endlosdrucker mit speziellem Papier zumeist nur noch in großen Versandhäusern oder der Industrie verwendet werden.) Wählen Sie danach im Feld **Etikettenlieferanten** den Hersteller Ihrer Etikettenvordrucke und zuletzt die **Etikettennummer** aus. Diese Informationen entnehmen Sie in der Regel der Verpackung der Etikettenvordrucke. Bestätigen Sie mit **OK**.

4 Wer mit einem exotischen Format arbeitet, welches nicht im Bereich **Etiketteninformationen** gelistet ist, kann auf **Neues Etikett** klicken und im Dialog **Etikettendetails** die benötigten Abmessungen manuell eingeben. Wenn Sie Ihre Änderungen vorgenommen haben, verlassen Sie diesen und den darunter befindlichen Dialog mit einem Klick auf **OK**.

5 Sie befinden sich nun wieder im Dialog **Umschläge und Etiketten**. Legen Sie ein Blatt der Etikettenvordrucke in den Drucker und entscheiden Sie sich hier für **Drucken**, wird mit dem Druck begonnen. Alternativ dazu können Sie aber auch hier auf die Schaltfläche **Neues Dokument** klicken, wodurch der komplette Druckbogen zunächst in Word als Dokument angezeigt wird. Hier können Sie das Ergebnis zunächst begutachten und den Druckauftrag dann manuell mit einem Klick auf **Datei > Drucken** auslösen.

An dieser Stelle sei noch erwähnt, dass sich Etiketten auch mithilfe des Seriendruck-Assistenten erzeugen und ausgeben lassen. Da der Vorgang jedoch mit der Produktion von Serienbriefen im Prinzip identisch ist, wollen wir an dieser Stelle nicht noch extra darauf eingehen. Wie Sie einen Serienbrief erstellen, erfahren Sie in dem folgenden Abschnitt.

9.3   Einen Serienbrief erstellen

Was ist der Unterschied zwischen einem Brief und einem Serienbrief? Nun, bei einem Brief geben Sie die Empfängeradresse an und fügen den Inhalt des Briefes hinzu. Bei einem Serienbrief können Sie zahlreiche Empfängeradressen angeben (und sogar auf bestehende Adressverzeichnisse zugreifen), während Sie allen Empfängern den gleichen Inhalt zukommen lassen.

Den Seriendruck-Assistenten benutzen

In diesem und den folgenden Abschnitten werden wir einen Beispielauftrag ausführen. Die Firma Inter-Fuhr Möbelhandelsgesellschaft mbH (dieser Name ist genauso fiktiv wie alle weiteren, die noch folgen werden – eventuelle Übereinstimmungen sind zufällig und nicht beabsichtigt) hat uns damit beauftragt, ihren neuen Möbelkatalog an die Bestandskunden des Unternehmens zu senden. Wir verfügen über ein Anschreiben in Form eines Word-Dokuments, *Anschreiben.docx*, sowie eine Kundenliste, *Adressen.mdb* (wie Sie selbst eine derartige Liste zusammenstellen können, erfahren Sie im Abschnitt »Eine Empfängerliste erzeugen« auf Seite 337). Beide Dateien finden Sie im Ordner *09* der Buch-CD.

Abbildung 9.1 Wir verfügen über eine Kundendatei sowie ein Anschreiben.

Briefe mit dem Seriendruck-Assistenten verarbeiten

Zur Erledigung des zuvor genannten Jobs nutzen wir den in Word integrierten Seriendruck-Assistenten. Mit diesem können Sie das Anschreiben (*Anschreiben.docx*) mit der dazugehörigen Adressdatenbank (*Adressen.mdb*) verbinden.

1 Öffnen Sie zunächst das Word-Dokument *Anschreiben.docx*. Dieses ist bereits fertig. Es fehlen lediglich noch die Adressen. Doch der Reihe nach: Klicken Sie zunächst auf **Seriendruck starten** in der gleichnamigen Gruppe der Registerkarte **Sendungen**. Innerhalb des Auswahlmenüs klicken Sie auf **Seriendruck-Assistent mit Schritt-für-Schritt-Anweisungen**.

9

2 Auf der rechten Seite der Anwendung wird nun der Aufgabenbereich **Seriendruck** eingeblendet. Wählen Sie per Radiobutton die Art des Seriendrucks aus. Sie wissen ja bereits, dass auch Umschläge und Etiketten entsprechend bearbeitet werden können. Für unser Beispiel muss jedoch **Briefe** eingestellt werden. Klicken Sie danach unten auf **Weiter: Dokument wird gestartet**.

3 In Schritt 2 des Seriendruck-Assistenten können Sie nun mit einer Vorlage (**Mit Vorlage beginnen**) oder einem bereits erzeugten, jedoch noch nicht geöffneten Dokument weiterarbeiten (**Mit vorhandenem Dokument beginnen**). Da wir uns jedoch dafür entschieden hatten, das Dokument gleich zu Beginn zu öffnen, muss die Option **Aktuelles Dokument verwenden** aktiv sein. Klicken Sie anschließend auf **Weiter: Empfänger wählen**.

4 Damit sind wir an dem Punkt angelangt, an dem Dokument und Kundenliste mithilfe des Seriendruck-Assistenten zusammengefügt werden, die Adressen der Empfänger also in unser Dokument eingefügt werden. Dazu klicken Sie im Bereich **Vorhandene Liste verwenden** auf **Durchsuchen**.

5 Im Dialog **Datenquelle auswählen** navigieren Sie zu unserer Beispieldatei mit den Kundenadressen. Markieren Sie *Adressen.mdb* und klicken Sie anschließend auf **Öffnen**.

6 Daraufhin öffnet sich der Dialog **Seriendruckempfänger**, den Sie gleich mit einem Klick auf **OK** verlassen können. (Übrigens ließen sich hier einzelne Kunden von der Zustellung ausnehmen, indem deren Checkboxen zuvor abgewählt würden.)

7 Klicken Sie nun im Aufgabenbereich **Seriendruck** unten auf **Weiter: Schreiben Sie Ihren Brief**.

8 Jetzt kommt etwas sehr Wichtiges! Sie müssen nämlich zunächst dafür sorgen, dass die Einfügemarke an der Stelle des Dokuments positioniert wird, an der später die Adressen erscheinen sollen. Im vorliegenden Fall empfiehlt es sich, zwei Zeilenschaltungen zu machen. Klicken Sie danach im Aufgabenbereich **Seriendruck** auf **Adressblock**.

9 Im Dialog **Adressblock einfügen** wählen Sie nun im Auswahlfeld ❶ im Bereich **Adresselemente festlegen**, in welchem Format der Name erscheinen soll. Würden Sie beispielsweise den obersten Eintrag **Hans** wählen, würden lediglich Vorname und Anschrift erscheinen, nicht jedoch der Nachname. Entscheiden Sie sich hier also für eine Vorgabe, die aus Vor- und Nachnamen besteht. Es ist in diesem Zusammenhang obligatorisch, dass **Postanschrift einfügen** ❷ aktiv sein muss. Anderenfalls würde nur der Name, nicht jedoch die Anschrift ausgegeben.

331

10 Betätigen Sie einmal die nach rechts weisende Pfeilschaltfläche ❸ (siehe Abbildung S. 331) im Bereich **Vorschau**. Hier lassen sich nacheinander alle Adressen des Datensatzes noch einmal anzeigen. Haben Sie sich für ein Adressformat entschieden, bestätigen Sie die Wahl mit einem Klick auf **OK.**

11 Nun leiten Sie in der Fußleiste des Feldes **Seriendruck** Schritt 5 des Seriendruck-Assistenten ein. Benutzen Sie die beiden Pfeilschaltflächen ❶ im Bereich **Vorschau auf Ihre Briefe**, um das Ergebnis zu überprüfen. Klicken Sie ein letztes Mal im Fuß des Aufgabenbereichs **Seriendruck** auf **Weiter**.

12 Im sechsten und letzten Schritt des Assistenten klicken Sie nur noch auf **Drucken** und bestätigen im Dialog **Seriendruck an Drucker** mit **OK.**

Sollte es erforderlich werden, einzelnen Kunden noch zusätzliche Informationen zukommen zu lassen, sollten Sie im sechsten Schritt des Assistenten anstatt auf **Drucken** auf **Individuelle Briefe bearbeiten** klicken. Wenn Sie danach Ihre Wahl mit **OK** bestätigen, wird jedes einzelne Dokument auch auf einer einzelnen Seite angezeigt und Sie könnten die gewünschten Änderungen durchführen. Ein fertiges Serienbrief-Dokument befindet sich im Ordner *Ergebnisse* auf der Buch-CD. Öffnen Sie hier die Datei *Serienbriefe_fertig.docx*.

Seriendruckfelder erstellen und anpassen

Im vorangegangenen Workshop haben wir einen kompletten Adressblock hinzugefügt. Das ist zwar praktisch, nimmt uns jedoch die Möglichkeit, die einzelnen Felder individueller anzuordnen. So ist beispielsweise am eingefügten Adressblock zu bemängeln, dass sich zwischen der Straßenangabe mit Hausnummer und der Zeile »Postleitzahl, Ort« keine Leerzeile befindet.

Lassen Sie uns für dieses Beispiel mit einem komplett neuen Dokument beginnen. Diesmal werden wir den Weg auch ohne Seriendruck-Assistenten gehen, obwohl ich an dieser Stelle darauf hinweisen möchte, dass die entsprechenden Steuerelemente innerhalb der Menüleiste in jedem Fall zur Verfügung stehen – also auch dann, wenn Sie mit dem Assistenten arbeiten.

1 Nachdem Sie ein neues Dokument erzeugt haben, klicken Sie in der Gruppe **Seriendruck starten** der Registerkarte **Sendungen** auf die gleichnamige Schaltfläche und wählen Sie im Menü **Briefe**. Klicken Sie anschließend auf die Schaltfläche **Empfänger auswählen** und wählen Sie im Menü **Vorhandene Liste verwenden**. Wählen Sie nun erneut die Adressliste *Adressen.mdb*, die Sie im Ordner *09* auf der Buch-CD finden.

2 Als Nächstes positionieren Sie die Einfügemarke an der Stelle im Dokument, an der der Name des Empfängers eingefügt werden soll.

3 Klicken Sie danach in der Gruppe **Felder schreiben und einfügen** der Registerkarte **Sendungen** auf die Schaltfläche **Seriendruckfeld einfügen**. Hier ist entscheidend, ob Sie die Schaltfläche im oberen oder unteren Bereich anklicken. Wählen Sie den Texteintrag (unten), wird ein Auswahlmenü geöffnet, während mit einem Klick auf das Symbol (oben) der Dialog **Seriendruckfeld einfügen** geöffnet würde, in dem jeder Schritt mit Klick auf **Einfugen** bestätigt werden müsste. Ersteres ist also die schnellere Variante.

4 Klicken Sie im Auswahlmenü zunächst auf die Option **Vorname**. Danach lassen wir ein Leerzeichen folgen und fügen das Seriendruckfeld **Nachname** mit einem Klick auf den entsprechenden Menüeintrag hinzu. Drücken Sie im Anschluss die Tasten ⌂ + ↵, um in die nächste Zeile zu gelangen. Fügen Sie mit einem Mausklick das Feld **Adresszeile_1** aus dem Auswahlmenü hinzu. Betätigen Sie ↵ und setzen Sie zuletzt die Seriendruckfelder **Postleitzahl** und **Ort**, mit einem Leerzeichen voneinander getrennt, ein.

5 Nachdem das erledigt ist, klicken Sie auf die Schaltfläche **Vorschau Ergebnisse** in der gleichnamigen Gruppe der Registerkarte **Sendungen**. Mit den nebenstehenden Pfeilschaltflächen können Sie nun die einzelnen Datensätze aufrufen und sich anzeigen lassen.

Bitte bedenken Sie, dass diese Vorgehensweise grundsätzlich besser ist als das Einfügen eines kompletten Adressblocks. Denn mit diesem haben Sie keine Möglichkeit auf die individuelle Platzierung der einzelnen Felder. Zudem können wichtige und unwichtige Informationen voneinander getrennt werden. Denn zum Teil beinhalten Datensätze beispielsweise mehrere Adresszeilen, das Bundesland, Firmennamen usw., Informationen also, die nicht unbedingt in der Anschrift verwendet werden müssen und auf diese Weise gefiltert werden können.

Empfängerlisten bearbeiten

Auf den vorangegangenen Seiten haben Sie bereits mit Empfängerlisten gearbeitet. Wir haben hier mit der Beispieldatei *Adressen.mdb* gearbeitet, die Sie im Ordner *09* auf der Buch-CD finden. Nun ist davon auszugehen, dass unser ebenso emsiges wie fiktives Möbelunternehmen irgendwann auch einmal einen weiteren Kunden gewinnen wird. Spätestens dann muss die Adressliste erweitert werden. Das in Office 2013 integrierte *Microsoft Access* ist für derartige Aufgaben bestens geeignet. Allerdings lässt sich eine derartige Aufgabe auch schnell in Word selbst erledigen.

Klicken Sie dazu auf **Empfänger auswählen** in der Gruppe **Seriendruck starten** der Registerkarte **Sendungen** und wählen Sie den Menüpunkt **Vorhandene Liste verwenden**. Wählen Sie nun im Dialog **Datenquelle auswählen** die Datei aus, die verändert werden soll, und bestätigen Sie Ihre Wahl mit **Öffnen**. Klicken Sie anschließend auf **Empfängerliste bearbeiten**.

Abbildung 9.2 Wer benötigt schon Access, um eine Empfängerliste zu bearbeiten?

Markieren Sie im Dialog **Seriendruckempfänger** den Namen der Datenquelle unten links, im Beispiel also *Adressen.mdb* ❶. Klicken Sie danach auf die Schaltfläche **Bearbeiten** ❷.

Abbildung 9.3 Der Datensatz kann auch in Word erweitert werden.

Klicken Sie im folgenden Dialogfenster **Datenquelle bearbeiten** auf **Neuer Eintrag** und geben Sie die entsprechenden Daten in die Felder ein.

Abbildung 9.4 Fügen Sie eine neue Kundin hinzu.

An dieser Stelle könnten Sie auch Datensätze aus Ihrer Liste entfernen, markieren Sie dazu die betreffende Zeile, die Sie löschen möchten, und entfernen Sie sie, indem Sie auf **Eintrag löschen** klicken. Bestätigen Sie abschließend die darauf folgende Kontrollabfrage mit **Ja**.

Eine Empfängerliste erzeugen

Es gibt zahlreiche Möglichkeiten, Datensätze aus anderen Programmen in Word zu nutzen. So können beispielsweise die in Outlook vorhandenen Kontakte genutzt werden, indem Sie auf **Empfänger auswählen** in der Gruppe **Seriendruck starten** der Registerkarte **Sendungen** klicken. Wählen Sie nun im Auswahlmenü **Aus Outlook-Kontakten auswählen**. Sie können aber auch ganz einfach eine neue Empfängerliste in Word erstellen. Klicken Sie dazu im Menü der Schaltfläche **Empfänger auswählen** zunächst auf **Neue Liste eingeben**.

Abbildung 9.5 Benutzen Sie die Outlook-Kontakte oder fangen Sie ganz von vorne an.

Daraufhin öffnet sich das Dialogfenster **Neue Adressliste**. Bevor Sie jedoch mit der Eingabe einzelner Datensätze beginnen, sollten Sie zunächst überlegen, welche Felder für Sie sinnvoll sind. Benötigen Sie beispielsweise einen Firmennamen? Halten Sie den Titel für sinnvoll? (Letzteres könnte interessant sein, wenn Sie Ihre Kunden mit »Herr« oder »Frau« anreden wollen – siehe den Abschnitt »Feldnamen hinzufügen« auf Seite 339).

Abbildung 9.6 Passen Sie zunächst die Spalten an.

337

Möchten Sie die Feldnamen anpassen, klicken Sie auf **Spalten anpassen**. Im folgenden Dialog **Adressliste anpassen** können Sie Ihre Änderungen vornehmen. Wollen Sie beispielsweise die **Adresszeile 2** entfernen, markieren Sie diese im Bereich **Feldnamen** und klicken Sie anschließend auf **Löschen**. Möchten Sie weitere Einträge entfernen, verfahren Sie auf die gleiche Weise. Ebenso können Einträge auch markiert und mit den Schaltflächen **Nach oben** und **Nach unten** neu angeordnet werden. Verlassen Sie den Dialog mit einem Klick auf **OK**, sobald Sie alle Änderungen vorgenommen haben.

Abbildung 9.7 Was nicht benötigt wird, fliegt einfach hinaus.

Sie können nun im Dialogfenster **Neue Adressliste** mit der Eingabe der Datensätze beginnen. Haben Sie Ihre Eingabe abgeschlossen, bestätigen Sie auch diesen Dialog mit **OK**. Daraufhin können Sie die erstellte Empfängerliste als *Microsoft Office-Adressenliste (*.mdb)* speichern. Auf der Festplatte wird standardmäßig der Ordner *Meine Datenquellen* des Bibliotheksordners *Dokumente* angeboten. Benennen Sie die Liste aussagekräftig und klicken Sie auf **Speichern**.

Abbildung 9.8 Speichern Sie die Liste.

Sie sehen, Sie müssen nicht unbedingt Microsoft Access bemühen, um eine neue Adressliste zu erstellen, sondern können auch das problemlos in Word erledigen.

9.4 Regeln aufstellen

Die Arbeit mit Empfängerlisten ist unglaublich komfortabel. Lassen Sie uns aber noch einen Schritt weitergehen. Wäre es nicht schön, wenn wir die Kunden auch persönlich ansprechen könnten? Das hört sich doch viel besser an als »Sehr geehrte Damen und Herren«, oder? Na, dann mal los. Am besten, Sie öffnen noch einmal die Datei *Anschreiben.docx*. Sie finden sie im Ordner *09* auf der Buch-CD.

Feldnamen hinzufügen

Zunächst muss unsere Adressdatenbank aktualisiert werden. Anhand der Vornamen wissen wir zwar, wer mit femininer oder maskuliner Grußformel angesprochen werden muss, jedoch kann Word männliche und weibliche Vornamen nicht auseinanderhalten. Unsere vorhandene Datenbank *Adressen.mdb* muss daher mit einem weiteren Feldnamen ausgestattet werden – nämlich einer Anrede, die eine Unterscheidung möglich macht.

1 Verbinden Sie das Dokument zunächst mit der Datenquelle. Nachdem Sie die Beispieldatei *Anschreiben.docx* geöffnet haben, klicken Sie auf **Empfänger auswählen** in der Gruppe **Seriendruck starten** der Registerkarte **Sendungen**. Wählen Sie im Auswahlmenü **Vorhandene Liste verwenden**. Im Dialog **Datenquelle auswählen** navigieren Sie zur Beispieldatei *Adressen.mdb* und bestätigen mit **Öffnen**.

In der Regel leiten Sie einen Seriendruck per Klick auf die Schaltfläche **Seriendruck starten** in der gleichnamigen Gruppe der Registerkarte **Sendungen** ein. Da Sie jedoch soeben den Button **Empfänger auswählen** gewählt haben, »weiß« Word jetzt, was Ihre Absichten sind. Der Beweis: Die ursprünglich ausgegrauten Steuerelemente in der Gruppe **Felder schreiben und einfügen** der Registerkarte **Sendungen** sind jetzt weitestgehend bedienbar.

2 Die bestehende Datenbank muss nun angepasst werden. Klicken Sie dazu auf **Empfängerliste bearbeiten** in der Gruppe **Seriendruck starten** und markieren Sie im Dialogfenster **Seriendruckempfänger** unten links die Datenquelle und klicken Sie auf **Bearbeiten**.

3 Im Dialog **Datenquelle bearbeiten** betätigen Sie **Spalten anpassen** und beantworten die Kontrollabfrage mit **Ja**.

4 Nun klicken Sie auf **Hinzufügen**. Im daraufhin erscheinenden Dialog **Feld hinzufügen** tippen Sie »Anrede« ein und bestätigen mit **OK**.

Der Ordnung halber sollten Sie die Zeile **Anrede** im Bereich **Feldnamen** des Dialogs **Adressliste anpassen** markieren und auf **Nach oben** klicken. Die Anrede soll an die oberste Stelle. Bestätigen Sie danach erneut mit **OK**.

5 Sie befinden sich nun wieder im Dialogfenster **Datenquelle bearbeiten**. Klicken Sie auf das oberste Feld der Spalte **Anrede** (links neben »Mark Beier«) und tragen Sie

»Herr« ein. Springen Sie mit der Taste $\boxed{\downarrow}$ ein Feld tiefer und tippen Sie dort »Frau« ein – denn wir haben es ja mit »Frau Gerber« zu tun. Vervollständigen Sie die Liste, indem Sie die entsprechenden Anreden festlegen, und verlassen Sie den Dialog mit **OK**.

Bestätigen Sie die anschließende Kontrollabfrage mit einem Klick auf **Ja** und klicken Sie ein weiteres Mal auf **OK**, ehe alle Dialoge wieder geschlossen sind.

Persönliche Ansprache für Serienbriefe

Nachdem unsere Datenbank im vorangegangenen Abschnitt aktualisiert worden ist, können wir mit der eigentlichen Dokumentgestaltung beginnen. Sollten Sie den letzten Workshop »Feldnamen hinzufügen« nicht gemacht haben, öffnen Sie die Datei *Adressen.docx* und verbinden Sie diese mit der Datenbank *Adressen-Anrede.mdb* (siehe dazu den Abschnitt »Seriendruckfelder erstellen und anpassen« auf Seite 333), die Sie beide im Ordner *09* der Beispieldateien finden.

1 Fügen Sie zunächst den Adressblock ein (oder alternativ die einzelnen Seriendruckfelder für die Anschrift – siehe den Abschnitt »Seriendruckfelder erstellen und anpassen« auf Seite 333). Danach löschen Sie in der Anredezeile des Dokuments die Textstelle »Damen und Herren« und platzieren die Einfügemarke unmittelbar hinter dem letzten Zeichen von »Sehr geehrte«. Fügen Sie an dieser Stelle kein Leerzeichen ein! Warum? Weil bei der maskulinen Anrede genau hier noch ein »r« angehängt werden muss.

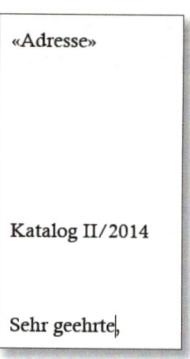

2 In der Gruppe **Felder schreiben und einfügen** der Registerkarte **Sendungen** müssen Sie nun auf **Regeln** klicken. Wählen Sie den Eintrag **Wenn... Dann... Sonst...**

3 Daraufhin öffnet sich das Dialogfenster **Bedingungsfeld einfügen: WENN**. Unter **Feldname** muss **Anrede** gelistet werden und unter **Vergleich:** die Option **Gleich**. Im Feld **Vergleichen mit** tippen Sie »Herr« ein. Gehen Sie nun in das Eingabefeld **Dann diesen Text einfügen** und schreiben Sie »r Herr«. Bitte nicht das »r« vergessen! Zuletzt füllen Sie unter **Sonst diesen Text einfügen** » Frau« (beginnend mit einem Leerzeichen) ein. Verlassen Sie den Dialog durch Klick auf **OK**. Fassen wir noch einmal zusammen: Wenn im Feld **Anrede** die Bezeichnung **Herr** gefunden wird, benutzt Word den oberen Text (r Herr), wenn nicht, den unteren (Frau).

4 Zuletzt müssen Sie lediglich noch ein Leerzeichen hinter der ersten Anrede platzieren und in der Gruppe **Felder schreiben und einfügen** auf **Seriendruckfeld einfügen** klicken. Setzen Sie das Feld **Nachname** ein – und fortan wird jede Frau und jeder Herr korrekt begrüßt.

5 Wenn Sie in der Gruppe **Vorschau Ergebnisse** der Registerkarte **Sendungen** auf die gleichnamige Schaltfläche klicken, können Sie mithilfe der blauen Pfeilschaltflächen noch einmal überprüfen, ob sämtliche Anreden zu den Namen passen.

9

In der folgenden Abbildung sehen Sie noch einmal, wie sich die Anreden voneinander unterscheiden. Der Prozess ist automatisiert, und Sie müssen sich fortan nicht mehr darum kümmern.

Frau Elena Gerber	Herr Hans-Peter Siemes
Hauptstr. 6	Krähenweg 9
34567 Hannover	89732 München
Katalog II/2014	Katalog II/2014
Sehr geehrte Frau Gerber,	Sehr geehrter Herr Siemes,

Wenn Sie Regeln in Ihren Serienbriefen verwenden, können Sie auf eine sehr einfache Art und Weise Ihre Empfänger persönlich anreden.

9.5 Standardformulierungen in Schnellbausteinen festhalten

Wer viel schreibt und dabei immer wieder gleiche Inhalte verwenden muss, sollte mit Schnellbausteinen arbeiten. Schauen Sie sich noch einmal das Dokument *Anschreiben.docx* an. Sie finden es im Ordner *09* auf der Buch-CD. Im mittleren Absatz taucht der Hinweis auf, dass ältere Preislisten bei Erscheinung eines neuen Katalogs ihre Gültigkeit verlieren. Diese Passage können Sie auch in anderen Briefen verwenden – und zwar ohne neues Eintippen.

Schnellbausteine anlegen

Um einen neuen Schnellbaustein zu erzeugen, gehen Sie folgendermaßen vor:

1 Markieren Sie die Textstelle, die als Textbaustein verwendet werden soll.

2 Klicken Sie in der Gruppe **Text** der Registerkarte **Einfügen** auf die Schaltfläche **Schnellbausteine**. Wählen Sie im Menü der Schaltfläche **Auswahl im Schnellbaustein-Katalog speichern**.

3 Benennen Sie den Baustein im obersten Eingabefeld des Dialogs **Neuen Baustein erstellen** und legen Sie im Eingabefeld **Speichern in** fest, in welcher Vorlage dieser gespeichert werden soll. Bestätigen Sie Ihre Wahl per Klick auf **OK**.

Schnellbausteine nutzen

Da Schnellbausteine auch dokumentübergreifend genutzt werden können (siehe Kasten »Bausteine dokumentübergreifend zur Verfügung stellen«), können Sie in jedem neuen Dokument auf die Schaltfläche **Schnellbausteine** (**Einfügen** > **Text**) klicken und besagten Wortlaut einfach per Mausklick an der aktuellen Position der Einfügemarke einsetzen.

Abbildung 9.9 Der Baustein kann per Mausklick eingesetzt werden.

Auf diese Weise können Sie häufig verwendete Textteile immer wieder in Ihre Textdokumente einfügen und sich einiges an Textarbeit ersparen.

> **INFO**
>
> **Bausteine dokumentübergreifend zur Verfügung stellen**
>
> Standardmäßig wird im Dialog **Neuen Baustein erstellen** unter **Speichern in** die aktuelle Dokumentvorlage angeboten. Das ist im Beispieldokument nicht die Standardvorlage, sondern *Building Blocks.dotx*. Belassen Sie es bei dieser Einstellung, wird der Baustein künftig auch nur innerhalb dieser Vorlage zu finden sein. Stellen Sie aber auf *Normal.dotm* um, wird er Ihnen zukünftig in allen neuen Dokumenten zur Verfügung stehen.

Eigenschaften ändern und löschen

Sie können auch später Änderungen an den Baustein-Eigenschaften vornehmen. Klicken Sie dazu auf die Schaltfläche **Schnellbausteine** (**Einfügen** > **Text**) und klicken

Sie mit der rechten Maustaste auf den betreffenden Baustein. Wählen Sie dann im Kontextmenü **Organisieren und Löschen**.

Daraufhin öffnet sich der Dialog **Organizer für Bausteine**. Hier können Sie per Klick auf **Eigenschaften bearbeiten** den entsprechenden Baustein anpassen. Mit einem Klick auf die Schaltfläche **Löschen** können Sie den entsprechenden Baustein entfernen. Das direkte Bearbeiten des Textes ist in dieser Form leider nicht möglich. Sollte sich inhaltlich eine Änderung ergeben, löschen Sie zunächst den vorhandenen Baustein und erstellen Sie anschließend einen neuen.

Abbildung 9.10 Der Organizer für Bausteine

Kapitel 10
Dokumente überprüfen

*Wer in Word erstellte Texte weitergibt, sollte stets dafür sorgen, dass »saubere«
Dokumente seinen Schreibtisch verlassen. Mit »sauber« ist aber nicht nur gemeint, dass sich möglichst keine Kaffeeflecken auf dem Papier befinden, sondern
dass die Inhalte stimmen, Zitate sorgfältig recherchiert sind – und die Qualität
des Dokuments vor allem nicht durch Rechtschreibfehler gemindert wird. Nutzen
Sie dazu die umfangreichen Möglichkeiten Ihrer Textverarbeitungssoftware.*

10.1   Die Silbentrennung nutzen

Vielleicht ist Ihnen bereits aufgefallen, dass die Zeilenlängen bei linksbündiger Textausrichtung (**Start** > **Absatz** > **Linksbündig ausrichten** oder `Strg` + `L`) stark schwan-
ken. Kontrollieren Sie das doch einmal anhand unserer Beispieldatei *Computer heute.
docx*, die Sie im Ordner *10* auf der Buch-CD finden.

Computer heute

In Zeiten, in denen sich die Computerentwicklung derart rasant fortsetzt, ist es schwer, auf dem
Laufenden zu bleiben. Immer wieder neue Artikel, schnellere Festplatten, bessere Geräte und
leistungsfähigere Chips sollen das Leben erleichtern. Doch tun sie das wirklich? Zugleich erleben wir
auch zunehmenden Zeitdruck, höhere Anforderungen und weniger Freizeit. Was tun wir uns da
eigentlich an? Welche Auswirkungen hat Computerarbeit auf unsere Gesundheit?

Computer sind aus dem täglichen Leben nicht mehr wegzudenken. Wir nutzen Computer in allen
Bereichen und Lebenslagen. Wer behauptet, er könne gänzlich ohne Computer auskommen, mag
zwar die Wahrheit sagen, doch geht dies nicht ohne Einschränkungen des täglichen Lebens.

Wer beispielsweise eine Reise buchen möchte, der muss nicht mehr ins nächste Reisebüro gehen,
sondern kann den Urlaub direkt via Internet buchen. Und noch besser: Er kann selbst den günstigsten
Preis heraussuchen, ohne auf die Hilfe anderer angewiesen zu sein.

Computer halten immer mehr Einzug in unser tägliches Leben. Heutzutage gibt es bereits
Kühlschränke, die selbständig jene Artikel nachordern, die wir zuvor entnommen haben. Zwar sind
derartige Errungenschaften noch nicht wirklich serienreif, doch sie funktionieren bereits. Schöne
neue Welt? Das muss jeder für sich selbst entscheiden.

Abbildung 10.1 Die Zeilenlängen unterscheiden sich stark voneinander.

Die Ursache dafür ist schnell gefunden: In diesem Dokument ist die automatische Silbentrennung nicht aktiviert.

Wörter mit Trennzeichen trennen

Sie können natürlich Wörter von Hand trennen. Schauen Sie beispielsweise in den letzten Absatz unseres Beispieldokuments *Computer heute.docx*. Würden Sie die Einfügemarke in das Wort »Kühlschränke« platzieren (sinnigerweise zwischen »Kühl« und »schränke«) und dort einen Trennstrich einfügen, würde der erste Teil des Wortes am Ende der vorangegangenen Zeile angefügt. Doch das ist nicht professionell. Denn der Trennstrich ist ein manuell eingegebenes Zeichen, welches konsequent erhalten bleibt. Das bedeutet: Würde sich im Text etwas ändern, was auch Auswirkungen auf den Zeilenumbruch der betreffenden Passage hätte, bliebe der Trennstrich bestehen, egal ob das Wort an seiner neuen Position getrennt werden muss oder nicht.

Silbentrennung aktivieren

Gehen wir zunächst den einfachsten Weg – nämlich Word die Aufgabe der Silbentrennung komplett allein zu überlassen. Dazu klicken Sie in der Gruppe **Seite einrichten** der Registerkarte **Seitenlayout** auf die Schaltfläche **Silbentrennung**. Wählen Sie im Menü die Option **Automatisch**. Beobachten Sie, welche Auswirkungen das auf den Beispieltext hat.

Abbildung 10.2 Die Zeilenenden passen von der Länge her sehr viel besser zusammen – dank Silbentrennung.

Mit dieser Option trennt Word nun Wörter am Zeilenende automatisch und ermöglicht so einen gleichmäßigeren Textfluss innerhalb Ihres Dokuments.

Manuelle Silbentrennung

Wer selbst Einfluss auf die Art der Trennung nehmen möchte, kommt indes mit der automatischen Silbentrennung nicht weiter. Diese ist zwar praktisch, jedoch nimmt die Textverarbeitungssoftware dem Anwender jegliche Entscheidungsmöglichkeit ab. Dabei gibt es aber ja gute Gründe, bestimmte Worte von Trennungen auszunehmen. Wer beispielsweise nicht möchte, dass der Name seines Unternehmens getrennt wird, sollte lieber manuell trennen.

Sollten Sie vorab bereits eine automatische Silbentrennung aktiviert haben, schalten Sie diese wieder aus (**Seitenlayout** > **Seite einrichten** > **Silbentrennung** > **Keine**). Wählen Sie stattdessen im Menü der Schaltfläche **Silbentrennung** die Option **Manuell**. Nun können Sie Wort für Wort entscheiden, ob Sie mit den Vorschlägen von Word einverstanden sind oder nicht.

Abbildung 10.3 Jetzt wird jeder trennbare Begriff des Dokuments vorgestellt.

> **INFO**
>
> **Manuelle Silbentrennung bedienen**
>
> Klicken Sie auf **Ja**, wenn Sie mit den Trennungsoptionen einverstanden sind. Ein Klick auf **Nein** bewirkt, dass das Wort nicht getrennt werden kann. Wollen Sie nur bestimmte Trennstellen zulassen, dürfen Sie auch angebotene Trennstriche entfernen. Würden Sie im Beispiel der Abbildung 10.3 den markierten Trennstrich entfernen, könnte zwischen der ersten und zweiten Silbe nicht mehr getrennt werden, wohl aber zwischen der zweiten und dritten.

Silbentrennungsoptionen

Wählen Sie im Menü der Schaltfläche **Silbentrennung** (**Seitenlayout** > **Seite einrichten**) den Punkt **Silbentrennungsoptionen**, haben Sie im folgenden Dialogfenster **Silbentrennung** ebenfalls die Wahl zwischen automatischer und manueller Silbentrennung. Bevorzugen Sie die Funktion **Automatische Silbentrennung**, aktivieren Sie die gleichnamige Checkbox mit einem Mausklick. Anderenfalls klicken Sie unten links auf **Manuell**.

Abbildung 10.4 Die Silbentrennungsoptionen

Nun gibt es aber innerhalb dieses Dialogs eine sehr viel nützlichere Funktion, nämlich **Aufeinanderfolgende Trennstriche**. Wie Sie der Abbildung 10.4 entnehmen können, ist hier standardmäßig **Unbegrenzt** eingestellt. Das bedeutet, es können so viele Zeilen hintereinander getrennt werden, wie Word für nötig erachtet. Es ist stilistisch jedoch bedenklich, allzu viele aufeinanderfolgende Zeilen mit Trennstrichen enden zu lassen. Klicken Sie dreimal auf die Pfeilschaltfläche ❶ und bestätigen Sie mit **OK**.

Abbildung 10.5 Drei Trennstriche sind im Allgemeinen genug.

Jetzt dürfen maximal drei aufeinanderfolgende Zeilen mit Trennstrichen beendet werden. Wäre auch in der vierten Zeile eine Trennung möglich, würde diese übersprungen.

10.2 Den Thesaurus verwenden

Thesaurus bezeichnet nicht, wie man vielleicht annehmen könnte, ein gigantisches Urzeitreptil, sondern ist eine Art Wörterbuch, welches neben Erklärungen auch sogenannte Synonyme bereithält. Dabei handelt es sich um Entsprechungen, die Ihnen dabei helfen sollen, Wortwiederholungen zu vermeiden.

Synonyme verwenden

Um ein Synonym zu finden, müssen Sie zunächst das Ausgangswort per Doppelklick markieren. Anschließend klicken Sie noch einmal mit rechts auf die markierte Stelle, zeigen auf den Menüpunkt **Synonyme** und lassen sich in einer separaten Tafel die Entsprechungen anzeigen (siehe Abbildung 10.6). Wählen Sie einen der Einträge aus, wird das markierte Wort automatisch durch das Synonym ersetzt.

Thesaurus aktivieren

Markieren Sie auf der zuvor beschriebenen Tafel der Synonyme die unterste Zeile, öffnen Sie damit den Aufgabenbereich **Thesaurus**, der üblicherweise rechts neben dem Text erscheint. (Alternativ könnten Sie übrigens auch die Schaltfläche **Thesaurus** in der Gruppe **Dokumentprüfung** der Registerkarte **Überprüfen** benutzen.)

Abbildung 10.6 Öffnen Sie den Thesaurus direkt aus dem Kontextmenü heraus.

Sagt Ihnen einer der hier aufgeführten Begriffe zu, kann dieser allerdings nicht mit einem Klick darauf zugewiesen werden, wie man vielleicht meinen sollte. Vielmehr gelangen Sie damit zu den Synonymen, die mit diesem Wort (hier: »Rechner«) verbunden sind. Um es zuzuweisen, klicken Sie auf die Dreieck-Schaltfläche und wählen im Kontextmenü **Einfügen**.

Abbildung 10.7 Entscheiden Sie, ob Sie das Wort einfügen oder in die Zwischenablage kopieren wollen.

In Ihrem Dokument wird daraufhin der zuvor markierte Begriff durch den neu gewählten ersetzt. Auf diese Weise können Sie u. a. unschöne Wortwiederholungen in einem Dokument vermeiden.

Schauen Sie einmal in den unteren Bereich des Aufgabenbereichs **Thesaurus**. Hier werden erklärende Hinweise zum markierten Begriff angebracht. Wer sich zudem anhören möchte, wie ein Wort ausgesprochen wird, kann auf das Lautsprecher-Symbol klicken, um es sich vorlesen zu lassen. Bitte erwarten Sie jedoch nicht allzu viel von der Sprachwiedergabe. Spätestens nämlich, wenn Fremdwörter verwendet werden, können Sie nicht mehr darauf bauen, dass diese korrekt vorgetragen werden.

Wörterbücher herunterladen

Sollte zu der von Ihnen verwendeten Sprache derzeit kein Wörterbuch installiert sein, wird ein entsprechender Hinweis ausgegeben. Klicken Sie in diesem Fall auf **Wörterbuch abrufen**. Daraufhin öffnet sich auf der rechten Seite der Aufgabenbereich **Wörterbücher**. Klicken Sie hier auf **Herunterladen**.

Installierte Wörterbücher

Wenn Sie einmal wissen wollen, welche Wörterbücher installiert sind, begeben Sie sich zunächst in die Backstage-Ansicht (**Datei**). Klicken Sie dort auf die Rubrik **Optionen**. Aktivieren Sie im Dialogfenster **Word-Optionen** in der linken Spalte **Dokumentprüfung**. Klicken Sie im Bereich **Bei der Rechtschreibkorrektur in Microsoft Office-Programmen** auf die Schaltfläche **Benutzerwörterbücher**. Daraufhin werden Ihnen die installierten Wörterbücher angezeigt.

Abbildung 10.8 In den Word-Optionen finden Sie die installierten Wörterbücher.

10.3   Recherchieren und übersetzen

Word beinhaltet auch eine Übersetzungsfunktion, die es möglich macht, einzelne Wörter auf die Schnelle in eine andere Sprache zu übertragen. Voraussetzung dafür ist natürlich, dass entsprechende Wörterbücher vorhanden sind. Lesen Sie dazu auch den Abschnitt »Wörterbücher herunterladen« auf Seite 352 und den Kasten »Installierte Wörterbücher« auf dieser Seite.

Ein Wort recherchieren und übersetzen

Öffnen Sie zunächst das Beispieldokument *Computer heute.docx* aus dem Ordner *10* von der Buch-CD. In diesem Beispiel markieren wir das letzte Wort des ersten Absatzes, »Gesundheit«, um es im nächsten Schritt von Word übersetzen zu lassen. Klicken Sie daher als Nächstes auf die Schaltfläche **Übersetzen** in der Gruppe **Sprache** der Registerkarte **Überprüfen**. Entscheiden Sie sich im Auswahlmenü der Schaltfläche für **Ausgewählten Text übersetzen**.

Abbildung 10.9 Einzelne Worte lassen sich ohne Zuhilfenahme eines Onlinedienstes übersetzen.

Auf der rechten Seite des Dokuments öffnet sich nun der Aufgabenbereich **Recherchie-ren**. Im Bereich **Suchen nach** finden Sie zunächst ganz oben das eingegebene Wort so-wie unterhalb ein Optionsfeld. Wählen Sie hier aus, welche Art der Hilfe Sie benötigen. Klicken Sie dazu auf die Dreieck-Schaltfläche ❶ und wählen Sie im Menü den entspre-chenden Eintrag. Wir entscheiden uns hier für **Übersetzung**. Die passende Überset-zung nebst Alternativen und Erklärungen finden Sie anschließend im unteren Teil des Aufgabenbereichs ❷.

Abbildung 10.10 Die Übersetzung denkt mit. So lässt sich »Gesundheit« zwar zunächst einmal mit »health« übersetzen, jedoch erfahren wir auch, dass es »bless you!« heißt, wenn wir jemandem beim Niesen Gesundheit wünschen.

Dokumente übersetzen

Wenn Sie ein gesamtes Dokument in eine andere Sprache übertragen möchten, sollten Sie auf die Schaltfläche **Übersetzen** (**Überprüfen** > **Sprache**) klicken und im Menü **Dokument übersetzen** auswählen. Bestätigen Sie anschließend den Folgedialog mit einem Klick auf **Senden**. Die Übersetzung wird dann an den *Microsoft Translator* übergeben, der das Dokument dann für Sie überträgt – wenn auch nicht immer 100 % zufriedenstellend. Doch dazu später mehr.

Sie werden daraufhin mit dem Microsoft Dienst Microsoft Translator und der Internetseite *http://www.microsofttranslator.com* verbunden. Während die Quellsprache ❸ in der Regel bereits recht zuverlässig vom System erkannt wird, muss die Zielsprache ❹ von Ihnen zunächst eingestellt werden, ehe Sie den Übersetzungsauftrag mit einem Mausklick auf die Pfeilschaltfläche ❺ absenden.

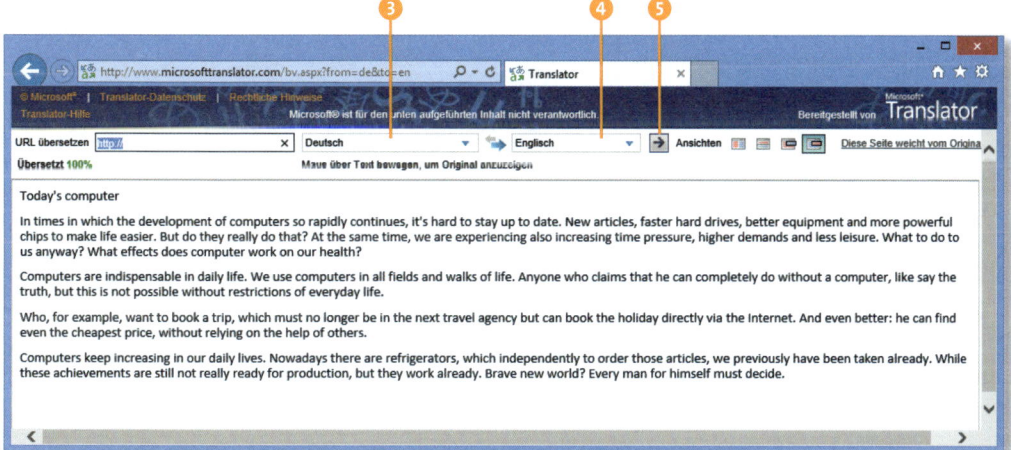

Abbildung 10.11 Der Microsoft Translator in Aktion

Nun klappt das Ganze zunächst einmal recht gut. Allerdings wird der Microsoft Translator den professionellen Übersetzer derzeit noch nicht wegrationalisieren können. Wir haben einmal einen Test gemacht und unser Beispieldokument *Computer heute.docx* auf diese Weise ins Englische übersetzt. Das Resultat der Übersetzung finden Sie im Ordner *Ergebnisse* auf der Buch-CD. Das Dokument heißt *Übersetzung.docx* und zeigt oben zunächst die englische Übersetzung und weiter unten die daraus resultierende Rückübersetzung ins Deutsche. Wir wünschen Ihnen beim Lesen gute Unterhaltung! Spätestens jetzt wird einem schnell klar, warum chinesische Bedienungsanleitungen so charmant sind.

10.4 Dokumente korrigieren

Was die Korrektur von Dokumenten angeht, sind vor allem zwei Word-Funktionen besonders hilfreich. Zum einen werden Fehler markiert, zum anderen ist die Anwendung in der Lage, einige Korrekturen ganz automatisch durchzuführen.

Manuelle Korrektur

Word kennzeichnet Fehler mit Unterstreichungen. Stoßen Sie auf ein solches Wort, gibt es zwei Möglichkeiten, wie Sie mit dem Wort verfahren. Sollten Sie sich tatsächlich vertippt haben, klicken Sie das unterstrichene Wort mit rechts an und wählen im Kontextmenü den entsprechenden Korrekturvorschlag per Klick aus (mitunter stellt Word auch mehrere Alternativen zur Verfügung).

Abbildung 10.12 Wählen Sie das zu korrigierende Wort aus der Liste aus.

Auf der anderen Seite ist es aber auch möglich, dass Word ein Wort ganz einfach nicht kennt. Folgerichtig werden auch keine passenden Korrekturen vorgeschlagen. Ist das Wort richtig geschrieben und lediglich der Anwendung nicht bekannt, können Sie auf **Alle ignorieren** klicken, woraufhin das Wort im gesamten Dokument von der Korrektur ausgenommen wird.

Abbildung 10.13 Packen Sie unbekannte Wörter in das Wörterbuch.

Sie können das Wort aber auch gleich Ihrem persönlichen Wörterbuch hinzufügen, indem Sie auf den entsprechenden Eintrag im Kontextmenü klicken (es wird in beiden Fällen fortan nicht wieder unterstrichen).

Dokumentkorrektur

Sie haben außerdem die Möglichkeit, das gesamte Dokument zu überprüfen. Klicken Sie dazu in der Gruppe **Dokumentprüfung** der Registerkarte **Überprüfen** auf **Rechtschreibung und Grammatik**. Stößt die Anwendung auf einen Fehler, wird am rechten Rand der Aufgabenbereich **Rechtschreibung** eingeblendet, wo Sie entscheiden können, wie mit der Fundstelle umgegangen werden soll.

Abbildung 10.14 Der Dialog »Rechtschreibung« ermöglicht eine umfassende Korrektur.

Auch hier haben Sie die Möglichkeit, die Korrektur bei einem Fehler über die Schaltfläche **Ändern** vorzunehmen. Sie können aber auch entscheiden, den Ausdruck für das gesamte Dokument zu ignorieren oder ihn Ihrem Wörterbuch hinzuzufügen.

Korrekturoptionen

Nun müssen Sie Word nicht alle Entscheidungen in Bezug auf die Korrektur überlassen. Vielmehr können Sie Einfluss darauf nehmen, was korrigiert wird und in welcher Form dies zu geschehen hat. Dazu begeben Sie sich in die Word-Optionen (**Datei** > **Optionen**). Wählen Sie in der linken Spalte die Rubrik **Dokumentprüfung** und klicken Sie im Bereich **AutoKorrektur-Optionen** auf die gleichnamige Schaltfläche, um die Korrekturoptionen anzupassen.

Abbildung 10.15 Definieren Sie Ihre persönlichen AutoKorrektur-Optionen.

Schauen Sie sich außerdem einmal die Optionen im Bereich **Bei der Rechtschreib-korrektur in Microsoft Office-Programmen** an und nehmen Sie hier gegebenenfalls Änderungen vor, indem Sie mit einem Klick auf die Checkboxen eine Option aktivieren oder deaktivieren. Diese Änderungen wirken sich dann auf alle Office-Anwendungen auf Ihrem Computer aus.

10.5 Die Einstellungen für das Nachverfolgen von Änderungen anpassen

Wenn mehrere Personen an einem Dokument arbeiten, ist es sinnvoll, dass sich alle Beteiligten über Änderungen auf dem Laufenden halten. Der Erste, der ein bereits erstelltes Dokument erhält und bearbeitet, muss dazu die Schaltfläche **Änderungen nachverfolgen** ❶ in der Gruppe **Nachverfolgung** der Registerkarte **Überprüfen** aktivieren – und zwar noch ehe er selbst Änderungen am Dokument vornimmt. Bei Textänderungen ist auffällig, dass neben einer grauen Markierung am linken Seitenrand ❷ neuer Text in Rot hinzugefügt wird ❸, während der alte Text erhalten bleibt. Dieser wird lediglich durchgestrichen ❹. Dafür verantwortlich ist das Auswahlmenü **Für Überarbeitungen anzeigen** ❺, welches standardmäßig auf **Markup: alle** einge-stellt ist.

Abbildung 10.16 Neuer und entfernter Text bleiben gleichermaßen erhalten.

Wählen Sie im Auswahlmenü **Für Überarbeitungen anzeigen** beispielsweise die Option **Einfaches Markup**, wird Ihnen daraufhin im Text nur noch das geänderte Ergebnis angezeigt. Zudem erscheint auf der linken Seite ein roter Balken als Hinweis auf eine Änderung. Die Funktion **Markup: keine** entfernt letztendlich auch diesen roten Balken. Textänderungen werden nicht mehr angezeigt. **Original** bedeutet, dass das Dokument ohne jegliche Änderungen (also im Originalzustand vor der Bearbeitung) dargestellt wird.

INFO

Markup-Anzeige

Markups sind im Prinzip nichts anderes als Markierungen. Welche Arten von Markups angezeigt werden, bestimmen Sie über **Markup anzeigen** (**Überprüfen** > **Nachverfolgung**). Vorangestellte Häkchen bedeuten, dass diese Arten von Markups sichtbar sind. Klicken Sie auf einen entsprechenden Eintrag, wird das Häkchen entfernt und dieses Markup fortan nicht mehr angezeigt. Um die Funktion wieder zu aktivieren, müssen Sie den Eintrag erneut anklicken.

Änderungen anzeigen

Ist ein Bearbeiter mit seinem Job fertig, speichert er das Dokument und gibt es an den Nächsten im Bunde weiter. Bei ihm ist **Änderungen nachverfolgen** nun standardmäßig bereits aktiviert. Zudem erscheint der Aufgabenbereich **Überarbeitungen** auf der linken Seite der Anwendung. Sollte dieser nicht angezeigt werden, können Sie ihn mit einem Klick auf **Überarbeitungsbereich** in der Gruppe **Nachverfolgung** der Registerkarte **Überprüfen** hinzufügen. Was nun im Einzelnen geändert worden ist, kann diesem Dialog entnommen werden. Überdies kann der nächste Bearbeiter, so er es denn möchte, auch wieder alle Markups innerhalb des Textes anzeigen lassen.

Abbildung 10.17 Stellen Sie »Markup: alle« ein, wenn Sie den alten und neuen Text wieder gleichzeitig im Dokument sehen wollen.

Auf diese Weise lässt sich leicht nachvollziehen, welche Bearbeitungsstufen ein Dokument durchlaufen hat. Wenn die Bearbeitung nachverfolgt wird, können Sie außerdem schnell entscheiden, welche Änderungen Bestand haben sollen oder welche Sie doch lieber rückgängig machen möchten.

Änderungen annehmen oder ablehnen

Darüber hinaus kann der Empfänger des Dokuments noch weitergehen. Er kann nämlich mithilfe der Schaltflächen **Zurück** und **Weiter** in der Gruppe **Änderungen** der Registerkarte **Überprüfen** nun von Korrektur zu Korrektur springen. Hier kann er zudem entscheiden, ob er die Änderung des Vorgängers annehmen oder ablehnen will.

Abbildung 10.18 Änderungen des Vorgängers können übernommen oder auch verworfen werden.

Über das Dreiecksymbol an den Schaltflächen **Annehmen** bzw. **Ablehnen** können Sie außerdem noch andere Optionen zur Überprüfung der Änderungen auswählen.

10.6   Mit Kommentaren arbeiten

Im letzten Abschnitt haben Sie erfahren, wie jeder der Teamkollegen Änderungen am Dokument vornehmen und diese allen anderen zugänglich machen kann. Zudem lassen sich Änderungen annehmen oder verwerfen. Was aber, wenn es noch Diskussionsbedarf gibt? Möglicherweise muss der eine oder andere Kollege ja sein Einverständnis geben. In diesem Fall können Sie mit Kommentaren arbeiten.

Einen Kommentar hinzufügen

Fügen Sie einen Kommentar an eine bestimmte Textstelle ein, indem Sie die Einfügemarke an der entsprechenden Stelle platzieren und anschließend auf **Neuer Kommentar** innerhalb der Gruppe **Kommentare** der Registerkarte **Überprüfen** klicken. Daraufhin wird am rechten Rand ein Kommentarfeld eingefügt, in das Sie nun Ihren Kommentar eintragen können.

Abbildung 10.19 Ein Kommentar wird hinzugefügt.

Die Kommentare werden von Word automatisch mit dem Namen des Benutzers versehen, sodass Sie schnell sehen können, wer welchen Kommentar eingefügt hat.

Kommentare bearbeiten

Der Empfänger eines Dokuments mit Kommentaren kann diese genauso sehen wie der Absender. Wenn Sie mit rechts auf das Kommentarfeld klicken, können Sie den Kommentar über die entsprechende Option ❶ im Kontextmenü als erledigt markieren (er wird dann fortan ausgegraut dargestellt, bleibt dem Dokument aber erhalten). Sie können den Kommentar auch löschen ❷ (dann wird er komplett aus dem Dokument entfernt) oder die Option **Auf Kommentar antworten** ❸ wählen. In diesem Fall fügen Sie eine Antwort zu dem bestehenden Kommentar hinzu – es entsteht also eine Art Dialog.

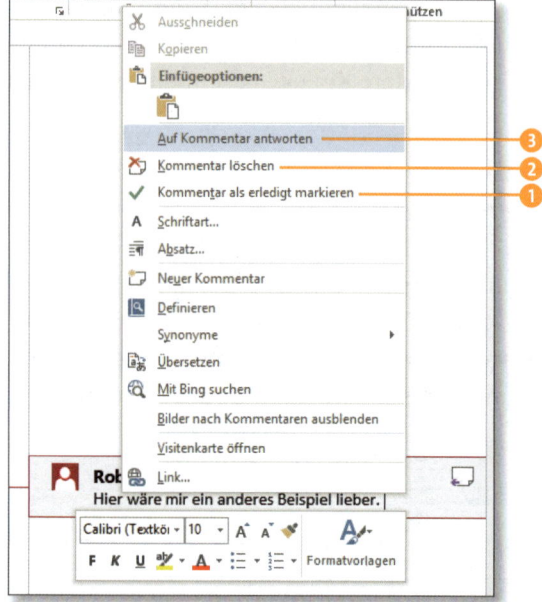

Abbildung 10.20 Im Kontextmenü befinden sich zahlreiche Kommentaroptionen.

> **INFO**
>
> **Kommentare ablehnen**
>
> Ein Kommentar kann auch mithilfe der Schaltfläche **Ablehnen** in der Gruppe **Änderungen** der Registerkarte **Überprüfen** verworfen werden oder alternativ über die Schaltfläche **Löschen** in der Gruppe **Kommentare** aus dem Dokument entfernt werden.

10.7   Mit OneNote Notizen einfügen und verknüpfen

OneNote ist gewissermaßen Ihr persönliches Office-Notizbuch. Nun lässt sich OneNote als eigenständige Applikation, aber auch als Overlay-Fenster direkt aus Word heraus öffnen und bedienen. Dazu muss OneNote allerdings vorab bereits einmal benutzt worden sein. In diesem Fall steht Ihnen die Schaltfläche **Verknüpfte Notizen**, die Sie in der Gruppe **OneNote** der Registerkarte **Überprüfen** finden, zur Verfügung. Beachten Sie, dass gegebenenfalls Word neu gestartet werden muss. Platzieren Sie die Einfügemarke entsprechend und klicken Sie auf **Verknüpfte Notizen**.

Abbildung 10.21 Verknüpfen Sie eine OneNote-Notiz mit Ihrem Word-Dokument.

Markieren Sie im Dialog **Speicherort in OneNote auswählen** zunächst das Verzeichnis, dem die neue Notiz hinzugefügt werden soll. Wir entscheiden uns hier für die **Besprechungsnotizen** innerhalb des Arbeitsnotizbuches und bestätigen mit **OK**.

Abbildung 10.22 Wo soll die Notiz integriert werden?

Anschließend fügen Sie die Notizen oben rechts ein. Mit Klick auf den diagonalen Doppelpfeil können Sie übrigens direkt zu OneNote springen und dort an der Notiz weiterarbeiten. Wenn Sie fertig sind, schließen Sie das Fenster mit einem Klick auf das Schließkreuz. Wann immer Sie nun in Word abermals auf **Verknüpfte Notizen** klicken, wird das OneNote-Fenster geöffnet und zeigt den von Ihnen festgelegten Eintrag.

Wenn Sie einmal wissen wollen, wo auf Ihrem Rechner die Besprechungsnotizen gespeichert werden, sollten Sie in Ihren Bibliotheksordner *Dokumente* wechseln. Dort ist ein Verzeichnis mit dem Namen *OneNote-Notizbücher* integriert. Öffnen Sie den darin enthaltenen Ordner *Arbeitsnotizbuch*, finden Sie dort das Dokument *Besprechungsnotizen.one*.

10.8   Ähnliche Dokumente vergleichen

Sofern Sie über mehrere Dokumente ähnlichen Inhalts verfügen und nun eine Entscheidung treffen müssen, welchem Text Sie den Vorzug geben, vergleichen Sie beide Dokumente vorab miteinander. Dazu müssen Sie auf die Schaltfläche **Vergleichen** in der gleichnamigen Gruppe der Registerkarte **Überprüfen** klicken. Im Auswahlmenü wählen Sie erneut **Vergleichen**.

Daraufhin wird der Dialog **Dokumente vergleichen** geöffnet. In den Bereichen **Originaldokument** und **Überarbeitetes Dokument** wählen Sie die entsprechenden Dateien, die Sie vergleichen möchten, auf Ihrem Rechner aus. Mithilfe der beiden Ordnersymbole (❶ und ❷) greifen Sie auf den Explorer zu und können die gewünschten Dokumentpfade einstellen. Über das Auswahlmenü können Sie aus Dateien, die Sie kürzlich geöffnet haben, wählen. Welche Einstellungen und Optionen für den eigentlichen Vergleich wichtig sind, regeln Sie über die entsprechenden Checkboxen weiter unten. Bestätigen Sie mit **OK**.

Abbildung 10.23 Wählen Sie die beiden miteinander zu vergleichenden Dokumente aus.

Ihnen werden nun drei Dokumente in einem Word-Fenster angezeigt: rechts (in zwei kleineren Fenstern) die beiden vorab ausgewählten und links ein drittes, in dem die Änderungen zwischen den beiden Dokumenten markiert sind.

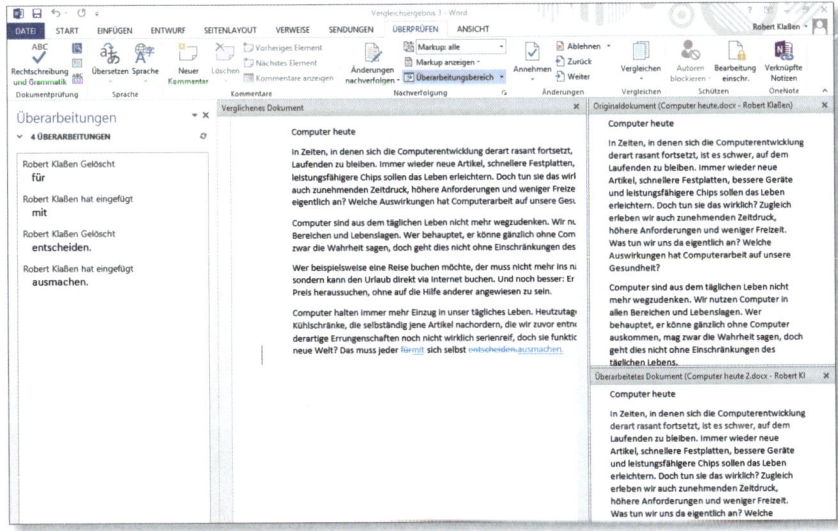

Abbildung 10.24 Die beiden Ausgangsdokumente befinden sich auf der rechten Seite.

Sie können nun diese Datei mit den Schaltflächen in der Gruppe **Änderungen** der Registerkarte **Überprüfen** bearbeiten und die Änderungen annehmen bzw. ablehnen. Lesen Sie dazu auch den entsprechenden Abschnitt »Änderungen annehmen oder ablehnen« auf Seite 360. Vergessen Sie nicht, Ihre Bearbeitung abschließend zu speichern.

Kapitel 11
Word-Dateien drucken

Das Word-Dokument ist fertig – jetzt muss es noch zu Papier gebracht werden. Dabei ist jedoch einiges zu beachten. So muss beispielsweise der Standarddrucker ausgewählt werden. Auch die Qualitätseinstellungen und das verwendete Papier müssen (zumindest vor dem ersten Druck) überprüft werden. Was es dabei zu beachten gibt, erfahren Sie neben einigen nützlichen Tipps und Hinweisen in diesem Kapitel.

11.1 Die Druckeinstellungen in der Backstage-Ansicht festlegen

Es gibt verschiedene Möglichkeiten, den Druckauftrag Ihres Dokuments aus Word heraus zu starten. Wir schauen uns gleich im Abschnitt »Dokumente drucken«, auf Seite 370, einmal die erste Variante an. Vorab möchte ich Ihnen aber noch verraten, wo Sie einige wichtige Word-Optionen finden, die den Druck betreffen und welche Einstellungen Sie vorab vornehmen sollten.

Die Druck-Optionen

Öffnen Sie zunächst den Dialog **Word-Optionen**, den Sie über die Backstage-Ansicht (**Datei** > **Optionen**) erreichen. Entscheiden Sie sich in der linken Spalte des Dialogfensters zunächst für die Rubrik **Erweitert**. Scrollen Sie mithilfe des auf der rechten Seite befindlichen Balkens so weit nach unten, bis der Bereich **Drucken** mit den verschiedenen Einstellungsmöglichkeiten zu sehen ist.

> **INFO**
>
> **Funktion auch im Druckdialog einstellbar**
> Die beschriebene Funktion ist in der Regel auch im Dialog Ihres Druckers (**Druckeinstellungen**) vorhanden. Leider gibt es hier keine einheitliche Regelung, wo diese untergebracht ist und wie sie heißt. Bezeichnungen wie **Letzte Seite zuerst drucken**, **Druckreihenfolge umkehren** oder **Umgekehrte Reihenfolge** sind gebräuchlich. Sollten Sie versehentlich beide Funktionen aktivieren (sowohl in den **Word-Optionen** als auch in den **Druckereigenschaften**), ist nicht zu befürchten, dass die Funktion dadurch aufgehoben wird. Die erste Seite wird am Schluss trotzdem oben liegen.

Abbildung 11.1 In den erweiterten Word-Optionen finden sich auch druckrelevante Einstellungen.

Die Funktion **Drucken im Hintergrund** beispielsweise ermöglicht es, in Word weiterzuarbeiten, während noch ein Druckauftrag läuft (die Druckdaten von Word aus also noch an den Drucker gesendet werden). Dies ist eine sehr nützliche Funktion. Gleich darunter finden Sie die Funktion **Seiten in umgekehrter Reihenfolge drucken**. Es macht Sinn, diese Checkbox anzuwählen. Dadurch werden mehrseitige Dokumente nämlich mit der letzten Seite beginnend ausgedruckt, und man erspart sich das spätere Sortieren der einzelnen Blätter von Hand.

Die Druckereigenschaften

Beachten Sie zunächst, dass die Einstellungen, die Sie zum Drucken von Dokumenten einmal festlegen, so lange Gültigkeit haben, bis Sie diese erneut anpassen. Schicken Sie den nächsten Druckauftrag ab, werden die Einstellungen erneut verwendet, die Sie zuvor eingerichtet haben. Natürlich bedeutet das auch: Sobald Sie Änderungen an den Druckeinstellungen vornehmen, gelten fortan die neuen Einstellungen.

1 Um die Druckeinstellungen zu erreichen, klicken Sie auf **Datei** > **Drucken** oder drücken Sie ⌷Strg⌷ + ⌷P⌷. Sollten mehrere Drucker an Ihrem PC angeschlossen sein, wählen Sie den Zieldrucker zunächst im Feld **Drucker ❶** aus. Danach klicken Sie auf **Druckereigenschaften ❷**.

2 Je nachdem, welchen Drucker Sie verwenden, werden Sie unterschiedliche Dialoge vorfinden (im Beispiel wird ein Drucker des Herstellers Brother verwendet). Allerdings sind die gleichen oder ähnliche Schaltflächen in der Regel in jedem Drucker-Dialog zu finden. So sollte zunächst einmal die Papiersorte gewählt werden, die für den Druck vorgesehen ist (hier: **Druckmedium**). Standardmäßiges Office-Papier wird in der Regel mit **Normalpapier** angegeben. Wer qualitativ hochwertig drucken möchte, sollte **Inkjet-Papier** oder sogar **Fotopapier** einstellen.

3 Achten Sie darauf, die Papiergröße korrekt einzustellen (meist DIN **A4**). Bestätigen Sie die Einstellungen am Schluss mit **OK**.

Damit haben Sie dem Drucker »mitgeteilt«, wie dieser seinen Job zu erledigen hat. Fahren Sie mit dem Druck des Dokuments fort.

INFO

Verwendung identischer Steuerelemente

Einige Einstellungen können sowohl in den Druckereigenschaften als auch in der Backstage-Ansicht vorgenommen werden. Letzteres hat jedoch immer Vorrang. Sollten Sie beispielsweise in den Druckereigenschaften als Ausgabeformat **Querformat** eingestellt haben, im Bereich Drucken (**Datei > Drucken**) jedoch **Hochformat**, wird das Dokument hochformatig gedruckt. Noch ein Beispiel: Sie stellen in den Druckereigenschaften 5 Exemplare und in der Backstage-Ansicht 2 Exemplare ein, wird das Dokument zweimal gedruckt.

Dokumente drucken

Nachdem die Druckereigenschaften von Ihnen festgelegt worden sind (siehe dazu den Abschnitt »Die Druckereigenschaften«, auf Seite 368), beschäftigen Sie sich mit den weiteren Einstellungen, die den konkreten Druckauftrag betreffen. (Lesen Sie dazu bitte auch die Hinweise im Kasten »Verwendung identischer Steuerelemente« auf dieser Seite.)

1 Entscheiden Sie zunächst im Feld **Exemplare** ❶, wie oft das Dokument gedruckt werden soll. Wollen Sie mehr als einmal drucken, wird der Druckauftrag mehrmals hintereinander ausgeführt. **2 Exemplare** beispielsweise bedeutet nicht, dass jede Seite des Dokuments zweimal hintereinander ausgegeben wird, sondern zweimal hintereinander dasselbe Dokument. Wenn jedoch Seite für Seite mehrfach hintereinander ausgegeben werden soll, muss weiter unten auf **Sortiert** geklickt werden, und wählen Sie die Option **Getrennt**. In diesem Fall müssen Sie jedoch die Sortierung händisch nachholen.

2 Sofern Sie nur die derzeit in der Vorschau rechts angezeigte Seite drucken wollen, könnten Sie auf die Schaltfläche **Alle Seiten drucken** ❷ klicken und im Auswahlmenü **Aktuelle Seite drucken** wählen. Mit den Pfeilschaltflächen ❸ im Fuß der Anwendung können Sie außerdem durch die Vorschauseiten blättern und die zu druckende Seite bestimmen.

3 Noch individueller können Sie im Feld **Seiten** die Seiten, die Sie drucken möchten, festlegen. Hier lässt sich nämlich exakt angeben, welche Seiten an den Drucker gesendet werden sollen. Im Beispiel würden die Seiten 1, 2, 3 und 6 gedruckt. Beachten Sie bei der Eingabe, dass unterschiedliche Seitenzahlen und Bereichsangaben durch ein Komma getrennt angegeben werden müssen.

4 Wer sein Papier beidseitig bedrucken möchte, kann die Schaltfläche **Einseitiger Druck** auf **Beidseitiger manueller Druck** umschalten. Das hat zur Folge, dass zunächst nur alle ungeraden Seiten ausgegeben werden. Ist dieser Teil erledigt, werden Sie von der Anwendung aufgefordert, das bereits einseitig bedruckte Papier erneut (natürlich gewendet) einzulegen. Wer hingegen über einen Duplex-Drucker verfügt, der imstande ist, direkt beidseitig zu drucken, kann Entsprechendes in den **Druckereigenschaften** festlegen.

5 Alle weiteren Steuerelemente nehmen direkten Einfluss auf die Beschaffenheit des Dokuments. Ändern Sie beispielsweise die Einstellungen der Schaltfläche **Seiten-ränder**, kann das fatale Folgen haben. Denn das vorgegebene Layout wird in Mitleidenschaft gezogen. Entsprechendes gilt für das Papierformat und die Anzahl der Seiten pro Blatt.

6 Betätigen Sie zuletzt die Schaltfläche **Drucken** ❶.

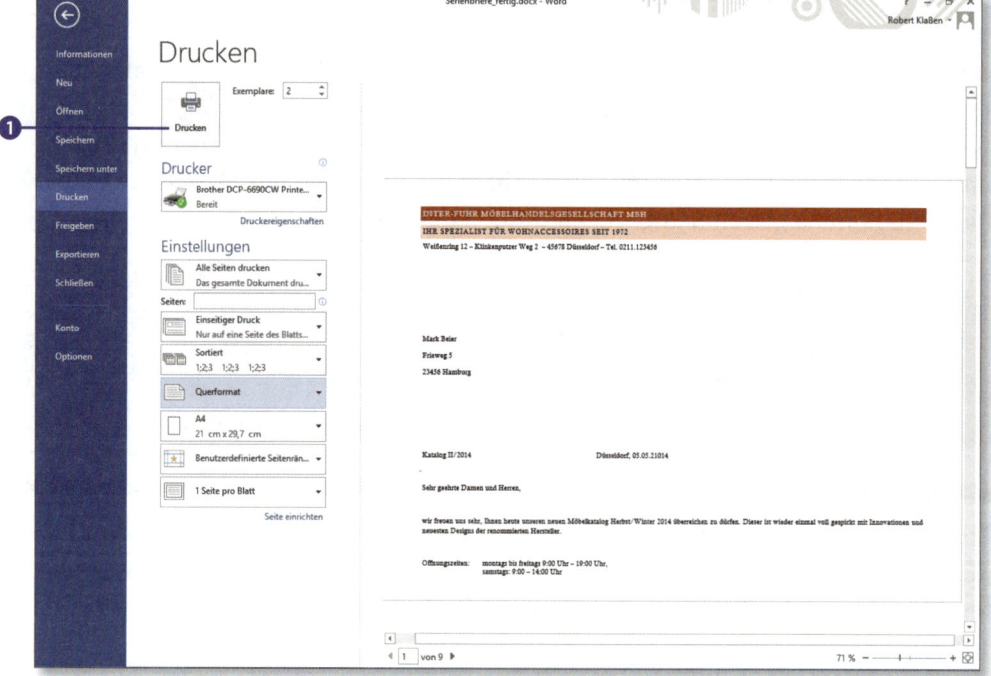

Gedulden Sie sich einen Augenblick, bis Word die Verbindung mit dem Drucker aufgenommen hat. Das kann durchaus einen Moment dauern, insbesondere wenn große Datenmengen zu bearbeiten sind, beispielsweise wenn Sie ein sehr umfangreiches Dokument drucken möchten. Darüber hinaus braucht der Drucker von sich aus noch einen gewissen Zeitraum, beispielsweise um aus dem Standby-Modus zu erwachen.

Seite einrichten

Ganz unten in der mittleren Spalte des Bereichs **Drucken** (**Datei** > **Drucken**) befindet sich der Button **Seite einrichten**. Ein Klick darauf stellt Ihnen im Dialogfenster **Seite einrichten** weitere Schaltflächen zur Verfügung. So können Sie hier beispielsweise die Definition von Seitenrändern vornehmen.

Abbildung 11.2 Mithilfe dieses Dialogs können unter anderem die Seitenränder noch kurz vor dem Druck angepasst werden.

Allerdings muss auch hier berücksichtigt werden, dass sich Veränderungen auf das Layout des Dokuments auswirken. Wir empfehlen, derartige Einstellungen lieber direkt in Word vorzunehmen.

11.2 Den Schnelldruck verwenden

Sie suchen nach einer schnellen Methode, um ein Dokument sofort auszudrucken? Die Einstellungen wollen Sie ebenfalls nicht ändern – also den Bereich **Drucken** übergehen? Dann gibt es zwei Möglichkeiten. Die eine: Benutzen Sie die Tastenkombination $\boxed{\text{Strg}}$ + $\boxed{\text{P}}$, gefolgt von $\boxed{\leftarrow}$. Alternativ können Sie aber auch die Schaltfläche **Schnelldruck** der Symbolleiste für den Schnellzugriff hinzufügen, sodass Sie den Druck per Mausklick starten können.

1 Klicken Sie ganz oben links auf das kleine Dreiecksymbol **Symbolleiste für den Schnellzugriff anpassen**.

2 Im daraufhin erscheinenden Menü aktivieren Sie die Funktion **Schnelldruck** per Klick.

3 Wann immer Sie in Zukunft auf den Button **Schnelldruck** klicken, wird ohne Umschweife mit dem Ausdruck des kompletten Dokuments begonnen.

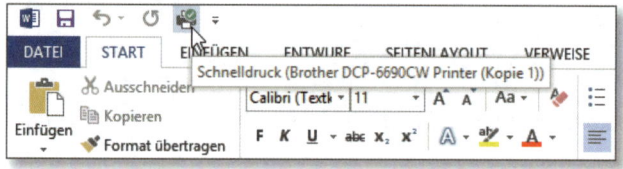

Die Schaltfläche steht Ihnen ab sofort dokumentübergreifend in der Symbolleiste für den Schnellzugriff zur Verfügung. Wer sie zu einem späteren Zeitpunkt entfernen möchte, klickt einfach mit rechts darauf und entscheidet sich für den Befehl **Aus Symbolleiste für den Schnellzugriff entfernen**.

Kapitel 12
Dokumente im Team bearbeiten

In Kapitel 10 haben Sie bereits die Möglichkeiten der Zusammenarbeit mehrerer Autoren an einem Word-Dokument kennengelernt. In diesem Kapitel wird Word nun aber zum wahren Team-Player. Wir beschäftigen uns im Folgenden u. a. mit dem Dokumentaustausch untereinander, der Verwaltung verschiedener Dokumentversionen sowie den Möglichkeiten in Bezug auf globale Speicherorte, auf die jeder im Team zugreifen kann.

12.1   Mit Berechtigungen arbeiten

Wer Dokumente während der Produktionsphase mit anderen teilt, sollte sich darüber im Klaren sein, dass jeder, der sein Dokument in einem Word-Format erhält, beliebige Änderungen daran vornehmen kann. Das ist zwar praktisch, jedoch nicht immer gewünscht.

12

Bevor Sie das Dokument weitergeben, bestimmen Sie, was verändert werden darf und was nicht. Sie können diese Einstellungen ganz an Ihre Bedürfnisse anpassen.

1 Dazu müssen Sie zunächst die Funktion **Bearbeitung einschränken** aktivieren. Sie können das auf zwei Arten tun. Gehen Sie in die Backstage-Ansicht (**Datei**) und wählen Sie im Bereich **Informationen** den Button **Dokument schützen** > **Bearbeitung einschränken**. Alternativ dazu klicken Sie auf **Bearbeitung einschränken** in der Gruppe **Schützen** der Registerkarte **Überprüfen**. Es wird daraufhin der Aufgabenbereich **Bearbeitung einschränken** eingeblendet.

2 Sie können zunächst festlegen, dass nachfolgende Bearbeiter des Dokuments nur die Formatvorlagen verwenden, die Sie freigeben. Aktivieren Sie dazu per Mausklick die Checkbox im Bereich **1. Formatierungseinschränkungen** und klicken Sie anschließend auf den Link **Einstellungen**. Im Dialog **Formatierungseinschränkungen** lässt sich nun jede einzelne Vorlage per Checkbox an- oder abwählen. Klicken Sie auf die Schaltfläche **Empfohlenes Minimum**, begrenzt Word automatisch die Auswahl für Sie.

3 Im Bereich **2. Bearbeitungseinschränkungen** des Aufgabenbereichs **Bearbeitung einschränken** können Sie, nachdem Sie die entsprechende Checkbox mit einem Klick aktiviert haben, in einem Auswahlmenü genau festlegen, welche Bearbeitungen im Dokument gestattet sind. Wollen Sie beispielsweise dem Kollegen gestatten, das Dokument zu bearbeiten, müssen Sie **Überarbeitungen** einstellen. Es wäre aber auch denkbar, beispielsweise nur **Kommentare** zuzulassen. Entscheiden Sie sich für die Funktion, welche Ihnen am ehesten zusagt.

4 Aktivieren Sie **Jeder** im Bereich **Gruppen**, da ansonsten niemand mehr Änderungen vornehmen könnte – Sie auch nicht –, zumindest nicht mehr, nachdem Sie das Dokument gespeichert und geschlossen haben. (Weitere Informationen zur Benutzereinschränkung erhalten Sie im folgenden Abschnitt.) Am besten speichern Sie das Dokument jetzt noch einmal unter einem neuen Namen ab (so bleibt Ihr Original unangetastet) und klicken ganz unten auf **Ja, Schutz jetzt anwenden**. Daraufhin müssen Sie noch eine letzte Entscheidung treffen. Wollen Sie das Dokument mit einem Passwort schützen, können Sie dieses im Dialog **Dokumentenschutz anwenden** festlegen. Geben Sie kein Passwort ein, erfolgt auch keine entsprechende Abfrage beim späteren Öffnen.

Um **Benutzerauthentifizierung** nutzen zu können, müsste Ihr PC mit IRM (*Information Rights Management*) ausgestattet sein. Weitere Infos dazu finden Sie auf *http://www.office.com*. Geben Sie dort den Suchbegriff »irm« ein.

12.2 Bearbeitung für verschiedene Autoren einschränken

So, wie Sie die Bearbeitungsfunktion für das gesamte Dokument einschränken können, können Sie auch individuelle Benutzerrechte vergeben, z. B. wenn einem Kollegen weiterführende Bearbeitungen gestattet sein sollen als dem anderen. Übrigens können auch die Berechtigungen zur Bearbeitung entfernt werden.

1 Öffnen Sie den Aufgabenbereich **Bearbeitung einschränken** (**Überprüfen > Schützen > Bearbeitung einschr.**). Anschließend legen Sie, sofern Sie das wollen, die Formatierungseinschränkungen im gleichnamigen Bereich fest (siehe dazu auch den Abschnitt »Mit Berechtigungen arbeiten« auf Seite 375).

2 Um Personen von einem Bearbeitungsverbot des Dokuments auszunehmen, müssen Sie die Checkbox im Bereich **2. Bearbeitungseinschränkungen** aktivieren und anschließend entweder **Kommentare** oder **Keine Änderungen (Schreibgeschützt)** auswählen. Richten Sie hier keine Einschränkungen ein, sind die folgenden Schritte nicht durchführbar.

3 Als Nächstes fügen Sie nun Benutzer hinzu, denen die Bearbeitung am Dokument uneingeschränkt gestattet wird. Dazu klicken Sie im Bereich **Ausnahmen (optional)** auf **Weitere Benutzer**. Fügen Sie (getrennt durch Kommas) Benutzernamen oder E-Mail-Adressen der gewünschten Benutzer ein.

4 Sobald mehr als ein Benutzer, für den die Einschränkungen nicht gelten sollen, mittels Checkbox markiert wird, organisiert Word daraus eine Gruppe. Das erspart Ihnen das spätere Anwählen von einzelnen Personen, wenn es erneut um die Vergabe von Rechten geht. Sie müssen dann nämlich nicht mehr alle Teilnehmer einzeln anwählen, sondern können gleich die gesamte Gruppe aktivieren. Im Beispiel besteht die Gruppe ❶ aus drei Teilnehmern. Entsprechendes gilt, wenn Sie einem der Benutzer die Rechte entfernen. Das lässt sich beispielsweise durch Abwahl des Häkchens ❷ oder Öffnen des Untermenüs ❸ erreichen. Hier müssten Sie dann auf **Alle Bearbeitungsberechtigungen für diesen Benutzer entfernen** ❹ klicken, wodurch von Word automatisch eine weitere Gruppe ❺ erstellt wird.

Vergessen Sie nicht, am Schluss wieder auf **Ja, Schutz jetzt anwenden** zu klicken. Sie haben daraufhin die Möglichkeit, Ihr Dokument mit einem Passwort zu schützen. Lesen Sie dazu auch den Abschnitt »Mit Berechtigungen arbeiten« auf Seite 375.

12.3 Verschiedene Dokumentversionen verwalten

Bei der Verwaltung von Dokumentversionen gibt es grundsätzlich zwei Anwendungsmöglichkeiten. Einerseits können Sie zu einer früheren Version Ihres Dokuments zurückkehren. Andererseits können Sie Dokumentversionen, die von mehreren Kollegen erstellt wurden, zu einem einzelnen Dokument verbinden. Im Folgenden schauen wir uns beide Verfahrensweisen an.

INFO

Warum werden Dokumente automatisch gespeichert?

Dass Word-Dokumente in regelmäßigen Abständen gesichert werden, liegt an der von Haus aus aktivierten Funktion **AutoWiederherstellen-Informationen speichern alle [X] Minuten**, die Sie in der Rubrik **Speichern** der **Word-Optionen** (Datei > Optionen) finden. Eigentlich dient sie dazu, nach einem Programmabsturz auf ein möglichst aktuelles Dokument zurückgreifen zu können.

Aktuelle Dokumentversionen verwalten

Stellen Sie sich vor, Sie arbeiten nun schon sehr lange an einem Dokument und bemerken, dass die eine oder andere Änderung, die Sie vorgenommen haben, doch nicht Ihren Wünschen entspricht. Dann können Sie auf die von Word automatisch gespeicherten Dokumentversionen zugreifen.

Solange das Dokument noch geöffnet ist, können Sie in der Backstage-Ansicht im Bereich **Versionen** der Rubrik **Informationen** eine frühere Dokumentversion auswählen ❶. Achten Sie auf das angeführte Datum.

Abbildung 12.1 Hier werden Dokumentversionen gesichert.

Daraufhin wird die gewählte Version in einem neuen Fenster geöffnet. Anstelle des Menübands wird jedoch ein gelber Balken mit den Buttons **Vergleichen** und **Wiederherstellen** eingeblendet. Über **Wiederherstellen** öffnen Sie die gewählte Version und können nun von diesem Stand weiterarbeiten. Ein Klick auf **Vergleichen** öffnet eine Dokumentübersicht (siehe den Abschnitt 10.8, »Ähnliche Dokumente vergleichen«, auf Seite 364), die aus dem aktuellen Dokument, dem von Ihnen soeben ausgewählten und einem zusammengefassten Dokument aus beiden Versionen besteht.

Abbildung 12.2 Vergleichen Sie das aktuelle Dokument mit einer automatisch gespeicherten Vorgängerversion.

In Letzterem sind alle Änderungen zwischen den beiden Dokumentversionen markiert. Diese Markierungen können Sie nun mithilfe der Schaltflächen **Zurück** und **Weiter** in der Gruppe **Änderungen** der Registerkarte **Überprüfen** nacheinander aufrufen, kontrollieren und anschließend ablehnen oder annehmen. Bedenken Sie, dass dieses neue Dokument am Ende noch gespeichert werden muss.

Gespeicherte Dokumentversionen verwalten

Sollten Sie bei der Bearbeitung einmal vergessen haben, die Schaltfläche **Änderungen nachverfolgen** (**Überprüfen** > **Nachverfolgung**) zu aktivieren, können Sie dennoch recht einfach nachvollziehen, welche Änderungen am Dokument vorgenommen wurden. Auf die gleiche Weise können Sie beispielsweise auch mit Dokumentversionen verfahren, die Sie von zwei Kollegen bekommen haben und nun zu einem Dokument verschmelzen wollen.

1 Öffnen Sie ein beliebiges Word-Dokument. Klicken Sie auf die Schaltfläche **Vergleichen** in der gleichnamigen Gruppe der Registerkarte **Überprüfen**. Wählen Sie im Menü den Befehl **Kombinieren**.

2 Stellen Sie im Dialog **Dokumente zusammenfassen** beide Dokumente ein (einmal im Bereich **Originaldokument** und ein weiteres Mal im Bereich **Überarbeitetes Dokument**).

3 Legen Sie mithilfe der Checkboxen im Bereich **Vergleichseinstellungen** des Dialogs fest, welche Optionen beim Vergleichen berücksichtigt werden sollen, und bestätigen Sie mit **OK**.

4 Sie erhalten nun abermals eine dreigeteilte Ansicht, die aus den beiden Quelldokumenten sowie aus einer noch nicht gespeicherten Zusammenfassung besteht. Verwenden Sie die Schaltflächen in der Gruppe **Änderungen** der Registerkarte **Überprüfen**, um die Änderungen zu prüfen und das Dokument anzupassen. Vergessen Sie nicht, das Dokument zu speichern. Immerhin ist dieses ja neu erzeugt worden – und verfügt somit noch nicht über einen Speicherplatz.

Sollten Sie Dokumentversionen von mehr als zwei Autoren bekommen haben, müssen Sie jedes einzelne Dokument nacheinander verbinden. Sie können also immer nur »eine« neue Version in das bereits bestehende Dokument einpflegen.

12.4 Ein Dokument als E-Mail-Anhang an einen Kollegen senden

Wussten Sie, dass sich das aktuell geöffnete Dokument direkt aus Word heraus per E-Mail versenden lässt? Dazu sollten Sie das Dokument zunächst speichern. Begeben Sie sich anschließend in die Backstage-Ansicht (**Datei**) und entscheiden Sie sich im Bereich **Freigeben** für **E-Mail**. Auf der rechten Seite stellt Word nun verschiedene Optionen zur Verfügung. Klicken Sie auf **Als Anlage senden**.

Abbildung 12.3 Erzeugen Sie einen E-Mail-Anhang des aktuellen Dokuments direkt aus Word heraus.

Jetzt wird das in Ihrem Betriebssystem festgelegte Standardmailprogramm geöffnet. Aber nicht nur das, denn es ist bereits automatisch eine neue E-Mail angelegt worden. Der Anhang (das geöffnete Word-Dokument) ist ebenfalls bereits eingefügt und die Betreffzeile schon mit dem Namen des Dokuments versehen. Sie müssen also nur noch die E-Mail-Adresse des Empfängers eingeben und eventuell noch E-Mail-Text hinzufügen – und natürlich die E-Mail versenden.

12.5 Dokumente auf OneDrive und SharePoint freigeben

Es ist zwar schön, dass man Dokumente mit Kommentaren und Änderungen versehen und hin- und herschicken kann, jedoch gibt es eine zeitgemäßere Lösung, nämlich die Cloud-Dienste. OneDrive und SharePoint sind entsprechende Angebote von Microsoft, wobei Letzteres insbesondere für Benutzer von Office 365 geeignet ist. Infos finden Sie unter *www.microsoft.com/sharepoint* bzw. *onedrive.live.com*.

12

OneDrive aktivieren

Standardmäßig sind Sie bereits durch die Installation von Office 2013 mit der Cloud verbunden. Sollte das jedoch aus irgendwelchen Gründen nicht der Fall sein, melden Sie sich zunächst an. Die erwähnten Dienste lassen sich ganz einfach in der Backstage-Ansicht **Datei > Speichern unter** aktivieren, indem Sie zunächst auf **Ort hinzufügen** klicken. Entscheiden Sie sich auf der rechten Seite für den entsprechenden Dienst. Wir wählen hier beispielhaft **OneDrive**. Folgen Sie den Anweisungen auf dem Bildschirm.

Abbildung 12.4 Zunächst müssen Sie sich bei OneDrive anmelden.

Sobald Sie sich mit Ihrem Microsoft-Konto bei OneDrive angemeldet haben und die Funktion aktiviert ist, wird Ihnen auch in der linken Spalte im Explorer der Bereich OneDrive angezeigt, sodass Sie bereits aus dem Explorer heraus auf den Cloud-Speicher zugreifen können.

Dokumente auf OneDrive speichern

Um ein Dokument in OneDrive zu speichern, müssen Sie nun innerhalb des Dialogs **Speichern unter** nichts weiter tun, als den mit Ihrem Namen versehenen OneDrive-Eintrag zu wählen. Klicken Sie danach auf **Durchsuchen**, um den Speicherort zu wählen. Bestätigen Sie abschließend mit **Speichern**. Sie gelangen jetzt zurück in die standardmäßige Word-Oberfläche. Während des Speichervorgangs erscheint ein entsprechender Hinweis in der Statusleiste, dass das Dokument in OneDrive geladen wird.

> **INFO**
>
> Aus rechtlichen Gründen wurde der Onlinespeicher SkyDrive im Februar 2014 von Microsoft in OneDrive umbenannt. Im Zuge der Umbenennung wurden die Web Apps in Office Online umbenannt.

Direktzugriff auf OneDrive

Sie können prinzipiell von jedem Rechner mit Internetzugang auf den Onlinespeicher OneDrive zugreifen. Loggen Sie sich für OneDrive über die Internetadresse *http://one-drive.live.com* mit Ihren Zugangsdaten ein. Sie können die Dokumente per Klick öffnen. Um ein Dokument herunterzuladen, klicken Sie es mit rechts an und wählen im Kontextmenü den Befehl **Herunterladen**.

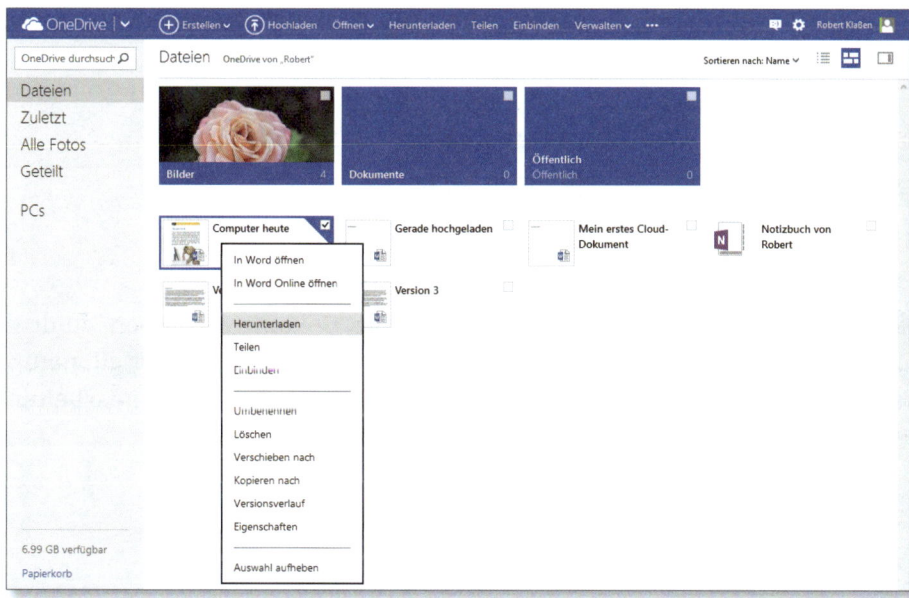

Abbildung 12.5 OneDrive, Ihr direkter Draht, nicht nur zu Word-Dokumenten

Über das Kontextmenü können Sie auch die Bearbeitung in *Word Online* starten. (Weitere Hinweise dazu finden Sie in Abschnitt 12.6, »Mit Word Online Dokumente bearbeiten«.)

OneDrive-Inhalte teilen

Sie möchten jemand anderem den Zugriff auf ein bestimmtes Word-Dokument erlauben? Dann klicken Sie mit rechts auf die entsprechende Datei und entscheiden sich im Kontextmenü für **Teilen**. Im folgenden Dialog geben Sie im Feld **An** die E-Mail-Adresse des Empfängers an und legen die Bearbeitungsoptionen fest. Mit Klick auf **Teilen** wird ein Link an den Empfänger gesendet, der dann seinerseits direkt via Internetbrowser auf das Dokument zugreifen kann.

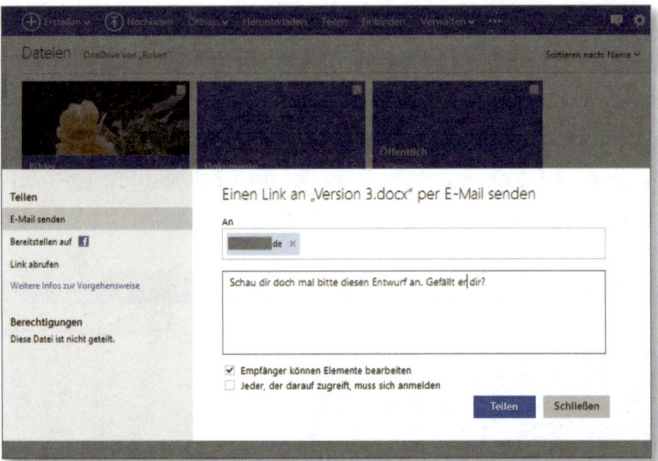

Abbildung 12.6 Schicken Sie einen Link an den Empfänger.

Der Empfänger hat nun seinerseits die Möglichkeit, das Dokument zu lesen, zu drucken, freizugeben, Kommentare einzufügen – und sogar zu bearbeiten. Dies gilt natürlich nur, sofern Sie es ihm per Checkbox **Empfänger können Elemente bearbeiten** zuvor erlaubt haben.

12.6   Mit Word Online Dokumente bearbeiten

Wann immer Sie einer anderen Person mittels **Teilen** (siehe Abschnitt »OneDrive-Inhalte teilen« auf Seite 385) die Erlaubnis gegeben haben, ein in der Cloud befindliches Dokument zu bearbeiten, kann dieser *Word Online* einsetzen. Dazu klickt er (nachdem er den gesendeten Link benutzt hat) auf **Dokument bearbeiten**. Jetzt kann er die Online-App benutzen – und zwar plattformübergreifend (also auch vom Mac oder Tablet aus), selbst dann, wenn er Word gar nicht installiert hat.

Abbildung 12.7 Wenn der Eigentümer es zulässt, kann der Empfänger eine Menge mit dem Dokument anstellen.

Entsprechendes gilt übrigens auch, wenn Sie von unterwegs Ihre eigenen Dokumente bearbeiten wollen. Klicken Sie nach dem Öffnen des Dokuments auf **Dokument bearbeiten** und wählen Sie im Menü **In Word Online bearbeiten**. Im Prinzip finden Sie daraufhin ein abgespecktes Word mit ansonsten identischen Schaltflächen vor. Es steht Ihnen sogar nach einem Klick auf **Datei** eine reduzierte Backstage-Ansicht zur Verfügung.

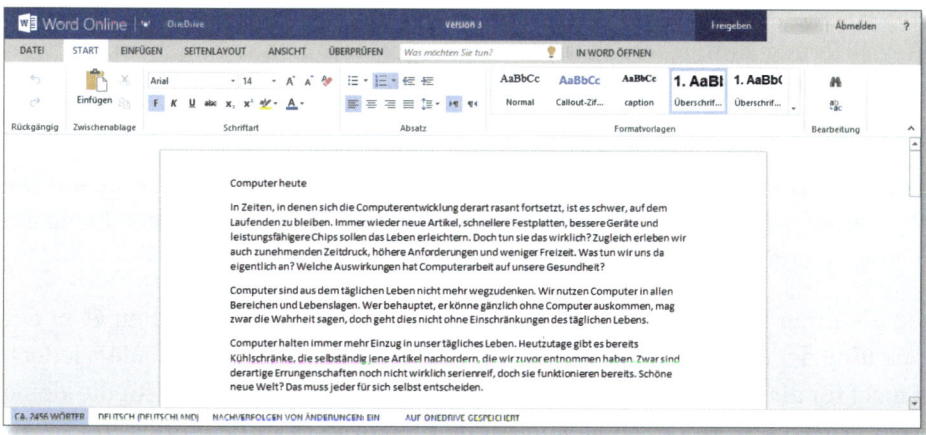

Abbildung 12.8 Ein abgespecktes Word steht jedem zur Verfügung, der Zugriff auf OneDrive hat.

12

INFO

Vorrang bei der Bearbeitung

Was passiert, wenn mehrere Nutzer ein Dokument gleichzeitig bearbeiten wollen? Nun, wer zuerst damit beginnt, einen Bereich zu bearbeiten, ist Sieger. Für alle anderen ist dieser Bereich nämlich solange gesperrt. Ihnen wird zudem unten rechts in der Statusleiste von Word Online angezeigt, wer gerade noch an diesem Dokument mitarbeitet.

12.7 Ein Office-Dokument auf einem Weblog veröffentlichen

Ein Weblog ist nichts anderes als ein Blog – und somit die Veröffentlichung eines Artikels oder Ähnliches auf einer eigens dafür bereitgestellten Webseite. Um Blogs einstellen zu können, muss man registriert sein. Aber der Reihe nach: Word bringt eine eigene Blogvorlage mit. Benutzen Sie diese, um direkt aus Word heraus einen Blog zu erzeugen.

1 Starten Sie mit einer eigens für den Zweck generierten Vorlage. Sie finden sie unter **Datei** > **Neu** > **Neuer Blogbeitrag** > **Erstellen**.

2 Sollten Sie bereits bei einem Blogdienstleister registriert sein, entscheiden Sie sich für **Jetzt registrieren**. In diesem Fall können Sie sich mit Ihrem Blogkonto verbinden. Diese Schaltfläche dürfen Sie zudem auch benutzen, wenn Sie noch keinen Blog-Account besitzen, diesen aber nun einrichten wollen. Wer unabhängig vom Anbieter zunächst nur den Blog erstellen möchte, entscheidet sich für **Später registrieren**.

3 Die Registrierung kann jederzeit auch vom Blogdokument aus vorgenommen werden. Dazu klicken Sie auf **Konten verwalten** in der Gruppe **Blog** der Registerkarte **Blogbeitrag**.

4 Gestalten Sie Ihren Blog nun nach Belieben. Dabei dürfen Sie auch gerne auf die Inhalte der Registerkarte **Einfügen** zugreifen, mit denen sich zusätzliche Elemente wie Fotos, Screenshots und WordArt in Ihren Beitrag einsetzen lassen.

5 Haben Sie Ihren Beitrag so weit erstellt, klicken Sie auf **Veröffentlichen** ❶ in der Gruppe **Blog** der Registerkarte **Blogbeitrag**. Sollten Sie den Blog hochladen, jedoch noch nicht für die Öffentlichkeit freigeben wollen, entscheiden Sie sich für die kleine Dreieck-Schaltfläche ❷ und wählen im Menü **Als Entwurf veröffentlichen**.

Zum Veröffentlichen eines Entwurfs oder eines regulären Blogbeitrags benötigen Sie im Übrigen den bereits erwähnten Blog-Account. Sollten Sie bis zu diesem Zeitpunkt noch keinen Zugang eingerichtet haben, öffnet sich erneut der Dialog **Blogkonto registrieren**, über den Sie nun ein Konto einrichten können.

INFO

Neues Blogkonto erstellen

Wer sich mit dem Erstellen von Blogkonten noch nicht so richtig auskennt, sollte **Konten verwalten** markieren und anschließend auf **Neu** gehen. Klicken Sie im folgenden Dialog auf **Ich besitze noch keinen Blog**. Dieser Link bringt Sie zu einer Microsoft-Hilfeseite, die Ihnen auch in Bezug auf die Anbieterwahl behilflich ist.

Kapitel 13
Word einrichten und anpassen

Trotz des riesigen Funktionsumfangs der Anwendung möchten Sie Word sicher noch optimaler an Ihre persönlichen Bedürfnisse und Vorlieben anpassen. Zahllose Optionen unterstützen dies. Im Folgenden werden wir einige interessante Möglichkeiten beleuchten. Sie erfahren auch, wie sich die Symbolleiste mit weiteren Buttons ausstatten lässt.

13.1 Die Programmeinstellungen individualisieren

Im ersten Teil dieses Kapitels stellen wir Ihnen sinnvolle Einstellungen innerhalb der Word-Optionen vor. Auch die Konto-Optionen werden im weiteren Verlauf noch vorgestellt. Mithilfe der Word-Optionen können Sie die Anwendung so einrichten, dass bestimmte Eigenschaften dokumentübergreifend angenommen werden. Hier muss natürlich jeder für sich selbst festlegen, welche Funktionen für seine tägliche Arbeit sinnvoll sind. Einige davon stellen wir Ihnen hier vor.

Sie gelangen in den Dialog **Word-Optionen**, indem Sie zunächst in die Backstage-Ansicht wechseln (**Datei**) und dort auf die Rubrik **Optionen** klicken. Standardmäßig ist in dem sich daraufhin öffnenden Dialogfenster **Word-Optionen** in der linken Spalte die Rubrik **Allgemein** ausgewählt. Ist das bei Ihnen nicht der Fall, klicken Sie diese zunächst an. Schauen wir uns in den nächsten beiden Unterabschnitten zunächst zwei Optionen aus dem Bereich **Benutzeroberflächenoptionen** an.

Minisymbolleiste deaktivieren

Die standardmäßig aktive Checkbox **Minisymbolleiste für die Auswahl anzeigen** ist verantwortlich dafür, dass eine kleine Symbolleiste direkt am Text erscheint, sobald Sie ein Wort oder einen Abschnitt im Dokument markieren. Man erspart sich mithilfe dieser Minisymbolleiste den Weg ins Menüband, da hier alle wichtigen Schaltflächen zur Textformatierung bereits integriert sind und Sie Ihre Änderungen unmittelbar vornehmen können. Manch einer empfindet diese Leiste jedoch als störend. Wenn das bei Ihnen auch der Fall ist, nehmen Sie das Häkchen ganz einfach weg.

QuickInfo deaktivieren

Im Bereich **Benutzeroberflächenoptionen** der Rubrik **Allgemein** im Dialogfenster **Word-Optionen** finden Sie das Auswahlmenü **QuickInfo-Format**. Mit QuickInfo sind die erklärenden Tafeln gemeint, die automatisch erscheinen, sobald Sie die Maus auf eine Schaltfläche oder über eine Funktion bewegen. Wer darauf künftig verzichten möchte, entscheidet sich im nebenstehenden Menü für die Option **QuickInfos nicht anzeigen**.

Benutzernamen und Initialen festlegen

Im mittleren Bereich **Microsoft Office-Kopie personalisieren** der Rubrik **Allgemein** können Sie Ihren Benutzernamen und Initialen eingeben. Diese Informationen werden beispielsweise in Kommentaren und Autorenhinweisen angezeigt, sofern die darunter befindliche Checkbox aktiviert ist. Wollen Sie stattdessen mit dem Namen sichtbar sein, der in Ihren persönlichen Betriebssystem-Einstellungen Gültigkeit hat, lassen Sie die Checkbox einfach leer.

Abbildung 13.1 Die allgemeinen Word-Optionen

INFO

Startbildschirm

Die aktive Checkbox **Startbildschirm beim Start dieser Anwendung anzeigen** im Bereich **Startoptionen** bewirkt, dass Word beim Programmstart automatisch die Rubrik **Neu** der Backstage-Ansicht aktiviert. Von dort aus können Sie eine Vorlage auswählen. Wer künftig lieber direkt mit einem neuen leeren Dokument beginnen möchte, deaktiviert die Checkbox ganz einfach und bestätigt mit **OK**.

Formatierungszeichen aktivieren

Wenn Sie die Schaltfläche **Alle anzeigen** in der Gruppe **Absatz** der Registerkarte **Start** betätigen, werden die Steuerelemente wie beispielsweise Absatzmarken angezeigt. Entsprechendes erreichen Sie mit der Tastenkombination $\boxed{\text{Strg}}$ + $\boxed{\Uparrow}$ + $\boxed{+}$. Wer jedoch nur bestimmte Zeichen wie Tabstoppzeichen und Absatzmarken permanent angezeigt bekommen möchte (von Haus aus ist nur **Objektanker** aktiv), muss die betreffenden Checkboxen in der Mitte der Rubrik **Anzeige** aktivieren.

Abbildung 13.2 Man kann bestimmte Formatierungszeichen permanent anzeigen lassen.

Dateiformat für Speichern auswählen

Die Rubrik **Speichern** beinhaltet interessante Funktionen, die beim Sichern von Dokumenten relevant sind. Ganz oben finden Sie im Bereich **Dokumente speichern** das Auswahlmenü **Dateien in diesem Format speichern**. Hier legen Sie fest, welchen Dokumenttyp (beziehungsweise welche Dateiendung) Word Ihnen standardmäßig im Dialog **Speichern unter** anbieten soll. Wer also beispielsweise oft Dokumente mit der Dateiendung *.doc* ausgeben muss, schaltet hier auf **Word 97-2003-Dokument (*.doc)** um.

INFO

Schriftarten in das Dokument einbetten

Die gleichnamige Checkbox in der Rubrik **Speichern** der **Word-Optionen** bewirkt, dass Schriften, die im Dokument benutzt worden sind, in die Word-Datei integriert werden. Sollte der Empfänger des Dokuments eine von Ihnen verwendete Schrift nicht auf seinem Rechner installiert haben, steht diese ihm bei Aktivierung der Funktion dennoch zur Verfügung. Anderenfalls würde eine Ersatzschriftart gewählt, die möglicherweise anders aussieht als das Original und somit das Layout stört. Doch Vorsicht! Die allermeisten Schriften dürfen nicht einfach weitergegeben werden! Bedenken Sie, dass in Word auch Schriften zur Verfügung stehen, die bei der Installation ganz anderer Programme integriert worden sind. Informieren Sie sich also vorab in den entsprechenden Lizenzvereinbarungen, ob Sie dazu ermächtigt sind, Schriften weiterzugeben. Im Zweifel lassen Sie es lieber bleiben.

Speichern und Wiederherstellen

Die Funktion **AutoWiederherstellen** in der Rubrik **Speichern** ist ebenfalls interessant. Hier lässt sich ein Speicherintervall festlegen, in dem Word das Dokument automatisch nachspeichert. Im Feld **Dateispeicherort für AutoWiederherstellen** wird Ihnen der Dateipfad, den die Anwendung für die Wiederherstellungsdokumente benutzt, angezeigt.

Abbildung 13.3 Wer will schon immer auf OneDrive speichern?

Sicher haben Sie bereits festgestellt, dass Word von Haus aus stets OneDrive als bevorzugtes Speichermedium anbietet. Das kann ganz schön nervig sein – zumindest für denjenigen, der zum Sichern seiner Dokumente gewohnheitsmäßig die Festplatte nutzt. Aktivieren Sie die Checkbox **Standardmäßig auf Computer speichern**, wird im Speichern-Dialog künftig **Computer** anstelle von **OneDrive** vorausgewählt.

Die Konto-Optionen individualisieren

Klicken Sie in der Backstage-Ansicht auf die Rubrik **Konto** (**Datei** > **Konto**), stehen Ihnen die beiden Optionen **Office-Hintergrund** und **Office-Design** zur Verfügung, mit denen Sie das Erscheinungsbild der Programmoberflächen anpassen können. Wer also einmal einen anderen Look in der Kopfzeile wünscht oder die Seitenränder beziehungsweise das Menüband abdunkeln möchte, ist hier gut beraten.

Sollte es einmal Probleme mit Office geben, die mithilfe des Supports gelöst werden müssen, benötigen Sie einige Informationen zu Ihrer Programmversion. Diese finden Sie, wenn Sie im Bereich **Produktinformationen** auf **Info zu Word** klicken. Darin untergebracht sind beispielsweise die Produkt-ID sowie die Versionsnummer. Über die Schaltfläche **Systeminfo** können detaillierte Informationen zu Ihrem Computersystem ausgelesen werden. Über die Schaltfläche **Software Service** haben Sie die Möglichkeit, weitere Hilfsangebote abzurufen.

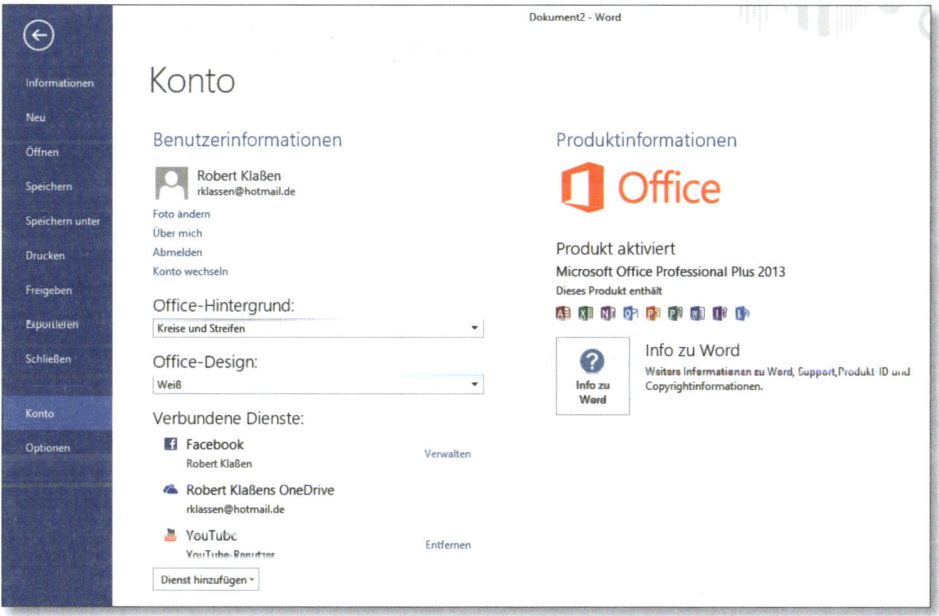

Abbildung 13.4 Die Kontoinformationen sind wichtiger, als es auf den ersten Blick scheint.

13.2　Das Menüband anpassen

Das Menüband von Word 2013 beinhaltet standardmäßig bereits eine Fülle an Registerkarten, Gruppen und Schaltflächen. Dennoch stellt sich die Frage, ob wirklich alles
vorhanden ist, was man für die tägliche Arbeit benötigt. Fehlt vielleicht eine Funktion,
die Sie häufig benutzen? Dann fügen Sie doch eine entsprechende Schaltfläche hinzu.
Damit es funktioniert, sollten Sie jedoch ein paar Kleinigkeiten beachten.

Eine Schaltfläche hinzufügen

Zum Einstieg in diese Thematik wollen wir uns einer Aufgabe widmen: Wir werden die
Schaltfläche **Zeichenschattierung** hinzufügen, die dafür sorgt, dass Buchstaben grau
hinterlegt werden.

Abbildung 13.5　Die ersten drei Buchstaben sind mit einer Zeichenschattierung versehen.

1　Klicken Sie in der Backstage-Ansicht zunächst auf die Rubrik **Optionen**. Im Dialog
Word-Optionen klicken Sie anschließend auf **Menüband anpassen**. Alternativ
dazu reicht auch ein Rechtsklick auf eine beliebige Stelle des Menübands, gefolgt
von **Menüband anpassen** im Kontextmenü.

2　Im Dropdown-Menü **Befehle auswählen** ❶ stellen Sie **Alle Registerkarten** ein. Das
Gleiche machen Sie bitte auch rechts daneben in **Menüband anpassen** ❷.

3　Klicken Sie im linken Feld bei **Hauptregisterkarten** ❸ auf das Plussymbol vor **Start**
und anschließend auf das vor **Schriftart**. Dadurch verändern sich die Symbole zu

Minuszeichen (als Hinweis darauf, dass die Liste geöffnet ist). Wählen Sie den Befehl **Zeichenschattierung** ❹.

4 Danach müssen Sie in der rechten Spalte **Menüband anpassen** die Gruppe auswählen, in die die Schaltfläche integriert werden soll – in diesem Fall **Schriftart** ❺. Markieren Sie die entsprechende Zeile.

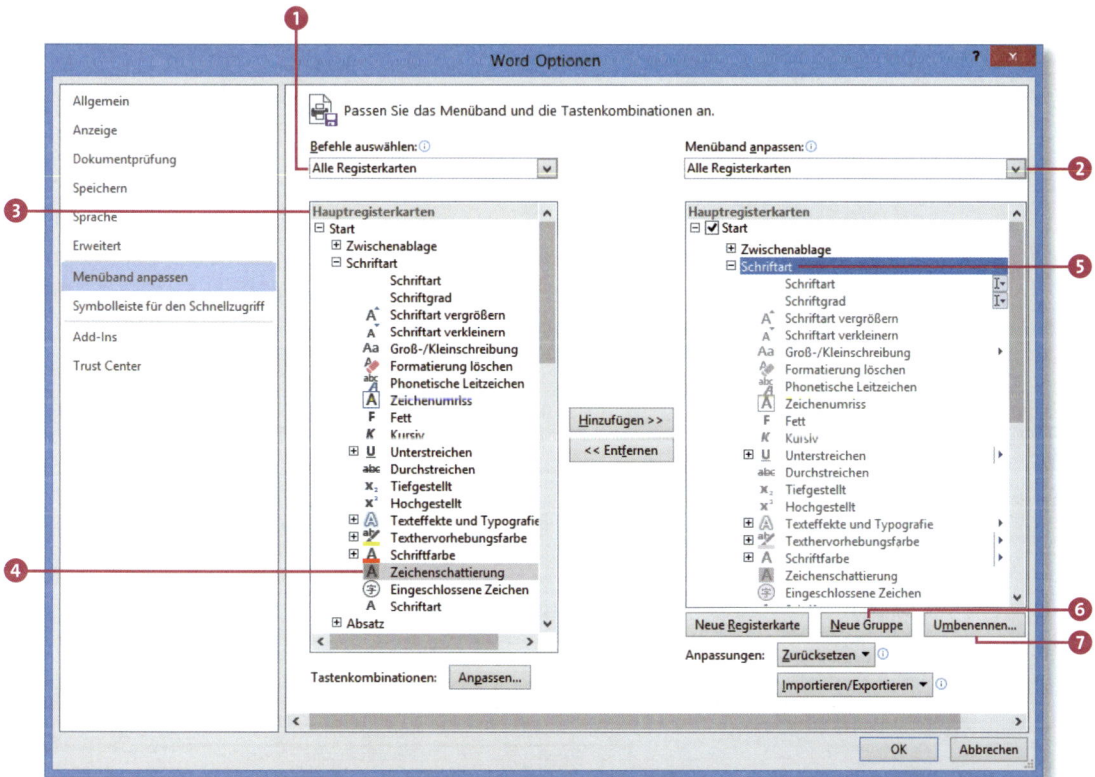

5 Sie müssen wissen: Vorhandene und von Word bereits zusammengestellte Gruppen und Registerkarten können nicht von Ihnen im Nachhinein angepasst werden. Demzufolge lassen sich auch keine zusätzlichen Schaltflächen darin unterbringen. Andererseits können Schaltflächen nur in Gruppen untergebracht werden, also müssen wir zunächst eine neue Gruppe für unseren Button über die gleichnamige Schaltfläche ❻ erzeugen.

6 Betätigen Sie anschließend **Umbenennen** ❼. Geben Sie im Dialogfenster **Umbenennen** einen neuen Namen ein. Für dieses Beispiel haben wir uns für die Bezeichnung »Spezial« entschieden. Bestätigen Sie mit **OK**.

7 Zuletzt klicken Sie auf **Hinzufügen** ❶. Das sorgt dafür, dass der zuvor auf der linken Seite markierte Befehl **Zeichenschattierung** in die neu erzeugte Gruppe **Spezial** ❷ eingefügt wird. Schließen Sie die Aktion mit Klick auf **OK** ab.

Wenn Sie wollen, können Sie auf der linken Seite weitere Funktionen auswählen und mit Klick auf **Hinzufügen** in die Gruppe **Spezial** integrieren.

Wer vorhandene Schaltflächen innerhalb einer selbst erzeugten Gruppe wieder loswerden möchte, markiert diese auf der rechten Seite im Bereich **Menüband anpassen** und klickt anschließend auf **Entfernen** ❸.

> **TIPP**
>
> **Schaltflächen sortieren**
>
> Sie wollen Einfluss auf die Reihenfolge der Buttons innerhalb einer Gruppe nehmen? Dann klicken Sie auf einen entsprechenden Eintrag und ziehen ihn, während Sie die Maustaste gedrückt halten, an eine andere Position. Damit das funktioniert, müssen natürlich mehrere Schaltflächen innerhalb dieser Gruppe vorhanden sein. Sie sollten außerdem beachten, dass das nur bei von Ihnen hinzugefügten Gruppen möglich ist, nicht aber bei den Standardgruppen.

Entwicklertools aktivieren

Word verfügt über eine Registerkarte, die standardmäßig nicht aktiv ist. Es handelt sich dabei um die sogenannten *Entwicklertools*. Um sie zu aktivieren und so dem Menüband hinzuzufügen, setzen Sie einen Rechtsklick auf eine beliebige Stelle des Menübands (nicht auf eine Formatvorlage!) und wählen im Kontextmenü **Menüband anpassen**. Aktivieren Sie daraufhin im rechten Bereich **Menüband anpassen** die Checkbox **Entwicklertools** und bestätigen Sie mit **OK**.

Abbildung 13.6 Die Entwicklertools müssen manuell eingeschaltet werden.

13.3 Häufig verwendete Befehle in der Symbolleiste für den Schnellzugriff ablegen

Wie Sie der Symbolleiste für den Schnellzugriff die Schaltfläche **Schnelldruck** hinzufügen können, wurde ja bereits in Abschnitt 11.2, »Den Schnelldruck verwenden«, Seite 374, erläutert. Sie können darüber hinaus aber zusätzliche Buttons hinzufügen, die im Auswahlmenü der Schaltfläche **Symbolleiste für den Schnellzugriff anpassen** nicht aufgeführt sind. Klicken Sie zunächst auf die entsprechende Schaltfläche und wählen Sie im Menü **Weitere Befehle**.

Abbildung 13.7 Statten Sie die Schnellzugriffleiste mit häufig benutzten Befehlsschaltflächen aus.

Daraufhin gelangen Sie in die Rubrik **Symbolleiste für den Schnellzugriff** der Word-Optionen. Markieren Sie eine der dort angebotenen Buttons im Bereich **Befehle auswählen**, klicken Sie auf **Hinzufügen** und bestätigen Sie die Änderungen mit einem Klick auf **OK**.

Abbildung 13.8 Die Rubrik erinnert an die Rubrik »Menüband anpassen«.

Teil III
Kalkulieren und Analysieren mit Excel 2013

Kapitel 14
Die Oberfläche von Excel 2013 kennenlernen

Bevor wir so richtig in die Arbeit mit Formeln und Berechnungen einsteigen, sollten Sie die Oberfläche von Excel kennenlernen. Vieles wird Ihnen möglicherweise schon von Word bekannt vorkommen. Anderes wiederum ist Excel-spezifisch. Wir stellen Ihnen daher in den folgenden Abschnitten die unterschiedlichen Elemente vor.

14.1   Datenbank vs. Tabellenkalkulation: Wo ist der Unterschied?

Datenbanken und Tabellenkalkulationen sind sich zunächst einmal sehr ähnlich. Beide nehmen Daten in sich auf und beide können ihre Inhalte mit anderen Anwendungen teilen. Allerdings werden Datenbanken in der Hauptsache als Sammelstellen für Daten eingesetzt, während bei der Tabellenkalkulation – wie der Name schon sagt – die Kalkulation, also die Berechnung von Daten, im Vordergrund steht. Ein gutes Beispiel für den Einsatz einer Datenbank ist in Teil II dieses Buches zu finden – nämlich als es darum ging, Serienbriefe in Word zu erzeugen. Hier haben wir vernünftigerweise auf eine Kundendatenbank zurückgegriffen (siehe Abschnitt 9.3, »Einen Serienbrief erstellen«, auf Seite 327). Wenn es jedoch darum geht, beispielsweise die Kaufkraft der einzelnen Kunden zu präsentieren, ist eine Excel-Tabelle geeigneter. Das Ergebnis kann hier entweder als Tabelle oder in einer schicken Illustration (z. B. einem Balkendiagramm) präsentiert werden. Bei der Datenbank war es hingegen lediglich wichtig, auf die Daten zugreifen zu können. Zwar nehmen Tabellenkalkulationen auch Daten auf, doch liegt deren Stärke vor allem in der Berechnung und Präsentation dieser Daten.

14.2   Grundlagen zur Arbeit mit Arbeitsmappen und Tabellenblättern

Eine Arbeitsmappe in Excel ist gewissermaßen ein einzelnes Dokument (wie ein Schriftstück in Word). Die Seiten dieses Dokuments sind in Excel die Tabellenblätter. Genauso wie in Word können Sie auch hier mit einer neuen leeren Arbeitsmappe oder mit einer bereits gestalteten Vorlage beginnen.

Eine neue Arbeitsmappe erzeugen

Klicken Sie in der Rubrik **Neu** der Backstage-Ansicht auf **Leere Arbeitsmappe**, öffnet sich eine Arbeitsmappe mit einem einzelnen Tabellenblatt.

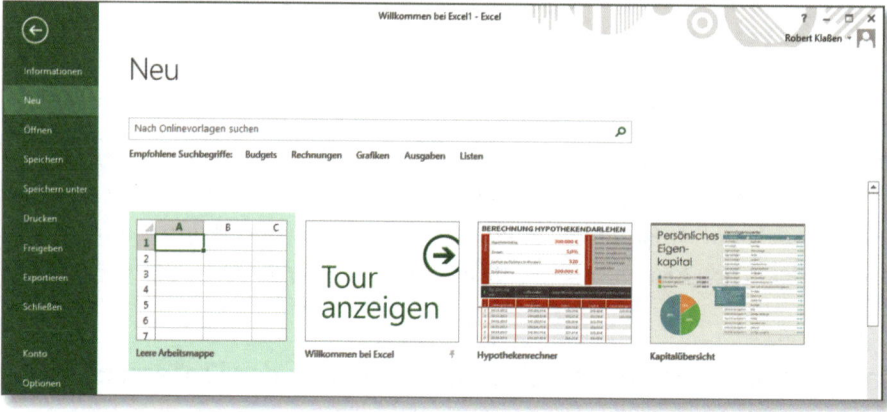

Abbildung 14.1 Erzeugen Sie zunächst eine Arbeitsmappe.

Sie können auf diese Weise Ihre Bearbeitung bei null beginnen und die Kalkulation im Gegensatz zu den Vorlagen nach Ihren Vorstellungen gestalten.

INFO

Anzeige verdeckter Register

Sobald Sie mehr Blätter hinzugefügt haben, als in die Zeile der Tabellenblatt-Register hineinpassen, werden drei Punkte neben den Registern eingeblendet – und zwar immer an der Seite (links oder rechts), an der sich verborgene Register befinden. Sollten sich an beiden Seiten unsichtbare Register befinden, tauchen folgerichtig auch an beiden Seiten Punkte auf. Jeder Klick auf diese Punkte verschiebt die Reihe der Register um eine Position nach links bzw. rechts.

Tabellenblätter hinzufügen

Für viele Aufgaben reicht es vollkommen aus, mit nur einem Tabellenblatt zu arbeiten. Von daher ist die Strategie, dem Benutzer gleich zu Beginn drei Arbeitsblätter zur Verfügung zu stellen, mittlerweile aufgegeben worden. Sollten Sie dennoch weitere Tabellenblätter benötigen, klicken Sie auf das Plussymbol ❶. Navigieren Sie zwischen den einzelnen Blättern, indem Sie auf das jeweilige Register klicken ❷. Sollten mehr Blätter vorhanden sein, als in der Zeile der Register Platz finden, können Sie mit den Pfeilen ❸ nach links oder rechts springen.

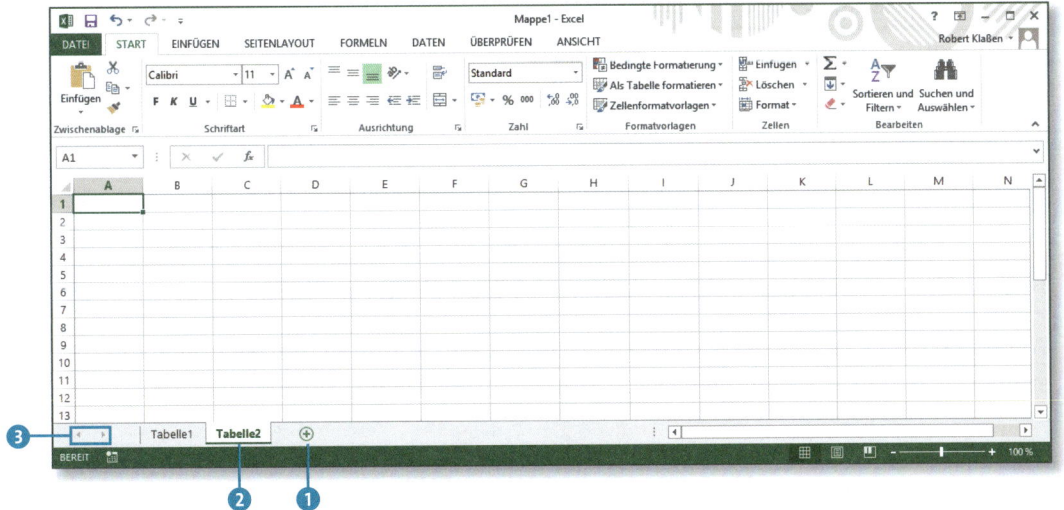

Abbildung 14.2 Fügen Sie bei Bedarf weitere Blätter hinzu.

Tabellenblätter löschen

Wenn Sie ein Tabellenblatt entfernen möchten, klicken Sie das entsprechende Register mit der rechten Maustaste an und wählen im Kontextmenü den Befehl **Löschen**.

Tabellenblätter benennen

Die Bezeichnungen **Tabelle1** oder **Tabelle2**, die auf dem Register angegeben sind, sind ja nicht gerade sehr sprechend. Wer die Blätter sinnvoll benennen möchte, klickt doppelt auf den Namen im Register und gibt die gewünschte Bezeichnung ein. Bestätigen Sie Ihre Eingabe mit ⏎ .

Tabellenblätter sortieren

Sortieren Sie Tabellenblätter, indem Sie das jeweilige Register mit gedrückter Maustaste nach links oder rechts verschieben. Erreichen Sie eine Stelle, an der das Blatt eingefügt werden kann, erscheint eine kleine schwarze Pfeilspitze ❹.

Abbildung 14.3 Es ist kein Problem, mehrere Register gleichzeitig zu verschieben.

Übrigens dürfen Sie auch mehrere Register gleichzeitig verschieben. Dazu müssen diese aber vorab gemeinsam markiert werden. Liegen die zu verschiebenden Register nebeneinander, markieren Sie zunächst das erste. Halten Sie ⬆ gedrückt und klicken Sie das letzte an. Nicht beisammenliegende Register können Sie markieren, während Sie Strg gedrückt halten.

14.3 Wo finden Sie was? – Die richtigen Registerkarten

Wenn man sich die Registerkarten von Excel ansieht, wird man unweigerlich an Word erinnert. Und tatsächlich finden sich darauf auch zahlreiche Gemeinsamkeiten.

Registerkarte »Start«

Auf der Registerkarte **Start** finden Sie, wie auch in Word, die Gruppen **Schriftart** und **Ausrichtung** (obwohl Letztere in Word als **Absatz** bezeichnet ist). Im Wesentlichen geht es hier um Schriftgestaltung und Anordnung (z. B. linksbündig, zentriert, rechtsbündig). Die Gruppen der rechten Seite der Registerkarte sind Rechenoperationen und Formeln vorbehalten.

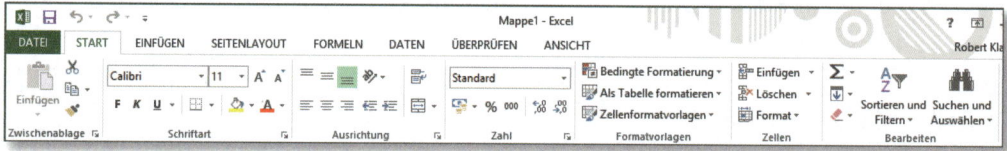

Abbildung 14.4 Textauszeichnungen und Rechenoperationen sind zentrale Elemente dieser Registerkarte.

Registerkarte »Einfügen«

Die Registerkarte **Einfügen** ermöglicht zwar einerseits aus Word bekannte Einfügungen wie z. B. Illustrationen, Links oder Symbole, wird aber vorwiegend eingesetzt, um aus einer Tabelle (oder bestimmten Bereichen daraus) Diagramme oder Sparklines (Linien, Säulen usw.) zu erstellen.

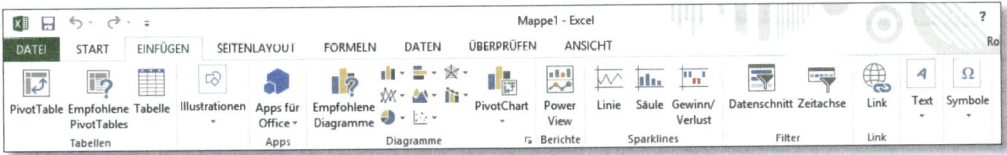

Abbildung 14.5 Auch Diagramme und Sparklines kommen zum Einsatz.

Registerkarte »Seitenlayout«

Auch die Registerkarte **Seitenlayout** erinnert sehr stark an Word. Hier lassen sich Tabellenblätter gestalten und Seiten einrichten. Zudem können Objekte angeordnet und ausgerichtet werden.

Abbildung 14.6 Der Menüband-Bereich »Seitenlayout« erinnert stark an Word.

Registerkarte »Formeln«

Die Registerkarte **Formeln** beinhaltet eher Excel-spezifische Schaltflächen und unterscheidet sich deutlich von den Word-Registerkarten. In der Gruppe **Funktionsbibliothek** beispielsweise finden Sie zahlreiche Rechenoperationen und Funktionen, die die mathematische Arbeit mit Excel beträchtlich erleichtern.

Abbildung 14.7 Dieses Register ist mit zahlreichen Formeln, Funktionen und Berechnungsoptionen ausgestattet.

Weitere Registerkarten

Auf der Registerkarte **Daten** lassen sich über die entsprechenden Schaltflächen Tabellenbereiche sortieren, filtern und miteinander verknüpfen. Außerdem werden hier Gruppierungen erzeugt. Aktivieren Sie die Registerkarte **Überprüfen**, stehen (wie auch in Word) in den Gruppen dieser Registerkarte vor allem Befehle zur Dokumentprüfung im Vordergrund. Zudem können Dokumente geschützt und mit Kommentaren versehen werden. Die Registerkarte **Ansicht** bietet Ihnen die Möglichkeit, bestimmte Arbeitsbereiche, Fenster und Layouts zu aktivieren. Nicht unerwähnt bleiben sollte die Registerkarte **Entwicklertools**, die sich mit der Produktion und Bearbeitung von Makros, Add-ins, Steuerelementen und XML befasst.

Abbildung 14.8 Die Entwicklertools gibt's erst nach manueller Aktivierung.

Wie auch in Word muss dieses Register jedoch separat über die Checkbox **Entwicklertools** in der rechten Spalte **Menüband anpassen** im Dialog **Excel-Optionen** (**Datei > Optionen > Menüband anpassen**) aktiviert werden.

14.4 Zwischen Ansichten wechseln

Was die Ansichten betrifft, wartet Excel mit einigen durchaus interessanten Optionen auf. Ein wenig exotisch, aber sehr interessant sind die *benutzerdefinierten Ansichten*, mit denen Sie Ihre eigenen Ansichtsbereiche erschaffen können. Lassen Sie uns aber zunächst einen Blick auf die Standardansichten werfen.

Arbeitsmappenansichten einstellen

Klicken Sie auf die Schaltflächen **Normal** und **Seitenlayout** in der Gruppe **Arbeitsmappenansichten**) der Registerkarte **Ansicht**, um zwischen der Standardansicht und der Seitenlayout-Ansicht zu wechseln.

Letztere ist vergleichbar mit dem Seitenlayout in Word und offenbart die typische Blattansicht. Wer also sehen möchte, wie das Dokument später im Druck aussehen wird, ist mit dieser Ansicht gut beraten.

Abbildung 14.9 Excel in der »Seitenlayout«-Ansicht

Die Umbruchvorschau

Excel bietet Ihnen auch eine sogenannte **Umbruchvorschau**, die dafür sorgt, dass Seitenumbrüche angezeigt werden. In dieser Ansicht verdeutlichen blaue Linien, wo es zu Umbrüchen kommen bzw. wo eine neue Seite beginnen wird.

Benutzerdefinierte Ansichten

Diese Funktion ist wirklich sehr hilfreich. Stellen Sie sich vor, Sie arbeiten an einer umfangreichen Arbeitsmappe und müssen zwischendurch immer wieder einen bestimmten Bereich einsehen, beispielsweise um dort Zwischenergebnisse abzulesen. Dann ist es sehr mühselig, jedes Mal dorthin zu scrollen, den Bereich möglicherweise noch zu skalieren, die Werte abzulesen und dann wieder in den Bereich zurückzugehen, in dem Sie gerade gearbeitet haben. Noch weniger Spaß bereitet ein derartiges Vorgehen, wenn bereits nach kurzer Zeit der gleiche Bereich erneut eingesehen werden muss. Einfacher ist es, dafür eine benutzerdefinierte Ansicht zu erzeugen.

1 Stellen Sie zunächst den Bereich ein, der für die Ansicht relevant ist, also beispielsweise einen vergrößerten Bereich des Tabellenblattes. Zoomen Sie dazu so weit wie nötig (siehe Abschnitt 14.6, »Die Darstellungsgröße ändern«, Seite 410) und benutzen Sie, falls erforderlich, die Bildlaufleisten (= Scrollbalken) an der rechten und unteren Seite der Arbeitsmappe.

2 Klicken Sie auf **Benutzerdefinierte Ansichten** in der Gruppe **Arbeitsmappenansichten** der Registerkarte **Ansicht**.

3 Im Dialog **Benutzerdefinierte Ansichten**, der sich daraufhin öffnet, klicken Sie auf die Schaltfläche **Hinzufügen**.

4 Geben Sie der Ansicht im Dialog **Neue Ansicht** einen Namen und bestätigen Sie mit **OK**.

5 Kehren Sie zurück zur **Normal**-Ansicht. Idealerweise verwenden Sie dazu die Taste **100%** in der Gruppe **Zoom** der Registerkarte **Ansicht**.

6 Wann immer Sie den zuvor eingestellten Arbeitsbereich einsehen wollen, klicken Sie zunächst auf **Benutzerdefinierte Ansichten**, gefolgt von **Anzeigen**. Sollten Sie mehrere benutzerdefinierte Ansichten erstellt haben, müssen Sie die gewünschte Ansicht vorab noch im Feld **Ansichten** auswählen.

Übrigens können Sie auch aus einer benutzerdefinierten Ansicht heraus in die Normalansicht wechseln, indem Sie auf **Normal** in der Gruppe **Arbeitsmappenansichten** der Registerkarte **Ansicht** klicken.

14.5 Zusätzliche Elemente ein- und ausblenden

In der Gruppe **Anzeige** der Registerkarte **Ansicht** finden sich einige Checkboxen, die von Haus aus aktiviert sind. Das ist auch gut so, denn die **Gitternetzlinien** zeigen letztendlich die Zellenbegrenzungen an. Wählen Sie die Checkbox ab, sind keinerlei Trennlinien mehr auf dem Tabellenblatt zu sehen.

Die Bearbeitungsleiste ❶, die sich gleich oberhalb der Tabelle befindet, können Sie mit einem Klick auf die entsprechende Checkbox ausblenden, sofern Sie diese nicht benötigen. Für die normale Arbeit ist sie jedoch wichtig, da hier mathematische Berechnungen möglich sind.

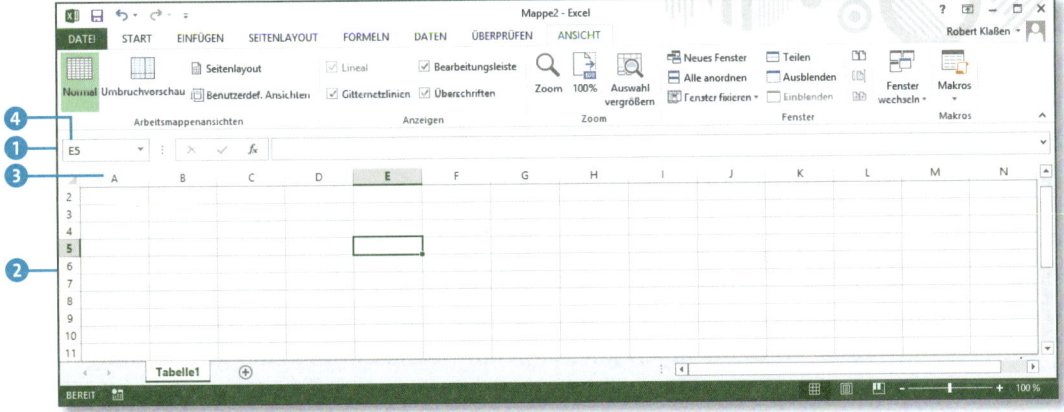

Abbildung 14.10 Entscheiden Sie, welche Anzeigeoptionen nötig sind und welche nicht.

Die auf der linken Seite befindlichen Ziffern ❷ sowie die oben angeordneten Buchstaben ❸ erlauben eine optimale Zellenbezeichnung (z. B. **A1** oder **E5** ❹). Wenn Sie diesen Platz einsparen möchten, können Sie die Checkbox **Überschriften** deaktivieren. – Die Checkbox **Lineal** ist in der Ansicht **Normal** zunächst ausgegraut dargestellt. Wechseln Sie im Menü **Arbeitsmappenansichten** zur Ansicht **Seitenlayout**, werden links und oberhalb der Tabelle Lineale eingeblendet. Wer das nicht möchte, sollte die Checkbox **Lineal** deaktivieren.

Abbildung 14.11 Die Lineale werden nur in der Ansicht »Seitenlayout« angezeigt.

INFO

Benutzerdefinierte Ansichten löschen

Löschen Sie eine zuvor gespeicherte Ansicht, indem Sie auf **Benutzerdefinierte Ansichten** in der Gruppe **Arbeitsmappenansichten** der Registerkarte **Ansicht** klicken. Wählen Sie im folgenden Dialogfenster die zu löschende Ansicht im Feld **Ansichten** aus und klicken Sie auf **Löschen**.

14.6 Die Darstellungsgröße ändern

Wie auch in Word gibt es in Excel zahlreiche, fast identische Möglichkeiten, Bereiche eines Tabellenblattes zu vergrößern oder zu verkleinern. Man spricht in diesem Zusammenhang vom Einzoomen (Ausschnitt vergrößern) und Auszoomen (Ausschnitt verkleinern). Dies können Sie zum einen mit der Schaltfläche **Zoom** in der gleichnamigen Gruppe der Registerkarte **Ansicht** erledigen. Allerdings wird über diese Schaltfläche lediglich ein Dialog zur Verfügung gestellt, der Ihnen einige Zoomgrößen zur Verfügung stellt. Die gewünschte Größe muss dann per Radiobutton ausgewählt und mit **OK** bestätigt werden (siehe Abbildung 14.13). Das ist jedoch recht umständlich.

Auswahl zoomen

Wesentlich einfacher zu handhaben sind da schon die beiden benachbarten Schaltflächen **100%** und **Auswahl vergrößern** in der Gruppe **Zoom** der Registerkarte **Ansicht**.

Abbildung 14.12 Über die Schaltflächen der Gruppe »Zoom« können Sie verschiedene Zoomgrößen einstellen.

Letztere Schaltfläche führt dazu, dass stark auf die derzeit ausgewählte Zelle des Tabellenblattes eingezoomt wird. Wenn Sie mögen, können Sie auch mehrere beisammenliegende Zellen markieren (durch Überfahren mit gedrückter Maustaste) und anschließend auf die Schaltfläche **Auswahl vergrößern** klicken. Sie erreichen damit, dass nun genau auf den zuvor markierten Bereich eingezoomt wird. Mit Klick auf den Button **100%** zoomen Sie wieder heraus.

Zoombalken

Beachten Sie, dass Excel, genauso wie Word, unten rechts in der Statusleiste der Anwendung über Steuerelemente verfügt, mit denen Sie in Ihr Dokument ein- und auszoomen können. Sie erreichen mit einem Klick auf das Minuszeichen ❶ eine Verringerung der Darstellungsgröße um jeweils 10 %. Über das Plussymbol ❷ wird um jeweils 10 % eingezoomt. Schieben Sie den Regler ❸ nach links oder rechts, können Sie sogar stufenlos zoomen. Ein Doppelklick auf die Prozentangabe ❹ öffnet den Dialog **Zoom**, in dem der gewünschte Wert eingegeben oder ein vorgegebener Wert mittels Radiobutton ausgesucht werden kann.

Abbildung 14.13 Zoomoptionen, so weit das Auge reicht

Übrigens können Sie im Fuß der Anwendung gleich neben den Zoom-Schaltflächen auch die Arbeitsmappenansichten über die Schaltflächen **Normal** ❺, **Seitenlayout** ❻ und **Umbruchvorschau** ❼ wechseln.

14.7   Die Statusleiste optimieren

Auch Excel verfügt natürlich über eine Statusleiste. Damit gemeint ist die grüne Fußleiste am unteren Rand der Anwendung. Wenn Sie einmal sehen wollen, welche Optionen hier angezeigt beziehungsweise welche Befehle hinzugefügt werden können, klicken Sie mit rechts auf diese Leiste. Im Kontextmenü werden Ihnen nun die Optionen
angezeigt, die sich in der Statusleiste anzeigen lassen. Befindet sich vor einer Option
bereits ein Häkchen, wird diese derzeit in der Statusleiste angezeigt. Wählen Sie einen
Eintrag an, der bereits mit einem Häkchen versehen ist, wird diese Option deaktiviert
und aus der Statusleiste entfernt. Möchten Sie eine Anzeigeoption hinzufügen, klicken
Sie auf den entsprechenden Eintrag.

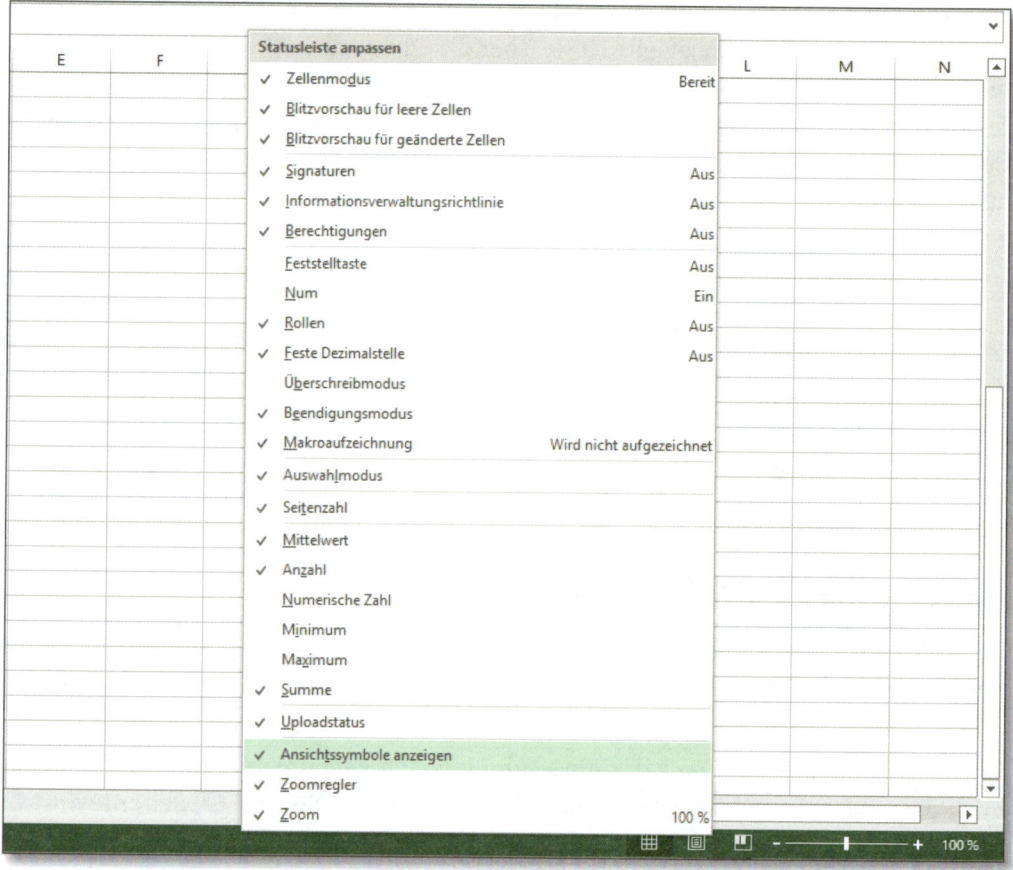

Abbildung 14.14 Würden Sie den hier grün markierten Eintrag mit der linken Maustaste anklicken,
würden die Ansichtssymbole ausgeblendet, da dem Eintrag aktuell bereits ein Häkchen vorangestellt ist.

14.8 Mit mehreren Fenstern arbeiten

Bei der Arbeit mit Excel ist es noch sehr viel häufiger als in Word erforderlich, mit mehreren Fenstern gleichzeitig zu arbeiten. Aufgrund dessen wollen wir auf dieses Thema auch etwas genauer eingehen. Die Arbeitsmappen sind so etwas wie die Dokumente in Word. Wer nun Informationen aus einer anderen Arbeitsmappe benötigt, kann also ein anderes Excel-Projekt öffnen. Dieses wird grundsätzlich in einem separaten Fenster bereitgestellt. Nun könnte man auf die Kopfleiste des Fensters klicken, welches man gerade bearbeiten möchte. Allerdings stellt die Anwendung für derartige Vorhaben auch interessante Optionen zur Verfügung.

Fenster wechseln

Um zwischen mehreren Fenstern in Excel zu wechseln, klicken Sie auf die Schaltfläche **Fenster wechseln** in der Gruppe **Fenster** der Registerkarte **Ansicht**. Sie können nun im Ausklappmenü der Schaltfläche das Fenster wählen, mit dem Sie weiterarbeiten wollen.

Abbildung 14.15 Mithilfe der Schaltfläche »Fenster wechseln« können Sie bequem mit mehreren Fenstern arbeiten.

Im Menü der Schaltfläche **Fenster wechseln** wird übrigens zur besseren Übersicht das Fenster, in dem Sie sich gerade befinden, mit einem Häkchen versehen.

Fenster anordnen

Wer sich mit mehreren Arbeitsmappen beschäftigt, wird den Button **Alle anordnen** in der Gruppe **Fenster** der Registerkarte **Ansicht** zu schätzen wissen. Klicken Sie darauf, öffnet sich der Dialog **Fenster anordnen**, mit dem es möglich ist, die Fenster auf der Arbeitsoberfläche in einem bestimmten Verhältnis zueinander anzuordnen.

Abbildung 14.16 Legen Sie fest, wie geöffnete Fenster angeordnet werden sollen.

Entscheiden Sie sich beispielsweise für die Option **Unterteilt**, nutzt Excel den auf dem Monitor zur Verfügung stehenden Platz vollständig aus, um alle Dokumente gemeinsam anzeigen zu können. Entscheiden Sie per Klick auf das jeweilige Fenster, mit welchem Dokument es weitergehen soll.

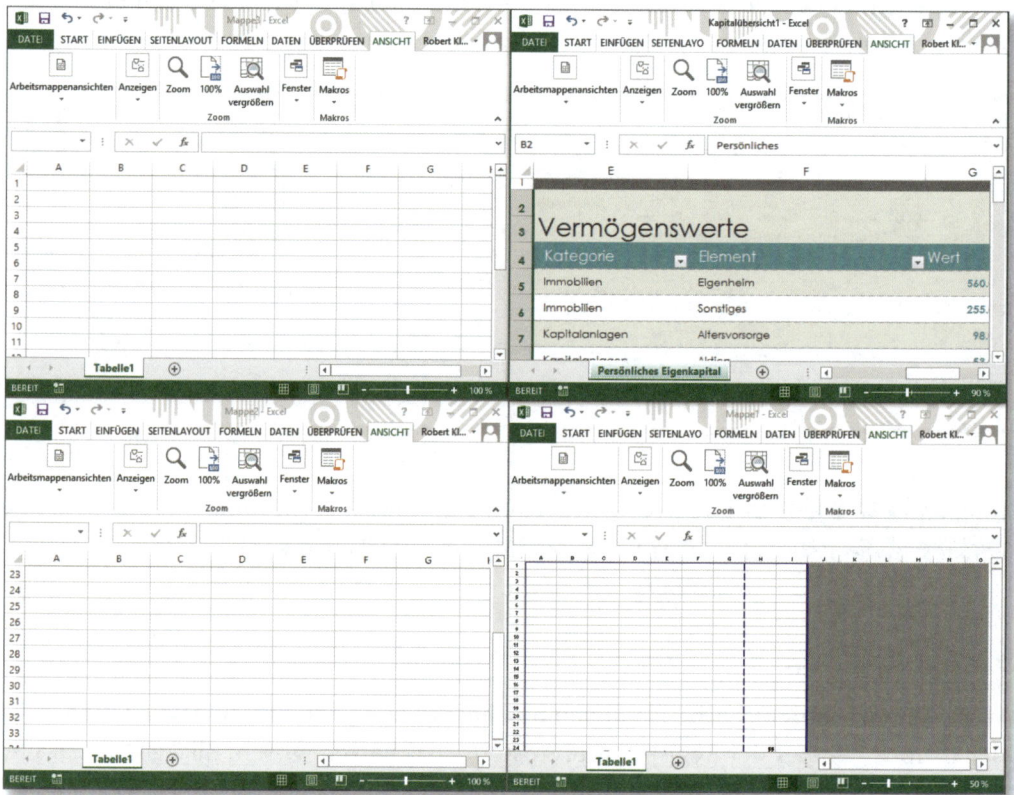

Abbildung 14.17 Es werden alle Fenster gleichzeitig angezeigt.

Die Option **Horizontal** bewirkt – das ist auf den ersten Blick vielleicht etwas befremdlich –, dass die Fenster untereinander angeordnet werden. Dabei werden die Menübänder der einzelnen Dokumentfenster ausgeblendet, um die Größe des Monitors optimal auszunutzen. Wollen Sie diese Ansicht wieder verlassen, doppelklicken Sie auf die Kopfleiste eines dieser Fenster. Damit wird bei diesem Dokument wieder ein Menüband eingeblendet, und Sie können die Ansicht daraufhin wieder anpassen.

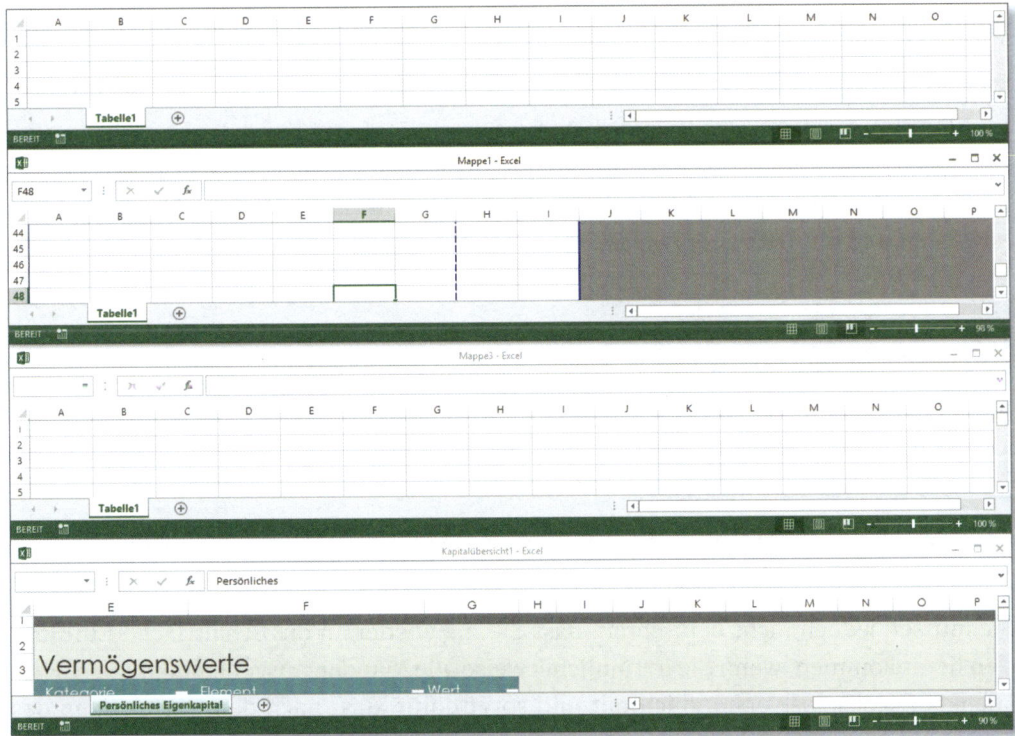

Abbildung 14.18 Vier Arbeitsmappen in horizontaler Anordnung

Entscheiden Sie sich im Dialogfenster **Fenster anordnen** für den Radiobutton **Vertikal**, werden die Fenster nebeneinander angeordnet. Mit **Überlappend** erreichen Sie, dass die Fenster übereinandergelegt werden, allerdings derart versetzt zueinander, das sich jede Kopfleiste eines Dokuments mit der Maus erreichen lässt. Wer die Option **Fenster der aktiven Arbeitsmappe** über die Checkbox aktiviert, behält übrigens das derzeit aktive Fenster, also das, in dem der Befehl ausgelöst wird, immer im Vordergrund. Das bedeutet: Alle anderen Fenster werden auf die beschriebene Weise angeordnet, bleiben jedoch hinter dem aktiven Fenster.

Fenster aus- und einblenden

Es wird langsam voll auf der Arbeitsoberfläche? Es sind einfach zu viele Fenster geöffnet? Dann blenden Sie doch einfach einige aus. Klicken Sie dazu im jeweiligen Dokument auf die Schaltfläche **Ausblenden** in der Gruppe **Fenster** der Registerkarte **Ansicht**. Dies hat zur Folge, dass die Fenster tatsächlich ausgeblendet werden, jedoch derart, dass sie auf der Arbeitsoberfläche nicht so ohne Weiteres wieder erreicht werden können. In der Symbolleiste des Betriebssystems taucht nach dieser Aktion keine entsprechende Schaltfläche mehr auf.

Klicken Sie nun in einem anderen, noch geöffneten Dokument auf die Schaltfläche **Einblenden**, wird der gleichnamige Dialog angezeigt. In diesem können Sie nun eine der derzeit ausgeblendeten Arbeitsmappen auswählen. Eine Mehrfachmarkierung ist in diesem Zusammenhang leider nicht möglich. Sie müssen also jede Mappe separat anwählen und mit **OK** wieder einblenden.

Abbildung 14.19 Dieser Dialog macht die Rückgewinnung der ausgeblendeten Fenster möglich.

Sie müssen jedoch nicht befürchten, dass Sie nie wieder an die Schaltfläche **Einblenden** herankommen, wenn Sie irrtümlicherweise alle Mappen ausgeblendet haben. Hier »denkt« Excel selbstverständlich mit und sorgt dafür, dass nach dem Ausblenden des letzten Fensters das Menüband weiterhin angezeigt wird.

An mehreren Stellen gleichzeitig arbeiten

Oftmals wünscht man sich, mehrere Stellen eines Dokuments gleichzeitig einsehen zu können. Dafür bietet Excel zwei Möglichkeiten an. Zum einen können Sie auf **Teilen** in der Gruppe **Fenster** der Registerkarte **Ansicht** klicken. Das hat zur Folge, dass das aktive Fenster in der Mitte horizontal unterteilt wird und beide Bereiche (oben und unten) unabhängig voneinander gescrollt werden können. Klicken Sie erneut auf **Teilen**, wird diese Funktion wieder deaktiviert.

Andererseits können Sie auf **Neues Fenster** klicken, sodass Ihnen zwei Fenster gleichen Inhalts angezeigt werden. Sie können nun an zwei unterschiedlichen Stellen desselben

Dokuments arbeiten. Natürlich empfiehlt es sich, beide Fenster so anzuordnen, dass sie nebeneinander- oder übereinanderstehen (z. B. mithilfe der Schaltfläche **Alle anordnen**).

Dokumente vergleichen

Der Schaltfläche **Nebeneinander anzeigen** in der Gruppe **Fenster** macht es möglich, Arbeitsmappen miteinander zu vergleichen und zu kontrollieren. Damit sorgen Sie dafür, dass sich zwei Fenster gleichzeitig synchron scrollen lassen – und zwar mit Bewegung nur einer einzigen Bildlaufleiste.

1 Öffnen Sie zunächst zwei Arbeitsmappen, die Sie miteinander vergleichen möchten.

2 Betätigen Sie die Schaltfläche **Nebeneinander anzeigen** in der Gruppe **Fenster** der Registerkarte **Ansicht**.

3 Wählen Sie im Dialog **Nebeneinander vergleichen** nun die zweite Arbeitsmappe aus, die verglichen werden soll. Markieren Sie diese und bestätigen Sie mit einem Klick auf **OK**.

4 Die beiden Mappen werden nun untereinander angeordnet. Sollte das nicht der Fall sein, klicken Sie auf **Fensterposition zurücksetzen** in der Gruppe **Fenster** der Registerkarte **Ansicht**.

5 Scrollen Sie nun durch eines der Dokumente, bewegt sich der Scrollbalken des anderen synchron mit. Wollen Sie dies vorübergehend unterdrücken, beispielsweise um eine andere Position einer einzelnen Arbeitsmappe aufzurufen, ohne die aktu-

14

elle Position des anderen Dokuments zu verlieren, klicken Sie auf die Schaltfläche **Synchroner Bildlauf**. Die Funktion ist jetzt inaktiv, und die Scrollbalken können unabhängig voneinander bewegt werden. Klicken Sie erneut auf die Schaltfläche, um die Funktion anschließend wieder zu aktivieren.

Wenn Sie fertig sind, klicken Sie erneut auf **Nebeneinander anzeigen**. Dadurch wird die Vergleichsfunktion beendet, und Sie können die beiden Arbeitsmappen wieder unabhängig voneinander bedienen.

Fenster fixieren

Fenster fixieren (**Ansicht > Fenster**) ist ebenfalls eine Excel-typische Funktion, die Sie noch kennen sollten. Diese macht es nämlich möglich, entweder die oberste Zeile oder die linke Spalte zu fixieren. Das bedeutet: Die fixierte Zeile/Spalte wird trotz Benutzung der Bildlaufleisten niemals ausgeblendet, sondern bleibt immer an ihrer ursprünglichen Position stehen.

Abbildung 14.20 Fixieren Sie die erste Zeile oder Spalte.

Aber es kommt noch besser: Markieren Sie bestimmte Zeilen oder Spalten und wählen anschließend **Fenster fixieren** ❶ im Menü der Schaltfläche, bleiben die zuvor markierten Zeilen/Spalten sichtbar – und zwar auch dann, wenn Sie die Bildlaufleisten betätigen. Eine Einschränkung gibt es allerdings in diesem Zusammenhang: Bei der Auswahl der Spalten müssen Sie von links, bei der Auswahl der Zeilen von oben beginnen. Zeilen und Spalten in der Mitte eines Tabellenblattes lassen sich nicht fixieren. Um die Fixierung wieder aufzuheben, klicken Sie erneut auf die Schaltfläche **Fenster fixieren** und wählen im Menü **Fixierung aufheben**.

Kapitel 15
Erste Schritte in Excel 2013

Nachdem Sie sich mit der Oberfläche vertraut gemacht haben, wollen wir nun in die Praxis einsteigen. Erfahren Sie, wie ein neues Dokument angelegt wird, wie Daten eingegeben und Zahlenformatvorlagen benutzt werden. Wir werden in diesem Kapitel bereits erste Berechnungen durchführen und die Planung umfangreicher Tabellen in Angriff nehmen.

15.1   Ein neues Dokument beginnen

Die Arbeit in Excel beginnt – wie sollte es anders sein – mit der Produktion eines neuen Dokuments. Dies gilt zumindest, solange Sie nicht mit bereits vorgefertigten Dokumenten arbeiten müssen. Sie gelangen nun zunächst auf einen Startbildschirm, der Ihnen auf der linken Seite die zuletzt verwendeten Dokumente anbietet. Diese lassen sich mit einem einfachen Mausklick öffnen. Im mittleren Bereich des Startbildschirms können Sie hingegen über **Leere Arbeitsmappe** ein neues Dokument erstellen.

Abbildung 15.1 Auf geht's. Ein neues Dokument wird erzeugt.

Aus einem bereits geöffneten Dokument heraus kann man natürlich ebenfalls jederzeit mit einer neuen Arbeitsmappe beginnen. Zum einen können Sie zurück in die Backstage-Ansicht wechseln (**Datei**), klicken Sie hier auf die Rubrik **Neu** und wählen Sie **Leere Arbeitsmappe**. Einfacher ist aber das Betätigen der Tastenkombination ⎡Strg⎦ + ⎡N⎦.

INFO

Dialog deaktivieren

Sie möchten den Startbildschirm in Zukunft umgehen? Kein Problem. In diesem Fall begeben Sie sich in die Excel-Optionen (**Datei > Optionen**). Klicken Sie links in der Spalte auf die Rubrik **Allgemein** und deaktivieren Sie die Checkbox **Startbildschirm beim Start dieser Anwendung anzeigen**. Fortan startet Excel mit einer neuen leeren Arbeitsmappe.

15.2 Schnell zum Ziel mit Vorlagen von Office.com

Sie haben konkrete Vorstellungen, was Sie mit Ihrer neuen Excel-Tabelle zum Ausdruck bringen wollen? Das ist gut. Unter Umständen erhalten Sie dann noch Unterstützung durch eine der zahlreichen Excel-Vorlagen, die Sie von Office.com abrufen können. Vorlagen sind prima. Denn auf diese Weise müssen Sie sich um vieles nicht mehr kümmern, da die Dokumentvorlagen oftmals bereits optimal vorbereitet sind. Individuelle Anpassungen lassen sich schnell erledigen. Schauen Sie daher doch einmal nach, ob es eine Vorlage für Ihren Zweck gibt.

1 Begeben Sie sich in den Bereich **Neu** der Backstage-Ansicht. Scrollen Sie zunächst einmal durch die Liste der Vorlagen, die Excel bereits hier anzeigt.

2 Sollten Sie nicht fündig werden, tragen Sie einen Suchbegriff in das obere Eingabefeld ein (hier: »Wochenplanung«). Bestätigen Sie die Eingabe mit ⏎ oder einem Klick auf das Lupen-Symbol.

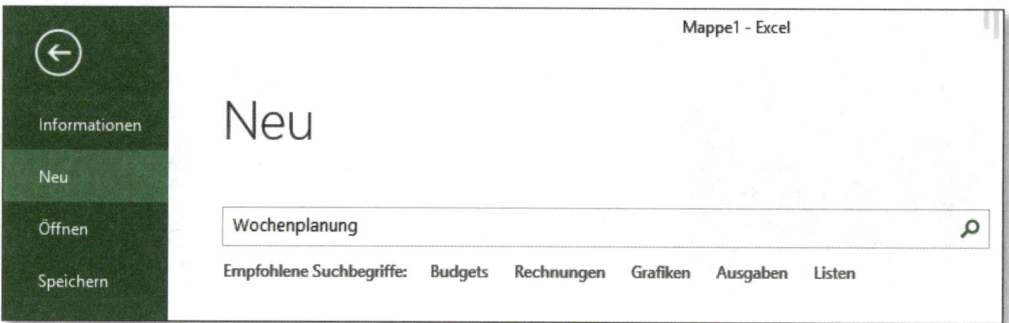

3 Klicken Sie auf die Vorlage, die Sie auswählen möchten, beispielsweise **Kalender für die Wochenplanung** ❶, und bestätigen Sie den Folgedialog mit Klick auf **Erstellen** ❷.

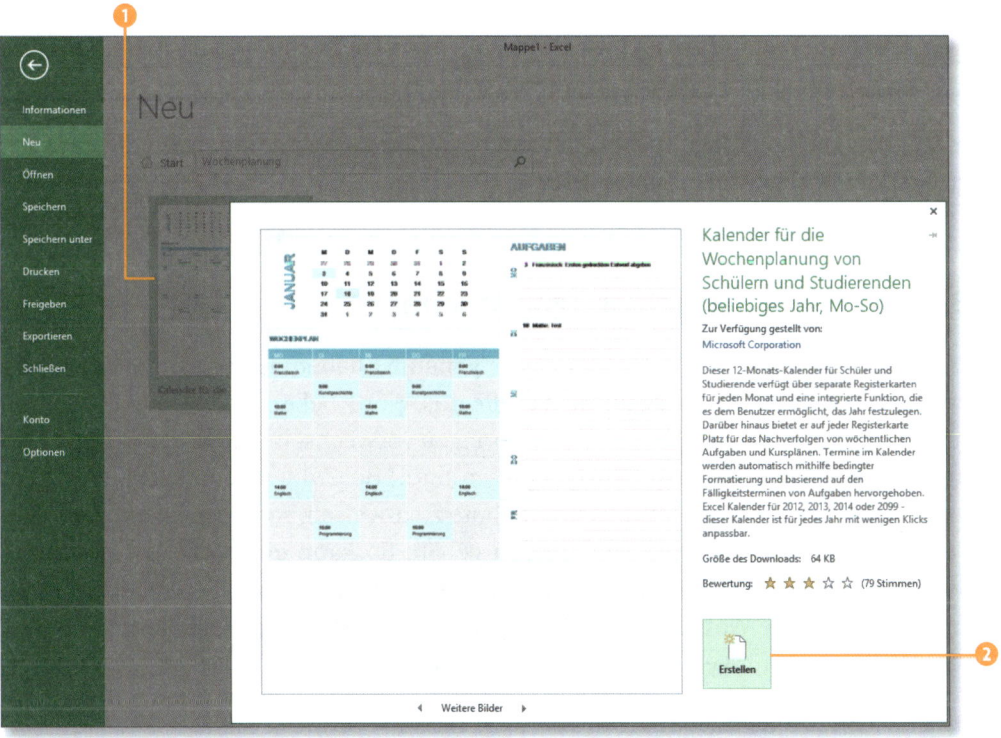

4 Abschließend stellen Sie oben rechts noch die Jahreszahl ein (die Vorlage ist nämlich von 2011). Klicken Sie dazu auf die kleine Dreieck-Schaltfläche ❸.

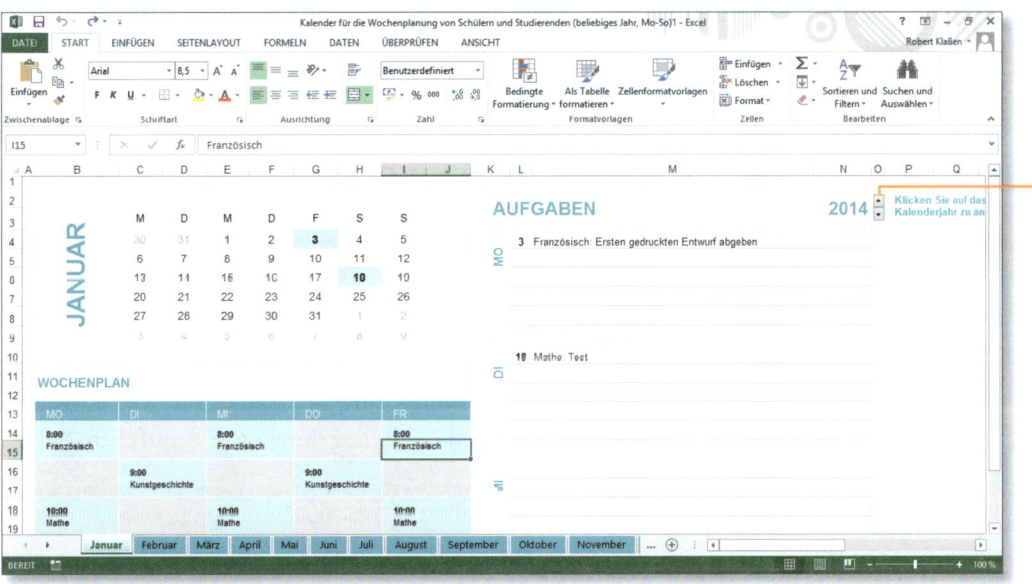

5 Vergessen Sie nicht, das Dokument anschließend im Format **Excel-Arbeitsmappe (*.xlsx)** zu speichern (**Datei > Speichern unter**).

Falls Sie die gleiche Vorlage später ein weiteres Mal benötigen, finden Sie diese im Bereich **Neu** der Backstage-Ansicht wieder.

15.3   Mit Zahlenformatvorlagen arbeiten

Zahlenformatvorlagen (auch *Zahlenformate* genannt) haben mit herkömmlichen Formatvorlagen, wie sie Ihnen vielleicht bereits aus Word bekannt sind, nichts zu tun. (Man darf sie auch nicht mit Zellenformatvorlagen verwechseln, die in der Gruppe **Formatvorlagen** der Registerkarte **Start** zu finden sind.) Bei Zahlenformaten geht es nicht darum, immer wieder benötigte Schriftattribute zuzuweisen, sondern darum, den Zahlen eine Größenordnung, eine Funktion zu geben. So kann eine Zahl (sie besteht ja in der Regel aus mehreren Ziffern) beispielsweise eine bestimmte Menge ausdrücken. Ebenso kann sie eine Währung, eine Prozentangabe oder eine Zeit wiedergeben – um nur einige Beispiele für verschiedene Zahlenformate zu nennen.

Nun werden derartige Zahlen unterschiedlich ausgedrückt. Währungen beispielsweise werden (von Börsennotierungen einmal abgesehen) mit zwei Nachkommastellen angegeben, während das Datum den Tag, Monat sowie das Jahr jeweils mit einem Punkt voneinander trennt. (Auch hier gibt es natürlich unterschiedliche Schreibweisen.) In der Excel-Praxis bedeutet dies: Sie müssen der Zahl zunächst einmal »mitteilen«, was sie denn überhaupt ist. Entsprechend wird sie dann im Dokument auch aussehen – also beispielsweise Kommata oder Punkte beinhalten.

15.4   Daten eingeben und mit Zahlenformatvorlagen versehen

Markieren Sie zunächst die Zelle oder die Zellbereiche, denen Sie ein Zahlenformat zuweisen möchten. Klicken Sie danach auf das kleine Dreiecksymbol am Feld **Zahlenformat ❶** in der Gruppe **Zahl** der Registerkarte **Start**. Daraufhin werden Ihnen die verschiedenen Zahlenformatvorlagen in einem Auswahlmenü angezeigt.

Klicken Sie im Menü auf die entsprechende Zahlenformatvorlage, die Sie zuweisen möchten. Ist die gewünschte Formatvorlage nicht dabei, klicken Sie auf den Befehl **Mehr**.

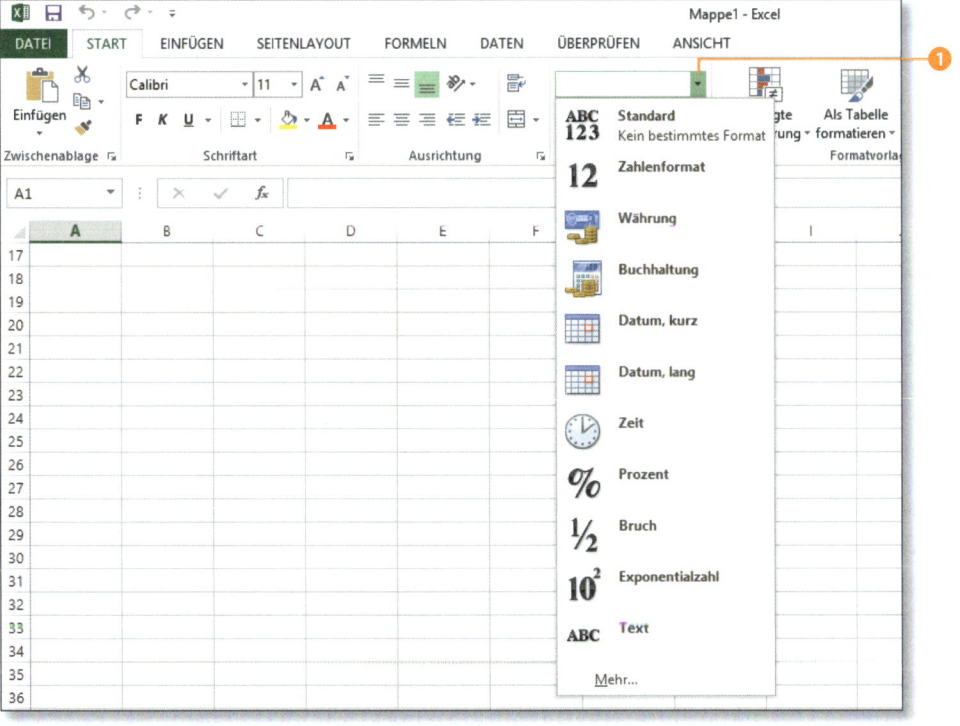

Abbildung 15.2 Hier sind gängige Zahlenformate aufgeführt.

Zahlenformate ändern

Einige gängige Zahlenformate sind bereits in Form von Schaltflächen in die Gruppe **Zahl** der Registerkarte **Start** integriert worden. Schauen Sie sich einmal an, welche Auswirkungen Änderungen auf die Werte einer Zelle haben:

1 Setzen Sie einen Mausklick in die Zelle **A1** ❶ (siehe Abbildung Seite 424) eines neuen leeren Dokuments. Tragen Sie die Zahl »2000« ein und bestätigen Sie mit `Strg` + `↵`. (`Strg` bewirkt übrigens in diesem Zusammenhang, dass die Zelle **A1** markiert bleibt. Würden Sie lediglich `↵` betätigen, hätte dies einen Sprung in Zelle **A2** zur Folge – und die folgenden Änderungen würden sich auf **A2** beziehen – nicht mehr auf **A1**.)

2 Klicken Sie anschließend auf die Schaltfläche **Buchhaltungszahlenformat** ❷. Schauen Sie sich die Auswirkungen im Feld **A1** an.

15

3 Sie können die Währung (aktuell Euro) ändern, indem Sie auf die kleine Dreieck-Schaltfläche klicken und im Menü auf **$ Englisch (USA)** umschalten.

4 Probieren Sie auch die anderen Formate noch aus:

❸ Prozentformat: Der Wert wird als Prozentzahl angegeben. (Im Beispiel erhalten wir *20000 %*, da unser Ausgangswert »2.000« bereits 100 % entsprochen hat. Dahinter verbirgt sich die Tatsache, dass Excel die aktuellen Werte grundsätzlich mit 100 multipliziert, um den entsprechenden Prozentsatz zu liefern.)

❹ 1.000er-Trennzeichen: Wenn Zahlen ab 1.000 eingegeben werden, fügt Excel zur besseren Lesbarkeit Tausenderpunkte ein – und zwar im Ganzzahlenbereich von hinten in Dreiergruppen unterteilt.

❺ Dezimalstelle hinzufügen: Der Zahl wird mit jedem Mausklick eine weitere Dezimalstelle hinzugefügt.

❻ Dezimalstelle löschen: Der Zahl wird mit jedem Mausklick eine Dezimalstelle abgezogen.

Dieses Spiel könnte man nun unentwegt fortführen. Sie können auch auf die kleine Dreieck-Schaltfläche ❼ am Feld **Zahlenformat** klicken und jeden der im Aufklappmenü enthaltenen Einträge zuweisen.

Zellen formatieren

Wer die Zahlenformate noch individueller gestalten möchte, verwendet den Dialog **Zellen formatieren**.

1 Öffnen Sie ihn, indem Sie auf die Dreieck-Schaltfläche am Feld **Zahlenformat** klicken und im Menü **Mehr** wählen. Alternativ können Sie auch den schräg nach unten weisenden Pfeil **Zahlenformat** an der Gruppe **Zahl** der Registerkarte **Start** benutzen. Die schnellste Variante ist allerdings ⌊Strg⌋ + ⌊1⌋.

2 Falls nicht bereits vorgewählt, klicken Sie im Dialogfenster auf die Registerkarte **Zahlen**. Hier können Sie links im Bereich **Kategorie** beispielsweise **Währung** wählen und das Feld **Dezimalstellen** auf »4« setzen. Welche Auswirkungen die Veränderungen auf negative Zahlen hätten, wird im gleichnamigen Feld angezeigt.

Beachten Sie, dass sich mithilfe der weiteren Registerkarten des Dialogfensters **Zellen formatieren** zahlreiche, zumeist optische Änderungen vornehmen lassen.

INFO

Sonderformate

Interessant ist in diesem Zusammenhang die Kategorie **Sonderformat**. Hier finden Sie Formatvorlagen für Postleitzahlen, Versicherungsnachweis-Nummern und ISBN-Formate für Bücher. Gleich darunter wird sogar noch das Feld **Gebietsschema** angeboten. Wer also beispielsweise die Vorlage für eine chinesische Sozialversicherungsnummer benötigt, wird hier ruck, zuck fündig.

15

Benutzerdefinierte Formate

Im Prinzip haben Sie soeben bereits ein eigenes, benutzerdefiniertes Format erzeugt. Kommen wir aber noch einmal zur grundsätzlichen Vorgehensweise, denn Sie können Excel mitteilen, wie eine Zelle formatiert werden soll beziehungsweise wie die darin enthaltenen Ziffern anzuordnen sind.

1 Markieren Sie eine beliebige Zelle.

2 Drücken Sie [Strg] + [1] oder klicken Sie auf die schräg nach unten weisende Pfeilschaltfläche **Zahlenformat** an der Gruppe **Zahl** der Registerkarte **Start**.

3 Klicken Sie im Dialog **Zellen formatieren** im Bereich **Kategorie** der Registerkarte **Zahlen** auf **Benutzerdefiniert**.

4 Setzen Sie einen Doppelklick auf das Wort **Standard** im Eingabefeld **Typ**. Das Wort wird daraufhin grau markiert.

5 Tragen Sie »000 000 00« ein. Achten Sie auf die beiden Leerzeichen und bestätigen Sie mit **OK**. Wir haben auf diese Weise die bis 2013 noch gültige Schreibweise für Bankleitzahlen in Deutschland definiert. Diese wurden von vorne gesehen stets in zwei Dreiergruppen und einer abschließenden Zweiergruppe angegeben. Bestätigen Sie erneut mit **OK**.

6 Tragen Sie nun eine siebenstellige Nummer ein. Zunächst einmal werden Sie feststellen, dass die Zahl unformatiert erscheint. Das ändert sich aber, sobald Sie das Feld verlassen. Drücken Sie dazu 🔄. Daraufhin erhält die Zelle die zuvor angelegte Formatierung.

	A	A
1	30070010	300 700 10

Übrigens hätten Sie prinzipiell im vorangegangenen Dialogfenster **Zellen formatieren** anstelle der Null auch jede andere Ziffer benutzen können. Denn mit der dortigen Eingabe haben Sie der Anwendung lediglich verraten, in welcher Anordnung Sie die Ziffern wünschen.

Vorgaben entfernen

Sollte eine benutzerdefinierte Vorgabe nicht mehr benötigt werden, gehen Sie noch einmal in den Dialog **Zellen formatieren**. Markieren Sie die Vorgabe im Bereich **Typ** (sie steht ganz unten in der Liste) und klicken Sie auf **Löschen**. Dabei ist zu bedenken, dass zuvor auf diese Weise formatierte Zellen nun auch nicht mehr im gewählten Format angezeigt werden. Löschen Sie also nur Vorgaben, die nicht in der Arbeitsmappe benutzt worden sind.

15.5 Navigation in Tabellendokumenten

Dieser Abschnitt beschäftigt sich mit der Bewegung innerhalb eines Excel-Dokuments. Sie erfahren, wie Sie von Zelle zu Zelle wechseln können und welchen Nutzen die eine oder andere Schaltfläche Ihnen bietet.

Zellen markieren

Wer Zellen mit bestimmten Attributen ausstatten möchte (siehe Abschnitt 15.4, »Daten eingeben und mit Zahlenformatvorlagen versehen«, Seite 422), muss wissen, dass er dafür auch mehrere Zellen markieren kann. Anderenfalls müssten die Attribute ja auch Zelle für Zelle vergeben werden.

1 Markieren Sie eine einzelne Zelle, indem Sie darauf klicken.

2 Um mehrere nicht beisammenliegende Zellen auszuwählen, klicken Sie die erste an. Halten Sie anschließend `Strg` gedrückt und klicken Sie auf weitere Zellen.

3 Wollen Sie ein Feld mit zahlreichen beisammenliegenden Zellen markieren, gibt es verschiedene Möglichkeiten. Klicken Sie beispielsweise die erste Zelle (z. B. die obere linke) an. Danach halten Sie ⇧ gedrückt und klicken auf die letzte (die untere rechte). Alternativ können Sie auch die Maustaste gedrückt halten, nachdem die erste Zelle markiert worden ist, und über das Tabellenblatt fahren. Sobald der gewünschte Bereich grau hinterlegt ist, lassen Sie die Maustaste wieder los. Sie können auch eine Zelle markieren und benutzen dann die Pfeiltasten Ihrer Tastatur, während Sie ⇧ festhalten, um den Bereich zu markieren.

4 Wählen Sie eine gesamte Zeile aus, indem Sie ganz links auf die Zeilennummer klicken. Eine Spalte können Sie hingegen mit einem Mausklick auf den betreffenden Buchstaben markieren.

5 Markieren Sie nicht beisammenliegende Zeilen oder Spalten, indem Sie auf den Spaltenbuchstaben oder die Zeilenziffer klicken, während Sie Strg gedrückt halten. Beisammenliegende Zeilen oder Spalten markieren Sie mit einem Klick auf den Buchstaben oder die Zahl der ersten Zeile oder Spalte. Danach halten Sie ⇧ gedrückt und markieren auch die letzte Zeile oder Spalte. Alle dazwischen liegenden werden bei dieser Vorgehensweise mit markiert.

6 Dem grünen Quadrat in der unteren rechten Ecke des Markierungsrahmens kommt eine besondere Bedeutung zu: Dieser lässt sich per Drag & Drop verschieben. So können bereits markierte Bereiche verkleinert oder vergrößert werden.

7 Um alle Bereiche abzuwählen, reicht ein Klick auf eine Zelle, die sich nicht innerhalb des markierten Bereichs befindet.

Wenn Sie Attribute auf Zellen anwenden wollen, müssen die entsprechenden Zellen zunächst auf eine der zuvor beschriebenen Arten markiert werden. Auch wenn noch keine Inhalte eingefügt worden sind, gelten die Attribute nach deren Zuweisung trotzdem. Sie dürfen also gern zuerst formatieren und erst danach die Zahlen eintragen.

In Zellen bewegen

Jetzt möchte ich Ihnen kurz ein paar Möglichkeiten vorstellen, mit denen Sie sich innerhalb des Dokuments bewegen können:

1. Grundsätzlich dürfen Sie die Pfeiltasten Ihrer Tastatur benutzen, um von der aktuell
   markierten Zelle aus in eine benachbarte Zelle zu wechseln.

2. Halten Sie dabei `Strg` gedrückt, springen Sie in die jeweils gegenüberliegende Zeile oder Spalte. Ein Beispiel: Sie betätigen `Strg` + `→`, während eine Zelle in Spalte **A** markiert ist. Dies bringt Sie innerhalb der gleichen Zeile in die äußerste rechte
   Spalte des derzeit genutzten Tabellenbereichs. Sollten noch keine Inhalte eingefügt
   worden sein, springen Sie damit in die äußerste rechte Spalte des Tabellenblattes.

3. Drücken Sie `↵`, um innerhalb der aktuellen Spalte eine Zeile tiefer zu springen.
   Mit `⇧` + `↵` gelangen Sie innerhalb der Spalte eine Zeile höher.

4. Mit `Strg` + `↵` schließen Sie eine Eingabe ab, bleiben jedoch in der aktuell gewählten Zelle.

5. Mit `⇥` gelangen Sie eine Zelle nach rechts, mit `⇧` + `⇥` eine Zelle nach links.

6. Drücken Sie `Strg` + `Pos1`, erreichen Sie stets Zelle **A1**. Mit `Strg` + `Ende` gelangen Sie zur letzten genutzten Zelle unten rechts.

	A	B	C	D
1	Monat:	Samstage:	Sonntage:	
2	Januar	4	4	
3	Februar	4	4	
4	März	5	5	
5	April	4	4	
6	Mai	5	4	
7	Juni	4	5	
8	Juli	4	4	
9	August	5	5	
10	September	4	4	
11	Oktober	4	4	
12	November	5	5	
13	Dezember	4	4	
14				

Abbildung 15.3 Wer an dieser Position `Strg` + `→` drückt,
landet in der Zelle **C7**. Mit `Strg` + `↓` geht es zu **A13**.

Zellen löschen

Wenn Sie die Inhalte mehrerer Zellen löschen wollen, markieren Sie diese vorab auf die beschriebene Weise. Klicken Sie anschließend mit rechts auf eine der markierten Zellen und entscheiden Sie sich im Kontextmenü für **Inhalte löschen**.

15.6 Bestimmte Werte mit einer bedingten Formatierung hervorheben

Bedingte Formatierungen helfen uns dabei, wichtige, vielleicht aus der Reihe fallende Ergebnisse einer Tabelle besonders auszuzeichnen. Das klassische Beispiel kennt jeder: Negative Geldbeträge werden in Rot ausgegeben. Was hat es nun mit der bedingten Formatierung auf sich? – Wenn eine bestimmte Bedingung erfüllt ist, soll ein bestimmtes Ereignis eintreten. Ist die Bedingung nicht erfüllt, bleibt das Ereignis aus. Wenn also die Umsatzzahlen negativ sind, sollen diese rot formatiert werden, wenn nicht, bleiben sie schwarz.

Ergebnisse hervorheben

Wir werden uns jetzt erstmals mit einer vorgefertigten Tabelle befassen – wenn auch zunächst mit einer klitzekleinen. Benutzen Sie für diesen Workshop die Beispieldatei *Samstage-Sonntage-2014.xlsx*. Sie finden sie im Ordner *15* der Buch-CD. Darin sind alle Samstage und Sonntage des Jahres 2014 in einer Tabelle enthalten. Unsere Aufgabe: Wir wollen auf den ersten Blick sehen, welche Monate mit fünf Samstagen oder Sonntagen aufwarten. Dabei sollen die Zellen der Samstage in Rot, die Sonntage in Blau ausgewiesen werden.

1 Klicken Sie zunächst auf die Zelle **B2**. Halten Sie die Maustaste gedrückt und markieren Sie die Spalte bis zur Zelle **B13**. Dort angelangt, lassen Sie los.

2 Klicken Sie auf **Bedingte Formatierung** in der Gruppe **Formatvorlagen** der Registerkarte **Start**.

3 Wählen Sie im Menü **Regeln zum Hervorheben von Zellen** und klicken Sie anschließend auf **Größer als**.

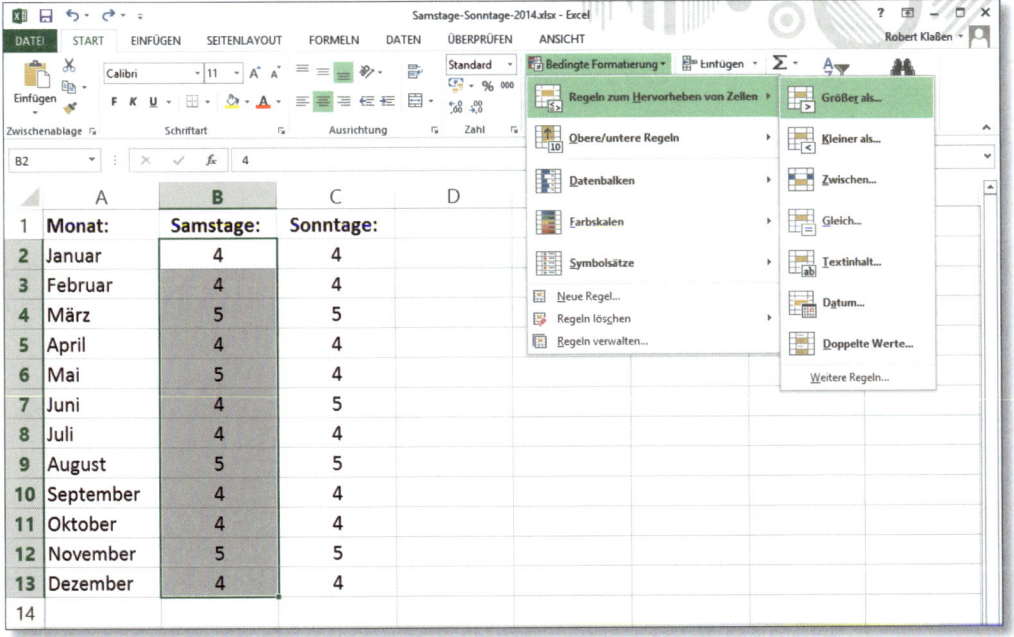

4 Excel liefert nun einen Mittelwert aus den beiden vorhandenen Werten, nämlich *4,5*. Das könnten wir so lassen, denn damit wären die Bedingungen schon aufzustellen. Wir tragen in das erste Eingabefeld dennoch »4« ein und bestätigen mit **OK**. Dass die Zellen mit hellroter Füllung gefüllt werden sollen, ist bereits vorselektiert. Das heißt nun: Sind die markierten Werte größer als 4, werden deren Zellen mit Rot gekennzeichnet.

5 Markieren Sie nun die Zellen **C2** bis **C13** und wiederholen Sie die Schritte 2 und 3.

6 Geben Sie auch diesmal zunächst »4« ein und öffnen Sie anschließend das rechte Ausklappmenü. Da kein Blau vorhanden ist, müssen Sie den Eintrag **benutzerdefiniertem Format** aussuchen.

7 Im Dialog **Zellen formatieren** entscheiden Sie sich zunächst für das Register **Aus-füllen 1** und lassen anschließend einen Klick auf ein blaues Farbfeld **2** folgen. Klicken Sie hier und im Dialog **Größer als** auf **OK**.

8 Wählen Sie die rechte Spalte ab, indem Sie eine beliebige nicht markierte Zelle anklicken.

Das Resultat dieser kleinen Übung finden Sie im Ordner *Ergebnisse* der Buch-CD. Es heißt *Samstage-Sonntage-2014-01.xlsx*.

Mit der Schnellanalyse arbeiten

In den letzten Schritten haben wir ja jeweils nach Markierung der Spaltenbereiche mit der Schaltfläche **Bedingte Formatierung** gearbeitet. Das ist auch gut so, denn dort stehen zahlreiche Funktionen zur Verfügung. Allerdings hätten wir die Aufgabe auch mithilfe der Schnellanalyse bewältigen können. Dazu geht man nach Markierung der Zellen auf das Symbol **Schnellanalyse** ❶ oder betätigt ⌈Strg⌉ + ⌈Q⌉. Im Anschluss klicken Sie im eingeblendeten Etikett zunächst auf **Formatierung** ❷ und dann auf die Schaltfläche **Größer als** ❸.

Abbildung 15.4 In der Schnellanalyse sind zahlreiche Funktionen verborgen.

Zeichen ausgeben

Sie können anstelle der farbigen Zahlen auch Zeichen einsetzen. In unserem Beispiel sollen uns nicht Zahlen verraten, wann es fünf Samstage oder Sonntage gibt, sondern grüne Häkchen. Sie können mit der Datei des letzten Workshops weiterarbeiten. Sollten Sie diesen nicht gemacht haben, öffnen Sie bitte die Beispieldatei *Samstage-Sonntage-2014-01.xlsx* aus dem Ordner *Ergebnisse* der Buch-CD.

1 Zunächst einmal müssen Sie dafür sorgen, dass die alte Regel verworfen wird. Dazu bieten sich wieder zwei Vorgehensweisen an. Wir empfehlen Ihnen, dass Sie die Zellen **B2** bis **C13** markieren und dann auf **Bedingte Formatierung** (Start > **Formatvorlagen**) klicken. Wählen Sie im Menü **Regeln löschen** und klicken Sie auf **Regeln in ausgewählten Zellen löschen**.

2 Klicken Sie noch einmal auf die Schaltfläche **Bedingte Formatierung**. Wählen Sie nun jedoch **Symbolsätze** und im Folgemenü **Weitere Regeln** aus.

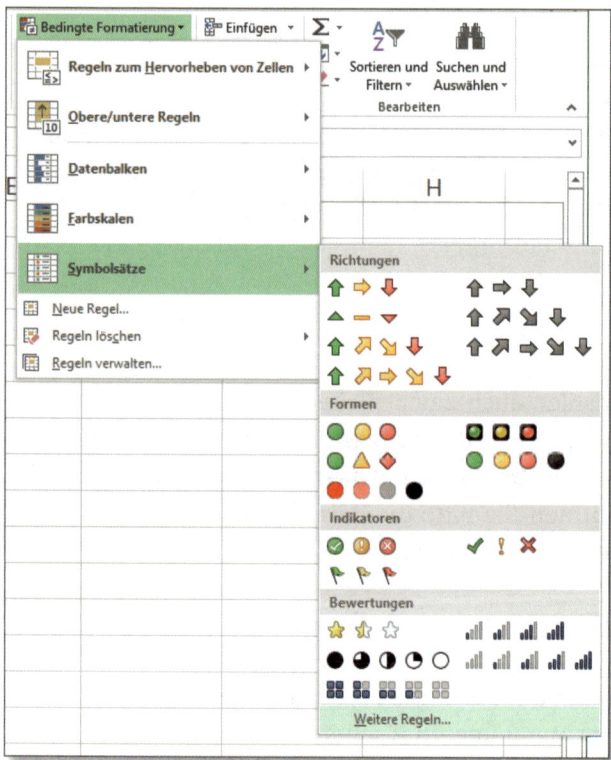

3 Im Feld **Symbolart** ❶ legen Sie **3 Symbole (ohne Kreis)** fest. Es handelt sich dabei um das rote X, das gelbe Ausrufezeichen und den grünen Haken. Aktivieren Sie die Checkbox bei **Nur Symbol anzeigen** ❷, dadurch werden die tatsächlichen Werte später verschwinden. Dafür wollen wir ja die Häkchen einsetzen.

4 Widmen Sie sich nun dem Bereich **Symbol**. In der ersten Zeile soll **Kein Zellensymbol** ❸ (siehe Abbildung Seite 436) gelistet sein. Im nebenstehenden Eingabefeld ❹ entscheiden Sie sich für »>=« und im Feld **Typ** ❺ für **Zahl**. Diese Änderung müssen Sie veranlassen, bevor Sie den **Wert** festlegen, da dieser ansonsten wieder auf *0* springt.

5 Stellen Sie im Feld **Wert** ❻ nun »6« ein. Das bedeutet: Wenn der Wert größer oder glcich 6 ist, soll **Kein Zellensymbol** angezeigt werden. Derartige Werte haben wir zwar nicht in der Tabelle, jedoch müssen alle drei Zeilen bearbeitet werden.

6 Eine Zeile tiefer legen Sie im Feld **Symbol** fest, dass das Häkchen gelistet wird. In dieser Zeile legen wir fest, worauf es ankommt, nämlich wenn der Wert vom Typ **Zahl** kleiner 6 ist und größer 4 (also genau 5), dann soll das Häkchen sichtbar werden.

7 Schauen Sie auch noch auf die dritte Zeile, die da heißt: **Kein Zellensymbol**, wenn der Wert kleiner oder gleich 4 ist.

8 Bestätigen Sie mit einem Klick auf **OK**.

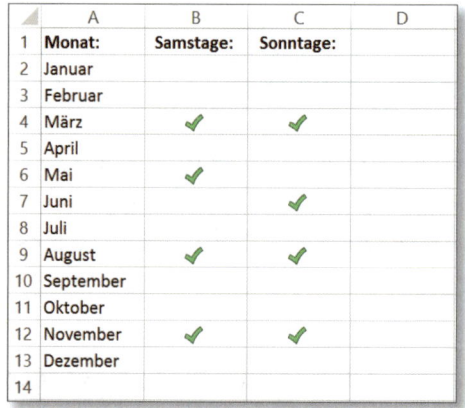

Sie finden das Resultat dieses Workshops übrigens auch im Ordner *Ergebnisse* auf der Buch-CD. Öffnen Sie die Datei *Samstage-Sonntage-2014-02.xlsx*.

Neue Regel erstellen

Wenn es um die Bedingungen geht, dürfen Sie auch eigene Regeln definieren. Klicken Sie dazu zunächst auf **Bedingte Formatierung** (**Start** > **Formatvorlagen**) und wählen

Sie im Menü der Schaltfläche **Neue Regel**. Im Dialogfenster **Neue Formatierungsregel** entscheiden Sie sich im Bereich **Regeltyp auswählen** zunächst für eine Regel, die Ihren Wünschen von der Beschreibung her am ehesten entspricht. Sehr intuitiv ist beispielsweise **Nur Zellen formatieren, die enthalten ❶**. Im unteren Bereich **Regelbeschreibung bearbeiten** lässt sich nun u. a. festlegen, dass Zellenwerte, die größer als 4 sind, mit roter Schrift (nicht wie bisher mit roter Zellenfarbe) gekennzeichnet werden sollen. Wie das Ergebnis aussehen soll, regeln Sie indes über die Schaltfläche **Formatieren ❷**. Hierüber gelangen Sie in einen Dialog, in dem sich auch die Schriftfarbe wunschgemäß beeinflussen lässt. Die eingestellten Werte sind der **Vorschau ❸** zu entnehmen.

Abbildung 15.5 Gestalten Sie eine neue Formatierungsregel.

Mithilfe von Regeln können Sie also schnell Ihr Dokument in der Art formatieren, dass für den Betrachter die Inhalte aufgrund der Formatierung schneller erfassbar werden. Lesen Sie dazu mehr in dem folgenden Abschnitt.

15.7 Tabellendokumente formatieren

Durch das Formatieren von Tabellen sorgen Sie für eine ansprechende Darstellung. Heben Sie Zellen- und Spaltenerklärungen optisch von den übrigen Zelleninhalten ab, um dem Betrachter eine bessere Übersicht zu geben. Legen Sie Farben fest und sorgen Sie dafür, dass Tabellen mehr sind als nur ein Dschungel von Ziffern und Werten. Dabei spielt es übrigens keine Rolle, ob Sie ein Excel-Dokument gleich nach dessen Erstellung formatieren oder zunächst die Werte eintragen.

Schriften formatieren

Der Vergleich zu Word ist auch beim Formatieren von Schriften zulässig. Dort müssen Sie eine Schrift ja auch zunächst markieren, um anschließend die gewünschten Attribute zuweisen zu können. Lediglich das Markieren läuft hier ein wenig anders. Öffnen Sie zunächst die Tabelle *Samstage-Sonntage-2014.xlsx*, die Sie im Ordner *15* auf der Buch-CD finden.

Die erste Zeile wird in der Art markiert, dass Sie zunächst auf die Zeilennummer **1** klicken. Dadurch wird die gesamte Zeile markiert. Anschließend weisen Sie die Fettschrift zu, indem Sie `Strg` + `⇧` + `F` betätigen, oder auf die Schaltfläche **Fett** in der Gruppe **Schriftart** der Registerkarte **Start** klicken.

Abbildung 15.6 Das Formatieren von Schrift ist auch in Excel ein Kinderspiel.

Alle weiteren Schriftauszeichnungen nehmen Sie in gewohnter Weise vor. Benutzen Sie dazu die Steuerelemente der Gruppen **Schriftart** und **Ausrichtung** der Registerkarte **Start**. Ob Sie dabei die Zelle oder den eigentlichen Text markieren, spielt für das Ergebnis keine Rolle – es sei denn, Sie beabsichtigen, innerhalb einer einzelnen Zelle unterschiedliche Schriftarten zu verwenden. In diesem Fall sollten Sie den relevanten Text markieren. Um die Einfügemarke in den Text zu bringen, müssen Sie einen Doppelklick auf die Zelle setzen. Markieren Sie den gesamten Text einer Zelle mit einem Vierfachklick.

Schnellformatvorlagen zuweisen

Um eine Tabelle auf die Schnelle umzugestalten, können Sie auf die Schnellformatvorlagen zugreifen. Sie finden diese nach einem Klick auf die Schaltfläche **Als Tabelle formatieren** in der Gruppe **Formatvorlagen** der Registerkarte **Start**.

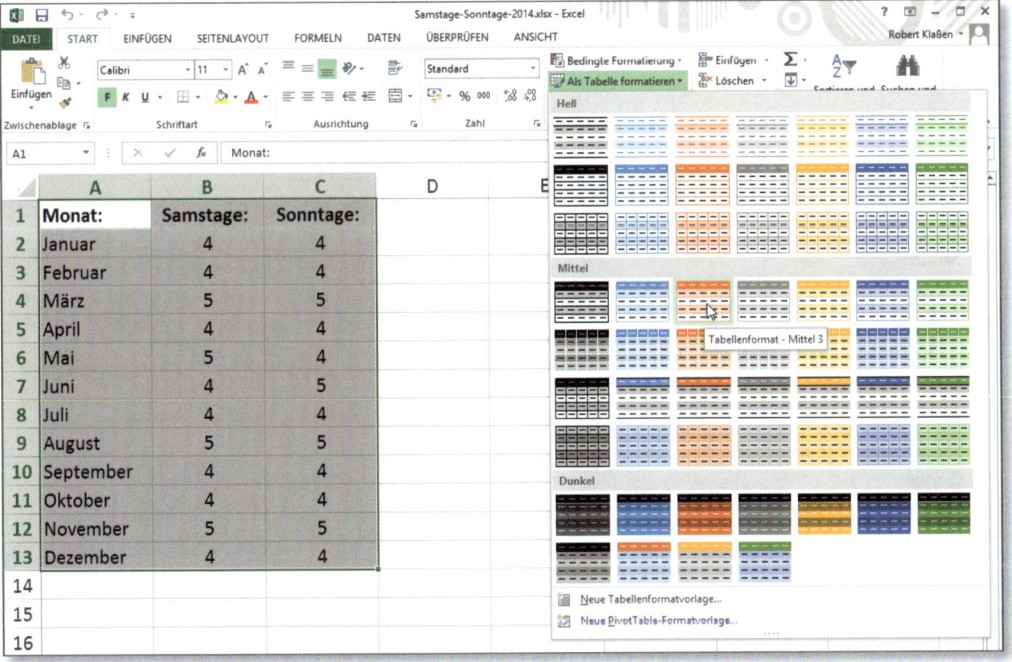

Abbildung 15.7 So weisen Sie eine Formatvorlage zu.

Da wir uns in Abschnitt 16.3, »Schnellformatierungen nutzen«, Seite 462, noch ausführlicher damit beschäftigen, soll hier nur kurz erwähnt werden, wie eine solche Schnellformatvorlage zugewiesen wird. Suchen Sie einfach die gewünschte Miniatur im Menü der Schaltfläche aus (hier: **Tabellenformat > Mittel 3**) und bestätigen Sie Ihre Wahl mit einem Mausklick.

Zellenformatvorlagen verwenden

Zellenformatvorlagen sind im Gegensatz zu Tabellenformatvorlagen schnell integrierbare Vorlagen, die oft nur auf bestimmte Bereiche einer Tabelle angewendet werden. Dazu markieren Sie als Erstes die Zellen, die geändert werden sollen, und klicken anschließend auf die Schaltfläche **Zellenformatvorlagen** in der Gruppe **Formatvorlagen** der Registerkarte **Start**.

Um bei unserer Beispieltabelle zu bleiben, könnten die Zeilen März, August und November besonders gekennzeichnet werden, da es sich hierbei um Monate handelt, in denen es sowohl fünf Samstage als auch fünf Sonntage gibt.

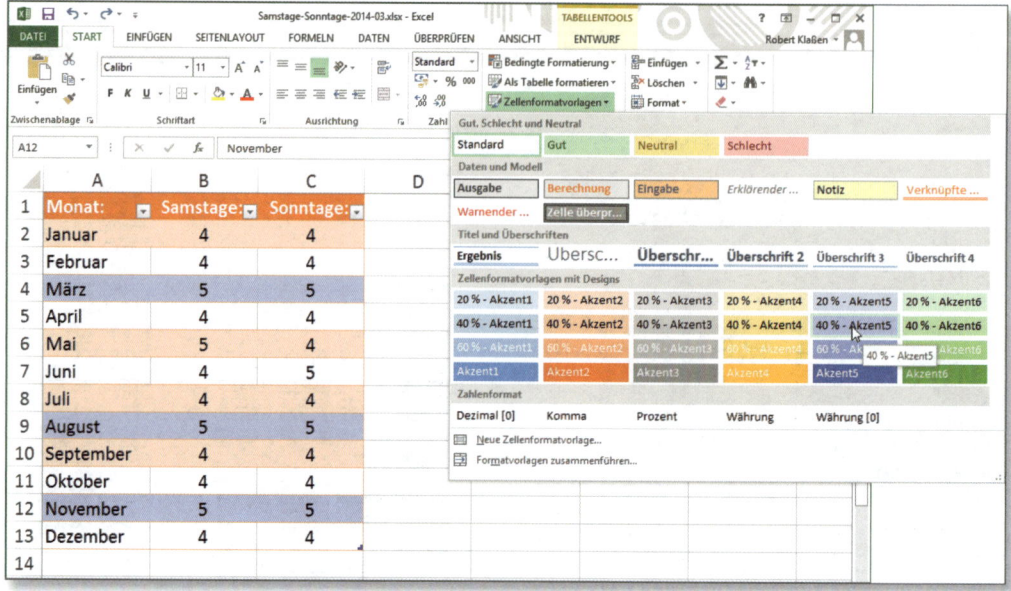

Abbildung 15.8 Hier wird die Vorlage »40 % - Akzent5« verwendet.

Nicht nur Tabellenformatvorlagen können frei erzeugt und gestaltet werden. Für Zellenformatvorlagen gilt das auch. Dazu klicken Sie auf den gleichnamigen Button in der Gruppe **Formatvorlagen** der Registerkarte **Start** und klicken im Auswahlmenü auf **Neue Zellenformatvorlage**. Im Dialog **Formatvorlage** können Sie nun über den Button **Formatieren** sämtliche Optionen festlegen. Hier lässt sich übrigens auch die Schrift beeinflussen.

Abbildung 15.9 Gestalten Sie die Zellenformatvorlagen.

15.8 Das Kontextmenü als wichtiges Hilfsmittel verwenden

Dass Kontextmenüs ausgesprochen hilfreich sind, wissen Sie sicher längst. In Excel kommt den Kontextmenüs jedoch noch einmal eine besondere Bedeutung zu, da sich hier zahlreiche Optionen verbergen, die bei der direkten Bearbeitung von Zellen, Zeilen und Spalten weiterhelfen. Nur noch einmal der Vollständigkeit halber: Das Kontextmenü öffnen Sie mittels Rechtsklick. Je nachdem, wo Sie diesen Rechtsklick ausführen, erhalten Sie unterschiedlich bestückte Kontextmenüs.

Wollen Sie beispielsweise auf die Schnelle einmal eine Spalte hinzufügen oder löschen, finden sich hier entsprechende Schaltflächen – vorausgesetzt, der Mausklick wird auf einer Zelle ausgeführt. Achten Sie auf die Symbole, die an den einzelnen Befehlen angebracht sind. Diese erklären sehr anschaulich, was bei Anwendung des jeweiligen Befehls passiert. Bei den Begriffen ist das nicht immer so. Denn **Tabellenspalten nach links** bedeutet eigentlich, dass alle Spalten ab der derzeit markierten nach rechts verschoben werden, die neue Spalte also links davon eingefügt wird.

Abbildung 15.10 Achten Sie lieber auf die Symbole als auf die Begriffe.

Ein schöner Nebeneffekt des Kontextmenüs besteht darin, dass sich grundsätzlich (sofern auf einer Zelle ausgeführt) die Minisymbolleiste öffnet, mit der Textattribute zugewiesen beziehungsweise verändert werden können. In Excel gibt's dort sogar noch Zahlenformatvorlagen gratis obendrauf.

Auch weitere Arbeiten, wie beispielsweise das **Sortieren** oder **Zellen formatieren** (siehe Abschnitt 15.7, »Tabellendokumente formatieren«, ab Seite 437), lassen sich schnell per Kontextmenü aktivieren. Hierbei ist allerdings zu berücksichtigen, dass die folgenden Schritte immer auf den Bereich angewendet werden, der zuvor im Dokument markiert worden ist. – Sollte das Kontextmenü einmal auf einer Zeilen- oder Spaltenbezeichnung geöffnet werden, stehen Ihnen weit weniger Befehle zur Verfügung als im Kontextmenü einer markierten Zelle.

Abbildung 15.11 An dieser Stelle gibt es nur ein abgespecktes Kontextmenü.

Aber auch hier finden Sie nützliche Befehle, sodass Sie nicht immer die Schaltflächen des Menübands bemühen müssen.

15.9 Die Windows-Zwischenablage in Excel 2013 nutzen

Die Zwischenablage des Betriebssystems funktioniert in der Regel anwendungsübergreifend. Das bedeutet einerseits, dass die Befehle fast überall gleich anzuwenden sind, zum anderen aber auch, dass sich Inhalte von einer Anwendung auf die andere übertragen lassen.

So funktioniert die Zwischenablage

Markieren Sie ein Objekt (das kann ein Wort, ein Satz, ein kompletter Text, aber auch eine Grafik oder ein Foto sein) und kopieren Sie es in die Zwischenablage, indem Sie `Strg` + `C` betätigen. Setzen Sie nun per Mausklick die Einfügemarke an die Stelle, an der der Inhalt der Zwischenablage eingefügt werden soll (in Excel reicht dazu eine Zellenmarkierung), und drücken Sie `Strg` + `V`.

Besonderheiten der Zwischenablage

Die Zwischenablage funktioniert immer dann reibungslos, wenn man mit einer oder mehreren Anwendungen arbeitet. Sie können beispielsweise ein Foto innerhalb eines Word-Dokuments markieren und dies anschließend via Zwischenablage in Excel einfügen. Allerdings können Sie ein Bild beispielsweise nicht im Bibliotheksordner *Bilder* markieren und dieses per Zwischenablage in Excel einfügen. Word hingegen ist da sehr viel toleranter, denn da funktioniert auch diese Verfahrensweise.

> **INFO**
>
> **Formatierungen verwerfen**
>
> Formatierungen und dergleichen bleiben beim Transfer via Zwischenablage übrigens grundsätzlich erhalten. Wer das nicht möchte, muss zum Einfügen die kleine Dreieck-Schaltfläche unterhalb des Buttons **Einfügen** in der Gruppe **Zwischenablage** der Registerkarte **Start** benutzen. Klicken Sie hier auf die Schaltfläche **An Zielformatierung anpassen**, werden die einzufügenden Elemente an die Formatierung des Zieldokuments angepasst.

Die Excel-interne Zwischenablage

Die Windows-Zwischenablage lässt sich auch innerhalb von Excel benutzen. Wer beispielsweise eine Tabelle in ein anderes Excel-Dokument einfügen möchte, kann das ruck, zuck erledigen.

1 Die zu kopierende Tabelle (oder jeder andere Bereich, der kopiert werden soll) muss zunächst im Originaldokument markiert werden.

2 Befördern Sie den zu kopierenden Bereich in die Zwischenablage, indem Sie `Strg` + `C` drücken oder mittels Rechtsklick das Kontextmenü öffnen und den Befehl **Kopieren** wählen. Der Bereich wird daraufhin mit einem grünen, blinkenden Rahmen versehen.

15

3 Anschließend begeben Sie sich in das Dokument, in das Sie die kopierte Tabelle einfügen möchten, markieren eine Zelle und drücken `Strg` + `V`.

Wer lieber mit dem Menüband arbeitet, kann anstelle des letzten Schrittes übrigens auch die Schaltfläche **Einfügen** in der Gruppe **Zwischenablage** der Registerkarte **Start** benutzen.

15.10   Zellen und benannte Bereiche markieren

Es gibt zwei gute Gründe, bestimmte Zellen eines Excel-Dokuments zu benennen. Zum einen findet man sie auch in umfangreichen Tabellenblättern sehr schnell wieder, zum anderen kann man sie für Berechnungen heranziehen (siehe dazu Kapitel 17, »Mit Formeln und Funktionen arbeiten«, ab Seite 505).

Eine Zelle benennen

Öffnen Sie noch einmal die Beispieldatei *Samstage-Sonntage-2014.xlsx* aus dem Ordner *15* und markieren Sie das Feld **C9**. Klicken Sie anschließend doppelt in das Eingabefeld ❶ und geben Sie »AugSo« ein. Bestätigen Sie mit `↵`. Diese Abkürzung soll für die Anzahl der Sonntage im August stehen. (Bei der Benennung dürfen keine Leer- oder Sonderzeichen verwendet werden.)

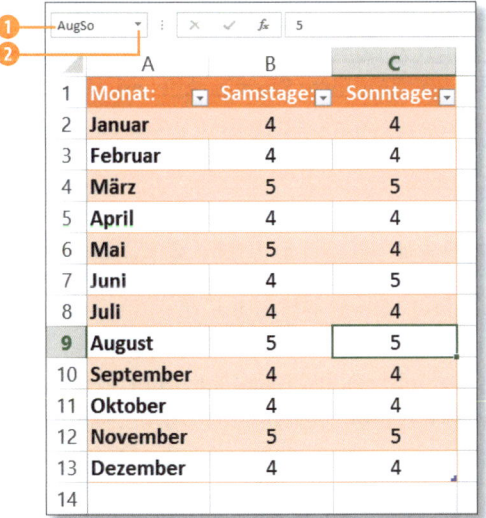

Abbildung 15.12 Die Zelle »C9« bekommt einen anderen Namen.

Sie haben nun der Zelle **C9** einen Namen zugewiesen, über den Sie die Zelle jederzeit schnell erneut aufrufen können.

Benannte Bereiche wiederfinden

Sie haben zuvor eine Zelle benannt und möchten diese nun schnell wieder aufrufen, ohne lange suchen zu müssen? Klicken Sie dazu auf die kleine Dreieck-Schaltfläche ❷ am Feld **Namenfeld** und entscheiden Sie sich für den Eintrag, den Sie suchen, in unserem Beispiel »AugSo«. Das hat zur Folge, dass die betreffende Zelle automatisch wieder markiert wird.

Abbildung 15.13 Der Eintrag ist auch in den Suchoptionen abgelegt worden.

Markieren Sie auf diese Weise weitere wichtige Zellen, um sie später rasch wiederzufinden. Bei umfangreichen Dokumenten empfiehlt es sich zudem, auf die Schaltfläche **Suchen und Auswählen** in der Gruppe **Bearbeiten** der Registerkarte **Start** zu klicken. Wählen Sie dort den Befehl **Gehe zu** aus und wählen Sie im Folgedialog den Zellennamen aus.

15.11 Datenreihen mit der AutoAusfüllen-Funktion schnell ergänzen

Dass Excel im wahrsten Sinne des Wortes »mitdenkt«, haben wir ja auf die eine oder andere Weise schon feststellen dürfen. Besonders deutlich wird diese löbliche Eigenschaft, wenn es um das Vervollständigen von Listen geht. Denn Excel »erinnert« sich, wenn es um Begriffe geht, die bereits einmal im Dokument verwendet worden sind. Zudem kann die Anwendung fortlaufende Reihen wie beispielsweise unserer Monatsnamen automatisch vervollständigen.

Lassen Sie uns auf die Schnelle eine Einkommenstabelle erzeugen, welche die Möglichkeit bietet, jeden Monat das Einkommen zu notieren – und zwar für die nächsten zehn Jahre. Sie werden staunen, wie schnell das geht:

1 Erzeugen Sie ein neues leeres Dokument ([Strg] + [N]).

2 Klicken Sie auf die Zelle **B1**. Tragen Sie dort »2014« ein. Betätigen Sie anschließend [⇥] und tippen Sie in **C1** »2015« ein. Anschließend markieren Sie beide Zellen.

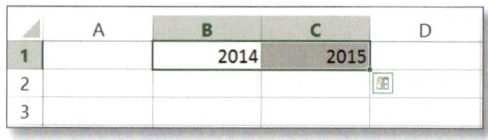

3 Als Nächstes müssen Sie einen Mausklick auf das kleine grüne Quadrat unten rechts am Markierungsrahmen setzen. Halten Sie die Maustaste gedrückt und ziehen Sie so weit nach rechts, bis das Jahr **2023** in der QuickInfo angezeigt wird. Dort angelangt, lassen Sie los. Wie Sie sehen, erledigt Excel den Rest.

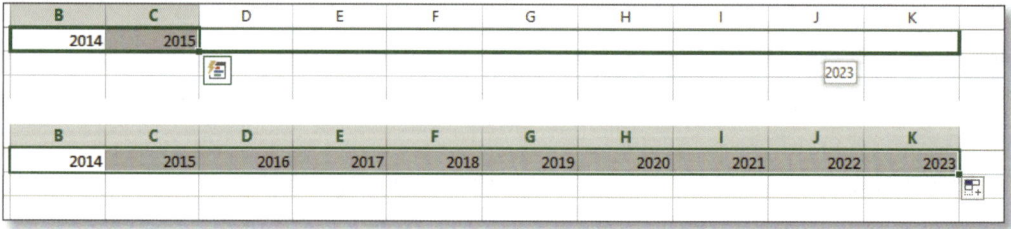

4 Genauso wollen wir es jetzt auch mit den Monatsnamen machen. Dazu muss zunächst der Monat »Januar« händisch in die Zelle **A2** eingetragen werden. In Zelle **A3** tragen Sie »Februar« ein.

5 Markieren Sie beide Zellen und ziehen Sie wieder an dem grünen Quadrat. Diesmal ziehen Sie nach unten, bis **Dezember** in der QuickInfo zu sehen ist.

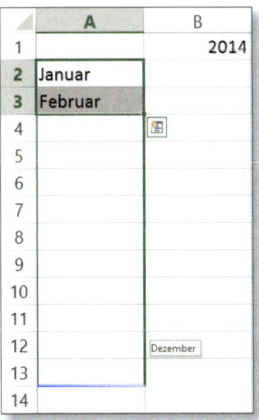

6 Der Vollständigkeit halber richten Sie für alle Zellen von **B2** bis **K13** das Zahlenformat **Währung** ein. Klicken Sie dazu auf die Dreieck-Schaltfläche am Feld **Zahlenformat** in der Gruppe **Zahl** der Registerkarte **Start** und wählen Sie im Menü das Format **Währung**.

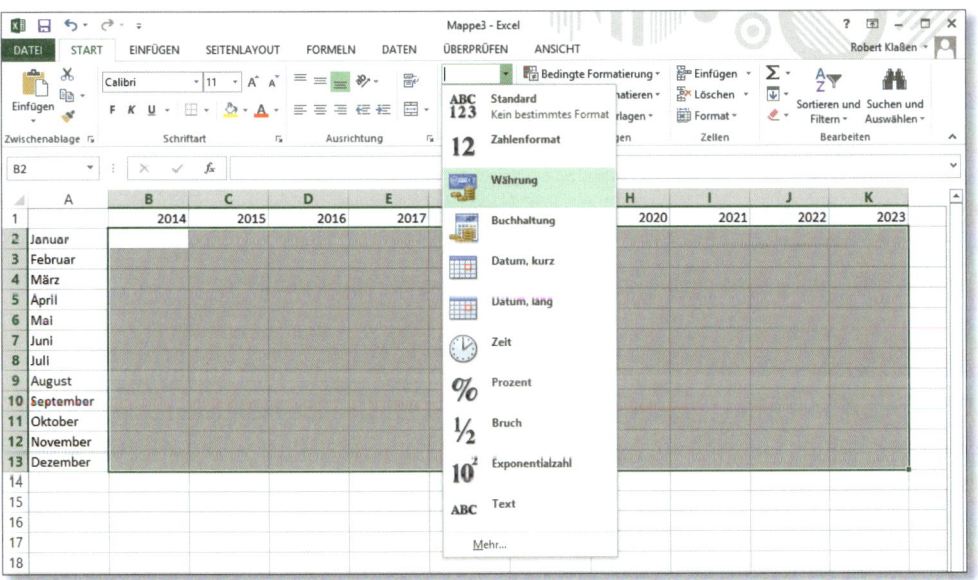

Nun können Sie ganz leicht eine Einkommensübersicht über das nächste Jahrzehnt erstellen. Vergessen Sie nicht, das Dokument zu speichern. Im Ordner *Ergebnisse* auf der Buch-CD finden Sie ein Vergleichsdokument mit dem Titel *Einkommenszahlen.xlsx*.

15.12   Der richtige Umgang mit Zeilen und Spalten

Sicher werden Sie immer wieder an den Punkt kommen, an dem es erforderlich wird, in einem Tabellenblatt Zeilen oder Spalten hinzuzufügen oder zu löschen. In den nächsten Abschnitten wollen wir Sie daher mit dem richtigen Umgang mit Zeilen und Spalten vertraut machen.

Einzelne Zeilen und Spalten einfügen

Markieren Sie zunächst die gesamte Zeile oder Spalte, an der eine weitere Zeile oder Spalte eingefügt werden soll. Klicken Sie nun mit rechts auf den markierten Bereich und entscheiden Sie sich für **Zellen einfügen**. Alle Spalten rechts der Markierung werden nach rechts hin verschoben. Alle Zeilen unterhalb der markierten Zeile werden nach unten verschoben.

Abbildung 15.14 Fügen Sie einzelne Zeilen oder Spalten per Kontextmenü ein.

Alternativ dazu markieren Sie zunächst eine Zeile oder Spalte und klicken auf das kleine Dreiecksymbol an der Schaltfläche **Einfügen** in der Gruppe **Zellen** der Registerkarte **Start**. Entscheiden Sie sich im Menü der Schaltfläche für **Blattzeilen einfügen** oder **Blattspalten einfügen**.

Abbildung 15.15 Fügen Sie Zeilen oder Spalten via Menüband ein.

Sie sollten dabei beachten, dass im Menü der Schaltfläche **Einfügen** immer nur der jeweilige Befehl zur Verfügung steht, abhängig davon, ob Sie zuvor eine Zeile oder Spalte markiert haben.

Mehrere Zeilen und Spalten einfügen

Möchten Sie mehrere Zeilen oder Spalten einfügen, markieren Sie vorab so viele Zeilen oder Spalten, wie eingefügt werden sollen. Sind vorab beispielsweise drei Spalten markiert, werden anschließend auch drei neue Spalten eingefügt. Klicken Sie nun auf die Schaltfläche **Einfügen** in der Gruppe **Zellen** der Registerkarte **Start** und wählen Sie den entsprechenden Befehl im Auswahlmenü, je nachdem, ob Sie Zeilen oder Spalten einfügen möchten.

Zeilen und Spalten löschen

Markieren Sie alle Zeilen oder Spalten, die gelöscht werden sollen. Anschließend klicken Sie mit rechts auf den markierten Bereich und wählen im Kontextmenü den Befehl **Zellen löschen**. Die Option **Inhalte löschen**, die Sie ebenfalls im Kontextmenü angeboten bekommen, würde dafür sorgen, dass lediglich die Zelleninhalte gelöscht werden, die Spalten oder Zeilen jedoch erhalten bleiben.

Zeilen und Spalten vergrößern

Auch die Größe von Zeilen und Spalten lässt sich schnell in Excel anpassen. Das kann problemlos per Drag & Drop erledigt werden. Bewegen Sie die Maus dazu einfach auf einen Zwischensteg in der Buchstabenzeile oder Ziffernspalte. Der Mauszeiger verändert sich daraufhin in einen Doppelpfeil. Ziehen Sie nun den Steg in die gewünschte Richtung.

15.13 Summen und Mittelwerte bilden

Lassen Sie uns eine erste Berechnung mit Excel 2013 machen. Und zwar wollen wir im folgenden Beispiel zunächst eine Summe und anschließend einen Mittelwert erzeugen.

Eine Summe bilden

Öffnen Sie zunächst die Beispieldatei *Samstage-Sonntage-2014.xlsx* aus dem Ordner *15* auf der Buch-CD. In diesem Dokument sind alle Samstage und Sonntage des Jahres 2014 gelistet. Wir wollen nun wissen, wie viele Samstage und Sonntage das gesamte Jahr hat.

1 Zunächst müssen Sie die Zielzelle anwählen, in der das Ergebnis der Berechnung erscheinen soll. Lassen Sie uns mit den Samstagen beginnen. Klicken Sie daher die Zelle **B14** an.

2 Klicken Sie auf die Schaltfläche **Summe** ❶ in der Gruppe **Bearbeiten** der Register-karte **Start**. Alternativ drücken Sie auf der Tastatur ⌈Alt⌉ + ⌈⇧⌉ + ⌈0⌉ (Zahl Null).

3 Markieren Sie nun die Zellen, aus denen die Daten für die Berechnung entnommen werden sollen. In unserem Beispiel sind das die Zellen **B2** bis **B13**. Markieren Sie also zunächst **B2**. Halten Sie die linke Maustaste gedrückt und bewegen Sie die Maus bis **B13**.

4 Zuletzt müssen Sie nichts weiter tun, als ⏎ zu betätigen. Aha, es sind also 52 Samstage.

5 Zur Berechnung der Sonntage gehen wir ein wenig anders vor. Wir schreiben die Formel nämlich diesmal selbst. Klicken Sie auf **C14** und tippen Sie »=summe« ein (ohne Leerzeichen!).

6 Damit haben Sie der Anwendung bereits verraten, was Sie in dieser Zelle wünschen, nämlich eine Summe. Legen Sie jetzt noch fest, woraus sich diese Summe bilden soll. Dazu müssen Sie zunächst eine geöffnete Klammer hinzufügen (ebenfalls ohne Leerzeichen!) und anschließend die Zellen **C2** bis **C13** markieren. Alternativ tippen Sie »C2:C13« ein. Schließen Sie die Aktion mit einer geschlossenen Klammer ab. Zuletzt drücken Sie ⏎. Daraufhin wird Ihnen in der Zelle **C14** das Ergebnis der Summenrechnung angezeigt, also wie viele Sonntage es in 2014 gibt.

Der obige Screenshot zeigt die Tabelle unmittelbar vor dem Druck auf ⏎. Zum Vergleich öffnen Sie die Datei *Samstage-Sonntage-2014-04.xlsx* aus dem Ordner *Ergebnisse* auf der Buch-CD.

Einen Mittelwert bilden

Möchten Sie noch wissen, wie viele Samstage und Sonntage das Jahr 2014 im Durchschnitt hat? Dann benutzen Sie diese Anleitung:

1 Suchen Sie sich ein Feld aus, in dem der Mittelwert erscheinen soll. Wie wäre es beispielsweise mit **C16**? Dann haben wir etwas Abstand zur Tabelle. Wenn Sie mögen, tragen Sie in **A16** als Erläuterung »Mittelwert:« ein.

2 Klicken Sie auf das Dreiecksymbol ❶ der Schaltfläche **Summe** in der Gruppe **Bearbeiten** der Registerkarte **Start**. Wählen Sie im Auswahlmenü der Schaltfläche die Option **Mittelwert**.

3 Wie üblich, versucht Excel wieder zu helfen und markiert automatisch die Zellen **C2** bis **C15**. Damit können wir aber leider gar nichts anfangen. Nehmen Sie das Heft lieber selbst in die Hand und ziehen Sie eine Markierung von **B2** bis **C13**. Die Summen in Zeile **14** dürfen ja schließlich nicht involviert werden. Bestätigen Sie die Aktion mit ⏎ .

Daraufhin wird Ihnen in der Zelle **C16** das Ergebnis der Mittelwert-Berechnung angezeigt. Na, kommen Sie auch auf gerundete 4,37 Samstage und Sonntage pro Monat? Glückwunsch. Ihre ersten Berechnungen waren ein voller Erfolg.

15.14 Wie Sie eine umfangreiche Tabelle richtig planen und umsetzen

Bevor Sie ein neues Dokument erzeugen, sollten Sie sich Gedanken darüber machen, was Sie benötigen, sprich: wo die Reise hingehen soll. Sie können zwar eine Tabelle ohne konkrete Planungen erstellen, jedoch wird das ab einem gewissen Umfang unweigerlich zu Problemen führen. Stellen Sie Vorüberlegungen an. Was benötige ich? Was ist mir wichtig? Was ist das Ziel, und welche Rechenoperationen benötige ich? Unser Tipp: Skizzieren Sie! Beginnen Sie eine Tabelle auf dem Papier. Falls erforderlich, schneiden Sie das Papier zurecht und rücken die einzelnen Schnipsel in Form.

Erst wenn Sie fertig sind, beginnen Sie mit der Umsetzung der Tabelle in Excel. Dazu zählt, dass Sie dem guten Stück zunächst einmal eine optische Struktur verpassen. Wie wir bereits erwähnten, kann man das zwar auch zu einem späteren Zeitpunkt machen, doch macht es mehr Spaß, mit einer formatierten Tabelle zu arbeiten. Außerdem erhält man so gleich zu Beginn ein höheres Maß an Übersichtlichkeit.

Speichern Sie das Dokument regelmäßig, und wenn Sie nicht sicher sind, welche Formel die richtige ist, recherchieren Sie. Der Dialog **Funktionen einfügen** hilft hier oftmals weiter, da Sie in einem Eingabefeld beschreiben können, wonach Sie suchen. Sie erreichen das Fenster über einen Klick auf das Dreiecksymbol an der Schaltfläche **Summe** in der Gruppe **Bearbeiten** der Registerkarte **Start**, wählen Sie im Menü die Option **Weitere Funktionen**.

Abbildung 15.16 Lassen Sie sich bei der Erstellung von Funktionen helfen.

Im Dialogfenster **Funktion einfügen** werden Ihnen nach Eingabe eines Suchbegriffs verschiedene Formeln angeboten und mit einer kurzen Beschreibung vorgestellt. In Kapitel 17, »Mit Formeln und Funktionen arbeiten«, Seite 505, wird die Vorgehensweise vertieft.

15.15 Tabellendaten aus dem Internet importieren

Die einfachste Art, eine Tabelle aus dem Internet in ein eigenes Tabellendokument zu integrieren, ist, die Zwischenablage zu nutzen. Markieren Sie eine komplette Tabelle auf einer Internetseite und drücken Sie Strg + C. Begeben Sie sich in das Excel-Dokument, markieren Sie die erste Zelle und drücken Sie Strg + V.

Nach dem Einfügen können Sie noch entscheiden, ob Sie die Tabelle aktuell halten wollen. Das bedeutet: Ergeben sich Änderungen in der Tabelle, wollen Sie diese eventuell auch in Ihrem Excel-Dokument sehen. Eines vorweg: Die folgenden Schritte sollten Sie nur unternehmen, wenn Sie der Internetquelle wirklich vertrauen. (Immerhin besteht die Gefahr, dass Schadcode ausgeführt werden kann.)

1 Unmittelbar nach dem Einfügen der Tabelle klicken Sie auf das kleine Symbol **Einfügeoptionen** ❶. Klicken Sie im sich öffnenden Menü auf **Aktualisierbare Webabfrage**.

2 Betätigen Sie im Dialog **Neue Webabfrage** die Schaltfläche **Importieren**. (Falls Sie zwischenzeitlich gefragt werden, ob sie das Skript ausführen wollen, bestätigen Sie mit **Ja**.)

3 Speichern Sie das Dokument. Wann immer Sie die Tabelle auf den neuesten Stand bringen wollen, klicken Sie fortan auf die Schaltfläche **Alle aktualisieren** in der Gruppe **Verbindungen** der Registerkarte **Daten**.

Bitte gehen Sie ausgesprochen sensibel mit derart erworbenen Daten um. Wenn Sie diese ausschließlich privat und nur für sich selbst nutzen, wird aller Voraussicht nach niemand etwas dagegen haben. Trotzdem sollten Sie vorab immer aufmerksam die Nutzungsbedingungen der Betreiberseite durchlesen. Oft ist nämlich auch eine private Nutzung nicht erlaubt. Im Zweifel verzichten Sie lieber auf die Daten. Besonders kritisch wird es, wenn Sie die Daten Ihrerseits in irgendeiner Form weitergeben oder gar veröffentlichen. Das kann dann sogar strafrechtliche Konsequenzen nach sich ziehen.

Kapitel 16
Mit Tabellendokumenten arbeiten

Einige der im vorigen Kapitel angesprochenen Punkte zum Thema Tabellen werden in diesem Kapitel vertieft. Unser Hauptaugenmerk gilt jedoch der Gestaltung einer Tabelle als gesamte Einheit. Wir werden Designs einsetzen, Hintergrundfarben verwenden und Grafiken hinzufügen. Am Schluss erfahren Sie dann, wie Tabellendokumente nicht nur für verschiedene Verwendungszwecke gespeichert, sondern auch gedruckt und veröffentlicht werden.

16.1   Zellen verbinden und mit Überschriften versehen

Man kann es zweifellos als Problem ansehen, dass sämtliche Zellen innerhalb eines Tabellenblattes exakt gleich groß sind. Okay, ein paar Ziffern und kurze Bezeichnungen haben dort immer Platz. Aber was ist mit längeren Erklärungen oder Überschriften? In diesem Fall macht es Sinn, Zellen miteinander zu verbinden.

Zellen verbinden und zentrieren

Werfen Sie einen Blick auf unsere Beispieldatei *Temperaturen.xlsx* im Ordner *16* auf der Buch-CD. Was Sie in dieser Tabelle sehen, sind die Temperaturen für die Stadt Köln im ersten Halbjahr 2013 (ohne Gewähr!). Nur weiß das leider niemand, da diese Information bisher nicht aus der Tabelle hervorgeht. Hier müssen wir also ein wenig nachbessern und dazu die entsprechende Information in die Tabelle eintragen. Gleichzeitig heben wir diesen Bereich der Tabelle auch gestalterisch von dem reinen Datenbereich ab.

1 Klicken Sie mit rechts auf die Bezeichnung der Zeile **1** und entscheiden Sie sich im Kontextmenü der Zeile für den Befehl **Zellen einfügen**. Sie erreichen damit, dass die gesamte Tabelle um eine Zeile nach unten verschoben wird, beziehungsweise am Tabellenanfang eine weitere Zeile hinzugefügt wird.

2 Als Nächstes müssen Sie dafür sorgen, dass die Zellen **A1** bis **E1** markiert werden. Um das am schnellsten zu erreichen, klicken Sie auf die Nummerierung der Zeile 1 am linken Rand der Anwendung.

3 Klicken Sie mit rechts in die Markierung und dann in der Minisymbolleiste auf die Schaltfläche **Verbinden und zentrieren** ❶.

4 Betätigen Sie die Schaltfläche **Fett** ❷ und beginnen Sie gleich im Anschluss mit der Eingabe: »Temperaturen und Sonnenstunden für Köln 01.–06.2013«.

5 Spalte **B** weist die jeweiligen Durchschnittstemperaturen des jeweiligen Monats aus. In Spalte **C** sind die Temperaturabweichungen des betreffenden Monats im Vergleich zur Durchschnittstemperatur aufgeführt. Spalte **D** beinhaltet die Sonnenstunden und **E** die Differenz der Sonnenstunden zum Monat. Das bedeutet: Die Spalten **B** und **C** stehen thematisch genauso zusammen wie die Spalten **D** und **E**. Das soll in einer weiteren Zeile berücksichtigt werden. Fügen Sie deshalb unterhalb von Zeile **1** eine weitere Zeile ein.

6 Selektieren Sie die Zellen **B2** und **C2**. Verbinden und zentrieren Sie auch diese. Das Gleiche machen Sie mit den Zellen **D2** und **E2**.

7 Tragen Sie nun zur weiteren Beschriftung in die Zelle **BC2** »Temperaturen« und in die Zelle **DE2** »Sonnenstunden« ein. Ihre Tabelle sollte nun wie in der folgenden Abbildung aussehen.

8 Zuletzt ist noch zu empfehlen, die Zellen **A2** und **A3** miteinander zu verbinden. Das sieht dann wesentlich ordentlicher aus, da dort ja keine Trennlinie mehr benötigt wird.

Die entsprechende Datei finden Sie auf der Buch-CD unter der Bezeichnung *Temperaturen-01.xlsx* im Ordner *Ergebnisse*.

Zellen verbinden und nicht zentrieren

In den vorangegangenen Abschnitten haben Sie erfahren, wie sich Zellen schnell mithilfe der Minisymbolleiste zusammenfassen und zentrieren lassen. Das Gleiche können Sie aber auch über das Menüband vornehmen. Nutzen Sie dazu die Schaltfläche **Verbinden und zentrieren** in der Gruppe **Ausrichten** der Registerkarte **Start**. Klicken Sie auf die Dreieck-Schaltfläche ❶ (siehe Abbildung 16.1), öffnet sich ein Auswahlmenü, und Sie erhalten weitere Optionen.

Abbildung 16.1 Mit einem Klick auf das Dreieck erreichen Sie weitere Optionen.

So ist es beispielsweise oft interessant, **Zellen verbinden** zu wählen. Dann werden die Zellen ebenfalls miteinander verbunden, jedoch wird der Inhalt der Zelle nicht auf Zentrieren gesetzt. Der Text kann so beispielsweise linksbündig eingesetzt werden.

Zellen mit Inhalt verbinden

Es gibt keinerlei Probleme, wenn ausschließlich inhaltlose Zellen miteinander verbunden werden. Das Gleiche gilt, wenn nur die obere linke Zelle über Inhalt verfügt und alle anderen leer sind. Sollten jedoch auch andere Zellen über Inhalt verfügen, wird dieser beim Verbinden gelöscht. Glücklicherweise passiert das nicht einfach so, denn Excel gibt vorab einen entsprechenden Hinweis aus. Wenn Sie damit einverstanden sind, klicken Sie auf **OK**.

Verbundene Zellen teilen

Verbundene Zellen lassen sich jederzeit wieder teilen. Dazu muss die Zelle markiert sein. Ob Sie nun die Schaltfläche **Verbinden und zentrieren** in der Minisymbolleiste oder im Menüband in der Gruppe **Ausrichtung** der Registerkarte **Start** benutzen, spielt dabei keine Rolle. Der Eintrag **Zellenverbund aufheben**, der sich im Auswahlmenü der Schaltfläche **Verbinden und zentrieren** befindet, erfüllt im Übrigen die gleiche Aufgabe. Der Inhalt der verbundenen Zelle wird beim Trennen der Zelle in die erste Zelle der neu erzeugten Zellen eingefügt.

16.2 Tabellen mithilfe von Designs gestalten

Auch Excel verfügt über sogenannte Designs. Wie mit diesen umzugehen ist, entnehmen Sie bitte Abschnitt 6.7, »Mit Designs arbeiten«, im Word-Teil dieses Buches auf Seite 220. An dieser Stelle wollen wir nicht noch einmal auf die Feinheiten eingehen, zumal den Designs im Zusammenhang mit Excel-Tabellen eine weit weniger große Bedeutung zukommt als in Word.

Sollten Sie jedoch eine Art Corporate Design pflegen, sodass die Word-Schriften mit denen in Excel übereinstimmen sollen, lässt sich ein Design zuweisen, welches Sie eventuell bereits in Word benutzt haben. Wir erinnern an das Beispiel **Ion**, das im oben erwähnten Abschnitt dieses Buches verwendet worden ist und sich auch in Excel zuweisen ließe. Die Designs finden Sie übrigens in der gleichnamigen Gruppe des Registers **Seitenlayout**.

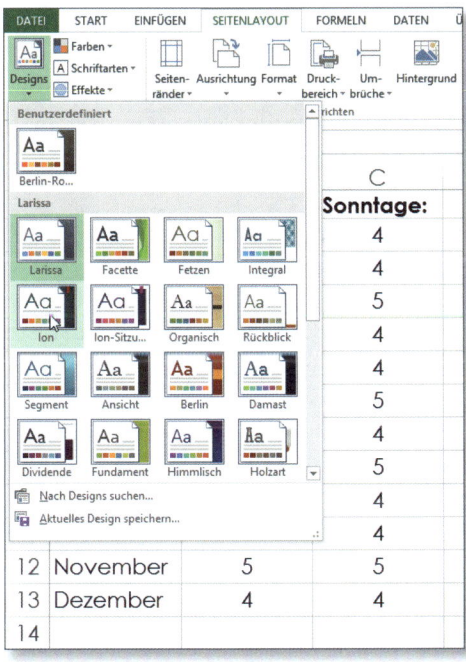

Abbildung 16.2 Die in Word integrierten Designs finden sich auch in Excel wieder.

INFO

Corporate Design

Dieser Begriff bezeichnet den Versuch, einem Unternehmen oder einer Organisation ein einheitliches Erscheinungsbild zu verschaffen mit dem Ziel, wiedererkannt zu werden. Das bedeutet, dass man grundsätzlich die gleichen Schriften, Schriftarten, Schriftzüge, Farben, Elementanordnungen usw. benutzt, dass Geschäftspapiere, Briefe, Preislisten usw. sich so stark ähneln, dass man sie auf den ersten Blick mit dem Unternehmen oder der Organisation in Verbindung bringen kann. Dabei gilt jedoch der Grundsatz *Form folgt Funktion*, der besagt, dass sich das Design an die Nutzbarkeit anzupassen hat und nicht umgekehrt. So darf beispielsweise die Lesbarkeit eines Dokuments nicht unter dem Corporate Design leiden.

16.3   Schnellformatierungen nutzen

Sie müssen sich grundsätzlich darüber im Klaren sein, dass eine Tabelle erst dann auch im gestalterischen Sinne eine Tabelle ist, wenn Sie diese entsprechend formatiert haben. (Damit hatten wir ja bereits in Abschnitt 15.7, »Tabellendokumente formatieren«, Seite 437, zu tun.) Trotz alledem ist das kein Grund zur Sorge, denn für derartige Zwecke wartet Excel mit Schnellformatvorlagen auf.

Tabellenformatvorlagen verwenden

Wenn es um die Gestaltung eines Excel-Dokuments geht, sind Sie mit den Tabellenformatvorlagen sehr viel besser beraten als mit den Designs. Denn hier kommt man schnell zu effektvollen Ergebnissen.

1 Öffnen oder erstellen Sie eine beliebige Tabelle oder benutzen Sie die Beispieldatei *Samstage-Sonntage-2014.xlsx* aus dem Ordner *15* auf der Buch-CD.

2 Markieren Sie die gesamte Tabelle, indem Sie auf Zelle **A1** klicken, die Maustaste gedrückt halten und bis **C13** herunterziehen. Dort angelangt, lassen Sie los.

3 Klicken Sie auf die Schaltfläche **Als Tabelle formatieren** in der Gruppe **Formatvorlagen** der Registerkarte **Start**.

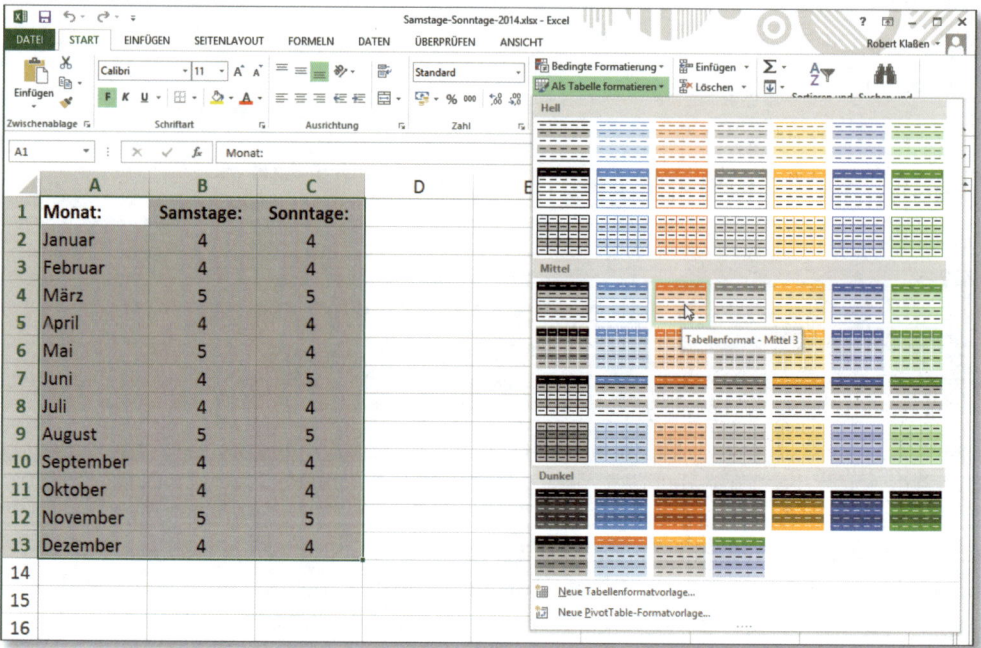

4 Entscheiden Sie sich im folgenden Auswahlmenü der Schaltfläche **Als Tabelle formatieren** für ein Design, das Ihnen zusagt. Wir benutzen hier die Formatvorlage **Tabellenformat – Mittel 3**.

5 Daraufhin wird das Dialogfenster **Als Tabelle formatieren** geöffnet. Darin wird abgefragt, wo sich die Daten für die Tabelle befinden. Eigentlich hat die Anwendung sich diese Frage schon selbst beantwortet, da hier noch einmal im Feld des Dialogs die Zellen **A1** bis **C13** erwähnt sind. Wir müssen an diesem Wert also nichts mehr ändern, da wir den Tabellenbereich bereits zu Beginn markiert hatten. Sie können hier aber auch durch die Änderung der Zellbezeichnung den Bereich der Tabelle vergrößern bzw. verkleinern.

6 Bevor Sie auf **OK** klicken, sollten Sie die Checkbox **Tabelle hat Überschriften** aktivieren. Dies sorgt dafür, dass die erste Zeile auch optisch als Überschrift hervorgehoben wird. Würden Sie die Checkbox inaktiv lassen, würde Excel automatisch eine eigene Überschriftenzeile mit den sinnigen Titeln **Spalte1**, **Spalte2**, **Spalte3** generieren.

7 Durch die Zuweisung einer Tabellenformatvorlage befinden Sie sich nun direkt auf der Registerkarte **Tabellentools/Entwurf** ❶ (siehe Abbildung Seite 464). Würde Ihnen die Vorlage, die Sie soeben in Schritt 4 dieser Anleitung zugewiesen haben, nicht gefallen, ließe sich das Design noch einmal anpassen, indem Sie auf **Schnellformatvorlagen** ❷ klicken.

8 Nicht minder interessant ist der Button **Optionen für Tabellenformat** ❸ (Beachten Sie, je nach Fenstergröße der Excel-Anwendung werden Ihnen die Checkboxen **Optionen für Tabellenformat** in einer Gruppe dargestellt und nicht in einer Schaltfläche zusammengefasst.). Hierüber lassen sich nämlich weitere Optionen festlegen. So kann beispielsweise die Monatsspalte fett dargestellt werden, indem Sie die Checkbox **Erste Spalte** ❹ aktivieren.

16

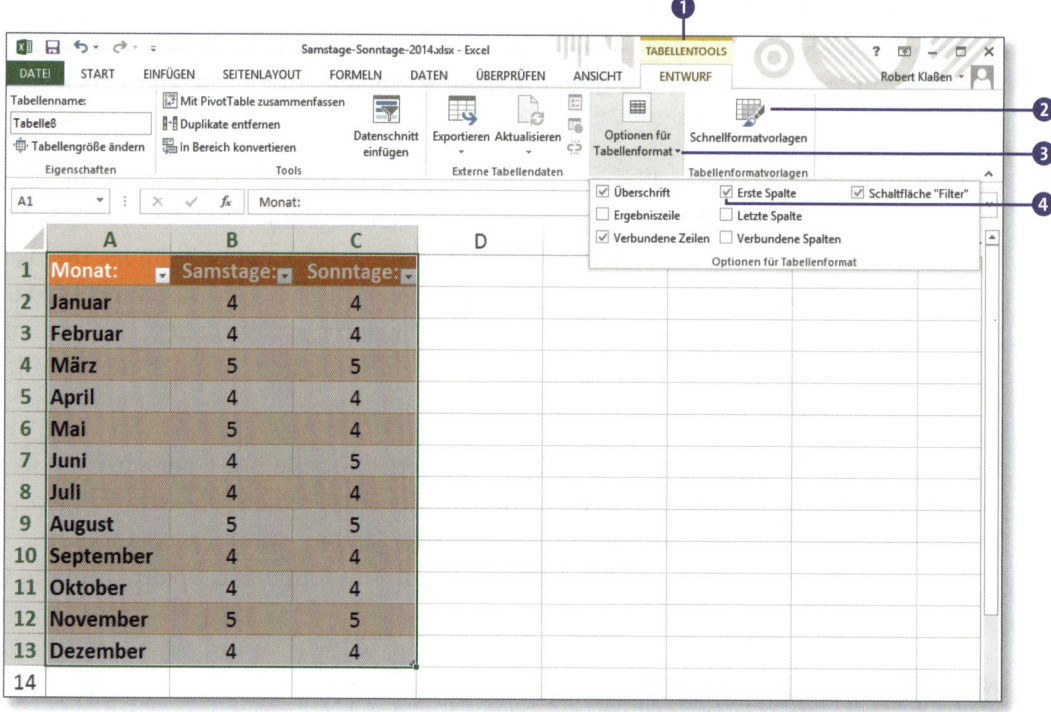

Vergleichen Sie Ihr Ergebnis, wenn Sie mögen, mit der Datei *Samstage-Sonntage-2014-03.xlsx* im Ordner *Ergebnisse* auf der Buch-CD.

INFO

Zurück zu den Tabellentools

Sobald Sie die Tabelle abwählen (indem Sie beispielsweise eine außerhalb liegende Zelle markieren), wird auch die Registerkarte **Tabellentools/Entwurf** geschlossen. Um sie erneut aufzurufen, markieren Sie erneut eine Zelle der Tabelle. Kontrollieren Sie außerdem, ob **Entwurf** tatsächlich als Registerkarte aktiviert ist. Falls nicht, klicken Sie darauf.

Eigene Tabellenformatvorlagen anlegen

Mit den Tabellenformatvorlagen in Excel ist es wie mit den Schnellformatvorlagen in Word: Sie sehen schick aus, erlauben jedoch nur vordefinierte Anpassungen. Fortgeschrittenen wird deshalb empfohlen, eigene Tabellenformatvorlagen anzulegen.

1 Klicken Sie auf **Als Tabelle formatieren** in der Gruppe **Formatvorlagen** der Registerkarte **Start** und wählen Sie den Menüeintrag **Neue Tabellenformatvorlage**.

2 Daraufhin wird das Dialogfenster **Neues Tabellenformat** geöffnet. Im Feld **Name** vergeben Sie eine aussagekräftige Bezeichnung.

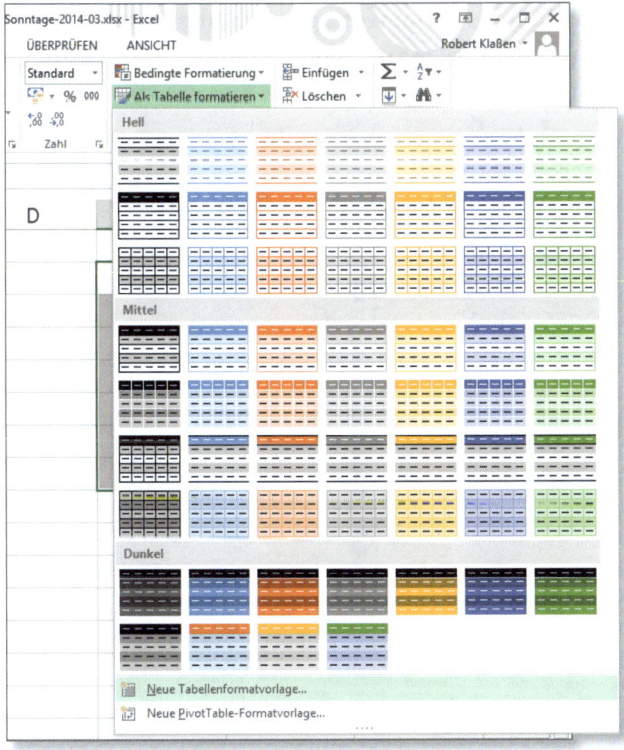

3 In der unterhalb befindlichen Liste **Tabellenelement** wählen Sie zunächst an, was formatiert werden soll. Das kann beispielsweise die **Ganze Tabelle**, aber auch ein Teilbereich sein, beispielsweise die **Erste Spalte** oder die **Überschriftenzeile**.

4 Betätigen Sie anschließend die Schaltfläche **Formatieren**.

16

465

5 Wie nun der jeweilige Tabellenbereich auszusehen hat, regeln Sie mit den Registerkarten **Schrift**, **Rahmen** und **Ausfüllen** des Dialogs **Zellen formatieren**. Beachten Sie, dass sich **Schriftart** und **Schriftgrad** hier nicht beeinflussen lassen. Denn
immerhin geht es ja hier nicht um Tabellenformatvorlagen. Für die Beeinflussung
der Schrift werden die sogenannten **Zellenformatvorlagen** benutzt. Bestätigen Sie
mit **OK** und widmen Sie sich anschließend im Dialog **Neues Tabellenformat** dem
nächsten Element.

6 Bedenken Sie, dass damit lediglich eine Tabellenformatvorlage erzeugt worden ist.
Soll diese auf eine Tabelle angewendet werden, muss sie separat zugewiesen werden. Dazu klicken Sie abermals auf **Als Tabelle formatieren**. Im Bereich **Benutzerdefiniert** des Auswahlmenüs ist die Vorlage nun zwischenzeitlich integriert worden.

7 Und was ist zu tun, wenn die Vorlage einmal geändert werden soll? Dann klicken Sie mit rechts auf die Miniatur im Bereich **Benutzerdefiniert** und entscheiden sich im Kontextmenü für die Option **Ändern**.

Auf diese Weise ließe sich übrigens auch eine weitere, ähnliche Formatvorlage erzeugen. Klicken Sie dazu im Kontextmenü auf **Duplizieren** und nehmen Sie die gewünschten Änderungen am Duplikat vor. Wenn Sie eine benutzerdefinierte Vorlage nicht mehr benötigen, klicken Sie auf **Löschen**.

16.4 Hintergrundfarben verwenden

In Excel steht alles schwarz auf weiß geschrieben. Und das ist auch prima so, möchte man doch zwischen Schrift und Hintergrund einen größtmöglichen Kontrast bilden. So ist immerhin die Lesbarkeit am besten. Dennoch kann es erforderlich werden, eine andere Hintergrundfarbe einzustellen – beispielsweise um dem bereits auf Seite 461 erwähnten Corporate Design Genüge zu leisten.

Hintergrundfarbe ändern

Wer eine andere Hintergrundfarbe als das sterile Weiß wünscht, kann dies im Menüband wunschgemäß einstellen. Die Funktion ist allerdings ein wenig versteckt.

1 Zunächst ist es erforderlich, dass Sie alle Zellen markieren, die eine Änderung der Hintergrundfarbe bekommen sollen.

2 Klicken Sie auf **Format** in der Gruppe **Zellen** der Registerkarte **Start**. Scrollen Sie in der Liste ganz nach unten und klicken Sie auf **Zellen formatieren**.

3 Im Dialog **Zellen formatieren** entscheiden Sie sich nun für das Register **Ausfüllen**. Sollten Sie bereits hier ein Farbfeld ausfindig machen, welches Ihnen zusagt, klicken Sie es ganz einfach an.

4 Ist die gewünschte Farbe nicht dabei? Dann hilft ein Klick auf **Weitere Farben** ❶. Das folgende Farbschema bietet zwar bereits eine Menge mehr an Farben, jedoch noch längst nicht alle, die möglich sind.

5 Das ändert sich, wenn Sie auf das Register **Benutzerdefiniert** klicken. Dort haben Sie gleich mehrere Optionen. Entweder Sie klicken im Feld **Farben** ❷ auf Ihre Wunschfarbe und stellen anschließend die Helligkeit ❸ auf die gewünschte Intensität oder Sie legen die Werte Rot, Grün und Blau individuell fest. Das bietet sich an, wenn Sie den RGB-Wert kennen, der beispielsweise innerhalb des Corporate Designs benutzt worden ist.

6 Zuletzt schließen Sie alle geöffneten Dialoge jeweils mit einem Klick auf **OK**.

Wenn Sie mit RGB-Werten arbeiten, müssen Sie berücksichtigen, dass diese von 0 bis 255 reichen dürfen. So kommen Sie insgesamt auf knapp 16,8 Millionen Farbmöglichkeiten (nämlich 255^3). Dies gilt zumindest für Monitore. Das Farbspektrum für die Druckausgabe ist weitaus geringer. Im Druck kann es also durchaus zu Farbabweichungen kommen.

Rahmen einsetzen

Bedenken Sie, dass Sie bei Verwendung einer Hintergrundfarbe die Trennlinien der einzelnen Zellen nicht mehr sehen. Eine Tabelle wird so natürlich unübersichtlich.

Temperaturen und Sonnenstunden für Köln 01.-06.2013					Temperaturen und Sonnenstunden für Köln 01.-06.2013				
	Temperaturen		Sonnenstunden			Temperaturen		Sonnenstunden	
	Temperatur	Mittel	Sonne	Mittel in %		Temperatur	Mittel	Sonne	Mittel in %
Januar	2,2	-0,4	19	-63	Januar	2,2	-0,4	19	-63
Februar	1,1	-1,6	42,5	-47	Februar	1,1	-1,6	42,5	-47
März	2,5	-4	106,9	-4	März	2,5	-4	106,9	-4
April	9,5	-0,2	144,7	-12	April	9,5	-0,2	144,7	-12
Mai	12,3	-1,8	134,2	-33	Mai	12,3	-1,8	134,2	-33
Juni	16,5	-0,4	169,8	-12	Juni	16,5	-0,4	169,8	-12

Abbildung 16.3 Eine Tabelle ohne Rahmen (links) ist unübersichtlich.

Sie sollten daher im Dialog **Zellen formatieren** (**Start** > **Zellen** > **Format** > **Zellen formatieren**) auch gleich Rahmen hinzufügen. Aktivieren Sie dazu das Register **Rahmen**, wählen Sie im Feld **Art** ❶ eine Rahmenart aus und legen Sie anschließend fest, ob diese außen ❷ oder innen ❸ angeordnet werden sollen. Mit den Schaltflächen im Bereich **Rahmen** ❹ lässt sich dieser Rahmen weiter anpassen.

Abbildung 16.4 Wer Farben verwendet, sollte sich auch um die Rahmen kümmern.

INFO

Weiße Farbe vs. »Keine Farbe«

Wenn Sie eine zuvor festgelegte Farbe wieder verwerfen wollen, klicken Sie im Dialog **Zellen formatieren** auf **Keine Farbe**. Man könnte geneigt sein, auf das weiße Farbfeld zu klicken. Doch das ist nicht dasselbe. Wenn Sie Weiß als Hintergrundfarbe verwenden und keine Rahmen einsetzen, gehen die optischen Zellenbegrenzungen verloren. Mithilfe der Option **Keine Farbe** werden diese jedoch wieder sichtbar.

Fülleffekte einsetzen

Im Dialog **Zellen formatieren** (**Start** > **Zellen** > **Format** > **Zellen formatieren**) steht Ihnen auf der Registerkarte **Ausfüllen** die Schaltfläche **Fülleffekte** zur Verfügung. Benutzen Sie diese, um den Hintergrund Ihrer Tabelle mit einem Verlauf auszustatten.

Sobald Sie auf den Button **Fülleffekte** geklickt haben, öffnet sich der gleichnamige Dialog. Entscheiden Sie sich oben zunächst für zwei unterschiedliche Farben, indem

Sie auf die Felder **Farbe 1** ❺ und **Farbe 2** ❻ klicken. Danach entscheiden Sie sich im Bereich **Schattierungsarten** ❼ für einen Effekt und wählen per Mausklick eine angebotene **Variante** ❽.

Abbildung 16.5 Fülleffekte sollten mit Bedacht und sparsam eingesetzt werden.

Bestätigen Sie abschließend Ihre Wahl mit einem Klick auf **OK**. Der Fülleffekt wird daraufhin auf Ihre Tabelle angewendet.

Temperaturen und Sonnenstunden für Köln 01.-06.2013					
	Temperaturen		Sonnenstunden		
	Temperatur	Mittel	Sonne	Mittel in %	
Januar	2,2	-0,4	19	-63	
Februar	1,1	-1,6	42,5	-47	
März	2,5	-4	106,9	-4	
April	9,5	-0,2	144,7	-12	
Mai	12,3	-1,8	134,2	-33	
Juni	16,5	-0,4	169,8	-12	

Abbildung 16.6 Auch wenn Verläufe auf den ersten Blick ganz nett aussehen, sind sie am Ende doch nur Spielerei.

Gehen Sie mit solchen Effekten jedoch vorsichtig um, da derartiger Schnickschnack die Lesbarkeit stark beeinträchtigt. Benutzen Sie die Funktion allenfalls für kleine Tabellen, die nur aus wenigen Zellen bestehen.

16

16.5   ClipArts einfügen

Wer seinen nüchternen Tabellen ein wenig Schliff verleihen möchte, kann auch die in Office enthaltenen *ClipArts* benutzen. Diese sind jedoch grundsätzlich eher als Beiwerk zu verstehen. Sie werden also nicht wirklich Bestandteil einer Tabelle, sondern liegen gewissermaßen auf dem Tabellenblatt.

Passendes ClipArt hinzufügen

Öffnen Sie die Beispieldatei *Temperaturen-01.xlsx* aus dem Ordner *Ergebnisse* auf der Buch-CD. Wir wollen diesem Dokument nun eine passende ClipArt-Grafik hinzufügen.

1 Markieren Sie zunächst die Zelle, in der die Grafik eingefügt werden soll. Klicken Sie anschließend auf **Onlinegrafiken** in der Gruppe **Illustrationen** der Registerkarte **Einfügen**.

2 Legen Sie im Dialog **Bilder einfügen** fest, wonach Sie suchen. Wir benutzen das Suchfeld der Zeile **ClipArt von Office.com**. Tippen Sie »Sonne« ein und bestätigen Sie mit ⏎.

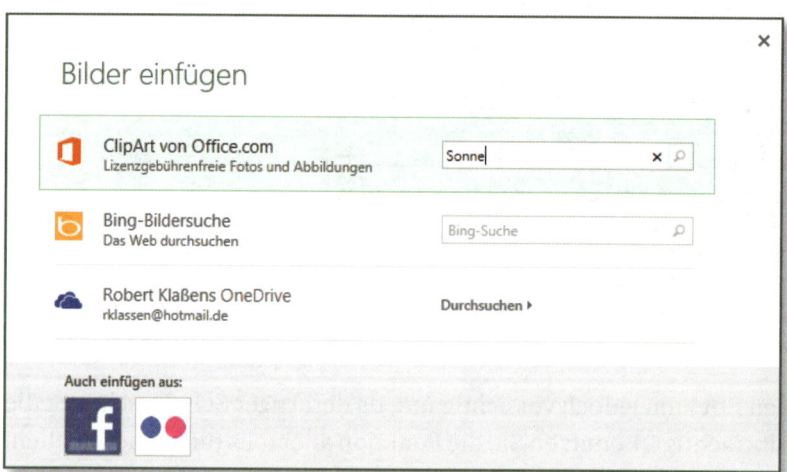

3 Zugegeben – die Kölner hatten von Januar bis Juni 2013 in Sachen Sonne nicht wirklich viel zu lachen – dennoch entscheiden wir uns für ein freundliches Sonnengesicht. Wählen Sie es mit einem Doppelklick aus.

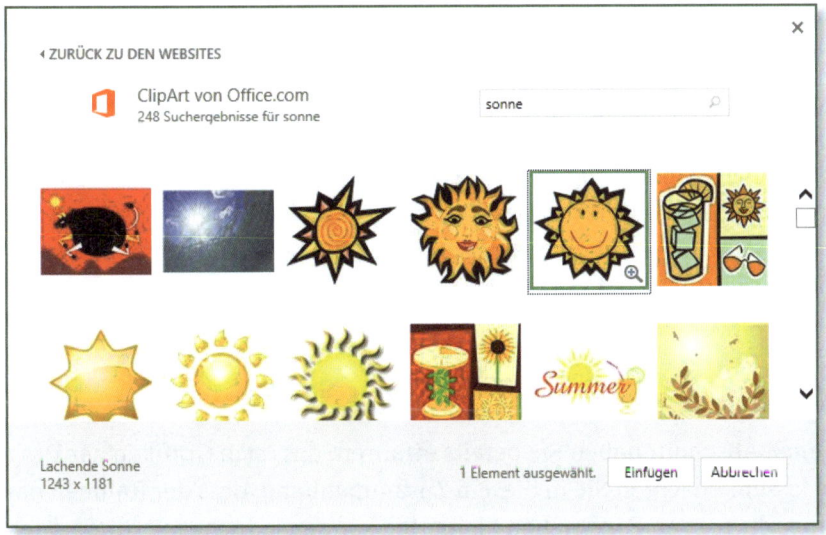

4 Die Grafik wird nun in die Zelle eingefügt, die Sie zuvor markiert haben. Dennoch können Sie auf die Grafik klicken und diese mit gedrückter Maustaste nach Wunsch verschieben.

5 Ist die Grafik zu groß, klicken Sie auf einen der quadratischen Eckanfasser des Objektrahmens ❶ und schieben die Maus nach innen. Dabei bleiben die Proportionen übrigens erhalten. Sie müssen also nicht befürchten, das Objekt beim Skalieren zu verzerren. (In der folgenden Abbildung sehen Sie übrigens, dass sich innerhalb der Grafik ein zweiter Rahmen ❷ zeigt. Dieser symbolisiert die Größe nach der Skalierung.)

16

6 Nach der Verkleinerung sollten Sie das Objekt ein wenig drehen. Dazu klicken Sie auf das Pfeilsymbol ❸ (siehe Abbildung Seite 473) und bewegen die Maus nach rechts. Halten Sie ⌂ gedrückt, damit das Objekt nur in 15°-Schritten gedreht werden kann, und stoppen Sie, sobald der Rahmen zum ersten Mal einrastet. Danach lassen Sie zunächst die Maustaste und erst im Anschluss ⌂ wieder los.

7 Schieben Sie die Sonne noch ein wenig mehr nach oben. Um das Objekt abzuwählen, markieren Sie eine beliebige Stelle außerhalb der ClipArt-Grafik.

Auch wenn ClipArts charmant sein mögen – bedenken Sie auch hier, dass es sich um Beiwerk handelt. Den Einsatz derartiger Grafiken sollte man eher auf den privaten Bereich beschränken. (Siehe hierzu auch den Abschnitt 16.7, »Tabellendokumente: kreative oder sachliche Gestaltung«, Seite 491.)

Tipps zum Skalieren

Im vorangegangenen Abschnitt haben Sie bereits erfahren, dass sich Grafiken per Drag & Drop skalieren lassen. Beachten Sie in diesem Zusammenhang, dass der Rahmen dabei an der gegenüberliegenden Ecke stehen bleibt. Sie können jedoch eine Grafik auch von deren Mittelpunkt aus skalieren, wenn Sie während des Ziehens ⌜Strg⌟ gedrückt halten.

Wer eine Grafik millimetergenau skalieren möchte, kann sich dazu auch der Schaltflächen in der Gruppe **Größe** der Registerkarte **Bildtools/Format** bedienen. Beachten Sie, dass Sie diese Registerkarte jedoch nur sehen, wenn eine Grafik zuvor markiert wurde. Verändern Sie dazu den Wert in den Feldern **Formenhöhe** ❶ und **Formenbreite** ❷. Mit einem Klick auf die nach unten weisende Pfeilschaltfläche ❸ an der Gruppe **Größe** der Registerkarte **Bildtools/Format** rufen Sie den Aufgabenbereich **Grafik formatieren** ❹ auf, mit dessen Hilfe Sie komfortabel weitere Anpassungen an der von Ihnen eingefügten Grafik vornehmen können.

Hier sind dann auch exakte Angaben in Bezug auf die Drehung, prozentuale Skalierung und nicht zuletzt auch auf das Seitenverhältnis möglich. Entfernen Sie das Häkchen **Seitenverhältnis sperren** ❺, können die Werte in den Feldern **Breite** und **Höhe** auch unabhängig voneinander verändert werden. Es kommt dabei zur unproportionalen Verzerrung, die Sie auch über einen Anfasser ❻ jeweils in der Mitte der Begrenzungslinien erreichen können.

Abbildung 16.7 Eine Grafik kann auch im Menüband sowie über den Aufgabenbereich »Grafik formatieren« angepasst werden.

Bilder einfügen

Genauso wie ClipArts können auch eigene Grafiken oder Fotos in ein Excel-Dokument eingefügt werden. Benutzen Sie jedoch hierzu statt der Schaltfläche **Onlinegrafiken** (**Einfügen** > **Illustrationen**) den Button **Bilder**. Sie können nun auch über das Dialogfenster **Grafik einfügen** auf Bilder Ihrer eigenen Festplatte zugreifen. Excel ist hier wirklich ausgesprochen vielseitig und akzeptiert in der Regel die gängigen Bildformate (und auch Grafikformate). Wählen Sie doch dazu einmal das Feld **Alle Grafiken** an.

Abbildung 16.8 Wenn Sie bestimmte Grafikformate suchen, können Sie hier eine Vorauswahl treffen.

Screenshots erzeugen und einfügen

Das Einfügen von Screenshots ist eine wirklich interessante Funktion von Excel 2013. Damit lassen sich nämlich nicht nur außerhalb von Excel produzierte Screenshots integrieren, sondern sogar eigene erstellen. Aber was sind eigentlich Screenshots?

Screenshots sind Aufnahmen vom Bildschirm. Wenn Sie eine bestimmte Situation oder einen Zustand auf Ihrem Monitor illustrieren wollen, fertigen Sie einfach einen Screenshot davon an. Genauso habe ich das in diesem Buch gemacht – und zwar sehr oft.

Wenn Sie den kompletten Monitor »abfotografieren« wollen, betätigen Sie einfach `Druck` auf Ihrer Tastatur. Sie werden daraufhin keinerlei Rückmeldung erhalten, sondern der Screenshot wird automatisch in der Zwischenablage Ihres Betriebssystems gespeichert. Dazu später mehr. Wollen Sie statt des gesamten Monitors nur das derzeit aktive Fenster aufnehmen? Das kann z. B. eine Anwendung, ein Ordner, aber auch ein Dialog sein. In diesem Fall betätigen Sie `Alt` + `Druck`.

1 Erzeugen Sie ein neues Excel-Dokument. Danach klicken Sie auf **Bilder** in der Gruppe **Illustrationen** der Registerkarte **Einfügen**.

2 Uns geht es nun nicht darum, ein Bild einzufügen, sondern einen Screenshot vom Dialog **Grafik einfügen** zu integrieren. Drücken Sie deshalb `Alt` + `Druck` und schließen Sie den Dialog einfach wieder, indem Sie auf **Abbrechen** klicken.

3 Markieren Sie nun in Excel eine beliebige Zelle (an der die obere linke Ecke des Screenshots platziert werden soll) und betätigen Sie `Strg` + `V`. Daraufhin wird der Screenshot des Dialogfensters eingefügt.

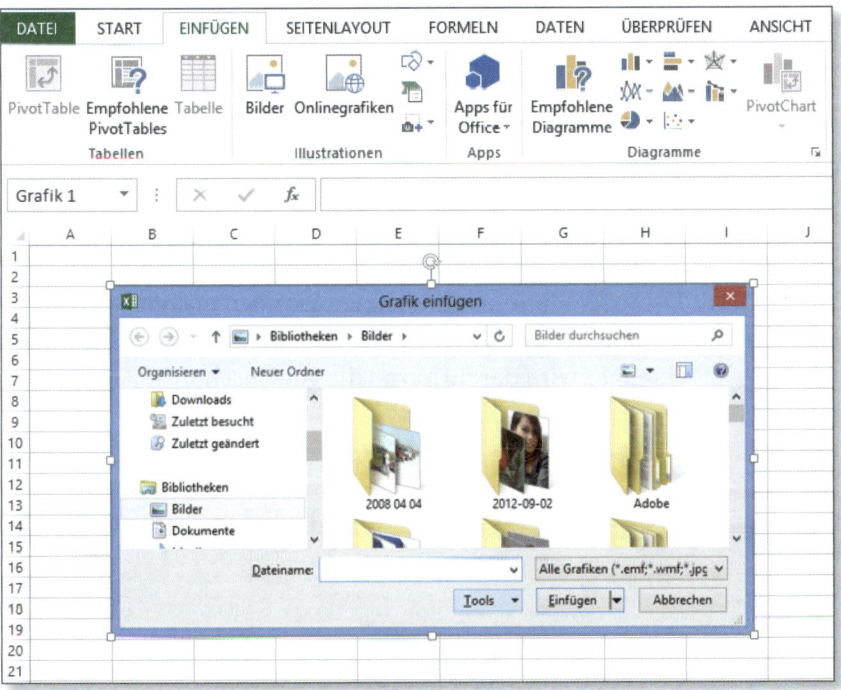

Den Screenshot können Sie nun weiterbearbeiten wie eine Onlinegrafik (siehe vorangegangene Abschnitte »Passendes ClipArt hinzufügen« auf Seite 472 und »Tipps zum Skalieren« auf Seite 474). Er kann verschoben, skaliert und gedreht werden.

Screenshots in Excel verarbeiten

Ein Screenshot bleibt grundsätzlich nur temporär in der Zwischenablage. Er bekommt keinen festen Speicherplatz auf Ihrem Computer zugewiesen. Darüber hinaus wird er unwiederbringlich verworfen, sobald Sie den Computer herunterfahren. Auch die direkte Verfügbarkeit geht verloren (also die Möglichkeit, ihn mit Strg + V einzufügen), sobald Sie einen neuen Screenshot anfertigen. Doch auch dafür gibt es einen Trick.

1 Fertigen Sie mehrere unterschiedliche Screenshots an. Was Sie »abfotografieren«, spielt keine Rolle.

2 Anschließend markieren Sie eine Zelle, in die der Screenshot eingefügt werden soll. Betätigen Sie die Schaltfläche **Screenshot** in der Gruppe **Illustrationen** der Registerkarte **Einfügen**.

3 Nun wird Ihnen zunächst im Menü der Schaltfläche eine Liste mit Miniaturansichten angezeigt. In dieser Liste werden Ihnen die letzten vier Screenshots angezeigt, die Sie angefertigt haben. Wählen Sie den Screenshot mit einem Mausklick aus, den Sie in Excel einfügen möchten. Er wird daraufhin an die gewünschte Stelle im Tabellenblatt eingefügt.

Im nächsten Abschnitt erfahren Sie, wie Sie direkt aus Excel heraus einen Screenshot aufnehmen können. Welcher unschlagbare Vorteil sich daraus ergibt, erfahren Sie ebenfalls dort.

Screenshots in Excel erzeugen

Jetzt kommt etwas, das Excel im Zusammenhang mit Screenshots besonders auszeichnet. Sie haben nämlich die Möglichkeit, direkt aus der Anwendung heraus einen beliebigen Bereich des Bildschirms aufzunehmen.

1 Sorgen Sie dafür, dass der Bereich, den Sie aufnehmen wollen, auf dem Monitor sichtbar ist. Falls erforderlich, minimieren Sie Excel.

2 Wechseln Sie zurück zu Excel und klicken Sie auf **Screenshot** in der Gruppe **Illustrationen** der Registerkarte **Einfügen**. Entscheiden Sie sich im Auswahlmenü der Schaltfläche für die Option **Bildschirmausschnitt**.

3 Das hat zur Folge, dass Excel nun ausgeblendet wird. Denn die Anwendung soll ja schließlich nicht den Bereich verdecken, der abfotografiert werden soll. Sie sehen nun, dass der gesamte Monitor milchig dargestellt wird. Das soll es Ihnen erleichtern, das Fadenkreuz, welches nun anstelle des Mauszeigers sichtbar ist, korrekt anzusetzen.

4 Klicken Sie beispielsweise auf die obere linke Ecke des Bereichs, den Sie aufnehmen wollen. Halten Sie die Maustaste gedrückt und ziehen Sie nach unten rechts. Solange die Maustaste gedrückt ist, lässt sich der Rahmen noch entsprechend verschieben. Sind Sie mit der Auswahl zufrieden, lassen Sie los.

Der Screenshot wird automatisch in Excel eingefügt, Sie können ihn nun verschieben, die Größe anpassen oder drehen.

16.6   SmartArt-Grafiken einbauen

SmartArt-Grafiken sind vorbereitete Diagrammgrafiken, wie sie häufig in Hierarchien oder Programmabläufen verwendet werden. Ein Mitarbeiter-Verzeichnis beispielsweise, aus dem auch die Zuständigkeitsbereiche der Verantwortlichen hervorgehen, ist ein typisches Beispiel dafür.

Vorüberlegungen beim Einsatz von SmartArt

Bevor Sie SmartArt-Grafiken einsetzen, sollten Sie genau überlegen, was Sie zum Ausdruck bringen wollen. Immerhin dient SmartArt dazu, komplexe Sachverhalte anschaulich darzustellen und Inhalte schnell erkennbar werden zu lassen. Wer sich dabei verzettelt oder ohne konkreten Plan an die Sache herangeht, stiftet am Ende eher Verwirrung. Außerdem werden Sie im SmartArt-Dialog geradezu erschlagen von Angeboten. Da schadet es nicht, wenn man vorab schon weiß, um was es geht, wie viele Elemente oder Hierarchieebenen benötigt werden und welche Daten in der Grafik untergebracht werden sollen. Auch hier sollte der erste Schritt also das Skizzieren auf dem Papier sein.

Den SmartArt-Typ bestimmen

Man unterscheidet verschiedene Typen von SmartArt-Grafiken, die verschiedene Anwendungsbereiche abdecken sollen. Hier muss man zunächst entscheiden, welchen Typ man für die jeweilige Aufgabe benötigt.

Typ	Verwendung
Liste	Visualisieren Sie nicht sequenzielle oder gruppierte Informationen. Typische Einsatzgebiete könnten einzelne Abteilungen eines Unternehmens mit ihren jeweiligen Aufgabenbereichen sein.
Prozess	Zeigen Sie Prozessabläufe oder zeitlich orientierte (chronologische) Abläufe an; Beispiel: Fertigungsabläufe.
Zyklus	Visualisieren Sie wiederkehrende, sich wiederholende Prozesse, wie beispielsweise einen täglichen Arbeitsablauf.
Hierarchie	Hierarchische Informationen wie beispielsweise die Organisation eines Unternehmens werden in sogenannten Organigrammen veranschaulicht.
Beziehung	Hier geht es um Verbindungen, Wechselwirkungen, Reaktionen. Beispiel: Je schneller der Produktionsprozess, desto höher die Fehlerquote.
Matrix	Die Matrix eignet sich zur Visualisierung von Teilen im Bezug zum Ganzen. Beispiel: eine Planung mit den einzelnen Schaffensprozessen.
Pyramide	Hier lassen sich proportionale, aber auch hierarchische Strukturen ausdrücken. Man kann unterschiedliche Aussagen damit treffen, wobei die Pyramide selbst immer das Ganze zeigt.
Grafik	Hier lassen sich unterschiedliche Thesen und Ideen visualisieren.
Office.com	weitere Strukturen

Tabelle 16.1 Die verschiedenen SmartArt-Typen in der Übersicht

Eine Unternehmensstruktur als SmartArt-Grafik darstellen

Im ersten Beispiel befassen wir uns mit einer hierarchischen Unternehmensstruktur. Sie soll alle Elemente von der Geschäftsführung bis zur Auslandsproduktion in sich aufnehmen.

1 Erzeugen Sie zunächst eine neue leere Arbeitsmappe. Nutzen Sie dazu den Tastatur-befehl ⌨ Strg + ⌨ N .

2 Klicken Sie auf die Schaltfläche **SmartArt** in der Gruppe **Illustrationen** der Regis-terkarte **Einfügen**. Das vorherige Markieren einer Zelle ist übrigens nicht vonnöten, da Excel die SmartArt-Grafiken immer in der Mitte des sichtbaren Tabellenblatt-Bereichs anordnet.

3 Da wir eine Hierarchie darstellen wollen, fällt die Wahl der Rubrik ❶ auf der lin-ken Seite des Folgedialogs nicht schwer. Schauen Sie nun im mittleren Bereich des Dialogs nach, welche Art am ehesten unseren Ansprüchen gerecht wird. Für unser Beispiel wählen wir die Form **Organigramm** ❷. Auf der rechten Seite des Dialogs erhalten Sie eine Vorschaudarstellung ❸ sowie eine Erklärung ❹ dazu. Bestätigen Sie die Wahl mit **OK**.

4 Was Sie nun von Excel erhalten, ist nicht gerade ein Feuerwerk an Eleganz, oder? Vielmehr sieht dieses Gebilde absolut unspektakulär aus. Es ist zudem noch nicht im Geringsten an unsere Bedürfnisse angepasst. Hier müssen wir noch ordentlich Hand anlegen. Mit der Geschäftsführung und der Assistenz gibt es keine Probleme. Aber Zeile **3** müssen wir bearbeiten, da wir vier Flächen benötigen.

5 Klicken Sie das untere rechte Rechteck an und aktivieren Sie die Registerkarte **SmartArt-Tools/Entwurf**, sollte das nicht schon der Fall sein.

6 Klicken Sie nun auf das Dreiecksymbol der Schaltfläche **Form hinzufügen** in der Gruppe **Grafik erstellen**. Im Auswahlmenü klicken Sie auf **Form danach hinzufügen**. (Der Begriff ist etwas unverständlich, bedeutet aber, dass eine Form rechts neben der markierten Form hinzugefügt wird. Mit **Form davor hinzufügen** würde eine weitere Form links davon integriert.)

7 Bis hierher wollen wir es zunächst bewenden lassen und die einzelnen Formen (damit sind die blauen Flächen gemeint) beschriften. Beginnen Sie oben mit der Eingabe »Geschäftsführung« und lassen Sie alle weiteren Begriffe folgen. Was die Eingabe betrifft, reicht es übrigens, einen einfachen Mausklick auf eines der Rechtecke zu setzen. Danach können Sie direkt mit der Eingabe beginnen. Die Größe der Schrift wird für alle Elemente automatisch so angepasst, dass der längste Schriftzug noch gut hineinpasst. – Am Ende sollte Ihre Hierarchie wie in der folgenden Abbildung aussehen.

8 Fahren wir nun mit dem Feld **Produktion** fort. Hier wollen wir zwei Untereinträge einfügen. Markieren Sie daher diese Form und klicken Sie erneut auf das Dreiecksymbol der Schaltfläche **Form hinzufügen**. Wählen Sie im Menü **Assistent hinzufügen**. Markieren Sie danach erneut das Rechteck **Produktion** und fügen Sie einen weiteren Assistenten hinzu.

9 Da die rechte Form noch markiert ist, können Sie nun gleich fortfahren und die beiden nächsten Strukturbereiche anschließen lassen. Hier werden die beiden Auslands-Produktionsstätten hinzugefügt. Lösen Sie auch das auf die zuvor beschriebene Weise und fügen Sie über die Schaltfläche **Form hinzufügen** erneut zwei Assistenten hinzu.

10 Benennen Sie nun die Formen und speichern Sie das Dokument.

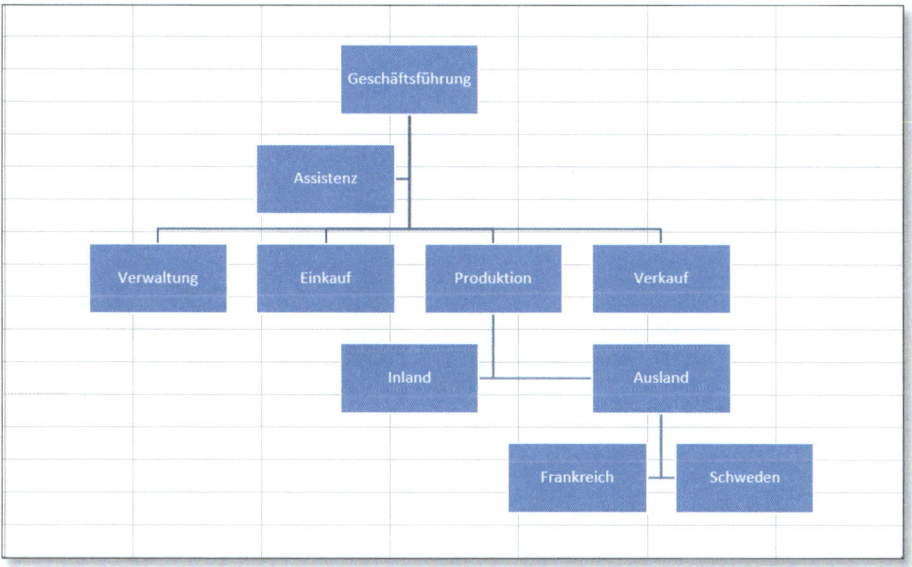

Im Ordner *16* auf der Buch-CD finden Sie eine Excel-Arbeitsmappe mit dem Namen *Hierarchie.xlsx*. Diese hat den aktuell erreichten Status.

SmartArt-Grafiken gestalten

In diesem Abschnitt werden wir uns ein wenig mit der grafischen Gestaltung einer Unternehmensstruktur beschäftigen. Öffnen Sie die Beispieldatei *Hierarchie.xlsx* aus dem Ordner *16* auf der Buch-CD.

1 Zunächst soll ein 3D-Effekt zugewiesen werden. Klicken Sie dazu auf die Schaltfläche **Weitere** ❶ (siehe Abbildung Seite 486) in der Gruppe **SmartArt-Formatvorlagen** der Registerkarte **SmartArt-Tools/Entwurf**. Das Diagramm muss dazu übrigens ausgewählt und dessen Rahmen ❷ sichtbar sein. Entscheiden Sie sich in der Liste für **Metallische Szene**.

16

485

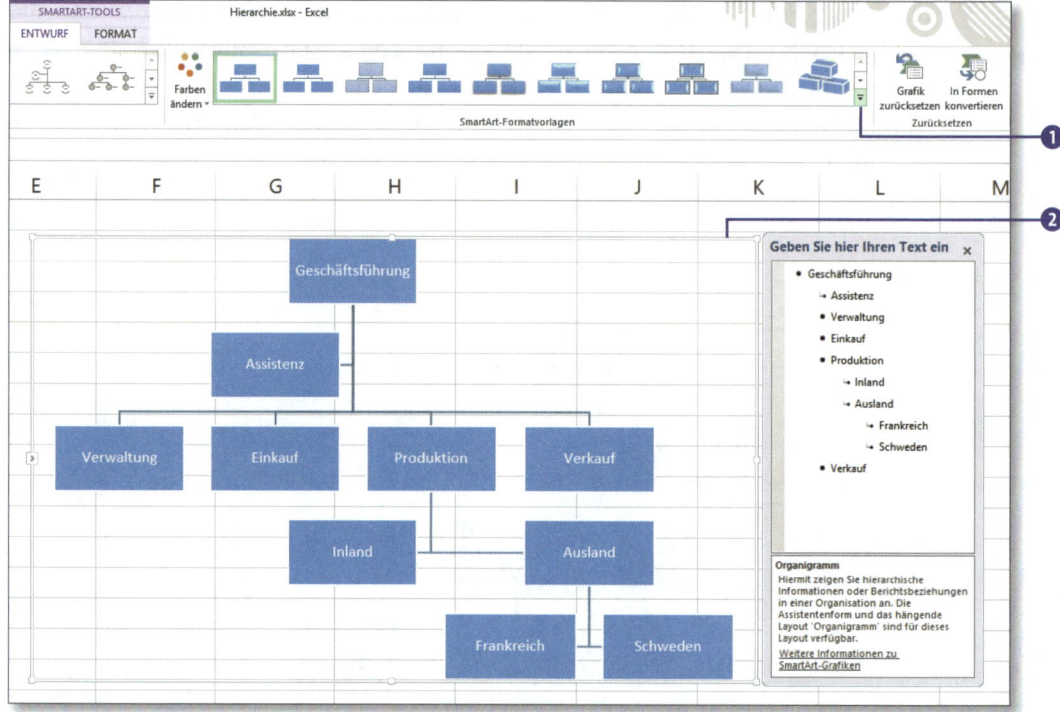

2 Spätestens jetzt fällt auf, dass die »Geschäftsführung« im wahrsten Sinne des Wortes »über die Stränge schlägt«. Und das können wir nun wirklich nicht zulassen. Wir müssen also dafür sorgen, dass der Text innerhalb der Formen nicht so dicht an den Rand gepresst wird.

3 Dazu klicken Sie mit rechts auf eine beliebige Form und wählen die Option **Form formatieren** aus dem Kontextmenü aus. Alternativ dürfen Sie auch auf einen der nach unten rechts weisenden Pfeile in den Gruppen **Formenarten** oder **WordArt-Formate** der Registerkarte **SmartArt-Tools/Format** klicken.

4 Im Aufgabenbereich **Form formatieren** müssen Sie nun zunächst auf **Textoptionen ❸** und anschließend auf das Symbol **Textfeld ❹** klicken. Vergeben Sie in den Feldern **Linker Rand ❺** und **Rechter Rand ❻** jeweils den Wert »0,3 cm«. Das sollte für ausreichenden Abstand zum Rand sorgen.

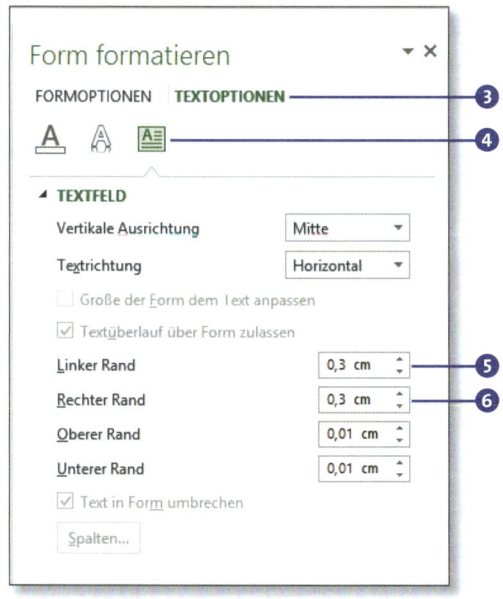

5 Passen Sie die Farben der Form an, indem Sie auf **Farben ändern** (**SmartArt-Tools/ Entwurf** > **SmartArt-Formatvorlagen**) klicken. Wie wäre es beispielsweise mit **Farbige Füllung – Akzent 2**? Auf diese Weise beeinflussen Sie stets das gesamte Diagramm.

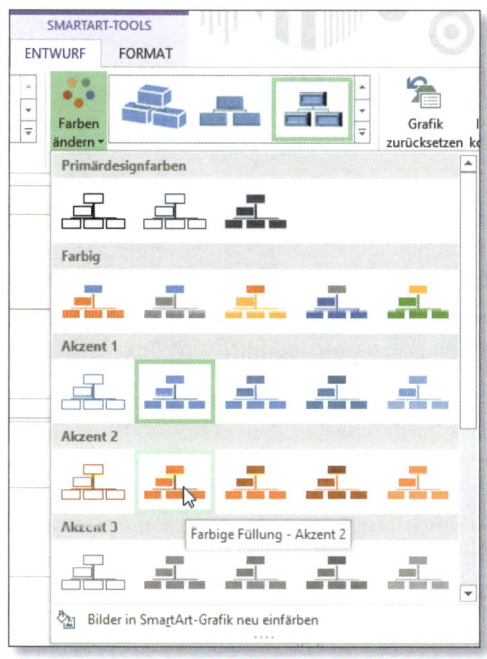

6 Wenn Sie einzelne Formen andersfarbig gestalten möchten, können Sie, während Sie ⌨Strg drücken, die Formen markieren, die verändert werden sollen (z. B. die Reihe **Verwaltung**, **Einkauf**, **Produktion** und **Verkauf**), und dann eine andere Farbe auswählen. Klicken Sie nun im Aufgabenbereich **Form formatieren** auf **Formoptionen ❶** und anschließend auf das Symbol **Füllung ❷**. Öffnen Sie das Feld **Füllfarbe ❸** und weisen Sie die gewünschte Farbe zu.

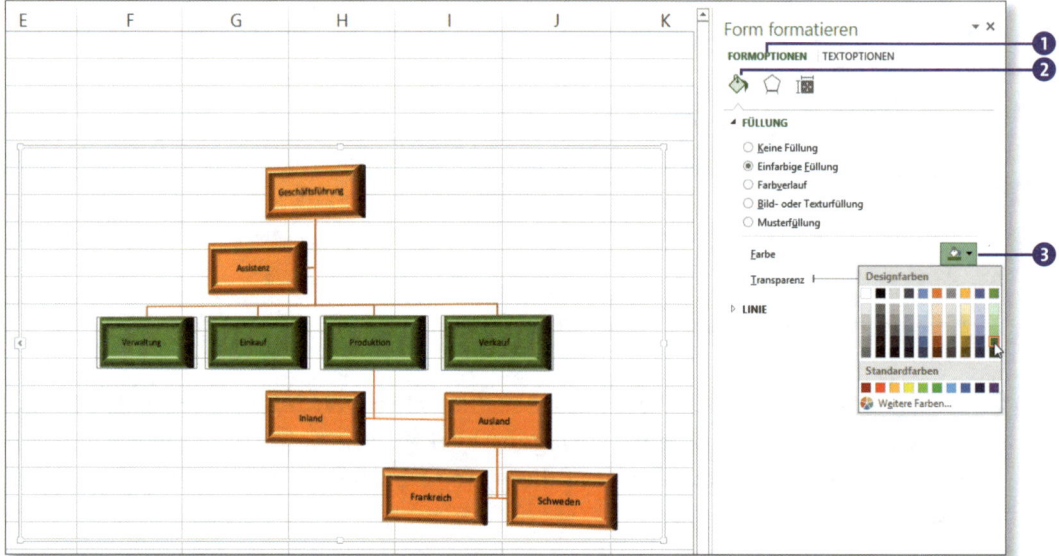

Die Datei *Hierarchie-fertig.xlsx* im Ordner *Ergebnisse* auf der Buch-CD zeigt Ihnen, wie die hierarchische Struktur nach der Bearbeitung aussieht.

INFO

Form markieren

Sie müssen stets daran denken, dass Sie die Form markieren müssen, um Änderungen daran vorzunehmen. Klicken Sie daher immer an den Rand oder an eine Ecke einer Form. Wenn Sie den Mausklick mittig platzieren, wählen Sie damit lediglich das Textfeld der Form aus.

Weitere Optionen zur Diagrammgestaltung

An dieser Stelle werden wir uns noch einige Optionen ansehen, welche die Arbeit in Sachen Diagrammgestaltung optimieren und erleichtern.

Vereinfachte Texteingabe

Um den Text innerhalb einer Form zu ändern, können Sie diesen mit einem Dreifachklick versehen. Daraufhin werden die Formeigenschaften (z. B. 3D) temporär aufgehoben. Wer das nicht möchte (z. B. weil er lieber Schrift und Form gemeinsam begutachten möchte), kann einen Klick auf den Pfeil links am Rahmen des Diagramms platzieren ❹. Das hat zur Folge, dass neben dem Diagramm ein Dialog angezeigt wird, mit dessen Hilfe die Änderung von Texten ruck, zuck erledigt werden kann. Außerdem bleiben die Formeigenschaften dabei erhalten.

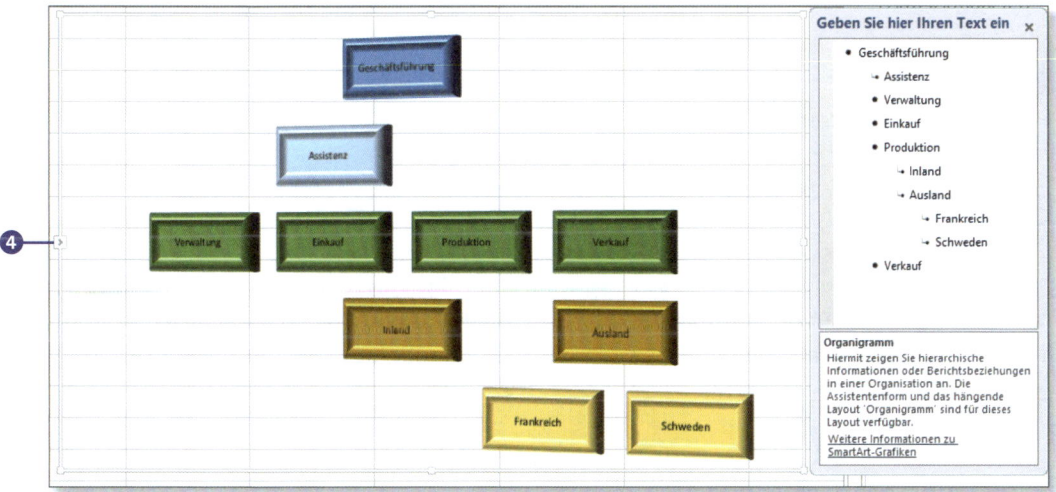

Abbildung 16.9 Passen Sie Texte bei Bedarf mithilfe eines zusätzlichen Dialogs an.

Klicken Sie zum Bearbeiten der Beschriftungen im Dialog den entsprechenden Punkt an und beginnen Sie mit Ihren Änderungen. Klicken Sie einfach auf eine leere Zelle, sobald Sie Ihre Eingabe abgeschlossen haben. Über den Pfeil können Sie dann auch wieder den Dialog ausblenden.

Größe individuell anpassen

Um eine einzelne Form unabhängig von allen anderen in der Höhe oder Breite verändern zu können, muss diese (nicht deren Text!) vorab markiert werden. Rufen Sie nun den Aufgabenbereich **Form formatieren** auf, beispielsweise über den nach unten weisenden Pfeil an der Gruppe **Größe** der Registerkarte **SmartArt-Tools/Format**. Aktivieren Sie hier die **Formoptionen** und klicken Sie auf **Größe und Eigenschaften** ❶ (siehe Abbildung 16.10). Geben Sie die gewünschten Werte in die Felder **Höhe** ❷ und **Breite** ❸ ein. Machen Sie das, ohne dass eine Form markiert ist, verändern Sie damit alle Formen gemeinsam.

Abbildung 16.10 Formen lassen sich einzeln, aber auch gemeinsam in der Größe verändern.

Sie sehen, man hätte im vorangegangenen Workshop auch die Form der Geschäftsführung unabhängig von allen anderen verbreitern können, ohne dass die anderen Kacheln mit angepasst worden wären.

Diagrammrahmen erzeugen

Wenn Sie Ihr Diagramm mit einem farbigen Rahmen umranden möchten, klicken Sie auf eine freie Stelle des Rahmens (nicht auf einen Text oder eine Form). Dadurch wird der Rahmen markiert. Als Nächstes klicken Sie auf **Formkontur** in der Gruppe **Formenarten** der Registerkarte **SmartArt-Tools/Format**. Wählen Sie im Auswahlmenü im Bereich **Designfarben** gegebenenfalls eine Farbe aus und über die Option **Striche** die Art des Rahmens. Weisen Sie den gewünschten Rahmen per Klick zu.

Grafik zurücksetzen

Sie möchten mit der Gestaltung des Diagramms lieber noch einmal ganz von vorn beginnen, ohne dabei das Diagramm selbst zu verlieren? Kein Problem. Dann klicken Sie auf die Schaltfläche **Grafik zurücksetzen** in der Gruppe **Zurücksetzen** der Registerkarte **SmartArt-Tools/Entwurf**.

Sämtliche grafischen Formatierungen werden daraufhin entfernt, die eigentliche Struktur des Diagramms bleibt jedoch erhalten.

16.7   Tabellendokumente: kreative oder sachliche Gestaltung?

Sie müssen sich bei der Gestaltung von Tabellen und den dazugehörigen Elementen immer wieder eine Frage beantworten. Nämlich: Was will ich mit meiner Tabelle zum Ausdruck bringen? Damit gemeint sind nicht die Zahlen, Resultate oder Schlussfolgerungen, sondern das Drumherum. Dabei ist besonders wichtig: Welchen Stellenwert hat die Tabelle? Präsentiere ich den Kassenbestand des Kegelklubs oder benötige ich einen Investitionskredit von der Bank? Werde ich kreativ oder bleibe ich doch lieber sachlich? Wobei das eine das andere nicht zwangsläufig ausschließt.

Analysieren Sie Ihre Zielgruppe. Der Sachbearbeiter einer Bank ist daran interessiert, sich schnell einen möglichst umfassenden Überblick über Ihre Aufstellungen zu verschaffen. Er kann auf ClipArts, Verläufe und kräftige Hintergrundfarben gut verzichten. Schlimmer noch, sie sind Schnickschnack, der zum Ausdruck bringen könnte, dass Sie sich weniger mit dem Wesentlichen als vielmehr mit Nutzlosem auseinandergesetzt haben – und dass Sie Ihre Zeit nicht effektiv nutzen sowie Ihre Ziele nicht konsequent umsetzen.

Das heißt nicht, dass Sie die Kopfzeile der Tabelle nicht mit einer Hintergrundfarbe ausstatten sollen. Das schließt auch nicht die Verwendung sachlicher Grafiken aus. Ein kleines Häkchen oder Ausrufezeichen an einer wichtigen Stelle ist durchaus erlaubt, doch bleiben Sie immer sachlich – und halten Sie dem viel zitierten Grundsatz die Treue, der da heißt: »Weniger ist mehr!«

Zeigen Sie Fakten, heben Sie Wichtiges von weniger Wichtigem ab – aber mit klaren Konturen und nicht mit lustigen Grafiken. Sie müssen auch immer bedenken, dass der Mitarbeiter einer Bank, der sich zweifellos mit Tabellen bestens auskennt, ein geschultes Auge für das Wesentliche hat und Sie anhand einer Tabelle schon ein bisschen einschätzen kann. Er merkt, wenn jemand planlos an die Sache herangegangen ist. »Hat der Gestalter mal nichts drauf, macht er erst mal 'nen Verlauf!« – dies bewahrheitet sich auch in Excel. Und das erkennt Ihr Gegenüber.

16.8   Mit umfangreichen Tabellendokumenten arbeiten

Je umfangreicher ein Tabellendokument wird, desto schwieriger ist es auch, sich darin zurechtzufinden. Die folgenden Tipps und Empfehlungen sollen Ihnen dabei helfen, die Übersicht zu behalten. Häufig sind es nur kleine Details, die eine reine Datenflut innerhalb einer Tabelle, in eine anschauliche und vor allem verständliche Datensammlung verwandeln. Sie sollten sich daher immer auch Gedanken über die Darstellung Ihrer Daten machen.

Tabellenblätter benennen

Wer mit mehreren Tabellenblättern arbeitet, sollte sich die Mühe machen, diese zu benennen. Auf diese Weise können Sie sie leicht unterscheiden und schnell das richtige Blatt anwählen.

1 Fügen Sie ein Tabellenblatt hinzu, indem Sie auf das Plussymbol ❶ im Fuß des aktuellen Tabellenblattes klicken.

2 Klicken Sie mit rechts auf den Namen des Tabellenblattes und entscheiden Sie sich im Kontextmenü für die Option **Umbenennen**.

3 Daraufhin wird der Name des Tabellenblatts markiert. Geben Sie den neuen Namen ein. Alternativ können Sie die Umbenennung auch mit einem Doppelklick auf den Namen des Tabellenblattes ❷ durchführen.

Weitere Hinweise zum Umgang mit Tabellenblättern finden Sie in Abschnitt 14.2, »Grundlagen zur Arbeit mit Arbeitsmappen und Tabellenblättern«, Seite 401.

Kopf- und Fußzeile hinzufügen

Fügen Sie Ihren Arbeitsblättern eine Kopf- und Fußzeile hinzu. Darin wird beispielsweise Ihr Name, Ihre Adresse, Telefonnummer, E-Mail-Adresse usw. vermerkt, damit man bei Rückfragen jederzeit Kontakt mit Ihnen aufnehmen kann.

Außerdem sollten Sie jedes einzelne Tabellenblatt auch als das Ihre kennzeichnen – falls auf dem Tisch des Sachbearbeiters einmal etwas durcheinandergerät. Sortieren Sie die Tabellenblätter, indem Sie Seitenzahlen vergeben – zumindest dann, wenn mehrere Arbeitsblätter weitergegeben werden.

1 Es gibt mehrere Möglichkeiten, eine Kopf- und Fußzeile in Excel einzufügen. Sofern Sie sich in der Ansicht **Normal** oder **Umbruchvorschau** (**Ansicht** > **Arbeitsmappenansichten**) befinden, klicken Sie auf die Schaltfläche **Kopf- und Fußzeile** in der Gruppe **Text** der Registerkarte **Einfügen**.

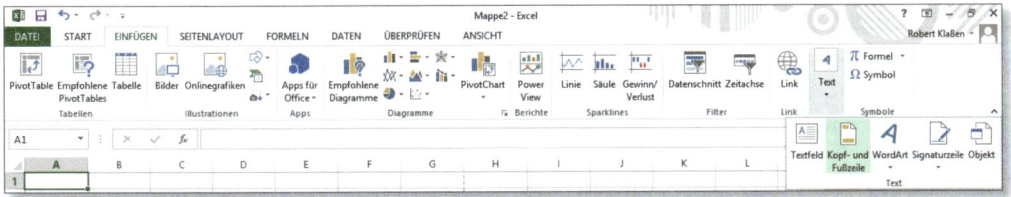

Sollten Sie sich in der Ansicht **Seitenlayout** befinden, sehen Sie oben auf dem Tabellenblatt einen Hinweis ❶, über den sich die gewünschte Kopfzeile hinzufügen lässt. Gleiches gilt für die Fußzeile ❷.

2 Kopf- und Fußzeilen bestehen zunächst einmal aus einer einzeiligen Tabelle mit drei Spalten. Platzieren Sie die Einfügemarke an der Position, an die entsprechende Elemente (z. B. Name und Adresse) eingefügt werden sollen. Tragen Sie Text ein, den Sie mithilfe der Schaltflächen der Minisymbolleiste oder der Registerkarte **Start** gestalten können.

3 Weitere Elemente lassen sich einfügen, indem Sie auf die Schaltflächen **Kopfzeile** oder **Fußzeile** der Registerkarte **Kopf- und Fußzeilentools/Entwurf** klicken. Diese Registerkarte ist nur dann sichtbar, solange Sie sich innerhalb einer Kopf- oder Fußzeile befinden.

4 Eine Seitenzahl ist übrigens oft im mittleren Feld der Fußzeile gut aufgehoben. Nachdem Sie die Einfügemarke in diesem Feld platziert haben, klicken Sie auf die Schaltfläche **Fußzeile** und wählen im Menü die Option **Seite 1** oder **Seite 1 von ?**. Letzteres bewirkt, dass die Gesamtanzahl aller Seiten stets mit ausgegeben wird.

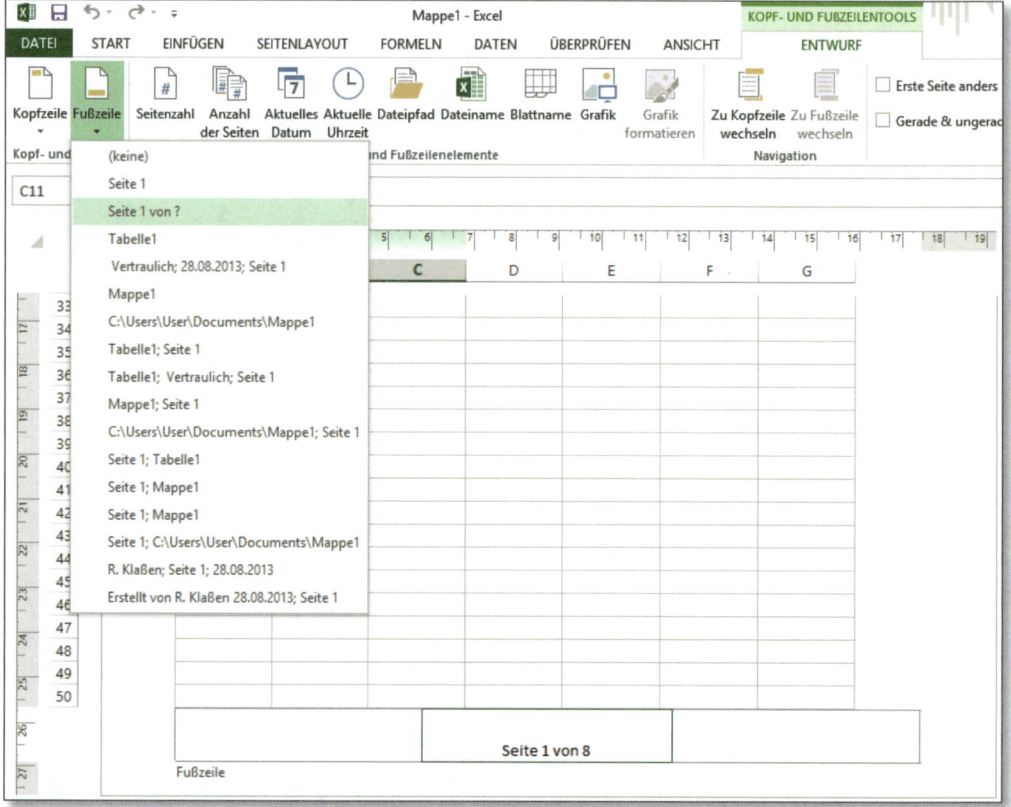

5 In diesem Zusammenhang ist nichts gegen ein Unternehmenslogo in der Kopfzeile einzuwenden. Wählen Sie die Kopfzeilen-Zelle aus, innerhalb der das Logo platziert werden soll, und klicken Sie auf die Schaltfläche **Grafik** in der Gruppe **Kopf- und Fußzeilenelemente** der Registerkarte **Kopf- und Fußzeilentools/Entwurf**. Im Folgedialog klicken Sie in der Zeile **Aus einer Datei** auf **Durchsuchen** und binden die gewünschte Logo-Grafik ein.

6 Es ist zu empfehlen, die Grafik bereits vorab in der richtigen Größe anzulegen. Sie können zwar Grafiken auch später noch in Excel über die Schaltfläche **Grafik formatieren** (**Kopf- und Fußzeilentools/Entwurf > Kopf- und Fußzeilenelemente**) anpassen, Sie haben jedoch dann keinen Einfluss mehr auf Qualitätseinstellungen bei der Grafik.

Änderungen an einem Bild oder einer Grafik sollten Sie idealerweise in einem Grafik- oder Bildbearbeitungsprogramm (z. B. Adobe Illustrator, Adobe Photoshop oder Photoshop Elements) vornehmen. Beachten Sie auch, dass ein qualitativ hochwertiger Druck am heimischen Tintenstrahldrucker nur dann gewährleistet ist, wenn die Bilddatei mindestens 220 Pixel pro Inch (ppi) groß ist.

Registerfarbe ändern

Bei der Arbeit mit vielen Arbeitsblättern ist es hilfreich, thematisch zusammenhängende Register farbig zu kennzeichnen. So kann man bestimmte Bereiche einer umfangreichen Arbeitsmappe besser auseinanderhalten.

1 Markieren Sie das Register, dessen Farbe Sie ändern wollen. Sie dürfen auch mehrere Register auswählen, indem Sie ⌞Strg⌟ gedrückt halten und dann jedes einzelne Register mit einem Mausklick markieren.

2 Anschließend lassen Sie ⌞Strg⌟ los und klicken noch einmal mit rechts auf eines der markierten Register.

3 Klicken Sie im Kontextmenü zunächst auf **Registerfarbe** und wählen Sie nun die entsprechende Farbe im Menü aus.

Falls Sie eine zugewiesene Farbe später wieder verwerfen wollen, gehen Sie ebenso vor wie beschrieben, wählen nun aber im Menü die Option **Keine Farbe**.

Tabellenblätter verknüpfen

Eine überaus interessante Funktion im Zusammenhang mit mehreren Tabellenblättern ist deren Verknüpfung. Dadurch wird es möglich, Ergebnisse aus verschiedenen Tabellenblättern auszulesen und in einem anderen zusammenzufügen. Das folgende Beispiel zeigt, wie es geht.

1 Öffnen Sie die Beispieldatei *Gewinne-Verluste.xlsx* aus dem Ordner *16* von der Buch-CD. Sie besteht aus insgesamt drei Arbeitsblättern. Auf dem ersten Tabellenblatt (**Einnahmen**) finden Sie die Einnahmen der drei im Unternehmen befindlichen Werke. Das Tabellenblatt **Ausgaben** weist folgerichtig die Verbindlichkeiten der einzelnen Werke aus. Sämtliche Felder beziehungsweise Zellen, in denen Beträge aufgeführt sind, wurden übrigens mit dem Zahlenformat **Währung** definiert (**Start > Zahl > Zahlenformat**).

Unsere Aufgabe besteht nun darin, den Gesamtgewinn (also Einnahmen minus Ausgaben) aller Werke gemeinsam auf dem Blatt **GewinneVerluste** zu ermitteln.

2 Begeben Sie sich zunächst auf das erste Tabellenblatt, also **Einnahmen**. Hier müssen die Gewinne addiert werden. Dazu selektieren Sie Feld **C6** und tippen »=sum« ein. Sobald **SUMME** angeboten wird, betätigen Sie ⇥. Damit übernehmen Sie die Summenformel.

3 Da durch das Betätigen von ⇥ innerhalb der Formel eine geöffnete Klammer erzeugt wird, können Sie gleich mit der Markierung jenes Bereichs fortfahren, welcher für die Bildung der Summe vorgesehen ist. Das heißt: Sie müssen auf **C2** klicken, die Maustaste gedrückt halten und bis **C4** herunterziehen. Dort angelangt lassen Sie los. Sobald Sie das Ganze mit ⏎ bestätigen, erhalten Sie das Ergebnis (siehe rechtes Bild in der folgenden Abbildung).

4 Dasselbe müssen Sie nun mit den Ausgaben im gleichnamigen Tabellenblatt machen. Hier noch einmal auf die Schnelle die einzelnen Schritte: 1. Feld **C6** markieren, 2. »=sum« eingeben, 3. ⟦⤾⟧ drücken, 4. Zellen **C2** bis **C4** markieren, 5. ⟦↵⟧ drücken.

5 Damit verfügen Sie bereits über ein Einnahme- sowie ein Ausgabeergebnis. Es ist Zeit, auf das Tabellenblatt **GewinneVerluste** zu wechseln.

6 Markieren Sie hier zunächst das Feld **C1**. Darin werden nun die Gesamteinnahmen benötigt. Teilen Sie Excel mit, dass darin eine Berechnung stattfinden soll, indem Sie »=« eingeben.

7 Jetzt springen Sie zum Tabellenblatt **Einnahmen**, markieren dort Feld **C6** und drücken ⟦↵⟧. Sie sehen, dass nun ein automatischer Wechsel zum Blatt **GewinneVerluste** folgt und die Gesamteinnahmen aller drei Werke im Feld **C1** auftauchen. Excel hat sogar freundlicherweise bereits das nächste Feld markiert (nämlich **C2**).

8 Wir können also direkt dafür sorgen, dass in **C2** die Ausgaben integriert werden. Klar, das ist kein Problem mehr: 1. Gleichheitszeichen eintippen, 2. auf Tabellenblatt **Ausgaben** gehen, 3. Feld **C6** markieren, 4. ⟦↵⟧ drücken – fertig.

9 Na ja, ganz fertig sind wir noch nicht. Denn jetzt müssen wir dafür sorgen, dass die Gewinne und Verluste ermittelt werden. Aber das ist ein Kinderspiel. Klicken Sie im Tabellenblatt **GewinneVerluste** auf **C4**. Geben Sie »=« ein und klicken Sie auf **C1**. Danach tippen Sie ein Minuszeichen ein und lassen einen Klick auf **C2** folgen. Bestätigen Sie mit ⏎.

10 Markieren Sie, falls gewünscht, noch einmal die Zelle **C4** und schauen Sie sich die Formel ➊ in der Bearbeitungsleiste an.

Die Beispieldatei *Gewinne-Verluste-fertig.xlsx* zu diesem Workshop finden Sie im Ordner *Ergebnisse* auf der Buch-CD.

> **INFO**
>
> **Ergebnisse korrigieren**
>
> Excel wäre nicht Excel, wenn fortan nicht alle Felder automatisch aktuell gehalten würden. Sollten Sie also den Gewinn oder Verlust eines Werkes auf einem Datenblatt auch nur um einen einzigen Euro korrigieren, fällt auch das Ergebnis in den Gewinnen und Verlusten entsprechend anders aus. Auch die dortigen **Einnahmen gesamt** (**C1**) oder **Ausgaben gesamt** (**C2**) würden aktualisiert.

Arbeitsmappen verknüpfen

Sie können aber nicht nur Tabellenblätter miteinander verknüpfen, sondern auch verschiedene Arbeitsmappen. Wenn Sie also, um beim Beispiel zu bleiben, die Ergebnisse verschiedener Unternehmen auf einer Gewinn- und Verlustrechnung für den gesamten Konzern benötigen, können Sie jedes Feld (hier bietet sich das Feld **C3** des **Gewinne-Verluste**-Tabellenblattes an) in ein komplett neues Excel-Dokument einpflegen.

1 Erzeugen Sie ein neues Excel-Dokument. Markieren Sie darin eine beliebige Zelle (in der das Ergebnis des Ursprungsdokuments erscheinen soll). Formatieren Sie die Zelle als **Währung** (**Start > Zahl > Zahlenformat**).

2 Tippen Sie zunächst ein Gleichheitszeichen ein.

3 Öffnen Sie nun das Dokument *Gewinne-Verluste-fertig.xlsx* aus dem Ordner *Ergebnisse* auf der Buch-CD und klicken Sie auf die Zelle, deren Inhalt übernommen werden soll. In diesem Fall ist also **C4** des Arbeitsblattes **GewinneVerluste** gemeint. Bestätigen Sie mit ⟨←⟩.

4 Nun erfolgt der automatische Wechsel zum Ausgangsdokument, also zu unserem neu erstellten Dokument, in dem bereits von der Anwendung die nächste Zelle markiert wird. Klicken Sie aber bitte zum besseren Verständnis auf die Ursprungszelle (also jene, die den übernommenen Wert aus dem Dokument *Gewinne-Verluste-fertig.xlsx* enthält) und werfen Sie einen Blick auf die Bearbeitungsleiste. Sie sehen hier den Namen des Dokuments in eckigen Klammern, daneben die Bezeichnung des Arbeitsblattes und zuletzt die Zellenbezeichnung.

Sollte sich am Inhalt der Quell-Arbeitsmappe etwas ändern, wird der Wert in der Ziel-Arbeitsmappe ebenfalls automatisch angepasst. Das erfolgt ohne jegliches Zutun Ihrerseits. Die Änderungen müssen noch nicht einmal zuvor im Quelldokument gespeichert werden.

16.9   Tabellendokumente speichern, drucken und veröffentlichen

Sobald Sie die Arbeit an Ihren Excel-Dokumenten abgeschlossen haben, sollten Sie sie zunächst natürlich speichern. Ihnen stehen danach verschiedene Möglichkeiten zur Verfügung, Ihr Dokument auszudrucken. Die wichtigste: Teilen Sie Excel mit, welcher Bereich gedruckt werden soll.

Dokumente speichern

Natürlich müssen Excel-Dokumente von Zeit zu Zeit gespeichert werden. Zwar läuft die Anwendung in der Regel absolut stabil, doch man weiß ja nie. Kommt es zum Absturz, sind möglicherweise die Daten seit der letzten automatischen Speicherung der Anwendung verloren. Nutzen Sie daher in regelmäßigen Abständen die Schaltfläche **Speichern** in der Symbolleiste für den Schnellzugriff, um Ihre Arbeit vor Datenverlust zu schützen.

Abbildung 16.13 Trotz automatischer Sicherung schadet es nicht, von Zeit zu Zeit einmal manuell nachzuspeichern.

Alternativ können Sie zum Speichern des Dokuments auch die Tastenkombination [Strg] + [S] nutzen. Sollten Sie das Dokument bislang noch nicht gespeichert haben, gelangen Sie in das Dialogfenster **Speichern unter** und müssen zunächst einen Dateinamen und einen Speicherort festlegen. Bestätigen Sie danach mit einem Klick auf **Speichern**.

Für ältere Anwendungen speichern

Das aktuelle Format für Excel-Dokumente trägt die Dateiendung *.xlsx*. Sollten Sie jedoch Dokumente zur Verfügung stellen müssen, die anschließend mit Excel 2003 oder älter verarbeitet werden, benutzen Sie innerhalb des Dialogfensters **Speichern unter** (**Datei > Speichern unter**) den Dateityp **Excel 97-2003-Arbeitsmappe (*.xls)**.

Sie sollten hierbei allerdings berücksichtigen, dass nicht alle Optionen aus Excel 2013 in dieses Dateiformat übertragen werden können. Sollten Sie bereits vorher wissen, dass Sie das Dokument in diesem Format weitergeben werden, empfiehlt es sich, das gesamte Dokument in dem Format zu erstellen.

Speicheroptionen festlegen

Wer häufig das alte Speicherformat benutzen muss, kann dieses auch in den Optionen vorwählen. Dann muss man das Format im Dialogfenster **Speichern unter** nicht jedes Mal händisch selektieren. Klicken Sie dazu auf die Registerkarte **Datei** und wählen Sie in der Backstage-Ansicht die Rubrik **Optionen**. Klicken Sie im Dialog **Word-Optionen** links auf die Rubrik **Speichern**. Im Feld **Dateien in diesem Format speichern** lässt sich nun das bevorzugte Ausgabeformat selektieren. Vergessen Sie nicht, die Auswahl mit **OK** zu bestätigen.

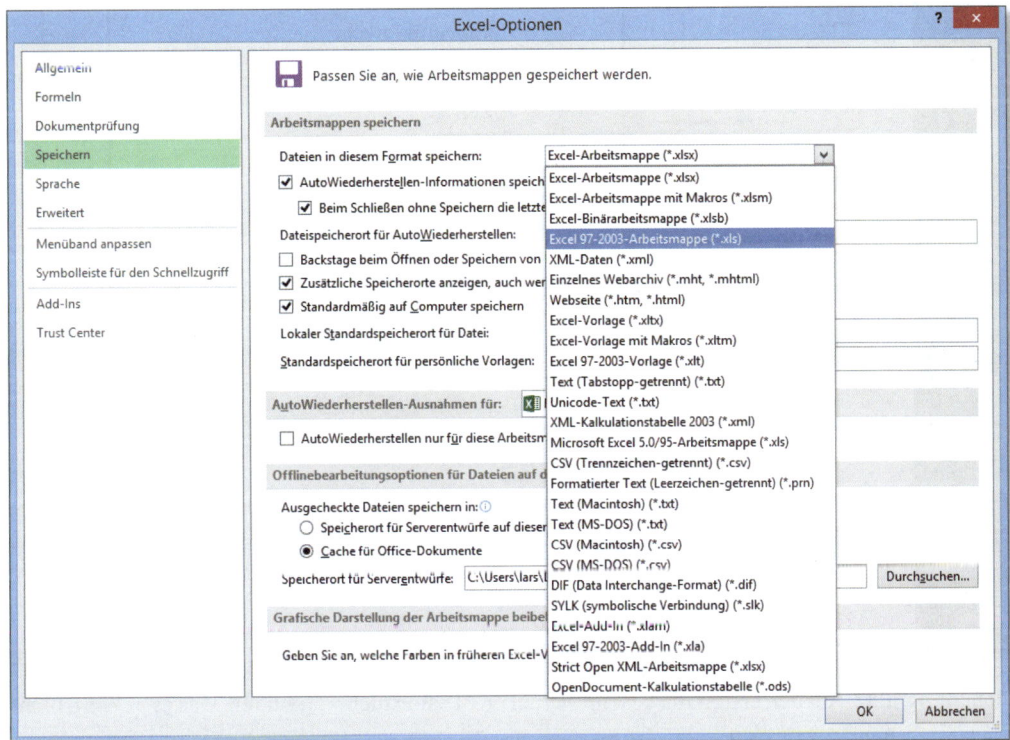

Abbildung 16.11 Hier können Sie das bevorzugte Format einstellen.

16

Dokumente drucken

Ein Excel-Dokument lässt sich bequem über die Tastenkombination $\boxed{Strg}$ + $\boxed{P}$ ausdrucken. Sie müssen danach den Dialog **Drucken** nur noch mit $\boxed{\leftarrow}$ bestätigen. Alternativ können Sie auch mit einem Klick auf die Registerkarte **Datei** in die Backstage-Ansicht wechseln und dort die Rubrik **Drucken** ❶ wählen. Klicken Sie auf die Schaltfläche **Drucken** ❷, wird das Dokument mit den vorgegebenen Einstellungen ausgegeben. Möchten Sie diese vorab ändern, dann klicken Sie beispielsweise auf den derzeit ausgewählten Drucker ❸, sofern Sie einem anderen zur Verfügung stehenden Gerät den Vorzug geben wollen. Mit Klick auf **Druckereigenschaften** ❹ legen Sie die Parameter für den Drucker fest (z. B. Papiersorte und Qualität).

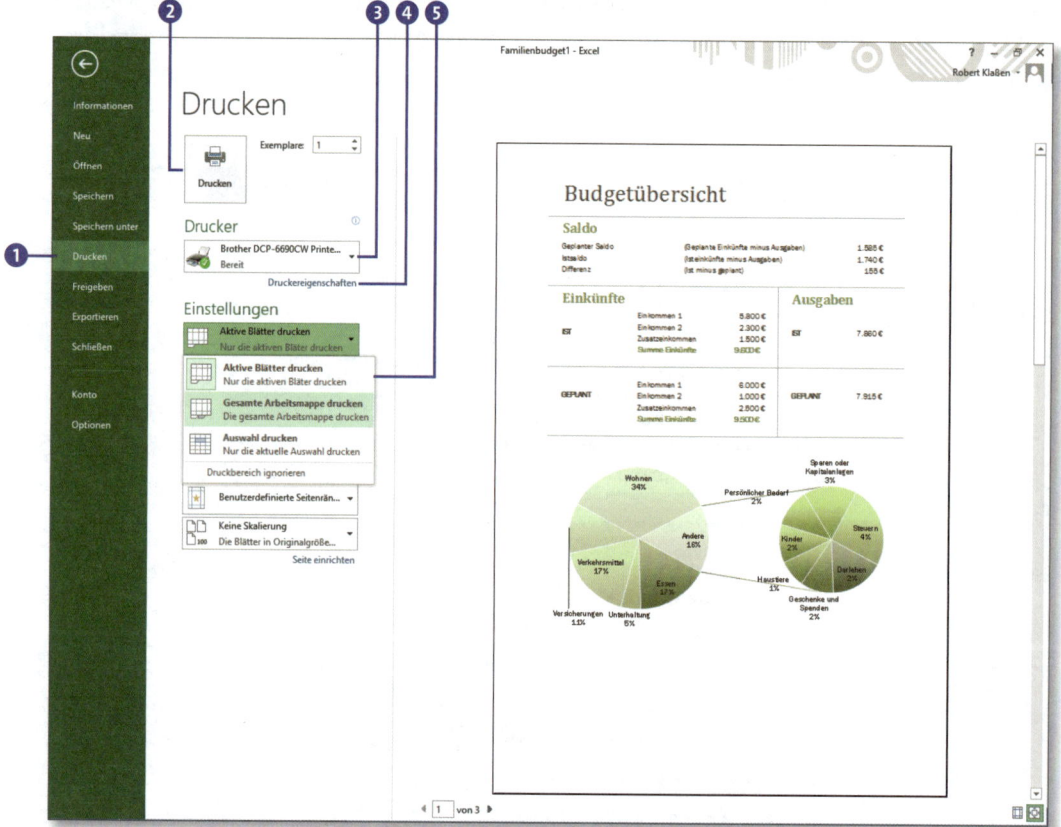

Abbildung 16.12 Auf den ersten Blick ist im »Drucken«-Dialog nichts zu finden, was es in Word nicht auch gibt – doch das täuscht.

Wichtiger – und eher Excel-typisch – ist die Einstellung der Blätter. Hier wird nämlich standardmäßig **Aktive Blätter drucken** ❺ angeboten, was dafür sorgt, dass nur die gefüllten Tabellenblätter ausgegeben werden. Hier können Sie auch auf **Gesamte Arbeitsmappe drucken** umschalten. Noch wichtiger sind die Einträge **Auswahl drucken** und **Druckbereich ignorieren**, auf den wir im folgenden Abschnitt »Druckauswahl festlegen« zu sprechen kommen werden.

Druckauswahl festlegen

Grundsätzlich gibt Excel ein Tabellenblatt komplett aus. Mitunter möchte man jedoch nur einen Teil des Blattes an den Drucker weitergeben. In diesem Fall müssen Sie, bevor Sie in den Dialog **Drucken** (**Datei > Drucken**) wechseln, die Zellen markieren, die für den Druck relevant sind. Anschließend entscheiden Sie sich im Bereich **Einstellungen** des Dialogs **Drucken** für den Befehl **Auswahl drucken**. In der Druckvorschau auf der rechten Seite sehen Sie, dass jetzt auch nur der zuvor markierte Bereich auf das Blatt übertragen wird.

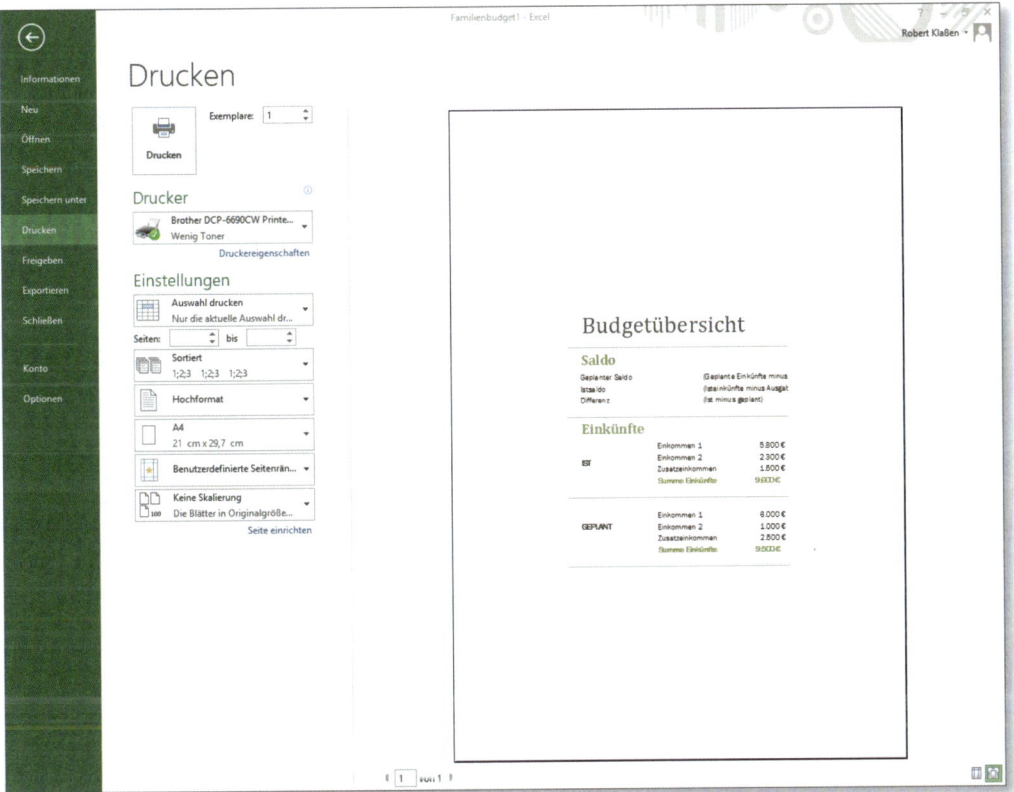

Abbildung 16.13 Nur der Bereich, der zuvor markiert worden ist, wird nun ausgegeben.

Wer nicht nur für den aktuellen Druck, sondern generell einen Bereich festlegen möchte, muss diesen zunächst auf dem Tabellenblatt markieren. Danach klicken Sie auf die Schaltfläche **Druckbereich** in der Gruppe **Seite einrichten** der Registerkarte **Seitenlayout** und entscheiden sich anschließend im Auswahlmenü für **Druckbereich festlegen**.

Abbildung 16.14 Definieren Sie einen festgelegten Druckbereich.

INFO

Druckbereich ignorieren

Sollten Sie später innerhalb des Druckdialogs feststellen, dass nun doch das gesamte Dokument anstelle des vorgegebenen Druckbereichs ausgegeben werden soll, lässt sich das hier noch anpassen. Dazu klicken Sie im Bereich **Einstellungen** auf **Aktive Blätter drucken** (bzw. auf den Eintrag, der aktuell dort gelistet ist). Im Aufklappmenü wählen Sie die Option **Druckbereich ignorieren**. In der Druckvorschau rechts wird daraufhin wieder das gesamte Blatt angezeigt.

Abbildung 16.15 Ignorieren Sie bei Bedarf einen zuvor festgelegten Druckbereich.

Kapitel 17
Mit Formeln und Funktionen arbeiten

Jetzt wird gerechnet, kalkuliert und ausgewertet. Wir werden mit Formeln und Funktionen arbeiten, Zellbezüge realisieren und Testergebnisse auswerten. Denn die Stärken der Tabellenkalkulationssoftware liegen genau in diesem Bereich. Auf geht's. Starten wollen wir mit den Operatoren.

17.1   Operatoren, ihre Bedeutung und Rangfolge

Bevor Sie sich mit Excel ans Rechnen begeben, sollten Sie einige Grundlagen verinnerlichen. So ist es z. B. unerlässlich, zu wissen, nach welchen mathematischen Grundregeln Excel vorgeht. Auch der Begriff *Operator* bedarf eventuell noch einer Klärung.

Was sind Operatoren?

Der Begriff Operator (lat.: Bewirker, Macher) hat unterschiedliche Bedeutungen, je nachdem, ob Sie sich im Bereich der Mathematik, der Datenbankanwendung oder der Systemadministration befinden. Generell sind Operatoren jedoch mathematische Verfahren, um eine Berechnung durchzuführen. Die Verfahrensregeln müssen insbesondere in Excel eingehalten werden, da die Anwendung ansonsten nicht »versteht«, was Sie von ihr wollen – und somit auch kein korrektes Ergebnis ausgeben kann.

Bedeutung der Operatoren

Grundsätzlich gibt es verschiedene Arten von Operatoren. Wir unterscheiden:

Bezeichnung	Bedeutung	Beispiel
Arithmetische Operatoren	Mathematische Grundrechnung	+ = Addition - = Subtraktion * = Multiplikation / = Division

Bezeichnung	Bedeutung	Beispiel
Arithmetische Operatoren	Mathematische Grundrechnung	% = Division durch 100 zur Erzeugung eines Prozentwertes ^ = Potenzierung (z. B. 2^3 = 2*2*2 – Eingabe: 2^3)
Bezugs-operatoren	Verbindungen von Zellen	: = zusammenhängende Bereiche miteinander verbinden (z. B. A1 bis A6 = A1:A6) ; = nicht zusammenhängende Bereiche miteinander verbinden (z. B. A1;B2;C3) (Leerzeichen) = Schnittmengenbildung (z. B. A1 A2)
Vergleichs-operatoren	Vergleich eines Wertes oder Zustandes mit einem anderen	> = größer als < = kleiner als = = gleich <> = ungleich >= = größer oder gleich <= = kleiner oder gleich
Textoperatoren	Texte miteinander verbinden	& = Textverkettung

Tabelle 17.1 Die verschiedenen Operatoren und Ihre Bedeutung

Rangfolge der Operatoren – also sprach KlaPoPuS

2*3 = 6. Daran ist nicht zu rütteln. Dass 2+2*3 immer 8 ergibt und nicht 12, liegt daran, dass Punktrechnung grundsätzlich vor Strichrechnung geht – nicht nur in der realen Mathematik, sondern auch in Excel. Wer der Strichrechnung den Vorzug geben möchte, muss also (2+2)*3 eingeben. In diesem Fall wird zunächst 2+2 berechnet und das Ergebnis im Anschluss mit 3 multipliziert.

Doch in der Mathematik gibt es mehr als nur Punkt- und Strichrechnung. Deswegen sollten Sie sich die Rangfolge gut merken. Zuerst wird grundsätzlich das ausgerechnet, was sich innerhalb von Klammern befindet. Verwenden Sie keine Klammern, oder befinden sich mehrere verschiedene Rechenoperatoren innerhalb einer Klammer, gilt: Zweitrangig sind die Potenzen, und an dritter Stelle kommt die Punktrechnung. Erst ganz zum Schluss werden die Strichrechnungen bearbeitet. Wer sich das nicht so gut merken kann – oder möchte, orientiert sich an der sogenannten *KlaPoPuS-Regel*: *Kla* steht dabei für Klammern, *Po* für Potenzierung, *Pu* für Punktrechnung und das finale *S* für die Strichrechnung.

Eingabe von Operatoren

Bei der Eingabe müssen Sie stets darauf achten, Excel mitzuteilen, dass Sie etwas aus-
rechnen wollen. Würden Sie beispielsweise »2+2« in die Bearbeitungsleiste ➊ eintippen, ginge Excel davon aus, dass genau das, was Sie auch eingegeben haben (also
»2+2«), auch in die Zelle ➋ geschrieben werden soll. Damit kann man aber mathematisch nichts anfangen. Erst wenn Sie mit einem Gleichheitszeichen beginnen, »weiß« die
Anwendung – aha, ich soll eine Berechnung durchführen. (Weitere Hinweise zur Eingabe finden Sie in Abschnitt 17.4, »Formeln direkt in eine Tabelle eingeben«, Seite 521.)

Abbildung 17.2 Berechnungen beginnen mit einem Gleichheitszeichen.

17.2   Relative und absolute Zellbezüge

Ein Bezug wird in Excel immer dann hergestellt, wenn Sie eine Formel benutzen. Wenn
Sie beispielsweise in Zelle **B4** die Summe aus den Feldern **B1** und **B2** errechnen lassen,
wird ein direkter Bezug zwischen **B4** und den Quellzellen (**B1** und **B2**) hergestellt.

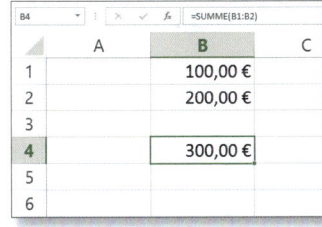

Abbildung 17.3 Die Zellen stehen in Bezug zueinander.

Sie können diese Bezüge, sofern für die markierte Zelle einer vorliegt, immer auf einen
Blick in der Bearbeitungsleiste erkennen.

Relative Bezüge

Was wird nun passieren, wenn Sie Zeile **2** markieren und dort kurzerhand eine neue
Zeile einfügen? Das hätte ja immerhin zur Folge, dass Zelle **B2** plötzlich zu **B3** würde.

Die Ergebniszeile wäre zudem fortan **B5**. Ist unsere Rechnung nun dahin? Nein, denn Excel passt auf. Die Bezüge bleiben erhalten. Das wird besonders deutlich, wenn Sie die Zelle **B5** (in der ja jetzt die Summe steht) markieren und in die Bearbeitungsleiste schauen. Denn Excel hat die Formel gewissermaßen korrigiert. Jetzt werden **B1** und **B3** zur Berechnung herangezogen – nicht mehr **B2**. Und das gänzlich ohne Zutun des Anwenders. Das ist bei der Arbeit natürlich zunächst ein Segen.

Abbildung 17.4 Die Berechnung bleibt erhalten.

Auch dass die Formel selbst von **B4** nach **B5** »gewandert« ist, ist da schon weit weniger verwunderlich. Doch was einerseits ein Segen ist, erweist sich andererseits als Fluch. Dazu gleich mehr.

Absolute Bezüge

Verwenden Sie *absolute Bezüge*, wenn Sie verhindern wollen, dass die Zellenbezeichnungen automatisch aktualisiert werden. Das bedeutet: Sie geben Excel vor, dass immer eine bestimmte Zelle als Quelle dienen soll – niemals eine andere. Wie das in der Praxis funktioniert, schauen wir uns gleich an. Dazu müssen wir allerdings ein wenig Vorarbeit leisten – und versuchen, die Technik zu verstehen, die hinter relativen Bezügen steht.

Relative Bezüge in der Praxis

Öffnen Sie die Beispieldatei *Wochenstunden.xlsx*. Sie finden sie im Ordner *17* auf der Buch-CD. In dieser sind, nach Kalenderwochen **01** bis **04** geordnet, die wöchentlichen Arbeitszeiten des Mitarbeiters Edgar Meyer in Spalte **B** notiert. In Spalte **C** finden Sie die Anzahl der Tage, an denen er in der jeweiligen Woche anwesend war. Unser Bestreben ist es nun, in Spalte **D** anzeigen zu lassen, wie viele Stunden Herr Meyer in der jeweiligen Woche durchschnittlich pro Tag gearbeitet hat.

1 Zunächst einmal müssen wir uns Gedanken um die Formel machen. Wir benötigen eine Division, nämlich Anzahl der Stunden dividiert durch Anzahl der Arbeitstage einer Kalenderwoche.

2 Markieren Sie die Zelle **D4** und geben Sie ein Gleichheitszeichen in die Bearbeitungsleiste ein. Damit symbolisieren Sie Excel, dass eine Formel folgt. Anschließend klicken Sie auf die Zelle **B4**.

3 Als Folge dessen übernimmt Excel **B4** in die Formel. Geben Sie jetzt das Divisionszeichen (/) ein. Danach klicken Sie auf die Zelle **C4**, wodurch auch dieser Wert in die Formel übertragen wird.

4 Bestätigen Sie Ihre Eingabe mit ⏎ . Sie sehen, was passiert: In Zelle **D4** wird eine wöchentliche Durchschnitts-Arbeitszeit von 8,4 Stunden ausgegeben. Es besteht nun ein relativer Bezug.

Dies soll es zunächst gewesen sein. In der folgenden Übung werden die soeben erzeugten relativen Bezüge gewissermaßen vererbt, das bedeutet, dass die bestehende Formel auf weitere Zeilen übertragen wird.

Relative Bezüge übertragen

Haben Sie eine neue Formel in einer Zeile erzeugt, wie im Abschnitt »Relative Bezüge in der Praxis« auf Seite 508 beschrieben, können Sie diese Formel ganz einfach auf weitere Zeilen übertragen. Sie könnten zwar den letzten Workshop für die Zellen **D5** bis **D7** manuell wiederholen, doch das ist viel zu aufwendig.

1 Markieren Sie als Erstes die Zelle **D4**. Hierin befindet sich ja bereits unsere Divisionsformel, die wir im vorangegangenen Workshop angelegt haben.

2 Danach klicken Sie auf das kleine grüne Quadrat unten rechts am Markierungsrahmen der Zelle. Halten Sie die Maustaste gedrückt und ziehen Sie herunter bis **D7**. Dort angelangt, lassen Sie los.

3 Es ist zu bemängeln, dass wir so unübersichtliche Ergebnisse erhalten. Der Wert in Zelle **D5** beispielsweise weist etliche Nachkommastellen auf. Andere Werte bestehen aus nur einer Nachkommastelle, wieder andere aus zwei. Vereinheitlichen Sie das, indem Sie das **Zahlenformat** in der Gruppe **Zahl** der Registerkarte **Start** von **Standard** auf **Zahlenformat (Zahl)** umstellen. So sieht das doch schon besser aus.

	A	B	C	D
1	**Durchschnittliche Wochenstunden Edgar Meyer**			
2	Vergleich wöchentliche Arbeitszeit mit Anzahl Arbeitstage			
3	KW:	Stunden:	Tage:	Schnitt/Tag:
4	01	42	5	8,40
5	02	46	6	7,67
6	03	33	4	8,25
7	04	38	5	7,60

Was ist geschehen? Wir haben in dieser Übung dafür gesorgt, dass die Bezüge relativ zu ihren Positionen vergeben worden sind. Die Formeln sind dabei automatisch an die jeweilige Zelle angepasst worden.

Absolute Bezüge in der Praxis

Öffnen Sie zunächst die Beispieldatei *Durchschnitt.xlsx* aus dem Ordner *17* auf der Buch-CD. Darin ist ersichtlich, dass die Zelle **D5** beispielsweise die Formel **=B5/C5** benutzt, während sich **D6** aus **=B6/C6** zusammensetzt. Logisch, denn die Bezüge sind jeweils nach unten weitergegeben worden.

Im hiesigen Beispiel wollen wir noch einen Schritt weitergehen. Dabei wird deutlich, wann und warum absolute Bezüge unabdingbar sind. Wir wollen wissen, wie viele Stunden unser fleißiger Herr Meyer prozentual (gemessen an seiner Gesamtleistung der vergangenen vier Wochen) pro Woche gearbeitet hat.

1 Bevor wir mit unseren Berechnungen beginnen, müssen wir die Tabelle mit einigen wichtigen Zusatzinformationen bestücken. Zunächst benötigen wir eine zusätzliche Spalte. Klicken Sie daher in die Zelle **E3** und tragen Sie »Prozentsatz:« ein. Sobald Sie mit ⏎ bestätigen, sehen Sie, dass Excel uns sogar bei der Gestaltung unterstützt. Das Einfärben der Zelle ist nämlich automatisch erfolgt.

2 Als Nächstes markieren Sie die Zellen **E4** bis **E7** und definieren sie über das Auswahlmenü **Zahlenformat** in der Gruppe **Zahl** der Registerkarte **Start** als **Prozent**.

17

3 Zur Ermittlung der prozentualen Arbeitsleistung pro Woche fehlt uns noch ein Wert, nämlich die gesamte Arbeitsleistung. Tragen Sie in Zelle **A9** zunächst »Gesamt:« ein und markieren Sie anschließend **B9**. Hier schreiben Sie »=sum«, drücken ⇆, markieren anschließend die Felder **B4** bis **B7** und schließen die Aktion mit Strg + ↵ ab. (Strg bewirkt übrigens, dass die Markierung auf **B9** bleibt, die Formel aber geschlossen wird). Vergleichen Sie die Formel noch einmal mit der folgenden Abbildung. Voilà, Herr Meyer hat es in vier Wochen auf beachtliche 159 Stunden gebracht.

4 Jetzt zur Formel. *P = W*100/G* ist ja ein alter Hut (heißt: Prozentsatz gleich Prozentwert mal 100 dividiert durch Grundwert). Die Multiplikation mit 100 können wir vernachlässigen, da unsere Spalte **E** ja vorab bereits mit dem Zahlenformat **Prozent** angelegt worden ist. Also benötigen wir lediglich noch Prozentwert dividiert durch den Grundwert.

5 Markieren Sie die Zelle **E4**. Tippen Sie »=« ein. Den Prozentwert für diese Zelle entnehmen Sie aus der Zelle **B4**. Klicken Sie daher darauf und lassen Sie anschließend ein Divisionszeichen folgen, markieren Sie nun die Grundwert-Zelle **B9** und schließen abermals mit der Tastenkombination Strg + ⏎ ab. Das Ergebnis wird Ihnen daraufhin in der Zelle **E4** angezeigt.

6 Normalerweise wäre nun derart vorzugehen, dass Sie das kleine grüne Quadrat im Markierungsrahmen bis **E7** herunterziehen, um die Formel auf die anderen Zeilen zu übertragen. Doch schauen Sie einmal, was dann passiert. Excel beklagt, dass hier eine Division durch »0« erfolgt. (Weitere Hinweise zur Interpretation der Fehlermeldung finden Sie in Abschnitt 17.14, »Fehlermeldungen verstehen und die Fehlerursache beheben«, Seite 552.)

7 Lassen Sie uns dem Fehler auf den Grund gehen, indem Sie **E5** markieren. Lesen Sie die Formel in der Bearbeitungsleiste ab: **=B5/B10**. Das heißt, dass Excel zwar richtigerweise **B5** für das Ergebnis in **E5** verwendet, allerdings den zweiten Wert nun aus **B10** holen möchte. Doch diese Zelle ist leer. Die Gesamtsumme steht nämlich fest verankert in **B9**. Es ist also dringend erforderlich, einen absoluten Bezug zu **B9** herzustellen.

8 Machen Sie den letzten Schritt rückgängig, indem Sie Strg + Z betätigen, und stellen Sie sicher, dass **E4** markiert ist.

9 Werfen Sie einen Blick in die Bearbeitungsleiste und platzieren Sie jeweils vor dem **B** von **B9** sowie vor der **9** ein Dollarzeichen ($). Beiden Zellenkoordinaten (sowohl der Zeilennummer als auch dem Spaltenbuchstaben) ist das Zeichen also voranzustellen. So sollte die Zeile nun aussehen:

10 Drücken Sie erneut die Tastenkombination ⎡Strg⎤ + ⎡↵⎤, um die Formel abzuschließen. Danach wiederholen Sie Schritt 6. Jetzt passt es doch prima, oder?

11 Wenn Sie mögen, können Sie auch noch die Probe aufs Exempel machen und die einzelnen Prozentsätze in Zelle **E9** aufaddieren.

Wollen Sie Ihr Resultat einmal abgleichen? Dann öffnen Sie die Datei *Durchschnittfertig.xlsx* aus dem Ordner *Ergebnisse* auf der Buch-CD.

INFO

Formel mit der Tastatur umstellen

In der vorangegangenen Übung haben wir die Formel für den absoluten Bezug händisch geändert. Sie können das aber auch mit der Tastatur erledigen. Das geht dann so: Markieren Sie die Ausgangszelle (**E4**) und drücken Sie anschließend ⎡F2⎤. Lassen Sie innerhalb der Formel einen Doppelklick auf den Wert folgen, der einen absoluten Bezug erhalten soll (**B9**). Zuletzt betätigen Sie ⎡F4⎤ und lassen ⎡Strg⎤ + ⎡↵⎤ folgen.

AutoAusfüllen-Optionen festlegen

Bestimmt ist Ihnen bereits das kleine Quadrat aufgefallen, welches sich unmittelbar nach der Herstellung neuer Bezüge zeigt. Falls nicht, markieren Sie doch zunächst einmal die Zellen **E5** bis **E7**. Klicken Sie mit rechts auf den markierten Bereich und entscheiden Sie sich im Kontextmenü für die Option **Inhalte löschen**. Markieren Sie anschließend **E4** und ziehen Sie abermals an dem unten rechts befindlichen kleinen grünen Quadrat des Auswahlrahmens. Setzen Sie einen Mausklick auf das kleine Quadrat **1**.

Abbildung 17.5 Bei der Übertragung kann die gewünschte AutoAusfüllen-Option festgelegt werden.

Es werden Ihnen nun in einem Auswahlmenü an der Schaltfläche die verschiedenen AutoAusfüllen-Optionen angezeigt, die Sie mit einem Klick auf den entsprechenden Radiobutton auswählen können. Im Folgenden stellen wir Ihnen die verschiedenen Optionen vor.

Zellen kopieren

Hierbei handelt es sich um die standardmäßige Vorgehensweise, die dafür sorgt, dass der Inhalt der Quellzelle (hier: **E4**) auf die folgenden Zellen übertragen wird.

Nur Formate ausfüllen

Hierbei werden lediglich die Zellformate auf die neuen Zellen übertragen. Im Beispiel würden die bereits vorhandenen Werte der Zellen **E5** bis **E7** gelöscht, da Excel davon ausgeht, dass Sie lediglich die Formatierungsoptionen übertragen wollen. Dazu ein Beispiel: Färben Sie die Schrift in Zelle **E4** rot. Wenn Sie anschließend nach unten ziehen, bleiben die Felder leer. Geben Sie jedoch einen Wert unterhalb von **E4** ein, wird dieser ebenfalls in roter Schrift ausgewiesen.

Ohne Formatierung ausfüllen

Wenden Sie diese Funktion an, um **Zellen kopieren** auszuführen und dabei die Formatierungsoptionen zu vernachlässigen. Das bedeutet: Wenn die Schrift in Zelle **E4** zuvor rot war und Sie die Inhalte auf die darunter befindlichen Zellen übertragen, werden die Berechnungen wunschgemäß durchgeführt – die Schriftfarbe bleibt jedoch schwarz. (Wenn Sie das selbst einmal ausprobieren wollen, müssen Sie berücksichtigen, dass zuvor festgelegte Formatierungsoptionen wie z. B. **Nur Formate ausfüllen** erhalten bleiben. Es ist also besser, das Dokument erneut zu öffnen, bevor Sie diesen Test durchführen.)

Blitzvorschau

Mit dieser Funktion versucht Excel, anhand Ihrer Eingaben ein Muster zu erkennen und die markierten Zellen mit Werten zu füllen. Sollte das nicht gelingen, gibt es einen Hinweis mit weiteren Informationen zur Vorgehensweise.

Abbildung 17.6 Wenn Excel kein Muster erkennen kann, wird dies entsprechend mitgeteilt.

Blitzvorschau in der Praxis (AutoAusfüllen)

Wenn Sie die Blitzvorschau bei unserer Berechnung der prozentualen Arbeitszeit in Anwendung bringen, ist das Ergebnis die vorangegangene Fehlermeldung. Für derartige Vorhaben ist die Blitzvorschau auch nicht vorgesehen. Um Ihnen nun aber präsentieren zu können, was sich hinter dieser Funktion verbirgt, schweifen wir kurz ab. Wir zeigen anhand eines kurzen Beispiels, wie sich die Blitzvorschau zum Auslesen bestimmter Zellenbereiche einsetzen lässt.

1 Öffnen Sie die Beispieldatei *Namen.xlsx* aus dem Ordner *17* auf der Buch-CD. In Spalte **A** sollen nun alle Vornamen ausgelesen und in Spalte **B** reproduziert werden.

2 Klicken Sie auf die Zelle **B1** und geben Sie den Vornamen der ersten Person ein – in unserem Beispiel also »Julius«.

3 Ziehen Sie das kleine grüne Quadrat rechts unten am Markierungsrahmen so weit herunter, bis Sie Zelle **B7** erreichen.

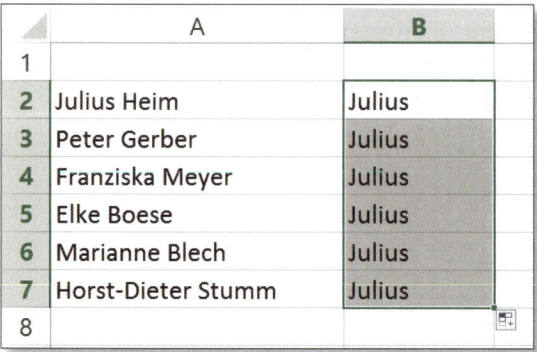

4 Dass jetzt alle Personen Julius heißen, ist nur mäßig spannend. Das ändert sich aber, wenn Sie auf die AutoAusfüllen-Optionen klicken und sich im Auswahlmenü für die Option **Blitzvorschau** entscheiden. Dann nämlich erkennt Excel, um welches Muster es Ihnen geht.

Auf diese Weise lassen sich Zellen, die sowohl Vor- als auch Zunamen beinhalten, schnell und bequem trennen. Das macht man beispielsweise, um aus einer Spalte mit Vor- und Zunamen zwei Spalten zu machen, bei der die eine den Vor- und die andere den Nachnamen beinhaltet. Zur Anrede im Serienbrief beispielsweise müsste man nur noch die Nachnamen-Spalte auslesen.

Automatische Blitzvorschau

Übrigens ist Excel auch in der Lage, das Muster automatisch zu erkennen. Markieren Sie die Zelle **C2** und geben Sie den ersten Nachnamen ein. Danach markieren Sie **C3** und tippen auch den zweiten Nachnamen ein. Spätestens jetzt präsentiert Excel eine schwachgraue Liste. Sie sehen, die Anwendung erkennt selbstständig ein Muster. Bestätigen Sie mit ⏎, um die Zellen entsprechend zu füllen.

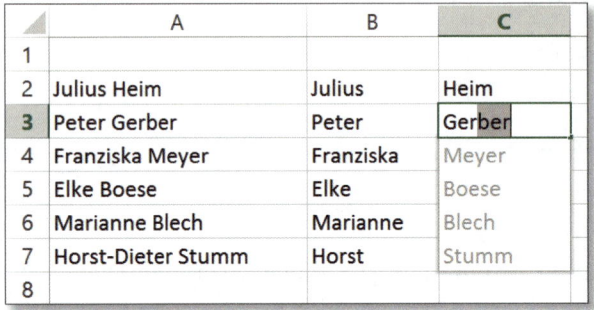

Abbildung 17.7 Excel ist stets aufmerksam bei der Sache.

17.3 Die richtige Formel über die Listenfelder auswählen

Sie haben eben erfahren, wie interessant die AutoAusfüllen-Option in Excel ist. Im Prinzip lässt sich nun nahtlos an diese Thematik anknüpfen. Mit der Funktion *AutoVervollständigen* nämlich sind Sie in der Lage, sich bei der Erstellung von Formeln adäquat von Excel unterstützen zu lassen.

Die AutoVervollständigen-Option nutzen

Die AutoVervollständigen-Option wird immer dann angezeigt, wenn Sie (nach dem Gleichheitszeichen) zumindest den ersten Buchstaben einer Funktion eintippen. Sie erscheint in Form eines Listenfeldes und stellt alle Funktionen zur Verfügung, die mit dem zuvor eingegebenen Buchstaben beginnen.

1 Markieren Sie die Zelle, in die eine Formel eingetragen werden soll.

2 Geben Sie ein Gleichheitszeichen ein und lassen Sie den ersten Buchstaben der gewünschten Funktion folgen. Daraufhin wird ein Listenfeld angeboten.

3 Um nun durch die Liste zu scrollen, benutzen Sie einfach die Pfeiltasten ⬆ und ⬇. Achten Sie in diesem Zusammenhang auch auf die QuickInfo, die jeweils nach Anwahl einer Funktionszeile angezeigt wird. Sie offenbart nützliche Hinweise zum Hintergrund der jeweiligen Option.

Abbildung 17.8 Beachten Sie die QuickInfo.

4 Sobald Sie den richtigen Eintrag gefunden haben, betätigen Sie ⇄. Der Eintrag wird übernommen, und Sie können mit der Festlegung der relevanten Zellen oder der Eingabe der gewünschten Werte beginnen.

Bitte beachten Sie, dass die AutoVervollständigen-Option auch bei der Zelleneingabe zur Verfügung steht. Weitere Informationen dazu erhalten Sie in Abschnitt 17.4, »Formeln direkt in eine Tabelle eingeben«, Seite 521.

AutoVervollständigen aktivieren

AutoVervollständigen ist eine Funktion, die sich in Excel aktivieren und deaktivieren lässt. Wir gehen an dieser Stelle explizit darauf ein, weil man diese überaus hilfreiche Funktion allzu schnell »versehentlich« deaktiviert – und sich dann plötzlich fragt, warum das Listenfeld nicht mehr angezeigt wird.

Sie haben eben erfahren, dass Sie mit ⬆ und ⬇ die jeweilige Funktion festlegen können. Mit einer ganz ähnlichen Vorgehensweise, nämlich mit der Tastenkombination Strg | ⬇, wird diese Hilfe jedoch deaktiviert. Sollten Sie also nach Eingabe des ersten Buchstabens keine Liste mehr vorfinden, drücken Sie abermals Strg + ⬇. Dann ist alles wieder wie vorher. Im Übrigen finden Sie die Einstellung auch in den Excel-Optionen (**Datei** > **Optionen**). Aktivieren Sie zunächst die Rubrik **Formeln** und kontrollieren Sie, ob die Checkbox **AutoVervollständigen für Formeln** im Bereich **Arbeiten mit Formeln** aktiv ist.

Abbildung 17.9 Wenn diese Funktion inaktiv ist, kann eine Formel nicht mehr automatisch vervollständigt werden.

Klicken Sie gegebenenfalls auf die Checkbox, um die Funktion erneut zu aktivieren, und bestätigen Sie Ihre Eingabe mit einem Klick auf **OK**.

Praktische Beispiele zur AutoVervollständigung

An dieser Stelle nun ein paar praktische Beispiele für die Eingabe von Formeln im Zusammenhang mit der automatischen Vervollständigung:

- Wenn Sie eine Summe bilden möchten, tippen Sie »=sum« ein und drücken danach ⇆. Nun wird entweder die Berechnung eingegeben (z. B. 3+5), oder man markiert die Felder, die summiert werden sollen. Zuletzt bestätigen Sie mit ↵. Beispiel: =SUMME(3+5) – ergibt 8.

- Zum Potenzieren (sprich: zur Erzeugung von Quadratzahlen) geben Sie »=pot« ein. Drücken Sie ⇆ und geben Sie zunächst die Grundzahl ein. Lassen Sie ein Semikolon folgen (⇧ + .) und geben Sie die Potenzzahl ein. Bestätigen Sie mit ↵. Beispiel: =POTENZ(5;3) – ergibt 125.

- Um das gerundete Ergebnis einer Zahl mit vielen Nachkommastellen auszugeben, geben Sie »=ru« ein, gefolgt von ⇆. Im Anschluss daran wird entweder die gewünschte Zahl eingetippt oder die Zelle markiert, in der die Zahl zu finden ist. Geben Sie ein Semikolon ein (⇧ + .) und unmittelbar dahinter die Anzahl der Stellen, die nach der Rundung noch vorhanden sein sollen. Beispiel: =RUNDEN(A1;3) rundet den in **A1** befindlichen Wert auf drei Nachkommastellen.

Bitte schauen Sie bei der Eingabe der Formel genau hin. Sollten Sie einmal nicht genau wissen, wie es mit der Eingabe weitergeht – kein Problem. Excel versucht auch hier, nach besten Möglichkeiten zu helfen. Beachten Sie die QuickInfo, die während der Eingabe unterhalb der Bearbeitungsleiste erscheint.

17.4 Formeln direkt in eine Tabelle eingeben

Bislang sind wir derart vorgegangen, dass die Zelle markiert und die Formel, die in dieser Zelle zur Anwendung kommen soll, in die Bearbeitungsleiste eingegeben worden ist. Allerdings ist es auch erlaubt, die Formel direkt in die Zelle zu tippen. Grundsätzlich arbeiten sowohl die markierte Zelle als auch die Bearbeitungsleiste synchron. Was Sie also an der einen Stelle eingeben, erscheint auch an der anderen. So gehen Sie vor, um eine Formel direkt in eine Zelle des Tabellenblattes einzufügen:

1 Markieren Sie die Zelle, die zur Formeleingabe verwendet werden soll.

2 Tippen Sie »=« ein, um der Anwendung mitzuteilen, dass Sie nun eine Formel (anstelle einer Beschriftung) einfügen wollen.

3 Geben Sie die Formel ein und schließen Sie die Aktion mit ⏎ ab.

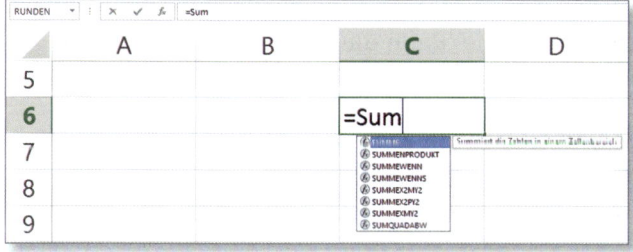

Abbildung 17.10 Der gleiche Komfort, der in der Bearbeitungsleiste zur Verfügung steht, kann auch bei der Zelleneingabe genutzt werden.

17.5   Mit Datums- und Zeitwerten rechnen

Für Excel ist eine Zahl eine Zahl. Muss etwas berechnet werden, macht die Anwendung das. Dabei ist es intern auch keine große Herausforderung, ob nun eine Summe errechnet, eine Wurzel gezogen oder eine Zeit ermittelt werden muss.

Datum und Uhrzeit hinzufügen

Excel ist imstande, mit nur einem einzigen Befehl Datum und Uhrzeit in ein Tabellenblatt einzufügen. Gut, das ist nicht spektakulär genug, um es hier zu erwähnen. Interessanter ist da schon die Option, die Datums- und Zeitanzeige permanent aktuell zu halten.

1 Klicken Sie bitte zunächst in Zelle **A1** eines neuen Dokuments und geben Sie »=d« ein. Daraufhin wird durch die AutoVervollständigung bereits die Funktion DATUM angeboten, die Sie mittels ⇥ übernehmen.

2 Tragen Sie, jeweils durch ein Semikolon getrennt, zunächst das Jahr, dann den Monat und zuletzt den Tag ein.

3 Beenden Sie die Aktion mittels ↵. Dass dadurch die Zelle **A2** markiert wird, kommt uns sehr entgegen.

4 Hier geben Sie »=zeit« ein, drücken erneut ⇥ und tippen, ebenfalls mit Semikola voneinander getrennt, zunächst die Stunde, dann die Minuten und zuletzt die Sekunden ein. Bestätigen Sie auch hier mit ↵.

5 Damit haben Sie eine statische Uhrzeit und ein ebenso statisches Datum eingefügt. Das reicht uns allerdings noch nicht, denn jetzt wollen wir Werte eingeben, die permanent aktuell bleiben. Markieren Sie dazu die Zelle **C1**.

6 Nach Eingabe von »=je« drücken Sie zunächst ⇥ und daraufhin erneut ↵ – fertig. Diese Uhrzeit ist aktuell. Kontrollieren Sie das mit Ihrer Systemzeit in der Taskleiste des Betriebssystems.

7 Speichern und schließen Sie das Dokument. Öffnen Sie es nach einiger Zeit erneut und kontrollieren Sie die Uhrzeit. Stimmt, oder?

	A	B	C
4	24.12.2014		01.09.2013 16:23
5	4:12 PM		

Während die Spalte **A** immer auf dem gleichen Datum und der gleichen Uhrzeit »hängen bleibt«, wird in **C1** permanent aktualisiert. – Im Ordner *Ergebnisse* auf der Buch-CD finden Sie eine entsprechende Beispieldatei unter dem Titel *Zeit-fertig.xlsx*.

Einen bestimmten Wochentag ermitteln

Wissen Sie, an welchem Tag Sie geboren sind? Also, ich meine jetzt nicht das Datum, sondern ob dies beispielsweise ein Dienstag war oder ob Sie im wahrsten Sinne des Wortes ein Sonntagskind sind. – Sie werden es gleich herausfinden. Und ganz nebenbei werden Sie noch einiges in Bezug auf frei definierte Zahlenformate in Erfahrung bringen.

1 Zuallererst wollen wir ein Datumsfeld erzeugen. Wir könnten zwar das Datum direkt in die Formel schreiben, jedoch müsste diese dann jedes Mal geändert werden, wenn wir ein neues Datum eingeben. Vielleicht wollen ja auch andere noch etwas über Ihren Geburtstag in Erfahrung bringen. Oder wollen Sie anhand des aktuellen Datums zunächst einmal prüfen, ob das Ganze überhaupt funktioniert? Gut, dann klicken Sie in eine beliebige Zelle.

2 Geben Sie das aktuelle Tagesdatum ein – und zwar in dieser Schreibweise: JJJJ-MM-TT (heißt: das Jahr vierstellig, dann einen Trennstrich folgen lassen, den Monat (ein- oder zweistellig) und zuletzt, ebenfalls durch Trennstrich getrennt, den Tag).

3 Eine Zelle tiefer tragen Sie »=wo« ein und drücken ⇆. Platzieren Sie einen Klick auf jenem Feld, welches das im vorangegangenen Schritt erzeugte aktuelle Datum trägt. Schließen Sie die Eingabe mit ↵ ab.

Im Prinzip war es das – wobei nun schon ein bisschen ärgerlich ist, dass das Ergebnis numerisch angezeigt wird. Sie sehen nämlich in der untersten Zelle nun den Wochentag, beginnend bei Sonntag (will sagen: Sonntag = 1, Montag = 2 usw.). Doch das reicht uns nicht.

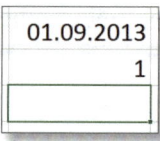

4 Markieren Sie die untere der beiden Zellen und begeben Sie sich in das Menüband. Ändern Sie das **Zahlenformat** in der Gruppe **Zahl** der Registerkarte **Start**. Dazu klicken Sie zunächst auf den Pfeilbutton ❶.

5 Klicken Sie im Aufklappmenü des Auswahlfelds **Zahlenformat** auf **Mehr** und entscheiden Sie sich im Register **Zahlen** ❷ des Dialogfensters **Zellen formatieren** für die Kategorie **Benutzerdefiniert** ❸. Doppelklicken Sie im Feld **Typ** auf den Eintrag **Standard** ❹, damit dieser komplett grau markiert wird.

6 Jetzt tippen Sie »a« ein. Beobachten Sie dabei das Beispielfeld **❺**. Fügen Sie noch zwei weitere »a« hinzu. Daraufhin erkennen Sie bereits die Abkürzung für den Wochentag (hier: **Sonntag**). Das reicht uns aber noch nicht, weshalb Sie »a« noch ein viertes Mal benutzen sollten. Das sieht doch prima aus, oder? Bestätigen Sie mit **OK**.

7 Wir sind wieder einen Schritt weiter und erkennen, dass der Wochentag nun korrekt angezeigt wird. – Was Sie zuletzt noch machen müssen? Das aktuelle Datum gegen Ihr Geburtsdatum austauschen.

Gerne würde ich Ihnen dazu noch eine Abbildung anbieten. Aber dann wüssten Sie mein Geburtsdatum – und das geht nun wirklich nicht. Aber ich bin erstaunt, wie weit Excel doch zurückrechnen kann. – Nichtsdestotrotz finden Sie die Beispieldatei *Geburtstage.xlsx* im Ordner *Ergebnisse* auf der Buch-CD.

INFO

Zellen formatieren

Mithilfe der Buchstaben haben Sie Excel gerade das Format vorgegeben. Selbstverständlich dürfen Sie auch jeden anderen Buchstaben verwenden – nur bitte keine Ziffern. Damit würden Sie die Anwendung auf eine falsche Fährte locken – und die Ausgabe von Zahlen (mit insgesamt vier Ziffern) erzwingen. Der Sonntag wäre dann 0001. (Weitere Hinweise dazu finden Sie in Abschnitt 15.3, »Mit Zahlenformatvorlagen arbeiten«, Seite 422.)

Zeit als Formel eingeben

Im vorangegangenen Workshop haben Sie erfahren, wie sich ganz schnell eine Zeit-
formel festlegen lässt. Im Dokument *Geburtstage.xlsx* (im Ordner *Ergebnisse* auf der
Buch-CD) lautet die Formel für Feld **B3** beispielsweise =WOCHENTAG(B2). Wer darauf verzichten möchte, das Datum aus einer anderen Zelle zu verwenden, kann die
Formel auch direkt mit dem Datum bestücken. Wer allerdings jetzt erwartet, die Formel
für den 24.12.2014 hieße =WOCHENTAG(2014;12;24), der wird enttäuscht sein. Das
sorgt nämlich für eine Fehlermeldung.

Abbildung 17.11 Hier streikt Excel.

Aber es gibt eine Lösung. Sie müssen der Anwendung nämlich nach Eingabe von WO-
CHENTAG noch mitteilen, dass Sie nun ein Datum eingeben wollen. Geben Sie dazu zunächst ein »D« ein, gefolgt von ⇥. Daraufhin wird von Excel eine weitere rote Klammer eingefügt, in die Sie nun das Datum eintragen. Und noch eines gilt es zu bedenken:
Sie haben es nun mit zwei geöffneten Klammern zu tun. Schließen Sie beide durch Eingabe von »))« und bestätigen Sie mit ↵. Nun wird der Wochentag zusammen mit dem
Datum in eine Zelle eingefügt.

=WOCHENTAG(DATUM(2014;24;12))

Abbildung 17.12 So ist die Formel korrekt.

Wissenswertes zu Zeitfunktionen

Die Eingabe eines Zeitwertes mithilfe der Funktion ZEIT ist an die Regel gebunden, dass
sowohl die Stunden als auch die Minuten sowie Sekunden eingegeben werden müssen.
Die korrekte Formel für 16 Uhr 22 lautet also:

=ZEIT(16;22;00) oder =ZEIT(16;22;0)

Auch Rechenoperationen sind durchaus denkbar. So führt beispielsweise auch

=ZEIT(16;17+5;0)

zum gewünschten Ergebnis. Lassen Sie uns zum besseren Verständnis noch folgendes Beispiel ansehen. Denn

=ZEIT(16;22;3600)

führt im Ergebnis zu 17 Uhr 22, da die angegebenen 3.600 Sekunden einer weiteren Stunde entsprechen.

Das Ergebnis ist derweil kein Grund zum Jubeln, da es standardmäßig in der amerikanischen Schreibweise ausgegeben wird: *5:22 PM*.

Abbildung 17.13 Standardmäßig wird bei Zeitangaben die amerikanische Schreibweise verwendet.

Das können Sie jedoch umstellen, indem Sie das Zahlenformat über das gleichnamige Auswahlmenü (**Start > Zahl**) von **Benutzerdefiniert** auf **Zeit** umstellen.

Sekunden umrechnen

Das Thema Zeit ist ebenso interessant wie vielseitig. Lassen Sie uns deshalb noch ein weiteres Beispiel hinzufügen. Diesmal geht es um das Umrechnen von Zeitwerten. Stellen Sie sich vor, Sie haben es mit einer Litanei von Spielfilmen oder Musikstücken zu tun, die allesamt in Minuten angegeben sind. Am Ende wollen Sie wissen, wie viele Stunden Musik (oder Film) zusammenkommen.

1 Erstellen Sie ein neues Excel-Dokument, z. B. mit der Tastenkombination ⌨Strg + ⌨N. Markieren Sie als Nächstes die Zellen, die die Minuten aufnehmen sollen.

2 Klicken Sie im Auswahlmenü des Felds **Zahlenformat** in der Gruppe **Zahl** der Registerkarte **Start** auf **Mehr**.

3 Im Dialog **Zellen formatieren** entscheiden Sie sich auf der Registerkarte **Zahlen** für die Kategorie **Zahl** und tragen in das Feld **Dezimalstellen** »0« ein. Denn wir wollen nur mit glatten Sekunden, nicht aber mit Zehnteln oder Hundertsteln rechnen. Bestätigen Sie mit **OK**.

527

4 Wenn Sie mögen, weisen Sie den Zellen noch eine dezente Hintergrundfarbe zu. Immerhin haben wir ja bislang weder eine Beschriftung der Zellen durchgeführt noch Werte eingegeben. Sind die Zellen farbig hinterlegt, erkennen Sie diese schnell wieder. Benutzen Sie dazu die Schaltfläche **Füllfarbe** in der Gruppe **Schriftart** der Registerkarte **Start**.

5 Markieren Sie eine neue Zelle, in der das Ergebnis stehen soll, beispielsweise **B9**, und geben Sie »=sum« ein. Drücken Sie ⇥ und markieren Sie anschließend alle zuvor definierten Felder.

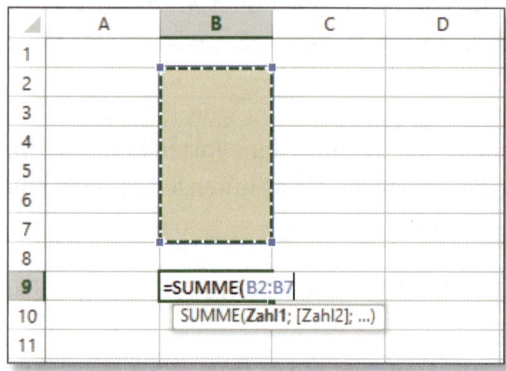

6 Schließen Sie die derzeit noch geöffnete Klammer durch Eingabe von »)« und tippen Sie direkt im Anschluss an die bisherige Formel »/86400« ein (dadurch werden die summierten Sekunden durch die Anzahl der Sekunden eines Tages dividiert). Bestätigen Sie mit ⌈Strg⌉ + ⌈↵⌉. (Die Zelle soll nach der Bestätigung markiert bleiben.)

7 Jetzt kommt noch etwas sehr Wichtiges. Sie müssen die Zelle nämlich noch mit dem Zahlenformat **Uhrzeit** definieren. Ändern Sie dazu das Zahlenformat (**Start > Zahl > Zahlenformat**) entsprechend.

8 Als Ergebnis wird Ihnen nun zunächst *0* angezeigt. Das ändert sich jedoch, sobald Sie die farbigen Felder mit Sekunden versorgen.

	A	B	C
1	**Spielfilme:**	**Laufzeit:**	
2	Spiel mir das Lied vom Tod	165	
3	The Untouchables	119	
4	Matrix	131	
5	Terminator	107	
6	Wall Street	122	
7	Open Water	79	
8			
9	**Spielzeit gesamt:**	00:12:03	
10			

Wenn Sie mögen, öffnen Sie einmal die Beispieldatei *Spielfilme.xlsx* im Ordner *Ergebnisse* auf der Buch-CD. Wir stellen fest: Es sind satte zwölf Stunden und drei Minuten Filmmaterial verewigt.

17.6 Ergebnisse mit der Schnellanalyse erzeugen

Bevor wir in komplexere mathematische Berechnungen einsteigen, hier noch einige Möglichkeiten der Ergebnisermittlung, die gänzlich ohne Formeln auskommen. Na ja, bei dieser Vorgehensweise werden natürlich auch Formeln benutzt, aber sie werden ganz dezent im Hintergrund erzeugt – ohne dass Sie auch nur eine einzige Ziffer oder einen Buchstaben eintragen müssen. Die Schnellanalyse macht es möglich.

Durchschnitt mit der Schnellanalyse ermitteln

Die Schnellanalyse ist ein probates Mittel, um schnell und ohne Umwege an einen Durchschnittswert zu gelangen. Sie benötigen dazu nur vier Mausklicks. Die Formel wird von Excel automatisch erstellt.

1 Markieren Sie eine beliebige Anzahl von Zellen eines Excel-Tabellenblattes. Danach klicken Sie auf die unten rechts neben dem grünen Markierungsrahmen erscheinende Schaltfläche **Schnellanalyse**. Alternativ dazu verwenden Sie den Tastaturbefehl Strg + Q.

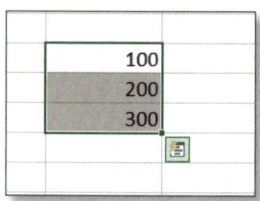

2 Danach klicken Sie in der oberen Zeile der Schnellanalyse auf die Registerkarte **Ergebnisse**. Ihnen stehen nun verschiedene Formelbuttons zur Verfügung. Halten Sie nach der gewünschten Formel Ausschau. Wir entscheiden uns hier wie beabsichtigt für die Schaltfläche **Durchschnitt**. Ein Klick darauf reicht – und das Ergebnis wird sogleich in der Zelle unterhalb der zuvor markierten Zellen angezeigt.

3 Wollen Sie die Formel einmal überprüfen? Dann setzen Sie doch einen Mausklick auf die Ergebnis-Zelle und schauen Sie in der Excel-Bearbeitungsleiste nach.

Prozentuale Anteile mit der Schnellanalyse ermitteln

Weil es so schön ist, wollen wir noch ein zweites Beispiel folgen lassen. Diesmal werden mithilfe der Schnellanalyse gleich zwei Berechnungen vorgenommen – nämlich die Anzahl der zugrunde liegenden Werte und der prozentuale Anteil jedes einzelnen Wertes.

1 Markieren Sie alle Zellen, die in die Berechnung einfließen sollen. Betätigen Sie anschließend Strg + Q oder klicken Sie auf den Schalter **Schnellanalyse** unten rechts neben dem Markierungsrahmen.

2 Aktivieren Sie auf dem Etikett das Register **Ergebnisse** und klicken Sie auf die Schaltfläche **Anzahl**. Das Ergebnis wird daraufhin in der Zelle unterhalb des zuvor markierten Bereichs angezeigt.

3 Wiederholen Sie nun Schritt 1, um die Schnellanalyse erneut zugänglich zu machen, und aktivieren Sie erneut das Register **Ergebnisse**.

4 Die Schaltfläche, die für dieses Beispiel benötigt wird, ist nicht direkt zugänglich, daher müssen Sie zunächst auf die nach rechts weisende Dreieck-Schaltfläche ❶ klicken. Klicken Sie danach auf die Schaltfläche **% Gesamt**, um den Prozentsatz der einzelnen Werte angezeigt zu bekommen.

INFO

Ausgabeart beachten

Schon vor der Auswahl der Berechnungsmethode kann man sehen, ob das Ergebnis in eine unterhalb befindliche Zeile oder eine daneben befindliche Spalte eingetragen wird. Achten Sie auf die Symbole der einzelnen Tasten. Blaue Linien im Symbol deuten auf Zeilen hin, während Spalten gelb markiert sind.

17.7 Matrixformeln verwenden

Matrixformeln werden auch als *Arrayformeln* oder *CSE-Formeln* bezeichnet. Letzteres, weil man sie mit ⌜Strg⌝ (engl.: **C**trl), ⌜⇧⌝ (engl.: **S**hift) und ⌜↵⌝ (engl.: **E**nter) drücken kann. Es handelt sich dabei um recht komplexe Formeln, die sich mit den bisher bekannten Standardfunktionen nicht erstellen lassen.

Matrixformeln weisen die Besonderheit auf, dass sie in der Lage sind, mehrere Ergebnisse auszugeben – und zwar mit nur einer einzigen Formel. Dazu sehen wir uns gleich ein Beispiel an. Zunächst jedoch ein Hinweis zur Eingabeweise von Matrixformeln.

Eine Matrixformel eingeben

Matrixformeln werden grundsätzlich in geschweiften Klammern angezeigt. Das Erzeugen dieser geschweiften Klammern übernimmt Excel für Sie, wenn Sie ⌜Strg⌝ + ⌜⇧⌝ + ⌜↵⌝ betätigen. Geben Sie die geschweiften Klammern manuell ein, erzeugen Sie damit *keine* Matrixformel. Sie müssen hierzu zwingend die Tastenkombination betätigen. Entsprechendes gilt, wenn Sie eine Matrixformel abschließen. Am Ende müssen Sie die Tastenkombination unbedingt erneut drücken.

Die erste Matrixformel (mehrere Additionen)

Öffnen Sie dazu die Beispieldatei *Matrix-01.xlsx* aus dem Ordner *17* auf der Buch-CD. Zugegeben – es handelt sich hier um ein denkbar simples Beispiel –, aber es verdeutlicht, wie leistungsfähig Matrixformeln sein können. Außerdem bringt es die grundsätzliche Vorgehensweise näher. – Unser Ziel: Wir wollen in Spalte **D** wissen, wie viel Obst insgesamt am jeweiligen Tag verkauft worden ist.

1 Markieren Sie die Zellen **D2** bis **D7**.

2 Danach tragen Sie in die Bearbeitungsleiste »=B2:B7+C2:C7« ein.

3 Betätigen Sie die Tastenkombination $\boxed{\text{Strg}}$ + $\boxed{\text{⇧}}$ + $\boxed{\text{↵}}$ und werfen Sie einen Blick auf die Resultate. Die Formel können Sie zudem noch einmal in der Bearbeitungsleiste kontrollieren. Sie werden feststellen, dass Excel die Formel automatisch in die bereits erwähnten geschweiften Klammern gesetzt hat.

An dieser Stelle muss man sich nun fragen lassen, warum wir nicht einfach die Zellen **B2** und **C2** in **D2** addiert und die Formel in Spalte **D** nach unten kopiert haben. Die Antwort folgt im nächsten Abschnitt.

> **HINWEIS**
>
> **Formel bearbeiten**
> Denken Sie immer daran: Wenn Sie eine Matrixformel nachträglich ändern müssen, ist dagegen nichts einzuwenden. Doch muss diese Aktion stets mit $\boxed{\text{Strg}}$ + $\boxed{\text{⇧}}$ + $\boxed{\text{↵}}$ abgeschlossen werden. Drücken Sie einfach nur $\boxed{\text{↵}}$, erhalten Sie eine Fehlermeldung.

Die zweite Matrixformel (Gesamtumsatz berechnen)

Wir wollen nun vor allem den Unterschied einer Matrixformel in Bezug auf herkömmliche Formeln aufzeigen. In der Beispieldatei *Matrix-02.xlsx*, die Sie im Ordner *17* auf der Buch-CD finden, haben wir es mit verkauften Tickets unterschiedlicher Preisklassen des öffentlichen Nahverkehrs zu tun. Um nun den Gesamtumsatz aus allen Ticketverkäufen errechnen zu können, müssten wir ja zunächst alle drei Ticketpreise mit den dazugehörenden Verkaufszahlen multiplizieren und daraus eine Summe bilden. Das geht mit Array-Formeln sehr viel komfortabler.

1 Markieren Sie die Zielzelle **B6** und verwenden Sie darin die Summenformel, geben also »=sum« ein.

2 Als Nächstes klicken Sie auf die Zelle **B3**, halten die Maustaste gedrückt und ziehen herüber bis zur Zelle **D3**, um diesen Zellbereich zu markieren. Dort angelangt, lassen Sie die Maustaste los.

3 Lassen Sie direkt dahinter das Multiplikationszeichen (*) folgen und markieren Sie den nächsten Zellbereich, nämlich **B4** bis **D4**. Zuletzt ist es sehr wichtig, die Eingabe mit ⌈Strg⌋ + ⌈⇧⌋ + ⌈↵⌋ abzuschließen. Daraufhin wird das Ergebnis in der Zelle **B6** angezeigt.

So schnell lassen sich mehrere Rechenoperationen anwenden und (wie im ersten Beispiel) auf mehrere Ergebniszellen verteilen oder (wie in diesem Beispiel) zu einer Zelle zusammenfassen.

Was wäre eigentlich geschehen, wenn wir die Formel nicht mit der Tastenkombination für Matrixformeln, sondern schlicht mit ⏎ abgeschlossen hätten? In diesem Fall wäre das Ergebnis € 266,20 ausgegeben worden. Dies wären aber nur die Erlöse der Kindertickets gewesen. Sie sollten daher immer darauf achten, die Matrixformel mit der Tastenkombination [Strg] + [⇧] + [⏎] abzuschließen.

17.8 Funktionen über den Funktionsassistenten suchen

Excel ist ein wahrhaftiges Rechengenie, wie Sie sicher schon festgestellt haben. Allerdings ist die Anwendung auch immer auf korrekte Eingaben des Benutzers angewiesen. Schon der kleinste Fehler kann dazu führen, dass Excel ein falsches Ergebnis ausgibt oder den gewünschten Rechenschritt komplett verweigert.

Sollten Sie einmal unsicher sein, welche Formel nun die richtige ist, lassen Sie sich helfen. Denn wenn Sie Excel beschreiben, was Sie zu tun gedenken, wird meist auch die gewünschte Funktion dazu gefunden.

1 Markieren Sie die Zelle, die mit einer Funktion versehen werden soll, und geben Sie »=« ein, um eine Formel zu beginnen.

2 Klicken Sie auf **Funktion einfügen** in der Gruppe **Funktionsbibliothek** der Registerkarte **Formeln**. Alternativ dazu können Sie auch auf das kleine Symbol **fx** ❶ in der Bearbeitungsleiste klicken.

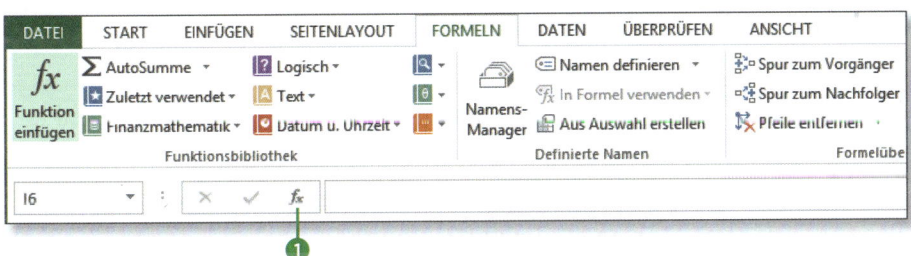

3 Im Dialog **Funktion einfügen** geben Sie nun in das obere Feld **Funktionen suchen** eine Beschreibung dessen ein, was in eine Formel gepackt werden soll. Wenn Sie also beispielsweise nach der Funktion für das Wurzelziehen suchen, geben Sie schlicht »wurzel« ein und klicken auf den nebenstehenden Button **OK** (nicht den **OK**-Button im Fuß des Dialogs!).

Sollte Excel bedingt durch die Eingabe im Feld **Funktion suchen** einmal nicht fündig werden, wird ein entsprechender Hinweis angezeigt, und Sie sollten Ihre Suchanfrage neu formulieren.

4 Weiter unten im Auswahlfeld **Funktionen auswählen** ❶ wird Ihnen nun angezeigt, welche Formeln verwendet werden können. Weitere Erklärungen dazu werden Ihnen unter dem Feld **Funktionen auswählen** ❷ angegeben. Sollten mehrere Funktionen zur Auswahl stehen, markieren Sie den Eintrag, der Ihren Wünschen entspricht, und bestätigen Sie Ihre Wahl mit einem Klick auf die Schaltfläche **OK** im unteren Bereich des Dialogfensters.

5 Daraufhin wird das Dialogfenster **Funktionsargumente** geöffnet. Tragen Sie darin in das Feld **Zahl** den gewünschten Wert ein, aus dem das Ergebnis errechnet werden soll. Natürlich dürfen Sie auch eine Zellenbezeichnung, wie in der folgenden Abbildung, angeben.

6 Achten Sie einmal auf die Werte rechts neben dem Eingabefeld **Zahl**. Hier werden bereits Resultate angezeigt. Das hilft zusätzlich bei der Formulierung der Argumente. Bestätigen Sie auch diesen Dialog im Anschluss mit **OK**.

Der Inhalt des Dialogs **Funktionsargumente** ist, je nachdem, welche Funktion gewählt worden ist, mit unterschiedlichen Eingabefeldern und Inhalten bestückt. Bei unserem Wurzel-Beispiel erscheint nur ein einzelnes Eingabefeld. Das ändert sich jedoch, wenn Sie eine andere Formel wählen, wie Sie auch in den Beispielen der folgenden Abschnitte sehen werden.

17.9 Finanzmathematische Funktionen

Finanzmathematische Berechnungen gestalten sich mitunter schwierig. Man muss zunächst wissen, mit welcher Formel man an das gewünschte Ziel kommt, und zudem noch aufpassen, dass sämtliche Werte auch in der richtigen Relation zueinander stehen. Da Sie jedoch stolzer Besitzer einer so leistungsfähigen Software wie Excel sind, müssen Sie sich auch vor umfangreichen Berechnungen nicht fürchten.

Ratenkalkulation erzeugen

Ziel dieser Aufgabe ist es, einen Ratenkalkulator zu erzeugen, mit dessen Hilfe sich anhand eines Zinssatzes sowie einer Laufzeit ermitteln lässt, wie die jeweilige Rate aussehen wird. Öffnen Sie zunächst die Beispieldatei *Ratenkalkulator.xlsx* aus dem Ordner *17* auf der Buch-CD.

1 Lassen Sie uns zunächst ein Wort über das Dokument verlieren. Die Zellen **Kaufpreis (B2)** sowie **Monatliche Rate (B7)** sind jeweils als Währungen mit zwei Nachkommastellen definiert worden. Das Feld **Zinssatz (B3)** ist als Prozentfeld mit einer Nachkommastelle definiert worden. Sollten Sie eine eigene Tabelle bauen wollen, müssen Sie dies berücksichtigen.

2 Markieren Sie das Ergebnisfeld **B7**. Hier muss die Formel für unsere Zinsberechnung integriert werden. Klicken Sie auf das **fx**-Symbol in der Bearbeitungsleiste.

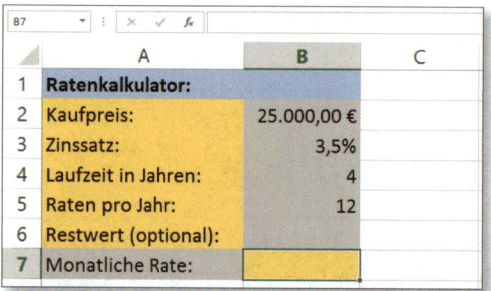

Daraufhin wird der Dialog **Funktion einfügen** geöffnet, mit dessen Hilfe Sie nach der gewünschten Funktion suchen können. Versuchen Sie es beispielsweise mit der Eingabe »konstante Zahlung« oder »kontinuierliche Zahlung« im Feld **Funktion suchen**. Bestätigen Sie mit einem Klick auf **OK** neben dem Feld.

3 Entscheiden Sie sich im Feld **Funktion auswählen** für den Eintrag **RMZ** und klicken Sie anschließend auf den unteren **OK**-Button.

4 Daraufhin öffnet sich der Dialog **Funktionsargumente**. Positionieren Sie diesen Dialog durch Ziehen an der Kopfleiste so auf der Arbeitsoberfläche, dass Sie auch die Zellen des Dokuments gut einsehen können.

5 Die Einfügemarke blinkt nun im Feld **Zins**. Legen Sie hier den Zinssatz fest, indem Sie auf die Zelle **B3** klicken.

6 Die Zelle ist allerdings noch nicht fertig. **B3** ist nämlich der jährliche Zinssatz, der noch durch 12 Monate dividiert werden muss – um genau zu sein, durch den Wert in Feld **B5**. Tragen Sie daher in das Eingabefeld **Zins** »B3/B5« ein.

7 Klicken Sie in das Feld **Zzr**, das für den Zahlungszeitraum in Jahren steht, und danach auf die Zelle **B4**. Auch hier ist zu bedenken, dass wir die »monatlichen« Zinsen ermitteln wollen, weshalb Sie den Wert noch mit der Anzahl der Raten pro Jahr multiplizieren müssen. Die Zeile bekommt also den Inhalt: »B4*B5«.

8 Zuletzt müssen Sie im Feld **BW** noch den Kaufpreis angeben. Setzen Sie diesen durch Klick auf die Zelle **B2** ein. Alle weiteren Felder sind optional und sollen zunächst einmal außen vor bleiben. Bevor Sie auf **OK** klicken, vergleichen Sie Ihr Dialogfenster mit den Werten der Abbildung. Hier noch einmal die komplette Formel: **=RMZ(B3/B5;B4*B5;B2)**.

Passt alles? Glückwunsch! Sollten Sie die ursprünglichen Werte unseres Beispiels beibehalten haben, wissen Sie nun, dass Sie eine monatliche Rate von EUR 558,90 zu bedienen hätten. Die Werte **B2** bis **B5** können Sie nun nach Belieben verändern. Sie sehen dann, wie hoch die jeweilige monatliche Belastung ist.

Endwert ermitteln

Bislang kann man mit unserem Kalkulator die monatliche Ratenbelastung ermitteln. Allerdings geht das nur, wenn wir am Ende der Laufzeit tatsächlich alles abbezahlt haben. Was aber, wenn Sie beispielsweise das Kreditangebot eines Autohändlers prüfen wollen? Dort wird ja allzu gerne mit Restwerten gearbeitet. Das heißt: Am Ende des Zahlungszeitraums ist der Kredit nicht etwa getilgt, sondern es wartet noch ein dicker Batzen Restschuld auf seine Begleichung. Wie anders sollte es ansonsten möglich sein, einen Neuwagen für 99 Euro pro Monat zu finanzieren? – Wir müssen unsere Formel also um diesen Restwert erweitern. Öffnen Sie für dieses Beispiel zunächst die Datei *Ratenkalkulator-02.xlsx* aus dem Ordner *Ergebnisse* auf der Buch-CD.

1 Markieren Sie die Zelle **B7** und klicken Sie auf das **fx**-Symbol in der Bearbeitungsleiste, um in den Dialog **Funktionsargumente** zu gelangen.

2 Die Zeile **Zw** (sowie auch die Zeile **F**) ist nicht fett ausgezeichnet, da sie optional ist. Bei der Eingabe eines derartigen Wertes müssen Sie allerdings bedenken, dass dieser stets negativ sein muss, da er ja unsere Soll-Seite belastet. Es gibt zwei Möglichkeiten: Entweder geben Sie später nur Werte mit einem negativen Vorzeichen ein oder, was zweifellos die bessere Alternative ist, Sie berücksichtigen das bereits hier. Letzteres setzen Sie um, indem Sie zunächst in das Eingabefeld **Zw** klicken und ein Minuszeichen eintippen. Danach klicken Sie auf Zelle **B6** im Excel-Dokument und bestätigen mit **OK**.

Auf den ersten Blick ist es vielleicht etwas verwunderlich, dass Sie in das Feld **Zw** ein Minuszeichen eingeben müssen. Doch Sie müssen dabei bedenken, dass der Restwert nicht direkt in die Ratenberechnung einfließt – also ein Kaufpreis zu Buche schlägt, der zunächst einmal um den Restwert bereinigt ist.

17.10   Statistische Funktionen

Statistiken werden allerorts und auf unterschiedlichste Art und Weise erhoben. Eine der am häufigsten verwendeten Rechenmethoden ist die Ermittlung von Durchschnittswerten.

Mittelwert im Tabellenblatt ermitteln

Öffnen Sie die Datei *Umsatz.xlsx*, die Sie im Ordner *17* auf der Buch-CD finden. Hier haben wir es mit einer Aufstellung von Umsatzzahlen zu tun. Wir wollen ermitteln, wie hoch der durchschnittliche Umsatz ist.

1 Klicken Sie zunächst auf das Feld **B9**.

2 Für die anstehende Berechnung benötigen wir die Funktion **Mittelwert**. Natürlich könnten Sie diese über den Funktionsassistenten wählen. Alternativ klicken Sie auf das kleine Dreieck neben der Schaltfläche **AutoSumme** in der Gruppe **Funktionsbibliothek** der Registerkarte **Formeln**. Wählen Sie im Menü die Funktion **Mittelwert** aus.

3 Anschließend überfahren Sie die Zellen **B3** bis **B5** mit gedrückter Maustaste und schließen die Aktion mit einem Klick auf [↵] ab.

Damit ist klar: Der durchschnittliche Umsatz aller drei Werke liegt bei 303.920,67 €.

Abweichungen ermitteln

Eine weitere nützliche Statistikfunktion ist die Ermittlung von Abweichungen von Mittelwerten. Wer also nun wissen möchte, wie weit die einzelnen Werke im Umsatz vom Mittel abweichen, der nutzt die folgende Vorgehensweise für seine Berechnung. Sie können die Berechnung anhand der Beispieldatei *Umsatz.xlsx*, die Sie im Ordner *17* auf der Buch-CD finden, nachvollziehen.

1 Zuerst wird das Feld **C3** markiert. Geben Sie hier die Formel »=B2-B9« ein. Mit dieser Formel errechnen Sie, wie hoch die tatsächliche Abweichung der einzelnen Werte zum Durchschnitt aussieht.

2 Übertragen Sie die Funktion auf die beiden darunter befindlichen Zellen, wobei Sie hier absolute Bezüge bilden müssen. Würden Sie einfach das untere rechte Quadrat herunterziehen, würde Excel ja in Zeile **4** das Feld **B10** (und nicht **B9**) als Argument einsetzen. Ändern Sie vor dem Kopieren also die Formel dahingehend, dass Sie zwei Dollarzeichen hinzufügen. Die Formel heißt jetzt **=B3-B9**. Alternativ können Sie selbstverständlich auch [F4] auf Ihrer Tastatur drücken. Danach können Sie die Formel über das Quadrat des Markierungsrahmens herunterkopieren. Klicken Sie darauf und ziehen Sie den Rahmen über alle Zellen auf, die die gleiche Formel enthalten sollen.

	A	B	C
1	Umsatzvergleich		
2	Produktionsstätten:	Umsätze:	
3	Werk Plauen	213.456,00 €	-90.464,67 €
4	Werk Westerwald	276.541,00 €	-27.379,67 €
5	Werk Bielefeld	421.765,00 €	117.844,33 €
6			
7	Gesamtumsatz:	911.762,00 €	
8			
9	Durchschnittlicher Umsatz:	303.920,67 €	
10			

Die fertige Tabelle finden Sie im Ordner *Ergebnisse* auf der Buch-CD unter dem Dateinamen *Umsatz-fertig.xlsx*.

17.11 Logische Funktionen nutzen

Excel erlaubt nicht nur die mathematische Berechnung von Werten, sondern auch Vergleiche. So ist es der Anwendung beispielsweise möglich, zwischen Wahr und Falsch und sogar Entweder – Oder zu unterscheiden. Natürlich müssen Sie auch hier zunächst mitteilen, um was es geht.

Öffnen Sie die Beispieldatei *Umsatz-fertig.xlsx*, die Sie im Ordner *Ergebnisse* auf der Buch-CD finden. Hier hatten wir ja soeben die Abweichungen im Vergleich zum durchschnittlichen Umsatz ermittelt. Jetzt wollen wir noch eine Bemerkung hinzufügen, sofern die Umsätze unterdurchschnittlich sind. Wer über dem Durchschnitt liegt, bekommt ein »OK« von uns.

1 Verbreitern Sie die Spalte **D** ein wenig, indem Sie deren rechten Steg nach rechts ziehen.

2 Markieren Sie die Zelle **D3**.

3 Klicken Sie auf die Schaltfläche **Logisch** in der Gruppe **Funktionsbibliothek** der Registerkarte **Formeln**. Wählen Sie im Auswahlmenü der Schaltfläche die Funktion **WENN**.

4 Im ersten Eingabefeld **Prüfung** des Dialogs **Funktionsargumente** muss nun, wie der Name schon sagt, die Prüfung der Werte stattfinden. Klicken Sie auf die Zelle **B3**, geben Sie ein »<« ein und klicken Sie anschließend auf die Zelle **B9**. Da wir die

Formel gleich nach unten kopieren wollen, müssen noch absolute Bezüge zum Feld **B9** eingerichtet werden. Sorgen Sie also dafür, dass die Funktion am Ende **B3<B9** heißt. Am schnellsten geht das, wenn Sie F4 drücken.

5 Im zweiten Eingabefeld **Datum_Wert** legen Sie fest, was passieren soll, wenn die Bedingung im ersten Eingabefeld erfüllt ist. Das bedeutet: Wenn der Umsatz geringer ist als der Durchschnitt, wollen wir den Hinweis »Kontrolle« ausgeben. Da es sich hierbei um einen Textausdruck handelt, muss dieser in Anführungszeichen stehen.

6 Zuletzt springen Sie ins dritte Eingabefeld **Sonst_Wert** und geben »OK« ein, denn das soll ja angezeigt werden, wenn der Wert größer oder gleich dem Mittelwert ist. Vergessen Sie auch hier die Anführungsstriche nicht. Schließen Sie den Dialog durch Klick auf **OK**.

7 Der letzte Schritt besteht nun darin, die Formel mithilfe des kleinen Quadrats am Markierungsrahmen auf die beiden darunter befindlichen Zellen zu übertragen.

Sie können sich das Ergebnis dieses Workshops in der Beispieldatei *Kontrolle-fertig.xlsx* im Ordner *Ergebnisse* auf der Buch-CD ansehen. Übrigens: Wenn Sie einmal prüfen wollen, ob nun noch alles ordnungsgemäß funktioniert, verändern Sie doch einmal einen beliebigen Wert. Erhöhen Sie beispielsweise den Umsatz des Werkes Westerwald um 100.000 Euro, ändern sich nicht nur Gesamtumsatz, Durchschnitt und Abweichungen, sondern auch die Kontrollerfordernisse in Spalte **D**.

INFO

Falsche Gesamtumsatz-Anzeige?

Sollten Sie, wie soeben erwähnt, den Gesamtumsatz des Westerwald-Werkes erhöhen, steigt damit auch der Gesamtumsatz des Konzerns. Dieser überschreitet damit erfreulicherweise die Millionengrenze. Allerdings kann es dadurch passieren, dass der Gesamtumsatz im Feld **B7** nicht mehr korrekt angezeigt wird. Stattdessen tauchen dort Rauten auf (########). Wirken Sie dem entgegen, indem Sie die Spalte **B** verbreitern – denn der Wert ist korrekt, er ist nur zu groß, um angezeigt zu werden. (Mehr zu den Fehlermeldungen lesen Sie in Abschnitt 17.14, »Fehlermeldungen verstehen und die Fehlerursache beheben«, Seite 552.)

17.12   Mit umfangreichen Formeln arbeiten

Bestimmt sind Sie mittlerweile schon recht geübt, was das Erstellen von Formeln und Funktionen betrifft. Wir wollen uns jetzt anhand eines Beispiels einmal ansehen, wie etwas umfangreichere Formeln erstellt werden und was dabei zu beachten ist.

Testergebnisse auswerten

In Fachzeitschriften wird nicht nur über neueste Trends berichtet, sondern es werden oft auch Produkte getestet, um dem Leser anstehende Kaufentscheidungen zu erleichtern. Einen solchen Text wollen wir jetzt auswerten. Eine fiktive Fotozeitschrift hat vier neue Kameramodelle auf Herz und Nieren getestet. Dabei sind vier Bereiche untersucht worden, welche von den Testern mit jeweils maximal 100 Punkten versehen werden konnten. Allerdings sind den unterschiedlichen Testbereichen auch unterschiedliche Gewichtungen zugeordnet worden. So hat beispielsweise die Qualität mit 40 % zum Gesamtergebnis beigetragen. Das Handling der Kamera wurde mit 30 % gewichtet. Während der Preis 20 % ausmachte, wurde die Serviceleistung des Herstellers mit 10 % bewertet. Ihre Aufgabe ist es nun, herauszufinden, welche Kamera die beste ist.

1 Öffnen Sie zunächst die Beispieldatei *Kameras-01.xlsx* aus dem Ordner *17* auf der Buch-CD. Den Zellen wurde bislang kein Zahlenformat zugewiesen – sie stehen alle auf **Standard**.

2 Zunächst widmen wir uns dem viel zitierten und mit Spannung erwarteten Hightech-Modell »Knipsican«. Dessen Berechnung gehört in die Zelle **C7**. Markieren Sie diese Zelle und beginnen Sie mit einem Gleichheitszeichen.

3 Sie nehmen den ersten Wert der Kamera auf, indem Sie auf **C3** klicken. Das sind die 80 Punkte für die Qualität.

4 Nun gilt es, diese 80 Punkte mit der Gewichtung zu multiplizieren. Lassen Sie also ein Multiplikationszeichen (*) folgen und klicken Sie anschließend auf die Qualitätsgewichtung **B2**.

5 Ganz wichtig ist, dass Sie nun noch [F4] drücken. Denn Sie müssen dafür sorgen, dass der Wert für die Gewichtung einen absoluten Zellbezug erhält. Die Folge: **B3** wird mit **$** versehen. Schauen Sie in die Bearbeitungsleiste oder in die Zelle **C7**.

C7	▾	:	×	✓	*fx*	=C3*B3		
▲	A	B	C	D	E	F	
1			Fotokameras im Vergleich:				
2		Gewichtung:	Knipsican	Supershot	Hyperfoto	Supiblitz	
3	Qualität	40	80	82	91	94	
4	Handling	30	81	81	52	76	
5	Preis	20	90	90	80	88	
6	Service	10	92	94	94	90	
7	Ergebnisse:		=C3*B3				
8							

6 Der nächste Schritt besteht darin, das Handling mit in die Bewertung einfließen zu lassen. Im Zusammenspiel mit der Qualität wird eine Addition fällig, da die erreichten Punkte (multipliziert mit dem Faktor) für das Handling zur Qualität hinzugezählt werden müssen. Erfreulicherweise benötigen wir keine Klammern, da Punktrechnung ohnehin vor Strichrechnung geht. Also reicht es, ein Pluszeichen einzutippen.

7 Klicken Sie auf **C4** und multiplizieren Sie das dortige Ergebnis mit dem Handling-Faktor in **B4**. Vergessen Sie nicht, auch hier wieder einen absoluten Zellbezug herzustellen, indem Sie [F4] drücken.

8 Verfahren Sie auf die beschriebene Weise auch mit dem Preis und dem Service der »Knipsican«. Schauen Sie sich die Formel noch einmal genau an.

Sie lautet: **=C3*B3+C4*B4+C5*B5+C6*B6**. Schließen Sie die Formel bitte noch nicht ab! Es geht noch weiter.

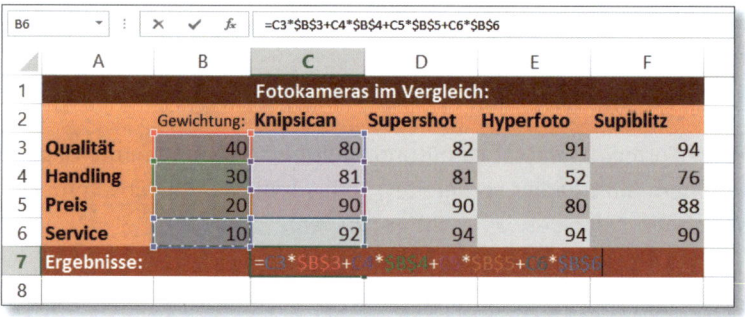

9 Nun wollen wir eine Bestandsaufnahme dessen machen, was wir bisher erreicht haben. Wir haben alle Ergebnisse mit der jeweiligen Gewichtung multipliziert. Das wird dazu führen, dass jede Kamera mehrere tausend Punkte bekommen kann. Denn unsere Formel lautet: **80*40+81*30+90*2+92*10**. Im Ergebnis wären das 8350 Punkte. Da wir allerdings auch im Gesamtergebnis die maximal möglichen 100 Punkte nicht überschreiten wollen, müssen wir unsere gesamte Rechnung noch einmal durch 100 dividieren. Doch Vorsicht! Da es in unserer bisherigen Berechnung nicht nur Punkt-, sondern auch Strichrechnung gibt, müssen wir der Anwendung mitteilen, was zuerst ausgerechnet werden soll. Deswegen muss unsere gesamte Formel (also alles rechts neben dem Gleichheitszeichen) zunächst in Klammern gesetzt werden.

10 Wenn das erledigt ist, schreiben Sie »/100« dahinter. Das ist die richtige Formel: **=(C3*B3+C4*B4+C5*B5+C6*B6)/100**. Wenn es bei Ihnen genau so aussieht, dürfen Sie die Aktion mit [Strg] + [↵] beenden.

11 Übertragen Sie die Formel der »Knipsican« auch auf die drei anderen Modelle, indem Sie das kleine grüne Quadrat im Markierungsrahmen von **C7** bis **F7** herüberziehen.

17

Wer hätte das gedacht: Die neue »Supiblitz« ist die beste Kamera – und das, obwohl sie nicht die teuerste ist. Sie finden die Beispieldatei *Kameras-fertig.xlsx* mit unserem Testergebnis im Ordner *Ergebnisse* auf der Buch-CD.

> **TIPP**
>
> **Umfangreiche Formeln erstellen**
>
> Wenn es um umfangreiche Formeln geht, ist es mitunter hilfreich, wenn man die Gegebenheiten zunächst auf einem Blatt Papier vorbereitet. So erkennt man die Zusammenhänge und läuft nicht so schnell Gefahr, etwas Wichtiges zu vergessen.

Formeln alternativ per Schnellanalyse eingeben

Auch an dieser Stelle wollen wir noch einmal daran erinnern: Halten Sie nach Möglichkeit immer im Hinterkopf, dass Excel 2013 auch über eine sogenannte Schnellanalyse verfügt. Diese ist insbesondere bei umfangreichen Tabellendokumenten hilfreich. Außerdem hilft sie auf intuitive Art und Weise bei der Formelerstellung. Wenn Sie beispielsweise einmal schnell einen Mittelwert benötigen, markieren Sie einfach die gesamte Spalte und klicken anschließend auf die Schnellanalyse-Schaltfläche ❶. In dem daraufhin erscheinenden Etikett klicken Sie beispielsweise auf das Register **Ergebnisse** ❷ und entscheiden sich anschließend für die gewünschte Funktion (hier: **Durchschnitt** ❸).

Abbildung 17.14 Lassen Sie dieses nützliche Hilfsmittel nicht außer Acht.

Zudem lassen sich Formeln, die mit der Schnellanalyse erstellt worden sind, anschließend noch individuell anpassen. So kann das Grundgerüst einer komplizierten Formel mit der Schnellanalyse erstellt und alles Weitere dann in der Bearbeitungsleiste individualisiert werden.

INFO

Formel ansehen

Die Formel (die im vorangegangenen Beispiel übrigens =*MITTELWERT(B1:B7)* lautet) erzeugt Excel ganz diskret im Hintergrund. Sie kann später durch Markieren der Ergebniszelle in der Bearbeitungsleiste eingesehen werden.

17.13   Daten aus dem Web und aus Access-Datenbanken importieren

Sie haben bereits einen Datensatz vorliegen, der nun in Excel bearbeitet werden soll? Dann können Sie diese Daten ganz einfach hinzufügen.

Daten aus dem Web abrufen

Wie sich Daten aus dem Internet per Zwischenablage in Excel importieren und permanent auf dem neuesten Stand halten lassen, haben Sie ja bereits in Abschnitt 15.15, »Tabellendaten aus dem Internet importieren«, Seite 454, in Erfahrung bringen können. Sie dürfen aber anstelle der Zwischenablage auch gerne zunächst das Excel-Menüband benutzen. Dazu gehen Sie folgendermaßen vor:

1 Klicken Sie auf die Schaltfläche **Aus dem Web** in der Gruppe **Externe Daten abrufen** der Registerkarte **Daten**. (Beachten Sie, dass bei kleineren Bildschirmauflösungen die Gruppe **Externe Daten abrufen** aus Platzgründen in einer gleichnamigen Schaltfläche zusammengefasst wird.)

17

2 Daraufhin öffnet sich der Dialog **Neue Webabfrage**, der sich wie ein Browser bedienen lässt. Falls erforderlich, vergrößern Sie das Fenster, indem Sie die untere rechte Ecke des Fensters mit gedrückter Maustaste aufziehen.

3 Nun navigieren Sie zu der Tabelle, die Sie importieren möchten. Wenn eine Tabelle als solche definiert ist und importiert werden kann, taucht an deren oberer linker Ecke ein kleiner schwarzer Pfeil auf gelbem Grund auf. Dieser wird grün, sobald Sie mit der Maus darauf zeigen. Außerdem wird die Tabelle mit einem blauen Rahmen versehen. Klicken Sie zunächst auf diesen und danach unten rechts auf die Schaltfläche **Importieren**.

4 Zuletzt werden Sie noch gefragt, ob die Tabelle im aktuellen Tabellenblatt eingefügt werden soll. Dabei wird automatisch die derzeit markierte Zelle als obere linke Ecke der Tabelle vorgeschlagen. Wenn Sie damit einverstanden sind, klicken Sie auf **OK**.

Beachten Sie, dass im Dialog **Daten importieren** auch die Möglichkeit besteht, ein neues Datenblatt zu erstellen und die Daten in dieses einzufügen. Klicken Sie dazu einfach auf den entsprechenden Radiobutton und bestätigen Sie mit **OK**.

Access-Daten abrufen

Das Hinzufügen von Datenbankdaten ist ebenfalls keine Hexerei. Dabei spielt es übrigens keine Rolle, ob diese Daten aus Microsoft Access oder von einer anderen Anwendung kommen. – In Abschnitt 9.3, »Einen Serienbrief erstellen«, Seite 327, haben wir bereits einmal mit einer Datenbank gearbeitet, um Adressen in einen Serienbrief einzufügen. Diese soll nun in Excel integriert werden.

1 Erzeugen Sie eine neue leere Arbeitsmappe (**Datei** > **Neu**).

2 Klicken Sie auf die Schaltfläche **Aus Access** in der Gruppe **Externe Daten abrufen** der Registerkarte **Daten**.

3 Sollten Sie gerade keine Datenbank aus Access oder einer anderen Anwendung zur Verfügung haben, benutzen Sie die Beispieldatei *Adressen.mdb*, die Sie im Ordner *17* auf der Buch-CD finden. Markieren Sie die Datenbankdatei und klicken Sie anschließend auf **Öffnen**.

4 Daraufhin öffnet sich das Dialogfenster **Daten importieren**. Entscheiden Sie in diesem, ob die Daten als Tabelle oder in einer anderen Weise zur Verfügung gestellt werden sollen. Weitere Optionen erhalten Sie, indem Sie am unteren Rand des Dialogs auf die Schaltfläche **Eigenschaften** klicken.

Auch bei dem Import aus einer Access-Datenbank können Sie, sollte an der Quelldatei etwas verändert werden, den Datenbestand mit einem Klick auf **Alle aktualisieren** in der Gruppe **Verbindungen** der Registerkarte **Daten** aktualisieren lassen.

> **INFO**
>
> **Eigenschaften abrufen**
>
> Bei den Eigenschaften, die Sie im Dialog **Daten importieren** öffnen können, handelt es sich um Aktualisierungsoptionen sowie Verbindungsdaten zur jeweiligen Quelle. Der Dialog lässt sich auch später, also nach dem Import, noch erreichen. Dazu betätigen Sie die kleine Dreieck-Schaltfläche des Schalters **Alle aktualisieren** in der Gruppe **Verbindungen** der Registerkarte **Daten** und wählen im Menü die Option **Verbindungseigenschaften**.

17.14   Fehlermeldungen verstehen und die Fehlerursache beheben

Excel passt schon bei der Eingabe einer Formel oder einer Funktion auf, ob alles korrekt abläuft. Dennoch sind Fehler niemals ganz auszuschließen. Bei der Korrektur eines Fehlers ist jedoch einmal mehr die Anwendung behilflich. Fehlermeldungen in einer Zelle werden zumeist durch ein vorangestelltes Rautensymbol (#) angezeigt. Vergessen Sie beispielsweise bei Eingabe der Summenformel, die Parameter einzugeben, wird ein entsprechender Hinweis ausgegeben.

Korrekturhilfe benutzen

Sobald Excel ein Fehler auffällt, wird neben der Zelle ein kleines Warnsymbol angezeigt. Klicken Sie darauf, um das Auswahlmenü zu öffnen. In diesem Menü wird in der

Regel ganz oben die Fehlerursache angezeigt. Gehen Sie auf **Hilfe für diesen Fehler anzeigen**, wird die Excel-Hilfe geöffnet, die häufig – jedoch leider nicht immer – entsprechende Tipps parat hat.

Abbildung 17.15 Lassen Sie sich einmal mehr unter die Arme greifen.

Optionen zur Fehlerüberprüfung

Mithilfe des Befehls **Optionen zur Fehlerüberprüfung** im Fehlermenü gelangen Sie in die Rubrik **Formeln** der **Excel-Optionen**. Gleiches erreichen Sie durch einen Wechsel in die Backstage-Ansicht, gefolgt von **Optionen > Formeln**. Im Bereich **Regeln für die Fehlerüberprüfung** können Sie verschiedene Optionen per Checkboxen an- oder abwählen. Zeigen Sie auf die Informationspunkte, werden kleine Texttafeln (QuickInfos) angezeigt, welche die jeweilige Funktion eingehender erläutern.

Abbildung 17.16 Legen Sie die Regeln fest, die bei der Fehlerüberprüfung angewendet werden sollen.

17

Fehler und ihre Ursachen

Auch wenn Excel Sie bei der Fehlerdiagnose unterstützt, sollten Sie dennoch wissen, worauf die einzelnen Fehlermeldungen abzielen. Aufgrund dessen haben wir hier einige Fehlermeldungen, deren Ursachen sowie mögliche Abhilfe aufgelistet.

Meldung	Ursache	Abhilfe
##########	Der aktuelle Zelleninhalt ist zu groß, um dargestellt werden zu können.	Verbreitern Sie die Spalte oder vergrößern Sie die Zelle.
#BEZUG!	Es fehlt der Bezug zu einem Wert, der in der Formel angegeben worden ist.	Prüfen Sie, ob eine Zelle, deren Wert in der Formel benötigt wird, versehentlich gelöscht worden ist.
#DIV/0!	Die Formel ergibt eine Division durch 0, die im Ergebnis immer 0 liefert.	Prüfen Sie, ob eine Zelle, deren Inhalt in der Formel benötigt wird, versehentlich gelöscht worden ist. In diesem Fall wird nämlich der Wert 0 geliefert.
#NAME?	Die Formel ist mit einem Inhalt oder einer Bezeichnung versehen, die nicht zugeordnet werden kann.	Setzen Sie einen vorhandenen Namen in Anführungsstriche. Alternativ prüfen Sie, ob Sie die Bezeichnung, die Bezug auf einen Wert nimmt, korrekt geschrieben haben.
#NULL!	Bereiche sind nicht korrekt voneinander getrennt worden.	Kontrollieren Sie, ob wirklich alle Bereiche einer Formel durch Semikola voneinander getrennt sind.
#NV	Ein in der Formel benötigter Wert ist nicht verfügbar oder ist von einem anderen Typ.	Kontrollieren Sie die Formel sowie die Bezüge auf ordnungsgemäße Zuweisungen.
#WERT!	Hier wird ein falscher Dateityp verwendet.	Kontrollieren Sie, ob in der Formel Werte enthalten sind, mit denen nicht gerechnet werden kann (z. B. Begriffe).
#ZAHL!	Mindestens einer der Werte einer Formel kann nicht berechnet werden.	Entweder ist ein Wert zu groß oder zu klein, als dass er von Excel berechnet werden könnte – oder er ist vom falschen Typ.

Tabelle 17.2 Fehlermeldungen in Excel und wie Sie sich helfen können

17.15   Das Überwachungsfenster gebrauchen

Excel verfügt über ein sogenanntes *Überwachungsfenster*. Dieses eignet sich vor allem zur schnellen Übersicht, da hier bestimmte Werte permanent angezeigt werden können. Bei umfangreichen Tabellenblättern ist das Überwachungsfenster eine sehr gute Hilfe.

Formeln überwachen

Meist sind zahlreiche Werte in einer Tabelle vorhanden, deren Ergebnisse nicht so interessant sind – andere wiederum sind ausgesprochen wichtig, und man möchte dortige Veränderungen sofort sehen, ohne jedes Mal im Tabellenblatt nachsehen zu müssen. Benutzen Sie in diesem Fall das Überwachungsfenster.

1 Öffnen Sie eine Excel-Datei, beispielsweise die Datei *Kameras-fertig.xlsx* aus dem Ordner *Ergebnisse* auf der Buch-CD.

2 Markieren Sie eine Zelle, die eine Formel enthält. Wir entscheiden uns hier für **C7**.

3 Klicken Sie auf die Schaltfläche **Überwachungsfenster** in der Gruppe **Formelüberwachung** der Registerkarte **Formeln**.

4 Betätigen Sie die Schaltfläche **Überwachung hinzufügen**. Wenn Sie mögen, können Sie den Zellenbereich weiter ausdehnen und so mehrere Formeln gleichzeitig überwachen. Dazu gehen Sie vor wie bei der Übertragung von Formeln. Verziehen

Sie den Zellenrahmen auf dem Tabellenblatt entsprechend. Alternativ klicken Sie auf einzelne Zellen, deren Ergebnisse Sie ebenfalls fortan im Überwachungsfenster sehen wollen.

5 Betätigen Sie zuletzt **Hinzufügen**. Fortan werden sämtliche Änderungen im Überwachungsfenster angezeigt.

Das Überwachungsfenster lässt sich skalieren, indem Sie beispielsweise an der unteren rechten Ecke des Dialogs ziehen. Interessant ist auch die Möglichkeit, das Fenster zu verankern.

> **TIPP**
>
> **Überwachungsfenster verankern**
>
> Sie können das Überwachungsfenster auch fest in die Oberfläche von Excel integrieren. Dazu klicken Sie das Fenster an der Kopfleiste an, halten die Maustaste gedrückt und ziehen es bis unter das Menüband. Dort angelangt, lassen Sie los. An seiner neuen Position wird ihm in seiner Eigenschaft als Überwachungsfenster auch die verdiente Aufmerksamkeit zuteil.

17.16 Gültigkeitsprüfung durchführen

Überwachen Sie bestimmte Zellen Ihres Dokuments und geben Sie einen Warnhinweis aus, wenn eine ungültige Eingabe getätigt wird.

Datumseingabe überwachen

Hier wollen wir stellvertretend für zahlreiche Überwachungsoptionen mit der Datumsüberwachung arbeiten. Stellen Sie sich vor, Sie wollen Ereignisse katalogisieren. Dabei sind allerdings nur Ereignisse ab dem Jahr 2000 zulässig.

1 Erzeugen Sie eine neue leere Excel-Datei (**Datei > Neu**). Erzeugen Sie eine Spalte namens **Datum** (in Zelle **A1**) sowie eine weitere für die **Ereignisse** (in **B1**). Markieren Sie die Spalte **A** beginnend mit der Zelle **A2**.

2 Klicken Sie auf die Schaltfläche **Datenüberprüfung** in der Gruppe **Datentools** der Registerkarte **Daten**.

3 Daraufhin wird das Dialogfenster **Datenprüfung** eingeblendet. Im Eingabefeld **Zulassen** wird standardmäßig **Jeden Wert** gelistet, was bedeutet, dass de facto derzeit noch keine Überprüfung stattfindet. Ändern Sie das, indem Sie auf **Datum** umstellen, die Überwachung wird hierdurch bereits aktiviert.

4 Jetzt haben Sie noch die Möglichkeit, in die Felder **Anfangsdatum** und **Enddatum** entsprechende Daten einzugeben. Ersteres muss unserem Vorhaben zufolge mit dem 01.01.2000 festgelegt werden. Da wir kein Enddatum formulieren wollen, schalten Sie im Feld **Daten** um auf **größer als**.

5 Sie könnten auf der Registerkarte **Eingabemeldung** eine entsprechende Meldung formulieren. Das hätte aber zur Folge, dass ein Hinweis erscheint, sobald Sie die Spalte anklicken. Das ist jedoch nicht gewünscht, da wir uns auf eine Meldung beschränken wollen, die nur im Falle einer Falscheingabe erscheint.

6 Wechseln Sie deshalb auf das Register **Fehlermeldung**. Notieren Sie die folgenden Hinweise innerhalb der Felder **Titel** und **Fehlermeldung** und bestätigen Sie mit **OK**.

17

7 Testen Sie die Funktion, indem Sie zunächst ein korrektes und anschließend ein falsches Datum eingeben. Sobald Sie die Zelle verlassen wollen, erfolgt die gewünschte Meldung.

Sobald Sie auf **Wiederholen** klicken, wird die Fehlermeldung geschlossen, und Sie können eine neue Eingabe machen. Darüber hinaus markiert Excel die falsche Eingabe, sodass Sie direkt mit der Neueingabe beginnen können. Betätigen Sie **Abbrechen**, wird der Zelleninhalt gelöscht und die Meldung ebenfalls geschlossen.

Kapitel 18
Mit Formularen arbeiten

Excel-Datenblätter lassen sich derart gestalten, dass auch absolute Laien mit ihnen arbeiten und Daten eingeben können. Dazu müssen Sie das Dokument mit einer Maske ausstatten und mit Steuerelementen versehen. In diesem Kapitel erfahren Sie, wie Sie mit Excel schnell ein benutzerfreundliches Formular erstellen können.

Bevor wir Ihnen jedoch die Arbeit mit Formularen vorstellen werden, sollten Sie zunächst die nötigen Grundlagen kennenlernen. So bietet Ihnen Excel zwei verschiedene Formularsteuerelemente, auf die wir im nächsten Abschnitt näher eingehen werden. Danach werden wir eine einfache Eingabemaske in Form eines Haushaltsbuches erstellen. Sie erfahren sogar, wie Sie dieses Dokument später an Ihre persönlichen Bedürfnisse anpassen können. Und keine Angst vor der Programmierung! Sie bekommen den Code frei Haus geliefert.

18.1   Diese Formularsteuerelemente kennt Excel

Um ein Eingabeformular (eine sogenannte *UserForm*) funktionsfähig zu machen, müssen Sie Steuerelemente platzieren, die später vom Benutzer bedient werden können. Excel kennt zwei verschiedene Arten von Steuerelementen, nämlich die **Formularsteuerelemente** und die **ActiveX-Steuerelemente**. Im Prinzip funktionieren beide identisch, wobei die Erstgenannten älteren Ursprungs sind und im Zweifel ohne VBA-Programmierung auskommen. Doch darum müssen Sie sich im Folgenden keine Gedanken machen.

Registerkarte hinzufügen

Die angesprochenen Steuerelemente werden von Excel in der Standardoberfläche nicht angeboten. Es existiert jedoch eine spezielle Registerkarte, die Sie zunächst manuell aktivieren. Klicken Sie mit rechts an eine beliebige Stelle des Excel-Menübands und entscheiden Sie sich im Kontextmenü für den Befehl **Menüband anpassen**. Alternativ können Sie auch über die Backstage-Ansicht die Excel-Optionen öffnen (**Datei > Optionen > Menüband anpassen**).

In der rechten Spalte finden Sie die Hauptregisterkarten, u. a. auch die Registerkarte **Entwicklertools**. Diese ist jedoch standardmäßig nicht aktiviert und wird daher auch nicht im Menüband angezeigt. Aktivieren Sie die betreffende Checkbox und bestätigen Sie mit **OK**.

Abbildung 18.1 Schalten Sie die Entwicklertools ein.

Die Registerkarte **Entwicklertools** wird daraufhin Ihrem Menüband hinzugefügt. Sie sehen diese nun ganz rechts neben den Standardregisterkarten.

Übersicht über die wählbaren Formularsteuerelemente

Klicken Sie auf die Schaltfläche **Einfügen** in der Gruppe **Steuerelemente** der Register-karte **Entwicklertools**. Daraufhin öffnet sich ein Auswahlmenü mit den beiden Berei-chen **Formularsteuerelemente** und **ActiveX-Steuerelemente** und den darin vorhan-denen Schaltflächen.

Abbildung 18.2 Diese Steuerelemente hat Excel im Gepäck.

Zwar werden Ihnen die Namen der einzelnen Steuerelemente in der QuickInfo angezeigt, jedoch lässt sich dadurch nicht gleich auf den Anwendungsbereich schließen. Daher stellen wir Ihnen hier die einzelnen Funktionen der Steuerelemente in den folgenden Tabellen 18.1 und 18.2 vor.

Formularsteuerelement	Funktion
Schaltfläche (Button oder CommandButton)	Ausführung einer Aktion durch Mausklick
Kombinationsfeld (ComboBox)	Eine Kombination aus Textfeld und Listenfeld. Es stellt mehrere Möglichkeiten zur Verfügung, die in einer Liste gesammelt werden und durch Mausklick ausgewählt werden können. Optional ist auch eine Mehrfachauswahl durch Halten von Strg möglich.
Kontrollkästchen (Checkbox)	Anwahl einer Option. In der Regel sind mehrere Optionen möglich. In einer Gruppe mit mehreren Kontrollkästchen kann u. U. keins, eins, mehrere oder alle Optionen angewählt sein (vgl. Optionsfeld).
Drehfeld (SpinButton)	Erhöhung oder Verringerung eines Wertes durch Klick auf Dreieck-Schaltflächen
Listenfeld (Listbox)	Wie Kombinationsfeld, jedoch ohne Textfeld
Optionsfeld (RadioButton oder OptionButton)	Anwahl einer Option. Innerhalb einer Gruppe von mehreren Optionsfeldern ist immer nur eine der Optionen anwählbar. Wird eine Option angewählt, werden alle anderen automatisch abgewählt (vgl. Kontrollkästchen).

Formularsteuerelement	Funktion
Gruppenfeld (Frame)	Feld, in dem mehrere Steuerelemente in Verbindung zueinander stehen (z. B. Kontrollkästchen oder Optionsfelder)
Bezeichnung (Label)	Beschriftung eines Steuerelements oder eines Gruppenfelds
Bildlaufleiste (ScrollBar)	Balken zur Veränderung von Werten oder Inhalten eines Rahmens
Textfeld (TextBox)	Feld zur Eingabe von Text

Tabelle 18.1 Die Formularsteuerelemente in der Übersicht

Übersicht über die ActiveX-Steuerelemente

Einige Steuerelemente im Bereich **ActiveX-Steuerelemente** haben die gleiche Funktionsweise wie die Formularsteuerelemente, und deren Funktionen sind bereits in der vorangegangenen Tabelle erläutert worden. Davon abweichend finden Sie im Bereich **ActiveX-Steuerelemente** noch die folgenden Funktionen vor:

ActiveX-Steuerelement	Funktion
Bild (Image)	Fügt ein Bild oder eine Grafik hinzu.
Umschaltfläche (ToggleButton)	Kombination zweier Schaltflächen (meist zum Einsatz bei Wechselwirkungen wie An/Aus, Ja/Nein)
Weitere Steuerelemente	Stellt zahlreiche weitere Steuerelemente zur Verfügung, die jedoch in der Regel nicht im Zusammenhang mit Formularen stehen.

Tabelle 18.2 Weitere ActiveX-Steuerelemente

18.2   Ein Formular für die Dateneingabe erstellen

Kommen wir nun zur Praxis. Zur Formularerstellung werden wir uns zwei mögliche Wege ansehen – einen einfachen (siehe Abschnitt 18.4, »Ein Tabellenblattformular erstellen«, Seite 574) und einen etwas schwierigeren, dafür aber enorm benutzerfreundlichen. Damit beginnen wir gleich hier: Wie eingangs erwähnt, wollen wir ein einfaches

Haushaltsbuch erstellen. Öffnen Sie zunächst das Beispieldokument *Hasushaltsbuch. xlsm* im Ordner *18* auf der Buch-CD. Es ist derart aufgebaut, dass der Anwender mithilfe einer Schaltfläche ❶ eine Eingabemaske ❷ aktivieren kann. Die darin befindlichen Steuerelemente füllt er aus und übergibt diese Informationen per Klick auf **Eingabe** ❸ an das Excel-Dokument. Mit **Abbruch** ❹ kann er das Eingabeformular jederzeit wieder schließen.

Abbildung 18.3 So sieht das Formular aus.

Während die beiden Felder **Datum** und **Betrag** für die reine Dateneingabe vorgesehen sind, kommt dem Steuerelement **Konto** eine besondere Bedeutung zu. Hier kann der Benutzer nämlich aus einer Liste auswählen, welcher Kontierungsbereich des Haushaltsbuches angesprochen werden soll (z. B. Miete, Nebenkosten, Lebensmittel usw.). Der Inhalt dieses Steuerelements wird im Tabellenblatt **Box** ❺ generiert. Dort lassen sich im Bedarfsfall auch weitere Listenelemente hinzufügen. Dazu später mehr. Das Blatt **Kosten** ❻ indes ist für die Aufnahme der Daten zuständig, die über die Maske eingegeben werden.

Die Datei *Haushaltsbuch.xlsm*, die Sie im Ordner *18* auf der Buch-CD finden, ist bereits komplett fertig. Wenn Sie sich diese zunächst einmal ansehen wollen, ist dagegen nichts einzuwenden. Wir beginnen hier jedoch mit einem komplett neuen Dokument.

1 Erzeugen Sie ein neues leeres Excel-Dokument (**Datei** > **Neu** oder über die Tasten-kombination Strg + N). Benennen Sie das Tabellenblatt »Kosten«. Erzeugen Sie ein weiteres Tabellenblatt, das Sie »Box« nennen. Danach kehren Sie zum ersten Tabellenblatt zurück.

2 Füllen Sie die Zellen **A1** bis **C1** des Blattes **Kosten** aus, indem Sie »Datum:«, »Betrag:« und »Konto:« eintragen. Verwenden Sie Fettschrift (**Start** > **Schriftart** > **Fett**).

3 Formatieren Sie die erste Spalte (beginnend mit der Zelle **A2**) als Zahlenformat **Datum** (**Start** > **Zahl** > **Zahlenformat** > **Mehr** > **Datum**).

4 Aktivieren Sie nun das Tabellenblatt **Box**. Tippen Sie in **A1** »Kontoart:« ein und formatieren Sie auch diese Schrift fett.

5 Gleich darunter geben Sie nun Kostenstellen nach Belieben ein. Was Sie hier verwenden, obliegt Ihnen. Sie dürfen aber auch gerne die Liste der folgenden Abbildung verwenden.

6 Wenn alles erledigt ist, kehren Sie zurück zum Tabellenblatt **Kosten**. Nachdem die Tabellenblätter so weit vorbereitet sind, kümmern wir uns nun um die Erstellung des eigentlichen Formulars.

7 Klicken Sie auf die Schaltfläche **Visual Basic** in der Gruppe **Code** der Registerkarte **Entwicklertools**, um in den Programmiermodus zu gelangen. Alternativ können Sie auch die Tastenkombination [Alt] + [F11] verwenden. Daraufhin öffnet sich das Fenster **Microsoft Visual Basic for Applications**.

8 Dort angelangt, gilt es, zunächst eine neue Form zu erstellen, mit der ein Dialog zwischen Excel und dem Anwender stattfinden kann. Dazu klicken Sie oben links auf die Schaltfläche **UserForm einfügen** ❶. Kontrollieren Sie, ob die Fenster **Toolsammlung** ❷ sowie **Eigenschaften** ❸ angezeigt werden. Ist das nicht der Fall, betätigen Sie **Werkzeugsammlung** ❹ bzw. **Eigenschaftenfenster** ❺.

9 Das Formular soll einen anderen Namen bekommen. Vergeben Sie deswegen im Feld **(Name)** ❻ (siehe Abbildung Seite 566) »frmHaushaltsbuch« und in der Zeile **Caption** ❼ »Haushaltsbuch«. (Ersteres ist übrigens die programminterne Bezeichnung des Formulars, während im Feld **Caption** die Bezeichnung angegeben wird, die später auch in der Kopfleiste des Formulars zu sehen sein soll.)

10 Innerhalb der Werkzeugleiste **Toolsammlung** klicken Sie zunächst auf **Beschriftungsfeld** ❽. Ziehen Sie im Formular einen kleinen Rahmen auf ❾, der in etwa dem in der Abbildung entspricht.

11 Nachdem Sie die Maustaste losgelassen haben, ändern Sie das Feld **Caption** im Fenster **Eigenschaften** in »Datum:«. Lassen Sie unterhalb zwei weitere Beschriftungsfelder folgen und tragen Sie in das Feld **Caption** »Betrag:« und »Konto:« ein.

12 Neben dem obersten und mittleren Beschriftungsfeld fügen Sie auf die gleiche Weise (mit gedrückter Maustaste einen Rahmen aufziehen) jeweils ein Textfeld ein. Das oberste benennen Sie in der Zeile **(Name)** im Fenster **Eigenschaften** »txtDatum« und das zweite »txtBetrag«. Bitte verwenden Sie bei der Namensbezeichnung keine Leerzeichen. Ansonsten gibt es eine Fehlermeldung. Achten Sie bitte peinlich auf die korrekten Bezeichnungen. Sie dürften zwar prinzipiell andere Bezeichnungen vergeben, müssten dann aber den Code später manuell anpassen. Und das gestaltet sich recht schwierig, wenn Sie zuvor noch nie mit *Visual Basic* oder *VBA* gearbeitet haben. Ihr Formular sollte jetzt wie in der folgenden Abbildung aussehen.

13 Sollten Sie eines der Elemente ausrichten wollen, klicken Sie auf den gepunkteten Rahmen mit den Anfassern. Damit kann das Steuerelement verschoben oder in der Größe verändert werden.

14 Neben dem Beschriftungsfeld **Konto** zeichnen Sie nun ein Kombinationsfeld ein. Benutzen Sie dazu die Schaltfläche **Kombinationsfeld** im Fenster **Toolsammlung**. Tragen Sie in das Feld **(Name)** im Fenster **Eigenschaften** für dieses Steuerelement »cbKonto« ein.

15 Zuletzt benötigen Sie noch zwei Schaltflächen. Klicken Sie dazu auf **Befehlsschaltfläche** im Fenster **Toolsammlung** und ziehen Sie nebeneinander zwei Rahmen auf. In das Feld **(Name)** tragen Sie für den linken Button »cmdEingabe« ein, in das Feld **Caption** »Eingabe«, während Sie für den rechten in das Feld **(Name)** »cmdEnde« und in das Feld **Caption** »Abbruch« eingeben.

16 Zuletzt sollten Sie das Dokument speichern. Dazu klicken Sie zunächst oben links auf die kleine grüne Schaltfläche **Ansicht Microsoft Excel**, womit Sie zur Standardansicht zurückkehren – den Programmiermodus also verlassen. Wechseln Sie in die Backstage-Ansicht und klicken Sie auf die Rubrik **Speichern unter**. Wählen Sie allerdings im Dialog **Speichern unter** im Feld **Dateityp: Excel-Arbeitsmappe mit Makros (*.xlsm)**, da ansonsten das Formular verloren geht.

Möglicherweise ist die Fläche des Formulars nun etwas zu groß für die untergebrachten Steuerelemente. Klicken Sie in diesem Fall auf eine freie Fläche des Formulars (also an eine Stelle, an der sich kein Steuerelement befindet) und ziehen Sie den unteren rechten Anfasser des Rahmens in die gewünschte Richtung. Damit ist Teil 2 dieser Übung erledigt. Sie finden ein entsprechend vorbereitetes Dokument unter dem Namen *Mappe2.xlsm* im Ordner *18* auf der Buch-CD.

18.3 Mit VBA-Code arbeiten

Jetzt widmen wir uns einem Abschnitt, der eigentlich ein wenig Verständnis für die Programmiersprache *Visual Basic* erfordert. Doch machen Sie sich bitte keine Gedanken: Sie müssen nichts selbst programmieren (mit Ausnahme einer einzigen Zeile).

Ein Formular erstellen (Steuerelemente mit Funktionen ausstatten)

Nachdem Sie das Dokument gespeichert haben, soll es mit Funktionen ausgestattet werden. Dazu ist ein wenig Programmierarbeit nötig. Doch keine Sorge: Sie bekommen den kompletten Code geliefert und müssen keine einzige Zeile selbst schreiben.

1 Zunächst einmal wollen wir dafür sorgen, dass der gesamte Code, den wir benötigen, in die Zwischenablage des Betriebssystems kopiert wird. Dazu öffnen Sie die Datei *Code.txt*, die Sie im Ordner *18* auf der Buch-CD finden, drücken `Strg` + `A`, gefolgt von `Strg` + `C`, um den markierten Inhalt zu kopieren. Schließen Sie das Dokument wieder.

2 Öffnen Sie nun die Datei *Mappe2.xlsm* aus dem Ordner *18* auf der Buch-CD. Da das Dokument bereits Code enthält, erfolgt eine entsprechende Sicherheitswarnung (zumindest, sofern Sie die standardmäßigen Sicherheitseinstellungen von Excel nicht bereits geändert haben). Damit Sie mit dem Dokument arbeiten können, müssen Sie auf die Schaltfläche **Inhalt aktivieren** klicken.

3 Drücken Sie `Alt` + `F11`, um in den Programmiermodus von Excel zu gelangen. Das Fenster **Microsoft Visual Basic for Applications** wird daraufhin geöffnet.

4 Setzen Sie einen Doppelklick auf einen freien Bereich des Formulars ❶ (siehe Abbildung Seite 570). Das bewirkt, dass das Codefenster **Mappe2.xlsm – frmHaushaltsbuch (Code)** ❷ geöffnet wird. Sollte das nicht der Fall sein, betätigen Sie zunächst die Schaltfläche **Code anzeigen** ❸. (Auf die Bedeutung des Codes gehen wir später noch kurz ein.)

5 Klicken Sie in das Codefenster hinein und betätigen Sie ⌈Strg⌉ + ⌈A⌉, damit der gesamte hier integrierte Code markiert wird. Danach drücken Sie ⌈Strg⌉ + ⌈V⌉, um stattdessen den Code aus der Datei *Code.txt* aus der Zwischenablage einzufügen.

6 Kehren Sie zurück zur Standardansicht von Excel, indem Sie oben links auf die Schaltfläche **Ansicht Microsoft Excel** ❹ klicken. Alternativ drücken Sie erneut ⌈Alt⌉ + ⌈F11⌉.

7 Jetzt benötigen wir noch eine Schaltfläche, mit der sich das Formular bereitstellen lässt. Klicken Sie dazu auf **Einfügen** in der Gruppe **Steuerelemente** der Registerkarte **Entwicklertools**. Entscheiden Sie sich im Bereich **Formularsteuerelement** für **Schaltfläche**.

8 Ziehen Sie nun einen Rahmen in einem freien Bereich des Tabellenblattes **Kosten** auf, um die Schaltfläche dort zu integrieren. Daraufhin öffnet sich das Fenster **Makro zuweisen**. (Hätten Sie ein ActiveX-Steuerelement benutzt, wäre kein Dialog geöffnet worden.) Klicken Sie auf den Button **Neu**.

9 Wie Sie sehen, erfolgt nun abermals ein Wechsel in das Fenster **Microsoft Visual Basic for Applications** (in die Programmieroberfläche also). Platzieren Sie die Einfügemarke zwischen den beiden vorhandenen Zeilen. Drücken Sie einmal [⇆], um die folgende Zeile etwas einzurücken (das ist zwar nicht zwingend erforderlich, gehört aber gewissermaßen zum »guten Ton« der Programmierung).

10 Tippen Sie »frmHaushaltsbuch.Show« ein. Der Befehl bewirkt, dass das Haushaltsbuch-Formular geöffnet wird, wenn man auf den Button klickt. Kehren Sie mit der Tastenkombination [Alt] + [F11] zurück zur Standardansicht.

11 Zuletzt ändern Sie noch den Text der Schaltfläche. Dazu markieren Sie den vorhandenen Text (**Schaltfläche 1**) mit gedrückter Maustaste und tragen »Eingabemodus aktivieren« oder etwas Ähnliches ein. Achten Sie darauf, dass sich die Schaltfläche fortan nun nur noch mit rechts markieren lässt. Da sie bereits mit einer Funktion ausgestattet ist, würde ein linker Mausklick ja das Formular öffnen.

Wenn alles erledigt ist, speichern Sie das Dokument ab. Testen Sie sämtliche Funktionen. Ein Klick auf die soeben erzeugte Schaltfläche **Eingabemodus aktivieren** bringt das Formular hervor. Hier können Sie nun Ihre Eingaben machen. Beobachten Sie, wie die nächste freie Zeile des Tabellenblattes **Kosten** gefüllt wird, sobald Sie auf **Eingabe** drücken.

INFO

Fehlervermeidung

An dieser Stelle ist darauf hinzuweisen, dass unser Formular etwas spartanisch ausgestattet ist. So würde man beispielsweise in der Praxis die Eingaben überwachen und, wenn der Benutzer eine falsche Eingabe macht, eine Fehlermeldung erscheinen lassen. Doch das führt an dieser Stelle zu weit. Im Beispiel geht es ja auch vielmehr um die Erstellung von Formularsteuerelementen.

Den Code ändern

Lassen Sie uns noch einen Blick auf den Code werfen. Wenn Sie verstehen, was hier »passiert«, können Sie das Formular jederzeit nach Wunsch an Ihre Bedürfnisse anpassen.

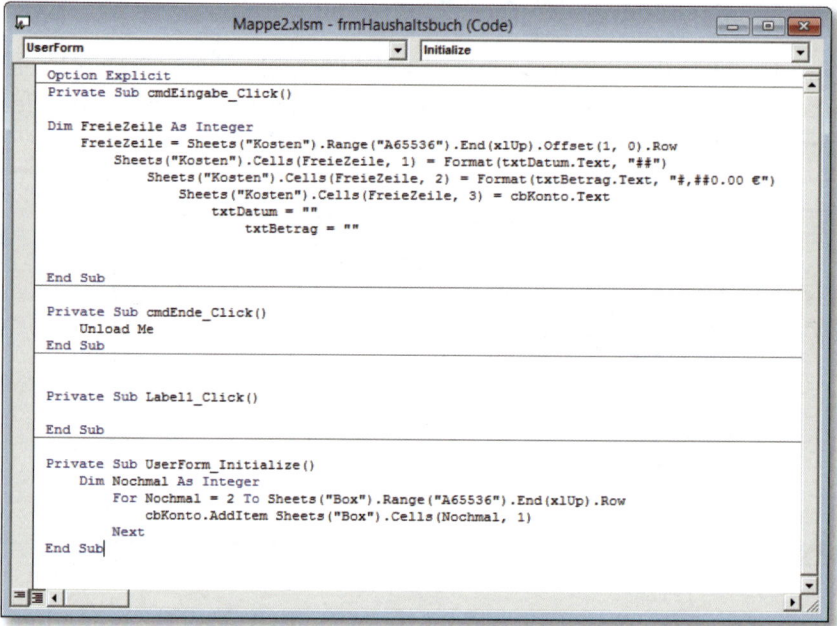

```
Mappe2.xlsm - frmHaushaltsbuch (Code)
UserForm                                    Initialize

Option Explicit
Private Sub cmdEingabe_Click()

Dim FreieZeile As Integer
    FreieZeile = Sheets("Kosten").Range("A65536").End(xlUp).Offset(1, 0).Row
        Sheets("Kosten").Cells(FreieZeile, 1) = Format(txtDatum.Text, "##")
            Sheets("Kosten").Cells(FreieZeile, 2) = Format(txtBetrag.Text, "#,##0.00 €")
                Sheets("Kosten").Cells(FreieZeile, 3) = cbKonto.Text
                    txtDatum = ""
                        txtBetrag = ""


End Sub

Private Sub cmdEnde_Click()
    Unload Me
End Sub


Private Sub Label1_Click()

End Sub

Private Sub UserForm_Initialize()
    Dim Nochmal As Integer
        For Nochmal = 2 To Sheets("Box").Range("A65536").End(xlUp).Row
            cbKonto.AddItem Sheets("Box").Cells(Nochmal, 1)
        Next
End Sub
```

Abbildung 18.4 Schauen Sie sich den Code genau an.

Die Zeile

Private Sub cmdEingabe_Click()

bedeutet, dass alles, was unterhalb dieser Zeile steht, ausgeführt wird, sobald der Anwender das Klickereignis, also den Mausklick auf **Eingabe**, ausführt. Diese Zeile erzeugt die Anwendung selbstständig, sobald Sie eine Schaltfläche integrieren. Benennen Sie diese, wird der Code ebenfalls automatisch angepasst. Darum müssen Sie sich also in der Praxis nicht kümmern. – Mit

Dim FreieZeile **As Integer**

wird eine Variable erzeugt, die programmintern FreieZeile heißt. Die folgende Zeile

FreieZeile = Sheets("Kosten").Range("A65536").End(xlUp).Offset(1, 0).Row

sorgt dafür, dass Text in die nächste verfügbare (also freie Zeile) geschrieben wird. Danach folgen drei Zeilen, die mit Sheets beginnen. Diese platzieren den Text in den jeweiligen Spalten.

```
Sheets("Kosten").Cells(FreieZeile, 1) = CDate(txtDatum.Text)
    Sheets("Kosten").Cells(FreieZeile, 2) = Format(txtBetrag.
    Text, "#,##0.00 €")
        Sheets("Kosten").Cells(FreieZeile, 3) = cbKonto.Text
```

Sie könnten ein weiteres Steuerelement hinzufügen – müssten dann aber auch eine weitere Zeile integrieren. Diese könnte dann beispielsweise heißen:

```
Sheets("Kosten").Cells(FreieZeile, [SPALTENNUMMER]) =
Format([NAME DES STEUERELEMENTS].Text)
```

Die letzten beiden Zeilen des ersten Abschnitts sorgen dafür, dass die Textfelder gelöscht werden, nachdem sie ausgelesen und an das Tabellenblatt übergeben worden sind. Wenn Sie das nicht wollen, dürfen Sie diese beiden Zeilen gern entfernen.

```
txtDatum = ""
    txtBetrag = ""
```

Im zweiten Abschnitt heißt es

```
Unload Me
```

Das bewirkt, dass das Formular entladen (also geschlossen) wird, wenn jemand auf **Abbrechen** klickt.

Ganz unten wird schließlich der Inhalt des Tabellenblattes **Box** ausgelesen und im Kombinationsfeld (cbKonto) wiedergegeben. Wie viele Begriffe verwendet werden, regelt die Variable Nochmal, beginnend ab Zeile 2 (2 TO Sheets). Denn immerhin ist in der ersten Zeile ja eine Überschrift enthalten, die nicht mit ausgelesen werden soll.

```
Private Sub UserForm_Initialize()
    Dim Nochmal As Integer
        For Nochmal = 2 To Sheets("Box").Range("A65536").End(xlUp).Row
            cbKonto.AddItem Sheets("Box").Cells(Nochmal, 1)
        Next
End Sub
```

Noch einmal zum besseren Verständnis: Den letzten Teil der Programmierung müssen Sie nicht ändern, wenn Sie Begriffe des Kombinationsfeldes ändern, streichen oder ergänzen wollen. Nehmen Sie diese Einstellungen bitte innerhalb des Tabellenblattes **Box** vor. Wenn Sie also später feststellen, dass eine weitere Kostenstelle integriert werden soll (wie z. B. »Auto«), platzieren Sie diesen Begriff in der ersten freien Zelle von Spalte **A** des Tabellenblattes **Box**.

18.4 Ein Tabellenblattformular erstellen

Im letzten Abschnitt widmen wir uns, wie bereits angekündigt, der Erstellung einfacher Formulare direkt in Excel. Als klassisches Beispiel dient diesmal die Anmietung eines Fahrzeugs in einer Autovermietung. Hier soll es möglich sein, ein PKW-Fabrikat und einen entsprechenden Versicherungstarif zu wählen, ohne dass der Anwender der Excel-Datei unnötig viele Eingaben tätigen muss.

Das Beispiel-Tabellenformular kennenlernen

Werfen wir zunächst einen Blick auf die Beispieldatei *Mietwagen.xlsx*, die Sie im Ordner *18* auf der Buch-CD finden. Wir haben es hier mit einem bereits fertig gestalteten Dokument zu tun, das lediglich noch mit Funktionen ausgestattet werden muss. Oben links finden wir die Eingabemaske. Gleich darunter in den Zeilen **6** und **7** soll noch einmal ausgegeben werden, für welches Fahrzeug und für welchen Tarif sich der Kunde entschieden hat. Unser eigentlicher Datenbestand befindet sich auf der rechten Seite. Hier sind die zur Verfügung stehenden Fahrzeuge sowie die Versicherungstarife gelistet.

	A	B	C	D	E	F	G
1	Mietwagen buchen:				**Fahrzeuge:**	**Tarife:**	**Bedeutung:**
2	Name:				Audi	T1	Teilkasko mit Selbstbeteiligung
3	Fahrzeug:		▼		BMW	T2	Teilkasko ohne Selbstbeteiligung
4	Tarif:		▼		Mercedes	V1	Vollkasko mit Selbstbeteiligung
5					Skoda	V2	Vollkasko ohne Selbstbeteiligung
6	Gewähltes Fahrzeug:				Volvo		
7	Gewählter Tarif:						
8							
9							

Abbildung 18.5 So sieht das Beispieldokument aus.

INFO

Kombinationsfelder präzise erzeugen

Im Excel-Dokument *Mietwagen.xlsx* sind mithilfe der Schaltfläche **Einfügen** in der Gruppe **Steuerelemente** der Registerkarte **Entwicklertools** zwei **Kombinationsfelder** der Kategorie **Formularsteuerelemente** eingefügt worden (Zellen **B3** bis **C4**). Die berechtigte Frage: Wie konnte es gelingen, dass diese so exakt in die Zellen passen? Ganz einfach: Halten Sie während des Aufziehens des Steuerelementrahmens Alt gedrückt. Dann wird der Rahmen des Steuerelements automatisch an die Zelle angepasst.

Das Tabellenformular mit Funktionen ausstatten

Nun geht es darum, unsere kleine Auswahlmaske mit Funktionen auszustatten. Dabei müssen gleich mehrere Ziele erreicht werden: Zum einen müssen wir dafür sorgen, dass der Mitarbeiter des Fahrzeugverleihers eines der zur Verfügung stehenden Fahrzeuge in Kombination mit einem Versicherungstarif aussuchen kann, zum anderen sollen beide Werte anschließend zur Dokumentation in den Zellen **C6** und **C7** auftauchen.

1 Beginnen wir mit der Auswahl des Fahrzeugs. Dazu klicken Sie bitte mit rechts auf das oberste der beiden Kombinationsfelder **BC3**. Im Kontextmenü der Zelle wählen Sie den Eintrag **Steuerelement formatieren** an.

2 Schieben Sie das Dialogfenster **Objekt formatieren** falls nötig ein wenig zur Seite. Die Spalte mit den zur Auswahl stehenden Fahrzeugen muss nämlich sichtbar bleiben.

3 Klicken Sie im Dialogfenster **Objekt formatieren** auf das Eingabefeld **Eingabebereich** der Registerkarte **Steuerung**. Wenn die Einfügemarke dort blinkt, ist alles in Ordnung.

4 Jetzt markieren Sie alle Fahrzeuge, indem Sie zunächst die Zelle **E2** anklicken und mit gehaltener Maustaste bis **E6** herunterziehen. Dort angekommen, lassen Sie los.

5 Als Nächstes benötigen Sie eine Zellverknüpfung. Das bedeutet: Sie müssen dem Wert, der später durch die Auswahl des jeweiligen Fahrzeugtyps erzeugt wird, eine Zelle zuweisen. Was es genau damit auf sich hat, schauen wir uns gleich noch an. Zunächst geht es darum, eine Zelle als Ziel zu bestimmen. Dazu klicken Sie in das Eingabefeld **Zellverknüpfung** des Dialogs. Wenn die Einfügemarke darin blinkt, klicken Sie auf die Zelle **D3** des Tabellenblattes. Damit ist die Vorarbeit zunächst erledigt. Bestätigen Sie mit **OK**.

6 Testen Sie das Steuerelement, indem Sie eine der angebotenen Optionen aussuchen. Dazu ist es erforderlich, dass Sie das Kombinationsfeld zunächst abwählen. Klicken Sie auf eine beliebige Zelle. Danach selektieren Sie das obere Kombinationsfeld erneut – diesmal allerdings mit der linken Maustaste. Sobald Sie einen der Werte aussuchen, wird das Ergebnis in Zelle **D3** ausgegeben. Für den dritten Eintrag beispielsweise erscheint die *3*. Das ist zwar im Ergebnis noch wenig befriedigend, soll aber zunächst reichen. Um den Rest kümmern wir uns später.

7 Widmen wir uns nun dem Kombinationsfeld **BC4**. Markieren Sie auch dieses mit einem Rechtsklick und wählen Sie im Kontextmenü **Steuerelement formatieren**. Im Dialog **Objekt formatieren** definieren Sie im gleichnamigen Feld den Eingabebereich mit den Zellen **F2** bis **F5**, also den möglichen Versicherungstarifen. Im Feld **Zellverknüpfung** wählen Sie die Zelle **D4**. Ein Klick auf **OK** beendet diese Aktion. Testen Sie auch dieses Steuerelement auf korrekte Funktion.

8 Zuletzt sorgen Sie dafür, dass die in Spalte **D** niedergelegten Ergebnisse wieder in Text verwandelt werden. Beginnen wir mit dem Fahrzeug: Markieren Sie dazu die Zelle **C6** und tippen Sie »=index(« in die Bearbeitungsleiste ein.

9 Anschließend müssen Sie der Anwendung mitteilen, welche Informationen hier zurate gezogen werden sollen. Da hier ja der Fahrzeugname erscheinen soll, sind das die Zellen **E2** bis **E6**, die nun markiert werden.

10 Damit sind wir aber noch nicht am Ende angelangt. Denn anschließend muss das Ergebnisfeld noch ausgelesen werden, damit Excel weiß, welcher der möglichen Begriffe benutzt werden soll. Sie erreichen das, indem Sie ein Semikolon eingeben, anschließend die Zelle **D3** markieren und die Klammer dahinter schließen. Die komplette Formel lautet also: **=INDEX(E2:E6;D3)**. Beenden Sie die Eingabe mit ⏎.

11 Wiederholen Sie diese Schritte auch in Bezug auf den Versicherungstarif. Dazu muss die Zelle **C7** mit der Formel »=INDEX(F2:F5;D4)« ausgestattet werden.

In der Praxis lassen sich derartige Steuerelemente prima nutzen, um ein gedrucktes Formular vorzubereiten, welches letztendlich neben den Kundendaten auch das gewählte Fahrzeug und den entsprechenden Versicherungstarif beinhaltet. In einem solchen Fall sollte man jedoch die Ausgabe der Kombinationsfelder unterdrücken. Sie erreichen das, indem Sie das Steuerelement noch einmal mit rechts anklicken und im Kontextmenü den Befehl **Steuerelement formatieren** wählen. Deaktivieren Sie nun die Checkbox **Objekt drucken** auf der Registerkarte **Eigenschaften**.

Namen definieren

Nun schauen wir uns noch an, wie sich Listen benennen lassen und anhand dieser Bezeichnung als Eingabebereich verwendet werden können. Derartige Vorgehensweisen eignen sich vor allem beim Einsatz mehrerer Tabellenblätter. Sie finden ein entsprechend vorbereitetes Dokument im Ordner *18* auf der Buch-CD unter dem Namen *Kombination_01.xlsx*.

1 Aktivieren Sie das Tabellenblatt **Daten** und markieren Sie anschließend die Zellen **A2** bis **A5**. Klicken Sie mit rechts auf eine der markierten Zellen und wählen Sie im Kontextmenü den Befehl **Namen definieren**.

2 Vergeben Sie den Namen »Stadt« und schließen Sie den Dialog mit einem Klick auf **OK**.

3 Wiederholen Sie diese Aktion, indem Sie zunächst die Zellen **B2** bis **B6** markieren, mit rechts darauf klicken und im Kontextmenü **Namen definieren** auswählen. Geben Sie dieser Gruppe den Namen »Abteilung«.

4 Aktivieren Sie nun das Tabellenblatt **Formular** und markieren Sie das oberste Kombinationsfeld mit einem Rechtsklick darauf. (Würden Sie es mit links anklicken, würde es nicht ausgewählt, sondern bedient.)

5 Wählen Sie im Kontextmenü des Feldes den Eintrag **Steuerelement formatieren** aus. Im Dialog **Objekt formatieren** klicken Sie nun auf die Registerkarte **Steuerung**.

6 Klicken Sie in das Feld **Eingabebereich** hinein und tragen Sie darin den Namen der Gruppe ein, die hier zukünftig zur Auswahl stehen soll. Im konkreten Fall ist das die Liste **Stadt**. Klicken Sie auf **OK**.

7 Verfahren Sie entsprechend mit dem unteren Steuerelement, das Sie mit der Liste **Abteilung** verbinden.

In der Beispieldatei *Kombination_02.xlsx*, die Sie im Ordner *18* auf der Buch-CD finden, sehen Sie das Ergebnis dieses Workshops. Allerdings sind wir mit unserer Übung noch nicht ganz am Ende angelangt. Denn im folgenden Abschnitt »Variable Listen verwalten« ist noch zu klären, was passiert, wenn die bestehenden Listen irgendwann gekürzt oder erweitert werden.

Variable Listen verwalten

Als Ausgangspunkt für diesen Abschnitt können Sie die Beispieldatei *Kombination_02. xlsx* aus dem Ordner *18* auf der Buch-CD verwenden. In diesem Workshop wollen wir sehen, was passiert, wenn die Liste **Stadt** oder **Abteilung** einmal verändert wird. Denn spätestens wenn eine weitere Filiale hinzukommt, funktioniert ja unser Formular nicht mehr ordnungsgemäß, da neue Einträge nicht automatisch auch Bestandteil des Kombinationsfeldes werden.

1 Öffnen Sie das Tabellenblatt **Daten** und fügen Sie in Zelle **A6** eine weitere Stadt, z. B. »München«, hinzu. Aktivieren Sie nun das Tabellenblatt **Formular** und kontrollieren Sie die Liste in Zelle **B5**. Obwohl ein weiterer Eintrag hinzugefügt worden ist, wird dieser im Listensteuerelement nicht angezeigt.

2 Das ist anders, wenn Sie mit Tabellen arbeiten. Öffnen Sie noch einmal das Tabellenblatt **Daten** und markieren Sie alle gefüllten Zellen der Spalte **A** (von **A1** bis **A6**).

3 Anschließend klicken Sie auf die Schaltfläche **Als Tabelle formatieren** in der Gruppe **Formatvorlagen** der Registerkarte **Start**. Suchen Sie in dem Auswahlmenü der Schaltfläche eine beliebige Vorlage aus. Sie gelangen daraufhin in das Dialogfenster **Als Tabelle formatieren**, in dem Sie nun die Checkbox **Tabelle hat Überschriften** anwählen müssen.

4 Gehen Sie zurück auf die Seite **Formular**. Markieren Sie das obere Steuerelement mit rechts, entscheiden Sie sich noch einmal für **Steuerelement formatieren** und markieren Sie anschließend den gesamten Eintrag des Feldes **Eingabebereich**. Danach klicken Sie auf das rot-blaue Symbol, welches sich direkt neben dem Feld befindet, und wählen noch einmal alle relevanten Zellen an (also **A1** bis **A6**). Diesen Schritt müssen Sie nur einmal machen. Er ist notwendig, da wir zuvor nur einen Namen vergeben hatten, uns ab sofort aber auf eine Tabelle beziehen werden.

5 Gehen Sie zuletzt bitte noch einmal auf das Tabellenblatt **Daten** und fügen Sie weitere Einträge hinzu. Sie werden feststellen, dass die Listen auf dem Tabellenblatt **Formular** nun automatisch aktualisiert werden – und zwar immer dann, wenn Einträge hinzugefügt oder gelöscht werden – ohne weitere manuelle Aktualisierungen.

Wenn Sie die Beispieldatei *Kombination-fertig.xlsx*, die Sie im Ordner *Ergebnisse* auf der Buch-CD finden, öffnen, sehen Sie das Ergebnis dieses Workshops. Wie Sie nun gesehen haben, lassen sich in wenigen Arbeitsschritten schon recht komplexe Formulare in Excel erstellen. Probieren Sie es einfach mal aus.

Kapitel 19
Daten filtern und sortieren

Die oft gebrauchte Redensart »Ich such mir 'nen Wolf.« mag auf viele Bereiche des täglichen Lebens zutreffen – im Zusammenhang mit Excel ist sie allerdings vollkommen unbegründet. Denn mit Sortier- und Filterfunktionen findet man das Gesuchte auch in umfangreichen Dokumenten – und kann auch unübersichtliche Listen schnell und sinnvoll ordnen.

19.1   Daten schnell alphabetisch sortieren

Wenn es um das Sortieren von Zellen geht, muss man sich stets darüber im Klaren sein, dass Zellen miteinander im Zusammenhang stehen. Wenn Sie in einer Adressliste beispielsweise die Nachnamen alphabetisch ordnen wollen, müssen Sie auch dafür sorgen, dass die benachbarten Zeilen mit Straße, PLZ und Ort entsprechend mit sortiert werden. Anderenfalls kämen die Adressen ja durcheinander, und das Excel-Dokument wäre unbrauchbar. Hier können Sie sich aber einmal mehr auf die Unterstützung durch die Software verlassen.

Eine Liste alphabetisch ordnen

Wir beginnen mit der Beispieldatei *Schuhe.xlsx*, die Sie im Ordner *19* auf der Buch-CD finden. Hierbei handelt es sich um eine Preistafel verschiedener fiktiver Schuhanbieter. Diese soll zunächst nach Anbietern geordnet werden.

1 Normalerweise würden Sie alle Zellen markieren, die verschoben werden müssen. Im Beispiel wären das die Zellen **A3** bis **D22**. Wir wollen jedoch bewusst nur eine Spalte markieren, damit Sie sehen, wie die Anwendung darauf reagiert. Außerdem geben wir damit vor, was uns bei der Sortierung wichtig erscheint. Selektieren Sie deshalb nur die erste Spalte, also von **A3** bis **A22**.

2 Klicken Sie auf die Schaltfläche **Von A bis Z sortieren** ❶ (siehe Abbildung Seite 582) in der Gruppe **Sortieren und Filtern** der Registerkarte **Daten**. Excel reagiert sogleich mit dem Hinweisfenster **Sortierwarnung** ❷.

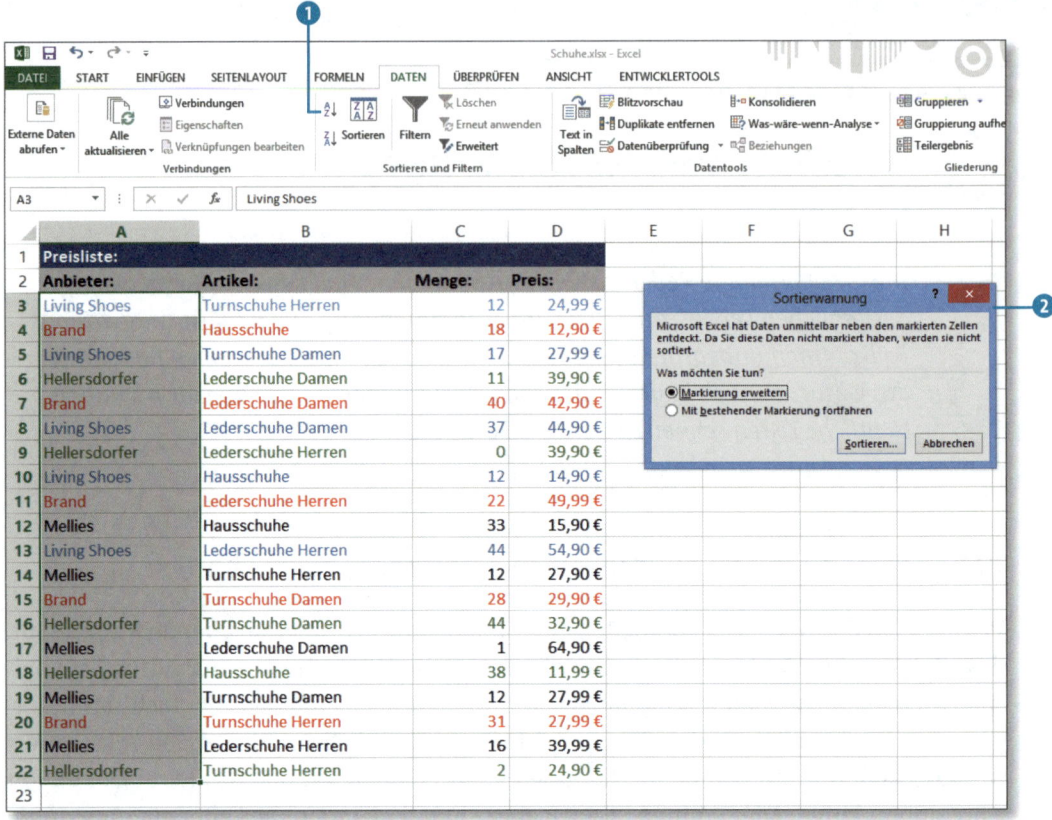

3 Die Anwendung schlägt vor, die Markierung zu erweitern. Das heißt: Die benachbarten Zellen werden in die Sortierung mit aufgenommen. So soll es auch sein, sodass Sie gleich mit einem Klick auf **Sortieren** bestätigen können. (Würden Sie den unteren Radiobutton **Mit bestehender Markierung fortfahren** aktivieren, würde nur Spalte **A** sortiert. Das hätte aber zur Folge, dass dann die Artikel, Anzahl und Preise nicht mehr zum Anbieter passen würden.)

4 Wählen Sie die Spalte **A** ab, indem Sie eine beliebige andere Zelle markieren. Anhand der Schriftfarben erkennen Sie leicht, dass die Sortierung korrekt vollzogen worden ist.

> **INFO**
>
> **Umgekehrt alphabetisch sortieren**
>
> Wollen Sie eine Liste nicht von A bis Z, sondern umgekehrt sortieren – beginnend mit Z? Dann klicken Sie auf die Schaltfläche **Von Z bis A sortieren** in der Gruppe **Sortieren und Filtern** der Registerkarte **Daten**.

Die Liste links ist mit der erweiterten Markierung erstellt worden (die Zeilen bleiben zusammen), während die rechte mit bestehender Markierung sortiert worden ist. Dabei sind die Spalten **B** bis **D** komplett von der Neupositionierung ausgenommen worden. Nur die Zelleninhalte der Spalte **A** sind geordnet worden.

Spaltenpriorität setzen

Sie haben gesehen, dass wir mit der Vorwahl der Spalte eine Priorität in Sachen Sortierung setzen können. Wenn Sie nämlich beispielsweise wollen, dass die Liste nicht nach Anbieter, sondern nach Artikel alphabetisch geordnet wird, markieren Sie alle relevanten Zellen der Spalte **B**. Betätigen Sie daraufhin den Button **Von A bis Z sortieren** in der Gruppe **Sortieren und Filtern** der Registerkarte **Daten**, gefolgt von einem Klick auf **Sortieren** im Dialog.

Daraufhin beginnt die Liste mit den Hausschuhen der verschiedenen Anbieter. Die Inhalte einer Zeile sind indes zusammengeblieben, was Sie anhand der gleichen Farben auch noch einmal kontrollieren können.

19.2   Umfangreiche Sortierungen durchführen

Wer bei einer Sortierung mehr verlangt als die alphabetische Ausrichtung, kommt mit den beiden Sortierbuttons in der Gruppe **Sortieren und Filtern** der Registerkarte **Daten** nicht weiter. Hier muss man einen flexibleren Dialog wählen.

Sortierung nach mehreren Kriterien vornehmen

Stellen Sie sich vor, wir wollen einen echten Preischeck durchführen. Dann müssten wir uns ja die Fragen stellen: Wo gibt es die preisgünstigsten Lederschuhe für Herren? Wer hat die günstigsten Hausschuhe im Programm, und bei wem erstehe ich die preiswertesten Turnschuhe für Damen usw.? Um diese Fragen auch innerhalb der Excel-Liste beantworten zu können, müssen wir mehrere Kriterien angeben.

1 Öffnen Sie zunächst die Beispieldatei *Schuhe.xlsx* aus dem Ordner *19* auf der Buch-CD.

2 Markieren Sie alle relevanten Zellen – also den Bereich von **A2** bis **D22**. Ja, die Zeile **2** soll mit in die Auswahl aufgenommen werden. Warum das so ist, erfahren Sie gleich.

3 Klicken Sie anschließend auf die Schaltfläche **Sortieren** in der Gruppe **Sortieren und Filtern** der Registerkarte **Daten**. Es öffnet sich daraufhin das Dialogfenster **Sortieren**.

4 Bevor wir irgendetwas machen, schauen Sie doch bitte einmal auf die Checkbox oben rechts. Sie heißt **Daten haben Überschriften**. Lassen Sie die Checkbox aktiv, damit die folgenden Einstellungen anhand der Zeile **2** vorgenommen werden können, wobei diese selbst aber nicht mit in die Sortierung fällt. Die dort integrierten Bezeichnungen sollen ja von der folgenden Neupositionierung ausgenommen werden. Hätten Sie zuvor alles ab Zeile **3** markiert, müssten Sie das Häkchen entfernen.

5 Schauen Sie sich die grau hinterlegte Zeile des Dialogs an. Sie beginnt mit **Sortieren nach**. Öffnen Sie das nebenstehende Listensteuerelement und wählen Sie dort **Artikel** aus. Das hat zur Folge, dass zunächst die **Artikel**-Spalte zur Sortierung herangezogen wird.

6 Im Listenfeld **Sortieren nach** belassen Sie es bei der Einstellung **Werte**. Das dritte Steuerelement **Reihenfolge** soll **A bis Z** ausweisen. Damit ist das erste Suchkriterium eingegeben. Excel wird damit also angewiesen, die Spalte **B** alphabetisch zu sortieren.

7 Als Nächstes klicken Sie oben links auf den Button **Ebene hinzufügen**. Sie erreichen damit, dass ein zweites Suchkriterium, also eine weitere Zeile, in den Dialog einge-fügt wird. Die Zeile beginnt daraufhin mit dem Feld **Dann nach**.

8 Genau hier sorgen wir dafür, dass Spalte **D**, also die Preise, entsprechend sortiert wird. Die Zeile muss also heißen: Dann nach **Preis: – Werte – Nach Größe (aufstei-gend)**. Schließen Sie die Aktion mit einem Klick auf **OK** ab.

9 Im Ergebnis haben Sie nun erreicht, dass zunächst die Hausschuhe präsentiert wer-den, (da die Spalte **Artikel** alphabetisch erscheinen sollte) und der niedrigste Preis für Hausschuhe oben steht. Entsprechendes gilt für die Preise in Spalte **D**.

	A	B	C	D	E
2	**Anbieter:**	**Artikel:**	**Menge:**	**Preis:**	
3	Hellersdorfer	Hausschuhe	38	11,99 €	
4	Brand	Hausschuhe	18	12,90 €	
5	Living Shoes	Hausschuhe	12	14,90 €	
6	Mellies	Hausschuhe	33	15,90 €	
7	Hellersdorfer	Lederschuhe Damen	11	39,90 €	
8	Brand	Lederschuhe Damen	40	42,90 €	
9	Living Shoes	Lederschuhe Damen	37	44,90 €	
10	Mellies	Lederschuhe Damen	1	64,90 €	
11	Hellersdorfer	Lederschuhe Herren	0	39,90 €	

Bitte bedenken Sie, dass Sie theoretisch unbegrenzt viele Suchsätze formulieren dürfen. Wann immer Sie im Dialog **Sortieren** auf die Schaltfläche **Ebene hinzufügen** klicken, wird eine weitere Zeile integriert. Damit sollten sich dann auch die umfangreichsten Sortierungen realisieren lassen.

Sortierreihenfolge ändern

Falls Sie es vorziehen, anschließend eine andere Sortierung vorzunehmen, können Sie das natürlich tun. Wenn Sie erneut den Dialog **Sortieren** (**Daten > Sortieren und Filtern > Sortieren**) öffnen, werden Sie feststellen, dass die eingangs formulierten Sortierkriterien beibehalten worden sind. Wenn Sie lediglich die Reihenfolge der Sortierung ändern wollen, also zunächst nach Preis und erst dann nach Artikel, markieren Sie die erste Zeile ❶ und betätigen dann den Button **Nach unten** ❷.

Abbildung 19.1 Die Reihenfolge der Suchkriterien kann jederzeit angepasst werden.

> **INFO**
>
> **Spalten sortieren**
>
> Im Dialogfenster **Sortieren** finden Sie noch die Schaltfläche **Optionen** ❸. Ein Klick darauf zeigt, dass grundsätzlich zeilenweise sortiert wird. Wenn Sie jedoch einmal die Spalten anders anordnen wollen, müssen Sie hier entsprechend umstellen und mit **OK** bestätigen.

Eigene Sortierkriterien aufstellen

Die Zuweisung einer bestimmten Reihenfolge anhand des Alphabets oder der Größe eines Wertes ist ja nun keine große Herausforderung mehr. Doch wie können wir es anstellen, in der Liste zunächst alle Damenschuhe, danach alle Herrenschuhe und zuletzt die Hausschuhe erscheinen zu lassen? Hier hilft uns die alphabetische Sortierung ja nicht weiter.

1 Markieren Sie zunächst alle Zellen von **A2** bis **D22** in der Beispieldatei *Schuhe.xlsx*. Danach rufen Sie den Dialog **Sortieren** (**Daten > Sortieren und Filtern > Sortieren**) auf.

2 Klicken Sie danach auf die Schaltfläche **Ebene hinzufügen**. Im Auswahlfeld **Sortieren nach** entscheiden Sie sich für **Artikel**.

3 Öffnen Sie das Steuerelement **Reihenfolge** und klicken Sie dort auf **Benutzerdefinierte Liste**.

4 Im Dialog **Benutzerdefinierte Liste** aktivieren Sie zunächst links den Eintrag **Neue Liste** ❹ und klicken anschließend in das Feld **Listeneinträge** ❺.

5 Geben Sie »Turnschuhe Damen« ein und bestätigen Sie mit ↵. Danach lassen Sie den Eintrag »Lederschuhe Damen« folgen – ebenfalls gefolgt von ↵. Dann sind die beiden Gattungen der »Herrenschuhe« und zuletzt die »Hausschuhe« an der Reihe. Beachten Sie, dass jeder Eintrag in einer neuen Zeile stehen muss. Demzufolge ist jede Eingabe auch folgerichtig mit ↵ abzuschließen. Am Ende bestätigen Sie mit **OK**.

6 Die Reihenfolge ist nun auch im gleichnamigen Auswahlfeld zu sehen. Sie müssen also am Ende nur noch ein weiteres Mal auf **OK** gehen.

Sollten Sie später abermals erneut über den Dialog **Sortieren** das Dialogfenster **Benutzerdefinierte Liste** aufrufen, werden Sie dort auch den zuvor definierten Listeneintrag wiederfinden. Falls Sie dieses Suchkriterium also später noch einmal benötigen, ist eine Neueingabe nicht mehr erforderlich.

19.3 Daten anhand bestimmter Merkmale filtern (AutoFilter)

Eine Liste wird immer unübersichtlicher, je mehr Informationen hinzugefügt werden. Die Sortierfunktionen helfen zwar bei der Anordnung der betreffenden Zellen weiter – und sorgen so für eine optimierte Ansicht –, jedoch ist es manchmal besser, alle irrelevanten Daten ganz einfach auszublenden. So kann der Anwender sich auf die wesentlichen Daten konzentrieren.

Daten filtern mit dem AutoFilter

Im ersten Beispiel dieses Abschnitts wollen wir einen unverbaubaren Blick auf die Hausschuhe genießen. Alle anderen Artikel interessieren uns nicht. Gehen Sie folgendermaßen vor:

1 Öffnen Sie die Beispieldatei *Schuhe.xlsx* aus dem Ordner *19* auf der Buch-CD. Anschließend markieren Sie eine beliebige Zelle innerhalb der Preisliste. (Sollte eine außerhalb liegende Zelle selektiert sein, gibt Excel nach dem folgenden Schritt eine Fehlermeldung aus.)

2 Klicken Sie auf die Schaltfläche **Filtern** in der Gruppe **Sortieren und Filtern** der Registerkarte **Daten**. Mit ⌨Strg + ⇧ + ⌨L erreichen Sie übrigens dasselbe. – Zunächst einmal passiert nicht allzu viel. Die Zellen der Zeile **2** werden lediglich mit kleinen Dreieck-Schaltflächen ausgestattet.

3 Betätigen Sie die soeben hinzugefügte Schaltfläche innerhalb der Zelle **B2 ❶**. Danach klicken Sie auf die standardmäßig aktive Checkbox **Alles auswählen ❷**, wodurch sämtliche unterhalb befindliche Checkboxen inaktiv werden.

4 Wählen Sie anschließend die Checkbox **Hausschuhe ❸** wieder an und klicken Sie auf **OK**.

5 Fortan werden in der Excel-Tabelle nur noch die gewünschten Artikel angezeigt. Achten Sie darauf, dass sich auch die Dreieck-Schaltfläche an der Zelle **B2** entsprechend geändert hat. Sie sehen hier nun ein Trichter-Symbol, welches verdeutlicht, dass die Spalte gefiltert ist – dass es also in Wahrheit sehr viel mehr Einträge gibt.

Klicken Sie abermals auf die Dreieck-Schaltfläche an der Zelle **B2** und aktivieren im Menü wieder die Checkbox **Alles auswählen**, wird die Filterung verworfen. Damit wird die gesamte Tabelle wieder sichtbar.

INFO

Filterung aufheben

Solange die Filterung noch nicht deaktiviert ist, bleiben die Schaltflächen in Zeile **2** erhalten – und Sie könnten weitere Filter anwenden, auch in anderen Spalten. Erst wenn Sie noch einmal auf die Schaltfläche **Filtern** in der Gruppe **Sortieren und Filtern** der Registerkarte **Daten** klicken oder $\boxed{\text{Strg}}$ + $\boxed{\Uparrow}$ + $\boxed{\text{L}}$ drücken, werden die Buttons entfernt.

Farbfilter benutzen

Wenn Sie auf die Schaltfläche **Filtern** in der Gruppe **Sortieren und Filtern** der Registerkarte **Daten** klicken, erreichen Sie, wie Sie bereits wissen, verschiedene Filteroptionen mit Klick auf die Dreieck-Schaltfläche der jeweiligen Spalte. Hier können Sie beispielsweise auch auf die Option **Nach Farbe filtern** klicken und anschließend per Mausklick auf den roten Balken festlegen, dass nur Zeilen angezeigt werden, deren Text rot ist.

Abbildung 19.2 Nach diesem Klick werden nur noch rote Texte angezeigt.

INFO

Nach Farbe sortieren

Im Filtermenü gibt es auch den Eintrag **Nach Farbe sortieren**. Dieser bewirkt jedoch, wie der Name schon vermuten lässt, lediglich eine Sortierung. Es bleiben alle Einträge erhalten, wobei diese jedoch nach Schriftfarbe sortiert angezeigt werden.

Textfilter benutzen

Bei aktivierter Funktion **Filter** (**Daten** > **Sortieren und Filtern** > **Filtern**) lässt sich die Liste auch nach Textinhalten filtern. So wäre es ja beispielsweise durchaus hilfreich, einmal ausschließlich Damen-Lederschuhe anzeigen zu lassen. Klar, wir könnten das mithilfe der Checkboxen realisieren, aber wir werden dies nun alternativ mit dem Textfilter erledigen.

1 Markieren Sie eine beliebige Zelle innerhalb der Tabelle. Falls Zeile **2** nicht mit Filterbuttons ausgestattet ist, drücken Sie ⌨Strg + ⌨⇧ + ⌨L. Alternativ klicken Sie auf die Schaltfläche **Filtern** in der Gruppe **Sortieren und Filtern** der Registerkarte **Daten**, um die Filterschaltflächen einzublenden.

2 Klicken Sie in Zelle **B2** auf den Filterbutton und wählen Sie im Menü die Option **Textfilter**. Anschließend betätigen Sie den Befehl **Enthält**.

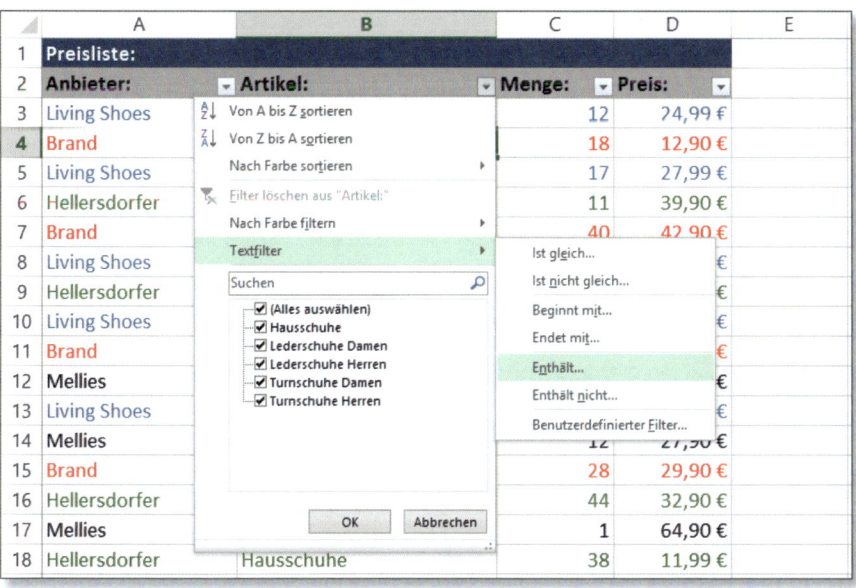

3 Daraufhin öffnet sich der Dialog **Benutzerdefinierter AutoFilter**, in dem das gewünschte Wort (in unserem Fall »Damen«) in das obere rechte Feld eingegeben werden muss. Bestätigen Sie die Eingabe, sofern Sie alle Damenschuhe sehen wollen. Wir hatten allerdings vor, noch einen Schritt weiterzugehen. Das Ziel war ja, nur die Damen-Lederschuhe anzeigen zu lassen. Also aktivieren Sie den Radiobutton **Und** und gestalten Sie die zweite Dialogzeile derart, dass **enthält nicht** > **Turnschuhe** angezeigt wird. Bestätigen Sie Ihre Eingabe mit **OK**.

Damit werden nur Zeilen angezeigt, die in Spalte **B** die Bezeichnung »Damen-Leder-schuhe« enthalten. – Betätigen Sie die Tastenkombination Strg + ⇧ + L, um wieder zur ursprünglichen Ansicht zurückzukehren. In Schritt 3 der vorangegangenen Anleitung hätten wir auch gleich in der obersten Artikelzeile »Turnschuhe Damen« eintragen können. Doch so wurde deutlich, dass man explizit eine bestimmte Gattung bzw. einen Begriff ausschließen kann.

Kapitel 20
Daten mit Diagrammen anschaulich auswerten

*Daten in Excel lassen sich viel schneller erfassen, wenn man diese grafisch dar-
stellt. So fällt beispielsweise der Umsatzrückgang einer Betriebsstätte im Unternehmen nicht gleich auf, wenn man lediglich eine Tabelle vor sich hat. Diagramme sind hingegen schnell erfassbar und deshalb ausgesprochen zweckmäßig.*

20.1   Diese Diagrammtypen kennt Excel 2013

Leider gibt es nicht das eine, alles umfassende Standarddiagramm. Vielmehr muss man
bei der Auswahl des Diagrammtyps überlegen, welche Form die geeignete für die jeweiligen Tabellen ist. Man unterscheidet grundsätzlich zwischen folgenden Diagrammarten:

Diagrammarten	
Diagramm	**Besonderheiten**
Säulendiagramm	auch *Balkendiagramm*, bestehend aus senkrecht stehenden Säulen, die zum direkten Vergleich von unterschiedlichen Werten optimiert sind. Je höher ein Wert ist, desto höher die Säule.
Liniendiagramm	auch *Kurvendiagramm*, bezeichnet die Zusammenhänge unterschiedlicher Werte, z. B. in Bezug auf die Entwicklung wie Preisentwicklung von Monat zu Monat.
Kreisdiagramm	auch *Tortendiagramm*, Darstellung von Teilen eines Gan-zen. Die einzelnen Teile werden wie unterschiedlich große Kuchenstücke dargestellt.
Balkendiagramm	wie Säulendiagramm, jedoch mit dem Unterschied, dass Balken horizontal angeordnet sind
Flächendiagramm	wie Liniendiagramme, wobei die Flächen zwischen der Werte-Linie und der Grundlinie farbig dargestellt werden
Punktdiagramm	auch *Streudiagramm*, stellt jeweils zwei voneinander abhän-gige Werte in Form von Punkten dar.

Diagrammarten	
Diagramm	**Besonderheiten**
Kursdiagramm	Wiedergabe von Kursentwicklungen (Börsennotierungen). Im herkömmlichen Kursdiagramm wird der Bereich zwischen Höchst- und Tiefstkurs als senkrechte Linie dargestellt, wobei der Schlusskurs als Punkt auf dieser Linie erscheint.
Oberflächen- diagramm	dreidimensionale Darstellung von Werten
Netzdiagramm	Darstellung der Werte in Form eines Spinnennetzes
Verbunddiagramm	kombiniertes Diagramm aus Säulen und Linien

Tabelle 20.1 Die unterschiedlichen Diagrammtypen in der Übersicht

In den folgenden Abschnitten lernen Sie, wie Sie ohne viel Mühe Ihre Daten aus Excel-Tabellenblättern in zweckmäßige Diagramme verwandeln können, sodass sich dem Betrachter auf den ersten Blick der Inhalt erschließt.

20.2   Ein Diagramm erstellen

Zur Erstellung eines Diagramms wird verständlicherweise eine Tabelle benötigt; denn nur wenn Sie gültige Daten zur Verfügung stellen, kann Excel Grafiken daraus generieren.

Ein Diagramm per Schnellanalyse erstellen

Der einfachste Weg, Diagramme aus den Daten Ihrer Tabelle zu erstellen, führt über die Schaltflächen des Schnellanalyse-Symbols. Im Folgenden werden wir ein Diagramm über die Schnellanalyse einfügen, öffnen Sie daher zunächst die Beispieldatei *Schuhe-Diagramme.xlsx* aus dem Ordner *20* auf der Buch-CD.

1   Zunächst müssen Sie sämtliche Zellen markieren, die Inhalt des Diagramms werden sollen. Dabei sollten Sie auch die Beschriftungszeile mit auswählen. In der Beispieldatei ist das Zeile **2**. Selektieren Sie also den Bereich von **A2** bis **D7**.

2   Am Auswahlrahmen wird daraufhin die Schaltfläche **Schnellanalyse** ❶ eingeblendet. Mit einem Klick darauf öffnen Sie die Schaltflächen der Schnellanalyse.

3 Aktivieren Sie mit einem Mausklick die Registerkarte **Diagramme** ❷ und bewegen Sie die Maus über die verschiedenen Schaltflächen, die Ihnen auf dieser Registerkarte angeboten werden. Oberhalb des Etiketts **Schnellanalyse** wird daraufhin eine Vorschau des jeweiligen Diagrammtyps angezeigt. Sie können nun also in aller Ruhe wählen, welches Diagramm das für Sie geeignete ist.

4 Wenn Sie den gewünschten Diagrammtyp für Ihre Daten gefunden haben, klicken Sie auf die entsprechende Schaltfläche, im Beispiel also **Gruppierte Balken**.

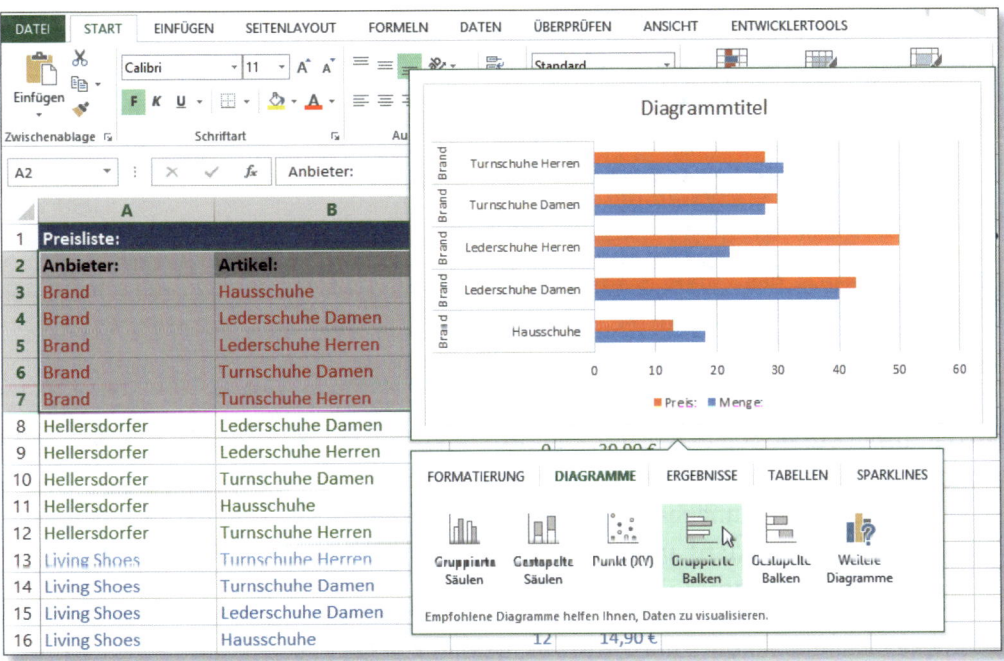

Bei der Produktion eines Diagramms untersucht Excel Ihre Tabelle zunächst auf Werte, also auf Zahlen. Deswegen sind in diesem Beispiel auch die Spalten **Menge** und **Preis** grafisch dargestellt worden. Textzellen hingegen werden beim Erzeugen des Diagramms als Beschriftungen eingesetzt.

Ein Kursdiagramm per Schnellanalyse erstellen

Die Auswahl der über die Schaltfläche **Schnellanalyse** verfügbaren Diagrammtypen ist ja nicht gerade üppig. Sie können aber auch ganz leicht über die Schnellanalyse weitere Diagrammtypen auswählen und in Ihrem Dokument verwenden.

1 Öffnen Sie zunächst die Beispieldatei *Schuhe-Diagramme.xlsx* aus dem Ordner *20* auf der Buch-CD und markieren Sie nun auf dem Tabellenblatt die Zellen **G1** bis **J5**. Klicken Sie dazu in Zelle **G1** und ziehen Sie an dem kleinen grünen Quadrat den Rahmen bis Zelle **J5** auf.

2 Klicken Sie auf den Button **Schnellanalyse** und aktivieren Sie die Registerkarte **Diagramme**. Leider ist der Typ **Kursdiagramm** hier nicht enthalten, klicken Sie daher auf die Schaltfläche **Weitere Diagramme**.

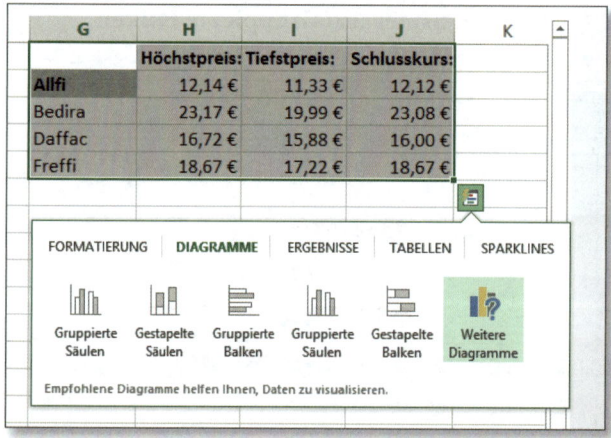

3 Daraufhin öffnet sich der Dialog **Diagramm einfügen**, über den Sie sämtliche Diagrammtypen anwählen können. Wenn Sie jetzt allerdings in der linken Spalte nachsehen, werden Sie zunächst kein Kursdiagramm finden. Das liegt daran, dass es von Excel nicht als Standard angesehen wird, daher müssen Sie zunächst auf die Registerkarte **Alle Diagramme** ❶ wechseln.

4 Klicken Sie nun auf die Rubrik **Kurs** ❷, gefolgt von **OK**.

INFO

Andere Kursdiagramme aktivieren

Standardmäßig bietet Excel Ihnen das erste Kursdiagramm ❸ an. Daneben befinden sich allerdings noch weitere, ähnliche Diagramme. Sollten Sie auf eine der nebenstehenden Schaltflächen klicken, werden Sie jedoch über die Bedingungen für diesen Diagrammtyp informiert. Ein Klick auf den Diagrammtyp **Eröffnungs-Höchst-Tiefst-Schlusskurs** beispielsweise erzeugt ein Diagramm, welches auch einen Eröffnungskurs erwartet. Im konkreten Fall unserer Beispieldatei *Schuhe-Diagramme.xlsx* müsste also der Dialog abgebrochen und eine Spalte mit dem Titel **Eröffnungskurs** hinzugefügt werden.

Abbildung 20.1 Dieses Diagramm kann anhand der aktuellen Tabelle nicht erzeugt werden. Excel »beschreibt«, was vorab erledigt werden muss.

Ihnen wird im Dialogfenster **Diagramm einfügen** nur dann eine Vorschauminiatur ④ (siehe Abbildung Seite 597) angeboten, wenn die Tabelle bereits vorab korrekt definiert worden ist, also wie in unserem Beispiel bereits Höchst-, Tiefst- und Schlusskurse enthält. Ist das nicht der Fall, wird Ihnen anstelle der Vorschauminiatur eine Erklärung in Textform angezeigt, die Informationen darüber enthält, wie die Tabelle beschaffen sein muss. In einem solchen Fall müssten Sie zunächst den Vorgang abbrechen, die Tabelle entsprechend anpassen (also Spaltenüberschriften mit den geforderten Inhalten generieren) und dann erneut den Diagrammtyp über den Dialog **Diagramm einfügen** aufrufen und zuweisen.

Ein Diagramm per Menüband einfügen

Falls Ihnen die Schnellanalyse zu wenig Überblick bietet, können Sie selbstverständlich auch über das Menüband Diagramme erzeugen. Wie auch schon beim Erzeugen eines Diagramms per Schnellanalyse müssen Sie bei diesem Verfahren die relevanten Zellen zunächst markieren. Wählen Sie im Anschluss den gewünschten Diagrammtyp in der Gruppe **Diagramme** der Registerkarte **Einfügen** aus. Die Erklärungen, die Ihnen in Form von QuickInfos angezeigt werden, sobald Sie die Maus auf eine der Schaltflächen bewegen, helfen Ihnen bei der Auswahl weiter. Wenn Sie den Diagrammtyp lieber über den Dialog **Diagramm einfügen** auswählen wollen, klicken Sie auf den Button **Alle Diagramme anzeigen** ①. (Alternativ benutzen Sie die Schaltfläche **Empfohlene Diagramme** ganz links in der Gruppe.)

Abbildung 20.2 Auch im Menüband stehen Diagrammtypen zur Wahl.

Besonders interessant ist hier, dass sich auch gleich verschiedene Grafikarten eines Diagrammtyps nutzen lassen. Klicken Sie beispielsweise auf die Dreieck-Schaltfläche an der Schaltfläche **Kreis- oder Ringdiagramm einfügen** ❷, wird ein Auswahlmenü mit weiteren Optionen eingeblendet. In den einzelnen Bereichen des Menüs stehen Ihnen sogar zum Teil weitere Varianten eines Diagrammtyps zu Verfügung. Bewegen Sie die Maus auf eines der Symbole, sehen Sie gleich unterhalb des Menüs eine Vorschau.

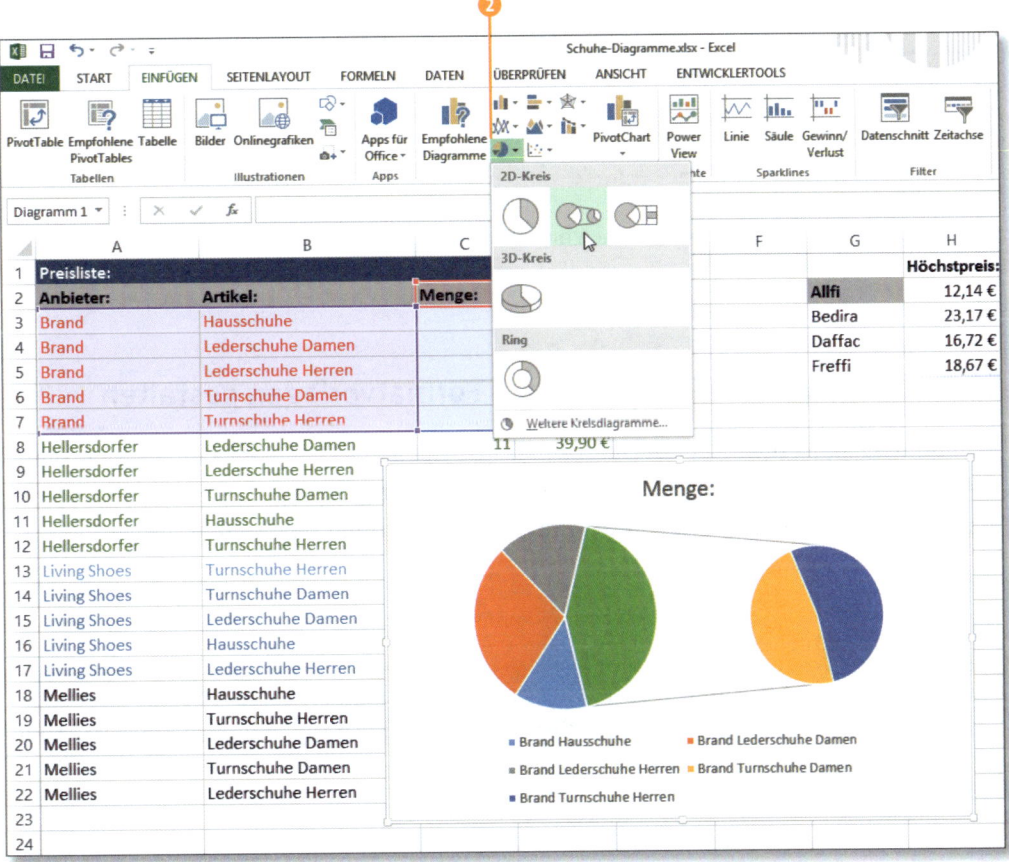

Abbildung 20.3 Das ist komfortabel – Excel zeigt auch hier eine Vorschau an.

Haben Sie sich für einen Diagrammtyp und -stil entschieden, klicken Sie auf die entsprechende Schaltfläche, um ihn zuzuweisen. Übrigens entsprechen die Diagrammstile der Schaltflächen in der Gruppe **Diagramme** der Registerkarte **Einfügen** denen, die Sie über das Dialogfenster **Diagramm einfügen** (beispielsweise **Schnellanalyse > Diagramme > Weitere Diagramme**) nach Auswahl einer Rubrik in der linken Spalte einfügen können.

Abbildung 20.4 Die Miniaturen sind auch hier zu finden.

20.3 Diagramme mit Layouts und Formatvorlagen gestalten

Nachdem Sie den gewünschten Diagrammtyp festgelegt haben, legt sich das Diagramm wie eine herkömmliche Grafik oder ein Foto »über« die Zellen des Excel-Dokuments. Platzierung und Aussehen lassen sich nun noch individuell bearbeiten.

Diagramme skalieren

Sie können die Diagrammgrafik wie ein Foto durch Ziehen an den Eckanfassern vergrößern oder verkleinern – und zwar im Gegensatz zu Fotos ohne jegliche Qualitätsverluste. Die Grafik ist in jeder Größe gestochen scharf.

INFO

Vektoren

Der Grund für die herausragende Qualität von Grafiken ist der, dass die grafischen Elemente nicht (wie ein Foto) aus Pixeln bestehen. Vergrößern Sie ein Foto, müssen Pixel hinzugerechnet werden. Das führt letztendlich zum Qualitätsverlust. Originalgrafiken bestehen jedoch nicht aus Pixeln, sondern aus Koordinaten und weiteren mathematischen Informationen (wie z. B. Tangenten). Das bedeutet: Skaliert man eine Grafik, werden die mathematischen Werte verändert, jedoch keine optischen Bildinformationen hinzugefügt. Daher gibt es keine Verluste bei der Qualität.

Diagramme anordnen

Ein Klick auf einen freien Bereich des Diagramms in unmittelbarer Nähe des äußeren Rahmens ermöglicht die Anordnung des Diagramms auf dem Tabellenblatt per Drag & Drop. Achten Sie jedoch darauf, dass Sie den Mausklick dicht am äußeren Rand des Diagramms ausführen. Anderenfalls besteht die Gefahr, dass Sie versehentlich eines der Diagrammelemente erwischen und dieses verschieben. Bewegen Sie das Diagramm an die gewünschte Stelle und lassen Sie die Maustaste wieder los, sobald Sie mit der Position zufrieden sind.

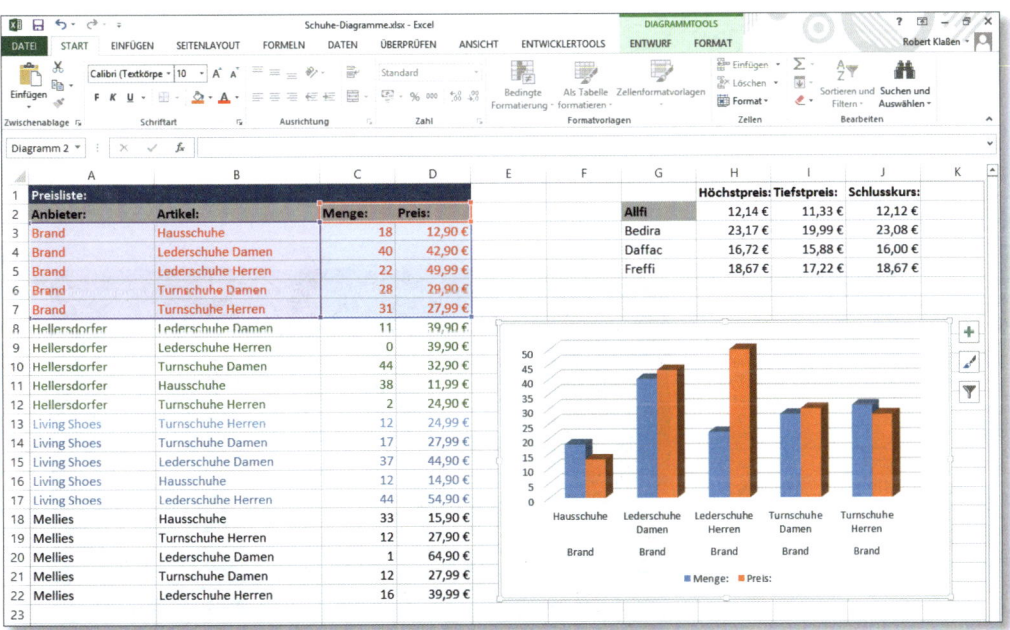

Abbildung 20.5 Verschieben Sie das komplette Diagramm per Drag & Drop.

INFO

Tabelle bleibt markiert

Idealerweise sollten Sie das Diagramm derart verschieben, dass die dazugehörige Tabelle nicht verdeckt wird. Deren Zellen bleiben übrigens weiterhin markiert, wenn Sie das Diagramm bearbeiten beziehungsweise verschieben. Welche Änderungen Sie hier noch in Bezug auf die Darstellung des Diagramms vornehmen können, erfahren Sie in Abschnitt 20.6, »Diagrammelemente bearbeiten«, Seite 613.

Diagrammformatvorlagen anwenden

Solange die Diagrammgrafik auf dem Arbeitsblatt markiert ist, wird im Menüband auch die Registerkarte **Diagrammtools** angezeigt. Sie haben die Wahl zwischen den beiden Unterregistern **Entwurf** und **Format**.

Auf der Registerkarte **Diagrammtools/Entwurf** finden Sie die Gruppe **Diagrammformatvorlagen**. Diese werden per Mausklick zugewiesen. Doch auch hier gilt: Bewegen Sie zunächst die Maus auf eine der Vorlagen, um sich eine Vorschau ansehen zu können. Erst wenn Sie auf die entsprechende Vorlage klicken, wird diese zugewiesen.

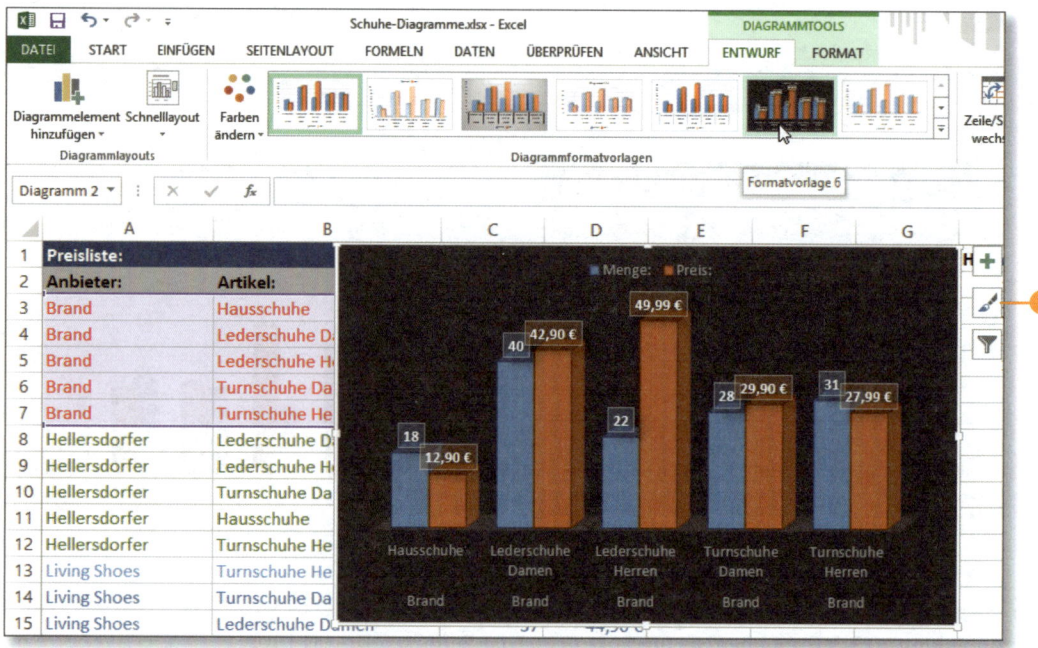

Abbildung 20.6 Schauen Sie sich die Wirkung der Formatvorlagen in aller Ruhe an. Welche passt am besten zu Ihrem Diagramm?

> **TIPP**
>
> **Formatvorlagen schnell zuweisen**
>
> Alternativ können Sie auf die Schaltfläche **Diagrammformatvorlagen** ❶ rechts neben einer ausgewählten Diagrammgrafik klicken. Auch hier werden Ihnen Formatvorlagen in einem Auswahlmenü angezeigt. Die weitere Vorgehensweise ist ansonsten identisch mit der soeben vorgestellten.

Farben ändern

Wenn Sie eine Diagrammformatvorlage gewählt haben (**Diagrammtools/Entwurf >
Diagrammformatvorlagen**), Ihnen aber beispielsweise die Farbe der Balken nicht gefällt, können Sie diese schnell anpassen. In diesem Fall klicken Sie auf die Schaltfläche **Farben ändern** in der Gruppe **Diagrammformatvorlagen** der Registerkarte **Dia-
grammtools/Entwurf** und wählen im Menü der Schaltfläche eine andere Farbgruppe
aus. Im Bereich **Monochrom** können Sie so beispielsweise eine Farbe mit unterschiedlichen Intensitäten für die Balken Ihres Diagramms wählen.

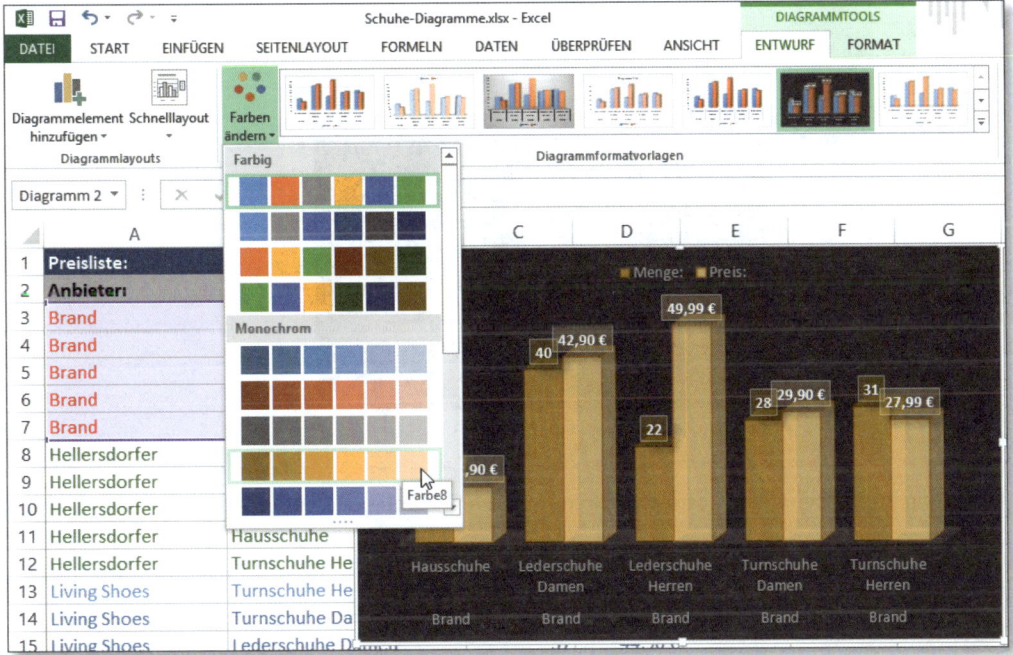

Abbildung 20.7 Hier werden gerade Ockertöne auf die Balken angewendet.

Diagrammbereich formatieren

Sie wünschen sich noch mehr Individualität? Dann gehen Sie doch einmal auf das Register **Diagrammtools/Format** und klicken ganz links auf **Auswahl formatieren ❶**. Daraufhin wird der Aufgabenbereich **Diagrammbereich formatieren ❷** eingeblendet. Sie können diesen Aufgabenbereich übrigens auch mit einem Doppelklick auf einen freien Bereich der Diagrammgrafik öffnen. Hier bleiben dann wirklich keine Wünsche mehr offen, wenn es darum geht, Diagramme individuell zu gestalten.

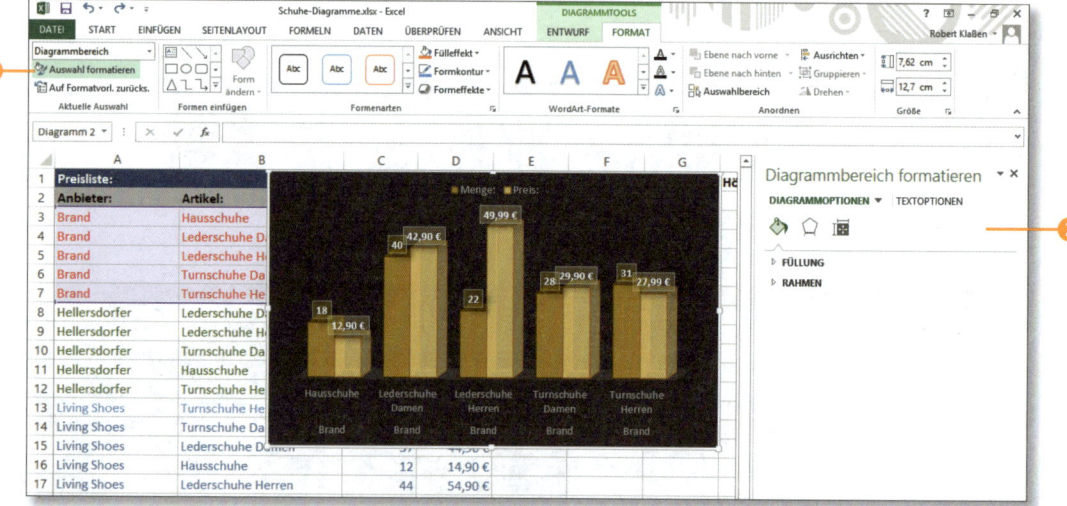

Abbildung 20.8 Noch mehr Gestaltungsspielraum wird durch ein aktivierbares Bedienfeld ermöglicht.

INFO

Weitere Elemente formatieren

Bitte beachten Sie Abschnitt 20.4, »Die einzelnen Elemente eines Diagramms«, Seite 605. Darin erfahren Sie, wie sich statt des gesamten Diagrammbereichs auch einzelne Elemente markieren und formatieren lassen. Siehe dort vor allem den Unterabschnitt »Diagrammelemente auswählen« auf Seite 606.

Diagrammtyp ändern

Was macht man nun, wenn man später feststellt, dass sich das Säulendiagramm doch nicht so gut eignet wie beispielsweise ein Balkendiagramm oder eine Kuchengrafik? Nun, dann ändert man einfach den Diagrammtyp.

1 Markieren Sie das Diagramm, das geändert werden soll.

2 Klicken Sie auf die Schaltfläche **Diagrammtyp ändern** in der Gruppe **Typ** der Registerkarte **Diagrammtools/Entwurf**.

3 In der linken Spalte des Dialogs **Diagrammtyp ändern** suchen Sie zunächst den Diagrammtyp aus. Entsprechend dieser Auswahl können Sie anschließend auf der rechten Seite die gewünschte Miniatur auswählen. Mit Klick auf **OK** wird das Diagramm entsprechend geändert.

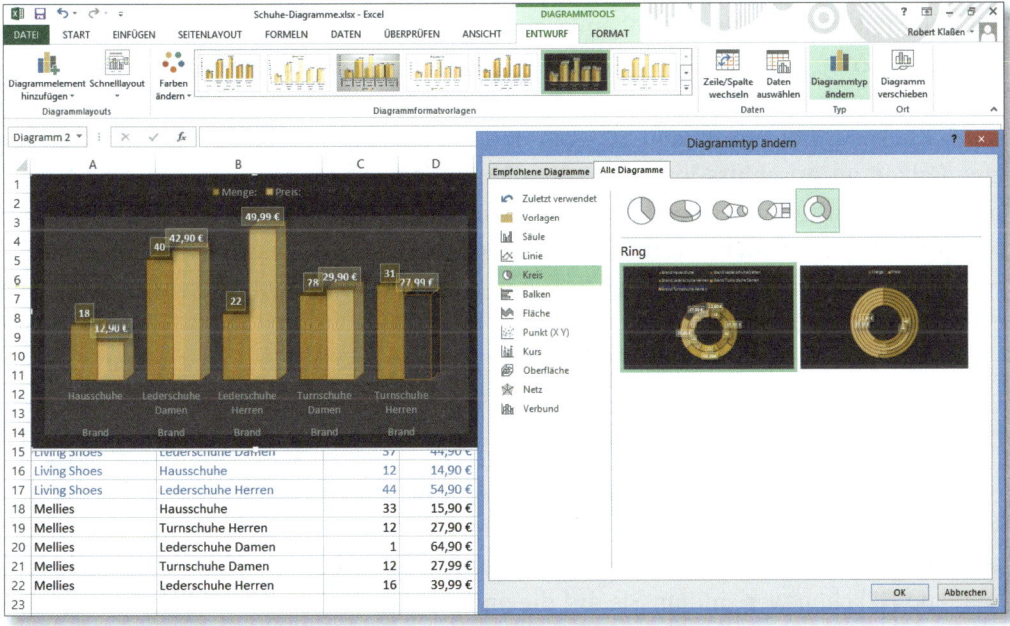

In diesem Beispiel wurde ein Säulendiagramm in ein Ringdiagramm geändert. Sollten Ihre Daten für einen bestimmten Diagrammtyp nicht geeignet sein, erhalten Sie anstelle der Vorschau im rechten Bereich des Dialogfensters **Diagrammtyp ändern** entsprechende Hinweise. Wählen Sie in diesem Fall einen anderen Diagrammtyp oder passen Sie Ihre Tabelle entsprechend an.

20.4 Die einzelnen Elemente eines Diagramms

Nachdem Sie wissen, wie sich ein Diagramm mithilfe von Vorlagen individuell anpassen lässt (siehe Abschnitt 20.3, »Diagramme mit Layouts und Formatvorlagen gestalten«, Seite 600), schauen wir in diesem Abschnitt auf einzelne Diagrammelemente.

Wer beispielsweise einen aus der Reihe fallenden Wert besonders deutlich hervorheben möchte, kann dessen Säule oder Kuchenstück farbig anders gestalten als alle anderen. Bei einem Tortendiagramm kann man sogar ein Stück herausziehen.

Diagrammelemente auswählen

In Excel kann man prinzipiell alle Aufgaben mit der Maus erledigen. In Bezug auf den Inhalt des Bedienfeldes ist es jedoch von großer Bedeutung, welcher Bereich des Diagramms dabei angeklickt wird. So erreichen Sie beispielsweise mit einem Doppelklick auf den Hintergrund den Aufgabenbereich **Diagrammbereich formatieren**. Klicken Sie auf das Zentrum der Balken, wird der Aufgabenbereich **Datenreihen formatieren** geöffnet, der dann auch entsprechend individualisierte Schaltflächen zur Verfügung stellt. Klicken Sie einen Balken an, während die Datenreihe markiert ist, kann dieser eine Balken im Anschluss losgelöst von allen anderen formatiert werden. Der Aufgabenbereich heißt dann **Datenpunkt formatieren**. Und ein Klick auf die Beschriftung bringt Sie zu **Achse formatieren**. Weitere Optionen wie **Diagrammwände formatieren** oder **Zeichnungsfläche formatieren** werden nach einem Mausklick etwas weiter außerhalb der Balken zugänglich.

Der Dialog »Diagrammelemente«

Noch intuitiver ist der Dialog **Diagrammelemente**. Sie öffnen ihn, indem Sie auf das kleine Plussymbol rechts neben dem Diagramm klicken. Hier lässt sich dann per Checkbox wählen, welche Elemente Sie dem Diagramm hinzufügen wollen. Nehmen Sie vorhandene Häkchen weg, indem Sie auf die entsprechende Checkbox klicken, wenn Sie ein Element aus der Grafik entfernen wollen.

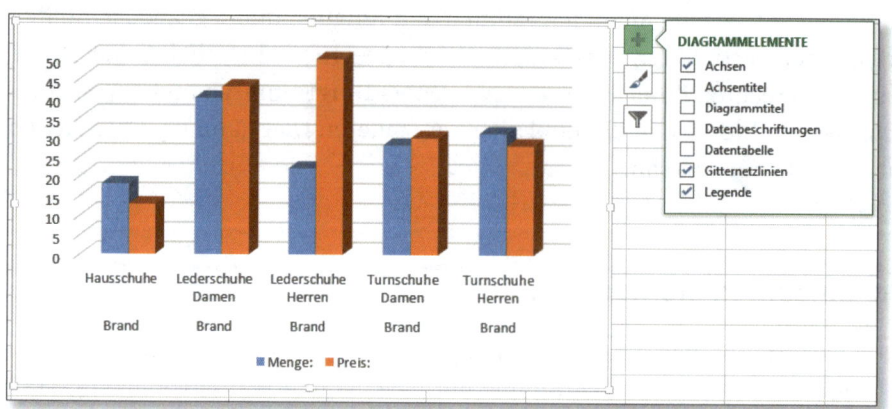

Abbildung 20.9 Die Diagrammelemente lassen sich direkt an der Grafik öffnen.

Diagrammelemente hinzufügen

Auf der Registerkarte **Diagrammtools/Entwurf** befindet sich die Gruppe **Diagrammlayouts**. Klicken Sie hier auf die Schaltfläche **Diagrammelement hinzufügen**, lassen sich ebenfalls Elemente in Ihr Diagramm integrieren oder entfernen. Allerdings ist diese Vorgehensweise weit weniger intuitiv als die in Abschnitt »Der Dialog ›Diagrammelement‹« vorgestellte über den Dialog **Diagrammelemente**.

Einen Diagrammtitel einfügen

Lassen Sie uns in diesem Beispiel für einen Diagrammtitel sorgen. Sollten Sie mehrere Diagramme auf Ihrem Excel-Datenblatt gesammelt haben, ist die Bezeichnung ja ausgesprochen wichtig.

1 Öffnen Sie die Beispieldatei *Diagramm-01.xlsx* aus dem Ordner *20* auf der Buch-CD. Klicken Sie auf die Diagrammgrafik, wobei Sie eine Stelle in unmittelbarer Nähe des äußeren Rahmens wählen sollten. Immerhin soll die gesamte Grafik ausgewählt werden und nicht nur ein Teilbereich. Würden Sie stattdessen mitten auf das Diagramm klicken, liefen Sie Gefahr, beispielsweise nur die blauen oder roten Balken zu markieren. (Übrigens ist das Beispieldiagramm mit der **Formatvorlage 2** aus der Gruppe **Diagrammformatvorlagen** der Registerkarte **Diagrammtools/Entwurf** ausgestattet worden.)

2 Klicken Sie anschließend auf das kleine Plussymbol rechts neben dem Diagramm. Aktivieren Sie, sofern nicht bereits mit einem Häkchen ausgestattet, mit einem Mausklick die Checkbox **Diagrammtitel**.

3 Vorausgesetzt, Sie wollen weitere Einstelloptionen vornehmen, könnten Sie nun mit der Maus auf dem gleichnamigen Eintrag bleiben und über die rechts daneben befindliche Dreieck-Schaltfläche weitere Einstellmöglichkeiten aufrufen. Mit Klick auf **Weitere Optionen** beispielsweise könnten Sie von hier aus das Fenster **Diagrammtitel formatieren** öffnen.

4 Doppelklicken Sie nun innerhalb der Grafik auf das Feld **Diagrammtitel**. Geben Sie die neue Bezeichnung ein.

Die Texteingabe dürfen Sie übrigens nicht mit ⏎ bestätigen, da dadurch lediglich eine Zeilenschaltung erreicht würde. Führen Sie stattdessen einen Mausklick an einer beliebigen Stelle außerhalb des Diagramms aus, um Ihre Eingabe zu beenden. Das Ergebnis der letzten Schritte sehen Sie in der Beispieldatei *Diagramm-02.xlsx* im Ordner *20* auf der Buch-CD.

Tortendiagramm mit Auszug

Öffnen Sie für das folgende Beispiel die Beispieldatei *Diagramm-02.xlsx* im Ordner *20* auf der Buch-CD. Unser Ziel ist es, aus diesem Diagramm eine Tortengrafik zu erstellen. Darüber hinaus werden wir die Grafik ein bisschen abspecken, indem die Preise entfernt werden. Wir wollen lediglich sehen, von welchen Schuhen die meisten vorhanden sind, und diesen Teil besonders kennzeichnen.

1 Markieren Sie zunächst das Diagramm, indem Sie es in der Nähe des äußeren Rahmens anklicken.

2 Klicken Sie auf **Diagrammtyp ändern** in der Gruppe **Typ** der Registerkarte **Diagrammtools/Entwurf**.

3 Klicken Sie im Dialog **Diagrammtyp ändern** auf den Diagrammtyp **3D-Kreis** in der Rubrik **Kreis** der Registerkarte **Alle Diagramme**. Bestätigen Sie mit **OK**.

4 Da die Registerkarte **Diagrammtools/Entwurf** noch aktiviert ist, können Sie anschließend direkt auf **Formatvorlage 3** in der Gruppe **Diagrammformatvorlagen** klicken. Schauen Sie sich das Ergebnis an. (Dabei ist zu erwähnen, dass die Diagrammgrafik hier nach oben rechts verschoben worden ist. So sieht es auf dem Tabellenblatt viel schöner aus.)

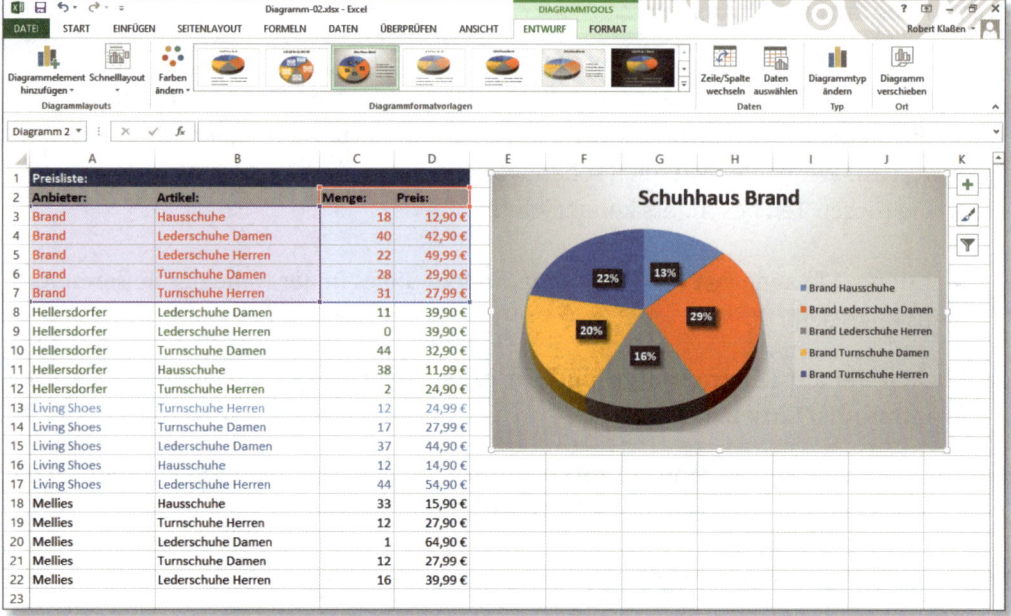

5 Klicken Sie als Nächstes auf die Tortengrafik (nicht auf eines der Prozentfelder!). Sobald diese markiert ist, klicken Sie auf das größte Stück der Torte. Es befindet sich ganz rechts und ist mit **29 %** betitelt. Halten Sie die Maustaste gedrückt und ziehen Sie ein wenig nach rechts. Anschließend lassen Sie wieder los. Daraufhin wird das Tortenstück aus dem Diagramm gelöst und leicht abgesetzt dargestellt.

6 Zuletzt wählen Sie die Grafik ab, indem Sie eine beliebige freie Zelle des Excel-Tabellenblattes anklicken.

Interessant ist, dass wir nun keine tatsächlichen Bestände mehr sehen (also beispielsweise *Lederschuhe Damen = 40 Paar*, wie es in dem Excel-Tabellenblatt verzeichnet ist), sondern Prozentwerte (*Lederschuhe Damen = 29 %*). Das liegt daran, dass Excel bei Tortendiagrammen stets von 100 % ausgeht. Wenn Sie das ändern wollen, lesen Sie bitte die Hinweise im folgenden Abschnitt. Das Ergebnis dieses Workshops finden Sie unter dem Dateinamen *Diagramm-03.xlsx* im Ordner *20* auf der Buch-CD.

Prozente in Werte ändern

Möchten Sie in einem Tortendiagramm anstatt der von Excel automatisch eingefügten Prozentangaben lieber Ihre ursprünglichen Datenwerte angegeben bekommen, sollten Sie die folgenden Schritte durchführen. Unsere Aufgabe besteht also bei unserer Beispieldatei *Diagramm-03.xlsx* (die Sie im Ordner *20* auf der Buch-CD finden) darin, statt der automatisch erzeugten Prozentwerte wieder die ursprünglichen Mengen der vorhandenen Schuhe in die Grafik einzubinden.

1 Markieren Sie die Diagrammgrafik und klicken Sie auf die Schaltfläche **Diagramm-elemente ❶**, die sich rechts neben der Grafik zeigt.

2 Bewegen Sie die Maus auf den Eintrag **Diagrammbeschriftungen**. Klicken Sie auf die kleine Dreieck-Schaltfläche, die daraufhin eingeblendet wird. Wählen Sie im folgenden Menü **Weitere Optionen**.

3 Klicken Sie nun im Aufgabenbereich **Datenbeschriftungen formatieren** auf die Checkbox **Wert** und entfernen Sie anschließend mit einem Klick das Häkchen vor **Prozentsatz**.

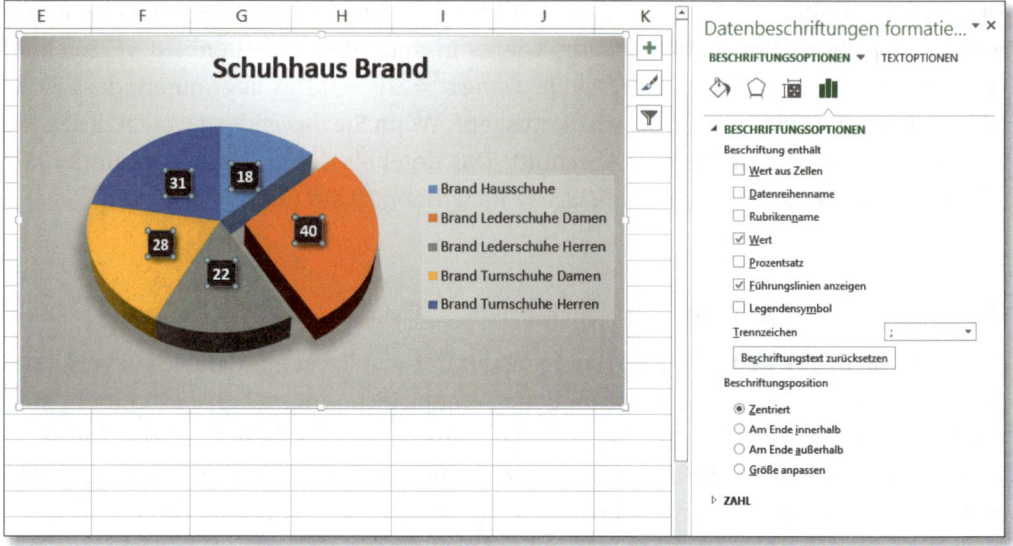

Damit wird nun im Diagramm die Anzahl vorhandener Schuhpaare anstelle der Prozentsätze angezeigt. Wenn Sie den Aufgabenbereich **Datenbeschriftungen formatieren** nicht mehr benötigen, können Sie ihn über das Schließkreuz oben rechts wieder ausblenden.

20.5 Welches Element soll sich wo befinden? – Schnelllayouts verwenden

Sie haben im vorangegangenen Abschnitt »Prozente in Werte ändern« erfahren, wie schnell sich die Beschriftung ändern lässt. In diesem Zusammenhang sind auch die Schnelllayouts interessant. Sie sind zwar nicht ganz so intuitiv wie der Aufgabenbereich **Datenbeschriftungen formatieren** (**Diagrammelemente** > **Datenbeschriftungen** > **Weitere Optionen**), da sie insgesamt weniger Optionen bereithalten, jedoch geht auch hier eine ganze Menge. So ließe sich beispielsweise in der Beispieldatei *Diagramm-04.xlsx* (Sie finden sie im Ordner *20* auf der Buch-CD) die Beschriftung der Tortenstücke ruck, zuck wieder auf Prozente umstellen, indem Sie die Grafik markieren und anschließend auf **Schnelllayout** in der Gruppe **Diagrammlayouts** der Registerkarte **Diagrammtools/Entwurf** klicken. Entscheiden Sie sich im Aufklappmenü für **Layout 6**. Wie Sie sehen, wird über die Schaltfläche **Schnelllayouts** nicht die eigentliche Grafik geändert, sondern lediglich die einzelnen Elemente wie Beschriftungen, Legenden, Überschrift usw.

Abbildung 20.10 Die Schnelllayouts haben in erster Linie Einfluss auf die Anordnung der Elemente, welche die eigentliche Diagrammgrafik umgeben.

20.6 Diagrammelemente bearbeiten

Die einzelnen Elemente eines Diagramms lassen sich grundsätzlich ganz individuell bearbeiten. Nicht nur das Erscheinungsbild oder die Farbe lassen sich verändern, sondern auch die Position. Wenn es um die finale Gestaltung eines Diagramms geht, sind Ihnen fast keine Grenzen gesetzt. Aber es kommt noch besser. Wer nämlich nachträglich noch weitere Tabelleninhalte in die Grafik mit einfließen oder nur bestimmte Bereiche anzeigen lassen möchte, kann das mit wenigen Mausklicks realisieren.

Diagramme erweitern und filtern

Zunächst wollen wir uns noch einmal den Inhalt unserer Beispieldatei ansehen. In der Beispieldatei *Diagramm-04.xlsx*, die Sie im Ordner *20* auf der Buch-CD finden, werden bislang ausschließlich die Bestände des Schuhhauses Brand gelistet. Was ist nun zu tun, wenn auch der Bestand des Hauses Hellersdorfer dem Diagramm hinzugefügt werden soll? Oder wenn beispielsweise nur die Lederschuhe zweier Standorte in die Grafik mit einfließen sollen?

1 Falls die Grafik noch nicht markiert ist, holen Sie das nach, indem Sie den Hintergrund der Diagrammgrafik anklicken.

2 Schauen Sie anschließend bitte auf die Tabelle. Sie sehen, dass jener Teil umrandet ist, der in der Kuchengrafik wiedergegeben wird. Klicken Sie auf einen der kleinen quadratischen Anfasser ❶.

3 Halten Sie die Maustaste gedrückt und ziehen Sie das Quadrat so weit nach unten, bis alle gewünschten Zellen ebenfalls umrandet sind. Im konkreten Fall müssen Sie also bis zur unteren Begrenzung der Zeile **12** ziehen, sodass der komplette Hellersdorfer Warenbestand inkludiert ist.

	A	B	C	D
1	Preisliste:			
2	Anbieter:	Artikel:	Menge:	Preis:
3	Brand	Hausschuhe	18	12,90 €
4	Brand	Lederschuhe Damen	40	42,90 €
5	Brand	Lederschuhe Herren	22	49,99 €
6	Brand	Turnschuhe Damen	28	29,90 €
7	Brand	Turnschuhe Herren	31	27,99 €
8	Hellersdorfer	Lederschuhe Damen	11	39,90 €
9	Hellersdorfer	Lederschuhe Herren	0	39,90 €
10	Hellersdorfer	Turnschuhe Damen	44	32,90 €
11	Hellersdorfer	Hausschuhe	38	11,99 €
12	Hellersdorfer	Turnschuhe Herren	2	24,90 €
13	Living Shoes	Turnschuhe Herren	12	24,99 €
14	Living Shoes	Turnschuhe Damen	17	27,99 €

❶

4 Sobald Sie loslassen, wird auch die Kuchengrafik aktualisiert. Doch lassen Sie uns noch einen Schritt weitergehen und exakt festlegen, welche Elemente angezeigt werden dürfen und welche nicht. Unser Ziel: Nur die Lederschuhe beider Schuhhäuser sollen in der Grafik erscheinen. Dazu klicken Sie auf die Trichter-Schaltfläche **Diagrammfilter** rechts neben der Grafik.

614

5 Im Fenster der Schaltfläche **Diagrammfilter** könnten Sie nun alle Checkboxen deaktivieren, die nicht Bestandteil des Diagramms sein sollen. Schneller geht es jedoch, wenn Sie zunächst die Checkbox **(Alle auswählen)** deaktivieren und anschließend die vier Lederschuh-Positionen anwählen. Bestätigen Sie mit einem Klick auf **Übernehmen**.

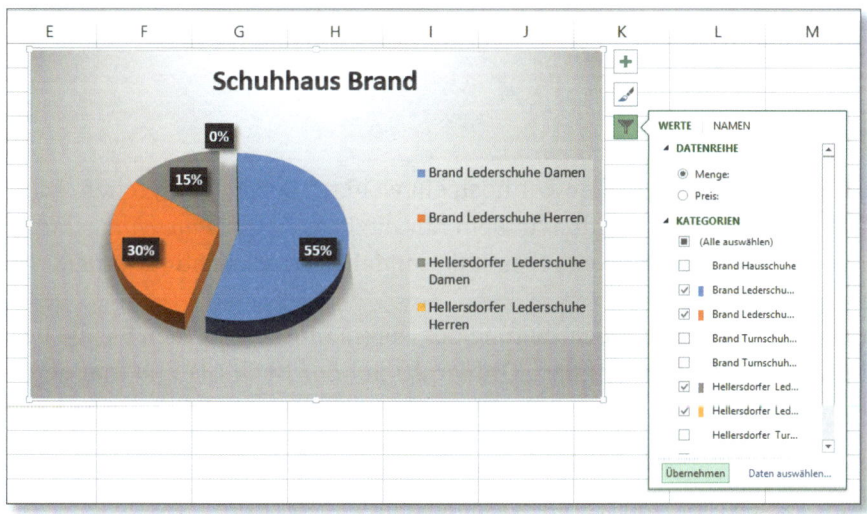

Einen optischen Hasenfuß hat die Sache, denn Schuhhaus Hellersdorfer verfügt derzeit nicht über Herren-Lederschuhe. Dennoch ist der Wert natürlich in der Diagrammgrafik enthalten. Er ist lediglich mit 0 % ausgezeichnet. (Wann immer Sie die Menge in Zelle **C9** erhöhen, wird selbstverständlich auch die Darstellung in der Grafik angepasst.)

6 Vergessen Sie bitte nicht, den Diagrammtitel noch zu gestalten, da dieser ja nun nicht mehr stimmt. Dazu klicken Sie zunächst auf den Titel. Lassen Sie einen weiteren Mausklick folgen, um die Einfügemarke innerhalb des Textes zu platzieren. Alternativ fahren Sie mit gedrückter Maustaste über den vorhandenen Text. Zuletzt geben Sie den Text neu ein bzw. passen ihn an.

Die finale Datei finden Sie unter dem Namen *Diagramm-05.xlsx* im Ordner *20* auf der Buch-CD.

Diagrammdaten auswählen

Da das Thema sehr wichtig ist, wollen wir noch ein weiteres Beispiel aufgreifen. Diesmal soll ein Diagramm erzeugt werden, in dem nur die Positionen *Hausschuhe* dargestellt werden. Allerdings sollen alle vier Schuhhäuser dabei berücksichtigt werden.

1 Beginnen wir zunächst mit der Bearbeitung des Diagrammtitels. Öffnen Sie die Beispieldatei *Diagramm-05.xlsx* aus dem Ordner *20* auf der Buch-CD und markieren Sie den Diagrammtitel.

2 Anschließend lassen Sie einen Dreifachklick auf den Titel folgen, um ihn komplett zu markieren. Geben Sie »Hausschuhe gesamt:« ein.

3 Markieren Sie nun den Hintergrund des Diagramms. Damit wird das Textfeld abgewählt und stattdessen die gesamte Grafik markiert.

4 Erweitern Sie nun den Anzeigebereich, indem Sie innerhalb der Tabelle alle Zellen bis einschließlich Zeile 22 markieren. Ziehen Sie dazu einen der quadratischen Anfasser des Markierungsrahmens herunter.

5 Klicken Sie erneut auf die Schaltfläche **Diagrammfilter** ❶. Sie sehen, dass im Bereich **Kategorien** nun ein Quadrat vor **(Alle auswählen)** angezeigt wird. Das bedeutet: Es sind nicht alle, sondern nur einige Positionen aktiv.

6 Klicken Sie daher noch einmal auf die Checkbox **(Alle auswählen)**, wodurch alle unterhalb befindlichen Checkboxen abgewählt werden. Aktivieren Sie anschließend alle vier Hausschuh-Posten und bestätigen Sie mit einem Klick auf **Übernehmen**.

Bitte beachten Sie, dass Sie sich um die Anpassung der Legenden, die Sie links des Diagramms sehen, keinerlei Gedanken machen müssen. Diese werden von Excel automatisch entsprechend Ihrer Auswahl angepasst. Schauen Sie sich das Ergebnis in der Beispieldatei *Diagramm-06.xlsx* im Ordner *20* auf der Buch-CD an.

Diagrammelemente hinzufügen

Grundsätzlich können Diagrammelemente auf zwei verschiedene Arten hinzugefügt werden: Entweder klicken Sie auf die Plus-Schaltfläche **Diagrammelemente** rechts neben dem Diagramm oder Sie entscheiden sich für die Schaltfläche **Diagrammelement hinzufügen** in der Gruppe **Diagrammlayouts** der Registerkarte **Diagrammtools/Entwurf**.

Abbildung 20.11 Hier wird ein Diagrammtitel oberhalb des Diagramms hinzugefügt.

Beachten Sie, dass Ihnen beide Optionen nur zur Verfügung stehen, nachdem die Diagrammgrafik zuvor markiert worden ist.

Diagrammelemente entfernen

Zum Entfernen eines Diagrammelements (beispielsweise des Diagrammtitels) können Sie auf die Plus-Schaltfläche **Diagrammelemente** rechts neben der Grafik klicken und die entsprechende Checkbox deaktivieren. Noch einfacher geht es jedoch, indem Sie das Objekt direkt innerhalb der Grafik mit einem Mausklick markieren und anschließend Entf drücken.

20

Diagrammelemente positionieren

Auch das Positionieren von Diagrammelementen kann auf zwei unterschiedliche Arten erfolgen. Bei der ersten Variante gibt Excel einige Positionen vor, die Sie über die Plus-Schaltfläche **Diagrammelemente** zuweisen können. Bewegen Sie die Maus beispielsweise auf den nach rechts weisenden Pfeil neben dem Eintrag **Legende**. Wählen Sie nun im Menü eine der angebotenen Positionen aus, beispielsweise **Rechts**.

Abbildung 20.12 Titel, Beschriftungen und Legenden lassen sich auf Wunsch neu positionieren.

Andererseits lassen sich die Objekte eines Diagramms auf Wunsch auch per Drag & Drop verschieben. Das bedeutet, Sie klicken auf ein Objekt, halten die Maustaste gedrückt, verschieben das Objekt und lassen es an der gewünschten Position wieder los. Bei gruppierten Elementen wie beispielsweise den Prozentangaben innerhalb unserer 3D-Grafik ist jedoch eine besondere Vorgehensweise vonnöten: Hier müssen Sie zunächst das Objekt (genauer gesagt, die Objektgruppe) markieren, die Maustaste dann wieder loslassen und zuletzt noch einmal auf das zu verschiebende Objekt klicken. Dabei muss die Maustaste dann allerdings festgehalten werden.

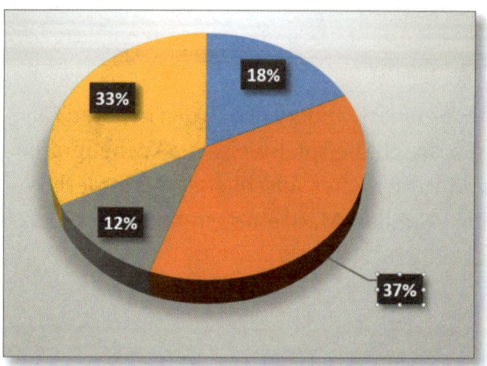

Abbildung 20.13 Auch eigentlich gruppierte Objekte innerhalb eines Diagramms lassen sich unabhängig voneinander verschieben.

INFO

Weitere Optionen

Haben Sie den Weg über die Schaltfläche **Diagrammelemente** gewählt, können Sie über den Menüpunkt **Weitere Optionen** des gewählten Objekts einen entsprechenden Aufgabenbereich zur weiteren Formatierung öffnen. So kann eine Diagrammgrafik beispielsweise trotz des Vorhandenseins einer Legende mittig ausgerichtet werden, wenn die standardmäßig aktive Option **Legende ohne Überlappung des Diagramms anzeigen** im Bereich **Legendenoptionen** deaktiviert wird.

Abbildung 20.14 Nehmen Sie weitere Formatierungen im Aufgabenbereich des gewählten Objekts vor.

Achsentitel hinzufügen

Wenn Sie beispielsweise mit Säulendiagrammen arbeiten, sollten Sie dem Betrachter erklären, was Ihre Zahlen, genauer gesagt, was die Achsen Ihres Diagramms jeweils aussagen. Hierbei helfen Achsentitel weiter.

1 Öffnen Sie die Beispieldatei *Diagramm-06.xlsx* aus dem Ordner *20* auf der Buch-CD. Diese soll nun zunächst in ein Balkendiagramm umgewandelt werden. Markieren Sie das Diagramm.

2 Anschließend klicken Sie auf **Diagrammtyp ändern** in der Gruppe **Typ** der Registerkarte **Diagrammtools/Entwurf**.

3 Im Dialog **Diagrammtyp ändern** aktivieren Sie die Rubrik **Säule** ❶ und klicken auf den Typ **Gruppierte Säulen** ❷. Danach gehen Sie auf die rechte Vorschauminiatur ❸ und bestätigen mit **OK**.

4 Im Anschluss daran klicken Sie auf die Schaltfläche **Diagrammelemente** (die Plus-Schaltfläche) rechts neben der Grafik. Aktivieren Sie die Checkbox **Achsentitel**. Bleiben Sie mit der Maus noch auf den Diagrammelementen.

5 Da wir nur die y-Achse (also die senkrechte) beschriften wollen, klicken Sie anschließend noch auf die Pfeilspitze, die sich rechts neben **Achsentitel** befindet. Daraufhin öffnet sich eine weitere Tafel, auf der Sie die Option **Primär horizontal** deaktivieren.

6 Doppelklicken Sie anschließend auf den ganz links befindlichen Achsentitel (der Text wird daraufhin markiert) und tragen Sie dort »LAGERBESTAND:« ein.

7 Da der Eintrag **Menge** im Fuß des Diagramms nicht mehr benötigt wird, klicken Sie darauf und drücken anschließend ⌈Entf⌋.

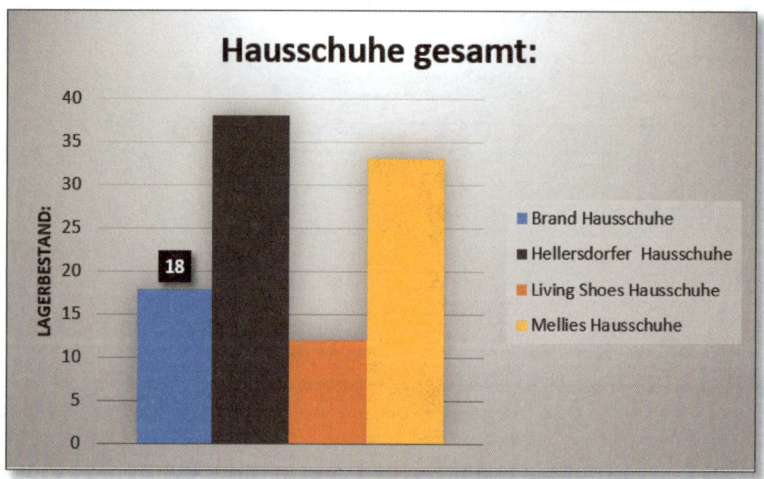

8 Werfen Sie noch einen Blick auf die einzelnen Balkenbeschriftungen. Ist es bei Ihnen auch so, dass nur der erste Balken über eine Beschriftung verfügt (**18**)? In diesem Fall klicken Sie noch einmal auf die Schaltfläche **Diagrammelemente** unmittelbar neben der Grafik. Danach wählen Sie die Checkbox **Datenbeschriftungen** kurz ab und anschließend per Mausklick wieder an. Jetzt sollten alle vier Balken entsprechend ausgezeichnet sein.

Bei der Umwandlung von Diagrammen (wie hier von Kreis auf Balken) kann es schon einmal passieren, dass die eine oder andere Beschriftung auf der Strecke bleibt. Durch kurzzeitiges Deaktivieren (wie im vorangegangenen Schritt beschrieben) lässt sich dieser Umstand meist schnell beheben.

20.7 Legenden erstellen und editieren

Sollten Sie es einmal mit einem Diagramm zu tun haben, dem die Legende fehlt, sollten Sie diese hinzufügen. Darüber hinaus ist es mitunter sinnvoll, weitere individuelle Anpassungen vorzunehmen.

Legende erstellen

Falls Ihr Diagramm nicht über eine Legende verfügt, markieren Sie die Grafik zunächst und klicken anschließend auf die Plus-Schaltfläche **Diagrammelemente** rechts neben dem Diagramm. Aktivieren Sie die Checkbox **Legende**.

Legende anpassen

Sie haben ja bereits im Abschnitt »Diagrammelemente positionieren« auf Seite 619 erfahren, dass sich Diagrammelemente (dazu zählt auch die Legende) ganz einfach per Drag & Drop auf der Arbeitsoberfläche verschieben lassen. Möchten Sie die Abstände zwischen den einzelnen Einträgen der Legende vergrößern oder verkleinern, müssen Sie sie zunächst mit einem Mausklick markieren. Danach ziehen Sie einen der quadratischen Anfasser des Rahmens mit gedrückter Maustaste in die gewünschte Richtung. Sobald Sie loslassen, werden die Zeilenabstände entsprechend verändert.

Abbildung 20.15 Wenn Sie das Legenden-Textfeld vertikal strecken, vergrößern Sie damit die Zeilenzwischenräume.

Weitere Legendenoptionen

Es gibt auch zahllose weitere Einstelloptionen, die sich an einer Legende vornehmen lassen. So können beispielsweise die Schriftfarbe, Füllfarbe des Textfeldes, Rahmenfarbe und vieles mehr verändert werden. Sie erreichen diese Optionen am schnellsten, indem Sie einen Doppelklick auf die Legende setzen. Dabei ist jedoch Folgendes zu beachten: Platzieren Sie den Mausklick immer auf dem Legendenhintergrund! Nur dann nämlich werden die folgenden Einstellungen auf die gesamte Legende angewendet. Alternativ dazu ließe sich nämlich auch ein einzelner Eintrag der Legende mit einem Doppelklick versehen. In diesem Fall werden vier Eckanfasser am jeweiligen Eintrag ❶ eingeblendet. Wenn Sie jetzt Änderungen im Aufgabenbereich **Legendeneintrag formatieren** vornehmen, wirken diese sich einzig und allein auf die markierte Zeile innerhalb der Legende aus.

Abbildung 20.16 Jeder einzelne Eintrag lässt sich individuell formatieren.

20.8 Daten richtig beschriften

Excel unterstützt Sie bei der Beschriftung der einzelnen Diagrammelemente wirklich nach Kräften. Letztlich verbirgt sich dahinter aber ein Automatismus, der nicht zwangsläufig Ihren Wünschen entsprechen muss. Deswegen gilt: Prüfen Sie stets, ob das Diagramm tatsächlich so beschriftet ist, wie Sie sich das wünschen. Andernfalls sollten Sie die Beschriftung der Diagrammelemente an Ihre Vorstellungen anpassen.

Namen anpassen

Sollten die Beschriftungen eines Diagramms nicht Ihren Vorstellungen entsprechen, benennen Sie sie einfach in wenigen Schritten um. In der Diagrammüberschrift der Beispieldatei *Diagramm-07.xlsx,* die Sie im Ordner *20* auf der Buch CD finden, heißt es **Hausschuhe gesamt:**. Da stellt sich natürlich die Frage, warum auch innerhalb der Legende noch einmal darauf hingewiesen wird, dass Hausschuhe gemeint sind. Hier würde ja der Name des Schuhhauses ausreichen. Genau das wollen wir im folgenden Beispiel ändern und die Beschriftung unseres Diagramms anpassen.

1 Werfen Sie zunächst einen Blick auf den ersten Legendeneintrag. Er lautet: **Brand Hausschuhe**. Danach schauen Sie in die Tabelle. Dort sehen Sie in Spalte **A Brand** und in Spalte **B Hausschuhe**. Im konkreten Fall werden also beide Textspalten zur Beschriftung herangezogen.

2 Markieren Sie die Legende des Diagramms und klicken Sie anschließend auf die Trichter-Schaltfläche **Diagrammfilter**.

3 Im Fenster, das sich daraufhin öffnet, aktivieren Sie das Register **Namen**. Gleich unterhalb finden Sie nun den Bereich **Datenreihe**. Hier ist standardmäßig **(Alle Spalten)** aktiviert, was letztendlich auch dazu geführt hat, dass sowohl Spalte **A** als auch **B** in der Legende Verwendung gefunden haben.

4 Aktivieren Sie den Radiobutton bei **Spalte A** und bestätigen Sie anschließend mit einem Klick auf **Übernehmen**. Das bewirkt, dass ab sofort nur noch die Daten aus Spalte **A** für die Legende verwendet, also nur die Anbieter in der Legende ausgewiesen werden.

Der Vollständigkeit halber sei noch erwähnt, dass die Grafik nun horizontal noch etwas gestaucht werden könnte. Denn immerhin werden derart breite Balken ja nicht benötigt. Aber das hat natürlich nur ästhetische Gründe.

20

Weitere Beschriftungselemente

Sie können aber in Ihren Diagrammen auch gänzlich auf die Legende verzichten und sämtliche relevanten Beschriftungen direkt an den jeweiligen Balken platzieren. Auch das ist in Excel in wenigen Schritten erreicht.

1 Markieren Sie die Legende zunächst mit einem Mausklick und drücken Sie anschließend ⌊Entf⌋, um diese aus der Grafik zu entfernen.

2 Danach markieren Sie den ersten der vier Zahlenwerte im Beispieldiagramm mit einem Rechtsklick ❶ und entscheiden sich im Kontextmenü für **Datenbeschriftungen formatieren**.

3 Im Aufgabenbereich **Datenbeschriftungen formatieren** auf der rechten Seite der Anwendung aktivieren Sie das Register **Beschriftungsoptionen** ❷ (siehe Abbildung Seite 628) und wählen die Checkbox **Datenreihenname** ❸ an.

4 Gefällt Ihnen das Semikolon zwischen dem Namen und der Anzahl der Hausschuhpaare? Falls nicht, klicken Sie auf das Auswahlfeld **Trennzeichen** ❹ und stellen dort beispielsweise **(Leerzeichen)** ❺ ein.

5 Alternativ markieren Sie den gesamten Inhalt des Feldes, indem Sie mit gedrückter Maustaste darüberfahren und anschließend das gewünschte Zeichen bzw. die Zeichenfolge eingeben. Wir nehmen hier beispielhaft einen langen Gedankenstrich, der sich zwischen zwei Leerzeichen befindet. Und so geben Sie das ein: Drücken Sie einmal auf die Leertaste. Danach halten Sie ⎡Alt⎦ gedrückt und tippen auf dem Nummernblock der Tastatur »0150« ein. Lassen Sie ⎡Alt⎦ nun wieder los und fügen Sie noch ein weiteres Leerzeichen an. Das ist doch wirklich schick, oder?

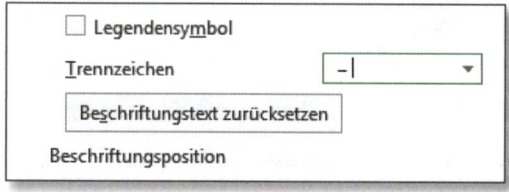

6 Wiederholen Sie die Schritte 2 bis 5 nun bei allen anderen Balkenbeschriftungen.

7 Jetzt ist noch zu bemängeln, dass **Hellersdorfer** nicht in eine Zeile passt. Außerdem wird der Diagrammtitel zum Teil durch die Balkenbeschriftung verdeckt. Beides passen wir nun noch an. Klicken Sie zweimal hintereinander auf das Textfeld. (Bitte keinen Doppelklick machen, sondern zwischen beiden Klicks einen Moment verweilen. Ansonsten funktioniert es nicht.) Der erste Klick markiert das Feld, während mit dem zweiten Klick die Anfasser eingeblendet werden.

8 Ziehen Sie einen der beiden Horizontal-Anfasser ❶ etwas weiter nach rechts, um das Textfeld zu verbreitern. Sorgen Sie auf diese Weise dafür, dass Name und Gedankenstrich in eine Zeile passen.

9 Achten Sie darauf, dass das Textfeld weiterhin markiert bleibt. Klicken Sie nun auf die Plus-Schaltfläche **Diagrammelemente** oben rechts neben dem Diagramm und zeigen Sie auf **Datenbeschriftungen**. Klicken Sie auf die Pfeilspitze, die rechts daneben eingeblendet wird, und wählen Sie zuletzt **Am Ende innerhalb** aus. Dadurch wird die Beschriftung am oberen Ende des Balkens eingefügt.

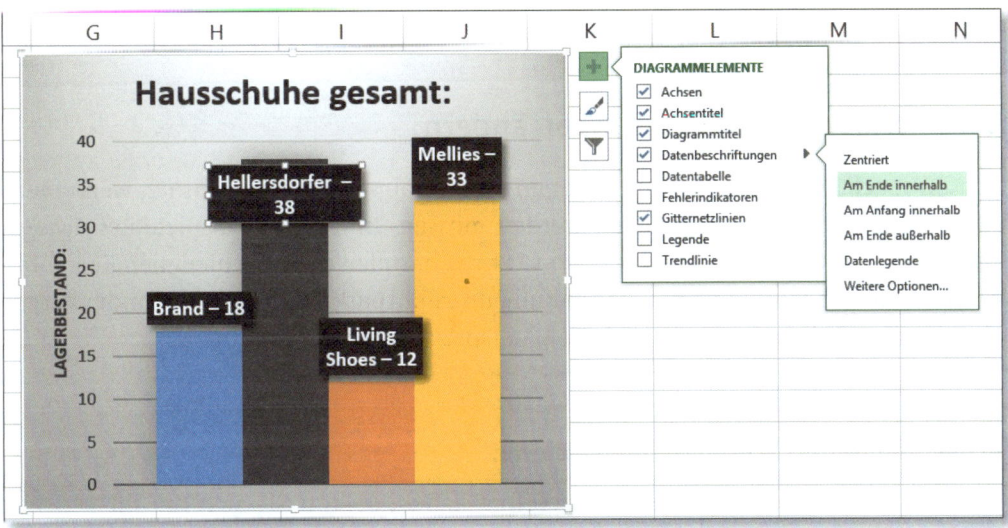

Da das Textfeld zuvor markiert worden war, wirkt sich die Einstellung nun ausschließlich auf das gewählte Objekt aus. Alle anderen Beschriftungen behalten ihre Position bei. Übrigens hätten Sie das Textfeld natürlich auch per Drag & Drop verschieben können. In diesem Fall hätten Sie allerdings darauf achten müssen, dass das Feld an dessen Rand gezogen werden muss, da bei einem Klick auf die Mitte des Beschriftungsfeldes lediglich die Einfügemarke innerhalb des Textes platziert worden wäre.

Sonderzeichen per Tastaturbefehl einfügen

In Schritt 5 haben Sie unter Zuhilfenahme der Alt-Taste und des Nummernblocks ein Sonderzeichen erzeugt. Es existiert eine Fülle solcher Zeichen. Hier sind einige häufig verwendete Zeichen mitsamt dazugehörigem Code:

Zeichen	Tastaturkürzel	Zeichen	Tastaturkürzel
„	Alt 0132	–	Alt 0150
…	Alt 0133	©	Alt 0169
‘	Alt 0145	«	Alt 0171
’	Alt 0146	»	Alt 0187
“	Alt 0147	¼	Alt 0188
”	Alt 0148	½	Alt 0189
•	Alt 0149	¾	Alt 0190

20.9 Achsen und Skalierungen ändern

Achsen (auch Diagrammachsen) kommen in der Hauptsache zum Einsatz, wenn mehrere Werte miteinander verglichen werden müssen. In unserer Beispieldatei *Achsen. xlsx*, die Sie im Ordner *20* auf der Buch-CD finden, sollen die verschiedenen Kostenbereiche Wareneinkauf, Personal, Verwaltung und Fuhrpark grafisch miteinander verglichen werden. Wir erzeugen zunächst ein entsprechendes Diagramm.

Achsendiagramm erzeugen und skalieren

Nachdem Sie die o. g. Beispieldatei geöffnet haben, sollten Sie sich mit ihr vertraut machen. Sie sehen hier die Kostenentwicklung der Hansen & Meier GmbH im ersten Halbjahr 2014.

1 Markieren Sie zunächst die Zellen **A3** bis **G7** innerhalb der Tabelle. Danach klicken Sie auf **Liniendiagramm einfügen** ❶ in der Gruppe **Diagramme** der Registerkarte **Einfügen**. Innerhalb des Auswahlmenüs entscheiden Sie sich für **Linie** ❷.

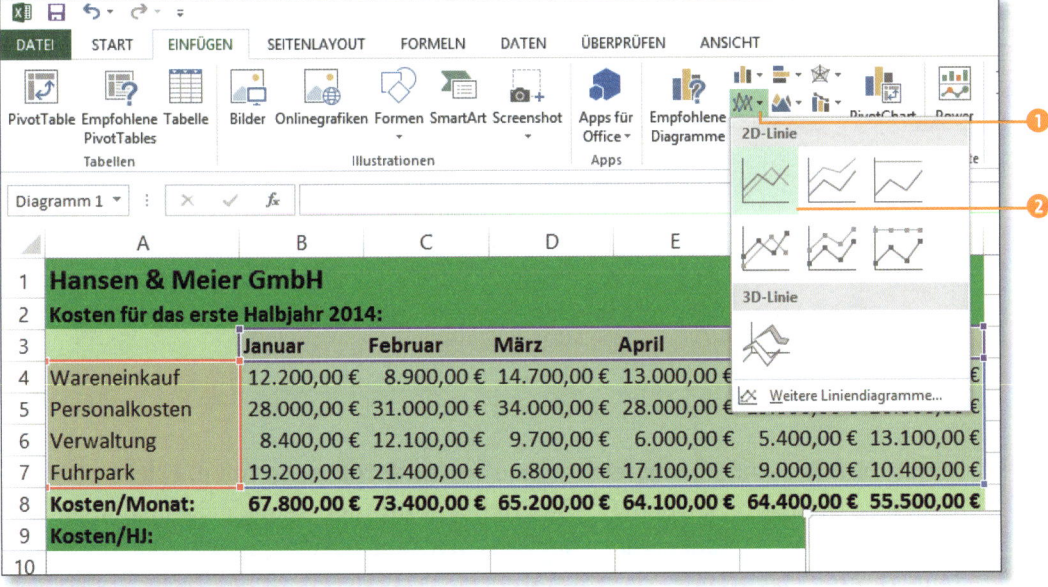

2 Excel hat nun bereits eine Menge erledigt. So ist die Legende zweckmäßigerweise horizontal in den unteren Rand der Grafik integriert worden. Auch die Achsen sind bereits angebracht. Auf der Horizontalachse stehen die Monate, während die Vertikalachse die Kosten präsentiert. (Das sind übrigens die sogenannten *Primärachsen* – erfahren Sie mehr zu den Sekundärachsen in Abschnitt »Mit Sekundärachsen arbeiten« ab Seite 633.) Allerdings ist das Diagramm nicht besonders übersichtlich, oder? Die Linien liegen dicht aufeinander. Höhenunterschiede werden nicht immer sehr deutlich (z. B. Verwaltung Februar/März). Im Gegenzug ist oben sehr viel Freiraum verschenkt worden. Lassen Sie uns das Diagramm dahingehend optimieren.

3 Nun könnten Sie das Diagramm vertikal strecken. Dann würden sich die Unterschiede von Monat zu Monat bereits deutlicher voneinander abheben. Oft ist das jedoch nicht praktikabel, weil das Diagramm beispielsweise in einer Broschüre verwendet wird und der dort zur Verfügung stehende Platz (bzw. das Seitenverhältnis) vorgegeben ist. Also gehen wir anders vor. Klicken Sie zunächst auf die Plus-Schaltfläche **Diagrammelemente** rechts neben dem Diagramm.

4 Bewegen Sie die Maus im Menü der Schaltfläche **Diagrammelemente** auf den Eintrag **Achsen** und klicken Sie auf das daneben befindliche Dreiecksymbol. Im Auswahlmenü klicken Sie nun auf **Weitere Optionen**.

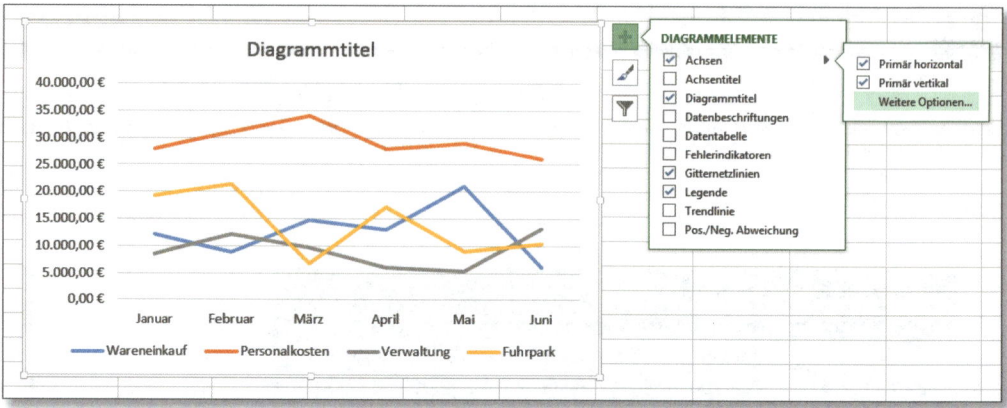

5 Damit wird der Aufgabenbereich **Achse formatieren** aufgerufen. Klicken Sie auf das kleine Dreieck neben dem Register **Achsenoptionen** ❶ und entscheiden Sie sich für **Vertikal (Wert) Achse**. Dabei handelt es sich um die Kosten-Achse auf der linken Seite unseres Diagramms.

6 Klicken Sie auf die Kategorie **Achsenoptionen** ❷ und wählen Sie anschließend den gleichnamigen Bereich ❸ unterhalb aus. Die zugehörigen Steuerelemente werden daraufhin angezeigt.

7 Schauen Sie sich den Bereich **Grenzen** an. Im Feld **Minimum** ❹ ist der Wert **0,0** eingestellt und unter **Maximum** ❺ **40000,0**. Das bedeutet, die Primärachse unserer Kosten erstreckt sich zwischen diesen beiden Bereichen. Wenn Sie sich aber das Diagramm anschauen, würden auch bereits Werte zwischen 5.000 und 35.000 reichen. Ändern Sie das daher entsprechend, indem Sie in das jeweilige Feld klicken und den neuen Wert eingeben.

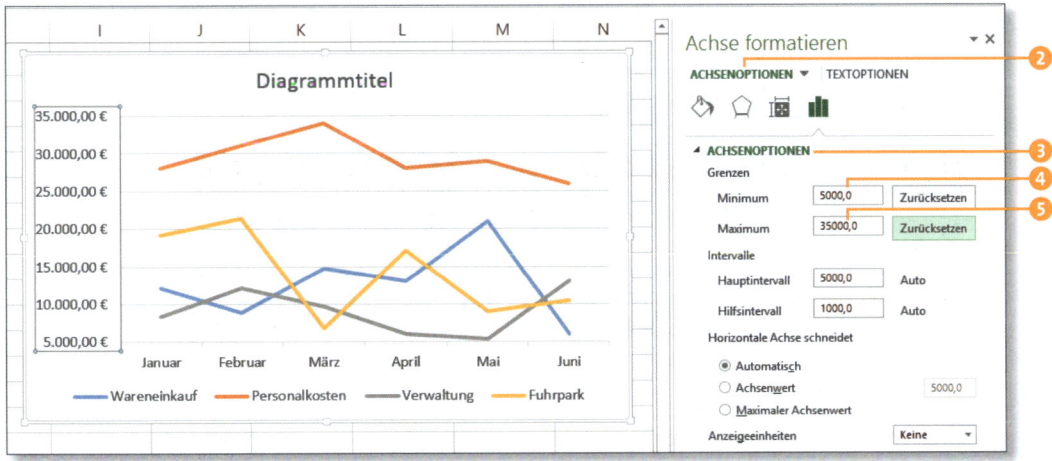

Jetzt lassen sich Verläufe deutlich besser nachvollziehen, da die Linien schon merklich auseinandergezogen wurden. Passen Sie als Letztes den Diagrammtitel noch an. Hier würde sich beispielsweise »Kosten 1. Halbjahr 2014« eignen. Das Resultat dieses Workshops finden Sie unter dem Dateinamen *Achsen-fertig.xlsx* im Ordner *Ergebnisse* auf der Buch-CD.

Mit Sekundärachsen arbeiten

Was es mit den Primärachsen auf sich hat, haben Sie ja bereits in Abschnitt »Achsendiagramm erzeugen und skalieren« ab Seite 630 erfahren. Nun gibt es neben den Primär- aber auch noch die sogenannten Sekundärachsen. Das sind weitere Achsen, die dem Diagramm hinzugefügt werden können. Das macht immer dann Sinn, wenn eine weitere, dritte Größe relevant ist. So auch in unserem Beispieldokument *Sekundärachsen.xlsx*, das Sie im Ordner *20* auf der Buch-CD finden. Neben den beiden Primärachsen **Kosten** und **Monate** soll in diesem Dokument im Diagramm die Sekundärachse »Mitarbeiter« hinzugefügt werden.

1 Unser erster Schritt besteht darin, eine neue Diagrammgrafik zu erzeugen. Diesmal besteht die Schwierigkeit darin, zwei nicht beisammenliegende Zeilen zu verwenden. Klicken Sie zunächst auf die Zelle **A4**. Halten Sie die Maustaste gedrückt und ziehen Sie herüber bis **G4**. Jetzt ist die komplette Zeile **Mitarbeiter** ausgewählt.

2 Halten Sie nun ⌈Strg⌉ gedrückt. Klicken Sie auf **A6** und ziehen Sie bei gedrückter Maustaste bis **G6** herüber. Lassen Sie am Ende zunächst die Maustaste und erst danach ⌈Strg⌉ los.

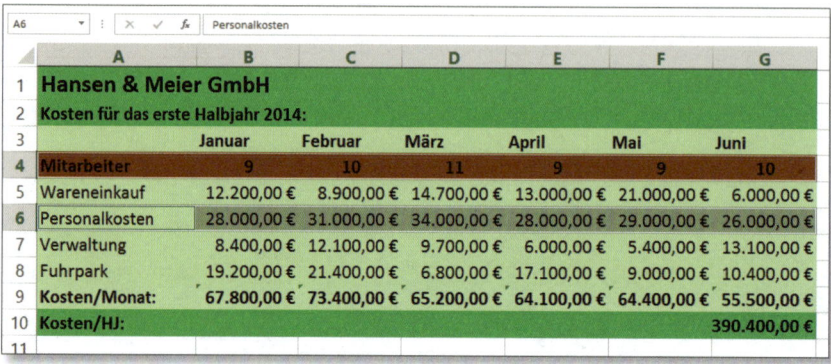

3 Klicken Sie nun auf die Schaltfläche **Liniendiagramm einfügen** in der Gruppe **Diagramme** der Registerkarte **Einfügen**. Wählen Sie im Aufklappmenü die erste Schaltfläche **Linie**.

4 Bevor Sie mit der Ausgestaltung des Diagramms fortfahren, sollten Sie dieses neu positionieren und unter die Tabelle verschieben sowie den Diagrammtitel anpassen. Wir haben uns hier schlicht für »Personal« entschieden.

5 Schauen Sie sich das Diagramm an. Die Linie **Mitarbeiter** liegt brach. Das ist verständlich – bedenkt man, dass es dafür keine Achse gibt. Denn die Anzahl der Mitarbeiter lässt sich ja weder über die Personalkosten noch über die Monate definieren – sondern nur über deren Anzahl.

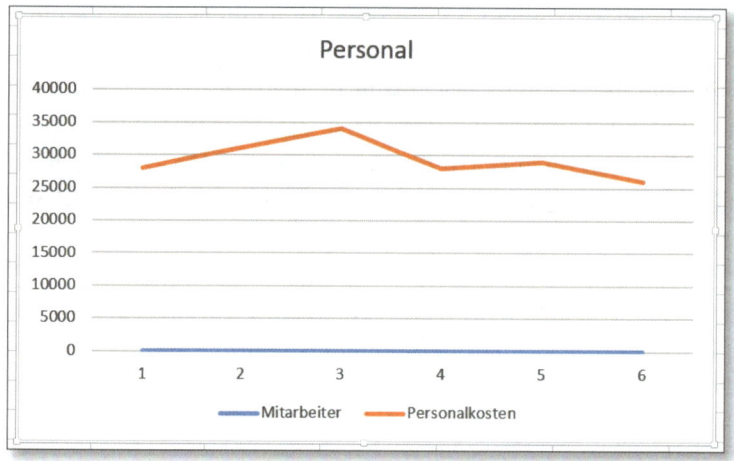

6 Klicken Sie auf die Plus-Schaltfläche **Diagrammelemente** neben dem Diagramm. Klicken Sie in der Zeile **Achsen** auf das Dreiecksymbol und entscheiden Sie sich im folgenden Menü für **Weitere Optionen**. Daraufhin wird der Aufgabenbereich **Achse formatieren** eingeblendet.

7 Klicken Sie im Aufgabenbereich auf das kleine Dreiecksymbol am Register **Achsenoptionen**. Im Menü entscheiden Sie sich für **Reihe »Mitarbeiter«**.

8 Der Aufgabenbereich wechselt daraufhin automatisch in den Bereich **Datenreihen formatieren**. Sie müssen hier nun die Reihenoptionen für die Reihe »Mitarbeiter« von **Primärachse** auf **Sekundärachse** umschalten. Am rechten Rand des Diagramms wird daraufhin eine weitere Achse eingefügt.

Damit ist das Diagramm um eine weitere Skala (nämlich die Anzahl der Mitarbeiter) erweitert worden. Außerdem wurde die Mitarbeiter-Linie im wahrsten Sinne des Wortes zum Leben erweckt.

Achsentitel hinzufügen

Falls erforderlich, können Sie einzelnen Achsen auch Titel hinzufügen. Das macht immer dann Sinn, wenn sich nicht auf den ersten Blick erschließt, was durch die jeweilige Achse repräsentiert wird. Betätigen Sie die Plus-Schaltfläche **Diagrammelemente** neben dem Diagramm und klicken Sie auf das kleine Dreieck in der Zeile **Achsentitel**. Aktivieren Sie die Achse, die mit einem Namen versehen werden soll (im Beispielprojekt **Sekundär vertikal**). Ein anschließender Dreifachklick auf das soeben neu hinzugefügte Textfeld markiert den darin enthaltenen Text, und Sie können ihn mit einem neuen Namen überschreiben.

> **INFO**
>
> **Achsen und Titel schnell hinzufügen**
>
> Excel verfügt über eine Sammlung von Menüeinträgen, mit denen auf die Schnelle neue Achsen (primär und sekundär) hinzugefügt werden können. Dabei werden die Achsentitel sogar gleich mit erzeugt. Klicken Sie auf **Diagrammelement hinzufügen** in der Gruppe **Diagrammlayouts** der Registerkarte **Diagrammtools/Entwurf** und dann auf **Achsen**. Weisen Sie die gewünschte Achse zu. Ein anschließender Doppelklick auf die neue Achse öffnet dann den Aufgabenbereich **Achse formatieren**, mit dem Sie weitere Änderungen vornehmen können.

20.10 Mit Verbindungslinien, Trendlinien und Fehlerindikatoren arbeiten

In diesem Teil des Kapitels lernen Sie einige Funktionen kennen, die vor allem die Interpretation von Ergebnissen erleichtert. Verbindungslinien beispielsweise sorgen dafür, dass man die kontinuierliche Entwicklung eines Wertes besser nachvollziehen kann. Trendlinien und Fehlerindikatoren gehen hier sogar noch etwas weiter.

Verbindungslinien

Verbindungslinien veranschaulichen eine Entwicklung oder einen Zusammenhang von Werten innerhalb eines Diagramms. So können beispielsweise die Spitzenwerte eines aus gestapelten Säulen bestehenden Diagramms grafisch miteinander verbunden werden. Bitte beachten Sie, dass Verbindungslinien nicht in jedes Diagramm integriert werden können. Ein herkömmliches Säulendiagramm beispielsweise eignet sich nicht, gestapelte Säulen hingegen schon. Das liegt daran, dass herkömmliche Säulen nur einen einzigen Wert repräsentieren. Gestapelte Säulen hingegen zeigen mehrere Werte innerhalb einer einzelnen Säule. Diese per Linie miteinander zu verbinden macht deshalb auch weitaus mehr Sinn.

1 Öffnen Sie die Beispieldatei *Linien.xlsx*, die im Ordner *20* auf der Buch-CD zu finden ist. Das darin enthaltene Diagramm besteht aus gestapelten Säulen (**Einfügen > Diagramme > Säulendiagramm einfügen > 2D-Säule > Gestapelte Säulen**).

2 Markieren Sie das Diagramm, indem Sie einen freien Bereich des Hintergrunds anklicken.

3 Klicken Sie auf **Diagrammelement hinzufügen** in der Gruppe **Diagrammlayouts** der Registerkarte **Diagrammtools/Entwurf**. Wählen Sie im Menü **Linien** und klicken Sie anschließend auf die Schaltfläche **Verbindungslinien**.

Interpretieren Sie das Diagramm: Jede Säule repräsentiert alle vier Kostenstellen (**Wareneinkauf**, **Personalkosten**, **Verwaltung**, **Fuhrpark**), wobei jede Säule für einen Monat steht. Anhand der Verbindungslinien erkennt man nun gut die Entwicklung der einzelnen Kostenstellen von Monat zu Monat.

INFO

Verbindungslinien entfernen

Entfernen Sie vorhandene Verbindungslinien, indem Sie die Schritte 2 und 3 des vorangegangenen Abschnitts, »Verbindungslinien«, wiederholen. Zuletzt entscheiden Sie sich allerdings nicht für die Schaltfläche **Verbindungslinien**, sondern für **Keine**.

Trendlinien

Trendlinien sollen dem Betrachter eines Diagramms verdeutlichen, wie sich etwas entwickelt hat – und wie es sich aller Voraussicht nach in Kürze weiterentwickeln wird. Eine Trendlinie kann also auch ein Blick in die Zukunft sein – natürlich nur mathematisch.

1 Öffnen Sie die Beispieldatei *Linien-fertig.xlsx*, die Sie im Ordner *Ergebnisse* auf der Buch-CD finden.

2 Das Diagramm besteht aus gestapelten Säulen. Allerdings ist dieser Diagrammtyp zur Produktion von Trendlinien ungeeignet. Wandeln Sie das Diagramm daher um, indem Sie es an einer freien Stelle zunächst mit rechts markieren. Im Kontextmenü entscheiden Sie sich für **Diagrammtyp ändern**. Klicken Sie im gleichnamigen Dialog auf die Rubrik **Gruppierte Säulen** der Registerkarte **Alle Diagramme** und bestätigen Sie mit **OK**.

3 Klicken Sie nun auf die Schaltfläche **Diagrammelement hinzufügen** in der Gruppe **Diagrammlayouts** der Registerkarte **Diagrammtools/Entwurf**. Bewegen Sie die Maus auf den Menüpunkt **Trendlinie** und klicken Sie im Folgemenü auf **Lineare Prognose**.

4 Im Dialogfenster **Trendlinie hinzufügen** müssen Sie nun festlegen, für welche Kostenstelle des Diagramms die Trendlinie erzeugt werden soll. Klicken Sie im Auswahlfeld auf den Eintrag **Personalkosten** und bestätigen Sie mit einem Klick auf den Button **OK**.

Da Sie sich für eine Prognose entschieden haben, werden nun noch die Monate 7 und 8 hinzugefügt. Excel versucht damit, einen Trend aufzuzeigen, der anhand der bisherigen Ergebnisse zu erwarten ist. – Übrigens könnten Sie nun weitere Linien auf die beschriebene Art hinzufügen. Dabei dürfen Sie auch andere Linienarten benutzen, müssen also nicht zwangsläufig bei der linearen Prognose bleiben. Eine entsprechende Beispieldatei *Trendlinie.xlsx* finden Sie im Ordner *Ergebnisse* auf der Buch-CD.

Trendlinienarten

Zuletzt werfen wir noch einen Blick auf die im Menü (**Diagrammtools/Entwurf** > **Diagrammlayouts** > **Diagrammelement hinzufügen**) angebotenen Trendlinienarten und ihre Bedeutung:

- **Linear:** Erzeugt direkte, gerade Verbindungslinien, ohne dabei eine Zukunftsprognose abzugeben.

- **Exponential:** Erzeugt eine Kurvenlinie. Deren Einsatz macht immer dann Sinn, wenn es darum geht, stetig zu- oder abnehmende Entwicklungen zu visualisieren.

- **Lineare Prognose:** Wie **Linear**, jedoch mit dem Versuch, die zu erwartende Entwicklung vorauszusehen. Die Trendlinie geht also über den Zeitraum der vorhandenen Daten (hier: bis einschließlich Juni) hinaus und versucht, eine zu erwartende Entwicklung aufzuzeigen.

- **Gleitender Durchschnitt:** Dämpft Schwankungen in den Daten, um den Verlauf zu verdeutlichen. Es werden verschiedene Datenpunkte eines Zeitraums verwendet, um daraus einen Durchschnitt zu bilden.

Sie haben darüber hinaus die Möglichkeit, die Trendlinien im Nachhinein über den Aufgabenbereich **Trendlinie formatieren** zu gestalten. Klicken Sie dazu auf die Plus-Schaltfläche **Diagrammelemente**, klicken Sie auf das Dreiecksymbol an der Option **Trendlinie** und wählen Sie nun im Untermenü **Weitere Optionen**. Der Arbeitsbereich wird daraufhin am rechten Rand der Anwendung eingeblendet.

Fehlerindikatoren

Mit Fehlerindikatoren lassen sich mögliche Fehlerbeträge oder Abweichungen (beispielsweise von Testergebnissen) visualisieren. Bei wissenschaftlichen Experimenten etwa geht man von einer möglichen Abweichung von +/– 5 % aus. Dies kann grafisch dargestellt werden.

1 Öffnen Sie die Beispieldatei *Sekundärachse.xlsx* aus dem Ordner *20* auf der Buch-CD. Unser Ziel ist es nun, die Personalkosten mit einem Fehlerindikator von besagten 5 % Abweichung auszuzeichnen. Dazu markieren Sie bitte zunächst das Diagramm.

2 Betätigen Sie die Plus-Schaltfläche **Diagrammelemente**, zeigen Sie auf den Eintrag **Fehlerindikatoren** und klicken Sie auf das Pfeilsymbol in dieser Zeile.

3 Sie könnten nun **Standardabweichung** anwählen, sofern Sie alle vier Linien mit einer entsprechenden Auszeichnung versehen wollten. Wir beschränken uns jedoch auf die Personalkosten, klicken Sie daher auf **Weitere Optionen**.

4 Im Dialog **Fehlerindikatoren hinzufügen** aktivieren Sie nun die Zeile **Personal-kosten** und bestätigen mit **OK**.

20

5 Im Aufgabenbereich **Fehlerindikatoren formatieren** haben Sie nun die Möglichkeit, die Anzeigeoptionen zu ändern und unten im Bereich **Fehlerbetrag** die Abweichung anzupassen. Aktivieren Sie dazu die Checkbox **Prozentsatz**. 5 % werden daraufhin automatisch angeboten, sodass keine weitere Anpassung Ihrerseits mehr erforderlich ist.

Die Anzeige der Fehlerindikatoren lässt sich jederzeit unterdrücken, indem Sie zunächst auf die Plus-Schaltfläche **Diagrammelemente** klicken und anschließend das Häkchen vor **Fehlerindikatoren** entfernen.

20.11 Minidiagramme in Tabellenzellen einsetzen: Sparklines

Bei den sogenannten *Sparklines* handelt es sich um Diagramm-Miniaturen, die in einer einzelnen Tabellenzelle untergebracht werden können. Zwar sind sie grafisch nicht so ansprechend wie ein herkömmliches Diagramm – auch Werte lassen sich damit nicht ablesen, doch zeigen sie einen Verlauf, der bei purer Betrachtung der Tabellenzahlen nicht so offensichtlich ist.

Sparklines erzeugen

In diesem Beispiel greifen wir noch einmal die Kostenaufstellung der Firma Hansen & Meier GmbH auf und statten die dort integrierte Tabelle mit Sparklines aus.

1 Öffnen Sie das Dokument *Linien.xlsx* aus dem Ordner *20* auf der Buch-CD.

2 Markieren Sie anschließend eine freie Zelle. Prinzipiell können Sie jede beliebige Zelle benutzen, um eine Sparkline zu erzeugen. Wir entscheiden uns jedoch der Ordnung halber für **H5**. Hier soll eine Sparkline für die Zeile **Wareneinkauf** integriert werden.

3 Klicken Sie auf die Schaltfläche **Linie** in der Gruppe **Sparklines** der Registerkarte **Einfügen**.

4 Falls erforderlich, schieben Sie den Dialog etwas zur Seite und markieren anschließend die Zellen **B5** bis **G5** innerhalb der Tabelle. Bestätigen Sie mit ⏎ oder per Klick auf **OK**.

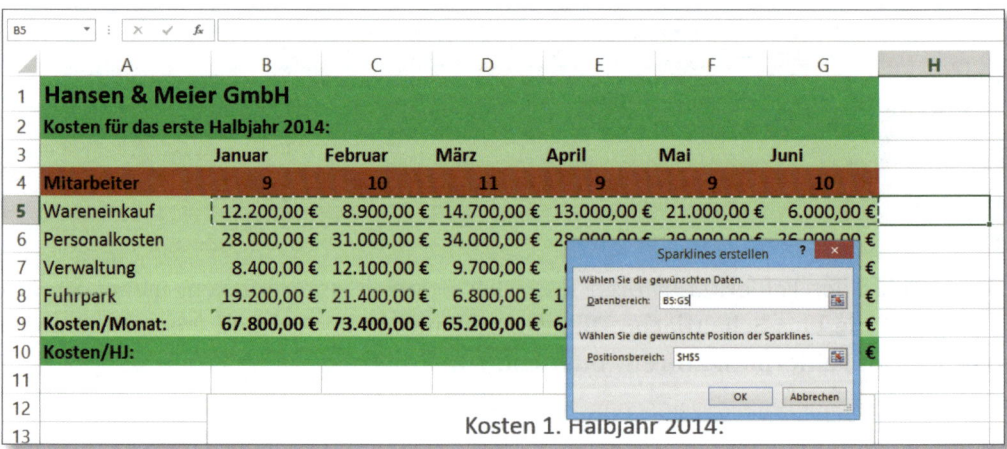

5 Jetzt übertragen wir diese Berechnung auch auf die anderen Zeilen, also auf **Personalkosten**, **Verwaltung** und **Fuhrpark**. Das erreichen Sie, indem Sie auf das kleine grüne Quadrat unten rechts an der Zellenmarkierung von **H5** klicken und es bis **H8** herunterziehen.

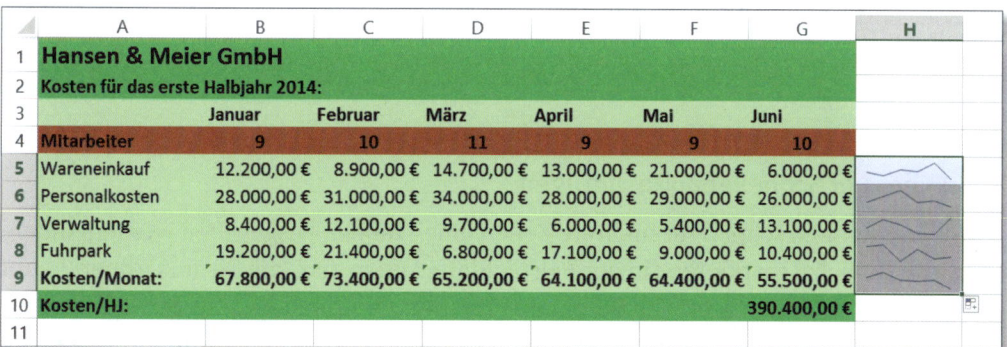

6 In der Zeile **Mitarbeiter** wollen wir anstelle einer Linie lieber ein Miniatur-Balkendiagramm erstellen. Markieren Sie Zelle **H4**.

7 Klicken Sie auf die Schaltfläche **Säule** in der Gruppe **Sparklines** der Registerkarte **Einfügen**.

8 Zuletzt fahren Sie über die Zellen **B4** bis **G4** und bestätigen mit ⏎ .

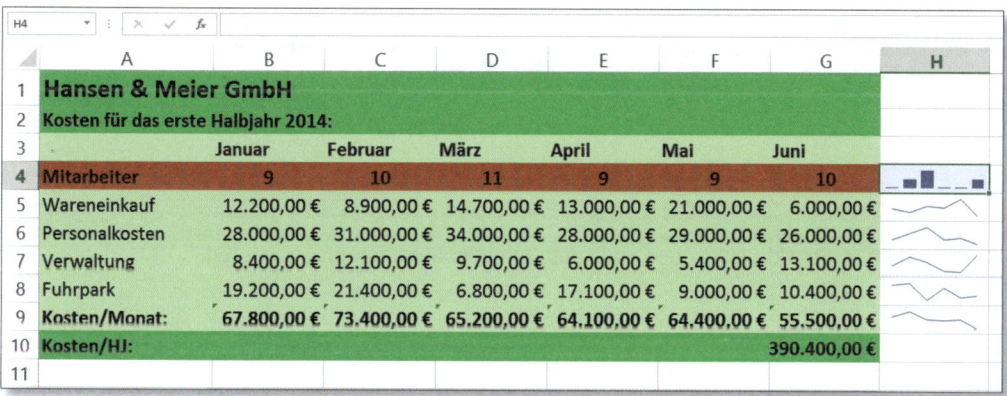

Das Resultat dieses Workshops können Sie sich in der Datei *Sparklines.xlsx* im Ordner *Ergebnisse* auf der Buch-CD ansehen. Solange eine Sparkline-Zelle markiert ist, kann sie mithilfe der Steuerelemente im Menüband weiter gestaltet werden. Achten Sie darauf, dass dort nun die Registerkarte **Sparklinetools** angezeigt wird.

INFO

Sparklines ändern

Wenn Sie eine vorhandene Sparkline-Zelle verändern, sie also beispielsweise von **Säule** in **Linie** umwandeln wollen, markieren Sie die betreffende Zelle zunächst. Anschließend klicken Sie auf den gewünschten Sparkline-Typ in der Gruppe **Typ** der Registerkarte **Sparklinetools**.

Sparklines per Schnellanalyse einfügen

Sparklines können schnell für mehrere Zeilen einer Tabelle ausgegeben werden, indem Sie diese zunächst markieren (in der Beispieldatei *Linien.xlsx*, die Sie im Ordner *20* auf der Buch-CD finden, wären das **B5** bis **G8**) und anschließend auf das Schnellanalyse-Symbol ❶ klicken. Alternativ drücken Sie ⌷Strg⌷ + ⌷Q⌷. Aktivieren Sie anschließend die Registerkarte **Sparklines** ❷ und wählen Sie zuletzt den gewünschten Typ aus, im Beispiel **Säule** ❸.

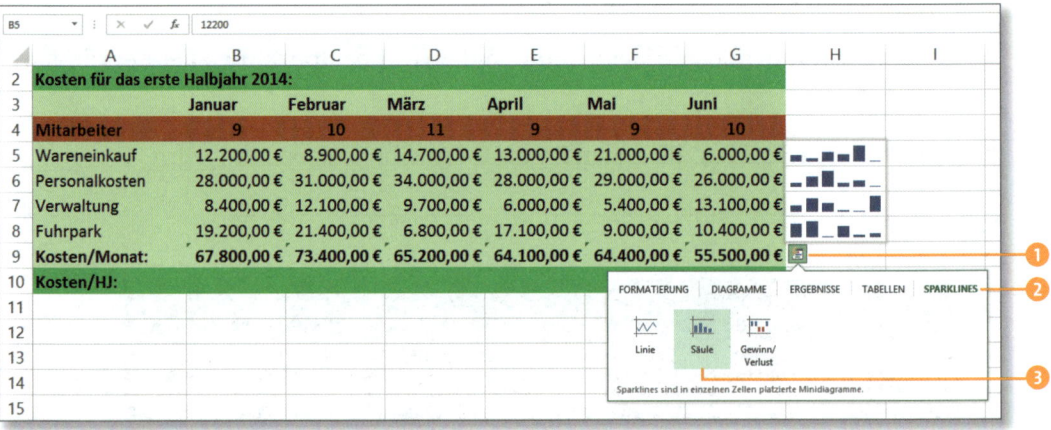

Abbildung 20.17 Sparklines können auch per Schnellanalyse integriert werden.

Kapitel 21
Pivot-Tabellen und die
Was-wäre-wenn-Analyse

Der Begriff Pivot kommt aus dem Englischen. Übersetzt heißt es Drehpunkt, An-
gelpunkt, Achse – und beschreibt damit auch ziemlich genau, um was es geht.
Pivot-Tabellen sind Dreh- und Angelpunkte unterschiedlichster Daten. Ihre Be-
sonderheit liegt vor allem darin, dass sie auf unterschiedliche Weise dargestellt
werden können, ohne dafür Daten verändern zu müssen.

21.1 Mit Pivot-Tabellen arbeiten

Pivot-Tabellen kommen immer dann zum Einsatz, wenn Datenmengen anfallen, die auf
unterschiedliche Art und Weise dargestellt, ausgewertet und/oder interpretiert werden
müssen. Pivots geben dem Benutzer die Möglichkeit, bestimmte Bereiche nach Wahl
anzeigen zu lassen und zu analysieren. Dazu ein Beispiel: Stellen Sie sich einen Konzern
mit mehreren Niederlassungen und jeweils unterschiedlichen Abteilungen vor, die alle
ihre Daten (beispielsweise ihre Umsatzzahlen) an eine Unternehmenszentrale liefern.
Damit nun die Daten in der Zentrale individuell ausgewertet werden können, erzeugt
man dort eine Pivot-Tabelle.

Zunächst einmal benötigt man einen Grundstock an Daten. Diesen wandelt man anschließend in eine Pivot-Tabelle um und hat dann die Möglichkeit, die Pivot-Tabelle zu
individualisieren. Zeigen Sie beispielsweise an, wie hoch die Umsätze in den einzelnen
Unternehmensbereichen sind oder wie sich die Mitarbeiterzahlen verteilen.

Pivot-Tabelle erstellen

In der Beispieldatei *Möbelhäuser.xlsx*, die Sie im Ordner *21* auf der Buch-CD finden,
sind wahllos Umsätze verschiedener Möbelhäuser integriert. Genauer gesagt, beherbergt jede Zeile die Umsätze und Mitarbeiterzahl einer jeweiligen Abteilung (Wohnen,
Schlafen, Küche usw.). Diese Abteilungen gibt es aber nun in jedem einzelnen Möbelhaus des Konzerns (also sowohl in Düsseldorf als auch in Neuss, in Krefeld usw.). Eine
ordentliche Struktur gibt es in den angelieferten Daten nicht – die Zeilen stehen wahllos
durcheinander.

1 Um aus einer Tabelle eine Pivot-Tabelle erzeugen zu können, müssen Sie zunächst eine der gefüllten Tabellenzellen markieren. Welche das ist, spielt keine Rolle. Bitte beachten Sie, dass sich innerhalb der Tabellen keine Leerzeilen oder Leerspalten befinden dürfen. Anderenfalls würde nur ein Teil der Tabelle berücksichtigt (nämlich nur der Teil bis zur Leerzeile oder Leerspalte – von der markierten Stelle aus gesehen). Erforderlichenfalls löschen Sie leere Zeilen oder Spalten vorab aus der Tabelle.

2 Klicken Sie auf die Schaltfläche **PivotTable** in der Gruppe **Tabellen** der Registerkarte **Einfügen**.

3 Daraufhin wird das Dialogfenster **PivotTable erstellen** geöffnet. Lassen Sie ganz oben **Tabelle oder Bereich auswählen** ❶ aktiv (wenn Sie eine Pivot-Tabelle aus einer externen Quelle generieren wollten, müssten Sie per Radiobutton auf **Externe Datenquelle verwenden** umschalten und anschließend auf den Button **Verbindung auswählen** klicken). Da unsere Tabelle weder leere Zeilen noch leere Spalten in sich trägt, sind alle Zellen von **A1** bis **E31** innerhalb der Tabelle markiert worden. Weil wir die Pivot-Tabelle in einem eigenen Arbeitsblatt anlegen möchten, können Sie auch den Radiobutton **Neues Arbeitsblatt** ❷ aktiv lassen. Aktivieren Sie zuletzt die Checkbox **Dem Datenmodell diese Daten hinzufügen** ❸ und bestätigen Sie mit **OK** ❹.

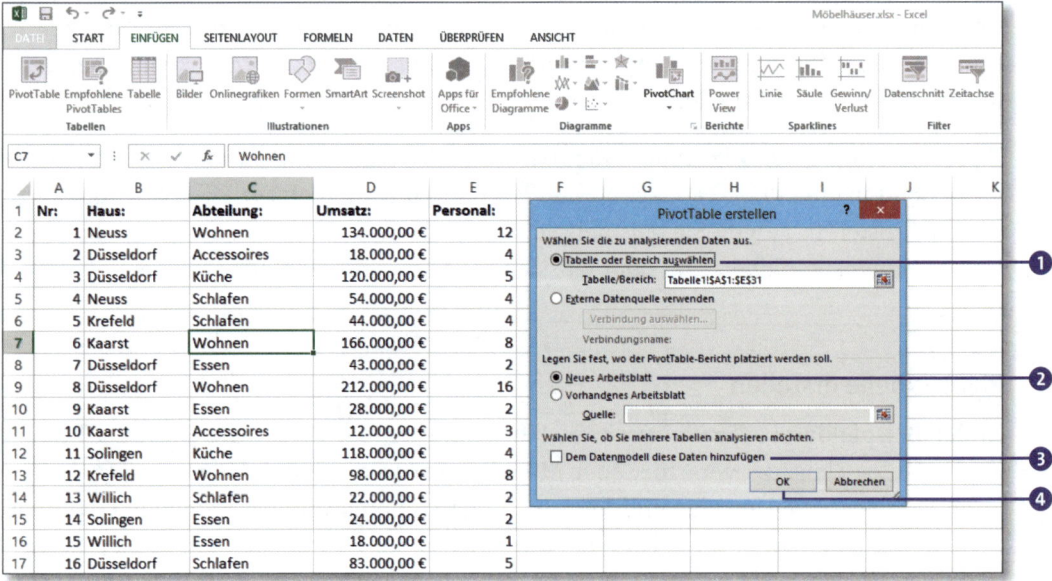

Sie befinden sich nun auf einem neuen Arbeitsblatt. Dieses füllen Sie im folgenden Abschnitt mit Leben – genauer gesagt, mit Tabellenfeldern.

Tabellenfelder erzeugen

Jetzt werden wir unser noch leeres Arbeitsblatt mit sogenannten Table-Feldern bzw. Tabellenfeldern füllen. Unser erstes Ziel besteht darin, die Umsatzzahlen der einzelnen Möbelhäuser zu visualisieren.

1 Schauen Sie einmal auf die rechte Seite der Anwendung. Dort finden Sie den Arbeitsbereich **PivotTable-Felder**. (Dabei handelt es sich um die sogenannte **Feldliste**.) Aktivieren Sie darin die Checkbox **Haus**. Das bewirkt, dass in Spalte **A** eine Liste aller sechs Möbelhäuser generiert wird.

2 Damit wir sehen können, welche Umsätze an den einzelnen Standorten erreicht worden sind, benötigen wir eine weitere Spalte, nämlich **Umsatz**. Dazu aktivieren Sie auch diese Checkbox. Bitte beachten Sie, dass dadurch im Bereich **Werte** des Aufgabenbereichs **Summe von Umsatz** integriert wird.

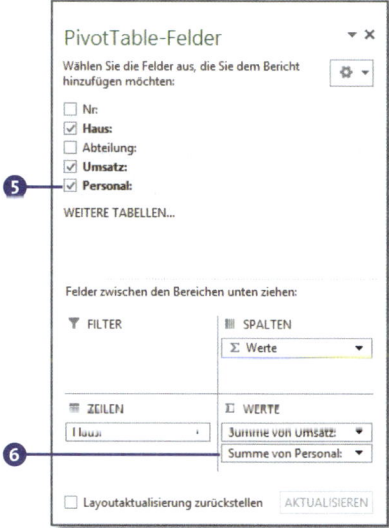

3 Die Spalte **Personal** erzeugen wir per Drag & Drop. Das bloße Anwählen der Checkbox **Personal ❺** (siehe Abbildung Seite 647) würde zwar reichen, doch lässt sich das auch per Drag & Drop erledigen. Klicken Sie dazu die Zeile an, halten Sie die Maustaste gedrückt und ziehen Sie die Maus herunter, bis Sie sich im Bereich **Werte** unterhalb von **Summe von Umsatz ❻** befinden. Dort angelangt, lassen Sie los.

4 Die Spalte **B** (**Summe von Umsatz**) innerhalb der Tabelle ist noch nicht richtig formatiert. Hierbei handelt es sich nämlich um Währungen, daher sollten die Zellen auch entsprechend formatiert sein. Die Einstellung sollten Sie jedoch nicht auf die übliche Weise vornehmen (**Start > Zahl > Zahlenformat**), da ja immer damit zu rechnen ist, dass weitere Daten innerhalb einer Pivot-Tabelle hinzukommen bzw. entfernt werden. Würde die Liste dadurch länger, wären neue Zeilen nicht korrekt formatiert. Sie sollten daher bei Pivot-Tabellen zur Formatierung eine beliebige gefüllte Zelle der Spalte **B** markieren und auf **Feldeinstellungen ❶** in der Gruppe **Aktives Feld** der Registerkarte **PivotTable-Tools/Analysieren** klicken.

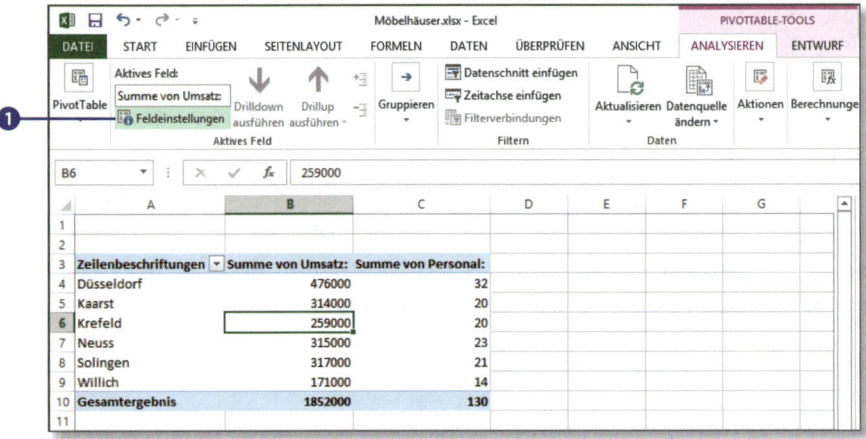

5 Im Dialog **Wertfeldeinstellungen** klicken Sie anschließend auf die Schaltfläche **Zahlenformat**. Wählen Sie nun unter **Kategorie** das Format **Währung** und bestätigen Sie beide Dialoge mit einem Klick auf **OK**.

Die Pivot-Tabelle ist jetzt bereits derart ausgestattet, dass die Umsatzzahlen aller sechs Möbelhäuser zusammengefasst sind. Dabei ist jede Abteilung eines Möbelhauses bereits mit seinem Teil am Umsatz vertreten. Auch die Anzahl der Mitarbeiter ist entsprechend gegliedert. Vergleichen Sie Ihr Resultat mit der Beispieldatei *Pivot-01.xlsx* im Ordner *21* auf der Buch-CD.

In Schritt 3 haben Sie erfahren, dass Sie die Inhalte des Bereichs **Werte** auch per Drag & Drop zuweisen können. Beachten Sie während des Ziehens bitte die grüne, horizontale Linie. Diese zeigt an, an welcher Position Sie den Eintrag fallen lassen können. Somit hätten Sie **Summe von Personal** auch oberhalb von **Summe von Umsatz** einsortieren können. Dann wäre **B** die Personalspalte geworden. Auch das Sortieren per Drag & Drop (unten in der Feldliste) ist übrigens zu jeder Zeit möglich.

Tabellenfelder löschen

Wenn Sie ein vorhandenes Pivot-Feld löschen wollen (beispielsweise **Summe von Personal**), klicken Sie im Arbeitsbereich **PivotTable-Felder** einfach darauf und entscheiden sich anschließend im Kontextmenü für den Befehl **Feld entfernen**.

Abbildung 21.1 Hinzugefügte Felder können jederzeit wieder entfernt werden.

Pivot-Inhalte filtern

Nun ist der Gesamtumsatz je Möbelhaus ja sehr interessant. Allerdings bleiben damit wichtige Informationen, wie beispielsweise die Umsätze der einzelnen Abteilungen, ungenutzt. Aber auch diese Daten können Sie in Ihrer Pivot-Tabelle verwenden und so die Umsatzzahlen verfeinern. Daher soll die Tabelle der Beispieldatei *Pivot-01.xlsx* aus dem Ordner *21* auf der Buch-CD noch weiter optimiert werden.

1 Klicken Sie im Arbeitsbereich **PivotTable-Felder** oben auf den Eintrag **Abteilung ❶**, halten Sie die Maustaste gedrückt und ziehen Sie ihn herunter, bis Sie im Bereich **Zeilen ❷** angelangt sind. Lassen Sie unterhalb von **Haus ❸** los.

2 Werfen Sie einen Blick auf die Tabelle. Vor jedem Filial-Eintrag finden Sie nun einen Minusbutton. Wenn Sie darauf klicken, verändert sich dieser in ein Plussymbol, und die Liste der Abteilungen wird geschlossen. Ein erneuter Klick öffnet die Liste wieder.

3 Nun ist das mit den eingerückten Listen der einzelnen Abteilungen ja ganz nett. Sollten Sie jedoch eine eigene Spalte dafür bevorzugen, müssen Sie zunächst auf die Schaltfläche **Berichtslayout** in der Gruppe **Layout** der Registerkarte **PivotTable-Tools/Entwurf** klicken. Wenn Sie im Auswahlmenü der Schaltfläche von **In Kurzformat anzeigen** beispielsweise auf **In Tabellenformat anzeigen** umschalten, wird eine komplett neue Spalte für die Abteilungen generiert.

4 Und jetzt kommt das, was Pivot-Tabellen so intuitiv macht. Wenn Sie beispielsweise wissen wollen, welche Umsätze in den Abteilungen »Essen« und »Küche« der jeweiligen Einrichtungshäuser erzielt worden sind, klicken Sie zunächst auf die kleine Dreieck-Schaltfläche ❹ in der Kopfzeile von Spalte **B**. Deaktivieren Sie zunächst die Checkbox bei **(Alle anzeigen)** ❺, um anschließend je ein Häkchen vor **Essen** und **Küche** zu platzieren.

5 Nach einer solchen Aktion wird die zuvor erwähnte Dreieck-Schaltfläche im Kopf der Spalte übrigens durch ein Trichter-Symbol ersetzt. Das ist Indiz dafür, dass die

Spalte gefiltert ist, also derzeit nicht mit all ihren Bestandteilen angezeigt wird. Klicken Sie erneut darauf und aktivieren Sie anschließend im Menü die Checkbox bei **(Alle anzeigen)**, werden wieder alle Abteilungen präsentiert.

Wenn Sie die Tabelle auf die zuvor beschriebene Weise filtern, wird auch das Gesamtergebnis in der gleichnamigen Zeile entsprechend angepasst. Die fertige Tabelle finden Sie unter dem Dateinamen *Pivot-02.xlsx* im Ordner *21* auf der Buch-CD.

In Schritt 2 haben Sie kleine Schaltflächen kennengelernt, mit denen sich die Listen schließen und öffnen lassen. Für den Fall, dass Sie diese Schaltflächen verbergen wollen, beispielsweise bevor Sie die Pivot-Tabelle ausdrucken, klicken Sie auf den Button **Schaltflächen +/–** in der Gruppe **Anzeigen** der Registerkarte **PivotTable-Tools/Analysieren**.

Eine Gruppe erzeugen

Wenn Sie einmal ein gruppiertes Ergebnis erzeugen wollen, können Sie das mit nur einem einzigen Doppelklick erledigen. Wer also z. B. die Abteilungsergebnisse des Hauses »Kaarst« als separate Tabelle benötigt, setzt einfach einen Doppelklick auf die Zelle **Kaarst Ergebnis** in der Spalte **Summe von Umsatz**. Daraufhin wird ein neues Tabellenblatt generiert, welches die einzelnen Posten dieses Möbelhauses zeigt.

Abbildung 21.2 Diese Tabelle ist mit einem Doppelklick generiert worden.

21.2 Pivot-Tabellen mit der Funktion »Datenschnitt« filtern

Das Filtern von Daten (siehe Abschnitt »Pivot-Inhalte filtern« auf Seite 649) lässt sich noch mehr individualisieren. So ist es bei Pivot-Tabellen möglich, einen Kontrollmechanismus zu integrieren, mit dem die Auswahl der gewünschten Daten auf Knopfdruck funktioniert.

Datenschnitt einfügen

Hier erfahren Sie, wie Sie eine kleine Tafel mit Schaltflächen generieren, welche das schnelle Filtern von Daten möglich macht. Öffnen Sie für diesen Workshop die Datei *Pivot-02.xlsx* aus dem Ordner *21* auf der Buch-CD.

1 Platzieren Sie einen Mausklick auf einer beliebigen gefüllten Zelle des Datenblatts **Tabelle2**, also der Pivot-Tabelle innerhalb der Beispieldatei. Dadurch erreichen Sie, dass die beiden Registerkarten **PivotTable-Tools/Analysieren** und **PivotTable-Tools/Entwurf** angezeigt werden.

2 Klicken Sie auf **Datenschnitt einfügen** in der Gruppe **Filtern** der Registerkarte **PivotTable-Tools/Analysieren**.

3 Im folgenden Dialog geben Sie an, welche Steuerelemente erzeugt werden sollen, über die Sie dann ganz bequem die Daten der Pivot-Tabelle filtern können. Wählen Sie beispielsweise die Spalten **Haus** und **Abteilung**. Bestätigen Sie mit einem Klick auf **OK**.

4 Klicken Sie nun auf die Kopfleiste der obersten Tafel und schieben Sie diese per Drag & Drop zur Seite. Sie soll neben der Tabelle stehen. Verfahren Sie mit der zweiten Tafel entsprechend.

5 Wenn Sie jetzt wissen möchten, wie viel Umsatz beispielsweise mit Küchen im Möbelhaus Neuss erzielt worden ist, wählen Sie auf jeder der beiden Tafeln den entsprechenden Button an, also den Eintrag **Neuss** auf der Tafel **Haus** und **Küche** auf der Tafel **Abteilung**.

6 Aber es geht noch besser. Denn auch eine Mehrfachauswahl auf einer Tafel ist möglich und somit ein direkter Vergleich zwischen einzelnen Tabellenabschnitten sehr einfach. Dazu ist allerdings während des Klicks auf den jeweiligen Button Strg gedrückt zu halten.

Eine zuvor gefilterte und jetzt nicht mehr benötigte Wahl kann mit Klick auf das Trichter-Symbol ❶ der jeweiligen Tafel geschlossen werden. Alternativ betätigen Sie `Alt` + `C`. Um die Tafel komplett zu entfernen, markieren Sie diese und drücken anschließend `Entf` oder `←`.

Datenschnitteinstellungen festlegen

Für jede Datenschnittpalette können individuelle Einstelloptionen festgelegt werden. Dabei ist jedoch stets maßgeblich, welche Palette gerade aktiv ist. Wollen Sie die Optionen mehrerer Paletten gleichzeitig ändern, klicken Sie alle nacheinander an, während Sie `Strg` gedrückt halten.

Klicken Sie nun auf **Datenschnitteinstellungen** in der Gruppe **Datenschnitt** der Registerkarte **Datenschnitttools/Optionen**, um weitere Optionen festzulegen. Dazu zählen z. B. die Sichtbarkeit der Kopfzeile, die Beschriftung oder die Sortierreihenfolge.

21.3 So analysieren Sie umfangreiche Tabellendaten mit PivotCharts

PivotCharts sind zunächst einmal vergleichbar mit herkömmlichen Diagrammen. Allerdings können sie mehr als Standarddiagramme. Sie tragen nämlich Einstelloptionen in sich, mit denen die Grafik optimiert und die Daten jederzeit rasch gefiltert werden können. So bleiben auch umfangreiche Tabellendaten stets übersichtlich und fördern genau das zutage, was Sie darstellen wollen.

Öffnen Sie die Beispieldatei *Pivot-03.xlsx*, die Sie im Ordner *21* auf der Buch-CD finden. Aus dieser Pivot-Tabelle soll nun ein anschauliches und zugleich individuell anpassbares Diagramm erstellt werden.

1 Deaktivieren Sie sämtliche Filter innerhalb der beiden Datenschnittfelder. Das geht am schnellsten, indem Sie in beiden Paletten jeweils oben rechts auf die Schaltfläche **Filter löschen** klicken. Daraufhin wird Ihnen wieder der gesamte Inhalt der Tabelle angezeigt.

2 Markieren Sie nun eine beliebige Zelle innerhalb der Tabelle und klicken Sie als Nächstes auf die Schaltfläche **PivotChart** in der Gruppe **Diagramme** der Registerkarte **Einfügen**.

3 Im Dialog **Diagramm einfügen** klicken Sie links auf die Rubrik **Säule** und bestätigen mit **OK**.

4 Die beiden Datenschnitte **Haus** und **Abteilung**, die auch im Arbeitsbereich **Pivot-Chart-Felder ❶** (siehe Abbildung Seite 656) auf der rechten Seite der Anwendung unten links im Bereich **Achse ❷** zu finden sind, tauchen auch unten links im Diagramm auf. Mit deren Hilfe lässt sich nun die Grafik weiter anpassen. Klicken Sie beispielsweise auf **Abteilung ❸** und deaktivieren Sie zunächst **(Alle anzeigen) ❹**.

5 Danach wählen Sie per Mausklick beispielgebend einmal **Küche ❺** und **Essen ❻** an und bestätigen die Änderungen mit einem Klick auf **OK**.

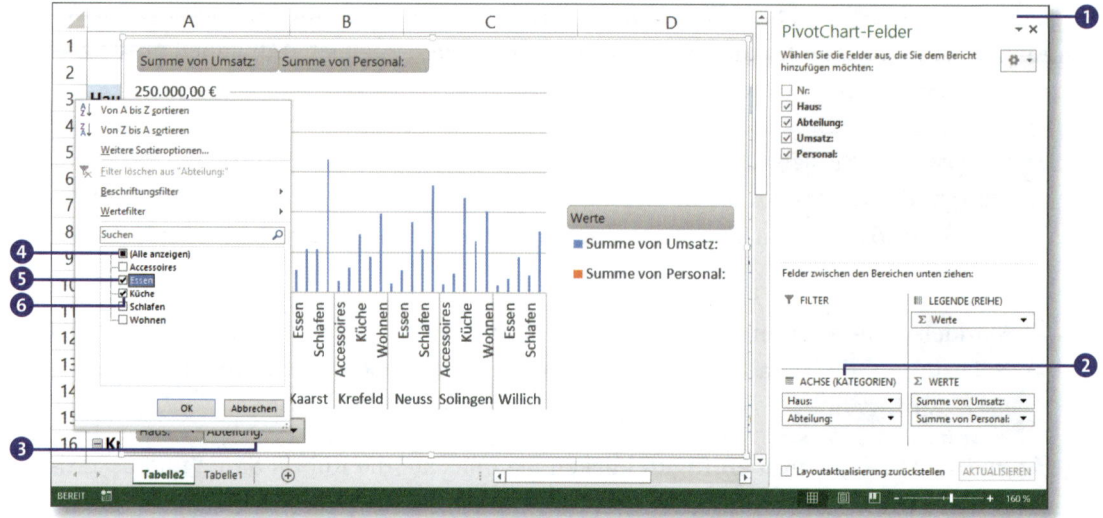

6 Unmittelbar im Anschluss wird das Diagramm entsprechend aktualisiert. Verfahren Sie ebenso mit dem Steuerelement **Haus** des Diagramms und lassen Sie nur die Häuser **Düsseldorf** und **Kaarst** anzeigen.

7 Sie haben nun die Möglichkeit, noch weitere Achsen hinzuzufügen. Dazu ziehen Sie die gewünschte Achse, z. B. **Personal**, aus dem Bereich **PivotChart-Felder** der Feldliste nach unten links in den Bereich **Achse**. Innerhalb des Diagramms wird daraufhin ein weiterer Button **Personal** integriert.

Anhand des PivotCharts lässt sich jetzt visuell ruck, zuck erfassen, wie viele Mitarbeiter in der jeweiligen Abteilung für den entsprechenden Umsatz gesorgt haben. Schauen Sie sich das Resultat in der Beispieldatei *Pivot-04.xlsx* im Ordner *21* auf der Buch-CD an.

21.4 PowerPivot

PowerPivot ist ein in Excel integriertes Add-in, mit dem umfangreiche Daten aus unterschiedlichen Quellen (z. B. Excel-Arbeitsmappen, Datenbanken) miteinander verknüpft und auf komfortable Weise verwaltet werden können. PowerPivot stellt sich in der normalen Excel-Arbeitsumgebung zunächst nur als Registerkarte dar und muss vorab aktiviert werden (siehe Kasten am Ende dieses Abschnitts). Da sich PowerPivot vor allem an professionelle Anwender mit Datenbankerfahrung richtet und nur in der Edition Office 2013 Professional-Plus sowie der eigenständigen Edition Excel 2013 enthalten ist, soll dieses Thema hier nur kurz angerissen werden:

Wenn Sie Daten aus anderen Excel-Arbeitsmappen integrieren wollen, öffnen Sie das Dokument zunächst, markieren die für Sie relevanten Bereiche und klicken auf **Zu Datenmodell hinzufügen** auf der Registerkarte **PowerPivot**. Es öffnet sich das Fenster **PowerPivot für Excel**, über das weitere Daten integriert werden können. Das erreichen Sie, indem Sie auf **Externe Daten abrufen** klicken. Im Auswahlmenü lassen sich nun Daten aus anderen Quellen bzw. Datenbanken integrieren.

Abbildung 21.3 PowerPivot als Verwaltungszentrale für unterschiedliche Datenquellen

21.5 Die Was-wäre-wenn-Analyse

Die sogenannte Was-wäre-wenn-Analyse ist eine Art Vorhersageberechnung. Genauer gesagt, nimmt man bestimmte Werte als Ausgangsbasis und kann nun verschiedene Szenarien mit unterschiedlichen Werten durchspielen. Ein klassisches Beispiel ist der Materialeinsatz eines Unternehmens, der beispielsweise davon abhängig sein kann, wie hoch der Bestellwert und der damit verbundene Rabatt ist. Darüber hinaus können Analysen in Bezug auf den Kapitalbedarf eines Projektes kalkuliert werden und vieles mehr.

Die Break-Even-Point-Analyse (Vorbereitung)

In diesem Szenario wollen wir den sogenannten *Break-Even-Point* eines Produktionsbetriebes ermitteln. Zunächst einmal die Fakten: Die Gründung des Beispielunternehmens ist mit 100.000,00 € zu Buche geschlagen, diese Summe ist u. a. durch Anschaffung von Maschinen entstanden. De facto hat das Unternehmen also einen Verlust von 100.000,00 € gemacht.

Der Unternehmer möchte nun wissen, wie viele seiner angebotenen Artikel er verkaufen muss, bis er von der Verlust- in die Gewinnzone wechselt (also den Break-Even-Point erreicht). Nun müssen wir natürlich noch zwei zusätzliche Dinge in Erfahrung bringen – nämlich wie hoch der angestrebte Verkaufspreis des Produktes ist und welche Materialkosten für die Herstellung dieses Artikels anfallen. All das entnehmen wir der Beispieldatei *Break-Even.xlsx*, die Sie im Ordner *21* auf der Buch-CD finden.

Der Verkaufspreis eines einzelnen Artikels beträgt 99,00 €, während die Produktionskosten pro Stück bei 35,00 € liegen. Derzeit ist noch kein Artikel verkauft worden, was auch aus der Zelle **B3** hervorgeht, und weshalb in Zelle **B4** auch noch kein Umsatz zu verzeichnen ist. Darüber hinaus weist der Gewinn, wie bereits berichtet, ein Minus von 100.000,00 € auf (**B7**).

	A	B
1	**Break-Even-Point-Analyse:**	
2	Verkaufspreis:	99,00 €
3	Menge:	0
4	Umsatz:	- €
5	Gründungskosten:	100.000,00 €
6	Materialbedarf/Stück:	35,00 €
7	Gewinn:	- 100.000,00 €
8		

Abbildung 21.4 In diesem Excel-Dokument stecken die derzeitigen Ergebnisse.

Schauen wir uns die Formeln an: Klicken Sie dazu in die Zelle **B4**. Der Umsatz berechnet sich demzufolge aus *Verkaufspreis * Menge*. Keine große Sache, oder? Interessanter ist die Formel in Zelle **B7**, die ebenfalls den Verkaufspreis mit der Menge multipliziert, jedoch zusätzlich den Materialbedarf mit der Menge. Logisch, denn je mehr wir produzieren, desto höher auch die Materialkosten. Zudem werden beide Kostenbereiche (Materialbedarf und Gründungskosten) vom Gewinn subtrahiert.

Abbildung 21.5 Die Formel für Zelle B7

Da Punktrechnung vor Strichrechnung in Anwendung gebracht wird, konnten wir uns die Klammern in dieser Formel sparen.

Eine Break-Even-Point-Analyse durchführen

So viel zur Vorgeschichte. Jetzt wollen wir herausfinden, ab wann unser fiktives Unternehmen schwarze Zahlen schreiben wird. Das gelingt mit der Was-wäre-wenn-Analyse.

1 Zunächst markieren Sie die Zelle **B7**. Klicken Sie als Nächstes auf die Schaltfläche **Was-wäre-wenn-Analyse** in der Gruppe **Datentools** der Registerkarte **Daten**. Entscheiden Sie sich im Menü für **Zielwertsuche**.

659

2 Da im vorangegangenen Schritt bereits die Zelle **B7** markiert worden ist, erscheint diese im Dialog **Zielwertsuche** als Zielzelle. Klicken Sie in das mittlere Eingabefeld **Zielwert** und geben Sie dort »0« ein. Warum? Weil wir ermitteln wollen, wann die Zelle **B7** mit 0,00 € zu Buche schlägt, also unser Break-Even-Point erreicht ist.

3 Zuletzt benötigen wir noch eine veränderbare Zelle. Das ist der Wert, der von der Zielwertsuche angepasst werden darf – denn einer der Werte muss sich ja verändern, damit ein Gewinn von 0,00 € oder mehr dargestellt werden kann. Hier ist die Menge relevant, da wir ja wissen wollen, wie viele Produkte angefertigt werden müssen, um aus der Verlustzone herauszukommen. Klicken Sie demzufolge in das Eingabefeld **Veränderbare Zelle** und markieren Sie die Zelle **B3**.

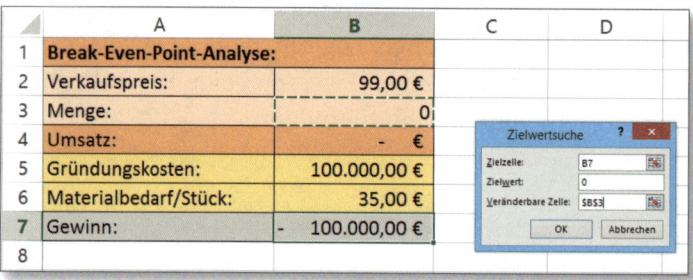

4 Zuletzt bestätigen Sie den **OK**-Button und warten auf das Ergebnis. Sie sehen: Sobald der 1.563ste Artikel verkauft ist, sind wir aus den roten Zahlen heraus und machen Gewinn.

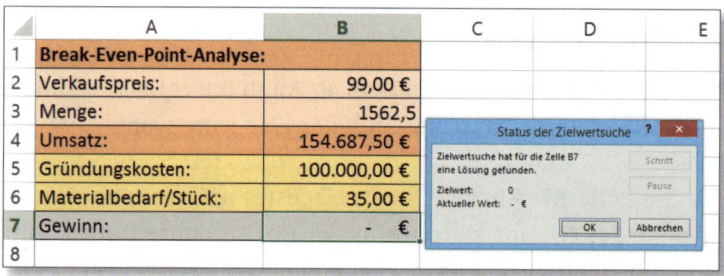

5 Kontrollieren Sie das Ergebnis, indem Sie auf **OK** klicken und die Menge auf »1.563« erhöhen. Denn einen halben Artikel können wir ja nicht verkaufen. Sobald Sie Zelle **B3** verlassen, werden die ersten 32,00 € Gewinn angezeigt.

Sie finden das Resultat dieses Workshops unter dem Dateinamen *Break-Even-fertig.xlsx* im Ordner *Ergebnisse* auf der Buch-CD.

> **INFO**
>
> **Weitere Werte ermitteln**
>
> Die Zielwertsuche ist keine feste Größe, sondern kann durch erneutes Aufrufen des gleichnamigen Dialogs (**Daten > Datentools > Was-wäre-wenn-Analyse > Zielwertsuche**) wieder komplett neu durchgeführt werden. Möchten Sie also beispielsweise analysieren, wann die ersten 100.000,00 € Gewinn anstehen, starten Sie eine neue Zielwertsuche mit den gleichen Zellbezügen, jedoch geben Sie im Dialog **Zielwertsuche** in das Feld **Zielwert** einen Wert von »100.000« ein.

21.6 Was-wäre-wenn-Analyse mit dem Solver

Lassen Sie uns eine Was-wäre-wenn-Analyse noch einmal unter veränderten Voraussetzungen durchspielen. Um herauszufinden, wann unser kleines Unternehmen Gewinn macht, reicht ja die soeben vorgestellte Zielwertanalyse vollkommen aus. Aber stellen Sie sich vor, der Unternehmer möchte innerhalb eines gewissen Zeitraums den Break-Even-Point erreichen, selbst wenn er dazu den Verkaufspreis seines Artikels anpassen müsste. Nehmen wir an, er kann 200 Produkte pro Monat herstellen und möchte seinen Investoren in 5 Monaten das Erreichen der Gewinnzone verkünden. Daraus ergibt sich einerseits die Frage, wann die Gewinnzone erreicht wird, und andererseits wieviel das Produkt letztlich kosten muss. Dies lässt sich mit dem in Excel integrierten *Solver* lösen.

Hinweise zum Solver

Beim Solver (engl.: *to solve* = lösen) handelt es sich um ein Add-in, also eine Art Zusatzsoftware, die zwar in Excel integriert ist, jedoch in der Regel zunächst aktiviert werden muss. Sollten Sie mit dem Solver arbeiten wollen, schauen Sie zunächst nach, ob dieser zur Verfügung steht. Wenn ja, finden Sie die Schaltfläche **Solver** in der Gruppe **Analyse** der Registerkarte **Daten**. Ist das nicht der Fall, müssen Sie das Add-in zunächst aktivieren. Wie das vonstattengeht, zeigen wir in Abschnitt 23.3, »So passen Sie Excel an Ihre Bedürfnisse an«, unter der Überschrift »Add-ins hinzufügen« auf Seite 688.

Abbildung 21.6 Die »Solver«-Schaltfläche muss erst aktiviert werden.

Eine Solver-Analyse durchführen

Noch einmal kurz zur Wiederholung: Wir wollen wissen, was ein Produkt kosten wird, wenn wir nach Herstellung von 1.000 Stück die Verlustzone verlassen wollen. Öffnen Sie die Beispieldatei *Break-Even-fertig.xlsx*, die sich im Ordner *Ergebnisse* auf der Buch-CD befindet.

1 Klicken Sie, ohne vorherige Markierung von Zellen, auf die Schaltfläche **Solver** in der Gruppe **Analyse** der Registerkarte **Daten**. Trotz der Tatsache, dass keine Zelle markiert worden ist, wird im Dialogfenster **Solver-Parameter** im obersten Eingabefeld **Ziel festlegen** bereits der Eintrag **B7** gelistet. Ist das nicht der Fall, markieren Sie den gesamten Zelleninhalt, den Sie anschließend mit [←] herauslöschen und mit Klick auf die Zelle **B7** erneut füllen.

2 Nun müssen Sie dem Solver mitteilen, dass die Zelle **B7** einen Wert von *0* erreichen soll. Klicken Sie daher im Bereich **Bis** auf den Radiobutton **Wert** und tragen Sie in das nebenstehende Eingabefeld den Wert ein, der erreicht werden soll, also im Beispiel »0«.

3 Legen Sie nun im Eingabefeld **Durch Ändern von Variablenzellen** fest, welche Zellen eine Veränderung erfahren dürfen. Löschen Sie eventuell vorhandene Werte heraus und markieren Sie anschließend die Zellen **B2** und **B3**, indem Sie beide mit gedrückter Maustaste überfahren.

4 Nun beabsichtigen wir, exakt 1.000 Artikel herzustellen und nicht die derzeit in der Tabelle angegebenen 1.563. Demzufolge müssen wir eine sogenannte *Nebenbedingung* formulieren. Nebenbedingungen sind Gegebenheiten, die vom Solver eingehalten werden müssen. Denn anderenfalls könnte dieser ja vorschlagen, nur ein einziges Produkt zu erzeugen, das 100.035,00 € kostet, und schon sind wir in der Gewinnzone. Das wäre zwar schön, kauft uns aber niemand ab. Deshalb muss Zelle **B3** mit der Nebenbedingung *1.000 Stück* ausgestattet werden. Dazu klicken Sie im Bereich **Unterliegt den Nebenbedingungen** auf die Schaltfläche **Hinzufügen**.

5 Geben Sie in das Feld **Zellbezug** die Zelle ein, auf die sich die Nebenbedingung beziehen soll, in unserem Beispiel also die Zelle **B3**. Im rechts daneben befindlichen Auswahlfeld entscheiden Sie sich für das Gleichheitszeichen. Ganz rechts wird die Nebenbedingung formuliert, die da lautet: »1000«. Bestätigen Sie mit **OK**.

6 Somit gelangen Sie zurück in den Dialog **Solver-Parameter**. Im Feld **Unterliegt den Nebenbedingunge**n ist nun die eben erstellte Bedingung **B3 = 1000** notiert. Alle nötigen Angaben sind damit gemacht, und Sie können per Klick auf **Lösen** die Was-wäre-wenn-Analyse starten.

7 Sogleich werden die Excel-Daten aktualisiert, und der Dialog **Solver-Ergebnisse** wird bereitgestellt. Sind Sie mit dem Ergebnis zufrieden? Wer stattdessen lieber wieder die ursprünglichen Werte in der Excel-Datei sehen möchte, aktiviert vorher noch den Radiobutton **Ursprüngliche Werte wiederherstellen**. Dann bestätigen Sie mit **OK**.

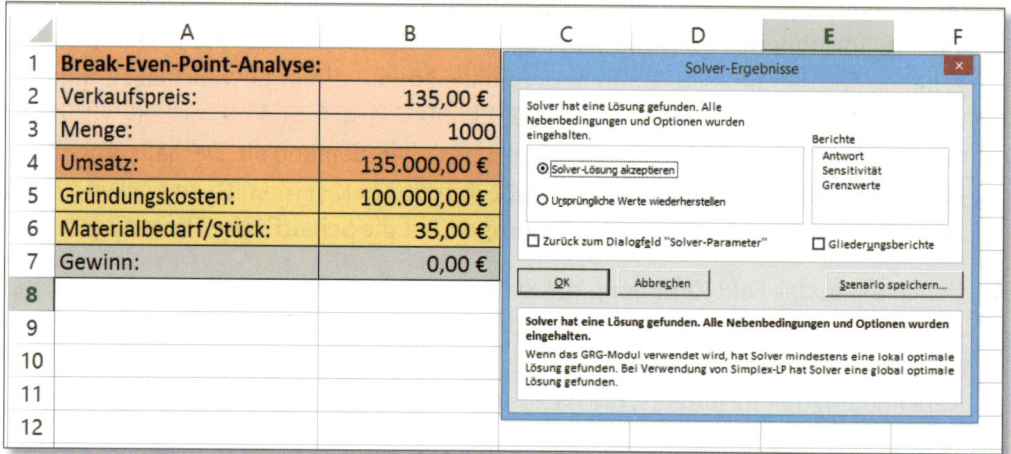

Übrigens speichert der Solver im Gegensatz zur Zielwertsuche (siehe Abschnitt »Eine Break-Even-Point-Analyse durchführen« auf Seite 659) die eingegebenen Daten. Öffnen Sie das Fenster erneut, finden Sie auch die zuvor eingestellten Werte wieder vor.

Kapitel 22
Tipps und Tricks für den Excel-Alltag

An dieser Stelle finden Sie noch einige weiterführende Informationen zu einzelnen Themengebieten. Die Themen selbst sind nicht neu – sie sind alle bereits einmal in diesem Buch angesprochen worden. Allerdings erfahren Sie hier den einen oder anderen Kniff, der die tägliche Arbeit mit Excel erleichtern kann.

22.1 Zeilen, Spalten und Fenster fixieren

Bei großen Tabellen bietet es sich oftmals an, die Sichtbarkeit bestimmter wichtiger Zeilen oder Spalten aufrechtzuerhalten. Wenn Sie sich innerhalb des Dokuments bewegen, also beispielsweise weiter nach unten scrollen, bleibt die fixierte Zeile oder Spalte trotzdem an Ort und Stelle erhalten.

Grundsätzlich ist zu beachten, dass nur Zeilen fixiert werden können, die sich ganz oben in einer Tabelle befinden. Ebenso lassen sich nur Spalten auf der linken Seite der Tabelle fixieren. Sie dürfen zwar grundsätzlich mehrere Zeilen oder Spalten fixieren, jedoch dürfen diese sich nicht in der Mitte einer Tabelle befinden.

1 Sofern mehrere Zeilen oder Spalten gemeinsam fixiert werden sollen, markieren Sie alle entsprechenden Zeilen oder Spalten. Falls Sie ausschließlich die oberste Zeile und/oder die linke Spalte fixieren wollen, können Sie auf die vorherige Markierung indes verzichten.

2 Klicken Sie auf die Schaltfläche **Fenster fixieren** in der Gruppe **Fenster** der Registerkarte **Ansicht**. Wer hingegen nur die oberste Zeile fixieren oder die erste Spalte fixieren möchte, wählt den gleichnamigen Eintrag im Menü der Schaltfläche. Wenn Sie sowohl die erste Zeile als auch die erste Spalte gleichermaßen fixieren möchten, müssen beide Einträge nacheinander angewählt werden.

3 Um die Fixierung zu verwerfen, die Spalten oder Zeilen also wieder beweglich zu machen, entscheiden Sie sich im Menü der Schaltfläche **Fenster fixieren** für den Eintrag **Fixierung aufheben**.

	A	B	C	D	E
1	Nr:	Haus:	Abteilung:	Umsatz:	Personal:
11	10	Kaarst	Accessoires	12.000,00 €	3
12	11	Solingen	Küche	118.000,00 €	4
13	12	Krefeld	Wohnen	98.000,00 €	8
14	13	Willich	Schlafen	22.000,00 €	2
15	14	Solingen	Essen	24.000,00 €	2
16	15	Willich	Essen	18.000,00 €	1
17	16	Düsseldorf	Schlafen	83.000,00 €	5
18	17	Willich	Accessoires	9.000,00 €	2
19	18	Kaarst	Küche	54.000,00 €	4
20	20	Neuss	Küche	88.000,00 €	4
21	21	Willich	Küche	45.000,00 €	2
22	22	Solingen	Accessoires	10.000,00 €	2
23	23	Krefeld	Küche	72.000,00 €	3
24	24	Solingen	Schlafen	64.000,00 €	4

Titelzeilen und Titelspalten können auf die beschriebene Methode auch bei großen Tabellen stets erhalten bleiben. So weiß man an jeder Position der Tabelle, was in der jeweiligen Zeile oder Spalte zu finden ist.

22.2 Mit Listenfeldern arbeiten

Mit Listenfeldern geben Sie dem Benutzer einer Excel-Tabelle die Möglichkeit, eine Auswahl aus einer Zusammenstellung mehrerer Steuerelemente zu treffen. Dieser kann daraufhin selbst entscheiden, welchen Inhalt er verwenden möchte.

Wir greifen hier ein einfaches Beispiel auf. Dazu erzeugen wir zunächst ein Listenfeld, durch das wiederum in Abhängigkeit von der Wahl des Eintrags ein bestimmter Wert erzeugt wird. Dieser Wert könnte dann über weitere Excel-Berechnungen ausgelesen und weiterverwendet werden. Lesen Sie hierzu auch Kapitel 18, »Mit Formularen arbeiten«, ab Seite 559.

1 Zunächst müssen Sie die Registerkarte **Entwicklertools** aktivieren. Rufen Sie dazu den Dialog **Excel-Optionen** auf (**Datei > Optionen**). In den Excel-Optionen klicken Sie zunächst auf die Rubrik **Menüband anpassen**, aktivieren Sie danach in der rechten Spalte **Menüband anpassen** die Checkbox **Entwicklertools** und bestätigen Sie zuletzt mit **OK**.

2 Klicken Sie nun auf die Schaltfläche **Einfügen** in der Gruppe **Steuerelemente** der Registerkarte **Entwicklertools**. Klicken Sie im Bereich **Formularsteuerelemente** auf **Listenfeld (Formularsteuerelement)**.

3 Klicken Sie nun an einer beliebigen Stelle auf das Tabellenblatt, wird das entsprechende Steuerelement eingefügt. Dieses ließe sich nun noch an seinen quadratischen Anfassern nach Wunsch in Form ziehen. Verkleinern Sie es in der Höhe etwas, damit es nicht so viel Platz einnimmt.

4 Lassen Sie das eingefügte Listenfeld markiert und klicken Sie auf **Eigenschaften** in der Gruppe **Steuerelemente** der Registerkarte **Entwicklertools**.

5 Im Dialog **Objekt formatieren** legen Sie im Feld **Eingabebereich** einen Zellbezug fest, indem Sie die Zellen markieren, die in das Listensteuerelement integriert werden sollen.

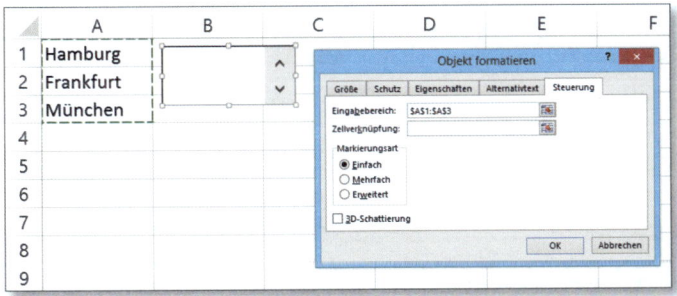

6 Danach klicken Sie auf das Feld **Zellverknüpfung**, um die Zelle anzugeben, in der das Ergebnis erscheinen soll, und anschließend auf die gewünschte Zelle. Bestätigen Sie mit **OK**.

7 Bevor Sie das Eingabefeld nutzen können, muss es kurz abgewählt werden. Derzeit ist es ja noch für die Bearbeitung markiert. Klicken Sie also an eine beliebige Stelle des Arbeitsblattes. Der Markierungsrahmen des Listenfeldes verschwindet.

8 Testen Sie das Steuerelement, indem Sie verschiedene Einträge anwählen und dabei den Inhalt in der Zielzelle (**Zellverknüpfung**) beobachten.

9 Wollen Sie das Ganze noch mit einer Minimalfunktion ausstatten? Wie wäre es z. B. mit einem Text, der uns anzeigt, ob Hamburg ausgewählt worden ist oder nicht? Gut, das ist nicht wirklich spannend, offenbart aber die Wirkungsweise eines Listensteuerelements in Verbindung mit einer Funktion. Markieren Sie dazu eine beliebige neue Zelle und klicken Sie anschließend auf **Funktion einfügen** innerhalb der Bearbeitungsleiste.

10 Wählen Sie im Folgedialog zunächst die Funktion **Wenn** aus (im Feld **Funktion einfügen**) und bestätigen Sie mit **OK**.

11 Da das Feld **Prüfung** im Dialog **Funktionsargumente** bereits ausgewählt ist, können Sie gleich auf die Zelle klicken, die den Wert des Listensteuerelements ausgibt, in unserem Beispiel die Zelle **A5**.

12 Dahinter tragen Sie ein: »=1«. In das Feld **Dann_Wert** geben Sie nun ein, was erscheinen soll, wenn der Benutzer **Hamburg** auswählt. Idealerweise schreiben Sie: »Sie haben sich für Hamburg entschieden.«

13 Der Eintrag in **Sonst_Wert** soll konsequenterweise lauten: »Sie haben sich nicht für Hamburg entschieden.« Bestätigen Sie auch diesen Dialog mit **OK**.

Für den Fall, dass Sie das soeben eingefügte Steuerelement noch weiter bearbeiten möchten, müssen Sie dieses übrigens mit rechts anklicken und anschließend im Kontextmenü **Steuerelement formatieren** auswählen. Ein herkömmlicher Mausklick hätte ja lediglich die Bedienung des Listenfeldes zur Folge.

22.3   Oft verwendete Tabellendokumente als Vorlage festhalten

Wenn Sie mit immer wiederkehrenden Layouts oder Tabelleninformationen arbeiten, ist es durchaus sinnvoll, dass Sie sich davon Vorlagen erstellen. In diesem Fall muss man (z. B. mit der Gestaltung) nicht immer von vorne anfangen, sobald man ein neues Dokument erzeugt.

Standardspeicherort für eigene Vorlagen definieren

Grundsätzlich gibt Excel einen Speicherort für Ihre Vorlagen vor, Sie können jedoch auch in Excel festlegen, wo Sie in Zukunft Ihre Vorlagen speichern werden. Alle Vorlagen, die künftig an dem angegebenen Ort gespeichert werden, sind dann automatisch auf dem Reiter **Persönlich** auf der Seite **Neu** gelistet. Diese Schritte müssen Sie übrigens nur einmalig durchführen.

1 Öffnen Sie zunächst den Dialog **Excel-Optionen** (**Datei** > **Speichern**) und wählen Sie in der linken Spalte des Dialogs die Rubrik **Speichern**.

2 In das Eingabefeld **Standardspeicherort für persönliche Vorlagen** ❶ (siehe Abbildung Seite 670) tragen Sie nun den Pfad ein, der künftig als Standard angesehen werden soll. In der Regel ist das *C:\Benutzer\Öffentliche Dokumente\Meine Vorlagen*, wobei Sie hier aber auch gerne jeden anderen Speicherort festlegen dürfen. Bestätigen Sie Ihre Eingabe per Klick auf **OK**.

Wie erwähnt, müssen Sie hier keinen Speicherort angeben, da standardmäßig bereits einer festgelegt ist. Wenn Sie das aber tun, muss der Ordner natürlich am angegebenen Pfad vorhanden sein. Darüber hinaus darf der Zugriff auf diesen Ordner nicht verhindert werden (z. B. durch eingeschränkte Benutzerrechte).

Als Vorlage speichern

Nachdem Sie Ihre persönliche Vorlage mit allem ausgestattet haben, was immer wieder benötigt wird, können Sie sich um die Sicherung der Vorlage kümmern. Wir benutzen für dieses Beispiel die Datei *Vorlage.xlsx*, die Sie im Ordner *22* auf der Buch-CD finden. Es geht im Prinzip nicht um deren Inhalt, sondern darum, dieses Dokument nun als Vorlage zu sichern und später zu nutzen.

1 Nachdem Sie das Dokument geöffnet haben, wechseln Sie per Klick auf die Registerkarte **Datei** in die Backstage-Ansicht und wählen hier in der linken Spalte mit einem Mausklick die Rubrik **Speichern unter**.

2 Klicken Sie im Bereich **Speichern unter** in der mittleren Spalte gegebenenfalls auf **Computer** und daraufhin in der rechten Spalte auf die Schaltfläche **Durchsuchen**, um einen Speicherort auf Ihrem Computer festzulegen.

3 Im Feld **Dateiname** benennen Sie die Excel-Vorlage zunächst wunschgemäß und wählen im Feld **Dateityp** das Format **Excel-Vorlage (*.xltx)** oder bei eingebundenen Makros in der Vorlage **Excel-Vorlage mit Makros (*.xltm)** aus.

4 Danach stellen Sie den Pfad her, den Sie als Standardspeicherort für Ihre Vorlagen verwenden (siehe dazu auch den Abschnitt »Standardspeicherort für eigene Vorlagen definieren« ab Seite 669). Klicken Sie zuletzt auf **Speichern**.

5 Wann immer Sie nun ein neues Excel-Dokument auf Grundlage der neuen Vorlage erstellen wollen, wählen Sie zunächst **Datei** > **Neu**. Klicken Sie auf das Register **Persönlich** ❶ (siehe Abbildung Seite 672), um die soeben gespeicherte Vorlage aufzurufen.

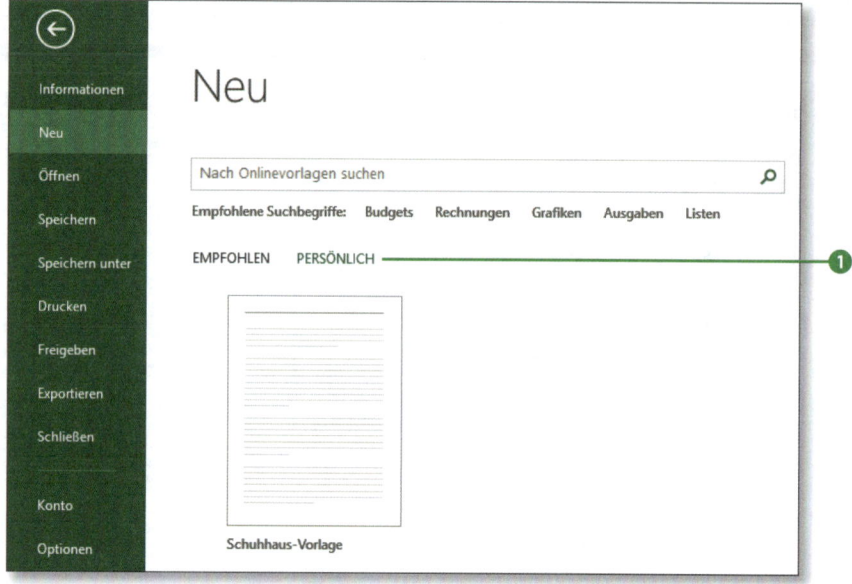

Sie sollten beim Speichern einer neuen Vorlage zunächst Name und Dateityp festlegen und erst im Anschluss den Speicherort einstellen. Office speichert allzu gerne sämtliche Dokumente auf OneDrive, dem Microsoft-eigenen Onlinespeicher. Wenn Sie nun zunächst den Pfad einstellen und anschließend den Dateityp anpassen, aktualisiert die Anwendung den Speicherort eigenmächtig und entscheidet über Ihren Kopf hinweg, dass die Vorlage ebenfalls unter OneDrive abgelegt wird. Das fällt dem Benutzer meist nicht auf. Immerhin vertrauen Sie ja darauf, dass der Speicherort beibehalten wird, den Sie soeben ausgesucht haben, und werden das womöglich nicht noch einmal prüfen.

22.4 Eigene Designs und Tabellenformatvorlagen erstellen

Wie Sie ja bereits in Abschnitt 16.2, »Tabellen mithilfe von Designs gestalten«, Seite 460, erfahren haben, bringt Excel eine Fülle von vordefinierten Designs und Formatvorlagen zur Tabellengestaltung mit. Wie Sie Ihre Designs speichern und individuelle Definitionen für einzelne Tabellenelemente anlegen können, erfahren Sie in den folgenden Unterabschnitten.

Eigene Designs erstellen

Zur Gestaltung von Designs gehen Sie bitte so vor wie in Abschnitt 16.2, »Tabellen mithilfe von Designs gestalten«, Seite 460, beschrieben. Benutzen Sie dafür die Steuerelemente in der Gruppe **Designs** der Registerkarte **Seitenlayout**. Haben Sie alle Änderungen vorgenommen, klicken Sie auf die kleine Dreieck-Schaltfläche der Schaltfläche **Design** und wählen im Menü **Aktuelles Design speichern**.

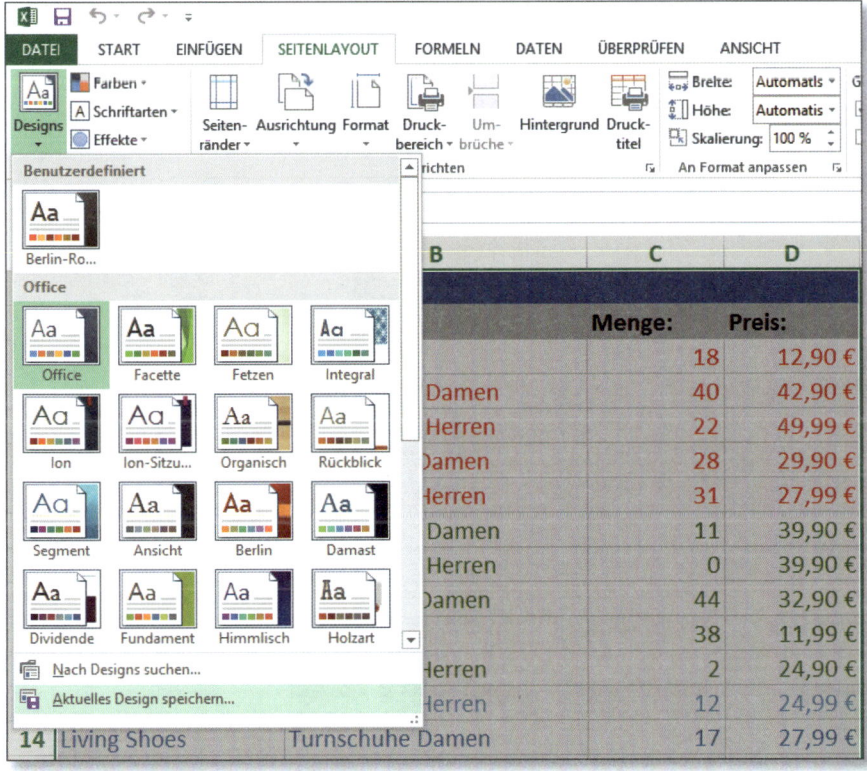

Abbildung 22.1 Speichern Sie Ihr Design.

Standardmäßig werden Designs mit dem Dateityp *.thmx* gespeichert. Damit die neue Vorlage künftig auch im Menü **Designs** zur Verfügung steht, sollten Sie den angebotenen Speicherort beibehalten. Standardmäßig ist das *C:\Benutzer\AppData\Roaming\ Microsoft\Templates\Document Themes* und wird Ihnen beim Speichervorgang im Dialog **Aktuelles Design speichern** automatisch angeboten. Diesen sollten Sie also nicht verändern.

Tabellenformatvorlagen erstellen

Bei Tabellenformatvorlagen haben Sie ebenso viele Freiheiten wie bei den Designs. Hier können Sie sogar einzelne Elemente individuell und losgelöst von allen anderen Elementen definieren.

1 Gestalten Sie Ihre Tabelle nach Wunsch. Benutzen Sie hierfür die Steuerelemente in den Gruppen **Schriftart**, **Ausrichtung** und **Formatvorlagen** der Registerkarte **Start**.

2 Klicken Sie anschließend auf **Als Tabelle formatieren** in der Gruppe **Formatvorlagen** der Registerkarte **Start**. Je nachdem, ob Sie mit einer normalen oder einer Pivot-Tabelle arbeiten, entscheiden Sie sich im Auswahlmenü für **Neue Tabellenformatvorlage** oder **Neue PivotTable-Formatvorlage**.

3 Geben Sie dem Tabellenformat im Dialog **Neues Tabellenformat** zunächst einen Namen und entscheiden Sie sich anschließend gegebenenfalls im Feld **Tabellenelement** für den Zellenbereich, den Sie noch weiter ausgestalten wollen, beispielsweise den Bereich **Erste Spalte**. Klicken Sie danach auf die Schaltfläche **Formatieren**.

4 Im Dialog **Zellen formatieren** lassen sich nun Änderungen an Schriftschnitt, Rahmen, Füllfarbe usw. vornehmen. Wenn Sie fertig sind, bestätigen Sie mit **OK**.

5 Nun könnten Sie im Dialog **Neues Tabellenformat** weitere Einstellungen vornehmen, indem Sie im Feld **Tabellenelement** das nächste Element auswählen und abermals auf **Formatieren** klicken.

6 Klar – das Anlegen einer Formatvorlage macht natürlich nur dann Sinn, wenn man sie später auch schnell auf andere Tabellen anwenden kann. Das ist jetzt ein Kinderspiel, denn Sie müssen nichts weiter tun, als die neue Tabelle zu markieren und anschließend auf **Als Tabelle formatieren** in der Gruppe **Formatvorlagen** der Registerkarte **Start** zu klicken. Die neue Vorlage wird Ihnen nun ganz oben im Bereich **Benutzerdefiniert** angezeigt und kann mit einem Mausklick übertragen werden.

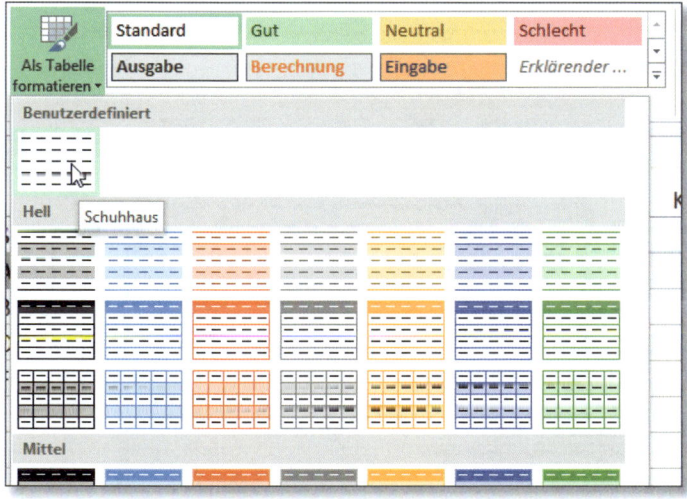

Wenn Sie weitere Vorlagen anlegen wollen, ist das kein Problem. Gehen Sie auf die beschriebene Weise vor. Bereits vorhandene benutzerdefinierte Vorlagen bleiben natürlich erhalten. Alle neu erstellten Vorlagen werden dann innerhalb des Bereichs **Benutzerdefiniert** hinzugefügt.

22.5   Mit Excel Online Tabellendokumente online bearbeiten

Excel Online haben Sie (wenn Sie dieses Buch chronologisch durcharbeiten) bereits einmal kennengelernt – und zwar in Abschnitt 12.6, »Mit Word Online Dokumente bearbeiten«, Seite 386. Dort ging es zwar um Word, doch funktioniert die Arbeit mit Excel Online prinzipiell ganz ähnlich.

Ein Tabellendokument bereitstellen

Damit eine Tabelle in Excel Online bearbeitet werden kann, muss sie zunächst einmal online verfügbar gemacht werden. Welche Voraussetzungen dafür nötig sind, entnehmen Sie bitte Abschnitt 12.5, »Dokumente auf OneDrive und SharePoint freigeben«, Seite 383.

1 Nachdem Sie das Dokument mit Excel fertiggestellt haben, müssen Sie es auf OneDrive speichern, um es online verfügbar zu machen. Zuvor sollten Sie allerdings gegebenenfalls festlegen, welche Elemente des Dokuments online verfügbar sein sollen. Klicken Sie dazu auf **Datei** > **Informationen** und wählen Sie in der mittleren Spalte die Schaltfläche **Browseransichtsoptionen** **❶**.

2 Nun können Sie im Dialog festlegen, ob die gesamte Arbeitsmappe angezeigt werden soll oder ob nur bestimmte Elemente der Arbeitsmappe verfügbar sein sollen. Über das Auswahlmenü ❷ auf der Registerkarte **Anzeigen** nehmen Sie Ihre Einstellungen vor. Bestätigen Sie per Klick auf **OK**.

3 Wechseln Sie nun in der Backstage-Ansicht auf die Rubrik **Speichern unter** und klicken Sie anschließend in der mittleren Spalte auf **[Ihr Name] OneDrive**. Klicken Sie auf **Durchsuchen**.

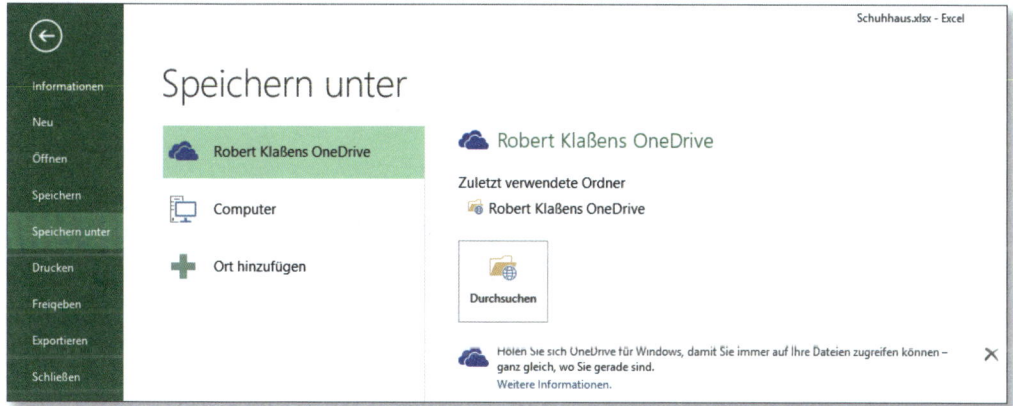

4 Gedulden Sie sich einen Augenblick, bis die Verbindung zum Onlinespeicher hergestellt ist. Wenn Sie mögen, wählen Sie im Dialogfenster **Speichern unter** einen der auf OneDrive angebotenen Unterordner per Doppelklick an. Bestätigen Sie mit einem Klick auf **OK**.

Ab sofort steht Ihnen das gespeicherte Dokument online in Ihrem OneDrive-Zugang zur Verfügung, und Sie können es jederzeit über jeden Computer mit Internetverbindung aufrufen. Öffnen Sie dazu im Browser die Internetseite *onedrive.live.com*, melden Sie sich mit Ihren Zugangsdaten an und wählen Sie das entsprechende Dokument mit einem Doppelklick aus.

Dokument im Web bearbeiten

Sehen wir uns in diesem Abschnitt an, wie Sie das vorab in Excel erzeugte und auf OneDrive gesicherte Dokument von unterwegs bearbeiten können. Dazu wird das Programm Excel übrigens nicht benötigt. Das Einzige, was Sie wirklich brauchen, ist ein zeitgemäßer Browser, z. B. Internet Explorer, Firefox, Chrome, Safari (Mac) o. Ä. – und natürlich eine Verbindung mit dem World Wide Web.

1 Starten Sie Ihren bevorzugten Browser und öffnen Sie die Seite *http://onedrive.live. com*. Loggen Sie sich mit Ihren persönlichen Zugangsdaten ein.

2 Nachdem die Verbindung hergestellt ist, halten Sie nach dem gewünschten Dokument Ausschau. Um das Excel-Dokument nun mit der Web App Excel Online zu öffnen, reicht ein einfacher Klick darauf. Alternativ klicken Sie es mit rechts an und wählen **In Excel Online öffnen**.

3 Sobald Sie auf die Datei geklickt haben, wird Excel Online mit der entsprechenden Datei in einem neuen Browser-Tab geladen. Sie finden nun eine Anwendung vor, die sich auf den ersten Blick nicht sonderlich von Excel unterscheidet. Sie ist zwar im Vergleich zur Tabellenkalkulationssoftware abgespeckt, jedoch lässt sich damit eine Menge erledigen. Verwenden Sie zur Bearbeitung die Schaltflächen der zur Verfügung stehenden Registerkarten.

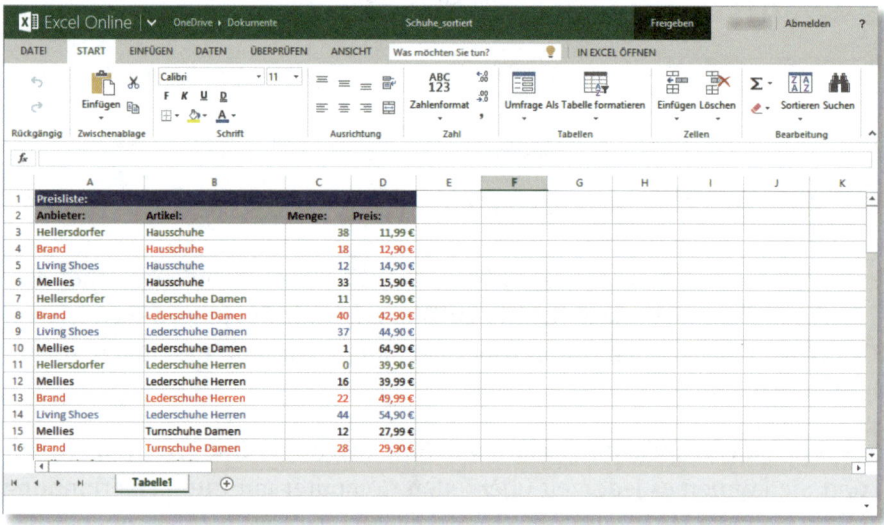

4 Das separate Speichern der Änderungen im Dokument ist übrigens nicht vonnöten. Es reicht, wenn Sie die Anwendung mit einem Klick auf **OneDrive** oben links verlassen und zurück in Ihren Onlinespeicher wechseln.

5 Melden Sie sich danach bei OneDrive ab, indem Sie oben rechts auf Ihren Benutzernamen klicken und im Auswahlmenü **Abmelden** wählen. Schließen Sie den Browser mit F4 .

Gerade wenn Sie von einem fremden Rechner auf Ihr OneDrive-Konto zugreifen, sollten Sie darauf achten, dass Sie sich ordentlich abmelden, damit niemand unbefugten Zugang auf Ihre Daten erhält.

Kapitel 23
Excel einrichten und anpassen

Zuletzt schauen wir noch ein wenig hinter die Kulissen. In diesem Kapitel lernen Sie einige wichtige Voreinstellungen kennen, erfahren, wie man Excel an seine Bedürfnisse anpasst und wie man die sogenannten Add-ins aktiviert. Auch die Erstellung benutzerdefinierter Ansichten innerhalb einer Arbeitsmappe wird erläutert.

23.1 Die wichtigsten Optionen in Excel 2013

Wie alle anderen Office-Anwendungen verfügt auch Excel über individuelle Voreinstellungen. Zumindest einige davon sollten Sie kennen. Denn wenn Sie wissen, was sich dahinter verbirgt, können Sie selbst entscheiden, ob Sie die eine oder andere Funktion benutzen wollen oder nicht. Um den Dialog **Excel-Optionen** aufzurufen, klicken Sie auf die Rubrik **Optionen** in der Backstage-Ansicht (**Datei**).

Benutzeroberflächenoptionen

In der linken Spalte des Dialogfensters **Excel-Optionen** entscheiden Sie sich zunächst für die Rubrik **Allgemein**. Rechts daneben finden Sie den Bereich **Benutzeroberflächenoptionen**. Sicher ist Ihnen bei der Arbeit mit Excel bereits die Minisymbolleiste aufgefallen, die sich öffnet, sobald Sie Text innerhalb eines Excel-Arbeitsblattes markieren (z. B. mittels Doppelklick).

Abbildung 23.1 In Excel gibt es, genauso wie in Word, eine Minisymbolleiste.

Mit diesem Werkzeug lässt sich der Text schnell formatieren, ohne dass Sie die Schaltflächen im Menüband aufrufen müssen. Wenn Sie die Leiste jedoch bei der Arbeit stört, deaktivieren Sie diese, indem Sie die oberste Checkbox **Minisymbolleiste für die Auswahl anzeigen** abwählen.

Abbildung 23.2 Die Minisymbolleiste ist standardmäßig aktiv.

Die Schaltflächen zur Schnellanalyse rufen Sie mit einem Klick auf den unten rechts neben den markierten Zellen befindlichen Button **Schnellanalyse** auf. Zeigen Sie auf eine Option innerhalb der Leiste, wird in den markierten Zellen bereits eine Vorschau angezeigt. Diese Option können Sie über die Checkbox **Optionen für Schnellanalyse anzeigen** deaktivieren.

Abbildung 23.3 Genial – die in Excel 2013 neu integrierte Schnellanalyse

Ähnlich wie mit der Schnellanalyse verhält es sich auch mit der Livevorschau. Diese zeigt Auswirkungen einer bestimmten Funktion bereits im Dokument an, während Sie den Mauszeiger auf eine Schaltfläche bewegen, ohne Sie jedoch per Klick anzuwählen. So lässt sich prima abschätzen, ob die gewählte Option passend ist oder nicht. Markieren Sie z. B. **Zellenformatvorlagen** (**Start** > **Formatvorlagen**), werden die ausgewählten Zellen bereits temporär mit den betreffenden Änderungen angezeigt, sobald Sie die Maus auf eines der dort angebotenen Designs bewegen. Bewegen Sie die Maus daraufhin von der Schaltfläche, wird auch die Voranzeige wieder ausgeblendet. Auch diese Option können Sie im Bereich **Benutzeroberflächenoptionen** an- oder abwählen. Klicken Sie dazu auf die Checkbox **Livevorschau aktivieren**.

TIPP

QuickInfo-Format

Beim Auswahlfeld **QuickInfo-Format** im Bereich **Benutzeroberflächenoptionen** der Excel-Optionen sollten Sie die Option **Featurebeschreibungen in QuickInfos anzeigen** beibehalten, da diese Funktion die hinlänglich bekannten erklärenden Tafeln zum Vorschein bringt, sobald Sie die Maus auf eine Schaltfläche bewegen.

Schriftart voreinstellen

Im Bereich **Beim Erstellen neuer Arbeitsmappen** (**Excel-Optionen** > **Allgemein**) werden Schriftarten, Schriftgrade, Ansichtsoptionen und nicht zuletzt auch die Anzahl von Arbeitsblättern festgelegt. Sie definieren hier also, wie Ihr Dokument zu Arbeitsbeginn ausgestattet sein soll. Wer beispielsweise generell mit einer anderen als der voreingestellten Schriftart beginnen möchte, kann sie in der Liste **Diese Schriftart als Standardschriftart verwenden** festlegen.

Abbildung 23.4 Wählen Sie die gewünschte Schriftart in den Voreinstellungen aus und ersparen Sie sich die wiederkehrende Neueinstellung zu Beginn der Arbeit an einem neuen Dokument.

> **INFO**
>
> **Verfügbare Schriftarten**
>
> Grundsätzlich stehen nicht jedem Benutzer automatisch auch dieselben Schriftarten zur Verfügung. Welche Schriften wählbar sind, hängt vom Betriebssystem und nicht zuletzt auch von den installierten Programmen ab. Zahlreiche Anwendungen (auch jene, die nichts mit Excel zu tun haben) bringen eigene Schriftarten mit, die dann meist auch hier in Excel zur Disposition stehen.

Automatisches Verschieben

Eine sicher sehr individuelle Einstelloption verbirgt sich in der Rubrik **Erweitert** des Dialogs **Excel-Optionen**. Die Option **Markierung nach Drücken von Eingabetaste verschieben** ist dort standardmäßig aktiviert. Damit durchlaufen Sie Zellen innerhalb einer Spalte. Bei jedem Druck auf ⏎ wandert die Zellenmarkierung nämlich um eine Zelle weiter nach unten. Wer allerdings möchte, dass die aktive Zelle trotz ⏎ ausgewählt bleibt, muss die Checkbox deaktivieren.

23.2 Optionen für den Umgang mit Berechnungen

Wenn es um Berechnungen und den Umgang mit Formeln geht, sollten Sie einige Optionen in der Kategorie **Formeln** der **Excel-Optionen** (**Start** > **Optionen**) beachten. Hier verdienen vor allem die Bereiche **Arbeitsmappenberechnung** und **Fehlerüberprüfung** eine Erwähnung.

Arbeitsmappenberechnung

Eines der herausragenden Merkmale Ihrer Tabellenkalkulationssoftware ist sicher die automatische Aktualisierung von Werten und Ergebnissen bereits während der Eingabe. Ändern Sie einen Wert in einer bestimmten Zelle, die Einfluss auf eine andere Zelle hat, wirken sich die Änderungen auch dort aus, sobald Sie die aktuelle Zelle verlassen. Dies kann in einigen Fällen ungünstig sein (z. B. wenn Sie während Ihrer Arbeit noch den Blick auf die ursprünglichen Daten benötigen). Schalten Sie in diesem Fall mit einem Mausklick auf eine andere Option als **Automatisch** im Bereich **Berechnungsoptionen** (**Excel-Optionen** > **Formeln**) um.

Abbildung 23.5 Standardmäßig wendet Excel die im Tabellenblatt integrierten Formeln permanent an. Doch diese Funktion lässt sich deaktivieren.

Jetzt müssen Sie allerdings bedenken, dass die Formeln innerhalb des Tabellenblattes nicht mehr ausgeführt werden – es sei denn, Sie klicken auf die Schaltfläche **Neu berechnen** in der Gruppe **Berechnen** der Registerkarte **Formeln** oder drücken `F9`.

AutoVervollständigen für Formeln

Im Bereich **Arbeiten mit Formeln** der Rubrik **Formeln** lässt sich die Funktion **Auto-Vervollständigen für Formeln** während der Eingabe unterdrücken, indem die gleichnamige Checkbox deaktiviert wird. Fortgeschrittene Benutzer verzichten gern auf die permanente Vervollständigung und schalten sie ab. Für den Fall, dass sie später doch einmal benötigt wird, kann sie alternativ auch über `Alt` + `↓` ein- bzw. wieder ausgeschaltet werden.

Fehlerüberprüfung

Im Bereich **Fehlerüberprüfung** in der Rubrik **Formeln** des Dialogs **Excel-Optionen** lässt sich die während der Eingabe aktive Fehlerüberprüfung umgehen. Wir empfehlen Ihnen jedoch, diese eingeschaltet zu lassen, da sie ein sehr nützliches Hilfsmittel ist. Wenn Sie bei der Eingabe einen Fehler machen, wird dieser auch im Dokument angezeigt – und zwar innerhalb der betreffenden Zelle beginnend mit #. Außerdem wird die obere linke Ecke der Zelle grün markiert. (Weitere Hinweise dazu finden Sie in Abschnitt 17.14, »Fehlermeldungen verstehen und Fehlerursache beheben«, Seite 552.) Der Fehler kann während der Eingabe ignoriert werden, indem Sie auf das kleine gelbe Warnsymbol klicken und anschließend **Fehler ignorieren** im Kontextmenü wählen. Derart ignorierte Fehler sollten Sie jedoch bei Gelegenheit zurücksetzen, da sie ansonsten dauerhaft ignoriert werden. Klicken Sie dazu auf **Ignorierte Fehler zurücksetzen** im Bereich **Fehlerüberprüfung** (**Excel-Optionen** > **Formeln**).

Abbildung 23.6 Fehler sollten allenfalls temporär ignoriert werden.

Nun können Sie selbst festlegen, welche Regeln für die Fehlerüberprüfung in Anwendung gebracht werden sollen. Von Haus aus sind im Bereich **Regeln für die Fehlerprüfung** alle Checkboxen aktiv – mit Ausnahme von **Formeln, die sich auf leere Zellen beziehen**. Das macht Sinn, denn anderenfalls würde Excel einen Fehler anzeigen, wenn eine leere Zelle zur Berechnung herangezogen würde.

23.3   So passen Sie Excel an Ihre Bedürfnisse an

Jeder Anwender richtet unterschiedliche Erwartungen an seine Software und möchte demzufolge auch individuelle Prioritäten setzen. In den folgenden Abschnitten stellen wir Ihnen einige Einstellungsoptionen vor, mit deren Hilfe Sie Excel an Ihre Bedürfnisse anpassen können.

Eigene Registerkarte erzeugen

Die wohl individuellste Art der Oberflächengestaltung in Excel besteht darin, eine eigene Registerkarte zu erzeugen. Hier lassen sich Befehle unterbringen, die Sie immer wieder benötigen und in eine für Sie optimierte Gruppe legen.

1 Öffnen Sie dazu die Excel-Optionen (**Datei** > **Optionen**) und aktivieren Sie **Menüband anpassen**. Alternativ können Sie auch mit rechts auf eine freie Stelle des Menübands klicken und im Kontextmenü den Befehl **Menüband anpassen** wählen.

2 Markieren Sie in der Liste auf der rechten Seite ❶ zunächst eine Registerkarte, neben der das neue Register später im Menüband angezeigt werden soll. Klicken Sie anschließend auf **Neue Registerkarte** ❷.

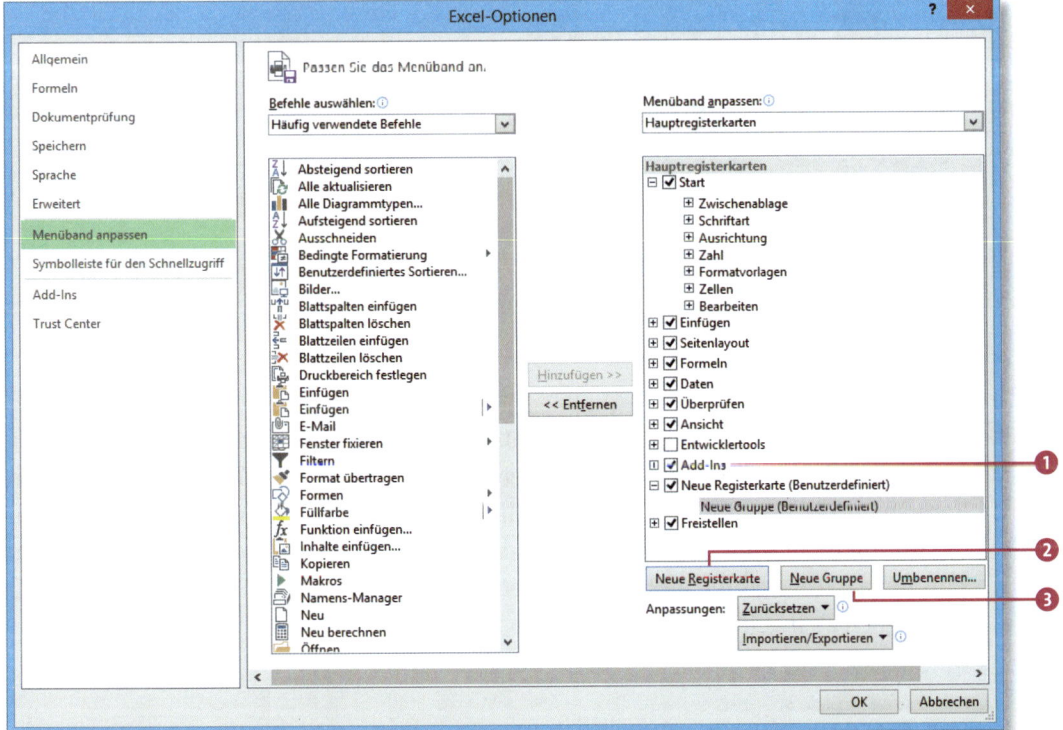

3 Sie sehen, dass nicht nur eine neue Registerkarte, sondern automatisch auch eine neue Gruppe erzeugt worden ist. Fügen Sie bei Bedarf mehrere weitere Gruppen hinzu, indem Sie auf den Button **Neue Gruppe** ❸ klicken.

4 In diesem Zusammenhang macht es Sinn, die jeweiligen Gruppen (und letztendlich auch die neue Registerkarte) logisch zu benennen. Dazu muss zunächst jeweils die betreffende Zeile markiert werden. Danach klicken Sie auf die Schaltfläche **Umbenennen** ❹ (siehe Abbildung Seite 686). Alternativ können Sie den Eintrag auch mit rechts anklicken und im Kontextmenü der Gruppe oder Registerkarte den Befehl **Umbenennen** wählen.

5 Geben Sie nun in das Feld **Anzeigename** ❺ des Dialogs **Umbenennen** den gewünschten Namen ein.

6 Nachdem alle gewünschten Gruppen ins Leben gerufen worden sind, sollten Sie im Bereich **Befehle auswählen** ❶ in der mittleren Spalte des Dialogs zunächst den Bereich anwählen, aus dem Sie Schaltflächen benötigen. Wenn Sie den gewünschten Button nicht finden können, stellen Sie im Auswahlfeld **Alle Befehle** ❷ ein, um sämtliche Excel-Befehle alphabetisch geordnet in der darunter befindlichen Liste ❸ zugänglich zu machen.

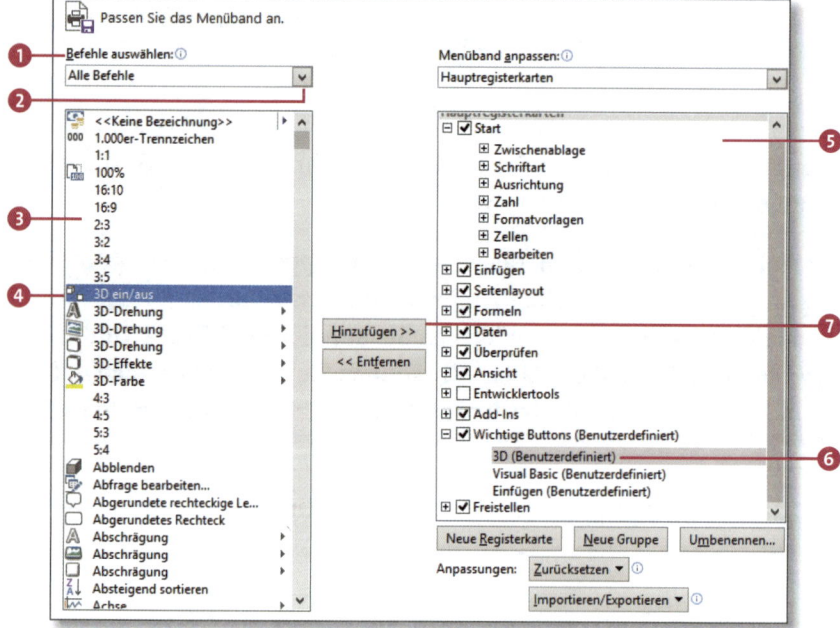

7 Markieren Sie mit einfachem Mausklick einen Befehl, den Sie hinzufügen wollen, beispielsweise **3D ein/aus** ❹. Vergessen Sie nicht, in der rechten Spalte ❺ auch die Gruppe ❻ anzuwählen, zu der Sie die neue Schaltfläche hinzufügen wollen. Wenn beides erledigt ist, betätigen Sie **Hinzufügen** ❼.

8 Fügen Sie auf diese Weise nun alle Schaltflächen hinzu, die für Sie von Bedeutung sind.

9 Danach dürfen Sie sich daranmachen, die Buttons zu ordnen. Das gelingt einfach per Drag & Drop. Ziehen Sie den Befehl an eine Stelle, an der ein horizontaler schwarzer Balken erscheint, um ihn dort einzusortieren.

10 Wenn alles erledigt ist, bestätigen Sie mit einem Klick auf **OK** und prüfen Sie, ob das Menüband Ihren Wünschen entspricht.

Sollten Sie Ihre benutzerdefinierte Registerkarte später anpassen wollen, öffnen Sie erneut die Rubrik **Menüband anpassen** im Dialog **Excel-Optionen** (**Datei > Optionen**) und nehmen entsprechende Anpassungen vor.

Add-ins hinzufügen

Excel verfügt über sogenannte Add-ins. Dabei handelt es sich um Programmerweiterungen oder – vereinfacht gesagt – um Programme im Programm. Diese sind in Excel zwar bereits enthalten, jedoch zunächst deaktiviert. Im Beispiel aktivieren wir das Add-in **Solver**, welches hauptsächlich dafür vorgesehen ist, Optimierungsprobleme in Excel zu lösen. Hierbei können Szenarien gemäß einer Was-wäre-wenn-Analyse »erprobt« und mit sogenannten Nebenbedingungen versehen werden (lesen Sie dazu den Abschnitt 21.6, »Was-wäre-wenn-Analyse mit dem Solver«, Seite 661). Das Add-in Solver richtet sich vor allem an erfahrene Benutzer.

1 Klicken Sie zunächst auf **Datei**, um in die Backstage-Ansicht zu gelangen. Klicken Sie anschließend auf die Rubrik **Optionen**.

2 Im Dialogfenster **Excel-Optionen** wählen Sie die Rubrik **Add-Ins**. Stellen Sie im Auswahlmenü **Verwalten** ❶ die Option **Excel-Add-Ins** ein. Danach klicken Sie auf **Gehe zu**.

3 Im Dialog **Add-Ins** müssen Sie nun die Checkbox vor **Solver** aktivieren und anschließend mit **OK** bestätigen.

4 Wenn Sie das Add-in Solver einsetzen wollen, klicken Sie auf die gleichnamige Schaltfläche in der Gruppe **Analyse** der Registerkarte **Daten**.

Die hier genannten Schritte müssen Sie übrigens nur ein einziges Mal vornehmen. Wenn das Add-in erst einmal aktiv ist, bleibt es auch in Zukunft verfügbar.

Ansichten einrichten

Im letzten Abschnitt dieses Kapitels wollen wir die Excel-Optionen verlassen und einen Blick auf das Menüband werfen. Dort können nämlich verschiedene Ansichten gespeichert werden. Neben der Möglichkeit, verschiedene vordefinierte Ansichtsoptionen einzustellen (wie z. B. **Umbruchvorschau** und **Seitenlayout**), lassen sich hier auch ganz bestimmte Ausschnitte sichern. Das macht vor allem dann Sinn, wenn Sie mit großen Tabellen und/oder mehreren Tabellenblättern arbeiten. Stellen Sie sich vor, Sie müssen zwischendurch immer wieder Daten aus einem ganz bestimmten Zellbereich ablesen, während Sie hauptsächlich mit einer anderen Stelle der Arbeitsmappe beschäftigt sind. In diesem Fall jedes Mal das Tabellenblatt zu wechseln, die Ansicht eventuell zu vergrößern und den gewünschten Ausschnitt mithilfe der Scrollbalken herzustellen wäre viel zu umständlich. Nicht zuletzt bleibt ja auch zu bedenken, dass Sie danach das Gleiche erneut machen müssten, um wieder zur ursprünglichen Ansicht zurückzukehren. Das ist viel zu umständlich und kann durch Verwendung benutzerdefinierter Ansichten prima umgangen werden.

1 Zunächst sollten Sie Ihren aktuellen Arbeitsbereich so einrichten, wie Sie ihn sich wünschen. Stellen Sie den Ausschnitt und die Ansichtsgröße nach Wunsch ein.

2 Klicken Sie danach auf **Benutzerdef. Ansichten** in der Gruppe **Arbeitsmappenansichten** der Registerkarte **Ansicht**.

3 Im folgenden Dialog klicken Sie zunächst auf **Hinzufügen**.

4 Geben Sie der Ansicht einen verständlichen Namen und bestätigen Sie mit **OK**.

5 Danach wechseln Sie in den zweiten Bereich, den Sie zur Ansicht benötigen. Stellen Sie auch hier Ansicht und Zoomfaktor nach Wunsch ein. Klicken Sie dann erneut auf **Benutzerdef. Ansichten** innerhalb der Gruppe **Arbeitsmappenansichten** der Registerkarte **Ansicht**.

6 Klicken Sie auf **Hinzufügen**, vergeben Sie erneut einen treffenden Namen und schließen Sie die Aktion mit Klick auf **OK** ab.

7 Um nun einen der beiden Arbeitsbereiche schnell aufzurufen, klicken Sie fortan auf die Schaltfläche **Benutzerdef. Ansichten** und lassen einen Doppelklick auf den Eintrag folgen, dessen Ansicht Sie aufrufen wollen.

Alternativ zum letzten Schritt können Sie den gewünschten Anzeigebereich auch mit einem einfachen Mausklick markieren und dann per Klick auf **Anzeigen** aufrufen. Mit besagtem Doppelklick geht es allerdings schneller.

INFO

Ansichten löschen

Wenn Sie eine zuvor angelegte Ansicht nicht mehr benötigen, markieren Sie innerhalb des Dialogs **Benutzerdefinierte Ansichten** den zu entfernenden Ansichtsbereich und klicken danach auf **Löschen**. Sie müssen abschließend noch eine Kontrollabfrage bestätigen, danach wird die entsprechende Ansicht entfernt.

Teil IV
E-Mails und Termine im Griff mit Outlook 2013

Kapitel 24
Die Outlook-Oberfläche kennenlernen

Oft wird Outlook vorschnell in die Kategorie E-Mail-Software gesteckt. Doch das ist zu kurz gedacht – denn Outlook ist weit mehr als das. Die Bezeichnung Büro-Kommunikationssoftware ist zweifelsohne treffender, da neben E-Mails auch das Führen eines Kalenders beherrscht und darüber hinausgehende regelmäßig anstehende Aufgaben bewältigt werden können. Die Pflege von Personendaten ist mit Outlook auch komfortabel möglich.

24

24.1 Wo finden Sie was? – Die wichtigsten Registerkarten

Zunächst einmal sollten Sie sich mit der Oberfläche der Anwendung vertraut machen. Es existieren zwar auch in dieser Office-Anwendung einige Elemente, die Ihnen möglicherweise bereits aus anderen Office-Anwendungen her bekannt sind, allerdings auch einige, die Outlook-spezifisch sind.

Wenn Sie Outlook zum ersten Mal starten, meldet sich ein Willkommensdialog, der Ihnen bei der Erstinbetriebnahme eines E-Mail-Kontos behilflich ist. Sie sollten diese Schritte durchlaufen und die Zugangsdaten für Ihr Konto eingeben, wenn Sie noch keine Erfahrung mit der manuellen Konfiguration von E-Mail-Konten haben. Wie das genau vonstattengeht, erfahren Sie im Detail in Abschnitt 25.1, »Ein neues E-Mail-Konto einrichten«, Seite 715.

Registerkarte »Start«

Wie in anderen Office-Anwendungen stellt Ihnen auch Outlook die Registerkarte **Start** zur Verfügung. Hier befinden sich die Standardschaltflächen, die für die grundlegende Bedienung von Outlook benötigt werden. Eine Besonderheit ist, dass jeder Bereich in Outlook sein eigenes Start-Register mitbringt. Das bedeutet: Wenn Sie unten in der sogenannten *Aufgabenleiste* ❶ (siehe Abbildung 24.1) beispielsweise von **E-Mail** auf **Kalender** umschalten, werden demzufolge im Menüband auch andere Steuerelemente zur Verfügung gestellt. Sie finden jedoch jeweils eine Registerkarte **Start** vor.

693

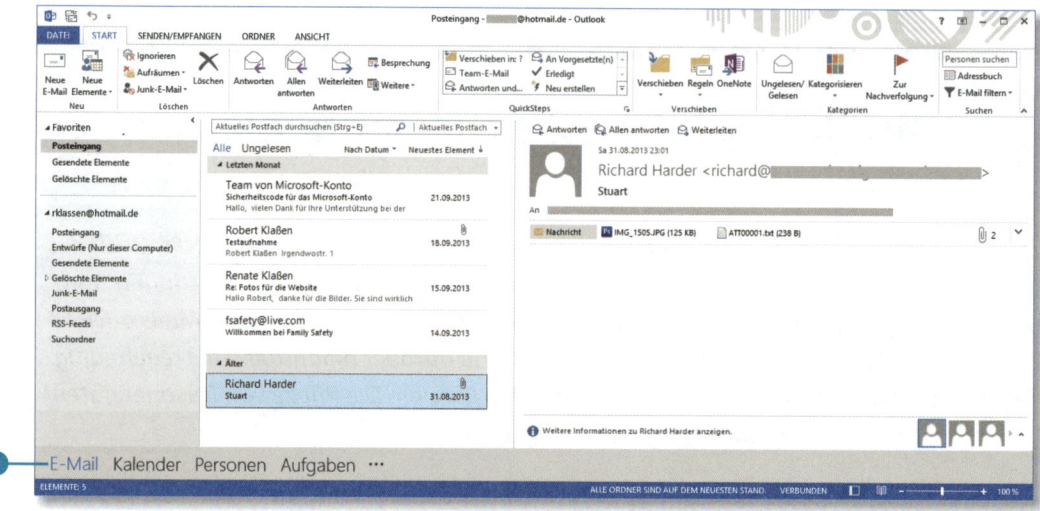

Abbildung 24.1 Die Inhalte der Registerkarten sind abhängig vom eingestellten Aufgabenbereich.

Weitere Registerkarten

Mithilfe der Registerkarte **Senden/Empfangen** können Sie, wie der Name schon sagt, E-Mails verschicken oder empfangen. Zudem lassen sich von dort aus mehrere Mails an verschiedene Adressaten richten. Diese können zudem in Gruppen zusammengefasst und auf Knopfdruck allesamt mit Ihrer Post beliefert werden. Sie können darüber hinaus Ihr E-Mail-Postfach mithilfe von Ordnern strukturieren, sodass Sie einen besseren Überblick über Ihr Postfach erhalten.

Die Produktion solcher Ordner nehmen Sie auf der Registerkarte **Ordner** vor. Mithilfe des Registers **Ansicht** haben Sie die Möglichkeit, Outlook an Ihre persönlichen Darstellungsbedürfnisse anzupassen. In der Gruppe **Anordnung** der Registerkarte **Ansicht** lassen sich zudem Sortierfunktionen nutzen. So können Mails beispielsweise nach Typ, Betreff oder Wichtigkeit geordnet werden (um an dieser Stelle nur einige Optionen zu nennen).

Abbildung 24.2 Das Register »Ansicht« im Outlook-Menüband

INFO

Eigene Register hinzufügen

In Outlook lassen sich (genauso wie in Word oder Excel) eigene, individuelle Registerkarten erstellen und dem Menüband hinzufügen. Dazu klicken Sie auf **Start**, entscheiden sich in der Backstage-Ansicht für **Optionen** und wählen im Dialogfenster die Rubrik **Menüband anpassen**. Im Weiteren gehen Sie so vor wie in Abschnitt 23.3, »So passen Sie Excel an Ihre Bedürfnisse an«, Seite 684, beschrieben.

Tools-Registerkarten

Je nachdem, welche Bereiche Sie markieren, werden temporär weitere Registerkarten zugänglich. Das funktioniert in Outlook genauso wie in anderen Office-Anwendungen auch. Wählen Sie beispielsweise eine in der Anlage einer E-Mail befindliche Datei mittels Mausklick aus ❷, wird die Registerkarte **Anlagentools/Anlagen** ❸ eingeblendet.

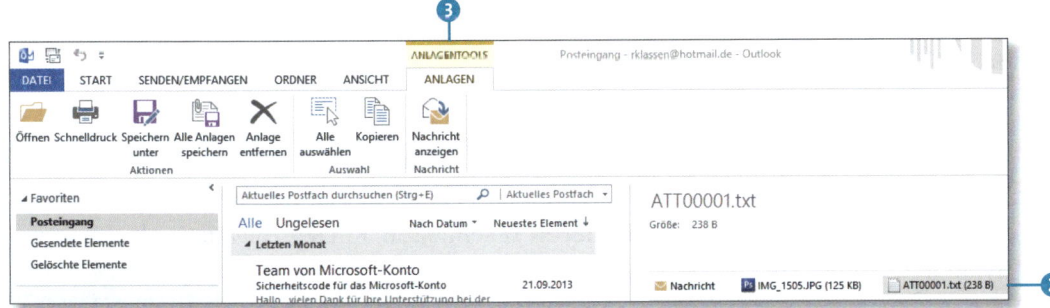

Abbildung 24.3 Die Registerkarte »Anlagentools« ist nur zugänglich, wenn zuvor eine Anlage ausgewählt worden ist.

Auf diesen Registerkarten werden Ihnen immer kontextabhängige Schaltflächen angeboten, mit denen Sie die markierten Bereiche bzw. Dateien weiterbearbeiten können.

24.2 Die Bereiche im Outlook-Nachrichtenfenster

Werfen Sie einen Blick auf die einzelnen Baugruppen. Zwei Bereiche haben Sie ja bereits kennengelernt, nämlich das Menüband ❶ (siehe Abbildung 24.4) und die Aufgabenleiste ❷ mit ihren einzelnen Bereichen **E-Mail**, **Kalender**, **Personen**, **Aufgaben**. Gleich darunter befindet sich die Statusleiste ❸. Auch diese ähnelt denen anderer Office-Anwendungen.

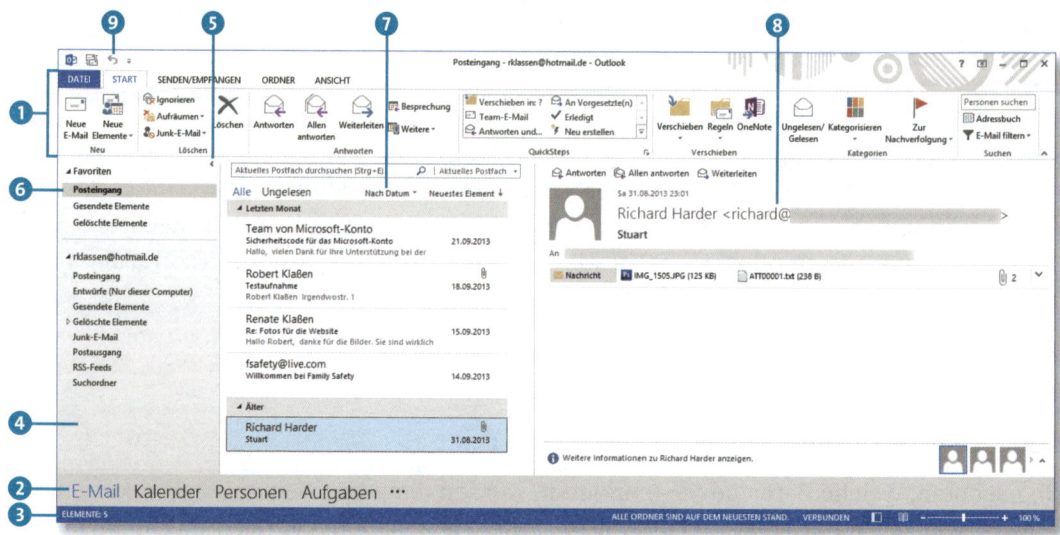

Abbildung 24.4 Die Outlook-Oberfläche in der E-Mail-Ansicht

Der Ordnerbereich

Auf der linken Seite ist der sogenannte Ordnerbereich ❹ zu finden, in dem sich (bei aktiviertem Aufgabenbereich **E-Mail**) die Favoriten und Ihr E-Mail-Konto nebst Unterordnern befinden. Wer Platz sparen möchte, kann diesen Bereich mit Klick auf die Schaltfläche **Ordnerbereich minimieren** ❺ schließen. Klicken Sie abermals auf dieses Symbol, um den Bereich wiederherzustellen.

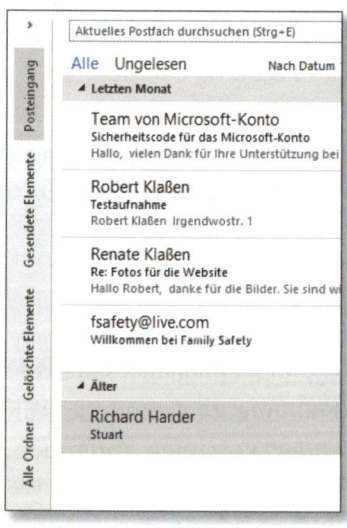

Abbildung 24.5 In geschlossenem Zustand verfügt der Ordnerbereich nur noch über einzelne Einträge.

Ansichtsbereich und Lesebereich

In der Fenstermitte werden die E-Mails angezeigt. Das ist der sogenannte Ansichtsbereich, in dem entscheidend ist, welche Auswahl Sie derzeit im Ordnerbereich getroffen haben, im Beispiel **Posteingang** ❻. Die darin enthaltenen E-Mails werden im **Ansichtsbereich** ❼ in Zeilen angezeigt. Sobald Sie auf eine der E-Mails klicken, können Sie deren Inhalt im **Lesebereich** ❽ einsehen.

> **INFO**
>
> **Symbolleiste für den Schnellzugriff**
>
> Der Vollständigkeit halber sei noch erwähnt, dass auch Outlook über eine Symbolleiste für den Schnellzugriff ❾ verfügt, über die wichtige Aufgaben mit nur einem Mausklick ausgeführt werden können. Der Inhalt dieses Bereichs lässt sich über die Rubrik **Symbolleiste für den Schnellzugriff** der Outlook-Optionen (**Datei** > **Optionen**) konfigurieren.

24

24.3 Nachrichtenelemente sortieren und in Gruppen anzeigen

Wie sich die Nachrichten im Anzeigebereich darstellen, ist keineswegs dem Zufall überlassen. Sortieren Sie die Nachrichten nach bestimmten Kriterien wie z. B. Datum, Größe, Betreff oder Wichtigkeit.

Nachrichten sortieren

Sortieren Sie Ihre Nachrichten nach Wunsch, indem Sie auf die Schaltfläche **Anordnen nach** in der Gruppe **Anordnung** der Registerkarte **Ansicht** klicken. Wählen Sie die gewünschte Sortierfunktion, beispielsweise **Betreff**, im Menü der Schaltfläche mit einem Mausklick aus.

Infolgedessen wird nun jede E-Mail im Ansichtsbereich mit einer grauen Überschriftenleiste, der jeweiligen Betreffzeile, versehen und alphabetisch geordnet. Darunter befindet sich die zum jeweiligen Betreff gehörende Nachricht. Schließen Sie die Nachricht, indem Sie innerhalb der Betreffzeile auf das Dreiecksymbol ❶ (siehe Abbildung 24.6) klicken.

Bei den erwähnten grauen Leisten handelt es sich übrigens um sogenannte Gruppenüberschriften. Diese sind je nach Sortieroption unterschiedlicher Art. Schalten Sie beispielsweise über die Schaltfläche **Anordnen nach** um auf die Sortierfunktion **Größe**, werden Ihnen daraufhin Größenangaben wie **Mittelgroß**, **Klein**, **Sehr klein** anstelle der Betreffzeilen angezeigt.

697

Abbildung 24.6 Sortieren Sie die E-Mails.

INFO

Gruppen deaktivieren

Die grauen Überschriftenzeilen lassen sich deaktivieren. Sollten Sie eine bevorzugte Sortierfunktion eingestellt haben, die Sie dauerhaft beibehalten wollen (z. B. **Datum**), benötigen Sie die Überschriften ja vielleicht nicht. Um diese zu deaktivieren, klicken Sie auf die Schaltfläche **Anordnen nach** (**Ansicht** > **Anordnung**) und wählen Sie den Begriff **In Gruppen anzeigen** per Mausklick ab. Daraufhin wird das Häkchen vor dem Begriff entfernt, und die Gruppen werden ausgeblendet.

Nachrichten im Ansichtsbereich sortieren

Sie können E-Mails auch direkt im Ansichtsbereich sortieren. Dazu klicken Sie auf den aktuellen Sortiereintrag **Nach Betreff** ❷. Wählen Sie nun aus dem Auswahlmenü die gewünschte Sortieroption aus.

Abbildung 24.7 Die Sortierung kann auch direkt im Ansichtsbereich angepasst werden.

Haben Sie beispielsweise die Sortieroption **Von** aktiviert, lässt sich die Reihenfolge nun von alphabetisch auf umgekehrt alphabetisch umstellen, indem Sie auf ❸ klicken.

24.4 Das Erinnerungsfenster nutzen

Outlook hält Sie auf dem Laufenden. Wenn Sie der Anwendung verraten, wann Sie einen wichtigen Termin haben, werden Sie rechtzeitig informiert. Sofern Sie die Funktion aktiviert haben, blendet Outlook rechtzeitig vor dem Termin ein Erinnerungsfenster ein und spielt ein Hinweissignal ab.

Einen Termin anlegen

Die Arbeit mit dem Erinnerungsfenster macht erst dann Sinn, wenn es bereits etwas gibt, woran Sie erinnert werden sollen. Legen Sie daher zuerst einen Termin an.

1 Klicken Sie dazu in der Aufgabenleiste auf **Kalender** ❶ und warten Sie, bis sich die Kalenderansicht öffnet.

2 Wählen Sie nun den Monat mithilfe der Dreieck-Schaltflächen ❷ aus.

3 Sobald der gewünschte Monat eingestellt ist, fahren Sie nach unten und klicken auf den Tag, an dem der Termin stattfindet.

4 Doppelklicken Sie auf das Rechteck des betreffenden Tages. Es öffnet sich daraufhin das Fenster **Unbenannt – Ereignis**.

5 Um das Ereignis bzw. den Termin zu benennen, sollten Sie in die Zeile **Betreff** einen entsprechenden Titel einfügen. Sie können gleich mit der Eingabe beginnen, da die Einfügemarke automatisch darin platziert wird.

6 Geben Sie bei Bedarf den Ort an und legen Sie in den Feldern **Beginn** und **Ende** die Daten des Termins fest. Sofern Sie eine Uhrzeit vergeben wollen (z. B. Start und Ende eines Meetings), müssen Sie vorab die Checkbox **Ganztägiges Ereignis** deaktivieren. Beachten Sie, dass dadurch sich der Name der Registerkarte **Ereignis** in **Termin** ändert.

7 Im Feld **Erinnerung** in der Gruppe **Optionen** der Registerkarte **Termin** müssen Sie nun noch einstellen, in welchem Zeitraum vor einem Termin Sie die Erinnerung wünschen. **Ohne** bedeutet, dass keine Erinnerung erfolgt. Wählen Sie hier also einen Zeitpunkt im Menü aus.

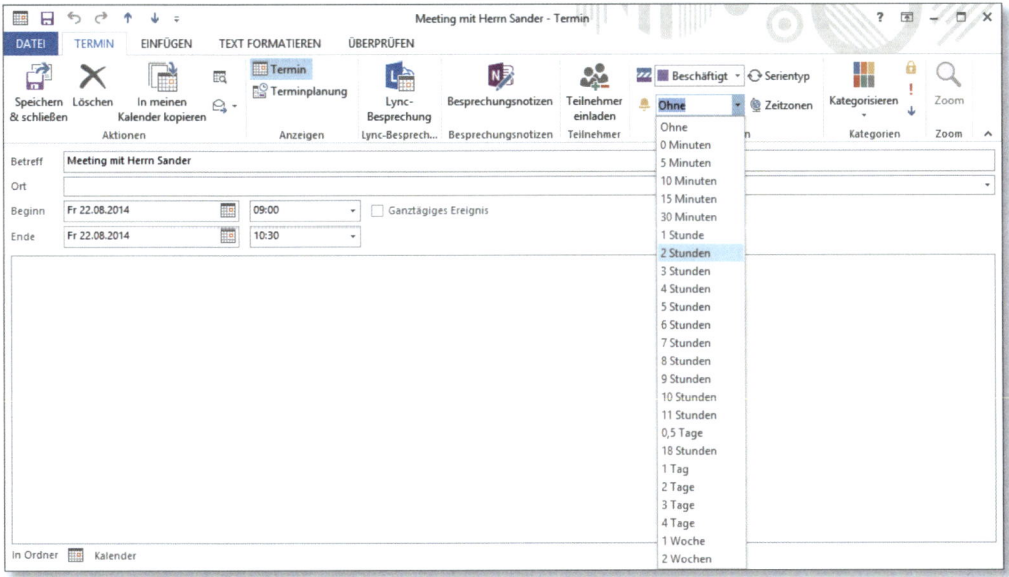

8 Wenn alles erledigt ist, klicken Sie auf **Speichern & Schließen** in der Gruppe **Aktionen** der Registerkarte **Termin**.

Es gibt noch zahlreiche weitere Einstelloptionen. Worauf es im Zusammenhang mit der Erstellung von Terminen sonst noch ankommt, erfahren Sie in Abschnitt 30.2, »Termine und Terminserien eintragen«, auf Seite 802.

Erinnerungsfenster öffnen

Bitte bedenken Sie, dass das Erinnerungsfenster leer ist. Das gilt auch für den Fall, dass Sie soeben einen Termin angelegt haben und es anschließend über die Schaltfläche **Erinnerungsfenster** in der Gruppe **Fenster** der Registerkarte **Ansicht** manuell öffnen. Da fragt man sich, wo denn der Termin geblieben ist. Bedenken Sie in diesem Zusammenhang aber, dass das Erinnerungsfenster einen Automatismus hat. Es öffnet sich nämlich automatisch exakt zu dem Zeitpunkt, zu dem Sie bei der Erstellung eines Termins eine Erinnerung definiert haben.

1 Für den Fall, dass Sie das Erinnerungsfenster einfach einmal testen wollen, empfiehlt es sich, einen Termin anzulegen, der bereits in ca. 7 Minuten stattfindet – und zu dem Sie sich 5 Minuten vorher erinnern lassen wollen.

2 Fünf Minuten vor besagtem Termin wird das Erinnerungsfenster geöffnet und zusätzlich ein akustisches Signal ausgegeben. Außerdem sehen Sie jetzt auch entsprechende Hinweise, die im Zusammenhang mit diesem Termin stehen.

3 Nun gibt es mehrere Möglichkeiten, wie Sie verfahren. Wenn Sie weitere Informationen zu diesem Termin benötigen, setzen Sie einen Doppelklick auf den Termin im Erinnerungsfenster.

4 Wenn Sie keine weiteren Informationen benötigen, bestätigen Sie die Erinnerung per Klick auf die Schaltfläche **Schließen**.

5 Alternativ zu diesen beiden Möglichkeiten können Sie aber auch eine weitere Erinnerung einrichten. In diesem Fall stellen Sie unten links den gewünschten Zeitraum ein. In der Liste sind zwar einige Intervalle vorgegeben, doch können Sie diese auch manuell anpassen, indem Sie den Zeitraum markieren und via Tastatur ein eigenes Intervall eingeben. Selbst das nochmalige Erinnern in einer Minute (zu Testzwecken) ist somit also problemlos möglich.

6 Nachdem Sie das Intervall für die neuerliche Erinnerung festgelegt haben, klicken Sie auf **Erneut erinnern**.

Termine werden übrigens auch dann im Erinnerungsfenster weiterhin angezeigt, wenn der eigentliche Terminzeitpunkt bereits überschritten wurde. Im obigen Beispiel liegt das Meeting mit Herrn Sander also bereits 19 Minuten zurück. Jetzt aber los! – Schließen Sie nun jedoch das Erinnerungsfenster und öffnen Sie es anschließend erneut, ist der Termin gelöscht.

24.5 Die Ansichtseinstellungen verwenden

Outlook verfügt über zahlreiche Ansichtsoptionen, die Ihnen die tägliche Arbeit mit der Software erleichtern sollen und an Ihre Bedürfnisse angepasst werden können. Vor allem die Ansichtsoptionen der Bereiche **Kalender** und **E-Mail** sind hierbei von Bedeutung.

Kalender-Ansichtseinstellungen

Sofern Sie den Bereich **Kalender** in der Aufgabenleiste von Outlook eingestellt haben, sollten Sie sich vor allem der Gruppe **Anordnen** der Registerkarte **Start** (alternativ auch auf der Registerkarte **Ansicht**) widmen. Hier können Sie nämlich festlegen, ob der Kalender in der Ansicht **Monat**, **Woche** (Montag bis Sonntag), **Arbeitswoche** (Montag bis Freitag) oder **Tagesansicht** dargestellt werden soll. Die beiden Ansichten **Woche** und **Arbeitswoche** sind hierbei besonders interessant, da Ihnen in diesen Ansichten am linken Rand auch Zeiteinheiten ❶ (siehe Abbildung 24.8) zur besseren Übersicht eingeblendet werden.

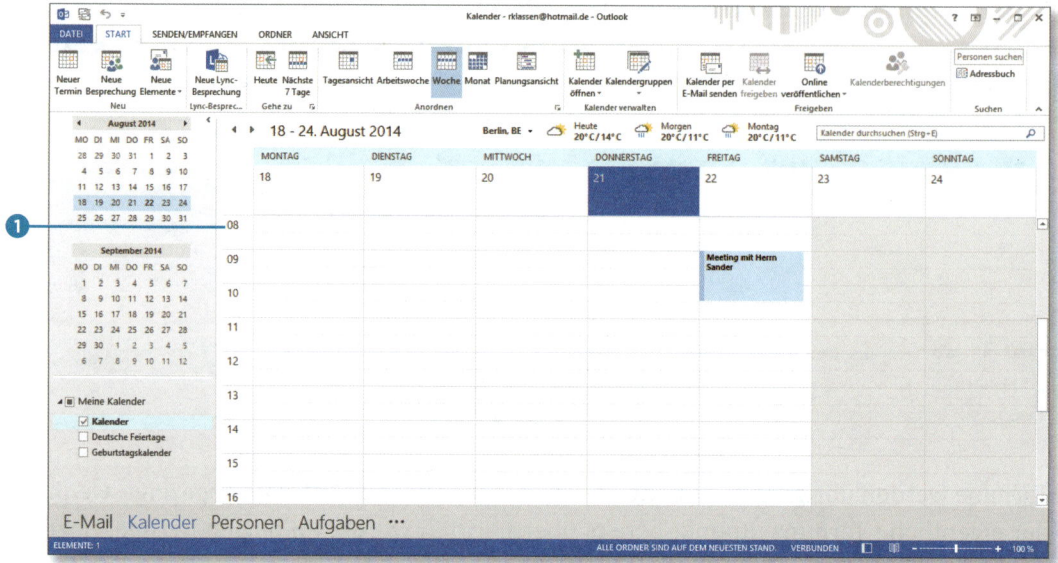

Abbildung 24.8 Der Kalender in der Wochenansicht

Ansicht ändern

Wenn es um die Ansicht der Programmoberfläche geht, ist vor allem die Schaltfläche **Ansicht ändern** in der Gruppe **Aktuelle Ansicht** der Registerkarte **Ansicht** interessant. Welche Optionen hier zur Verfügung gestellt werden, ist stets abhängig vom jeweils aktivierten Arbeitsbereich in der Aufgabenleiste (**E-Mail**, **Kalender** usw.)

Abbildung 24.9 Hier sehen Sie die Ansichtsoptionen des Bereichs »E-Mail«.

Innerhalb des Bereichs **E-Mail** stehen die Ansichten **Kompakt**, **Einzeln** und **Vorschau** zur Verfügung. Stellen Sie den Aufgabenbereich **Kalender** ein, finden Sie **Kalender**, **Vorschau**, **Liste** und **Aktiv** vor. Jede einzelne dieser Ansichten kann ganz individuell abgestimmt und optimiert werden, indem Sie den gewünschten Ansichtsbereich zunächst aktivieren und anschließend auf **Ansichtseinstellungen** in der Gruppe **Aktuelle Ansicht** der Registerkarte **Ansicht** klicken. Nun wird der Dialog **Erweiterte Ansichtseinstellungen: Kompakt** zur Verfügung gestellt, mit dessen Hilfe sich die unterschiedlichen Segmente individualisieren lassen.

Abbildung 24.10 Dieser Dialog eröffnet die Oberflächengestaltung bis ins letzte Detail.

24

24.6 IMAP, Exchange oder POP3

Zuletzt beschäftigen wir uns ein wenig mit E-Mail-Konten – genauer gesagt, mit den Kontotypen. Hier sind vor allem drei verschiedene zu erwähnen, nämlich POP3, IMAP und Exchange. Im Prinzip erfüllen alle drei den Zweck, die Zusammenarbeit zwischen Outlook und einem beliebigen E-Mail-Konto herzustellen. Wenn Sie nämlich ein Mailkonto bei einem Dienstanbieter eröffnen (z. B. *googlemail.com*, *web.de*, *yahoo.com* usw.), wird Ihnen von dort ein bestimmtes Speicherkontingent für Ihre E-Mails zur Verfügung gestellt. Zudem nutzen Sie Leitungen und Server des Anbieters. Das ist ja zunächst einmal nichts Besonderes.

Die Protokolle

Nun kommt aber erschwerend hinzu, dass Sie zur Bearbeitung Ihrer E-Mails (senden und empfangen, Anhänge herunterladen, individuelle Einstellungen vornehmen) meist nicht die Arbeitsumgebung des Dienstanbieters nutzen, sondern mit Outlook arbeiten wollen. Infolgedessen müssen Sie nun auch dafür sorgen, dass sich Outlook und der Server des Dienstanbieters »miteinander vertragen« und zusammenarbeiten können. Auf welche Art das geschieht, wird mit sogenannten Protokollen geregelt. Das sind im

Prinzip gewisse Regeln, an die sich beide Seiten halten müssen – sowohl der E-Mail-Dienst als auch Outlook. Die Regeln gibt natürlich derjenige vor, der die Leistungen zur Verfügung stellt, also meist Ihr Dienstanbieter. Dazu gibt dieser Protokolle aus. Outlook ist seinerseits imstande, diese Protokolle zu interpretieren.

- **POP3:** *Post Office Protocol* – Dies ist ein E-Mail-Protokoll, mit dem Nachrichten von einem E-Mail-Server auf einen Computer übertragen werden können. POP3 unterstützt nur einen Serverordner – nämlich den *Posteingang*. Deswegen ist es bei POP3-Konfigurationen nötig, neben einem Posteingangsserver auch einen Postausgangsserver zum Versenden von Mails zu konfigurieren. Hierbei handelt es sich in der Regel um einen *SMTP-Server* (Simple Mail Transfer Protocol).

- **IMAP:** *Internet Message Access Protocol* – ist ein Netzwerkdateisystem, das in beide Richtungen arbeitet. Hierbei wird die Nutzung mehrerer Ordner auf dem E-Mail-Server ermöglicht, also im Vergleich zu POP3 mehr als nur der Serverordner *Posteingang*.

- **Exchange ActiveSync:** Dies ist ein Protokoll zur Synchronisierung von E-Mails, Terminen und Kalendern, Kontakten und Adressen zwischen dem Server und der E-Mail-Software. Bei den von Microsoft angebotenen Konten (z. B. *outlook.com*, *hotmail.de*, *live.com*) handelt es sich von Haus aus um Exchange-ActiveSync-Konten.

- **Exchange:** *Microsoft Exchange Server* – Dies ist ein Speicherplatz auf einem Server, der zur zentralen Speicherung und Verwaltung wichtiger Daten vorgesehen ist. Zu diesem Speicherplatz haben Teilnehmer eines bestimmten Arbeitskreises (z. B. eines Unternehmens oder einer Behörde) jederzeit Zugriff. Dies kann ein Server innerhalb eines Unternehmensnetzwerks, aber auch ein externer Server sein. Ein Microsoft Exchange Server ist für manche Features wie z. B. die Kalenderfreigabe oder die Definition von Kalenderberechtigungen erforderlich. Es handelt sich dabei um eine Erweiterung Ihres Office-Pakets, welche separat installiert wird. Zudem ist der Dienst kostenpflichtig; er kostet monatlich 3,30 € zuzüglich ges. Mehrwertsteuer pro Teilnehmer (Stand bei Drucklegung dieses Buches). Sie können Microsoft Exchange jedoch zunächst 180 Tage lang testen. Weitere Infos finden Sie unter *http://office.microsoft.com/de-de/exchange* sowie unter *http://technet.microsoft.com/de-de/exchange*. Wie Sie ein Exchange-Konto einrichten, erfahren Sie am Ende dieses Kapitels.

In den folgenden Abschnitten stellen wir Ihnen vor, wie Sie die verschiedenen Kontoarten in Outlook einrichten und verwenden können.

Kontoeinstellungen prüfen oder ändern

Wenn Sie bereits ein Konto eingerichtet haben und überprüfen möchten, nach welchen »Spielregeln« Ihr aktuell mit Outlook verbundenes Konto arbeitet, wechseln Sie zunächst einmal in die Backstage-Ansicht, indem Sie auf die Registerkarte **Datei** klicken. Bereits hier lässt sich ablesen, um welchen Kontotyp es sich handelt ❶.

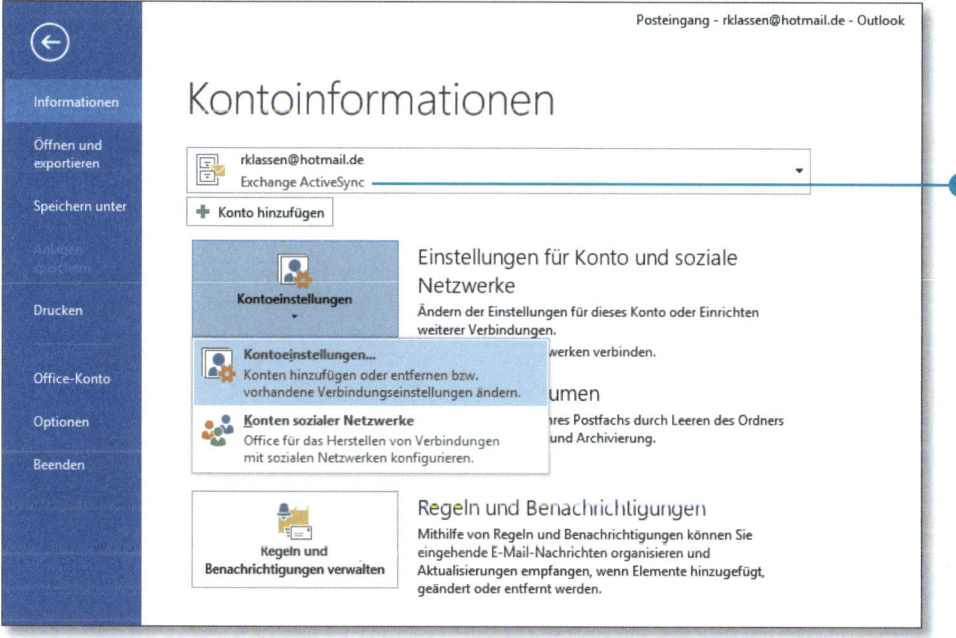

Abbildung 24.11 In der Backstage-Ansicht finden Sie den Kontotyp.

Klicken Sie im Bereich **Kontoinformationen** auf die Schaltfläche **Kontoeinstellungen** und wählen Sie den gleichnamigen Button im Auswahlmenü. Im Dialog **Kontoeinstellungen** werden Ihnen nun sämtliche mit Outlook verbundene Konten angezeigt. Denn das dürfen ja durchaus mehrere sein. Im konkreten Fall ist bislang jedoch nur ein einziges Konto gelistet. Rufen Sie es auf, indem Sie auf den Namen ❷ doppelklicken. Alternativ setzen Sie einen einfachen Mausklick darauf und klicken anschließend auf **Ändern** ❸.

Abbildung 24.12 Hier gelangen Sie in die Kontoeinstellungen.

Ein E-Mail-Konto hinzufügen

Sie möchten in Outlook mehr als eine E-Mail-Adresse verwalten? Kein Problem. Fügen Sie bei Bedarf weitere Konten hinzu. Dabei dürfen Sie Outlook sogar die Konfiguration überlassen. In diesem Fall müssen Sie sich um POP3, IMAP & Co. gar keine Gedanken machen.

1 Wechseln Sie in die Backstage-Ansicht, indem Sie oben links auf die Registerkarte **Datei** klicken.

2 Klicken Sie im Bereich **Kontoinformationen** auf die Schaltfläche **Konto hinzufügen**.

3 Im folgenden Dialogfenster **Konto hinzufügen** sollten Sie den Radiobutton **E-Mail-Konto** aktiv lassen. In diesem Fall versucht Outlook nämlich selbstständig, das E-Mail-Konto zu konfigurieren und für Sie bereits die korrekten Einstellungen vorzunehmen. Sie müssen sich also um Kontotypen und ähnliche Einstellungen gar keine Gedanken machen.

4 Geben Sie stattdessen in das Feld **Ihr Name** einen Namen ein. Die Eingabe unterliegt keinen besonderen Konventionen und kann von Ihnen frei gewählt werden. Beachten Sie jedoch, dass dieser Name später auch genauso beim Empfänger Ihrer E-Mails angezeigt wird.

5 In das Feld **E-Mail-Adresse** geben Sie nun die E-Mail-Adresse des Kontos ein, welches Sie hinzufügen wollen. Außerdem müssen Sie noch zweimal das zu dieser Adresse gehörende Kennwort eingeben. Es handelt sich dabei um das Kennwort, welches Sie bei der Einrichtung des E-Mail-Kontos erstellt haben bzw. welches Ihr Dienstanbieter Ihnen mitgeteilt hat.

Nachdem Sie auf **Weiter** geklickt haben, müssen Sie sich einen Augenblick gedulden. In der Regel erhalten Sie kurze Zeit später eine Erfolgsmeldung. Sollte der Erfolg ausbleiben (POP3 oder IMAP), müssen Sie das Konto manuell konfigurieren. In diesem Fall befolgen Sie die Schritte des nächsten Abschnitts.

Ein POP- oder IMAP-Konto manuell konfigurieren

Falls die automatische Konfiguration ausnahmsweise einmal nicht klappen sollte, können Sie das Konto auch manuell konfigurieren. Legen Sie die Informationen, den Kontotyp betreffend, in diesem Fall selbst fest.

1 Zunächst einmal benötigen Sie Informationen zu Ihrem E-Mail-Konto von Ihrem E-Mail-Anbieter. In der Regel befinden sich diese sowie entsprechende Hilfsangebote auf den Hilfeseiten bzw. den FAQ-Seiten des Anbieters. Wenn Sie dort nichts finden, macht es Sinn, in einer Internetsuchmaschine nach passenden Begriffen zu suchen. Wenn Sie beispielsweise ein GMX-Konto konfigurieren wollen, werden Sie schnell fündig, nachdem Sie (z. B. via Google) die Begriffe »gmx«, »E-Mail-Konto« und »konfigurieren« eingegeben haben. Im konkreten Beispiel stößt man so auf die Seite *https://hilfe.gmx.net/mailprogramme/pop3.html*, die Informationen über den Posteingangs- und Postausgangsserver zur Verfügung stellt. Eine weitere Information ist ebenfalls von Bedeutung – nämlich ob der Postausgangsserver eine **Kennwortauthentifizierung** benötigt oder nicht. Auch das sollte sich auf den Hilfeseiten schnell ermitteln lassen.

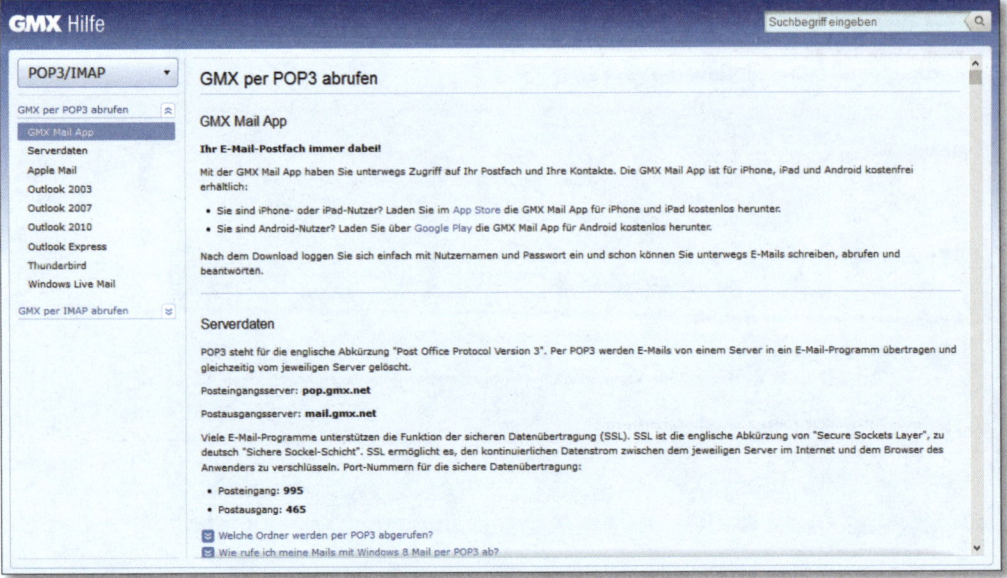

2 Lassen Sie die Internetseite am besten geöffnet und begeben Sie sich anschließend in die Backstage-Ansicht von Outlook (**Datei**).

3 Klicken Sie im Bereich **Kontoinformationen** auf die Schaltfläche **Konto hinzufügen**.

4 Aktivieren Sie im folgenden Dialog den Radiobutton **Manuelle Konfiguration oder zusätzliche Servertypen**. Danach klicken Sie auf **Weiter**.

5 Nun befinden Sie sich im Bereich **Dienst auswählen**, in dem Sie den Radiobutton **POP oder IMAP** anwählen. Bestätigen Sie per Klick auf **Weiter**.

6 Geben Sie in das Feld **Ihr Name** einen Namen ein, der zukünftig als Absendername Ihrer E-Mails verwendet wird, und tragen Sie die E-Mail-Adresse ein. Im Bereich **Serverinformationen** geben Sie nun im Auswahlfeld **Kontotyp** an, ob es sich bei dem von Ihnen benutzten E-Mail-Konto um ein POP3- oder IMAP-Konto handelt. Gleich unterhalb müssen die Informationen eingefügt werden, die Sie den Internetseiten des Anbieters entnommen haben (also die Adresse des Posteingangs- sowie Postausgangsservers). Zudem müssen Sie noch Ihren Benutzernamen sowie das Kennwort in die entsprechenden Felder eintippen.

7 Ganz wichtig: Sofern der Anbieter für seinen Postausgangsserver eine Kennwortauthentifizierung verlangt, müssen Sie unten rechts auf die Schaltfläche **Weitere Einstellungen** klicken. Im Folgedialog entscheiden Sie sich für die Registerkarte **Postausgangsserver** und aktivieren die Checkbox **Der Postausgangsserver (SMTP) verlangt Authentifizierung**. Bestätigen Sie mit **OK**.

8 Sofern Sie ein POP3-Konto konfigurieren, können Sie auf der rechten Seite des Dialogs auf **Kontoeinstellungen testen** klicken und sehen, ob die Verbindung klappt. Danach bestätigen Sie mit **Weiter**. Bei IMAP-Konten klicken Sie direkt auf **Weiter**, gefolgt von **Fertig stellen**.

Sollte es wider Erwarten zu Schwierigkeiten kommen, gibt Outlook eine entsprechende Fehlermeldung aus. Prüfen Sie in diesem Fall bitte noch einmal sorgfältig die Angaben des Anbieters und starten Sie die Konfiguration erneut.

Microsoft-Exchange-Konto hinzufügen

Wie bereits weiter oben erwähnt, muss ein Microsoft-Exchange-Konto konfiguriert werden. Dies geschieht allerdings außerhalb von Outlook.

1 Schließen Sie zunächst Outlook und begeben Sie sich in die Systemsteuerung Ihres Betriebssystems. Wählen Sie dort **E-Mail** aus. Klicken Sie anschließend auf den Schalter **E-Mail-Konten**.

2 Klicken Sie im Dialog **Kontoeinstellungen** auf **Neu**. Unter **Konto hinzufügen** aktivieren Sie den Radiobutton **Manuelle Konfiguration oder zusätzliche Servertypen**, gefolgt von **Weiter**.

3 Wählen Sie die oberste Option **Microsoft Exchange Server oder kompatibler Dienst** an und entscheiden Sie sich abermals für **Weiter**.

4 Sollte sich der Exchange Server in einem lokalen Netzwerk befinden, reicht es aus, nun Server und Benutzernamen einzugeben und dann auf **Weiter** zu klicken. Fahren Sie in diesem Fall mit Schritt 7 fort. Wer einen externen Server-Speicherplatz verwendet, klickt hingegen auf **Weitere Einstellungen**.

5 Zur Angabe der URL für den externen Server wählen Sie die Registerkarte **Verbindung** an, aktivieren Sie die einzige dort bereitgestellte Checkbox und klicken Sie auf **Exchange-Proxyeinstellungen**. Wenn Sie wollen, können Sie im Register **Allgemein** noch einen Kontonamen eingeben. Falls Sie das nicht machen, wird der Titel **Private Ordner** verwendet. Verlassen Sie diesen Dialog mit Klick auf **OK**.

6 Nachdem das Konto eingerichtet worden ist, schließen Sie die Systemsteuerung und öffnen Outlook erneut. Die Einrichtung des Microsoft-Exchange-Kontos wird unmittelbar von Outlook erkannt, wodurch Ihnen der Dialog **Microsoft Exchange** angezeigt wird. Geben Sie die Zugangsdaten ein und bestätigen Sie mit **OK**.

Das erneute Öffnen in Schritt 6 dauert übrigens einen Augenblick länger als gewohnt. Outlook prüft jetzt die Einstellungen. Diese Verzögerung findet jedoch nur einmalig statt. Künftig startet Outlook wieder rascher.

Kapitel 25
Erste Schritte in Outlook 2013

Jetzt geht es los. Unternehmen Sie Ihre ersten Schritte mit Outlook. Dazu zählen vor allem die Einrichtung eines E-Mail-Kontos, das Senden und Empfangen von Nachrichten sowie das Erstellen von Ordnern zur Archivierung Ihrer E-Mails.

25.1 Ein neues E-Mail-Konto einrichten

Wenn Sie Ihren E-Mail-Verkehr mit Outlook regeln, können Sie durchaus mehrere E-Mail-Konten in dem Programm verwalten. Zunächst aber sollten Sie sich von Outlook unter die Arme greifen lassen, um das erste Konto einzurichten. Dabei unterstützt Sie die Anwendung sowohl bei der Einrichtung der Software als auch bei der Erstellung eines E-Mail-Kontos. Da dies die bequemste Form der Einrichtung ist, empfehlen wir Ihnen, sie zu nutzen.

1 Nach dem ersten Programmstart werden Sie von Outlook 2013 zunächst begrüßt. Klicken Sie auf **Weiter**.

2 Entscheiden Sie sich im Dialog **Konfiguration des Microsoft Outlook-Kontos** per Radiobutton für **Ja**, um Outlook einzurichten, sodass Sie ein E-Mail-Konto hinzufügen können. Bestätigen Sie erneut per Klick auf **Weiter**.

3 Nun können Sie ein beliebiges E-Mail-Konto hinzufügen. Dies kann sowohl ein (evtl. unter Windows 8.1 bereits eingerichtetes) Microsoft-Konto sein (z. B. *outlook.com*, *hotmail.de*) als auch ein beliebiges anderes Konto, das Sie bereits vorab bei einem Dienstanbieter erzeugt haben (z. B. *gmx.de, googlemail.com, web.de, yahoo.com*). Geben Sie dazu die entsprechenden Informationen in die Felder ein und klicken Sie abschließend erneut auf **Weiter**.

4 Nun müssen Sie sich einen Moment gedulden. Denn Outlook versucht nun, die Verbindung zu Ihrem E-Mail-Konto herzustellen. Nach einiger Zeit sollten Sie eine Bestätigung erhalten, dass Ihr Konto erfolgreich eingerichtet wurde, die Sie mit einem Klick auf **Fertig stellen** verlassen.

Wer bereits über mehrere E-Mail-Konten verfügt, kann nun auch gleich im Anschluss weitere E-Mail-Konten einrichten. In diesem Fall klicken Sie nicht auf **Fertig stellen**, sondern auf die Schaltfläche **Weiteres Konto hinzufügen**.

> **INFO**
>
> **E-Mail-Import**
>
> Sollten Sie mit dem soeben in Outlook eingerichteten Konto bereits gearbeitet haben (z. B. im Rahmen der App *Mail* von Windows 8.1), werden die dort vorhandenen E-Mails automatisch in Outlook importiert. Der Wechsel von Mail zu Outlook funktioniert also nahtlos.

25.2 Nachrichten und Adressen importieren

Wenn Sie ein vorhandenes E-Mail-Konto in Outlook einbinden (siehe Abschnitt 25.1, »Ein neues E-Mail-Konto einrichten«, Seite 715), werden die darin integrierten E-Mails automatisch mit übernommen. Sie stehen Ihnen fortan also auch in Outlook zur Verfügung. Was ist aber zu tun, wenn Sie Nachrichten oder Adressen aus einer bereits vorhandenen E-Mail-Software nutzen wollen, die jetzt durch Outlook ersetzt werden soll? Oder wenn Sie Ihre Daten beispielsweise auf einen neuen Rechner übertragen wollen?

Nachrichten exportieren

Mal angenommen, Sie ziehen auf einen neuen Rechner um, wollen Ihren bisherigen Outlook-Datenbestand jedoch mitnehmen. Dann sollten Sie zunächst die gewünschten Daten exportieren. Im Übrigen eignet sich diese Vorgehensweise auch zur Datensicherung.

1 Klicken Sie innerhalb der Backstage-Ansicht (**Datei**) auf die Rubrik **Öffnen und Exportieren** und wählen Sie den Button **Importieren/Exportieren**.

2 Im Dialogfenster **Import/Export-Assistent** entscheiden Sie sich im Feld **Wählen Sie eine Aktion aus** für die Option **In Datei exportieren**. Bestätigen Sie mit einem Klick auf **Weiter**.

3 Erzeugen Sie als Nächstes eine PST-Datei, indem Sie im folgenden Dialog unter **Zu erstellender Dateityp** zunächst **Outlook-Datendatei (.pst)** anwählen und danach erneut auf **Weiter** klicken.

4 Markieren Sie im Dialog **Outlook-Datendatei exportieren** in der Liste den Ordner, den Sie exportieren wollen, beispielsweise den Ordner **Posteingang**. Aktivieren Sie die Checkbox **Unterordner einbeziehen**, wenn Sie sämtliche Unterordner des Ordners mit exportieren möchten.

5 Wenn Sie hingegen nicht den gesamten Posteingang exportieren möchten, sondern beispielsweise nur die E-Mails von bestimmten Personen oder Kategorien, klicken Sie auf die Schaltfläche **Filter**.

6 Daraufhin lassen sich im Dialogfenster **Filtern** beispielsweise per Klick auf die Taste **Von** im Register **Nachrichten** Personen auswählen, die beim Export berücksichtigt werden sollen. Wer hingegen (um eines von zahllosen Beispielen zu nennen) nur ungelesene Mails exportieren möchte, wechselt in das Register **Weitere Optionen**, aktiviert dort die Checkbox **Nur solche Elemente** und stellt daneben im Auswahl-menü **Ungelesen** ein. Bestätigen Sie am Ende mit **OK**.

7 Klicken Sie noch einmal auf **Weiter** und legen Sie mithilfe der Schaltfläche **Durchsuchen** fest, wo die Datei gespeichert werden soll. Geben Sie der Datei einen Namen und schließen Sie den Datenexport per Klick auf **Fertig stellen** ab.

Outlook liefert ganz am Schluss noch einen Dialog nach, mit dessen Hilfe Sie ein Kennwort vergeben können. Dies ist jedoch optional, sodass Sie gleich auf **OK** gehen dürfen. An dem angegebenen Speicherort wird daraufhin eine Exportdatei erstellt, die Sie nun auf Ihren neuen Rechner importieren können.

Nachrichten importieren

Im vorangegangenen Abschnitt hatten wir eine Datei erzeugt, die alle E-Mails des Ordners **Posteingang** enthielt. Dieses Verzeichnis soll nun (z. B. auf einen neuen Rechner oder nach einem Datenverlust) in Outlook importiert werden.

1 Klicken Sie auf das Register **Datei** und wählen Sie in der linken Spalte der Backstage-Ansicht die Rubrik **Öffnen und exportieren** aus.

2 Klicken Sie im Bereich **Öffnen** auf die Schaltfläche **Outlook-Datendatei öffnen**.

3 Navigieren Sie zu dem Speicherort, an dem sich die PST-Datei befindet (siehe dazu den Unterabschnitt »Nachrichten exportieren« ab Seite 717) und markieren Sie diese. Bestätigen Sie Ihre Auswahl per Klick auf **OK**.

Natürlich muss bei dieser Art von Import vermieden werden, dass ein eventuell bereits vorhandener Datenbestand im Ordner **Posteingang** durch den Import der Outlook-Datendatei gelöscht wird. Dies verhindern Sie, indem Sie im Ordnerbereich auf der linken Seite der Anwendung ein weiteres Verzeichnis mit dem Namen **Outlook-Datendatei** erstellen.

Abbildung 25.1 Der Datenimport erhält ein eigenes Verzeichnis, sodass bestehende Daten nicht gelöscht werden.

Adressen importieren

PST-Dateien sind eine feine Sache. Denn mit ihnen kann man so ziemlich alles nach Outlook importieren, was man möchte. Sollten Sie also anstelle von E-Mails nun auch bestehende Adressdaten übertragen wollen, können Sie auch daraus eine PST-Datei erzeugen. Diese importieren Sie dann in Outlook auf Ihren neuen Rechner, wie zuvor im Unterabschnitt »Nachrichten importieren« auf Seite 719 beschrieben. Starten Sie wieder den Import/Export-Assistenten (**Start > Öffnen und exportieren > Outlook-Datendatei öffnen**) und wählen Sie den Speicherort der Adressdatei. Bestätigen Sie abschließend mit **OK**.

Adressen aus Excel-Daten importieren

Outlook ist nicht nur imstande, PST-Dateien zu importieren. Auch das Dateiformat CSV (*Comma-separated values*), welches sich beispielsweise mit Excel erzeugen lässt, kann als Quelle für Outlook dienen. Hiermit lassen sich ganz hervorragend bestehende Kundenlisten o. Ä. integrieren.

1 Sollten Sie eine Kundendatei in Excel erzeugt haben, müssen Sie diese in ein kompatibles Format umwandeln, mit dem Outlook umgehen kann. Dazu wählen Sie in Excel **Datei > Exportieren > Dateityp ändern**. Entscheiden Sie sich in der linken Spalte für **Dateityp ändern** ❶ und wählen Sie im Bereich **Dateityp ändern** ❷ CSV **(Trennzeichen-getrennt) (*.csv)** ❸. Schließen Sie das Dokument in Excel, da es ansonsten nicht in Outlook bereitgestellt werden kann.

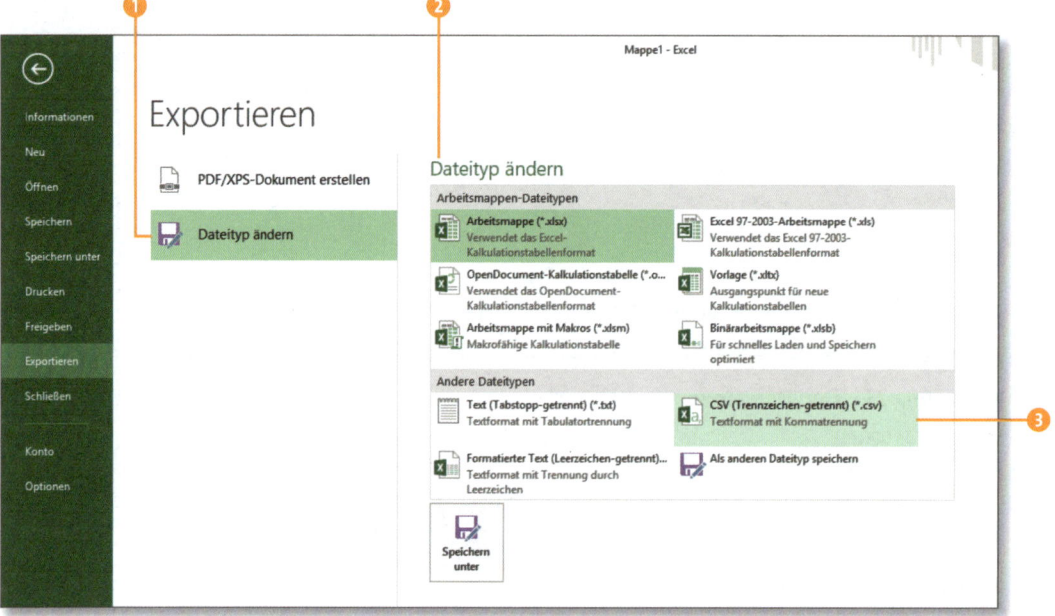

2 In Outlook klicken Sie zunächst auf die Registerkarte **Datei**, um in die Backstage-Ansicht zu gelangen, und lassen einen Klick auf die Rubrik **Öffnen und exportieren** folgen.

3 Wählen Sie **Importieren/Exportieren** aus.

4 Im Bereich **Wählen Sie eine Aktion aus** entscheiden Sie sich für **Aus anderen Programmen oder Dateien importieren** und bestätigen Ihre Wahl mit einem Klick auf die Schaltfläche **Weiter**.

5 Im folgenden Dialog wählen Sie im Auswahlfeld den Dateityp **Durch Trennzeichen getrennte Werte**. Klicken Sie erneut auf **Weiter**.

6 Mithilfe der Schaltfläche **Durchsuchen** wählen Sie nun die zuvor erstellte CSV-Datei und bestätigen erneut mit einem Klick auf **Weiter**.

7 Jetzt ist es wichtig, dass Sie ein Verzeichnis wählen, das auch zur Aufnahme von Adressdaten geeignet ist. Markieren Sie also im Feld **Zielordner** die Option **Kontakte** und bestätigen Sie mit **Weiter**.

8 Sollten mehrere Mappen in dem Dokument vorhanden sein, finden Sie nun auch mehrere Zeilen vor. Hier könnten Sie also jetzt bestimmen, welche Daten importiert werden sollen und welche nicht.

9 Falls Sie die Adressliste vorab noch filtern möchten (vielleicht werden ja gar nicht alle Datenfelder benötigt), markieren Sie die Datei auf der linken Seite des Dialogs und entscheiden sich anschließend für die Option **Benutzerdefinierte Felder zuordnen**.

Wenn alles erledigt ist, müssen Sie die Aktion natürlich noch mit einem Klick auf **Fertig stellen** abschließen.

25.3   Nachrichten abrufen, schreiben und beantworten

Der wohl am häufigsten genutzte Aufgabenbereich in Outlook ist **E-Mail**. Das Senden und Empfangen von Nachrichten bildet zumeist den Schwerpunkt Ihrer Arbeiten mit der Büro-Kommunikationssoftware. Hier erfahren Sie, wie Sie mit E-Mails in Outlook umgehen.

Nachrichten empfangen und lesen

Sie müssen sich um den Empfang von Nachrichten keine Gedanken machen. Dies regelt Outlook nämlich vollkommen selbstständig. Sobald Sie die Anwendung geöffnet haben, wird überprüft, ob neue Nachrichten vorhanden sind. Gibt es Nachrichten, stellt Outlook diese im Ansichtsbereich zur Verfügung. Bei neuen Nachrichten wird der Betreff in blauer Schriftfarbe und zudem fett angezeigt ❶. Klicken Sie auf die Nachricht, um deren Inhalt rechts im Lesebereich anzeigen zu lassen. Wie viele neue Nachrichten vorhanden sind, wird Ihnen zudem in der linken Spalte am Ordner **Posteingang** angezeigt ❷.

Abbildung 25.2 Eine neue Nachricht wird in Fettschrift angezeigt.

Nachrichten manuell abrufen

Neue Nachrichten werden Ihnen immer kurz nach deren Eintreffen auf dem Server auch in Outlook angezeigt. Sie müssen sich also gar nicht selbst um das Empfangen kümmern. Dennoch könnten Sie E-Mails manuell vom Server abrufen, indem Sie auf die Schaltfläche **Alle Ordner senden/empfangen** in der Gruppe **Senden und Empfangen** der Registerkarte **Senden/Empfangen** klicken. Alternativ dazu können Sie auch die Taste F9 drücken.

Neue Nachricht verfassen

Beim Verfassen von Nachrichten muss zwischen zwei Verfahrensweisen unterschieden werden: Zum einen ist da das Erstellen einer neuen Nachricht, zum anderen das Antworten auf eine erhaltene E-Mail.

1 Um eine neue E-Mail zu erzeugen, klicken Sie im Aufgabenbereich **E-Mail** auf die Schaltfläche **Neue E-Mail** in der Gruppe **Neu** der Registerkarte **Start**. Alternativ können Sie auch bei aktivem Aufgabenbereich **E-Mail** die Tastenkombination Strg + N verwenden.

2 Daraufhin öffnet sich ein eigenständiges Fenster. Beachten Sie, dass die Einfügemarke bereits im Eingabefeld **An** blinkt und Sie direkt mit der Eingabe der E-Mail-Adresse beginnen können. Sollten Sie bereits zuvor einmal eine Nachricht an diese Adresse verfasst haben, erkennt Outlook dies und versucht, die Adresse automatisch zu vervollständigen. Sofern es sich dabei um die E-Mail-Adresse handelt, die Sie benutzen wollen, reicht bereits nach wenigen Buchstaben ein Druck auf ↹, um die Adresse hinzuzufügen. Handelt es sich hingegen nicht um die gewünschte E-Mail-Adresse, fahren Sie einfach mit der Eingabe fort.

25

3 Alternativ zum vorangegangenen Schritt können Sie auch auf die Schaltfläche **An** klicken und aus der Liste Ihrer Kontakte den gewünschten Empfänger per Mausklick auswählen.

4 Möchten Sie weitere Empfänger hinzufügen, also eine Nachricht an mehrere Personen senden, dann geben Sie hinter der ersten Adresse ein Semikolon sowie ein Leerzeichen ein. Danach tippen Sie die nächste Adresse ein. Alternativ benutzen Sie dazu die Zeile **CC**. Auch dort können Sie weitere Empfänger festlegen, sofern Sie wünschen, dass diese die E-Mail an die im Feld **An** genannte Person mitlesen können.

Dabei ist allerdings zu berücksichtigen, dass dort eingegebene E-Mail-Adressen für jedermann sichtbar sind. Das ist nicht immer gewünscht und sollte gerade aus datenschutzrechtlichen Gründen wohlüberlegt sein. Besser sind sogenannte Blind-Copy-Adressen.

5 Wenn es also Adressen gibt, die anderen Empfängern verborgen bleiben sollen, tragen Sie diese in das Feld **BCC** ein. Dazu klicken Sie auf die gleichnamige Schaltfläche in der Gruppe **Felder anzeigen** der Registerkarte **Optionen** und tragen die Adressen in die daraufhin erscheinende Zeile **BCC** ein.

6 Klicken Sie als Nächstes in das Feld **Betreff** und legen Sie eine Art Überschrift für Ihre E-Mail fest, die den Inhalt der Nachricht repräsentiert. Sie müssen zwar keinen Betreff verfassen, jedoch darf man mit Fug und Recht behaupten, dass das zum guten Ton einer jeden E-Mail gehört. Sollten Sie übrigens keinen Betreff angeben, wird Outlook Sie später (zum Zeitpunkt des Versendens) mit einem entsprechenden Hinweis darauf aufmerksam machen. Spätestens dann sollten Sie auf **Nicht senden** klicken und die Zeile **Betreff** nachträglich noch ausfüllen.

7 Drücken Sie erneut ⇥, um in das große Textfeld im unteren Bereich des Fensters zu wechseln. Dort geben Sie dann den eigentlichen E-Mail-Text ein.

8 Wenn Sie möchten, können Sie der E-Mail noch Dateien hinzufügen, die zusammen mit Ihrer Nachricht versendet werden sollen. Dazu klicken Sie auf die Schaltfläche

Datei anfügen ❶ in der Gruppe **Einfügen** der Registerkarte **Nachricht**. Sie sollten hierbei jedoch beachten, dass die eingefügte Datei nicht zu groß sein sollte. Durch eine umfangreiche Datei kann sich der Versand Ihrer E-Mail stark verzögern oder er kann aufgrund einer zu großen Dateigröße nicht ausgeführt werden.

9 Sobald Sie alle Eingaben vorgenommen haben und die E-Mail fertig ist, klicken Sie auf **Senden**.

Ihre E-Mail wird daraufhin an den oder die Empfänger versandt und eine Kopie der Nachricht im Ordner **Gesendete Elemente** gespeichert. Sie können sie also auch nach dem Versand jederzeit aus diesem Ordner aufrufen.

INFO

Elemente aus der Zwischenablage einfügen

Ein in der Zwischenablage des Betriebssystems befindlicher Screenshot beispielsweise (erzeugt über die Taste [Druck]) kann direkt in den Nachrichtentext eingefügt werden, indem Sie zunächst die Einfügemarke entsprechend positionieren und dann [Strg] + [V] betätigen. Gleiches gilt auch für andere Elemente, die Sie in die Zwischenablage kopiert haben. Alternativ können Sie dazu auch die Schaltfläche **Einfügen** in der Gruppe **Zwischenablage** der Registerkarte **Nachricht** verwenden.

Nachrichten später senden

Wenn Sie die E-Mail nicht sofort, sondern erst später verschicken möchten, klicken Sie zunächst nicht auf **Senden**, stattdessen schließen Sie das E-Mail-Fenster über das Schließkreuz oben rechts. Daraufhin blendet Outlook eine Kontrollabfrage ein, die Sie mit **Ja** bestätigen, um die E-Mail für den späteren Versand zu speichern.

Abbildung 25.3 Outlook fragt nach, ob die E-Mail gespeichert werden soll.

Die E-Mail wird nun in den Ordner **Entwürfe** verschoben. Wollen Sie die Nachricht später noch bearbeiten, rufen Sie den Ordner in der linken Spalte mit einem Mausklick auf ❶, aktivieren die entsprechende E-Mail ebenfalls mit einem einzelnen Klick und drücken ⏎. Dadurch öffnet sich das Nachrichtenfenster erneut, und Sie können die Mail nach Wunsch anpassen. Das eigentliche Senden der E-Mail erfolgt, sobald Sie auf die Schaltfläche **Senden** geklickt haben.

Abbildung 25.4 Eine noch nicht gesendete Nachricht kann jederzeit editiert werden.

Sie möchten die E-Mail zu einem bestimmten Zeitpunkt absenden? Dann klicken Sie innerhalb des Nachrichtenfensters auf die Schaltfläche **Übermittlung verzögern** in der Gruppe **Weitere Optionen** der Registerkarte **Optionen**. Aktivieren Sie in dem darauffolgenden Dialogfenster **Eigenschaften** im Bereich **Übermittlungsoptionen** die Checkbox **Übermittlung verzögern bis** ❷. Legen Sie als Nächstes das Datum sowie die gewünschte Zeit in den Feldern rechts daneben fest. Bestätigen Sie Ihre Eingaben per Klick auf die Schaltfläche **Schließen** ❸.

Abbildung 25.5 Legen Sie fest, wann die E-Mail gesendet werden soll.

Zuletzt klicken Sie im Nachrichtenfenster auf die Schaltfläche **Senden**. Innerhalb von Outlook sieht es zwar nun so aus, als sei die Nachricht bereits abgeschickt worden, jedoch erfolgt die Zustellung beim Empfänger tatsächlich erst zum angegebenen Zeitpunkt.

Auf Nachricht antworten

Sie haben eine Nachricht in Ihrem Posteingang erhalten und wollen nun darauf antworten? Nichts leichter als das.

1 Markieren Sie die Nachricht zunächst im Ansichtsbereich.

2 Klicken Sie nun auf die Schaltfläche **Antworten** in der gleichnamigen Gruppe der Registerkarte **Start**.

3 Geben Sie Ihre Antwort in das Textfeld ein ❶. Die Felder **An** und **Betreff** werden automatisch von Outlook mit den Angaben der ursprünglichen E-Mail ausgefüllt, sodass Sie diese nicht bearbeiten müssen.

4 Klicken Sie abschließend auf die Schaltfläche **Senden**, um Ihre Antwort an den Empfänger zu übermitteln.

> **INFO**
>
> **Allen Antworten**
>
> Die Funktion **Allen antworten** bewirkt, dass nicht nur der ursprüngliche Absender Ihre Antwort erhält, sondern auch jeder, der die Nachricht ebenfalls empfangen hat (sofern der ursprüngliche Absender mehrere Empfänger angeschrieben hatte).

25.4 Designs, Briefpapier und andere gestalterische Elemente verwenden

E-Mails versenden ist ja zunächst einmal eine ziemlich schmucklose Sache. Macht aber nichts, denn im Tagesgeschäft kann man auf nette Designelemente und Ähnliches gut verzichten. Sollten Sie dennoch einmal gewillt sein, Ihre Mails in irgendeiner Form »aufzuhübschen«, können Sie das mit Outlook ganz leicht erledigen.

Designs und Farben verwenden

Sie haben sich ja bereits im Word-Abschnitt mit Farben und Designs beschäftigt. Entsprechende Hinweise zum Umgang mit Designs finden Sie in Abschnitt 6.7, »Mit Designs arbeiten«, Seite 220. Auf ganz ähnliche Art weisen Sie in Outlook Farben und Designs Ihren E-Mails zu.

1 Klicken Sie auf die Schaltfläche **Neue E-Mail** in der Gruppe **Neu** der Registerkarte **Start**.

2 Geben Sie in die entsprechenden Felder den Empfänger sowie einen Betreff ein und verfassen Sie den Text Ihrer E-Mail.

3 Klicken Sie im Nachrichtenfenster auf die Schaltfläche **Designs** in der gleichnamigen Gruppe der Registerkarte **Optionen**, um im Auswahlmenü der Schaltfläche eines der Designs mit einem Klick zuzuweisen. In dem Auswahlmenü der Schaltfläche stehen Ihnen sowohl Standardofficedesigns als auch benutzerdefinierte Designs zur Verfügung.

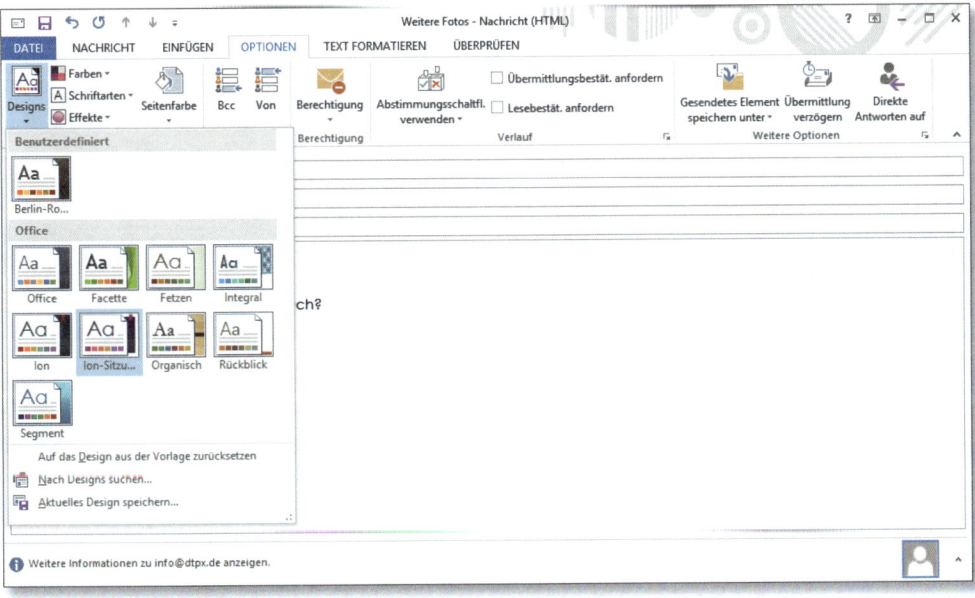

4 Mithilfe der nebenstehenden Schaltflächen **Farben**, **Schriftarten** und **Effekte** können Sie weitere Anpassungen vornehmen. Sie sollten dabei aber beachten, dass einige Funktionen erst dann verwendet werden können, wenn Sie Objekte (wie z. B. Formen, Bilder oder Grafiken, Diagramme, SmartArts) in Ihre E-Mail eingefügt haben und diese markiert sind.

5 Um ein Bild oder eine Grafik in die E-Mail einzufügen, platzieren Sie zunächst die Einfügemarke an der gewünschten Stelle. Klicken Sie danach beispielsweise auf den Button **Bilder** in der Gruppe **Illustrationen** der Registerkarte **Einfügen**.

6 Passen Sie die Größe des Bildes an, indem Sie die Eckanfasser des Rahmens in Form ziehen.

7 Wenn Sie anstelle des weißen Hintergrunds eine Hintergrundfarbe für die E-Mail verwenden möchten, klicken Sie auf **Seitenfarbe** in der Gruppe **Designs** der Registerkarte **Optionen** und weisen über das Menü die gewünschte Farbe mit einem Klick zu.

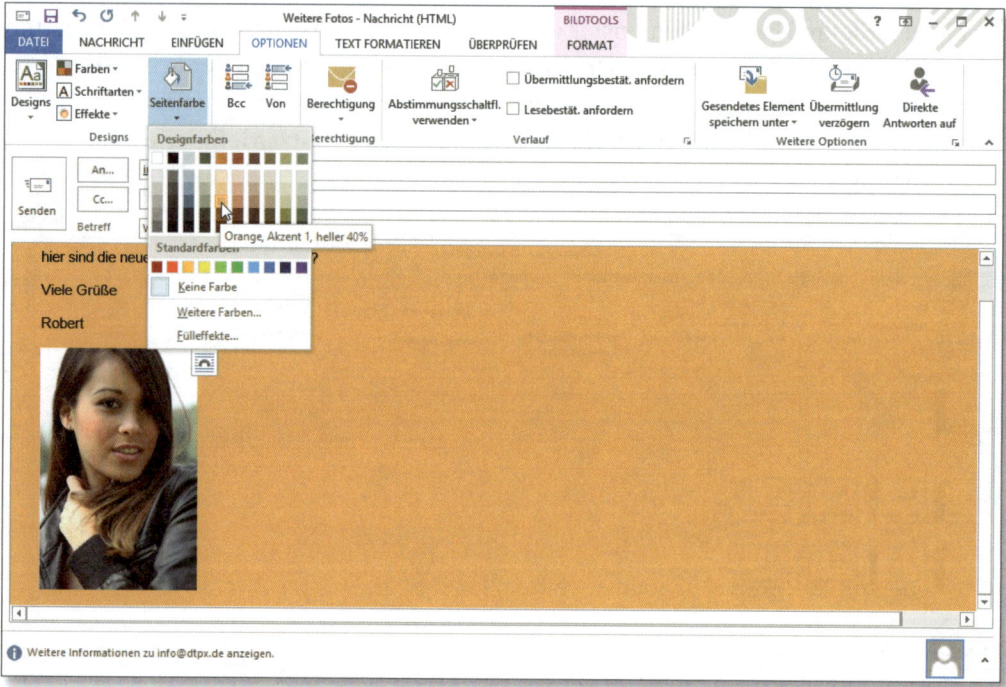

Bitte beachten Sie, dass zu viele Effekte oder bunte Farben nicht von Professionalität zeugen. Sie sollten deshalb wohl überlegen, wo Sie derartige Schmuckelemente einsetzen. Im Privatbereich sind diese sicher besser aufgehoben als in der Geschäftswelt.

Briefpapiere verwenden

Outlook verfügt über Designsätze, die mit wenigen Mausklicks zugewiesen werden können. Verwenden Sie fertige Briefpapiere, um Ihre E-Mails interessant zu gestalten.

1 Im Aufgabenbereich **E-Mail** klicken Sie auf die Schaltfläche **Neue Elemente** in der Gruppe **Neu** der Registerkarte **Start**.

2 Wählen Sie im Menü der Schaltfläche die Option **E-Mail-Nachricht mit** und lassen Sie einen Mausklick auf **Weitere Briefpapiere** folgen.

3 Wählen Sie im Dialogfenster **Design oder Briefpapier?** in der linken Spalte ein Design aus. Auf der rechten Seite des Dialogs sehen Sie eine Vorschau, wie die einzelnen Elemente der späteren E-Mail aussehen werden. Bestätigen Sie Ihre Wahl per Klick auf **OK**.

Bitte beachten Sie, dass sich auch bei einem gewählten Design oder Briefpapier sämtliche Elemente später noch individuell anpassen lassen. Benutzen Sie dazu im Nachrichtenfenster die Schaltflächen der Registerkarte **Text formatieren**. Hier können Sie dann auch entsprechende Formatvorlagen zuweisen und anpassen.

25.5 Mit Prioritäten arbeiten

Wer eine E-Mail schreibt, kann diese mit sogenannten Prioritäten versehen. Damit gemeint ist die Möglichkeit, Korrespondenzen als wichtig oder weniger wichtig zu kennzeichnen. Klicken Sie im Nachrichtenfenster beispielsweise auf die Schaltfläche **Wichtigkeit: hoch** in der Gruppe **Kategorien** der Registerkarte **Nachricht**, werden diese Nachrichten später innerhalb der Ordner mit einem Ausrufezeichen versehen.

Abbildung 25.6 Kennzeichnen Sie wichtige E-Mails.

Auch eine darauf folgende Antwort des Empfängers wird fortan als wichtig gekennzeichnet. Das heißt: Die Priorität gilt nicht nur für Ihre Mail, sondern für die gesamte Korrespondenz.

Abbildung 25.7 Derartige Nachrichten werden im Arbeitsbereich mit einem Ausrufezeichen gekennzeichnet.

Nachrichten, die zuvor von Ihnen in ihrer Wichtigkeit hingegen als niedrig eingestuft worden sind (**Nachricht** > **Kategorien** > **Wichtigkeit: niedrig**), erscheinen im Arbeitsbereich übrigens mit einem nach unten weisenden blauen Pfeil. Sie können die Priorität einer E-Mail mit einem Klick auf die entsprechende Schaltfläche jederzeit wieder ändern.

25.6   Für Übersichtlichkeit sorgen: Ordner erstellen und verwalten

Von Haus aus liefert Outlook bereits einige wichtige Ordner mit – nämlich beispielsweise **Posteingang** oder **Gesendete Elemente** usw. Allerdings wird es auf Dauer recht unübersichtlich, wenn Sie es bei diesen wenigen Ordnern belassen. Es empfiehlt sich, weitere Verzeichnisse anzulegen. So können unterschiedliche Adressaten beispielsweise alle ihre eigenen Ordner bekommen.

Ordner erstellen

Erstellen Sie einen neuen Ordner in Outlook, um in Ihrem E-Mail-Konto den Überblick zu behalten. In wenigen Schritten können Sie Ihr Postfach aufräumen und E-Mails archivieren.

1 Markieren Sie in der linken Spalte zunächst den Bereich, in dem Sie einen Ordner erzeugen wollen. Hier bietet sich beispielsweise der betreffende Kontoname **1** an.

2 Klicken Sie nun auf den Button **Neuer Ordner** in der Gruppe **Neu** der Registerkarte **Ordner**. Alternativ können Sie auch die Tastenkombination [Strg] + [⇧] + [E] verwenden.

3 Legen Sie beispielsweise einen Ordner mit dem Namen »Korrespondenz« an und bestätigen Sie mit **OK**.

4 Markieren Sie den neuen Ordner in der linken Spalte der Anwendung. Damit treffen Sie bereits eine Vorauswahl in Bezug auf die Eingliederung der weiteren Ordner, die noch zu erstellen sind. Es empfiehlt sich nämlich, nun Unterordner mit den jeweiligen Geschäftspartnern anzulegen. Sie könnten die Position des neuen Ordners auch im Dialog noch bestimmen, indem Sie den Zielordner im Bereich **Ordner soll angelegt werden unter** festlegen, ehe Sie auf **OK** klicken.

Die hinzugefügten Verzeichnisse werden daraufhin entsprechend Ihren Eingaben im Dialogfenster **Neuen Ordner erstellen** Ihrem Postfach hinzugefügt. Sie können nun beispielsweise E-Mails per Drag & Drop in die Ordner verschieben. Lesen Sie dazu mehr in Abschnitt 27.1, »Nachrichten sortieren«, Seite 747.

Ordner sortieren

Die Ordner werden prinzipiell nicht in der Reihenfolge ihrer Erstellung, sondern alphabetisch angeordnet. Dennoch können Sie Ordner auf Wunsch auch per Drag & Drop verschieben und so Ihre eigene Sortierreihenfolge herstellen. An die Stelle, an der sich ein schwarzer Balken zeigt, wird der Ordner eingefügt, sobald Sie die Maustaste loslassen.

Abbildung 25.8 Die Reihenfolge der Ordner ist frei wählbar.

Ordner löschen

Sie benötigen einen Ordner nicht länger? Dann markieren Sie ihn in der Ordnerleiste und betätigen Sie **Ordner löschen** in der Gruppe **Aktionen** der Registerkarte **Ordner**.

Kapitel 26
Der richtige Umgang mit Spam

Leider ist nicht jede E-Mail auch vom Anwender erwünscht. Allzu viele Firmen und unliebsame Zeitgenossen verbreiten ihre (Werbe-)Botschaften gleich massenhaft an alle möglichen Empfänger – egal, ob diese das wollen oder nicht. Damit nun Ihr Postfach nicht unter der Last Tausender unerwünschter Nachrichten zusammenbricht, sollten Sie entsprechende Vorkehrungen treffen.

26.1   Eine Unterhaltung ignorieren

Es ist ja nie ganz auszuschließen, dass Sie auch einmal eine Korrespondenz führen, die zunächst noch in Ordnung ist – sich jedoch zu einem späteren Zeitpunkt als ausgesprochen langweilig oder gar störend herauskristallisiert. In diesem Fall können Sie mithilfe von Outlook die Unterhaltung ignorieren.

Unterhaltung ignorieren

Wenn Sie eine Unterhaltung ignorieren, erreichen Sie damit gleich zweierlei: Zum einen werden alle bisher geführten Unterhaltungen (sprich: sämtliche dazugehörende E-Mails) in den Ordner **Gelöschte Elemente** verschoben. Zum anderen gelangen künftige E-Mails, die mit dieser Unterhaltung in Zusammenhang stehen, erst gar nicht in den Ordner **Posteingang**, sondern werden direkt in den Ordner **Gelöschte Elemente** verschoben, sodass Sie nicht weiter belästigt werden.

1   Markieren Sie im Ansichtsbereich **E-Mail** jene Nachricht, die künftig ignoriert werden soll.

2   Klicken Sie nun auf die Schaltfläche **Ignorieren** in der Gruppe **Löschen** der Registerkarte **Start**.

3   Damit Sie nicht versehentlich die falsche Unterhaltung ignorieren, müssen Sie den Vorgang im Dialog **Unterhaltung ignorieren** per Klick auf **Unterhaltung ignorieren** bestätigen.

Sie können vor der Bestätigung der Kontrollabfrage die Checkbox **Diese Meldung nicht mehr anzeigen** aktivieren. In diesem Fall bleibt die Abfrage künftig aus.

Ignorierte Unterhaltung wieder zulassen

Sollten Sie feststellen, dass eine zuvor ignorierte Unterhaltung nun doch wieder auf Ihr Interesse stößt, heben Sie in diesem Fall die Sperre einfach wieder auf und fügen Sie die entsprechenden Nachrichten erneut Ihrem Posteingang hinzu.

1 Öffnen Sie das Verzeichnis **Gelöschte Elemente**, indem Sie den gleichnamigen Eintrag in der linken Spalte des Aufgabenbereichs **E-Mail** anklicken.

2 Markieren Sie die ignorierte Unterhaltung mit einem einfachen Mausklick innerhalb des Ansichtsbereichs. Dass es sich um eine ignorierte Nachricht handelt, erkennen Sie daran, dass die Schaltfläche **Ignorieren** ❶ in der Gruppe **Löschen** der Registerkarte **Start** blau hinterlegt ist.

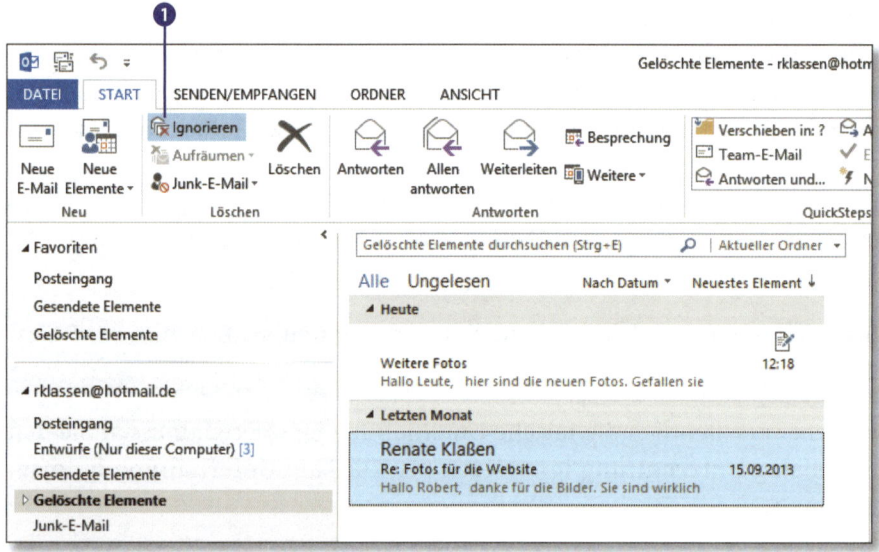

3 Klicken Sie erneut auf diesen Button, um die Sperre aufzuheben. Jetzt erfolgt erneut eine Kontrollabfrage seitens Outlook, die Sie mit einem Klick auf **Unterhaltung nicht mehr ignorieren** bestätigen.

Nachdem Sie die Aktion abgeschlossen haben, wird die gesamte Unterhaltung übrigens wieder aus dem Ordner **Gelöschte Elemente** entfernt und in den Ordner **Posteingang** verschoben.

26

26.2 Absender und Domains mit dem Junk-E-Mail-Filter sperren

Leider ist es nie auszuschließen, dass Sie auch einmal unerwünschte Post bekommen – die sogenannten Junk-Mails, die von dubiosen Quellen gleich massenweise versendet werden. Wenn Ihre E-Mail-Adresse irgendwo im Internet zu lesen ist, z. B. in einem sozialen Netzwerk oder auf Ihrer Homepage, müssen Sie leider zwangsläufig mit solcher Post rechnen. Oft wird für den Versand von Junk-Mails Software eingesetzt, die wahllos E-Mail-Adressen generiert – in der Hoffnung, eine gültige Adresse zu erwischen. Wenn auch Sie nicht von derartigen Nachrichten verschont bleiben, müssen Sie nicht tatenlos zusehen. Benutzen Sie entsprechende Filter, um sich zu schützen und lästige E-Mail-Werbung aus Ihrem Postfach zu verbannen.

Einen Absender sperren

Sollten Sie eine E-Mail erhalten, deren Inhalt Ihnen suspekt ist, sperren Sie sicherheitshalber den Absender. Dadurch werden künftig Nachrichten von dieser Adresse direkt in den Ordner **Junk-E-Mail** verschoben, erreichen also gar nicht erst Ihren Posteingang.

1 Markieren Sie die Junk-Mail im Ansichtsbereich Ihres E-Mail-Postfachs.

2 Klicken Sie auf die Schaltfläche **Junk-E-Mail** in der Gruppe **Löschen** der Registerkarte **Start**.

3 Im Auswahlmenü der Schaltfläche entscheiden Sie sich für die Option **Absender sperren**, um zukünftig keine E-Mails mehr von diesem Absender in Ihrem Posteingang vorzufinden.

4 Bestätigen Sie den folgenden Kontrolldialog mit einem Klick auf **OK**.

Die Nachricht ist somit in den Ordner **Junk-E-Mail** verschoben und der Absender in die Liste blockierter Absender aufgenommen worden.

HINWEIS

Vorsicht bei E-Mail-Anhängen von unbekannter Quelle!

Bitte öffnen Sie niemals E-Mail-Anhänge von unbekannter Quelle. Sie riskieren anderenfalls, sich ein Virus auf Ihrem PC einzuhandeln bzw. Opfer von *Phishing* zu werden. Phishing bezeichnet das Ausspähen von Passwörtern und Bankdaten zur missbräuchlichen Verwendung. Oft verbergen sich entsprechende Programme (Trojaner) in diesen Anhängen, die dann unbemerkt im Hintergrund installiert werden und Ihren Rechner nach sensiblen Daten ausspähen.

Sperrung aufheben

Sollten Sie einmal versehentlich die Nachricht des Chefs oder der lieben Schwiegermutter als Junk-Mail eingestuft haben, ist das auch kein Beinbruch. Machen Sie den Schritt einfach wieder rückgängig und entfernen Sie den Absender wieder von der Liste der blockierten Absender.

1 Klicken Sie im Ordnerbereich auf das Verzeichnis **Junk-E-Mail**. Markieren Sie anschließend im Ansichtsbereich die fälschlicherweise verschobene Nachricht.

2 Klicken Sie danach auf die Schaltfläche **Junk-E-Mail** in der Gruppe **Löschen** der Registerkarte **Start**.

3 Wählen Sie nun im Auswahlmenü der Schaltfläche die Option **Keine Junk-E-Mail**, um die entsprechende Markierung des Absenders aufzuheben.

4 Sicherheitshalber blendet Outlook noch einen entsprechenden Hinweisdialog ein, bestätigen Sie ihn mit einem Klick auf **OK**, wenn Sie zukünftig wieder Nachrichten von diesem Absender erhalten möchten.

Die Nachricht wird nun in den Ordner **Posteingang** zurückgelegt. Darüber hinaus werden künftige E-Mails dieses Absenders nicht mehr als Junk angesehen.

Junk-E-Mail-Optionen festlegen

Neben den bereits erwähnten Standards lassen sich noch weitere Maßnahmen in Outlook ergreifen, die verhindern sollen, dass Sie mit Junk-Mails bombardiert werden. Die Absender dieser zweifelhaften Nachrichten sind sich durchaus bewusst, dass bei vielen Anwendern Junk-Filter im Einsatz sind, und versuchen daher mit allen Tricks, diese zu umgehen. So werden beispielsweise die Absenderadressen oft gewechselt. Um die Blockade nun nicht nur auf eine einzelne E-Mail-Adresse, sondern auf eine gesamte Domain ausweiten zu können, sollten Sie sich mit den Junk-E-Mail-Optionen vertraut machen. Diese bieten in vielerlei Hinsicht Schutz.

1 Klicken Sie dazu zunächst auf die Schaltfläche **Junk-E-Mail** in der Gruppe **Löschen** der Registerkarte **Start**.

2 Im Auswahlmenü entscheiden Sie sich für den Eintrag **Junk-E-Mail-Optionen**.

3 Daraufhin wird der Dialog **Junk-E-Mail-Optionen** eingeblendet. Auf der Registerkarte **Optionen** dieses Dialogs haben Sie nun die Möglichkeit, Outlook mit dem Schutz vor Junk-Mails zu beauftragen. Klar, je höher der Schutz, desto größer ist auch die Wahrscheinlichkeit, dass Sie von Junk-Mails verschont bleiben. Leider steigt damit aber auch die Gefahr der Fehlinterpretation drastisch an. So laufen Sie also Gefahr, dass normale E-Mails fälschlicherweise als Junk erkannt und verschoben werden, ohne dass Sie davon Kenntnis erlangen. Aus diesem Grund sollten Sie es zunächst mit dem obersten Radiobutton versuchen. Erst wenn im Laufe der Zeit ein wirksamer Schutz nicht mehr gegeben sein sollte und Sie viele Junk-Mails bekommen, können Sie versuchen, den Schutz zunächst um eine Stufe zu erhöhen.

4 Sollten E-Mails versehentlich im Junk-Filter »hängen bleiben«, die dort nicht hingehören, tragen Sie die E-Mail-Adressen jener Absender, denen Sie vertrauen, mit einem Klick auf den Button **Hinzufügen** auf der Registerkarte **Sichere Absender** ein. Dort gelistete Absender werden nämlich niemals als Junk-E-Mails interpretiert.

5 Die Registerkarte **Blockierte Absender** ist im Zusammenhang mit dem Junk-Mail-Schutz von besonderer Bedeutung. Denn alle Adressen, die dort eingetragen sind, werden künftig von Outlook sofort als Junk angesehen und entsprechend behandelt. Das Besondere ist, dass Sie hier nicht unbedingt komplette E-Mail-Adressen wie z. B. *betrug@ichzockdichab.de* eingeben müssen, sondern auch ganze Domains. Denn »Junker« wechseln ja, wie gesagt, gern mal die E-Mail-Namen. Geben Sie aber den Domainnamen *ichzockdichab.de* ein, werden alle von dieser Domäne kommenden Mails künftig als Junk interpretiert. Um eine entsprechende Adresse oder Domäne einzugeben, klicken Sie auf **Hinzufügen** und geben die entsprechenden Daten im Folgedialog ein.

Falls Sie vor dem Problem stehen, regelmäßig zahlreiche Junk-E-Mails aus einem bestimmten Sprachraum zu bekommen – und gleichzeitig wissen, dass Sie unter normalen Umständen aus diesem Sprachraum für gewöhnlich nicht kontaktiert werden, können Sie im Dialog **Junk-E-Mail-Optionen** auf der Registerkarte **International** noch bestimmte Domänenendungen (um nur ein Beispiel zu nennen: RU für Russische Föderation o. Ä.) sperren lassen. Klicken Sie dazu die entsprechende Checkbox an und bestätigen Sie mit **OK**.

26.3   Nachrichtenregeln zum Schutz vor unerwünschten E-Mails erstellen

Nachrichtenregeln sind dazu da, eingehende E-Mails auf bestimmte Bedingungen hin zu überprüfen und eine zuvor mit der Bedingung festgelegte Aktion auszuführen. So lässt sich beispielsweise eine E-Mail je nach Absender gleich in den einen oder anderen Ordner weiterleiten. (Lesen Sie dazu auch die Hinweise in Abschnitt 27.3, »Nachrichten mit Regeln automatisch in bestimmte Ordner verschieben«, Seite 753.) Allerdings lassen sich Nachrichtenregeln auch prima zur Abwehr unerwünschter Nachrichten benutzen – beispielsweise um den Textinhalt einer E-Mail auf bestimmte Begriffe wie z. B. »Gewinnspiel« zu untersuchen.

1 Markieren Sie die unerwünschte E-Mail. Sollten Sie noch keine derartigen Nachrichten erhalten haben, jedoch bereits prophylaktischen Schutz einrichten wollen, können Sie auch eine beliebige andere E-Mail anwählen.

2 Klicken Sie im Aufgabenbereich **E-Mail** auf die Schaltfläche **Regeln** in der Gruppe **Verschieben** der Registerkarte **Start**. Im Auswahlmenü der Schaltfläche entscheiden Sie sich für die Option **Regel erstellen**.

3 Aktivieren Sie im Dialog **Regel erstellen** die Checkbox **Betreff enthält** ❶, um die Betreffzeile nach einem Begriff untersuchen zu lassen. Tragen Sie dort »Gewinnspiel« ein.

4 Weiter unten entscheiden Sie sich außerdem für die Anwahl der Checkbox **Element in Ordner verschieben** ❷. Denn damit legen Sie fest, was mit der E-Mail passieren soll, wenn die Betreffzeile das Wort »Gewinnspiel« enthält. Legen Sie den Ordner **Junk-E-Mail** fest. Der entsprechende Dialog öffnet sich automatisch, sobald Sie die Checkbox per Klick aktivieren. Geschieht dies nicht, klicken Sie auf **Ordner auswählen** ❸.

5 Nun müssen wir uns einmal mehr darüber im Klaren sein, dass Junk-Mail-Absender nicht nur ausgesprochen penetrant, sondern leider auch clever sind. Denn wer Sie zu einem (eventuell dubiosen) Gewinnspiel überreden will, wird seine wahren Absichten meist nicht schon im Betreff verraten. Deswegen ist zu empfehlen, den gesamten Text der E-Mail ebenfalls nach besagtem Schlüsselwort durchsuchen zu lassen. Klicken Sie deshalb auf **Erweiterte Optionen** ❹.

6 Suchen Sie die Liste der Bedingungen im Dialog **Regel-Assistent** nach der Zeile **mit bestimmten Wörtern im Text** ab. Aktivieren Sie die vorangestellte Checkbox **❺** und klicken Sie anschließend auf die blau eingefärbte Textstelle **bestimmten Wörtern** weiter unten **❻**.

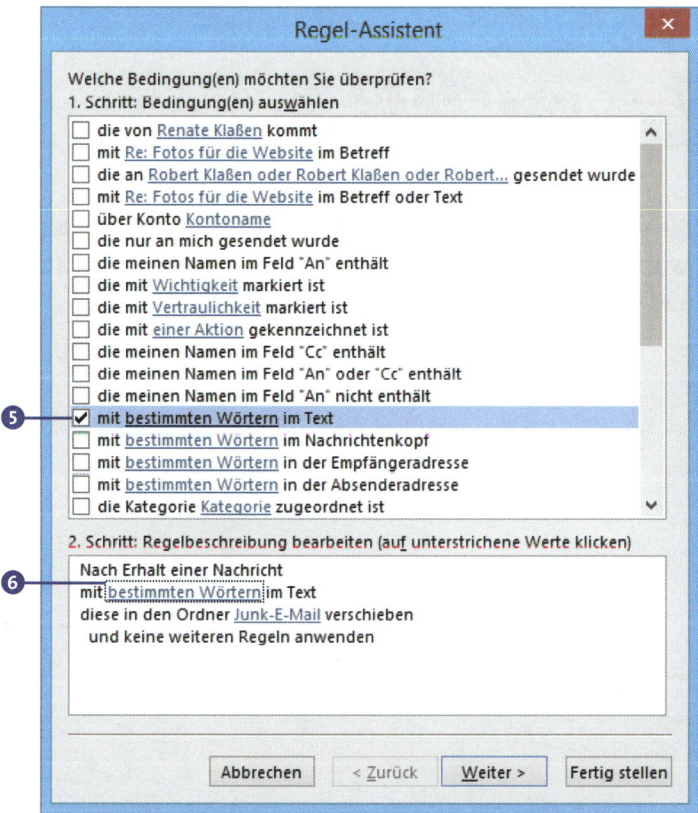

7 Im Dialogfenster **Text suchen**, das daraufhin geöffnet wird, tragen Sie das zu suchende Wort ein, klicken anschließend auf die Schaltfläche **Hinzufügen** und zuletzt auf den Button **OK**, um Ihre Eingabe zu bestätigen. Natürlich können Sie hier auch jederzeit mehrere Wörter eingeben.

8 Erstellen Sie, falls gewünscht, weitere Regeln. Klicken Sie dazu auf **Weiter** im Dialog **Regel-Assistent**. Wir wollen es nun jedoch dabei belassen und die Aktion per Klick auf **Fertig stellen** beenden.

Wenn Sie mögen, adressieren Sie doch einmal eine E-Mail mit entsprechendem Inhalt an sich selbst und schauen Sie, was passiert. Schon nach kurzer Zeit wird Ihre E-Mail im Ordner **Junk-E-Mail** landen – und da gehört sie ja auch hin. – Mission erfüllt!

...legen

...nübersichtlicher wird der darin
...entgegen, indem Sie Nachrichten
...n für einen optimalen Umgang mit

2

Si ... ...tlichkeit sorgen: Ordner erstellen
un ... ...erzeugen und anordnen lassen. In
die ... ...Ordner verschoben werden.

E-M...

Hab... ...en, ziehen Sie diese einfach mit
gedr... ...und lassen sie auf dem Zielordner i...

Abbildung ... ...Sortieren Sie Ihre Nachrichten in entsprechenden Ordnern.

Übrigens dürfen Sie auch mehrere Nachrichten markieren und diese dann gemeinsam verschieben. Halten Sie dazu beim Markieren der Nachrichten ⎡Strg⎤ gedrückt und lassen Sie erst los, sobald Sie alle gewünschten Nachrichten markiert haben. Verschieben Sie die Nachrichten danach per Drag-&-Drop.

E-Mails über das Menüband verschieben

Alternativ zur Drag-&-Drop-Methode können Sie eine Nachricht auch über das Menüband verschieben. Markieren Sie dazu die Nachricht (bzw. mehrere) und klicken Sie auf **Verschieben** in der gleichnamigen Gruppe der Registerkarte **Start**. Wählen Sie den gewünschten Zielordner aus dem Auswahlmenü der Schaltfläche aus.

Abbildung 27.2 Auch über die Schaltfläche »Verschieben« lassen sich Ihre E-Mails in Ordnern organisieren.

INFO

Ordner wird nicht angezeigt?

Im Menü der Schaltfläche **Verschieben** (**Start** > **Verschieben**) werden Ihnen nicht alle vorhandenen Ordner angezeigt, die sich zur Aufnahme der Nachricht eignen. Sollte der gesuchte Zielordner nicht dabei sein, klicken Sie auf den Menüeintrag **In anderen Ordner**. Dadurch gelangen Sie in den Dialog **Elemente verschieben**, indem Sie das Ziel auswählen können.

E-Mails kopieren

Sie wollen die Nachricht im Ordner **Posteingang** belassen und zusätzlich eine Kopie davon in einen anderen Ordner einfügen? Auch das ist in Outlook kein Problem, klicken Sie dazu im Menü der Schaltfläche **Verschieben** (**Start** > **Verschieben**) auf die Option **In Ordner kopieren**.

E-Mails löschen

Das Löschen einer Nachricht ist technisch nichts anderes als das Verschieben in den Ordner **Gelöschte Elemente**. Wenn Sie eine Nachricht also nicht mehr benötigen, klicken Sie diese an und betätigen die Schaltfläche **Löschen** in der gleichnamigen Gruppe der Registerkarte **Start**. Alternativ dazu können Sie auch die kleine Kreuz-Schaltfläche direkt an der Nachricht im Ansichtsbereich benutzen oder ⌷Entf⌷ auf der Tastatur drücken. Beachten Sie, dass die Nachricht damit noch nicht unwiederbringlich gelöscht worden ist. Vielmehr befindet sie sich jetzt im Ordner **Gelöschte Elemente**. Dort muss sie noch einmal separat gelöscht werden, um dauerhaft entfernt zu werden.

Nachrichten automatisch verschieben

Nachrichten können auch direkt nach ihrem Eintreffen in entsprechende Ordner verschoben werden. Dazu muss jedoch vorab eine Regel definiert werden. Wie das funktioniert, erfahren Sie in Abschnitt 27.3, »Nachrichten mit Regeln automatisch in bestimmte Ordner verschieben«, auf Seite 753.

27.2 Mit Kategorien für mehr Übersicht sorgen

E-Mails sehen zunächst alle gleich aus. Zwar wird der Absender innerhalb des Ansichts- und Lesebereichs durch eine entsprechende Schriftgröße hervorgehoben, jedoch ist dies auf Dauer kein zufriedenstellendes Unterscheidungsmerkmal.

Einer Nachricht eine Farbe zuweisen

Von Haus aus bringt Outlook unterschiedliche Farbkategorien mit. Damit lassen sich E-Mails entsprechend kennzeichnen und so besser unterscheiden. Beispielsweise können Sie so Ihre privaten Nachrichten in Blau auszeichnen, Geschäftspost in Orange, wichtige Geschäftspost in Rot usw.

27

Einer Nachricht eine Kategorie zuweisen

Wir raten Ihnen, die von Outlook angebotenen Farbkategorien bereits mit Namen zu versehen, noch ehe diese den Nachrichten zugewiesen werden. Denn mal ehrlich: Was bringt es, wenn die orange markierten Nachrichten den Namen »Orange Kategorie« tragen. »Büro« oder »Geschäft« beispielsweise wäre da viel hilfreicher. Dennoch wollen wir uns ansehen, was passiert, wenn Sie die Kategorie vorab nicht benennen. In diesem Fall hilft Outlook nämlich weiter.

1 Markieren Sie im Ansichtsbereich eine E-Mail, der Sie eine Farbe zuweisen wollen.

2 Klicken Sie als Nächstes auf die Schaltfläche **Kategorisieren** in der Gruppe **Kategorien** der Registerkarte **Start** und entscheiden Sie sich für eine der in der Liste angebotenen Farbkategorien.

3 Sofern Sie diese Farbe nie zuvor zugewiesen haben, öffnet sich nun der Dialog **Kategorie umbenennen**. Geben Sie in das Feld **Name** eine passende Bezeichnung ein und bestätigen Sie Ihre Änderung mit einem Klick auf **Ja**.

4 Markieren Sie bei Bedarf weitere Nachrichten mit dieser Farbe. Der in Schritt 4 erwähnte Dialog bleibt fortan aus, da Sie ja bereits einen Namen zugewiesen haben. Diese Bezeichnung wird Ihnen nun auch im Auswahlmenü der Schaltfläche **Kategorisieren** bei der geänderten Farbkategorie angezeigt ❶.

Die auf diese Weise markierten Nachrichten werden innerhalb des Ansichtsbereichs mit einem entsprechend gefärbten Rechteck ❷ ausgezeichnet. Auch im Lesebereich ist die Kategorie sichtbar – und zwar sowohl farblich als auch mit der zuvor vergebenen Bezeichnung ❸.

Farbkategorien benennen

Wie bereits erwähnt, ist es durchaus sinnvoll, die Kategorien vorab einmal zu benennen. Dann nämlich erspart man sich während der Kategorisierung der E-Mails das Ausfüllen des Dialogs **Kategorie umbenennen** (siehe dazu den Unterabschnitt »Einer Nachricht eine Kategorie zuweisen« ab Seite 750).

1 Klicken Sie auf die Schaltfläche **Kategorisieren** in der Gruppe **Kategorien** der Registerkarte **Start**.

2 Im Auswahlmenü der Schaltflächen klicken Sie auf die Option **Alle Kategorien**. Damit gelangen Sie in den Dialog **Farbkategorien**. Sofern Sie derzeit eine E-Mail markiert haben, die bereits mit einer Kategorie versehen worden ist, beispielsweise **Büro**, erscheint ein Häkchen vor der betreffenden Kategorie. Über die Checkboxen im Dialog ließe sich die Nachricht einer anderen Kategorie zuweisen. Sie müssten dazu eine andere Farbe anhaken, das Häkchen vor der ursprünglichen Kategorie entfernen und mit **OK** bestätigen. Wir möchten jedoch die Kategorie umbenennen, daher verfahren wir an dieser Stelle anders.

3 Markieren Sie den Namen der Kategorie **Blaue Kategorie** und klicken Sie anschließend auf **Umbenennen** ❹.

4 Geben Sie nun die neue Bezeichnung ein. Bestätigen Sie die Eingabe mit $\boxed{\leftarrow}$.

5 Die einzelnen Kategorien lassen sich optional auch mit Shortcuts (also Tastaturbefehlen) ausstatten. Dazu muss die betreffende Kategorie markiert sein. Öffnen Sie dann das Auswahlmenü **Tastenkombination** ❺ (siehe Abbildung Seite 751) und wählen Sie einen der dort angebotenen Einträge. (**Ctrl** steht in diesem Zusammenhang übrigens für $\boxed{\text{Strg}}$.) Später kann eine Nachricht dann schnell mit diesem Shortcut kategorisiert werden. (Führen Sie die Tastenkombination jedoch auf einer bereits kategorisierten Nachricht aus, bewirkt das, dass die Kategorisierung wieder verworfen wird.)

6 Sie können bei noch immer geöffnetem Dialog **Farbkategorien** weitere Umbenennungen vornehmen. Bestätigen Sie am Ende mit einem Klick auf **OK**.

Sämtliche Einträge werden nach dieser Aktion alphabetisch geordnet. Dies gilt sowohl für das Menü der Schaltfläche **Kategorisieren** als auch für den Dialog **Farbkategorien**.

Kategorien hinzufügen

Sollten Sie weitere Kategorien benötigen, klicken Sie auf den Button **Alle Kategorien** in der Gruppe **Kategorien** der Registerkarte **Start**. Klicken Sie im Dialog **Farbkategorien** auf **Neu** und weisen Sie im Eingabefeld einen Namen, eine Farbe und bei Bedarf eine Tastenkombination zu. Bestätigen Sie Ihre Änderungen, indem Sie zunächst im Dialogfenster **Neue Kategorie hinzufügen** auf **OK** klicken und erneut im Dialog **Farbkategorien**.

Abbildung 27.3 Wenn Ihnen die vorgegebenen Kategorien nicht reichen, fügen Sie weitere hinzu.

27.3 Nachrichten mit Regeln automatisch in bestimmte Ordner verschieben

Wer viel Post erhält, sollte Prioritäten setzen. Wenn Sie sich während des Tagesgeschäfts nicht von privaten Nachrichten ablenken lassen wollen, können Sie dafür sorgen, dass derartige E-Mails direkt nach deren Eintreffen automatisch in einen bestimmten Ordner, beispielsweise in ein Verzeichnis namens »Privat«, verschoben werden. Ebenso könnten weniger wichtige Lieferanten-E-Mails direkt in einen entsprechenden Ordner weitergeleitet werden, während wichtige Geschäftspost im Posteingangsordner verbleibt.

Eine Nachrichtenregel für einen bestimmten Absender erstellen

Mit der Einrichtung von Regeln in Outlook haben wir uns ja bereits einmal in Abschnitt 26.3, »Nachrichtenregeln zum Schutz vor unerwünschten E-Mails erstellen«, Seite 743, beschäftigt. Ganz ähnlich verhält es sich auch bei der Weiterleitung erwünschter Nachrichten in Unterordner. Möchten Sie also beispielsweise private E-Mails einer bestimmten Person in den Ordner **Privat** umleiten, richten Sie eine entsprechende Regel ein.

1 Zunächst erzeugen Sie einen Ordner namens »Privat« (siehe dazu Abschnitt 25.6, »Für Übersichtlichkeit sorgen: Ordner erstellen und verwalten«, Seite 734).

2 Markieren Sie eine in Ihrem Posteingang befindliche E-Mail, die von einem Absender stammt, dessen E-Mails künftig direkt in den Ordner **Privat** verschoben werden sollen.

3 Klicken Sie im Aufgabenbereich **E-Mail** auf die Schaltfläche **Regeln** in der Gruppe **Verschieben** der Registerkarte **Start**.

4 Wählen Sie im Auswahlmenü den Befehl **Regel erstellen**. Bitte beachten Sie dabei, dass dieser Eintrag nicht zur Verfügung steht, wenn links im Ordnerbereich die E-Mail-Adresse Ihres Kontos markiert ist. In diesem Fall markieren Sie zunächst ein beliebiges Verzeichnis, z. B. **Posteingang**.

5 Aktivieren Sie im Dialog **Regel erstellen** die oberste Checkbox ❶. An dieser Stelle wird Ihnen der Name des Absenders angezeigt. Wählen Sie zudem die Checkbox bei **Element in Ordner verschieben:** ❷ an und setzen Sie anschließend einen Mausklick auf **Ordner auswählen** ❸.

6 Daraufhin wird der Dialog **Regeln und Benachrichtigungen** aufgerufen, in dem Sie nun bestimmen, dass E-Mails des Absenders zukünftig in den Ordner **Privat** verschoben werden. Markieren Sie dazu den entsprechenden Ordner per Mausklick und bestätigen Sie diesen und den darunter befindlichen Dialog jeweils mit Klick auf **OK**.

Nachrichten, die Sie zukünftig von diesem Absender erhalten werden, werden nach Einrichtung dieser Regel nicht mehr im Ordner **Posteingang** gelistet. Um die Nachrichten lesen zu können, müssen Sie grundsätzlich zunächst zum Ordner **Privat** wechseln, in den von nun an die E-Mails dieses Absenders automatisch verschoben werden.

Regeln mit dem Regel-Assistenten erstellen

Die Anwendung einer absenderbedingten Nachrichtenregel (siehe Unterabschnitt »Eine Nachrichtenregel für einen bestimmten Absender erstellen« ab Seite 753) ist eine sehr einfache und intuitive Methode, um vorab Ordnung in das Postfach zu bringen. Leider ist diese Vorgehensweise nicht für die Angabe mehrerer Absender geeignet. Das lässt sich jedoch mit dem Regel-Assistenten einrichten:

1 Klicken Sie auf die Schaltfläche **Regeln** in der Gruppe **Verschieben** der Registerkarte **Start**. Im Aufklappmenü wählen Sie per Mausklick die Option **Regeln und Benachrichtigungen verwalten**.

2 Sollten Sie übrigens, wie in Abschnitt 26.3, »Nachrichtenregeln zum Schutz vor unerwünschten E-Mails erstellen«, Seite 743, beschrieben, bereits eine Regel erzeugt haben, wird Ihnen diese auf der Registerkarte **E-Mail-Regeln** bereits angezeigt ❹. Klicken Sie nun jedoch auf **Neue Regel** ❺, um eine Regel mithilfe des Regel-Assistenten einzurichten.

3 Der Regel-Assistent bietet Ihnen zahlreiche Optionen an. Entscheiden Sie sich für den obersten Eintrag **Nachrichten von einem bestimmten Absender in einen Ordner verschieben** und klicken Sie anschließend auf **Weiter**.

4 Im Bereich **1. Schritt:** ❶ ist die oberste Checkbox bei **die von einer Person/öffentlichen Gruppe kommt** ❷ bereits aktiv. Belassen Sie es bei dieser Einstellung. Sollte die Checkbox leer sein, klicken Sie sie an.

5 Widmen Sie sich nun dem Bereich **2. Schritt:** ❸ im unteren Bereich des Dialogfensters. Klicken Sie in diesem Feld auf die blau eingefärbte Textstelle **einer Person/ öffentlichen Gruppe** ❹.

6 Im Folgedialog **Regel-Adressen** können Sie nun einen oder mehrere in Ihrem Adressbuch befindliche Kontakte auswählen ❺. Zur Mehrfachauswahl halten Sie ⌨ Strg gedrückt und klicken dann auf die betreffenden Namen. Bestätigen Sie Ihre Auswahl mit Klick auf **Von** ❻. Die Teilnehmer werden nun (Semikolon-separiert) im Adressfeld ❼ gelistet. Hier können Sie auch weitere, nicht im Adressbuch befindliche E-Mail-Adressen hinzufügen. Beachten Sie dabei jedoch, dass eine neue Adresse stets mit einem Semikolon von der vorangegangenen getrennt werden muss. Am Ende klicken Sie auf **OK**.

7 Jetzt befinden Sie sich wieder im Dialogfenster **Regel-Assistent**. Dort müssen Sie noch festlegen, was mit den E-Mails dieser Absender geschehen soll. Sie erreichen das, indem Sie im Bereich **2. Schritt** des Dialogs auf den Hyperlink (blau eingefärbte Textstelle) **Zielordner** klicken.

8 Geben Sie den Ordner an, der als Zielordner für diese Regel verwendet werden soll, und verlassen Sie den Dialog per Klick auf **OK**.

9 Möchten Sie, dass beim Eintreffen einer relevanten E-Mail eine weitere Aktion ausgeführt wird – beispielsweise das Abspielen eines akustischen Signals? Dann klicken Sie auf **Weiter** und aktivieren in der folgenden Dialogansicht die Checkbox **einen Sound wiedergeben**. Den Sound können Sie sogar aussuchen, indem Sie im unteren Bereich **2. Schritt** auf **einen Sound** klicken. Damit erhalten Sie Zugang zu Ihrer Festplatte und können einen beliebigen Ton aus der Windows-Mediathek (*C:/Windows/Media*) hinzufügen. Rein theoretisch könnten Sie sogar ein beliebiges Musikstück zuordnen, welches im Dateiformat *.wav* vorliegt.

10 Klicken Sie auf **Fertig stellen**, um den Regel-Assistenten zu verlassen. Beenden Sie die Einrichtung im Dialogfenster **Regeln und Benachrichtigungen** mit **OK**.

INFO

Regeln ändern

Wenn Sie eine Regel einmal ändern wollen (beispielsweise um weitere Absender hinzuzufügen), müssen Sie erneut auf **Regeln** in der Gruppe **Verschieben** der Registerkarte **Start** klicken. Im Aufklappmenü wählen Sie die Option **Regeln und Benachrichtigungen verwalten** und wählen danach im Dialogfenster die entsprechende Regel in der Fenstermitte mit einem Mausklick aus. Klicken Sie nun auf **Regel ändern**. Im Aufklappmenü selektieren Sie den Eintrag **Regeleinstellungen bearbeiten**.

27.4 Archivfunktionen nutzen

Auch wenn unwichtige und nicht mehr benötigte Nachrichten von Ihnen gewissenhaft gelöscht werden, sammeln sich im Laufe der Zeit immer mehr E-Mails an, und Ihr

Outlook-Archiv platzt womöglich schnell aus allen Nähten. Deswegen macht es Sinn, Datenbestände zu archivieren.

Ältere Daten manuell archivieren

Outlook ist in der Lage, ältere Nachrichten in ein sogenanntes Archiv zu speichern. Technisch gesehen, wird dabei eine PST-Datei angelegt, die zunächst einmal losgelöst von Ihrem aktuellen E-Mail-Verkehr ist. Dennoch lässt sich auf diese E-Mails jederzeit wieder zugreifen.

1 Öffnen Sie zunächst die Backstage-Ansicht von Outlook. Klicken Sie dazu auf die Registerkarte **Datei**.

2 Aktivieren Sie gegebenenfalls in der linken Spalte die Rubrik **Informationen** und klicken Sie auf die Schaltfläche **Tools zum Aufräumen** und im Auswahlmenü auf **Archivieren**.

3 Im Folgedialog **Archivieren** ist die Option **Diesen Ordner und alle Unterordner archivieren** bereits ausgewählt. Falls das nicht der Fall ist, aktivieren Sie diesen entsprechend.

4 Wählen Sie nun einen Ordner aus, dessen Inhalt (inklusive aller Unterordner) bei der Archivierung berücksichtigt werden soll. Wollen Sie alle Ordnerinhalte eines Kontos archivieren, entscheiden Sie sich für die entsprechende E-Mail-Adresse ❶.

5 Mit einem Klick auf **Durchsuchen** ❷ können Sie nun einen beliebigen Speicherort für die Archivdatei auswählen. Ändern Sie den Speicherort nicht, benutzt Outlook standardmäßig den Unterordner *Outlook-Dateien*, der sich im Verzeichnis *Dokumente* des jeweiligen Benutzers befindet.

6 Stellen Sie im Feld **Elemente archivieren, die älter sind als:** zuletzt noch ein Datum ein. Damit werden alle Nachrichten archiviert, die Sie vor besagtem Datum empfangen oder gesendet haben, während neuere Elemente in Outlook verbleiben.

Nachdem Sie die Aktion mit **OK** bestätigt haben, kehren Sie zurück zur Backstage-Ansicht. Klicken Sie auf den Pfeil oben links, um zur Standardansicht zu gelangen. Dort ist die Anzahl der E-Mails bereits entsprechend Ihrer Archivierungsoptionen verringert worden.

Archiv öffnen und schließen

Sie benötigen eine bereits archivierte E-Mail später noch einmal? Kein Problem. Greifen Sie darauf zu, wann immer das nötig ist.

1 Klicken Sie auf die Registerkarte **Datei** und wählen Sie in der Backstage-Ansicht die Rubrik **Öffnen und Exportieren**.

2 Klicken Sie im Bereich **Öffnen** auf den Befehl **Outlook-Dateien öffnen**.

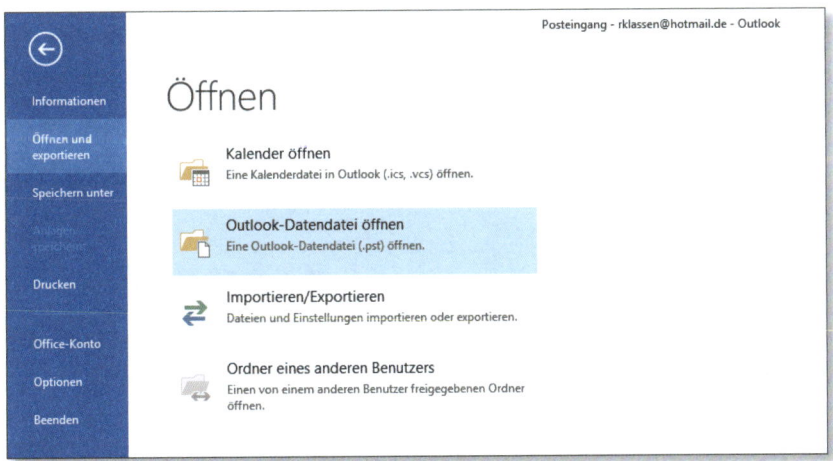

3 Markieren Sie im Dialogfenster **Outlook-Datendatei öffnen** die zuvor archivierte PST-Datei und bestätigen Sie mit **OK**. Daraufhin wird in der Ordneransicht auf der linken Seite der Anwendung das Verzeichnis **Archive** eingeblendet. Ein Doppelklick darauf öffnet alle darin enthaltenen Elemente, also Ihre gesamten archivierten E-Mails – und zwar in der zuvor individuell von Ihnen angelegten Ordnerstruktur.

4 Sie sind fertig mit Ihrer Arbeit und benötigen das Archiv nun nicht länger? Dann schließen Sie es, indem Sie auf das Verzeichnis **Archive** mit rechts klicken und im Kontextmenü **»Archive« schließen** auswählen.

Neben der beschriebenen Methode der manuellen Archivierung verfügt Outlook auch über eine entsprechende Automatik. Lesen Sie im folgenden Abschnitt, wie Sie diese verwenden können, um Ihre E-Mails regelmäßig zu archivieren.

Ältere Daten automatisch archivieren

Outlook kann Ihre Daten auch von Zeit zu Zeit automatisch archivieren. So halten Sie Outlook schlank, ohne wichtige Nachrichten zu verlieren. Zudem müssen Sie sich zukünftig nicht mehr um eine manuelle Archivierung kümmern. Allerdings ist diese Funktion standardmäßig deaktiviert – und muss zunächst eingeschaltet werden.

1 Begeben Sie sich in die Backstage-Ansicht (**Datei**) und wählen Sie in der linken Spalte die Rubrik **Optionen**.

2 Im Dialogfenster **Outlook-Optionen** klicken Sie auf die Rubrik **Erweitert**.

3 Klicken Sie im Bereich **AutoArchivierung** auf die Schaltfläche **Einstellungen für AutoArchivierung ❶**.

4 Im Dialogfenster **AutoArchivierung** muss die oberste Checkbox **AutoArchivierung alle** zunächst aktiviert werden, damit die Funktion dauerhaft zur Verfügung steht.

5 Darüber hinaus sollten Sie in dieser Zeile auch noch ein Intervall angeben, in dem ein entsprechendes Archiv erzeugt werden soll. Von Haus aus möchte Outlook alle 14 Tage eine AutoArchivierung durchführen.

6 Deaktivieren Sie die Checkbox **AutoArchivierung nach Bestätigung beginnen**. Anderenfalls blendet Outlook vor jeder Archivierung noch einmal eine Kontrollabfrage ein, die Sie jedes Mal bestätigen müssten.

Sofern **Alte Elemente archivieren oder löschen** aktiv ist, können Sie in der Zeile **Elemente löschen, wenn älter als** einen Zeitraum angeben, ab dem Elemente generell gelöscht oder archiviert werden sollen. Dabei ist auch entscheidend, ob der Radiobutton **Alte Elemente verschieben nach** oder **Alte Elemente endgültig löschen** selektiert ist.

27.5   Backups der Outlook-Nachrichtendatei erstellen

Sie möchten Ihren Outlook-Bestand einmal komplett sichern? Dann gehen Sie so vor wie in Abschnitt »Nachrichten exportieren«, Seite 717, beschrieben. Leider verfügt Outlook auch in der Version 2013 nicht über eine individuellere oder gar automatische Backup-Lösung. Wer dennoch nicht auf derartige Möglichkeiten verzichten möchte, sollte sich einmal die Software *MOBackup* ansehen. Sie können eine kostenlose Shareware-Version unter *http://www.mobackup.de* herunterladen und damit experimentieren. Die Lizenz kostet für Privatpersonen 15 €, während Firmen, Vereine und Schulen 25 € zahlen müssen (Stand: März 2014).

27

Kapitel 28
RSS-Feeds mit Outlook abrufen

Wie Sie bereits in den vorangegangenen Kapiteln gelesen haben, ist Outlook weit mehr als nur eine E-Mail-Software. Mit ihr lassen sich auch sogenannte RSS-Feeds abonnieren. Damit bleiben Sie genau dort auf dem neuesten Stand, wo Sie es wollen.

28.1 RSS-Feeds – die Grundlagen

Wer noch nie etwas mit RSS-Feeds zu tun gehabt hat, sollte sich zunächst einmal mit den Grundlagen vertraut machen. Was hat es mit RSS auf sich, und welche Technik, vor allem aber, welche Idee steckt dahinter?

RSS steht heute für *Really Simple Syndication* (ursprünglich: *Rich Site Summary*) und bezeichnet eine Art Informationssystem, mit dem Betreiber einer Internetseite interessierten Personen ihre neuesten Informationen zukommen lassen können. So werden beispielsweise entsprechende Nachrichten verschickt, wenn es auf einer Internetseite neue Inhalte oder Beiträge gibt, wenn Unternehmen neue Angebote im Programm haben oder wenn sonstige wichtige Informationen bereitgestellt werden sollen. Das eigentliche Zuführen der Nachrichten an den Empfänger wird auch als RSS-Feed bezeichnet, gewissermaßen wird der Empfänger also mit Informationen »gefüttert«.

Um zum ausgesuchten Personenkreis zu gehören und RSS-Feeds empfangen zu können, muss das RSS-Angebot zunächst einmal abonniert werden. Dazu melden Sie sich auf der Webseite des Anbieters für den entsprechenden RSS-Feed an.

Wie können RSS-Feeds empfangen werden?

Am einfachsten ist der Empfang von RSS-Feeds mithilfe eines Internetbrowsers. Dieser muss allerdings in der Lage sein, Feeds darstellen zu können. Dazu wird ein Feed-Reader benötigt. In einigen Browsern ist der Feed-Reader bereits integriert, andere bieten entsprechende Plug-ins an, mit denen sich der Browser nachrüsten lässt. Neben dieser Variante ist es aber auch sehr praktisch, RSS-Feeds direkt in Outlook empfangen zu können. Und mit Outlook haben Sie da einen wirklichen Vorteil, denn die meisten alternativen Mailanwendungen bieten diese Funktionalität nicht.

RSS vs. E-Mail

Nun erinnert die grundsätzliche Funktionsweise zunächst an eine normale E-Mail, beispielsweise an Newsletter, die Sie abonnieren können. Prinzipiell stellt sich ein Feed in Outlook auch fast genauso dar. Allerdings besteht bereits der erste markante Unterschied zur herkömmlichen E-Mail darin, dass der Abonnent eines RSS-Feeds selbst tätig werden muss, um überhaupt entsprechende Post zu erhalten. Sie sind also der Initiator, der sagt, dass Sie Feeds bekommen möchten – und Sie können diese auch jederzeit wieder abbestellen. Bei der klassischen E-Mail hingegen kommt eine Verbindung zwischen Absender und Empfänger schon durch bloße Willenserklärung des Absenders zustande. Wenn der Ihre E-Mail-Adresse kennt, kann er Sie anschreiben – ungeachtet dessen, ob Sie überhaupt mit Informationen versorgt werden wollen oder nicht. Möchte der RSS-Empfänger keine Informationen mehr erhalten, kann er den Feed ganz einfach entsorgen. Dann kommt auch nichts mehr nach. Um aus einem E-Mail-Verteiler herauszukommen, beispielsweise bei Empfang eines Newsletters, sind hingegen meist weitreichendere Schritte vonnöten (wie z. B. das explizite Abmelden auf einer Webseite oder eine Storno-Mail an den Betreiber).

Voraussetzungen

Um einen RSS-Feed abonnieren zu können, muss die entsprechende Webseite natürlich überhaupt RSS-Feeds anbieten. Wenn von dort keine Feeds kommen, können Sie auch keine empfangen. Halten Sie deshalb auf der entsprechenden Internetseite nach dem Symbol für RSS-Feeds Ausschau. Auch wenn es gewisse Unterschiede gibt, so ähneln sich die Schaltflächen doch sehr, die zu einem RSS-Feed führen.

Abbildung 28.1 Dieses Zeichen ist Indiz für einen Feed.

28.2   RSS-Feeds abonnieren

Wie zuvor beschrieben, stehen Ihnen mehrere Möglichkeiten zur Verfügung, einen Feed zu abonnieren. Die einfachste und intuitivste ist die Einrichtung über die Webseite des Anbieters. Wie Sie diesen Feed dann zukünftig über Outlook verfolgen können, erfahren Sie in den folgenden Abschnitten.

Einen RSS-Feed über eine Website hinzufügen

Prinzipiell können Sie diese Anweisung auf alle Webseiten anwenden, die einen Feed anbieten. In diesem Beispiel wollen wir den Feed des Verlags Vierfarben abonnieren.

1 Öffnen Sie die Seite *http://www.vierfarben.de* in einem Internetbrowser Ihrer Wahl. Wir empfehlen Ihnen hierzu den Browser Mozilla Firefox, da das Hinzufügen von RSS-Feeds mit diesem Internetbrowser am intuitivsten ist und die Einbindung in Outlook ohne Probleme vonstattengeht. (Weitere Informationen finden Sie unter *http://www.mozilla.org/de/firefox*.)

2 Halten Sie nun nach dem Symbol für RSS-Feeds Ausschau und klicken Sie darauf.

3 Je nach verwendetem Internetbrowser finden Sie nun entweder eine Schaltfläche vor, die mit **Feed abonnieren** betitelt ist, oder ein Auswahlmenü, in dem Sie gleich einen Dienst oder ein Programm auswählen können, mit dem Sie den Feed abonnieren wollen.

4 Stellen Sie hier, sofern möglich, **Microsoft Outlook** ein und klicken Sie anschließend auf **Jetzt abonnieren**. Sollte das Abonnieren mittels Outlook aufgrund des von Ihnen verwendeten Browsers nicht möglich sein, abonnieren Sie den Feed trotzdem. Er steht dann zwar zunächst nur im Browser zur Verfügung, jedoch lässt sich Outlook mit den Browser-Feeds synchronisieren. Wie das geht, erfahren Sie im Unterabschnitt »Feeds synchronisieren« auf Seite 769.

5 Sie werden nun noch einmal gefragt, ob Sie den Feed wirklich abonnieren wollen. Bestätigen Sie mit **Ja**. Wenn Sie hingegen noch weitere Einstellungen vornehmen möchten (z. B. die Angabe des Speicherorts für Feedinhalte), sollten Sie vorab auf **Erweitert** klicken.

6 Wenn Sie zuvor auf **Erweitert** geklickt haben, können Sie den Feed im Feld **Feedname** umbenennen (optional) oder über **Ordner wechseln** einen anderen Speicherort für die Feedelemente festlegen. Zudem lässt sich im Bereich **Downloads** noch bestimmen, ob die Inhalte gleich mit heruntergeladen werden sollen oder nicht. Im Zweifel lassen Sie die Checkboxen inaktiv. Das nachträgliche Laden interessanter Inhalte ist ohnedies auch später noch möglich.

7 Schließen Sie die Aktion ab, indem Sie mit einem Klick auf **OK** bestätigen und im darunter befindlichen Dialog auf **Ja** klicken.

Wie Sie nun mit der Einrichtung innerhalb von Outlook weiterverfahren, lesen Sie in Abschnitt 28.3, »RSS-Feeds in Outlook bearbeiten«, Seite 770.

Feeds synchronisieren

Sollten Sie vorab nicht die Möglichkeit gehabt haben, Ihre RSS-Feeds direkt mit Outlook zu abonnieren, abonnieren Sie den Feed dennoch mit dem Browser. Im Internet Explorer beispielsweise steht der Feed anschließend im **Favoritencenter** auf der Registerkarte **Feeds** zur Verfügung.

Abbildung 28.2 Feeds können auch im Browser angezeigt werden.

Zur Synchronisation des Feeds begeben Sie sich in die Backstage-Ansicht von Outlook (**Datei**) und wählen die Rubrik **Optionen**. Klicken Sie im Dialogfenster **Outlook-Optionen** auf die Rubrik **Erweitert**. Aktivieren Sie hier im Bereich **RSS-Feeds** die Checkbox **RSS-Feeds mit der gemeinsamen Feedliste in Windows synchronisieren**.

28

Abbildung 28.3 Die Feedliste wird mit Outlook synchronisiert.

Zuletzt ist es noch wichtig, Outlook zu schließen und danach erneut zu öffnen. Anschließend werden Sie sehen, dass die Ordnerleiste auf der linken Seite um das Verzeichnis **RSS-Feeds** erweitert wurde.

Abbildung 28.4 Nach einem Neustart der Anwendung sind die Feeds in Outlook integriert.

RSS-Feed direkt in Outlook hinzufügen

Sobald mindestens ein Feed in Outlook vorhanden ist, lassen sich auch weitere RSS-Feeds direkt aus der Ordnerleiste heraus hinzufügen. Dazu klicken Sie einfach mit rechts auf den Eintrag **RSS-Feeds** und wählen im Kontextmenü den Befehl **Neuen RSS-Feed hinzufügen**. Geben Sie im Dialog **Neuer RSS-Feed** die Internetadresse des Feed-Anbieters an (dies muss die exakte Adresse jener Seite sein, auf der ein Feed zur Verfügung gestellt wird) und bestätigen Sie mit einem Klick auf die Schaltfläche **Hinzufügen**.

Abbildung 28.5 Feeds können direkt in Outlook hinzugefügt werden.

28.3   RSS-Feeds in Outlook bearbeiten

Nun haben Sie bereits RSS-Feeds abonniert und in Outlook integriert. In den nächsten Abschnitten wollen wir uns die abonnierten Feeds einmal etwas genauer ansehen bzw. diese lesen – und bei Bedarf auch wieder löschen. Außerdem erfahren Sie, wie sich Feed-Abos beenden lassen.

Feeds lesen

Um eincn Feed lesen zu können, behandeln Sie ihn wie eine E-Mail. Suchen Sie zunächst in der Ordneransicht das Feed-Abo aus ❶, welches Sie näher betrachten wollen. Anschließend wählen Sie einen der Feeds im Ansichtsbereich aus ❷. Jetzt wird Ihnen der Inhalt des Feeds im Lesebereich angezeigt. Sollte dieser nicht automatisch mit heruntergeladen worden sein, finden Sie stattdessen einen entsprechenden Link vor, beispielsweise **Artikel anzeigen** ❸, mit dessen Hilfe Sie sich den Artikel nun online ansehen können.

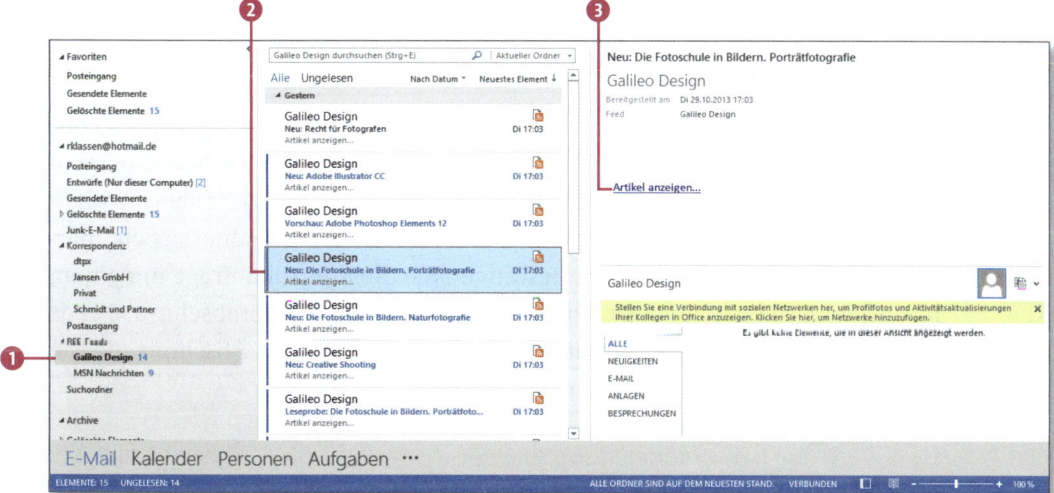

Abbildung 28.6 Erfahren Sie mehr über interessante Feeds.

Feeds sortieren und löschen

Alles das, was Sie mit E-Mails machen können, lässt sich im Prinzip auch mit einem Feed erledigen. Sie können Feeds also beispielsweise kategorisieren, in Unterordnern sammeln, indem Sie diese per Drag & Drop verschieben, und diese auch löschen. Editieren Sie uninteressante Feeds, indem Sie auf das kleine Kreuz-Symbol rechts auf dem Feed im Ansichtsbereich klicken oder mit ⌈Entf⌋ in den Ordner **Gelöschte Elemente** verschieben.

> **INFO**
>
> **Feed freigeben**
>
> Mit einem Klick auf den Befehl **Diesen Feed freigeben** im Kontextmenü eines Feeds im Ansichtsbereich lässt sich ein Link zum Feed an eine andere Person senden.

Feedinhalte herunterladen

Falls Sie nicht grundsätzlich sämtliche Inhalte eines Feeds automatisch herunterladen, was zu empfehlen ist (siehe Unterabschnitt »Einen RSS-Feed über eine Website hinzufügen« auf Seite 767), können Sie interessante Artikel jederzeit nachträglich herunterladen. Dazu klicken Sie im Ansichtsbereich mit rechts auf den Feed, klicken im Kontextmenü auf den Befehl **Inhalt herunterladen** und danach auf **Artikel herunterladen**. Alternativ können Sie auch die Schaltflächen in der Gruppe **RSS** der Registerkarte **Start** verwenden.

Feed-Abonnement löschen

Durch das Löschen einer einzelnen Feednachricht ist das Feed-Abonnement als solches noch nicht beendet. Sie erhalten also, sobald der Anbieter eine neue Nachricht herausgibt, diese weiterhin – auch wenn Sie zuvor alle Feedbeiträge gelöscht haben. Wollen Sie ein Feed-Abonnement komplett entfernen, müssen Sie es in der Ordneransicht markieren und anschließend Entf drücken. Bestätigen Sie die Kontrollabfrage mit einem Klick auf **Ja**. Sollten Sie Feeds zuvor synchronisiert haben (siehe Unterabschnitt »Feeds synchronisieren« auf Seite 769), lesen Sie bitte auch den folgenden Abschnitt, da Sie zusätzlich auch die Synchronisation aufheben müssen.

Synchronisierung aufheben

Sollten Sie Ihre Windows-Feeds mit Outlook synchronisiert haben, reicht das im vorangegangenen Abschnitt vorgestellte Verfahren zur Kündigung des Abonnements nicht aus. Sie werden trotz Deaktivierung weiterhin Post vom Feed-Anbieter bekommen. In diesem Fall müssen Sie die Feed-Synchronisation zwischen Windows und Outlook wieder aufheben. Sie erreichen das über Deaktivierung der Checkbox **RSS-Feeds mit der gemeinsamen Feedliste in Windows synchronisieren** im Bereich **RSS-Feeds** des Dialogs **Outlook-Optionen** (**Datei** > **Optionen** > **Erweitert**). Danach müssen vorhandene RSS-Feed erneut gelöscht werden.

Abbildung 28.7 Schalten Sie die Synchronisation wieder ab.

Kapitel 29
Adressbuch und soziale Netzwerke

Freunde, Arbeitskollegen, Mitarbeiter, Lieferanten und Kunden – in Outlook läuft alles zusammen. Um hier nicht die Übersicht zu verlieren, bietet Ihnen Outlook weitreichende Kontakt- und Adressfunktionen, mit denen die Organisation Ihres Alltags zum Kinderspiel wird.

29.1 Adressen aus E-Mails übernehmen

Sie haben Post bekommen und wollen den Absender in Ihr Outlook-Adressbuch aufnehmen? Nichts leichter als das. Outlook bietet Ihnen dazu verschiedene Möglichkeiten an, Adressen in Outlook zu speichern. Die einfachste ist das unmittelbare Hinzufügen eines Kontakts zum Adressbuch nach Erhalt einer E-Mail.

1 Markieren Sie dazu zunächst die E-Mail im Ansichtsbereich.

2 Klicken Sie im Lesebereich mit rechts auf die dort vergrößert angezeigte E-Mail-Adresse und entscheiden Sie sich daraufhin im Kontextmenü für den Befehl **Zu Outlook-Kontakten hinzufügen**.

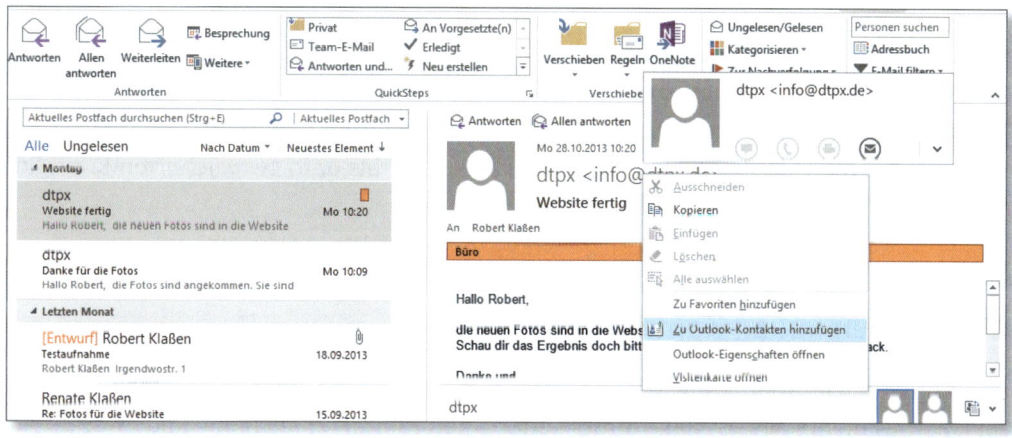

3 Die E-Mail-Adresse selbst wird innerhalb der Eingabemaske, die sich daraufhin automatisch öffnet, automatisch eingefügt ❶. Auch das Feld **Name** ❷ verfügt bereits über Inhalt. Gefällt Ihnen die Bezeichnung nicht, können Sie diese gern anpassen, indem Sie in das Eingabefeld klicken und die Bezeichnung anpassen.

4 Wenn Sie weitere Informationen hinzufügen wollen, klicken Sie auf die jeweiligen Plussymbole ❸ und nehmen über das Auswahlmenü weitere Feineinstellungen vor, z. B. das Hinzufügen der Festnetz- oder Mobilfunknummer.

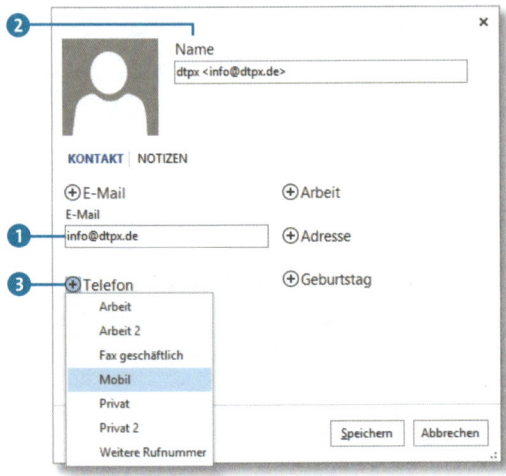

5 In dem betreffenden Bereich wird daraufhin ein Eingabefeld zur Verfügung gestellt, in das Sie die erforderlichen Daten eintragen können.

6 Am Ende reicht ein Klick auf die Schaltfläche **Speichern**, um den Kontakt Ihrem Adressbuch hinzuzufügen. Schließen Sie die Eingabemaske mithilfe des oben rechts befindlichen Schließen-Buttons.

Ihre Kontakte werden Ihnen im Aufgabenbereich **Personen** angezeigt. In der Mitte der Anwendung, im Ansichtsbereich, wird eine Liste aller bis dato gespeicherten Kontakte angezeigt.

29.2 Einen neuen Kontakt anlegen

Das Anlegen von Kontakten ist ausgesprochen sinnvoll. So können Sie schnell nachschauen, wenn Sie eine E-Mail-Adresse oder Telefonnummer suchen – und zwar direkt in Outlook. Wir raten Ihnen daher, dass Sie so früh wie möglich mit der Erstellung einer Kontaktliste beginnen. Denn wenn erst einmal einige Hundert Kontakte aufgelaufen sind, nimmt die Aufbereitung der Kontaktinformationen sehr viel Zeit in Anspruch. Das Anlegen eines Kontakts im Aufgabenbereich **Personen** ist in Outlook natürlich auch ohne den Erhalt einer E-Mail möglich.

1 Um einen Kontakt zu erzeugen, aktivieren Sie zunächst den Aufgabenbereich **Personen**. Klicken Sie dazu auf den gleichnamigen Eintrag unten in der grauen Leiste der Anwendung oder drücken Sie `Strg` + `3`.

2 Es gibt mehrere Möglichkeiten, ein neues leeres Kontaktformular zu öffnen: Doppelklicken Sie in den freien Bereich des Ansichtsbereichs. Alternativ klicken Sie auf die Schaltfläche **Neuer Kontakt** in der Gruppe **Neu** der Registerkarte **Start**. Wer lieber mit Tastaturbefehlen arbeitet, kann dazu auch die Tastenkombination `Strg` + `⇧` + `C` verwenden.

3 Bitte gewöhnen Sie sich von Beginn an eine einheitliche Schreibweise an – insbesondere in Bezug auf die Namen. Beginnen Sie beispielsweise im Feld **Name** ❹ grundsätzlich mit dem Nachnamen und lassen Sie anschließend den Vornamen folgen. Alternativ betätigen Sie die Schaltfläche **Name** ❺. Daraufhin erhalten Sie eine separate Eingabemaske.

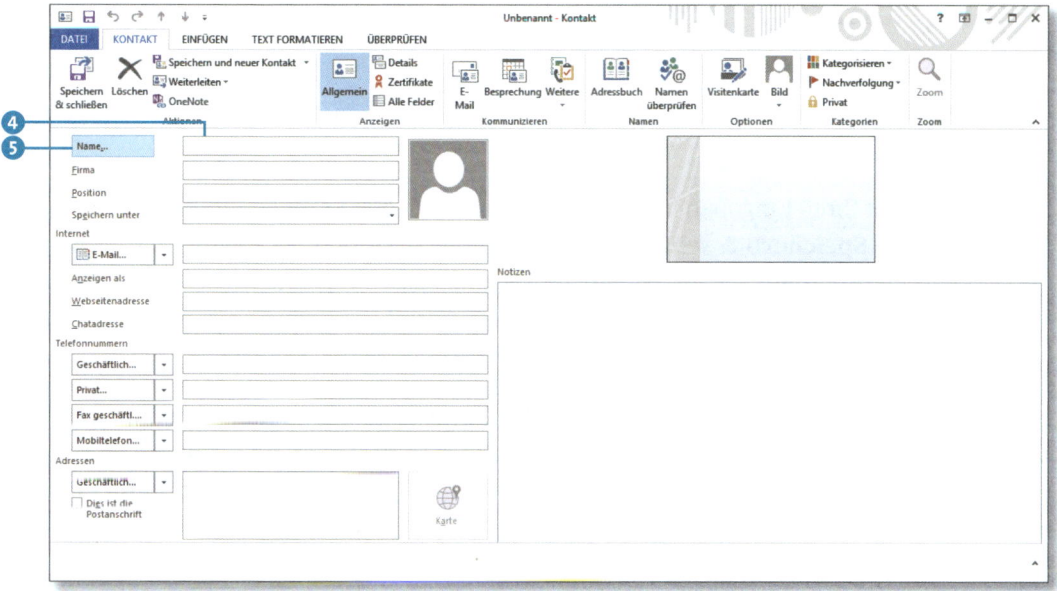

Entsprechendes gilt übrigens für alle Eingabefelder, denen eine Schaltfläche vorangestellt ist. Sie können also entweder die Felder direkt ausfüllen oder die Schaltfläche verwenden.

4 Füllen Sie als Nächstes die Felder entsprechend aus (optional). Springen Sie mit ⇥ von Feld zu Feld. Das erspart Ihnen den immer wiederkehrenden Griff zur Maus, bevor Sie ein neues Eingabefeld mit Informationen bestücken.

5 Haben Sie auf Ihrem PC ein Foto Ihres Kontakts gespeichert? Dann können Sie dieses in Ihr Adressbuch einbinden, indem Sie auf das Platzhaltersymbol ❶ klicken. Es können Fotos gängiger Formate hinzugefügt werden (z. B. JPEG, BMP, TIFF, GIF, PNG u. a.).

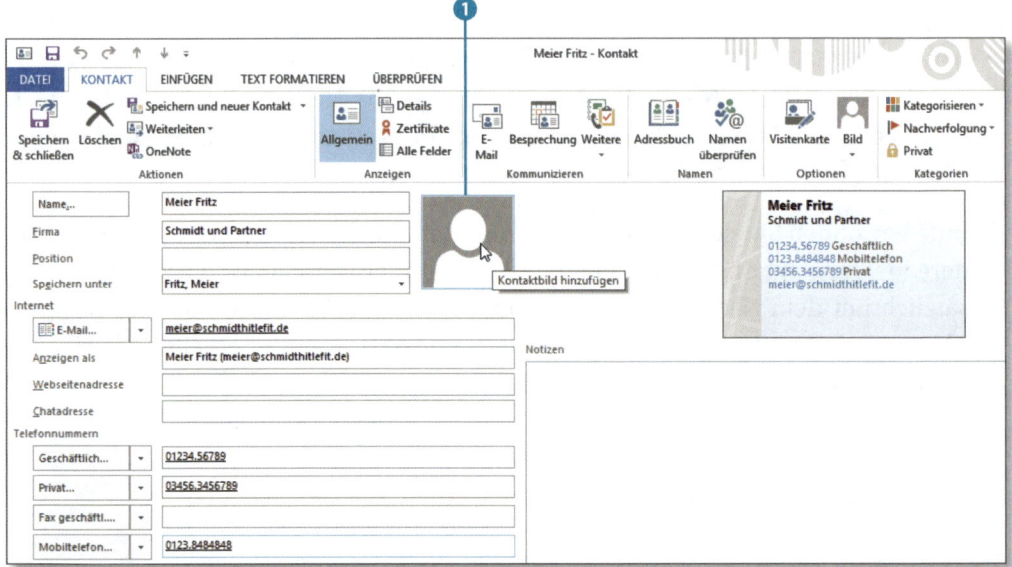

6 Wenn Sie mit Ihren Eingaben fertig sind, speichern Sie den Kontakt, indem Sie auf die Schaltfläche **Speichern & schließen** in der Gruppe **Aktionen** der Registerkarte **Kontakt** klicken. Alternativ schließen Sie das Eingabefenster mithilfe des Schließkreuzes oben rechts. In diesem Fall müssen Sie noch eine anschließende Kontrollabfrage mit **Ja** bestätigen.

Falls Sie beabsichtigen, gleich mehrere Kontakte hintereinander anzulegen, können Sie auch anstelle des letzten Schrittes auf die Schaltfläche **Speichern und neuer Kontakt** in der Gruppe **Aktionen** klicken. In diesem Fall wird der soeben angelegte Kontakt geschlossen und ein neues leeres Fenster für den nächsten Kontakt bereitgestellt.

29.3 Adresseinträge suchen, sortieren und pflegen

Im Laufe der Zeit wächst Ihr Kontaktverzeichnis sicher beträchtlich an – und Kontakte lassen sich nicht mehr auf den ersten Blick finden. Benutzen Sie in diesem Fall Outlooks

Suchfunktion. – Darüber hinaus stellen wir Ihnen in diesem Abschnitt Möglichkeiten für eine individuelle Sortierung der Kontakte vor.

Kontakte suchen

Sie benötigen Informationen zu einem bestimmten Kontakt? Beispielsweise wollen Sie diese Person anrufen, wissen aber die Telefonnummer nicht mehr? Oder wollen ihr eine E-Mail senden? Dann suchen Sie einfach nach dem Kontakt.

1 Drücken Sie `Strg` + `3`, um in den Aufgabenbereich **Kontakte** zu wechseln.

2 Danach drücken Sie die Tastenkombination `Strg` + `E` oder klicken auf das Eingabefeld ganz oben im Ansichtsbereich, um die Suche in Outlook zu aktivieren. Daraufhin wird außerdem die Registerkarte **Suchtools/Suchen** eingeblendet.

3 Geben Sie den Namen oder einen Teil dessen ein. Übrigens dürfen Sie die Suchbegriffe auch ungeachtet der Großschreibung eintippen.

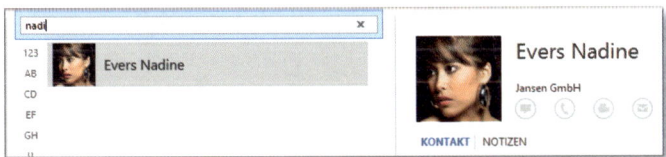

4 Klicken Sie auf den unter dem Suchfeld erscheinenden Kontakt und leiten Sie die weiteren Schritte in die Wege. Um der Person beispielsweise eine E-Mail zu schicken, klicken Sie auf die Schaltfläche **Neue Elemente** in der Gruppe **Neu** der Registerkarte **Start** und wählen im Menü **E-Mail-Nachricht** aus. Noch schneller geht das Senden einer E-Mail, indem Sie nach Markierung des Kontakts einfach die Tastenkombination `Strg` + `⇧` + `M` drücken.

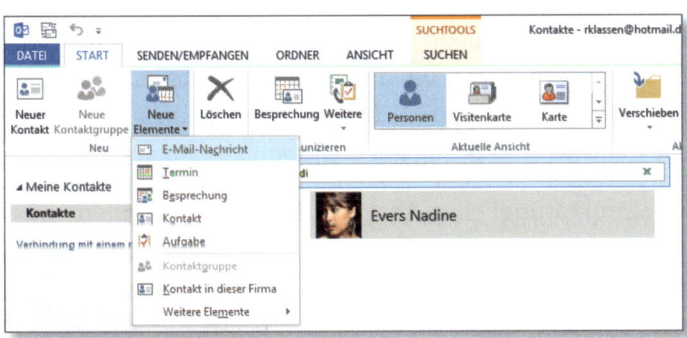

777

Bitte vergessen Sie am Ende nicht, auf das kleine Schließkreuz rechts im Suchfeld zu klicken (oder den Suchbegriff zu löschen), damit Ihnen alle Kontakte wieder ordnungsgemäß angezeigt werden können.

Kontakte sortieren

Sobald Sie den Aufgabenbereich **Personen** aktivieren, erscheinen in der Mitte der Anwendung standardmäßig sämtliche Kontakte. Diese sind grundsätzlich alphabetisch geordnet. Sollte es jedoch Abweichungen geben, weil einige Kontakte beispielsweise zunächst mit den Vornamen und erst danach mit ihren Nachnamen angegeben worden sind, ist eine wirklich logische Sortierung nicht mehr gegeben. Denn derjenige, dessen Vorname mit A beginnt, erscheint in der Liste eher als ein Nachname unter B. In diesem Fall ist eine Änderung der Sortierreihenfolge ratsam.

1 Klicken Sie auf **Weitere** ❶ in der Gruppe **Aktuelle Ansicht** der Registerkarte **Start**, um die Liste der unterschiedlichen Ansichtsoptionen zu öffnen.

2 Entscheiden Sie sich im Menü der Schaltfläche für die Ansichtsoption **Liste**. Daraufhin werden Ihnen Ihre Kontakte samt der eingegebenen Informationen in einer detaillierten Liste angezeigt.

3 Über die Kopfleiste lassen sich nun verschiedene Sortierfunktionen einstellen. Klicken Sie beispielsweise auf **Speichern unter**, um der in dieser Spalte gültigen Konvention den Vorzug zu geben. Dies hat den Vorteil, dass die Namen nun alphabetisch geordnet angezeigt werden – und zwar in Bezug auf die jeweiligen Nachnamen.

Falls Sie anschließend wieder zur ursprünglichen Ansicht zurückkehren wollen, müssen Sie wieder auf **Personen** in der Gruppe **Aktuelle Ansicht** der Registerkarte **Start** umschalten.

Voreinstellung benutzen

Zur grundsätzlichen Anzeige der Namen im Zusammenhang mit den Vornamen gibt es auch eine Outlook-Option. Diese erreichen Sie über **Datei** > **Optionen** > **Personen**. Im Bereich **Namensreihenfolge Standard** können Sie festlegen, wie die Anordnung der Namensteile vorgenommen werden soll, ob also zunächst der Vor- und dann der Nachname erscheinen soll oder umgekehrt.

29

Abbildung 29.1 Legen Sie die Namensreihenfolge fest.

779

Daten pflegen

Trotz der Möglichkeit, Daten nachträglich noch individuell sortieren zu können, empfehlen wir Ihnen, Ihre Kontakte einheitlich zu formatieren. Denn es ist nie ganz auszuschließen, dass Outlook bei der Zuordnung von Vor- und Nachnamen einmal danebenliegt. Im Zweifel öffnen Sie den Kontakt mit einem Doppelklick und stellen den Nachnamen nach vorne. Dabei müssen Sie damit rechnen, dass sich der Dialog **Namen überprüfen** öffnet. Achten Sie darauf, dass im Eingabefeld **Erster** der Nachname und im Feld **Letzter** der Vorname angegeben ist.

Abbildung 29.2 Im Zweifel hilft Ihnen der Dialog »Namen überprüfen« weiter.

29.4   Visitenkarten und Signaturen verwenden

Eine E-Mail sollte, zumindest im geschäftlichen Bereich, über alle relevanten Kontaktdaten verfügen. Dazu zählen nicht nur Name und Vorname sowie die E-Mail-Adresse, sondern auch die postalische Anschrift und eine Telefonnummer. Darüber hinaus kann man noch eine Webseitenadresse u. a. hinzufügen. Sie sollten daher Ihren E-Mails eine Signatur anfügen, die diese Daten enthält.

Eine Signatur erstellen

Erstellen Sie eine Signatur mit Ihren persönlichen Daten und richten Sie in Outlook ein, dass diese Signatur jeder E-Mail automatisch angehängt wird. Dann müssen Sie sich darum nicht mehr bei jedem Versand selbst kümmern und können also auch das Hinzufügen der Signatur nicht mehr vergessen.

1 Erzeugen Sie eine neue E-Mail, indem Sie in den Aufgabenbereich **E-Mail** wechseln (z. B. mit `Strg` + `1`) und auf **Neue E-Mail** in der Gruppe **Neu** der Registerkarte **Start** klicken.

2 Klicken Sie im E-Mail-Fenster auf die Schaltfläche **Signatur** in der Gruppe **Einfügen** der Registerkarte **Nachricht**. Wählen Sie daraufhin im Aufklappmenü der Schaltfläche die Option **Signaturen**.

3 Da noch keine Signatur vorhanden ist, klicken Sie im Dialogfenster **Signaturen und Briefpapier** zunächst auf die Schaltfläche **Neu**.

4 Benennen Sie die Signatur und bestätigen Sie per Klick auf **OK**.

5 Klicken Sie in das große Eingabefeld im unteren Bereich **Signatur bearbeiten** des Dialogfensters und legen Sie dort die gewünschten Signaturinhalte an. Benutzen Sie die darüber befindlichen Steuerelemente, um den Text wunschgemäß zu gestalten.

6 E-Mail- und Webseitenadressen werden standardmäßig mit blauer Farbe ausgestattet und zudem unterstrichen. Das macht Outlook ganz automatisch. Wenn Ihnen das nicht behagt, müssen Sie das selbst anpassen. Markieren Sie diese Textstellen nachträglich und stellen Sie die gewünschte Textfarbe ein ❶. Die Unterstreichung entfernen Sie, indem Sie diese Funktion zunächst über den Button **Kursiv** ❷ zuweisen und danach wieder abwählen.

7 Sofern Sie mit mehreren E-Mail-Konten arbeiten, stellen Sie auf der rechten Seite des Dialogs im Feld **E-Mail-Konto** nun das Konto ein, für das die Signatur künftig gelten soll. Außerdem müssen Sie noch festlegen, ob die Signatur nur bei neuen Nachrichten oder auch bei Antworten und Weiterleitungen eingesetzt werden soll. Treffen Sie die Entscheidungen mit den beiden darunter befindlichen Steuerelementen. **Ohne** bedeutet dabei, dass die Signatur in diesem Fall nicht benutzt wird (im konkreten Beispiel wird die Signatur demzufolge nur bei neuen E-Mails, nicht jedoch bei Antworten und Weiterleitungen eingesetzt). Bestätigen Sie zuletzt mit **OK**.

Bitte bedenken Sie, dass das derzeit noch geöffnete E-Mail-Fenster nicht mit der neu angelegten Signatur versehen worden ist. Wollen Sie sogleich eine E-Mail mit der zuvor erzeugten Signatur verfassen, sollten Sie dieses Fenster schließen und danach per Klick auf die Schaltfläche **Neue E-Mail** erneut öffnen.

INFO

Ohne Signatur senden

Wenn Sie eine neue E-Mail erstellen, wird die Signatur automatisch in das Nachrichtenfeld eingefügt. Möchten Sie eine E-Mail ohne Signatur versenden, markieren Sie den entsprechenden Text und löschen ihn mit `Entf`.

Eine Visitenkarte erstellen

Visitenkarten beinhalten in der Regel sämtliche Informationen, die dem Absender wichtig erscheinen. Das ist bei der Signatur zwar auch der Fall, doch gibt es einen wesentlichen Unterschied: Wenn der Empfänger die Daten der Signatur für seine eigenen Kontakte nutzen möchte, muss er diese Stück für Stück in die Zwischenablage kopieren und dann manuell im Adressbuch einfügen. Das ist ziemlich umständlich, oder?

Bieten Sie dem Empfänger jedoch eine elektronische Visitenkarte an, kann er diese mit einem Rechtsklick auf die Karte in der Signatur klicken und damit sämtliche Daten direkt in seinem Adressbuch speichern. Darüber hinaus dürfen Visitenkarten praktischerweise auch grafische Elemente wie Fotos beinhalten, sind demzufolge also auch geeignet, dass Sie Ihr Logo bzw. Foto einbinden.

1 Visitenkarten können nur eingefügt werden, wenn die Daten bereits als Kontakt im Adressbuch vorhanden sind. Erzeugen Sie also einen entsprechenden Kontakt (`Strg` + `3`, gefolgt von `Strg` + `N`) und geben Sie alle relevanten Daten ein. Wie sich Ihre Visitenkarte während der Eingabe entwickelt, sehen Sie bereits in der Vorschau auf der rechten Seite.

2 Speichern Sie die Kontaktdaten, indem Sie auf **Speichern & schließen** in der Gruppe **Aktionen** der Registerkarte **Kontakt** klicken.

29

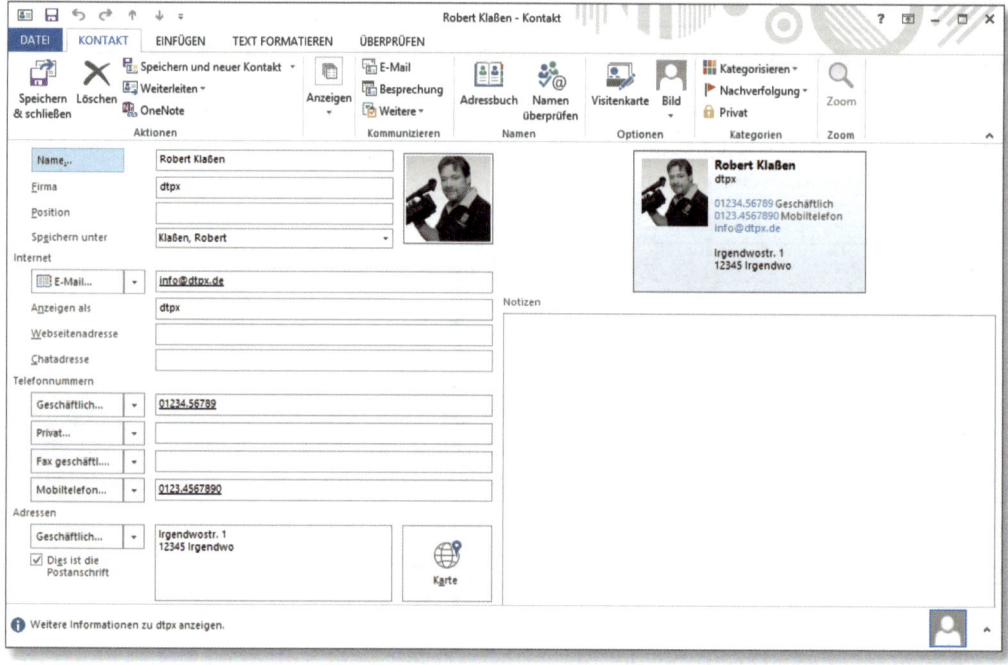

3 Erzeugen Sie nun eine neue E-Mail, drücken Sie beispielsweise `Strg` + `N` bei aktiviertem Aufgabenbereich **E-Mail**.

4 Im E-Mail-Fenster klicken Sie auf die Schaltfläche **Signatur** in der Gruppe **Einfügen** der Registerkarte **Nachricht** und wählen im Auswahlmenü **Signaturen**.

5 Setzen Sie die Einfügemarke im unteren Bereich des Fensters an die Stelle, an die die Visitenkarte eingefügt werden soll. Danach klicken Sie auf die Schaltfläche **Visitenkarte ❶**.

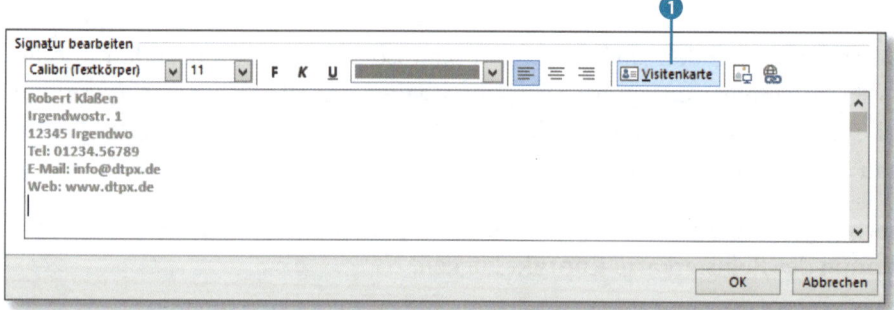

6 Wählen Sie die eigene Visitenkarte aus und bestätigen Sie diesen sowie den darunter befindlichen Dialog jeweils mit **OK**.

7 Achten Sie auch hier darauf, dass die Änderungen erst wirksam werden, nachdem Sie ein neues E-Mail-Fenster geöffnet haben. Im Zweifel drücken Sie also abermals Strg + N.

8 Verfassen und senden Sie die E-Mail.

Was Sie tun können, wenn Sie selbst eine Visitenkarte per E-Mail erhalten haben, erfahren Sie im folgenden Abschnitt.

Visitenkarten zu Kontakten hinzufügen

Sollten Sie selbst eine Visitenkarte erhalten, klicken Sie innerhalb des Lesebereichs mit rechts darauf und klicken daraufhin auf den Befehl **Zu Outlook-Kontakten hinzufügen**. Die Daten werden unmittelbar in Ihr Adressbuch aufgenommen, und Sie können sie fortan über den Aufgabenbereich **Personen** aufrufen. Das war es schon.

Abbildung 29.3 Fügen Sie Visitenkarten ohne Umwege in Ihre Kontakte ein.

29.5 Mit LDAP-Adressbüchern arbeiten

LDAP bedeutet *Lightweight Directory Access Protocol*. Wörtlich übersetzt, handelt es sich also um ein leichtgewichtiges Verzeichniszugriffsprotokoll. Genau genommen ist LDAP ein Verzeichnisdienst zum Abruf von externen Daten. Das heißt, die Daten sind nicht lokal auf Ihrem PC gespeichert (wie z. B. das lokale Outlook-Adressbuch), sondern befinden sich auf einem entfernten Server. Benötigt man nun objektbezogene Daten wie z. B. eine Adresse, kann man sie dort abfragen.

LDAP konfigurieren

Wenn Sie eine Verbindung mit Outlook zu LDAP-Adressbüchern herstellen wollen (beispielsweise LDAP-Kontakten, die sich auf dem Server des Unternehmens befinden, für das Sie tätig sind), müssen Sie Outlook zunächst entsprechend konfigurieren.

1 Begeben Sie sich in die Backstage-Ansicht (**Datei**) und klicken Sie im Bereich **Informationen** auf die Schaltfläche **Kontoeinstellungen**. Wählen Sie im Auswahlmenü erneut **Kontoeinstellungen** aus.

2 Aktivieren Sie im Dialogfenster **Kontoeinstellungen** die Registerkarte **Adressbücher** und klicken Sie anschließend auf **Neu**. Im Dialog **Konto hinzufügen** entscheiden Sie sich für die Option **Internetverzeichnisdienst (LDAP)** und klicken anschließend auf **Weiter**.

3 Tippen Sie in das Feld **Servername** die Adresse ein und aktivieren Sie die Checkbox **Server erfordert Anmeldung**, sofern Sie sich nur mit einem Benutzernamen und einem Passwort Zugang zu den Daten verschaffen können. Verlassen Sie auch diese Seite mit einem Klick auf **Weiter**.

4 Verlassen Sie nach der Bestätigung den Dialog mit Klick auf **Fertig stellen**.

Sie können nun also auf einen gemeinsamen Adresspool zugreifen und müssen sich hoffentlich keine Gedanken mehr darüber machen, ob Ihre gespeicherten Adressdaten noch aktuell sind. Eine ordentliche Pflege der Daten auf dem Server ist da natürlich Voraussetzung.

29

Verzeichnis entfernen

Wenn Sie den Zugang dauerhaft nicht mehr benötigen, sollten Sie ihn entfernen. Dazu rufen Sie erneut den Dialog **Kontoeinstellungen** (**Datei** > **Informationen** > **Kontoeinstellungen**) auf. Wechseln Sie hier auf das Register **Adressbücher**, markieren Sie den entsprechenden LDAP-Eintrag und klicken Sie dann auf **Entfernen**. Bestätigen Sie abschließend die Kontrollabfrage.

Abbildung 29.4 Das Server-Adressbuch wird entfernt.

787

29.6 Zusammengehörige Kontakte gruppieren und kategorisieren

Mit dem Zusammenfügen bestimmter Personen zu einer Gruppe oder Kategorie erreichen Sie zusätzliche Übersichtlichkeit. Darüber hinaus macht das Gruppieren oder Kategorisieren Sinn, wenn Sie beispielsweise einer bestimmten Gruppe innerhalb Ihrer Kontakte gesammelt eine E-Mail-Nachricht zukommen lassen wollen. Beide Verfahren unterscheiden sich im Kern nicht voneinander.

Kontaktgruppen und Exchange Active Sync

Zunächst die schlechte Nachricht: Kontaktgruppen lassen sich nicht auf herkömmlichem Wege erzeugen, wenn Sie ein E-Mail-Konto benutzen, welches *EAS* (*Exchange Active Sync*) verwendet. Und es kommt noch schlimmer: Denn bei Konten vom Typ *@outlook* ist das genauso der Fall wie beispielsweise bei *@live*, *@msn* usw. Ob Ihr Konto in der Lage ist, Gruppierungen vorzunehmen, sehen Sie, wenn bei Ihnen im Aufgabenbereich **Personen** die Schaltfläche **Neue Kontaktgruppe** in der Gruppe **Neu** der Registerkarte **Start** ausgegraut ist. In diesem Fall können leider keine entsprechenden Gruppen erzeugt werden.

Kontaktgruppe erstellen

Möchten Sie dennoch Kontaktgruppen in Outlook verwenden, benötigen Sie ein zusätzliches E-Mail-Konto, das nicht dem Exchange-Active-Sync-Standard unterliegt, also beispielsweise POP3 oder IMAP. Wie ein solches Konto eingerichtet wird, erfahren Sie in Abschnitt 24.6, »IMAP, Exchange oder POP3«, Seite 705. In diesem Fall aktivieren Sie den Aufgabenbereich **E-Mail**, markieren innerhalb des Ordnerbereichs das alternative Konto und betätigen anschließend die Tastenkombination Strg + ⇧ + L. Schon haben auch Sie eine Kontaktgruppe.

Personen zur Kontaktgruppe hinzufügen

Eine Kontaktgruppe ist natürlich erst dann wirklich eine Kontaktgruppe, wenn diese auch Kontakte beinhaltet. Nachdem die Kontaktgruppe erstellt worden ist, gehen Sie folgendermaßen vor:

1 Klicken Sie zunächst in das Eingabefeld **Name** und benennen Sie die Gruppe.

2 Klicken Sie auf die Schaltfläche **Mitglieder hinzufügen** in der Gruppe **Mitglieder** der Registerkarte **Kontaktgruppe**. Wählen Sie die Kategorie aus, aus der Sie Kontakte hinzufügen wollen (z. B. **Aus Outlook-Kontakten**).

3 Markieren Sie im Folgedialog alle Mitglieder, die der Gruppe angehören sollen. Sie dürfen unter Zuhilfenahme von Strg auch direkt mehrere Teilnehmer auswählen.

4 Nachdem das erledigt ist, klicken Sie unten links auf **Mitglieder** und bestätigen per Klick auf **OK**.

5 Sämtliche Personen, die zuvor ausgewählt worden sind, erscheinen nun innerhalb der Liste. Klicken Sie auf **Speichern und schließen** in der Gruppe **Aktionen** der Registerkarte **Kontaktgruppe**.

6 Als Nächstes erzeugen Sie eine neue E-Mail. (Vorab können Sie nun auch auf das Exchange-Active-Sync-Konto umschalten, sofern Sie das wollen.) In das Feld **An** des E-Mail-Fensters tippen Sie den Namen der Gruppe (oder zumindest einen Teil dessen) ein. Die AutoVervollständigung wird dafür sorgen, dass die Gruppe als potenzieller Empfänger angeboten wird. Drücken Sie in diesem Fall ⇆, um diese als Empfänger zu übernehmen.

Auf diese Weise können Sie auch Kontaktgruppen anlegen und mit Ihrem Exchange-Active-Sync-Konto verwenden, obwohl diese Funktionalität grundsätzlich nicht vorgesehen ist.

Personen kategorisieren

Prinzipiell ist das Kategorisieren nichts anderes als das Gruppieren – obgleich sich das Ergebnis ein wenig anders darstellt. Zudem ist das Kategorisieren eine gute Alternative zur Gruppierung bei Verwendung von Exchange-Active-Sync-Konten für den Fall, dass Sie kein weiteres E-Mail-Konto einrichten möchten.

1 Aktivieren Sie den Aufgabenbereich **Personen** (Strg + 3).

2 Klicken Sie auf **Liste** in der Gruppe **Aktuelle Ansicht** der Registerkarte **Start**.

3 Danach klicken Sie auf **Kategorie** in der Gruppe **Kategorien** der Registerkarte **Ansicht**.

4 Wählen Sie nun alle Kontakte, die Sie innerhalb einer Kategorie zusammenfassen möchten. Dazu halten Sie `Strg` gedrückt und markieren die Kontakte per Mausklick.

5 Danach klicken Sie auf die Schaltfläche **Kategorisieren** in der Gruppe **Kategorien** der Registerkarte **Start** und wählen im Auswahlmenü der Schaltfläche die Option **Alle Kategorien**.

6 Nun sollten Sie zunächst eine neue Kategorie erstellen, indem Sie auf den Button **Neu** klicken. Benennen Sie die Kategorie im Feld **Name**, weisen Sie eine Farbe und, falls gewünscht, eine Tastenkombination zu und bestätigen Sie mit **OK**.

7 Für den Fall, dass später weitere Personen hinzugefügt werden sollen, wählen Sie diese mit rechts an, klicken auf den Button **Kategorisieren** (**Start** > **Kategorien**) und weisen die soeben erzeugte Kategorie per Klick zu.

8 Alternativ dazu lassen sich Teilnehmer direkt per Drag & Drop in die gewünschte Kategorie ziehen. Ziehen Sie den Adressbucheintrag auf den entsprechenden Kategorienamen und lassen Sie ihn dort fallen.

9 Noch einfacher ist es, wenn Sie die gewünschten Personen ganz einfach auf die Kategorie-Überschrift ziehen.

Auf diese Weise ließen sich im Übrigen auch Personen aus der Gruppe entfernen. Ziehen Sie den Teilnehmer in diesem Fall einfach nach oben und lassen Sie ihn oberhalb der Kategorie-Überschrift fallen. Daraufhin wird die Zuweisung gelöscht.

Eine E-Mail an eine Kategorie schicken

Um allen Teilnehmern eine E-Mail zu schicken, die sich in einer gemeinsamen Kategorie befinden, müssen Sie die Kategorie zunächst im Arbeitsbereich **Personen** markieren. Danach klicken Sie auf die Schaltfläche **E-Mail** in der Gruppe **Kommunizieren** der Registerkarte **Start**. Bestätigen Sie den Hinweisdialog mit Klick auf **OK**.

Abbildung 29.5 Schreiben Sie alle Teilnehmer dieser Kategorie mit einer einheitlichen E-Mail an.

29.7 Kontakte in andere Dateiformate exportieren

Wenn es einmal erforderlich werden sollte, die in Outlook angelegten Kontakte in anderen Anwendungen oder auf weiteren Computern zugänglich zu machen, können diese schnell exportiert werden.

1 Öffnen Sie zunächst das Dialogfenster **Outlook-Optionen** (**Datei** > **Optionen**) und wählen Sie in der linken Spalte die Rubrik **Erweitert**.

2 Klicken Sie nun im Bereich **Exportieren** auf die gleichnamige Schaltfläche. Daraufhin wird das Dialogfenster **Import/Export-Assistent** geöffnet.

3 Klicken Sie im Dialogfenster im Feld **Wählen Sie eine Aktion aus** auf die Option **In Datei exportieren** und bestätigen Sie per Klick auf **Weiter**.

4 Den Dateityp müssen Sie nun je nach weiterem Verwendungszweck auswählen. Dabei gilt: Wählen Sie den Dateityp **Outlook-Datendatei (.pst)**, wenn der zu exportierende Datenbestand auf einem Rechner verwendet werden soll, auf dem sich ebenfalls Outlook befindet. Für alle anderen Zwecke müssen Sie **Durch Komma getrennte Werte** einstellen. In diesem Fall erzeugt Outlook eine *.csv*-Datei (die beispielsweise mit Excel geöffnet und bearbeitet, aber auch in anderen E-Mail-Programmen verarbeitet werden kann). Bestätigen Sie Ihre Eingabe mit einem Klick auf den Button **Weiter**.

5 Wählen Sie nun den Ordner aus, den Sie exportieren wollen. Da das Ihre Outlook-Kontakte sein sollen, klicken Sie auf den Ordner **Kontakte** und bestätigen erneut per Klick auf **Weiter**.

6 Wählen Sie als Nächstes den Speicherort für die Exportdatei, indem Sie auf den Button **Durchsuchen** klicken und das entsprechende Verzeichnis auf Ihrer Festplatte auswählen. Beenden Sie die Aktion mit einem Klick auf **Fertig stellen**.

29.8 Soziale Netzwerke mit Outlook 2013 verbinden

Das Hinzufügen von Kontakten aus sozialen Netzwerken (wie z. B. Facebook) ist denkbar einfach. Drücken Sie dazu zunächst ⌈Strg⌉ + ⌈3⌉ oder klicken Sie auf den Aufgabenbereich **Personen**. Klicken Sie links im Ordnerbereich auf **Verbindung mit einem sozialen Netzwerk herstellen**.

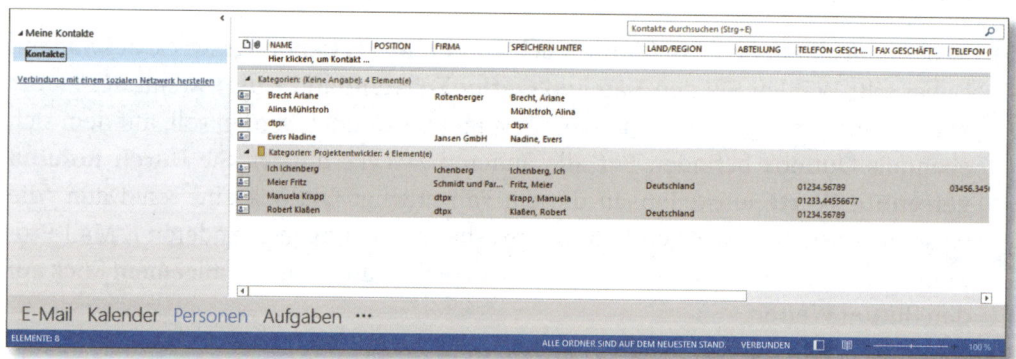

Abbildung 29.6 So nah liegen Facebook & Co.

Ihnen wird daraufhin zunächst ein Dialogfenster mit Informationen angezeigt, bestätigen Sie dieses mit einem Klick auf **Weiter**. Wählen Sie nun per Checkbox das soziale Netzwerk aus, mit dem Sie eine Verbindung über Outlook herstellen möchten, und geben Sie Ihre Zugangsdaten für Ihr Benutzerkonto bei dem gewählten Dienst ein.

Abbildung 29.7 Verbinden Sie sich mit Facebook, wenn Sie das wünschen.

Wenn Sie möchten, können Sie Outlook auch mit mehreren Diensten verbinden und diese über die entsprechenden Checkboxen aktivieren. Haben Sie alle Einstellungen vorgenommen, klicken Sie abschließend auf die Schaltfläche **Fertig stellen**.

Kapitel 30
Termine und Aufgaben planen

Termine – Termine – Termine! Wer kennt das nicht. Dabei die Übersicht zu erhalten ist oft nicht so einfach. Noch schwieriger wird es, wenn man darüber hinaus noch die Terminplanung für andere mit übernehmen muss oder Aufgaben zu delegieren hat. Spätestens dann wird es Zeit, auch die versteckten Features aus Outlook herauszuholen.

30.1 Die optimale Kalenderoption für Ihre Bedürfnisse wählen

Da Sie sich nun schon ein wenig mit Outlook beschäftigen, wissen Sie, dass es unzählige Einstellungsmöglichkeiten gibt – insbesondere was die Gestaltung der Arbeitsoberfläche betrifft. Im Bereich **Kalender** wird diese Vielfalt sogar noch einmal getoppt. Denn hier haben Sie neben zahlreichen anderen Anzeigeoptionen auch die Möglichkeit, verschiedene Datumsbereiche wie Tage, Wochentage, Wochen oder Monate anzeigen zu lassen. Da fällt die Qual der Wahl schwer – und letztendlich können nur Sie selbst herausfinden, welche Einstellung die für Sie geeignete ist. In den folgenden Abschnitten stellen wir Ihnen einige Einstellungen sowie entsprechende Navigationsoptionen vor.

30

Der Datumswechsler

Grundsätzlich haben Sie die Möglichkeit, den Aufgabenbereich **Kalender** einzustellen, indem Sie in der Aufgabenleiste auf den gleichnamigen Eintrag klicken. Alternativ drücken Sie `Strg` + `2`. Zudem besteht aber auch die Option, aus jedem anderen Aufgabenbereich heraus den sogenannten *Datumswechsler* anzeigen zu lassen. Das geht, indem Sie die Maus in der Aufgabenleiste zunächst nur auf den Eintrag **Kalender** bewegen – den Mausklick also unterlassen. Daraufhin wird das Kalenderfenster ❶ (siehe Abbildung 30.1) eingeblendet. Sie können dann auf der Tafel nach oben fahren und einen gewünschten Termin mit einem Klick auswählen. Navigieren Sie mit den Pfeilschaltflächen ❷ zwischen den Monaten.

Abbildung 30.1 Der Datumswechsler ist von jedem Aufgabenbereich aus erreichbar.

Ein Doppelklick auf den gewünschten Tag bringt Sie dann zu diesem Datum innerhalb des Kalenders. Der Aufgabenbereich **Kalender** wird daraufhin automatisch geöffnet.

Ansichten

Wenn Sie den Aufgabenbereich **Kalender** erstmals öffnen, wird dieser standardmäßig in der Monatsansicht geöffnet. Die Ansichten lassen sich wechseln – und zwar entweder über die Schaltflächen in der Gruppe **Anordnen** der Registerkarte **Start** oder in der Gruppe **Anordnung** der Registerkarte **Ansicht**.

Abbildung 30.2 Zwei Registerkarten – ein Menü: die Ansichtsoptionen des Kalenderbereichs

Es stehen Ihnen fünf verschiedene Ansichtsoptionen für den Kalender zur Verfügung:

- **Tagesansicht:** Hier wird ein einzelner Wochentag angezeigt – und zwar von 0:00 Uhr bis 24:00 Uhr.

- **Arbeitswoche:** Die Arbeitswoche zeigt die Tage Montag bis Freitag jeweils von 0:00 Uhr bis 24:00 Uhr an (siehe dazu auch den Kasten »Arbeitswoche von Montag bis Samstag«).

- **Woche:** Die Wochenansicht zeigt sieben Tage einer Woche, also Montag bis Sonntag, jeweils von 0:00 Uhr bis 24:00 Uhr.

- **Monat:** In der Monatsansicht wird jeder Tag eines Monats durch ein Rechteck repräsentiert. Dabei ist jedem Wochentag eine eigene Spalte zugeteilt. Es erfolgt keine Zeitanzeige.

- **Planungsansicht:** Die Tage eines bestimmten Zeitraums (beginnend mit dem aktuellen Datum) werden in schmalen Spalten nebeneinander dargestellt. (Lesen Sie dazu auch den Unterabschnitt »Planungsansicht« auf Seite 800.)

INFO

Arbeitswoche von Montag bis Samstag

Für die meisten Menschen erstreckt sich eine Arbeitswoche über den Zeitraum von Montag bis Freitag. Wenn das bei Ihnen nicht der Fall ist, also beispielsweise zusätzlich der Samstag hinzugefügt werden soll, können Sie das in der Rubrik **Kalender** der **Outlook-Optionen (Start › Optionen)** einstellen. Im Bereich **Arbeitszeit** finden Sie für jeden Tag der Woche eine Checkbox. Kreuzen Sie alle Tage an, die zu Ihrer Arbeitswoche gehören, und verlassen Sie den Dialog mit Klick auf **OK**. Die Änderungen werden dann automatisch auf Ihren Kalender angewendet.

Wählen Sie die gewünschte Ansicht aus, indem Sie auf die entsprechende Schaltfläche in der Gruppe **Anordnen** der Registerkarte **Start** oder in der Gruppe **Anordnung** der Registerkarte **Ansicht** klicken. Des Weiteren dürfen Sie auch die Zwischenstege (z. B. zwischen Ansichtsbereich und Datumsbereich ❶, siehe Abbildung 30.3) nach Wunsch verschieben und so Ihre bevorzugte Ansicht einrichten.

INFO

Ansicht zurücksetzen

Wenn Sie zunächst einmal experimentieren wollen, um die für Sie geeignete Kalenderansicht herzustellen, dürfen Sie das gerne tun. Falls Sie anschließend wieder zur Standardansicht zurückkehren wollen, klicken Sie auf den Button **Ansicht zurücksetzen** in der Gruppe **Aktuelle Ansicht** der Registerkarte **Ansicht**.

30

Abbildung 30.3 Richten Sie den Kalender nach Wunsch ein.

Planungsansicht

Die Planungsansicht bietet sich immer dann an, wenn es darum geht, einen Termin oder einen Zeitraum in der näheren Zukunft zu planen. Das Besondere an dieser Ansicht ist, dass sich in ihr problemlos mehrere Kalender hinzufügen lassen. Wenn Sie also beispielsweise bei der Urlaubsplanung darauf achten müssen, dass sich die Urlaube der einzelnen Mitarbeiter nicht überschneiden, ist diese Ansicht für Sie die beste Wahl. Außerdem können Sie so schnell überprüfen, ob einzelne Personen an einem bestimmten Tag Zeit haben oder durch andere Termine bereits blockiert sind – beispielsweise um an einem Meeting oder einer Schulung teilzunehmen.

Voraussetzung für eine funktionierende Planungsansicht ist allerdings, dass Sie zuvor für jeden Teilnehmer bzw. Mitarbeiter auch einen eigenen Kalender angelegt haben. Erweitern Sie die Ansicht also gegebenenfalls um zusätzliche Kalender, indem Sie unten links auf die Schaltfläche **Kalender hinzufügen ❷** klicken und im Dialog **Namen auswählen: Kontakte** einen entsprechenden Kontakt aus Ihrem Adressbuch zunächst markieren und den Kalender daraufhin per Klick auf **OK** einfügen.

Abbildung 30.4 Für die Terminplanung mehrerer Personen ist die Planungsansicht optimal geeignet.

Bereiche einblenden

Neben besagten Ansichtsoptionen lassen sich im Aufgabenbereich **Kalender** noch weitere nützliche Teilbereiche einblenden. So kann beispielsweise der Ordnerbereich **3** (er zeigt in der Kalenderansicht kleine Monatskalender) mithilfe der Schaltfläche **Ordnerbereich** **4** in der Gruppe **Layout** der Registerkarte **Ansicht** in unterschiedliche Zustände versetzt und bei Bedarf sogar ganz deaktiviert werden. Der Lesebereich ist im Aufgabenbereich **Kalender** standardmäßig deaktiviert, kann jedoch über den Schalter **Lesebereich** **5** aktiviert werden. Zusätzlich lässt sich über die Schaltfläche **Aufgabenleiste** **6** auch noch für die Bereiche **Kalender**, **Personen** oder **Aufgaben** eine optimierte Leiste einblenden.

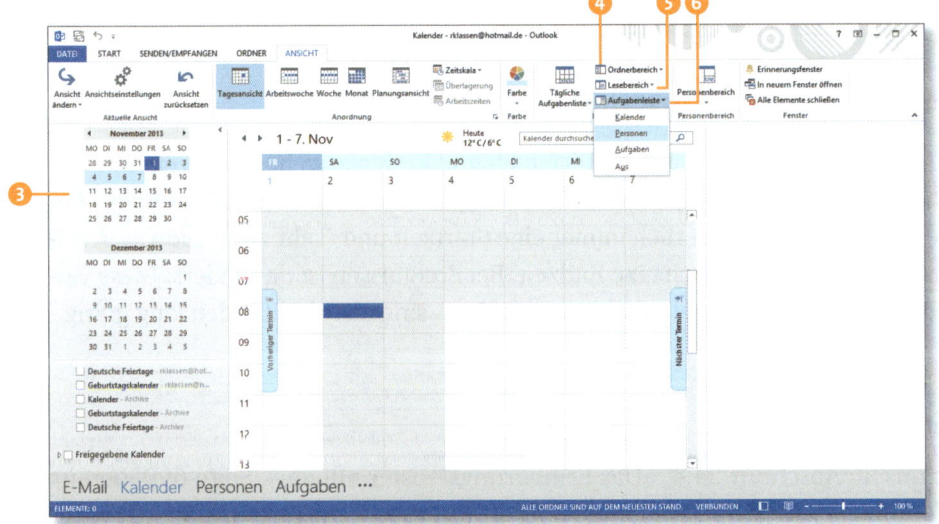

Abbildung 30.5 Im Register »Ansicht« können weitere Kalender-Ansichtsoptionen aktiviert werden.

Ansichtseinstellungen speichern

Der Outlook-Kalender verfügt insgesamt über vier weitere Ansichtseinstellungen, die sich über die Schaltflächen in der Gruppe **Aktuelle Ansicht** der Registerkarte **Ansicht** auswählen lassen. Nach einem Klick auf **Ansicht ändern** haben Sie die Wahl zwischen den Ansichten **Kalender**, **Vorschau**, **Liste** und **Aktiv**. Wem diese Ansichten jedoch nicht passen, der kann auch eine Ansicht nach seinen Wünschen einrichten und anschließend im Auswahlmenü des Buttons **Ansicht ändern** die Option **Aktuelle Ansicht als neue Ansicht speichern** wählen.

Abbildung 30.6 Wer mehr möchte, kann eine zusätzliche Ansicht definieren.

In diesem Fall wird die Liste im Auswahlmenü der Schaltfläche **Ansicht ändern** um einen Button erweitert. So können Sie verschiedene Ansichten für unterschiedliche Aufgaben einrichten und müssen diese Einstellungen nicht jedes Mal aufs Neue vornehmen. Sollten mehrere Personen mit demselben Computer arbeiten, kann zudem jeder seine eigene Arbeitsansicht einrichten.

30.2 Termine und Terminserien eintragen

In diesem Abschnitt werden wir uns mit Terminen und Ereignissen beschäftigen. Der Unterschied besteht lediglich darin, dass ein Termin bestimmten Uhrzeiten unterliegt. Ein Meeting beispielsweise hat eigentlich immer eine Startzeit und (sehr zum Leidwesen seiner Teilnehmer nicht immer) auch eine Endzeit. Bei Ereignissen ist das anders. Diese verfügen nur über ein Datum und gelten den ganzen Tag – sind also 24 Stunden lang gültig.

Einen Termin eintragen

Wir haben uns im Abschnitt 24.4, »Das Erinnerungsfenster nutzen«, Seite 699, bereits kurz mit Terminen beschäftigt. Sie haben dort erfahren, wie ein Termin angelegt wird. In diesem Abschnitt schauen wir uns die Option noch einmal etwas genauer an.

1 Klicken Sie auf den Aufgabenbereich **Kalender**, sollten Sie sich nicht ohnehin schon in dieser Ansicht befinden. Diesmal wollen wir eine Zeit direkt per Drag & Drop angeben. Dazu schalten Sie auf **Tagesansicht** (**Start** > **Anordnen**) um.

2 Wählen Sie im Ordnerbereich auf der linken Seite den Tag aus, an dem der Termin ansteht.

3 Klicken Sie im Ansichtsbereich, also im Kalender, auf die Zeile **10 Uhr**, die als Start für den Termin gelten soll, und ziehen Sie mit gedrückter Maustaste so weit nach unten, bis das Ende des Termins erreicht ist, im Beispiel bis zur Zeile **14 Uhr**.

4 Entscheiden Sie sich nun entweder nach einem Rechtsklick auf den markierten Bereich im Kontextmenü für **Neuer Termin** oder klicken Sie auf die Schaltfläche **Neuer Termin** in der Gruppe **Neu** der Registerkarte **Start**. Es wird daraufhin ein neues Terminfenster geöffnet, in dem Sie die weiteren Details des Termins einfügen können.

5 Sie sehen, dass in den Feldern **Beginn** und **Ende** jeweils bereits die Terminzeiten übernommen worden sind. Beschreiben Sie den Termin, indem Sie in das Feld **Betreff** einen Titel einfügen.

6 Fügen Sie weitere Informationen hinzu wie z. B. einen Ort oder eine Beschreibung des Termins. Am Ende reicht ein Klick auf **Speichern & schließen** in der Gruppe **Aktionen** der Registerkarte **Termin**.

Sie können das Terminfenster jederzeit wieder öffnen, indem Sie den Termin im Kalender mit einem Doppelklick anklicken.

Die Uhrzeit eines Termins ändern

Sollte sich einmal ein Termin, den Sie in Outlook gespeichert haben, verschieben, ist auch das kein Problem. Denn Sie können den Termin daraufhin per Doppelklick öffnen und die Zeiten in den Feldern **Beginn** und **Ende** entsprechend anpassen. Noch einfacher geht es jedoch, indem Sie den Termin zunächst markieren und dann am oberen ❶ und unteren ❷ Anfasser einfach in Form ziehen. Beide müssten also mit gedrückter Maustaste um eine Stunde nach unten verzogen werden.

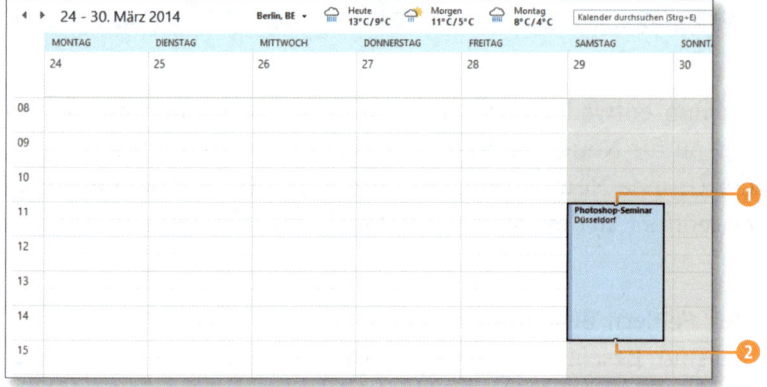

Abbildung 30.7 Termine können auch per Drag & Drop geändert werden.

Ob Sie diese Änderungen in der Wochen- oder Tagesansicht durchführen, spielt übrigens keine Rolle.

Termin auf einen anderen Tag verlegen

Hin und wieder kommt es vor, dass auch der gesamte Termin auf einen anderen Tag verlegt werden muss. Erledigen Sie auch das mittels Drag & Drop. Klicken Sie auf den Termin im Kalender, halten Sie die Maustaste gedrückt und ziehen Sie den Termin auf das neue Datum. Sollte der neue Termin an einem Tag sein, der aktuell in der Aufgabenleiste nicht angezeigt wird, ist das auch kein Problem. Ziehen Sie ihn einfach von dem ursprünglichen Termin ❸ nach links in den Ordnerbereich und lassen Sie ihn auf den gewünschten Datum ❹ fallen.

Abbildung 30.8 Termine können schnell in einen anderen Monat geschoben werden.

Terminserie erstellen

Bei einer Terminserie handelt es sich im Gegensatz zum Termin um ein wiederkehrendes Ereignis. Wenn die gesamte Belegschaft einer Firma beispielsweise jeden Montag um 9 Uhr ein Arbeitsmeeting hat, müssen Sie nicht für jeden Montag einen neuen Termin einstellen, sondern generieren einmalig eine Terminserie, die daraufhin automatisch auf Ihren gesamten Kalender angewendet wird.

1 Erzeugen Sie einen neuen Termin auf die zuvor beschriebene Weise (siehe dazu den Unterabschnitt »Einen Termin eintragen« auf Seite 802). Geben Sie einen Betreff und optional einen Ort sowie eine Beschreibung ein.

2 Anschließend klicken Sie auf die Schaltfläche **Serientyp** in der Gruppe **Optionen** der Registerkarte **Termin**. Sollte übrigens statt eines Termins ein ganztägiges Ereignis geplant werden, heißt die Registerkarte **Termin** stattdessen **Ereignis**.

3 Im Dialog **Terminserie** legen Sie nun fest, dass der Termin dem Serienmuster **Wöchentlich** ❶ folgt. Der Wochentag **Montag** ❷ ist bereits per Checkbox übernommen worden, da wir den Termin auch an einem Montag erstellt hatten. Falls auch an einem weiteren Wochentag entsprechende Meetings geplant sind, wählen Sie die betreffende Checkbox zusätzlich an.

4 Im Bereich **Seriendauer** können Sie per Radiobutton festlegen, ob der Termin auf unbestimmte Zeit wiederholt werden ❸ oder beispielsweise nach 10 Terminen ❹ erledigt sein soll. Alternativ entscheiden Sie sich für **Endet am** ❺ und geben ein Datum an, an dem das Meeting letztmalig stattfinden wird.

5 Schließen Sie die Aktion mit Klick auf **OK** ab und fügen Sie den Termin in Ihren Kalender ein, indem Sie auf **Speichern & schließen** in der Gruppe **Aktionen** der Registerkarte **Termin** klicken.

Falls sich an den Termindaten irgendwann etwas ändert, öffnen Sie den Termin mit einem Doppelklick erneut. Klicken Sie auf die Schaltfläche **Serientyp** (**Termin** > **Optionen**) und legen Sie die Änderungen im Dialog **Terminserie** fest.

30.3 Einen Internetkalender einrichten und veröffentlichen

Mit Outlook haben Sie auch die Möglichkeit, Termine im Internet zu veröffentlichen. Sie benötigen dazu allerdings einen externen WebDAV-fähigen Speicherort – wie z. B. eine Firmen-Homepage. WebDAV bedeutet *Web-based Distributed Authoring and Versioning* und ist ein Standard, mit dem sich Daten im Internet bereitstellen lassen. Im Kern handelt es sich um eine Erweiterung herkömmlicher Internetprotokolle (wie beispielsweise *HTML*). Sofern der Ihnen von Ihrem Hosting-Dienst zur Verfügung gestellte Server WebDAV-Protokolle unterstützt, sind bereits alle grundlegenden Hardwarevoraussetzungen erfüllt.

Damit Sie WebDAV zur Übertragung von Office-Kalendern nutzen können, müssen Sie nun noch eine Netzwerkverbindung einrichten und diese gemäß den Vorgaben Ihres Webhosting-Anbieters konfigurieren. Diesbezügliche Informationen finden Sie in der Regel schnell, wenn Sie dessen Namen sowie das Stichwort »webdav« in eine Internetsuchmaschine eingeben.

Um einen Internetkalender zu veröffentlichen, müssen Sie zunächst alle Termine eintragen, die Sie auf der Webseite veröffentlichen wollen. Nachdem das erledigt ist, fahren Sie folgendermaßen fort:

1 Klicken Sie auf die Schaltfläche **Online veröffentlichen** in der Gruppe **Freigeben** der Registerkarte **Start**. Klicken Sie im Auswahlmenü auf die Option **Auf WebDAV-Server veröffentlichen**.

2 Geben Sie im Dialogfenster **Kalender auf benutzerdefiniertem Server veröffentlichen** im Feld **Ort** einen Speicherort an. Dabei ist zu berücksichtigen, dass die genaue Bezeichnung der Seite mit angegeben werden muss. Wenn also beispielsweise die untergeordnete Seite *kalender* angewählt werden soll, muss diese Angabe hinter der Internetadresse stehen, und zwar ohne Leerzeichen, nur durch einen Schrägstrich voneinander getrennt.

30

3 Im Bereich **Zeitspanne** wird nun ein bestimmter Zeitraum angegeben, der veröffentlicht werden soll. Im Bereich **Detail** kann man noch weitere Optionen in Bezug auf den Umfang der zu veröffentlichenden Informationen vornehmen.

4 Interessant ist auch die sogenannte **Uploadmethode**. Hier können Sie festlegen, ob Aktualisierungen innerhalb des Kalenders automatisch hochgeladen werden sollen oder nicht. Sie erreichen diese Option mit einem Klick auf die Schaltfläche **Erweitert**.

Bestätigen Sie die Einrichtung mit einem Klick auf den Button **OK** im Dialogfenster. Daraufhin werden die Kalenderdaten auf die angegebene Internetseite hochgeladen und können dort aufgerufen werden.

30.4 Eine Aufgabe erstellen

Eine Aufgabe in Outlook ist etwas, das zu erledigen ist. Gut, das ist grundsätzlich ein Termin auch. Im Gegensatz zum Termin kann eine Aufgabe aber auch delegiert, also auf eine andere Person übertragen, werden. Auf diese Weise lassen sich unterschiedliche Arbeitsschritte eines Auftrags prima auf mehrere Schultern verteilen.

1 Sofern Sie bereits wissen, zu welchem Zeitpunkt eine Aufgabe erledigt werden soll, markieren Sie im Ansichtsbereich des Kalenders den Zeitraum, in dem die Aufgabe beginnen soll, bzw. die Dauer der Aufgabe. Falls Sie noch keine Zeit wissen, die Aufgabe aber bereits planen wollen, fahren Sie mit Schritt 2 fort. Die Zeiten lassen sich später noch ergänzen bzw. ändern.

2 Bewegen Sie die Maus auf den Eintrag **Aufgaben** in der Aufgabenleiste. Daraufhin wird das Aufgabenfenster eingeblendet.

3 Klicken Sie in das Feld **Neue Aufgabe eingeben** und geben Sie eine Beschreibung zu dieser Aufgabe ein. Bestätigen Sie mit ⏎.

4 Fügen Sie bei Bedarf weitere Aufgaben hinzu, indem Sie das nun leere Feld erneut füllen und somit die zweite Aufgabe formulieren.

5 Sie sehen nun in der rechten Spalte der Anwendung, in der Aufgabenleiste, die entsprechenden Aufgaben. Jede Aufgabe wird durch eine eigene Zeile repräsentiert.

6 Wenn Sie eine Aufgabe bearbeiten wollen, damit gemeint ist nicht nur deren Zeitplanung, sondern auch die Weitergabe an eine andere Person, setzen Sie einen Doppelklick auf diese Aufgabe. Delegieren Sie beispielsweise die Erstellung eines Angebots an einen geeigneten Mitarbeiter.

7 Nach dem Doppelklick auf die Aufgabe befinden Sie sich im Aufgabenfenster. Klicken Sie auf die Schaltfläche **Aufgabe zuweisen** in der Gruppe **Aufgabe verwalten** der Registerkarte **Aufgabe**.

8 Daraufhin wird das Aufgabenfenster mit E-Mail-Optionen bestückt. Geben Sie die Adresse des Empfängers ein, der den Auftrag bearbeiten soll. Zuletzt klicken Sie auf den Button **Senden**.

Sollten Sie sich während der Bearbeitung bzw. Weiterleitung der Aufgabe entscheiden, diesen Job doch nicht an jemand anderen abzugeben, können Sie auf die Schaltfläche **Aufgabe nicht übertragen** in der Gruppe **Aufgabe verwalten** der Registerkarte **Aufgabe** klicken.

INFO

Tägliche Aufgabenliste aktivieren

Damit Sie immer auf dem Laufenden bleiben, können Sie eine tägliche Aufgabenliste unterhalb des Kalenders anzeigen lassen. Um diese zu aktivieren, klicken Sie im Aufgabenbereich **Kalender** auf **Tägliche Aufgabenliste** in der Gruppe **Layout** der Registerkarte **Ansicht** (beachten Sie, dass diese Schaltfläche nur in der Tagesansicht oder Wochenansicht angewählt werden kann). Entscheiden Sie im Aufklappmenü, ob die Ansicht **Normal** oder **Minimiert** erscheinen soll.

30.5 Aufgaben sortieren und verwalten

Nachdem alle Aufgaben erstellt und an andere Mitarbeiter delegiert sind, können Sie sich einen Überblick verschaffen, was in der nächsten Zeit zu erledigen ist. Denn nur wenn Sie auf dem Laufenden bleiben, wissen Sie, was noch zu tun ist und was bereits erledigt ist.

Aufgabenleiste anzeigen

Die Aufgabenleiste erscheint automatisch, sobald Sie neue Aufgaben erzeugen (siehe dazu den Abschnitt 30.4, »Eine Aufgabe erstellen«, Seite 809). Sollten Sie sie zwischenzeitlich geschlossen haben, erreichen Sie diese immer wieder, indem Sie auf die Schaltfläche **Aufgabenleiste** in der Gruppe **Layout** der Registerkarte **Ansicht** klicken. Wählen Sie im Menü der Schaltfläche die Option **Aufgaben**.

Aufgaben sortieren

Die Aufgabenleiste zeigt zwar auch die anstehenden Aufgaben, doch bietet der Aufgabenbereich **Aufgaben** sehr viel mehr Übersicht.

1 Wechseln Sie daher die Ansicht, indem Sie in der Aufgabenleiste auf **Aufgaben** klicken oder `Strg` + `4` auf der Tastatur drücken.

2 Klicken Sie auf den Button **Ansicht ändern** in der Gruppe **Aktuelle Ansicht** der Registerkarte **Ansicht**. Schalten Sie um auf **Aktiv**, um Aufgaben anzusehen, deren Startzeiten bereits in der Vergangenheit liegen – die also aktuell in Bearbeitung sein sollten.

3 Sortieren Sie die Aufgaben, indem Sie deren Reihenfolge per Drag & Drop ändern. Darüber hinaus können die Listen z. B. nach Status, Erledigt oder Fälligkeit sortiert werden, indem Sie auf die jeweiligen Einträge in der Kopfzeile klicken.

Es macht Sinn, die noch nicht erledigten oder die besonders wichtigen Aufgaben nach oben zu stellen. Auch die Sortierung nach Spalte **Erledigt** kann für die weitere Bearbeitung von Bedeutung sein.

Aufgaben verwalten

Sie haben auch die Möglichkeit, die Aufgaben selbst zu verwalten. So können Sie beispielsweise die Prozentzahlen in der Spalte **Erledigt** manuell verändern. Tragen Sie hier den Wert »100 %« ein, gilt die Aufgabe automatisch als erledigt und wird innerhalb der Anzeige **Aktiv** (**Ansicht** > **Aktuelle Ansicht** > **Ansicht ändern**) gelöscht. Schalten Sie über die Schaltfläche **Ansicht ändern** auf eine andere Ansicht um, beispielsweise auf **Detailliert**, wird die Aufgabe wieder angezeigt – allerdings durchgestrichen und in schwachgrauer Schriftfarbe ❶. Verständlich, denn damit ist der Job ja de facto nicht mehr aktiv.

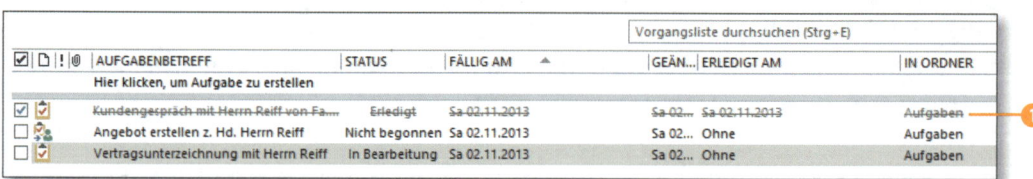

Abbildung 30.9 Der oberste Job ist erledigt.

Beachten Sie, dass Sie zu jeder Zeit die Details einer Aufgabe einsehen und sogar nachträglich noch delegieren können, indem Sie die Zeile mit einem Doppelklick anklicken. Ebenso kann derjenige, der die Aufgabe bearbeitet, jederzeit auf **Statusbericht senden** in der Gruppe **Aufgabe verwalten** der Registerkarte **Aufgabe** klicken und so seine Anmerkungen abgeben, den Status ändern oder die prozentuale Erledigung dokumentieren.

Abbildung 30.10 Jeder, der eine Aufgabe hat, kann (und sollte) von Zeit zu Zeit einen Statusbericht abgeben.

Status angeben

Die beiden Werte **% erledigt** und **Status** stehen in Abhängigkeit zueinander. Wenn der eine Wert geändert wird, ändert sich der andere automatisch auch. Hierbei gelten folgende Zusammenhänge:

- 0 % = Nicht begonnen
- 1 % bis 99 % = In Bearbeitung
- 100 % = Erledigt

Sie können auf diese Weise recht unkompliziert den aktuellen Status der Bearbeitung bereits über diese beiden Spalten ablesen und passen mit einer Änderung beide Werte unmittelbar an.

Aufgaben als erledigt markieren

Es gibt mehrere Möglichkeiten, Aufgaben als erledigt zu markieren. Eine haben Sie bereits kennengelernt: Das ist nämlich das Ändern des Prozentsatzes im Aufgabenbereich **Aufgabe** in der Spalte **Erledigt** auf »100 %«. Sie können jedoch auch eine Aufgabe per

30

Doppelklick öffnen und im Feld **Status** ❶ als **Erledigt** markieren – sofern Sie für die Erledigung der Aufgabe verantwortlich sind.

Abbildung 30.11 Melden Sie einen Auftrag als erledigt.

Haben Sie die Aufgabe an jemand anderes delegiert, kann der jeweilige Bearbeiter diese Einstellung vornehmen und anschließend einen entsprechenden Statusbericht per E-Mail versenden.

Aufgaben löschen

Mit Erledigung eines Auftrags verbleibt dieser immer noch, zwar als erledigt, in der Aufgabenliste. Das ist auch gut so, denn wenn es beispielsweise um die Rechnungserstellung geht, müssen diese Daten ja unter Umständen noch abgerufen werden – möglicherweise hat der Bearbeiter des Auftrags Informationen über die Anzahl der Arbeitsstunden vermerkt, die nun in die Berechnung mit einfließen müssen. Um eine Aufgabe endgültig zu entfernen, müssen Sie diese manuell löschen. Markieren Sie dazu die betreffende Zeile und drücken Sie ⌐Entf⌐ oder klicken Sie mit rechts auf die Aufgabe und wählen Sie im Kontextmenü **Löschen**.

30.6 Mit Nachverfolgungen arbeiten

Um nicht in Terminschwierigkeiten zu geraten und immer auf den ersten Blick zu sehen, wie eilig die eine oder andere Aufgabe ist, sollten Sie mit der in Outlook integrierten Nachverfolgung arbeiten. Dringende Termine werden dann mit einem roten Fähnchen gekennzeichnet.

Outlook für die Nachverfolgung einrichten

Falls die einzelnen Aufgaben nicht mit Fähnchen markiert sind, ist Outlook möglicherweise nicht entsprechend konfiguriert. Das sollten Sie ändern. Kontrollieren Sie, ob die Option in Outlook eingeschaltet ist, sollte das nicht der Fall sein, aktivieren Sie sie.

1 Klicken Sie auf die Rubrik **Aufgaben** im Dialogfenster **Outlook-Optionen** (**Datei** > **Optionen**).

2 Aktivieren Sie nun im Bereich **Aufgabenoptionen** die Checkbox **Meine Aufgabenliste mit Kopien von Aufgaben, die ich Personen zuweise, aktualisieren**, sollte diese Option nicht bereits aktiviert sein.

3 Bestätigen Sie gegebenenfalls Ihre Änderungen und verlassen Sie den Dialog per Klick auf **OK**.

Beachten Sie, dass bereits erstellte Aufgaben von der Einstellung nicht mehr berührt werden. Wenn Sie jedoch neue Aufgaben zuweisen, können diese fortan automatisch auch nachverfolgt werden.

Aufgaben nachverfolgen

Wichtige und kurzfristig anstehende Aufgaben werden mit einem roten Fähnchen gekennzeichnet. Sie haben jedoch auch die Möglichkeit, eine Aufgabe zu verschieben. Dabei verringert sich die Dringlichkeit automatisch. Wenn die Erledigung beispielsweise erst für die kommende Woche ansteht, sollten Sie das auch entsprechend festhalten. Klicken Sie die Aufgabe dazu im Ansichtsbereich mit der rechten Maustaste an. Wählen Sie im Kontextmenü die Option **Zur Nachverfolgung** und klicken Sie im Folgemenü auf den gewünschten Eintrag.

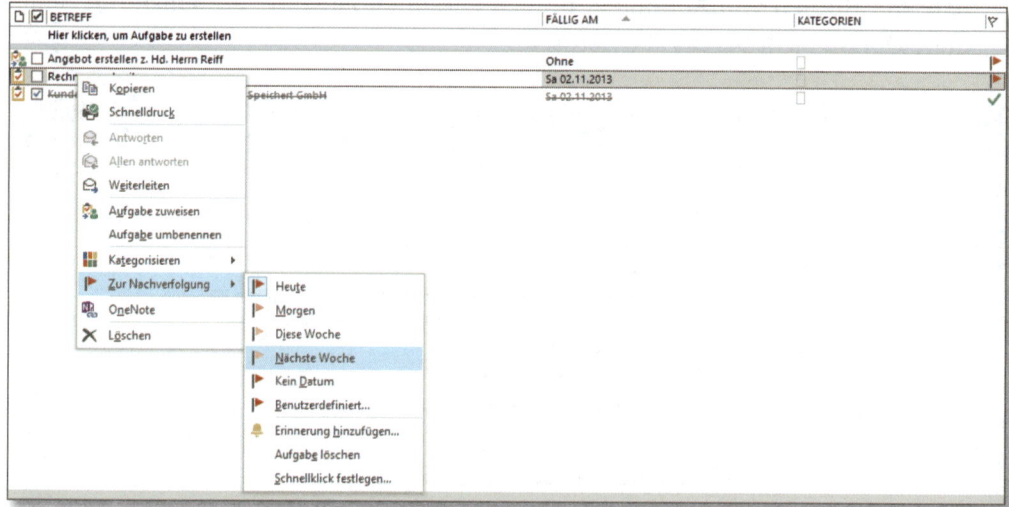

Abbildung 30.12 Die Aufgabe ist in dieser Woche noch nicht brandeilig.

INFO

Erinnerung hinzufügen

Wenn Sie wollen, dass Outlook rechtzeitig eine Erinnerungsmeldung ausgibt, rufen Sie das Kontextmenü einer Aufgabe auf, wählen Sie die Option **Zur Nachverfolgung** und klicken Sie auf den Eintrag **Erinnerung hinzufügen**. Legen Sie im Bereich **Erinnerung** des folgenden Dialogs fest, wann die Erinnerung erfolgen soll. Lesen Sie dazu auch den Abschnitt 24.4, »Das Erinnerungsfenster nutzen«, Seite 699.

Kapitel 31
Notizen nutzen

Outlook stellt im Zusammenhang mit Terminen, Kalendern und Planungen eine (leider wenig beachtete) Option zur Verfügung, die ausgesprochen nützlich ist – nämlich die Notizen. Diese sind mehr als nur kleine Merkzettel, denn mit ihnen lassen sich auch Termine planen und Erinnerungen verfassen.

31.1 Notizen erstellen und verwalten

Sie wollen auf die Schnelle etwas notieren? Nur zu! Verwenden Sie die Notizfunktion von Outlook. Das geht rasch – und Ihr Monitorrand bleibt verschont von gelben Klebezetteln.

Eine Notiz erstellen

Wer eine Notiz in Outlook erstellt, hat damit nicht nur eine Erinnerungshilfe geschaffen, sondern kann diese auch gleich zur weiteren Planung verwenden. Ein Grund mehr, Notizen in Outlook zu verwenden.

1 Am schnellsten erreichen Sie den Notizbereich, indem Sie die Tastenkombination `Strg` + `5` drücken. Alternativ funktioniert es aber auch mit einem Klick auf die drei Punkte innerhalb der Aufgabenleiste. Im Aufklappmenü entscheiden Sie sich für den Bereich **Notizen**.

2 Klicken Sie anschließend auf **Neue Notiz** in der Gruppe **Neu** der Registerkarte **Start**. Schneller geht das übrigens mit der Tastenkombination `Strg` + `N`.

3 Der Notizzettel erscheint nun in der oberen linken Ecke des Monitors. Sie dürfen diesen aber gern an dessen Kopfleiste anklicken und mit gedrückter Maustaste an eine andere Position auf dem Bildschirm verschieben.

4 Geben Sie den gewünschten Text ein. Beobachten Sie, dass im Hintergrund bereits jetzt eine Miniatur der Notiz zu sehen ist.

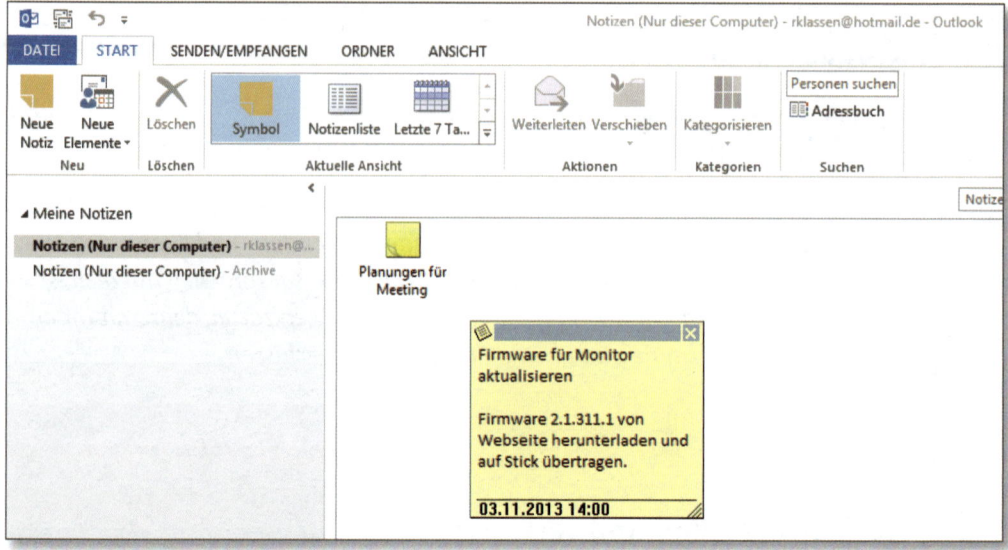

5 Wenn Sie mit der Eingabe fertig sind, schließen Sie die Notiz über das kleine Schließkreuz oben rechts.

6 Sie benötigen weitere Notizen? Nur zu. Mit Klick auf **Neue Notiz** oder `Strg` + `N` wird der nächste Zettel zur Verfügung gestellt. Die Zettel werden fein säuberlich nebeneinander angeordnet.

Notizen müssen nicht, wie bei Dokumenten ansonsten üblich, gespeichert werden. Schließen Sie eine Notiz, bleibt deren Inhalt grundsätzlich erhalten. Sie dürfen sogar den Arbeitsbereich wechseln und Outlook schließen, die Notiz bleibt Ihnen weiterhin erhalten.

Notizen öffnen

Eine geschlossene Notiz lässt sich per Doppelklick auf das Notiz-Symbol erneut öffnen, beispielsweise um weitere Informationen hinzuzufügen, Änderungen vorzunehmen oder sich die Notiz noch einmal durchzulesen.

Notizen sortieren

Eine Notiz erstellen Sie in der Regel dann, wenn Ihnen etwas Wichtiges einfällt. Haben Sie eine weitere Idee, verfassen Sie die nächste Notiz. Nun ist es ja leider nicht so, dass einem die Ideen automatisch in der richtigen Reihenfolge in den Sinn kommen – bei mir jedenfalls nicht. Ausgesprochen schade, oder? Macht aber nichts, denn Notizen lassen sich natürlich nachträglich noch sortieren. Dazu bieten sich Ihnen verschiedene Möglichkeiten an.

1 Klicken Sie eine Notiz an und halten Sie die Maustaste gedrückt. Jetzt können Sie die Notiz beliebig auf der Oberfläche verschieben.

2 Wenn Ihnen das Durcheinander nach der manuellen Sortierung nicht zusagt, klicken Sie mit rechts auf eine freie Stelle des Ansichtsbereichs und klicken Sie im Kontextmenü auf den Befehl **Symbole ausrichten**.

3 Eine Alternative zur manuellen Sortierung wird durch Änderung der Ansicht ermöglicht. Schalten Sie von **Symbol** auf **Notizenliste** in der Gruppe **Aktuelle Ansicht** der Registerkarte **Start** um, damit die Notizen in Zeilen angezeigt werden.

4 Klicken Sie auf eines der Kopfleistenfelder (z. B. **Erstellt** oder **Betreff**), um die Notizen nach der gewünschten Sortiermethode anzuordnen. Bei **Betreff** beispielsweise wird automatisch eine alphabetische Sortierung vorgenommen.

31

Auch in dieser Ansicht lässt sich eine Notiz per Doppelklick öffnen. Um zur ursprünglichen Ansicht zurückzugelangen, klicken Sie wieder auf **Symbol** in der Gruppe **Aktuelle Ansicht** der Registerkarte **Start**.

> **INFO**
>
> **Notizen löschen**
>
> Löschen Sie eine nicht mehr benötigte Notiz, indem Sie diese zunächst mit einem Klick markieren und ⌊Entf⌋ drücken. Alternativ können Sie die Notiz auch mit rechts anklicken und im Kontextmenü auf **Löschen** klicken.

31.2 Notizen in Kalendereinträge exportieren

Notizen dienen in Outlook jedoch nicht ausschließlich als Erinnerungshilfen (siehe Abschnitt 31.1, »Notizen erstellen und verwalten«, ab Seite 817). Auf Grundlage einer Notiz kann nämlich auch ein Kalendereintrag verfasst werden. Im Fuß der Notiz wird Ihnen beim Erstellen immer das aktuelle Datum sowie die Uhrzeit angezeigt. Diese Angaben können Sie dazu nutzen, um daraus einen Kalendereintrag zu generieren. Wer in diesem Zusammenhang Datum und Uhrzeit noch anpassen möchte, kann das jedoch ebenfalls tun. Denn in der Praxis wird ja meist eine andere Terminierung benötigt als die, die zum Zeitpunkt der Notizenerstellung gültig gewesen ist.

1 Im ersten Schritt müssen Sie zunächst die Notiz markieren, aus der Sie einen Kalendereintrag erstellen wollen.

2 Klicken Sie auf die Schaltfläche **Verschieben** in der Gruppe **Aktionen** der Registerkarte **Start**. Im Auswahlmenü klicken Sie auf den Eintrag **Kalender**.

3 Damit wird das Terminfenster zur Verfügung gestellt, in dem der Titel der Notiz bereits in das Feld **Betreff** eingefügt worden ist. Fügen Sie weitere Informationen hinzu bzw. passen Sie diese an. So ist es beispielsweise jetzt empfehlenswert, Datum und Uhrzeit entsprechend festzulegen.

4 Beachten Sie, dass Outlook automatisch im Auswahlfeld **Erinnerung** in der Gruppe **Optionen** der Registerkarte **Termin** eine Einstellung vorgibt. Wenn Sie damit einverstanden sind, dass Ihnen eine Viertelstunde vor dem Termin ein Erinnerungsfenster angezeigt wird, müssen Sie hier nichts ändern. Anderenfalls passen Sie den Erinnerungszeitpunkt an oder deaktivieren die Funktion, indem Sie im Menü **Ohne** auswählen.

5 Sobald Sie auf **Speichern & schließen** in der Gruppe **Aktionen** der Registerkarte
Termin klicken, wird der Termin im Kalender angelegt. Darüber hinaus wird allerdings auch die ursprüngliche Notiz aus dem Aufgabenbereich **Notizen** entfernt.

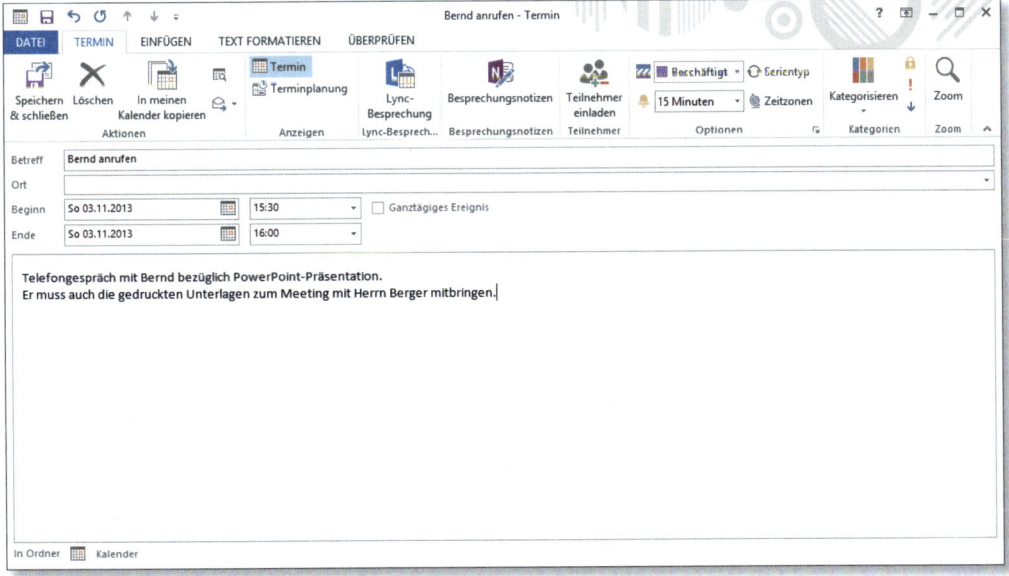

6 Falls Sie irgendwelche Änderungen an der Notiz vorgenommen haben, ist abschließend noch eine Kontrollabfrage mit **Ja** zu bestätigen.

7 Wechseln Sie anschließend in die Ansicht **Kalender**, indem Sie `Strg` + `2` drücken, und überprüfen Sie den angelegten Termin.

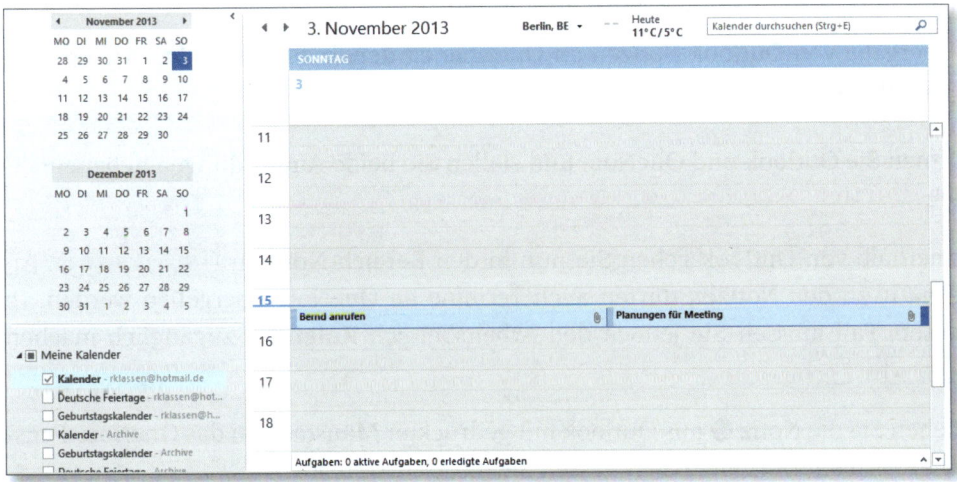

31

Die Notiz ist nun dort gespeichert und kann fortan wie jeder herkömmliche Termin bearbeitet werden. Lesen Sie dazu den Abschnitt 30.2, »Termine und Terminserien eintragen«, Seite 802.

INFO

Notizen per E-Mail weiterleiten

Auch das Versenden einer Notiz als E-Mail lässt sich mit Outlook ruck, zuck erledigen. Markieren Sie die Notiz und klicken Sie anschließend auf den Button **Weiterleiten** in der Gruppe **Aktionen** der Registerkarte **Start**. Tragen Sie in das Feld **An** die Empfängeradresse ein und klicken Sie danach auf die Schaltfläche **Senden**. Die Notiz wird dabei übrigens als Anlage mitgeliefert.

31.3   Outlook mit OneNote verknüpfen

Wenn es um Notizen, Planungen, Recherchen und dergleichen geht, ist die Software *OneNote* allererste Wahl. Da liegt es nahe, OneNote auch als Informations- oder Sammelstelle für Daten mit einzubeziehen. Nun darf man von der Zusammenarbeit zwischen Outlook und OneNote keine Wunder erwarten. Aber ein paar grundlegende Aufgaben lassen sich dennoch realisieren. So kann beispielsweise aus OneNote heraus eine Outlook-Aufgabe generiert werden. Umgekehrt kann eine Notiz oder auch ein Termin an OneNote übergeben werden. Lesen Sie in den folgenden Abschnitten, wie Sie dabei vorgehen.

Notizen und Termine an OneNote übergeben

Die Übergabe von Outlook-Notizen an OneNote ist denkbar einfach. Im Prinzip lässt sich hier alles per Drag & Drop erledigen.

1 Öffnen Sie Outlook und OneNote und stellen Sie beide Anwendungen nebeneinander.

2 Innerhalb von Outlook gehen Sie nun in den Bereich **Notizen** (`Strg` + `5`). Alternativ zu den Notizen dürfen auch Termine an OneNote übergeben werden. In diesem Fall müssen Sie jedoch den Arbeitsbereich **Kalender** zugänglich machen (`Strg` + `2`).

3 Ziehen Sie die Notiz ❶ aus Outlook mit gedrückter Maustaste in das OneNote-Fenster ❷ herüber. Dort angelangt, lassen Sie die Maustaste los.

4 Jetzt werden Sie in einem Dialogfenster ❸ gefragt, auf welche Art die Datei eingefügt werden soll. Entscheiden Sie sich für **Datei anfügen**. Das bewirkt, dass die Information in OneNote als Symbol eingefügt wird. Der Anwender kann auf dieses Symbol klicken und den Inhalt anzeigen lassen. (Das Einfügen als Ausdruck hätte zur Folge, dass die Notiz als Bild eingefügt würde. So etwas verwendet man eher, um das ursprüngliche Aussehen, also die Formatierung, einer Datei beizubehalten. Allerdings können diese Elemente dann nicht mehr wie eine normale Notiz bearbeitet werden.)

5 Innerhalb von OneNote kann die Notiz nun mit einem Doppelklick geöffnet und gelesen werden.

Da Sie ja wissen, dass Sie selbst diese Notiz verfasst haben, können Sie den Warnhinweis ignorieren und mit einem Klick auf **OK** bestätigen.

31

823

Besprechungsnotizen an OneNote übergeben

Um eine Besprechung einzuberufen, können Sie jedem Teilnehmer auf bewährte Weise eine E-Mail-Nachricht zukommen lassen. Das Ganze lässt sich aber auch über OneNote abwickeln. In diesem Fall kann jeder Teilnehmer eine entsprechende OneNote-Notiz dazu verfassen. Grundsätzlich ist zu empfehlen, vorab ein entsprechendes Notizbuch in OneNote zu erzeugen, in dem die Besprechungsnotizen dann zusammenlaufen. Wie Sie ein derartiges Notizbuch erzeugen, erfahren Sie in Abschnitt 43.1, »Ein neues Notizbuch erstellen«, Seite 1031. Wir haben für dieses Beispiel ein Notizbuch »Besprechung Fa. Henke« erzeugt und auf OneDrive freigegeben.

1 Nachdem Sie die Notiz im Aufgabenbereich **Notizen** ($\boxed{\text{Strg}}$ + $\boxed{5}$) verfasst haben, wandeln Sie diese in einen Termin um.

2 Begeben Sie sich in den Aufgabenbereich **Kalender** und markieren Sie den Termin dort.

3 Anschließend klicken Sie auf die Schaltfläche **Besprechungsnotizen** in der gleichnamigen Gruppe der Registerkarte **Kalendertools/Termin**. Sollte keine derartige Schaltfläche vorhanden sein, befolgen Sie die Anweisungen im Kasten »Die Schaltfläche ›Besprechungsnotizen‹ ist nicht vorhanden?« auf Seite 826.

4 Nun werden Sie gefragt, ob Sie in OneNote eine eigene Notiz erstellen oder **Notizen für die Besprechung freigeben** wollen. Entscheiden Sie sich für die letztere Variante.

5 Im Folgenden müssen Sie das Notizbuch auswählen, in das die Besprechungsnotiz eingebunden werden soll. Hier haben wir uns, wie eingangs erwähnt, für das Notizbuch »Besprechung Fa. Henke« entschieden. Öffnen Sie den Ordner, indem Sie auf das vorangestellte Plussymbol klicken (es verändert sich daraufhin zum Minussymbol), und wählen Sie das untergeordnete Register **Erste Besprechung** aus. Bestätigen Sie mit einem Klick auf **OK**. Alternativ könnten Sie in diesem Dialogfenster per Klick auf **Neues Notizbuch** auch noch ein entsprechendes Notizbuch erstellen.

6 Es öffnet sich nun das Termin-Dialogfenster. Wenn Sie von hier aus direkt die Teilnehmer einladen wollen, die an der Besprechung teilnehmen sollen, klicken Sie auf **Teilnehmer einladen** in der Gruppe **Teilnehmer** der Registerkarte **Termin**.

31

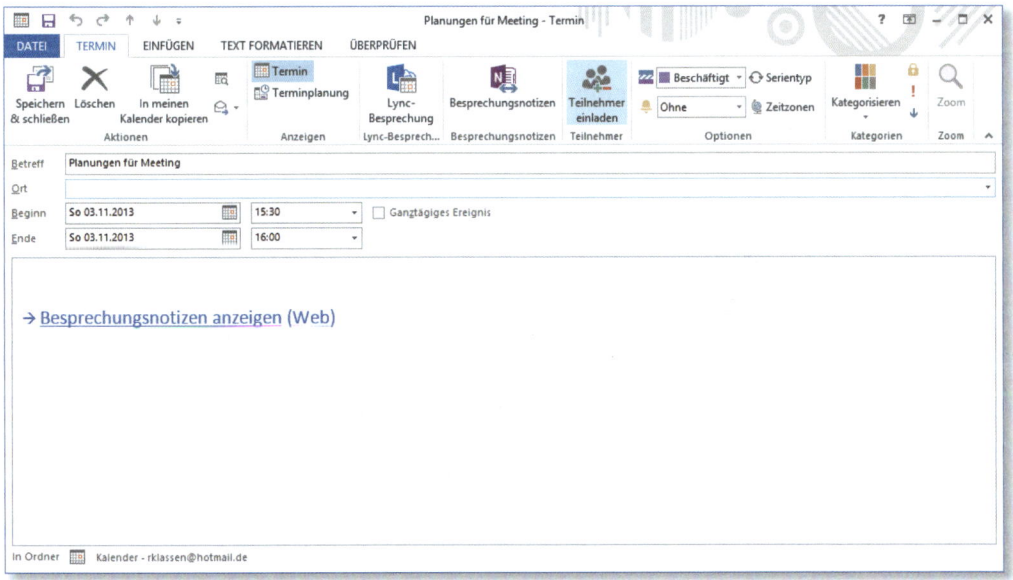

7 Mit Einleitung des letzten Schrittes wird der Termin zur Besprechung. Die Registerkarte rechts neben **Start** ändert sich entsprechend. Der Fensterinhalt wird um eine
Empfängerzeile sowie die Schaltfläche **Senden** erweitert. Schicken Sie diese Nachricht jedem, der an der Besprechung teilnehmen soll.

8 Innerhalb von OneNote wird der Termin nun bereits angezeigt. Öffnen Sie dazu das
entsprechende Notizbuch.

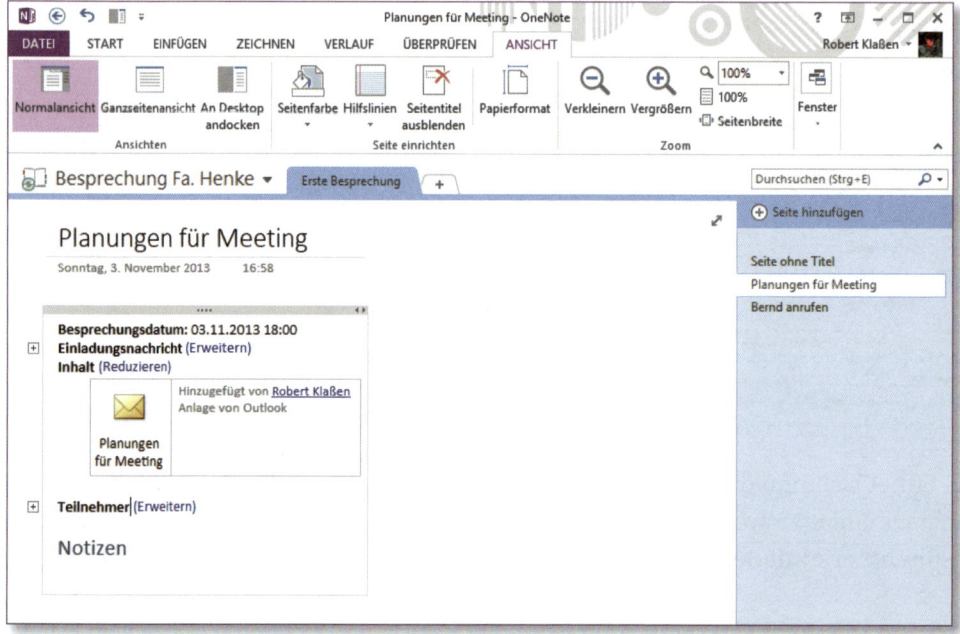

Nun können sämtliche Empfänger der Besprechungsnotiz auf dieses Register in OneNote zugreifen und Notizen hinzufügen.

Eine Outlook-Aufgabe in OneNote erstellen

Eine Zusammenarbeit ist auch in entgegengesetzter Richtung möglich. Erzeugen Sie direkt aus OneNote heraus eine Aufgabe, die Sie dann an Outlook übergeben, indem Sie auf die Schaltfläche **Outlook-Aufgaben** in der Gruppe **Kategorien** der Registerkarte **Start** klicken. Wählen Sie im Menü der Schaltfläche den Eintrag **Benutzerdefiniert**, um in Outlook das Aufgabenfenster zu öffnen.

Abbildung 31.1 Eine Aufgabe für Outlook – mit OneNote in die Wege geleitet

INFO

Journal-Funktionen

Wo von Notizen die Rede ist, denkt zumindest derjenige, der bereits Erfahrungen mit Office-Vorgängerversionen gesammelt hat, an das gute alte Journal. Dieses ist jedoch in der Version Office 2013 offenbar aufgrund mangelnden Interesses nicht mehr enthalten. Seit Outlook 2013 wird das Journal nicht mehr unterstützt. Sollten Sie eine Vorgängerversion mit einem Update auf Version 2013 ausgestattet haben, finden Sie im Ordnerbereich auf der linken Seite lediglich noch einen Ordner, der mit **Journal** betitelt ist. Haben Sie Office 2013 neu installiert, ist dieser Ordner nicht vorhanden.

31

Kapitel 32
Outlook im Team einsetzen

Wenn es darum geht, sich gegenseitig auf dem Laufenden zu halten, kann Outlook seine Teamfähigkeit unter Beweis stellen. Verabreden Sie sich mit den Kollegen zu Meetings, versenden Sie Besprechungsanfragen und gestatten Sie einen Blick in Ihren Kalender – natürlich nur, wenn Sie das wollen.

32.1 Mit Besprechungsanfragen arbeiten

Besprechungsanfragen werden an Personen versendet, die, wie der Name schon sagt, an einer Besprechung oder Ähnlichem teilnehmen sollen. Auf diese Weise können Sie Ihre Terminplanung bequem mit Outlook ausführen.

Eine Besprechungsanfrage versenden

Hier erfahren Sie, wie Sie eine Besprechungsanfrage erzeugen und diese an die gewünschten Teilnehmer versenden. Wie eine derartige Anfrage beantwortet wird, ist hingegen Thema des darauf folgenden Unterabschnitts.

1 Aktivieren Sie den Arbeitsbereich **Kalender** ([Strg] + [2]) und klicken Sie auf die Schaltfläche **Neue Besprechung** in der Gruppe **Neu** der Registerkarte **Start**.

2 Als Nächstes klicken Sie auf die Schaltfläche **An**, um Teilnehmer auszuwählen, die dieser Besprechung beiwohnen sollen.

3 Markieren Sie einen Teilnehmer und entscheiden Sie anschließend mit einem Klick auf den Button **Erforderlich** oder **Optional**, ob das Erscheinen des Teilnehmers unabdingbar ist oder ob Sie nötigenfalls auch auf ihn verzichten könnten. Tragen Sie in das Feld **Ressourcen** eine E-Mail-Adresse ein, wird eine Anfrage an denjenigen versendet, der für die Zurverfügungstellung des Besprechungsraumes oder Ähnliches zuständig ist. Wie Sie sehen, können Sie alle wichtigen E-Mail-Benachrichtigungen aus diesem Dialogfenster heraus anstoßen. Bestätigen Sie Ihre Auswahl am Ende per Klick auf **OK**.

4 Als Nächstes geben Sie einen Titel in das Feld **Betreff** ein. Sofern Sie im vorange-gangenen Schritt eine Ressource angegeben haben, ist diese bereits in der Zeile **Ort** vermerkt. Sollte die Zeile noch leer sein, fügen Sie einen Ort hinzu. Vergessen Sie nicht, in den Feldern **Beginn** und **Ende** die Besprechung zu datieren.

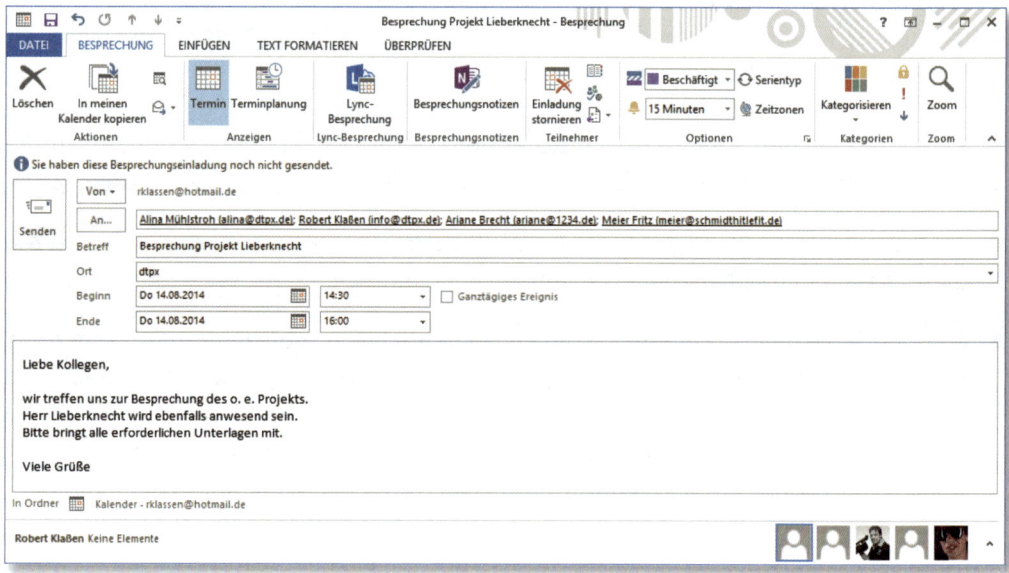

5 Zuletzt erfolgt das **Senden** der Besprechungsanfrage, indem Sie auf die gleichnamige Schaltfläche klicken.

Jetzt wird die Besprechungsanfrage an alle gelisteten Empfänger versandt. Nicht nur die direkten Teilnehmer, sondern auch die in den Ressourcen genannten Verantwortlichen erhalten diese Post.

Auf eine Besprechungsanfrage antworten

Die im vorangegangenen Abschnitt erzeugte Besprechungsanfrage landet im E-Mail-Postfach der Empfänger. Diese haben nun Gelegenheit, darauf zu reagieren.

1 Wenn Sie Empfänger einer Besprechungsanfrage sind, markieren Sie die Nachricht im Ansichtsbereich des Aufgabenbereichs **E-Mail**. Der Inhalt wird daraufhin rechts im Lesebereich angezeigt.

2 Dort haben Sie die Möglichkeit, direkt auf die Anfrage zu antworten. Klicken Sie dazu oben auf die Schaltfläche **Ablehnen**, **Mit Vorbehalt** oder **Zusagen**. Daraufhin öffnet sich ein kleines Menü, in dem Sie festlegen können, was als Nächstes geschehen soll. Mit **Antwort vor dem Senden bearbeiten** könnten Sie weitere Informationen hinzufügen. Wenn Sie lediglich eine Standardantwort übermitteln wollen, klicken Sie auf **Antwort jetzt senden**. Daraufhin wird die Antwort per E-Mail verschickt, und Sie müssen keine weiteren Schritte unternehmen.

3 Der Herausgeber der Besprechungsanfrage wird seinerseits nun entsprechend informiert. Die dort eintreffende Nachricht ist mit der Antwort versehen.

Um Anfragen in der beschriebenen Art und Weise durchführen und steuern zu können, ist Outlook oder ein Konto bei *Outlook.com* erforderlich. Andere E-Mail-Programme können nicht auf die beschriebene Weise einbezogen werden.

INFO

Konflikte beachten

Für den Fall, dass es einen Konflikt mit einem anderen Termin geben sollte, erhalten Sie im Infobereich der E-Mail einen entsprechenden Hinweis ❶. In diesem Fall könnten Sie auch auf die Schaltfläche **Andere Zeit vorschlagen** ❷ klicken. Im Auswahlmenü können Sie dann zwischen den Optionen **Mit Vorbehalt und andere Zeit vorschlagen** oder **Ablehnen und andere Zeit vorschlagen** wählen.

Abbildung 32.1 Wenn Ihnen die angegebene Zeit nicht zusagt, reagieren Sie.

32.2 Abstimmungen erstellen

Unterschiedliche Meinungen können ein Projekt bereichern. Doch am Ende muss in der Regel eine Entscheidung getroffen werden. Wollen Sie den einen oder anderen an dieser Entscheidung teilhaben lassen, können Sie ihn zu einer Abstimmung einladen. Stellen Sie dazu bestimmten Personen eine Abstimmungsfrage. Das können Sie prima per E-Mail erledigen. Die Empfänger antworten daraufhin mit ihrer Stimme auch per E-Mail.

1 Um eine Abstimmung zu erzeugen, klicken Sie im Aufgabenbereich **E-Mail** auf die Schaltfläche **Neue E-Mail** in der Gruppe **Neu** der Registerkarte **Start**.

2 Klicken Sie im Nachrichtenfenster auf die Schaltfläche **Abstimmungsschaltfl. verwenden** in der Gruppe **Verlauf** der Registerkarte **Optionen**. Wählen Sie im Menü der Schaltfläche eine der angebotenen Optionen aus, je nach Gestaltung Ihrer Abstimmung. Die Option **Benutzerdefiniert** erläutern wir Ihnen im Anschluss an diese Anleitung auf Seite 834.

3 Legen Sie in den entsprechenden Feldern Empfänger und Betreff fest und schicken Sie die Nachricht mit einem Klick auf **Senden** ab.

4 Der Empfänger der Abstimmungsnachricht kann nun anhand einer entsprechenden Info ❸ beim Aufrufen der E-Mail im Lesebereich erkennen, dass es sich bei dieser Nachricht um eine Abstimmung handelt. Er muss diese Info nun anklicken, um an der Abstimmung teilzunehmen.

5 Das hat zur Folge, dass sich ein Menü öffnet, in dem genau die Antworten vorgegeben sind, die der Absender zuvor ermöglicht hat. Per Klick kann sich der Empfänger nun entscheiden. Bei geöffnetem Nachrichtenfenster kann der Empfänger auf die Schaltfläche **Abstimmen** in der Gruppe **Antworten** klicken und sich dort ebenfalls entscheiden.

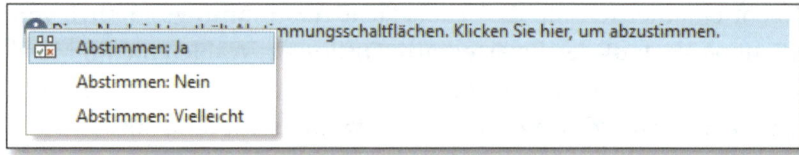

6 Wenn der Empfänger der Abstimmungsanfrage seiner Stimmabgabe keine weiteren Informationen hinzufügen möchte, kann er **Antwort sofort senden** aktiv lassen und unmittelbar auf **OK** klicken.

7 Nur am Rande sei noch erwähnt, dass der ursprüngliche Absender der Abstimmung sogleich per E-Mail über das Votum des Teilnehmers informiert wird. Interessant wird das Ganze allerdings erst, wenn es darum geht, ein Gesamtergebnis anzeigen zu lassen. Denn meist nehmen ja mehrere Personen an einer Abstimmung teil. Das kann der Initiator machen, indem er innerhalb einer Antwortmail auf das Abstimmungsergebnis des Teilnehmers klickt und anschließend erneut auf **Abstimmungsresultate anzeigen**.

Das Resultat des letzten Schrittes ist, dass sich ein Nachrichtenfenster öffnet, in dem nun alle Abstimmungsrückmeldungen, die bereits eingetroffen sind, in einer Liste gesammelt abgelesen werden können.

Wie bereits in Schritt 2 auf Seite 833 erwähnt, haben Sie beim Hinzufügen von Abstimmungsschaltflächen auch die Möglichkeit, die Option **Benutzerdefiniert** auszuwählen. In diesem Fall öffnet sich das Dialogfenster **Eigenschaften**, mit dem sich die Abstimmungsschaltflächen individuell benennen lassen. Dazu müssen Sie in der Zeile **Abstimmungsschaltflächen verwenden** ❶ Begriffe ohne Leerzeichen, jedoch durch Semikolon getrennt, eingeben. Zudem können Sie festlegen, dass jemand anderes als Sie selbst die Abstimmungsergebnisse erhält. Dazu müssen Sie im Bereich **Übermittlungsoptionen** die Checkbox **Antworten senden an** ❷ aktivieren. Den Empfänger wählen Sie aus, indem Sie auf die Schaltfläche **Namen auswählen** klicken. Diese Funktion setzt allerdings Microsoft Exchange voraus. Alternativ tippen Sie in das nebenstehende Eingabefeld eine E-Mail-Adresse ein. Beenden Sie Ihre Eingabe mit einem Klick auf **Schließen**.

Abbildung 32.2 Mit diesem Dialog erreichen Sie mehr Individualität.

32.3 Kalender freigeben und versenden

Wenn es um die Planung verschiedener Vorgänge geht, kann es erforderlich werden, Kalender freizugeben. Die Freigabe kann beispielsweise eine Auftragsabwicklung oder die Urlaubsplanung begünstigen. Der Planer kann dann in den Kalendern der Teilnehmer sehen, wann diese zur Verfügung stehen bzw. wann sie mit anderen Aufträgen beschäftigt sind.

Kalender in Outlook freigeben

Wenn Sie über Microsoft Exchange verfügen, können Sie den eigenen Kalender für Kollegen freigeben, die ebenfalls mit Outlook arbeiten oder ein Konto bei *Outlook.com* unterhalten. Im Aufgabenbereich **Kalender** klicken Sie auf **Kalender freigeben** in der Gruppe **Freigeben** der Registerkarte **Start**. Beachten Sie, dass auch der Kollege, der den Kalender einsehen möchte, mit Microsoft Exchange arbeiten muss. Freigegebene Kalender ❶ (siehe Abbildung 32.3) werden Ihnen innerhalb des **Kalender**-Arbeitsbereichs unten links in der Ordnerleiste angezeigt.

Abbildung 32.3 Freigegebene Kalender können nebeneinander angeordnet werden.

Aktivieren Sie dort einen oder mehrere Kalender, um diese im Ansichtsbereich nebeneinander oder neben Ihrem eigenen Kalender anzeigen zu lassen.

Kalender per E-Mail versenden

Kalender oder Teile davon können auch per E-Mail verschickt werden. Diese Methode eignet sich vor allem auch für Empfänger, die nicht mit Outlook arbeiten.

1 Öffnen Sie den Arbeitsbereich **Kalender** ($\boxed{\text{Strg}}$ + $\boxed{2}$). Klicken Sie auf die Schaltfläche **Kalender per E-Mail senden** in der Gruppe **Freigeben** der Registerkarte **Start**.

2 Stellen Sie im Dialogfenster **Kalender über E-Mail senden** im Auswahlfeld **Kalender** den Kalender ein, den Sie versenden wollen. Gleich unterhalb legen Sie im gleichnamigen Feld den Datumsbereich fest, den Sie versenden möchten, z. B. die nächsten 7 Tage.

3 Im Bereich **Detail** lässt sich nun bestimmen, wie viel Sie von Ihren persönlichen Informationen freigeben wollen. Stellen Sie **Nur Verfügbarkeit** ein, wenn Sie dem

Empfänger lediglich mitteilen wollen, ob Sie zu einem bestimmten Zeitraum frei sind oder andere Termine haben.

4 Klicken Sie im Bereich **Erweitert** auf **Einblenden**, wenn Sie Einfluss auf das E-Mail-Layout nehmen wollen. Außerdem lässt sich (Bekanntgabe von Details im Steuerelement **Detail** vorausgesetzt) festlegen, über welche Details genauere Informationen versendet werden sollen. Verlassen Sie den Dialog mit einem Klick auf **OK**.

5 Legen Sie den Empfänger sowie den Betreff fest und senden Sie die Nachricht ab.

Der Kalender ist jetzt gemäß Ihren Vorgaben in der Nachricht enthalten. Der Empfänger kann sich diesen im Lesebereich anzeigen lassen (siehe vorangegangene Abbildung).

32

32.4 Termine und Besprechungseinträge per E-Mail senden

Sie haben ja im Unterabschnitt »Besprechungsnotizen an OneNote übergeben« auf Seite 824 bereits erfahren, wie Sie einen Besprechungstermin unter Zuhilfenahme von OneNote übermitteln können. Außerdem haben wir zu Beginn dieses Kapitels bereits Besprechungstermine erzeugt. Jetzt gehen wir noch einen Schritt weiter und erzeugen eine Besprechung aus einem bereits vorhandenen Termin.

1 Begeben Sie sich in den Aufgabenbereich **Kalender** ([Strg] + [2]) und markieren Sie einen vorhandenen Termin oder eine Besprechung. Alternativ erzeugen Sie einen neuen Termin.

2 Klicken Sie auf die Schaltfläche **Teilnehmer einladen** in der Gruppe **Teilnehmer** der Registerkarte **Kalendertools/Termin**. Sofern Sie zuvor eine Besprechung und keinen Termin markiert haben, klicken Sie auf die Schaltfläche **Weiterleiten** in der Gruppe **Aktionen** der Registerkarte **Kalendertools/Besprechung**.

3 Nun öffnet sich ein Besprechungsformular, das dem einer herkömmlichen E-Mail zunächst gleicht. Der Unterschied besteht jedoch darin, dass die Registerkarte rechts neben der Registerkarte **Start** mit **Besprechung** ausgewiesen ist.

Geben Sie die üblichen Informationen in die Felder **An**, **Betreff** und **Ort** ein und schicken Sie die Nachricht mit dem Termin oder der Besprechung ab, indem Sie auf die Schaltfläche **Senden** klicken.

Die wichtigsten Outlook-Einstellungen

*An dieser Stelle beleuchten wir die eine oder andere Funktionsweise in den
Outlook-Optionen und werfen einen Blick auf Outlook-spezifische Sicherheitseinstellungen, die Sie in Ihrer täglichen Arbeit mit Outlook beachten sollten.*

33.1 Einstellungen zur Arbeit mit Nachrichten

Nutzen Sie die eine oder andere interessante Voreinstellung, die Ihnen Outlook bietet,
wenn es um das Schreiben und Lesen von E-Mails geht. Wenn Sie mögen, können Sie
beispielsweise die Rechtschreibüberprüfung von Outlook an Ihre persönlichen Bedürfnisse anpassen. Erfahren Sie außerdem, wie Sie mit Desktopbenachrichtigungen und
Lesebestätigungen umgehen können.

Rechtschreibung und Grammatik

Die Rechtschreibüberprüfung ist standardmäßig in Outlook aktiviert. Wird innerhalb
einer Nachricht etwas geschrieben, was Outlook für falsch hält, wird dies unterstrichen
– wie Sie es vermutlich bereits aus Word kennen. Wer darauf verzichten möchte, kann
die Rechtschreibüberprüfung in den Programmoptionen deaktivieren. Öffnen Sie dazu
zunächst die **Outlook-Optionen** (**Datei** > **Optionen**) und wählen Sie in der linken
Spalte die Rubrik **E-Mail**. Klicken Sie oben rechts im Bereich **Nachrichten verfassen**
auf den Button **Editoroptionen**.

Wählen Sie im Dialogfenster **Editoroptionen** links die Rubrik **Dokumentprüfung**. Klicken Sie hier im Bereich **Bei der Rechtschreibkorrektur in Outlook** auf die Checkbox
Rechtschreibung während der Eingabe überprüfen, um die automatische Überprüfung zukünftig zu deaktivieren. Über die Checkbox **Grammatikfehler während der
Eingabe markieren** können Sie entscheiden, ob Sie eine automatische Grammatik-
überprüfung wünschen oder nicht. Bestätigen Sie Ihre Änderungen per Klick auf die
Schaltfläche **OK**.

33

Abbildung 33.1 Die Outlook-Optionen sind eine Art Schaltzentrale für Voreinstellungen.

Wenn Sie im Dialogfenster **Outlook-Optionen** die Checkbox **Originalnachricht bei Antworten und Weiterleitungen ignorieren** im Bereich **Nachrichten verfassen** der Rubrik **E-Mail** aktivieren, wird der Text der ursprünglichen Nachricht bei einer Antwort von der Rechtschreibprüfung ausgeklammert. Deren Bedeutung wird oft von Anwendern falsch interpretiert. Denn die Bezeichnung erweckt bei einigen Anwendern den Eindruck, man könne bei einer Antwort auf eine E-Mail den Text der Originalnachricht ausklammern, wenn man die Funktion deaktiviert. Lesen Sie hierzu den Unterabschnitt »Originalnachricht gestalten« auf Seite 841.

Desktopbenachrichtigungen

Sicher ist Ihnen bereits aufgefallen, dass eine kleine Hinweistafel in der oberen rechten Ecke des Desktops Sie auf das Eintreffen einer neuen E-Mail-Nachricht aufmerksam macht – und zwar auch, wenn Sie gerade gar nicht mit Outlook beschäftigt sind. Das ist zwar prinzipiell ganz nützlich, kann aber unter Umständen bei manchen Arbeiten am Computer recht störend sein.

Sie können die Funktion deaktivieren, indem Sie im Dialog **Outlook-Optionen** die Checkbox **Desktopbenachrichtigungen anzeigen** im Bereich **Nachrichteneingang** der Rubrik **E-Mail** deaktivieren.

Abbildung 33.2 Jetzt bleiben die Hinweistafeln außen vor.

Originalnachricht gestalten

Wenn Sie auf eine Nachricht antworten oder diese an jemand anderen weiterleiten, wird der Text der Originalnachricht automatisch an Ihr Schreiben angehängt. Das ist sinnvoll, denn so bleibt der Schriftverkehr immer nachvollziehbar. Wenn Sie das jedoch nicht wollen, können Sie im Dialog **Outlook-Optionen** das Steuerelement **Beim Antworten auf Nachrichten** im Bereich **Antworten und Weiterleitungen** der Rubrik **E-Mail** umstellen. Die Originalnachricht wird nicht mit gesendet, wenn Sie die Option **Ursprüngliche Nachricht nicht beifügen** wählen.

Abbildung 33.3 Was soll mit der Originalnachricht beim Antworten oder Weiterleiten geschehen?

Beachten Sie auch die darunter befindlichen Optionen des Steuerelements **Beim Weiterleiten von Nachrichten**. Antworten und Weiterleitungen können nämlich unabhängig voneinander eingerichtet werden.

Lesebestätigungen

Wenn Sie eine Nachricht verschicken, können Sie sich bestätigen lassen, ob Ihre E-Mail wirklich angekommen bzw. gelesen worden ist – sofern zwei Voraussetzungen erfüllt sind: Zum einen muss der E-Mail-Server des Empfängers sowie dessen eingesetzte Software diese Funktion unterstützen. Zum anderen muss der Empfänger »willens« sein, eine derartige Bestätigung abzugeben. Denn die Lesebestätigung ist kein Einschreiben mit Rückschein. Der Empfänger kann die Abgabe einer Lesebestätigung auch unterdrücken. Sie übrigens auch. Aktivieren Sie die Funktion **Lesebestätigung, die das Anzeigen der Nachricht durch den Empfänger bestätigt ❶** im Bereich **Verlauf** der Rubrik **E-Mail** (**Datei** > **Optionen**), wenn Ihnen eine entsprechende Bestätigung wichtig ist. Diese erfolgt (unter den oben genannten Voraussetzungen) per E-Mail.

Abbildung 33.4 Lesebestätigungen anfordern und abgeben – mit Outlook ist es möglich.

Sie selbst dürfen (wie auch Ihre Empfänger) frei entscheiden, ob Sie automatisch Lesebestätigungen von Outlook verschicken lassen oder nicht. Die Funktion **Senden einer Lesebestätigung immer bestätigen lassen ❷** ist eine gute Wahl. Denn dann fragt Outlook im Bedarfsfall nach, ob Sie eine Bestätigung abgeben wollen. Damit wissen Sie zum einen, dass eine Lesebestätigung angefordert worden ist, und können zum anderen individuell entscheiden, ob Sie diese auch wirklich abgeben wollen.

33.2   Sicherheitseinstellungen

Outlook verfügt von Haus aus über durchdachte Sicherheitseinstellungen. Sie müssen sich also prinzipiell um nichts kümmern. Dennoch sollten Sie die eine oder andere Einstellung kennenlernen und selbst entscheiden, ob Sie eventuell mehr Sicherheit für geboten halten.

Datenschutzbestimmungen

Möchten Sie sich über die Datenschutzbestimmungen von Outlook informieren, klicken Sie auf **Datei** > **Optionen** > **Trust-Center** und hier auf den Link **Datenschutzbestimmungen für Microsoft Outlook anzeigen** im Bereich **Datenschutz**. Daraufhin öffnen sich die Outlook-Datenschutzbestimmungen im Browser Ihrer Wahl.

Safety & Security

Sie erreichen eine Verbindung mit dem Microsoft Safety & Security Center, indem Sie auf den Link **Microsoft Trustworthy Computing** im Bereich **Sicherheit & mehr** klicken. Auch wenn man es aufgrund dieser Begriffe kaum vermuten sollte – die Internetseiten sind in deutscher Sprache. Sie finden dort zahlreiche Informationen und Hilfetools zur Verbesserung der Sicherheit Ihres Computers.

Outlook-Sicherheit

Klicken Sie auf den Button **Einstellungen für das Trust Center** in der Rubrik **Trust Center** der **Outlook-Optionen**, so gelangen Sie automatisch in die Rubrik **Automatischer Download** des Dialogfensters **Trust Center**. Die oberste Checkbox bewirkt, dass Bildmaterial, welches in Nachrichten eingebettet ist, nicht automatisch heruntergeladen wird. Ihnen wird dann zunächst nur der Nachrichtentext angezeigt. Denn es ist so, dass der Absender durch das Herunterladen von Bildmaterial seinerseits Informationen darüber gewinnen kann, ob Ihre E-Mail-Adresse »funktioniert« – d. h., ob diese gültig ist. Jemand, der Sie mit Junk-Mails überschütten möchte, freut sich über derartige Informationen. Ist diese oberste Checkbox jedoch aktiv, machen Sie ihm einen Strich durch die Rechnung.

Auf der Seite **E-Mail-Sicherheit** des Dialogs **Trust Center** ist jedem, der viel Post aus unbekannten Quellen erhält, zu empfehlen, die Funktion **Standardnachrichten im Nur-Text-Format lesen** im Bereich **Als Nur-Text lesen** zu aktivieren. In diesem Fall werden nämlich Textformatierungen, Bilder und Hyperlinks ganz einfach deaktiviert. Dabei gilt jedoch: Sollte der Absender eine digitale Signatur hinzugefügt haben, wird die E-Mail nicht mehr im Nur-Text-Format angezeigt. Wenn Sie jedoch genau das wollen, also auf jeden Fall das Nur-Text-Format unabhängig davon verwenden, ob eine Signatur beigefügt ist oder nicht, müssen Sie auch die darunter befindliche Checkbox **Digital signierte Nachrichten im Nur-Text-Format lesen** anwählen.

33

Abbildung 33.5 Die höchste Sicherheit wird im Nur-Text-Format erreicht.

Nachrichten verschlüsseln

Die Option **Inhalt und Anlagen für ausgehende Nachrichten verschlüsseln** in der Rubrik **E-Mail-Sicherheit** des Dialogs **Trust Center** bewirkt, dass der Text vor dem Senden verschlüsselt wird und beim Empfänger auch zunächst in verschlüsselter Form eintrifft. Eine digitale ID macht es ihm jedoch möglich, diesen Text zu lesen. Damit das Ganze funktioniert, müssen sowohl Absender als auch Empfänger dieselbe digitale ID verwenden. Derartige IDs werden von Sicherheitsdiensten wie ARX, Avoco, GlobalSign oder Geo Trust vergeben. Weitere Informationen dazu finden Sie, indem Sie auf **Digitale ID anfordern** klicken.

Abbildung 33.6 Mit digitalen IDs können verschlüsselte Nachrichten gesendet und beim Empfänger entschlüsselt werden.

33.3   Einstellungen für die Arbeit mit Aufgaben und Terminen

Abschließend schauen wir uns noch zwei Outlook-Optionen an, die mit Terminen zu tun haben. Zum einen erfahren Sie, wie Sie Erinnerungen an Aufgabentermine koppeln können, zum anderen, wie sich Arbeitszeiten für den Terminkalender generieren lassen.

Aufgaben-Erinnerungen

Wenn Sie sich bereits mit Terminen beschäftigt haben, wissen Sie: Für Termine wird automatisch eine Erinnerungsfunktion eingerichtet. Bei Aufgaben ist das jedoch nicht so – noch nicht einmal dann, wenn sie über ein Fälligkeitsdatum verfügen. Sie müssen die Erinnerung in diesem Fall manuell erstellen, indem Sie die gleichnamige Checkbox im Aufgabenfenster anwählen. Das kann man leicht vergessen. Aktivieren Sie daher die Funktion **Erinnerungen für Aufgaben mit Fälligkeitsdatum aktivieren** in der Rubrik **Aufgaben** der **Outlook-Optionen** (**Datei** > **Optionen**), wenn Sie sich darum künftig nicht mehr explizit kümmern wollen. Haben Sie die Funktion aktiviert, wird automatisch eine Erinnerung erstellt, sobald Sie im Aufgabenfenster in den Feldern **Beginnt am** oder **Fällig am** ein Datum festlegen.

Abbildung 33.7 Ab sofort werden Erinnerungen im Aufgabenfenster automatisch aktiviert, sobald ein Datum eingesetzt wird.

Arbeitszeiten

Alle Einstellungen rund um Termine nehmen Sie in der Rubrik **Kalender** des Dialogs **Outlook-Optionen** vor. Darin ist vor allem der Bereich **Arbeitszeit** erwähnenswert, denn Zeiten jenseits des eingestellten Bereichs werden innerhalb des Aufgabenbereichs **Kalender** grau dargestellt. Das soll verhindern, dass versehentlich ein Termin außer-

33

halb der Arbeitszeit angeordnet wird. Outlook geht standardmäßig davon aus, dass Sie von 8 bis 17 Uhr tätig sind. Wer sich das aber von seiner Büro-Kommunikationssoftware nicht vorschreiben lassen möchte, der kann dies über die Auswahlfelder **Beginnt** und **Endet** im Bereich **Arbeitszeit** nach seinen Wünschen neu definieren.

Abbildung 33.8 Definieren Sie die Kalender-Arbeitszeiten.

Kapitel 34
Tipps und Tricks für den Umgang mit Outlook

Im letzten Outlook-Kapitel schauen wir uns noch einige Features an, die Ihren Arbeitsalltag in Outlook beträchtlich erleichtern können. Legen Sie beispielsweise Textbausteine an, wenn Sie sich häufig wiederholende E-Mails versenden müssen, oder setzen Sie bei Abwesenheit den integrierten Autoresponder ein.

34.1 Elemente direkt über das Windows-Kontextmenü versenden

Grundsätzlich besteht die Möglichkeit, Daten auf Ihrem PC direkt von deren Speicherort aus für den E-Mail-Versand in Outlook vorzubereiten. So müssen Sie nicht zunächst Outlook öffnen, und die Datei in einem neuen E-Mail-Fenster über die Schaltfläche **Datei anfügen** Ihrer Nachricht anhängen, sondern können das über das Kontextmenü der Datei erledigen. Dazu ist es allerdings erforderlich, Outlook vorab entsprechend zu konfigurieren.

»E-Mail senden«-Befehl festlegen

Damit die Übergabe von Daten auf Ihrem Rechner an Outlook (siehe folgende Anleitung) reibungslos funktioniert, müssen Sie in Outlook zunächst eine Einstellung vornehmen. Bei der Gelegenheit sollten Sie auch gleich kontrollieren, ob Outlook als Standardanwendung für den Versand von E-Mails eingerichtet ist.

1 Öffnen Sie den Dialog **Outlook-Optionen** (**Datei** > **Optionen**) und klicken Sie in der linken Spalte die Rubrik **Allgemein** an.

2 Normalerweise wird in Outlook automatisch während der Installation die Option **Outlook als Standardprogramm für E-Mail, Kontakte und Kalender einrichten** aktiviert. Falls jedoch weitere E-Mail-Anwendungen auf Ihrem Rechner vorhanden bzw. nachträglich installiert worden sind, könnten diese im wahrsten Sinne des Wortes die Vorherrschaft übernommen haben. Kontrollieren Sie daher, ob die Checkbox **Outlook als Standardprogramm für E-Mail, Kontakte und Kalender einrichten**

im Bereich **Startoptionen** aktiviert ist. Falls das Kästchen leer ist, aktivieren Sie diese Option. Verlassen Sie den Dialog aber noch nicht.

3 Klicken Sie anschließend auf den Button **Standardprogramme** im Bereich **Startoptionen**.

4 Scrollen Sie im Dialog **Programmzuordnungen festlegen** in der Liste ganz nach unten und aktivieren Sie die Checkbox **E-Mail senden** ❶. Danach bestätigen Sie mit einem Klick auf **Speichern** und verlassen die Outlook-Optionen per Klick auf **OK**.

Mit dieser Aktion haben Sie zweierlei erreicht: Wann immer Sie eine Schaltfläche zum Versand einer E-Mail betätigen, beispielsweise auf einer Internetseite, öffnet sich automatisch Outlook. Zudem können Sie nun aus dem Kontextmenü des Betriebssystems Dateien an Outlook übergeben.

Dateien per Kontextmenü an Outlook übergeben

Sie möchten eine Datei, die sich auf Ihrem PC oder einem verbundenen Datenträger befindet, mit Outlook versenden? In diesem Fall könnten Sie natürlich eine neue E-Mail in Outlook erstellen und anschließend über den Button **Datei anfügen** (**Nachricht** > **Einfügen**) einen Anhang anfügen. Doch das würde bedeuten, dass Sie per Dialog zur gewünschten Datei navigieren müssten. Es steht Ihnen aber auch eine bequemere Möglichkeit zur Verfügung.

1 Ungeachtet dessen, ob Outlook geöffnet oder derzeit geschlossen ist, sollten Sie zunächst den Speicherplatz öffnen, an dem sich die gewünschte Datei befindet.

2 Klicken Sie mit rechts auf die Datei, die verschickt werden soll, und zeigen Sie im Kontextmenü auf **Senden an**. Klicken Sie im Folgemenü auf die Option **E-Mail-Empfänger**.

3 Daraufhin öffnet sich ein neues E-Mail-Fenster in Outlook, das bereits mit dem entsprechenden Anhang bestückt ist. Sie finden den Anhang in der Zeile **Angefügt ❶**. Nun müssen Sie nichts weiter tun, als einen Empfänger einzutragen und eventuell den Inhalt der Betreffzeile zu ändern sowie die E-Mail mit dem Dateianhang per Klick auf die Schaltfläche **Senden** abzuschicken.

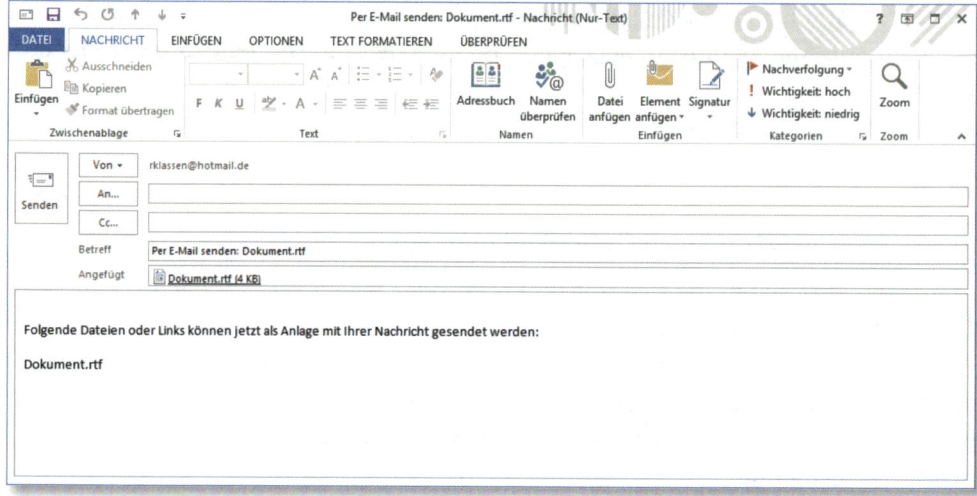

Die Schaltfläche **Datei anfügen** (**Nachricht** > **Einfügen**) ist dabei weiterhin im E-Mail-Fenster anwählbar. Sollten Sie also weitere Anhänge hinzufügen wollen, können Sie das jederzeit über die Schaltfläche erledigen.

Mehrere Dateien senden

Sie möchten mehrere Dateien in einer E-Mail versenden? Dann klicken Sie diese nacheinander an, während Sie [Strg] gedrückt halten. Klicken Sie danach mit rechts auf eine der markierten Dateien und wählen Sie im Kontextmenü die Funktion **Senden an**. Im Folgemenü klicken Sie auf die Sendeoption **E-Mail-Empfänger**. Sie können auch mehrere beisammenliegende Dateien markieren, indem Sie die erste anklicken – und danach die letzte markieren, während [⇧] festgehalten wird. Auch das Markieren bei gedrückter Maustaste ist möglich. Dazu klicken Sie an eine Position, an der sich keine Datei befindet, halten die Maustaste gedrückt und ziehen durch Verschieben der Maus einen Rahmen auf, der alle relevanten Dateien beinhaltet. Rufen Sie danach wie beschrieben das Kontextmenü auf.

Bilder versenden

Sofern das zu verschickende Material mindestens eine Bilddatei enthält, werden Sie noch dazu aufgefordert, Größeneinstellungen festzulegen. Das macht es möglich, große Bilder klein zu rechnen, damit diese sich für den Versand per E-Mail eignen. Eine ungefähre Dateigröße wird in der Dialogmitte angezeigt. Bei dieser Aktion bleibt übrigens das Originalfoto unangetastet.

Abbildung 34.1 Legen Sie die Größe des zu versendenden Fotos fest.

34.2 Mit Schnellbausteinen häufig verwendete Formulierungen festhalten

Wer hat schon Lust, immer wiederkehrende Textformulierungen jedes Mal neu einzugeben. Wenn Sie mit Textbausteinen arbeiten, bleibt Ihnen das erspart. Texte wie »Sehr geehrte Damen und Herren, wir freuen uns, Ihnen in der Anlage unser Angebot überreichen zu dürfen.« beispielsweise für eine Angebotsabgabe schreiben Sie zukünftig dann nur noch einmal und legen anschließend einen Textbaustein davon an.

1 Erstellen Sie eine neue E-Mail. (Alternativ können Sie sich auch für eine neue Aufgabe, eine Besprechung, einen Termin oder einen Kontakt entscheiden, die Verfahrensweise bleibt dabei gleich.)

2 Geben Sie den gewünschten Text, den Sie als Schnellbaustein speichern möchten, in das Eingabefeld des E-Mail-Fensters ein. Anschließend markieren Sie ihn (z. B. indem Sie ihn mit gedrückter Maustaste überfahren).

3 Klicken Sie auf **Schnellbausteine** in der Gruppe **Text** der Registerkarte **Einfügen**. Wählen Sie im Menü der Schaltfläche den Befehl **Auswahl im Schnellbaustein-Katalog speichern**.

4 Tragen Sie im Dialog **Neuen Baustein erstellen** einen Namen ein. Hier wird standardmäßig der erste Teil des Textes angeboten. Um bei unserem Beispiel zu bleiben, wäre beispielsweise »Angebot« ein passender Name.

5 Falls Sie Ihre Bausteine in verschiedene Kategorien einsortieren wollen (optional), können Sie das Auswahlfeld **Kategorie** öffnen und darin auf **Neue Kategorie erstellen** klicken. Wer keine Kategorien benötigt, belässt die Einstellung bei **Allgemein**. Verlassen Sie den Dialog per Klick auf **OK**.

851

6 Wann immer Sie diese Formulierung benötigen (beispielsweise in einer neuen E-Mail), platzieren Sie zunächst die Einfügemarke an der Position, an der der Text erscheinen soll.

7 Klicken Sie auf die Schaltfläche **Schnellbausteine** in der Gruppe **Text** der Registerkarte **Einfügen**. Im Menü der Schaltfläche wird Ihnen nun der eben erstellte Schnellbaustein angezeigt. Fügen Sie ihn an der aktuellen Position der Einfügemarke in Ihre E-Mail ein, indem Sie den Baustein anklicken.

INFO

Bausteineigenschaften ändern oder löschen

Sollte es einmal erforderlich sein, die Eigenschaften des Bausteins anzupassen oder diesen zu löschen, klicken Sie mit rechts auf den Schnellbaustein im Menü der Schaltfläche **Schnellbausteine** (**Einfügen** > **Text**) und entscheiden sich im Kontextmenü für **Organisieren und löschen**.

34.3 Wenn Sie einmal nicht da sind: automatische Antworten senden

Automatische Antworten – auch *Autoresponder* genannt – sorgen während Ihrer Abwesenheit (z. B. Urlaub) dafür, dass alle Kontaktpersonen, die Ihnen eine E-Mail schicken, einen entsprechenden Hinweis erhalten. Dazu müssen Sie natürlich Ihren PC nicht in Betrieb halten. Das geschieht direkt vom Server aus. Dazu ist allerdings ein Exchange-Konto erforderlich (siehe hierzu Abschnitt 24.6, »IMAP, Exchange oder POP3«, Seite 705). Aber auch hierzu gibt es einen Plan B – außerhalb von Outlook. Beide Varianten stellen wir Ihnen hier kurz vor.

Autoresponder mit Exchange aktivieren

Sofern Sie über ein Exchange-Konto verfügen, lässt sich die automatische Abwesenheitsnachricht direkt aus Outlook heraus erstellen. Dazu begeben Sie sich in die Backstage-Ansicht von Outlook (**Datei**) und klicken auf der Seite **Kontoinformationen** die Schaltfläche **Automatische Antworten** an. Aktivieren Sie im Folgedialog die Checkbox **Automatische Antworten senden** und nehmen Sie die gewünschten Einstellungen vor.

Abbildung 34.2 Mit Exchange lässt sich das automatische Antworten aus Outlook generieren.

Daraufhin sendet Outlook automatisch eine entsprechende Nachricht an den Absender einer an Sie gerichteten E-Mail, sobald diese bei Ihnen eintrifft.

Autoresponder über Outlook.com aktivieren

Sofern Sie kein Exchange-Konto betreiben, ist in Sachen automatische Abwesenheitsnachricht noch lange nicht Schluss. Wenn Sie ein Microsoft-Konto besitzen, z. B. *@outlook.com*, *@hotmail.de*, *@live.com*, können Sie auch ohne ein Exchange-Konto online eine Abwesenheitsnachricht einrichten. (Auch andere E-Mail-Dienstanbieter stellen meist entsprechende Möglichkeiten zur Verfügung, die ganz ähnlich aktiviert werden wie in diesem Beispiel.)

1 Öffnen Sie einen Internetbrowser und öffnen Sie die Internetseite *outlook.com*. Loggen Sie sich mit Ihren Zugangsdaten ein (auch Hotmail- oder Live-Konten lassen sich über *outlook.com* aufrufen).

2 Wechseln Sie über das Auswahlmenü der Pfeilschaltfläche ❶ in den E-Mail-Bereich. Anschließend betätigen Sie das Zahnrad-Symbol ❷ und entscheiden sich für den Menüpunkt **Weitere E-Mail-Einstellungen** ❸.

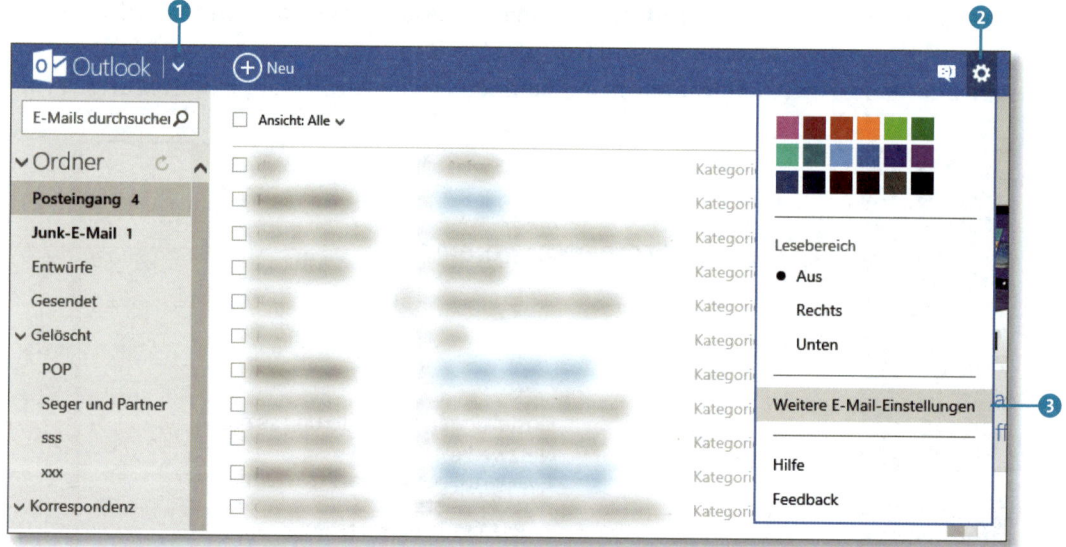

3 Sie befinden sich nun in den Optionen. Halten Sie im Bereich **Konto verwalten** nach dem Listeneintrag **Automatisierte Abwesenheitsnotizen senden** Ausschau und klicken Sie diese Zeile an.

4 Auf der Seite **Abwesenheitsnotiz** aktivieren Sie per Radiobutton die Option **Abwesenheitsnotizen an Personen senden, von denen ich E-Mails erhalte**. Geben Sie in das Eingabefeld den gewünschten Text ein und klicken Sie abschließend auf die Schaltfläche **Speichern**.

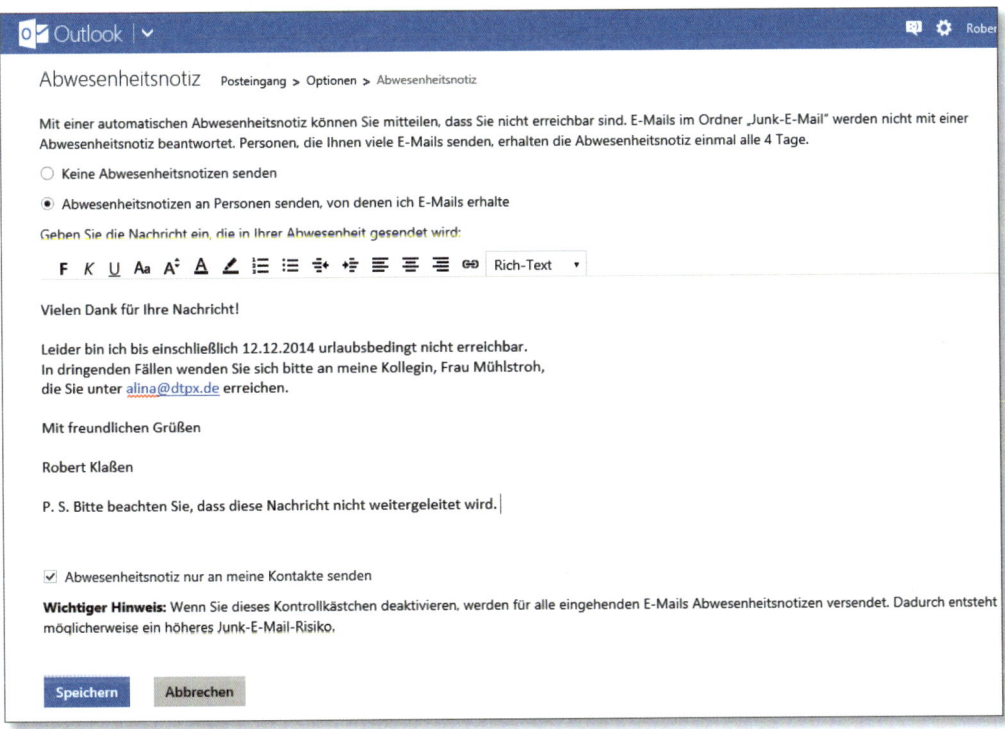

5 Im Gegensatz zur vorangegangenen Exchange-Server-Variante lässt sich die Gültig-keitsdauer des Autoresponders nicht einstellen. Wenn Sie zurück sind, müssen Sie demzufolge den Radiobutton **Keine Abwesenheitsnotizen senden** aktivieren, um die Option abzuschalten.

Sofern Sie in Schritt 4 die untere Checkbox **Abwesenheitsnotiz nur an meine Kon-takte senden** aktiv lassen, bekommen nur Absender eine automatische Antwort, deren Adressen sich in Ihren Kontakten befinden. Wenn jeder eine Abwesenheitsnachricht be-kommen soll, der Ihnen schreibt, sollten Sie die Checkbox per Mausklick deaktivieren. Beachten Sie jedoch, dass in diesem Fall auch Junk-Mails beantwortet werden – was die Versender dieser dubiosen Nachrichten freuen wird. Denn sie wissen nun, dass diese Adresse gültig ist.

34.4 Häufige Arbeitsschritte in QuickSteps festhalten

QuickSteps in Outlook sind im Prinzip so etwas wie Makros. Denn auch hier lassen sich einzelne Arbeitsschritte (die sogenannten *Aktionen*) als Arbeitsablauf speichern.

Outlook beinhaltet mehrere vordefinierte Aktionen, die individualisiert und zu einem komplexen Arbeitsablauf zusammengestellt werden können. Später kann der gesamte Ablauf per Knopfdruck oder Tastenkombination ausgeführt werden.

1 Klicken Sie im Bereich **E-Mail** auf die Schaltfläche **Neu erstellen** in der Gruppe **QuickSteps** der Registerkarte **Start**.

2 Daraufhin wird das Dialogfenster **QuickStep bearbeiten** geöffnet. Benennen Sie hier zunächst den Arbeitsablauf im Feld **Name** und wählen Sie anschließend eine Aktion aus z. B. **Neue Nachricht** ❶, indem Sie zunächst die Liste **Aktion auswählen** öffnen.

3 Mithilfe des Buttons **An** lässt sich direkt auf ein Adressbuch zugreifen. Alternativ können Sie Absender auch von Hand eintragen. Mit **Optionen anzeigen** werden weitere Listen- und Eingabefelder zugänglich.

4 Fügen Sie Betreff, Kennzeichnungen und Text ein. Eine einzelne Aktion macht natürlich noch keinen Arbeitsablauf aus. Also lassen Sie einen weiteren Arbeitsgang folgen, indem Sie auf den Button **Aktion hinzufügen** ❷ klicken.

5 Jetzt kann die nächste Aktion integriert werden. Öffnen Sie dazu die soeben neu hinzugefügte Liste **Aktion auswählen** und klicken Sie beispielsweise im Bereich **Termin** auf **Neue Besprechung**.

6 Fahren Sie auf diese Weise fort. Benötigen Sie eine weitere Aktion, klicken Sie erneut auf **Aktion hinzufügen**, gefolgt von **Aktion auswählen**.

7 Am Ende können Sie noch im Bereich **Tastenkombination** einen entsprechenden Befehl vergeben. Öffnen Sie das gleichnamige Auswahlfeld und weisen Sie die Kombination zu, die Ihnen behagt.

8 Beschreiben Sie die Aktion, wenn Sie möchten, im Feld **QuickInfo-Text**. Damit wird eine Hinweistafel generiert, die eingeblendet wird, wenn Sie später auf die entsprechende Schaltfläche in der Gruppe **QuickStep** der Registerkarte **Start** klicken. Schließen Sie die Aktion mit einem Klick auf **Fertig stellen** ab.

9 Um alle Schritte eines QuickSteps auszuführen, können Sie die soeben vergebene Tastenkombination eingeben oder auf die neu hinzugefügte Schaltfläche, hier im Beispiel **Briefing**, in der Gruppe **QuickSteps** der Registerkarte **Start** klicken.

Klicken Sie mit rechts auf den QuickStep und wählen Sie im Kontextmenü den Befehl **Löschen**, um diesen zu entfernen. QuickSteps bearbeiten Sie nachträglich, indem Sie im Kontextmenü des entsprechenden QuickSteps auf den Befehl **QuickSteps verwalten** klicken. Wählen Sie daraufhin im gleichnamigen Dialogfenster den QuickStep aus und klicken Sie danach auf die Schaltfläche **Bearbeiten**, um ihn zu ändern.

34.5 Telefonlisten und Kalendereinträge drucken

Sie benötigen einen bestimmten Bereich Ihres Kalenders schriftlich? Dann drucken Sie diesen Teil ganz einfach aus. Auch Telefonlisten können aus Outlook heraus ganz schnell zu Papier gebracht werden.

Kalender drucken

Wenn es um Kalender geht, muss zunächst einmal zwischen den beiden Druckoptionen unterschieden werden, je nachdem, ob Sie ein leeres Kalenderblatt benötigen oder ob vorhandene Termine ausgedruckt werden sollen.

1 Sie möchten einen Datumsbereich mit Ihren Terminen anfertigen? Öffnen Sie zunächst den Aufgabenbereich **Kalender** ($\boxed{\text{Strg}}$ + $\boxed{2}$) und wählen Sie den gewünschten Zeitraum (z. B. **Arbeitswoche**) in der Gruppe **Anordnen** der Registerkarte **Start** aus. Fahren Sie mit Schritt 3 fort.

2 Wollen Sie hingegen einen leeren Vordruck ausgeben, in dem später handschriftliche Eintragungen hinzugefügt werden können? Dann klicken Sie im Aufgabenbereich **Kalender** auf die Schaltfläche **Kalender öffnen** in der Gruppe **Kalender verwalten** der Registerkarte **Start** und wählen im Menü **Neuen leeren Kalender erstellen**. Vergeben Sie anschließend im Dialogfenster **Neuen Ordner erstellen** einen Namen und bestätigen Sie mit **OK**.

3 Um den eigentlichen Druck in die Wege zu leiten, öffnen Sie die Backstage-Ansicht, klicken Sie dazu auf die Registerkarte **Datei** und wählen Sie anschließend die Rubrik **Drucken**.

4 Im Bereich **Einstellungen** lässt sich nun noch ein geeignetes Format für den Kalender wählen. Klicken Sie, wenn Sie alle Einstellungen vorgenommen haben, auf die Schaltfläche **Drucken**.

Die Standardeinstellungen des Druckers werden auch für den Kalenderdruck übernommen. Wollen Sie die Einstellungen anpassen, müssen Sie vorab auf der Seite **Drucken** auf die Schaltfläche **Druckoptionen** klicken und im Dialog **Drucken** auf den Button **Eigenschaften**.

Telefonlisten drucken

Das Drucken von Telefonlisten erfolgt im Prinzip genauso wie der Ausdruck eines Kalenders. Allerdings ist es hier wichtig, vorab die gewünschte Ansichtseinstellung zu generieren.

1 Wählen Sie zunächst den Aufgabenbereich **Personen** (Strg + 3) aus. Anschließend klicken Sie auf die Schaltfläche **Telefon** in der Gruppe **Aktuelle Ansicht** der Registerkarte **Start**.

2 Nun sollten Sie die Liste weiter anpassen. Denn meist ist es ja so, dass man längst nicht alle der hier angebotenen Spalten benötigt. Klicken Sie auf **Ansichtseinstellungen** in der Gruppe **Aktuelle Ansicht** der Registerkarte **Ansicht**.

3 Klicken Sie im Dialog **Erweiterte Ansichtseinstellungen: Telefon** auf den Button **Spalten** und entfernen Sie im Folgedialog im rechten Auswahlfeld **Diese Spalten in dieser Reihenfolge anzeigen** alle Spalten, die Ihnen unwichtig sind. Dazu markieren Sie den betreffenden Eintrag ❶ und klicken auf **Entfernen** ❷, um ihn zu löschen. Schließen Sie die beiden Dialogfenster jeweils mit einem Klick auf **OK**.

4 Nun leiten Sie den Druck in die Wege, indem Sie zunächst in der Backstage-Ansicht (**Datei**) die Rubrik **Drucken** aktivieren und daraufhin auf die gleichnamige Schaltfläche klicken.

5 Klicken Sie anschließend auf die Schaltfläche **Ansicht zurücksetzen** in der Gruppe **Aktuelle Ansicht** der Registerkarte **Ansicht**. Daraufhin werden alle zuvor entfernten Spalten wieder hinzugefügt.

Falls Sie immer wieder derart gefilterte Telefonlisten benötigen, sollten Sie vor dem letzten Schritt auf die Schaltfläche **Ansicht ändern** in der Gruppe **Aktuelle Ansicht** der Registerkarte **Ansicht** klicken. Wählen Sie im Menü der Schaltfläche die Option **Aktuelle Ansicht als neue Ansicht speichern**, damit diese künftig direkt zur Verfügung steht.

Teil V
Präsentieren mit PowerPoint 2013

Kapitel 35
Die neue PowerPoint-Oberfläche kennenlernen

Die Präsentationssoftware PowerPoint passt auf den ersten Blick richtig gut in das Gefüge der Office-Suite. Dennoch gibt es zum Teil gravierende Unterschiede im Vergleich zu den anderen Programmen. Machen Sie sich mit den Besonderheiten sowie mit den vielen unterschiedlichen Ansichtsoptionen vertraut.

35.1 Wo finden Sie was? – Die wichtigsten Registerkarten

Zunächst einmal muss man in PowerPoint, genauso wie auch in allen anderen Anwendungen der Office-Suite, feststellen, dass die Präsentationssoftware nicht gerade eine Augenweide in Sachen Oberflächendesign darstellt. Allerdings erspart Ihnen das auch Umgewöhnungszeiten, denn wenn Sie schon mit dem grundlegenden Office-Layout vertraut sind, dann wird Ihnen PowerPoint geradezu bekannt vorkommen.

Der Erststart

Grundsätzlich starten Sie in PowerPoint mit der Seite **Zuletzt verwendet**. In der linken Spalte sind noch keine Projekte gelistet – zumindest wenn Sie PowerPoint zuvor nie geöffnet haben. Auf der rechten Seite befinden sich die Präsentationsvorlagen und der Button **Leere Präsentation**, mit dem Sie eine neue Präsentation starten können.

Abbildung 35.1 Über diese Seite beginnen Sie Ihre Arbeit mit PowerPoint.

Wollen Sie sich jedoch zuerst einmal auf der Oberfläche von PowerPoint umsehen? Dann drücken Sie einfach $\boxed{\text{Esc}}$ auf Ihrer Tastatur, dadurch gelangen Sie in die Standardansicht der Anwendung bei aktivierter Registerkarte **Start**.

PowerPoint 2013 in der Übersicht

Trotz der Tatsache, dass sich PowerPoint optisch zunächst einmal nicht wesentlich von anderen Office-Anwendungen wie Word unterscheidet, werden die einzelnen Oberflächenbereiche dennoch anders bezeichnet.

Bevor Sie in diesem Kapitel weiterarbeiten, sollten Sie sich mit den Begriffen der einzelnen Baugruppen vertraut machen. Dann wissen Sie zu jeder Zeit, was gemeint ist, wenn wir beispielsweise vom Notizenbereich sprechen. Zunächst zu den Gemeinsamkeiten: Die Symbolleiste für den Schnellzugriff ❶ gibt es auch hier. Auch der Steuerelementbereich wird hier als Menüband ❷ betitelt, und die Statusleiste ❸ heißt hier genauso wie in Word oder Excel. Beim großen Arbeitsbereich in der Mitte kommt jedoch die erste individuelle PowerPoint-Bezeichnung ins Spiel. Dieser wird hier nämlich *Folienbereich* ❹ genannt und verfügt über sogenannte *Platzhalter* ❺, die sich stets durch gestrichelte Umrandungen auszeichnen. Auf der linken Seite der Anwendung befindet sich das Listenfeld ❻, welches in der Ansicht **Normal** auch *Folienregister* genannt wird. Es zeigt eine Übersicht über sämtliche Seiten einer Präsentation, die hier im Übrigen Folien genannt werden.

Abbildung 35.2 Schmucklos, aber dennoch effektiv – die PowerPoint-Oberfläche

Dann wäre da noch der Notizenbereich ❼. Dieser ist zunächst ausgeblendet, lässt sich jedoch mit Klick auf die Schaltfläche **Notizen** ❽ hinzufügen – und auch wieder deaktivieren. Es gibt noch den Kommentarbereich ❾, der sich mit einem Klick auf **Kommentare** ❿ ebenfalls ein- oder ausblenden lässt. Die Backstage-Ansicht erreichen Sie wie in den anderen Office-Anwendungen auch, indem Sie auf das Register **Datei** klicken.

Die Registerkarte »Start«

Hier finden Sie Schaltflächen zur Erstellung neuer Folien sowie zur Text- und Absatzformatierung. Art und Anordnung der Steuerelemente entsprechen im Wesentlichen der Word-Oberfläche. Zunächst sind die meisten Buttons ausgegraut. Das ändert sich, sobald Sie einen Text-Platzhalter anklicken.

Abbildung 35.3 Die Registerkarte »Start« ist – wie sollte es anders sein – auch in PowerPoint vorhanden.

Die Registerkarten »Einfügen« und »Entwurf«

Auch die Registerkarten **Einfügen** und **Entwurf** entsprechen dem allgemeinen Office-Standard. Die zuerst genannte Registerkarte ermöglicht das Hinzufügen von Elementen, die eine moderne Präsentation aufwerten bzw. unterstützen. So lassen sich beispielsweise Bilder, Fotoalben, Onlinegrafiken, Screenshots und Tabellen bis hin zu Video- und Audioaufnahmen in eine Präsentation integrieren. Beim Register **Entwurf** haben wir es mit der optischen Gestaltung von Präsentationen zu tun – den Designs.

Abbildung 35.4 Die Registerkarte »Einfügen«

Abbildung 35.5 Die Registerkarte »Entwurf«

Die Registerkarten »Übergänge« und »Animationen«

Die beiden rechts daneben befindlichen Registerkarten sind typischerweise nur in PowerPoint zu finden. Auf der Registerkarte **Übergänge** wählen oder bearbeiten Sie Überblendungen, die den Betrachter von einer Folie zur nächsten geleiten sollen. Auf welche Weise das geschieht, also wie ein solcher Übergang aussehen soll, regeln Sie hier. Die Registerkarte **Animationen** ist ebenfalls dem Bewegungsablauf einer Präsentation gewidmet. Denn es ist auch möglich, Objekte wie Textfelder, Bilder u. Ä. in Bewegung zu versetzen. Im Gegensatz zur Registerkarte **Übergänge** sind die Schaltflächen der Registerkarte **Animationen** nur anwählbar, wenn zuvor ein Objekt (z. B. Textfeld, Bild, Tabelle) im Folienbereich markiert worden ist.

Abbildung 35.6 Diese Registerkarten beinhalten Steuerelemente zur Überblendung von Folien sowie zur Bewegungsanimation.

Die weiteren Registerkarten

Ganz wichtig ist die Registerkarte **Bildschirmpräsentation**. Denn mit dieser lässt sich eine Präsentation abspielen und deren Wirkung begutachten. Ob eine Präsentation dabei von Beginn an oder von einer bestimmten Folie ausgehend wiedergegeben werden soll, obliegt Ihnen. Aber hier stehen Ihnen noch mehr Möglichkeiten zur Verfügung.

So lassen sich beispielsweise Bewegungen auf Ihrem Computermonitor wie mit einer Videokamera aufzeichnen. Auf der Registerkarte **Überprüfen** werden Schaltflächen zur Rechtschreibprüfung, Übersetzung sowie zum Vergleich unterschiedlicher Präsentationen zur Verfügung gestellt. Außerdem lassen sich auch hier Kommentarfunktionen einsetzen. Die Registerkarte **Ansicht** dürfte bekannt sein – zumindest wenn Sie sich schon mit anderen Office-Anwendungen beschäftigt haben. Hier werden nämlich die verschiedenen Oberflächenmodi aktiviert, die optimierte Oberflächen für unterschiedliche Arbeitsgänge zur Verfügung stellen. Weitere Informationen dazu finden Sie im folgenden Abschnitt. Darüber hinaus können auch Ansichtseinstellungen wie die Anpassung der Fenstergröße während der Präsentation eingestellt werden.

> **INFO**
>
> **Entwicklertools**
>
> Auch PowerPoint verfügt über eine Registerkarte **Entwicklertools**. Diese ist jedoch auch hier standardmäßig deaktiviert und muss zunächst über **Datei** > **Optionen** > **Menüband anpassen** hinzugefügt werden.

35.2 Die verschiedenen Ansichten richtig nutzen

Im vorangegangenen Abschnitt haben wir bereits angesprochen, dass Sie mithilfe der Registerkarte **Ansicht** individuelle Ansichtsoptionen zugänglich machen können, die für die eine oder andere Aufgabe optimiert sind. Wählen Sie innerhalb der Gruppe **Präsentationsansichten** der Registerkarte **Ansicht** zwischen:

- **Normal**
- **Gliederungsansicht**
- **Foliensortierung**
- **Notizenseite**
- **Leseansicht**

Außerdem stehen Ihnen drei weitere Ansichten in der Gruppe **Masteransichten** der Registerkarte **Ansicht** zur Verfügung. Drei der zuvor genannten Ansichten, nämlich **Normal**, **Foliensortierung** und **Leseansicht**, lassen sich auch ganz unten in der Statusleiste aktivieren. Darüber hinaus ist dort ein weiterer sehr wichtiger Schalter angebracht, nämlich der Button **Bildschirmpräsentation**.

Abbildung 35.7 Wechseln Sie bequem die Ansicht über die Statusleiste.

Mit diesen Schaltflächen haben Sie vor allem auch die Möglichkeit, schnell die Ansicht anzupassen, auch wenn Sie gerade nicht die Registerkarte **Ansicht** aktiviert haben.

Die Normalansicht

Diese Ansicht haben Sie ja bereits kennengelernt. Sie beinhaltet den Folienbereich in der Mitte, der die eigentliche Arbeits- und Präsentationsfläche darstellt. Damit Sie schnell zwischen den einzelnen Folien wechseln können, werden auf der linken Seite Miniaturen der verwendeten Folien angezeigt. Ein Klick darauf stellt die jeweilige Folie im Folienbereich zur Verfügung.

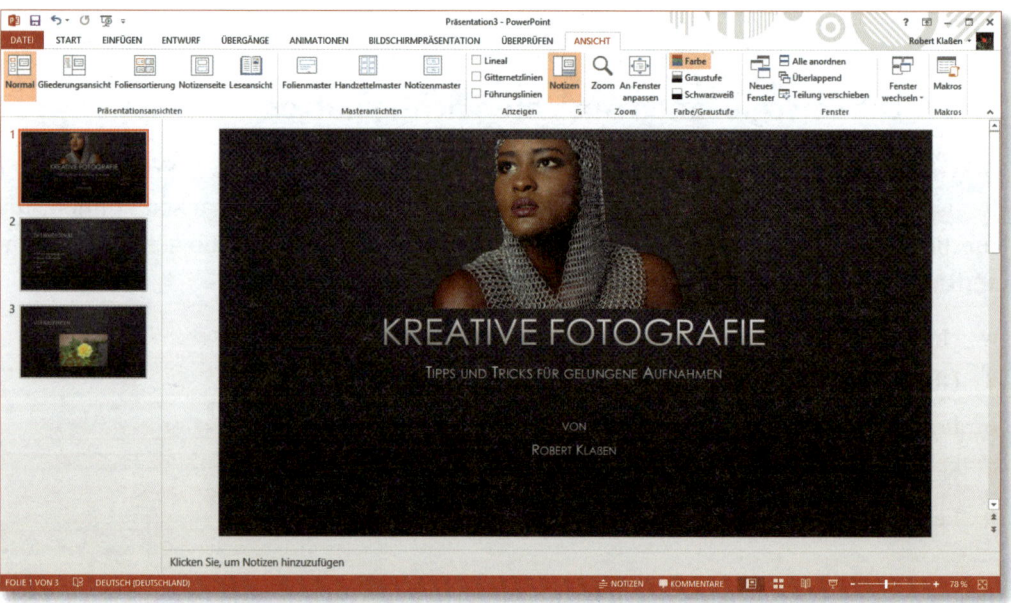

Abbildung 35.8 Diese Ansicht ist optimiert für die Folienmontage.

Diese Ansicht eignet sich bestens für das Erstellen der einzelnen Folien, also die Bereitstellung der benötigten Elemente, das Verfassen des Textes sowie das Anpassen der Layouts.

868

Die Gliederungsansicht

Schalten Sie um auf **Gliederungsansicht**, wird der Folienbereich etwas verkleinert. Dafür erhält der Bereich links (Folienregister) mehr Platz. Dort finden Sie nun auch keine Folienminiaturen mehr vor, sondern detaillierten Text – und zwar jenen Text, der auf den Folien verwendet worden ist. Dieser ist editierbar. Sie können hier also Text anpassen, hinzufügen oder ändern, ohne dafür extra zur Folie wechseln zu müssen.

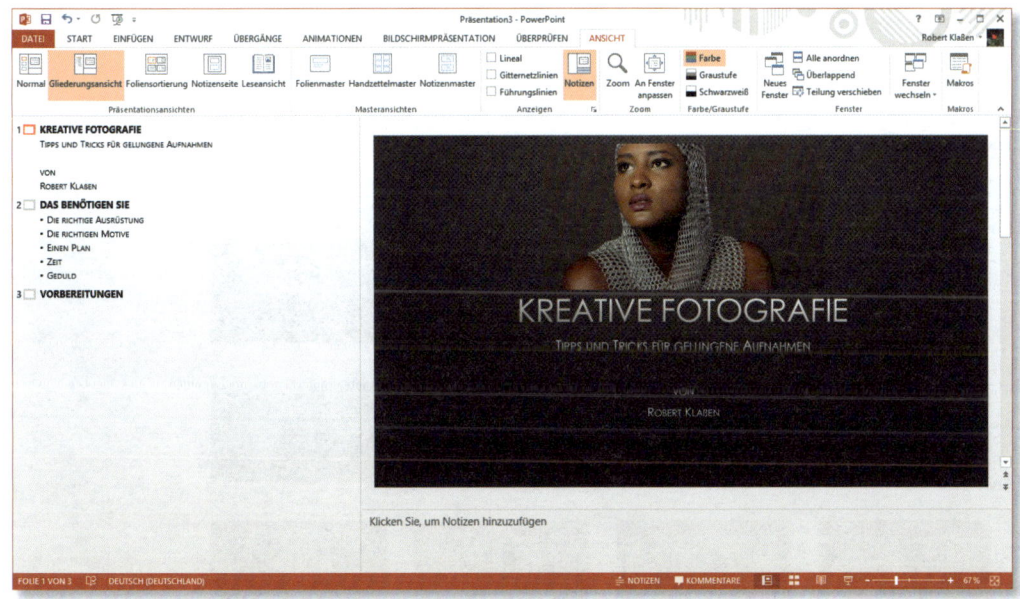

Abbildung 35.9 Die Gliederungsansicht ist optimal geeignet, um Texte schnell zu bearbeiten und kleinere Sortierungen der Folien vorzunehmen.

In dieser Ansicht befinden sich vor den Folienüberschriften außerdem kleine graue Rahmen. Ein Klick darauf bringt Sie zur jeweiligen Folie, die dann im Folienbereich angezeigt wird. Doch diese kleinen Rahmen haben eine noch nützlichere Funktion. Sie können nämlich per Drag & Drop nach oben oder unten bewegt werden. Sie können also mit ihnen die Reihenfolge der Folien anpassen. Ziehen Sie eine Folienüberschrift an eine andere Position, um diese neu einzusortieren. Die Gliederungsansicht eignet sich also sowohl zur schnellen Bearbeitung von Text in unterschiedlichen Folien wie auch zur Sortierung kleinerer Präsentationen. Wenn zahlreiche Folien zum Einsatz kommen, ist hingegen die Foliensortierungsansicht besser geeignet.

Die Foliensortierung

Wer mit vielen Folien arbeitet und diese neu anordnen möchte, ist mit der Foliensortie-rungsansicht bestens beraten. Diese ist nämlich, wenn man so will, die Vergrößerung des Folienregisters. Der Folienbereich ist komplett ausgeblendet. Man hat jetzt freien Blick auf die Folienminiaturen. In dieser Ansicht sollten Sie auch die Steuerelemente zur Skalierung ❶ verwenden, mit denen sich die Größe der Miniaturen anpassen lässt. So ist der Anwender in der Lage, möglichst viele, vielleicht sogar alle Folien seiner Prä-sentation auf einmal anzeigen zu lassen und dabei den zur Verfügung stehenden Platz optimal auszunutzen.

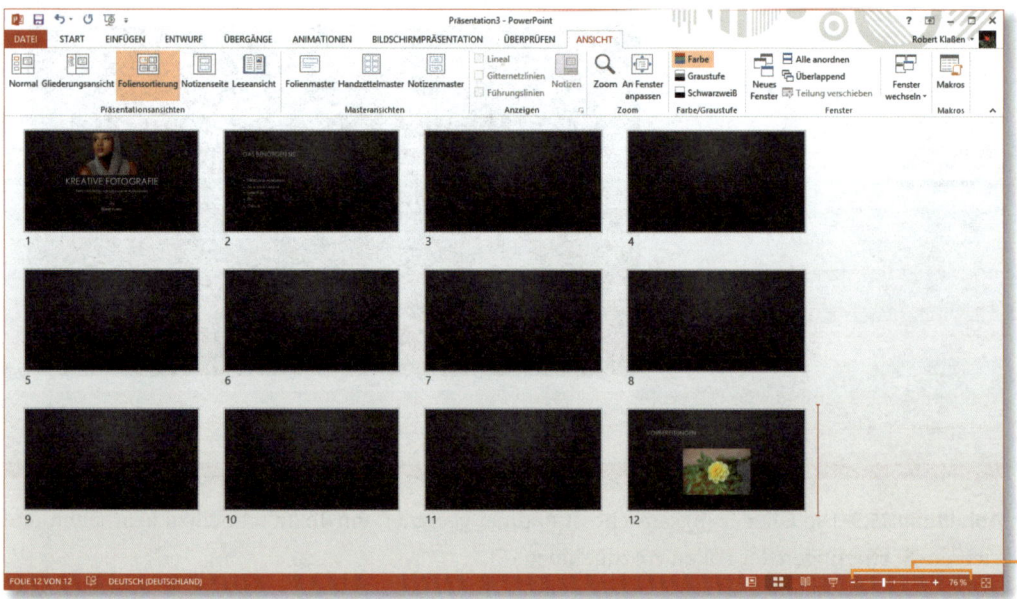

Abbildung 35.10 In der Foliensortierungsansicht sind die Zoomsteuerelemente von besonderer Be-deutung.

INFO

Folien löschen

Sollten Sie feststellen, dass die eine oder andere Folie vielleicht gar nicht benötigt wird, können Sie mit rechts darauf klicken und im Kontextmenü den Befehl **Folie löschen** wählen. Alternativ markieren Sie die entsprechende Folie mit der linken Maustaste und drücken anschließend `Entf`.

Das Geniale an dieser Ansicht ist, dass Sie eine Folie anklicken und mit gedrückter Maustaste an eine andere Position verschieben können. Sie werden sehen, dass vorhandene Folien automatisch Platz machen, wenn Sie eine andere bewegen. Auf diese Weise lassen sich übrigens auch mehrere Folien gemeinsam bewegen, wenn Sie sie zuvor bei gedrückter Taste Strg markiert haben.

Abbildung 35.11 Ziehen Sie die Folien an die gewünschte Position.

Die Notizenseitenansicht

Diese Ansicht ist ebenfalls in zweierlei Hinsicht interessant. Zum einen können Sie einzelne Folien mitsamt den dafür angefertigten Notizen anzeigen lassen. Notizen sind übrigens während der Präsentation für die Betrachter nicht sichtbar, sondern sollen dem Vortragenden als Gedankenstütze dienen – ein Spickzettel also. Außerdem können Sie die Notizen anklicken und deren Text ändern bzw. weiteren hinzufügen oder löschen. Der zweite praktische Nutzen besteht darin, dass diese Ansicht optimal zum Ausdrucken von Folien geeignet ist. Sie erreichen damit, dass pro Folie eine Seite gedruckt wird. Da auf dieser Seite auch die zugehörigen Notizen ausgegeben werden, wird Ihr Vortrag erheblich vereinfacht. Während die Teilnehmer sich die Präsentation ansehen, können Sie immer wieder einen Blick auf die Ausdrucke und Notizen werfen. Übrigens bewegen Sie sich schnell von Folienseite zu Folienseite, indem Sie die Pfeiltasten Ihrer Tastatur verwenden. Dabei spielt es keine Rolle, ob Sie ↓ oder → benutzen, um zur nächsten Seite zu gelangen. Mit den beiden anderen Pfeiltasten geht es eine Seite zurück.

Abbildung 35.12 In dieser Ansicht stehen die Notizen im Vordergrund.

Die Leseansicht

Diese Ansicht vergrößert den Folienbereich derart, dass dieser sich über die gesamte Anwendung erstrecken kann. Bewegen Sie sich auch hier mit den Pfeiltasten der Tastatur von Folie zu Folie oder nutzen Sie die Steuerelemente in der Statusleiste. Alternativ klicken Sie mit der Maus auf die Präsentation, um eine Folie nach vorne zu springen, oder drücken Esc, um diese Ansicht zu verlassen. Zudem werden weitere Ansichten in der Statusleiste angeboten, mit denen das Verlassen der Leseansicht ebenfalls möglich ist.

Nun fragen Sie sich zu Recht, wo denn der Unterschied zwischen der Bildschirmpräsentation und der Leseansicht liegt. Denn beide zeigen ja letztendlich die Präsentation. Der Unterschied besteht darin, dass die Bildschirmpräsentation den gesamten Monitorbereich beansprucht. Wollen Sie jedoch die Präsentation ansehen und gleichzeitig an einer neuen Präsentation arbeiten, lässt sich ein weiteres PowerPoint-Fenster hinzufügen. Sie haben dann in einem Fenster die Präsentation als Vorlage und können im anderen Fenster arbeiten. So etwas bietet sich beispielsweise an, wenn Sie sich in Ihrer neuen Präsentation auf den Inhalt einer vorhandenen beziehen oder wenn Sie beispielsweise das Design »nachbauen« wollen.

872

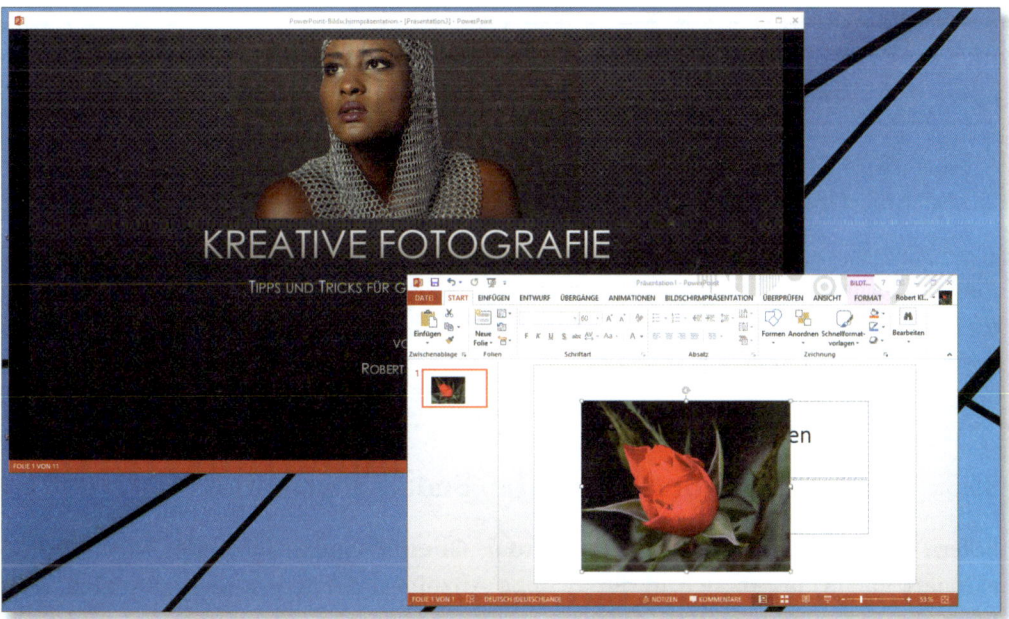

Abbildung 35.13 Jetzt dient die Präsentation als Vorlage.

Die Masteransichten

In der Gruppe **Masteransichten** der Registerkarte **Ansicht** befinden sich die Schaltflächen **Folienmaster**, **Handzettelmaster** und **Notizenmaster**. Diese Ansichten sind prima geeignet, um schnell zahlreiche Folien mit identischen Objekten, wie z. B. einem Firmenlogo, auszustatten. Lesen Sie dazu mehr in Abschnitt 36.5, »Folien-, Handzettel- und Notizenmaster verwenden«, Seite 898.

Die Bildschirmpräsentation

Zuletzt wäre da noch die Funktion **Bildschirmpräsentation** erwähnenswert, die den gesamten Monitor einnimmt und sich in der Statusleiste sowie mit F5 aktivieren lässt. Letzteres bewirkt, dass die Präsentation grundsätzlich beginnend mit der ersten Folie abgespielt wird. Wer (beispielsweise zu Kontrollzwecken oder Begutachtung eines bestimmten Bereichs) lieber von der derzeit aktiven Folie aus starten möchte, drückt die Tastenkombination ⇧ + F5.

Abbildung 35.14 Den Schalter »Bildschirmpräsentation« sucht man im Menüband der »Ansicht«-Registerkarte vergebens.

Ein Mausklick reicht, um zur nächsten Folie zu wechseln. Auch hier können Sie dazu die Pfeiltasten der Tastatur einsetzen. – Möchten Sie die Bildschirmpräsentation beenden, verlassen Sie sie mit `Esc`.

35.3 Raster, Linien und Lineale bei Bedarf zuschalten

Sofern Sie eine der drei Ansichten **Normal**, **Gliederungsansicht** oder **Notizenseite** aktiviert haben, lassen sich in der Gruppe **Anzeigen** der Registerkarte **Ansicht** drei interessante Optionen per Checkbox hinzufügen: **Lineal**, **Gitternetzlinien und Führungslinien**.

Die Lineale

Wenn Sie die Lineale einschalten (**Ansicht** > **Anzeigen**), wird jeweils eines oben und links am Rand des Folienbereichs angezeigt. Sofern ein Textfeld aktiv ist, lassen sich Tabstopps platzieren, verschieben und löschen. Außerdem werden kleine gestrichelte Linien angezeigt, während Sie sich mit der Maus auf der Folie bewegen. So lassen sich Objekte, beispielsweise beim Aufziehen einer Form, besser positionieren.

Die Gitternetzlinien

Gitternetzlinien (**Ansicht** > **Anzeigen**) erzeugen ein Raster auf der Folie, welches bei der Ausrichtung und Anordnung von Objekten behilflich ist. Diese sind leicht magnetisch, was dazu führt, dass man Ränder von Objekten (z. B. Fotos, Formen u. Ä.) besser an ihnen ausrichten kann. Das Gitternetz ist eine reine Hilfsfunktion. Es ist weder beim Ausdrucken noch in der fertigen Präsentation zu sehen. Am Rand und an den Mittellinien der Objekte tauchen während der Objektverschiebung gestrichelte Linien auf, wenn sich Rand oder Mitte eines Objekts, das Sie gerade verschieben, mit dem Rand oder der imaginären Mittellinie eines anderen Objekts decken.

Abbildung 35.15 Raster und gestrichelte Linien helfen bei der Ausrichtung von Objekten. Die vertikale Linie symbolisiert, dass sich die Bildmitte während des Verschiebens auf der vertikalen Mittellinie des Textes befindet.

Die Führungslinien

Schalten Sie die Option **Führungslinien** (**Ansicht** > **Anzeigen**) ein, um jeweils eine horizontale und vertikale Linie hinzuzufügen, die ebenfalls Magnetkraft besitzen. Die Führungslinien erscheinen auf allen Folien an der gleichen Position und helfen so, bestimmte Objekte wie z. B. Textfelder auf jeder Folie stets an der gleichen Stelle zu platzieren. In der späteren Präsentation und beim Druck bleiben die Linien unsichtbar. Besonders interessant ist, dass sich diese Linien frei auf dem Folienbereich anordnen lassen. Dazu müssen Sie die Maus auf die Linie bewegen. Sobald der Mauszeiger zum Doppelpfeil mutiert, wissen Sie, dass Sie sich genau darauf befinden. Jetzt führen Sie einen Mausklick aus und bewegen die vertikale Führungslinie horizontal bzw. die horizontale Linie vertikal. Sobald die gewünschte Position erreicht ist, lassen Sie los. Beim Verschieben zeigt eine kleine QuickInfo die aktuelle Position an. Dabei gilt: Der angezeigte Wert **0,00** ist immer der horizontale bzw. vertikale Mittelpunkt einer Folie. Ziehen Sie eine Linie an eine andere Position, wird sie auf allen anderen Folien entsprechend mit verschoben.

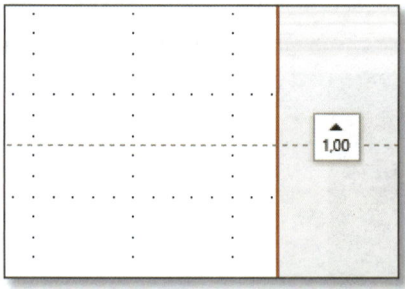

Abbildung 35.16 Hier wird gerade die horizontale Führungslinie in vertikaler Richtung verschoben.

Führungslinien hinzufügen

Mitunter ist je eine horizontale und vertikale Führungslinie zu wenig. Wenn Sie mehr Führungslinien benötigen, klicken Sie mit rechts auf den freien Bereich einer beliebigen Folie und wählen Sie anschließend im Kontextmenü **Raster und Führungslinien**. Klicken Sie im Folgemenü auf einen der beiden Befehle **Vertikale Führungslinie hinzufügen** oder **Horizontale Führungslinie hinzufügen**.

Abbildung 35.17 Fügen Sie bei Bedarf weitere Führungslinien hinzu.

> **INFO**
>
> **Automatische Aktivierung**
>
> Sollte einer der Befehle zum Hinzufügen von Führungslinien angewählt werden, während die Option **Führungslinien** (**Ansicht** > **Anzeigen**) inaktiv ist, wird sie auch automatisch im Menüband aktiviert. Dadurch werden auch bereits vorhandene und derzeit ausgeblendete Führungslinien wieder eingeblendet.

Kapitel 36
Erste Schritte mit PowerPoint 2013

Bevor Sie die ersten Präsentationen erstellen, sollten Sie sich noch mit einigen Grundlagen befassen. Sie sollten unbedingt wissen, wie Sie mit Vorlagen arbeiten und Master erstellen können. Das erspart Ihnen nämlich eine Menge Arbeit. Darüber hinaus erfahren Sie, wie unterschiedliche Objekte in die Präsentation eingefügt werden. Doch zunächst ein Wort zum Stil eines computergestützten Vortrags.

36.1 Kreativ oder sachlich? – Den richtigen Stil wählen

Es gibt niemals die »zweite« Chance, einen guten »ersten« Eindruck zu hinterlassen. Getreu diesem Motto sind Sie von Anfang an verpflichtet, sich ernsthaft mit der inhaltlichen und gestalterischen Art Ihrer Präsentation auseinanderzusetzen. Diese sollte sich grundsätzlich an Ihrer Zielgruppe orientieren.

Die inhaltliche Gestaltung

Eine Präsentation beginnt idealerweise auf dem Papier. Notieren Sie Ihre Vorstellungen, Ihre Ziele und Strategien. Gliedern Sie Ihre Ideen und Fakten, indem Sie ein Inhaltsverzeichnis erstellen. Denken Sie über Kernaussagen nach und überlegen Sie, an welchen Positionen diese zum Tragen kommen sollen. Erst wenn Sie ein inhaltliches Gerüst geschmiedet haben, sollten Sie sich mit der Gestaltung beschäftigen. Denn anderenfalls laufen Sie Gefahr, dass der Inhalt später der Gestaltung folgt. Es sollte jedoch umgekehrt sein.

Mit einer PowerPoint-Präsentation vermitteln Sie nicht nur Inhalte, sondern müssen den Betrachter auch noch bei Laune halten. Denn nichts ist schlimmer als eine langweilige Darbietung. Sie müssen sich vorstellen, dass den Menschen Präsentationen (zumindest in irgendeiner Form) bereits bekannt sind – sei es durch das Internet, TV oder einfach nur aus Schule, Studium und Beruf. Also mussen Sie davon ausgehen, dass Ihre Zuschauer schon von vornherein eine Erwartungshaltung haben. Diese müssen Sie erfüllen – oder besser noch: übertreffen. Sie sind fast schon gezwungen, Inhalte auf interessante Weise in Szene zu setzen. Dazu benutzen Sie technische und gestalterische Hilfsmittel. Glücklicherweise gibt es in PowerPoint eine Menge davon, nur sind sie leider nicht immer alle bedenkenlos einsetzbar. Denn hier muss der Medieneinsatz zum Inhalt und – noch viel wichtiger – zur Zielgruppe passen. Deswegen lautet eine wichtige Grundregel: Versuchen Sie, sich zu jeder Zeit in eine Person hineinzuversetzen, die Sie ansprechen wollen – die also später Ihre Präsentation anschauen wird. Das klassische Beispiel, dass der Banker, der Ihnen ein Gründungsdarlehen genehmigen soll, nur selten mit animierten Blümchengrafiken zu begeistern ist, sei da nur am Rande erwähnt. Dennoch ist es durchaus erlaubt, ja sogar empfehlenswert, hier und da einmal einen Effekt oder ein dramaturgisches Highlight einzubeziehen.

Vorlagen nutzen

Sollten Sie noch nicht viel Erfahrung mit der zielgruppenorientierten Gestaltung haben, lassen Sie sich von PowerPoint unter die Arme greifen. Hier sind zahlreiche Gestaltungsvorlagen integriert, die Sie nach Herzenslust einsetzen können. (In Abschnitt 36.2, »Dank passender Vorlagen schnell eine Präsentation erstellen«, Seite 879, befassen wir uns ausführlicher damit.) Versuchen Sie jedoch bei der Auswahl der richtigen Vorlage, Ihre eigenen Vorlieben ein bisschen hintenanzustellen. Stattdessen fragen Sie sich, was Ihrem Publikum am ehesten zusagen wird – und was Ihre Kernaussagen am besten unterstreichen wird. Dabei sollte schon zu Beginn die Farbgestaltung mit einbezogen werden. Blau z. B. wird allgemein als seriös empfunden. Grün wirkt harmonisch und vitalisierend. Organische oder hölzerne Hintergründe unterstreichen Kreativität. Auch Kreise und Linien lassen auf Kreativität schließen, haben jedoch oft einen futuristischen Unterton. Sie passen demzufolge auch eher zu einem innovativen Aussagekern als beispielsweise zur Präsentation einer bodenständigen Geschäftsidee. Benutzen Sie also eine Vorlage nie, nur weil Sie sie hübsch finden.

Der Vortrag

Bei einer Präsentation kommen viele Faktoren zusammen: Sie können Inhalte mit einer entsprechenden Gestaltung sowie mit technischen Hilfsmitteln interessanter und spannender machen. Sie als Vortragender sind aber gewissermaßen ein Teil dieser Animation – ein »Darsteller«. Ausgenommen natürlich, Sie geben eine Präsentation lediglich zur Ansicht weiter. Deswegen sind auch Ihre Aussagen, Gesten, Blicke, Ihr Gebaren und nicht zuletzt auch Ihr persönliches Befinden zum Zeitpunkt der Präsentation von großer Bedeutung. Die Frage »Kreativ oder sachlich?« stellt sich also auch hier. Wobei es ja grundsätzlich so ist, dass das eine das andere nicht zwangsläufig ausschließt. Seien Sie auch in einer nüchternen, aus reinen Fakten bestehenden Präsentation kreativ – aber verlieren Sie niemals die Zielgruppe aus den Augen – auch nicht bei Ihrem persönlichen Vortrag.

36.2   Dank passender Vorlagen schnell eine Präsentation erstellen

Nachdem Sie PowerPoint gestartet haben, werden Sie mit Vorlagenminiaturen versorgt. Die Reihenfolge dieser Miniaturen ist übrigens nicht fest vorgegeben. Zuletzt verwendete Vorlagen werden nach dem erneuten Öffnen der Anwendung ganz oben präsentiert.

36

Eine Vorlage aussuchen

Schauen Sie sich die Vorlagenminiaturen an. Versuchen Sie, eine Verbindung zwischen Ihrem Thema und den angebotenen Farben, Formen und Erscheinungsweisen zu finden. Lassen Sie sich Zeit dabei, denn dies ist einer der wichtigsten Schritte auf dem Weg zur fertigen Präsentation.

1 Sollte PowerPoint bereits geöffnet sein, gelangen Sie zu den Vorlagen, indem Sie auf die Registerkarte **Datei** klicken und in der linken Spalte die Rubrik **Neu** auswählen. Wenn Sie die Anwendung neu starten, kommen Sie automatisch in diese Ansicht.

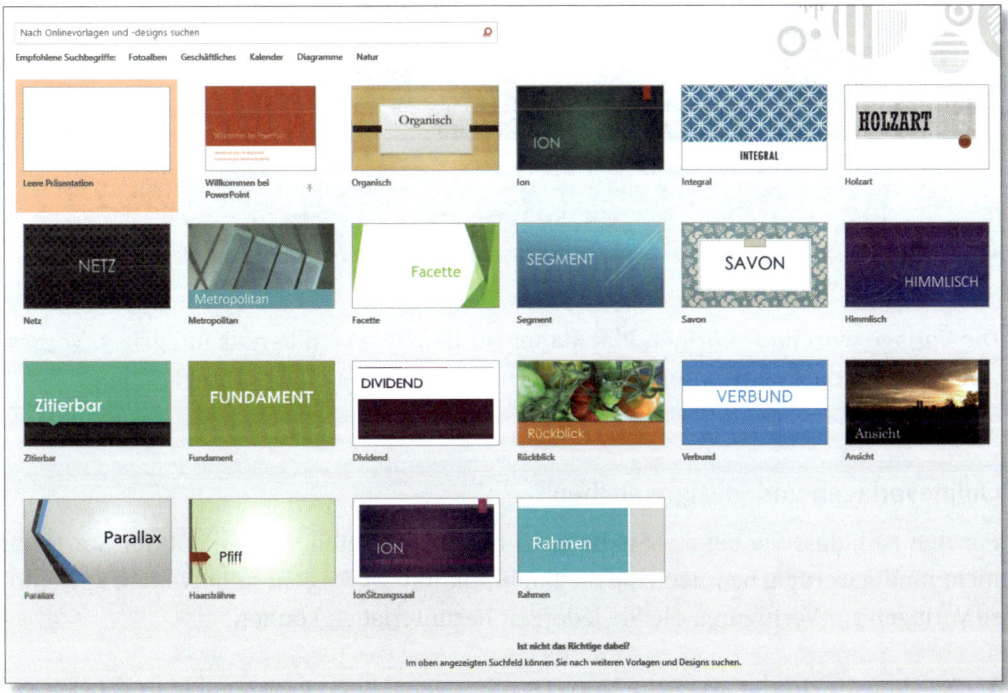

2 Sie interessieren sich für eine Vorlage – wollen aber zunächst einmal etwas genauer hinsehen, ehe Sie sich entscheiden? Dann führen Sie einen einfachen Mausklick auf die Miniatur aus. Daraufhin wird ein Vorschaufenster über der Seite **Neu** eingeblendet. Wer hingegen die Vorlage ohne weitere Umwege verwenden möchte, kann die Miniatur auch mit einem Doppelklick anwählen. In diesem Fall hat sich der folgende Schritt allerdings bereits erledigt.

3 Oben rechts finden Sie bei manchen Vorlagen verschiedene Themenhintergründe. Klicken Sie eine der Miniaturen an ❶, um eine Vergrößerung in der Bildmitte anzeigen zu lassen. Danach können Sie mithilfe der Schaltflächen **Weitere Bilder** ❷ verschiedene Entwürfe dieser Kategorie ansehen. Mit Klick auf die Pfeilschaltflächen links ❸ und rechts ❹ des Vorschaufensters lässt sich die Vorlage komplett wechseln. Sind Sie zufrieden mit Ihrer Wahl? Dann klicken Sie auf **Erstellen** ❺.

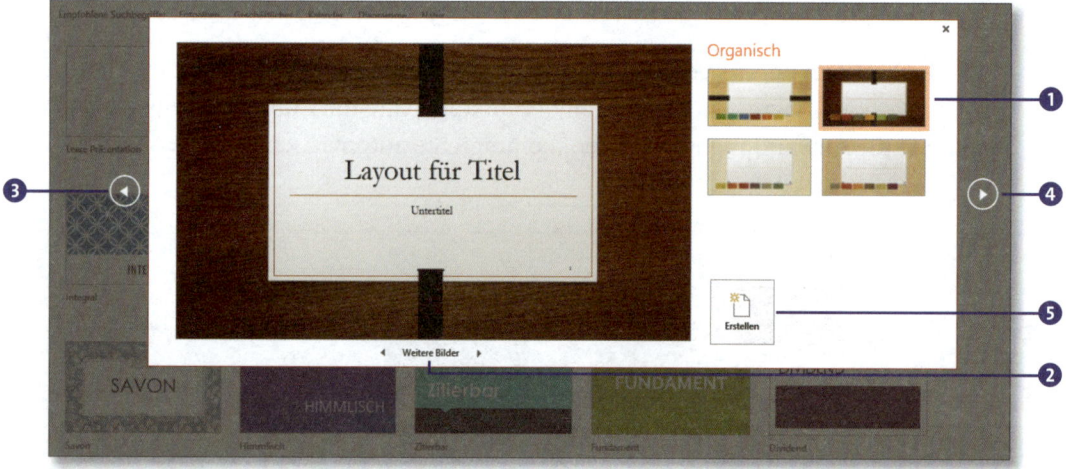

Die Vorlage wird nun geöffnet. Platzhalter für den Text sind bereits integriert. Vergessen Sie nicht, die Präsentation zu speichern (**Datei** > **Speichern unter**).

Onlinevorlagen und -designs suchen

Für den Fall, dass Sie bei der Suche nach einer geeigneten Vorlage auf der Startseite nicht fündig werden, benutzen Sie die Suchfunktion. *Office.com* stellt weitere kostenlose Vorlagen zur Verfügung, die Sie jederzeit herunterladen können.

1 Begeben Sie sich auf die Seite **Neu** (**Datei** > **Neu**). Beim Programmstart werden die Vorlagen automatisch angezeigt.

2 Wenn Sie ein bestimmtes Thema suchen, geben Sie den Suchbegriff in das Eingabefeld ein und drücken anschließend ⏎. Alternativ klicken Sie auf das Lupensymbol rechts, um die Suche zu starten. Unterhalb des Eingabefeldes finden Sie einige Themenbereiche, die als Links fungieren. Ein Klick darauf bringt Sie in die gewünschte Kategorie. Klicken Sie beispielsweise einmal auf **Geschäftliches**.

3 Nun finden Sie einige wirklich interessant gestaltete Vorlagen. **Präsentation Geschäftskontraste** beispielsweise ist gestalterisch ansprechend, da sie ein interessantes und nicht zu aufdringliches Hintergrundfoto mitbringt. Für eine Projektentwicklung beispielsweise ist dieses Layout optimal. Wählen Sie die Vorlage mit einem einfachen Mausklick an, um sie genauer zu betrachten. Um sie gleich herunterzuladen, setzen Sie einen Doppelklick auf die Miniatur.

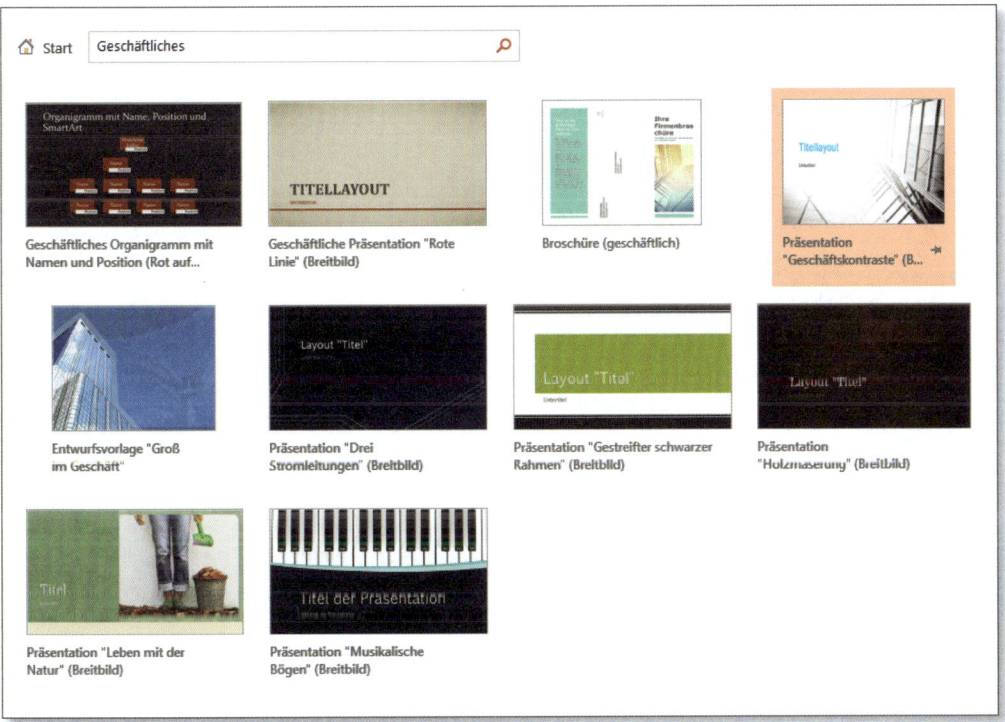

Eine Miniatur des Themas wird fortan auch auf der Seite **Neu** gelistet. Ab sofort haben Sie also direkten Zugriff auf die soeben heruntergeladene Vorlage.

Automatisches Seitenverhältnis

Beachten Sie, dass das Seitenverhältnis einer Präsentation automatisch an Ihren Monitor angepasst wird. Die soeben benutzte Vorlage sieht zunächst so aus, als läge sie im Seitenverhältnis 4:3 vor. Zumindest erweckt das den Eindruck, wenn man sich die Vorlagenminiatur ansieht. Öffnen Sie jedoch ein entsprechendes Projekt unter Verwendung eines 16:9-Monitors, entspricht auch die Präsentation dem Seitenverhältnis 16:9. Bleibt noch die Frage zu klären, was passiert, wenn Sie mehrere Monitore anschließen, die über unterschiedliche Seitenverhältnisse verfügen. Dann gibt stets der Hauptmonitor den Ausschlag. Damit gemeint ist jener Monitor, der unter **Systemsteuerung > Anzeige > Anzeigeeinstellungen ändern** im Dialogfenster **Bildschirmauflösung** als **Hauptanzeige** definiert ist (siehe folgende Abbildung).

Abbildung 36.1 Das Seitenverhältnis einer Präsentation wird durch das Seitenverhältnis der Hauptanzeige vorgegeben.

Seitenverhältnis anpassen

Bleibt noch die Frage, was zu tun ist, wenn Sie das Seitenverhältnis Ihrer Präsentation abweichend vom Seitenverhältnis Ihres Hauptmonitors einstellen wollen. Denn wenn

Sie bereits zum Produktionszeitpunkt wissen, dass die Präsentation später auf einem 4:3-Ausgabegerät erfolgt, Sie aber einen Monitor im Seitenverhältnis 16:9 im Einsatz haben, sollten Sie das Seitenverhältnis der Präsentation ändern. Dazu klicken Sie auf die Schaltfläche **Foliengröße** in der Gruppe **Anpassen** der Registerkarte **Entwurf**. Hier können Sie im Auswahlmenü der Schaltfläche zwischen **Standard (4:3)** und **Breitbild (16:9)** wählen. Darüber hinaus lässt sich auch ein individuelles Seitenverhältnis festlegen, indem Sie auf **Benutzerdefinierte Foliengröße** gehen.

Abbildung 36.2 Das Seitenverhältnis einer Präsentation ist anpassbar.

Ausrichtung ändern

Es ist auch durchaus denkbar, eine Präsentation für ein hochformatiges Ausgabemedium zu erzeugen, bei dem die Höhe des Bildschirms größer ist als dessen Breite (z. B. Smartphone, hochkant angeordneter Monitor auf einer Messe oder Ausstellung). In diesem Fall klicken Sie auf die Schaltfläche **Foliengröße** in der Gruppe **Anpassen** der Registerkarte **Entwurf**. Wählen Sie im Menü der Schaltfläche **Benutzerdefinierte Foliengröße** und klicken Sie im Dialogfenster **Foliengröße** im Bereich **Folien** auf **Hochformat**. Bestätigen Sie abschließend mit einem Klick auf **OK**.

Abbildung 36.3 Wandeln Sie die Präsentation in das Hochformat um.

Skalieren oder maximieren?

Bei einer Formatänderung werden Sie im Anschlussdialog gefragt, was mit bereits vorhandenen Inhalten geschehen soll. Sie müssen sich nämlich nun für die Option **Maximieren** oder **Passend skalieren** entscheiden.

- **Maximieren:** Inhalte werden aufgrund der neuen Foliengröße nicht mehr angezeigt, sofern sie jenseits des neuen Bildausschnitts liegen. Sie bleiben aber dennoch erhalten. Wollen Sie diese wieder sichtbar machen, müssen Sie die Elemente von Hand entsprechend verschieben.

- **Passend skalieren:** Alle Elemente werden automatisch derart verkleinert, dass am Schluss sämtliche Inhalte im neuen Format sichtbar sind. Möglicherweise müssen Sie einige Elemente anschließend manuell vergrößern, damit sie wieder mehr in den Vordergrund treten.

Abbildung 36.4 Wenn Sie sich für »Passend skalieren« entscheiden, werden auch auf der neuen Arbeitsfläche alle Elemente der Präsentation angezeigt.

Klicken Sie zur Auswahl auf den entsprechenden Button im unteren Bereich des Dialogs, um die Änderungen auf Ihre Präsentation anzuwenden.

36.3 Neue Folien einfügen und mit Inhalt füllen

In diesem Abschnitt erfahren Sie, wie sich eine Präsentation erweitern, also mit neuen Folien bestücken lässt und was bei der Anordnung beachtet werden muss. Außerdem schauen wir uns an, wie weitere Elemente wie Texte, Bilder, Grafiken usw. in die Präsentation gelangen.

Neue Folie hinzufügen

Es spielt überhaupt keine Rolle, ob Sie mit einer neuen leeren Präsentation beginnen oder ob Sie eine der zahlreichen Vorlagen benutzen: Am Ende wird die Anzahl der Folien immer angepasst werden müssen. Entweder müssen Sie im Laufe Ihrer Arbeit Folien entfernen (siehe dazu den Unterabschnitt »Folien entfernen« auf Seite 888) oder welche hinzufügen.

Das Hinzufügen von Folien ist in jeder Ansicht möglich. Dazu öffnen Sie links im Listenfeld das Kontextmenü einer Folie, indem Sie mit rechts auf sie klicken, und entscheiden sich anschließend für den Befehl **Neue Folie**. Beachten Sie, dass die Stelle, an der Sie den Rechtsklick ausführen, entscheidenden Einfluss auf die Position der neuen Folie nimmt. Diese wird nämlich grundsätzlich eine Position unterhalb der ausgewählten Miniatur einsortiert. Wer also auf **Folie 3** klickt und das Kontextmenü öffnet, wird an Position 4 eine neue Folie erhalten. Alle nachfolgenden Folien werden entsprechend um eine Position nach unten verschoben.

Abbildung 36.5 An vierter Position wird eine neue Folie integriert.

Alternativ können Sie auch neue Folien einfügen, indem Sie auf die Schaltfläche **Neue Folie ❶** (siehe Abbildung 36.6) in der Gruppe **Folien** der Registerkarte **Start** klicken. Auch hier ist entscheidend, welche Folie derzeit aktiv ist. Die neue Folie wird an der unmittelbar folgenden Position eingefügt. Betätigen Sie den unteren Bereich der Schaltfläche **Neue Folie ❷**, haben Sie sogar noch die Wahl des Layouts. Entscheiden Sie sich für eine der Miniaturen, die im Auswahlmenü angeboten werden.

Abbildung 36.6 Beim Einfügen einer Folie können Sie Einfluss auf das Layout nehmen.

Je nach verwendetem Layout finden Sie in der neuen Folie unterschiedliche Platzhalter und Elemente vor, die Sie daraufhin mit Ihren Inhalten befüllen können. Auch hier sollten Sie darauf achten, dass Sie ein Layout wählen, das zu Ihrem Darstellungsvorhaben passt.

Folien anordnen

Nun kann man sich auch nach dem Einfügen einer Folie nie sicher sein, ob sie nicht doch noch einmal an eine andere Position verschoben werden muss. Verändern Sie die Position einer Folie einfach per Drag & Drop. Im Folienregister der Ansicht **Normal** beispielsweise klicken Sie die zu verschiebende Folie an, halten die Maustaste gedrückt und ziehen das Objekt einfach an die gewünschte Position. Übrigens dürfen Sie auch mehrere Folien gleichzeitig verschieben. Dazu müssen diese zunächst einzeln angewählt werden, während Sie $\boxed{\text{Strg}}$ gedrückt halten. Sollten die Folien, die Sie verschieben wollen, derzeit alle übereinander angeordnet sein, markieren Sie die oberste Folie mit einem normalen linken Mausklick und anschließend die letzte bei gedrückter Taste $\boxed{\text{⇧}}$. Klicken Sie nun eine der Folien noch einmal an und verschieben Sie das gesamte Paket auf einmal.

Abbildung 36.7 Folien können schnell im Folienregister angeordnet werden.

Folien duplizieren

Mitunter gleichen sich Folien einer Präsentation inhaltlich sehr stark. Wenn man eine ganz ähnliche Folie ein zweites Mal benötigt, müssen Sie nicht zwangsläufig eine neue Folie einfügen und diese dann neu aufbauen. Einfacher und schneller ist es, bestehende Folien zu duplizieren und die Kopie der ursprünglichen Folie dann gegebenenfalls an seine Wünsche anzupassen.

1 Markieren Sie in der Ansicht **Normal** (**Ansicht > Präsentationsansichten**) eine oder mehrere Folien, die Sie zur Weiterbearbeitung duplizieren wollen, innerhalb des Folienregisters.

2 Anschließend klicken Sie noch einmal mit rechts auf die zuvor markierte Folie und wählen im Kontextmenü den Befehl **Folie duplizieren**. Alternativ können Sie auch auf den unteren Bereich der Schaltfläche **Neue Folie** in der Gruppe **Folien** der Registerkarte **Start** klicken und im Menü der Schaltfläche den Befehl **Ausgewählte Folien duplizieren** wählen. Auch hier ist entscheidend, welche Folie zuvor im Folienregister markiert worden ist. Die neuen Folien werden gleich unterhalb der markierten Folie einsortiert.

Markieren Sie als Nächstes die neu hinzugefügte(n) Folie(n) auf der linken Seite im Folienregister und passen Sie den Inhalt entsprechend an. Wie das geht, erfahren Sie in den folgenden Abschnitten.

Folien entfernen

Wer eine Folie nicht mehr benötigt, kann diese im Folienregister zunächst per Mausklick markieren und `Entf` drücken. Alternativ können Sie die Folie auch mit rechts anklicken und im Kontextmenü den Befehl **Folie löschen** wählen. Entsprechendes funktioniert im Übrigen auch, wenn Sie zuvor mehrere Miniaturen im Folienregister markiert haben.

> **INFO**
>
> **Gelöschte Folien zurückholen**
>
> Beachten Sie, dass beim Löschen von der Anwendung keine Kontrollabfrage ausgegeben wird. Wer also eine oder mehrere Folien versehentlich entsorgt hat, kann diese nur noch über die Rückgängig-Funktion wieder zum Leben erwecken. Dazu klicken Sie auf die Schaltfläche **Rückgängig** in der Symbolleiste für den Schnellzugriff oder drücken die Tastenkombination `Strg` + `Z`.

Folien ausblenden

Stellen Sie sich vor, es existiert in Ihrem PowerPoint-Dokument eine Folie, die Sie für die Präsentation nicht benötigen. Auf der anderen Seite wollen Sie die Folie (bzw. deren Inhalt) nicht verlieren. In diesem Fall sollten Sie die Folie ganz einfach unterdrücken beziehungsweise ausblenden. Klicken Sie dazu innerhalb des Folienregisters mit rechts auf die entsprechende Folie und wählen Sie im Kontextmenü den Befehl **Folie ausblenden**. Die Foliennummer wird daraufhin durchgestrichen und die Folie bei der Präsentation unterdrückt. Im Folienbereich kann sie jedoch jederzeit bereitgestellt werden.

Abbildung 36.8 Folie 2 wird derzeit bei der Bildschirmpräsentation unterdrückt.

Wollen Sie die entsprechende Folie später wieder sichtbar machen, rufen Sie erneut mit einem Rechtsklick das Kontextmenü auf und klicken wieder auf den Befehl **Folie ausblenden**.

Mit Platzhaltern arbeiten (Texte schreiben)

Wenn Sie ein neues PowerPoint-Projekt beginnen, werden Sie schnell feststellen, dass bereits ein bisschen Vorarbeit geleistet worden ist. So befinden sich beispielsweise Textfelder mit Platzhaltertexten auf den Folien. Das ist sogar bei einer neuen leeren Präsentation der Fall. Sie sehen dann Aufforderungen wie **Titel durch Klicken hinzufügen**.

Abbildung 36.9 Die einfachste Sache der Welt – das Hinzufügen von Text in PowerPoint

Sowie Sie dieser Aufforderung Folge leisten und die Einfügemarke per Klick in das entsprechende Feld setzen, verschwindet der vorhandene Text, und Sie können mit der Eingabe beginnen. Wenn Sie fertig sind, wählen Sie kurzerhand einen anderen Platzhalter an oder klicken an einer Position auf die Folie, an der sich keine Objekte befinden.

> **INFO**
>
> **Platzhaltertext wird unterdrückt**
>
> Sollten Sie ein Textfeld nicht ausfüllen, dürfen Sie es ruhigen Gewissens mit Nichtbeachtung strafen. Der ursprüngliche Platzhaltertext, also die Eingabeaufforderung, wird zum Zeitpunkt der Präsentation grundsätzlich nicht mit angezeigt.

Vorlagentexte überschreiben

Einige Vorlagen verfügen zwar über vorbereiteten Text, nicht jedoch über Platzhaltertexte. Diese Texte bleiben im Gegensatz zu den Eingabeaufforderungen erhalten. Wenn es also beispielsweise heißt: **Ersten Aufzählungspunkt hier hinzufügen**, dann ist dieser Text fester Bestandteil der Folie und wird auch als solcher angezeigt.

Abbildung 36.10 Diese Inhalte sind Bestandteile der Präsentation.

Um einzelne Punkte dieses Textes anzupassen, müssen Sie einen Dreifachklick darauf platzieren. Das bewirkt, dass der Text markiert wird und sogleich überschrieben werden kann. Sollten Sie bestimmte Textelemente nicht benötigen, müssen Sie sie jedoch vor Ihrer Präsentation aus dem Dokument entfernen. Im nächsten Abschnitt erfahren Sie, wie Sie das machen.

Texte und Textfelder löschen

Benötigen Sie einzelne Punkte dieses Textes nicht, drücken Sie nach Markierung $\boxed{\texttt{Entf}}$ oder $\boxed{\leftarrow}$. Wer an dieser Stelle gar keinen Text haben möchte, der sollte das gesamte Textfeld entfernen. Dies geht jedoch nur, wenn der Rahmen markiert ist. Da man diesen aber meist nicht direkt anklicken kann (er ist in der Regel unsichtbar – lediglich bei Platzhalter-Textfeldern sieht man einen gestrichelten Rahmen), sollten Sie zunächst einen Mausklick auf den Text setzen. Sie erreichen damit, dass das Textfeld in Form einer gestrichelten Linie präsentiert wird. In diesem Moment befindet sich allerdings die Einfügemarke im Text. Wenn Sie jetzt beispielsweise $\boxed{\texttt{Entf}}$ drücken, wird lediglich das rechts neben der Einfügemarke befindliche Zeichen editiert. Ebenso würde mit Druck auf $\boxed{\leftarrow}$ das links davon befindliche Zeichen gelöscht. Deswegen müssen Sie den gestrichelten Rahmen anklicken (er mutiert daraufhin zum Rahmen mit durchgehenden Linien) und betätigen erst im Anschluss eine der beiden besagten Tasten.

Abbildung 36.11 Textfelder können nur komplett gelöscht werden, wenn deren Rahmen markiert ist (rechts). Das wird mithilfe von durchgezogenen Begrenzungslinien symbolisiert.

> **INFO**
>
> **Platzhalter löschen**
>
> Beachten Sie, dass am Ende ein Platzhalter übrig bleibt. Wenn Sie auch diesen entfernen möchten, müssen Sie dessen Rahmen noch einmal auf die zuvor beschriebene Weise anwählen und dann $\boxed{\texttt{Entf}}$ oder $\boxed{\leftarrow}$ betätigen.

Textfelder hinzufügen

Sie können vorhandene Objekte nach Belieben auf einer Folie anordnen, indem Sie den Rahmen anklicken und mit gedrückter Maustaste wunschgemäß verschieben. Wenn Sie also ein Textfeld an einer anderen Position benötigen, platzieren Sie es einfach neu. Wenn Sie jedoch weiteren Text benötigen, fügen Sie einfach ein neues Textfeld ein. Klicken Sie dazu auf die Schaltfläche **Textfeld** in der Gruppe **Text** der Registerkarte **Einfügen**.

Ein Klick darauf bewirkt aber zunächst lediglich, dass Ihr Mauszeiger zum vertikalen Pfeil mutiert. Damit klicken Sie nun auf Ihre Folie (und zwar innerhalb des Folienbereichs), halten die Maustaste gedrückt und bewegen die Maus weiter. Auf diese Weise ziehen Sie ein Textfeld auf. Lassen Sie los, wenn das Feld die gewünschte Größe hat. Mithilfe der Anfasser entlang der Seitenränder kann das Textfeld anschließend noch entsprechend in Form gezogen werden.

Bilder hinzufügen

In PowerPoint können Sie über die Schaltflächen **Bilder**, **Onlinegrafiken**, **Screenshots** und **Fotoalben** in der Gruppe **Bilder** der Registerkarte **Einfügen** die verschiedenen Arten von Bildmaterial in Ihre Präsentation einbinden.

Abbildung 36.12 Das Hinzufügen von Bildern und Grafiken wird auf der Registerkarte »Einfügen« erledigt.

Je nachdem, welche Schaltfläche Sie betätigen, hat das unterschiedliche Resultate zur Folge. Klicken Sie auf die Schaltfläche **Bilder**, wird der Dialog **Grafik einfügen** geöffnet, mit dessen Hilfe Sie ein oder mehrere Fotos einfügen können. Die Fotos werden in der Mitte der derzeit aktiven Folie angeordnet und können anschließend nach Wunsch verschoben oder skaliert werden. Über die Schaltfläche **Onlinegrafiken** öffnet sich hingegen der Dialog **Bilder einfügen**. Hierüber erhalten Sie Zugriff auf lizenzgebührenfreie Fotos und Abbildungen von *Office.com*, können eine Bing-Bildersuche starten oder auch auf Bilder auf Ihrem OneDrive-Verzeichnis zugreifen. Mit der Schaltfläche **Screenshots** öffnet sich ein Auswahlmenü, das Ihnen Zugriff auf Abbildungen bietet, die sich gerade in der Zwischenablage des Betriebssystems befinden (vorausgesetzt, es sind welche vorhanden). Wenn sich noch kein Foto in der Zwischenablage befindet, können Sie über die Option **Bildschirmausschnitt** im Menü der Schaltfläche ein Bildschirmfoto erstellen, indem Sie einen Rahmen mit gedrückter Maustaste aufziehen und so einen Bereich Ihres Monitors in die Zwischenablage befördern. Zu guter Letzt lässt sich über die Schaltfläche **Fotoalbum** ein Fotoalbum in Form einer eigenen Bildschirmpräsentation generieren. Dazu klicken Sie im gleichnamigen Folgedialog auf den Button **Datei/Datenträger** und fügen die gewünschten Bilder hinzu. Weitere Hinweise zu diesem Thema finden Sie in Abschnitt 41.2, »Schnell und einfach ein Fotoalbum erstellen«, Seite 1015.

Illustrationen hinzufügen

Wollen Sie grafische Elemente wie Rechtecke, Ellipsen, Pfeile usw. bis hin zu Smileys in Ihre Präsentation einfügen, klicken Sie auf die Schaltfläche **Formen** in der Gruppe **Illustrationen** der Registerkarte **Einfügen**. Mit den nebenstehenden Buttons lassen sich auch SmartArt-Grafiken und Diagramme in die Präsentation einbinden.

Formen zusammenführen

Ein Novum in PowerPoint 2013 ist die Möglichkeit, Formen miteinander zu verbinden und so aufwendige Konstruktionen zu erzeugen. Damit die Funktion genutzt werden kann, müssen mindestens zwei sich überlappende Objekte markiert werden. Nachdem das eine per Mausklick angewählt und aufgrund dessen mit einem Auswahlrahmen versehen worden ist, drücken Sie ⌜Strg⌟ und markieren das nächste Objekt. Jetzt sind beide angewählt. Beachten Sie, dass die Registerkarte **Zeichentools/Format** aktiviert sein muss, damit die Schaltfläche **Formen zusammenführen** in der Gruppe **Formen einfügen** bedient werden kann. Wählen Sie in der Liste einen der angebotenen Einträge aus.

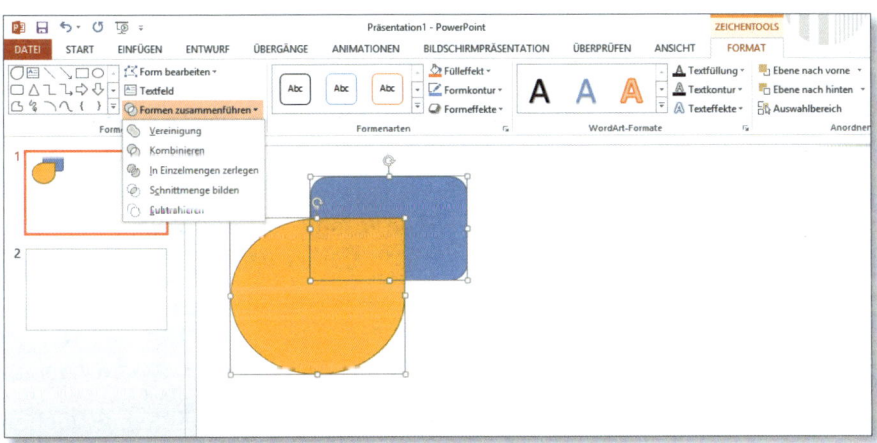

Abbildung 36.13 Zwei sich überlappende Objekte können zu einem verschmolzen werden.

Über die Option **Vereinigung** wird aus beiden Objekten eine zusammenhängende Form erzeugt, die auch den überlappenden Bereich mit einschließt. **Kombinieren** dient dazu, aus beiden Objekten ebenfalls eine zusammenhängende Form zu erzeugen, wobei jedoch der überlappende Bereich entfernt wird. Mit der Option **In Einzelmengen zerlegen** machen Sie aus zwei Objekten drei – und zwar derart, dass aus dem überlappenden Bereich sowie den nicht überlappenden Bereichen beider Objekte jeweils ein neues Objekt generiert wird. Diese Objekte lassen sich anschließend unabhängig voneinander bewegen (siehe folgende Abbildung). Eine Verschmelzung der einzelnen Elemente findet nicht statt. Wenn Sie auf **Schnittmenge bilden** klicken, wird nur aus dem Bereich eine Form konstruiert, der sich überlappt. Der nicht überlappende Bereich beider Objekte wird entfernt. Über **Subtrahieren** bleibt nur die obere Form abzüglich des überlappenden Bereichs erhalten. Die untere Form dient also nur zum Entfernen bestimmter Bereiche der oberen Form. Sie wird komplett aufgelöst.

Abbildung 36.14 Diese ehemals zwei Objekte sind mit der Option »In Einzelmengen zerlegen« versehen und anschließend per Drag & Drop auseinandergezogen worden.

INFO

Farbgebung und Ebenenreihenfolge

Bitte beachten Sie, dass bei der Farbgebung grundsätzlich das obere Objekt dominiert. Es kann also durchaus sinnvoll sein, die Anordnung der Formen mithilfe der Schaltflächen **Ebene nach vorne** oder **Ebene nach hinten** in der Gruppe **Anordnen** der Registerkarte **Zeichentools/Format** zu beeinflussen, bevor die Formen zusammengeführt werden.

Inhalt anhand von Schnell-Schaltflächen hinzufügen

Einige Folienvorlagen (**Start > Folien > Neue Folie**) warten mit Schnell-Schaltflächen auf. Dabei handelt es sich um Buttons, mit denen ein Objekt ohne Umwege eingefügt werden kann. Benutzen Sie einfach einen der Schalter. Sollte Ihnen die Bedeutung der einzelnen Buttons nicht auf den ersten Blick geläufig sein, parken Sie den Mauszeiger kurz darauf und lesen Sie in der QuickInfo, um welche Funktion es sich handelt.

Abbildung 36.15 Auf diese Weise kann beispielsweise auch ein Video eingefügt werden.

Inhalte per Drag & Drop einfügen

Manchmal ist es besonders intuitiv, die Zwischenablage des Betriebssystems zu benutzen, wenn es um das Einfügen eines Objekts geht. Stellen Sie sich vor, Sie durchsuchen verschiedene Ordner auf der Festplatte in der Hoffnung, ein ganz bestimmtes Foto zu finden. Wenn Sie es endlich gefunden haben, müssen Sie nicht extra zu PowerPoint zurückkehren und von dort aus den Weg über **Einfügen** > **Bilder** gehen. Stattdessen markieren Sie das Objekt ganz einfach, drücken [Strg] + [C] (oder klicken mit rechts auf das Objekt und wählen im Kontextmenü den Befehl **Kopieren**) und gehen dann zurück zu PowerPoint. Dort drücken Sie [Strg] + [V]. Alternativ öffnen Sie das Kontextmenü und klicken auf den Befehl **Einfügen**, den Sie im Bereich der **Einfügeoptionen** finden.

Abbildung 36.16 Das Einfügen per Zwischenablage ist oft die einfachste Methode.

Inhalte auf andere Folien übertragen

Stellen Sie sich vor, Sie benötigen ein bestimmtes Objekt auf mehreren Folien. Dann können Sie dieses schnell mithilfe der Zwischenablage vervielfältigen und auf anderen Folien einsetzen. Markieren Sie das Objekt auf der ursprünglichen Folie und drücken Sie [Strg] + [C]. Begeben Sie sich auf eine andere Folie, auf der das Objekt ebenfalls benötigt wird. Dort drücken Sie die Tastenkombination [Strg] + [V]. Das Interessante dabei ist, dass auch die Position des Objekts übermittelt wird. Es landet also auf der neuen Folie genau an der gleichen Stelle, an der es sich auf der Quellfolie befunden hat. Da sich das Objekt nun noch immer in der Zwischenablage befindet, können Sie weitere Folien öffnen und es dort jeweils mit [Strg] + [V] einfügen. Eine Mehrfachauswahl ist indes nicht möglich. Zum Einfügen muss also jede Folie einzeln geöffnet werden. Beachten Sie in diesem Zusammenhang auch den Unterabschnitt »Der Folienmaster« ab Seite 898. Darin wird der Umgang mit Folienmastern beschrieben, die sich mitunter noch besser eignen, um wiederkehrende Objekte zu integrieren.

36.4 Folienlayout schnell ändern

Sie haben bereits erfahren, dass sich das Layout einer neu hinzuzufügenden Folie bestimmen lässt, indem Sie auf den unteren Bereich der Schaltfläche **Neue Folie** (**Start** > **Folien**) klicken und im Menü eine entsprechende Vorlage auswählen (siehe dazu den Unterabschnitt »Neue Folie hinzufügen« auf Seite 885).

Abbildung 36.17 Das Folienlayout wird bei Erstellung der Folie bestimmt.

Was aber, wenn Sie das Layout einer bereits vorhandenen Folie anpassen wollen? Dann bringt Sie der zuvor genannte Schritt ja nicht weiter. Aber auch diese Aufgabe lässt sich in PowerPoint schnell lösen.

1 Falls Sie sich nicht in der Ansicht **Normal** befinden, stellen Sie diese Ansicht zunächst her, indem Sie auf die gleichnamige Schaltfläche in der Gruppe **Präsentationsansichten** der Registerkarte **Ansicht** klicken.

2 Begeben Sie sich in das Folienregister in der linken Spalte der Anwendung und klicken Sie die Miniatur der Folie, deren Layout Sie anpassen möchten, mit rechts an.

3 Bewegen Sie die Maus im Kontextmenü der markierten Folie auf den Befehl **Layout**. Nun wird mithilfe einer farbigen Markierung angezeigt, um welches Layout es sich aktuell handelt ❶ (siehe Abbildung Seite 898). Markieren Sie per Mausklick ein anderes Layout, beispielsweise **Inhalt mit Überschrift** ❷, um das vorhandene auszutauschen.

Bei dieser Vorgehensweise müssen Sie grundsätzlich berücksichtigen, dass keine Elemente von der Folie entfernt werden. Diese werden lediglich anders angeordnet bzw. neu formatiert. Dadurch kann es jedoch passieren, dass einige Objekte nicht mehr optimal positioniert sind. Das sollten Sie anschließend noch kontrollieren und gegebenenfalls manuell korrigieren.

36.5 Folien-, Handzettel- und Notizmaster verwenden

Der Folienmaster hilft Ihnen, eine Präsentation schnell auf Grundlage eines einheitlich aussehenden Designs zu erstellen, ohne dass sämtliche Folien einzeln angepasst werden müssen.

Der Folienmaster

Ein Folienmaster ist im Prinzip nichts anderes als eine Formatvorlage für PowerPoint-Folien. Sie geben also zunächst ein Design vor – und die Anwendung behält dieses für Sie bei. Sollte sich später einmal etwas am Folieninhalt ändern, beispielsweise das auf jeder Folie befindliche Logo, müssen Sie diese Änderung nicht auf jeder Folie von Hand durchführen, sondern Sie korrigieren einfach den Folienmaster. Grundsätzlich ist zu empfehlen, den Folienmaster zu Beginn Ihrer Arbeiten mit einer neuen Präsentation einzurichten, sodass Sie auch zum fortgeschrittenen Zeitpunkt Ihrer Arbeit bequem Änderungen am Erscheinungsbild Ihrer Präsentation vornehmen können.

1 Erzeugen Sie zunächst eine neue leere Präsentation, beispielsweise mit der Tastenkombination `Strg` + `N`.

2 Klicken Sie auf die Schaltfläche **Folienmaster** in der Gruppe **Masteransichten** der Registerkarte **Ansicht**, um den Folienmaster zu öffnen. Daraufhin wird ganz links im Menüband die Registerkarte **Folienmaster** ❸ eingeblendet und das Folienregister angepasst.

3 Ganz oben im Folienregister sehen Sie eine Miniatur, die das grundlegende Layout, das sogenannte *Theme* (engl.: Thema), einer Präsentation beschreibt. Die Ziffer 1 davor dient als Hinweis dafür, dass es sich hierbei um Layout Nr. 1 handelt. Das ist insofern wichtig, als Sie weitere Themes hinzufügen können, indem Sie auf die Schaltfläche **Folienmaster einfügen** in der Gruppe **Master bearbeiten** der Registerkarte **Folienmaster** klicken. Das hat dann zur Folge, dass ein neues Theme mit untergeordneten Folienlayouts eingefügt wird. Benötigen Sie nur eine neue Folie innerhalb eines Themes, klicken Sie auf **Layout einfügen** (**Folienmaster > Master bearbeiten**). Dazu gleich mehr.

4 Zunächst weisen Sie ein grundlegendes Design zu. Klicken Sie dazu auf den Button **Designs** ❶ (siehe Abbildung Seite 900) in der Gruppe **Design bearbeiten** der Registerkarte **Folienmaster**. Scrollen Sie im Auswahlmenü etwas nach unten und führen Sie den Mauszeiger beispielsweise einmal auf das Design **Parallax** ❷. Im Hintergrund sehen Sie kurz darauf, wie diese Gestaltung aussieht. Haben Sie sich entschieden, klicken Sie auf das entsprechende Design im Auswahlmenü, um es für den Folienmaster zu übernehmen.

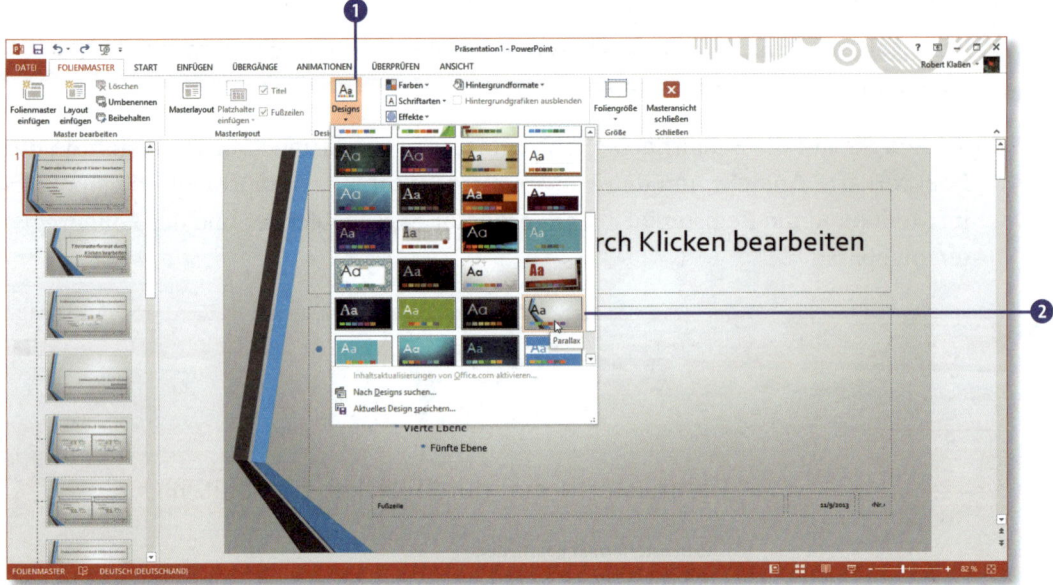

5 Die untergeordneten Miniaturen im Folienregister ❸ beschreiben verschiedene Layouts für unterschiedliche Verwendungszwecke. In der Regel werden diese nicht alle benötigt, sodass Sie einige davon löschen sollten. Wir wollen alle Folien ab der dritten entfernen. Klicken Sie deshalb die dritte Miniatur an. Danach halten Sie ⬆ gedrückt, markieren auch die unterste Miniatur und drücken zuletzt Entf.

6 Klicken Sie auf **Layout einfügen** in der Gruppe **Master bearbeiten** der Registerkarte **Folienmaster**, um eine neue Vorlagenfolie hinzuzufügen. Da diese nur über eine Kopfzeile verfügt, geben wir ihr weitere Platzhalter-Elemente. Dazu klicken Sie auf den unteren Bereich der Schaltfläche **Platzhalter einfügen** und wählen im Menü der Schaltfläche die Option **Bild**.

7 Anschließend ziehen Sie mit gedrückter Maustaste einen Rahmen auf der Folie auf. Sobald dieser die gewünschte Größe und Form hat, lassen Sie los. Fügen Sie bei Bedarf auf gleiche Weise weitere Elemente ein.

8 Am Ende geben Sie der Folie einen Namen. Das ist zwar optional, ermöglicht aber später eine bessere Zuordnung. Klicken Sie dazu mit rechts auf die Folienminiatur im Folienregister und wählen Sie im Kontextmenü den Befehl **Layout umbenennen**. Legen Sie im Folgedialog die neue Bezeichnung fest und klicken Sie auf **Umbenennen**.

9 Nun können weitere gestalterische Arbeiten vorgenommen werden. Auch die Texte lassen sich anpassen. Wenn Sie beispielsweise den Text für das Titelmasterformat verändern wollen, klicken Sie zunächst den Platzhalter-Rahmen dieses Textes an. Verwenden Sie anschließend zur Formatierung die Schaltflächen der Gruppen **Schriftart** und **Absatz** der Registerkarte **Start**.

10 Wenn Sie alle Änderungen am Folienmaster vorgenommen haben, klicken Sie auf die Schaltfläche **Masteransicht schließen** in der Gruppe **Schließen** der Registerkarte **Folienmaster**.

11 Bei der späteren Arbeit mit der Präsentation haben Sie jederzeit Gelegenheit, die zuvor definierte Seite als Vorlage einzusetzen. Klicken Sie dazu auf **Neue Folie** in der Gruppe **Folien** der Registerkarte **Start** und weisen Sie die zuvor benannte Vorlage zu.

In der Praxis werden Sie mit mehreren Masterfolien arbeiten und diese nach Belieben in der Präsentation verwenden. Sollte es nun einmal an der Zeit sein, eine Änderung durchzuführen, erledigen Sie das am besten direkt in der Ansicht **Folienmaster** (**Ansicht** > **Masteransichten**). Sie können das gleich ausprobieren, indem Sie beispielsweise den eben hinzugefügten Bildrahmen im Master verschieben. Er wird sich anschließend auch in der Präsentationsfolie auf der neuen Position befinden.

INFO

Folienmaster oder Layout-Master?

Wenn Sie Objekte innerhalb des Folienmasters auf einer untergeordneten Folie integrieren, wird dieses Objekt nur auf dieser Folienvorlage erscheinen. Wenn Sie hingegen Objekte auf allen Folienvorlagen platzieren wollen, sollten Sie es im Folienmaster unterbringen, also auf der zuoberst angeordneten Ebene.

Der Handzettel- und Notizenmaster

Sie haben bereits erfahren, dass sich eine Präsentation mit Notizen bereichern lässt, die Ihnen Hilfestellungen beim Vortrag bieten sollen (siehe dazu den Unterabschnitt »Die Notizenseitenansicht« auf Seite 871). Diese Notizen sind für Sie sichtbar, werden jedoch auf dem Präsentationsmonitor nicht mit ausgegeben. Sofern es nicht möglich ist, mit einem Referentenmonitor zu arbeiten (beispielsweise weil es vor Ort nur einen einzigen Monitor gibt, der von allen Teilnehmern eingesehen wird), haben Sie die Möglichkeit, Handzettel oder Notizen auszudrucken. Beide unterscheiden sich dahingehend voneinander, dass die Ansicht **Handzettelmaster** (**Ansicht** > **Masteransichten**) in der Regel keine Bildminiaturen der Folien beinhaltet – die Ansicht **Notizenmaster** (**Ansicht** > **Masteransichten**) hingegen schon. Wie ein solches Handzettel- oder Notizenlayout später im Druck aussehen soll, lässt sich ebenfalls mit Mastern festlegen. Da hier jedoch keine unterschiedlichen Folien und Designs benötigt werden, befinden sich in der Masteransicht konsequenterweise auch keine Folienminiaturen.

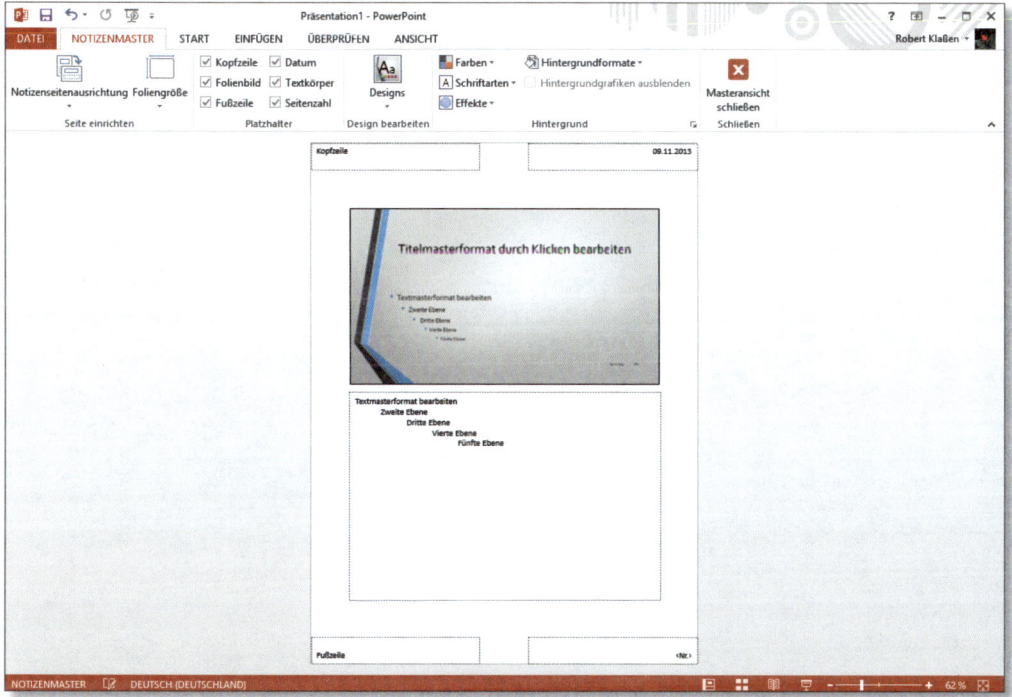

Abbildung 36.18 Hier sehen Sie die Ansicht »Notizenmaster«.

Kapitel 37
Folien gestalten

Präsentationen werden erst dann richtig interessant, wenn Bewegung mit ins Spiel kommt. Das wirkt nicht nur lebendiger, sondern ist auch für den Zuschauer wesentlich unterhaltsamer. Außerdem lassen sich Vorgänge damit wesentlich anschaulicher darstellen.

37.1 Übergänge und Folienwechsel einrichten

Schon beim Wechsel von einer Folie zur nächsten kann der Betrachter Ihrer PowerPoint-Präsentation unterhalten werden. Geleiten Sie ihn mit einem animierten Übergang zur nächsten Seite.

Die Beispielpräsentation aufbauen

Wir arbeiten in diesem Kapitel mit der Beispieldatei *Fototechnik 01.pptx*, die Sie im Ordner *37* auf der Buch-CD finden. Es handelt sich hierbei um eine kleine (nur aus fünf Folien bestehende) Präsentation, die im weiteren Verlauf dieses Kapitels als Beispiel herangezogen und weiter ausgestaltet wird.

Wenn Sie sich mit der Erstellung von Folien bereits gut auskennen, dürfen Sie diesen Abschnitt überspringen und gleich mit dem Unterabschnitt »Einen Übergang hinzufügen« auf Seite 908 fortfahren. Wer sich jedoch dafür interessiert, wie diese Datei aufgebaut ist, bekommt hier (in aller Kürze) die »Bauanleitung« dazu:

1 Erzeugen Sie als Erstes eine neue leere Präsentation, indem Sie zunächst auf die Registerkarte **Datei** klicken, sofern Sie sich derzeit in der Programmansicht befinden, und danach in der Backstage-Ansicht links die Rubrik **Neu** aktivieren.

2 Wählen Sie hier die Vorlage **Ion**, klicken Sie dazu nur einmal auf die Miniatur, um zunächst die Voransicht aufzurufen.

3 Entscheiden Sie sich oben rechts für die zweite angebotene Miniatur, die mit blauem Hintergrund versehen ist. Markieren Sie die Miniatur und klicken Sie anschließend auf **Erstellen**.

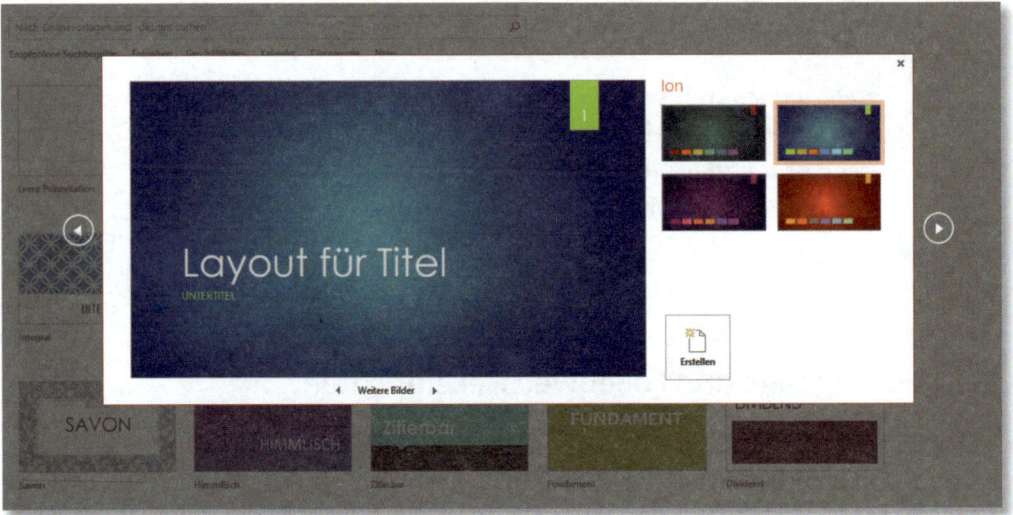

4 Fügen Sie auf der ersten Folie die gewünschten Texte ein. Wir haben uns hier für »Meister Fototechnik« und im darunter befindlichen Textfeld für »Fotografie – Studio – Coaching« entschieden. Wer keine Lust hat, hier und in den folgenden Schritten alles selbst einzutippen, kann die Texte aus dem beiliegenden Word-Dokument *Texte Fototechnik.docx* (Sie finden die Datei im Ordner *37* auf der Buch-CD) Stück für Stück per Zwischenablage herauskopieren (Strg + C) und in die Präsentation einfügen (Strg + V).

5 Als Nächstes erzeugen Sie eine weitere Folie, indem Sie auf den unteren Bereich der Schaltfläche **Neue Folie** in der Gruppe **Folien** der Registerkarte **Start** klicken und anschließend im Menü der Schaltfläche die Vorlage **Panoramabild mit Beschriftung** wählen.

6 Auf dieser Folie befindet sich ein Bild-Platzhalter. Klicken Sie auf das in der Mitte befindliche Symbol und weisen Sie die Grafik *Laura_01.jpg* zu, die Sie ebenfalls im Ordner *37* auf der Buch-CD finden. Nachdem Sie das Foto markiert haben, klicken Sie auf **Einfügen**.

7 Passen Sie als Nächstes die darunter befindlichen Texte mit den Texten aus dem Word-Dokument *Texte Fototechnik.docx* an (Sie finden die Datei im Ordner *37* auf der Buch-CD).

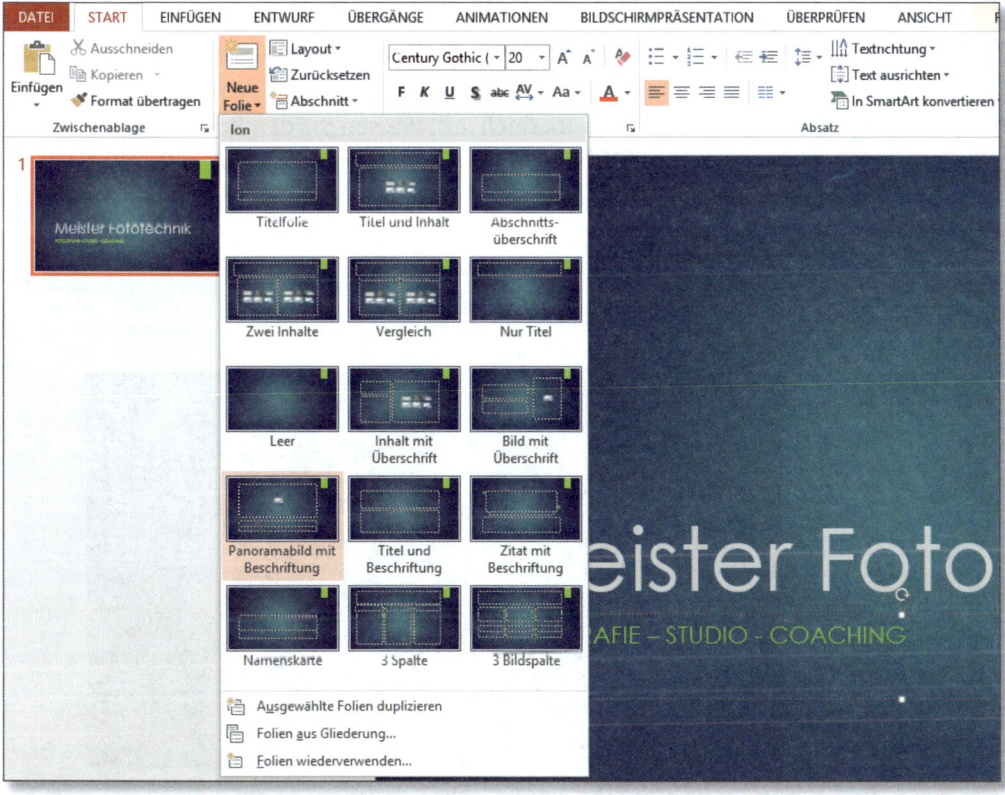

8 Erzeugen Sie eine **Neue Folie** (**Start** > **Folien**) und entscheiden Sie sich diesmal für die Vorlage **3 Spalte**. Geben Sie auch hier die benötigten Texte aus dem Word-Dokument *Texte Fototechnik.docx* ein. Die jeweils letzten vier Zeilen einer jeden Spalte beinhalten eine Aufzählung. Markieren Sie dazu zunächst die entsprechenden Textstellen und klicken Sie dann auf die Schaltfläche **Aufzählungszeichen** in der Gruppe **Absatz** der Registerkarte **Start**.

9 Jetzt fügen Sie eine weitere neue Folie (**Start** > **Folien** > **Neue Folie**) mit dem Layout **Namenskarte** ein, die mit dem entsprechenden Text aus dem Word-Dokument *Texte Fototechnik.docx* ausgestattet wird.

10 Die fünfte und letzte Folie bekommt das Layout **Leer** (**Start** > **Folien** > **Neue Folie**). Fügen Sie nun ein Textfeld ein, indem Sie auf die Schaltfläche **Textfeld** in der Gruppe **Text** der Registerkarte **Einfügen** klicken. Ziehen Sie danach bei gedrückter Maustaste einen Rahmen im Folienbereich auf. Weisen Sie den Betrachter mit einem entsprechenden Text darauf hin, dass die Präsentation an dieser Stelle beendet ist, geben Sie also beispielsweise »Ende der Präsentation« in das Textfeld ein.

Am Ende sollten Sie Ihre Präsentation noch speichern. Dazu wechseln Sie per Klick auf die Registerkarte **Datei** in die Backstage-Ansicht, wählen die Rubrik **Speichern unter** und in diesem Bereich **Computer** aus. Klicken Sie auf den Button **Durchsuchen**, um den gewünschten Speicherort im Dialog **Speichern unter** festzulegen. Klicken Sie abschließend auf **Speichern**.

Einen Übergang hinzufügen

Das Präsentieren von Daten, Zahlen und Fakten kann auf Dauer ganz schön ermüdend sein – nicht nur Sie als Vortragender sind davon betroffen, sondern auch Ihre Zuschauer. Sorgen Sie also für Abwechslung, wann immer dies möglich ist. Ein hilfreiches Mittel dafür ist die Gestaltung von Übergängen beim Wechsel von einer Folie auf die nächste.

1 Öffnen Sie zunächst die Beispieldatei *Fototechnik 01.pptx* aus dem Ordner *37* auf der Buch-CD.

2 Zuallererst ist die Folie zu markieren, die mit einem Übergang eingeleitet werden soll. Wenn Sie also beispielsweise **Folie 2** markieren, regeln Sie damit den Übergang von Folie 1 zu Folie 2. Wählen Sie deswegen auch in unserem Beispiel zunächst **Folie 2** im Folienregister. Sie sollten sich dazu in der Ansicht **Normal** (**Ansicht** > **Präsentationsansichten**) befinden.

3 Probieren Sie nun aus, welcher Übergang Ihnen am ehesten zusagt, indem Sie die verschiedenen Übergänge in der Gruppe **Übergang zu dieser Folie** der Registerkarte **Übergänge** anklicken. Die Auswirkungen lassen sich direkt im Folienbereich begutachten.

4 Sofern Sie einen gewählten Übergang noch einmal ansehen wollen, betätigen Sie den Schalter **Vorschau ❶** in der gleichnamigen Gruppe der Registerkarte **Übergänge**. Sollte Ihnen das Angebot nicht ausreichen, das derzeit im Menüband gezeigt wird, klicken Sie auf die Schaltfläche **Weitere ❷** an der Gruppe **Übergang zu dieser Folie**.

Für unser Beispiel sollten Sie genau dies tun und die Vorgabe **Orbit ❸** aus dem Bereich **Dynamischer Inhalt** anklicken.

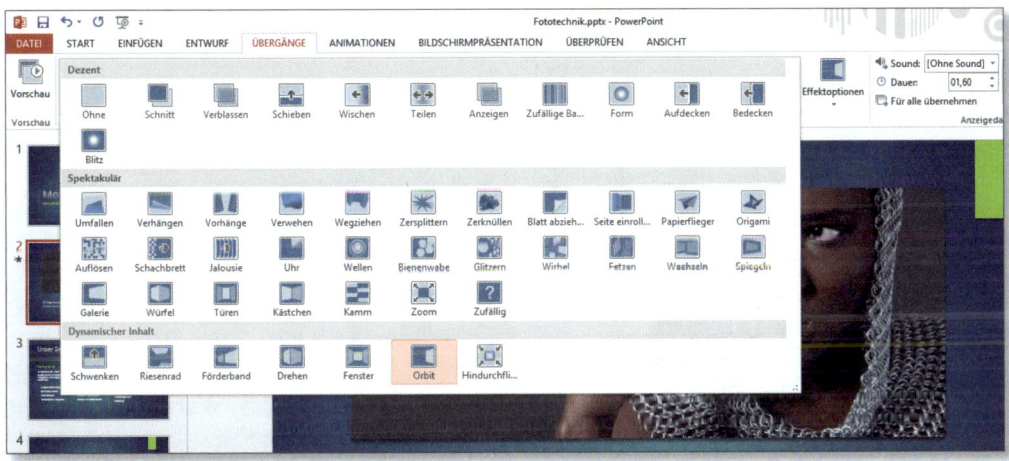

Sollten Sie sich am Ende wider Erwarten dafür entscheiden, auf einen Übergang zu verzichten, klicken Sie auf **Ohne** in der Gruppe **Übergang zu dieser Folie** der Register-karte **Übergänge**.

Einen Übergang einstellen

Nun ist es mit dem bloßen Zuweisen eines Übergangs noch nicht getan. Sie können nun einstellen, wie lange der entsprechende Übergang dauern soll, sowie dessen Be-wegungsrichtung festlegen. Darüber hinaus müssen Sie jedoch nicht jeden Übergang zwischen den einzelnen Folien Ihrer Präsentation von Hand einrichten. Wenn Sie erst einmal einen entsprechenden Stil gefunden haben, übertragen Sie diesen ganz einfach auf alle anderen Folien.

1 Sofern Sie die Beispieldatei *Fototechnik 01.pptx*, die Sie im Ordner *37* auf der Buch-CD finden, noch nicht mit einem Übergang ausgestattet haben, holen Sie das jetzt nach. Dazu markieren Sie die zweite Folie und weisen den Übergang **Orbit** zu (**Über-gänge** > **Übergang zu dieser Folie** > **Weitere**).

2 Je nach ausgewähltem Übergang finden Sie nun im Menü der Schaltfläche **Effekt-optionen** (**Übergänge** > **Übergang zu dieser Folie**) unterschiedliche Bewegungs-richtungen. Beim Übergang **Orbit** beispielsweise können Sie zwischen den Optio-nen **Von rechts**, **Von unten**, **Von links** und **Von oben** wählen. Die erste Option ist für unsere kleine Präsentation gut geeignet.

3 Strecken Sie die Länge ein wenig, indem Sie mehrfach die nach oben weisende Pfeil-schaltfläche ❶ am Feld **Dauer** in der Gruppe **Anzeigedauer** der Registerkarte **Über-gänge** betätigen. Stellen Sie eine Übergangsdauer von 2,00 Sekunden ein.

4 Begutachten Sie die Übergangsdauer, indem Sie auf die Schaltfläche **Vorschau** in der gleichnamigen Gruppe der Registerkarte **Übergänge** klicken.

5 Sind Sie zufrieden? Dann sollten Sie diesen Übergang auf alle Folien anwenden. Dazu müssen Sie auf die Schaltfläche **Für alle übernehmen** in der Gruppe **Anzeigedauer** der Registerkarte **Übergänge** klicken.

6 Folien, die mit einer Überblendung versehen sind, werden im Folienregister am linken Rand mit einem Stern markiert – und zwar gleich unterhalb der Foliennummer. Bei unserer Animation sollte das nun auf alle Folien zutreffen. Diese Markierung ist dabei zugleich auch eine Schaltfläche. Klicken Sie darauf, wird die dazugehörige Folie angezeigt. Dabei wird dann auch gleich der Übergang abgespielt, was ja beim herkömmlichen Klick auf die Folienminiatur nicht der Fall ist.

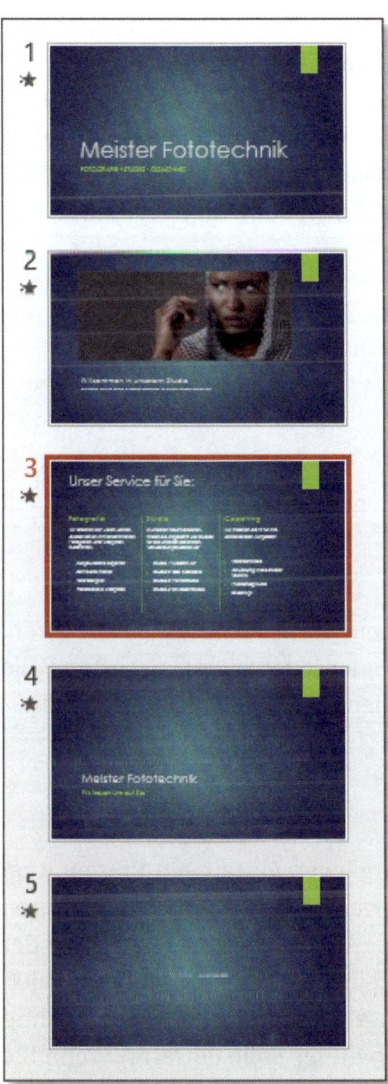

Sie haben nun erreicht, dass sämtliche Folien mit demselben Übergang versehen sind. Wenn Sie dennoch einzelne Übergänge anpassen wollen, können Sie das gern tun. Wie das geht, erfahren Sie im Unterabschnitt »Folien individualisieren« auf dieser Seite.

Foliendauer automatisieren

Bei automatischen Präsentationen, die beispielsweise auf einer Messe oder in einem Verkaufsraum nebenher ablaufen, ist es sinnvoll, die Dauer einer Folie zu automatisieren. Denn immerhin soll die Präsentation ja ohne Einsatz eines Bedieners oder gar eines Vortragenden ablaufen. Dementsprechend soll in gewissen Abständen ganz automatisch die nächste Folie präsentiert werden. Für diesen Fall verwenden Sie die Steuerelemente im Bereich **Nächste Folie** in der Gruppe **Anzeigedauer** der Registerkarte **Übergänge**. Für eine automatische Präsentation sollten Sie hier die Checkbox **Nach** aktivieren und nebenstehend die gewünschte Foliendauer über die Pfeilschaltflächen einstellen. Vergessen Sie nicht, anschließend erneut auf **Für alle übernehmen** (**Übergänge > Anzeigedauer**) zu klicken, damit auch diese Einstellung für die gesamte Präsentation übernommen wird.

Abbildung 37.1 Bei dieser Einstellung erfolgt entweder alle fünf Sekunden oder unmittelbar nach einem Mausklick ein Folienwechsel.

Übrigens können Sie, wenn Sie möchten, die Option **Bei Mausklick** deaktivieren. Lassen Sie die Funktion aktiv, kann jedoch ein Anwender jederzeit zur nächsten Folie wechseln – auch wenn die eingestellte eigentliche Foliendauer noch nicht erreicht ist.

Folien individualisieren

Sie dürfen Folien auch in einer mit identischen Übergängen gestalteten Präsentation noch individuell anpassen. So können Sie beispielsweise eine der Folienminiaturen auswählen und anschließend auf **Ohne** in der Gruppe **Übergang zu dieser Folie** der Registerkarte **Übergänge** klicken. Dann würde diese einzelne Folie nicht überblendet, während der Übergang bei allen anderen Folienwechseln erhalten bliebe. Folgerichtig würde auch der kleine Stern im Folienbereich nur an dieser Folie entfernt. Wenn Sie später doch wieder den voreingestellten Übergang einfügen wollen, müssen Sie lediglich erneut auf den Button **Für alle übernehmen** (**Übergänge** > **Anzeigedauer**) klicken. Dabei ist jedoch unbedingt darauf zu achten, dass Sie vorab eine Folienminiatur auswählen, die über einen Übergang verfügt. Denn wenn Sie den Schalter drücken, während eine nicht überblendete Folie markiert ist, würden Sie ja genau diese Einstellung, also ohne Übergang, für alle anderen übernehmen.

Abbildung 37.2 Der Folienübergang ist bei allen Folien identisch.

Ebenso ist es denkbar, jedem Übergang einen eigenen Stil zuzuweisen. Das gilt allerdings als recht unprofessionell. Allzu leicht wird dies als Spielerei abgetan – und mal ganz ehrlich, es nervt auch ein wenig, wenn der »Erbauer« einer Präsentation augenscheinlich mehr Wert auf die Fülle seiner zur Verfügung stehenden Übergänge legt als auf den Inhalt der Präsentation. Denken Sie immer daran: Weniger ist mehr! Und das gilt im Besonderen für die Übergänge.

Aufblende erzeugen

Sie können Ihre Präsentation auch mit einer sogenannten Aufblende starten. Dabei handelt es sich um einen Übergang von Schwarz zur ersten Folie. Die anderen Folien werden dadurch jedoch nicht beeinflusst und sollen auch weiterhin mit dem Übergang **Orbit** überblendet werden.

1 Markieren Sie die erste Folienminiatur innerhalb des Folienregisters.

2 Klicken Sie nun auf die Schaltfläche **Weitere** an der Gruppe **Übergang zu dieser Folie** der Registerkarte **Übergänge**. Daraufhin können Sie im Aufklappmenü auf mehr Übergänge zugreifen.

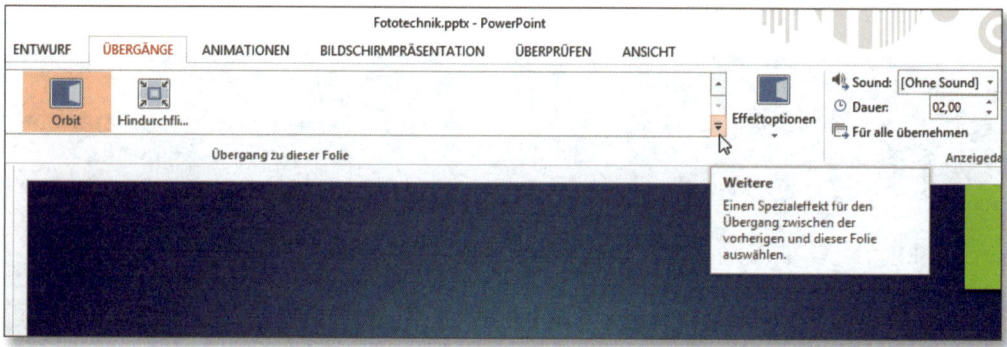

3 Entscheiden Sie sich im Bereich **Dezent** per Mausklick für den Übergang **Anzeigen**.

Bitte beachten Sie, dass Sie ab sofort den Button **Für alle übernehmen** (**Übergänge** > **Anzeigedauer**) nicht mehr benutzen. Denn das würde ja entweder bedeuten, dass daraufhin alle Folien mit dem Übergang **Anzeigen** überblendet würden oder dass, sofern Sie die Schaltfläche betätigen, während eine andere Folie markiert ist, die erste Folie fortan wieder mit dem Übergang **Orbit** überblendet würde. Das individuelle Einstellen einzelner Folien sollte also grundsätzlich zum Schluss erfolgen, wenn klar ist, dass sich an den übrigen Überblendungen nichts mehr ändern wird. Die fertige Präsentation finden Sie unter dem Dateinamen *Fototechnik 02.pptx* im Ordner *37* auf der Buch-CD.

Soundübergänge hinzufügen

Wer seine jeweils nächste Folie nicht nur mit einem flotten Übergang versehen, sondern im wahrsten Sinne des Wortes auch »einläuten« möchte, der kann auch einen Sound hinzufügen. Da Derartiges jedoch (genauso wie zahllose unterschiedliche Überblendungen) vom eigentlichen Thema ablenkt, sollte man diese Funktion nur vereinzelt einsetzen.

1 Markieren Sie die Folie, die zum Zeitpunkt der Überblendung mit einem Geräusch versehen werden soll.

2 Klicken Sie auf die kleine Dreieck-Schaltfläche, die sich rechts am Auswahlfeld **Sound** in der Gruppe **Anzeigedauer** der Registerkarte **Übergänge** befindet. Wer es mal richtig krachen lassen möchte, kann hier beispielsweise auf den Sound **Bombe** oder **Explosion** umschalten.

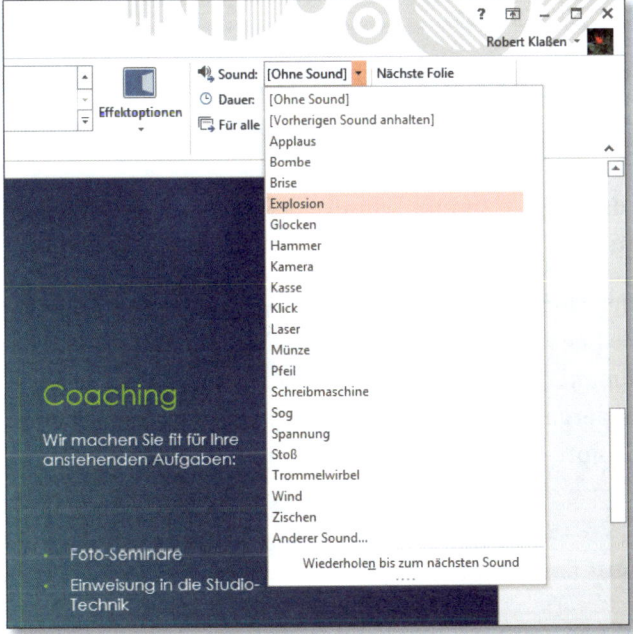

3 Wer seinem Publikum den letzten Nerv rauben möchte, der öffnet die Liste anschließend noch einmal und wählt **Wiederholen bis zum nächsten Sound** an. Das bewirkt nämlich, dass das eingestellte Geräusch permanent wiederholt wird – und zwar bis endlich ein anderer Folienübergang mit neuem Geräusch zum Einsatz kommt.

Unser Tipp: Treten Sie während einer auf diese Weise ausgestatteten Präsentation ein wenig zur Seite, damit die flüchtenden Zuhörer ungehindert den Raum verlassen können – oder beugen Sie vor, indem Sie nach diesem kleinen Exkurs im Auswahlfeld **Sound** wieder **[Ohne Sound]** einstellen.

Eigene Sounds verwenden

Die Funktion **Wiederholen bis zum nächsten Sound**, die Sie im Auswahlmenü **Sound** (**Übergänge > Anzeigedauer**) aktivieren, macht eigentlich nur dann wirklich Sinn, wenn Sie mit langsam laufenden Präsentationen arbeiten oder beispielsweise ein eigenes Musikstück ab einer bestimmten Folie der Präsentation abspielen lassen wollen (z. B. als dezente Hintergrundmusik).

1 Um eine eigene Musikdatei im Dateiformat *.wav* in Ihre Präsentation einzubinden (andere Formate sind leider hier nicht integrierbar), öffnen Sie zunächst per Mausklick auf das nach unten weisende Dreieck das Auswahlmenü **Sound** in der Gruppe **Anzeigedauer** der Registerkarte **Übergänge**.

2 Entscheiden Sie sich im Menü für die Option **Anderer Sound**, wählen Sie im Dialogfenster **Audio hinzufügen** die gewünschte Sounddatei und fügen Sie sie mit einem Klick auf **Öffnen** ein.

3 Begeben Sie sich abermals in das Auswahlmenü **Sound** und aktivieren Sie **Wiederholen bis zum nächsten Sound**.

4 Möchten Sie die Wiedergabe der Musik bei Erreichen einer bestimmten Folie deaktivieren? Dann markieren Sie als Erstes diese Folie innerhalb des Folienregisters. Öffnen Sie abermals das Auswahlmenü **Sound** und stellen Sie die Option **[Vorherigen Sound anhalten]** ein. Die Wiedergabe wird daraufhin unterbrochen, sobald diese Folie erreicht wird – und zwar sofort –, also noch ehe ein eventueller Folienübergang stattfindet.

Im vorliegenden Fall ist das Aktivieren der Wiederholungsfunktion in Schritt 3 übrigens Pflicht, da das Musikstück ansonsten abgebrochen würde, sobald der Übergang beendet ist.

37.2   Mit Animationen arbeiten

Mit Einsatz von Übergängen haben Sie ja nun schon für etwas Interaktion gesorgt (siehe dazu Abschnitt 37.1, »Übergänge und Folienwechsel einrichten«, Seite 905). Doch es geht noch viel mehr. Denn nicht nur die Folien selbst, sondern auch alle darauf befindlichen Objekte (selbst Text) können in Bewegung versetzt werden. Sie können sogar die »Flugbahn« eines solchen Objekts frei gestalten.

Objekte animieren

Im ersten Schritt unserer Objektanimation suchen wir uns etwas sehr Einfaches aus. Wir wollen dafür sorgen, dass das Foto auf Folie 2 unserer Beispielpräsentation *Fototechnik 02.pptx* in das Bild hineingedreht wird. Danach soll der darunter befindliche Text erscheinen.

1 Öffnen Sie die Beispieldatei *Fototechnik 02.pptx* aus dem Ordner *37* auf der Buch-CD. Aktivieren Sie die **Folie 2** innerhalb des Folienregisters.

2 Markieren Sie im Folienbereich zunächst das Bild. Klicken Sie dann auf die Schaltfläche **Weitere** in der Gruppe **Animation** der Registerkarte **Animationen**, um die Auswahlliste zu vergrößern.

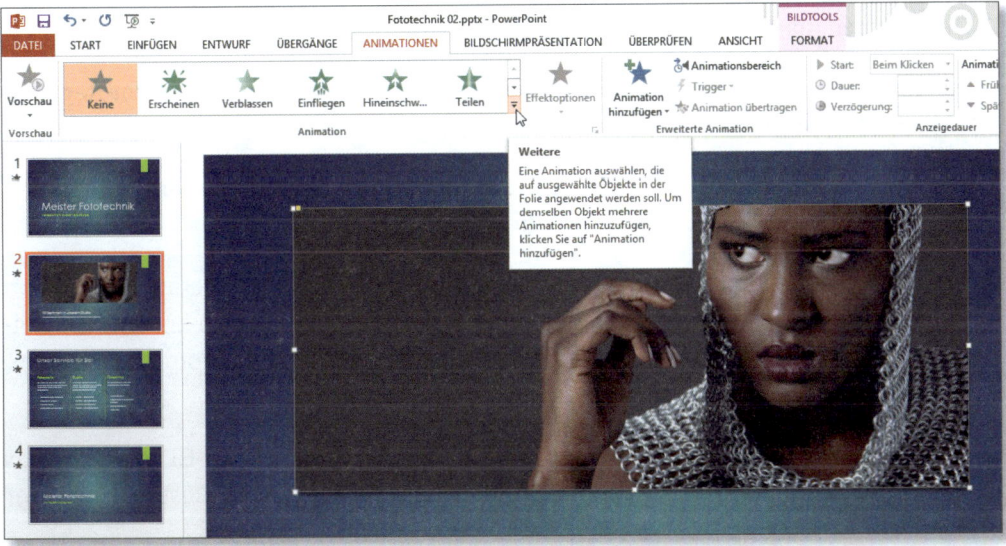

3 Für dieses Beispiel suchen wir etwas Effektvolles aus. Da es die einzige Folie ist, die über ein Bild verfügt, dürfen Sie hier ausnahmsweise einmal etwas übertreiben. Entscheiden Sie sich in der Liste im Bereich **Eingang** für die Animation **Drehen**. Ein einfacher Klick reicht, um den Effekt zuzuweisen.

4 Standardmäßig werden Animationen mittels Mausklick gestartet. Das bedeutet: Wenn Sie die Präsentation vorführen, wird im Anschluss an Folie 1 zunächst nur die leere Folie 2 gezeigt. Sie müssten daraufhin einen Mausklick folgen lassen, um die Animation zu starten und das Foto hinzuzufügen. Da wir jedoch wollen, dass die Drehung automatisch beginnt, sobald die Folie aktiv ist, müssen Sie das Auswahlmenü **Start** in der Gruppe **Anzeigedauer** der Registerkarte **Animationen** noch umstellen. Es steht standardmäßig auf **Beim Klicken**. Wählen Sie hier **Mit Vorherigen**. Genauere Erläuterungen zu dieser Funktionsweise erhalten Sie im Unterabschnitt »Startoptionen« auf dieser Seite.

5 Animieren Sie anschließend noch die beiden unterhalb des Fotos befindlichen Texte. Dazu führen Sie einen Mausklick auf den oberen der beiden Texte aus, halten anschließend ⇧ gedrückt und wählen auch das untere Textfeld an. Wenn beide Textrahmen markiert sind, lassen Sie ⇧ wieder los.

6 Klicken Sie auf den Effekt **Hineinschweben** in der Gruppe **Animation** der Registerkarte **Animationen**.

7 Stellen Sie nun das Auswahlmenü **Start** in der Gruppe **Anzeigedauer** der Registerkarte **Animationen** um auf **Nach Vorherigen**.

8 Spielen Sie die Animation ab, indem Sie auf Ihrer Tastatur F5 betätigen. Um von Folie 1 auf Folie 2 zu gelangen, müssen Sie einen Mausklick folgen lassen. Alle weiteren Objekte werden jedoch automatisch animiert (zunächst das Foto und anschließend beide Texte).

Öffnen Sie die Datei *Fototechnik 03.pptx* im Ordner *37* auf der Buch-CD, um sich das Ergebnis dieser Anleitung anzuschauen. Vergleichen Sie das dortige Resultat mit Ihrer Arbeit.

Startoptionen

In dem vorangegangenen Abschnitt haben Sie bereits das Steuerelement **Start** (**Animationen** > **Animation**) kennengelernt, um den Ablauf der einzelnen Animationen zueinander steuern zu können. Dabei stehen Ihnen drei Optionen zur Verfügung:

- **Beim Klicken:** Die Effekte erfolgen nacheinander und werden jeweils durch einen Mausklick ausgelöst.

- **Mit Vorherigen:** Der Effekt erfolgt zeitgleich mit einem vorangegangenen Effekt.

- **Nach Vorherigen:** Der Effekt erfolgt im Anschluss an einen vorhandenen Effekt.

Im konkreten Beispiel hätte die Funktion **Mit Vorherigen** beim oberen Textfeld bewirkt, dass dieses zusammen mit dem Bild in Bewegung versetzt worden wärc. Da wir uns hier jedoch für **Nach Vorherigen** entschieden hatten, wurde mit der Animation des ersten Textes gewartet, bis die Bildanimation beendet war. Der zweite Text wiederum wurde erst animiert, nachdem die erste Textanimation ihr Ende gefunden hatte. Hier hätte **Mit Vorherigen** folgerichtig dazu geführt, dass beide Texte zeitgleich animiert worden wären.

Animationseffekte kennenlernen

Bei Ihrer Arbeit mit Animationen und Effekten müssen Sie grundsätzlich darauf achten, dass Sie die korrekte Effektliste verwenden. Öffnen Sie noch einmal die Liste (**Animationen** > **Animation** > **Weitere**) der vorhandenen Animationen und werfen Sie einen Blick auf die vier Bereiche **Eingang**, **Betont**, **Ausgang** und **Animationspfade**.

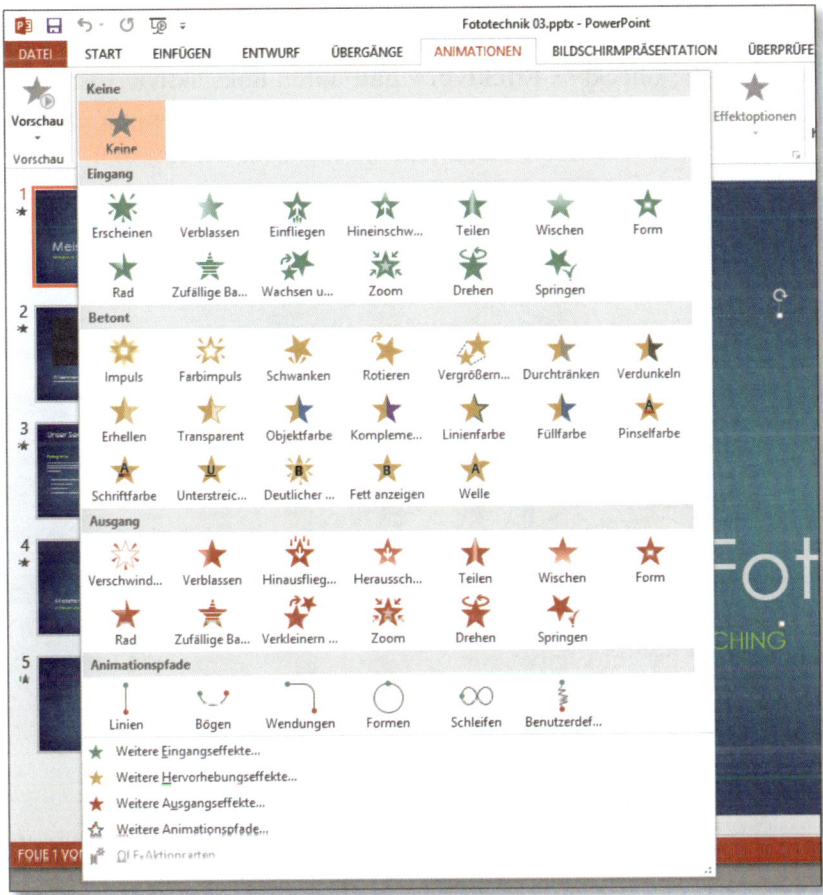

Abbildung 37.3 Sie haben die Wahl der Effektart.

Entsprechend Ihrer Auswahl, **Eingang** oder **Ausgang**, kommt die zugewiesene Animation beim Erscheinen oder Ausblenden eines Objekts zum Einsatz. **Betont** stellt ein Objekt in einer bestimmten Form dar, während **Animationspfade** eine frei definierbare Bewegungsrichtung nachempfinden. Dazu erfahren Sie mehr in Abschnitt 37.3, »Animationspfade«, Seite 930.

Weitere Animationseffekte

Die Riege der Animationen innerhalb der Gruppe **Animation** der Registerkarte **Animationen** ist prall gefüllt mit den unterschiedlichsten Bewegungsoptionen. Damit ist PowerPoint allerdings noch nicht ausgereizt. Ganz unten im Auswahlmenü der Schaltfläche finden Sie nämlich noch entsprechende Einträge. Entscheiden Sie sich hier beispielsweise für die Option **Weitere Eingangseffekte**, wird der Dialog **Eingangseffekt ändern** mit zahllosen zusätzlichen Effekten angeboten. Wählen Sie eine der Zeilen an, um sich den Effekt als Vorschau im Folienbereich anzeigen zu lassen. Voraussetzung dafür ist, dass im Dialog die Checkbox **Effektvorschau** unten links aktiviert ist. Falls erforderlich, schieben Sie den Dialog etwas zur Seite, indem Sie ihn per Drag & Drop an dessen Kopfleiste verschieben. Weisen Sie den Effekt mit Klick auf **OK** zu.

Abbildung 37.4 Einige Effekte werden erst durch Aufrufen des Dialogs »Eingangseffekt ändern« zugänglich.

Verfahren Sie auf die gleiche Weise mit den anderen Optionen im Auswahlmenü in der Gruppe **Animation** der Registerkarte **Animationen**. Es öffnet sich jeweils ein kontextbezogenes Dialogfenster mit weiteren Effekten.

Animationseffekte kombinieren

Nun ist es zunächst einmal so, dass sich auf die in Abschnitt »Objekte animieren« auf Seite 917 beschriebene Weise nur ein einzelner Effekt zuweisen lässt. Belegen Sie ein Objekt beispielsweise mit einer Eingangsanimation und weisen anschließend eine Ausgangsanimation zu, wird Erstere kurzerhand wieder entfernt. Übrig bleibt dann allein die Ausgangsanimation. Wer jedoch einem Objekt mehr als eine Animation zuweisen möchte, muss etwas anders verfahren.

1 Erzeugen Sie für dieses Beispiel eine zusätzliche Folie am Ende der Präsentation (**Einfügen** > **Neue Folie**) oder beginnen Sie mit einer neuen Präsentation (⌷Strg⌷ + ⌷N⌷).

2 Fügen Sie nun ein beliebiges Objekt hinzu. Klicken Sie dazu auf die Schaltfläche **Formen** in der Gruppe **Illustrationen** der Registerkarte **Einfügen** und wählen Sie im Menü der Schaltfläche die gewünschte Form mit einem Mausklick aus. Ziehen Sie die Form anschließend mit gedrückter Maustaste auf der neuen Folie auf.

3 Weisen Sie dem Objekt als Nächstes die erste Animation zu, indem Sie beispielsweise auf den Effekt **Einfliegen** in der Gruppe **Animation** der Registerkarte **Animationen** klicken.

4 Klicken Sie optional auf die Schaltfläche **Effektoptionen** (**Animationen** > **Animation**), um die Richtung des Einfliegens zu verändern. Wir haben uns im Menü für **Von links** entschieden.

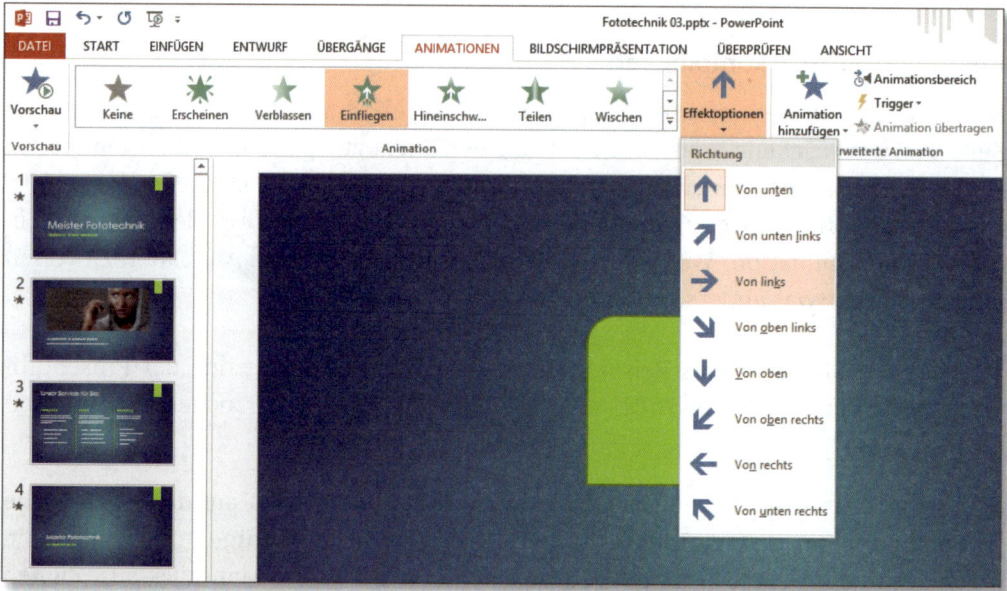

5 Jetzt kommt der entscheidende Schritt in Sachen Effektkombination. Klicken Sie auf den Button **Animation hinzufügen** in der Gruppe **Erweiterte Animation** der Registerkarte **Animationen**. Wie wäre es beispielsweise mit dem Effekt **Farbimpuls** aus dem Menü?

6 Stellen Sie nun das Auswahlmenü **Start** (**Animationen** > **Anzeigedauer**) von **Beim Klicken** um auf **Nach Vorherigen**. Dann nämlich beginnt die **Farbimpuls**-Animation ohne Zutun des Anwenders direkt im Anschluss an den Effekt **Einfliegen**.

7 Zuletzt fügen Sie noch eine Ausgangsanimation hinzu. Klicken Sie dazu erneut auf den Button **Animation hinzufügen** und wählen Sie im Bereich **Ausgang** den Effekt **Hinausfliegen**.

8 Ändern Sie zuletzt noch die Richtung der Ausgangsanimation, indem Sie auf die Schaltfläche **Effektoptionen** (**Animationen** > **Animation**) klicken und im Menü die Option **Nach rechts** anwählen.

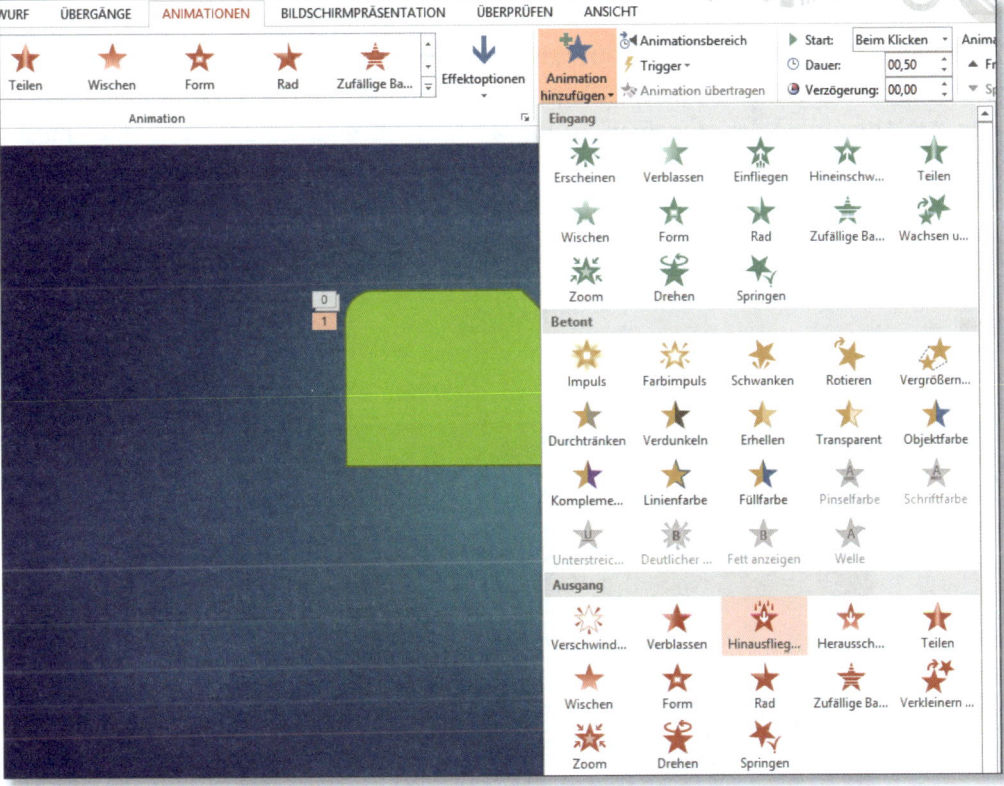

9 Entscheiden Sie, ob die Ausgangsanimation mit Mausklick oder automatisch in die Wege geleitet werden soll. Wenn Sie das zuerst genannte Szenario wünschen, müssen Sie nichts mehr unternehmen. Für dieses Beispiel wollen wir das Objekt jedoch automatisch ausfliegen lassen, weshalb Sie im Auswahlmenü **Start** (**Animationen** > **Anzeigedauer**) wieder auf **Nach Vorherigen** umstellen müssen.

10 Schauen Sie sich die Animation ab der aktuellen Folie an, indem Sie ⇧ + F5 drücken. Es sollte nun so sein, dass das Objekt nach einem Mausklick (oder Betätigung der Leertaste) von links eingeschoben wird, die Farbe automatisch wechselt und anschließend nach rechts aus dem Bild herausfährt.

Öffnen Sie die Datei *Kombination.pptx* aus dem Ordner *37* auf der Buch-CD, um sich die kombinierte Animation, wie wir Sie in der vorangegangenen Anleitung erstellt haben, anzuschauen.

Der Animationsbereich

Nun wollen wir uns einmal anschauen, was denn in der Beispieldatei *Kombination.pptx* aus dem Ordner *37* auf der Buch-CD »programmiert« worden ist. Dazu können Sie sich eine Art Ablaufplan der einzelnen Animationen anzeigen lassen. Sie erreichen diesen Anzeigebereich, indem Sie auf die Schaltfläche **Animationsbereich** in der Gruppe **Erweiterte Animation** der Registerkarte **Animationen** klicken. Daraufhin wird auf der rechten Seite der Anwendung der Aufgabenbereich **Animationsbereich** eingeblendet.

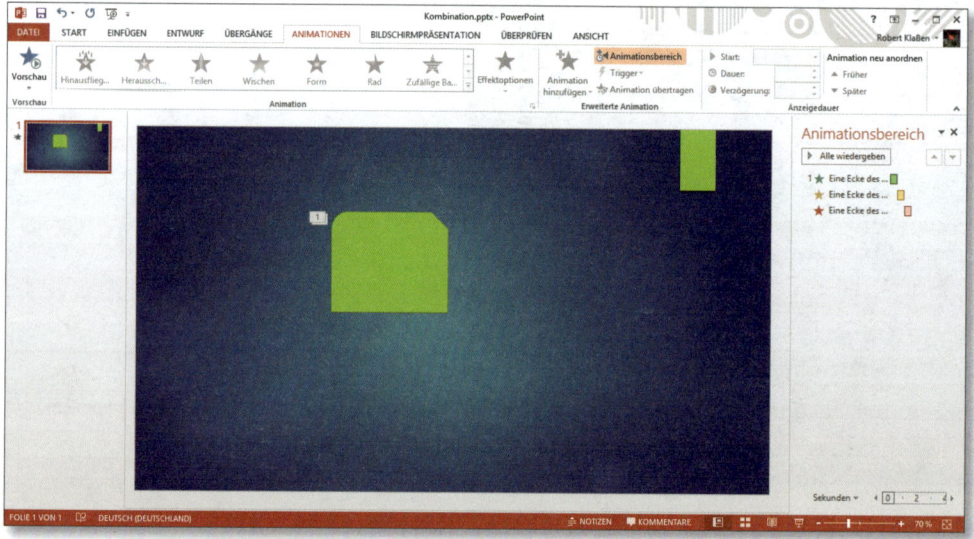

Abbildung 37.5 Der Aufgabenbereich »Animationsbereich« zeigt die drei Animationen einzeln an.

> **TIPP**
>
> **Animation abspielen**
>
> Wann immer Sie die Animation begutachten wollen, ohne dafür extra eine Bildschirmpräsentation starten zu müssen, klicken Sie im Aufgabenbereich **Animationsbereich** auf die Schaltfläche **Alle wiedergeben**. Daraufhin werden alle Animationen, die auf dieser Folie zum Einsatz kommen, in zeitlich korrekter Reihenfolge abgespielt.

Der Aufgabenbereich **Animationsbereich** hat sehr viel mehr zu bieten, als man auf den ersten Blick vermuten würde. Mit ihm können Sie nämlich die Animation bis ins Detail anpassen. Wenn Sie beispielsweise den mittleren Effekt (also **Farbimpuls**) verändern wollen, können Sie das jederzeit tun. Erste Voraussetzung: Sie markieren die mittlere Zeile innerhalb des Animationsbereichs. Nun haben Sie verschiedene Möglichkeiten, Änderungen vorzunehmen.

Verändern Sie die Einstellungen dieses Effekts beispielsweise mithilfe der Schaltflächen im Menüband. Passen Sie beispielsweise über die Schaltfläche **Start** (**Animationen** > **Anzeigedauer**) die Dauer des Effekts an oder, wenn Sie es denn wünschen, weisen Sie eine komplett neue Animation zu. Klicken Sie dazu auf eine andere Animationsart in der Gruppe **Animation** der Registerkarte **Animationen**.

Abbildung 37.6 Verändern Sie die Anzeigedauer einer Animation im Menüband.

Sie können genauso gut aber auch Änderungen im Aufgabenbereich **Animationsbereich** vornehmen. Sie sehen rechts neben den Objektbezeichnungen kleine farbige Balken ❶. Diese müssen Sie sich als eine Art Zeitmarke vorstellen. Anfang und Ende des jeweiligen Balkens stellen dar, wann eine Animation beginnt und wann sie zu Ende ist. Stellen Sie die Maus mitten auf einen Balken (ein schwarzer Doppelpfeil erscheint) und ziehen Sie den Balken mit gedrückter Maustaste nach links oder rechts. Damit verändern Sie den Zeitpunkt der Animation. Außerdem lässt sich auch hier die Dauer einer Animation einstellen. Denn je weiter sich ein Balken in horizontaler Richtung ausdehnt, desto länger dauert die Animation. Stellen Sie die Maus an den Anfang oder das Ende eines Balkens (der Mauszeiger mutiert daraufhin zum Doppelpfeil mit zwei Trennlinien ❷ in der Mitte), können Sie diesen Bereich ebenfalls ziehen. Zeitgleich erscheint eine QuickInfo ❸, die die aktuelle Dauer anzeigt. Lassen Sie los, wenn Sie mit der Dauer der Animation zufrieden sind. Nachfolgende Animationen werden automatisch nach hinten verschoben, sofern das Auswahlmenü **Start** auf **Nach Vorherigen** ❹ eingestellt ist.

Abbildung 37.7 Ziehen Sie den Balken in die Breite, um die Animationsdauer zu erhöhen.

Ähnliche Änderungen können Sie auch über das Kontextmenü des Effekts vornehmen. Im Aufgabenbereich **Animationsbereich** wird Ihnen in jeder Zeile nach Markierung der Zeile eine kleine nach unten weisende Dreieck-Schaltfläche ❶ angezeigt. Betätigen Sie diese oder klicken Sie mit rechts auf eine Zeile, um das Kontextmenü zu öffnen. Auch hier haben Sie diverse Einstellungsmöglichkeiten, wie z. B. über den Befehl **Anzeigedauer** ❷.

Abbildung 37.8 Benutzen Sie zur Änderung das Kontextmenü im Animationsbereich.

Probieren Sie die verschiedenen Möglichkeiten aus und entscheiden Sie, welche Ihnen am ehesten liegt. Am intuitivsten ist sicherlich das direkte Verändern der Animationsbalken per Drag & Drop im Aufgabenbereich **Animationsbereich**. Einige Einstellungen, wie z. B. die Einstellungen, die Sie über den Button **Effektoptionen** (**Animationen** > **Animation**) vornehmen, lassen sich hier allerdings nicht einstellen. Diese müssten Sie dann mithilfe des Kontextmenüs vornehmen, indem Sie den Befehl **Effektoptionen** anklicken. Sie erhalten dann einen effektspezifischen Dialog, wie beispielsweise **Farbimpuls**.

Abbildung 37.9 Ein Dialog ermöglicht die individuelle Einstellung einer Animation.

Mehrere Animationen gemeinsam bearbeiten

Im vorangegangenen Abschnitt haben wir einzelne Animationsteile wie z. B. den Farbimpuls losgelöst von den beiden anderen bearbeitet. Sie können jedoch auch mehrere Objekte gemeinsam verändern. Dazu wählen Sie die oberste Animationszeile innerhalb des Animationsbereichs an, halten $\boxed{\Uparrow}$ gedrückt und markieren zuletzt auch die unterste Zeile. Nun wird Ihnen nur ein nach unten weisendes Dreieck angezeigt ❸. Klicken Sie darauf, öffnet sich ein Kontextmenü, über das Sie alle markierten Effekte gemeinsam bearbeiten können.

Abbildung 37.10 Jetzt können alle drei Effektanimationen gemeinsam bearbeitet werden.

Effektoptionen einstellen

Das war erst einmal genug Theorie, oder? Jetzt sind Sie wieder an der Reihe. Denn wir wollen einen Effekt mithilfe der Effektoptionen optimieren. Das Pumpen des Effekts **Farbimpuls** (**Animationen** > **Animation**) soll häufiger und gleichzeitig schneller vonstattengehen.

1 Öffnen Sie die Beispieldatei *Kombination.pptx* aus dem Ordner *37* auf der Buch-CD und spielen Sie die Animation ab. Sie sehen, dass das Objekt in den Bildschirm einfährt, in der Mitte einmal pulsiert und dann wieder herausfährt.

2 Sollte der Aufgabenbereich **Animationsbereich** geschlossen sein, klicken Sie auf die Schaltfläche **Animationsbereich** in der Gruppe **Erweiterte Animation** der Registerkarte **Animationen**. Markieren Sie dort die mittlere Zeile mit dem gelben Balken des Effekts **Farbimpuls**.

3 Klicken Sie auf das nach unten weisende schwarze Dreieck dieser Zeile und entscheiden Sie sich im Kontextmenü für **Effektoptionen**.

4 Daraufhin wird der Dialog **Farbimpuls** mit der aktivierten Registerkarte **Effekt** geöffnet. Hier sollen Sie zunächst dafür sorgen, dass der Impuls mit weißer statt mit schwarzer Farbe erfolgt. Klicken Sie auf den Balken in der Zeile **Farbe**. Stellen Sie hier auf **Weiß** um.

5 Stellen Sie im Auswahlfeld **Wiederholen** der Registerkarte **Anzeigedauer** »3« ein. Das bedeutet, dass der Impuls insgesamt dreimal erfolgt. (Wer die Ansicht vertritt, dass dreimaliges Wiederholen eigentlich dazu führen müsste, dass der Impuls viermal stattfindet, liegt mit seiner Ansicht vollkommen richtig, hat aber die Rechnung ohne die PowerPoint-Logik gemacht. Hier wird nämlich stets die Gesamtanzahl der Impulse festgelegt – also drei Impulse).

Haben Sie alle gewünschten Änderungen vorgenommen, bestätigen Sie am Ende per Klick auf **OK** und spielen die Präsentation probehalber ab. Drücken Sie dazu ⌜F5⌝. Sie sehen drei Impulse.

Textanimation

Das Animieren von Text ist eine denkbar einfache Sache. Hier bringt PowerPoint so viel Eigenleistung mit, dass kaum noch etwas zu tun ist, wenn es um den Bewegungsablauf geht. Ziel dieses kleinen Exkurses ist es, die Texte auf Folie 3 unserer Fototechnik-Präsentation schnell und einfach vorzubereiten. Der Vortragende soll die einzelnen Punkte später per Knopfdruck einblenden können, wann er möchte.

1 Öffnen Sie zunächst die Beispieldatei *Fototechnik 03.pptx* aus dem Ordner *37* auf der Buch-CD. Klicken Sie auf **Folie 3** im Folienregister.

2 Die Überschriften (»Fotografie«, »Studio« und »Coaching«) sollen nicht animiert werden. Klicken Sie deswegen zunächst nur auf das Textfeld, das sich unterhalb von »Fotografie« befindet. Halten Sie ⌜⇧⌝ gedrückt und führen Sie auch auf die daneben befindlichen Textfelder jeweils einen Mausklick aus. Jetzt sollten alle drei Texte markiert sein.

3 Weisen Sie nun per Mausklick auf **Einfliegen** in der Gruppe **Animation** der Registerkarte **Animationen** diese Eingangsanimation zu. Sie sehen bereits in der anschließenden Vorschau, dass PowerPoint die Textblöcke sowie die Aufzählungspunkte einzeln berücksichtigt.

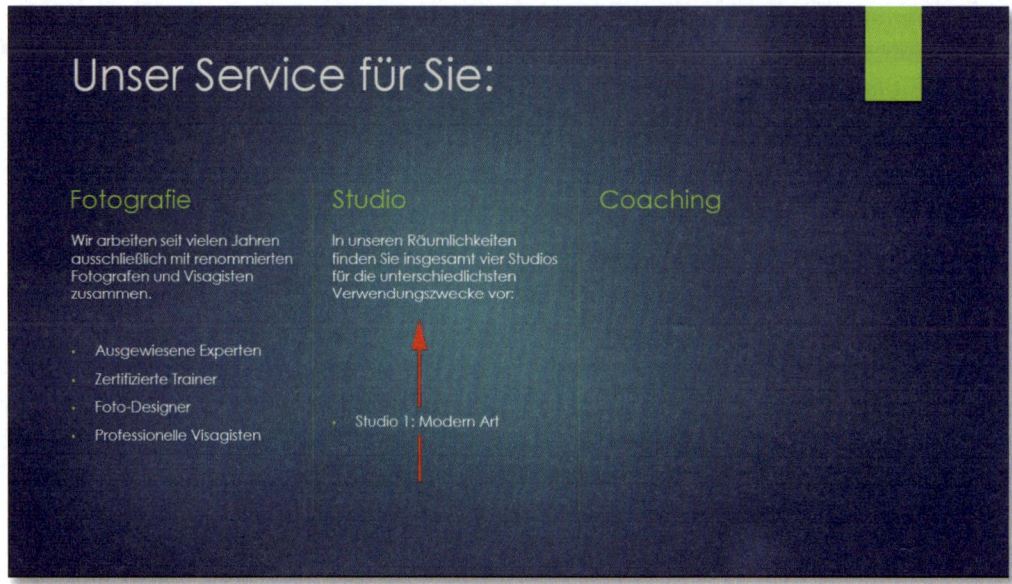

Zum Zeitpunkt des Vortrags muss der Präsentierende nichts weiter tun, als jeden einzelnen Punkt (mittels Mausklick oder durch Druck auf die Leertaste) erscheinen zu lassen. Er hat es also in der Hand, den Informationsfluss der PowerPoint-Präsentation optimal an seinen Vortrag anzupassen. Schauen Sie sich das Endergebnis in der Beispieldatei *Fototechnik-fertig.pptx* im Ordner *Ergebnisse* auf der Buch-CD an.

INFO

Reihenfolge ändern

PowerPoint verfolgt bei der Präsentation der einzelnen Texte eine logische Reihenfolge. Diese ergibt sich aus der Anordnung im Folienbereich. Dennoch ist nicht generell auszuschließen, dass Sie einmal den einen oder anderen Punkt vorziehen wollen. Stellen Sie Ihre eigene Reihenfolge ein, indem Sie den Animationsbereich öffnen und die Einträge per Drag & Drop wunschgemäß anordnen.

37.3 Animationspfade

Bislang haben Sie erfahren, wie sich ein Objekt in eine bestimmte Richtung einfahren und, wenn man will, in eine andere Richtung wieder ausfahren lässt. Wer aber die Bewegungsrichtung exakt vorgeben möchte, der sollte mit Animationspfaden arbeiten.

Dabei handelt es sich zunächst einmal um vorgegebene Strecken, die der Benutzer anschließend noch individuell anpassen kann.

Eine Pfadanimation vorbereiten

In dieser und den beiden folgenden Anleitungen, »Grafiken animieren« auf Seite 932 und »Animationsablauf optimieren« auf Seite 936, werden wir die schlichte Grafik eines Autoreifens entlang eines Animationspfads in Bewegung versetzen – und wo wir schon mal dabei sind, unsere Präsentation mit ein paar kleinen Details aufwerten. Viel Spaß dabei!

1 Wir beginnen mit einer neuen Präsentation. Entscheiden Sie sich beispielsweise für die Vorlage **Haarsträhne** im Bereich **Neu** der Backstage-Ansicht (**Datei**) und übernehmen Sie sie per Doppelklick.

2 Ersetzen Sie die Platzhaltertexte derart, dass Sie in den Haupttitel »GRIP-IT« und im Untertitel »REIFEN – FELGEN – ZUBEHÖR« eingeben.

3 Fügen Sie die ersten beiden Grafiken ein. Klicken Sie dazu auf **Bilder** in der gleichnamigen Gruppe der Registerkarte **Einfügen**. Wählen Sie die Beispieldatei *Asphalt.png*. Die Datei finden Sie im Ordner *37* auf der Buch-CD. Drücken Sie nun ⌜Strg⌝ und markieren Sie im gleichen Verzeichnis außerdem die Datei *Reifen.png*. Lassen Sie ⌜Strg⌝ wieder los und klicken Sie auf **Einfügen**.

4 Da beide Objekte noch markiert sind, können auch beide gemeinsam verschoben werden. Setzen Sie einen Klick auf eine der Grafiken, halten Sie die Maustaste gedrückt und schieben Sie beide Grafiken ein wenig nach oben. Bei der Positionierung orientieren Sie sich bitte an der folgenden Abbildung.

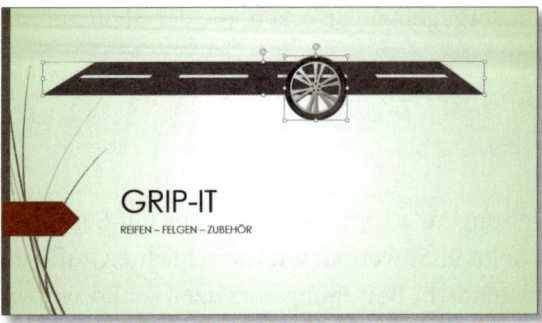

5 Nur für den unwahrscheinlichen Fall, dass der Asphalt den Reifen verdecken sollte: Bringen Sie das Asphalt-Bild nach hinten, indem Sie zunächst auf den Hintergrund der Präsentation klicken, die Grafiken werden dadurch abgewählt. Danach markieren Sie den Asphalt mit einem Mausklick und klicken auf **Anordnen** in der Gruppe **Zeichnung** der Registerkarte **Start**. Entscheiden Sie sich im Menü der Schaltfläche für die Option **In den Hintergrund**.

6 Als Nächstes positionieren Sie den Reifen. Dazu wählen Sie alle Grafiken ab, indem Sie einen Mausklick auf den Hintergrund der Präsentation setzen. Danach klicken Sie den Reifen erneut an und ziehen ihn links auf den Asphalt.

Das Ergebnis dieses Workshops finden Sie unter dem Dateinamen *Reifen 01.pptx* im Ordner *37* auf der Buch-CD.

Grafiken animieren

In der vorangegangenen Anleitung haben wir alle Vorbereitungen für die Reifenanimation getroffen. Sollten Sie die vorgenannten Schritte nicht gemacht haben, können Sie die Beispieldatei *Reifen 01.pptx* aus dem Ordner *37* auf der Buch-CD öffnen. Wir werden nun die Reifen-Grafik animieren.

1 Zuallererst wollen wir dafür sorgen, dass sich der Reifen dreht. Markieren Sie das Bild, sofern es nicht bereits ausgewählt ist, und klicken Sie auf den Effekt **Rotieren** in der Gruppe **Animation** der Registerkarte **Animationen**. Der Effekt ist im Bereich **Betont** zu finden.

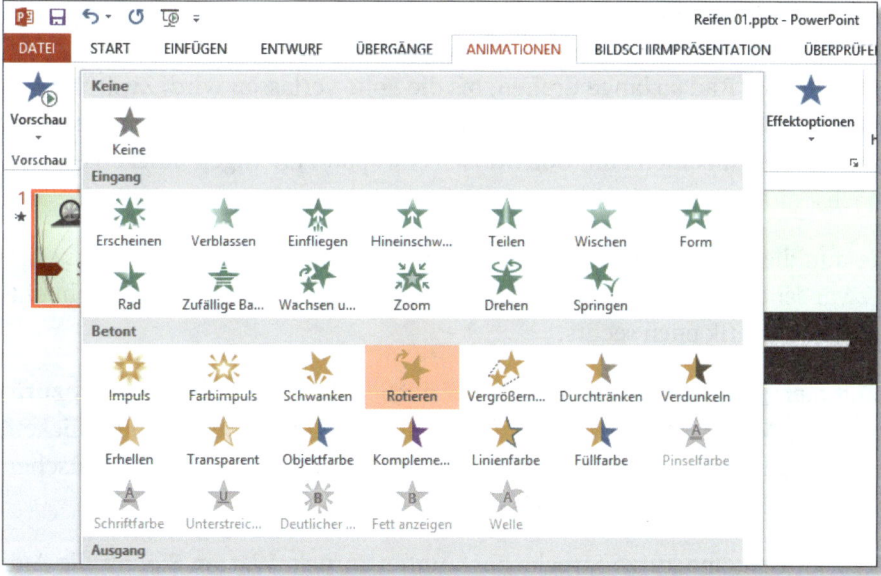

2 Damit die Animation gleich anläuft, sobald die Präsentation gestartet wird, und später nicht extra per Mausklick gestartet werden muss, stellen Sie das Auswahlmenü **Start** (**Animationen** > **Anzeigedauer**) auf **Mit Vorherigen**.

3 Leider dreht sich unser Autoreifen nur ein einziges Mal und bleibt dann stehen. Ändern Sie das, indem Sie zunächst den Aufgabenbereich **Animationsbereich** (**Animationen** > **Erweiterte Animation**) öffnen.

4 Wählen Sie innerhalb des Aufgabenbereichs die nach unten weisende Dreieck-Schaltfläche ❶ an und entscheiden Sie sich im Kontextmenü für **Effektoptionen**.

5 Aktivieren Sie im Dialogfenster **Rotieren** die Registerkarte **Anzeigedauer** und wählen Sie im Auswahlmenü **Wiederholen** den Eintrag **Bis zum Ende der Folie** aus. Dadurch wird sich das Rad so lange drehen, bis die Folie verlassen wird. Zwar müssen wir hier noch weitere Einstellungen vornehmen, doch wollen wir das zur besseren Übersicht über die einzelnen Funktionsweisen erst später erledigen. Klicken Sie deshalb zunächst einmal auf **OK**.

6 Wenn Sie nun die Animation mit ⌧F5⌧ ablaufen lassen, werden Sie sehen, dass sich das Rad zwar schonmal unentwegt dreht. Aber es bewegt sich leider noch nicht entlang der Straßengrafik nach rechts.

7 Darum kümmern Sie sich nun, indem Sie auf die Schaltfläche **Animation hinzufügen** in der Gruppe **Erweiterte Animation** der Registerkarte **Animationen** klicken. Scrollen Sie in der Liste herunter bis zum Bereich **Animationspfade** und entscheiden Sie sich für die Animation **Linien**.

8 Nun legt unser Rad eine kurze Strecke nach unten zurück. Warten Sie, bis die Animation zum Stillstand gekommen ist, und schauen Sie sich die Grafik genau an. Sie sehen das Rad nun zweimal – einmal oben und einmal unten. Oben sieht man die Ausgangsposition der Grafik (vor der Bewegung) und unten die Endposition. Die Grafik wird dort halb transparent dargestellt.

9 Die beiden farbigen Punkte, die sich jeweils in der Mitte der beiden Grafiken befinden, sind in diesem Zusammenhang von besonderer Bedeutung. Der grüne Punkt ❶ repräsentiert nämlich den Startpunkt der Animation, während der rote ❷ das Ende kennzeichnet. Klicken Sie auf den roten Punkt, wobei Sie die Maustaste gedrückt halten. Jetzt ziehen Sie die Maus nach oben und nach rechts. Positionieren Sie das halb transparente Rad am Ende des Asphalt-Bildes. Der Vollständigkeit halber sei erwähnt, dass die gestrichelte Linie ❸ zwischen den beiden Punkten den Animationspfad darstellt, also jene Strecke, die der Reifen zurücklegen soll.

10 Denken Sie bitte immer daran, dass Animationen (innerhalb einer Präsentation) von Haus aus erst starten, nachdem Sie einen Mausklick ausführen. Da unsere Animation aber komplett selbstständig laufen soll, stellen Sie im Auswahlmenü **Start** (**Animationen > Anzeigedauer**) die Funktion **Mit Vorherigen** ein.

11 Daraufhin dreht sich das Rad, läuft einmal nach vorne und bleibt dann stehen. Die Rotation läuft indes weiter. Das ist natürlich total unrealistisch. Lassen Sie das Rad nach Erreichen der Endposition wieder zurücklaufen zur Startposition, indem Sie im Aufgabenbereich **Animationsbereich** die Dreieck-Schaltfläche der unteren Zeile (**Pfadlinie**) anklicken und im Kontextmenü **Effektoptionen** wählen.

12 Aktivieren Sie die Checkbox **Automatisch umkehren**, die sich im Bereich **Einstellungen** der Registerkarte **Effekt** des Dialogfensters **Nach unten** befindet.

13 Wo Sie schon einmal dabei sind, können Sie auch gleich dafür sorgen, dass die horizontale Bewegung entlang des Pfades ebenfalls permanent wiederholt wird (wie schon vorher die Rotation des Reifens). Wählen Sie dazu im Menüfeld **Wiederholen** der Registerkarte **Anzeigedauer** die Funktion **Bis zum Ende der Folie**. Bestätigen Sie Ihre Änderungen mit einem Klick auf **OK**.

Spielen Sie die Präsentation ab, indem Sie auf der Tastatur F5 drücken. Im Grundsatz sind die Bewegungen damit bereits realisiert. Allerdings läuft die Animation noch nicht wirklich rund. Es gibt noch ein paar kleine Fehler, die wir in den folgenden Schritten noch ausgleichen sollten.

Animationsablauf optimieren

Wie erwähnt, läuft die Animation noch etwas holprig. Ziel der folgenden Schritte ist es daher, einen realistischeren Bewegungsablauf herzustellen. Als Ausgang können Sie, falls Sie die vorigen Schritte nicht durchgeführt haben, die Beispieldatei *Reifen 02.pptx* aus dem Ordner *37* auf der Buch-CD öffnen.

Der auffälligste Makel der Animation ist sicher der, dass sich das Rad permanent im Uhrzeigersinn dreht, auch wenn die Rückwärtsbewegung stattfindet. Das sollte geändert werden.

1 Öffnen Sie zunächst den Aufgabenbereich **Animationsbereich** (**Animationen** > **Erweiterte Animationen** > **Animationsbereich**). Klicken Sie mit rechts auf die obere Zeile im Animationsbereich und wählen Sie mit einem Klick im Kontextmenü **Effektoptionen** aus.

2 Aktivieren Sie im Dialogfenster **Rotieren** die Checkbox **Automatisch umkehren** im Bereich **Einstellungen** der Registerkarte **Effekt**. Fortan wird sich der Reifen bei der Bewegung von rechts nach links auch entgegen dem Uhrzeigersinn bewegen.

3 Der Reifen rotiert während der gesamten Animation jedoch auch mit gleichbleibender Geschwindigkeit, also auch, wenn er die Anfangs- oder Endposition erreicht. Daher sollte die Rotation an geeigneter Stelle abgebremst werden. Nehmen Sie auch diese Einstellung im Dialog **Rotieren** auf der Registerkarte **Effekt** vor. Stellen Sie die Auswahlfelder **Gleiten Start** und **Gleiten Ende** jeweils auf »0,8 sek.« ein. Bestätigen Sie Ihre Änderungen mit einem Klick auf **OK**. Nach Verlassen des Dialogs schauen Sie sich die Animation an.

4 Wie wäre es mit einem bisschen Gras? Die fiktive Firma Grip-it möchte sich durch ein besonderes Maß an Umweltbewusstsein von seinen Wettbewerbern abheben. Deswegen wollen wir ein paar Gräser entlang der Piste platzieren. Die versteckte Botschaft: Unsere Pneus rollen sicher über Deutschlands Straßen, ohne dabei die Natur auch nur im Geringsten in Mitleidenschaft zu ziehen. Fügen Sie die Datei *Gras.png* aus dem Ordner *37* auf der Buch-CD per Klick auf die Schaltfläche **Bilder** (**Einfügen** > **Bilder**) ein.

5 Platzieren Sie die Grafik per Drag & Drop so, dass sie das untere Ende des Asphalts abdeckt. Ziehen Sie den Montagerahmen des Bildes ein wenig in Form. Im Ergebnis sollte die Grafik etwas breiter, dafür aber etwas weniger hoch sein. Sie wissen ja: Durch Ziehen der quadratischen Anfasser lässt diese sich optimal anpassen.

6 Wer möchte, dass auch die hintere Fahrbahnbegrenzung mit Gräsern bestückt ist, muss die Grafik zunächst duplizieren. Achten Sie darauf, dass diese markiert ist, und drücken Sie die Tastenkombination [Strg] + [D].

7 Ziehen Sie die soeben erzeugte Kopie mit gedrückter Maustaste an das obere Ende der Fahrbahn. Allerdings befindet sich die Gras-Grafik nun vor dem Reifen, Sie müssen daher so oft auf **Ebene nach hinten** in der Gruppe **Anordnen** der Registerkarte **Bildtools/Format** klicken, bis sich der Reifen wieder davor befindet.

8 Zuletzt passen Sie die Größe der oberen Gras-Grafik noch an den Asphalt an. Damit die perspektivische Wirkung erhalten bleibt, sollten die oberen Gräser (hinten im Bild) etwas kleiner sein als die unteren (im Vordergrund). Stauchen Sie diese also in der Höhe noch ein wenig.

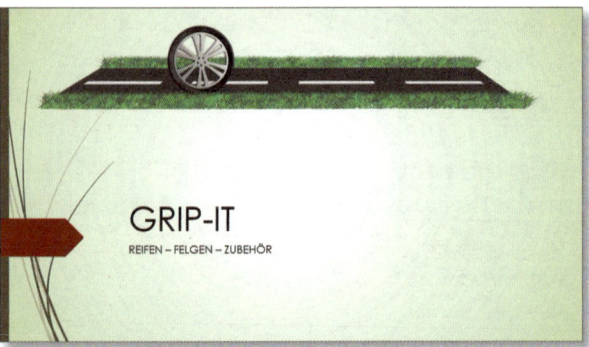

Schauen Sie sich die Präsentation in Ruhe an, indem Sie [F5] drücken. Sind Sie zufrieden mit allem? Prima. Zur Kontrolle können Sie auch die Datei *Reifen-fertig.pptx* öffnen, die Sie im Ordner *Ergebnisse* auf der Buch-CD finden.

Transparente Grafiken verwenden

Die im vorangegangenen Abschnitt verwendeten Grafiken liegen allesamt im Format *.png* vor. Dieses Format habe ich nicht zufällig gewählt. Grundsätzlich sollten Bilder, die Sie selbst anfertigen, in einem Format vorliegen, das sogenannte Transparenzen unterstützt. Dabei handelt es sich um Bildbereiche, die inhaltlos sein dürfen. Das bedeutet: An den Stellen, an denen sich keine Bildpixel befinden, scheint der Hintergrund der Animation durch.

Herkömmliche Bildformate wie *.jpeg* oder *.bmp* beispielsweise unterstützen keine Transparenzen. Setzen Sie eine solche Grafik ein, erscheint sie auf weißem Hintergrund – und verdeckt an dieser Stelle leider die ansonsten sichtbaren Elemente der Präsentation wie z. B. die hintere Reihe der Gräser.

Abbildung 37.11 Grafiken, die nicht über Transparenzen verfügen, erscheinen auf weißem Hintergrund (Reifen rechts).

Wenn Sie mit *.tiff-*, *.png-* oder auch *.gif*-Formaten arbeiten, bleiben Transparenzen hingegen erhalten. Das sollten Sie berücksichtigen, wenn Sie mit Grafikprogrammen wie beispielsweise *Adobe Illustrator* oder Bildbearbeitungssoftware wie *Adobe Photoshop*, *Photoshop Elements*, *Gimp* o. Ä. arbeiten. Übrigens ist selbst die Windows-Software *Paint* in der Lage, Transparenzen zu erzeugen. Entscheiden Sie sich dort nach Wahl von **Datei** > **Speichern unter** für das Format *.gif* oder *.png*. Das Format *.png* sorgt in der Regel für bessere Ergebnisse als *.gif*, das eher für simple Grafiken oder Zeichnungen vorgesehen ist.

Abbildung 37.12 Speichern Sie Grafiken idealerweise im Format »PNG-Bild« ab.

Hintergrund in einer PNG-Grafik entfernen

Nun kann es Ihnen trotzdem passieren, dass derartige Grafiken nach dem Einfügen in PowerPoint mit einem weißen Hintergrund versehen werden. Das passiert vor allem bei Nutzung von Paint. In diesem Fall müssen Sie den weißen Hintergrund zunächst entfernen.

1 Nachdem das Bild hinzugefügt worden ist (**Einfügen** > **Bilder** > **Bilder**), markieren Sie es und klicken Sie auf die Schaltfläche **Freistellen** in der Gruppe **Anpassen** der Registerkarte **Bildtools/Format**.

2 In der Regel wird dabei der komplette Hintergrund sauber entfernt. Im Bild wird die Transparenz zunächst als magenta gefärbte Fläche angezeigt. Diese verschwindet, sobald Sie auf **Änderungen beibehalten** in der Gruppe **Schließen** der Registerkarte **Freistellen** klicken.

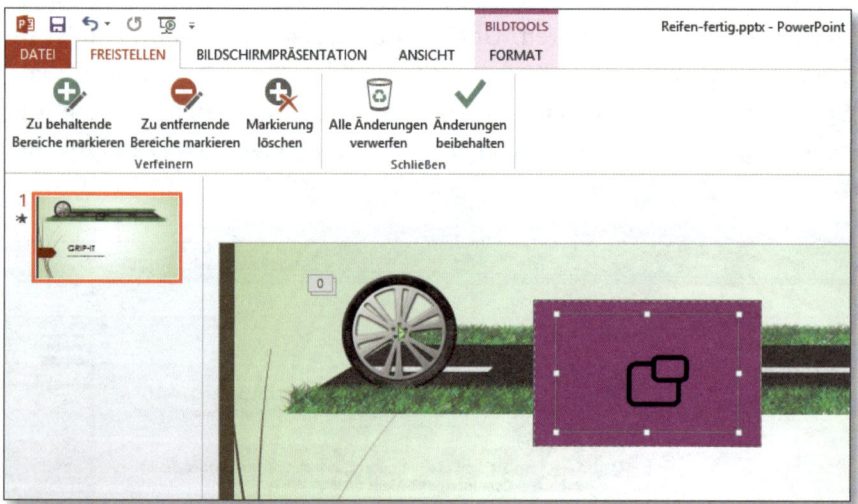

Sollten einmal Bereiche der Grafik, die eigentlich transparent sein sollten, nicht in Magenta angezeigt werden, können Sie auf die Schaltfläche **Zu entfernende Bereiche markieren** in der Gruppe **Verfeinern** der Registerkarte **Freistellen** klicken und danach diese Bereiche in der Grafik auswählen.

Weitere Animationspfade

Neben geraden Animationspfaden, wie wir sie zu Beginn des Abschnitts 37.3, »Animationspfade«, Seite 930, kennengelernt haben, lassen sich aber noch weitere Animationspfade erzeugen. Wer beispielsweise möchte, dass sich ein Objekt auf andere Art und Weise bewegt, also einem anderen Pfad folgen soll, kann eine entsprechende Vorgabe in der Liste der Animationen aussuchen. Es wird unterschieden zwischen:

- **Linien:** Als Bewegungsrichtung wird eine Gerade erzeugt.
- **Bögen:** Die Bewegung erfolgt in Bogenform.
- **Wendungen:** Es wird eine Richtungsänderung erzeugt.
- **Formen:** Die Bewegung erfolgt im Kreis oder in Form einer Ellipse.
- **Schleifen:** Es wird eine Doppelschleife (in Form einer liegenden Acht) durchlaufen.
- **Benutzerdefiniert:** Hier können die Pfade frei gestaltet werden (siehe dazu den Unterabschnitt »Benutzerdefinierte Animation erzeugen« auf Seite 942).

Abbildung 37.13 Zunächst einmal werden nur sechs Animationspfade angezeigt.

INFO

Pfade austauschen

Ein zugewiesener Animationspfad kann jederzeit gegen einen anderen ausgetauscht werden. Dazu markieren Sie das Objekt und klicken auf einen anderen Animationspfad (**Animationen** > **Animation**).

Nun sind diese sechs Formen lediglich eine Art Grundgerüst. Wer exotischere Bewegungsabläufe sucht, wird bestimmt mit einem Klick auf **Weitere Animationspfade** (**Animationen** > **Animation** > **Weitere**) fündig. Der Folgedialog **Animationspfad ändern** bietet so ziemlich alles, was das Herz begehrt. Wenn Sie den Dialog ein wenig zur Seite schieben und zunächst einen der Einträge anwählen, können Sie den Bewegungsablauf gleich in der Vorschau im Folienbereich begutachten – vorausgesetzt, die Checkbox **Effektvorschau** ist im unteren Bereich des Dialogs aktiviert.

Abbildung 37.14 PowerPoint ist geradezu »vollgestopft« mit Animationspfaden.

Weisen Sie einen neuen Animationspfad zu, indem Sie ihn im Dialogfenster **Animationspfad ändern** markieren und anschließend Ihre Wahl mit einem Klick auf die Schaltfläche **OK** bestätigen.

Benutzerdefinierte Animation erzeugen

Noch mehr Individualität als die zahlreichen Animationspfade bietet eigentlich nur noch die Vorgabe **Benutzerdefinierter Pfad** (**Animationen** > **Animation** > **Weitere**). Damit lassen sich nämlich freie Bewegungen nachempfinden. Sie können Ihren ganz eigenen Pfad durch Hinzufügen von Pfadpunkten erzeugen.

1 Erzeugen Sie eine neue leere Präsentation ([Strg] + [N]) und entfernen Sie alle Text-Platzhalter.

2 Danach fügen Sie ein Objekt ein, das Sie animieren wollen. Wir benutzen hier eine Flugzeug-Grafik. Sie finden diese Grafik, wenn Sie auf die Schaltfläche **Onlinegrafiken** in der Gruppe **Bilder** der Registerkarte **Einfügen** klicken und im Bereich **ClipArt von Office.com** als Stichwort »Flugzeug« in das Suchfeld eingeben. Markieren Sie die von Ihnen bevorzugte Grafik und klicken Sie auf **Einfügen**.

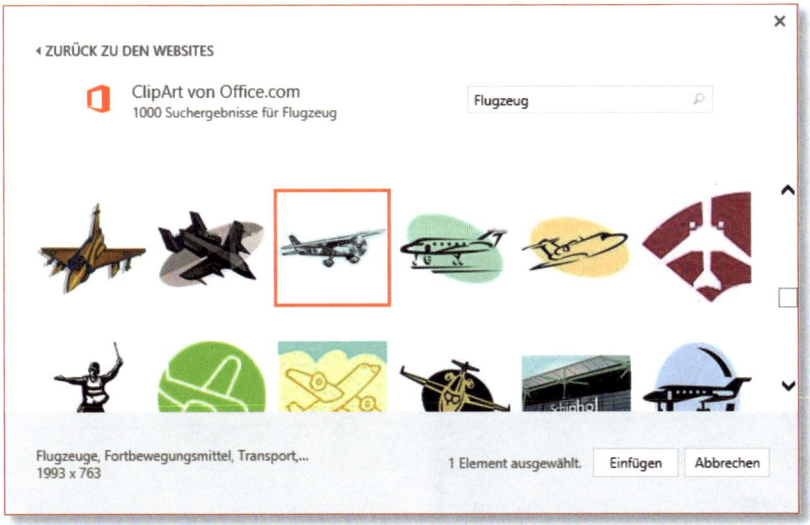

37

3 Das Objekt müssen Sie nicht neu platzieren, da es sich später automatisch am Pfad orientieren wird. Es reicht, wenn es markiert bleibt. Klicken Sie auf **Weitere** in der Gruppe **Animation** der Registerkarte **Animationen** und entscheiden Sie sich für **Benutzerdefinierter Animationspfad**.

4 Klicken Sie in der vertikalen Mitte des linken Bildrandes ❶ auf den Folienbereich. Lassen Sie die Maustaste anschließend los. Unser Flieger soll sich allmählich nach oben bewegen, weshalb Sie einen zweiten Mausklick ziemlich weit oben in der Mitte des Folienbereichs ❷ ansetzen sollten. Lassen Sie die Maustaste diesmal allerdings noch nicht los.

5 Solange die Maustaste gedrückt ist, können Sie eine Art *Freiform* aufzeichnen. Das heißt: Sie zeichnen einen Pfad wie mit einem Bleistift. Krickeln Sie ein wenig auf der Oberfläche herum und stoppen Sie, wenn Sie sich außerhalb des Folienbereichs befinden.

6 Lassen Sie die Maustaste los und klicken Sie danach noch einmal kurz auf dieselbe Stelle ❶, an der Sie soeben losgelassen haben. Damit wird die Konstruktion des Pfades abgeschlossen. Der Pfad erscheint wieder in Form einer gestrichelten Linie und ist zudem mit einem Auswahlrahmen umgeben.

7 Jetzt folgen die Feineinstellungen: Klicken Sie auf das Dreiecksymbol an der ersten Zeile im Aufgabenbereich **Animationsbereich** und dann auf **Effektoptionen**.

8 Aktivieren Sie im Dialogfenster **Benutzerdefinierter Pfad** die Registerkarte **Anzeigedauer**. Im Feld **Starten** wählen Sie die Option **Mit Vorheriger**. Im Feld **Dauer** wählen Sie **5 Sekunden (Sehr langsam)**.

9 Unser Flugzeug beginnt nach einiger Zeit gemäß des gezeichneten Animationspfads zu trudeln, verliert an Höhe, bleibt aber gleichzeitig exakt gerade. Das geht so nicht. Also markieren Sie das Flugzeug und klicken Sie auf die Schaltfläche **Animation hinzufügen** (**Animationen** > **Erweiterte Animationen**). Klicken Sie auf **Rotieren** im Bereich **Betont**.

10 Wählen Sie nach einem Rechtsklick auf die unterste Zeile im Aufgabenbereich **Animationsbereich** im Kontextmenü den Befehl **Effektoptionen**. Sorgen Sie zunächst auf der Registerkarte **Effekt** des Dialogs **Rotieren** dafür, dass sich das Flugzeug nur um 180° neigt, anstatt eine volle Drehung hinzulegen. Dazu stellen Sie im Feld **Betrag** die Option **Halbe Drehung** ein.

11 Aktivieren Sie mit einem Klick die Registerkarte **Anzeigedauer** und stellen Sie das Feld **Starten** auf **Mit Vorheriger**. Damit sich das Flugzeug nicht sofort nach Beginn der Animation dreht, sondern erst wenn die Phase des Trudelns einsetzt, legen Sie eine **Verzögerung** von **2** Sekunden fest. Im Feld **Dauer** geben Sie **3 Sekunden (Langsam)** an. Somit dauern beide Animationen exakt fünf Sekunden. Bestätigen Sie mit **OK** und spielen Sie die Animation ab.

Wer nicht sicher ist, ob alles so funktioniert wie beschrieben, kann einen Blick auf die Beispieldatei *Flieger-fertig.pptx* werfen, die sich im Ordner *Ergebnisse* auf der Buch-CD befindet.

Offene und geschlossene Pfade

Im Unterabschnitt »Benutzerdefinierte Animation erzeugen« ab Seite 942 haben Sie einen sogenannten »offenen Pfad« erzeugt. Dieser besteht aus einer Strecke; denn er verfügt über einen Startpunkt (am linken Bildrand) sowie einen Endpunkt. Allerdings können Sie auch in sich geschlossene Pfade produzieren. Dies ist vor allem dann zu empfehlen, wenn ein permanenter Bewegungsablauf nahtlos aneinandergereiht werden soll. Führen Sie als letzten Schritt der Pfadproduktion in diesem Fall einen Mausklick am Startpunkt des Pfades aus. Wenn Sie die korrekte Position gefunden haben, wird der innere Bereich des Pfades temporär gefärbt. Alternativ kann ein geöffneter Pfad auch nachträglich noch geschlossen werden, indem Sie ihn mit rechts anwählen und im Kontextmenü **Pfad schließen** aussuchen. Umgekehrt kann ein geschlossener Pfad mittels Rechtsklick und **Pfad öffnen** wieder geöffnet werden.

Pfadpunkte bearbeiten

Wann immer Sie einen Pfad nachbearbeiten wollen, können Sie das tun, nachdem Sie mit rechts auf den Pfad geklickt und im Kontextmenü **Punkte bearbeiten** ausgewählt haben.

Abbildung 37.15 Machen Sie die Pfadpunkte sichtbar.

Jetzt wird jeder Pfadpunkt in Form eines kleinen schwarzen Quadrats angezeigt. Wenn Sie einen solchen Punkt anklicken und per Drag & Drop verschieben, ändern Sie damit die Bewegungsrichtung des Pfades entsprechend. Für den Fall, dass Sie einen Punkt löschen wollen, halten Sie (Strg) gedrückt und klicken den Punkt an. Dadurch wird der Pfad jedoch nicht unterbrochen. Vielmehr wird nun eine neue Linie zwischen den beiden benachbarten Punkten erzeugt. Auf die gleiche Weise lassen sich übrigens auch Punkte hinzufügen. Allerdings müssen Sie dazu (während Sie (Strg) festhalten) auf eine Stelle des Pfades klicken, an der sich noch kein Punkt befindet.

Gleich neben einem markierten Punkt tauchen (je nach Bewegungsrichtung des Pfades) ein oder zwei kleine weiß gefüllte Quadrate auf. Wenn diese per Drag & Drop nach außen gezogen werden, tauchen sogenannte Tangenten auf. Das sind kleine blaue Linien, die als Achsen fungieren und die individuelle Formung von Radien ermöglichen. Es handelt sich dabei um die sogenannten *Bézierkurven*, die für eine noch weichere und geschmeidigere Bewegungsrichtung sorgen. Die Arbeit mit Bézierkurven erfordert allerdings etwas Übung. Alleine das Herausziehen der Tangenten ist schon eine Herausforderung. Wir empfehlen, die Zoomsteuerelemente in der Statusleiste zu benutzen, um einen vergrößerten Ausschnitt des Arbeitsbereichs zu erhalten. Um die Pfadbearbeitung abzuschließen, setzen Sie einfach einen Mausklick außerhalb des Pfades an. Alternativ platzieren Sie einen Rechtsklick auf den Pfad und entscheiden sich für **Punktbearbeitung beenden**.

Abbildung 37.16 Wer stark einzoomt, erwischt die Punkte und Tangenten besser.

TIPP

Kontextmenü benutzen

Mitunter kann auch das Kontextmenü helfen. Klicken Sie mit rechts auf einen Pfad oder Pfadpunkt, um die eine oder andere Pfadoption per Befehl zuzuweisen.

37.4   Diagramme animieren

In diesem Abschnitt schauen wir uns nun noch eine sehr interessante Animationsform an, nämlich die Interaktion von Diagrammen. Die Vorgehensweise ist denkbar einfach, jedoch müssen Sie wissen, auf welchen Registerkarten sich die relevanten Funktionen verbergen.

Diagramme und Arbeitsblätter in PowerPoint erzeugen

Um ein Diagramm in PowerPoint erzeugen zu können, klicken Sie auf die Schaltfläche **Diagramm** in der Gruppe **Illustrationen** der Registerkarte **Einfügen**. Wenn Sie ein Excel-Arbeitsblatt erzeugen möchten, klicken Sie auf die Schaltfläche **Objekt** in der Gruppe **Text** der Registerkarte **Einfügen**. Dadurch wird das Dialogfenster **Objekt einfügen** geöffnet. Lassen Sie im Dialogfenster auf der linken Seite den Radiobutton **Neu erstellen** aktiv und wählen Sie aus der Liste aus, was Sie produzieren wollen (z. B. **Microsoft Excel-Arbeitsblatt**).

Anschließend befinden Sie sich im Tabellenmodus der Anwendung und können das Arbeitsblatt mit Inhalt füllen, wie Sie es von Excel her gewöhnt sind. Wenn Sie fertig sind, klicken Sie auf den Hintergrund des Folienbereichs, um den Tabellenmodus zu verlassen.

Abbildung 37.17 Erzeugen Sie ein Excel-Arbeitsblatt direkt in PowerPoint.

> **INFO**
>
> **Zurück zum Tabellenmodus**
>
> Wann immer die Daten des Arbeitsblattes eine Änderung erfordern, können Sie einen Doppelklick auf das Arbeitsblatt im Folienbereich setzen. Sie kommen dann wieder in den Tabellenmodus und können Änderungen vornehmen.

Vorhandene Tabellen und Diagramme integrieren

Wer ein bereits vorhandenes Diagramm oder eine Excel-Tabelle in PowerPoint integrieren möchte, kann das leider nicht über **Einfügen** > **Diagramm** erledigen. Dieser Weg ist lediglich für das Erstellen neuer Diagramme vorgesehen.

1 Klicken Sie stattdessen auf die Schaltfläche **Objekt** in der Gruppe **Text** der Registerkarte **Einfügen**, wählen Sie im Dialog **Objekt einfügen** den Radiobutton **Aus Datei erstellen** aus.

2 Mit einem Klick auf **Durchsuchen** fügen Sie die Tabelle oder das Diagramm ein, welches Sie verwenden wollen. Bestätigen Sie mit **OK**.

Das Objekt wird nun in die Präsentation integriert und kann, wie vorab beschrieben, mit einem Doppelklick geöffnet und weiter bearbeitet werden.

Eine Diagrammanimation erzeugen

In diesem kleinen Beispiel produzieren Sie ein komplett neues Diagramm in PowerPoint. Außerdem sorgen Sie dafür, dass es nicht einfach so auf der Bildfläche erscheint, sondern die Säulen per Animation nacheinander emporgeschoben werden. Das Diagramm »wächst« also auf anschauliche Art und Weise. Ein sehr medienwirksamer Effekt.

1 Erzeugen Sie eine neue leere Präsentation (Strg + N). Entfernen Sie zudem die Text-Platzhalter der ersten Folie.

2 Klicken Sie nun auf die Schaltfläche **Diagramm** in der Gruppe **Illustrationen** der Registerkarte **Einfügen**.

3 Im Dialog **Diagramm einfügen** wählen Sie zunächst die Rubrik **Säule** ❶ (siehe Abbildung Seite 950) in der linken Spalte und anschließend **3D-Säulen** ❷. Bestätigen Sie per Klick auf **OK**.

4 Sie erhalten nun bereits ein dreidimensionales Diagramm sowie eine Tabelle gleich unterhalb. Darin finden Sie bereits vorgefertigte Werte, die Sie natürlich individuell anpassen können, wie Sie das von Excel her gewöhnt sind. Wir belassen es für dieses Beispiel jedoch bei den Vorgaben.

5 Klicken Sie auf den Effekt **Wischen** in der Gruppe **Animation** der Registerkarte **Animationen**, um ihn als Eingangseffekt zu verwenden. Klicken Sie anschließend auf den Button **Effektoptionen** in der Gruppe **Animation** und entscheiden Sie sich im Menü für **Von unten**. Achten Sie bei der Auswahl immer darauf, dass die Animationsart zur Grafik passt. Eine Torten- oder Kuchengrafik beispielsweise wird am besten mit der Funktion **Rad** belegt, während sich Linien-, Balken oder Flächendiagramme gut mit dem Effekt **Wischen** (z. B. **Von links**) einblenden lassen.

6 Klicken Sie noch einmal auf die Schaltfläche **Effektoptionen**, gefolgt von der Option **Nach Element in Kategorie**. Diese sorgt dafür, dass sich die Säulen einzeln auftürmen.

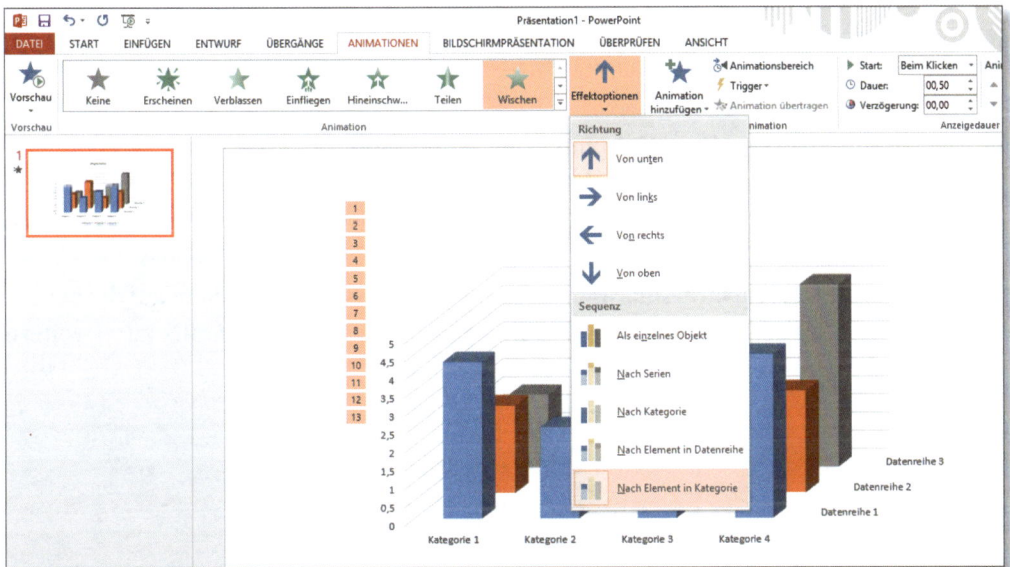

7 Es bleiben noch zwei Probleme. Das erste: Die Linien im Hintergrund des Diagramms werden ebenfalls animiert. Besser wäre, sie stünden bereits da, wenn die Präsentation gestartet wird. Dann wird nämlich nur der Aufbau der Säulen animiert. Werfen Sie einen Blick auf die Ziffern ❶ (siehe Abbildung Seite 952), die sich oben links neben dem Diagramm befinden. Es sind 13. Markieren Sie die Nummer **1** und drücken Sie ⌷Entf⌷. Daraufhin werden nicht mehr 13, sondern nur noch zwölf Nummern gelistet. Sie haben damit erreicht, dass die erste von ursprünglich dreizehn Animationen entfernt worden ist und nur noch die zwölf Säulen übrig bleiben.

8 Das zweite Problem: Zum Zeitpunkt der Präsentation muss jede einzelne Säulenanimation per Mausklick in die Wege geleitet werden. Um einzurichten, dass sich das Diagramm jedoch automatisch aufbauen kann, öffnen Sie den Aufgabenbereich **Animationsbereich** (**Animationen** > **Erweiterte Animation**). Stellen Sie sicher, dass dort alle Zeilen aktiv sind. Wenn das nicht der Fall ist, klicken Sie auf die beiden nach unten weisenden Doppelpfeile **2**, um die Liste gegebenenfalls zu erweitern (siehe Abbildung rechts).

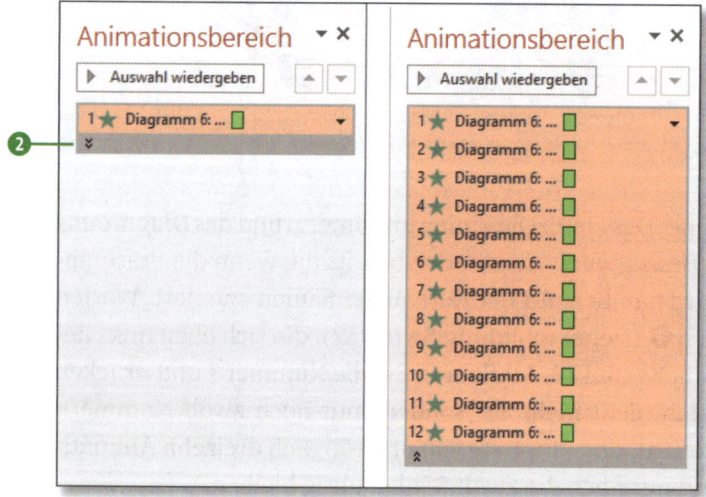

9 Sind alle Zeilen markiert, stellen Sie das Auswahlmenü **Start** in der Gruppe **Anzeigedauer** der Registerkarte **Animationen** auf **Nach vorherigen**.

Lassen Sie die Präsentation einmal laufen ([F5]). Alle Säulen sollten sich nun automatisch nacheinander aufstellen. Sie können sich das Resultat dieses Workshops in der Beispieldatei *Diagrammanimation.pptx* im Ordner *Ergebnisse* auf der Buch-CD anschauen.

37.5 Präsentationen mit Audio- und Videodateien aufwerten

Ihre Präsentation dürfen Sie gerne noch mit Videofilmen und/oder Musik optimieren. Das Einbinden solcher Dateien ist keine große Kunst. Doch auch hier gilt es, einiges zu beachten. Wie immer sollten Sie auch beim Einfügen von Audio- und Videodateien bedenken, dass sie sinnvoll in Ihrer Präsentation eingesetzt werden und nicht nur belangloses Beiwerk sind.

Wissenswertes zu Video und Audio

PowerPoint ist in Sachen Audio- und Videodateien wirklich ein »Allesfresser«. Sie können der Anwendung so ziemlich jedes Standardformat anbieten, wie z. B:

- **Videoformat:** *.avi, .mov, .mp4, .m4v, .wmv, .swf, .mpeg, .3gp*
- **Audioformat:** *.aiff, .mp3, .wav, .wma*

Prinzipiell müssen Sie sich also um die Beschaffenheit des AV-Materials (AV steht für Audio/Video) gar keine Gedanken machen. Ein mit dem iPhone aufgenommenes Video lässt sich ebenso integrieren wie das Full-HD-Material eines AVCHD-Camcorders.

Allerdings müssen Sie wissen, dass Camcorder in der Regel Halbbildmaterial aufnehmen. Dabei wird das Videobild zeilenweise in zwei unterschiedliche Halbbilder aufgeteilt. Das sorgt auf dem TV-Bildschirm für flimmerfreien Bildgenuss, kann aber auf dem Computermonitor mitunter den sichtbaren und somit ungeliebten Zeilensprung verursachen. Das sieht dann so aus, als wäre das Bild zeilenweise versetzt angeordnet. Wenn Sie also für eine PowerPoint-Präsentation extra Videoaufnahmen anfertigen, sollten Sie, sofern beim Aufnahmegerät möglich, immer mit Vollbildern aufnehmen. Sie finden derartige Funktionen in den Einstellungen des Aufnahmegeräts. Neben *Vollbilder* sind auch Begriffe wie *Progressiv, Progressive* oder *De-Interlace* gebräuchlich.

Ein Video einfügen

Wenn Sie eine Videodatei in eine PowerPoint-Präsentation integrieren möchten, klicken Sie zunächst auf den Button **Video** in der Gruppe **Medien** der Registerkarte **Einfü-**

gen. Im Menü der Schaltfläche können Sie sich nun zwischen der Option **Onlinevideo** und **Video auf meinem Computer** entscheiden. Bei Ersterer wird eine Verbindung zu Ihrem OneDrive-Speicher hergestellt. Alternativ ist aber auch die Integration eines Videos aus Facebook möglich. Mit der Option **Video auf meinem Computer** greifen Sie auf Dateien auf Ihrer Festplatte zu, um dort gespeicherte Videos auszuwählen.

Ein Video bearbeiten

Solange ein Video im Folienbereich markiert ist, kann es mit den Schaltflächen der Registerkarten **Videotools/Format** und **Videotools/Wiedergabe** weiter bearbeitet werden. Auf der Registerkarte **Videotools/Format** lassen sich Videos mithilfe der Schaltfläche **Korrekturen** qualitativ verbessern, auf Wunsch über den Button **Farbe** farblich verfremden und nicht zuletzt über die Gruppe **Videoeffekte** mit verschiedenen Effekten und Rahmen versehen. Selbst das Zuschneiden eines Videos ist möglich. Benutzen Sie dazu die Schaltflächen der Gruppe **Größe**.

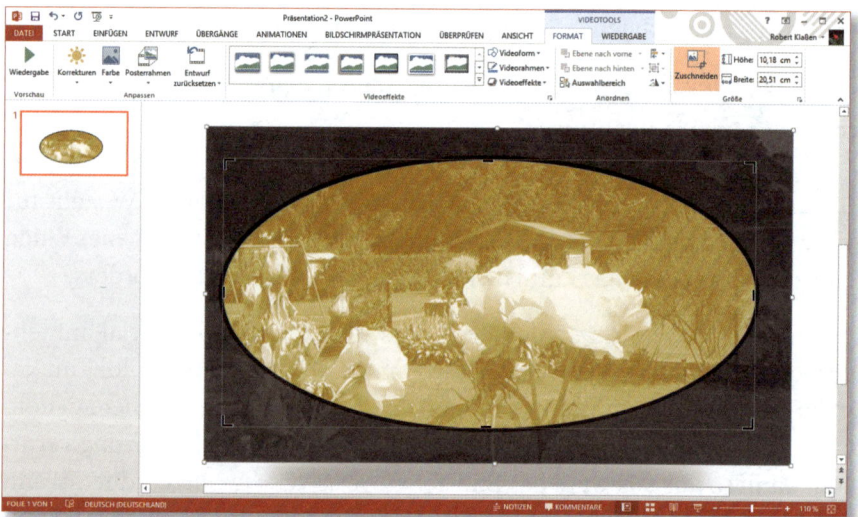

Abbildung 37.18 Mit Videos kann man in PowerPoint eine Menge anstellen.

HINWEIS

Vorsicht bei Vergrößerungen

Bitte beachten Sie, dass es grundsätzlich nicht ratsam ist, kleine Videos (z. B. von einem geringwertigen Handy) stark zu vergrößern. Die Qualität wird darunter erheblich leiden. Es ist generell angenehmer, ein etwas zu kleines Video in vergleichsweise guter Qualität anzusehen als ein großes von mäßiger Bildqualität.

Video schneiden

Über die Registerkarte **Videotools/Wiedergabe** können Sie sogar einen längeren Film beschneiden. Sie können also einen bestimmten Ausschnitt im Film markieren und den Rest vernachlässigen. Dazu klicken Sie auf den Button **Video kürzen** in der Gruppe **Bearbeiten** der Registerkarte **Videotools/Wiedergabe**. Es wird daraufhin das Dialogfenster **Video kürzen** aufgerufen. Unterhalb des Videos finden Sie auf einem Zeitstrahl eine grüne sowie eine rote Markierung. Beide können per Drag & Drop verschoben werden. Markieren Sie mit dem grünen Reiter den Start des Films, während der rote das Filmende kennzeichnet.

Abbildung 37.19 Und es geht doch: Videoschnitt in PowerPoint mithilfe des Dialogs »Video kürzen«.

Zum Abschluss Ihrer Bearbeitung reicht ein Klick auf den Button **OK.** Die Änderungen werden daraufhin in Ihrem Video übernommen und der bearbeitete Film unmittelbar in Ihre Präsentation eingefügt.

Videoanimation triggern

Trigger sind sogenannte Auslöser. Tippt man einen Trigger an, wird dadurch ein bestimmtes Ereignis ausgelöst. Von Haus aus sind Videos in PowerPoint bereits mit einem Trigger versehen. Klicken Sie während der Präsentation auf eine Videodatei, wird der Film abgespielt – ein erneuter Klick darauf hält das Video wieder an. So weit, so gut. Das

Problem ist hierbei: Das Video muss auf der Folie sichtbar sein. Denn anderenfalls ließe es sich ja gar nicht »antriggern«. In diesem kleinen Exkurs wollen wir dafür sorgen, dass das Video innerhalb einer Präsentation zunächst nicht zu sehen ist. Erst wenn wir eine Schaltfläche drücken, soll der Film abgespielt werden.

1 Erzeugen Sie eine neue leere Präsentation (⌨Strg + ⌨N) und entfernen Sie die Text-Platzhalter. Wählen Sie einen dunklen Hintergrund, beispielsweise **Office Theme**, in der Gruppe **Varianten** der Registerkarte **Entwurf**. Schwarz macht sich als Hintergrund für Videos erheblich besser als helle Farben.

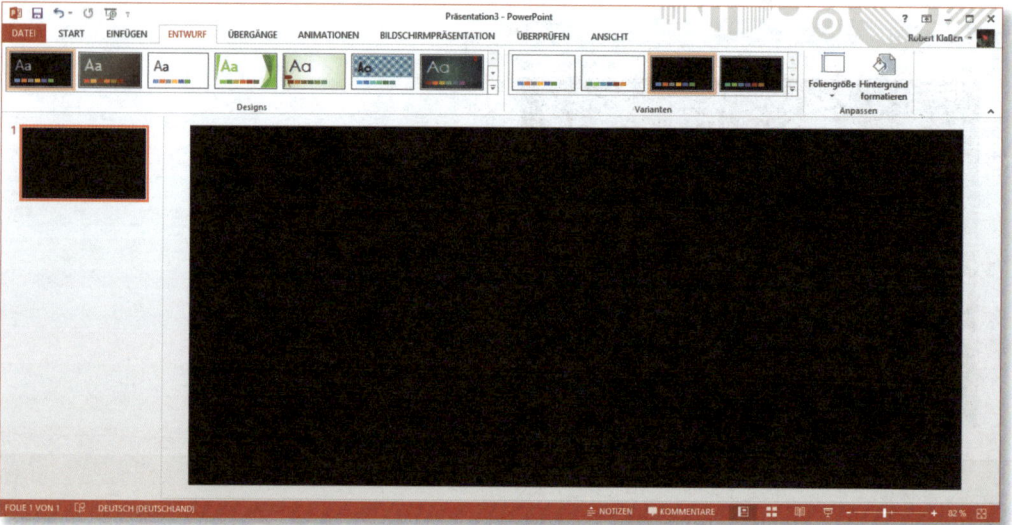

2 Nun erzeugen Sie ein beliebiges Objekt, das als Trigger (sprich: als Auslöser zum Start des Videos) fungieren soll. Das kann z. B. ein Bild, eine Grafik, eine Form, aber auch wie in unserem Beispiel ein Textfeld sein. Klicken Sie dazu auf **Textfeld** in der Gruppe **Text** der Registerkarte **Einfügen** und ziehen Sie mit gedrückter Maustaste einen Textrahmen auf. Tippen Sie beispielsweise »Film starten« ein.

3 Als Nächstes integrieren Sie das Video. Sollten Sie gerade keines zur Hand haben, benutzen Sie die Beispieldatei *Trailer.m4v* aus dem Ordner *37* auf der Buch-CD. Klicken Sie dazu auf die Schaltfläche **Video** in der Gruppe **Medien** der Registerkarte **Einfügen**, wählen Sie im Auswahlmenü der Schaltfläche die Option **Video auf meinem Computer**. Nachdem Sie das Video markiert haben, schließen Sie die Aktion per Klick auf den Button **Einfügen** ab.

4 Leider verdeckt das eingefügte Video nun jedoch zunächst unseren Text. Um das zu ändern, aktivieren Sie per Mausklick die Checkbox **Ausblenden, wenn keine Wiedergabe erfolgt** in der Gruppe **Videooptionen** der Registerkarte **Videotools/ Wiedergabe**.

5 Jetzt »programmieren« Sie das zuvor erzeugte Textfeld dahingehend, sodass per Klick darauf das Video gestartet wird. Dazu klicken Sie auf die Schaltfläche **Trigger** in der Gruppe **Erweiterte Animationen** der Registerkarte **Animationen**. Wählen Sie im Menü der Schaltfläche **Beim Klicken auf**. Sie werden feststellen, dass in der Liste nun das Video **Trailer** ❶ mit einem Häkchen versehen ist. Sie erinnern sich: Videos sind automatisch so »getriggert«, dass sie per Mausklick auf sich selbst gestartet werden können. Wenn Sie das nun ändern, indem Sie im Menü auf die Option Textfeld ❷ umschalten, wird dieses künftig als Start-Button für das Video verwendet werden.

Spielen Sie die Animation ab. Sie werden feststellen, dass ein Klick auf den Text für die Wiedergabe des Videos sorgt. Klicken Sie hingegen auf die Präsentation, wird die Wiedergabe des Videos nun nicht mehr gestartet. In einer fertigen Präsentation würden Sie damit zur nächsten Folie wechseln. Die Bedienung des Videos erfolgt also unabhängig von der Folienbedienung.

957

Eigene Schaltflächen erzeugen

Wer mag, kann eigene Buttons zur Steuerung von Videos in die Präsentation einfügen und mit der Trigger-Funktion ausstatten. Wir verdeutlichen die grundsätzliche Vorgehensweise anhand einer Pause-Schaltfläche, mit der das Video zwischenzeitlich angehalten werden kann.

1 Erzeugen Sie zunächst das Trigger-Objekt. Sie wissen ja, dass Sie hier freie Hand haben. Wie wäre es diesmal mit einer Form? Klicken Sie dazu auf die Schaltfläche **Formen** in der Gruppe **Illustrationen** der Registerkarte **Einfügen** und wählen Sie im Menü die gewünschte Form aus.

2 Markieren Sie nun das im Folienbereich befindliche Video. Klicken Sie auf die Schaltfläche **Animation hinzufügen** in der Gruppe **Erweiterte Animationen** der Registerkarte **Animationen**. Entscheiden Sie sich im Menü im Bereich **Medien** für **Anhalten**.

3 Klicken Sie anschließend auf **Trigger** in der Gruppe **Erweiterte Animationen**. Wählen Sie im Menü **Beim Klicken auf** und markieren Sie anschließend die Form, die Sie soeben hinzugefügt haben, als Trigger, indem Sie sie anklicken.

Auf die gleiche Weise könnten Sie auch einen Stopp-Button integrieren. Hier müsste anschließend die Animation **Beenden** hinzugefügt und der Trigger neu festgelegt werden. Das ist doch wirklich schnell realisiert und cool, oder?

Audiodateien einfügen

Möchten Sie eine Audioaufnahme (z. B. ein Musikstück) von Ihrer Festplatte in eine Präsentation einfügen, klicken Sie auf die Schaltfläche **Audio** in der Gruppe **Medien** der Registerkarte **Einfügen** und wählen Sie den Untereintrag **Audio auf meinem Computer**. Markieren Sie das gewünschte Musikstück und klicken Sie auf den Button **Einfügen**. Wichtig ist hier, dass ein Platzhalter in Form eines Lautsprechers angezeigt wird. Um den Sound abzuspielen, müssen Sie zur Laufzeit der Präsentation darauf zeigen und die nun sichtbar werdende Play-Schaltfläche betätigen. Wenn Sie stattdessen möchten, dass der Sound automatisch bei Aktivierung der Folie wiedergegeben wird, markieren Sie zunächst den Sound-Platzhalter im Folienbereich. Daraufhin werden die beiden Registerkarten **Audiotools/Format** und **Audiotools/Wiedergabe** eingeblendet. Klicken Sie nun auf die Schaltfläche **Im Hintergrund wiedergeben** in der Gruppe **Audioeffekte** der Registerkarte **Audiotools/Wiedergabe**.

Abbildung 37.20 Die Hintergrund-Wiedergabe bewirkt, dass die Audiodatei bei Aktivierung der Folie automatisch abgespielt wird.

Bitte beachten Sie, dass nach einem Klick auf **Im Hintergrund wiedergeben** automatisch drei Checkboxen in der Gruppe **Audiooptionen** der Registerkarte **Audiotools/ Wiedergabe** aktiviert werden. Mit der Checkbox **Folienübergreifende Wiedergabe** wird die Musik auch dann noch wiedergegeben, wenn die aktuelle Folie bereits verlassen wurde. Bei aktiver Checkbox **Endloswiedergabe** wird die Audiodatei permanent wiederholt, wohingegen mit der Option **Bei Präsentation ausblenden** das Platzhalter-Symbol während der Präsentation ausgeblendet wird. Hier sollten Sie explizit entscheiden, ob Sie mit der jeweiligen Funktion einverstanden sind. Falls nicht, müssen Sie das betreffende Häkchen mit einem Klick auf die entsprechende Checkbox entfernen.

Kapitel 38
Bildschirmpräsentationen

Es ist so weit. Unsere Präsentation ist fertig und steht nun unmittelbar vor der Ausgabe. Zentraler Punkt dieses Kapitels ist die Vorbereitung Ihrer Präsentation. Denn von hier an sind ja viele Wege möglich: Müssen Sie sich vielleicht an Zielgruppen orientieren? Schicken Sie die fertige Präsentation als CD an Ihre Zuhörer? Oder laden Sie diese zu einer Onlinepräsentation ein? Fragen über Fragen, die in diesem Kapitel beantwortet werden.

38.1 Eine Bildschirmpräsentation starten

Sie wissen längst, wie sich eine Bildschirmpräsentation starten lässt. Aber wissen Sie auch, wie sich während des Vortrags handschriftliche Notizen einfügen lassen? Oder wie Sie schnell auf andere Programme Ihres PCs zugreifen können, ohne die Präsentation verlassen zu müssen? Diese und ähnliche Informationen sind im ersten Abschnitt dieses Kapitels enthalten.

Bevor es losgeht

Lassen Sie uns etwas über die normale Vorbereitung einer Präsentation hinausgehen. Zwar erfahren Sie auch hier, wie Sie eine Präsentation vorbereiten bzw. für den Direktstart ausgeben können, jedoch wollen wir Ihnen an dieser Stelle noch ein paar nützliche Tipps und Tricks an die Hand geben, die Ihnen sicherlich eine große Hilfe sein werden, wenn Sie vor Publikum stehen. Und damit Sie das eine oder andere jetzt schon einplanen können, sollten Sie bereits einen Überblick über die verschiedenen Möglichkeiten haben.

Natürlich müssen Sie sich auf jede Präsentation gut vorbereiten. Sorgen Sie dafür, dass sämtliches Material zur Verfügung steht und auch griffbereit ist. Wenn Sie beispielsweise Ausdrucke an Ihre Kursteilnehmer weitergeben, sorgen Sie dafür, dass Sie nicht lange danach suchen müssen. Denn das bringt die Teilnehmer aus dem Rhythmus. Berücksichtigen Sie im Gegenzug, dass diese nach Erhalt der Schriftstücke ihrerseits zunächst einmal abgelenkt sind. Denn sie werden unweigerlich einen Blick auf die Unterlagen werfen wollen, nachdem Sie diese überreicht haben. Stoppen Sie Ihren Vortrag so lange bzw. lassen Sie mündliche Erklärungen folgen, die sich ausschließlich auf den Inhalt des Bildmaterials beziehen. Dies ist nur ein Beispiel von vielen, die es in der Vorbereitung zu berücksichtigen gibt. Deshalb: »Lernen« Sie Ihre Präsentation kennen. Je öfter Sie diese durchlaufen, desto sicherer sind Sie später im Vortrag.

Tastaturbefehle üben

Wenn Sie mit Ihrer Präsentation beginnen möchten, drücken Sie ⌨F5⌨, und wenn Sie sie ab einer bestimmten Folie starten möchten, markieren Sie diese im Folienregister und drücken anschließend ⌨⇧⌨ + ⌨F5⌨. Wer die nächste Aktion durchführen möchte, klickt mit der Maus oder drückt die Leertaste. Aber wussten Sie, dass Sie auch das Mausrad benutzen dürfen? Drehen Sie es nach unten, gehen Sie damit eine Aktion voran, während der Dreh nach oben eine Aktion zurückspringt. Doch Vorsicht! Das Mausrad lässt sich nicht immer problemlos dosieren – schnell hat man versehentlich einen Schritt zu viel gemacht. Da sind die Pfeiltasten der Tastatur mitunter besser geeignet. Schauen Sie sich einmal an, wie Sie die Präsentation steuern können, ohne nach der Maus greifen zu müssen. Wenn Sie sich diese Funktionen einprägen, erhalten Sie ein zusätzliches Maß an Sicherheit:

Tastenbefehl	Aktion
⌨↑⌨	Leitet die nächste Aktion ein.
⌨→⌨	Leitet die nächste Aktion ein.
⌨Leertaste⌨	Leitet die nächste Aktion ein.
⌨↵⌨	Leitet die nächste Aktion ein.
⌨↓⌨	Bringt Sie eine Aktion zurück.
⌨←⌨	Bringt Sie eine Aktion zurück.
⌨Esc⌨	Beendet die Präsentation.
⌨Pos1⌨	Bringt Sie stets zur ersten Folie einer Präsentation.
⌨Ende⌨	Bringt Sie zur letzten Folie einer Präsentation.

Tabelle 38.1 Nützliche Tastaturbefehle für die Bildschirmpräsentation

Alternativ dürfen Sie während der Präsentation auch eine Foliennummer eingeben und dann ⌨↵⌨ drücken. Geben Sie eine nicht vorhandene Nummer ein, erreichen Sie stets die nächst verfügbare. Bei Eingabe von »0« landen Sie demzufolge in der Regel auf Folie 1. Geben Sie bei 20 Folien eine Zahl größer als 20 ein, landen Sie auf Folie 20.

Einfach, oder? Wenn Sie während der Präsentation $\boxed{\text{Strg}}$ + $\boxed{\text{S}}$ drücken, wird das Dialogfenster **Alle Folien** geöffnet, mit dessen Hilfe Sie schnell und unkompliziert zu einer beliebigen Folie wechseln können.

Abbildung 38.1 Navigieren Sie während der Präsentation schnell zwischen den Folien.

Dabei dürfen Sie natürlich die Maus benutzen – müssen Sie aber nicht. Denn die Einträge können ebenso mit den Pfeiltasten angewählt werden. Haben Sie die gewünschte Folie in der Liste selektiert, drücken Sie $\boxed{\leftarrow}$ oder klicken auf den Button **Gehe zu**.

> **INFO**
>
> **Auf den PC zugreifen**
>
> Wenn Sie präsentieren, ist der Bildschirm in der Regel komplett gefüllt. Stellen Sie sich vor, Sie wollen Ihren Teilnehmern nun kurz etwas anderes zeigen – beispielsweise eine Funktion in einer bestimmten Software. Dann müssten Sie die Präsentation unterbrechen und anschließend wieder den korrekten Einstieg finden. Alternativ dazu drücken Sie $\boxed{\text{Strg}}$ + $\boxed{\text{T}}$. Das bringt nämlich die Taskleiste hervor, über die Sie nun andere Inhalte auf Ihrem PC zugänglich machen. Die Präsentation bleibt weiterhin aktiv T für Taskleiste kann man sich doch gut merken, oder?

Skizzieren während der Präsentation

Sie dürfen Ihren Zuhörern während der Präsentation auch gern kurz etwas aufzeichnen oder skizzieren. Drücken Sie die Tastenkombination $\boxed{\text{Strg}}$ + $\boxed{\text{P}}$, verwandeln Sie den Mauszeiger in einen Stift und können direkt in die Präsentation »hineinkritzeln«. Setzen Sie diese tolle Funktion aber bitte nicht inflationär ein. Wer in diesem Zusammenhang übrigens lieber einen schwarzen Untergrund wünscht, der drückt $\boxed{.}$ auf der Tastatur. Wiederholen Sie den Schritt, um die schwarze Fläche wieder auszublenden und zur Präsentation zurückzukehren. Wem Weiß als Untergrundfarbe lieber ist, der kann anstelle der Punkt-Taste auch Komma drücken.

Abbildung 38.2 Diesen Medieneinsatz werden Ihre Teilnehmer zu schätzen wissen.

INFO

Ansicht vergrößern

Sollte einmal ein bestimmter Ausschnitt der Präsentation zu klein geraten sein, drücken Sie einfach die Plus-Taste auf der Tastatur, um etwas einzuzoomen. Reicht die Größe noch nicht? Dann betätigen Sie abermals $\boxed{+}$. Der Mauszeiger mutiert daraufhin zur Hand. Klicken Sie nun auf die Präsentation und halten die Maustaste gedrückt, lässt sich der Ausschnitt per Drag & Drop verschieben. Vergessen Sie nicht, am Ende wieder $\boxed{-}$ zu drücken — und zwar so oft, bis Sie zur **Normal**-Ansicht zurückgekehrt sind.

Eine Präsentation für den Autostart vorbereiten

Nein, keine Sorge. Wir wiederholen an dieser Stelle nicht, wie Sie eine Bildschirmpräsentation starten können. Allerdings wollen wir Ihnen verraten, wie eine Präsentation derart vorbereitet wird, das sie direkt startet, nachdem die Datei mit einem Doppelklick versehen worden ist. Diese Vorgehensweise eignet sich in zweierlei Hinsicht: Zum einen können Sie eine Präsentation vor Publikum direkt starten, ohne Einblick in die

PowerPoint-Datei gewähren zu müssen – zum anderen lässt sich dieses Dokument an andere Personen weitergeben. Diese können die Präsentation ansehen (sofern sie im Besitz von PowerPoint oder einer Präsentationssoftware sind), ohne jedoch Zugriff auf die Arbeitsdatei zu erhalten, können also keine Änderungen vornehmen.

1 Wenn Sie mit der Erstellung einer Präsentation fertig sind, sollte diese zunächst einmal gespeichert werden (**Datei** > **Speichern unter**). Klicken Sie auf **Durchsuchen**, um einen Speicherort angeben zu können. Im Feld **Dateityp** wählen Sie das Format **PowerPoint-Präsentation (*.pptx)**. Das Ergebnis ist künftig Ihre Arbeitsdatei.

2 Nachdem das erledigt ist, müssen Sie sich aber noch ein zweites Mal in diesen Dialog begeben. Klicken Sie erneut auf **Datei** > **Speichern unter**, gefolgt von einem Klick auf die Schaltfläche **Durchsuchen**.

3 Legen Sie als **Dateityp** diesmal **PowerPoint-Bildschirmpräsentation (*.ppsx)** ❶ fest, ehe Sie auf den Button **Speichern** klicken. Dieses Dokument ist fortan Ihre Vorführdatei.

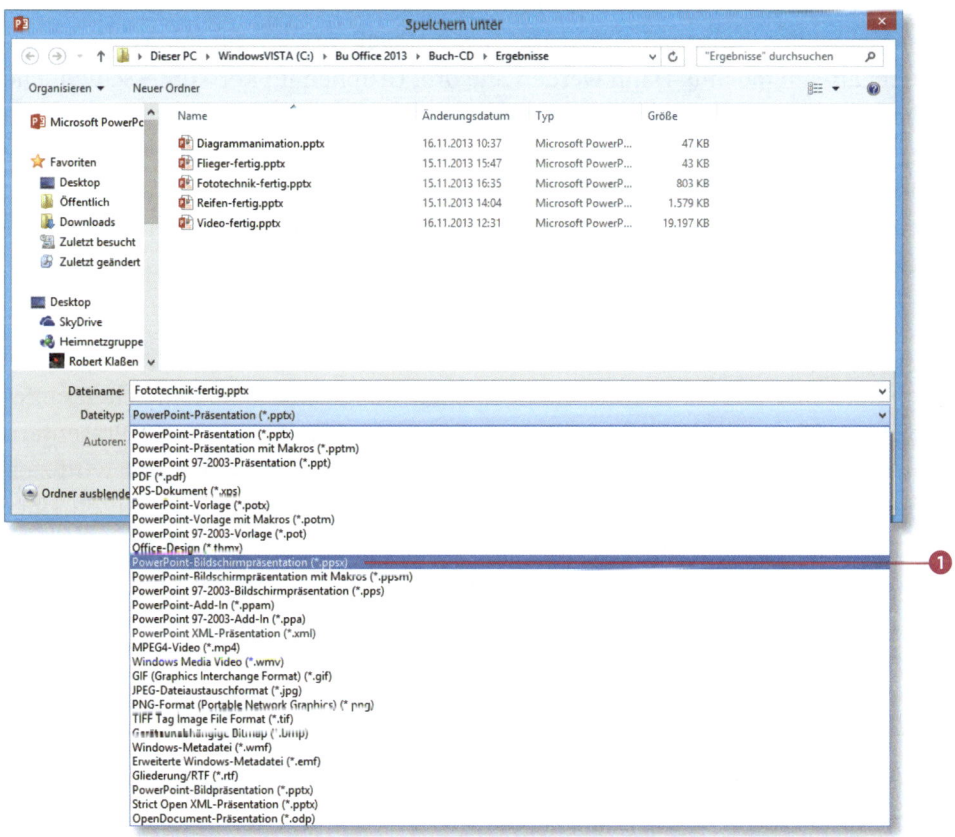

4 Öffnen Sie den angegebenen Speicherort im Explorer. Wann immer Sie die *.ppsx*-Datei mit einem Doppelklick versehen, starten Sie gleich mit der Präsentation. Das Editieren der Präsentation (wie Sie das von der *.pptx*-Datei her kennen), ist damit nicht möglich.

Bitte halten Sie im Hinterkopf, dass Sie es mit zwei Dateien zu tun haben, die vollkommen unabhängig voneinander sind. Sofern Sie Änderungen an der Arbeitsdatei vornehmen, sollten Sie diese nicht nur dort speichern, sondern auch eine neue *.ppsx*-Datei erzeugen.

38.2   Eine zielgruppenorientierte Bildschirmpräsentation erstellen

Eine Bildschirmpräsentation ist in erster Linie ein Informationsmedium, welches einen bestimmten Zuschauer- bzw. Teilnehmerkreis ansprechen soll. Nun kann es aber durchaus einmal vorkommen, dass es gruppenintern unterschiedliche Interessenschwerpunkte gibt. Stellen Sie sich vor, Sie führen eine Fortbildung für Automechaniker durch, von denen sich einige Teilnehmer auf die Mechanik, andere wiederum auf Elektronik spezialisieren wollen, während eine dritte Gruppe sich vorwiegend mit Karosseriearbeiten beschäftigen möchte. Dann werden alle drei Gruppen im Kern unterschiedliche Inhalte benötigen. Der Karosseriebauer kann prima auf die Folien verzichten, in denen es um die Elektronik geht. Einige Präsentationsteile sind jedoch möglicherweise für alle drei Gruppen wichtig, da sie keine spezifischen Unterscheidungsmerkmale beinhalten. Das könnten beispielsweise die Bereiche Auftragsannahme, Ersatzteilmanagement oder Kundenkorrespondenz sein. Diese Inhalte müssen also an alle drei Gruppen weitergegeben werden.

Um alle drei Gruppen zielgerecht ansprechen zu können, erzeugt man individualisierte Versionen der Präsentation. Hierbei unterscheiden wir grundsätzlich zwischen einfachen zielgruppenorientierten Präsentationen und zielgruppenorientierten Präsentationen mit Links. Der markante Unterschied: Die zuerst genannte Präsentation wird zielgruppengerecht zergliedert. Das bedeutet, dass im Ergebnis mehrere Varianten einer im Kern identischen Präsentation zur Verfügung stehen. Bei der Präsentation mit Links werden die potenziellen Inhalte mithilfe von Schaltflächen ausgesucht und können so der jeweiligen Gruppe individualisiert vorgetragen werden.

Einfache zielgruppenorientierte Präsentationen

Eine zielgruppenorientierte Bildschirmpräsentation ist auf ihre Teilnehmer zugeschnitten. Es sind in der Regel sowohl die gruppenspezifischen Inhalte vorhanden als auch die, welche für alle Zielgruppen Relevanz haben. Nach diesem Muster werden nun die Folien in zielgruppenorientierten Bildschirmpräsentationen zusammengestellt. Im Ergebnis führt das dazu, dass drei unterschiedliche Präsentationsbereiche vorliegen, die sich inhaltlich nur in bestimmten Segmenten überschneiden. In der folgenden Abbildung sind Begrüßung und Grundlagen identisch, während die grün gefärbten Schwerpunktthemen individualisiert sind.

Abbildung 38.3 Grundstruktur einer einfachen zielgruppenorientierten Präsentation

Das Beispielprojekt kennenlernen

Wenn Sie eine eigene Präsentation besitzen, die Sie für die folgenden Beispiele benutzen wollen, ist dagegen natürlich nichts einzuwenden. Wenn Sie allerdings zunächst einmal mit einer Beispielpräsentation üben möchten, ehe Sie sich an die realen Aufgaben heranwagen, können Sie die Beispieldatei *Autohaus.pptx* verwenden, die Sie im Ordner *38* auf der Buch-CD finden. Schauen wir uns die Struktur des Projekts kurz an. Die Beispielpräsentation ist in fünf wesentliche Abschnitte unterteilt:

- Folien 1–4: **Begrüßung und Einleitung** (weiße Folienhintergründe – für alle Teilnehmer relevant)
- Folien 5–7: **Mechanik** (grüne Hintergründe – nur für Mechaniker relevant)
- Folien 8–10: **Elektronik** (blaue Hintergründe – nur für Elektroniker relevant)
- Folien 11–13: **Karosserie** (rote Hintergründe – nur für Karosseriebauer relevant)
- Folien 14–15: **Schlussinformationen und Verabschiedung** (weiße Folienhintergründe – für alle Teilnehmer relevant)

Aus diesem Geflecht sollen nun zunächst drei einfache zielgruppenorientierte Präsentationen erstellt werden.

967

Einfache zielgruppenorientierte Präsentationen erstellen

Es soll an dieser Stelle nicht verschwiegen werden, dass Sie auf Grundlage der Original-PowerPoint-Datei nun zunächst sämtliche Folien löschen könnten, die für die Mechaniker uninteressant sind. Danach könnten Sie die Datei unter einem neuen Namen speichern und schließen. Anschließend öffnen Sie wieder das Original, löschen alle Bereiche, die für Elektroniker uninteressant sind usw. Aber das ist natürlich eine etwas umständliche Lösung. Außerdem ergibt sich dabei ein erheblicher Nachteil, sobald sich nämlich gerade am Inhalt der Präsentation etwas ändert, müssen Sie alles noch einmal ausgeben.

1 Bevor Sie sich an die Arbeit machen, schauen Sie sich die Inhalte der Folien genau an. Wenn Sie später mit Ihren eigenen Projektdateien arbeiten, machen Sie sich Notizen, damit Sie wissen, welche Folien für die eine oder andere Gruppe relevant sind. Denn leider kann man die Folien in PowerPoint nicht individuell benennen, was das spätere Aussuchen und Zusammenstellen erheblich vereinfachen würde.

2 Erstellen Sie nun die erste zielgruppenorientierte Präsentation. Klicken Sie dazu auf die Schaltfläche **Benutzerdefinierte Bildschirmpräsentation** in der Gruppe **Bildschirmpräsentation starten** der Registerkarte **Bildschirmpräsentation**. Im Menü klicken Sie auf **Zielgruppenorientierte Präsentation** und im Folgedialog **Zielgruppenorientierte Präsentationen** auf den Button **Neu**.

3 Im daraufhin erscheinenden Dialogfenster **Zielgruppenorientierte Präsentation definieren** geben Sie ganz oben in das Feld **Name der Bildschirmpräsentation** eine aussagekräftige Bezeichnung ein. Da wir uns zunächst um die zielgruppenorientierte Präsentation für die Mechaniker kümmern wollen, geben Sie »Autohaus Mechanik« oder etwas Vergleichbares an.

4 Nun müssen Sie alle Folien links im Feld **Folien in der Präsentation** markieren, die für unsere Zielgruppe infrage kommen. Das sind die Folien 1–7 sowie die Folien 14 und 15.

5 Nachdem Sie diese Folien in der Liste mit einem Häkchen versehen haben, klicken Sie in der Mitte des Dialogs auf **Hinzufügen**. Daraufhin werden alle markierten Folien in das rechte Feld übernommen, während die Markierung im linken Feld aufgehoben wird.

38

6 Optional ließe sich nun noch die Reihenfolge einzelner Folien verändern, damit die Präsentation erforderlichenfalls noch besser auf die Zielgruppe zugeschnitten werden kann. Wenn Sie eine Folie anders platzieren wollen, markieren Sie diese rechts in der Liste und drücken einen der beiden blauen Pfeilschaltflächen am rechten Rand des Dialogs. Mit der Kreuz-Schaltfläche ließen sich zuvor markierte Folien nachträglich wieder entfernen. Bestätigen Sie mit **OK**, wenn alles passt.

7 Klicken Sie nun abermals auf **Neu** und erzeugen Sie die nächste Präsentation wie in den Schritten 3 bis 6 beschrieben. Die Elektroniker bekommen die Folien 1–4, 8–10 und 14–15.

8 Zuletzt sind die Karosseriebauer mit den Folien 1–4 und 11–15 an der Reihe. Führen Sie auch hier die Schritte 3 bis 6 erneut durch. Sofern noch Änderungen an der einen oder anderen Präsentation erforderlich sein sollten oder Sie die Präsentationen noch einmal kontrollieren wollen, markieren Sie den gewünschten Eintrag und klicken auf die Schaltfläche **Bearbeiten**.

9 Prinzipiell ließe sich eine der drei Präsentationen sofort mit einem Mausklick auf die Schaltfläche **Vorführen** abspielen, doch in der Praxis werden Sie eher dazu übergehen, das Dialogfenster zu schließen. Speichern Sie die zielgruppenorientierte Präsentation wie jede andere Präsentation abschließend ab (**Datei** > **Speichern**).

10 Wann immer Sie eine der drei Präsentationen vorführen wollen, klicken Sie auf die Schaltfläche **Benutzerdefinierte Bildschirmpräsentation** in der Gruppe **Bildschirmpräsentation starten** der Registerkarte **Bildschirmpräsentation** und wählen im Menü der Schaltfläche die gewünschte Präsentation aus. Während einer späteren Präsentation lassen sich die einzelnen Bereiche übrigens auch in der Referentenansicht aktivieren (siehe dazu den Unterabschnitt »Referentenansicht aktivieren« ab Seite 985).

Sollte es einmal erforderlich werden, eine bereits erzeugte benutzerdefinierte Bildschirmpräsentation in irgendeiner Form zu verändern, müssen Sie im Menü der Schaltfläche **Benutzerdefinierte Bildschirmpräsentation** erneut auf **Zielgruppenorientierte Präsentationen** klicken. In diesem Fall wird der in Schritt 8 vorgestellte Dialog **Zielgruppenorientierte Präsentationen** geöffnet, und Sie können entsprechende Bearbeitungen vornehmen. Die fertige zielgruppenorientierte Präsentation *Autohausbenutzerdefiniert.pptx* finden Sie im Ordner *Ergebnisse* auf der Buch-CD.

> **INFO**
>
> **Nachträgliche Änderungen**
>
> Sollten Sie nachträglich Änderungen an einzelnen Folien vornehmen (z. B. Texte ändern), werden diese automatisch auch in den bereits fertiggestellten benutzerdefinierten Präsentationen berücksichtigt. Klassisches Beispiel: Ändert sich die Unternehmensbezeichnung in Folie 1, müssen Sie die Präsentationen nicht erneut anlegen. Es reicht, das Hauptdokument zu speichern. Sollten Sie allerdings Folien hinzufügen, werden diese in den benutzerdefinierten Präsentationen nicht berücksichtigt. Das ist sehr zu begrüßen, denn anderenfalls würden Ihre Präsentationen ja im wahrsten Sinne des Wortes »zerschossen«.

Eine zielgruppenorientierte Präsentation mit Links erstellen

Wer noch mehr Individualität beim Vortrag wünscht, kann anstelle einer einfachen zielgruppenorientierten Bildschirmpräsentation auch eine Link-Präsentation erstellen. Im Prinzip ist das eine Erweiterung der zuerst genannten Präsentationsart. Damit wird es dem Vortragenden möglich, ganz individuell per Mausklick zu bestimmen, welcher Teil ausgegeben wird. Derartiges bietet sich besonders dann an, wenn der Vortragende noch nicht weiß, in welchem Bereich erhöhter Trainingsbedarf besteht, oder wenn Prioritäten gesetzt werden müssen. Ein Beispiel: Zunächst wird das Thema Elektronik vorgeführt und anschließend Mechanik. Sollte am Ende noch Zeit sein, wird der Karosseriebau noch angefügt.

Abbildung 38.4 Hier ist ein Höchstmaß an Individualität möglich.

Um eine zielgruppenorientierte Präsentation mit Links zu erstellen, greifen wir abermals auf unsere Ausgangspräsentation *Autohaus.pptx* zurück. Öffnen Sie daher die entsprechende Datei aus dem Ordner *38* auf der Buch-CD.

1 Klicken Sie auf die Schaltfläche **Benutzerdefinierte Bildschirmpräsentation** in der Gruppe **Bildschirmpräsentation starten** der Registerkarte **Bildschirmpräsentation**. Im Menü der Schaltfläche klicken Sie auf **Zielgruppenorientierte Präsentationen**. Im Dialog **Zielgruppenorientierte Präsentationen** wählen Sie den Button **Neu**.

2 Zuallererst werden wir die sogenannte primäre Präsentation erzeugen. Diese beinhaltet nur jene Bereiche, die für alle drei Gruppen relevant sind. Benennen Sie die Zusammenstellung entsprechend (z. B. »Autohaus Start«) und fügen Sie alle Folien hinzu, die ausschließlich für sämtliche Teilnehmer vorgesehen sind. Das sind im konkreten Fall die Folien 1–4 und 14–15. Alle drei Spezialgebiete bleiben indes außen vor. Markieren Sie die entsprechenden Folien im Feld links und klicken Sie auf den Button **Hinzufügen**. Klicken Sie zur Bestätigung der Auswahl auf **OK**.

3 Als Nächstes sind die sogenannten sekundären Präsentationen an der Reihe. Hier erstellen Sie bitte jeweils eine zielgruppenorientierte Präsentation zu jedem Spezialbereich. Im Beispiel sind das:

- **Autohaus Mechanik:** Folien 5–7
- **Autohaus Elektronik:** Folien 8–10
- **Autohaus Karosserie:** Folien 11–13

Die themenübergreifenden Folien bleiben hier konsequent außen vor. Leiten Sie das Erstellen jeder zielgruppenorientierten Präsentation mit einem Klick auf die Schaltfläche **Neu** ein und vergessen Sie nicht, die einzelnen Präsentationen entsprechend zu benennen.

4 Haben Sie die vier zielgruppenorientierten Präsentationen erstellt, können Sie nun die Links einbauen. Verlassen Sie den Dialog mit einem Klick auf **Schließen** und aktivieren Sie daraufhin **Folie 4** im Folienregister. Hier werden die Teilnehmer ja inhaltlich noch einmal darauf hingewiesen, dass ein Verkaufs- sowie ein Reparatursegment im Unternehmen existieren. Für das technische Personal ist nur das Reparatursegment von Interesse, weshalb wir dort nun auch die Links einsetzen werden.

5 Klicken Sie auf das rechte Textfeld. Als Nächstes platzieren Sie die Einfügemarke unmittelbar hinter dem Wort »Reparatur« und drücken zweimal ⏎. Geben Sie die Begriffe »Mechanik«, »Elektronik« und »Karosserie« ein, wobei Sie nach dem ersten und zweiten Eintrag jeweils erneut ⏎ betätigen.

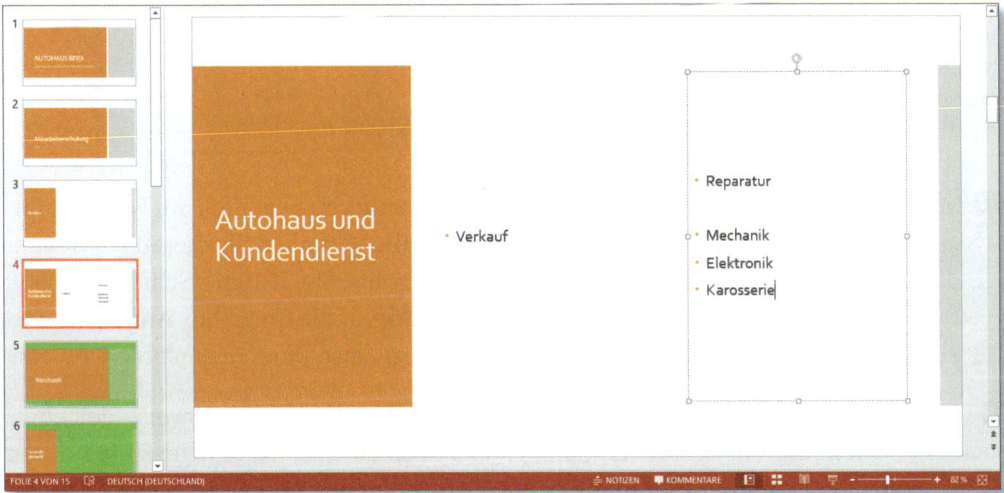

6 Doppelklicken Sie auf den Begriff **Mechanik**. Klicken Sie danach auf die Schaltfläche **Link** in der gleichnamigen Gruppe der Registerkarte **Einfügen**.

7 Im Dialog **Link einfügen** müssen Sie zunächst einen Bereich angeben, zu dem verzweigt werden soll. Das machen Sie links in der Spalte **Link zu** durch Anwahl von **Aktuelles Dokument** ❶ (siehe Abbildung Seite 974).

8 Scrollen Sie in der Liste **Wählen Sie eine Stelle in diesem Dokument aus** ❷ ganz nach unten und klicken Sie auf den Eintrag **Autohaus Mechanik**.

9 Als Nächstes müssen Sie unbedingt noch die Checkbox **Anzeigen und zurück** ❸ aktivieren, ehe Sie den Dialog bestätigen. Das begründet sich dadurch, dass nach Vorführung der Mechanik-Präsentation automatisch wieder auf die Seite 4 der Primärpräsentation gesprungen werden soll, also an die Stelle, von der aus die sekundären Präsentationen gestartet werden. Missachten Sie das, wird nach Durchlauf des Mechanik-Segments mit Folie 5 fortgefahren   und damit wäre keine weitere Sekundärauswahl mehr möglich. Bestätigen Sie mit einem Klick auf **OK**.

10 Verfahren Sie nun auf die gleiche Weise mit den anderen Begriffen auf Folie 4. Markieren Sie also als Nächstes den Begriff **Elektronik**, verlinken Sie diesen zur Sekundärpräsentation **Autohaus Elektronik**, wiederholen Sie also die Schritte 6 bis 9. Denken Sie daran, auch hier im Dialog **Link einfügen** die Checkbox **Anzeigen und zurück** zu aktivieren. Binden Sie zuletzt den Karosserie-Bereich entsprechend ein.

11 Starten Sie die Präsentation (F5) und prüfen Sie die Funktionsweise der Links in Folie 4. In diesem Zusammenhang gibt es noch eine sehr nützliche Hilfe für den Vortragenden. Wenn dieser nämlich nach Anwahl einer Sekundärpräsentation zurückkommt, kann er anhand der Linkfarbe erkennen, welche Bereiche bereits besucht worden sind und welche noch nicht. Im konkreten Fall werden besuchte Links in Gelb-Orange angezeigt. Bei drei Themengebieten mag das nicht ganz so wichtig sein, sollten Sie jedoch mit zahlreichen Sekundärpräsentationen arbeiten, ist dieses Hilfsmittel nicht zu unterschätzen.

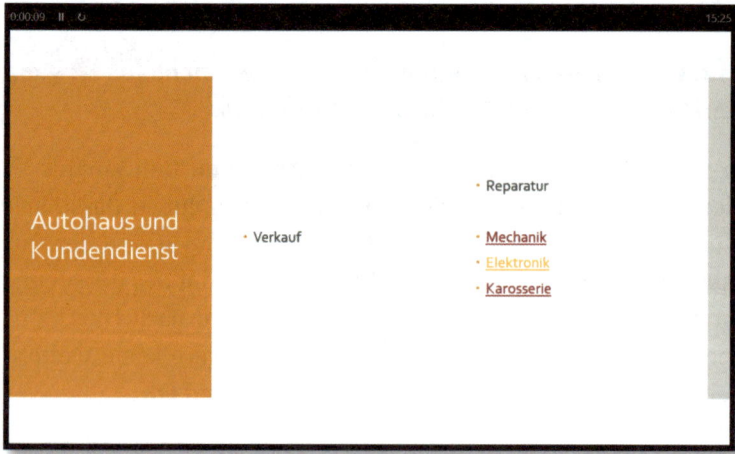

Eine entsprechende Beispieldatei mit einer zielgruppenorientierten Präsentation mit Links finden Sie unter dem Dateinamen *Autohaus-Link.pptx* im Ordner *Ergebnisse* auf der Buch-CD.

38.3 Weitere benutzerdefinierte Bildschirmpräsentationen erstellen

Wer nur einzelne Bereiche einer zielgruppenorientierten Bildschirmpräsentation ausgeben möchte, der kann eine benutzerdefinierte Bildschirmpräsentation aus bereits vorhandenen zielgruppenorientierten Bildschirmpräsentationen erzeugen. Welche Möglichkeiten Ihnen da in PowerPoint zur Verfügung stehen, erfahren Sie in den folgenden Unterabschnitten.

Benutzerdefinierte Präsentation zur Weitergabe erstellen

Benutzerdefinierte Präsentationen zur Weitergabe sind vor allem dann sehr nützlich, wenn Sie Ihren Teilnehmern beispielsweise die Präsentation zur Information im Nachhinein zur Verfügung stellen möchten. In der Praxis wird der Karosseriebauer auf die Inhalte der primären Präsentation ebenso gut verzichten können wie auf die Fachgebiete Mechanik und Elektronik, wie sie in der Präsentation *Autohaus-Link.pptx* im Ordner *Ergebnisse* auf der Buch-CD vorhanden sind. Er ist indes nur an den Folien interessiert, die für den Karosseriebau bestimmt sind. Und genau diesen Teil wollen wir nun separat ausgeben.

1 Natürlich wäre es denkbar, zunächst eine neue, individuelle Präsentation als benutzerdefinierte Bildschirmpräsentation anzulegen. Wir wollen der Einfachheit halber aber nun dafür sorgen, dass lediglich der Abschnitt **Karosserie** aus der bestehenden Präsentation berücksichtigt wird. Da es davon bereits eine sekundäre Präsentation im Beispielprojekt *Autohaus-Link.pptx* gibt, können wir gleich mit der Ausgabe des entsprechenden Bereichs fortfahren.

2 Klicken Sie auf die Schaltfläche **Bildschirmpräsentation einrichten** in der Gruppe **Einrichten** der Registerkarte **Bildschirmpräsentation**.

3 Im Dialog **Bildschirmpräsentation einrichten** aktivieren Sie den Radiobutton **Zielgruppenorientierte Präsentation** im Bereich **Folien anzeigen** und entscheiden sich in dem darunter befindlichen Auswahlfeld für **Autohaus Karosserie**. Klicken Sie auf **OK**.

4 Speichern Sie die Präsentation (**Datei** > **Speichern unter**) im Format **PowerPoint-Bildschirmpräsentation (*.ppsx)**. Diese können Sie dem Teilnehmer dann zur Verfügung stellen (beispielsweise auf einem Datenträger oder als Download).

Eine auf die zuvor beschriebene Weise ausgegebene Datei kann nur zur Präsentation, nicht jedoch zur Nachbearbeitung benutzt werden. Sie ist also zur Weitergabe optimal geeignet – und beinhaltet außerdem nur die Bereiche, die den Schulungsteilnehmer wirklich interessieren.

Bildschirmpräsentation aufzeichnen

In diesem Zusammenhang ist auch das Aufzeichnen einer Präsentation sehr interessant. Damit haben Sie nämlich die Möglichkeit, eigene Kommentare zu ergänzen. Der Teilnehmer erhält eine selbstlaufende Präsentation mitsamt Ihren Erklärungen.

1 Zunächst klicken Sie auf den unteren Bereich der Schaltfläche **Bildschirmpräsentation aufzeichnen** in der Gruppe **Einrichten** der Registerkarte **Bildschirmpräsentation**. Entscheiden Sie im Menü der Schaltfläche, ob die Aufnahme an der aktuell ausgewählten Folie oder am Anfang der Präsentation starten soll.

2 Im folgenden Dialog können Sie über Checkboxen festlegen, was alles aufgenommen werden soll. Insbesondere die Option **Anzeigedauer für Folien und Animationen** ist hier von großem Interesse, da damit die Foliendauer an Ihren Vortrag angepasst wird. Klicken Sie auf **Aufzeichnung starten**.

3 Jetzt startet die Präsentation. Sprechen Sie den gewünschten Text über ein angeschlossenes Mikrofon ein. Wenn Sie eine Pause benötigen, klicken Sie kurz auf den **Pause**-Button der kleinen Overlay-Palette ❶, die sich oben links am Bildrand befindet. Alternativ können Sie auch die Taste ⌷ drücken. Ein erneuter Druck auf ⌷ bzw. die Betätigung von **Aufzeichnung fortsetzen** ❷ führt die Aufnahme fort. Die Palette ist übrigens nur zum Zeitpunkt der Aufnahme zu sehen – wird also später nicht Bestandteil der Präsentation bzw. der Aufnahme sein.

4 Begeben Sie sich zur nächsten Folie. Klicken Sie dazu auf den nach rechts weisenden Pfeil in der Overlay-Palette oder drücken Sie z. B. $\boxed{\rightarrow}$. Sprechen Sie auch auf der nächsten Folie Ihren Text ein. Verfahren Sie entsprechend mit allen Folien, die Sie in die Aufzeichnung aufnehmen möchten.

5 Wenn Sie fertig sind, führen Sie einen Rechtsklick auf die Präsentation aus und entscheiden sich für **Präsentation beenden**. Beachten Sie, dass die Aufnahme bereits ruht, sobald Sie den Rechtsklick ausführen. Logisch, denn immerhin soll das Kontextmenü ja nicht mit in die Aufnahme gelangen. Das Einsprechen nach dem Rechtsklick ist also nicht mehr möglich. Um dennoch fortzusetzen, müssten Sie mit links auf die Folie klicken.

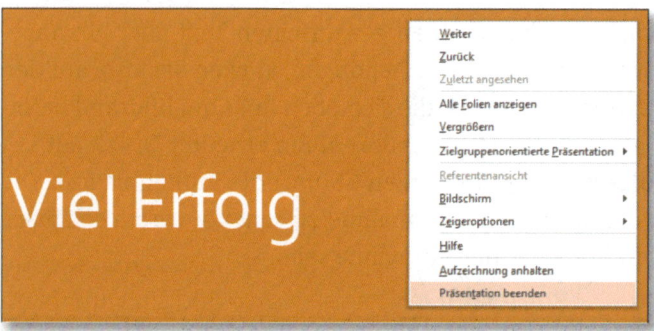

6 PowerPoint verdeutlicht mithilfe eines Lautsprecher-Symbols ❶ unten rechts auf der Folie, dass ein Audiokommentar vorhanden ist. Zeigen Sie darauf, lässt dieser sich sogar abspielen. Sie erhalten dann entsprechende Steuerelemente.

Sie können nun die Aufnahme der Präsentation zur Weitergabe im Format **PowerPoint-Bildschirmpräsentation (*.ppsx)** abspeichern (**Datei** > **Speichern unter**). Der Vorteil für den Empfänger dieser Präsentation: Er darf sich entspannt zurücklehnen und die Präsentation wie einen Film ansehen. Denn er muss sich noch nicht einmal um den Folienwechsel kümmern.

Aufnahme editieren

Es ist ausgesprochen schwierig, einen Vortrag bereits im ersten Anlauf optimal hinzubekommen. Selbst geübte Sprecher werden auf der einen oder anderen Folie nachträglichen Handlungsbedarf entdecken. Sollten Sie mit dem Kommentar einer bestimmten Folie nicht zufrieden sein, legen Sie hier einfach nach.

1 Aktivieren Sie per Mausklick die Folie im Folienbereich, deren Kommentar Sie neu verfassen wollen.

2 Danach klicken Sie auf den unteren Bereich der Schaltfläche **Bildschirmpräsentation aufzeichnen** in der Gruppe **Einrichten** der Registerkarte **Bildschirmpräsentation** und wählen im Menü der Schaltfläche die Option **Aufzeichnung ab aktueller Folie beginnen**.

3 Sprechen Sie den Kommentar für diese Folie neu ein. Wenn Sie fertig sind, klicken Sie mit rechts auf die Folie und wählen **Präsentation beenden**.

Spielen Sie die Präsentation ab. Die Kommentare der nachfolgenden Folien sind durch die Änderung übrigens nicht in Mitleidenschaft gezogen worden. Deren Audioinhalt bleibt unverändert bestehen.

38.4 Nicht benötigte Folien ausblenden

Wie sich Folien im Folienbereich deaktivieren lassen, haben Sie ja bereits im Unterabschnitt »Folien ausblenden« auf Seite 889 erfahren. Nun können alle Folien, die von der Präsentation ausgeklammert werden sollen, auf diese Weise deaktiviert werden. Einfacher ist es jedoch, den Folienbereich anzugeben, den man vorführen möchte. Voraussetzung hierfür ist allerdings, dass dieser Folienbereich zusammenhängend ist.

Klicken Sie auf **Bildschirmpräsentation einrichten** in der Gruppe **Einrichten** der Registerkarte **Bildschirmpräsentation**. Im Bereich **Folien anzeigen** des Dialogs aktivieren Sie **Von** und geben rechts daneben den Folienbereich an, der präsentiert werden soll.

Abbildung 38.5 Bestimmen Sie, welcher Bereich der Präsentation berücksichtigt werden soll.

Falls Sie mehrere nicht beisammenliegende Bereiche präsentieren wollen, ist indes zu empfehlen, davon eine benutzerdefinierte Zielgruppenpräsentation zu erzeugen. Wie das geht, erfahren Sie in Abschnitt 38.2, »Eine zielgruppenorientierte Bildschirmpräsentation erstellen«, Seite 966.

38.5 Die Anzeigedauer der Folien festlegen

Die Anzeigedauer einer Folie ist zunächst einmal auf unendlich eingestellt. Wenn Sie also eine Präsentation starten, bleibt die Folie so lange stehen, bis Sie die nächste Aktion in die Wege leiten (beispielsweise mit einem Mausklick den Folienwechsel). Sobald

Sie jedoch einen Kommentar einsprechen (siehe dazu den Unterabschnitt »Bildschirmpräsentation aufzeichnen« auf Seite 976), wird die Anzeigedauer einer Folie automatisch an die Dauer des Kommentars angepasst. Das heißt: Der Präsentator muss nichts mehr unternehmen. Ist der Kommentar zu Ende, erfolgt ein automatischer Folienwechsel. Aber genau das stellt Sie möglicherweise vor ein Problem.

Anzeigedauer-Automatik deaktivieren

Stellen Sie sich vor, Sie sind im Auftrag einer Schulungseinrichtung unterwegs. Das Institut hat Ihnen ein vorgefertigtes PowerPoint-Dokument überreicht, in dem der Leiter des Instituts seine Teilnehmer via Audioaufnahme begrüßt. Sie starten die Präsentation und lassen das gesprochene Wort auf sich (und Ihre Teilnehmer) wirken. Was passiert nun am Ende der Folie? Na klar. Folie 2 wird aktiviert. Was aber, wenn Sie zu Folie 1 noch einen eigenen Kommentar hinzufügen möchten? Das wäre ja gar nicht mehr möglich, denn der automatische Folienwechsel würde ja sogleich die nächste Seite präsentieren.

1 Klicken Sie auf die Schaltfläche **Bildschirmpräsentation einrichten** in der Gruppe **Einrichten** der Registerkarte **Bildschirmpräsentation**.

2 Aktivieren Sie im Dialogfenster **Bildschirmpräsentation einrichten** den Radiobutton **Manuell** im Bereich **Nächste Folie**.

3 Bestätigen Sie mit einem Klick auf **OK** und spielen Sie die Präsentation ab.

Fortan können Sie den Folienwechsel manuell in die Wege leiten – haben also stets aus-
reichend Gelegenheit, eigene Informationen zum Besten zu geben, ehe die nächste Folie präsentiert wird.

Anzeigedauer individuell anpassen

Lassen Sie uns noch einen Schritt weitergehen. Denn wenn man bedenkt, dass es in der
ganzen Präsentation nur wenige oder vielleicht sogar nur eine einzige Folie gibt, deren
Wechsel nicht automatisch stattfinden soll, wäre es natürlich schade, wenn man den
zeitgesteuerten Folienwechsel für die gesamte Präsentation deaktivieren würde.

1 In diesem Fall bietet es sich an, **Anzeigedauer verwenden, wenn vorhanden** im
Frame **Nächste Folie** des Dialogs **Bildschirmpräsentation einrichten** zu aktivieren.

2 Klicken Sie anschließend im Folienregister auf die Folie, deren Zeitrahmen außer
Kraft gesetzt werden soll.

3 Klicken Sie auf den unteren Bereich der Schaltfläche **Bildschirmpräsentation aufzeichnen** in der Gruppe **Einrichten** der Registerkarte **Bildschirmpräsentation** und
wählen Sie im Menü der Schaltfläche den Befehl **Löschen**.

4 Im Folgemenü klicken Sie auf den Befehl **Anzeigedauer für aktuelle Folie löschen**.

Bei dieser Aktion bleiben auf der Folie befindliche Kommentare ebenso erhalten wie
alle anderen eventuell dort untergebrachten Funktionen. Lediglich der automatische
Wechsel zur nächsten Folie wird unterdrückt.

38.6 Kommentare und Mediensteuerelemente ausblenden

Grundsätzlich muss man unterscheiden zwischen Audiokommentaren und Kommentaren. Ersteres bezeichnet das gesprochene Wort, während das zweite einen schriftlichen Kommentar meint. Schriftliche Kommentare fügen Sie über die Schaltfläche **Kommentare** in der Statusleiste ein. In diesem Abschnitt geht es jedoch um das Deaktivieren von Kommentaren, die Sie während einer Aufzeichnung einer Bildschirmpräsentation eingesprochen haben.

Audiokommentare deaktivieren

Sollten Sie bei der Aufzeichnung einer Präsentation Kommentare eingesprochen haben (siehe dazu den Unterabschnitt »Bildschirmpräsentation aufzeichnen« auf Seite 976), können diese zur Wiedergabezeit unterdrückt werden. Klicken Sie dazu auf die Schaltfläche **Bildschirmpräsentation einrichten** in der Gruppe **Einrichten** der Registerkarte **Bildschirmpräsentation**. Daraufhin wird der gleichnamige Dialog geöffnet. Aktivieren Sie auf der linken Seite des Dialogs im Bereich **Optionen** die Checkbox vor **Präsentation ohne Kommentar**. Das Gleiche erreichen Sie im Übrigen mithilfe der Checkbox **Kommentare wiedergeben** ❶ in der Gruppe **Einrichten** der Registerkarte **Bildschirmpräsentation**. Deaktivieren Sie diese, werden sämtliche Audiokommentare unterdrückt.

Abbildung 38.6 Jetzt ist Ruhe im Karton. Gesprochene Kommentare werden unterdrückt.

Mediensteuerelemente deaktivieren

Sollten Sie die Option **Kommentare wiedergeben** (**Bildschirmpräsentation** > **Einrichten**) deaktiviert haben, erscheint zum Zeitpunkt der Wiedergabe der Präsentation unten rechts auf der Folie ein kleines Lautsprecher-Symbol. Voraussetzung dafür ist natürlich, dass es tatsächlich einen gesprochenen Kommentar auf der Folie gibt. Wenn Sie die Anzeige dieser Symbole unterdrücken wollen, müssen Sie vorab die Checkbox bei

Mediensteuerelemente anzeigen (**Bildschirmpräsentation** > **Einrichten**) deaktivieren. Beachten Sie in diesem Zusammenhang, dass dadurch auch die Steuerelemente für Videos deaktiviert werden.

> **INFO**
>
> **Erzählungen**
>
> Gesprochene Kommentare werden in PowerPoint auch *Erzählungen* genannt. Leider ist es in diesem Zusammenhang jedoch nicht gerade zuträglich, dass die Steuerelemente die Bezeichnung **Kommentar** aufweisen. Man kann sie demzufolge leicht mit geschriebenen Kommentaren verwechseln.

38.7 Die Auflösung Ihrer Präsentation optimieren

Um die Bildschirmauflösung einer Präsentation (damit gemeint ist die Anzahl der Bildpunkte) müssen Sie sich zunächst einmal keine Gedanken machen. Denn PowerPoint passt diese automatisch an das vorhandene Ausgabegerät an. So wird gewährleistet, dass immer die größtmögliche Auflösung benutzt wird, um ein Maximum an Qualität abzuliefern.

Auflösung manuell einstellen

Mitunter kann es jedoch sinnvoll sein, die Auflösung manuell herunterzusetzen. Wenn Sie nämlich mit Geräten arbeiten, die weit weniger leistungsfähig sind als ein zeitgemäßer PC (beispielsweise einem Tablet oder Handy), können Sie die Auflösung entsprechend anpassen. Das bewirkt, dass grafische Animationen flüssig wiedergegeben werden, anstatt zu ruckeln. Entsprechendes gilt, wenn Sie mit der Referentenansicht arbeiten (siehe Abschnitt 38.8, »Mit zwei Bildschirmen arbeiten: die Referentenansicht«, Seite 985).

1 Klicken Sie auf die Schaltfläche **Bildschirmpräsentation einrichten** in der Gruppe **Einrichten** der Registerkarte **Bildschirmpräsentation**.

2 Daraufhin wird das Dialogfenster **Bildschirmpräsentation einrichten** geöffnet. Im Bereich **Mehrere Monitore** ist im Auswahlmenü **Bildschirmpräsentationsmonitor ❶** standardmäßig **Automatisch** eingestellt. Diese Einstellung verhindert, dass sich die Auflösung verändern lässt. Schalten Sie hier gegebenenfalls auf **Hauptbildschirm** um.

3 Nun können Sie im Menü **Auflösung** den gewünschten Wert auswählen. Bestätigen Sie das Dialogfenster abschließend mit **OK**.

Eine generelle Empfehlung, welche Einstellung die beste ist, kann hier nicht gegeben werden, da es immer vom Einzelfall abhängt. Das Herabsetzen der Auflösung ist indes nur erforderlich, wenn es während der Präsentation im wahrsten Sinne des Wortes »hakt«, das Bild also beispielsweise ruckelt oder stehen bleibt.

38.8 Mit zwei Bildschirmen arbeiten: die Referentenansicht

Die Referentenansicht ist für den Vortragenden eine erhebliche Arbeitserleichterung. Sie wird idealerweise auf einem separaten Monitor, Tablet oder Notebook angezeigt, der von den Zuschauern nicht eingesehen werden kann. Derweil ist der Hauptmonitor (oder ein angeschlossener Beamer) für den Zuschauer vorgesehen. Dieser sieht nur den Inhalt der Präsentation, während der Vortragende bereits einen Blick auf die nächste Folie werfen kann. Aber das ist nur einer von vielen Vorzügen.

Referentenansicht aktivieren

Um die Referentenansicht zu aktivieren, bedarf es nur eines Klicks auf die Checkbox **Referentenansicht** in der Gruppe **Bildschirme** der Registerkarte **Bildschirmpräsentation** – vorausgesetzt natürlich, das Häkchen ist nicht bereits aktiv. Im darüber befindlichen Steuerelement **Bildschirm** legen Sie nicht etwa fest, welcher Monitor zur

Referentenansicht verwendet werden soll, sondern welcher zur Ausgabe der eigentlichen Präsentation herangezogen werden soll. Mit **Automatisch** überlassen Sie diese Entscheidung der Anwendung.

Abbildung 38.7 Die Referentenansicht ist bei Verwendung zweier Monitore standardmäßig bereits aktiv.

Die Einstellungen lassen sich auch im Dialogfenster **Bildschirmpräsentation einrichten** (**Bildschirmpräsentation > Einrichten**) festlegen. Benutzen Sie dazu den Bereich **Mehrere Monitore** unten rechts.

Bildschirmpräsentation mit mehreren Monitoren

Nachdem die Vorbereitungen getroffen und eventuell weitere Ausgabegeräte (Monitor oder Beamer) angeschlossen sind, starten Sie die Präsentation. Eine der beiden Ansichten (hier die rechte) ist die standardmäßige Präsentationsansicht, die auch bei Verwendung eines einzelnen Monitors angezeigt wird, während die andere (hier links) die Referentenansicht zeigt.

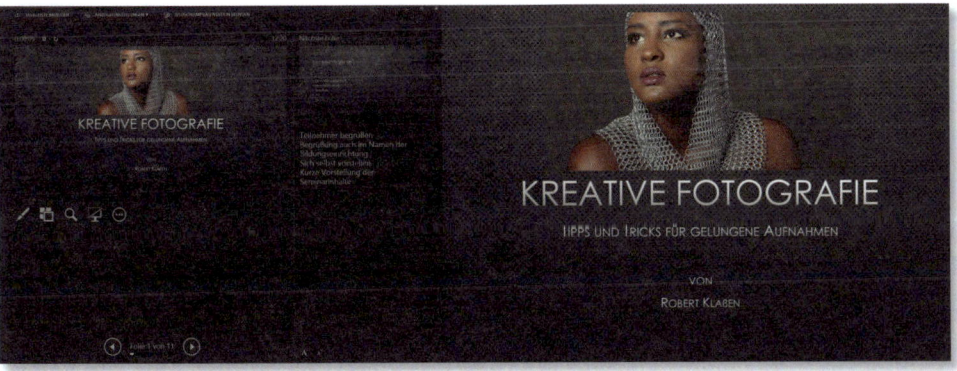

Abbildung 38.8 Des Dozenten Freud' – die Referentenansicht

Die Kopfleiste

In der Kopfleiste der Referentenansicht sind einige interessante Funktionen untergebracht. Hier ist vor allem **Taskleiste anzeigen** zu erwähnen. Hierüber erhalten Sie Zugriff auf die Windows-Taskleiste und können damit den Computer bedienen, ohne die Präsentation anhalten zu müssen. Wir hatten bereits im Kasten »Auf den PC zugreifen« auf Seite 963 darauf hingewiesen, dass Sie dies auch mit der Tastenkombination Strg + T erreichen können.

Über die weiteren Steuerelemente können Sie die Präsentation bedienen und gegebenenfalls die Anzeige anpassen. Hilfreich ist hier vor allem auch der kleine Zeitgeber links oben, der Ihnen die aktuelle Präsentationszeit ausweist. Wenn Sie Ihre Präsentation für eine Pause unterbrechen wollen, klicken Sie auf die nebenstehende **Pause**-Taste. Das hält ihn vorübergehend an und ermöglicht so die Messung der reinen Präsentationszeit – ohne Pausen.

Die Werkzeuge der Referentenansicht

Die Schaltflächen **Vor** und **Zurück** am unteren Rand der Referentenansicht bedürfen sicher keiner näheren Erläuterung. Interessanter ist da schon die kleine Werkzeugleiste unterhalb der Folienansicht.

Abbildung 38.9 Diese Buttons helfen bei der Präsentation enorm weiter.

❶ – **Stift und Laserpointer-Tools:** Hinter dieser Schaltfläche verbergen sich diverse Werkzeuge. Mit dem Stift lässt sich beispielsweise auf der Folie schreiben und malen. Der Laserpointer funktioniert durch bloße Bewegung auf der Folie, und der Textmarker kann zur farblichen Hervorhebung von Text verwendet werden. Der Einsatz dieser Werkzeuge ist auch auf dem Präsentationsmonitor sichtbar. Beim Verlassen der Präsentation werden Sie gefragt, ob die Änderungen übernommen werden sollen, wenn Sie beispielsweise mit dem Stift gemalt haben. Es ist in der Regel zu empfehlen, diese Funktionen mit einem Klick auf den Button **Verwerfen** zu löschen, sofern sie nicht dauerhaft in Ihrer Präsentation erhalten bleiben sollen.

❷ – **Folieninhalt anzeigen:** Hiermit erhalten nur Sie (!) einen Blick auf alle Folien. Diese Funktion ist besonders interessant, wenn Sie einmal während einer laufenden Bildschirmpräsentation eine Folie suchen müssen. Klicken Sie diese an, um sie Ihren Teilnehmern anschließend zu präsentieren.

❸ – **Folieninhalt vergrößern:** Damit lässt sich ein Bereich der Folie vergrößern. Die Vergrößerung ist auch auf dem Hauptmonitor zu sehen.

❹ – **Folieninhalt zu Schwarz aus- oder einblenden:** Deaktivieren Sie die Ansicht der Folie temporär. Ein Klick darauf bewirkt, dass der Hauptmonitor schwarz wird. Wiederholen Sie den Klick, um die Folie wieder anzuzeigen.

❺ – **Weitere Bildschirmpräsentationsoptionen:** Öffnen Sie ein Kontextmenü, mit dessen Hilfe weitere Optionen zugänglich werden. Hierüber haben Sie beispielsweise auch Zugriff auf Ihre zielgruppenorientierten Bildschirmpräsentationen (siehe dazu Abschnitt 38.2, »Eine zielgruppenorientierte Bildschirmpräsentation erstellen«, Seite 966).

All diese Werkzeuge der Referentenansicht dienen dazu, dass Sie optimale Bedingungen für Ihre Präsentation einrichten können, ohne dass Ihr Publikum davon etwas mitbekommt, und Ihren Vortrag souverän meistern.

Abbildung 38.10 Auch speziell vorbereitete Präsentationen lassen sich schnell aktivieren.

38.9 Eine Bildschirmpräsentation per Remoteverbindung übertragen

Zum Ende dieses Kapitels sollen Sie noch eine Ausgabeoption kennenlernen, die Ihnen das Präsentieren via Internet ermöglicht. Ihre Teilnehmer benötigen dazu lediglich einen Browser sowie eine Internetverbindung. Sie müssen nicht unbedingt zum Kunden fahren, um ihn mit Informationen zu versorgen. Bleiben Sie in Ihrem Büro und führen Sie bei Bedarf eine Onlineschulung durch. Die Teilnehmer können via Internetverbindung live miterleben, was Sie zu berichten haben.

1 Klicken Sie zunächst auf die Schaltfläche **Online vorführen** in der Gruppe **Bildschirmpräsentation starten** der Registerkarte **Bildschirmpräsentation**. Klicken Sie im Menü der Schaltfläche auf **Office-Präsentationsdienst**.

2 Falls Sie es den Teilnehmern gestatten wollen, die Präsentation herunterzuladen, aktivieren Sie die Checkbox **Remotebetrachtern das Herunterladen der Präsentation ermöglichen ❶**, ehe Sie auf **Verbinden ❷** klicken.

3 Daraufhin wird Ihnen im nächsten Fenster eine Link-Adresse eingeblendet, unter der die Präsentation später von Ihren Teilnehmern gefunden werden kann. Diese können Sie über den Button **Link kopieren** in die Zwischenablage speichern und manuell in E-Mails einsetzen, die Sie dann an die potenziellen Teilnehmer senden.

Einfacher ist es jedoch, Sie klicken direkt auf **Als E-Mail senden**, um die Nachricht unmittelbar an Outlook bzw. Ihr Standard-E-Mail-Programm weiterzugeben.

4 Es öffnet sich eine neue E-Mail, die bereits entsprechend vorbereitet ist. Tragen Sie lediglich noch die Empfänger ein und verschicken Sie die Nachricht. Die Empfänger müssen nun auf den Link klicken, um sich via Standardbrowser zu verbinden.

5 Zuletzt klicken Sie auf **Präsentation starten** und beginnen mit Ihrem Vortrag. Drücken Sie am Ende ⌷Esc⌷, um die Präsentations- bzw. Referentenansicht wieder zu verlassen. Sie kehren damit zur Standardoberfläche von PowerPoint zurück. Klicken Sie abschließend auf **Onlinepräsentation beenden** in der Gruppe **Online vorführen** der gleichnamigen Registerkarte.

Eine Onlinepräsentation unterstützt nicht alle Funktionen, die PowerPoint mit sich bringt. So werden beispielsweise einige Übergänge nicht wie gewünscht, sondern lediglich als Überblendung wiedergegeben. Zudem sind die Stift- und Zoomwerkzeuge der Referentenansicht online nicht einsetzbar (siehe dazu den Unterabschnitt »Die Werkzeuge der Referentenansicht« auf Seite 987). Nichtsdestotrotz ist die Remotepräsentation sicherlich eine ausgesprochen interessante sowie zeit- und kostensparende Variante.

Kapitel 39
Präsentationen speichern und drucken

Die Präsentation ist fertiggestellt und soll nun für unterschiedliche Verwendungszwecke gespeichert werden. Möglicherweise wollen Sie Ihre Teilnehmer auch mit gedrucktem Material aus der Präsentation versorgen. Dann wird Sie der folgende Inhalt besonders interessieren. Beginnen wollen wir jedoch mit den Eigenschaften einer Präsentation.

39.1 Die Eigenschaften einer Präsentation einsehen und bearbeiten

Jedes Dokument hat bestimmte Eigenschaften, wie z. B. einen Speicherort, einen Titel sowie einen Autor, und kann darüber hinaus noch um Betreff, Schlüsselwörter, Kategorie und Status erweitert werden. Es handelt sich dabei um die sogenannten *Metadaten*. Das sind bestimmte Kriterien oder Merkmale einer Datei, die zusammen mit dem Dokument abgespeichert werden.

Eigenschaften abrufen

Grundsätzlich lassen sich die Metadaten eines Objekts, z. B. einer in PowerPoint generierten *.pptx*-Datei, direkt in Windows anzeigen, indem Sie mit rechts auf die Datei und dann im Kontextmenü auf **Eigenschaften** klicken. Der Name, den Sie auf der Registerkarte **Allgemein** sehen, fällt genauso unter den Begriff Metadaten wie die Inhalte der Registerkarte **Details**.

Im Dialogfenster **Eigenschaften von …** lassen sich einige dieser Metadaten eintragen (z. B. Betreff). Einträge können auch von Ihnen entfernt werden, indem Sie zunächst auf den Link **Eigenschaften und persönliche Informationen entfernen** klicken und die entsprechenden Informationen im Folgedialog bearbeiten. Manche Anwendungen (wie beispielsweise auch PowerPoint) unterstützen jedoch zusätzlich hierzu die direkte Bearbeitung von Eigenschaften, die umfangreicher ausfällt als die Bearbeitungsmöglichkeiten im oben genannten Dialog.

Abbildung 39.1 Die Metadaten der Beispieldatei »Autohaus-online.pptx«

Eigenschaften ändern

Um die Eigenschaften einer PowerPoint-Datei verändern zu können, benötigen Sie zunächst einmal das Eigenschaftenfenster. Leider gibt es auf der Arbeitsoberfläche keinen Button, der Sie direkt dorthin leitet. Aber auch ohne diesen lassen sich die Eigenschaften leicht anpassen.

1 Begeben Sie sich in die Backstage-Ansicht von PowerPoint (**Datei**). Klicken Sie, sollte diese nicht ohnehin aktiviert sein, in der linken Spalte auf die Rubrik **Informationen** und anschließend auf die Schaltfläche **Eigenschaften**. Wählen Sie im Menü **Dokumentbereich anzeigen**.

Der Vollständigkeit halber sei erwähnt, dass sich über das Auswahlmenü der Schaltfläche, und den darin befindlichen Befehl **Erweiterte Eigenschaften**, weitere Informationen aktivieren ließen – ein Dialogfenster, mit dem Dokumenteigenschaften erreichbar sind, die über das normale Maß der Eigenschaften hinausgehen. Da sich dieser Bereich aber auch im Eigenschaftenfenster aktivieren lässt, stellen wir diese Option hier zunächst zurück. In Schritt 4 wird dieses Thema wieder aufgegriffen.

2 Sobald Sie auf **Dokumentbereich anzeigen** klicken, verlassen Sie die Backstage-Ansicht, und die Oberfläche der Anwendung wird um den Bereich **Dokumenteigenschaften** ➊ erweitert. In diesem befinden sich verschiedene Eingabefelder. Einige sind bereits gefüllt. Ganz gleich, ob die Felder bereits über Inhalt verfügen oder nicht, können Sie jedes nach Wunsch anpassen. So haben Sie beispielsweise die Möglichkeit, den Namen des Autors zu verändern oder Schlüsselwörter hinzuzufügen.

3 Noch mehr Möglichkeiten bieten sich, wie bereits erwähnt, in den erweiterten Eigenschaften. Hierüber lassen sich zusätzliche Eigenschaften eintragen, die in den herkömmlichen Eigenschaften nicht auftauchen. Diese Metadaten stehen Ihnen allerdings später nur in PowerPoint zur Verfügung. Den Dialog erreichen Sie aus dem Eigenschaftenfenster heraus, indem Sie zunächst auf **Dokumenteigenschaften** klicken und anschließend **Erweiterte Eigenschaften** wählen.

4 Auf der Registerkarte **Zusammenfassung** des folgenden Dialogs lassen sich weitere Eingabefelder mit Informationen ausstatten (z. B. **Thema**, **Manager**, **Firma**, **Kommentare** usw.).

5 Aktivieren Sie die Registerkarte **Anpassen**, können die Eigenschaften noch individueller erweitert werden. Wer also beispielsweise ein Aufzeichnungsdatum eintragen möchte, wählt zunächst **Aufzeichnungsdatum** innerhalb der Liste **Name** aus, stellt anschließend den **Typ** auf **Datum** und gibt das gewünschte Datum in das Feld **Wert** ein. Klicken Sie auf **Hinzufügen**, um anschließend weitere Eigenschaftenfelder zu erzeugen. Am Ende verlassen Sie den Dialog mit **OK**.

6 Zuletzt speichern Sie das Dokument, damit die geänderten Daten in die Metadaten Ihrer Präsentation übernommen werden.

Die erweiterten Daten werden, wie bereits erwähnt, nur in PowerPoint angezeigt. Ändern Sie allerdings die Standardeigenschaften (wie z. B. Betreff), tauchen diese auch auf, wenn Sie außerhalb von PowerPoint mit rechts auf die Datei klicken und die Windows-eigenen Eigenschaften anzeigen lassen. Voraussetzung ist allerdings, dass das Dokument nach der Änderung der Eigenschaften erneut in PowerPoint gespeichert worden ist.

TIPP

Schlüsselwörter vergeben

Die Vergabe von Schlüsselwörtern ist ausgesprochen sinnvoll. Dort eingetragene Begriffe werden nämlich in der Windows-Suche berücksichtigt. Wenn Sie also dafür sorgen wollen, dass die PowerPoint-Datei anhand eines Suchwortes wiedergefunden werden kann, sollten Sie markante Begriffe vergeben.

Abbildung 39.2 Anhand von Suchbegriffen lassen sich Präsentationen schnell wiederfinden.

39.2   Eine Präsentation speichern

Es gibt zahlreiche Möglichkeiten, eine Präsentation zu speichern. Die Vorgehensweise ist zunächst einmal grundsätzlich identisch, unabhängig davon, ob Sie ein Dokument einfach nur sichern oder zur Präsentation bereitstellen wollen.

Eine Präsentation speichern

An dieser Stelle wollen wir zunächst nur die grundsätzliche Vorgehensweise des Speicherns erläutern. Weitere Infos zur Wahl des Speicherformats erhalten Sie im Anschluss an die folgenden Schritte.

1 Klicken Sie auf die Registerkarte **Datei**, um in die Backstage-Ansicht zu wechseln, und wählen Sie anschließend links in der Spalte die Rubrik **Speichern unter**.

2 Klicken Sie auf **Durchsuchen**. Daraufhin wird der Dialog **Speichern unter** geöffnet. Wählen Sie hier einen Speicherort auf Ihrem PC, einem angeschlossenen Datenträger oder einem Onlinespeicher wie OneDrive.

3 Bevor Sie auf **Speichern** klicken, sollten Sie unter **Dateityp** noch festlegen, in welchem Format die Datei gespeichert werden soll (lesen Sie dazu auch den folgenden Unterabschnitt »PowerPoint-Speicherformate und ihre Besonderheiten«).

Sobald das Dokument erstmalig gespeichert worden ist, müssen Sie von Zeit zu Zeit lediglich noch die Tastenkombination [Strg] + [S] betätigen, um das Dokument »nachzuspeichern«. Alternativ können Sie auch auf **Datei** > **Speichern** klicken oder die Schaltfläche **Speichern** in der Symbolleiste für den Schnellzugriff verwenden.

PowerPoint-Speicherformate und ihre Besonderheiten

Bei der Wahl des Dateityps innerhalb des Speichern-Dialogs sollten Sie verschiedene Gegebenheiten berücksichtigen. Nicht jedes Format eignet sich nämlich für alle Verwendungszwecke. Hier die fünf wichtigsten Dateitypen:

- **PowerPoint-Präsentation (*.pptx):** Speichern Sie Ihre Arbeitsdatei in PowerPoint 2013 unter diesem Format ab. Sie können immer wieder darauf zugreifen und Änderungen an der Präsentation vornehmen.

- **PowerPoint 97-2003-Präsentation (*.ppt):** Dieses Format sollten Sie verwenden, wenn Sie eine editierbare Arbeitsdatei an Personen weitergeben wollen, die PowerPoint-Versionen einsetzen, welche den Dateityp *.pptx* noch nicht interpretieren können (PowerPoint 97 bis 2003).

- **PowerPoint-Vorlage (*.potx):** Nehmen Sie dieses Format, wenn Sie Ihre Arbeitsdatei künftig als Vorlage speichern wollen. Nach Anwahl dieses Dateityps wird automatisch das Verzeichnis *Benutzerdefinierte Office-Vorlagen* als Speicherort angeboten. Dieser ist Teil des Windows-Ordners *Dokumente* (ab Windows 8.1: *Dieser PC*) und kann (muss aber nicht) von Ihnen übernommen werden.

- **PowerPoint-Bildschirmpräsentation (*.ppsx):** Geben Sie eine Datei aus, die vom Empfänger nur abgespielt, nicht aber bearbeitet werden kann. Es handelt sich hierbei also um ein Endformat, das Sie weitergeben können.

- **PowerPoint 97-2003-Bildschirmpräsentation (*.pps):** Dieses Format ist ebenfalls ein Endformat – und darüber hinaus für Nutzer geeignet, die noch eine PowerPoint-Version vor 2010 einsetzen.

Sie sollten sich also bei der Wahl des Speicherformats zum einen Gedanken machen, auf welche Weise Sie oder andere Benutzer die Datei weiterverwenden sollen, und zum anderen, mit welchem Format Sie bei Weitergabe der Präsentation nach Möglichkeit alle Benutzer erreichen können.

39.3 Vor dem Druck: Präsentationen in einzelne Abschnitte einteilen

39

Wenn Sie auf **Datei** > **Drucken** klicken und dann die Schaltfläche **Drucken** verwenden, wird die gesamte PowerPoint-Präsentation auf Papier ausgegeben – pro Folie ein Blatt. Darüber hinaus existieren zwei Möglichkeiten, eine Präsentation nur teilweise zu drucken. Entweder geben Sie die entsprechenden Folien explizit im Druckdialog an, die ausgegeben werden sollen (damit befasst sich der nächste Abschnitt), oder Sie teilen eine Präsentation vorab in Abschnitte ein.

Benutzerdefinierte Abschnitte ausgeben

Legen Sie vor dem Druck fest, welche Abschnitte der Präsentation ausgegeben werden sollen. Das bietet sich z. B. vor allem bei einer zielgruppenorientierten Präsentation (siehe dazu den Abschnitt 38.2, »Eine zielgruppenorientierte Bildschirmpräsentation erstellen«, Seite 966) an, wenn beispielsweise eine Zielgruppe jeweils nur mit den Ausdrucken versorgt werden soll, die für sie relevant sind.

1 Zunächst müssen Sie eine benutzerdefinierte Bildschirmpräsentation erstellen, indem Sie auf die Schaltfläche **Benutzerdefinierte Bildschirmpräsentation** in der Gruppe **Bildschirmpräsentation starten** der Registerkarte **Bildschirmpräsentation** klicken und anschließend im Menü der Schaltfläche **Zielgruppenorientierte Präsentationen** auswählen. Was im Einzelnen zu tun ist, um einen Bereich entsprechend zu generieren, entnehmen Sie bitte dem Abschnitt 38.2, »Eine zielgruppenorientierte Bildschirmpräsentation erstellen«, Seite 966, und dem Abschnitt 38.3, »Weitere benutzerdefinierte Bildschirmpräsentationen erstellen«, Seite 975. Um dieses Beispiel nachvollziehen zu können, können Sie auch die Beispieldatei *Autohaus-benutzerdefiniert.pptx* aus dem Ordner *Ergebnisse* auf der Buch-CD öffnen. Darin sind bereits entsprechende Abschnitte generiert.

2 Klicken Sie auf **Datei** > **Drucken** und danach im Bereich **Einstellungen** auf **Alle Folien drucken**, um das Auswahlmenü zu öffnen.

3 Ganz unten in der Liste werden Ihnen nun die zielgruppenorientierten Präsentationen ❶ angezeigt, die mit einem Mausklick von Ihnen ausgewählt werden können.

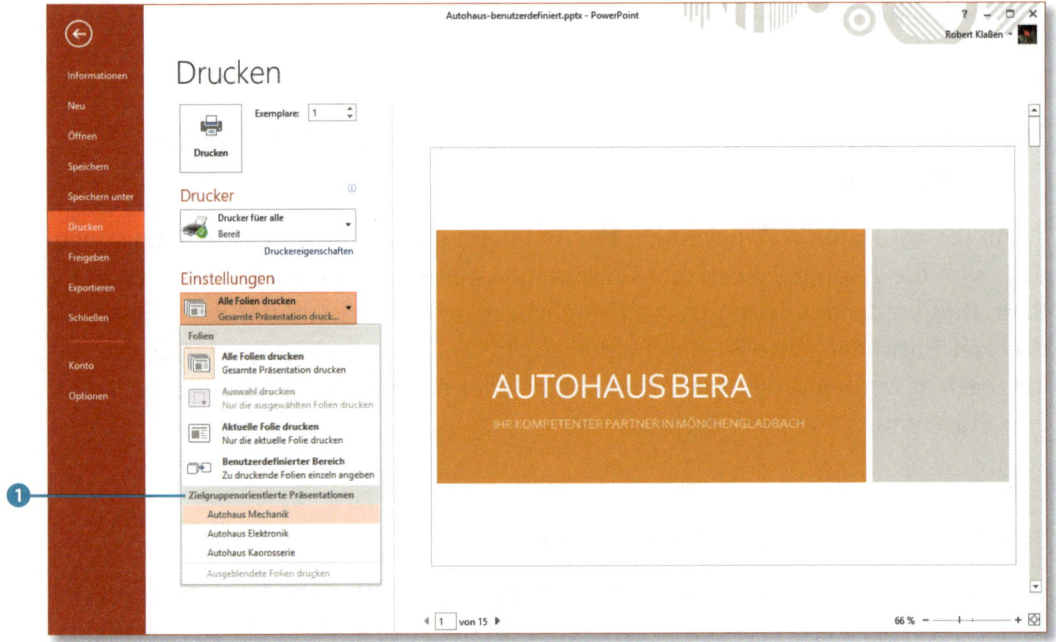

4 Zuletzt klicken Sie auf die Schaltfläche **Drucken**. Die Folien werden dann entsprechend Ihrer vorherigen Auswahl ausgedruckt.

Sofern Sie noch Einstellungen an der Druckqualität vornehmen oder die Art des Papiers festlegen wollen, klicken Sie auf den Link **Druckereigenschaften**, bevor Sie den Druckauftrag an Ihren Drucker senden, und nehmen Sie die gewünschten Einstellungen vor.

Einzelne Präsentationsfolien drucken

Sollten Sie (im Gegensatz zum vorangegangenen Abschnitt) keine zielgruppenorientierten Präsentationen generiert haben, können Sie dennoch frei bestimmen, was ausgegeben werden soll. In diesem Beispiel verwenden wir die Beispieldatei *Autohaus.pptx* aus dem Ordner *38* auf der Buch-CD. Darin sind keine zielgruppenorientierten Präsentationen enthalten. Dennoch ist es möglich, nur die Folien auszudrucken, die benötigt werden.

1 Rufen Sie die Seite **Drucken** auf (**Datei** > **Drucken**). Im Bereich **Einstellungen** setzen Sie einen Mausklick auf **Alle Folien drucken** (bzw. auf den Eintrag, der direkt unterhalb von **Einstellungen** derzeit gelistet ist).

2 Wählen Sie im Auswahlmenü die Option **Benutzerdefinierter Bereich**.

3 Geben Sie in das darunter befindliche Feld **Folien** den oder die Bereiche an, die ausgegeben werden sollen. Das dürfen durchaus mehrere unabhängig voneinander angeordnete Abschnitte bzw. Folien sein. Die Bereiche sollten allerdings jeweils mit Semikolon voneinander getrennt werden.

4 Im Selektionsfeld **Exemplare**, das sich ganz oben auf der Seite **Drucken** befindet, dürfen Sie nun noch die Anzahl der Ausdrucke einstellen. Immerhin soll jeder Zuhörer einen entsprechenden Ausdruck erhalten. Klicken Sie abschließend auf die Schaltfläche **Drucken**.

Übrigens wird standardmäßig pro Folie eine Druckseite verwendet. Wenn Sie jedoch mehrere Folien auf eine Seite drucken wollen, müssen Sie eine entsprechende Angabe im Steuerelement unterhalb der Zeile **Folien** machen.

Kapitel 40
PowerPoint 2013 im Teameinsatz

Teamarbeit ist auch bei der Erstellung von Bildschirmpräsentationen ein wesentlicher Bestandteil. Nicht selten sind mehrere Personen mit der Fertigstellung eines PowerPoint-Dokuments beauftragt. Damit alles reibungslos vonstattengeht und Sie wissen, wie Sie die entsprechenden Dokumente zur Verfügung stellen können, hier nun Tipps und Strategien, die für eine optimale Zusammenarbeit mit den Kollegen sorgen.

40.1   Mit Berechtigungen und Freigaben arbeiten

Der erste und zugleich umfangreichste Teil dieses Kapitels befasst sich mit Zugriffsbeschränkungen und Schutzmechanismen. Dabei sollen den Kollegen, mit denen Sie gemeinsam an einem Dokument arbeiten, keine Steine in den Weg gelegt werden, sondern Fremdzugriffe verhindert und Inhalte vor unbeabsichtigter Bearbeitung geschützt werden.

Ein Dokument abschließen

Das Abschließen eines Dokuments hat nichts mit der Sicherung zu tun (z. B. in Form einer Kennwortzuweisung), sondern soll den Kollegen darauf hinweisen, dass das Dokument bereits fertig ist. Es handelt sich hierbei nicht um einen unumgänglichen Schutz, sondern um einen Hinweis, der vom Empfänger auch umgangen werden kann – beispielsweise wenn wider Erwarten doch noch Änderungen erforderlich werden.

1 Begeben Sie sich mit Klick auf **Datei** in den Bereich **Informationen**. Klicken Sie auf **Präsentation schützen** und wählen Sie im Menü die Option **Als abgeschlossen kennzeichnen**.

2 Bestätigen Sie den Hinweisdialog mit **OK**. Anschließend fasst PowerPoint noch einmal zusammen, was es mit der »Kennzeichnung als abgeschlossen« auf sich hat. Bestätigen Sie auch diesen Hinweis mit **OK**. Sofern Sie auf diese Info künftig verzichten können, aktivieren Sie vorab noch die Checkbox **Diese Meldung nicht mehr anzeigen**.

3 Anschließend geben Sie das Dokument weiter bzw. stellen es dem Kollegen zur Verfügung (z. B. via OneDrive oder E-Mail). Der Empfänger erhält nach dem Öffnen der Datei gleich unterhalb der Reiter einen entsprechenden Hinweis. Nun weiß er, dass Änderungen nicht mehr erwünscht sind. Dennoch könnte er das Dokument, falls erforderlich, mit Klick auf **Trotzdem bearbeiten** wieder editierbar machen.

Solange ein Dokument als abgeschlossen gekennzeichnet ist, erscheint der besagte Hinweis anstelle des Menübands. Das Menüband kann zwar zugänglich gemacht werden, indem man die entsprechenden Registerkarten anklickt, jedoch sind sämtliche Bearbeitungssteuerelemente ausgegraut und somit nicht anwendbar. Wiedergabesteuerelemente im Register **Bildschirmpräsentation** bleiben jedoch ebenso aktiv wie Such-, Kommentar- und Überprüfungsoptionen.

Ein Dokument mit Kennwort verschlüsseln

Wer nicht sicher sein kann, ob nicht auch einmal der eine oder andere Unbefugte Zugriff auf das Dokument nehmen könnte, sollte seine Arbeiten mit einem Passwort versehen, um sich davor zu schützen.

1 Nach einem Klick auf **Datei** wird der Bereich **Informationen** angezeigt. Klicken Sie hier auf **Präsentation schützen** und wählen Sie daraufhin **Mit Kennwort verschlüsseln**.

2 Im Folgedialog geben Sie nun das Kennwort ein und bestätigen mit einem Klick auf **OK**. Bitte beachten Sie, dass PowerPoint seinerseits nicht in der Lage ist, Kennwörter wiederherzustellen. Sollten Sie das Passwort also vergessen, ist das Dokument nicht wieder zu öffnen.

3 Nun wird der gleiche Dialog noch einmal angeboten. Hier muss dasselbe Kennwort noch einmal eingegeben werden. Schließen Sie das Dokument und beantworten Sie die anschließende Sicherungsabfrage mit einem Klick auf **Speichern**. Erst danach ist der Kennwortschutz wirksam.

4 Interessanterweise wird für dieses Dokument fortan keine Vorschauminiatur, sondern nur noch ein PowerPoint-Symbol präsentiert. Denn selbst dieses kleine Bildchen ließe ja unter Umständen schon Rückschlüsse auf den Inhalt zu. Öffnen Sie das Dokument mit einem Doppelklick. Geben Sie das Kennwort im gleichnamigen Dialogfenster ein und klicken Sie auf **OK**.

Wer den Kennwortschutz aufheben möchte, muss zunächst Schritt 1 wiederholen, das Kennwort (bzw. die Punkte) komplett markieren und mit ⌫ herauslöschen. Das anschließende Klicken auf **OK** bewirkt, dass das Dokument wieder ohne Kennwort geöffnet werden kann – vorausgesetzt, Sie speichern es zuletzt wieder.

Zugriff einschränken

Office-Arbeitsdateien jeglicher Art, nicht zuletzt auch aus PowerPoint, können mit einem Zugriffsschutz versehen werden. Dadurch ist es nur noch bestimmten Personen gestattet, die jeweiligen Dokumente zu öffnen und zu bearbeiten. Allerdings ist die Rechteverwaltung in Office 2013 standardmäßig deaktiviert. Um die entsprechenden Funktionen nutzen zu können, muss die *Windows Powershell für die Rechteverwaltung* installiert und das *Information Rights Management (IRM)* via *Office.com* eingerichtet werden. Das ist in der Regel eine Aufgabe für die Administratoren eines Unternehmens.

Nach der Einrichtung eines entsprechenden Schutzsystems klicken Sie auf **Präsentation schützen** im Bereich **Informationen** der Backstage-Ansicht. Wählen Sie die Option **Zugriff einschränken** und lassen Sie einen Klick auf **Mit Rechteverwaltungsservern verbinden und Vorlagen abrufen** folgen.

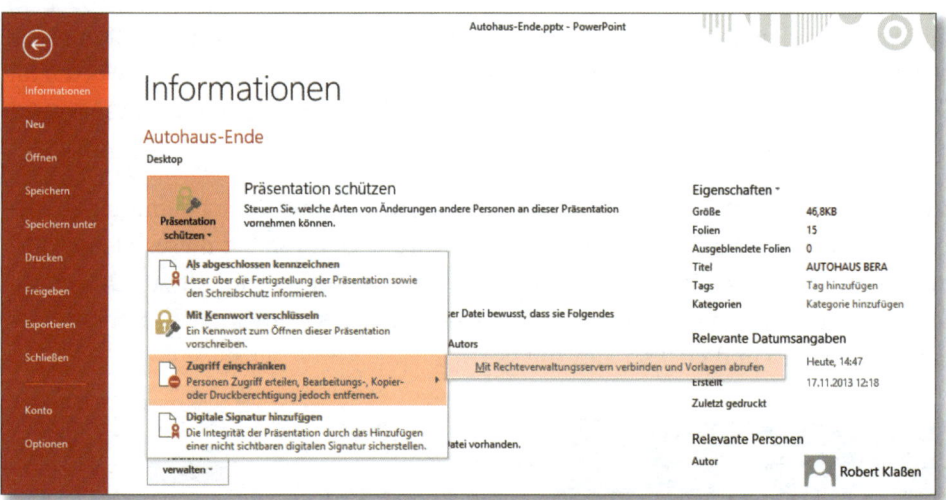

Abbildung 40.1 Um diese Funktionen nutzen zu können, muss IRM konfiguriert sein.

Für Personen freigeben

Alternativ zum vorangegangenen Abschnitt lassen sich Dokumente auch für bestimmte Personen freigeben, indem Sie den Cloud-Speicher benutzen. Wer nicht zum erlesenen Kreis der »eingeladenen« Personen gehört, kann das Dokument folgerichtig auch nicht öffnen.

1 Begeben Sie sich in die Backstage-Ansicht (**Datei**) und klicken Sie auf die Rubrik **Freigeben**. Die Option **Personen einladen** ist in der mittleren Spalte standardmäßig aktiviert. Klicken Sie als Nächstes auf die Schaltfläche **In der Cloud speichern**.

2 Sie werden nun auf die Seite **Speichern unter** weitergeleitet. Das ist zunächst etwas verwirrend, hat aber den Sinn und Zweck, Ihnen die Auswahl der Cloud bei Verwendung mehrerer entsprechender Speicherdienste zu ermöglichen. Klicken Sie in der mittleren Spalte auf **OneDrive** und anschließend rechts auf **Durchsuchen** bzw. den zuletzt verwendeten OneDrive-Ordner (hier: **Robert Klaßens OneDrive**).

3 Lassen Sie anschließend einen Klick auf **Speichern** folgen. Jetzt werden Sie automatisch in den Backstage-Bereich **Freigeben** zurückgeführt, der mit dem Dialog **Personen einladen** auf Sie wartet. Im Feld **Namen oder E-Mail-Adressen eingeben** lassen sich nun jene Personen hinzufügen bzw. deren E-Mail-Adressen eintragen, die eingeladen werden sollen. Rechts daneben legen Sie außerdem fest, ob diese Personen das Dokument nur ansehen oder auch bearbeiten dürfen.

4 Fügen Sie in das darunter befindliche Eingabefeld, so Sie es denn wünschen, noch weitere Informationen ein, die in der Einladung enthalten sein sollen. Zudem dürfen Sie per Checkbox optional noch verlangen, dass sich potenzielle Benutzer dieses Dokuments anmelden müssen. Zuletzt klicken Sie auf die Schaltfläche **Freigeben**.

5 Alle eingeladenen Personen erhalten nun eine E-Mail mit dem Betreff, dass ein Inhalt mit ihnen geteilt wurde. Darin befindet sich ein Link, über den Zugang zum Dokument erlangt wird – und zwar via **PowerPoint Online**.

Im unteren Bereich **Freigegeben für** wird übrigens nach der Freigabe jede Person aufgeführt, für die das Dokument freigegeben ist. Hier sind auch die jeweiligen Rechte angegeben, also ein Hinweis darauf, ob der Betreffende das Dokument nur lesen oder auch bearbeiten darf.

Freigabelink erstellen

Eine schnelle und effektive Methode zur Verbreitung einer Präsentation ist mithilfe von Freigabelinks möglich. Diese können an zahlreiche Teilnehmer versendet werden. Sie ersparen sich damit die manuelle Eingabe aller Teilnehmer (siehe Unterabschnitt »Für Personen freigeben« auf Seite 1004). Erzeugen Sie einen Link und schicken Sie diesen anschließend direkt aus Outlook heraus beispielsweise an dort angelegte Gruppen. Alternativ könnten Sie auch eine Schaltfläche auf der eigenen Homepage mit diesem Link ausstatten. Somit könnte jeder Interessierte direkt per Mausklick auf das Dokument zugreifen.

1 Um einen Freigabelink zu erstellen, klicken Sie auf **Datei** > **Freigeben** und speichern das Dokument wie zuvor beschrieben auf **OneDrive** (siehe Unterabschnitt »Für Personen freigeben« auf Seite 1004).

2 Klicken Sie nach dem Speichern auf **Freigabelink abrufen** ❶.

3 Je nachdem, ob nun den Teilnehmern das reine Ansehen oder Editieren des Dokuments gestattet werden soll, benutzen Sie den oberen ❷ (**Link anzeigen**) oder unteren ❸ (**Link bearbeiten**) Schalter **Link erstellen**. Natürlich dürfen Sie auch beide Links erzeugen und dann frei entscheiden, wem Sie den Anzeige- bzw. den Bearbeitungslink zukommen lassen.

40

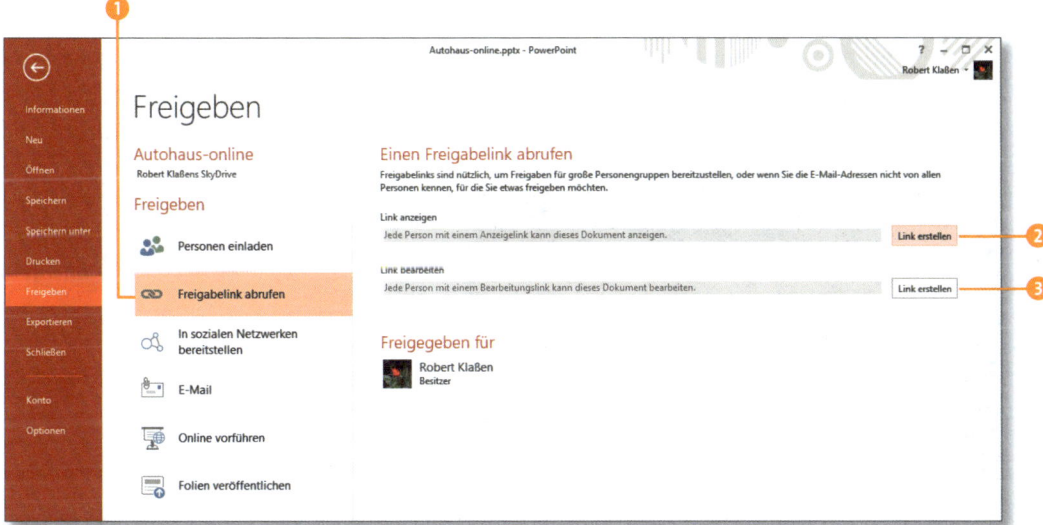

4 Klicken Sie anschließend auf den Link in der Mitte des Dialogfelds, damit dieser komplett markiert wird. Danach betätigen Sie ⟨Strg⟩ + ⟨C⟩. Begeben Sie sich zu Outlook, erzeugen Sie eine E-Mail und fügen Sie den Link mit ⟨Strg⟩ + ⟨V⟩ dort ein.

5 Bitte denken Sie daran, dass dieser Link aktiv bleibt, bis Sie irgendwann in PowerPoint auf **Link deaktivieren** ❹ gehen.

Auch nachdem Sie einen Link deaktiviert haben, können Teilnehmer, die sich bereits via PowerPoint Online mit dem Dokument verbunden haben (siehe folgenden Abschnitt), weiterhin darauf zugreifen. Denn das Dokument bleibt ja auf OneDrive gespeichert. Erst wenn das Dokument verlassen oder der Browser geschlossen wird, ist kein erneuter Zugriff darauf möglich.

40.2 Mit PowerPoint Online eine Präsentation auf OneDrive bearbeiten

Sofern Sie selbst jemandem das Editieren eines Dokuments erlaubt haben, das sich in der OneDrive-Cloud befindet (siehe vorangegangene Abschnitte), oder Sie selbst eine Freigabe erhalten haben, benutzen Sie zunächst einmal den zur Verfügung gestellten Link. Daraufhin öffnet sich das Dokument in Ihrem Standardbrowser. Um Änderungen daran vornehmen zu können, klicken Sie oben links auf **Präsentation bearbeiten**.

Abbildung 40.2 Hier erfolgt der Zugriff auf die PowerPoint-Datei via Web App im Standardbrowser.

INFO

»Präsentation bearbeiten«

Dieser Schalter ist nur zugänglich, wenn zuvor die Bearbeitung des Dokuments erlaubt worden ist. Personen, die nur eine Ansichtsberechtigung haben (siehe Unterabschnitte »Für Personen freigeben« auf Seite 1004 und »Freigabelink erstellen« auf Seite 1006), erhalten diesen Button nicht.

Sie finden nun eine etwas abgespeckte PowerPoint-Version vor, mit der sich jedoch eine Menge erledigen lässt. Prinzipiell sind die hier zur Verfügung gestellten Optionen identisch mit denen einer stationären PowerPoint-Anwendung. Sollte es dennoch einmal nicht reichen, klicken Sie auf **In PowerPoint öffnen** ❶.

Abbildung 40.3 Wenn die Web App nicht reicht, öffnen Sie das Dokument in PowerPoint auf Ihrem Computer.

40.3   Präsentation versenden

Präsentationen können ohne große Umwege direkt aus PowerPoint heraus als Anlage an potenzielle Empfänger gesendet werden. Dazu entscheiden Sie sich in der Backstage-Ansicht (**Datei**) in der linken Spalte für die Rubrik **Freigeben** und wählen in der mittleren Spalte **E-Mail**, gefolgt von der Schaltfläche **Als Anlage senden**. Ein Klick darauf bewirkt, dass eine neue E-Mail in Outlook erzeugt wird (sofern dies Ihr Standard-E-Mail-Programm auf Ihrem Computer ist).

Die Anlage ist bereits eingefügt. Auch ein Betreff ist schon verfasst (nämlich in Form des Dateinamens). Sie müssen lediglich noch die Empfängerangaben eintippen und auf **Senden** klicken.

Abbildung 40.5 Schicken Sie eine Präsentation als E-Mail-Anhang.

INFO

Automatische Übernahme der Änderungen

Bitte beachten Sie, dass Änderungen am Dokument nicht separat gespeichert werden müssen, sondern wirksam werden, sobald Sie den Browser schließen bzw. PowerPoint Online verlassen. Wenn Sie das Quelldokument später in PowerPoint auf Ihrem Computer erneut öffnen, erhalten Sie einen entsprechenden Bearbeitungshinweis unten links in der Statusleiste. So können Sie also sehen, wer in der Zwischenzeit die Datei bearbeitet hat. Sie können anschließend via **Datei > Informationen > Nachricht senden** direkten Kontakt mit den Bearbeitern aufnehmen.

Abbildung 40.4 Eine direkte Kontaktaufnahme mit den Bearbeitern ist via Backstage-Ansicht möglich.

Kapitel 41
Tipps und Tricks für die Arbeit mit Präsentationen

Im letzten PowerPoint-Kapitel sprechen wir drei interessante Teilbereiche an, die vor allem optisch eine Menge hermachen. Darüber hinaus lassen wir einige Tipps einfließen, die die Arbeit mit PowerPoint an der einen oder anderen Stelle vereinfachen bzw. beschleunigen können.

41.1 WordArt-Effekte in einer Folie verwenden

Wenn Sie sich bereits eingehend mit Word befasst haben, werden Ihnen bestimmt auch die WordArt-Effekte bekannt sein. Diese lassen sich auch in PowerPoint schnell und unkompliziert einsetzen. Es handelt sich dabei um vordefinierte, zum jeweiligen Design passende Schrifteffekte.

Ein neues WordArt-Textfeld erzeugen

Grundsätzlich gibt es zwei Möglichkeiten, WordArt zu produzieren: Entweder wandeln Sie einen vorhandenen Text entsprechend um (siehe nachfolgenden Abschnitt) oder Sie erzeugen ein komplett neues Textfeld. Wie das geht, erfahren Sie in den nächsten Schritten.

1 Aktivieren Sie im Folienregister eine Folie, auf der das neue Textfeld erscheinen soll. Klicken Sie dazu die entsprechende Folienminiatur an.

2 Falls gewünscht, passen Sie das Design der Folien an, indem Sie zunächst eine der Designvorlagen in der Gruppe **Designs** der Registerkarte **Entwurf** auswählen und anschließend eine Variante des gewählten Designs per Mausklick in der gleichnamigen Gruppe anwählen.

3 Klicken Sie danach auf die Schaltfläche **WordArt** in der Gruppe **Text** der Registerkarte **Einfügen**.

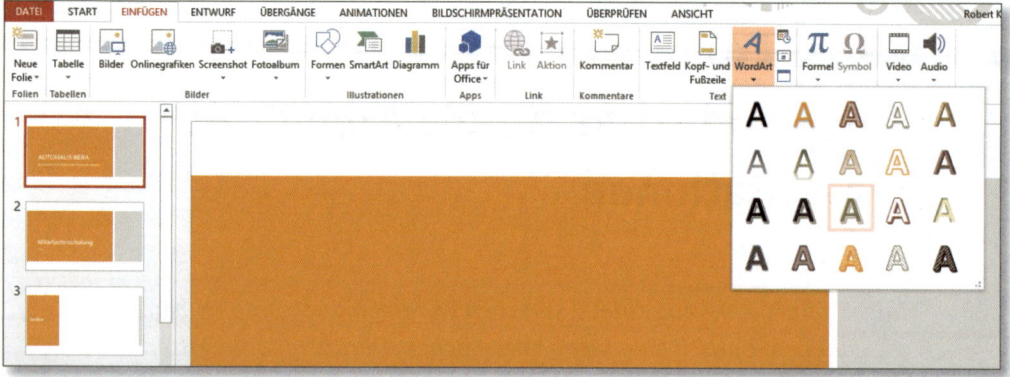

4 Nun erscheint im Folienbereich ein Textfeld mit dem aussagekräftigen Inhalt »Hier steht Ihr Text«. Da er bereits markiert ist, können Sie gleich mit der Neueingabe beginnen.

5 Klicken Sie an eine freie Stelle innerhalb des Folienbereichs, um das Textfeld abzuwählen.

Je nachdem, welches Design Sie verwenden, werden Ihnen im Menü der Schaltfläche **WordArt** in der Gruppe **Text** der Registerkarte **Einfügen** unterschiedliche Vorlagen angeboten. PowerPoint stellt in diesem Zusammenhang ausschließlich Schriftstile zur Verfügung, die zum gewählten Design passen.

INFO

WordArt-Dynamik

Das Besondere bei der Verwendung von WordArt-Texten ist deren Eigendynamik. Sollten Sie sich später entscheiden, Ihrer Präsentation ein anderes Design zu verpassen, müssen Sie sich um die WordArt-Texte keine Sorgen mehr machen. Diese werden nämlich automatisch mit angepasst. So erscheinen diese Texte immer in optischem Einklang mit den verwendeten Designs.

Vorhandenen Text in WordArt konvertieren

Im vorangegangenen Abschnitt haben Sie bereits erfahren, dass sich WordArt-Texte stets am gewählten Design orientieren. Dabei ist es unerheblich, ob das Design vor oder nach Erstellung des Textfeldes verändert wird. Dennoch können Sie den Textstil auch nachträglich noch manuell anpassen.

1 Setzen Sie zunächst einen Mausklick auf das Textfeld, dessen WordArt-Stil Sie verändern wollen.

2 Klicken Sie auf den Button **Weitere** in der Gruppe **WordArt-Formate** der Registerkarte **Zeichentools/Format**.

3 Wählen Sie danach den gewünschten WordArt-Effekt in der Liste aus. Dabei müssen Sie berücksichtigen, dass Änderungen, die nun vorgenommen werden, nur für das Wort Gültigkeit haben, in dem sich augenblicklich die Einfügemarke befindet.

4 Wenn der gesamte Text neu ausgezeichnet werden soll, müssen Sie diesen entweder komplett markieren (durch Überfahren mit gedrückter Maustaste) oder auf den Rahmen klicken. Die gestrichelte Linie wird in diesem Fall durchgezogen angezeigt. Zudem verschwindet die Einfügemarke. Wählen Sie nun einen WordArt-Effekt in der Liste aus, wird dieser auf das gesamte Textfeld angewendet.

Mit WordArt ist es auch möglich, einzelne Zeichen eines Textfeldes individuell zu gestalten. Dazu markieren Sie nur das entsprechende Zeichen und weisen anschließend den gewünschten WordArt-Effekt zu.

Noch mehr WordArt

Abschließend noch ein paar nützliche Informationen zum Umgang mit WordArt: Derartige Textfelder lassen sich mithilfe der quadratischen Anfasser am Textrahmen vergrößern und verkleinern. Dabei wird allerdings die Textgröße nicht verändert. Wollen Sie Einfluss darauf nehmen, verwenden Sie die Schaltflächen in der Gruppe **Schriftart** der Registerkarte **Start**. Dazu muss der Text bzw. das Textfeld vorab markiert werden.

Beachten Sie, dass der Textrahmen ausgeblendet wird, solange Sie eine Einstellung vornehmen. Das soll gewährleisten, dass durch ihn keine optische Ablenkung erfolgt und Sie die Wirkungsweise des Effekts optimal begutachten können. – Benutzen Sie auch die drei kleinen Schaltflächen, die sich ganz rechts in der Gruppe **WordArt-Format** der Registerkarte **Zeichentools/Format** befinden: Über die Schaltfläche **Textfüllung** ändern Sie die Farbe der Textzeichen. Mit dem Button **Textkontur** können Sie die Rahmenfarbe der Zeichen anpassen. Und zu guter Letzt weisen Sie mit der Schaltfläche **Texteffekte** interessante und zum Teil professionell aussehende Effekte zu.

Abbildung 41.1 WordArt offenbart ungeahnte Formatierungsoptionen.

Aber auch bei diesen Effekten gilt wie bei vielen anderen Effekten in den Office-Anwendungen: Weniger ist meistens mehr. Setzen Sie WordArt-Effekte bewusst und nicht zu häufig ein, da Sie sonst womöglich von den vermittelten Inhalten Ihrer Präsentation ablenken.

41.2 Schnell und einfach ein Fotoalbum erstellen

Die Produktion von Fotoalben ist ja eigentlich ein Job für Bildbearbeitungs- oder Bildverwaltungsprogramme. Wer aber PowerPoint einsetzt, ist auch ganz nah dran, wenn es um die Präsentation von Fotos geht. Mit ein wenig Mehrarbeit lassen sich sogar Diashows erstellen.

Ein Fotoalbum erstellen

In diesem Abschnitt beschäftigen wir uns mit der Produktion eines Fotoalbums direkt in PowerPoint. Die Möglichkeiten, die von der Präsentationssoftware in diesem Zusammenhang angeboten werden, sind nicht zu verachten.

1 Zuallererst sollten Sie Ihre Fotos vorbereiten. Am besten wird sein, Sie sichten die Aufnahmen vorab außerhalb von PowerPoint. Das Zentralisieren (also das Sammeln der Dateien an einem einheitlichen Speicherort) vereinfacht die spätere Arbeit zwar, ist aber nicht zwingend erforderlich.

2 Erzeugen Sie anschließend optional eine neue Präsentation ($\boxed{\text{Strg}}$ + $\boxed{\text{N}}$). Natürlich ist aber auch nichts dagegen einzuwenden, ein Fotoalbum in eine vorhandene Präsentation einzufügen.

3 Klicken Sie auf die Schaltfläche **Fotoalbum** in der Gruppe **Bilder** der Registerkarte **Einfügen**. Sollten Sie auf den unteren Bereich der Schaltfläche geklickt haben, wählen Sie im Menü **Neues Fotoalbum**.

4 Lassen Sie uns mit einer Textfolie beginnen. Dazu klicken Sie zunächst auf die Schaltfläche **Neues Textfenster** ❶ (siehe Abbildung Seite 1016). Im Feld **Bilder im Album** wird daraufhin der Eintrag **Textfeld** ❷ hinzugefügt.

5 Klicken Sie nun auf den Button **Datei/Datenträger** ❸. Dieser ermöglicht das Hinzufügen der Fotos. Navigieren Sie im Folgedialog zum gewünschten Bildordner. Dort angelangt, markieren Sie ein oder mehrere Fotos, und klicken danach auf die Schaltfläche **Einfügen**.

6 Wenn Sie wollen, lässt sich dieser Vorgang beliebig oft wiederholen. Dabei dürfen Sie nun auch andere Bildordner öffnen und darin befindliche Fotos ebenfalls hinzufügen. Jedes Foto wird in der Liste **Bilder im Album** nun separat aufgeführt.

7 Aktivieren Sie die Checkboxen in der Liste **Bilder im Album** einzelner oder mehrerer Bilder, um diese anschließend mithilfe der blauen Pfeiltasten unterhalb der Liste sortieren zu können. Stellen Sie auf diese Weise die gewünschte Bildreihenfolge für Ihr Fotoalbum her.

8 Sofern nur ein einziges Foto ausgewählt ist, stehen auch die Korrektursteuerelemente ❹ unterhalb der Vorschauminiatur zur Verfügung. Damit können Sie das Foto drehen, den Kontrast erhöhen oder absenken sowie die Helligkeit anpassen.

9 Der Bereich **Albumlayout** unten links gestattet zudem die Zuweisung eines **Bildlayouts**. Behalten Sie bei der Wahl des Layouts die rechts daneben befindliche Miniatur im Auge. Diese symbolisiert, wie die Fotos angeordnet werden. Entscheiden Sie sich hier für ein anderes Bildlayout als **An Folie anpassen**, lässt sich zudem noch die Rahmenart der einzelnen Bilder festlegen. Dazu benutzen Sie das gleich darunter befindliche Auswahlfeld **Fensterform**.

10 Wollen Sie ein Dokumentthema zuweisen, klicken Sie auf **Durchsuchen**, ehe Sie das Erzeugen des Fotoalbums mit einem Klick auf **Erstellen** in die Wege leiten. Speichern Sie die Bildschirmpräsentation über **Datei > Speichern unter**.

Damit ist das Fotoalbum fertig. Lesen Sie auch den folgenden Unterabschnitt, sofern Sie auf der soeben erzeugten Präsentation mit Fotoalbum eine Diashow erzeugen möchten.

INFO

Schwarzweißfotos

Mit Anwahl der Checkbox **Alle Schwarzweißbilder** im Dialog **Fotoalbum** lassen sich die Farbinformationen sämtlicher Fotos zur Erstellung des Fotoalbums verwerfen. Die Bilder werden daraufhin farblos (sprich: in Graustufen) ausgegeben.

Eine Diashow erzeugen

Im vorangegangenen Abschnitt hatten wir uns um die Erstellung eines Fotoalbums gekümmert. Hier erfahren Sie nun, wie sich daraus eine effektvolle und vor allem selbstlaufende Diashow generieren lässt.

1 Zunächst sollten die Folien mit Übergängen versehen werden. Dazu markieren Sie die erste Folie im Folienregister und wählen einen Übergang in der Gruppe **Übergang zu dieser Folie** der Registerkarte **Übergänge** aus.

2 Damit Sie nicht jeden Übergang einzeln gestalten müssen (das kann ja bei einem umfangreichen Album ewig dauern), klicken Sie auf die Schaltfläche **Für alle übernehmen** in der Gruppe **Anzeigedauer** der Registerkarte **Übergänge**.

3 Deaktivieren Sie als Nächstes die Checkbox vor **Bei Mausklick** und aktivieren Sie stattdessen **Nach** in der Gruppe **Anzeigedauer**. Legen Sie daneben noch eine Foliendauer fest. Üblich sind fünf Sekunden, wobei die Zeit bei dynamischen Diashows (z. B. Sport, Musik, Action) auch durchaus kürzer ausfallen darf. Durch diese Änderung läuft die Diashow nun automatisch ab und muss nicht per Mausklick bedient werden.

4 Was jetzt noch fehlt, ist die Musik. Stellen Sie **Anderer Sound** im Auswahlfeld **Sound** der Gruppe **Anzeigedauer** ein (zuvor sollten Sie sicherstellen, dass **Folie 1** aktiviert ist) und suchen Sie ein geeignetes Musikstück im *.wav*-Format aus.

5 Spielen Sie die Präsentation ab, indem Sie beispielsweise [F5] drücken.

INFO

WAV-Konvertierung

Sollten Sie kein geeignetes Musikstück im WAV-Format besitzen, können Sie auch ein bereits bestehendes (z. B. eine *.mp3*-Datei) konvertieren. Eine sehr beliebte und zugleich kostenlose Software ist **Format Factory**. Mit ihr gelingt die Umwandlung in eine WAV-Datei. Weitere Informationen finden Sie unter *http://www.pcfreetime.com*.

Fotoalben und Diashows ausgeben

Es gibt prinzipiell mehrere Möglichkeiten, eine Diashow oder ein Fotoalbum weiterzuverwenden. Naheliegend ist natürlich die Integration in eine bestehende Bildschirmpräsentation. Dazu sollten Sie eine zielgruppenorientierte bzw. benutzerdefinierte Präsentation erstellen (siehe dazu Abschnitt 38.2, »Eine zielgruppenorientierte Bildschirmpräsentation erstellen«, Seite 966) und die Diashow in das Hauptdokument einbinden. Alternativ lässt sich das Ergebnis auch durch Ausbringung eines Links innerhalb der primären Präsentation integrieren. Klicken Sie zunächst auf die Schaltfläche **Link** in der gleichnamigen Gruppe der Registerkarte **Einfügen**. Im Folgedialog **Link einfügen** müssen Sie darauf achten, dass Sie im Bereich **Link zu** die Option **Datei oder Webseite** wählen. Markieren Sie das Album in der Dialogmitte und bestätigen Sie mit einem Klick aud die Schaltfläche **OK**.

Abbildung 41.2 Verlinken Sie eine Diashow oder ein Fotoalbum mit Ihrer PowerPoint-Datei.

Ihnen stehen aber weitere Ausgabemöglichkeiten für eine Diashow- oder Fotoalbum-Präsentation in PowerPoint zur Verfügung. Brennen Sie die Präsentation beispielsweise auf einem Datenträger (**Datei** > **Exportieren** > **Bildschirmpräsentation für CD verpacken**), exportieren Sie sie als Videodatei (**Datei** > **Exportieren** > **Video erstellen**), erstellen Sie ein PDF-Dokument (**Datei** > **Exportieren** > **PDF/XPS-Dokument erstellen**) oder verschicken Sie sie unmittelbar per E-Mail (**Datei** > **Freigeben** > **E-Mail**).

Fotoalbum bearbeiten

Für den Fall, dass Sie einmal etwas an einem Fotoalbum verändern wollen, dürfen Sie natürlich die Folien unter Zuhilfenahme der Menüband-Steuerelemente editieren. Zweckmäßiger ist jedoch mitunter die Bearbeitung via Fotoalbum-Dialog. Diese Vorgehensweise ist beispielsweise immer dann zu empfehlen, wenn neue Bilder integriert oder vorhandene ausgetauscht werden sollen. Klicken Sie dazu auf den unteren Bereich der Schaltfläche **Fotoalbum** ❶ in der Gruppe **Bilder** der Registerkarte **Einfügen** und wählen Sie im Menü die Option **Fotoalbum bearbeiten**.

Abbildung 41.3 Rufen Sie das Dialogfenster »Fotoalbum« zum Bearbeiten auf.

41.3 Mit einer Vorlage einen Adventskalender erstellen

Advent – Advent – ein Lichtlein brennt. Getreu diesem Motto lässt sich auch ein entsprechender Themenkalender ohne Probleme erstellen. Natürlich ist der Adventskalender hier nur exemplarisch. Er zeigt aber sehr gut, wie sich Folien miteinander verlinken lassen.

1 Klicken Sie in der Backstage-Ansicht in der linken Spalte auf die Rubrik **Neu** und geben Sie oben in das Suchfeld den Begriff »Advent« ein. Kurz darauf wird Ihnen bereits die Vorlage **Adventskalender** angeboten, die Sie mit einem Doppelklick gleich übernehmen können.

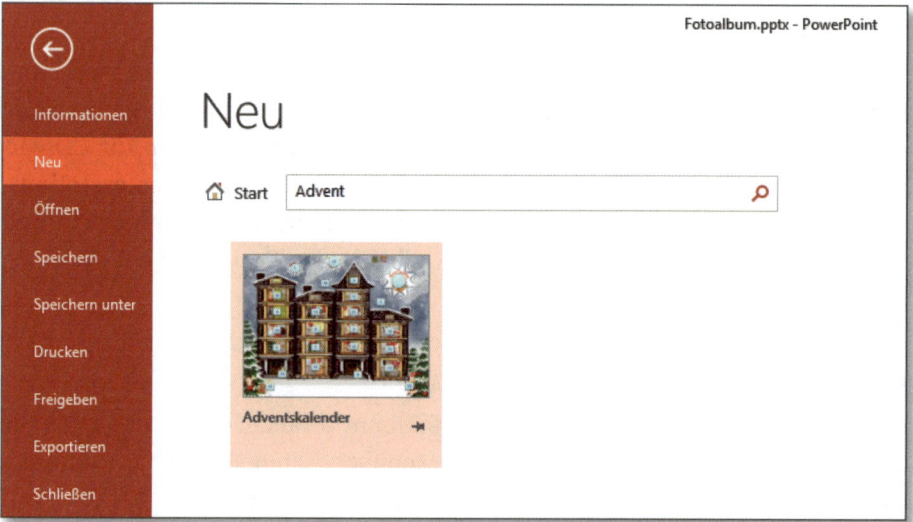

2 Als Nächstes steht die Produktion der 24 »Geheimnisse« an. Klicken Sie auf die Schaltfläche **Neue Folie** in der Gruppe **Folien** der Registerkarte **Start**. Der weihnachtliche Hintergrund bleibt dabei auch auf der neuen Folie erhalten.

3 Fügen Sie ein Textfeld ein (**Einfügen** > **Text** > **Textfeld**) und tragen Sie »Schließen« oder etwas Ähnliches ein. Wir wollen dem Besucher ja die Möglichkeit geben, die Folie nach Ansicht des ersten Türchens wieder verlassen zu können. Anderenfalls würde die Präsentation fortgesetzt, und der Beschenkte wüsste bereits am ersten Dezember, was sich hinter den anderen »Türchen« verbirgt.

4 Statten Sie den Text mit schwarzer Farbe aus (**Start** > **Schriftart** > **Schriftfarbe**), da schwarzer Text auf dem hellen Hintergrund besser lesbar ist.

5 Anschließend markieren Sie den Text komplett und verlinken ihn (**Einfügen > Link**) mit der ersten Folie der Präsentation. Dazu muss links im Bereich **Link zu** die Option **Aktuelles Dokument** gewählt sein. In der Mitte aktivieren Sie den Eintrag **Erste Folie** und bestätigen mit **OK**.

6 Deaktivieren Sie die Checkbox vor **Bei Mausklick** in der Gruppe **Anzeigedauer** der Registerkarte **Übergänge**. Verhindern Sie so, dass der Benutzer mit einem Mausklick zur nächsten Folie springen kann.

7 Ändern Sie die Überschrift in »1. Dezember«.

8 Kopieren Sie die Folie 23 Mal. Bedingt dadurch, dass Sie im Folienregister auch mehrere Folien markieren und duplizieren können, geht die Aktion recht schnell vonstatten. Die Neubeschriftung der einzelnen Daten (2. bis 24. Dezember) dauert hingegen etwas länger.

9 Fügen Sie auf jeder Folie ein Präsent ein. Ob Sie eine Einladung zum Essen, Kinokarten oder Einkaufsgutscheine abgeben, bleibt Ihnen überlassen. Mitunter erfüllt aber auch schon eine nette Grußbotschaft den Zweck.

10 Zuletzt müssen Sie noch dafür sorgen, dass sämtliche Formen der ersten Folie, die jeweils ein Datum repräsentieren, mit der entsprechenden Zielfolie verlinkt werden. Dazu klicken Sie mit rechts auf die Form und entscheiden sich im Kontextmenü für die Option **Hyperlink**. Daraufhin wird erneut der Dialog **Link einfügen** aufgerufen. Im Bereich **Link zu** (linke Spalte) stellen Sie **Aktuelles Dokument** ein und geben in der Mitte des Dialogs das Ziel an. Das ist beim ersten Türchen natürlich der 1. Dezember. Entsprechend ist mit allen anderen Tagen zu verfahren.

Sie finden eine entsprechende Beispieldatei mit verlinkten Folien unter dem Namen *Adventsaklender.pptx* im Ordner *Ergebnisse* auf der Buch-CD. Sie dürfen sie gerne verwenden, um dem Autor dieses Buches eine klitzekleine vorweihnachtliche Aufmerksamkeit … na gut, lassen wir das.

Abbildung 41.4 Jetzt kann das Christkind kommen.

INFO

Formen statt Ziffern

Wenn Sie die Farbe der Ziffern nicht verändern wollen, sollten Sie versuchen, stets die jeweilige Form zu markieren und diese zu verlinken. Denn Sie wissen ja: Verlinkte Texte ändern ihre Farbe (siehe dazu Abschnitt 38.2, »Eine zielgruppenorientierte Bildschirmpräsentation erstellen«, Seite 966). Das kann dazu führen, dass sie anschließend auf den blauen Hintergründen (= Formen) nicht mehr so gut erkannt werden. Außerdem ist die Form zur Aktivierung des Links besser zu treffen als der wesentlich kleinere Text.

Teil VI
Notizen erstellen mit OneNote 2013

Kapitel 42
Eine kleine Einführung in OneNote

OneNote ist eine erstaunlicherweise relativ wenig beachtete Office-Anwendung. Sie trägt dazu bei, wichtige Daten festzuhalten, und ist bei der Recherche, beispielsweise im Internet, ausgesprochen nützlich. Doch der Clou: OneNote ist ein echter Teamplayer – wenn es z. B. um die Aufgabenverteilung in Outlook geht.

42.1   Wofür Sie OneNote verwenden können

Wer noch nie mit dieser Anwendung gearbeitet hat, der fragt sich natürlich: »Was ist OneNote überhaupt?« OneNote ist in erster Linie ein digitales Notizbuch. Dieses funktioniert zunächst einmal genauso wie ein herkömmliches Notizbuch aus Papier. Sie fügen Einträge hinzu und können schnell einmal etwas skizzieren. Doch OneNote kann mehr als ein Papiernotizbuch. Mal davon abgesehen, dass Ihnen bei Verwendung der elektronischen Variante niemals die Blätter ausgehen werden, lassen sich Informationen innerhalb des Notizbuches auch einfach verschieben, kopieren und editieren. Darüber hinaus arbeitet OneNote sogar mit anderen Anwendungen wie z. B. Outlook zusammen. Das alles kann ein aus Papier bestehendes Notizbuch nicht.

Da man OneNote-Notizbücher prima auf OneDrive speichern kann, hat man bei Bedarf von überall Zugriff darauf. Denn immerhin gibt es auch OneNote Online, womit sich online neue Einträge verfassen und bestehende editieren lassen. Ein weiteres Kriterium: Notizbücher können schnell und problemlos für andere freigegeben werden. Damit kann dann jemand in Ihrem Unternehmen auf die Notizen zugreifen und diese beispielsweise für eine gemeinsame Aufgabe nutzen. Außerdem soll nicht unerwähnt bleiben, dass man mit OneNote sogar Outlook-Aufgaben erzeugen kann.

Eine weitere Stärke der Anwendung entfaltet sich bei der klassischen Internetrecherche u. Ä. Denn damit lassen sich in Windeseile alle nötigen Informationen aus dem Internet übernehmen und in das Notizbuch einfügen. Und eine praktische Screenshot-Funktion gibt es noch gratis obendrauf. Sie sehen: Es gibt also Gründe genug, sich mit dieser Software einmal etwas eingehender zu befassen.

42.2 Die Oberfläche kennenlernen

Wenn Sie OneNote erstmals starten, erscheint eine Art selbsterklärendes Beispiel-notizbuch im Inneren der Anwendung. Es kann Ihnen eine gute Hilfe sein, wenn Sie sich zuerst einmal mit den Möglichkeiten vertraut machen wollen.

Abbildung 42.1 OneNote in der »Werkseinstellung«

An OneNote senden

Schauen Sie einmal in Ihre Taskleiste. Dort werden Sie nicht (wie sonst üblich) nur ein einzelnes Programm-Icon vorfinden. Sobald Sie OneNote öffnen werden nämlich zwei eingeblendet – eines für die normale Software und ein weiteres für den Dialog **An OneNote senden**. Dieses kleine Fenster ist für den Schnellzugriff konzipiert und kann aufgrund seiner geringen Abmessungen prima an der Seite platziert werden, wenn Sie beispielsweise gerade mit dem Internetbrowser zugange sind. Benötigen Sie etwas in OneNote, können Sie es mithilfe dieser Palette schnell einfügen, ohne die Hauptanwen-dung von OneNote öffnen zu müssen.

Abbildung 42.2 Durch »An OneNote senden« kann das »große« OneNote derweil minimiert bleiben.

Sollte das Fenster nicht sichtbar sein, lässt es sich aus der Hauptanwendung heraus öffnen. Dazu klicken Sie auf **An OneNote-Tool senden** in der Gruppe **Fenster** der Registerkarte **Ansicht**.

42

INFO

Mittlere Schaltfläche inaktiv

Möglicherweise ist die mittlere der drei Schaltflächen inaktiv, wenn Sie das Fenster **An OneNote senden** öffnen. Das ist immer dann der Fall, wenn sich aktuell nichts in der Zwischenablage befindet. Fügen Sie etwas ein (z. B. mithilfe von `Druck`), wird der Button aktiviert.

Das Menüband

Beim Menüband gibt es einen Unterschied zu den anderen Office-Anwendungen. Dieses wird nämlich vor und nach seiner Verwendung automatisch eingeklappt. Das bedeutet: In der Standardeinstellung sehen Sie nur die Namen der Registerkarten. Erst ein Klick darauf bringt die Schaltflächen und Gruppen der Registerkarte zum Vorschein. Sobald Sie eine der Schaltflächen im Menüband betätigen, klappt der Inhalt des Registers wieder ein. Das soll dafür sorgen, dass stets möglichst viel Platz auf der Arbeitsoberfläche zur Verfügung steht.

Abbildung 42.3 Das Menüband ist nur temporär zu sehen.

Wenn Sie wünschen, dass das Menüband mit den Schaltflächen und Gruppen geöffnet bleibt, müssen Sie das gewünschte Register nicht mit einem herkömmlichen Mausklick, sondern mit einem Doppelklick zugänglich machen. Dies hat zur Folge, dass das Menüband permanent sichtbar bleibt – auch dann, wenn Sie eine andere Registerkarte auswählen. Um die Funktion wieder zu deaktivieren, klicken Sie erneut doppelt auf eine der Registerkarten.

Oberfläche gestalten

Genauso wie andere Office-Anwendungen lässt sich auch die Oberfläche von OneNote individuell gestalten. Zwischenstege beispielsweise können per Drag & Drop verzogen werden. Auch die Notizbuch-Register, die sogenannten *Abschnitte*, können nach Wunsch neu angeordnet werden. Darüber hinaus bietet das Menü **Ansicht** weitere Möglichkeiten, wie beispielsweise das Zoomen des Inhalts oder die Zurverfügungstellung weiterer OneNote-Fenster.

42.3 Die richtigen Ansichtsoptionen wählen

In OneNote werden Ihnen in der Gruppe **Ansicht** der Registerkarte **Ansichten** drei unterschiedliche Ansichtsformate zur Verfügung gestellt: die **Normalansicht**, die **Ganzseitenansicht** und die Ansicht **An Desktop andocken**.

Die **Normalansicht** ist Standard in OneNote. Hier wird die Anwendung, wie gewohnt, in einem Fenster mit Registerkarten und Arbeitsbereichen dargestellt. Wechseln Sie auf die **Ganzseitenansicht**, gibt es nur noch den Inhalt des Notizbuches sowie zwei Scrollbalken (rechts und unten), um sich in dem Notizbuch zu bewegen. Diese Ansicht ist optimal, um sich voll und ganz auf den Inhalt der Notizen konzentrieren zu können. Mit einem Klick auf den diagonalen Doppelpfeil in der Ganzseitenansicht oben rechts kehren Sie zurück zur Standardansicht.

Abbildung 42.4 Die »Ganzseitenansicht« gewährleistet den ungestörten Blick auf die Notizen.

Die Ansicht **An Desktop andocken** verwandelt das OneNote-Fenster zum Randbereich auf dem Desktop. Diese Ansicht ist optimal geeignet, wenn Sie Informationen sammeln. In diesem Fall ist es sinnvoll, einem anderen Fenster (z. B. dem Internetbrowser) den größten Platz auf dem Desktop zuzugestehen, während sich OneNote rechts als einzelne Spalte darstellt. Das macht beispielsweise das Bestücken eines Notizbuches mit Informationen aus dem Netz (per Drag & Drop) ausgesprochen einfach.

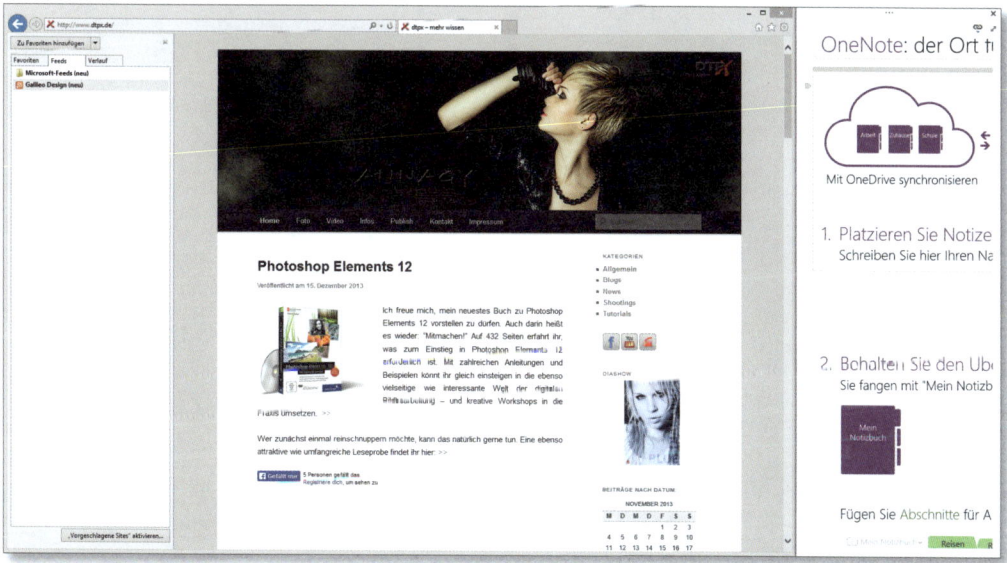

Abbildung 42.5 Die Andock-Ansicht ist optimal zur Sammlung von Notizen geeignet.

In jeder der zuvor beschriebenen Ansichten ist das Menüband der Anwendung jedoch weiterhin erreichbar. Dazu klicken Sie auf die drei kleinen Punkte am oberen Rand der Anwendung.

Kapitel 43
Notizen verwalten

In diesem Teil befassen wir uns mit der praktischen Arbeit rund um OneNote-Notizbücher. Sie erfahren, wie Sie Notizbücher erstellen, Notizen verfassen, Informationen sammeln und alles übersichtlich bzw. nach Kategorien sortiert anzeigen lassen können.

43.1 Ein neues Notizbuch erstellen

Ein markanter Unterschied zwischen einem Papiernotizbuch und OneNote ist der, dass das Programm OneNote bequem mehrere Notizbücher in sich zusammenfassen kann, sodass Sie sämtliche Aufzeichnungen immer gesammelt an einem Ort vorfinden. Diese Tatsache sollten Sie sich zunutze machen und für unterschiedliche Aufgaben und Verwendungszwecke verschiedene Notizbücher anlegen.

Wissenswertes zur Dokumentstruktur

Bevor wir uns mit dem Erstellen eines neuen Notizbuches beschäftigen, noch ein paar grundlegende Dinge im Umgang mit der OneNote-Dokumentstruktur. Wir haben es nämlich mit verschiedenen Begriffen zu tun, deren Bedeutung Sie vor der Arbeit mit OneNote kennen sollten.

Ganz oben in der Hierarchie steht zunächst einmal das Notizbuch. Dieses ist unterteilt in verschiedene Abschnitte (und optional in Abschnittsgruppen). Auf der Oberfläche erscheinen die Abschnitte als einzelne Reiter innerhalb des Notizbuches. Die Abschnitte wiederum lassen sich in Seiten und Unterseiten aufspalten. Im letzten Glied dieser Kette sind dann die Notizen zu finden.

Sie müssen diese Hierarchie nicht zwingend einhalten. So dürfen Sie beispielsweise gerne auf die Produktion von Abschnittsgruppen, Seiten oder Unterseiten verzichten. Die obige Abbildung verdeutlicht lediglich, wie eine umfangreiche Strukturierung in OneNote vollzogen werden kann.

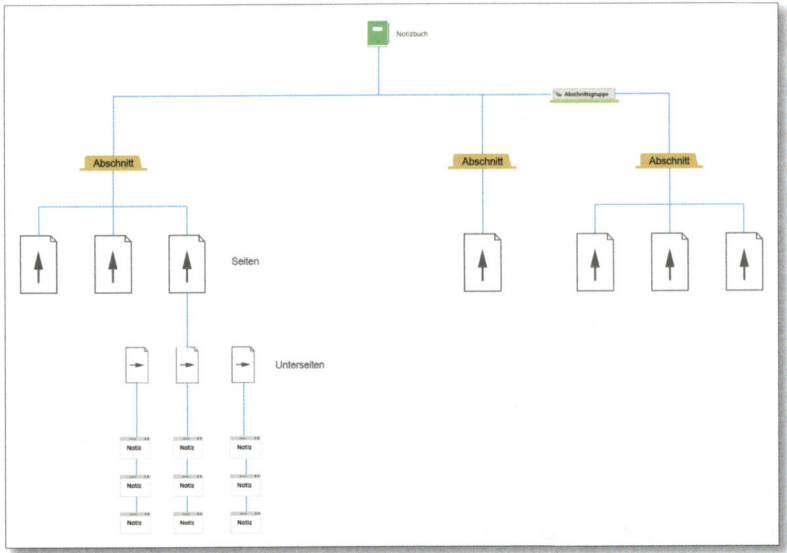

Abbildung 43.1 Hierarchische Gliederung der OneNote-Elemente

Notizbuch hinzufügen

Sicher wollen Sie das Beispielnotizbuch, welches den einen oder anderen Hinweis zum Umgang mit OneNote bereithält, nicht löschen oder überschreiben. Aufgrund dessen richten Sie zunächst ein neues Notizbuch ein.

1 Klicken Sie auf die Zeile **Notizbuch von [Name]** ❶, dadurch öffnet sich die Liste mit Notizbüchern. Entscheiden Sie sich für die oberste Schaltfläche **Notizbuch hinzufügen** ❷.

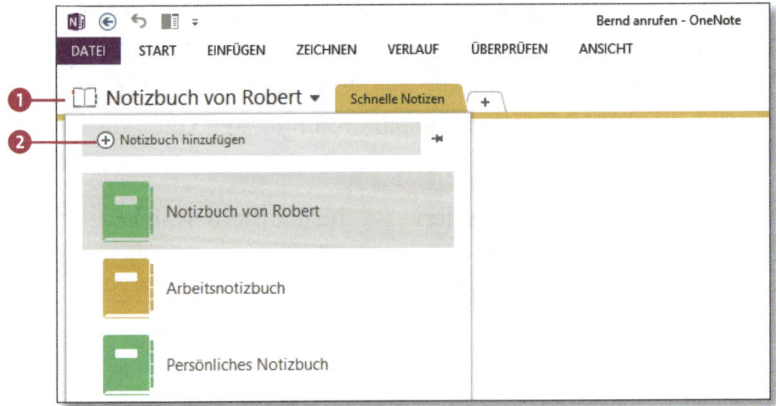

2 Alternativ zu Schritt 1 klicken Sie auf das Register **Datei** und wählen anschließend in der Backstage-Ansicht die Rubrik **Neu**.

3 In der Mitte des Bereichs **Neues Notizbuch** legen Sie nun in dem Eingabefeld ❸ einen Namen für das Notizbuch an. Wir haben uns im Beispiel für »Recherche« entschieden.

4 Legen Sie einen Speicherort fest, wobei wir darauf hinweisen wollen, dass Sie grundsätzlich jeden Speicherort auf Ihrem Computer wählen können. Sollten Sie allerdings beabsichtigen, das Notizbuch später freizugeben (siehe dazu Abschnitt 44.1, »So geben Sie Ihr Notizbuch frei«, Seite 1063), ist zu empfehlen, es bereits jetzt auf OneDrive zu sichern. Bedenken Sie, dass sich auf ein OneDrive-Notizbuch auch von unterwegs stets zugreifen lässt.

5 Zuletzt reicht ein Klick auf **Notizbuch erstellen**. Sie werden daraufhin gefragt, ob Sie das Notizbuch freigeben wollen Wenn Sie das jetzt bereits erledigen, müssen Sie auf die Schaltfläche **Personen einladen** klicken. Anderenfalls entscheiden Sie sich für **Jetzt nicht**. Die Freigabe kann auch zu einem späteren Zeitpunkt erfolgen (siehe Abschnitt 44.1, »So geben Sie Ihr Notizbuch frei«, Seite 1063).

Es ist nichts dagegen einzuwenden, derzeit noch einen lokalen Speicherort einzustellen. Sie können den Speicherort nachträglich noch ändern. Wie das geht, erfahren Sie in Abschnitt 43.9, »Die Eigenschaften eines Notizbuches einsehen und bearbeiten«, Seite 1062.

Weitere Elemente einfügen und sortieren

Sie haben weiter oben bereits erfahren, dass es neben Notizbüchern auch noch weitere Elemente gibt wie Abschnittskategorien, Abschnitte, Seiten und Unterseiten. So fügen Sie diese Elemente ein.

- **Abschnittskategorie einfügen:** Klicken Sie mit der rechten Maustaste neben den Reiter des Abschnitts ❶. Im Kontextmenü wählen Sie die Option **Neue Abschnittsgruppe**.

Abbildung 43.2 Fügen Sie eine neue Abschnittsgruppe via Kontextmenü ein.

- **Abschnitt einfügen:** Auf die zuvor beschriebene Weise lässt sich auch ein **Neuer Abschnitt** erzeugen. Diesen Eintrag finden Sie ebenfalls im Kontextmenü. Einfacher ist es jedoch, wenn Sie auf das kleine Plussymbol ❷ rechts neben dem Abschnitt klicken.

- **Seite einfügen:** Auf der rechten Seite der Anwendung befindet sich die Schaltfläche **Seite hinzufügen** ❸. Ein Klick darauf fügt eine neue Seite am Ende des derzeit gewählten Abschnitts ein. Alternativ klicken Sie mit rechts auf den eingefärbten Bereich auf der rechten Seite und wählen **Neue Seite** oder drücken ⎇Strg⎇ + ⎇N⎇.

- **Unterseite einfügen:** Um auf der Seite eines Abschnitts eine neue Unterseite zu generieren, müssen Sie zunächst eine neue Seite einfügen. Wenn das erledigt ist, klicken Sie auf den Eintrag, der zur Unterseite gemacht werden soll, halten die Maustaste gedrückt und schieben ein wenig nach rechts. Sobald Sie das Einrasten vernehmen, lassen Sie los. Sie können dieser Seite prinzipiell auf die beschriebene Weise weitere Unterseiten hinzufügen.

Abbildung 43.3 Seiten lassen sich ganz rechts einfügen.

- **Objekte umbenennen:** Leider sind die Bezeichnungen der Abschnitte und Seiten nicht besonders aussagekräftig. Verwenden Sie logischere Begriffe, indem Sie das Objekt mit rechts anklicken und im Kontextmenü den Befehl **Umbenennen** wählen. Die Eingabe schließen Sie mit ⏎ ab. – Wenn Sie auf einer Seite eine Überschrift ❹ eingeben (ganz links direkt oberhalb der gepunkteten Linie), wird die Seite automatisch in der rechten Spalte entsprechend benannt ❺.

Abbildung 43.4 Am besten, Sie benennen neue Objekte unmittelbar nach deren Erstellung. Dann behalten Sie den Überblick.

43.2 Notizen verfassen und bearbeiten

Nachdem Sie ein neues Notizbuch angelegt und die ersten Elemente entsprechend benannt haben, beginnen Sie mit der Eingabe der ersten Notizen.

Eine Notiz verfassen

Grundsätzlich wird alles, was Sie in OneNote einfügen, als Notiz bezeichnet. Wir beschäftigen uns in diesem ersten Teil jedoch nur mit Textnotizen. Anderen Notizenformen werden wir uns in Abschnitt 43.6, »Grafiken, Tabellen und Webinhalte einfügen«, Seite 1049, widmen.

1 Texte werden in sogenannten Containern erzeugt. Um festzulegen, wo ein solcher Container angeordnet werden soll, reicht ein Mausklick an einer beliebigen freien Stelle des Abschnitts bzw. der Seite.

2 Geben Sie den gewünschten Text ein. Wenn Sie fertig sind, klicken Sie an eine beliebige andere Position außerhalb des Containers.

3 Falls Sie den Container in der Breite verändern wollen, stellen Sie die Maus an den linken oder rechten Steg und verschieben diesen nach Wunsch. Der Text wird dabei entsprechend umbrochen. Das Gleiche erreichen Sie auch, wenn Sie an den beiden nach außen weisenden Doppelpfeilen oben rechts im Container klicken.

4 Sie können den Textcontainer verschieben, indem Sie ihn an seiner Kopfleiste markieren und mit gedrückter Maustaste an die gewünschte Position ziehen. Der Mauszeiger mutiert dabei zum gekreuzten Doppelpfeil.

Für den Fall, dass Sie einen Container einmal entfernen möchten, klicken Sie ihn mit rechts an und entscheiden sich im Kontextmenü für den Befehl **Löschen**.

Datum und Uhrzeit einfügen

Wenn im Zusammenhang mit der Texterstellung Datum und Uhrzeit wichtig sind, können diese Angaben schnell hinzugefügt werden. Dazu muss der Container zunächst markiert werden. Zum Einfügen des Datums platzieren Sie die Einfügemarke an der gewünschten Stelle und klicken anschließend auf die Schaltfläche **Datum** in der Gruppe **Zeitstempel** der Registerkarte **Einfügen** oder drücken die Tastenkombination ⌂ + Alt + D. Über den Button **Zeit** in der Gruppe **Zeitstempel** können Sie bequem die Uhrzeit einfügen, das geht darüber hinaus auch mit der Tastenkombination ⌂ + Alt + T.

Abbildung 43.5 Auch Datum und Uhrzeit sind schnell hinzugefügt.

Wer beides in einem Arbeitsgang erledigen möchte, drückt ⌂ + Alt + F oder verwendet den Button **Datum und Uhrzeit** in der Gruppe **Zeitstempel**.

43.3   Notizen formatieren

Um Text in OneNote zu formatieren, stehen verschiedene Vorgehensweisen zur Verfügung. Zum einen können Sie das über die Schaltflächen in der Gruppe **Text** der Registerkarte **Start** erledigen. Alternativ klicken Sie mit rechts auf den Container oder den Text und nehmen die weiteren Einstellungen mithilfe der Minisymbolleiste ❶ (siehe Abbildung 43.6) vor.

Genauso wie in Word ist auch hier darauf zu achten, welche Textbereiche derzeit markiert sind. Sollte sich also die Einfügemarke innerhalb eines einzelnen Wortes befinden, ist auch nur dieses Wort von der Formatierung betroffen. Wer den gesamten Inhalt des Textcontainers bearbeiten möchte, der muss ihn auch komplett markieren. Das gelingt am schnellsten, indem Sie die Maus über einem Text parken (Sie sehen dann die Umrandungen des Containers – auch wenn der Container selbst noch nicht markiert ist) und dann auf dessen Kopfleiste klicken. Wer hingegen einzelne Textstellen oder Passagen auszeichnen möchte, muss diese vorab durch Überfahren mit gedrückter Maustaste markieren.

Abbildung 43.6 Texte lassen sich auch in OneNote mit der Minisymbolleiste formatieren.

Darüber hinaus stehen auch in OneNote Formatvorlagen zur Verfügung, die sich über die gleichnamige Schaltfläche der Registerkarte **Start** zuweisen lassen. Wir empfehlen, die entsprechenden Tastaturbefehle zu lernen. Das beschleunigt die Arbeit erheblich. Um herauszufinden, welche Tastenkombination für die jeweilige Vorlage eingerichtet ist, parken Sie die Maus kurzzeitig über dem Eintrag und schauen in die QuickInfo. Das System der Tastenkombinationen ist einfach, denn je nach verwendeter Überschrift sind die Ziffern 1–6 einzugeben, während Sie ⟨Strg⟩ + ⟨Alt⟩ gedrückt halten.

Abbildung 43.7 Die Überschriftenformate können auch per Tastaturbefehl zugewiesen werden.

43.4 Mit Kategorien arbeiten

Kategorien dienen in OneNote vor allem dazu, Notizen für unterschiedliche Dringlichkeiten oder Aufgabenbereiche auseinanderhalten zu können. Eine entsprechende Auszeichnung erfolgt durch grafische Elemente, Farben und/oder Markierungen.

Kategorien zuweisen

Auch bei der Arbeit mit Kategorien gibt es unterschiedliche Vorgehensweisen. Wenn Sie beispielsweise einen vorhandenen Container kategorisieren wollen, markieren Sie diesen vorab und entscheiden sich anschließend für **Kategorie** in der Gruppe **Kategorien** der Registerkarte **Start**. Alternativ können Sie auch gleich einen neuen kategorisierten Container erzeugen, indem Sie zunächst dafür sorgen, dass kein Objekt markiert ist. Klicken Sie nun auf die Schaltfläche **Kategorie** in der Gruppe **Kategorien** der Registerkarte **Start** und weisen Sie die gewünschte Kategorie durch Anwahl eines Listeneintrags zu.

43

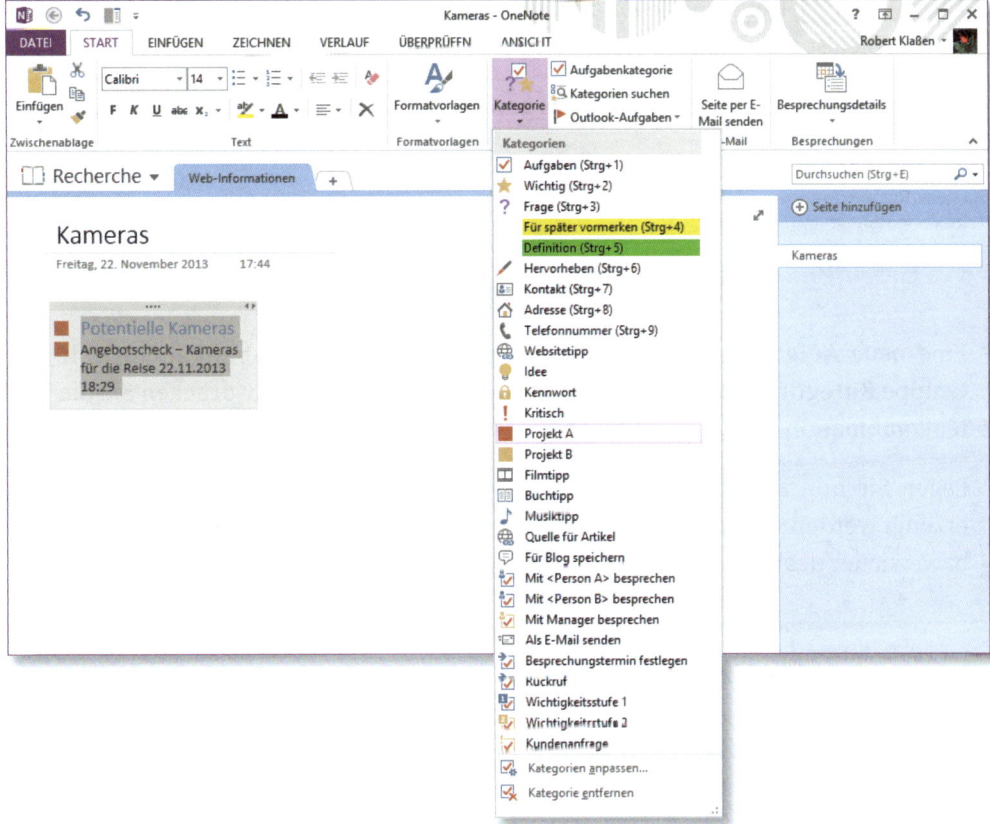

Abbildung 43.8 Die Liste der Kategorien scheint unendlich zu sein.

Einige Kategorien sind übrigens im Menü der Schaltfläche mit Tastenkombinationen ausgewiesen. Achten Sie innerhalb der Liste **Kategorie** auf die entsprechenden Hinweise in Klammern. Auf diese Weise können Sie Kategorien noch schneller zuweisen.

Eine Aufgabenliste erstellen

Eine Aufgabenkategorie ist eine viel genutzte Funktion in OneNote, die vor allem bei der Projektabwicklung ausgesprochen hilfreich ist. Sie stellt nämlich kleine Checkboxen zur Verfügung. Das bedeutet: Sie können Ihre eigene To-do-Liste erstellen und alles abhaken, was erledigt ist.

1 Klicken Sie an eine beliebige Stelle Ihres Notizbuches, um eine Position für die Aufgabenliste zu definieren.

2 Sie könnten nun direkt mit der Aufgabenliste beginnen, jedoch sollten Sie in der Praxis zunächst eine Überschrift für Ihre Liste eingeben. Drücken Sie deshalb `Strg` + `Alt` + `1` und legen Sie anschließend die gewünschte Überschrift fest. Im Beispiel ist das »Kamera-Recherche«.

3 Drücken Sie `↵` und geben Sie, falls gewünscht, weiteren erklärenden Text ein.

4 Eine neue Aufgabenliste erstellen Sie, indem Sie auf **Aufgabenkategorie** in der Gruppe **Kategorien** der Registerkarte **Start** klicken. Alternativ drücken Sie die Tastenkombination `Strg` + `1`.

5 Legen Sie nun zeilenweise alle Einträge fest, für die jeweils ein Ankreuzkästchen erzeugt werden soll. Wenn Sie fertig sind, können die Checkboxen jederzeit aktiviert bzw. wieder deaktiviert werden.

Aufgabenliste einrücken

Standardmäßig sind die Checkboxen vorangestellt – das bedeutet: Sie befinden sich ganz links im Textcontainer, während Überschrift und Fließtext ein wenig nach rechts eingerückt sind. Das ist im Prinzip in Ordnung, da die Checkboxen so noch unmittelbarer ins Auge fallen. Wer jedoch viel Wert auf Gestaltung legt, möchte die Liste vielleicht lieber einrücken. Um das zu bewerkstelligen, selektieren Sie alle Aufgabenkategorie-Einträge und klicken auf die Schaltfläche **Einzug vergrößern** in der Gruppe **Text** der Registerkarte **Start**. Das Gleiche können Sie auch erreichen, indem Sie die Tastenkombination [Alt] + [⇧] + [→] drücken.

Mehrere Kategorien zuweisen

Mit dem bloßen Zuweisen einer Kategorie ist OneNote keinesfalls ausgelastet. Sie dürfen gerne, so Sie es denn wünschen, mehrere Kategorien vergeben. So ließe sich, um ein Beispiel zu nennen, auch eine gemeinsame To-do-Liste für verschiedene Projekte generieren. Auch das Zuweisen einer dritten oder vierten Kategorie ist kein Problem. Die Liste wird halt immer größer, und die Listentexte werden immer weiter nach rechts verschoben. Außerdem müssen Sie immer daran denken, dass Sie die jeweilige Zeile markieren, ehe Sie eine neue Kategorie zuweisen.

Abbildung 43.9 Als stolzer OneNote-Besitzer dürfen Sie nach Herzenslust »kategorisieren«.

INFO

Kategorien vom Text entfernen

Zugewiesene Kategorien entfernen Sie, indem Sie den betreffenden Textbereich markieren und den zugewiesenen Kategorieeintrag einfach erneut auswählen. Wenn Sie alle Kategorien aufheben wollen, wählen Sie **Kategorie entfernen** (**Start** > **Kategorien** > **Kategorien**).

Kategorien anpassen

Für den Fall, dass Sie mit den Kategorievorgaben nicht zufrieden sein sollten, lassen diese sich nach Wunsch anpassen. Sie können auch kurzerhand neue erzeugen.

1 Wählen Sie in der Liste der Kategorien (**Start** > **Kategorien** > **Kategorien**) den Befehl **Kategorien anpassen**.

2 Im Dialog **Kategorien anpassen** suchen Sie zunächst per Mausklick im Feld **Alle Kategorien** die Kategorie aus, die Sie bearbeiten möchten. Danach klicken Sie auf den Button **Kategorie ändern**. Wer alternativ einen Kategorieeintrag hinzufügen möchte, klickt auf die Schaltfläche **Neue Kategorie**.

3 Benennen Sie die Kategorie im Feld **Anzeigename** aussagekräftig. Im Beispiel ist das Ziel, eine Kategorie zu erzeugen, die einer besonderen Berücksichtigung bedarf. Wir wollen daher einen roten Marker auf weißer Schrift verwenden.

4 Weisen Sie unterhalb der Zeile **Anzeigename** zunächst ein Symbol ❶ zu. Stellen Sie als Markierungsfarbe ❷ ein kräftiges Rot ein. Auch die Schriftfarbe ❸ kann angepasst werden. Im Beispiel haben wir uns ja für Weiß entschieden. Beachten Sie das

Feld **Vorschau**. Wenn alles wunschgemäß aussieht, klicken Sie in diesem und dem darunter befindlichen Dialog jeweils auf **OK**.

Die neue Kategorie wird übrigens anschließend auch in der Liste **Kategorie** geführt und kann künftig mithilfe der Liste oder per Tastenkombination zugewiesen werden. Was die Tastenkombination betrifft, lesen Sie bitte auch den folgenden Abschnitt.

INFO

Kategorien löschen

Wenn sich herausstellen sollte, dass eine Kategorie nicht mehr benötigt wird, entfernen Sie diese einfach. Öffnen Sie die Liste **Kategorie** (**Start** > **Kategorien** > **Kategorien**) und entscheiden Sie sich für den Befehl **Kategorien anpassen**. Markieren Sie die zu entfernende Kategorie in der Liste **Alle Kategorien** und klicken Sie auf die kleine Kreuz-Schaltfläche rechts daneben.

Kategorien sortieren

Die Reihenfolge der Kategorien hat Einfluss auf die Tastenkombinationen, mit denen die jeweilige Kategorie zugewiesen werden kann. Wenn Sie beispielsweise, wie im Abschnitt »Kategorien anpassen« auf Seite 1042 beschrieben, eine neue Kategorie erzeugt haben und nun wünschen, dass sich diese fortan mit `Strg` + `1` aktivieren lässt, müssen Sie dafür sorgen, dass der Eintrag ganz oben in der Kategorienliste geführt wird.

1 Erzeugen Sie eine neue Kategorie wie im Abschnitt »Kategorien anpassen« auf Seite 1042 beschrieben. Wenn Sie bereits eine Kategorie erzeugt haben, dürfen Sie gleich zum nächsten Schritt übergehen.

2 Öffnen Sie die Liste **Kategorie** (**Start** > **Kategorien**) und entscheiden Sie sich für den Befehl **Kategorien anpassen**. Wählen Sie die Kategorie im Feld **Alle Kategorien**, die Sie mit besagtem Tastaturbefehl versehen wollen.

3 Betätigen Sie anschließend die Pfeilschaltflächen auf der rechten Seite, um den Eintrag nach oben ❶ (oder unten) zu verschieben. Dem ganz oben befindlichen Eintrag wird automatisch die Tastenkombination [Strg] + [1] zugewiesen.

4 Klicken Sie auf **OK**, um das Dialogfenster zu verlassen und Ihre Änderungen zu übernehmen.

Sie können dieses Verfahren natürlich auch dazu verwenden, um häufig verwendete Kategorien an den Listenanfang zu verschieben, während sich weniger wichtige Kategorien dann im unteren Bereich befinden.

Kategorien suchen

Die Kategorienzusammenfassung ist gewissermaßen das »Sahnehäubchen«, wenn es um die Arbeit mit Kategorien geht. Hierüber lassen sich nämlich Kategorien nicht nur schnell wiederfinden, sondern auch noch einzeln auswählen und isoliert von allen anderen Notizbucheinträgen darstellen. Wer beispielsweise einen schnellen Überblick darüber haben möchte, welche Aufgaben noch unerledigt sind, der sollte mit dieser tollen Funktion arbeiten.

1 Bei der **Kategorienzusammenfassung** handelt es sich um einen separaten Aufgabenbereich. Klicken Sie auf den Button **Kategorien suchen** in der Gruppe **Kategorien** der Registerkarte **Start**, um ihn aufzurufen.

2 Im Aufgabenbereich **Kategorienzusammenfassung** werden Ihnen alle Kategorien, die im aktuellen Notizbuch verwendet worden sind, angezeigt. Um den zugehörigen Text innerhalb des Notizbuches wiederzufinden, reicht ein Klick auf den Eintrag **2**. Der Text wird daraufhin temporär in der eigentlichen Notiz mit grauer Hintergrundfarbe ausgezeichnet **3**.

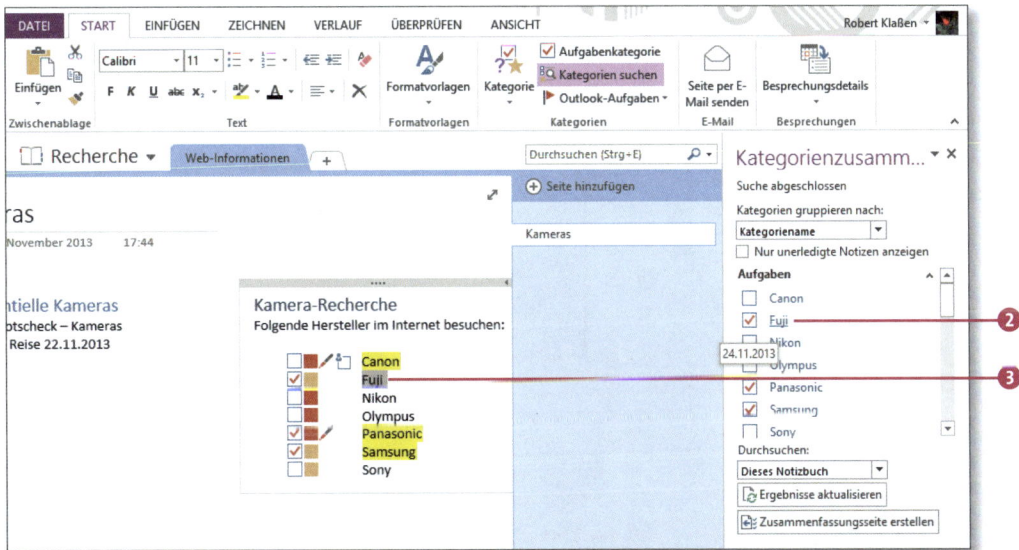

3 Die Einträge in der Liste tauchen zunächst nach Aufgaben, Hervorhebungen usw. alphabetisch geordnet auf. Wer eine komplett alphabetisierte Liste ohne Kategorien wünscht, kann in dem Auswahlfeld **Kategorien gruppieren nach** beispielsweise auf **Titel** umstellen.

4 Gleich darunter befindet sich die ausgesprochen nützliche Checkbox **Nur unerledigte Notizen anzeigen** **1** (siehe Abbildung Seite 1046). Ist diese aktiviert, werden alle bereits abgearbeiteten Aufgaben ausgeblendet.

5 Nicht minder interessant sind die Steuerelemente im unteren Bereich des Aufgaben-bereichs **Kategorienzusammenfassung**. Hier können Sie nämlich festlegen, was durchsucht werden soll ❷ (z. B. das aktuelle Notizbuch oder alle Notizbücher, ein bestimmter Abschnitt, eine Seite usw.).

6 Mit einem Klick auf die Schaltfläche **Zusammenfassungsseite erstellen** ❸ wird im Übrigen eine neue Notizbuchseite erzeugt, die entsprechend Ihren Suchkriterien ausgestattet ist ❹. Auf dieser werden nur jene Aufgaben angezeigt, die noch uner-ledigt sind. Das wurde durch Aktivierung von **Nur unerledigte Notizen anzeigen** ermöglicht.

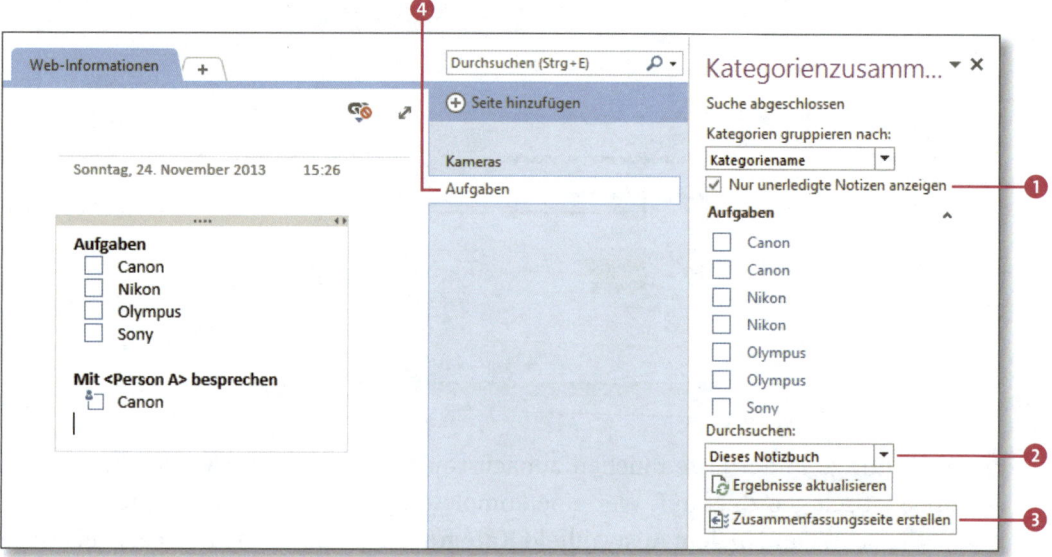

Bitte beachten Sie: Wenn Sie auf zuvor beschriebene Weise eine Zusammenfassungs-seite erstellen, ist diese inhaltlich losgelöst von der ursprünglichen Notizbuchseite. Das heißt: Führen Sie an einer der Seiten Änderungen durch, werden diese auf der anderen Seite nicht übernommen.

43.5 Eine Zeichnung in Ihrem Notizbuch erstellen

Skribbeln Sie gerne? Erstellen Sie ab und zu eine Skizze, um Handlungsabläufe zu vi-sualisieren oder technische Zusammenhänge anschaulich darzustellen? Dann müssen Sie an dieser Stelle keinen Rückschritt zum Papiernotizbuch unternehmen. Denn auch OneNote ist in der Lage, Zeichnungen jeglicher Art aufzunehmen.

Eine Zeichnung oder eine handschriftliche Notiz erzeugen

Um es gleich vorwegzunehmen: Wer mit einem Zeichentablet oder per Fingereingabe arbeiten kann, ist hier klar im Vorteil. Zwar kann man auch mit der Maus zeichnen, aber dies ist leider weit weniger komfortabel.

1 Zunächst wählen Sie einen Zeichenstift aus. Wählen Sie dazu einen der angebotenen aus der Gruppe **Stifte** der Registerkarte **Zeichnen** aus.

2 Danach muss der Stift eingestellt werden. Klicken Sie auf die Schaltfläche **Farbe und Stärke** in der Gruppe **Stifte** der Registerkarte **Zeichnen**.

3 Im gleichnamigen Dialogfenster entscheiden Sie per Radiobutton zwischen den Modi **Stift** oder **Textmarker**. Im Modus **Stift** wird vorhandener Text überdeckt, während dieser bei Verwendung des Modus **Textmarker** sichtbar bleibt. Entscheiden Sie sich hier außerdem für eine Strichstärke ❺ sowie eine Farbe ❻.

4 Malen oder zeichnen Sie nun nach Herzenslust drauflos. Sollten Sie einen Fehler machen, drücken Sie `Strg` + `Z` und versuchen es erneut. Übrigens stehen Ihnen zur Korrektur auch diverse Radierer zur Verfügung, die Sie über die gleichnamige Schaltfläche in der Gruppe **Stifte** der Registerkarte **Zeichnen** aufrufen können.

5 Wenn Sie die Stifteigenschaften einer Zeichnung nachträglich noch ändern wollen, z. B. eine andere Farbe oder Stift statt Textmarker verwenden möchten, klicken Sie mit rechts auf die Zeichnung, die Sie anpassen möchten, und wählen auf der Symbolleiste die Option **Stifteigenschaften** ❶ an. Damit gelangen Sie wieder in den zuvor genannten Dialog **Farbe und Stärke**.

6 Wenn Sie mit der Zeichnung fertig sind, müssen Sie den Stiftmodus wieder deaktivieren. Klicken Sie dazu ganz links auf die Schaltfläche **Typ** in der Gruppe **Stifte** der Registerkarte **Zeichnen**.

INFO

Die Schaltflächen »Lassoauswahl« und »Verschiebehand«

Die Werkzeuge **Lassoauswahl** und **Verschiebehand** befinden sich ganz links in der Gruppe **Stifte** der Registerkarte **Zeichnen**. Mit dem Lasso können Sie bei gedrückter linker Maustaste einen Rahmen aufziehen. Alle Objekte innerhalb des Rahmens werden daraufhin markiert und können gemeinsam bearbeitet werden. Mit der Option **Verschiebehand** kann man nicht, wie man vielleicht meint, Objekte verschieben, sondern lediglich den aktuellen Ausschnitt innerhalb des Notizbuches. Auch das gelingt mit gedrückter Maustaste und Verschieben des Zeigegeräts.

43.6 Grafiken, Tabellen und Webinhalte einfügen

Die zweite wesentliche Eigenschaft von OneNote konzentriert sich auf das Archivieren bzw. Zusammentragen vorhandener Elemente. Das können beispielsweise Bilder, Dateien oder Texte auf Ihrem Rechner sein, aber auch Internetseiten und sonstige Informationen aus dem World Wide Web.

Bilder und Onlinegrafiken einfügen

Das Hinzufügen vorhandener Fotos von Ihrem PC oder von OneDrive ist ganz einfach. Klicken Sie zunächst an die Stelle Ihres Notizbuches, an die das Bild oder die Grafik eingefügt werden soll. Danach klicken Sie auf die Schaltfläche **Bilder** in der gleichnamigen Gruppe der Registerkarte **Einfügen** (sofern sich das Foto auf Ihrem PC oder einem angeschlossenen Datenträger befindet) bzw. auf **Onlinegrafiken** (wenn das Foto z. B. auf OneDrive gespeichert ist). In letzterem Fall müssen Sie anschließend noch auf die Schaltfläche **Durchsuchen** innerhalb der OneDrive-Zeile klicken. Navigieren Sie zum Speicherort der Fotos und klicken Sie anschließend auf den Button **Einfügen**. Wenn Sie Fotos von Ihrem Computer einfügen möchten, heißt der entsprechende Button **Öffnen**.

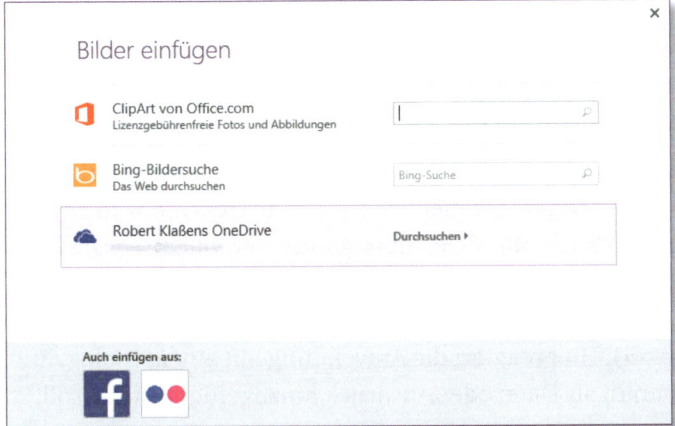

Abbildung 43.10 Fotos sind ruck, zuck integriert – egal ob diese auf OneDrive liegen oder in einem Ordner direkt auf dem PC.

Bitte beachten Sie, dass der Dialog auch Funktionen zum Einfügen von Grafiken und ClipArts aus *Office.com* bereithält. Darüber hinaus lassen sich via Bing-Bildersuche auch Fotos aus dem Internet integrieren. Facebook- oder Flickr-User (Yahoo) können zudem die Buttons in der Fußleiste verwenden, um Fotos aus ihrem Fundus hinzuzufügen.

Einfügeoptionen

Vorhandene Dateien können Sie auf unterschiedliche Weisen in ein Notizbuch einfügen. Wie das gemacht wird, schauen wir uns in den folgenden Abschnitten an. Zuvor beschäftigen wir uns jedoch noch mit einem wichtigen Unterscheidungsmerkmal. Sie müssen nämlich mitunter wählen, ob ein Objekt als Datei oder als Ausdruck eingefügt werden soll.

Ein Objekt als Datei anzufügen eignet sich für Dateien wie z. B. ein Word-, Excel- oder PowerPoint-Dokument, welches dem Notizbuch zwar hinzugefügt, nicht jedoch mit dessen Inhalt angezeigt werden soll. Die Datei selbst wird als Icon repräsentiert. Zudem wird eine Kopie des Dokuments in den Notizen untergebracht. Um das Dokument zu öffnen, doppelklicken Sie auf das Icon. Ein Objekt hingegen als Ausdruck einzufügen ist vor allem zur schnellen Übertragung komplexer Inhalte geeignet, beispielsweise aus dem Internet. Man verwendet das Einfügen als Ausdruck, wenn die optische Darstellung erhalten bleiben soll (z. B. Textformatierung). Zwar wird auch hier ein Datei-Icon eingefügt, jedoch wird zusätzlich der Dokumentinhalt angezeigt. Der unschlagbare Vorteil: Enthaltener Text kann von OneNote durchsucht werden, bleibt also als Text erhalten (es sei denn, es handelt sich um nicht editierbaren Text wie z. B. in einem Foto oder Screenshot).

Dateien per Drag & Drop einfügen

Eine bemerkenswerte Eigenschaft von OneNote ist das Hinzufügen von Inhalten per Drag & Drop in das Notizbuch. Bewegen Sie also beispielsweise einen Dokumentordner neben die Anwendung, können Sie bequem Dateien aus diesem in das OneNote-Fenster herüberziehen. Dabei ist es unerheblich, ob Sie es nun gerade mit einem Foto, einem Word-Dokument oder Ähnlichem zu tun haben. Ziehen Sie ein Foto hinein, wird dieses anschließend sofort in OneNote dargestellt. Anders ist das bei geschlossenen Dokumenten (z. B. Word, PowerPoint, Excel). Hier reagiert die Anwendung mit einem Dialog. Entscheiden Sie, ob das Dokument nun als Datei oder Ausdruck hinzugefügt werden soll.

Abbildung 43.11 Sie haben die Wahl: Auf welche Weise soll das Dokument integriert werden?

INFO

Speicherort-Abfrage umgehen

Im Prinzip müssen Sie nichts anderes machen, als aus dem Quelldokument heraus ⊞ + N, gefolgt von D, zu drücken. Schade nur, dass jedes Mal der Speicherort neu angegeben werden muss. Das hält auf, wenn man schnell zahlreiche Inhalte aus unterschiedlichen Dokumenten an OneNote übergeben möchte. Sie können den Speicherort-Dialog jedoch umgehen, indem Sie einmalig die unten angeführte Checkbox **Ausdrucke immer an den ausgewählten Speicherort senden** aktivieren. Das hat zur Folge, dass sämtliche Dokumentinhalte künftig ohne Zwischenabfrage übergeben werden. Um die Funktion später wieder zu deaktivieren, müssen Sie das Dialogfenster **OneNote-Optionen** öffnen (**Start > Optionen**) und dort die Rubrik **An OneNote senden** aktivieren. Stellen Sie das Steuerelement **Ausgabe in OneNote umleiten** auf **Immer nach Sendeziel fragen** um. Fortan werden Sie wieder nach dem Speicherort gefragt.

43

An OneNote senden

Der Dialog **An OneNote senden** ermöglicht die direkte Übergabe aus einem geöffneten Dokument heraus. Stellen Sie sich vor, Sie arbeiten gerade mit einem Word-Dokument und entscheiden sich nun, dessen Inhalt an das Notizbuch zu übergeben.

1 Öffnen Sie für dieses Beispiel ein neues Word-Dokument und fügen Sie ein wenig Text ein. Wenn Sie mögen, können Sie auch weitere Elemente wie Fotos, Grafiken, Diagramme usw. einfügen.

2 Nun halten Sie ⊞ gedrückt und betätigen zusätzlich kurz N. Dadurch schiebt sich das zweite OneNote-Fenster **An OneNote senden** in den Vordergrund. Betätigen Sie D auf der Tastatur. Alternativ klicken Sie auf die Schaltfläche **An OneNote senden**.

3 Es öffnet sich daraufhin der Dialog **Speicherort in OneNote auswählen**. Suchen Sie nun zunächst nach dem Notizbuch, in das der Inhalt des Word-Dokuments ein-

gefügt werden soll. Scrollen Sie dazu gegebenenfalls nach unten. (In diesem Beispiel ist das Notizbuch **Recherche** unser Ziel.)

4 Gleich unterhalb des Notizbucheintrags ❶ erscheinen die darin enthaltenen Abschnitte. Ein Klick auf das vorangestellte Plussymbol (es mutiert daraufhin zum Minus) macht die Seiten dieses Abschnitts zugänglich. Markieren Sie die Seite, in die
das Dokument integriert werden soll ❷, und klicken Sie auf **OK**.

OneNote wird daraufhin automatisch nach vorne gestellt. Das Dokument ist integriert
und kann bei Bedarf noch verschoben und skaliert werden.

Screenshots erzeugen und einfügen

Für Recherchen im Internet eignet sich die Funktion **Bildschirmausschnitt** hervorragend. Damit lassen sich nämlich, wenn man so will, Inhalte »fotografieren« und diese
Schnappschüsse ohne Umwege in das OneNote-Notizbuch einbetten.

1 Öffnen Sie einen Browser Ihrer Wahl (z. B. Internet Explorer, Firefox, Chrome) und
navigieren Sie zu der Seite, aus der Inhalte kopiert werden sollen. Am Rande sei
noch erwähnt, dass sich auch Inhalte aus anderen Dokumenten wie Word, Power-
Point u. Ä. sowie aus Softwareanwendungen bzw. Apps und auch direkt vom Desktop anfertigen ließen. Die Aufnahme von Internetseiten steht hier stellvertretend für
alle anderen Bereiche.

2 Drücken Sie danach die Tastenkombination ⊞ + Ⓝ, gefolgt von Ⓢ. Alternativ
drücken Sie die Taste **Bildschirmausschnitt** im Dialog **An OneNote senden**.

3 Daraufhin wird der gesamte Bildschirm mit stark vermindertem Kontrast (milchig) dargestellt. Ihre Aufgabe ist es nun, einen Bereich des Bildschirms mit gedrückter Maustaste zu markieren. Dazu klicken Sie in eine Ecke des Bereichs, den Sie aufnehmen wollen, halten die Maustaste gedrückt und ziehen einen Rahmen auf. Wenn Sie mit den Inhalten zufrieden sind, lassen Sie los.

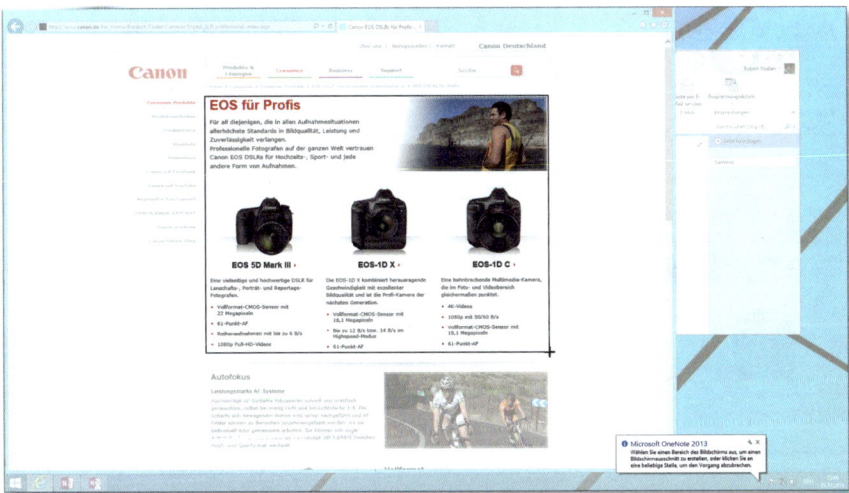

4 OneNote schickt jetzt einen Speichern-Dialog hinterher, mit dem Sie Notizbuch, Abschnitt und Seite Ihres bevorzugten Speicherorts festlegen können. Wenn Sie sich für diese Variante entscheiden, müssen Sie anschließend auf **An den ausgewählten Speicherort senden** klicken.

Sie gelangen dann zurück zu OneNote und finden den zuvor im Browser markierten Bereich wieder. Alternativ dazu klicken Sie auf **In Zwischenablage kopieren**. Das hat zur Folge, dass der Dialog geschlossen wird, ohne dass eine direkte Einfügung stattfindet. In diesem Fall gehen Sie zu OneNote, platzieren einen Mausklick an der Position, an der die Aufnahme erscheinen soll, und drücken ⌨Strg + ⌨V.

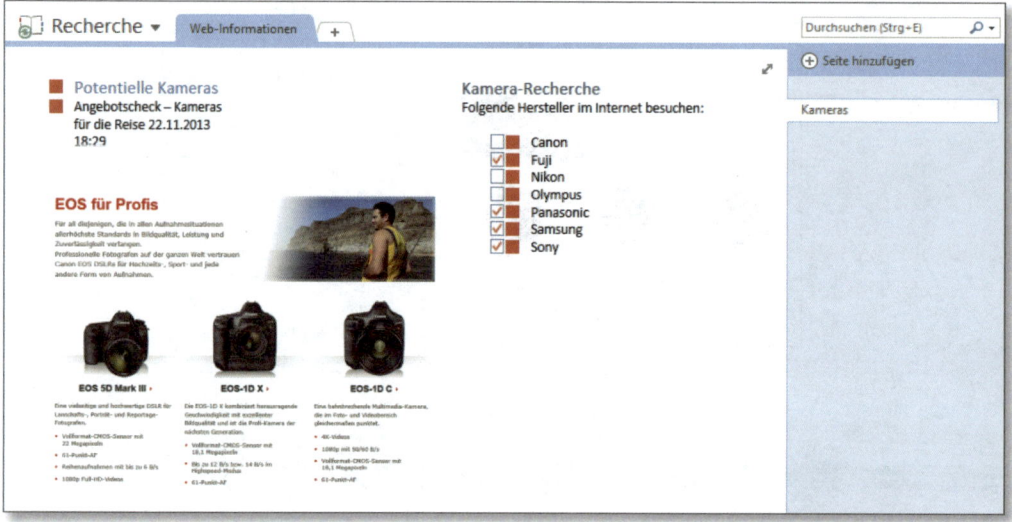

Auch hier lässt sich die Abfrage des Speicherorts umgehen, indem Sie das Ziel einmalig angeben und vor dem Klick auf **OK** die Checkbox **Diese Meldung nicht mehr anzeigen und folgende Aktion ausführen** wählen. Fortan wird immer das Gleiche mit den Bildschirmfotos geschehen – je nachdem, ob Sie anschließend **An den ausgewählten Speicherort senden** betätigen oder sich für die Schaltfläche **In Zwischenablage kopieren** entscheiden. Um nachträglich wieder eine Speicherort-Abfrage zu ermöglichen, müssen Sie erneut das Dialogfenster **OneNote-Optionen** aufrufen (**Start** > **Optionen**) und in der Rubrik **An OneNote senden** den Listeneintrag **Immer nach Sendeziel fragen** im Feld **Bildschirmausschnitte** einstellen.

Schnellnotizen einfügen

Sie sind gerade intensiv mit der Recherche beschäftigt und wollen den Browser nicht verlassen. Dennoch gilt es, schnell etwas zu notieren oder zu kopieren? Dann fertigen Sie eine Schnellnotiz an.

1 Drücken Sie an dem Ort oder in dem Programm, in dem Sie sich gerade befinden, ⊞ + ⌨N. Danach lassen Sie beide Tasten los und betätigen erneut ⌨N.

2 Im Fenster, das sich nun öffnet, legen Sie eine Notiz ab. Klicken Sie einfach hinein und schreiben Sie drauflos.

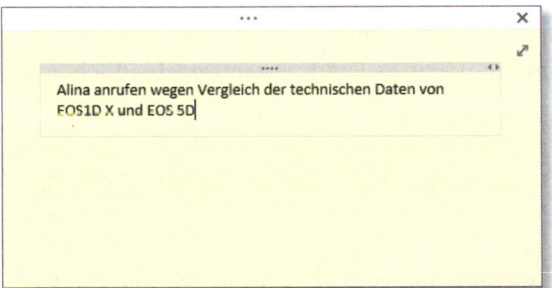

3 Es obliegt Ihnen, ob Sie das Fenster geöffnet lassen, um später weitere Infos hinzuzufügen, oder es schließen. In letzterem Fall können Sie später jederzeit wieder auf die Daten zugreifen, indem Sie in OneNote die Liste der Notizbücher öffnen ❶ und darin auf **Schnelle Notizen** ❷ klicken.

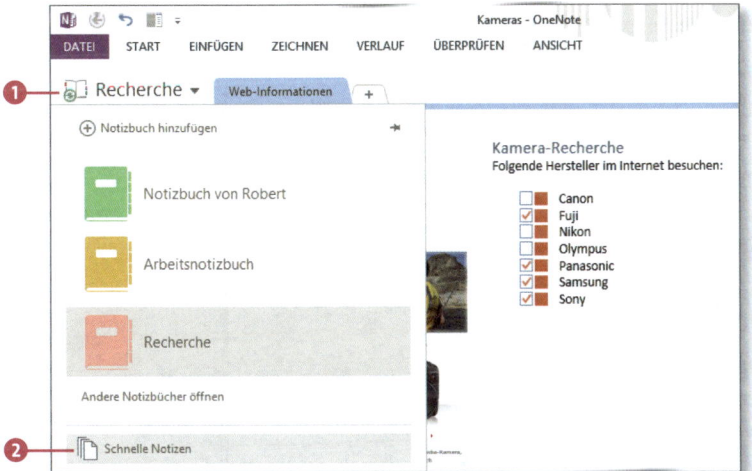

43

INFO

Schnelle Notizen weiterverarbeiten

Schnelle Notizen können zu jeder Zeit in vorhandene Notizbücher integriert werden. Markieren Sie eine Notiz und fügen Sie diese über die Zwischenablage in ein anderes Notizbuch ein. Noch einfacher ist es, zunächst ein neues Fenster zu öffnen ([Strg] + [M] oder **Ansicht > Fenster > Neues Fenster**). Danach stellen Sie in einem Fenster die schnellen Notizen und im anderen das Notizbuch zur Verfügung. Übertragen Sie die Informationen per Drag & Drop.

Tabellen einfügen

Tabellen sind bestens geeignet, um Informationen übersichtlich darzustellen. Besonders bei der bereits mehrfach erwähnten Internetrecherche bietet sich das Anlegen einer Tabelle an. Um beim Beispiel aus dem Unterabschnitt »Screenshots erzeugen und einfügen« auf Seite 1052 zu bleiben, könnten wichtige Eckdaten unterschiedlicher Kameras wie z. B. Auflösung, Preis usw. übersichtlich in Tabellen gegliedert werden.

1 Platzieren Sie zunächst wieder einen Mausklick an die Stelle des Notizbuches, an der eine Tabelle erzeugt werden soll.

2 Es gibt auch bei der Produktion von Tabellen mehrere Möglichkeiten: Wenn Sie bereits wissen, wie umfangreich die Tabelle in Bezug auf Zeilen und Spalten werden soll, klicken Sie auf die Schaltfläche **Tabelle** in der Gruppe **Tabellen** der Registerkarte **Einfügen**. Gestalten Sie die Anzahl der Zeilen und Spalten mithilfe der Quadrate im Dialog. Wollen Sie eine größere Zellenanzahl verwenden, als durch die Auswahl der Quadrate möglich ist, klicken Sie auf den Menüpunkt **Tabelle einfügen** und legen die Anzahl der Tabellenfelder im Dialogfenster fest.

3 Wenn die Anzahl der Tabellenfelder zu Beginn noch nicht bekannt ist, kann man auch den folgenden Weg gehen: Tippen Sie den Inhalt der ersten Tabellenzelle einfach in das Notizbuch ein. Anschließend betätigen Sie ⇆. Das ist Indiz dafür, dass eine Tabelle erzeugt werden soll. Um alles Weitere kümmert sich OneNote. Denn wann immer Sie erneut ⇆ betätigen, wird eine Spalte hinzugefügt. Wollen Sie mit einer neuen Zeile beginnen, benutzen Sie ↵. Darüber hinaus kann die Tabelle auch jederzeit via Rechtsklick, gefolgt von dem Befehl **Tabelle**, bearbeitet bzw. erweitert werden.

4 Navigieren Sie innerhalb der Tabelle mit den Pfeiltasten der Tastatur. Fügen Sie die benötigten Informationen ein.

INFO

Zeilen und Spalten löschen

Sollte sich später herausstellen, dass eine Tabelle zu groß geraten ist oder einzelne Zeilen/ Spalten nicht benötigt werden, entfernen Sie diese einfach. Eine Spalte markieren Sie per Klick etwas oberhalb ihrer obersten Zelle (der Mauszeiger mutiert dabei zum senkrechten schwarzen Pfeil). Eine Zeile wird entweder mit gedrückter Maustaste überfahren oder durch Anwahl des kleinen Reiters selektiert, der sich direkt links neben dem Container befindet. Danach drückt man [Entf] oder [←]. Alternativ können Sie mit rechts auf den markierten Bereich klicken. In diesem Fall klicken Sie zum Löschen auf die schwarze Kreuz-Schaltfläche in der Minisymbolleiste oder wählen den Befehl **Löschen** im Kontextmenü an.

Excel-Tabellen erzeugen oder einfügen

Sie möchten eine Kalkulationstabelle integrieren – oder vielleicht sogar eine Excel-Tabelle in OneNote erzeugen? Dann klicken Sie auf die Schaltfläche **Kalkulationstabelle** in der Gruppe **Dateien** der Registerkarte **Einfügen**. Sie haben anschließend die Wahl zwischen den Optionen **Vorhandene Excel-Tabelle** und **Neue Excel-Tabelle**. Wann immer Sie Ihre Arbeiten direkt in Excel fortsetzen wollen, reicht ein Klick auf **Bearbeiten** oben links in der Tabelle.

Abbildung 43.12 Jede in OneNote befindliche Excel-Tabelle kann in der Tabellenkalkulationssoftware bearbeitet werden.

> **INFO**
>
> **Änderungen vornehmen**
> Nehmen Sie in Excel Änderungen vor, werden diese auch in OneNote wirksam – vorausgesetzt, Sie speichern das Dokument in Excel nach. Darüber hinaus muss Excel geschlossen werden, ehe Sie OneNote beenden können.

43.7 Datei- und Scannerausdrucke in Notizen einfügen

Ein angeschlossener Scanner kann ebenfalls als Quelle für Notizbuchinformationen dienen. Sollte also ein Druckerzeugnis in das Notizbuch integriert werden, von dem es keine Datei gibt, stellt Sie das auch nicht gerade vor große Probleme – vorausgesetzt, Sie haben einen Scanner an Ihrem Computer angeschlossen. Erfahren Sie in diesem Abschnitt, wie sich gedruckte Inhalte ganz einfach in das Notizbuch einfügen lassen.

1 Nachdem Sie den Scanner mit dem zu reproduzierenden Material bestückt haben, klicken Sie auf die Schaltfläche **Gescanntes Bild** in der Gruppe **Bilder** der Registerkarte **Einfügen**.

2 Im folgenden Dialogfeld wählen Sie das Gerät aus und entscheiden sich per Radiobutton für die gewünschte Auflösung. Dabei ist **Druckqualität** erheblich besser als **Webqualität**, jedoch leider auch speicherintensiver. Wer nicht beabsichtigt, das Notizbuch später wieder auszudrucken, kann sich bedenkenlos für **Webqualität** entscheiden.

3 Klicken Sie auf die Schaltfläche **Einfügen**, um mit dem Scannen zu beginnen. Wollen Sie hingegen noch weitere Einstellungen am Scanner vornehmen, sollten Sie auf **Einfügen anpassen** klicken. Dann nämlich obliegt Ihnen die Wahl der Papierquelle (abhängig vom verwendeten Scanner), des Scantyps und der Bildqualität.

4 Wenn alles eingestellt ist, können Sie optional zunächst eine Vorschau anzeigen lassen, indem Sie den gleichnamigen Button betätigen oder direkt auf **Scannen** gehen.

Der Inhalt des in Schritt 4 vorgestellten Dialogs ist letztendlich auch abhängig vom eingesetzten Scanner. Möglicherweise finden Sie darin komplett andere Inhalte vor als oben beschrieben. Letztendlich sollten aber auch dort Steuerelemente zur Bestimmung der Qualität, Farbe und Papierquelle (sofern beim verwendeten Scanner zur Verfügung stehend) zu finden sein.

43.8 Audio- und Videoinhalte hinzufügen

Wir wollen noch kurz darauf hinweisen, dass sich auch vorhandene Audio- und Videodateien in ein Notizbuch integrieren lassen. Anschließend erfahren Sie, wie sich neue
Aufnahmen hinzufügen lassen.

Vorhandene Dateien integrieren

Zum Hinzufügen einer Audio- oder Videodatei als Anhang klicken Sie auf **Dateianlage**
in der Gruppe **Dateien** der Registerkarte **Einfügen**. Sie werden daraufhin gefragt, ob
Sie die **Datei anfügen** oder **Als Ausdruck einfügen** wollen. Sie sollten in diesem Fall
grundsätzlich Ersteres wählen, da die Aktion ansonsten fehlschlägt. Spielen Sie ein Video anschließend ab, indem Sie einen Doppelklick auf das in OneNote integrierte Icon
setzen. Den anschließenden Sicherheitshinweis bestätigen Sie mit **OK**.

Abbildung 43.13 Benutzen Sie die Bedienelemente zur Wiedergabe.

Eine Audiodatei klicken Sie einfach an und bedienen diese anschließend mithilfe der
Steuerelemente, die sich direkt auf dem Icon zeigen. Alternativ benutzen Sie die Buttons der Registerkarte **Audio und Video/Wiedergabe**.

Eigene Audio- und Videoaufnahmen einfügen

Es soll nicht unerwähnt bleiben, dass Sie sogar eigene Ton- und/oder Videoaufnahmen
erstellen und in OneNote einfügen können. Die Aufnahme von Audio stellt in der Regel

kein Problem dar, sofern Sie ein entsprechendes Aufnahmegerät (Mikrofon oder Headset) angeschlossen und in der Windows-Systemsteuerung korrekt konfiguriert haben. Starten Sie die Audioaufnahme durch **Einfügen** > **Aufnahme** > **Audio aufnehmen**. Während der Aufnahme benutzen Sie die Steuerelemente im Menüband (beispielsweise um die Aufnahme temporär zu unterbrechen). Am Ende finden Sie einen neuen Container vor, der die Audiodatei enthält. Ein Doppelklick auf das Icon spielt die Aufnahme ab. Außerdem werden entsprechende Bedienelemente in einer Minisymbolleiste eingeblendet.

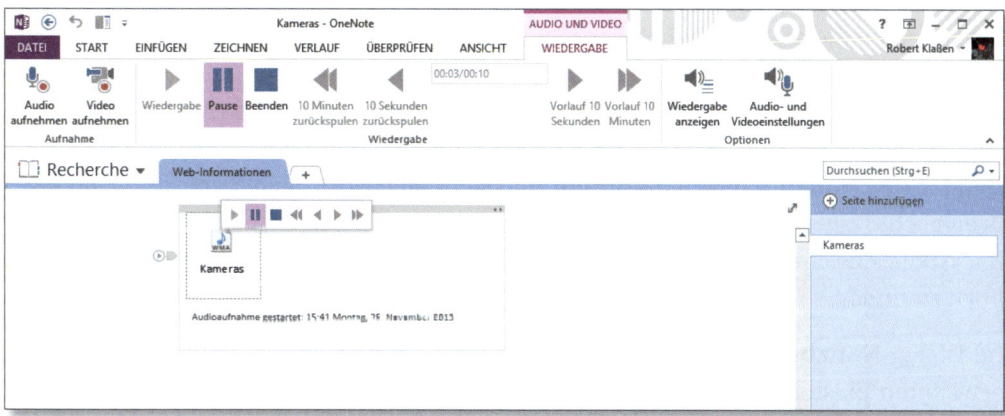

Abbildung 43.14 Die fertige Audiodatei erscheint in einem Container.

Generell kann es passieren, dass OneNote die angeschlossene Hardware nicht findet. Beim Erstellen von Audiodateien ist das in der Regel nicht der Fall, beim Video kann das hingegen schon vorkommen. Sollte die Anwendung also die angeschlossene Videokamera oder Webcam nicht finden, erhalten Sie eine entsprechende Meldung, nachdem Sie **Einfügen** > **Aufnahme** > **Video aufnehmen** ausgewählt haben.

Abbildung 43.15 Wenn OneNote einen Fehler meldet, sind zusätzliche Schritte erforderlich.

In diesem Fall schließen Sie den Hinweis und öffnen das Dialogfenster **OneNote-Optionen** (**Datei** > **Optionen**). Aktivieren Sie die Rubrik **Audio und Video** und passen Sie im Bereich **Videoaufzeichnungseinstellungen** die Felder **Gerät** sowie **Profil** an die von Ihnen verwendete Hardware an.

43.9 Die Eigenschaften eines Notizbuches einsehen und bearbeiten

OneNote-Notizbücher verfügen über individuelle Eigenschaften. Dazu zählt einerseits deren Name, aber auch die Farbe des Notizbuchsymbols, der Speicherort sowie das Standardformat. Letzteres entspricht in OneNote 2013 dem **OneNote 2010-2013-Notizbuchformat** und kann bei Bedarf in das 2007er-Format konvertiert werden (wenn Sie das Notizbuch beispielsweise an jemanden weitergeben wollen, der noch Office 2007 im Einsatz hat).

Und so rufen Sie die Notizbucheigenschaften auf bzw. passen diese an: Klicken Sie auf den Reiter **Datei**. Im Backstage-Bereich **Informationen** klicken Sie auf die Schaltfläche **Einstellungen** und wählen anschließend **Eigenschaften** aus. Achten Sie jedoch stets darauf, den Knopf **Einstellungen** für das gewünschte Notizbuch zu erwischen. Denn in den **Notizbuchinformationen** sind sämtliche Notizbücher gelistet – und jedes bringt seine eigene Schaltfläche **Einstellungen** mit. Es kann also sein, dass Sie in der Backstage-Ansicht zunächst weit nach unten scrollen müssen, um das richtige Notizbuch zu finden.

Im Dialog **Notizbucheigenschaften** angelangt, haben Sie die Möglichkeit, die zuvor erwähnten Einstellungen anzupassen. Wollen Sie beispielsweise die Symbolfarbe ändern, benutzen Sie das Farbfeld auf der rechten Seite ❶. Klicken Sie auf die Schaltfläche **Speicherort ändern** ❷, wenn Sie nachträglich den Speicherort des Notizbuches anpassen wollen. Das ist beispielsweise der Fall, wenn Sie ein Notizbuch nachträglich auf OneDrive veröffentlichen wollen.

Abbildung 43.16 In den Eigenschaften kann unter anderem auch der Speicherort geändert werden.

Kapitel 44
Notizen freigeben

Notizen sind ja zunächst einmal eine sehr persönliche Sache. Allerdings kommt es gerade bei der Projektplanung nicht selten vor, dass man seine Notizen mit anderen teilen möchte. Gewähren Sie Einblick in Ihre Informationen, indem Sie Notizbücher oder Teile davon freigeben.

44.1 So geben Sie Ihr Notizbuch frei

Zeigen Sie Ihren Kollegen, was Sie recherchiert haben. Dazu geben Sie Ihr Notizbuch ganz einfach an einen bestimmten Personenkreis frei. Diese Personen können dann sogar die Notizen bearbeiten – sofern Sie das vorab zugelassen haben. Wenn Sie bestimmten Personen den Zugang zu Ihren Aufzeichnungen ermöglichen wollen, müssen Sie das Notizbuch freigeben. Dabei ist jedoch einiges zu beachten.

1 Um ein Notizbuch freigeben zu können, muss es auf OneDrive gespeichert sein. Sollte das nicht der Fall sein, finden Sie unter **Datei** > **Informationen** beim jeweiligen Notizbuch den Eintrag **Im Web oder Netzwerk freigeben** ❶ vor. Klicken Sie darauf, um den OneDrive-Speicherort anschließend festlegen zu können.

2 In OneDrive gespeicherte Notizbücher sind mit dem Link **Personen zu diesem Notizbuch einladen** ❷ (siehe Abbildung Seite 1063) versehen. Klicken Sie darauf.

3 Im Bereich **Notizbuch freigeben** klicken Sie auf die Schaltfläche **Personen einladen** ❸. Tragen Sie auf der rechten Seite Namen ein, die sich in Ihrem Notizbuch befinden. Alternativ dürfen Sie auch E-Mail-Adressen hinzufügen. Rechts neben dem Eingabefeld erhalten Sie Zugriff auf Ihr Notizbuch ❹ und können zudem festlegen, ob Ihre Notizen nur angesehen oder auch bearbeitet werden dürfen ❺. Im unterhalb befindlichen Eingabefeld lässt sich nun ein E-Mail-Text hinzufügen. Schicken Sie das Dokument ab, indem Sie auf **Freigeben** klicken.

Alle Personen, die soeben bei der Freigabe berücksichtigt worden sind, erhalten nun eine E-Mail. Diese beinhaltet einen Link, mit dem sich eine Verbindung zum freigegebenen Notizbuch herstellen lässt.

> **HINWEIS**
>
> **Rechte beachten!**
>
> Wenn Sie anderen Personen Daten (gleich welcher Art) zur Verfügung stellen, ist dies bereits eine Veröffentlichung – auch wenn Sie diese nur einem bestimmten Abnehmerkreis bzw. einer einzelnen Person zukommen lassen. Das bedeutet: Sie sind verpflichtet, geltendes Urheber- und Verwertungsrecht zu beachten! Ein Verstoß kann schwerwiegende Konsequenzen haben – bis hin zur Strafverfolgung. Prüfen Sie also vorab genau, ob Sie die Inhalte Ihres Notizbuches veröffentlichen dürfen. Dies gilt in besonderem Maße für Daten, die aus dem Internet stammen, sowie für Bild-, Film- und Audiodaten.

44.2   Eine Notizbuchseite per E-Mail versenden

Wer bestimmten Personen nur einen Teil seiner Notizbuchdaten übermitteln möchte, der kann auch eine E-Mail mit entsprechendem Inhalt versenden. Hierbei ist ausschlaggebend, ob Outlook eingesetzt wird oder nicht.

Eine Notizenseite mit Outlook 2013 versenden

Das Senden einer Notizbuchseite mit Outlook 2013 ist eine ganz unkomplizierte Angelegenheit. Sie müssen dazu lediglich auf die Schaltfläche **Seite per E-Mail senden** in der Gruppe **E-Mail** der Registerkarte **Start** klicken. Outlook öffnet daraufhin automatisch ein E-Mail-Formular, das bereits mit sämtlichen Inhalten versehen ist. Tragen Sie den oder die potenziellen Empfänger ein, gegebenenfalls einen Nachrichtentext und klicken Sie auf **Senden**.

Eine Notizenseite mit einer anderen E-Mail-Anwendung versenden

Sollte Outlook nicht Ihre Standard-Mail-App sein, können Sie Notizbuchseiten dennoch per E-Mail versenden. Allerdings müssen Sie zunächst eine Anlage erzeugen. Entscheiden Sie sich für **Datei** > **Exportieren**. In der Liste **1. Aktuelles Element exportieren** wählen Sie **Seite** aus und stellen im Bereich **2. Format auswählen** ein geeignetes Endformat ein. Hier bietet sich vor allem **PDF (PDF-Datei)** an, da dieses Format von jedem gelesen werden kann, der den weit verbreiteten Adobe Reader installiert hat (weitere Informationen dazu finden Sie unter *http://get.adobe.com/de/reader*).

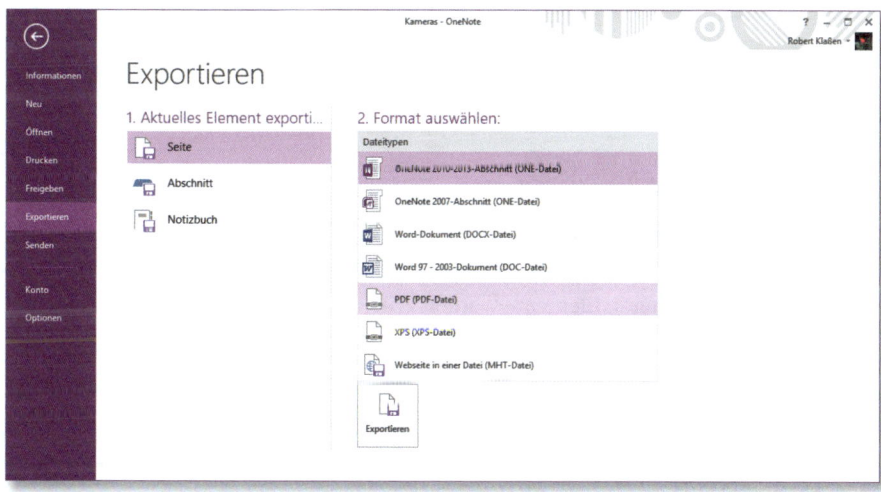

Abbildung 44.1 Das Exportieren als PDF ist sehr oft die beste Alternative.

Wenn der Empfänger Ihrer Mail über Word o. Ä. verfügt, ist natürlich auch ein anderes Ausgabeformat denkbar. Zuletzt klicken Sie auf die Schaltfläche **Exportieren** und versenden die erzeugte Datei als E-Mail-Anhang.

44.3 Elemente als gelesen markieren

Nachdem Sie ein Notizbuch zur Bearbeitung freigegeben haben, kann der Empfänger Änderungen darin vornehmen (z. B. mit OneNote Online). Diese Änderungen erscheinen in Ihrem Notizbuch grün hervorgehoben. Das passiert fast zeitgleich und ganz automatisch – also ohne jegliches Zwischenspeichern des Bearbeiters. Bei kleineren Notizbüchern fällt das natürlich sofort auf. Sollten Sie jedoch ein umfangreiches Dokument zur Bearbeitung freigegeben haben, ist nicht immer auf den ersten Blick ersichtlich, was geändert worden ist. In diesem Fall klicken Sie auf die Schaltfläche **Nächstes ungelesenes Element** in der Gruppe **Ungelesen** der Registerkarte **Verlauf**.

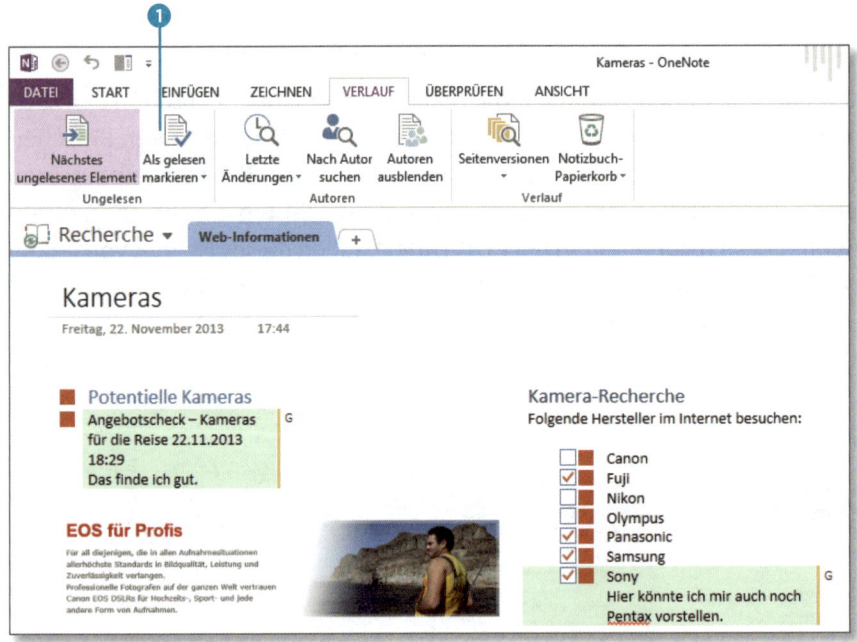

Abbildung 44.2 Die fremd bearbeiteten Elemente werden grün ausgezeichnet.

Schauen Sie sich die Änderungen an. Wenn Sie damit zufrieden sind, klicken Sie auf **Als gelesen markieren** ❶ und wählen den gleichen Eintrag noch einmal aus der Liste aus. Alternativ drücken Sie `Strg` + `Q`. Die grünen Markierungen werden daraufhin entfernt. Wiederholen Sie diese Aktion, werden die Bereiche erneut als ungelesen markiert.

> **INFO**
>
> **Fettschrift beachten**
>
> Ungelesene Seiten und Abschnitte werden durch Fettschrift (auf dem Abschnitt-Reiter oder dem Seitennamen) repräsentiert. So sehen Sie auf den ersten Blick, ob es in dem jeweiligen Abschnitt Änderungen gibt oder nicht. Markieren Sie den Abschnitt als gelesen, wird auch die Fett-Auszeichnung entfernt.

Autoren ausblenden

Sicher ist Ihnen bereits aufgefallen, dass rechts neben einer markierten Änderung ein vertikaler gelber Balken sowie eine Bezeichnung zu sehen sind. Dabei handelt es sich um Hinweise zum Autor der Änderungen (**G** steht beispielsweise für Gast – sprich: für eine Person, die nicht namentlich in Ihrem Notizbuch auftaucht). Wollen Sie diese Ansicht deaktivieren, müssen Sie auf **Autoren ausblenden** in der Gruppe **Autoren** der Registerkarte **Verlauf** klicken.

44

44.4   Die zuletzt vorgenommenen Änderungen einsehen

Sie können selbst bestimmen, welche Änderungen Sie anzeigen lassen wollen. Es ist ja durchaus denkbar, dass Sie sich derzeit nur für Änderungen interessieren, die am heutigen Tage vorgenommen worden sind, für ältere jedoch nicht. In diesem Fall klicken Sie auf den Button **Letzte Änderungen** in der Gruppe **Autoren** der Registerkarte **Verlauf**. Stellen Sie um auf **Heute**, was zur Folge hat, dass auf der rechten Seite das Fenster **Suchergebnisse** eingeblendet wird. Darin finden Sie alle Seiten, die mit entsprechenden Änderungen versehen worden sind. Bitte beachten Sie, dass hierbei nur Änderungen berücksichtigt werden, die durch andere Personen (in freigegebenen Notizbüchern) vorgenommen worden sind. Ihre eigenen Änderungen werden in diesem Zusammenhang nicht angezeigt.

44.5   Verschiedene Seitenversionen verwalten

OneNote speichert von Haus aus alle Änderungen, die an einem Notizbuch vorgenommen werden, auch Ihre eigenen. Im Prinzip handelt es sich dabei um eine Art Verlaufsprotokoll, welches es möglich macht, zu einer vorherigen Version bzw. zu einem vorherigen Bearbeitungsstand zurückzukehren. Klicken Sie auf die obere Hälfte der Schaltfläche **Seitenversionen** in der Gruppe **Verlauf** der gleichnamigen Registerkarte, erscheint auf der rechten Seite der Anwendung eine Liste mit den letzten Änderungen. Alternativ betätigen Sie die untere Hälfte und klicken im Menü auf **Seitenversionen**.

Abbildung 44.3 Lassen Sie sich die Seitenversionen anzeigen.

Daraufhin haben Sie die Möglichkeit, zu einem früheren Bearbeitungsstand zurückzukehren. Wählen Sie einen der Einträge an ❶. Dadurch wird oben im Notizbuch eine gelbe Leiste eingeblendet ❷. Klicken Sie darauf und wählen Sie die gewünschte Option. Wählen Sie den Button **Version wiederherstellen** aus, um diesen Bearbeitungsstand wieder zurückzugewinnen.

INFO

Notizbuchverlauf deaktivieren

Ein Notizbuchverlauf kann auch deaktiviert werden. Immerhin kostet die Versionsverwaltung je nach Umfang der Notizbuchdokumente mehr oder weniger viel Speicherplatz. Entscheiden Sie sich im Menü der Schaltfläche **Seitenversionen** für den Befehl **Verlauf für dieses Notizbuch deaktivieren**. Daraufhin erscheint eine Meldung, mit der Sie darüber in Kenntnis gesetzt werden, dass zum einen der Verlauf soeben in den Papierkorb des Notizbuches befördert worden ist und zum anderen dieser Papierkorb mit einem Klick auf **Ja** gelöscht werden kann. – Noch ein abschließender Hinweis: Der Notizbuchverlauf bleibt weiterhin inaktiv. Wollen Sie ihn später wieder nutzen, müssen Sie abermals den oben erwähnten Listeneintrag anklicken.

Teil VII
Office-Anwendungen im Zusammenspiel

Kapitel 45
Anwendungsübergreifende Funktionen

Nun werden einige Funktionen vorgestellt, die in den verschiedenen Office-Anwendungen mehr oder weniger identisch sind. Erfahren Sie zunächst, wie Sie mit der Office-Zwischenablage umgehen. Im Anschluss daran werfen wir einen Blick auf Schreibschutzoptionen, ehe dann im letzten Teil die Verlinkung verschiedener Dokumente untereinander erläutert wird.

45.1 Die Zwischenablage nutzen

Die Zwischenablage ist ein Werkzeug des Betriebssystems, mit dem sich schnell Objekte von einem an einen anderen Ort übertragen lassen. Doch auch die Office-Anwendungen haben Zwischenablage-Steuerelemente. Diese sind gewissermaßen als Erweiterung zu verstehen, da diese entsprechend ausgereifte Zusatzfunktionen bieten.

Die Zwischenablage des Betriebssystems

Lassen Sie uns an dieser Stelle die Wirkungsweise der Zwischenablage in aller Kürze zusammenfassen. Sie können eine oder mehrere Dateien markieren und diese anschließend in die Zwischenablage befördern. Das machen Sie mit der Tastenkombination `Strg` + `C`, sofern Sie eine Kopie der markierten Elemente in die Zwischenablage packen wollen. Dabei bleiben die Originaldokumente an ihrem ursprünglichen Speicherort erhalten. Wer hingegen möchte, dass sie am Ursprungsort ausgeschnitten, also entfernt werden, der betätigt stattdessen `Strg` + `X`. Begeben Sie sich an den Ort, an dem die Dateien nun integriert werden sollen, und drücken Sie `Strg` + `V`.

Neben der herkömmlichen Markierung von Elementen haben Sie jedoch noch weitere Möglichkeiten, Elemente in der Zwischenablage abzulegen. Wer beispielsweise ein Bildschirmfoto von seiner aktuellen Monitoransicht erstellen will, muss lediglich die Taste `Druck` betätigen. Daraufhin wird der sogenannte Screenshot in die Zwischenablage des Betriebssystems katapultiert. Möchten Sie statt des gesamten Bildschirms nur das derzeit aktive Fenster einfangen, entscheiden Sie sich für `Alt` + `Druck`. Begeben Sie sich an den Ort, in den das Foto integriert werden soll (z. B. ein Word-Dokument), platzieren Sie die Einfügemarke an die Stelle, an der das Foto erscheinen soll, und drücken Sie zuletzt `Strg` + `V`.

Mit der Office-Zwischenablage arbeiten

Nun hat die klassische Arbeit mit der Zwischenablage des Betriebssystems einige entscheidende Nachteile: Sie haben keinen Einfluss auf die Einfügeoptionen. Beim Kopieren von Text beispielsweise haben Sie keine Entscheidungsgewalt darüber, ob die Textformatierung beim Einfügen übernommen werden soll oder nicht. Mit der Betriebssystem-Zwischenablage lässt sich zudem stets nur eine einzelne Aktion durchführen. Wenn Sie also einen Screenshot anfertigen – und unmittelbar danach noch einen –, ist der vorangegangene verloren. Genau hier setzt die Zwischenablage der Office-Programme an. Einige Office-Anwendungen (Word, Excel, PowerPoint, OneNote) verfügen nämlich über eine Steuerelementgruppe **Zwischenablage** auf der Registerkarte **Start**. Sie haben hier die Möglichkeit, mehrere Elemente gleichzeitig zwischenzuspeichern, und sie stellt Ihnen außerdem die sogenannten *Einfügeoptionen* zur Verfügung.

Doch der Reihe nach: Wenn Sie mehrere Objekte nacheinander in die Zwischenablage eingefügt haben, können Sie auf jedes einzelne Element zugreifen, indem Sie auf die nach unten weisende Pfeilschaltfläche der Gruppe **Zwischenablage** klicken ❶. Wie gesagt, ob Sie das in Word, Excel o. Ä. machen, spielt keine Rolle. Daraufhin wird der Aufgabenbereich **Zwischenablage** eingeblendet mit der Liste der aktuell in der Zwischenablage enthaltenen Objekte ❷. Sie können hier nun das gewünschte Objekt auswählen. Es wird an der Stelle integriert, an der sich aktuell die Einfügemarke des Programms befindet.

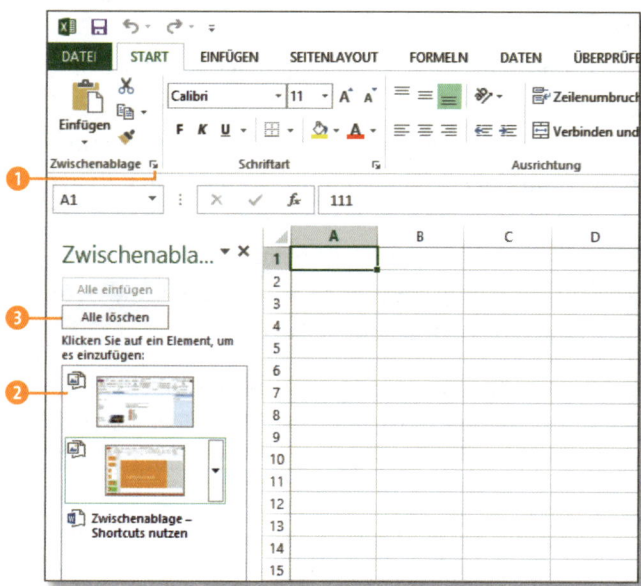

Abbildung 45.1 Die Objekte werden im Aufgabenbereich »Zwischenablage« auf der linken Seite gesammelt (hier im Programm Excel).

Auf diese Weise lassen sich übrigens bis zu 24 Objekte sammeln. Sobald Sie das 25. Element hinzufügen, wird das erste gelöscht. Allerdings ist die Anzahl der integrierbaren Elemente nicht zuletzt auch abhängig von deren Größe sowie der zur Verfügung stehenden Kapazität Ihres Arbeitsspeichers (RAM). Wenn hier nicht mehr genügend Platz vorhanden ist, wird das Objekt zwar trotzdem in die Zwischenablage des Betriebssystems befördert, kann jedoch in der Ablage der Office-Dokumente nicht mehr berücksichtigt werden. In diesem Fall erscheint in der jeweiligen Anwendung unten rechts auch eine entsprechende Meldung.

Abbildung 45.2 Der letzte Screenshot kann von der Office-Anwendung nicht mehr aufgenommen werden.

Aus diesem Grund kann es sinnvoll sein, nicht mehr benötigte Objekte aus der Zwischenablage zu entfernen. Im Aufgabenbereich **Zwischenablage** steht Ihnen dazu die Schaltfläche **Alle Löschen** ❸ zur Verfügung, wenn die komplette Ablage geleert werden soll.

Abbildung 45.3 Entfernen Sie Objekte, die nicht mehr benötigt werden.

Wollen Sie hingegen nur einzelne Elemente aus der Office-Zwischenablage entfernen, sollten Sie die Dreieck-Schaltfläche neben dem Objekt ❹ anklicken und sich im Aufklappmenü für den Befehl **Löschen** entscheiden.

Die Einfügeoptionen

Die Schaltfläche **Einfügen** in der Gruppe **Zwischenablage** der Registerkarte **Start** ist wie viele andere Office-Buttons auch in zwei Hälften unterteilt. Klicken Sie auf die obere Hälfte, um das aktuellste (sprich: das zuletzt in die Office-Zwischenablage eingefügte Objekt) ohne weitere Optionen einzubetten. Benutzen Sie die untere Hälfte, um weitere Einfügeoptionen über das Auswahlmenü zu erhalten, die je nach Anwendung unterschiedlichen Inhalts sein können. So lässt sich beispielsweise bei der Übertragung von Text via Zwischenablage in Word entscheiden, wie mit der Textformatierung umgegangen werden soll.

Abbildung 45.4 Die Einfügeoptionen werden durch Klick auf die untere Hälfte des Schalters zugänglich.

Mit der Option **Zieldesign verwenden** wird das eingefügte Element an das Design angepasst, das im Zieldokument Gültigkeit hat. Die Schaltfläche **Ursprüngliche Formatierung beibehalten** bewirkt, dass die Attribute des Textes auch nach der Einfügung in das Zieldokument erhalten bleiben. Es findet keine Anpassung statt. Mithilfe des Buttons **Formatierung zusammenführen** wird die Textformatierung an die unmittelbar vor und hinter der Einfügung gültigen Textattribute angepasst. Die im Quelldokument gültige Formatierung wird über den Befehl **Nur den Text übernehmen** verworfen.

Einfügeoptionen festlegen

Die zweifellos schnellste und intuitivste Art der Übergabe von Elementen wird durch die Zuhilfenahme der Tastaturbefehle ⌈Strg⌉ + ⌈C⌉ (Kopieren), ⌈Strg⌉ + ⌈X⌉ (Ausschneiden) und ⌈Strg⌉ + ⌈V⌉ (Einfügen) erreicht. Allerdings haben Sie im vorangegangenen Abschnitt erfahren, dass dabei keine Einfügeoptionen berücksichtigt werden. Wer möchte, dass eingefügte Texte automatisch an die Formatierung des Zieldokuments angepasst werden, wird damit gut leben können, denn das ist Standard. Was aber, wenn es beispielsweise gewünscht ist, dass die ursprüngliche Formatierung bei Übertragung von Text auch im Zieldokument beibehalten wird? Dann müssen Sie das der Anwendung mitteilen. (Hier nehmen wir das Beispiel Word, da es insgesamt über die meisten Optionen verfügt. Prinzipiell sind entsprechende Optionen aber auch in Excel und PowerPoint zu finden.)

1 Öffnen Sie das Dialogfenster **Word-Optionen**, indem Sie innerhalb des Textverarbeitungsprogramms auf **Datei** > **Optionen** klicken.

2 Wählen Sie in der linken Spalte die Rubrik **Erweitert** und scrollen Sie auf der rechten Seite bis zum Bereich **Ausschneiden, Kopieren und Einfügen** herunter.

3 Stellen Sie die jeweiligen Steuerelemente nach Wunsch ein. Um beim Beispiel zu bleiben, müssten Sie im Auswahlfeld **Einfügen zwischen Dokumenten, wenn Formatvorlagendefinitionen nicht übereinstimmen** die Option **Ursprüngliche Formatierung beibehalten ❶** einstellen.

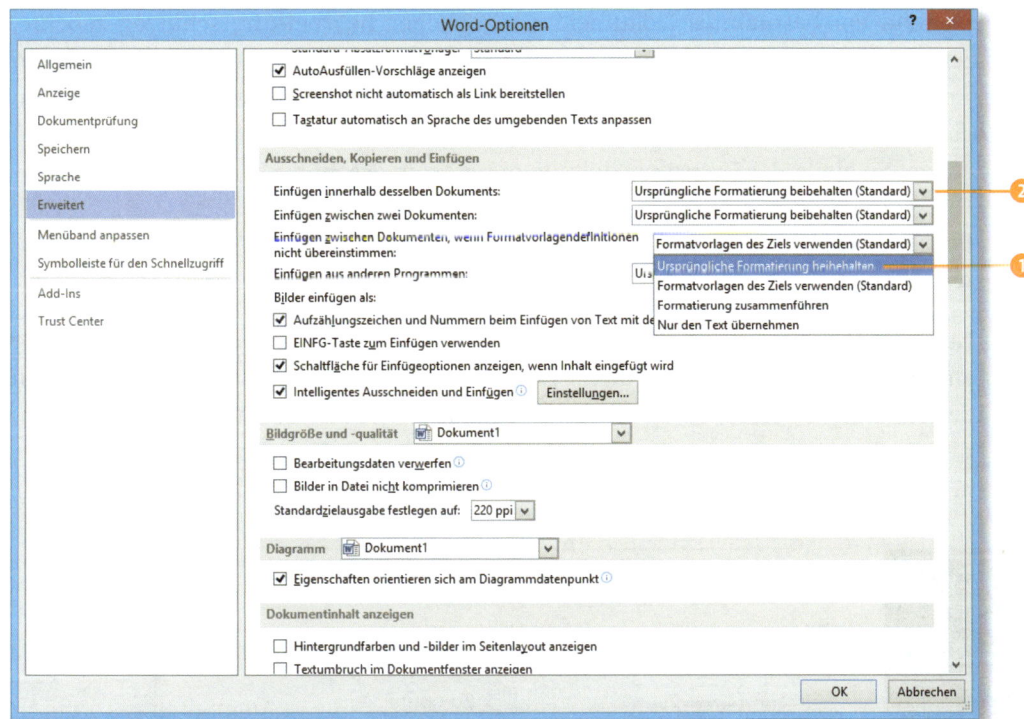

4 Bestätigen Sie Ihre Einstellungen mit einem Klick auf **OK**.

Bitte bedenken Sie, dass die soeben vorgenommene Einstellung nur Auswirkungen auf Elemente hat, die aus anderen Word-Dokumenten stammen. Möchten Sie, dass die Option auch innerhalb des Dokuments Gültigkeit hat, müssen Sie die gleiche Einstellung auch im Steuerelement **Einfügen innerhalb desselben Dokuments ❷** vornehmen. Auch das **Einfügen aus anderen Programmen** wird hier separat geregelt. Das ist zwar zunächst einmal etwas umständlich, ermöglicht aber die individuelle Anpassung der Einfügeoptionen in den unterschiedlichsten Bereichen.

45.2 Dokumente schreibgeschützt öffnen

Office-Dokumente können auf unterschiedliche Art und Weise vor weiterer Bearbeitung geschützt werden. Zum einen kann die Bearbeitung eingeschränkt werden, zum anderen lässt sich ein Zugriffsschutz erreichen. Auch der Windows-Schreibschutz ist eine ebenso effektive Option wie das vorsorglich schreibgeschützte Öffnen eines Dokuments. Mit Letzterem wollen wir beginnen.

Ein Dokument schreibgeschützt öffnen

Wenn man ein bestimmtes Dokument vor jeglicher Bearbeitung schützen möchte, öffnet man es am besten schreibgeschützt. Der Anwender kann zwar immer noch Änderungen an dem Dokument vornehmen, jedoch lässt es sich nicht erneut speichern. Möchte man die Änderungen dennoch übernehmen, muss man daraus eine neue Datei erzeugen. So bleibt das Ursprungsdokument wirksam geschützt.

1 Begeben Sie sich aus einer Office-Anwendung heraus in die Backstage-Ansicht (**Datei**). Wählen Sie in der linken Spalte die Rubrik **Öffnen**.

2 Nun wird Ihnen auf der rechten Seite eine Liste der zuletzt verwendeten Dokumente angezeigt. Ein Klick auf einen dieser Einträge bewirkt aber lediglich das reine Öffnen des Dokuments – ohne Schreibschutz. Wer genau das jedoch möchte, darf die Listeneinträge nicht verwenden, sondern klickt zunächst in der mittleren Spalte auf den Bereich, in dem sich das zu öffnende Dokument befindet (z. B. **OneDrive** oder **Computer**).

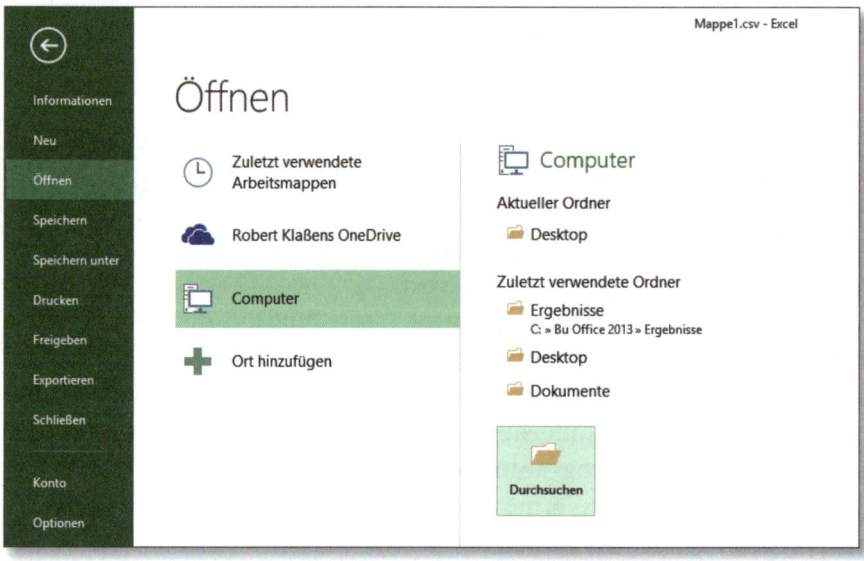

3 Anschließend selektieren Sie einen der zuletzt verwendeten Ordner rechts in der Backstage-Ansicht. Sollte der Zielort hier nicht aufgeführt sein, klicken Sie auf die Schaltfläche **Durchsuchen**.

4 Navigieren Sie im Folgedialog zum gewünschten Dokument und markieren Sie es mit einem einfachen Mausklick.

5 Klicken Sie nun nicht, wie sonst üblich im Dialogfenster **Öffnen**, auf den Button **Öffnen**, sondern auf die rechts daneben befindliche kleine Dreieck-Schaltfläche. Klicken Sie im Menü auf den Befehl **Schreibgeschützt öffnen**.

6 Sie können nun Änderungen an dem Dokument durchführen und dürfen es sogar unter einem anderen Namen oder an einem anderen Ort speichern. Allerdings lassen sich die Änderungen nicht im Originaldokument sichern. Versuchen Sie es dennoch (beispielsweise indem Sie das Dokument schließen und die Abfrage mit **Speichern** beantworten), wird Ihnen ein entsprechender Hinweis angezeigt.

7 Betätigen Sie in diesem Fall **Speichern unter**. Die Anwendung vergibt automatisch den Dateinamenzusatz *Kopie von*.

Dass ein Dokument schreibgeschützt ist, erfahren Sie übrigens auch in der Backstage-Ansicht. Das ist gut, denn sollten Sie Änderungen an einem geschützten Dokument versehentlich durch das herkömmliche Speichern übergeben wollen, wird Ihnen bereits im Bereich **Informationen** der Backstage-Ansicht ein entsprechender in Gelb eingefasster Hinweis angezeigt. Klicken Sie nun dennoch auf **Speichern** oder **Speichern unter**, folgt die entsprechende Hinweistafel unmittelbar.

Abbildung 45.5 Speichern ist hier nicht drin.

Natürlich ist der besagte Schutz vor Bearbeitung nur dann gegeben, wenn man das Dokument tatsächlich schreibgeschützt öffnet. Zur Weitergabe ist diese Sicherheit also nicht wirklich zu gebrauchen – denn man kann sich ja nicht darauf verlassen, dass der Empfänger es wirklich schreibgeschützt öffnet. Wenn also jemand anderes das Dokument bekommt, sollten Sie andere Schutzmechanismen verwenden.

Dokumente schützen

An dieser Stelle sei kurz darauf hingewiesen, dass Dokumente auch aus der jeweiligen Anwendung heraus geschützt werden können. Der Weg ist hier jedoch nicht einheitlich. In Word beispielsweise klicken Sie auf den Button **Bearbeitung einschränken** in der Gruppe **Schützen** der Registerkarte **Überprüfen**. Mithilfe des daraufhin erscheinenden Aufgabenbereichs **Bearbeitung einschränken** lässt sich die Art des Schutzes definieren.

In Excel gehen Sie hingegen über **Überprüfen > Änderungen > Arbeitsmappe schützen und freigeben**. Alternativ dürfen Sie auch **Benutzer dürfen Bereiche bearbeiten** auswählen. Nach einem Klick auf **Neu** kann beispielsweise festgelegt werden, wer welche Bereiche bearbeiten darf. Mithilfe der Schaltfläche **Blattschutz** können sogar Art und Umfang der Bearbeitungsmöglichkeiten geregelt werden.

Abbildung 45.6 In Excel können Zellenbereiche für einzelne Bearbeiter freigegeben werden.

> **INFO**
>
> **Einstellungen für den Zugriffsschutz**
>
> Mithilfe des Trust Centers sind Sie ebenfalls in der Lage, den Zugriffsschutz zu regeln – allerdings nur übergreifend für bestimmte Dokumenttypen. Auch hier bringt jede Anwendung ihre eigenen, individuellen Einstelloptionen mit, die über **Datei > Optionen > Trust Center > Einstellungen für das Trust Center > Einstellungen für den Zugriffsschutz** erreicht werden. Welche Art des Schutzes die Dokumente erfahren sollen, regeln Sie im unteren Bereich des Dialogs – und zwar mit den Radiobuttons **Öffnungsverhalten für ausgewählte Dateitypen**.

Der Windows-Schreibschutz

Schauen Sie sich noch diese leider wenig genutzte, aber sehr effektive Schreibschutzmethode an. Sie können nämlich ein Dokument auch außerhalb der jeweiligen Office-Anwendung gegen unbeabsichtigtes Überschreiben schützen. Das erreichen Sie, indem Sie die Datei im Explorer mit rechts anklicken und im Kontextmenü auf **Eigenschaften** klicken. Aktivieren Sie im Dialogfenster nun einfach das Häkchen vor **Schreibgeschützt**, das sich im Bereich **Attribute** der Registerkarte **Allgemein** befindet, und verlassen Sie den Dialog per Klick auf **OK**.

Abbildung 45.7 Der Schreibschutz erfolgt außerhalb der Anwendung.

Die Datei kann nun wie auch beim schreibgeschützten Öffnen nach Belieben bearbeitet werden. Beim Versuch, das Dokument zu speichern, werden Sie jedoch mit dem Schreibschutz konfrontiert. Im folgenden Dialogfenster können Sie sich nur zwischen **Nicht speichern** oder **Speichern unter** entscheiden. Letzteres lässt das Sichern unter gleichem Namen und am gleichen Speicherort nicht zu, es wird also eine neue Datei mit Ihren Änderungen erstellt. Über **Abbrechen** kehren Sie ohne zu speichern zum Dokument zurück.

45.3   Hyperlinks auf andere Dateien setzen

In diesem Abschnitt schauen wir uns an, wie sich Dokumente untereinander verbinden lassen. Öffnen Sie beispielsweise eine Word-Datei aus Excel heraus, starten Sie eine Bildschirmpräsentation in Word und greifen Sie von PowerPoint aus auf ein Tabellenblatt oder eine Excel-Arbeitsmappe zu. Selbst das Einfügen Office-fremder Elemente ist möglich (z. B. Bilder, Webseiten, andere Anwendungen und Apps).

Verbindung zu einer externen Datei herstellen

Es spielt keine Rolle, ob Sie nun in Word, PowerPoint oder Excel starten – die Vorgehensweise ist immer die gleiche. Fügen Sie einen sogenannten Link ein, um andere Dokumente in Ihrem derzeitigen Dokument zugänglich zu machen.

1 Markieren Sie zunächst den Text, der als Hyperlink fungieren soll. Sie dürfen alternativ auch ein beliebiges Objekt (z. B. Form, Diagramm, Bild, Onlinegrafik) aussuchen. Objektverknüpfungen werden übrigens als Links bezeichnet, während Textlinks auch als Hyperlinks betitelt werden.

2 Klicken Sie auf die Schaltfläche **Link** in der gleichnamigen Gruppe der Registerkarte **Einfügen**.

3 In der linken Spalte des Dialogs **Link einfügen** müssen Sie zunächst den Verwendungszweck des Links festlegen. Um eine vorhandene Datei ansteuern zu können, entscheiden Sie sich im Bereich **Link zu** also für **Datei oder Webseite**. Beachten Sie hierzu auch den Unterabschnitt »Die Link-Optionen im Dialog ›Link einfügen‹« auf Seite 1082.

4 Markieren Sie in der Dialogmitte das externe Dokument, das durch Klick auf den Link im aktuellen Dokument zugänglich gemacht werden soll. Verlassen Sie das Bedienfeld mit einem Klick auf die Schaltfläche **OK**.

5 Testen Sie den Hyperlink, indem Sie darauf klicken, während Sie `Strg` drücken. Innerhalb von Präsentationsmodi (z. B. während der Bildschirmpräsentation oder der Leseansicht in Word) kann das Dokument auch ohne Zuhilfenahme von `Strg` aufgerufen werden.

Im Zusammenhang mit der Hyperlink-Erstellung ist auch die Vergabe einer QuickInfo interessant. Klicken Sie im Dialog (siehe Schritt 3) auf den gleichnamigen Schalter oben rechts, können Sie einen entsprechenden Text eingeben. Dieser sollte erklärende Hinweise zum Ziel des Links erhalten, da er dem Benutzer angezeigt wird, wenn er die Maustaste auf dem Link parkt.

Die Link-Optionen im Dialog »Link einfügen«

Wie Sie bereits im Unterabschnitt »Verbindung zu einer externen Datei herstellen« auf Seite 1080 erfahren haben, dient die erste Option im Bereich **Link zu** des Dialogfensters **Link einfügen** dazu, eine beliebige externe Datei in Ihr Dokument per Link einzubinden. Über die Option **Aktuelles Dokument** verzweigen Sie zu einer beliebigen Stelle innerhalb eines Dokuments. Durch Klick auf den Hyperlink kann eine Stelle angesprungen werden, die als Überschrift formatiert ist. Alternativ kann auch eine zuvor vergebene Textmarke (**Einfügen** > **Textmarke**) auf diese Weise angewählt werden. Mithilfe der dritten Option, **Neues Dokument erstellen**, erzeugen Sie aus dem aktuellen Dokument heraus ein beliebiges neues Office-Dokument. Geben Sie den Speicherort dieses Dokuments an, indem Sie auf **Ändern** klicken. Danach lässt sich auch der Dateityp festlegen (z. B. *.pptx*, *.docx*, *.xlsx*). Zu guter Letzt können Sie über die Schaltfläche **E-Mail-Adresse** einen Hyperlink zur Erstellung einer E-Mail an eine bestimmte Adresse definieren. Ein Klick auf den Link öffnet Outlook (oder das vom Anwender benutzte Standard-E-Mail-Programm) und erzeugt eine E-Mail an den zuvor eingetragenen Empfänger.

Hyperlinks in OneNote

Hyperlinks lassen sich auch in Ihrem elektronischen Notizbuch auf die zuvor beschriebene Weise erstellen. Allerdings öffnet sich hier ein anderer Dialog. Wer ein bestimmtes Dokument zugänglich machen möchte, muss nach einem Klick auf die Schaltfläche **Link** in der gleichnamigen Gruppe der Registerkarte **Einfügen** auf das Ordner-Symbol in der Zeile **Adresse** klicken und einen entsprechenden Link zu einer Datei einrichten.

Abbildung 45.8 In OneNote funktioniert das Verbinden etwas anders.

Kapitel 46

Datenaustausch zwischen Office-Anwendungen

Jedes Office-Programm ist als eigenständige Anwendung ausführbar. Dennoch lassen sich Daten untereinander austauschen. Fügen Sie Excel-Daten in Word ein, übernehmen Sie Texte in PowerPoint oder integrieren Sie eine Datenbank in die Tabellenkalkulationssoftware.

46.1 Einbetten oder verknüpfen?

Eine Frage stellt sich beim Datenaustausch zwischen Office-Anwendungen besonders häufig: Sollen Daten im Zieldokument eingebettet oder verknüpft werden? Es ist sehr wichtig, dass Sie sich jedes Mal aufs Neue Gedanken darüber machen, auf welche Art und Weise die benötigten Daten in ein Dokument eingefügt werden sollen. Wollen Sie beispielsweise eine Excel-Datei in Word verwenden, müssen Sie entscheiden, ob diese eingebettet oder verknüpft werden soll. Der markante Unterschied: Betten Sie die Datei ein (auch als *Einbinden* bezeichnet), wird der aktuelle Stand der Excel-Arbeitsmappe bzw. des Tabellenblattes in Word übernommen und nie wieder verändert. Am Zustand der in Word eingebetteten Excel-Informationen ändert sich auch dann nichts, wenn die originale Excel-Datei überarbeitet wird. Das ist anders, wenn eine Datei verknüpft wird. In diesem Fall können die Informationen immer auf dem aktuellen Stand gehalten werden. Nehmen Sie also Änderungen am Excel-Dokument vor, werden diese Änderungen auch in Word angezeigt.

46.2 Objekte aus anderen Programmen einfügen

Grundsätzlich kann so ziemlich alles in ein Office-Dokument integriert werden, was auf dem PC darstellbar ist. Ein Foto beispielsweise lässt sich ebenso hinzufügen wie ein Text, eine Grafik oder Ähnliches. In den allermeisten Fällen ist sogar die Übergabe via Zwischenablage möglich (siehe dazu Abschnitt 45.1, »Die Zwischenablage nutzen«, Seite 1071).

Objekte über die Zwischenablage einfügen

Sie möchten ein Foto in Word, Excel oder PowerPoint einfügen? Kein Problem. Benutzen Sie dazu die entsprechenden Steuerelemente auf der Registerkarte **Einfügen** der jeweiligen Anwendung. Noch einfacher geht es über die Zwischenablage. Navigieren Sie zu dem Foto, welches integriert werden soll, markieren Sie es und betätigen Sie anschließend Strg + C. Begeben Sie sich in die gewünschte Anwendung, markieren Sie die Stelle, an der das Foto erscheinen soll, und drücken Sie die Tastenkombination Strg + V – fertig ist die Einbettung.

Objekte per Drag & Drop einfügen

Noch einfacher ist die Integration von Elementen per Drag & Drop. Um beim Beispiel des Fotos zu bleiben, müssen Sie lediglich dafür sorgen, dass der Bildordner bzw. die Bilddatei neben der Anwendung platziert wird. Klicken Sie auf das Foto, ziehen Sie es herüber, während die Maustaste gedrückt bleibt, und lassen Sie die Maustaste an der Stelle im Dokument los, an die das Foto eingefügt werden soll.

Abbildung 46.1 Objekte lassen sich per Drag & Drop integrieren.

Allerdings sind der Integration per Drag & Drop auch Grenzen gesetzt. Denn wenn Sie beispielsweise versuchen, eine PowerPoint-Datei durch Ziehen und Fallenlassen in ein Word-Dokument zu integrieren, werden Sie damit allenfalls ein grafisches Symbol, nämlich das der PowerPoint-Datei, integrieren, nicht jedoch die Präsentation selbst.

Abbildung 46.2 Hier wird nur ein Icon platziert.

Nun könnten Sie dieses Icon in Word markieren und mit einer Funktion ausstatten. Dazu klicken Sie auf die Schaltfläche **Link** in der gleichnamigen Gruppe der Register-karte **Einfügen** und verbinden dieses Element mit der PowerPoint-Originaldatei. Wenn Sie nun später im Lesemodus darauf klicken (oder es in einer anderen Ansicht mit ge-haltener Taste $\boxed{\text{Strg}}$ auswählen), wird die verlinkte Datei geöffnet. (Weitere Hinweise dazu finden Sie in Abschnitt 45.3, »Hyperlinks auf andere Dateien setzen«, Seite 1080.) Doch das ist nicht Sinn und Zweck der Integration von Dateien. Vielmehr geht es dar-um, Dateiinhalte in anderen Office-Anwendungen sichtbar zu machen. Genau darum wollen wir uns auch in den folgenden Abschnitten dieses Kapitels kümmern.

46.3 Word 2013 – Daten aus Excel und Access übernehmen

In diesem Abschnitt werden wir uns damit beschäftigen, Daten unterschiedlichen Ur-sprungs in die Textverarbeitungssoftware zu integrieren. Dabei geht es nicht um das Platzieren von Fotos, Grafiken o. Ä., sondern um die Integration von Excel- und Access-Dateien.

Neue Excel-Tabelle in Word einfügen

Word und Excel sind die wohl am häufigsten eingesetzten Anwendungen der Office-Suite. Aufgrund dessen ist auch eine nahtlose Integration zwischen den beiden Arbeitsumgebungen sehr wichtig. Allerdings dürfen Sie zur reinen Erstellung einer Excel-Tabelle in Word die Tabellenkalkulationssoftware auch einmal außen vor lassen.

1 Platzieren Sie die Einfügemarke an der Stelle im Word-Dokument, an der die Excel-Tabelle später erscheinen soll.

2 Klicken Sie nun auf den Button **Tabelle** in der Gruppe **Tabellen** der Registerkarte **Einfügen**. Wählen Sie im Menü der Schaltfläche die Option **Excel-Kalkulations-tabelle**.

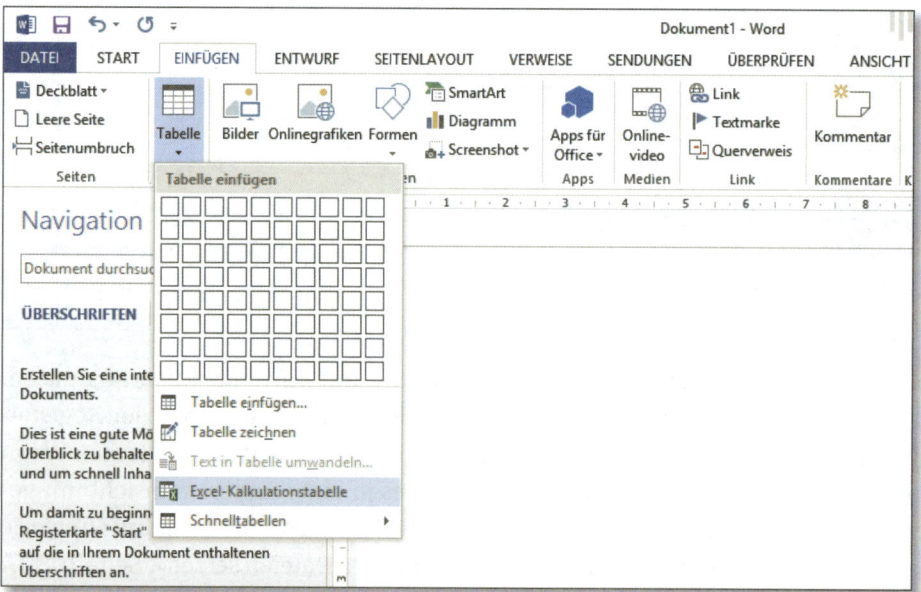

3 Sie befinden sich immer noch in Word, obwohl das Menüband doch sehr an Excel erinnert. Erzeugen Sie die benötigten Zelleninhalte und gestalten Sie die Tabelle so, wie Sie das von Excel her gewöhnt sind.

4 Wenn Sie fertig sind, sollten Sie dem schraffierten Rahmen der Tabelle noch Aufmerksamkeit schenken. Dieser symbolisiert nämlich grundsätzlich, was später im Word-Dokument zu sehen sein wird. Deswegen sollten Sie den unteren rechten Anfasser anklicken und den gesamten Rahmen derart verkleinern, dass anschließend nur noch die relevanten (mit Inhalt gefüllten) Zellen zu sehen sind.

5 Wenn das erledigt ist, führen Sie einen Mausklick außerhalb der Tabelle aus. Das bewirkt, dass Sie die Excel-Kalkulationstabelle verlassen und zur herkömmlichen Word-Ansicht zurückkehren. Die integrierte Tabelle finden Sie daraufhin als Element in Ihrem Dokumenttext vor.

6 Die Tabelle kann nun nach Wunsch weiter verarbeitet werden. So können Sie beispielsweise über die Schaltflächen **Position** und **Zeilenumbruch** in der Gruppe **Anordnen** der Registerkarte **Seitenlayout** Änderungen vornehmen. Über die Eckanfasser können Sie die Tabelle außerdem skalieren. Dafür müssen Sie sie anklicken und an den Anfassern in Form ziehen.

Änderungen an der Tabelle sind auch noch im Nachhinein möglich. Wann immer Sie die Tabelle inhaltlich nachbearbeiten wollen, platzieren Sie einen Doppelklick darauf. Eine Beispieldatei finden Sie unter dem Namen *Tabellenobjekte.docx* im Ordner *Ergebnisse* auf der Buch-CD.

Tabelle in Excel nachbearbeiten

Grundsätzlich erfolgt die Bearbeitung einer solchen Tabelle innerhalb von Word. Das ist auch der Fall, wenn Sie durch einen Doppelklick in den Tabellen-Bearbeitungsmodus gehen. Allerdings stehen hier längst nicht alle Optionen zur Verfügung, die Excel gemeinhin zu bieten hat. Im Zweifel öffnen Sie die Tabelle daher zur Nachbearbeitung in Excel.

1 Klicken Sie mit rechts auf die Tabelle. Im Kontextmenü wählen Sie anschließend die Option **Arbeitsblatt-Objekt** und klicken im Folgemenü auf **Öffnen**.

2 Die Tabelle wird nun in Word schraffiert angezeigt. Das bedeutet: Sie kann dort temporär nicht bearbeitet werden. Das liegt daran, dass die Tabelle zwischenzeitlich in Excel bereitgestellt worden ist und sich dort mit den Bearbeitungsoptionen der Tabellenkalkulationssoftware anpassen lässt.

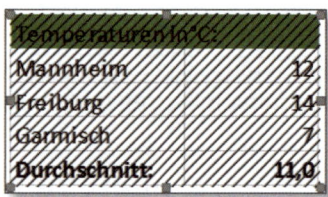

3 Wenn Sie fertig sind, müssen Sie die Datei nicht speichern, sondern lediglich das Excel-Fenster schließen. Die Änderungen werden auch in Word automatisch übernommen. Zudem wird die Schraffierung der Tabelle ausgeblendet.

Eine vorhandene Excel-Tabelle in Word einfügen

Es gibt bereits eine Excel-Tabelle, die jetzt Bestandteil eines Word-Dokuments werden soll? Nichts leichter als das. Sie müssen sich zunächst nur entscheiden, ob die Tabelle eingebettet oder verknüpft werden soll.

1 Begeben Sie sich zunächst an den Speicherort Ihrer Excel-Datei. Die Datei selbst muss nicht geöffnet werden. Es reicht, wenn Sie sie mit rechts anklicken und sich anschließend für den Befehl **Kopieren** entscheiden. Alternativ klicken Sie mit links darauf und drücken die Tastenkombination `Strg` + `C`.

2 Anschließend rufen Sie das Word-Dokument auf, in das die Datei eingefügt werden soll. Platzieren Sie die Einfügemarke an die Stelle, an der die Excel-Datei erscheinen soll.

3 Klicken Sie auf die untere Hälfte der Schaltfläche **Einfügen** in der Gruppe **Zwischenablage** der Registerkarte **Start**. Entscheiden Sie sich im Menü für **Inhalte einfügen**. Wer lieber mit der Tastatur arbeitet, kann stattdessen auch direkt nach Platzierung der Einfügemarke `Strg` + `Alt` + `V` drücken.

4 Daraufhin wird der Dialog **Inhalte einfügen** geöffnet. Hier müssen Sie zunächst per Auswahl des entsprechenden Radiobuttons festlegen, ob die Tabelle in das Dokument eingebettet werden soll, in diesem Fall aktivieren Sie **Einfügen**, oder ob Sie lieber eine **Verknüpfung einfügen** wollen. Somit ist die Tabelle später aktualisierbar.

5 In der Liste **Als** müssen Sie sich nun noch für den Eintrag **Microsoft Excel 97-2003-Arbeitsblatt-Objekt** entscheiden, ehe Sie auf **OK** klicken.

Den wesentlichen Unterschied zwischen Einfügen und Verknüpfen haben Sie ja bereits in Abschnitt 46.1, »Einbetten oder Verknüpfen?«, Seite 1083, kennengelernt. An dieser Stelle wollen wir noch darauf hinweisen, dass sich die Tabelle entsprechend verhält, wenn Sie später innerhalb des Word-Dokuments einen Doppelklick darauf ausführen. Bei eingefügten Tabellen öffnet sich nämlich die Oberfläche zur Tabellenbearbeitung in Word, während ein Doppelklick auf eine eingebettete Tabelle stets die Excel-Arbeitsumgebung öffnet.

INFO

Warum Microsoft Excel 97-2003-Arbeitsblatt-Objekt?

Es stellt sich die Frage, warum im Dialog **Inhalte einfügen** nur ein im Prinzip veraltetes Dateisystem für die Einbettung von Excel-Arbeitsblättern verwendet wird. Das liegt daran, dass es bei aktuellen Formaten (z. B. *.xlsx*) mitunter zu Fehlermeldungen kommt. Microsoft hat seinerzeit eingeräumt, dass dieser Fehler mit Verwendung dieses Datenformats zusammenhängt, eine adäquate Lösung jedoch nach unserem Kenntnisstand bis dato nicht geschaffen – obgleich wir diesen Fehler hier nicht mehr nachvollziehen konnten. Sollte es bei Einbettung von *.xlsx*-Dateien zu Problemen kommen, speichern Sie das Dokument als **Microsoft Excel 97-2003-Arbeitsmappe (*.xls)** ab und benutzen Sie dieses Dokument zur Integration in Word.

Tabellenbereiche aus Excel in Word einfügen

In diesem Abschnitt schauen wir uns eine Alternative zur vorangegangenen Methode, eine ganze Tabelle in Word zu integrieren, an. Die folgende Vorgehensweise bietet sich immer dann an, wenn anstelle einer kompletten Tabelle nur ein bestimmter Bereich verwendet werden soll. Dabei existieren übrigens andere Integrationsmethoden als die, die Sie bislang kennengelernt haben.

1 Öffnen Sie das Excel-Dokument, aus dem einige Daten in Word benutzt werden sollen.

2 Danach markieren Sie alle relevanten Zellen. Beachten Sie, dass die Zellen aneinander angrenzen müssen. Es ist also nicht möglich, nur bestimmte, nicht beisammenliegende Zellen zu markieren. Wählen Sie stattdessen die obere linke Zelle jenes Bereichs aus, den Sie kopieren wollen. Danach halten Sie ⇧ gedrückt und wählen auch die untere rechte Zelle aus.

3 Drücken Sie Strg + C oder klicken Sie mit rechts auf den markierten Zellenbereich und dann im Kontextmenü auf den Befehl **Kopieren**.

4 Nun begeben Sie sich in das Word-Dokument und setzen die Einfügemarke an die Position, an die das Objekt eingefügt werden soll.

5 Klicken Sie auf die untere Hälfte der Schaltfläche **Einfügen** (**Start** > **Zwischenablage**). Hier stehen Ihnen nun verschiedene Einfügeoptionen zur Verfügung, deren Bedeutung wir Ihnen im Unterabschnitt »Einfügeoptionen« auf Seite 1092 vorstellen werden. Um die Datei unter Aufrechterhaltung der Excel-Formatierung zu verknüpfen, klicken Sie auf die Schaltfläche **Verknüpfen und ursprüngliche Formatierung beibehalten**.

6 Das Interessante an dieser Vorgehensweise ist, dass Änderungen innerhalb der Excel-Datei fortan direkt und ohne jegliches Zutun auch im Word-Dokument ange-

46

passt werden. Gehen Sie in die Excel-Datei und verändern Sie einen beliebigen Wert. Danach schauen Sie im Word-Dokument nach. Auch dort ist die Änderung unmittelbar vollzogen worden.

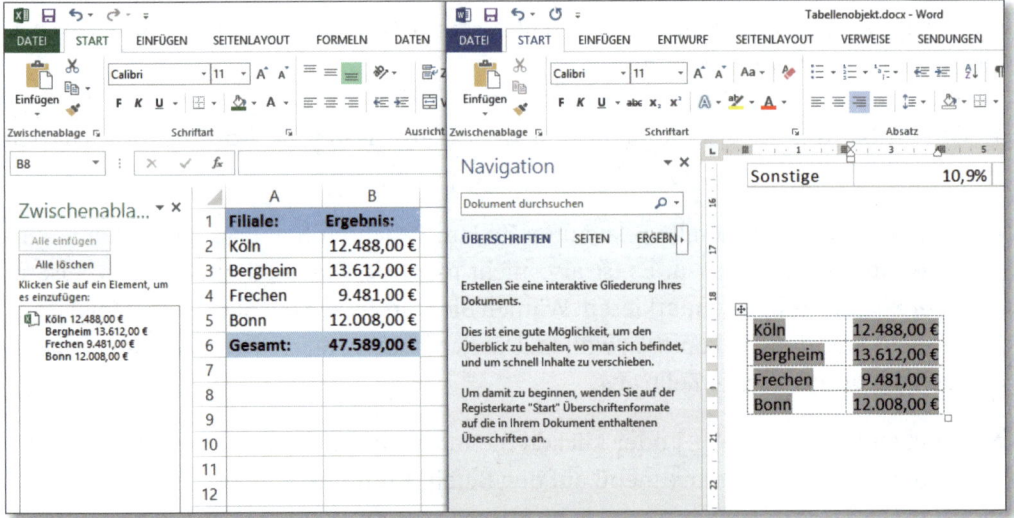

Falls die Änderung nicht automatisch vollzogen worden ist, könnte es daran liegen, dass Sie sich innerhalb der Excel-Datei noch in der Zelle befinden, in der die Änderungen vorgenommen worden sind. Verlassen Sie in diesem Fall die Zelle und kontrollieren Sie das Word-Dokument abermals. Jetzt sollte dieses auch aktualisiert worden sein.

Einfügeoptionen

Wenn Tabellenzellen auf die im Abschnitt »Tabellenbereiche aus Excel in Word einfügen« auf Seite 1091 beschriebene Weise in Excel kopiert und deren Inhalte anschließend über die Schaltfläche **Einfügen** (**Start** > **Zwischenablage**) integriert werden, bietet Word Ihnen verschiedene Einfügeoptionen an. Diese stellen wir Ihnen nun im Einzelnen vor.

Mit der Option **Ursprüngliche Formatierung beibehalten** werden die Inhalte in das Word-Dokument eingebettet. Darüber hinaus wird die Formatierung des Excel-Dokuments beibehalten. Klicken Sie auf **Zellenformatvorlagen verwenden**, werden die Inhalte auch in das Word-Dokument eingebettet. Allerdings wird die derzeit an der aktuellen Position des Word-Dokuments gültige Formatierung auch auf die Zelleninhalte angewendet. Über den Button **Verknüpfen und ursprüngliche Formatierung beibehalten** hingegen werden die Inhalte mit dem Word-Dokument lediglich verknüpft.

Gleichzeitig werden die Formatierungen des Excel-Dokuments übernommen und im Word-Dokument beibehalten. Das Gleiche gilt bei **Verknüpfen und Zellformatvorlagen verwenden** – die Zelleninhalte werden mit dem Excel-Dokument verknüpft. Jedoch wird die Formatierung des Word-Dokuments auf die Zelleninhalte übertragen. Mithilfe des Buttons **Grafik** wird die Tabelle als Grafik in das Dokument eingefügt. Diese kann später wie eine herkömmliche Grafik, ein Bild oder eine Illustration bearbeitet werden. Allerdings ist eine nachträgliche Bearbeitung der Tabelleninhalte nicht mehr möglich. Zudem ist der Text nicht mehr editierbar. Zu guter Letzt werden mit der Schaltfläche **Nur den Text übernehmen** die Zelleninhalte als herkömmlicher Text in das Word-Dokument eingebettet. Die Zellenmarkierungen werden verworfen und die einzelnen Zellen durch eine Tabulatorschaltung voneinander getrennt. Der Text bleibt in diesem Fall jedoch editierbar.

Eine einzelne Excel-Zelle auslesen und in Word integrieren

Mitunter möchte man sich innerhalb einer Word-Datei nur auf ein einzelnes Ergebnis beziehen, welches sich in einer Excel-Datei befindet, und dieses in den Text einfließen lassen. Klar, in diesem Fall ließe sich der Wert ganz einfach mit der Zwischenablage in den Text integrieren. Was aber, wenn sich das derzeit vorliegende Excel-Ergebnis noch ändern kann? Dann sollte die Zelle verknüpft werden, sodass diese Änderungen auch ständig in Word aktualisiert werden.

1 Erzeugen Sie zunächst ein Word- und ein Excel-Dokument. Wenn Sie möchten, können Sie auch die beiden Beispieldateien *Umsatz.docx* und *Umsatz.xlsx* aus dem Ordner *46* auf der Buch-CD öffnen.

2 Lesen Sie zunächst den Text des Word-Dokuments. Im zweiten Satz ist vom Betriebsergebnis der Filiale in Frechen zu lesen. Das eigentliche Ergebnis fehlt jedoch noch. Es ist vielmehr durch ein **x** repräsentiert, markieren Sie dieses nun.

3 Rufen Sie das Excel-Dokument auf und markieren Sie die Zelle **B4**. Befördern Sie deren Inhalt mit Strg + C in die Zwischenablage des Betriebssystems.

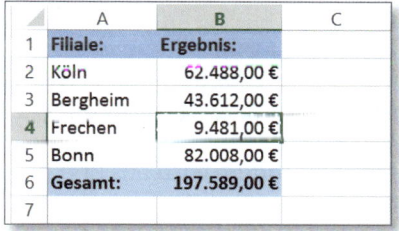

4 Wechseln Sie wieder zum Word-Dokument, in dem das **x** noch immer markiert sein sollte. Klicken Sie auf die untere Hälfte des Buttons **Einfügen** in der Gruppe **Zwischenablage** der Registerkarte **Start**.

5 Nun sollte man meinen, man könne direkt eine der beiden im vorangegangenen Abschnitt erwähnten Verknüpfungsoptionen verwenden, beispielsweise **Verknüpfen und ursprüngliche Formatierung beibehalten** oder **Verknüpfen und Formatierung zusammenführen**. Doch das ist leider nicht der Fall. Zwar ließe sich damit der Zellentext integrieren, jedoch nur auf Kosten einer Zeilenschaltung. Das Ergebnis stünde dann in einer separaten Zeile. Probieren Sie es aus, indem Sie auf die beiden Buttons zeigen. Bitte führen Sie keinen Mausklick darauf aus.

6 Um den Zeilenumbruch zu umgehen, ließe sich einer der beiden Buttons ganz links benutzen. Jedoch wird damit keine Verknüpfung zur Excel-Datei erzeugt. Daher bleibt nur noch die Option **Inhalte einfügen**.

7 Aktivieren Sie im Dialogfenster **Inhalte einfügen** den Radiobutton **Verknüpfung einfügen**. Im Feld **Als** klicken Sie auf **Unformatierten Text** und bestätigen mit **OK**.

8 Daraufhin wird der Inhalt der Zelle in Textform integriert. Zudem wird das Ergebnis in der gleichen Zeile aufgeführt. So wie es sein sollte.

9 Nun nehmen wir an, dass sich das Ergebnis ändert. Dazu begeben Sie sich in das Excel-Dokument und ändern den Inhalt der Zelle **B4**. Verlassen Sie die Zelle anschließend wieder.

10 Klicken Sie innerhalb des Word-Dokuments mit rechts auf den soeben eingefügten Text, also das Ergebnis der Filiale Frechen. Sie sehen, dass ein einzelner Rechtsklick reicht, um den gesamten Ausdruck in Grau zu markieren. Entscheiden Sie sich im Kontextmenü nun bitte für den Befehl **Verknüpfungen aktualisieren** – und schon werden die aktuellen Zahlen des Excel-Dokuments angezeigt.

Beachten Sie, dass Sie beim Schließen des Word-Dokuments eine Kontrollabfrage erhalten. Klicken Sie auf **Speichern**, um die Änderungen zu übernehmen. Grundsätzlich verhält es sich nun so, dass beim Öffnen eines derartigen Dokuments ein Dialog erscheint, der auf bestehende Verknüpfungen hinweist. Wenn Sie wollen, dass die damit in Verbindung stehenden Werte automatisch aktualisiert werden, müssen Sie hier auf **Ja** klicken. Danach ist das Word-Dokument im wahrsten Sinne des Wortes »up to date«.

Verknüpfte Dateien bearbeiten

Grundsätzlich lassen sich auch verknüpfte Elemente bearbeiten, die Inhalt eines Word-Dokuments sind. Sollten Sie feststellen, dass Arbeiten an der Excel-Datei nötig werden, klicken Sie mit rechts auf die Tabelle. Wählen Sie im Kontextmenü die Option **Verknüpftes Arbeitsblatt-Objekt** und klicken Sie im Folgemenü auf **Bearbeiten -Verknüpfung**.

Abbildung 46.3 Greifen Sie aus Word heraus gezielt auf die verwendeten Zellen der Excel-Datei zu.

Damit erreichen Sie gleich zweierlei: Zum einen wird die verknüpfte Excel-Datei geöffnet, zum anderen wird genau der Zellenbereich markiert, der im Word-Dokument Verwendung findet, sodass Sie sich für Änderungen direkt an der richtigen Stelle im Dokument befinden.

Einzelne Access-Daten in Word integrieren

Die beschriebene Vorgehensweise funktioniert im Übrigen auch mit Access-Daten. Auch hier müssen Sie lediglich die Bereiche des Datenbankdokuments markieren und diese per Zwischenablage weiterleiten. Sie können aber natürlich auch eine Verknüpfung erzeugen. So bleiben die entsprechenden Daten auch in Word aktuell.

1 Markieren Sie den Bereich in Access, den Sie in Word integrieren wollen. Wenn Sie beispielsweise eine Tabelle übertragen wollen, reicht es, diese links in der Objektspalte der Anwendung zu markieren. Danach klicken Sie auf **Kopieren** in der Gruppe **Zwischenablage** der Registerkarte **Start** (mal ganz davon abgesehen, dass auch hier ⌨Strg + ⌨C ein alternativer Weg ist).

2 Wechseln Sie nun wieder in die Programmoberfläche von Word.

3 Klicken Sie im Menü der Schaltfläche **Einfügen** auf **Inhalte einfügen** (**Start** > **Zwischenablage** > **Einfügen**) und wählen Sie im gleichnamigen Dialog **Verknüpfung einfügen** als **Unformatierten Tex**t aus.

Sollte es später Änderungen an den Quelldaten geben, markieren Sie zunächst den verknüpften Bereich. Klicken Sie danach mit rechts darauf und wählen Sie im Kontextmenü den Befehl **Felder aktualisieren**, sodass alle Daten auf den neuesten Stand gebracht werden.

46.4 Excel 2013 – Daten aus Word und Access verwenden

Daten lassen sich selbstverständlich nicht nur von Excel an Word übergeben, sondern es geht auch in die andere Richtung. Dabei muss man allerdings die Gegebenheiten berücksichtigen, die eine Anwendung wie Excel mit sich bringt. So ist es beispielsweise nicht vorgesehen, ganze Textpassagen in einer einzelnen Zelle unterzubringen. Von daher macht es auch nicht viel Sinn, mit Mengentext zu arbeiten. Dennoch lassen sich Textelemente oder in Word erzeugte Tabellen schnell in die Tabellenkalkulationsumgebung integrieren. Allerdings sollten Sie dabei einiges beachten.

46

Word-Texte in Excel integrieren

Einmal mehr ist bei derartigen Vorhaben die Zwischenablage der einfachste Weg, Elemente zwischen den einzelnen Anwendungen auszutauschen. Die Formatierung kann auch nach dem Einfügen noch individuell angepasst werden.

1 Markieren Sie den Text in Word, den Sie an Excel übergeben wollen.

2 Drücken Sie anschließend ⎡Strg⎤ + ⎡c⎤ oder klicken Sie auf die Schaltfläche **Kopieren** in der Gruppe **Zwischenablage** der Registerkarte **Start**.

3 Markieren Sie die Zelle in Excel, in der der Text erscheinen soll. Hier drücken Sie die Tastenkombination ⎡Strg⎤ + ⎡V⎤ oder entscheiden sich für die obere Hälfte der Schaltfläche **Einfügen** (**Start** > **Zwischenablage**).

4 Wie auch in Word lässt sich in Excel nachträglich noch die Formatierung anpassen. Standardmäßig werden nämlich bei dem einfachen Weg über die Zwischenablage die Formatierungen aus Word übernommen und nach dem Einfügen auch in Excel verwendet. Wer das nicht möchte, klickt unmittelbar nach dem Einfügen auf die kleine Schaltfläche **Einfügeoptionen** ❶ unten rechts und wählt im Menü die Schaltfläche **An Zielformatierung anpassen** aus. Dadurch wird beim einzufügenden Element die Formatierung angewendet, die an der aktuellen Position des Excel-Dokuments Gültigkeit hat.

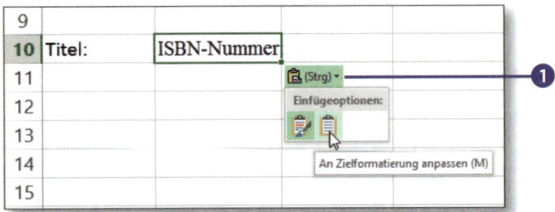

Nach dem Einfügen lässt sich der Text aber auch in gewohnter Weise mit den Steuerelementen in den Gruppen **Schriftart** und **Ausrichtung** der Registerkarte **Start** individuell anpassen – ungeachtet dessen, welche Einfügeoptionen zuvor verwendet worden sind.

Word-Tabellen in Excel integrieren

Stellen Sie sich vor, Sie verfügen über ein Word-Dokument, in dem sich Tabellen oder durch Tabulatoren getrennte Aufzeichnungen befinden. Dann können Sie diese schnell und komfortabel in Excel einfügen, ohne sich Gedanken über die Zellenaufteilung machen zu müssen.

1 Sofern Sie eine in Word erstellte Tabelle übertragen wollen, müssen Sie diese zunächst markieren und mit der Tastenkombination `Strg` + `C` in die Zwischenablage befördern.

2 Markieren Sie in einem Excel-Dokument die Zelle, an der die Tabelle erscheinen soll. Drücken Sie anschließend `Strg` + `V`.

3 Alternativ zu Schritt 2 kann auch die gesamte markierte Tabelle per Drag & Drop von Word aus nach Excel gezogen und dort fallen gelassen werden. Diese Vorgehensweise eignet sich auch für durch Tabulatoren getrennten Text. Nachdem der Text in Word markiert worden ist, ziehen Sie ihn zu Excel herüber. Lassen Sie an der Position los, an der die obere linke Zelle des Textes erscheinen soll. Die Spaltenzuordnung übernimmt Excel für Sie.

Bei der zuletzt genannten Aktion wird der in Word vorhandene Text grundsätzlich ausgeschnitten. Das heißt: Er ist zwar anschließend in Excel zu finden, jedoch nicht mehr in Word. Um den Text zu kopieren, ihn also gleichzeitig in Word zu belassen, halten Sie während des Ziehens [Strg] gedrückt. Lassen Sie zuerst die Maustaste und erst anschließend [Strg] wieder los.

Textdokumente für die Integration in Excel vorbereiten

Nicht jedem Anwender steht Excel (bzw. Microsoft Office) zur Verfügung. Manche arbeiten mit Programmen anderer Hersteller. Andere haben zwar Zugang zur Bürosoftware von Microsoft, kennen sich jedoch mit der Tabellenkalkulation nicht aus. Dennoch können diese Personen Daten liefern, aus denen Sie dann eine Excel-Tabelle erzeugen. Allerdings sollten diese Daten entsprechend vorbereitet sein. Falls nicht Sie, sondern jemand anderes die Datei erzeugt, bitten Sie die Person, die folgenden Schritte zu beherzigen. Dann nämlich klappt die Integration in Excel ganz hervorragend.

1 Erzeugen Sie zunächst ein neues Word-Dokument bzw. ein Dokument innerhalb einer Textverarbeitungssoftware (wie. z. B. OpenOffice, StarOffice, WordPad Editor oder einer ähnlichen Anwendung, die Texte im Format *.txt* speichern kann).

2 Es ist wichtig, dass Sie während der Produktion des Textes jede Information, die in einer eigenen Zelle erscheinen soll, auch mit Druck auf [⇥] vom vorangegangenen Eintrag trennen. Vernachlässigen Sie in diesem Zusammenhang, dass die Zeilen

46

nicht fein säuberlich untereinander stehen. Wirken Sie dem bitte nicht entgegen, indem Sie mehrfach ⇆ betätigen. Übrigens dürften Sie statt der Trennung mit ⇆ auch ein beliebiges, nicht im eigentlichen Text vorhandenes Zeichen wählen, wie beispielsweise Semikolon, Komma, Leerzeichen, Trennstrich o. Ä. Auch damit lassen sich die einzelnen Zellinformationen prima voneinander trennen.

3 Unabhängig davon, ob Sie Word oder eine andere Textverarbeitungsanwendung benutzen, speichern Sie das Dokument anschließend (Word: **Datei** > **Speichern unter**) im Dialogfenster **Speichern unter** als Textdokument mit der Dateiendung **.txt** (**Dateityp**).

4 Sofern Sie mit Word arbeiten bzw. die Anwendung einen vergleichbaren Dialog hinterherschickt, entscheiden Sie sich bei der **Textcodierung** für **Windows (Standard)** und bestätigen mit **OK**.

Kompatible Daten

Außer dem Dateityp *.txt* kann Excel noch *.csv*- und *.prn*-Daten verarbeiten. Allerdings können die beiden zuletzt genannten Formate zumeist nicht mit einer Textverarbeitungs-App erzeugt werden. Das macht aber auch nichts, denn *.txt* ist eine gute Dateiformatwahl. PRN ist übrigens ein Druckausgabe-Dateiformat (z. B. für die Seitenbeschreibungssprache PostScript). In Verbindung mit der Excel-Integration spielt sie jedoch eine untergeordnete Rolle.

Textdokumente in Excel integrieren

In diesem Abschnitt erfahren Sie, wie eine Textdatei, die im Format *.txt* vorliegt, in Excel integriert und bei eventuellen Änderungen am Textdokument auch innerhalb der Excel-Datei ständig aktualisiert werden kann. Greifen Sie bei Bedarf auf die Beispieldatei *Liste-mit-Tabstopps.txt* im Ordner *46* auf der Buch-CD zurück.

1 Öffnen Sie Excel und markieren Sie die Zelle, an der die zu integrierende Tabelle beginnen soll, genauer gesagt, wo deren erste Zelle oben links angeordnet werden soll.

2 Klicken Sie anschließend auf die Schaltfläche **Aus Text** in der Gruppe **Externe Daten abrufen** der Registerkarte **Daten**.

3 Wählen Sie hier nun das erwähnte Beispieldokument mit der Dateiendung *.txt* und klicken Sie auf **Importieren**.

4 Daraufhin öffnet sich das Dialogfenster **Textkonvertierungs-Assistent**. Da Sie es im Beispieldokument mit Text, der durch Tabulatoren getrennt ist, zu tun haben, müssen Sie in den nächsten Schritten gar nicht viel verändern. Lassen Sie im Bereich **Ursprünglicher Dateityp** den Radiobutton bei **Getrennt** aktiviert und klicken Sie daraufhin in diesem Schritt nur auf die Schaltfläche **Weiter**.

5 Im zweiten Schritt des Assistenten haben Sie nun die Wahl des Trennzeichens. Sollte der Ersteller des Textdokuments die Tabulatortaste (⇆) verwendet haben, belassen Sie es bei Aktivierung der Checkbox **Tabstopp**. Für den Fall, dass ein anderes Zeichen verwendet worden ist, beispielsweise das Semikolon, aktivieren Sie dieses anstelle von **Tabstopp**. Beachten Sie die Vorschau im unteren Bereich des Dialogs. Anhand der senkrechten schwarzen Linien ist gut zu sehen, wo die Trennungen erfolgen werden.

6 Klicken Sie erneut auf den Button **Weiter**. Im folgenden Schritt dürfen Sie nun eine Spaltenformatierung in die Wege leiten. Sie könnten im unteren Bereich des Dialogs eine Spalte anwählen (die daraufhin schwarz markiert wird) und diese beispielsweise als Text oder Datumsspalte definieren. Ebenso ließe sich eine Spalte anwählen und durch anschließende Anwahl des Radiobuttons **Spalte nicht importieren (überspringen)** vom Import ausschließen. In diesem Zusammenhang dürfen Sie sogar mehrere Spalten markieren, wobei Sie während der Auswahl der Spalten ⇧ gedrückt halten müssen. Schließen Sie die Aktion mit einem Klick auf die Schaltfläche **Fertig stellen** ab.

7 Nun wartet lediglich noch der Dialog **Daten importieren** auf Ihre Bestätigung mit **OK**. Hier ließe sich beispielsweise ein **Neues Arbeitsblatt** anlegen bzw. festlegen, in welcher Zelle des bestehenden Arbeitsblattes mit der Einfügung begonnen werden soll. Sie erinnern sich. Entsprechendes hatten wir bereits in Schritt 1 veranlasst. Die gewählte Position ist hier erhalten geblieben.

8 Klicken Sie vor Bestätigung mit **OK** noch auf **Eigenschaften**, um den Dialog **Eigenschaften des externen Datenbereichs** zu öffnen. Darin lassen sich Aktualisierungsoptionen festlegen. So ist beispielsweise ein Häkchen vor **Beim Aktualisieren Dateinamen bestätigen** gesetzt. Das bewirkt, dass bei jeder Aktualisierung der Daten ein Dialog geöffnet wird, der den Dateinamen der Quelle abfragt. (Das ist sinnvoll, wenn zu erwarten ist, dass es immer wieder Quelldokumente mit anderen Benennungen geben wird.) Wenn Sie das nicht wollen, deaktivieren Sie die Checkbox. (Ein Grund für die Abwahl der Checkbox könnte sein, dass der Dateiname der Quelldatei niemals manuell verändert wird.)

9 Für den Fall, dass sich an den Originaldaten, also an dem Textdokument, inhaltlich etwas ändert, muss das Excel-Dokument manuell aktualisiert werden (es sei denn, Sie haben im vorangegangenen Schritt eine zeitliche Aktualisierung bzw. das **Aktualisieren beim Öffnen der Datei** vorgesehen). Um Excel auf den neuesten Stand zu bringen, klicken Sie auf die Schaltfläche **Alle aktualisieren** in der Gruppe **Verbindungen** der Registerkarte **Daten**. Sollten mehrere externe Daten mit dem Tabellendokument verbunden sein, werden mit dieser Aktion alle Verbindungen aktualisiert. Möchten Sie jedoch nur eine einzelne Quelle aktualisieren, ist eine der Zellen zu markieren, die in Verbindung mit dieser Quelle stehen, und anschließend auf die untere Hälfte der Schaltfläche **Alle aktualisieren** zu klicken. Klicken Sie im Menü auf **Aktualisieren**, wird nur diese Quelle auf den neuesten Stand gebracht.

Abschließend sei noch erwähnt, dass Sie im Menü der Schaltfläche **Alle aktualisieren** mit einem Klick auf **Verbindungseigenschaften** jederzeit Änderungen an den Aktualisierungsoptionen vornehmen können. Auch dazu muss jedoch mindestens eine Zelle ausgewählt sein, die in Verbindung mit der Quelle steht. Wenn Sie mehrere Verbindungen innerhalb eines Excel-Dokuments haben, ist jede einzelne Verbindung autonom. Das bedeutet, dass Sie jeder Verbindung auch eigene Verbindungseigenschaften zuweisen dürfen.

Andere Trennzeichen verwenden

Im vorangegangenen Abschnitt haben Sie gesehen, wie schön sich die einzelnen Zellinformationen voneinander trennen lassen, wenn Tabstopps gesetzt worden sind. Was aber, wenn wir es mit einer reinen Textdatei zu tun haben, bei der andere Trennzeichen zum Einsatz gekommen sind?

Versuchen Sie einmal, die Beispieldatei *Liste-ohne-Tabstopps.txt*, die Sie im Ordner *46* auf der Buch-CD finden, auf die zuvor geschriebene Weise zu integrieren (siehe dazu den Unterabschnitt »Textdokumente in Excel integrieren« ab Seite 1101). Dabei müssen Sie Folgendes beachten: In Schritt 2 des Textkonvertierungs-Assistenten deaktivieren Sie zunächst die Checkbox **Tabstopp** und wählen stattdessen **Andere** aus. Fügen Sie im rechts daneben befindlichen Eingabefeld den Trennstrich ein. Sogleich sehen Sie, dass die Liste im unteren Bereich **Datenvorschau** des Dialogs entsprechend getrennt wird. Praktisch, oder?

46

Abbildung 46.4 Hier dient der herkömmliche Trennstrich als Spaltentrenner.

Sie sehen, es eignet sich auch jedes andere Zeichen (sogar eine Zeichenfolge) als Trenner. Allerdings sollte man grundsätzlich darauf achten, dass man ein Zeichen verwendet, das sich nicht im Text wiederfindet. Dann nämlich kann es an der einen oder anderen Position zu einer ungewollten Trennung kommen. Wenn das der Fall ist, entfernen Sie am besten die zuvor importierte Tabelle und bearbeiten das Textdokument händisch nach.

Manuelle Spaltentrennung

Sollten Sie ein Dokument bekommen, welches keine Trennzeichen aufweist, können Sie das Textdokument zunächst öffnen und versuchen, mit Leerzeichen eine grobe Struktur in das Dokument zu bringen, die erkennen lässt, dass es sich um unterschiedliche Spalten handelt. Dieses Dokument binden Sie dann wie beschrieben (siehe dazu den Unterabschnitt »Textdokumente in Excel integrieren« ab Seite 1101) in Excel ein, wobei Sie in Schritt 1 des Assistenten den Radiobutton **Feste Breite** anwählen. Setzen Sie in Schritt 2 eigene Tabulatoren durch Mausklicks auf der Skala der **Datenvorschau**.

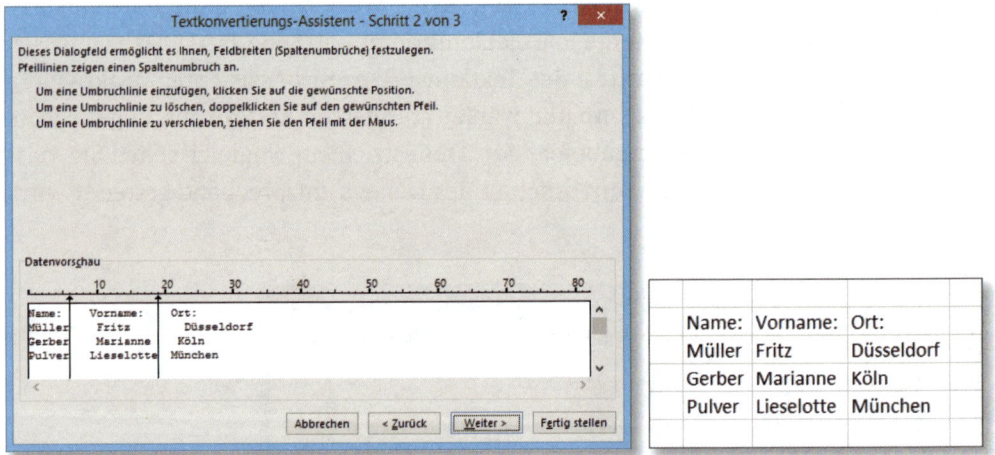

Abbildung 46.5 Wenn nichts mehr geht, hilft nur noch die manuelle Spaltentrennung.

Führen Sie den Assistenten bis zum Ende fort. Die überzähligen Leerzeichen zwischen den Spalten werden in Excel übrigens erfreulicherweise ignoriert.

Access-Datenbanken in Excel integrieren

Access-Datenbanken lassen sich noch einfacher in Excel integrieren als Textdokumente. Dazu klicken Sie auf **Aus Access** in der Gruppe **Externe Daten abrufen** der Registerkarte **Daten**. Navigieren Sie zur gesuchten Datenbank, die Sie markieren und mit einem Klick auf **Öffnen** in Excel integrieren. Im Dialog **Daten importieren** haben Sie die Wahl, die Daten als **Tabelle**, **PivotTable-Bericht**, **PivotChart** einzubinden oder lediglich eine Verbindung zu erstellen. Außerdem lässt sich noch festlegen, ob ein **Neues Arbeitsblatt** hinzugefügt oder das vorhandene benutzt werden soll.

Abbildung 46.6 Die Art des Datenimports wird festgelegt.

Abschließend sei noch erwähnt, dass die Verbindungseigenschaften konfiguriert werden können, wenn Sie unten links auf **Eigenschaften** klicken. Hierüber lässt sich beispielsweise im Bereich **Aktualisierungssteuerung** festlegen, ob eine Aktualisierung der Datensätze im Hintergrund zugelassen werden soll. Denkbar ist auch eine Aktualisierung in gewissen Zeitintervallen.

46

Abbildung 46.7 Die Verbindungseigenschaften in Zusammenarbeit mit Excel und Access

46.5 PowerPoint 2013 – Word- und Excel-Daten nutzen

Jetzt schauen wir uns die Integration von Word- und Excel-Daten in PowerPoint an. Vieles lässt sich hier genauso in die Wege leiten wie beispielsweise in Word, aber leider ist nicht jede Anleitung eins zu eins auf PowerPoint übertragbar. Dazu sind die Anforderungen an die Präsentationssoftware natürlich viel zu individuell.

Word-Texte schnell in PowerPoint einfügen

Auch an dieser Stelle darf natürlich wie schon bei den anderen beiden Anwendungen der kurze Hinweis nicht fehlen, dass die Zwischenablage des Betriebssystems bei der Übergabe von Word-Texten an Power-Point behilflich ist.

1 Markieren Sie den Text in Word und drücken Sie `Strg` + `C`.

2 Wechseln Sie zu PowerPoint. Klicken Sie dort in einen vorhandenen Textcontainer oder erzeugen Sie zunächst einen Container über **Einfügen** > **Textfeld**.

3 Drücken Sie `Strg` + `V`, um den Text einzufügen.

Fügen Sie Text aus Word in PowerPoint auf diese Weise ein, wird grundsätzlich die Formatierung verwendet, die im Textfeld der Präsentationssoftware Gültigkeit hat. Wollen Sie, dass stattdessen die Formatierung aus Word verwendet wird, müssen Sie in Schritt 3 anstelle der Tastenkombination auf die untere Hälfte der Schaltfläche **Einfügen** (**Start** > **Zwischenablage**) klicken und im Menü die Option **Ursprüngliche Formatierung beibehalten** wählen.

Word-Texte per Drag & Drop einfügen

Alternativ können Sie auch Texte in Word markieren und dann per Drag & Drop zu PowerPoint herüberziehen, um sie in Ihre Präsentation zu übernehmen. Hierbei wird übrigens die in Word gültige Formatierung beibehalten. Darüber hinaus gilt: Ziehen Sie den Text auf einen PowerPoint-Textcontainer, wird der Text darin integriert. Ziehen Sie ihn hingegen an einen freien Bereich einer Folie, wird automatisch ein neuer Textcontainer erzeugt.

Word-Dokumente verknüpfen

Wenn es darum geht, größere Textdokumente in PowerPoint zu integrieren, gibt es zwei Möglichkeiten. Zunächst einmal können Sie auch das über die Zwischenablage vornehmen. Nach Markierung des Textes in einem geöffneten Word-Dokument und anschließender Einfügung in die Zwischenablage klicken Sie in PowerPoint auf die untere Hälfte des Buttons **Einfügen** in der Gruppe **Zwischenablage** der Registerkarte **Start**. Wählen Sie im Menü der Schaltfläche **Inhalte einfügen**. Alternativ ist es aber auch gestattet, eine komplette Word-Datei zu kopieren. Diese lässt sich dann sogar verknüpfen.

1 Dazu wird einfach das Datei-Icon am Speicherplatz des Word-Dokuments ausgewählt und mit `Strg` + `C` komplett in die Zwischenablage integriert.

2 Teilen Sie der Anwendung nun mit, dass diese Datei als Verknüpfung integriert werden soll, indem Sie **Inhalte einfügen** im Menü der Schaltfläche **Einfügen** (**Start** > **Zwischenablage**) wählen und anschließend den Radiobutton **Verknüpfung einfügen** aktivieren. Klicken Sie abschließend auf **OK**.

3 Die Word-Datei wird jedoch nicht als editierbarer Text in PowerPoint eingefügt, sondern als Bilddatei. Das bedeutet: Änderungen am Text lassen sich direkt in PowerPoint nicht durchführen. Allerdings wurde durch diese Vorgehensweise eine Verknüpfung angelegt, und so können Sie jederzeit bequem aus PowerPoint heraus das Originaldokument mit einem Doppelklick auf das Bild in Word öffnen und dort bearbeiten. Wenn Sie fertig sind, müssen Sie nichts weiter unternehmen, als das Dokument in Word zu schließen und die Kontrollabfrage mit einem Klick auf **Speichern** zu bestätigen. Die Aktualisierung in PowerPoint erfolgt automatisch.

> **INFO**
>
> **Externe Aktualisierung**
>
> Was passiert eigentlich, wenn ein verknüpftes Dokument beispielsweise außerhalb von PowerPoint direkt in Word geöffnet und verändert wird? Innerhalb der Bildschirmpräsentationssoftware hat dies zunächst keine Auswirkungen. Allerdings kann der Inhalt manuell aktualisiert werden, indem Sie mit rechts auf die Bilddatei klicken und im Kontextmenü der eingefügten Datei den Befehl **Verknüpfung aktualisieren** wählen. Danach sind auch die in PowerPoint angezeigten Informationen wieder auf dem neuesten Stand.

Aktualisierung nach Neustart

Sofern Sie eine PowerPoint-Datei öffnen, die Verknüpfungen enthält, vermutet die Anwendung zunächst einmal ein potenzielles Sicherheitsrisiko. Da Sie jedoch wissen, von welcher Quelle diese Verknüpfung stammt, nämlich von Ihrer eigenen, dürfen Sie ruhigen Gewissens auf die Schaltfläche **Verknüpfungen aktualisieren** klicken. Dadurch werden die Daten automatisch auf den neuesten Stand gebracht, und Ihre Präsentation wird geöffnet.

Gegliederte Word-Dokumente integrieren

Es ist durchaus statthaft, ja sogar ein probates Mittel, PowerPoint-Präsentationen zunächst in Word zu planen und die Arbeit in der Textverarbeitung zu beginnen. Dort lässt sich nämlich viel bequemer eine Gliederung anlegen, die bei der Präsentation der Folien in PowerPoint ausgesprochen nützlich ist.

1 In diesem Beispiel verwenden wir die Beispieldatei *Berge.docx* aus dem Ordner *46* auf der Buch-CD. Öffnen Sie das Dokument in Word und öffnen Sie die Gliederungs-ansicht, indem Sie auf die Schaltfläche **Gliederung** in der Gruppe **Ansichten** der Registerkarte **Ansicht** klicken. Hier sehen Sie, dass das Dokument in einzelne Ab-schnitte aufgeteilt ist.

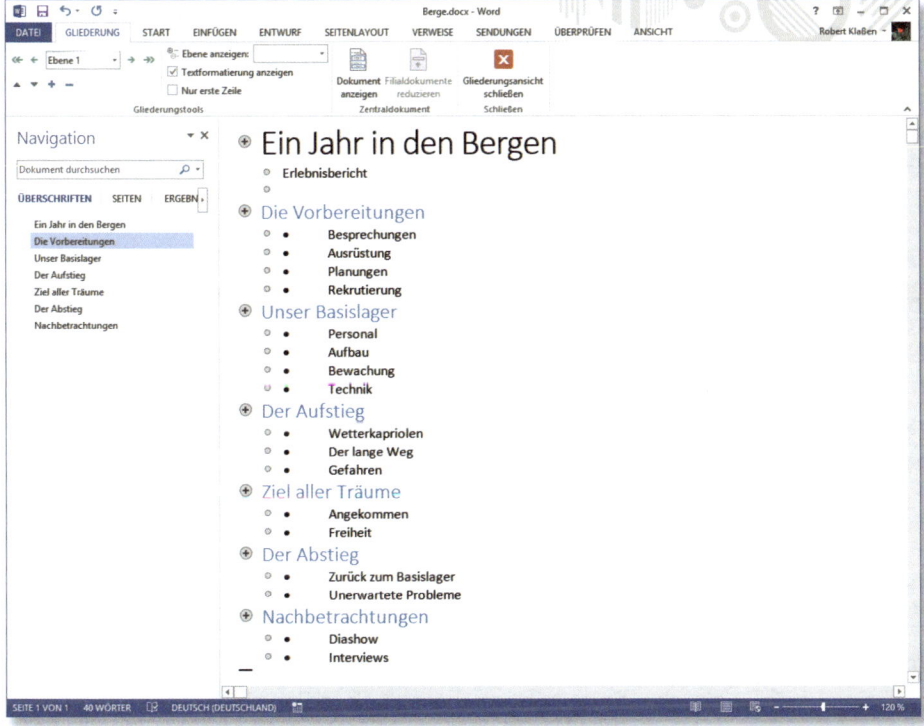

2 Schließen Sie das Word-Dokument nun wieder, da es sich ansonsten später nicht in PowerPoint integrieren lässt. Versuchen Sie es dennoch, erhalten Sie eine entspre-chende Fehlermeldung.

3 Erzeugen Sie in PowerPoint eine neue leere Bildschirmpräsentation und entfernen Sie bei Bedarf die erste Folie. Das erreichen Sie, indem Sie die einzige zur Verfügung stehende Folienminiatur im Folienregister anklicken und ⌈Entf⌋ drücken.

4 Klicken Sie auf die untere Hälfte der Schaltfläche **Neue Folie** in der Gruppe **Folien** der Registerkarte **Start**. Wählen Sie im Menü die Option **Folien aus Gliederung** aus.

5 Wählen Sie nun die Beispieldatei *Berge.docx* aus und klicken Sie auf **Einfügen**. Das war es schon. PowerPoint fügt daraufhin entsprechend Ihrer Gliederung Folien ein. Die im Word-Dokument gültige Formatierung ist dabei erhalten geblieben.

Erweitern Sie die Folieninhalte anschließend nach Wunsch. Unter dem Dateinamen *Berge.pptx* finden Sie im Ordner *Ergebnisse* auf der Buch-CD das Resultat der Umwandlung einer Word-Gliederung in eine PowerPoint-Präsentation.

Eine neue Excel-Tabelle in PowerPoint einfügen

Sie haben im Unterabschnitt »Neue Excel-Tabelle in Word einfügen« auf Seite 1086 bereits erfahren, wie sich Kalkulationstabellen innerhalb der Textverarbeitungssoftware erzeugen lassen. Auf die gleiche Weise können diese auch in PowerPoint integriert werden. Auch hier arbeiten Sie mit einer Excel-Oberfläche, ohne die eigentliche Anwendung (in diesem Fall PowerPoint) verlassen zu müssen. Klicken Sie dazu auf **Einfügen** > **Tabelle** > **Excel-Tabelle einfügen**.

Ein Unterschied zu Word ergibt sich lediglich dahingehend, dass die Ansicht der Oberfläche nicht angepasst wird. Sie haben beispielsweise weiterhin Zugriff auf das Folienregister. Alle weiteren Informationen entnehmen Sie bitte dem Abschnitt »Neue Excel-Tabelle in Word einfügen« auf Seite 1086 und wenden diese in PowerPoint an.

Eine vorhandene Excel-Tabelle als Objekt in PowerPoint einfügen

Die einfachste Art und Weise, eine Excel-Datei in eine PowerPoint-Präsentation zu integrieren, ist die direkte Übergabe mithilfe der Tastaturbefehle für die Zwischenablage. Beim Einfügen könnte es allerdings passieren, dass PowerPoint ein vermeintliches Sicherheitsrisiko in dem einzufügenden Element erkennt, bestätigen Sie den entsprechenden Hinweisdialog mit einem Klick auf die Schaltfläche **Aktivieren**. Auch hier haben Sie es im Ergebnis zunächst mit einer Bilddatei zu tun. Das heißt, dass sich die Tabelle nicht ohne Weiteres in PowerPoint bearbeiten lässt. Mithilfe eines Doppelklicks wird diese jedoch editierbar.

Eine vorhandene Excel-Tabelle als Verknüpfung in PowerPoint einfügen

Noch komfortabler als die zuvor genannte Methode ist die direkte Integration einer Excel-Tabelle als Verknüpfung. Sie wissen ja, dass sich die Daten dann stets problemlos auf dem Laufenden halten lassen (siehe dazu auch den Unterabschnitt »Eine vorhandene Excel-Tabelle in Word einfügen« auf Seite 1089).

1 Rufen Sie den Speicherort der zu verknüpfenden Excel-Datei auf. Markieren Sie das Datei-Icon und drücken Sie [Strg] + [C]. Alternativ lassen Sie einen Rechtsklick folgen und wählen den Befehl **Kopieren** aus dem Kontextmenü aus.

2 Begeben Sie sich danach in die PowerPoint Anwendung. Dort klicken Sie auf den unteren Bereich der Schaltfläche **Einfügen** in der Gruppe **Zwischenablage** der Registerkarte **Start**. Wählen Sie im Auswahlmenü der Schaltfläche den Befehl **Inhalte einfügen**.

3 Aktivieren Sie im Dialogfenster **Inhalte einfügen** den Radiobutton **Verknüpfung einfügen** und bestätigen Sie mit **OK**.

46

INFO

Tabelleninhalte als Text integrieren

Wenn Sie nur bestimmte Bereiche einer Excel-Tabelle in PowerPoint verwenden wollen, öffnen Sie die Excel-Datei zunächst. Markieren Sie die relevanten Zellen, die anschließend mit $\boxed{\text{Strg}}$ + $\boxed{\text{C}}$ in die Zwischenablage befördert werden. Wechseln Sie zu PowerPoint. Dort klicken Sie auf den unteren Bereich der Schaltfläche **Einfügen** in der Gruppe **Zwischenablage** der Registerkarte **Start**. Wählen Sie im Menü der Schaltfläche den Befehl **Inhalte einfügen**. Der Text wird ohne Zellentrennungen hinzugefügt, ist aber dennoch als Text editierbar.

46.6 Outlook 2013 – Kontakte aus Excel importieren

Zuletzt wollen wir Ihnen noch eine Option vorstellen, die speziell in Outlook zur Anwendung kommt, wenn es um die Integration von Excel-gestützten Daten geht. Falls Sie über eine Excel-Tabelle mit Kundendaten oder sonstigen Kontakten verfügen, können diese schnell und unkompliziert in Outlook eingefügt werden. Voraussetzung dafür ist jedoch, dass diese Funktion von dem Anbieter Ihres E-Mail-Kontos unterstützt wird bzw. dass Sie ein Exchange-Konto verwenden.

1 Zunächst einmal müssen Sie dafür sorgen, dass die Excel-Datei als CSV-oder Textdokument mit der Endung *.txt* gespeichert wird. In diesem Beispiel arbeiten wir mit dem CSV-Format. Klicken Sie dazu zunächst auf **Datei** > **Speichern unter** > **Durchsuchen** und wählen Sie im Dialogfenster **Speichern unter** im Feld **Dateityp** das Dateiformat **CSV (Trennzeichen-getrennt) (*.csv)** aus. Die folgende Kontrollabfrage bestätigen Sie mit einem Klick auf **Ja**.

2 Schließen Sie Excel und öffnen Sie nun Outlook. Dort wählen Sie **Datei** und klicken links in der Spalte der Backstage-Ansicht auf die Rubrik **Öffnen und exportieren**. Klicken Sie im Bereich **Öffnen** auf die Schaltfläche **Importieren/Exportieren**.

3 Im Bereich **Wählen Sie eine Aktion aus** des Folgedialogs entscheiden Sie sich für den Eintrag **Aus anderen Programmen oder Dateien importieren** und bestätigen mit einem Klick auf den Button **Weiter**.

4 Wählen Sie im nächsten Schritt die Option **Durch Trennzeichen getrennte Werte** aus und klicken Sie erneut auf **Weiter**.

46

5 Nach einem Klick auf die Schaltfläche **Durchsuchen** wählen Sie die zuvor aus Excel exportierte Datei. Sofern es bereits entsprechende Kundendaten in Outlook gibt, müssen Sie mit den angebotenen Optionen entscheiden, ob eventuelle Duplikate zugelassen werden sollen. Alternativ können vorhandene Daten auch ersetzt oder Duplikate beim Import ignoriert werden. Treffen Sie Ihre Wahl und klicken Sie anschließend auf die Schaltfläche **Weiter**.

6 Im folgenden Schritt ist dann ein Zielordner für die zu importierenden Datensätze anzugeben und zuletzt auf **Fertig stellen** zu klicken. Vergessen Sie nicht, das entsprechende Häkchen anzuwählen, damit die angebotene Aktion auch tatsächlich ausgeführt werden kann.

Daraufhin werden die Daten aus der Excel-Datei in Outlook importiert und dort als Kontaktdaten gespeichert. Sie können dann auf die entsprechenden Daten über den Aufgabenbereich **Personen** ($Strg$ + 3) zugreifen.

Kapitel 47
Kompatibilität zwischen Versionen

Was die Kompatibilität einzelner Office-Dokumente angeht, habe ich zunächst die gute Nachricht für Sie: Mit Office 2013 lassen sich auch alte Dokumentstrukturen (beispielsweise aus Office 97-2003) öffnen und bearbeiten. Umgekehrt ist das jedoch nicht generell der Fall. Wenn Sie 2013er-Dokumente an Personen weitergeben, die noch mit alten Office-Anwendungen arbeiten, wird in den meisten Fällen eine Konvertierung erforderlich sein.

47.1 Den Kompatibilitätsmodus nutzen

Sobald Sie ein Dokument in einer Office 2013-Anwendung öffnen, das in einer beliebigen Vorgängerversion erstellt worden ist, wird das Dokument im Kompatibilitätsmodus geöffnet. Dabei ist es übrigens unerheblich, ob das Dokument unter Verwendung eines aktuellen Dateityps gespeichert worden ist (*.docx* für Word, *.xlsx* für Excel oder *.pptx* für PowerPoint) oder ob ein veralteter Dateityp (*.doc*, *.xls*, *.ppt*) verwendet wurde.

Das hat folgenden Grund: Angenommen, Sie erhalten ein Office-Dokument von jemandem, der noch eine veraltete Office-Version im Einsatz hat. Dann lässt sich das Dokument problemlos von Ihnen öffnen und nachbearbeiten. Würden Sie aber nun neue Features benutzen, die in der älteren Version nicht zur Verfügung stehen, und dieses Dokument anschließend zurückgeben, ließen sich die neuen Funktionen in der alten Arbeitsumgebung nicht mehr anzeigen. Damit Sie nun gar nicht erst in Versuchung geraten, mit neuen, nicht abwärtskompatiblen Funktionen zu arbeiten, werden ältere Dokumente direkt und ohne Ihr Zutun im Kompatibilitätsmodus geöffnet. Das hat letztendlich die automatische Deaktivierung der relevanten Features zur Folge.

Grundlagen der Kompatibilitätsmodi

Es gibt den aktuellen Office 2013-Modus sowie verschiedene Kompatibilitätsmodi. Zusammenfassend stehen also generell folgende Modi zur Verfügung:

- **Office 2013:** Das ist der normale Dokumentmodus, der bei Verwendung von Office 2013 zur Anwendung kommt.
- **Kompatibilitätsmodus 2010:** Office 2010 mit neuen Dateitypen *.docx*, *.xlsx* und *.pptx*

- **Kompatibilitätsmodus 2007:** Office 2007 mit neuen Dateitypen *.docx, .xlsx* und *.pptx*

- **Kompatibilitätsmodus 97-2003:** Office 97-2003 mit alten Dateitypen *.doc, .xls* und *.ppt*

Man sieht anhand der Titelleiste des jeweiligen Dokuments, ob man sich gerade im Kompatibilitätsmodus befindet oder nicht.

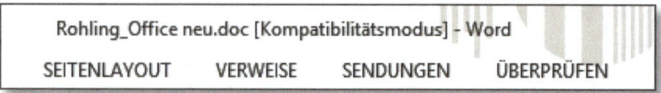

Abbildung 47.1 Eine Information hinter dem Dateinamen verrät, dass man sich gerade im Kompatibilitätsmodus befindet.

Ein Dokument auf Kompatibilitätsprobleme hin prüfen

Sie können jederzeit nachsehen, ob es in einem Dokument zu Kompatibilitätsproblemen kommt. Das kann beispielsweise dann auftreten, wenn ein Anwender neue Features benutzt hat, jedoch beim Abspeichern ein älteres Speicherformat gewählt hat. Gehen Sie zunächst in die Backstage-Ansicht der jeweiligen Anwendung (**Datei**) und rufen Sie den Bereich **Informationen** auf. Klicken Sie als Nächstes auf die Schaltfläche **Auf Probleme überprüfen** und entscheiden Sie sich in der darauf folgenden Liste für den Befehl **Kompatibilität prüfen**. Das folgende Dialogfenster **Kompatibilitätsprüfung** zeigt Ihnen nun, ob es beim vorliegenden Dokument zu Problemen kommt oder nicht.

Abbildung 47.2 Bei dieser Datei treten keine Probleme auf.

47.2 Office-Dateien konvertieren

Es ist nichts dagegen einzuwenden, ältere Dokumente in den zeitgemäßen Office 2013-Modus zu konvertieren. Wenn auszuschließen ist, dass das Dokument später noch einmal in einer Vorgängerversion bearbeitet werden muss, ist das sogar zu empfehlen. Denn erst dann stehen Ihnen ja alle zeitgemäßen Features der Office-Anwendungen zur Verfügung.

Dateien in der Anwendung konvertieren

Sofern Sie es mit einem Dokument zu tun haben, das im Kompatibilitätsmodus vorliegt, erscheint in den Informationen der Backstage-Ansicht der Hinweis **Kompatibilitäts-modus**. Klicken Sie hier auf den Button **Konvertieren**, um das Dokument in den aktu-ellsten Bearbeitungsmodus (Office 2013) umzuwandeln.

Abbildung 47.3 Sofern das Dokument im Kompatibilitätsmodus vorliegt, wird hier die Schaltfläche »Konvertieren« angeboten.

Es öffnet sich daraufhin ein Dialog, der auf die damit verbundenen Risiken hinweist. Ein Klick auf **OK** führt die Konvertierung letztendlich durch.

Abbildung 47.4 Damit ist die Konvertierung vollzogen.

Die Anzeige **Kompatibilitätsmodus** erlischt somit auch in der Kopfzeile der Anwendung. Zudem wird ein zeitgemäßes Dateiformat zum Speichern angeboten. Um die Einstellung des **Dateityps** müssen Sie sich also beim anschließenden Speichern des Dokuments nicht mehr kümmern.

INFO

Probleme mit der Konvertierung

Grundsätzlich ist es angenehmer, ältere Dokumente in den aktuellen Modus zu konvertieren als andersherum. Allerdings kann es dabei auch mitunter zu unvorhergesehenen Problemen kommen. Möglicherweise lassen sich ältere Formatvorlagen oder Makros nicht mehr ordnungsgemäß ausführen. Im Zweifel verwenden Sie also lieber den Kompatibilitätsmodus.

Dateien beim Speichern konvertieren

Eine Konvertierung findet auch statt, wenn Sie dem Dokument einen anderen **Dateityp** zuweisen. Dazu wählen Sie **Datei** > **Speichern unter** und klicken anschließend auf den Button **Durchsuchen**. Legen Sie den gewünschten Speicherort fest und entscheiden Sie sich im Auswahlmenü **Dateityp** für ein aktuelles Format, beispielsweise **Word-Dokument (*.docx)**.

Abbildung 47.5 Bei manueller Änderung des Dateityps wird der Kompatibilitätsmodus ebenfalls verworfen.

Abwärtskonvertierung

Eine Konvertierung in die andere Richtung ist ebenfalls möglich. Wenn Sie also ein Office 2013-Dokument in den Modus 97-2007 versetzen wollen, benutzen Sie den entsprechenden Eintrag im Bereich **Dateityp**. Das bietet sich an, wenn Sie wissen, dass der Empfänger Ihres Word-Dokuments noch mit einer alten Office-Version arbeitet.

Funktionen der einzelnen Kompatibilitätsmodi

Um Ihnen die Qual der Wahl dahingehend zu erleichtern, ob eine Konvertierung sinnvoll ist oder nicht, hier einige relevante Features und deren Einschränkungen bei Nutzung der jeweiligen Office-Variante:

Funktion	97-2003	2007	2010	2013
Apps für Office	Nein	Nein	Nein	Ja
Webvideo	Nein	Nein	Nein	Ja
Neue Nummerierungsformate	Nein	Nein	Ja	Ja
Neue Formen und Textfelder	Nein	Nein	Ja	Ja
Texteffekte	Nein	Nein	Ja	Ja
Alternativtext zu Tabellen	Nein	Nein	Ja	Ja
OpenType-Features	Nein	Nein	Ja	Ja
Blockieren von Autoren	Nein	Nein	Ja	Ja
WordArt-Effekte	Nein	Nein	Ja	Ja
Neue Inhaltssteuerelemente	Nein	Nein	Ja	Ja
Word 2007-Inhaltssteuerelemente	Nein	Ja	Ja	Ja
Designs	Nein	Ja	Ja	Ja
Haupt-/Nebenschriftarten	Nein	Ja	Ja	Ja
Nachverfolgte Verschiebungen	Nein	Ja	Ja	Ja
Randregister	Nein	Ja	Ja	Ja
SmartArt-Grafiken	Nein	Ja	Ja	Ja
Office 2007-Diagramme	Nein	Ja	Ja	Ja

47

Funktion	97-2003	2007	2010	2013
Eingebettete Open XML-Objekte	Nein	Ja	Ja	Ja
Bausteine	Nein	Ja	Ja	Ja
Literaturverzeichnisse und Zitate	Nein	Ja	Ja	Ja
Formeln	Nein	Ja	Ja	Ja
Relative Textfelder	Nein	Ja	Ja	Ja
Benutzerdefiniertes XML	Nein	Ja	Ja	Ja
WordArt aus Vorversionen	Ja	Ja	Nein	Nein
Diagramme aus Vorversionen	Ja	Nein	Nein	Nein
Diagrammgrafiken aus Vorversionen	Ja	Nein	Nein	Nein

Tabelle 47.1 Die einzelnen Funktionen der Kompatibilitätsmodi

Kapitel 48
Dokumente gemeinsam bearbeiten

Im Mittelpunkt dieses Kapitels steht die Interaktion zwischen Benutzern, die OneDrive als potenziellen Speicherort verwenden und ihre Dokumente auch gern einmal von unterwegs bearbeiten. Die Kombination aus OneDrive und Web Apps macht es zudem möglich, andere mit der Bearbeitung eines Dokuments zu betrauen – unabhängig von deren Standort – und unabhängig davon, ob sie Office installiert haben oder nicht.

48.1 Mit OneDrive Dokumente austauschen

Die zentrale Plattform für den Austausch von Dokumenten ist OneDrive. Jedes auf OneDrive gespeicherte Dokument steht, wenn man es denn will, überall dort zur Verfügung, wo es einen Internetzugang gibt. Der Onlinespeicherplatz wird übrigens auch als Cloud (engl.: Wolke) bezeichnet.

Was ist OneDrive?

OneDrive ist ein kostenloser Onlinespeicherplatz, auf dem in der Regel Daten gespeichert werden, die auch von unterwegs oder von anderen Standorten als Ihrem eigenen PC aus erreichbar sein sollen. So haben Sie beispielsweise die Möglichkeit, wenn Sie mit einem Notebook, Tablet oder Smartphone (Windows, Android oder iOS) unterwegs sind, auf Daten zuzugreifen, die auf OneDrive gespeichert sind. Sie können auch anderen Personen die Möglichkeit einräumen, von deren Aufenthaltsort aus auf bestimmte Daten zuzugreifen. Rein technisch betrachtet, existiert auf Ihrem PC ein Ordner, in dem die Daten für OneDrive gesammelt werden. Diese Daten werden nach einem Zugriff automatisch mit dem Onlinespeicherplatz synchronisiert. Steht gerade kein Internetzugang zur Verfügung, wird synchronisiert, sobald die Verbindung wiederhergestellt ist.

OneDrive ist nicht nur in Office, sondern auch in modernen Windows-Betriebssystemen enthalten. Nicht zuletzt deswegen können auch alle Arten von Daten (also nicht nur Office Dateien) auf OneDrive übertragen werden. Wenn Sie sich im Urlaub befinden, können Sie die Schnappschüsse des Tages gleich in die Cloud befördern und die Daheimgebliebenen per E-Mail über das Vorhandensein neuer Fotos informieren. Diese können sich die Bilder dann von zu Hause aus anschauen. OneDrive ist darüber hinaus auch in Zusammenarbeit mit Office 2013 eine tolle Sache. So lassen sich Office-Dokumente mit entsprechenden Web Apps von unterwegs öffnen und bis zu einem gewissen Grad nachbearbeiten – ohne dass Office auf dem benutzten Rechner (z. B. Tablet, Smartphone oder Notebook) installiert ist. Sie benötigen lediglich einen Internetzugang, um die Verbindung mit OneDrive herstellen zu können.

OneDrive-Anmeldung

Um OneDrive nutzen zu können, müssen Sie sich mit einem Microsoft-Konto anmelden. Das kann z. B. ein Konto bei *outlook.com, outlook.de, hotmail.de, live.com, xbox. com* sein. Sie können sich direkt über *onedrive.com* anmelden oder ein Dokument aus einer Office-App heraus auf OneDrive speichern (**Datei** > **Speichern unter**).

Abbildung 48.1 Speichern Sie bei Bedarf Office-Dokumente direkt aus der Anwendung heraus auf OneDrive.

Sollten Sie noch nicht angemeldet sein, werden Sie nach den Anmeldedaten gefragt. Alternativ stellen Sie eine direkte Verbindung zu OneDrive her, indem Sie die One-Drive-Kachel auf dem Windows 8.1-Startbildschirm anklicken. Wer noch nicht weiß, ob er schon für OneDrive angemeldet ist, bzw. wissen möchte, welche E-Mail-Adresse er gerade in diesem Zusammenhang verwendet, kann entsprechende Informationen auch in der Backstage-Ansicht (**Datei**) einer Office-Anwendung über die Rubrik **Konto** in Erfahrung bringen. Dort gibt es den Bereich **Verbundene Dienste,** der entsprechende Informationen bereitstellt.

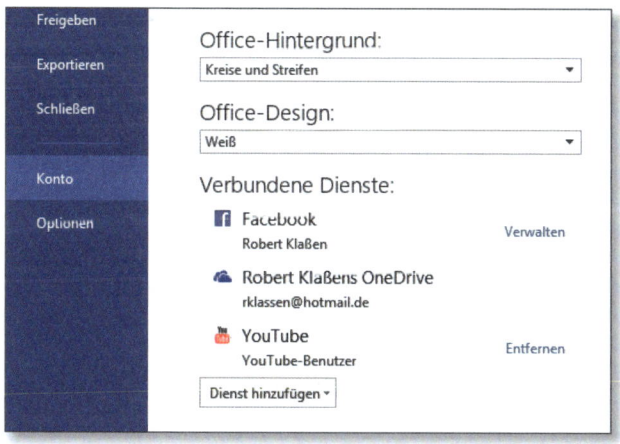

Abbildung 48.2 In dieser Liste taucht auch der OneDrive-Dienst auf.

Die Windows 8.1-OneDrive-App benutzen

Dass sich Dokumente direkt aus einer Office-Anwendung heraus auf OneDrive hochladen lassen, haben Sie bereits in den vorangegangenen Kapiteln erfahren. Wir hatten aber auch erwähnt, dass es ganz ohne Anwendungen geht – nämlich per direkten Datenaustausch zwischen Ihrem PC und der Cloud. Verwenden Sie dazu die OneDrive-App in Windows 8.1.

1 Öffnen Sie OneDrive, indem Sie die gleichnamige Kachel auf der Windows-Oberfläche anklicken. Wenn Sie oben links auf den Text **OneDrive** klicken, öffnet sich ein Menü, welches den direkten Wechsel zu den Festplatten auf Ihrem PC ermöglicht.

2 Sie finden nun verschiedene Kacheln vor, welche die angeschlossenen bzw. verbauten Festplatten sowie diverse weitere Speicherplätze auf Ihrem PC repräsentieren. Ein einfacher Mausklick öffnet den jeweiligen Speicherplatz.

3 Navigieren Sie zu dem Dokument bzw. der Datei, die Sie auf OneDrive übertragen wollen, und markieren Sie diese mit einem Rechtsklick. Sie dürfen auch mehrere Daten mittels Rechtsklick aussuchen.

4 Anschließend betätigen Sie Strg + C oder entscheiden sich in der Fußleiste der Anwendung für **Kopieren**.

5 Klicken Sie oben links auf die Überschrift (hier: **Dieser PC**) und entscheiden Sie sich jetzt wieder für **OneDrive**.

6 Navigieren Sie innerhalb von OneDrive zu dem Verzeichnis, in das die Dateien eingebettet werden sollen. Dort angelangt, drücken Sie Strg + V oder klicken mit rechts auf einen freien Bereich. Klicken Sie nun auf die Schaltfläche **Einfügen** im Fuß der Anwendung.

7 Bei genauer Betrachtung werden Sie feststellen, dass die soeben hinzugefügten Dateien mit dem Zusatz **Offline verfügbar** ausgezeichnet sind. Das bedeutet: Sie stehen sowohl in OneDrive als auch auf Ihrem PC zur Verfügung. Prinzipiell ist dagegen nichts einzuwenden. Allerdings lässt sich Speicherplatz sparen, wenn Sie mit rechts auf die Datei klicken und **Nur Online verfügbar machen** auswählen. Dieser Vorgang ist in einer separat erscheinenden Tafel noch einmal zu bestätigen. Ab sofort ist das Dokument nur noch dann vom PC aus bearbeitbar, wenn eine Verbindung zu OneDrive besteht. Der eigentliche Speicherplatz der Datei ist auf OneDrive ausgelagert worden.

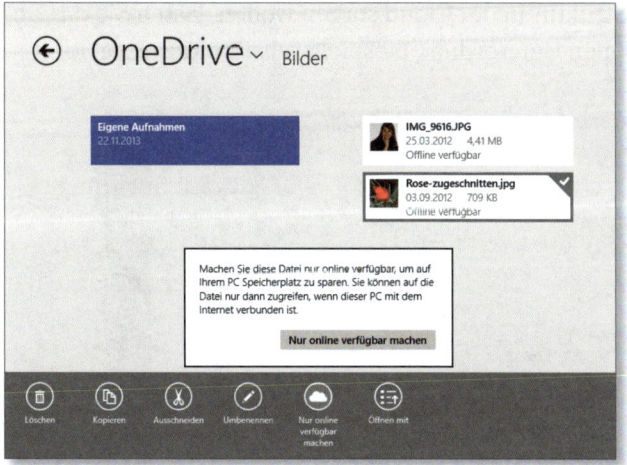

48

INFO

Auf dem PC verfügbar machen

Sofern Sie eine Datei mithilfe der Funktion **Nur online verfügbar machen** auf OneDrive übertragen haben, können Sie nur dann darauf zugreifen, wenn eine Internetverbindung besteht. Wollen Sie den Vorgang wieder rückgängig machen, klicken Sie die Datei in One-Drive mit rechts an und wählen in der Fußleiste die Schaltfläche **Offline schalten** aus.

Dateien per Explorer mit OneDrive austauschen

Wer nicht mit der Windows 8.1-OneDrive-App arbeiten möchte, kann auch den Explorer des Betriebssystems zum Austausch von Daten verwenden. Hier lässt sich einmal mehr auf komfortable Weise per Drag & Drop vorgehen.

1 Öffnen Sie den Explorer Ihres Betriebssystems. Unter Windows 8.1 erreichen Sie ihn am schnellsten durch einen Rechtsklick auf das Windows-Symbol unten links, gefolgt von **Explorer** im Kontextmenü.

2 Markieren Sie in der linken Spalte des Explorer-Fensters den Bereich **OneDrive**, um einen direkten Zugang zu den Dateien und Ordnern zu erhalten, die mit OneDrive synchronisiert werden – sich also derzeit auf OneDrive befinden.

3 Falls erforderlich, wiederholen Sie Schritt 1, um ein Fenster des Ordners zu öffnen, in dem sich die Dateien befinden, die auf OneDrive transferiert werden sollen. Stattdessen dürfen aber auch Daten von Ihrem Desktop aus an OneDrive übergeben werden.

Wenn Sie für eine ordentliche Struktur in der Cloud sorgen wollen, lassen Sie das Dokument auf einem der angebotenen Unterordner, beispielsweise **Dokumente**, los.

4 Auf die gleiche Weise können Daten auch von OneDrive aus auf Ihren PC übertragen werden. Ziehen Sie dazu die entsprechende Datei einfach in die andere Richtung, also vom OneDrive-Verzeichnis aus z. B. auf den Desktop.

Sie müssen bei der soeben vorgestellten Methode berücksichtigen, dass Dateien grundsätzlich ausgeschnitten werden. Ziehen Sie ein Dokument vom Desktop aus in ein OneDrive-Verzeichnis, ist es auf dem Desktop anschließend verschwunden. Ebenso werden Dateien von OneDrive gelöscht, wenn diese auf den PC gezogen werden. Das ist gut, denn so vermeiden Sie Dopplungen. Wer allerdings beim Transfer bewusst eine Kopie erzeugen möchte, muss einmal mehr mit ⌈Strg⌉ arbeiten. Halten Sie die Taste so lange fest, bis der Ziehvorgang komplett abgeschlossen ist.

Per Browser auf OneDrive zugreifen

Sie sind unterwegs und wollen schnell auf Ihre Cloud zugreifen? Kein Problem – solange Sie eine bestehende Internetverbindung nutzen können.

1 Öffnen Sie einen zeitgemäßen Browser (z. B. Internet Explorer, Firefox, Chrome o. Ä.) und rufen Sie die Internetseite *onedrive.com* auf.

2 Loggen Sie sich mit den Zugangsdaten Ihres Microsoft-Kontos ein.

3 Öffnen Sie Dateien durch einfachen Mausklick auf das entsprechende Icon. (Sollten keine Icons zu sehen sein, klicken Sie in der linken Spalte zunächst auf die Rubrik **Dateien**.) Zuvor hochgeladene Bilder werden in einer vergrößerten Ansicht dargestellt, während Office-Dokumente automatisch mit der betreffenden Web App geöffnet werden.

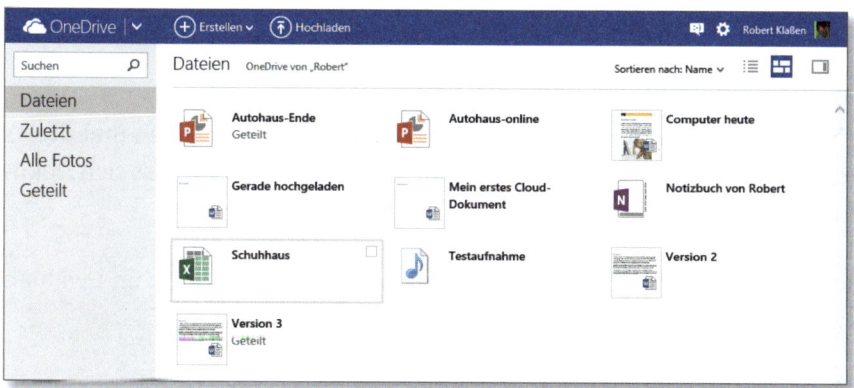

4 Klicken Sie beispielsweise auf eine Excel-Datei, wird das Dokument in Excel Online bereitgestellt – und zwar je nach Browsereinstellungen in einem separaten Fenster oder zumindest einem separaten Browser-Tab. Dabei muss Office nicht auf dem verwendeten Gerät installiert sein.

5 Um das Dokument zu schließen, müssen Sie also nichts weiter tun, als das Fenster bzw. den Reiter zu schließen. Der OneDrive-Inhalt steht derweil noch immer im ursprünglichen Fenster (bzw. Tab) bereit.

6 Vergessen Sie nicht, sich nach einem Zugriff von unterwegs wieder auszuloggen. Dazu klicken Sie oben rechts auf Ihren Benutzernamen und dann im Menü auf den Befehl **Abmelden**.

Ein OneDrive-Dokument erzeugen oder löschen

Klar – Sie dürfen jederzeit ein Dokument in einer beliebigen App erzeugen und dieses auf OneDrive speichern. Das ist ja nichts Besonderes. Aber wussten Sie, dass sich Dokumente auch direkt in OneDrive erzeugen lassen?

1 Dazu klicken Sie in der OneDrive-Kopfleiste auf den Button **Erstellen** und wählen dann im Menü das zu erzeugende Dateiformat aus.

2 Sogleich öffnet sich die entsprechende Web App. Sie können nun direkt mit der Eingabe der Daten beginnen. Schließen Sie das Dokument, wird es unter einem von OneDrive vergebenen Namen auf der obersten Ebene des Cloud-Speichers abgelegt. Alternativ dazu klicken Sie in der entsprechenden Onlineversion des Office-Programms auf die Registerkarte **Datei** und wählen in der Backstage-Ansicht die Rubrik **Speichern unter**. Wenn Sie nun auf die Schaltfläche **Herunterladen** klicken, wird das Dokument auf Ihrem PC gespeichert, den eigentlichen Speicherort können Sie jedoch nicht festlegen. Die Datei finden Sie nach dem Herunterladen in Ihrem Standardordner für Downloads.

3 Wird ein Dokument nicht länger benötigt, markieren Sie das Datei-Icon mit rechts und wählen im Kontextmenü den Befehl **Löschen**. Daraufhin erscheint oben rechts eine Hinweistafel, die sich nach wenigen Sekunden von selbst wieder schließt.

4 Solange die Tafel noch zu sehen ist, kann das Löschen mit einem Klick auf den Button **Rückgängig** verhindert werden. Grundsätzlich ist zu beachten, dass es auch in One-Drive einen Papierkorb gibt. Dieser belastet natürlich das Speichervolumen, weshalb er von Zeit zu Zeit geleert werden sollte. Dazu klicken Sie unten links auf **Papierkorb** und wählen anschließend in der blauen Kopfleiste der Anwendung **Papierkorb leeren** aus. Zuletzt ist noch eine Kontrollabfrage mit Klick auf **Löschen** zu bestätigen.

48

INFO

Neuen Ordner erzeugen und Dateien sortieren

Sie benötigen einen neuen Ordner in OneDrive? Dann klicken Sie (wie in Schritt 1 beschrieben) auf die Schaltfläche **Erstellen** und entscheiden sich im Menü für **Ordner**. OneDrive-Dateien können wie herkömmliche Dateien auf dem PC auch per Drag & Drop verschoben und in Ordner befördert werden. Dazu ziehen Sie die Icons einfach auf den Ordner und lassen sie dort fallen.

Daten direkt von OneDrive aus teilen

Möchten Sie jemanden einladen, an dem Dokument zu arbeiten oder sich dieses anzusehen? Dann schicken Sie demjenigen eine entsprechende Freigabe per E-Mail zu.

1 Klicken Sie mit rechts auf die Datei, die Sie teilen wollen, und wählen Sie im Kontextmenü den Befehl **Teilen**.

2 Tragen Sie im Folgedialog die E-Mail-Adresse und, falls gewünscht, eine kurze Nachricht ein, ehe Sie auf den Button **Teilen** klicken.

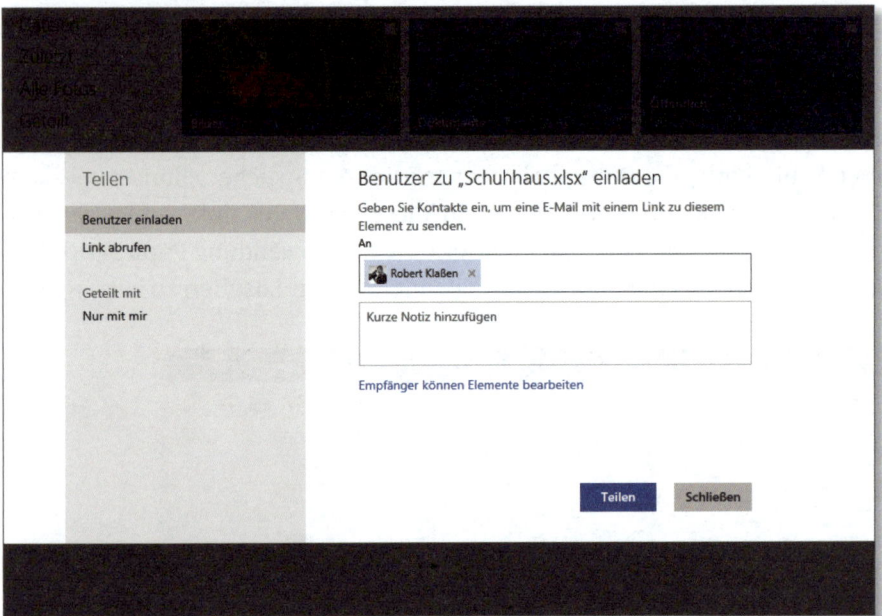

3 Kurz darauf erhalten Sie einen Hinweis darüber, dass der Begünstigte das Dokument nicht nur lesen, sondern auch bearbeiten darf. Wenn Sie das nicht wollen, klicken Sie den Link **Bearbeitung möglich** an und wählen im Kontextmenü die Option **Ändern, sodass nur die Ansicht möglich ist**. In diesem Fall kann das Dokument vom Empfänger lediglich gelesen werden.

Solange das in Schritt 4 erwähnte Dialogfeld noch geöffnet ist, lässt sich jede weitere Einsichtnahme durch den Empfänger mit einem Klick auf **Nicht mehr teilen** verhindern. In der Praxis ist es jedoch meist so, dass dieser Wunsch erst zu einem späteren Zeitpunkt auftritt. Klicken Sie in dem Fall erneut mit rechts auf die Datei und wählen Sie den Befehl **Teilen**. Sie sehen nun auf der linken Seite des Dialogfeldes, wer das Dokument lesen oder bearbeiten darf. Klicken Sie den Teilnehmereintrag an, um den oben vorgestellten Auswahldialog erneut zu erhalten, und klicken Sie hier nun auf die Option **Nicht mehr teilen**.

48.2   Dokumente mit den Office Web Apps online bearbeiten

Mit einzelnen Web Apps haben Sie es ja in den vorangegangenen Kapiteln bereits zu tun bekommen. So haben Sie erfahren, dass sich Web Apps vor allem auf mobilen Geräten nutzen lassen – und zwar unabhängig davon, ob auf diesem Gerät Office installiert ist oder nicht.

Was sind Office Web Apps?

Web Apps sind abgespeckte Programme zu Word, Excel, PowerPoint und OneNote. Da es sich um Online-Apps handelt, muss vor der Verwendung der Onlineprogramme auch keine Installation auf dem eingesetzten Anzeigegerät erfolgen. Es kann praktisch jeder mit den Web Apps arbeiten, der über eine Internetverbindung verfügt und einen Zugang zu einem entsprechenden Onlinedokument hat.

Veröffentlichungsoptionen

Es gibt verschiedene Möglichkeiten, Onlinedokumente für die Bearbeitung mit einer Web App bereitzustellen. Eine haben Sie bereits kennengelernt – nämlich die Veröffentlichung auf OneDrive. Wer sich mit den entsprechenden Zugangsdaten auf der Internetseite *onedrive.com* einloggt, kann auf die dort hinterlegten Dokumente zugreifen und sie in den Web Apps bearbeiten (siehe den Unterabschnitt »Daten direkt von OneDrive aus teilen« auf Seite 1032).

Ein Mausklick auf das Datei-Icon stellt standardmäßig die korrekte Web App bereit. Alternativ dürfen Sie jedoch auch einen Rechtsklick auf die Datei folgen lassen und per Kontextmenü entscheiden, ob Sie die Datei lieber in der zugehörigen Web App oder (bei Verwendung eines PCs, auf dem Office installiert ist) in der regulären Anwendung öffnen wollen.

48

Abbildung 48.3 Dieses Excel-Dokument kann bei Bedarf direkt in der Excel-Umgebung oder alternativ in Excel Online geöffnet werden.

Zudem haben Sie die Möglichkeit, eine Freigabeberechtigung per E-Mail zu verschicken, indem Sie im Menü auf den Befehl **Teilen** klicken (siehe dazu auch den Unterabschnitt »Daten direkt von OneDrive aus teilen« auf Seite 1032). Benutzen Sie hingegen den Kontextmenü-Eintrag **Einbinden**, lassen sich Dokumente auch von Blogs oder Webseiten aus erreichen. Das Dokument bleibt indes auf OneDrive gespeichert und lässt sich mit einem Link öffnen, der in OneDrive generiert wird. Dieser Link kann dann im Internetblog oder auf einer Homepage (z. B. dem privaten Internetauftritt oder der Website des Unternehmens) zur Verfügung gestellt werden. Dazu müssen Sie im Folgedialog auf **Generieren** klicken.

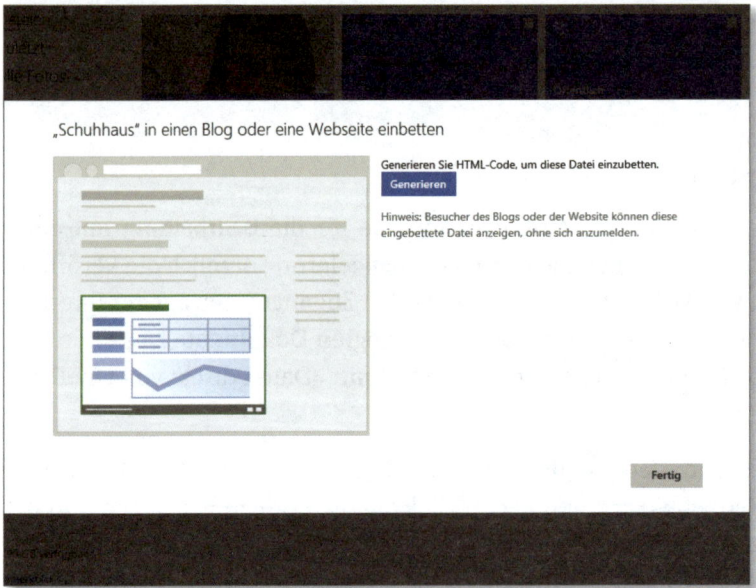

Abbildung 48.4 Betten Sie ein OneDrive-Dokument in einen Blog oder eine Website ein.

Kurze Zeit später finden Sie eine blau markierte Zeile vor, deren Inhalt mit Betätigung der Tastenkombination Strg + C oder einem Klick auf die Schaltfläche **Kopieren** (links über der markierten Zeile) in die Zwischenablage des Betriebssystems befördert werden kann.

Abbildung 48.5 Der HTML-Code muss kopiert werden.

Mit Klick auf den Link **Anpassen, wie diese eingebettete Arbeitsmappe für andere angezeigt wird** lassen sich zudem noch Darstellungs- und Interaktionsoptionen einstellen. Darüber hinaus kann man noch festlegen, ob die gesamte Arbeitsmappe oder nur Teile davon zur Verfügung gestellt werden sollen. Zuletzt müssen Sie den kopierten Text mit Strg + V in den von Ihnen bevorzugten Webseitengenerator bzw. HTML-Editor oder an geeigneter Stelle in einen Blog integrieren – und schon kann jeder, der den Link anklickt, auf das Dokument über OneDrive und die entsprechende Office Web App zugreifen.

INFO

Dateien freigeben

Es existiert noch eine weitere Option Dateien freizugeben, die direkt aus einer Office-Anwendung heraus gestartet werden kann. Dazu müssen Sie auf **Datei** > **Freigeben** klicken. So lassen sich auch von hier aus Personen einladen, was jedoch voraussetzt, dass das Dokument über die Schaltfläche **In der Cloud speichern** zunächst von Ihnen auf dem Onlinespeicher OneDrive veröffentlicht wurde.

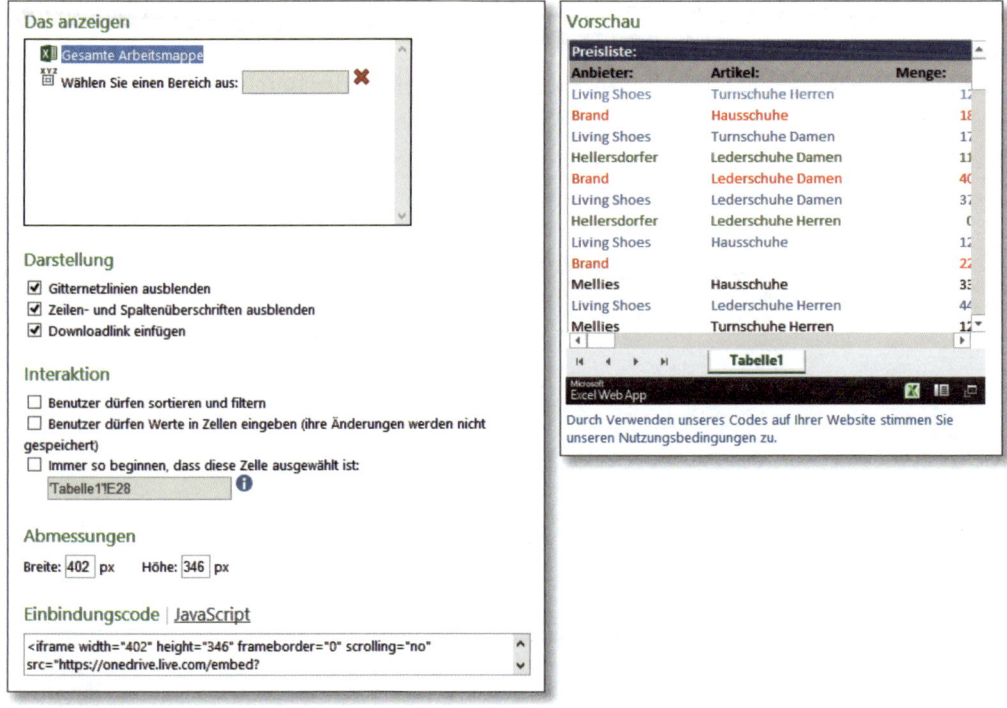

Abbildung 48.6 Bestimmen Sie, wie das Dokument dargestellt wird.

Ein Dokument mit mehreren Personen gleichzeitig bearbeiten

Es ist durchaus möglich, ein Dokument online von mehreren Standorten aus bzw. von unterschiedlichen Personen gleichzeitig zu bearbeiten. Sollten Sie an einem Dokument arbeiten und sich ein Zweiter von seinem Standort aus dazugesellen, wird Ihnen ein entsprechender Hinweis unten rechts am Fensterrand ausgegeben (hier in Excel Online).

derschuhe Herren	44	54,90 €		
usschuhe	33	15,90 €		
rnschuhe Herren	12	27,90 €		
derschuhe Damen	1	64,90 €		

Robert Klaßen bearbeitet jetzt die Arbeitsmappe.

Abbildung 48.7 Der Bearbeiter wird in der Statusleiste angezeigt.

Im Prinzip kann jeder direkt Änderungen am Dokument vornehmen, die allen anderen Teilnehmern in Echtzeit angezeigt werden. Tippt jemand etwas ein, können alle anderen Teilnehmer dies sofort sehen. Das ist wirklich eine tolle Sache. Darüber hinaus werden Bereiche, die von einem anderen Ort aus derzeit erstellt oder überarbeitet werden, mit einer farbigen Markierung versehen. Zeigen Sie mit der Maus auf die Markierung, lässt sich einsehen, wer sich gerade an den Daten zu schaffen macht.

Abbildung 48.8 Sie sehen, wer gerade mit der Änderung von Daten beschäftigt ist.

48.3   SharePoint aktivieren

Neben OneDrive existiert noch eine zweite Cloud, nämlich SharePoint. Dieser Speicherplatz ist für die Verwendung von Office 365 vorgesehen und funktioniert im Prinzip genauso wie OneDrive. Auch hier können die beschriebenen Web Apps verwendet und Dokumente im Team bearbeitet werden. Weitere Infos zu SharePoint finden Sie unter *sharepoint.com*.

Um SharePoint nutzen zu können, muss dieser Speicherort zunächst aktiviert werden. Dazu klicken Sie in einer beliebigen Office-Anwendung auf die Registerkarte **Datei** und aktivieren anschließend die Rubrik **Speichern unter**. Klicken Sie danach auf den Button **Ort hinzufügen**, gefolgt von **Office 365 SharePoint**. Alternativ können Sie auch ein SharePoint-Konto einrichten, indem Sie auf **Datei** > **Konto** gehen und unten auf **Dienst hinzufügen** klicken. Wählen Sie im Menü die Option **Speicher** und lassen Sie einen Klick auf **Office 365 SharePoint** folgen.

Teil VIII
Makros in Microsoft Office 2013

Kapitel 49
Wozu verwendet man Makros?

Jeder, der sich mit Office beschäftigt, ist bestimmt irgendwo schon einmal auf den Begriff »Makro« gestoßen. Viele denken dabei an komplexe Handlungsabläufe, Programmierung, Visual Basic. Stimmt auch, aber den wenigsten ist bewusst, dass ein Makro die schnellste und intuitivste Möglichkeit darstellt, komplexe Handlungsabläufe mit einem Minimum an Arbeitseinsatz – und meist sogar ohne jegliche Programmierarbeit – zu generieren.

49.1 Makros – eine kurze Einführung

Makros lassen sich meist schnell erzeugen, sind intuitiv zu bedienen und helfen Ihnen enorm bei der täglichen Arbeit. Sie beschleunigen wiederkehrende Handlungsabläufe und übernehmen Routinearbeiten in einer Geschwindigkeit, von der jeder Mensch nur träumen kann.

Was sind Makros?

Ein Makro ist eine Zusammenstellung von Anweisungen. Der Anwender teilt der Software mit, welche Handlungsabläufe bei Bedarf vollzogen werden sollen – und die Software erledigt das dann. Wenn Sie an einer bestimmten Stelle des Arbeitsprozesses immer wieder die gleichen Arbeiten verrichten müssen, kann es sinnvoll sein, dafür ein Makro zu erzeugen. Wenn Sie auf die Abarbeitung dieser Befehlsfolge zurückgreifen wollen, aktivieren Sie lediglich das entsprechende Makro – und sehen danach der Anwendung bei der Arbeit zu.

Wie können Makros erzeugt werden?

Es gibt zwei grundsätzliche Wege, ein Makro zu erzeugen: Man kann es selbst programmieren und man kann es aufzeichnen. Darüber hinaus können sich auch beide Wege kreuzen. Wer ein Makro aufzeichnet und es später anpassen möchte, kann auf den Programmcode zugreifen und entsprechende Änderungen vornehmen. Dabei darf natürlich nicht verschwiegen werden, dass dazu zumindest ein wenig Erfahrung im Umgang mit Code vorhanden sein muss. Aber machen Sie sich bitte keine Sorgen. Wir werden bei der Abhandlung dieses Themas nichts unternehmen, was Sie mit dem Code im Regen stehen ließe. Wenn wir einmal auf den Code zugreifen, werden die Schritte logisch nachzuvollziehen und schnell anzuwenden sein.

Makros im VBA-Editor programmieren

Fangen wir mit der vielleicht schwierigsten Aufgabe an, nämlich damit, ein Makro selbst zu programmieren. In diesem Fall müssen Sie auf den sogenannten VBA-Editor zugreifen. (Keine Sorge, Sie sollen in diesem Abschnitt lediglich die Arbeitsumgebung kennenlernen – für den Fall, dass Sie selbst später Makros schreiben oder bearbeiten wollen.) *VBA* steht für *Visual Basic for Applications* und ist die in Microsoft Office verwendete Skriptsprache, deren Syntax der Windows-Programmiersprache *Visual Basic* entstammt. Dabei muss erwähnt werden, dass die Leistungsfähigkeit von VBA gegenüber Visual Basic deutlich reduziert ist und nicht alles, was in Visual Basic möglich ist, auch mit VBA realisiert werden kann. Immerhin lassen sich mit Visual Basic auch komplexe Anwendungen programmieren, während VBA nur für die Office-Arbeit vorgesehen ist. Den Visual-Basic-Editor haben Sie ja bereits einmal im Unterabschnitt »Ein Formular erstellen« auf Seite 569 kennengelernt. Hier wurde die Arbeitsoberfläche bereits vorgestellt. Noch einmal zur Erinnerung: Den VBA-Editor öffnen Sie am schnellsten mit (Alt) + (F11). Wenn Sie die Registerkarte **Entwicklertools** aktiviert haben (**Datei** > **Optionen** > **Menüband anpassen**), finden Sie übrigens die Schaltfläche **Visual Basic** in der Gruppe **Code**. Auch darüber können Sie den VBA-Editor aufrufen. Im ungünstigsten Fall ist das Fenster weitgehend leer.

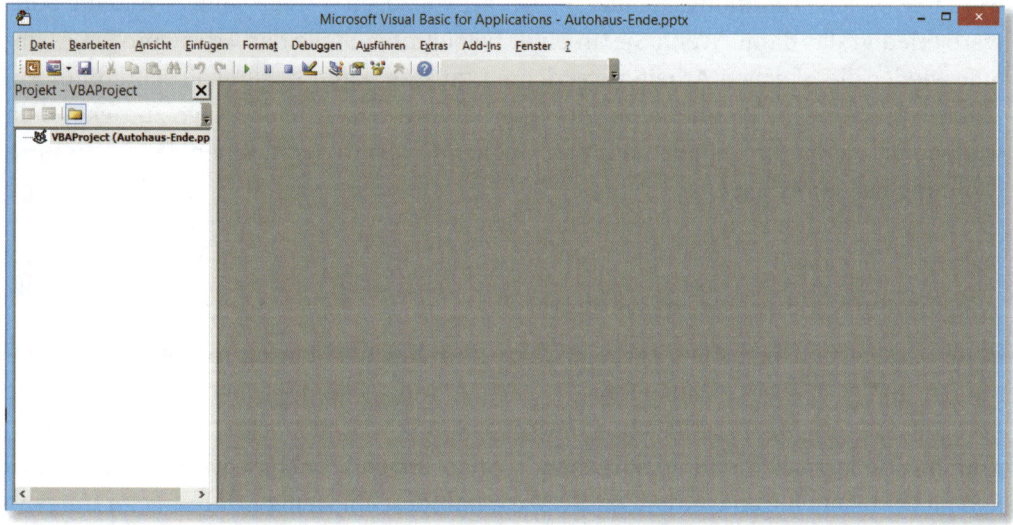

Abbildung 49.1 Hier gibt es noch nicht allzu viel zu sehen.

Sie können nun auf **UserForm einfügen** ❶ klicken, um eine neue Bedienoberfläche (eine sogenannte *Form* = Formular) zu erzeugen. Alternativ betätigen Sie den kleinen Dreieckschalter rechts daneben ❷ und entscheiden sich im Menü für die Option **Modul**. Das bewirkt, dass ein Fenster hinzugefügt wird, in das der Code hineingeschrieben werden kann ❸. Wer mit Programmiercode noch nicht sonderlich erfahren ist, drückt [F2] oder klickt auf **Objektkatalog** ❹. Ein entsprechendes Fenster wird dann ebenfalls hinzugefügt ❺. Es ist prall gefüllt mit Befehlen und Anweisungen, die in verschiedenen Bibliotheken zusammengestellt sind. Wählen Sie auf der linken Seite ❻ eine Klasse aus, um anschließend einen der Befehle auf der rechten Seite zu wählen ❼.

Abbildung 49.2 Wer selbst Makros programmieren möchte, kann das in der VBA-Umgebung tun.

Der entsprechende Code kann nun per Zwischenablage ([Strg] + [C] oder Schaltfläche ❽) in die Zwischenablage kopiert und danach in das Codefenster integriert werden. Dies ist eine enorme Hilfe für alle, die noch nicht so sattelfest in VBA sind.

Makros aufzeichnen

Viel einfacher ist der Einsatz des Makrorekorders. Dieser verhält sich wie ein Videorekorder. Er nimmt auf, was Sie wünschen, und spielt das aufgezeichnete Programm auf Befehl ab – wann Sie wollen und so oft Sie wollen. (Das Schreiben von Code bleibt dabei vollkommen außen vor.) Wir sehen uns in den Beispielen in Kapitel 50, »Makros in der Praxis«, Seite 1149, noch explizit an, wie das funktioniert.

Makroviren

Makros sind effektiv. Aber leider sind sie nicht ungefährlich – zumindest dann nicht, wenn ein Makro aus fremder Feder an Sie herangetragen wird. Denn Makros können Schadcode enthalten und diesen auf Ihrem PC ausführen. Ein effektiver Schutz gegen Schadcode ist nicht wirklich gegeben, da das Sicherheitskonzept kaum präventive Schutzmechanismen vorsieht bzw. diese von geübten Programmierern einfach umgangen werden können. Sollten Sie also ein Dokument von einem Fremden bekommen, das Makros enthält, ist Misstrauen angebracht. Der einzige Schutz ist das Trust Center, das Sie in den Optionen der jeweiligen Anwendung finden (**Datei** > **Optionen**). Klicken Sie in der linken Spalte auf die Rubrik **Trust Center** und dann auf die Schaltfläche **Einstellungen für das Trust Center**. Wählen Sie im Dialogfenster **Trust Center** links die Rubrik **Makroeinstellungen** und nehmen Sie in der Fenstermitte die gewünschte Einstellung in Sachen Makroschutz vor. Standard ist **Alle Makros mit Benachrichtigung deaktivieren**.

Abbildung 49.3 Schützen Sie sich vor Makroviren.

Das bewirkt, dass in einem fremden Dokument befindliche Makros beim Öffnen automatisch abgeschaltet werden und nur durch Ihr händisches Eingreifen aktiviert werden können. Denn die Office-Anwendung gibt bei zuvor erwähnter Trust-Center-Einstellung eine Warnung aus, sofern sich Makros in dem Dokument befinden. Ist die Quelle vertrauenswürdig, klicken Sie auf den Button **Bearbeitung aktivieren**. Unterlassen Sie dies, wird das Dokument weiterhin in der geschützten Ansicht präsentiert. Der Inhalt kann in diesem Fall gelesen werden, die Makros bleiben jedoch inaktiv, und das Dokument kann nicht bearbeitet werden.

Abbildung 49.4 Vertrauen Sie der Quelle? Dann kann die Bearbeitung aktiviert werden.

INFO

Keine Warnung bei eigenen Dokumenten

Die Office-Anwendung prüft beim Öffnen, ob es sich um ein fremdes oder das eigene Dokument handelt. Sollten Sie selbst Makros integriert haben, bleibt eine Warnung natürlich aus. Geben Sie die Datei jedoch weiter, wird der Empfänger seinerseits eine Makrowarnung erhalten – vorausgesetzt, er hat die Warnungen nicht im Trust Center deaktiviert.

Makros anzeigen

Sollten Makros in Ihrem Dokument vorhanden sein, können diese angezeigt werden, indem Sie auf die Schaltfläche **Makros** in der gleichnamigen Gruppe der Registerkarte **Ansicht** klicken. Während PowerPoint nur einen einheitlichen Schalter bietet, ist dieser in Word und Excel zweigeteilt. Benutzen Sie dort die obere Hälfte des Buttons, um das Fenster der vorhandenen Makros anzeigen zu lassen. Das Gleiche erreichen Sie übrigens auch durch Drücken der Tastenkombination $\boxed{\text{Alt}}$ + $\boxed{\text{F8}}$.

Abbildung 49.5 Hier sehen Sie ein integriertes Makro.

Makrodokumente speichern

Wer ein Dokument speichern möchte, das Makros enthält, muss es auch als Makrodokument absichern. Die Standarddateitypen (z. B. mit den Dateiendungen *.docx* für Word, *.xlsx* für Excel oder *.pptx* für PowerPoint) sind nicht in der Lage, Makros einzubinden. Hier müssen Sie explizit einen Dateityp mit der Erweiterung *mit Makros* selektieren. Das sind:

- für Word – **Word-Dokument mit Makros (*.docm)**
- für Excel – **Excel-Arbeitsmappe mit Makros (*.xlsm)**
- für PowerPoint – **PowerPoint-Präsentation mit Makros (*.pptm)**

Sie können also bereits an der Dateiendung erkennen, ob in dem zu öffnenden Dokument Makros verwendet werden oder nicht.

49.2 Beispiele für typische Makroaufgaben

Nun wissen Sie, was Makros sind und auf welche Art sie erzeugt werden können. Was bleibt, ist die Frage, wann ein Makro wirklich praktisch ist und wann man es eher als unnütz bezeichnen könnte.

Wann Makros keinen Sinn machen

Sie haben ja erfahren, dass sich mithilfe von Makros Arbeitsschritte aufzeichnen und bei Bedarf wiedergeben lassen. Also liegt die Vermutung nahe, dass man beispielsweise auch eine Dokumentvorlage in Word als Makro anlegen könnte. Richtig. Das kann man machen – sollte man aber nicht. Denn zum einen erfüllt die Dokumentvorlage den gleichen Zweck, wenn man sie als Vorlage speichert. In Word wäre das z. B. der Dateityp **Word-Vorlage (*.dotx)**, in Excel die **Excel-Vorlage (*.xltx)**. Zudem lassen sich über **Datei > Neu** entsprechende Vorlagen erstellen oder anpassen. Sollten irgendwann Änderungen an der Vorlage vonnöten sein, können diese vorgenommen werden, indem das Vorlagendokument verändert und anschließend erneut gespeichert wird.

Makros nachzubearbeiten ist nicht so einfach wie das Aktualisieren einer Vorlage. Wenn also davon auszugehen ist, dass sich bisweilen etwas Grundlegendes ändert, ist eine Vorlage immer die bessere Wahl. Darüber hinaus machen Makros keinen Sinn, wenn man eine bestimmte Aufgabe nur ein einziges Mal erledigen muss. Und wenn die Schritte immer wieder unterschiedlich sind, bringt ein Makro ebenfalls nichts.

Typische Makroaufgaben

Wenn Sie jedoch die gleichen Routineaufgaben immer wieder durchführen müssen, sind Sie mit einem Makro bestens beraten. Wer beispielsweise innerhalb eines Word-Dokuments immer wieder eine einheitlich gestaltete Tabelle benötigt, der sollte die Makroaufzeichnung starten, die Tabelle dann zusammenbauen und anschließend die Aufnahme beenden. Sobald die Tabelle das nächste Mal benötigt wird, führen Sie einfach das Makro aus – und schon ist die Arbeit erledigt.

Wenn Sie gewohnheitsmäßig mit mehreren Dokumenten gleichzeitig arbeiten müssen, ist die Produktion eines Makros ebenfalls zu empfehlen. Auch dafür gibt es ein praxisnahes Beispiel: Sie müssen immer wieder Excel-Dokumente erzeugen, bei denen Daten aus anderen Arbeitsmappen eingesehen werden müssen. Möglicherweise liegen diese verstreut irgendwo auf Ihrem PC, andere wiederum befinden sich auf OneDrive. Dann kann man sich vorstellen, wie lange es dauert, bis alle Dokumente bereitgestellt sind. In diesem Fall ist es absolut sinnvoll, eine Makroaufzeichnung dieser Arbeitsgänge anzufertigen. Beim nächsten Mal reicht ein Mausklick oder die Betätigung eines Tastaturbefehls, um alle Dokumente in Windescile per Makro zu öffnen. Das spart Zeit – und Nerven.

Noch ein Beispiel: Denken Sie an das Hinzufügen der gleichen Bilder, beispielsweise innerhalb eines Briefkopfes. Natürlich könnte man davon eine Vorlage erzeugen. Wer aber mit unterschiedlichen Briefköpfen arbeitet (z. B. privat und geschäftlich), wird diese Funktion zu schätzen wissen. (Übrigens schauen wir uns ein ganz ähnliches Beispiel im folgenden Kapitel genauer an.) Mithilfe zweier Makros, eines privaten und eines für den Geschäftseinsatz, könnten Sie ganz schnell entscheiden, welcher Briefkopf im Einzelfall verwendet werden soll.

In diesem Zusammenhang lassen sich auch Routineaufgaben zuverlässig ausführen, die bei manueller Bearbeitung leicht vergessen werden können. Das klassische Beispiel ist die Einbindung besagten Briefkopfes als Verknüpfung. Damit wird es ja möglich, die Datei außerhalb von Word jederzeit nachzubearbeiten, ohne dass man sich um die Aktualisierung im Word-Dokument kümmern müsste. Vergessen Sie jedoch nur ein einziges Mal, das Objekt zu verknüpfen, kann es nicht automatisch aktualisiert werden. Mit Makros passiert so etwas nicht. Diese Makros vergessen nie etwas.

Werfen wir einen Blick auf die einzelnen Arbeitsschritte bei der Verknüpfung von Bildern. Klicken Sie zunächst auf die Schaltfläche **Bilder** in der Gruppe **Illustrationen** der Registerkarte **Einfügen**. Im Dialogfenster **Grafik einfügen** stellen Sie unten rechts über die Dreieck-Schaltfläche am Button **Einfügen** auf **Mit Datei verknüpfen** um.

49

Abbildung 49.6 Hier werden Dateien verknüpft.

Das kann im Eifer des Gefechts schnell einmal vergessen werden – zumal wenn das obligatorische Einfügen ohne Verknüpfung (also mit direktem Klick auf **Einfügen**) schon in Fleisch und Blut übergegangen ist. Vermeiden Sie diese potenzielle Fehlerquelle und ersparen Sie sich die zuvor genannten einzelnen Arbeitsschritte, indem Sie ein Makro davon anlegen.

Im folgenden Kapitel 50, »Makros in der Praxis«, beschäftigen wir uns mit der Alltagsanwendung von Makros. Sie werden, wie bereits erwähnt, zwei Word-Makros erstellen, die eine individuelle Auswahl des Briefkopfes ermöglichen. Darüber hinaus lernen Sie ein wirklich effizientes Excel-Makro kennen, mit dessen Hilfe sich Kundenlisten und ähnliche Daten mit hohem Bedienkomfort erstellen lassen.

Kapitel 50
Makros in der Praxis

Auf den folgenden Seiten werden wir das eine oder andere Makro aufzeichnen und bearbeiten. Damit lernen Sie den grundsätzlichen Umgang mit Makros kennen. Wer sich nur für Excel-Makros interessiert, sollte dennoch den Word-Abschnitt lesen, da darin die Grundlagen vermittelt werden, die auch zur Erzeugung von Excel-Makros erforderlich sind.

50.1 Makros in Word

Wie Sie bereits im vorangegangenen Kapitel erfahren haben, gibt es verschiedene Wege zur Erzeugung eines Makros. Der einfachste Weg ist sicher die Aufzeichnung einer Befehlsfolge. Dabei wird im Prinzip protokolliert, was Sie während der Aufzeichnung erledigen. Die Arbeitsgänge werden gespeichert und lassen sich anschließend bei Bedarf abspielen. Das Ganze ist also vergleichbar mit einem Videorekorder.

Das erste Beispielmakro kurz vorgestellt

Kommen wir zu unserem in Kapitel 49, »Wozu verwendet man Makros?«, angesprochenen Beispiel zurück. Es geht darum, ein Makro zu generieren, das ein Bild in einem neuen Word-Dokument platziert – nicht irgendwo –, sondern stets in der Kopfleiste des Dokuments. Darüber hinaus soll erreicht werden, dass das Foto verknüpft, also nicht fest in das Dokument eingebettet wird. Dadurch wird es möglich, die Bilddatei außerhalb von Word in einem Bildbearbeitungsprogramm immer wieder zu überarbeiten, ohne das Foto jedes Mal in Word manuell aktualisieren zu müssen.

Nun bleibt noch zu klären, warum das Foto nicht einfach auf herkömmlichem Wege verknüpft werden kann. Immerhin benötigt man für derartige Aktionen doch kein Makro. Stimmt prinzipiell. Doch lassen Sie uns das Beispielprojekt etwas genauer betrachten. Stellen Sie sich vor, Sie produzieren Geschäftspost für unterschiedliche Kunden und wollen nach dem Öffnen eines Word-Dokuments stets individuell entscheiden, welcher Briefkopf aktuell eingesetzt werden soll. In diesem Fall ist es sinnvoll, entsprechende Makros zu erzeugen.

Eine Makroaufzeichnung vorbereiten

Wie erwähnt, ist ein Makro die automatisierte Wiederholung einer zuvor aufgezeichneten Befehlsfolge. Deswegen muss diese Befehlsfolge auch zum Zeitpunkt der Aufzeichnung korrekt ausgeführt werden. Dabei haben Sie alle Zeit der Welt, da die Pausen zwischen zwei Befehlen nicht mit aufgezeichnet werden, sondern nur Ihre Aktionen. Sie müssen aber trotzdem alle Schritte korrekt und vor allem in der richtigen Reihenfolge ausführen. Vergessen Sie während der Aufzeichnung einen Schritt, kommt dieser auch zum Zeitpunkt der Ausführung des Makros nicht zum Einsatz. Deshalb ist es sinnvoll, die Schritte vorab in einer Art Trockenübung durchzugehen. Machen Sie sich gegebenenfalls Notizen und beginnen Sie mit der Aufzeichnung erst, wenn Sie entsprechend gut vorbereitet sind.

Ein Makro aufzeichnen

Wir beginnen nun mit der Erzeugung des ersten Makros. Dabei soll der Briefkopf der Rechtsanwaltskanzlei »Schmalz, Schmalz und Schmalz« aus Düsseldorf mit einem neuen Dokument verknüpft werden.

1 Öffnen Sie die Beispieldatei *Briefkopf.png* aus dem Ordner *50* auf der Buch-CD. Ziehen Sie das Bild an einen Speicherort auf Ihrem PC, den Sie jederzeit schnell wiederfinden (z. B. auf den Desktop).

2 Erstellen Sie bitte anschließend ein neues leeres Word-Dokument (`Strg` + `N`). Klicken Sie auf die untere Hälfte der Schaltfläche **Makros** in der gleichnamigen Gruppe der Registerkarte **Ansicht**. Wählen Sie im Menü die Option **Makro aufzeichnen**.

3 Benennen Sie das Makro im Feld **Makroname**. Dabei müssen Sie sich an folgende Regeln halten: Der Name muss mit einem Buchstaben beginnen. Er darf keine Leerzeichen, Punkte, Doppelpunkte, Kommata, Semikola oder Ausrufezeichen enthalten. Außerdem dürfen Sonderzeichen wie Rauten, $, @, & nicht inkludiert sein. Und außerdem darf der Begriff insgesamt nicht mehr als 255 Zeichen umfassen. Wir entscheiden uns hier für die Bezeichnung »BriefkopfSchmalz« (bitte, wie gesagt, ohne Leerzeichen!).

Noch ein genereller Hinweis: Für den Fall, dass Sie all diese Regeln beachtet haben und dennoch einmal eine Fehlermeldung erhalten, liegt es daran, dass Sie einen in Visual Basic reservierten Begriff verwendet haben. In diesem Fall wird der Hinweis **Ungültiger Prozedurname** angezeigt. Klicken Sie in diesem Fall auf **OK** und versuchen Sie es mit einer anderen Bezeichnung.

4 Unter **Makro speichern in** lassen Sie die Option **Alle Dokumente (Normal.dotm)** eingestellt, da damit gewährleistet ist, dass dieses Makro künftig immer dann zur Verfügung steht, wenn ein herkömmliches Word-Dokument geöffnet wird. Würden Sie hier auf das aktuelle Dokument umstellen (**Dokument1**), stünde es nur in dieser Word-Datei zur Verfügung und nicht mehr dokumentübergreifend.

5 Fügen Sie optional im Feld **Beschreibung** eine entsprechende Erläuterung hinzu, was dieses Makro bewirkt. Bestätigen Sie noch nicht mit **OK**, da dann bereits mit der Aufzeichnung begonnen würde.

6 Wir wollen vorab noch einen Tastaturbefehl zum Starten des Makros einrichten. Deshalb klicken Sie auf den Button **Tastatur**. Dieser Schritt muss übrigens immer zuletzt erledigt werden, da Sie nach Eingabe des Tastaturbefehls nicht mehr in den zuvor gezeigten Makrodialog zurückgelangen.

7 Da sich die Einfügemarke bereits im Feld **Neue Tastenkombination** befindet, können Sie gleich den Tastaturbefehl zur Ausführung des Makros festlegen. Wir haben uns hier für ⎣Strg⎦ + ⎣Alt⎦ + ⎣1⎦ entschieden, da dieser Befehl standardmäßig noch frei ist. Damit werden keine vorhandenen Word-Befehle überschrieben. Drücken Sie diese Kombination auf Ihrer Tastatur und bestätigen Sie anschließend mit einem Klick auf den Button **Zuordnen**, gefolgt von **Schließen**.

Nun müssen Sie die Befehle in der korrekten Reihenfolge ausführen, damit das Makro anschließend ordnungsgemäß funktioniert.

8 Klicken Sie auf die Schaltfläche **Kopfzeile** in der Gruppe **Kopf- und Fußzeile** der Registerkarte **Einfügen**. Im Menü wählen Sie die Vorgabe **Leer**.

9 Der Text **[Hier eingeben]** ist markiert. Betätigen Sie ⎣←⎦, damit der Platzhaltertext gelöscht wird. Stattdessen soll dort der gewünschte Briefkopf eingefügt werden. Klicken Sie daher auf den Button **Bilder** in der Gruppe **Illustrationen** der Registerkarte **Einfügen**.

10 Wählen Sie nun den Speicherort der Beispieldatei *Briefkopf.png*. Sie finden diese im Ordner *50* auf der Buch-CD. Markieren Sie die Datei innerhalb des Dialogfensters **Grafik einfügen**. Danach klicken Sie auf die kleine Dreieck-Schaltfläche rechts neben der Schaltfläche **Einfügen**. Wählen Sie im Menü die Option **Mit Datei verknüpfen**.

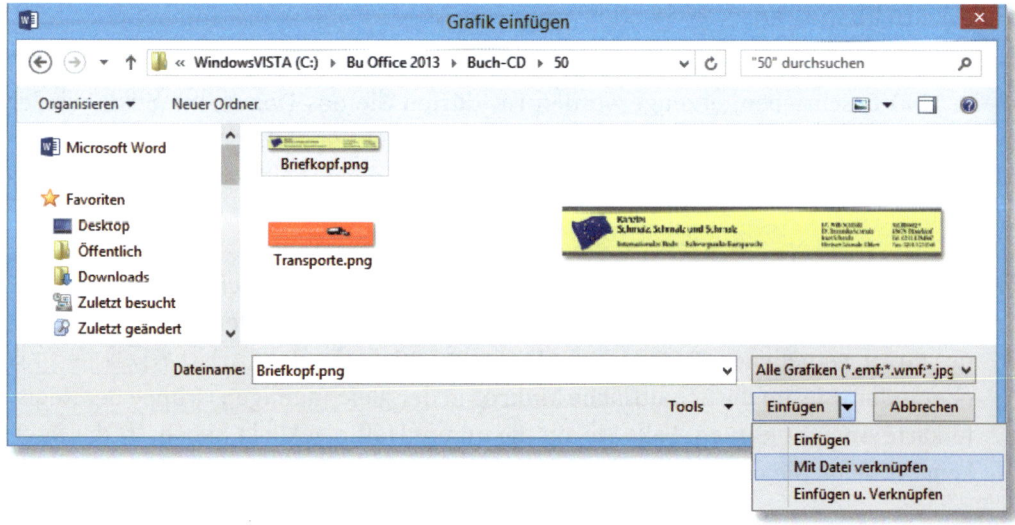

11 Zuletzt klicken Sie erneut auf die untere Hälfte des Buttons **Makros** und wählen im Menü den Befehl **Aufzeichnung beenden**. Fertig ist das Makro.

Prinzipiell ist nichts dagegen einzuwenden, vor Beendigung der Aufzeichnung weitere Arbeitsschritte folgen zu lassen. Solange die Aufzeichnung läuft, wird alles, was Sie tun, innerhalb des Makros gespeichert – allerdings nur dann, wenn es auch eine Änderung bewirkt. Wählen Sie beispielsweise eine Checkbox an und danach wieder ab, sieht Word sich nicht veranlasst, daraus einen Schritt zu generieren. Ein versehentlicher Mausklick muss Sie also nicht zwingend zum Abbruch der Aufzeichnung bewegen – ein falscher Schritt hingegen schon.

Ein Makro ausführen

Nachdem das Makro, wie im vorangegangenen Abschnitt »Ein Makro aufzeichnen« ab Seite 1150 beschrieben, erzeugt worden ist, dürfen Sie das Dokument gerne wieder schließen. Die folgende Speicherabfrage kann mit **Nicht speichern** beantwortet werden. Zum Erhalt des Makros ist nämlich das Sichern der Arbeitsdatei gar nicht erforderlich.

1 Wann immer Sie ein neues Dokument erzeugen, können Sie anschließend dafür sorgen, dass das Makro ausgeführt wird. Das erreichen Sie entweder durch Betätigung des zuvor vergebenen Tastaturbefehls (im Beispiel war das $\boxed{\text{Strg}}$ + $\boxed{\text{Alt}}$ + $\boxed{1}$) oder indem Sie auf die Schaltfläche **Makros** in der gleichnamigen Gruppe der Registerkarte **Ansicht** klicken. Falls Sie auf die untere Hälfte geklickt haben, ist das auch kein Problem. Sie müssen dann allerdings im Menü auf **Makros anzeigen** klicken.

2 Starten Sie das Makro, indem Sie es zunächst auf der linken Seite markieren. Solange es hier nur ein einziges Makro gibt, entfällt dieser Schritt, da sich die Markierung bereits auf dem zuvor erzeugten Makro befindet.

3 Zuletzt klicken Sie im Dialog **Makros** auf die Schaltfläche **Ausführen**. Dadurch werden automatisch alle zuvor aufgenommenen Arbeitsgänge erneut durchlaufen, und der Briefkopf wird eingefügt.

Das Besondere an dem hier vorgestellten Makro ist, dass Sie den Briefkopf jederzeit ändern können. Erzeugen Sie ein neues Dokument oder öffnen Sie ein vorhandenes, wird die damit verknüpfte Bilddatei automatisch aktualisiert. So bleibt das Dokument immer auf dem neuesten Stand.

Auf die zuvor beschriebene Weise lassen sich nun weitere Makros erzeugen, die mit jeweils anderen Briefköpfen ausgestattet werden können. Wenn Sie auch diese neuen Makros mit individuellen Tastaturbefehlen ausstatten, können Sie nach dem Erstellen eines neuen Dokuments einfach per Tastenkombination den Briefkopf einfügen, den Sie gerade benötigen. Es gibt aber noch eine Alternative zur manuellen Neuaufzeichnung. Dabei ersparen Sie sich sogar die Wiederholung der Arbeitsschritte. Dazu ist allerdings ein wenig Vorwissen nötig, weshalb wir dieses Thema erst im Abschnitt »Makros duplizieren« auf Seite 1158 wieder aufgreifen werden.

Makros bearbeiten

Vorhandene Makros lassen sich nachträglich noch editieren. Dazu sind allerdings einige grundlegende Kenntnisse in Visual Basic bzw. VBA vonnöten. Immerhin öffnet sich der VBA-Editor, und der Programmiercode liegt vor Ihnen. Dennoch wollen wir uns dieses Fenster einmal etwas genauer ansehen. Den Einsatz wollen wir auch gleich an ein praktisches Beispiel knüpfen. Stellen Sie sich vor, Sie beauftragen eine andere Person mit der Bearbeitung des Briefkopfes. Diese Person hat aber nun das Original gelöscht und lediglich eine Kopie der Bilddatei unter einem anderen Namen abgespeichert. Führen Sie das Makro aus, kommt es zu einem Laufzeitfehler, da der zuvor angegebene Dateiname nicht mehr gefunden werden kann. Den müssen Sie korrigieren.

1 Begeben Sie sich zunächst wieder an den Speicherort der Datei *Briefkopf.png*. Benennen Sie die Datei jetzt kurzerhand um. Im Beispiel machen wir *Briefkopf_2.png* daraus. Dazu müssen Sie zunächst die Datei markieren und anschließend noch einmal explizit auf den Dateinamen klicken. Lassen Sie einen weiteren Klick darauf folgen, um die Textmarkierung zu entfernen und die Einfügemarke im Namen zu platzieren. Danach schreiben Sie den Dateinamen um. Bestätigen Sie mit ⏎.

2 Öffnen Sie ein Word-Dokument und bringen Sie das zuvor erzeugte Makro zur Ausführung. Die Enttäuschung folgt sogleich, da jetzt nämlich der bereits angesprochene Laufzeitfehler angezeigt wird. Das Makro ist also durch die Namensänderung der Datei nicht mehr lauffähig.

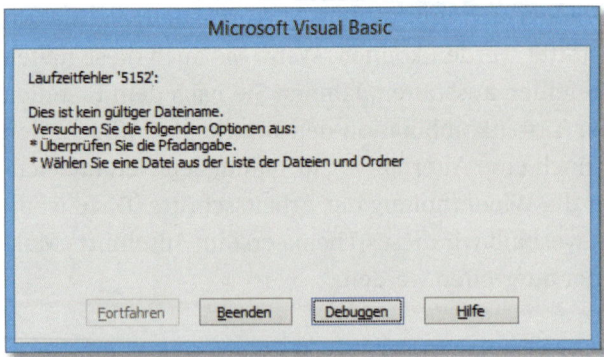

3 Sie könnten nun direkt auf den Button **Debuggen** klicken. Daraufhin wird die VBA-Umgebung geöffnet und der fehlerhafte Bereich des Makros mit gelber Markierung hervorgehoben.

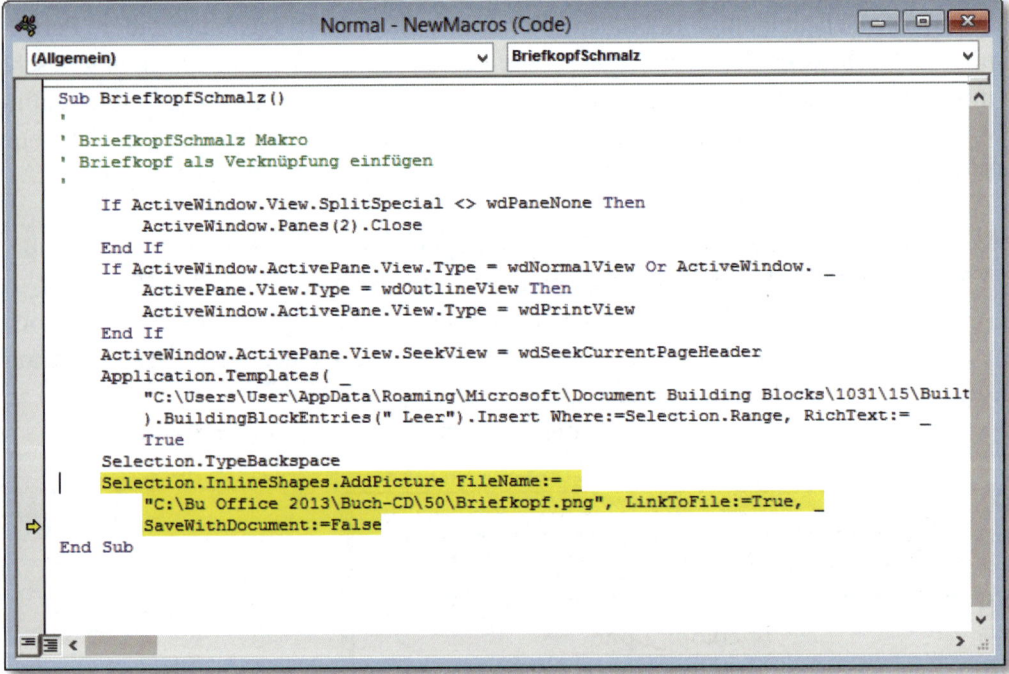

4 Alternativ dazu klicken Sie zunächst auf **Beenden**. Die VBA-Umgebung lässt sich nämlich auch erreichen, indem Sie auf die Schaltfläche **Makros** in der gleichnamigen Gruppe der Registerkarte **Ansicht** klicken und das gewünschte Makro auswählen. Danach klicken Sie im Dialog **Makros** auf den Button **Bearbeiten**.

5 Schauen Sie sich einmal den Programmcode an. In der drittletzten Zeile wird der Pfad zur Bilddatei angezeigt. Dort ist auch der Dateiname verzeichnet, nämlich `Briefkopf.png`. Geben Sie hier die korrekte Bezeichnung ein (also `Briefkopf_2.png`) und schließen Sie das Hauptfenster **Microsoft Visual Basic for Applications – Normal**. (Zur besseren Übersicht haben wir in der folgenden Abbildung den Dateinamen im Programmcode blau markiert.)

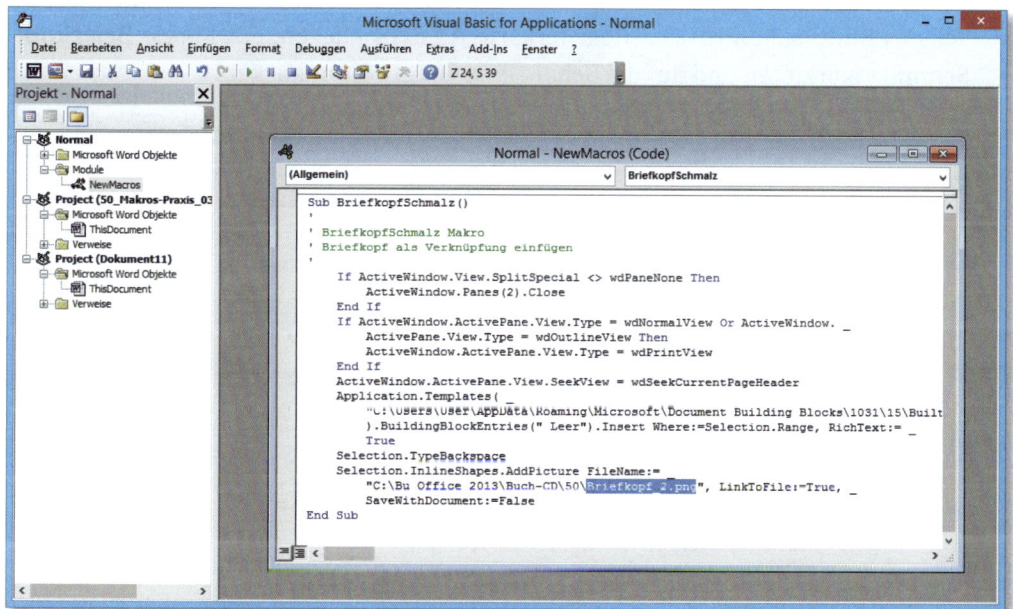

6 Führen Sie das Makro erneut aus. Sie werden feststellen, dass es nun wieder einwandfrei funktioniert.

Sollte beim Abspielen des Makros wider Erwarten erneut ein Laufzeitfehler angezeigt werden, kontrollieren Sie die Dateibezeichnung noch einmal ganz genau. Dateiname und Dateibezeichnung im Code müssen absolut übereinstimmen. Ein Tippfehler reicht – und das Makro funktioniert nicht mehr. Die Dateiendung (*.png*) muss im Code ebenfalls erhalten bleiben.

Makros duplizieren

Leider gibt es keine Schaltfläche mit dem Namen *Makro duplizieren*. Schade eigentlich, denn dann könnte man schnell Kopien des vorhandenen Makros erzeugen und das Duplikat anschließend an die individuellen Bedürfnisse anpassen. Beispielsweise ließen sich so weitere Makros für andere Briefköpfe erzeugen, ohne die Schritte für jeden einzelnen Kunden erneut aufzeichnen zu müssen. – Sie ahnen es – es geht. Und zwar direkt im VBA-Code. In dieser Übung werden wir einen zweiten Briefkopf als Makro definieren – auf Grundlage des ersten. Damit erhalten Sie später die Möglichkeit, den jeweils benötigten Briefkopf schnell per Makro einzufügen.

1 Öffnen Sie zunächst den VBA-Editor. Am schnellsten geht das mithilfe der Tastenkombination [Alt] + [F11]. Stattdessen können Sie aber auch auf den oberen Teil des Buttons **Makros** der Registerkarte **Ansicht** klicken, das Makro **Briefkopf-Schmalz** markieren und auf die Schaltfläche **Bearbeiten** klicken.

```
Normal - NewMacros (Code)

(Allgemein)                                    BriefkopfSchmalz

        Selection.TypeBackspace
        Selection.InlineShapes.AddPicture FileName:= _
            "C:\Bu Office 2013\Buch-CD\50\Briefkopf.png", LinkToFile:=True, _
            SaveWithDocument:=False
    End Sub

    Sub BriefkopfSchmalz()
    '
    ' BriefkopfSchmalz Makro
    ' Briefkopf als Verknüpfung einfügen
    '
        If ActiveWindow.View.SplitSpecial <> wdPaneNone Then
            ActiveWindow.Panes(2).Close
        End If
        If ActiveWindow.ActivePane.View.Type = wdNormalView Or ActiveWindow. _
            ActivePane.View.Type = wdOutlineView Then
            ActiveWindow.ActivePane.View.Type = wdPrintView
        End If
        ActiveWindow.ActivePane.View.SeekView = wdSeekCurrentPageHeader
        Selection.TypeBackspace
        Selection.InlineShapes.AddPicture FileName:= _
            "C:\Bu Office 2013\Buch-CD\50\Briefkopf.png", LinkToFile:=True, _
            SaveWithDocument:=False
    End Sub
```

2 Selektieren Sie anschließend den gesamten Code von `Sub` … bis `End Sub`. Fügen Sie alles mit ⌈Strg⌋ + ⌈C⌋ in die Zwischenablage ein. Sie können dazu auch auf die Schaltfläche **Kopieren** in der Symbolleiste des VBA-Editors klicken.

3 Danach platzieren Sie die Maustaste eine bis zwei Zeilen unterhalb von `End Sub`. Drücken Sie ⌈Strg⌋ + ⌈V⌋ oder auf den Button **Einfügen** in der Symbolleiste. Damit befindet sich exakt der gleiche Code zweimal im Fenster **Normal - NewMacros (Code)**.

4 Würden Sie das Makro in diesem Zustand anlaufen lassen, käme es unweigerlich zu einer Fehlermeldung. Der Grund: Es gibt zweimal eine Prozedur gleichen Namens. Das darf nicht sein. Scrollen Sie daher nach unten und ändern Sie die oberste Zeile des kopierten Textes und fügen Sie anstatt des ursprünglichen Textes `Sub BriefkopfTransporte()` ein.

```
End Sub


Sub BriefkopfTransporte()
'
' BriefkopfSchmalz Makro
' Briefkopf als Verknüpfung einfügen
'
```

5 Die grünen Zeilen unterhalb haben zwar nur erklärenden Charakter, sollten aber ebenfalls angepasst werden. So bleibt der Code übersichtlich. Machen Sie aus `BriefkopfSchmalz` bitte dort `BriefkopfTransporte`.

6 Zuletzt müssen Sie dem Makro noch mitteilen, welcher Briefkopf verwendet werden soll. Dazu begeben Sie sich in die drittletzte Zeile. Den Eintrag `Briefkopf.png` ändern Sie in `Transporte.png`. Bitte prüfen Sie noch einmal alles auf seine Richtigkeit. Integrieren Sie keine Leerzeichen, wo vorher auch keine waren, und achten Sie besonders auf die korrekte Schreibweise des Dateinamens. Nur ein einziger falscher Buchstabe verhindert, dass das Makro im Nachhinein laufen wird.

7 Schließen Sie den Editor. Jetzt müssen Sie noch dafür sorgen, dass die Datei *Transporte.png* aus dem Ordner *50* auf der Buch-CD exakt am gleichen Platz abgelegt wird, an dem sich auch *Briefkopf.png* befindet.

8 Wenn das erledigt ist, gehen Sie zurück zu Word und öffnen das Dialogfenster **Makros (Ansicht > Makros > Makros)**. Sie sehen, wie durch Zauberhand ist ein zweites Makro hinzugefügt worden. Markieren Sie es und bringen Sie es mit einem Klick auf den Button **Ausführen** zur Anwendung.

50

Für den Fall, dass sich nicht alle Fenster so darstellen wie hier beschrieben, lässt sich die Ansicht entsprechend anpassen. Hinweise zum Umgang mit der Arbeitsoberfläche des VBA-Editors finden Sie in Abschnitt 18.2, »Ein Formular für die Dateneingabe erstellen«, Seite 562.

»Ein Formular für die Dateneingabe erstellen«, Seite 562.

> **INFO**
>
> **Symbole entfernen**
>
> Wenn Sie ein Symbol wieder aus der Symbolleiste für den Schnellzugriff entfernen möchten, klicken Sie das betreffende Zeichen einfach mit rechts an und wählen im Kontextmenü **Aus Symbolleiste für den Schnellzugriff entfernen**. Dieser Befehl ist übrigens mit ⌊Strg⌋ + ⌊Z⌋ nicht rückgängig zu machen. Einmal gelöschte Symbole müssen bei Bedarf wieder auf die im Abschnitt »Makro in die Schnellstartleiste einfügen« beschriebene Weise integriert werden.

Makro in die Schnellstartleiste einfügen

Häufig benötigte Makros sind in der Symbolleiste für den Schnellzugriff bestens aufgehoben. Auf diese Weise müssen Sie nicht jedes Mal aufs Neue das Dialogfenster **Makros** (**Ansicht** > **Makros** > **Makros**) aufrufen, das Makro dort aussuchen und mit einem Klick auf **Ausführen** starten.

1 Klicken Sie ganz oben in der Symbolleiste für den Schnellzugriff auf die nach unten weisende Dreieck-Schaltfläche **Symbolleiste für den Schnellzugriff anpassen**. Klicken Sie im Menü auf **Weitere Befehle**.

2 Im Dialogfenster **Word-Optionen** stellen Sie das Auswahlfeld **Befehle auswählen** von **Häufig verwendete Befehle** um auf **Makros** ❶. Das bewirkt, dass gleich unterhalb alle derzeit in der Vorlage gültigen Makros angezeigt werden. In unserem Fall sind das die beiden Briefköpfe aus den vorangegangenen Abschnitten »Ein Makro aufzeichnen« auf Seite 1150 und »Makros duplizieren« auf Seite 1158.

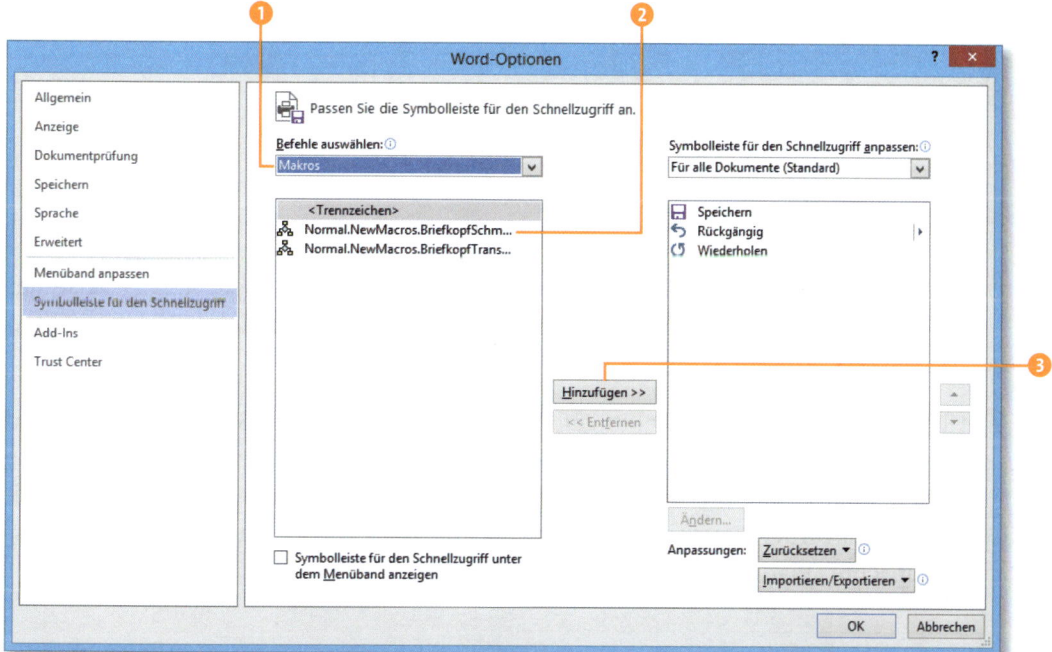

3 Wählen Sie zunächst den oberen der beiden Einträge ❷ aus und klicken Sie anschließend auf **Hinzufügen** ❸. Der Makroeintrag wird nun auch in der rechten Spalte gelistet ❹.

4 Gleichzeitig wird ganz automatisch auf der linken Seite das nächste Makro ❺ aktiviert, klicken Sie also erneut auf die Schaltfläche **Hinzufügen**. Daraufhin wird auch das zweite Briefkopf-Makro (Transport) in der Liste auf der rechten Seite aufgeführt.

5 Markieren Sie nun den oberen Makroeintrag ❹ in der rechten Spalte und klicken Sie auf den Button **Ändern** ❻. Weisen Sie dem Makro ein Symbol zu, das Sie für repräsentativ halten. Wie wäre es aufgrund der Farbe des Kanzleibriefkopfes beispielsweise mit dem gelben Quadrat ❼? Klicken Sie darauf und bestätigen Sie den Dialog **Schaltfläche »Ändern«** mit einem Klick auf **OK**.

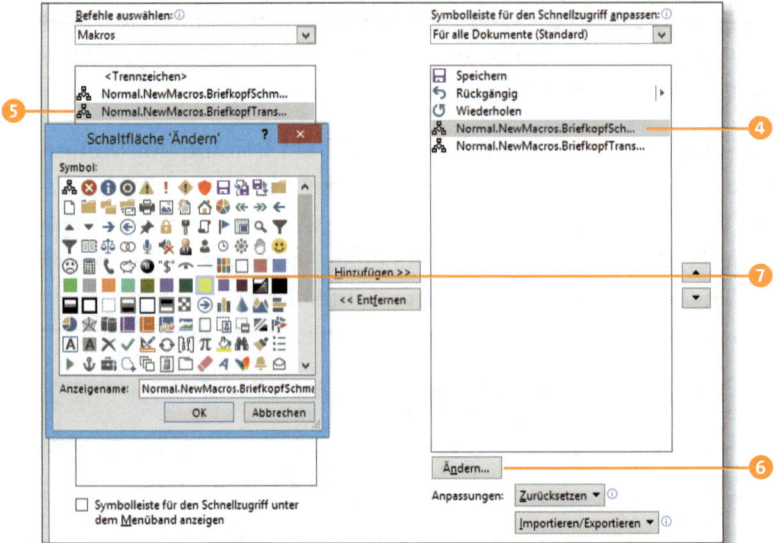

6 Wählen Sie nun den unteren Eintrag an und weisen Sie diesem idealerweise das orangefarbene Quadrat zu. Das passt ganz gut zum Briefkopf des Transportunternehmens.

7 Übernehmen Sie die Einstellungen mit einem Klick auf die Schaltfläche **OK** und werfen Sie einen Blick auf die Symbolleiste für den Schnellzugriff. Sie sehen, die beiden Makros wurden entsprechend Ihrer Änderung im Dialogfenster **Word-Optionen** hinzugefügt. Starten Sie die Makros künftig von dort mit einem Klick auf das gewünschte Quadrat.

50.2 Makros in Excel

Grundsätzlich funktioniert das Erstellen von Makros in Excel genauso wie in Word. Sollten Sie sich noch nie mit Excel-Makros befasst haben, ist daher zu empfehlen, dieses Kapitel von Beginn an zu lesen. Was die VBA-Programmierung angeht, verweisen wir auf Kapitel 18, beginnend mit Abschnitt 18.2, »Ein Formular für die Dateneingabe erstellen«, Seite 562.

Das Beispielmakro kennenlernen

Auf den folgenden Seiten möchten wir Ihnen ein wirklich effektives Makro vorstellen, das besonders bei der Erstellung von Kundentabellen nützlich ist. Damit haben Sie nämlich die Möglichkeit, Datensätze stets an dieselbe Stelle einzugeben und per Klick auf einen Schalter an das Verzeichnis zu übergeben. Benutzen Sie bitte die Beispieldatei *Eingabemaske.xlsx*, die Sie im Ordner *50* auf der Buch-CD finden.

Abbildung 50.1 Mit diesem Formular erstellen Sie Kundenlisten.

Der obere grün eingefasste Bereich ist für die Dateneingabe vorgesehen. Nachdem ein Datensatz eingetragen worden ist, wird dieser per Tastaturbefehl oder per Klick auf den Button **Eingabe** an die weiter unten befindliche Liste übergeben. Die Liste wird ausgehend von Zeile **7** kontinuierlich nach unten erweitert. – Es versteht sich von selbst, dass ein Datensatz in der Praxis aus weit mehr Informationen als nur dem Namen und einer Kundennummer besteht. Die Anzahl der Zellen im Bereich **Daten eingeben** spielt hier aber keine Rolle. Wenn Sie Ihr eigenes Makro aufzeichnen, dürfen Sie ruhig mehr Zellen benutzen. In diesem Beispiel beschränken wir uns jedoch auf dieses Minimum.

Ein Makro zur schnellen Tabelleneingabe erstellen

Lassen Sie uns kurz zusammenfassen: Der Anwender soll in die Lage versetzt werden, Eingaben in Zeile **3** des Excel-Dokuments *Eingabemaske.xlsx* zu platzieren und diese per Klick auf **Eingabe** oder alternativ durch Verwendung eines Tastaturbefehls in die Liste ab Zeile **7** einzufügen. Das hört sich zunächst recht simpel an, birgt aber zwei wesentliche Probleme in sich: Zum einen muss die Eingabemaske nach dem Klick auf den Button geräumt werden. Denn immerhin kann man vom Anwender nicht verlangen, dass er diesen zeitaufwendigen Arbeitsgang vor jeder neuen Eingabe selbst erledigt. Zum anderen muss dafür gesorgt werden, dass Datensätze, die sich bereits in der Liste befinden, nicht durch das Hinzufügen weiterer Kundendaten überschrieben werden. Ansonsten würden wir in der Liste immer nur den zuletzt eingefügten Datensatz sehen.

1163

1 Der erste Arbeitsgang besteht darin, einen beliebigen Datensatz in die Zellen **A3** bis **C3** einzugeben. Der Einfachheit halber füllen wir die Zellen mit »x«. So sieht man später auf den ersten Blick, dass es sich hierbei nicht um einen realen Datensatz, sondern um ein Beispiel handelt. Tippen Sie also bitte etwas Ähnliches ein. Am Ende drücken Sie ⇆, um die Zelle zu verlassen, da im Texteingabemodus keine Makros aufgenommen werden können.

2 Nun können Sie mit der Aufzeichnung des Makros beginnen. Klicken Sie auf die untere Hälfte der Schaltfläche **Makros** in der gleichnamigen Gruppe der Registerkarte **Ansicht**. Im Auswahlmenü klicken Sie nun auf **Makro aufzeichnen**.

3 Im Dialogfenster **Makro aufzeichnen** geben Sie zunächst in das Feld **Makroname** eine Bezeichnung ein. Wir entscheiden uns hier für den Begriff »Kunden«. Wenn Sie mögen, vergeben Sie noch eine Tastenkombination (**Ctrl** steht hier übrigens für Strg). Klicken Sie in das kleine Quadrat hinein und drücken Sie die Taste, die Sie zur Ausführung des Makros verwenden wollen. Wir nehmen hier »k« (für Kunden). Da das Makro nur im aktuellen Dokument benötigt wird, belassen Sie **Makro speichern in** bei **Diese Arbeitsmappe**. Wie Sie dennoch von einer anderen Arbeitsmappe aus auf dieses Makro zugreifen können, erfahren Sie im Abschnitt »Makros in anderen Dokumenten benutzen« ab Seite 1167. Starten Sie die Aufnahme mit Klick auf **OK**.

4 Markieren Sie bitte Zellen, die einen Datensatz repräsentieren. Im Beispiel sind das die Zellen **A3** bis **C3**. Überfahren Sie die Zellen mit gedrückter Maustaste. Anschließend kopieren Sie den gesamten Inhalt mit Strg + C in die Zwischenablage.

5 Markieren Sie nun die Zelle **A7**. Achtung! Würden Sie den Datensatz mit $\boxed{\text{Strg}}$ + $\boxed{\text{V}}$ einfügen, würde die Formatierung der Zellen mit übernommen. Das wollen wir jedoch vermeiden. Deshalb klicken Sie mit rechts auf die Zelle **A7** und entscheiden sich im Kontextmenü für die Einfügeoption **Werte**. Hierbei bleiben die Formatierungsoptionen außen vor.

6 Wir kommen zur ersten Besonderheit dieses Makros: Würden Sie die Aufzeichnung so belassen, würde ein aktueller Datensatz stets in Zeile **7** integriert und den dort befindlichen Satz jeweils überschreiben. Das umgehen Sie, indem Sie nun einfach eine neue leere Zeile integrieren. Dazu klicken Sie mit rechts auf die Zeilenbezeichnung **7** und wählen im Kontextmenü den Befehl **Zellen einfügen**. Dadurch wird der vorhandene Datensatz in Zeile **8** verschoben, und Zeile **7** ist wieder frei.

7 Anschließend wollen wir die Daten in Zeile **3** noch löschen. Dazu markieren Sie alle drei Zellen erneut, klicken anschließend noch einmal mit rechts darauf und wählen im Kontextmenü den Befehl **Inhalte löschen**. Wenn Sie sich nun fragen, warum in Schritt 4 nicht gleich $\boxed{\text{Strg}}$ + $\boxed{\text{X}}$ zum Ausschneiden benutzt worden ist, immerhin wären die Zellen dann bereits leer, lesen Sie den Kasten »Warum nicht ausschneiden?« auf Seite 1167.

8 Heben Sie die Markierung der Eingabezellen auf, indem Sie eine beliebige leere Zelle des Dokuments anklicken. Danach sorgen Sie dafür, dass die Zelle **A3** ausgewählt ist. Denn wenn Sie diesen Schritt mit in die Aufzeichnung einfließen lassen, hat der Anwender leichtes Spiel bei der späteren Eingabe. Immerhin muss er **A3** nicht mehr manuell auswählen, ehe er einen Datensatz eingibt. Er kann also unmittelbar fortfahren, ohne zur Maus greifen zu müssen.

9 Stoppen Sie die Makroaufnahme, indem Sie im Menü der Schaltfläche **Makros** (**Ansicht > Makros**) den Befehl **Aufzeichnung beenden** wählen.

10 Geben Sie nun einen Datensatz ein und schauen Sie, ob das Dokument funktioniert. Dazu drücken Sie ⌈Strg⌉ + ⌈K⌉. Sofern anschließend die Zeilen **8** und **9** mit einem Datensatz gefüllt werden und zudem Zeile **7** geräumt wird, haben Sie alles richtig gemacht. Glückwunsch.

11 Löschen Sie nun alle Zellen, die sich in der Liste befinden. Diese waren ja lediglich zur Produktion des Makros vonnöten.

12 Jetzt müssen Sie sich nur noch darum kümmern, dass die Eingabetaste mit einer Funktion ausgestattet wird. Zwar gibt es ein Tastaturkürzel zur Aktivierung des Makros, jedoch müssen wir einem Mitarbeiter, dem dieses Kürzel nicht bekannt sein sollte, eine Alternative bieten. Klicken Sie deshalb mit rechts auf die Schaltfläche **Eingabe** des Tabellendokuments und wählen Sie im Kontextmenü **Makro zuweisen**. Im Folgedialog wählen Sie das Makro **Kunden** in der Liste **Makroname** und bestätigen mit einem Klick auf **OK**.

13 Testen Sie die Funktion erneut. Falls Sie das Dokument speichern wollen, richten Sie im Dialogfenster **Speichern unter** im Feld **Dateityp** das Format **Excel-Arbeitsmappe mit Makros (*.xlsm)** ein. Anderenfalls bleibt das Makro nicht erhalten. Falls Sie das missachten und versuchen, das Dokument als herkömmliche Excel-Arbeitsmappe zu sichern, gibt die Anwendung einen entsprechenden Hinweisdialog aus.

Das Resultat dieses Workshops können Sie sich in der Beispieldatei *Eingabemaske-fertig.xlsm* im Ordner *Ergebnisse* auf der Buch-CD anschauen.

> **INFO**
>
> **Warum nicht ausschneiden?**
>
> Hätten Sie die Zellen in Schritt 4 mit ⌈Strg⌉ + ⌈X⌉ ausgeschnitten, statt sie zu kopieren und anschließend händisch zu löschen, wäre die Zellformatierung mit ausgeschnitten worden. Das hätte zum Verlust des grünen Zellenhintergrunds und somit zur Verunstaltung des Excel-Dokuments geführt.

Makros in anderen Dokumenten benutzen

Auf eine Besonderheit bei der Verwendung von Makros werden wir abschließend noch eingehen. Im vorangegangenen Abschnitt »Ein Makro zur schnellen Tabelleneingabe erstellen« haben wir das Makro ja in die aktuelle Arbeitsmappe integriert. Das bedeutet, dass dieses Makro auch zunächst einmal nur dort zur Verfügung steht. Schließen Sie das Dokument und öffnen oder erzeugen Sie ein neues, steht das Makro nicht zur Verfügung. Dies können Sie jedoch umgehen, indem Sie zusätzlich das Excel-Dokument öffnen, in dem sich das Makro befindet. Klicken Sie im neuen Dokument danach auf den oberen Bereich der Schaltfläche **Makros** (**Ansicht** > **Makros**), können Sie es auch hier nutzen. Voraussetzung dafür ist, dass im Dialogfenster **Makros** im Feld **Makros in** auf **Alle offenen Arbeitsmappen** eingestellt ist.

Abbildung 50.2 Das Makro des im Hintergrund geöffneten Dokuments lässt sich auch in der neuen Arbeitsmappe nutzen.

50

Natürlich muss man dazu sagen, dass dieses Makro nur dann auch im neuen Dokument störungsfrei läuft, wenn die vom Makro verwendeten Steuerelemente auch dort vorhanden sind. Bereiten Sie das Dokument also entsprechend vor. Am schnellsten erreichen Sie das, wenn Sie alle relevanten Zellen des Quelldokuments per Zwischenablage an das Zieldokument übergeben und die Objekte, Beschriftungen und Zellformatierungen anschließend an die neuen Anforderungen anpassen.

Teil IX
Anhang

A Tastaturbefehle

Auf den folgenden Seiten stellen wir Ihnen einige nützliche Tastaturbefehle vor, die Ihre Arbeit Office-übergreifend sowie in bestimmten Programmen der Office-Suite enorm erleichtern können. Verwenden Sie diese Tastenkombinationen, so können Sie sich den Weg über die Schaltflächen des Menübands oder der Schnellzugriffsleiste sparen. Beachten Sie, dass Sie die Tasten einer Tastenkombination alle gleichzeitig drücken müssen, um den Befehl auszuführen.

Office

Anwendungsübergreifende Funktionen	
Funktion	**Taste(n)**
Markierten Bereich in die Zwischenablage kopieren	`Strg` + `C`
Markierten Bereich ausschneiden und in die Zwischenablage kopieren	`Strg` + `X`
Inhalt der Zwischenablage einfügen	`Strg` + `V`
Letzte Aktion rückgängig machen	`Strg` + `Z`
Zuletzt rückgängig gemachte Aktion wiederherstellen	`Strg` + `Y`
Drucken	`Strg` + `P`
Speichern	`Strg` + `S`
Speichern unter	`F12`
Fenster schließen	`Alt` + `F4`

Word

Navigation und Markierung	
Funktion	**Taste(n)**
Ein Zeichen nach rechts	`⇧` + `→`
Ein Zeichen nach links	`⇧` + `←`
Ans Wortende	`⇧` + `Ende`
Zum Wortanfang	`⇧` + `Pos1` (Start)
Eine Zeile nach unten	`⇧` + `↓`

Navigation und Markierung

Funktion	Taste(n)
Eine Zeile nach oben	`⇧` + `↑`
Gesamten Dokumentinhalt auswählen	`Strg` + `a`
Markieren des Dokuments von aktueller Position bis zum Ende	`Strg` + `⇧` + `End`
Markieren des Dokuments von aktueller Position bis zum Anfang	`Strg` + `⇧` + `Pos1` (Start)

Verschieben

Funktion	Taste(n)
Einfügemarke ans Zeilenende	`Ende`
Einfügemarke an den Zeilenanfang	`Pos1` (Start)
Einfügemarke ein Wort nach links	`Strg` + `←`
Einfügemarke ein Wort nach rechts	`Strg` + `→`
Einfügemarke einen Absatz nach oben	`Strg` + `↑`
Einfügemarke einen Absatz nach unten	`Strg` + `↓`
Grafik/Zeichenobjekt in feinen Abständen nach links	`⇧` + `←`
Grafik/Zeichenobjekt in feinen Abständen nach rechts	`⇧` + `→`
Grafik/Zeichenobjekt in feinen Abständen nach oben	`⇧` + `↑`
Grafik/Zeichenobjekt in feinen Abständen nach unten	`⇧` + `↓`

Zeichenformatierung

Funktion	Taste(n)
Text fett darstellen	`Strg` + `⇧` + `f`
Text kursiv darstellen	`Strg` + `⇧` + `k`
Text unterstreichen	`Strg` + `⇧` + `u`
Ein Wort unterstreichen, in dem sich die Einfügemarke befindet	`Strg` + `⇧` + `w`
Doppelt unterstreichen	`Strg` + `⇧` + `d`

Zeichenformatierung

Funktion	Taste(n)
Text hochstellen	`Strg` + `+`
Text tiefstellen	`Strg` + `#`
Großbuchstaben	`Strg` + `⇧` + `g`
Kapitälchen	`Strg` + `⇧` + `q`
Wechsel zwischen Groß- und Kleinschreibung	`⇧` + `F3`
Schrift eine Punktgröße kleiner	`Strg` + `8`
Schrift eine Punktgröße größer	`Strg` + `9`

Absatzformatierung

Funktion	Taste(n)
Absatz zentrieren	`Strg` + `e`
Absatz rechtsbündig ausrichten	`Strg` + `r`
Absatz linksbündig ausrichten	`Strg` + `l`
Blocksatz	`Strg` + `b`
Zeileneinzug vergrößern	`Strg` + `m`
Zeileneinzug verringern	`Strg` + `⇧` + `m`
Hängender Einzug	`Strg` + `t`
Aufhebung hängender Einzug	`Strg` + `⇧` + `t`
Einfacher Zeilenabstand	`Strg` + `1`
1 ½-facher Zeilenabstand	`Strg` + `5`
Doppelter Zeilenabstand	`Strg` + `2`
Absatzformatierung aufheben	`Strg` + `0`

Weitere Tastaturbefehle

Funktion	Taste(n)
Suchfunktion	`Strg` + `f`
Suchen und Ersetzen	`Strg` + `h`

Weitere Tastaturbefehle

Funktion	Taste(n)
Neues Dokument	Strg + n
Dokument schließen	Strg + w
Dokument öffnen	Strg + o
Fußnote erstellen	Strg + Alt + f
Endnote erstellen	Strg + Alt + e
Hyperlink einfügen	Strg + k

Excel

Arbeit mit Zellen, Zeilen und Spalten

Funktion	Taste(n)
Aktive Zelle bearbeiten	F2
Aktive Zelle formatieren	Strg + 1
Aktive Spalte oder Zeile löschen	Strg + -
Aktive Spalte oder Zeile einfügen	Strg + +
Zeile ausblenden	Strg + 9
Spalte ausblenden	Strg + 0
Zeilenumbruch innerhalb einer Zelle	Alt + ↵

Formeln und Funktionen

Funktion	Taste(n)
Zahlenformat Standard	Strg + &
Zahlenformat TT.MM.JJ.	Strg + §
Zahlenformat Währung mit zwei Nachkommastellen	Strg + $
Zahlenformat wissenschaftlich mit zwei Nachkommastellen	Strg +)
Zahlenformat Prozent ohne Dezimalstellen	Strg + %
Neues Tabellenblatt einfügen	⇧ + F11

Formeln und Funktionen

Funktion	Taste(n)
Neues Diagrammblatt einfügen	`F11`
Datum einfügen	`Strg` + `.`
Uhrzeit einfügen	`Strg` + `:`
Hyperlink einfügen	`Strg` + `k`
Summen-Formel starten	`⇧` + `=`
Formelüberwachung starten	`Strg` + `#`
Funktionseditor öffnen	`⇧` + `F3`
Menü Formatvorlage öffnen	`Alt` + `⇧` + `'`
Arbeitsmappe öffnen	`Strg` + `o`
Neue Arbeitsmappe	`Strg` + `n`
Zum nächsten Tabellenblatt wechseln	`Strg` + `Bild ↑`
Zum vorigen Tabellenblatt wechseln	`Strg` + `Bild ↓`

PowerPoint

Verschiedene

Funktion	Taste(n)
Präsentationsmodus von vorne beginnen	`F5`
Präsentationsmodus ab aktueller Folie beginnen	`⇧` + `F5`
Neue Folie	`Strg` + `m`
Neue Präsentation	`Strg` + `n`
Gitternetzlinien ein- oder ausblenden	`⇧` + `F9`
Lineal ein- oder ausblenden	`⇧` + `Alt` + `F9`
Führungslinien ein- oder ausblenden	`Alt` + `F9`
Kopf-/Fußzeile generieren	`Alt` + `⇧` + `p`

Outlook

E-Mails	
Funktion	**Taste(n)**
Als gelesen markieren	`Strg` + `q`
Antworten	`Strg` + `r`
Nachricht kennzeichnen	`Einfg`
Nachricht öffnen	`Strg` + `o`
Neue Nachricht	`Strg` + `N`
Nachricht senden	`Strg` + `↵`
Zum Posteingang gehen	`Strg` + `⇧` + `i`
Zum Postausgang gehen	`Strg` + `⇧` + `o`
Zur vorherigen oder nächsten Nachricht	`↑` bzw. `↓`
Zur Nachverfolgung kennzeichnen	`Strg` + `⇧` + `G`
Allen antworten	`Strg` + `⇧` + `r`
Adressbuch aufrufen	`Strg` + `⇧` + `b`

Termine	
Funktion	**Taste(n)**
Neuer Termin	`Strg` + `n`
Nächster Termin	`⇥`
Vorheriger Termin	`⇧` + `⇥`
Neue Besprechungsanfrage	`Strg` + `⇧` + `q`
Besprechungsanfrage annehmen	`Alt` + `c`
Besprechungsanfrage ablehnen	`Alt` + `d`
Gehe zu Datum	`Strg` + `g`
Tagesansicht	`Alt` + `h`
Wochenansicht	`Alt` + `w`
Monatsansicht	`Alt` + `m`

Kalender	
Funktion	**Taste(n)**
Erster Tag der aktuellen Woche	`Alt` + `Pos1`
Letzter Tag der aktuellen Woche	`Alt` + `Ende`
Gleicher Tag der vorangegangenen Woche	`Alt` + `↑`
Gleicher Tag der nächsten Woche	`Alt` + `↓`
Erster Tag des aktuellen Monats	`Alt` + `Bild ↑`
Letzter Tag des aktuellen Monats	`Alt` + `Bild ↓`

Kontakte	
Funktion	**Taste(n)**
Neuer Kontakt	`Strg` + `n`
Erster Kontakt	`Pos1`
Nächster Kontakt	`↓`
Vorheriger Kontakt	`↑`
Letzter Kontakt	`Ende`
Aktivieren von Kontakt suchen	`F11`

OneNote

Verschiedene	
Funktion	**Taste(n)**
Ganzseitenansicht	`F11`
Neues OneNote-Fenster	`Strg` + `m`
Hinzufügen einer neuen Seite	`Strg` + `n`
Nächste Seite	`Strg` + `Bild ↓`
Vorherige Seite	`Strg` + `Bild ↑`
Nächster Notizencontainer	`Alt` + `↓`

B   Hilfreiche Internetseiten

Auf dieser Doppelseite finden Sie interessante und nützliche Informationen rund um das Thema Microsoft Office 2013. Ich stelle Ihnen hier einige Internetseiten vor, die Ihnen bei Ihrer Arbeit mit den Office-Anwendungen gute Dienste erweisen können. Sie finden hier beispielsweise Neuigkeiten aus der Office-Welt und können über einige dieser Internetseiten mit anderen Benutzern in Verbindung treten.

office.microsoft.com

Alle Informationen rund um Microsoft Office 2013 und Office 365 sind auf diesen Seiten untergebracht. Zunächst einmal kann Office hier gekauft oder gemietet werden. Darüber hinaus stehen Informationen über zusätzliche Leistungen und Erweiterungen bereit, die bei Bedarf erworben werden können.

Auch die Hilfeseiten sind sehr interessant. Dazu klicken Sie ganz oben auf **Support**. Sie finden in diesem Bereich Downloads und Updates (zu Vorgängerversionen) sowie zur Leistungsoptimierung und Aktualisierung Ihres PCs. Darüber hinaus gibt es Hilfe zur Installation und zum Office-Konto, interessante Schulungen und Foren (z. B. die Word- oder Excel-Community).

technet.microsoft.com

Diese ebenfalls von Microsoft betriebene Seite stellt neben diversen Downloads rund um Office 2013 Informationen zu Erweiterungen, zur Fehlerbehebung und Trainingsmöglichkeiten bereit. Sollte die Seite in englischer Sprache angezeigt werden, empfehlen wir, unmittelbar hinter der o. a. Internetadresse »/de-de« einzugeben bzw. oben rechts auf **United States** zu klicken. Daraufhin kann die Sprachregion bestimmt werden, und auch die Unterseiten werden in deutscher Sprache gelistet (wenngleich nicht alle). Der Besucher dieser Seiten wird sich über die vollgepackte **Library** freuen, die weiterführende Informationen zu Themen wie Windows Server, Exchange, Onlineservices oder SQL Server bereithält.

office365-forum.de

Diese noch im Aufbau befindliche deutschsprachige Internetplattform ist mit Anwenderforen angereichert, die sich mit Tipps und Tricks sowie Problemen rund um die Office-Anwendungen befassen. Besonders Excel-Einsteiger werden in den Bereichen **Wiki** und **Tools** interessante Tipps und Hilfestellungen erhalten.

onedrive.com

Wer sich intensiv mit sämtlichen Möglichkeiten rund um Cloud-Speicher mit OneDrive informieren möchte, der sollte auf der angegebenen Seite einmal den Button **Jetzt teilen** benutzen. Daraufhin werden nützliche Erläuterungen zu OneDrive im Web, auf Ihrem PC und in Zusammenarbeit mit Office präsentiert.

vbarchiv.net

Sie befassen sich mit Visual Basic oder VBA? Dann werden Ihnen diese Seiten gefallen. Sie offenbaren einen schnellen Zugang zur Programmierung, halten eine Befehlsreferenz bereit und führen den Interessierten anhand zahlreicher Workshops ins Geschehen ein.

pixelio.de

Sie benötigen kostenloses Bildmaterial für Ihre Office-Dokumente? Dann sollten Sie die Pixelio-Datenbank kennenlernen. Dabei handelt es sich um ein gigantisches Archiv für Fotos, die zum Teil frei genutzt werden können. Nach Registrierung lassen sich die Bilder herunterladen. Achten Sie jedoch stets auf die Nutzungsbedingungen, die von Bild zu Bild unterschiedlich sein können. Bei vielen ist die redaktionelle und/oder kommerzielle Nutzung untersagt. Darüber hinaus hat zu jeder Veröffentlichung eine entsprechende Quellenangabe zu erfolgen.

get.adobe.com/de/reader

Mit Microsoft Office 2013 lassen sich Dokumente auch im Austauschformat PDF ausgeben, das vor allem für Empfänger vorgesehen ist, die Office nicht auf ihrem Rechner installiert haben. Seit Windows 8 ist zwar der *Reader* von Microsoft standardmäßig in das Betriebssystem integriert, jedoch kann jeder auch den *Adobe Reader* benutzen, den es zum kostenlosen Download im Netz gibt. Anwender von Windows 7 oder älteren Betriebssystemen werden ihn besonders zu schätzen wissen.

dtpx.de

Zu guter Letzt möchte ich Ihnen gerne noch meine persönlichen Internetseiten vorstellen. Dort veröffentliche ich neue Publikationen, Workshops und stelle diverse Unterrichtsmaterialien ein. Zudem können Sie dort etwas über meine weiteren Tätigkeitsfelder in Erfahrung bringen, die im Bereich der Fotografie, Bildbearbeitung und des Videofilmens liegen. Ich freue mich über Ihren Besuch.

C   Glossar

Auf den folgenden Seiten habe ich Ihnen wichtige Begriffe, die häufig im Buch verwendet werden, mit einer kurzen Erklärung zusammengetragen. So können Sie schnell in diesem Bereich nachschlagen, sollte Ihnen ein Begriff beim Lesen unklar sein.

App   Eine App (Kurzform von *Application*) ist eine Anwendung bzw. ein Computerprogramm. So sind z. B. Mail, Kontakte etc. jeweils eigenständige und separat ausführbare Apps.

Auflösung   Die Auflösung beschreibt die Anzahl der einzelnen Bildpunkte auf einer Fläche (z. B. auf einem Monitor oder Foto). Je höher die Werte, desto höher die Auflösung. Allerdings sagt die Anzahl der Bildpunkte nichts über die Größe der Fläche aus, da die Bildpunkte unterschiedlich groß sein können.

Backup   Sicherungskopie von Dateien oder Systemen zur späteren Wiederherstellung.

Befehl   Anweisung an den Computer, zumeist ausgelöst durch das Anklicken einer Schaltfläche oder das Drücken der Eingabetaste auf Ihrer Tastatur

Betriebssystem   Ein Betriebssystem ist eine Software, die den Computer steuert. Neben Windows gibt es unter anderem noch OS X und Linux.

Button   Knopf oder Schaltfläche, die beim Anklicken ein Ereignis auslöst. Vorselektierte Schaltflächen sind farbig hinterlegt und können auch durch Drücken von ⏎ ausgelöst werden.

Checkbox   Das klassische Ankreuzkästchen. Im Gegensatz zum Radiobutton dürfen hier auch mehrere oder alle sowie einzelne oder keine Optionen angewählt sein. Die Checkbox wird jeweils per Mausklick aktiviert (Häkchen) und deaktiviert.

Cloud   (engl.: Wolke) Internetservice zur Speicherung und zum Abruf von im Internet gespeicherten Daten

Community   Interessengemeinschaft, die schwerpunktmäßig den Austausch von Informationen pflegt

Datenträger   Grundsätzlich jedes Gerät und jedes Medium, das imstande ist, Daten aufzunehmen (u. a. Festplatte, USB-Stick, CD, DVD). Während man Daten auf eine Festplatte »schreibt«, werden Daten auf CD oder DVD »gebrannt«.

Diagramm Grafische Veranschaulichung unterschiedlicher Werte und Ergebnisse

Diagrammelement Einzelteil eines Diagramms

Dialog Jedes Fenster, in dem Benutzer und Betriebssystem (oder auch ein Programm) miteinander in Verbindung treten und Informationen austauschen, z. B. das Dialogfenster zu den Maus-Eigenschaften.

Dokument In erster Linie ein Schriftstück – ein Dokument kann allerdings auch das Produkt eines Computerprogramms sein.

Download Dateiübertragung, in der Regel vom Internet auf den eigenen PC, mit dem Ziel, die Daten dort zu speichern. Klassische Download-Dateien sind Anwendungen, Bilder, Musik etc.

DPI (*Dots per inch*; engl.: Punkte pro Zoll) Maßeinheit für die Auflösung von Dateien (z. B. Foto). Beispiel: 72 dpi bedeuten 72 * 72 Punkte auf einer Fläche von einem Zoll^2.

Drag-&-Drop Ziehen und Fallenlassen. Damit werden Objekte verschoben. Klicken Sie auf das Objekt, halten Sie die Maustaste gedrückt und ziehen Sie es herüber. An der gewünschten Stelle lassen Sie die Maustaste wieder los.

Eingabefeld Box zur Eingabe von Werten mithilfe der Tastatur

Eingabetaste Zeilenschaltungstaste der Tastatur. Mit dieser Taste werden zudem Eingaben (z. B. Texte) an das Betriebssystem oder die Anwendung übergeben. Auch *Enter*- oder *Return*-*Taste* genannt.

Explorer Der Explorer ist der Standarddateimanager. Von dort aus sind sämtliche Ordner und Verzeichnisse erreichbar. Außerdem stehen Suchoptionen zur Verfügung (engl.: *to explore* = erforschen).

Font Schriftart, Schriftschnitt

Hyperlink siehe *Link*

Icon (engl.: Symbol, Sinnbild) Ein grafisches Symbol (Piktogramm), meist zum Öffnen einer Datei, eines Verzeichnisses oder zum Start einer App

IP-Adresse IP steht für *Internet Protocol* und ist ein Protokoll, das Computer im Internet eindeutig identifiziert. Die

IP-Adresse ist vergleichbar mit der Nummer eines Personalausweises. Der zugehörige Rechner lässt sich durch diese Nummer immer eindeutig identifizieren.

Katalog   Zusammenstellung, Liste oder Bibliothek, die von bestimmten Personen bzw. von Anwendungen genutzt werden kann

Kontextmenü   Eine Sammlung von Befehlen, die unterschiedliche weitere Befehle bereithält. Das Kontextmenü lässt sich mit einem Rechtsklick öffnen.

Ligatur   Verschmelzung zweier Zeichen

Link   Ein Link oder Hyperlink ist eine Schaltfläche (nicht selten in Textform), die Sie mit einer Internetseite verbindet, sobald Sie darauf klicken. Links sind im Internet selbst, aber auch in Programmen, Betriebssystemen, E-Mails etc. zu finden.

Menü   Menüs sind Zusammenfassungen mehrerer möglicher Befehle. Klicken Sie auf den Menüeintrag (hier: **Bearbeiten**), öffnet sich eine Liste mit weiteren Befehlen, die nun per Mausklick ausgelöst werden können.

PDF   Seitenbeschreibungsformat, das aufgrund seiner Genauigkeit besonders gut zum Austausch bzw. zur Weitergabe geeignet ist. Zum Anzeigen von PDF-Dokumenten wird entweder der kostenlose Adobe Reader (*www.adobe.com/de*) oder die Windows-App *Reader* benötigt.

Peripherie   An den Computer angeschlossene externe Geräte

Popup-Menü   siehe *Pulldown-Menü*

Programm   Computeranwendung

Pulldown-Menü   Ein ausklappendes Menü, das weitere Schaltflächen in sich trägt. Oft verdeutlicht ein vorangestellter Punkt, welche Option gerade angewählt ist.

QuickInfo   Ein kleiner Hinweis, der sich automatisch öffnet, wenn Sie einen Moment auf einem Objekt verweilen. Er gibt Informationen zu der dahintersteckenden Funktion.

Radiobutton   Mehrere zusammenhängende Optionen, von denen immer nur eine angewählt sein kann. Wenn eine Option eingeschaltet wird, deaktivieren sich alle anderen automatisch. (Der Begriff stammt aus den Anfängen des Radios, bei dem ebenfalls nur ein Knopf eingedrückt sein konnte.)

Registerkarte Zusammenstellungen von individuellen Befehlstafeln. Die dazugehörigen Reiter oder Tabs (hier: **Maus- und Tastatur-Center**, **-Zeiger** etc.) stehen meist am oberen Rand eines Fensters oder einer App und können durch einen Mausklick nach vorn gestellt werden.

Schaltfläche siehe *Button*

Scrollen Verschieben des Inhaltsbereichs mithilfe eines Balkens, der immer dann auftaucht, wenn zu wenig Platz vorhanden ist, um den gesamten Inhalt darzustellen. Der Balken (meist rechts oder unten) wird durch Ziehen mit gedrückter Maustaste bewegt.

Shortcut Tastaturbefehl, Tastenkombination zur Ausführung einer Anweisung an den PC

Software siehe *Programm*

Suffix Dateiendung, die durch einen Punkt vom Dateinamen getrennt ist. Sie weist auf das Format einer Datei hin (z. B. *.docx* für ein Word-Dokument).

Steuerelement Alle Elemente, die vom Anwender bedient werden können. Das sind z. B. Buttons, aber auch Schieberegler, Checkboxen und Menüs.

Tastaturbefehl siehe *Shortcut*

Tool Werkzeug, mit dem bestimmte Arbeiten innerhalb einer Software verrichtet werden können

URL Internetadresse

Wireless Drahtlosverbindung zwischen zwei oder mehr Geräten für den Datenaustausch. Die Übertragung erfolgt über eine Funkverbindung.

Stichwortverzeichnis

■ Anschauliche Screenshots und Schritt-für-Schritt-Anleitungen

■ Formatierung, Vorlagen, Verzeichnisse, Serienbriefe, Formulare, Teamwork, SkyDrive, Makros u.v.m.

■ Für alle Word-Anwender in Studium, Beruf oder zu Hause

Christine Peyton

Word 2013
Der umfassende Ratgeber

Das komplette Word-Wissen auf über 900 Seiten! Unsere Autorin und Office-Expertin Christine Peyton zeigt Ihnen alles, was Sie wissen müssen: wie Sie mit Word Briefe und umfangreiche Texte schreiben, verschiedenste Dokumente gestalten, Formulare oder Serienbriefe anlegen, Verzeichnisse und Tabellen einfügen und vieles mehr. Dieser umfassende Ratgeber ist ideal zum Lernen und Nachschlagen und eignet sich sowohl für Einsteiger als auch für fortgeschrittene Nutzer.

909 Seiten, gebunden, in Farbe, mit CD, 29,90 Euro
ISBN 978-3-8421-0120-3
erschienen Dezember 2013
www.vierfarben.de/3535

Vierfarben

■ Für alle Windows-Editionen geeignet

■ Fotos, Musik, Videos, Internet, E-Mails, Netzwerk u.v.m.

■ Mit klaren Schritt-für-Schritt-Anleitungen

René Gäbler

Windows 8.1
Der umfassende Ratgeber

Erfahren Sie alles über Windows – sämtliche Funktionen, neue Möglich-keiten und die besten Tipps und Tricks. Dieses umfassende Handbuch zeigt und erklärt Ihnen kompetent das neue Windows, von der Installa-tion und dem Umgang mit Dateien und Ordnern über die Einrichtung von Hard- und Software bis hin zum eigenen Heimnetzwerk. In Farbe, mit vielen Bildern und anhand zahlreicher Schritt-für-Schritt-Anleitun-gen.

874 Seiten, gebunden, in Farbe, 39,90 Euro
ISBN 978-3-8421-0124-1
erschienen Februar 2014
www.vierfarben.de/3550

- Für alle Versionen inkl. Plus und Premium

- Mit vielen ausführlichen Anleitungen

- Alle Beispielvideos des Buches auch auf DVD

Mareile Heiting

MAGIX Video deluxe 2014
Schritt für Schritt zum perfekten Video

Eigene Filme schneiden, den perfekten Sound dazumischen und obendrein Effekte à la Hollywood erzielen – Mareile Heiting zeigt Ihnen, wie es geht! Vom ersten bis zum letzten Schritt nimmt die Autorin Sie an die Hand und erklärt, wie Sie mit MAGIX Video deluxe 2014 das Beste aus Ihren Videos herausholen. Detaillierte Bildanleitungen, viele Praxisbeispiele und Tipps vom Profi machen Ihnen die Arbeit leicht: Ab sofort schneiden Sie Filme, die beeindrucken. Worauf warten Sie noch? Machen Sie aus Ihren Videos Erlebnisse, die in Erinnerung bleiben!

418 Seiten, gebunden, in Farbe, mit DVD, 29,90 Euro
ISBN 978-3-8421-0118-0
erschienen November 2013
www.vierfarben.de/3522

Vierfarben

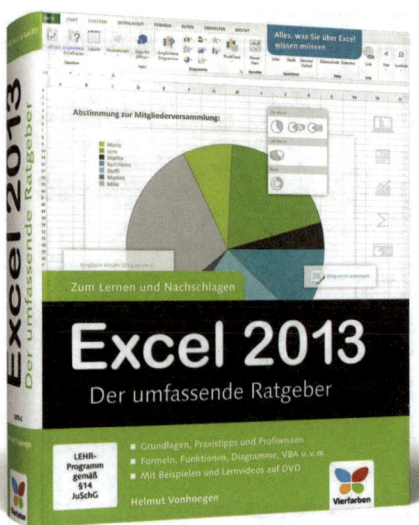

- Grundlagen, Praxistipps und Profiwissen

- Formeln, Funktionen, Diagramme, VBA u.v.m.

- Mit Beispielen und Lernvideos auf DVD

Helmut Vonhoegen

Excel 2013
Der umfassende Ratgeber

Was immer Sie mit Excel 2013 tun wollen, in diesem Ratgeber erhalten Sie kompetent Auskunft. Helmut Vonhoegen zeigt Ihnen alles, was Sie wissen müssen: von einfachen Formeln und Diagrammen über komplexe Berechnungen und Datenanalysen bis hin zur Makroprogrammierung mit VBA. Ob Sie Excel auf dem PC oder Tablet nutzen, hier finden Sie immer die richtige Antwort auf Ihre Fragen. Vollständig, anschaulich und verständlich.

918 Seiten, gebunden, in Farbe, mit DVD, 39,90 Euro
ISBN 978-3-8421-0075-6
erschienen Mai 2013
www.vierfarben.de/3288

 Folgen Sie uns: www.facebook.com/Vierfarben

Jörg Rieger, Markus Menschhorn

Das große Mac-Buch für Einsteiger und Umsteiger

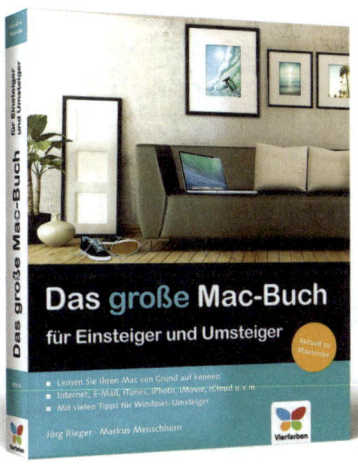

Lernen Sie Ihren Mac kennen! Im Internet surfen, E-Mails schreiben, Bilder mit iPhoto bearbeiten, Musik genießen mit iTunes oder Dateien in iCloud speichern – alle wichtigen Themen werden anschaulich, leicht verständlich und auf unterhaltsame Art erklärt.

436 Seiten, broschiert, in Farbe
ISBN 978-3-8421-0093-0, 24,90 Euro
erschienen Januar 2014
www.vierfarben.de/3445

Herbert Thoma, Marc Oliver Thoma

Das iPad-Buch
Die verständliche Anleitung

Nutzen Sie Ihr iPad richtig! Dieses Buch macht Ihnen den Einstieg leicht. Es erklärt Ihnen Ihr iPad im Detail und zeigt Ihnen Schritt für Schritt alle wichtigen Funktionen. Lernen Sie die beliebtesten Apps für Musik, Filme, Spiele und Fotos kennen.

326 Seiten, broschiert, in Farbe
ISBN 978-3-8421-0078-7, 19,90 Euro
erschienen März 2014
www.vierfarben.de/3291

404 Seiten, broschiert, in Farbe
ISBN 978-3-8421-0099-2, 19,90 Euro
erschienen Dezember 2013
www.vierfarben.de/3451

Hans-Peter Kusserow

iPhone 5s und 5c
Die verständliche Anleitung

Kennen Sie alle Funktionen Ihres iPhones? Hans-Peter Kusserow zeigt Ihnen verständlich und leicht nachvollziehbar, wie Sie das Beste aus Ihrem Telefon herausholen. Anschaulich und Schritt für Schritt. Es gibt keine bessere Anleitung zum iPhone.

400 Seiten, broschiert, in Farbe
ISBN 978-3-8421-0110-4, 19,90 Euro
erschienen Oktober 2013
www.vierfarben.de/3489

Rainer Hattenhauer

Samsung Galaxy S4
Die verständliche Anleitung

Holen Sie das Beste aus Ihrem S4 heraus! Hier wird Ihnen Schritt für Schritt gezeigt, wie Sie Ihr Smartphone bedienen: Telefonieren, Apps, E-Mails, Fotos, Filme, Musik und vieles mehr.

Inhaltsverzeichnis im Web!